OBRA REUNIDA

OBRA REUNIDA
ANNE FRANK

tradução de
CRISTIANO ZWIESELE DO AMARAL

1ª EDIÇÃO

EDITORA RECORD
RIO DE JANEIRO • SÃO PAULO
2019

EDITORA-EXECUTIVA
Renata Pettengill

COORDENAÇÃO EDITORIAL
Mariana Ferreira

EDIÇÃO DE TEXTO
Pedro de Lima
Clara Alves

LIBERAÇÃO E REVISÃO
Andreia Amaral
Renato Carvalho
Marco Aurelio Souza

COTEJO COM ORIGINAL
Karla Botelho

CAPA
Capa adaptada do design original da Bloomsbury Publishing

IMAGEM DE CAPA
© Anne Frank Fonds, Basle, Switzerland

DIAGRAMAÇÃO
Juliana Brandt

TÍTULO ORIGINAL
Verzameld werk

CIP-BRASIL. CATALOGAÇÃO NA PUBLICAÇÃO
SINDICATO NACIONAL DOS EDITORES DE LIVROS, RJ

F91o
Frank, Anne, 1929-1945
Obra reunida / Anne Frank; tradução de Cristiano Zwiesele do Amaral. – 1ª ed. – Rio de Janeiro: Record, 2019.
976 p.: il.; 23 cm.

Tradução de: Verzameld werk
ISBN 978-85-01-11761-8

1. Frank, Anne, 1929-1945. 2. Crianças judias no holocausto – Amsterdam – Biografia. I. Amaral, Cristiano Zwiesele do. II. Título.

Meri Gleice Rodrigues de Souza – Bibliotecária – CRB-7/6439

19-60170 CDD: 940.5318092 / CDU: 94(100)"1939/1945"

Publicado originalmente em 2013 por Uitgeverij Prometheus, Amsterdã

Esta edição foi publicada com auxílio da Dutch Foundation for Literature.

Nederlands letterenfonds dutch foundation for literature

Tradução dos poemas em alemão das páginas 464, 465, 466, 467, 475, 479, 480 e 481 por Marcelo Backes.

Texto revisado segundo o novo Acordo Ortográfico da Língua Portuguesa.

Impresso no Brasil

ISBN 978-85-01-11761-8

SUMÁRIO

MENSAGEM E LEGADO: PREFÁCIO DA ANNE FRANK FONDS 7

I
TEXTOS 9

O DIÁRIO DE ANNE FRANK 11

Prefácio 13

O diário de Anne Frank 17

CONTOS E ACONTECIMENTOS DO ANEXO 279

Prefácio 281; Entraram gatunos? 283; O dentista 286; O dia da salsicha 288; A pulga 290; Você se lembra? 291; A melhor escrivaninha 294; Anne em teoria 297; A briga pelas batatas 299; O final da tarde e a noite no Anexo 301; O horário do almoço 304; Os oito do Anexo à mesa 306; Quando dão as oito e meia... 309; Canalhas! 311; A obrigação do dia na comunidade: descascar batatas! 313; A liberdade dentro do Anexo 316; Kaatje 318; A família do porteiro 321; Meu primeiro dia de liceu 323; Uma aula de biologia 326; Uma aula de matemática 328; O sonho de Eva 330; Inquilinos de aluguel ou pensão 336; A fuga de Paula 340; A ilusão das estrelas de cinema 347; Katrientje 353; Domingo 356; A florista 358; A minha primeira entrevista 360; O poço da iniquidade 364; O anjo protetor 366; A felicidade 368; Medo 372; Doem! 374; O sábio gnomo 377; Blurry, o descobridor de mundos 381;

OUTROS CONTOS 393

Prefácio 395

A fada 396; Riek 399; Joke 401; Por quê? 402; Quem é interessante? 404;

A VIDA DE CADY 407

Prefácio 409; A vida de Cady 410; Fragmentos 427;

CARTAS 433

Prefácio 435; Cartas 436

VERSOS EM ÁLBUNS DE POESIA 451

Prefácio 453; Versos em álbuns de poesia 454

O LIVRO DAS BELAS CITAÇÕES 457

Prefácio 459; O livro das belas citações 460

O LIVRO DO EGITO 493

Prefácio 495; O livro do Egito 496

II

FOTOS E DOCUMENTOS 513

Prefácio 514; Fotos e documentos 515

III

PANO DE FUNDO 551

A VIDA DE ANNE FRANK, POR MIRJAM PRESSLER 553

A HISTÓRIA DA FAMÍLIA DE ANNE FRANK, POR MIRJAM PRESSLER 565

O PANO DE FUNDO HISTÓRICO, POR GERHARD HIRSCHFELD 577

A HISTÓRIA DA PUBLICAÇÃO DO DIÁRIO, POR FRANCINE PROSE 589

IV

ANEXOS 605

PREFÁCIO ÀS VERSÕES A E B 607

VERSÃO A DO DIÁRIO 609

VERSÃO B DO DIÁRIO 831

ÁRVORE GENEALÓGICA DA FAMÍLIA FRANK 964

LINHA CRONOLÓGICA 966

BIBLIOGRAFIA CONCISA 968

JUSTIFICATIVA 971

Mensagem e legado

Prefácio da Anne Frank Fonds

A obra de Anne Frank é pequena e grande a um só tempo. Quando a família Frank foi retirada pelos nacional-socialistas em 1944 de seu esconderijo em Amsterdã, Anne estava com 15 anos. Os moradores do Anexo tinham sido delatados. Anne e sua irmã faleceram após terem sido deportadas a Auschwitz, no campo de concentração de Bergen-Belsen.

Vista nesse contexto, sua obra é imensa. Pela primeira vez, nesta obra reunida, foram publicados todos os textos conhecidos de Anne Frank: diários, relatos, poemas curtos, ensaios e cartas. Não só dão mostras do excepcional talento da adolescente de Frankfurt am Main mas também deixam visível uma longa tradição literária celebrada pela família.

Com esta obra, a Anne Frank Fonds pela primeira vez reúne e torna acessíveis todos os textos de Anne Frank num só livro, uma edição pública com informações contextuais, explicações e material complementar. A obra reunida é adequada para alunos dos ensinos fundamental e médio e para o uso em sala de aula. No que concerne aos autores que colaboraram na parte III: Mirjam Pressler e Francine Prose são especialistas renomadas no que se refere aos textos de Anne Frank, e Gerhard Hirschfeld, um brilhante historiador.

A Anne Frank Fonds foi instituída em 1963 pelo pai de Anne, Otto Frank, o único membro da família a sobreviver ao Holocausto. Após a primeira publicação do diário, em 1947, e de sua repercussão positiva, Otto Frank tinha motivos de sobra para esperar que o diário não só se tornasse um documento histórico mas que se consagrasse como um sucesso mundial. Designou a Anne Frank Fonds como sua herdeira universal. Com o capital que renderam o livro, as encenações teatrais e os filmes, a Anne Frank Fonds patrocina projetos educacionais e sociais mundo afora na lenda viva de Anne e Otto Frank. O principal objetivo da Anne Frank Fonds é fazer chegar a cada nova geração — por meio dos textos originais — a mensagem atemporal de Anne Frank sobre paz, justiça e humanismo. Além disso, a Anne Frank Fonds sempre almejou apresentar a história da família judia dos Frank em seu contexto cultural e histórico. Com a publicação desta obra reunida de Anne Frank foi preenchida uma lacuna e rematada sua obra.

Basileia, outubro de 2003

Para mais informações, visite www.annefrank.ch

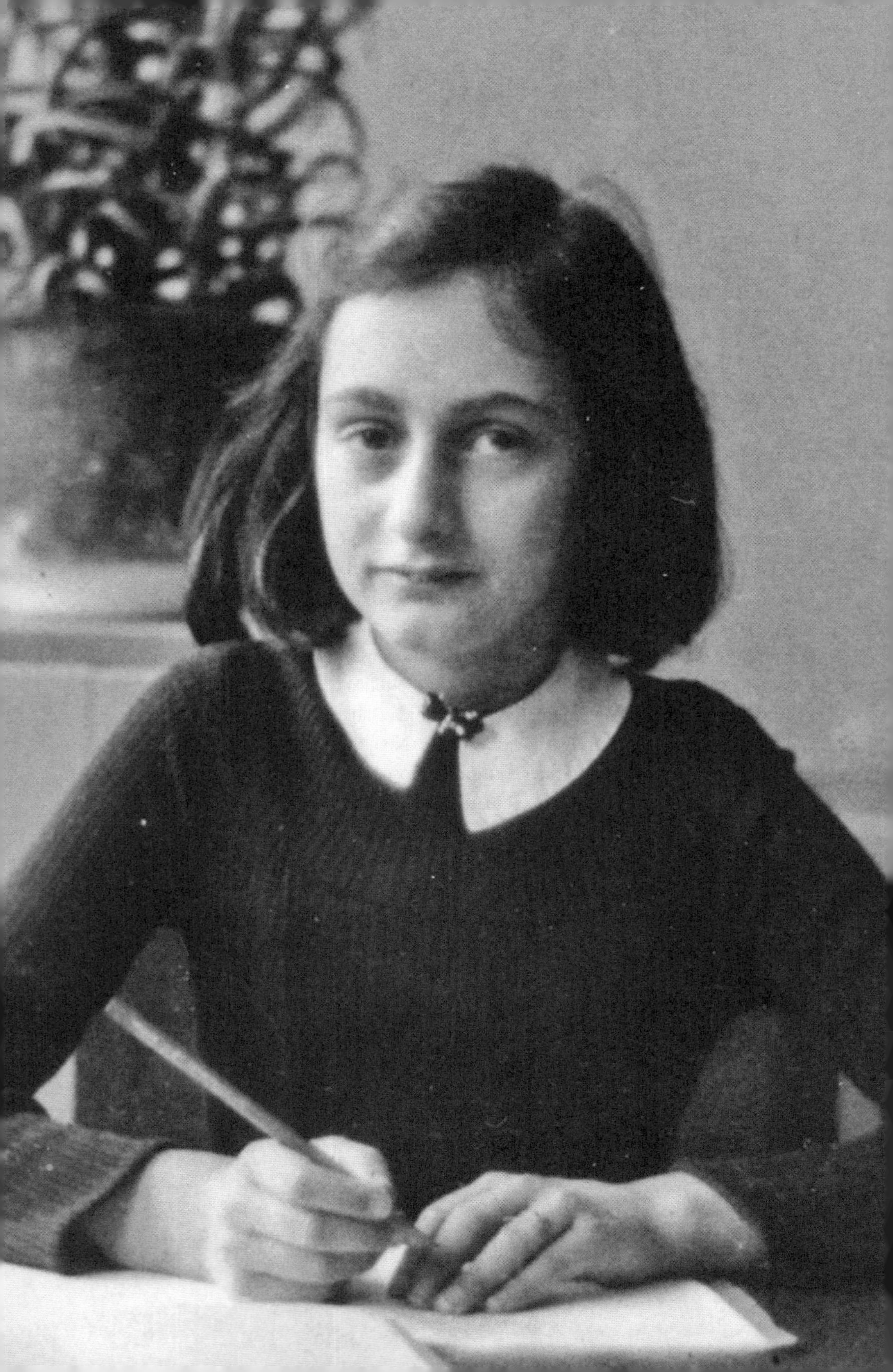

I

TEXTOS

...t. 1942. 96

...rdag

Beste Popp...
Allweer 2 d... ...och schan-
delijk. Rosel... ...e haald,
waarom da... ...elukkig.
Miep gaat... ...eno gaat
het goed v... ...ien eens
wat inster... ...Bep
gevraagd d... ...n geluk-
kig. Moeder... ...este
maatjes, da... ...ger. Ik
lig nu bijna... ...We
hebben er ou... ...raamver-
zorgster... ...n fijn
vak, maar... ...rs, in-
plaats va... ...r toch
ook wel een... ...ind
krijgt, want... ...eng voor
me zelf. Mar... ...ou den,
maar dat za... ...s is met
2 broers en ... ...l, dat
was nog een... ...lang.
Mijn h. v. Pels... ...verteld,
ik zal ze hier...

de andere kant, een meneer.
De mannelijke helft van het
paartje klopt het vrouwelijke
steeds op zijn achterste ter-
wijl hij zegt: „Ach was ein schö-
nes Pöpöchen, von wem ist den
das schöne Pöpöchen?" Daar roept
de man aan de andere kant:
„Es wird sich doch noch raus-
stellen lassen, von wem das
verdamte asch ist!

Ze zijn wel goed hé! Beste Pop
veel nieuws is er niet meer,
en ik vind altijd dat als ik de
brieven doorlees er niets
leuks instaat dusdaag, ik hoop
dat ik spoedig bericht krijg.

Anne Frank.

Steno.
[illegible] = de hat kit op de kak.
[illegible] = ik moss met de ken.

Wie doet 999 maal tik en 1 maal tak?
Een 1000 poot met 1 klompvoet.
Wie is zwart, zit op het dak, heeft twee poten en
kan fluiten?
De leerling van den schoorsteenmeester.
(Papi)
In een hotel zijn de muren net als bij ons beten-
geld, en daar kan men dus alles door horen. Op een
keer is aan de ene kant een paartje en aan

O DIÁRIO DE ANNE FRANK

Edição de Mirjam Pressler (versão *d*)
Publicação editada a partir da versão de Otto H. Frank (versão *c*)

Prefácio

O diário

Em seu aniversário de 13 anos, em 12 de junho de 1942, em Amsterdã, Anne Frank recebeu um diário dos pais e começou a escrever cartas para Kitty, sua amiga imaginária.

Nas primeiras semanas, Anne escrevia seu diário em seu quarto no apartamento dos pais em Merwedeplein. No entanto, logo após seu aniversário, a família se escondeu em um anexo secreto com quatro outras pessoas para escapar dos nazistas. A princípio, Anne escrevia as cartas apenas para si mesma, mas, na primavera de 1944, ouvindo com sua família uma emissora de rádio estrangeira proibida, ela ouviu um ministro holandês exilado em Londres, Gerrit Bolkestein, sugerir a publicação, após a guerra, de diários e cartas que documentassem a ocupação alemã. Inspirada por essa transmissão, Anne decidiu publicar um romance intitulado *Het Achterhuis* [*O Anexo*] depois da guerra; seu diário seria a base do livro.

O diário de Anne termina com a entrada de 1º de agosto de 1944. Três dias depois, em 4 de agosto, ela e os outros moradores do anexo foram descobertos, presos, deportados e — com exceção de Otto Frank, que sobreviveu à guerra e foi o único ocupante do anexo a retornar do campo de concentração — mortos. Até hoje, não se sabe com certeza como os ocupantes do anexo foram traídos nem por quem.

HISTÓRICO DA PUBLICAÇÃO

No dia da detenção, as ajudantes das famílias — Miep Gies e Bep Voskuijl — recolheram as anotações de Anne Frank. Durante a guerra, Miep Gies as guardou. Após a guerra, uma vez confirmado que Anne não estava mais viva, ela as deu ao pai de Anne Frank, Otto Frank, após seu retorno do campo de concentração.

Depois de uma cuidadosa consideração, Otto Frank decidiu cumprir a visão de sua filha e ter seus escritos publicados em forma de livro, como sugerido pelo ministro holandês. Usando as duas versões de Anne, a original (versão *a*) e a que ela editou no anexo secreto (versão *b*), Otto compilou um terceiro texto resumido (versão *c*), que foi guiado por duas considerações principais: na época em que o livro foi publicado na Holanda, não era comum escrever-se sobre questões sexuais, em particular não em livros direcionados a jovens, motivo pelo qual Otto retirou grandes trechos das descrições de Anne sobre sua crescente sexualidade. Outra razão importante para encurtar o texto foi que, em seus escritos, Anne expressou sua aversão e irritação com os outros ocupantes do anexo secreto tão abertamente quanto seus afetos. Otto Frank queria proteger a memória de sua esposa e dos outros que compartilhavam seu destino, razão pela qual ele não incluiu certas passagens e orações no livro. Esta versão foi publicada pela primeira vez em holandês em 1946. A primeira edição em alemão foi publicada em 1950.

Desde a sua primeira publicação, e por causa de seu grande sucesso, a dúvida foi lançada sobre a autenticidade do diário. Os pesquisadores verificaram os textos de várias maneiras e examinaram o artigo, os materiais de redação e a caligrafia de Anne Frank, permitindo que comprovassem inequivocamente que o diário era autêntico.

Após a morte de Otto Frank, a Anne Frank Fonds, que ele fundou na Basileia antes de sua morte e nomeou como seu único herdeiro, decidiu publicar uma versão quase integral, que é impressa no início desta edição completa de todas as versões existentes e publicadas. A nova edição dos diários, compilada em alemão pela autora e tradutora infantil Mirjam Pressler, foi publicada em 1991 e hoje é considerada a edição do leitor em todo o mundo. No final da década de 1990, cinco páginas de manuscritos anteriormente desconhecidas, datadas de 8 de fevereiro de 1944, foram descobertas e a Anne Frank Fonds decidiu incluir uma longa passagem dessas páginas no diário, adicionando-a à entrada existente da mesma data. A versão curta da entrada de 20 de julho de 1942 não foi incluída, já que uma versão mais detalhada já havia sido incorporada ao diário. Além disso, a entrada de 7 de novembro de 1942 foi transferida para 30 de outubro de 1943, que é onde ela pertence em termos de conteúdo de acordo com as descobertas mais recentes. As duas páginas que foram tornadas públicas em 2018 e que, conforme demonstrado por investigações científicas, Anne havia juntado à versão *a* do diário para mascarar uma entrada datada de 28 de setembro de 1942, não foram incluídas em respeito à clara intenção de Anne Frank.

Ao escrever sua segunda versão *b*, Anne inventou pseudônimos para quem apareceria em seu livro. Ela inicialmente queria se chamar Anne Aulis e mais tarde Anne Robin. Otto Frank optou por chamar os membros de sua família por seus próprios nomes e seguir os desejos de Anne em relação aos outros. Ao longo dos anos, a identidade das pessoas que ajudaram as famílias no anexo secreto se tornou pública. Nesta edição, os ajudantes são agora referidos por seus nomes reais, como merecem. Todas as outras pessoas são nomeadas de acordo com os pseudônimos em *The Critical Edition*. O Instituto de Documentação de Guerra atribuiu arbitrariamente iniciais àquelas pessoas que desejavam permanecer anônimas.

Os nomes reais das outras pessoas escondidas no anexo secreto são:

FAMÍLIA VAN PELS (de Osnabrück): Auguste (nascido em 29 de setembro de 1890), Hermann (nascido em 31 de março de 1889), Peter (nascido em 8 de novembro de 1926), van Pels, chamados por Anne em sua listinha respectivamente de Petronella, Hans e Alfred van Daan e aqui de Petronella, Hermann e Peter van Daan.

FRITZ PFEFFER (nascido em 1889 em Giessen), chamado por Anne em sua listinha e aqui de Albert Dussel.

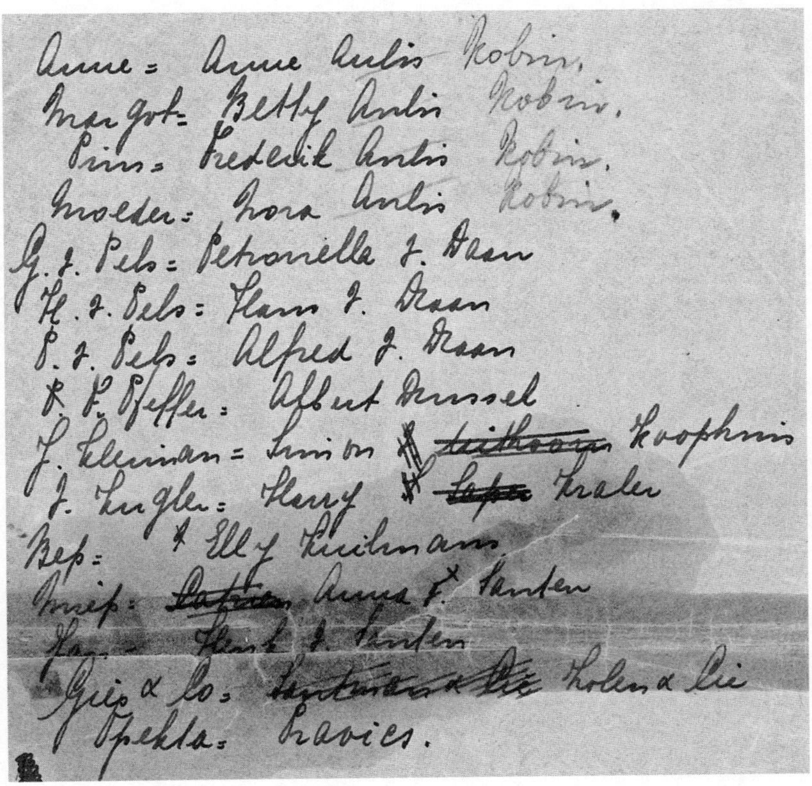

A lista de Anne com alterações nos nomes

Anne = Anne Aulis Robin
Margot = Betty Aulis Robin
Pim = Frederik Aulis Robin
Mamãe = Nora Aulis Robin
G. v. Pels = Petronella v. Daan
H. v. Pels = Hans v. Daan
P. v. Pels = Alfred v. Daan
F. Pfeffer = Albert Dussel

J. Kleiman = Simon Koophuis
V. Kugler = Harry Kraler
Bep = Elly Kuilmans
Miep = Anna v. Santen
Jan = Henk v. Santen
Gies & Co = Kolen & Cia
Opekta = Travies

12 DE JUNHO DE 1942

A você — assim espero — vou poder confiar tudo como nunca antes a mais ninguém, e espero seja para mim um grande apoio.

•

COMENTÁRIO ACRESCENTADO POR ANNE EM 28 DE SETEMBRO DE 1942

Você tem sido até agora uma grande fonte de apoio, assim como a Kitty, a quem escrevo com regularidade. Mas esta maneira de escrever, em forma de diário, me agrada muito mais; ultimamente, quando tenho tempo, mal vejo a hora de pegar você para escrever.

De verdade, mesmo, que alegria ter trazido você comigo!

•

DOMINGO, 14 DE JUNHO DE 1942

É melhor começar do momento em que eu ganhei você de presente, ou seja, quando o vi sobre a mesa posta para comemorar o meu aniversário (porque o ato da compra em si, ainda que eu estivesse junto, não conta).

Na sexta-feira, dia 12 de junho, eu já estava acordada às seis da manhã, o que não era de espantar, já que era o meu aniversário. Mas eu não podia me levantar às seis, de modo que tive de conter a curiosidade até quinze para as sete. Foi quando não aguentei mais e fui até a sala de jantar, onde a Moortje (a gata) me deu as boas-vindas com cabeçadinhas.

Pouco depois das sete, fui ver o papai e a mamãe e em seguida me dirigi à sala para desembrulhar os presentes; mas os meus olhos logo encontraram *você*, talvez o mais maravilhoso de todos os presentes. Depois, um buquê de rosas, dois ramalhetes de rosas de Pentecostes. Do papai e da mamãe eu ganhei uma blusinha azul, um jogo, uma garrafa de suco de uva que, para o meu gosto, tinha um quê de vinho pronunciado demais (afinal, vinho é feito de uva), um quebra-cabeça, um pote de creme, uma nota de 2,50 florins e dois vales-livro. Depois ganhei também um livro, o *Camera obscura*, que acabei trocando porque Margot já tinha; depois vieram uma fornada de biscoitos (assados por mim mesma, claro, porque assar biscoitos é a minha mais nova especialidade), muitos doces e uma torta de morango da mamãe. Uma carta da vovó, que chegou bem a tempo, ainda que tenha sido, é claro, por acaso.

Em seguida, a Hanneli chegou para irmos juntas para a escola. Na hora do recreio, ofereci os meus amanteigados a alunos e professores antes de voltarmos aos nossos afazeres. Cheguei em casa às cinco, porque fui com os outros para a aula de educação física (apesar de eu mesma não poder participar para não correr o risco de deslocar um braço ou uma perna), já que, como era o meu aniversário, me deixariam escolher a modalidade do dia: sugeri vôlei. Quando voltei para casa, a Sanne Ledermann já estava aqui. A Ilse Wagner, a Hanneli Goslar e a Jacqueline van Maarsen foram comigo direto da aula de educação física, porque são colegas de turma. Antigamente, as minhas duas melhores amigas eram a Hanneli e a Sanne, e quem nos via juntas sempre dizia: "Lá vão a Anne, a Hanne e a Sanne." A Jacqueline van Maarsen eu só conheci no Liceu Judaico, e hoje ela é a minha melhor amiga. A Ilse é a melhor amiga da Hanneli, e a Sanne foi para outra escola e tem amigas lá.

Recebi de presente um livro maravilhoso. *Nederlandse Sagen en Legenden* [*Lendas e sagas neerlandesas*], mas, por descuido, compraram o segundo volume, e, por isso, troquei dois outros livros pelo primeiro volume. A tia Helene também trouxe para mim um quebra-cabeça; a tia Stephanie, uma graça de broche; e a tia Leny, um livro fofo chamado *Daisy's bergvacantie* [*As férias de Daisy na montanha*]. Hoje de manhã, durante o banho, fiquei pensando que ótimo seria se eu tivesse um cachorro como o Rin Tin Tin. Eu também o chamaria de Rin Tin Tin e ele ficaria na guarita, com o zelador, e, se estivesse fazendo tempo bom, ao ar livre, no bicicletário.

•

SEGUNDA-FEIRA, 15 DE JUNHO DE 1942

A minha festinha foi na tarde do domingo. [O filme infantil] Rin Tin Tin foi um sucesso entre os meus colegas de turma. De presente ganhei dois broches, um marcador de página e dois livros. Bom, agora eu vou primeiro contar um pouco sobre a minha turma e a escola, começando pelos alunos. A Betty Bloemendaal parece um pouco pobretona, e acho que ela de fato é; ela vive numa tal de Jan Klasenstraat, uma rua na zona oeste de Amsterdã, e nenhum de nós sabe onde fica isso. Em sala de aula é ótima aluna, mas porque é muito aplicada, já que ultimamente a sua inteligência vem deixando a desejar. Tranquila, fica no seu canto.

A Jacqueline van Maarsen eu considero a minha melhor amiga, se bem que eu nunca tive uma amiga de verdade. No começo achei que ela fosse ser, mas foi um ledo engano!

A Lenij Duizend é uma menina nervosa que sempre esquece alguma coisa e recebe de castigo um dever de casa extra atrás do outro. É muito boazinha, principalmente com a Miep Lobatto.

A Nannie Blitz é uma que fala pelos cotovelos, tanto que uma hora você tem de abstrair. Quando ela pergunta alguma coisa, fica remexendo nos cabelos ou nos botões do interlocutor. Dizem por aí que a Nannie não me suporta, mas eu nem ligo, porque eu também não vejo nada de especial nela.

A Henny Mets é uma garota alegre e boa-praça, só que fala alto demais e, quando brinca na rua, é pra lá de infantil. É uma pena que a Henny tenha uma amiga, chamada Beppy, que é uma péssima influência de tão sórdida e chula.

Sobre a Danka Zajde se poderiam escrever capítulos e mais capítulos. A Danka é uma menina espalhafatosa, mexeriqueira, enjoada, ardilosa, falsa e que acha que já é adulta.

Ela conseguiu fazer a Jacque cair direitinho na sua rede, o que é uma pena. A Danka chora por qualquer besteirinha, é cheia de não me toques e, principalmente, melindrosa. A "senhorita" quer estar sempre com a razão. Dinheiro é o que não lhe falta e ela tem um armário repleto de vestidos requintados, mas que na verdade lhe dão um ar de adulta. Ela acha que é lindíssima, mas não é. A Danka e eu não nos suportamos nem um pouco.

A Ilse Wagner é uma garota serelepe e boa-praça, só que é detalhista demais e muito tagarela. A Ilse gosta de mim. Ela é bonita e inteligente, mas preguiçosa.

A Hanneli, ou Lies, como é chamada na escola, é uma menina um tanto peculiar: em geral tímida, mas, em casa, uma malcriada que só. Tudo o que ouve da gente ela conta em casa para a mãe. Mas ela diz o que pensa, algo que eu passei a apreciar muito nela ultimamente.

A Nannie van Praag-Sigaar é uma menina engraçada, baixinha e inteligente. Até que eu gosto dela. Não há muito mais o que dizer sobre a Nannie.

A Eefje de Jong eu considero uma menina excepcional. Só tem 12 anos, mas já é uma dama e me trata como se eu fosse um bebê. É muito prestativa, gosto dela muito mesmo.

A Miep Lobatto é de longe a menina mais bonita da turma. Tem um rosto meigo, mas não é lá muito inteligente. Por isso eu acho que ela não vai passar de ano, mas é claro que guardo isso para mim.

•

COMENTÁRIO ACRESCENTADO POR ANNE POSTERIORMENTE

Para minha grande surpresa, a Miep Lobatto não repete de ano.

E, para concluir, das nossas doze colegas, sou eu quem se senta ao lado da Miep Lobatto.

Sobre os meninos há muito, mas ao mesmo tempo pouco, o que dizer.

O Maurice Coster é um dos meus inúmeros admiradores, mas é um garoto meio chato.

O Sallie Springer é um sem-vergonha de marca maior, e dizem as más línguas que ele já "copulou". Mesmo assim, eu simpatizo com ele, porque ele é hilário.

O Emiel Bonewit é o admirador da Miep Lobatto, mas ela não está nem aí para ele, que é mesmo um garoto bem entediante.

O Rob Cohen também era apaixonado por mim, mas hoje em dia eu sequer o suporto. É um rapazinho hipócrita, mentiroso, resmungão, doido e chato, que se acha o máximo.

O Max van de Velde é filho de camponeses de Medemblik, mas muito ajuizado, como diria a Margot.

O Herman Koopman é outro grande sem-vergonha, tipo o Jopie de Beer, um paquerador teimoso e mulherengo.

O Leo Blom é o melhor amigo do Jopie de Beer, e está sendo contagiado pela sem-vergonhice dele.

O Albert de Mesquita é um garoto que veio da sexta Escola Montessori e pulou um ano. É muito inteligente.

O Leo Slager veio da mesma escola, mas não é tão inteligente.

O Ru Stoppelmon é um garoto baixo e maluquinho de Almelo, que só entrou na escola um tempo depois.

O Pim Pimentel só faz o que não pode.

O Jacques Kocernoot se senta atrás de nós com o Pim, e a gente morre de rir (a Miep e eu).

O Harry Schaap é o garoto mais certinho da turma, simpático.

O Werner Joseph, idem, mas, com esses nossos tempos, ele ficou calado demais, o que faz com que pareça tedioso.

O Sam Solomon é outro desses malandrinhos das áreas menos privilegiadas, um espertalhão. (Outro admirador!)

O Appie Riem é bastante ortodoxo mas também malandrinho.

Vou parando por aqui. Da próxima vez vou ter de novo muito o que escrever em você, ou seja, muito o que contar. Tchauzinho; adoro você!

•

SÁBADO, 20 DE JUNHO DE 1942

Para alguém como eu, é muito estranho escrever um diário. Não só porque jamais escrevi mas também porque me parece que, mais para a frente, nem eu nem ninguém vai se interessar pelos desabafos de uma ginasial de 13 anos. Mas que seja, isso não importa, eu quero escrever e, mais que isso, abrir o meu coração e deixar saírem os assuntos mais variados.

"O papel é mais paciente que o homem"; esse ditado me ocorreu num dia em que estava levemente melancólica, sentada com o queixo apoiado nas mãos, entediada de puro desânimo, sem saber se saía ou se ficava em casa. Acabei ficando na mesma posição, com a cabeça dando voltas. Sim, de fato, o papel é paciente, e, já que não tenho a menor intenção de mostrar a quem quer que seja o caderno de capa dura sobre o qual consta a grandiosa palavra "diário", a não ser que em algum momento eu conheça um amigo ou uma amiga que mereça o título de "o" amigo ou "a" amiga, o mais provável é que nunca caia nas mãos de nenhum interessado.

Chego assim ao que me levou a começar a escrever um diário: a falta de uma amiga.

Por motivo de clareza, sinto que devo uma explicação, porque ninguém entenderia como é possível que uma menina de 13 anos se veja sozinha no mundo. O que também não é verdade. Tenho pais amorosos e uma irmã de 16 anos; feitas as contas, eu tenho sem dúvida uns trinta conhecidos e o que você poderia chamar de "amiguinhas". Tenho um cortejo de admiradores que olham nos meus olhos e, quando não conseguem fazer isso, passam o tempo todo da aula tentando ter um vislumbre meu com um espelhinho de bolso quebrado. Tenho família, tias adoráveis e um verdadeiro lar. Não, aparentemente não me falta nada além dessa uma amiga. Com as minhas "amiguinhas", tudo que posso fazer é me divertir; nunca surge a oportunidade de eu conversar com elas sobre qualquer coisa que não sejam as amenidades do dia a dia, de alcançarmos certa intimidade, e é aí que a coisa se complica. Talvez a culpa seja da minha incapacidade de me abrir; seja como for, esses são os fatos; é uma pena, mas não consigo fazer nada para mudar. Daí a ideia do diário.

Para engrandecer agora ainda mais a minha ideia da amiga tão acalentada, não quero simplesmente registrar os fatos num diário como faria qualquer um, mas sim transformar o próprio diário nessa amiga propriamente dita, que se chama *Kitty*.

A minha história! (Que imbecilidade, como se a gente se esquecesse de algo assim!)

Como ninguém entenderia bulhufas das minhas histórias à Kitty se eu começasse a contar a minha vida assim, do nada, me vejo obrigada a reproduzir uma pequena sinopse da minha história, por mais a contragosto que o faça.

O papai, o pai mais precioso que se pode imaginar, já tinha 36 anos quando se casou com a mamãe, que, na época, tinha 25. A minha irmã Margot nasceu em 1926, em Frankfurt am Main, Alemanha. No dia 12 de junho de 1929, eu segui seu exemplo. Vivi os meus primeiros quatro anos em Frankfurt. Como éramos judeus pelas quatro linhagens (ou seja, "puros-sangues"), em 1933 o papai se mudou aqui para a Holanda e se tornou diretor da filial holandesa da Opekta Mij, uma empresa de confecção de geleias. A mamãe, Edith Frank-Holländer, também veio para a Holanda em setembro do mesmo ano, e Margot e eu fomos para Aken, onde morava a nossa avó. A Margot veio em dezembro para a Holanda, e eu, em fevereiro do ano seguinte; uma vez aqui, me puseram sentada sobre uma mesa como um presente de aniversário para a Margot.

Logo entrei na sexta Escola Montessori, no pré. Lá fiquei até fazer 6 anos, quando entrei no primeiro grau. Na sexta série fui aluna da sra. Kuperus. Ao fim do ano escolar, nos despedimos em meio a lágrimas e dor no coração, pois eu tinha sido aceita no Liceu Judaico, que a Margot já frequentava.

A nossa vida transcorria com o devido temor, já que os nossos parentes que haviam ficado na Alemanha não foram poupados pelas leis de Hitler. Após os *pogroms* de 1938, fugiram da Alemanha dois tios, irmãos da minha mãe, e chegaram sãos e salvos à América do Norte; a minha avó, já idosa, veio ficar conosco. Tinha na época 73 anos.

Após maio de 1940, os bons tempos começaram a degringolar: primeiro a guerra, depois a capitulação, a invasão dos alemães e o início do martírio para nós, os judeus. Era uma lei restritiva aos judeus atrás da outra, e as nossas asas foram cortadas. Os judeus tinham de ter costurada na roupa a estrela de davi; os judeus tinham as bicicletas confiscadas; os judeus não podiam mais pegar bonde; os judeus não podiam mais dirigir carros, nem se fossem os seus próprios; os judeus só podiam fazer compras entre as três e as cinco da tarde; os judeus só podiam frequentar cabeleireiros judeus; os judeus não podiam mais ficar na rua entre as oito da noite e as seis da manhã; os judeus não podiam mais frequentar cinemas, teatros ou qualquer outro espaço de entretenimento; os judeus não podiam mais frequentar piscinas, o que também valia para outros espaços desportivos, como quadras de tênis e de rinques de hóquei; os judeus não podiam mais remar; os judeus não podiam mais praticar nenhum tipo de esporte em público; os judeus não podiam mais ficar após as oito da noite nem nos seus próprios jardins, nem no dos seus conhecidos; os judeus não podiam entrar na casa de cristãos; os judeus eram obrigados a frequentar escolas judaicas; entre tantas outras leis do gênero. A nossa vidinha de sempre transcorria com proibições aqui e ali. A Jacque não parava de me dizer: "Eu não me atrevo a fazer mais nada, com medo de que também seja proibido." Mas ainda dava para aguentar, apesar de estrelas, escolas separadas, confinamento em casa e daí por diante.

No verão de 1941, a vovó ficou gravemente doente. Ela teve de ser operada, de modo que o meu aniversário passou ao largo. O verão de 1940 tinha sido igual, porque a guerra fazia pouco tinha chegado à Holanda.

A vovó morreu em janeiro de 1942. Ninguém faz ideia do quanto eu penso nela e ainda a amo. Meu aniversário nesse ano foi celebrado duplamente para compensar os anteriores, com a luzinha da vela pela vovó acesa ao lado das outras.

A Margot e eu fomos transferidas para o Liceu Judaico em outubro de 1941; ela, para o quarto ano; eu, para o primeiro. Nós quatro continuamos bem, e assim eu venho parar na data atual, o ponto de inauguração solene do meu diário, no dia 20 de junho de 1942.

•

SÁBADO, 20 DE JUNHO DE 1942

Querida Kitty!

Já vou entrando logo no assunto: por aqui reina uma tranquilidade de dar gosto, o papai e a mamãe saíram, e a Margot se juntou a uma turminha de marmanjos para jogar pingue-pongue na casa da Trees, uma amiga dela. Eu também tenho jogado muito pingue-pongue, tanto que até inauguramos um clubinho de cinco. O clube se chama Ursa Menor Menos Duas. Um nome absurdo, baseado num erro. A gente queria um nome especial e pensou nesse, levando em conta o número de estrelas na constelação da Ursa Menor, mas foi aí que deu errado, porque, assim como a Ursa Maior, a Menor também tem sete. Daí o Menos Duas. A mesa é da Ilse Wagner, e a enorme sala de jantar da família fica sempre à nossa disposição. Como nós, as cinco adeptas do pingue-pongue, adoramos sorvete, principalmente no verão — jogar pingue--pongue dá um tremendo calor —, as partidas costumam acabar em sorvete, com uma ida a uma das sorveterias mais próximas que permite a entrada de judeus, a Oase ou a Delphi. Nós já nem precisamos pegar a carteira ou o dinheiro, porque a Oase costuma estar tão cheia que, no meio de tanta gente, sempre acabamos encontrando senhores generosos do nosso vasto círculo de conhecidos, ou um ou outro admirador, que nos oferece sorvete suficiente para mais de uma semana.

Acho que você vai se surpreender um pouco com as minhas referências a admiradores, sendo tão nova. Infelizmente, ou, em alguns casos, felizmente, essa praga não tem como ser evitada. Se algum menino se oferece para me acompanhar de bicicleta até em casa, no meio da conversa, em nove de cada dez casos rapidamente me dou conta de que o garoto em questão tem o péssimo hábito de ficar todo apaixonado e não tirar mais os olhos de cima de mim. Depois de um tempo, a paixão acaba esmorecendo, principalmente porque eu faço pouco caso dos olhares apaixonados e continuo pedalando. Se percebo que a conversa está rumando para o assanhamento, faço a bicicleta cambalear um pouco e deixo a bolsa cair, então o rapazinho se vê obrigado por educação a descer da bicicleta para me devolver a bolsa, tempo mais que suficiente para eu mudar completamente de assunto. Esse caso, porém, é o mais inocente; tem também os que mandam beijinhos para mim ou tentam se apoderar de um braço, mas esses aí, sem sombra de dúvida, vieram bater na porta errada: desço da bicicleta e dispenso a companhia oferecida, ou ainda me faço de ofendida e lhes digo laconicamente que podem voltar para a própria casa.

Pois veja só, está posto o alicerce da nossa amizade, até amanhã.

Sua Anne

•

DOMINGO, 21 DE JUNHO DE 1942

Querida Kitty,

A turma inteira está alvoroçada. A razão, claro, é a perspectiva da reunião dos professores. Metade da turma está apostando em quem vai passar de ano e quem vai repetir. A G.Z. e eu morremos de rir dos nossos colegas da fileira de trás, o C.N. e o Jacques Kocernoot, que apostaram um com o outro todas as suas economias para as férias. "Você vai passar", "Negativo", "Positivo", desde manhã cedo até tarde da noite; nem o olhar suplicante da G., implorando silêncio, nem os meus chiliques conseguem acalmar os dois. Na minha opinião um quarto da turma deveria bombar, já que é um mais mentecapto que o outro, mas os professores são as pessoas mais caprichosas que existem; quem sabe agora, excepcionalmente, não são caprichosos no sentido contrário.

Pelas minhas amigas e por mim, eu na verdade não temo, vamos cruzar a linha de chegada com facilidade. É só a matemática que me preocupa. Enfim, agora é só esperar. Até lá ficamos animando umas às outras.

Eu me dou bastante bem com todos os professores. São nove no total, dos quais sete são homens e duas mulheres. O sr. Keesing, o velho professor de matemática, passou um bom tempo bravo comigo porque eu batia papo demais. Uma advertência se sucedia à outra, até que ele me passou uma redação de castigo com o tema "Uma tagarela". Uma tagarela, o que é que se pode escrever a respeito disso? Eu me preocuparia com isso mais tarde. Anotei, pus a agenda dentro da bolsa e tentei manter a calma.

De noite, depois de concluir as lições de casa normais, o meu olhar esbarrou na anotação sobre a redação. Com a ponta da caneta na boca, comecei a refletir sobre o tema. Escrever qualquer besteira com bastante espaço entre as letras não seria complicado para ninguém, mas encontrar um argumento conclusivo sobre a necessidade do ato da fala, esse é o xis da questão. Quebrei a cabeça por um bom tempo, até que tive uma ideia. Preenchi as três páginas que tinham me sido dadas e me dei por satisfeita. Como argumento usei a ideia de que falar é um ato feminino, e que eu me esforçaria ao máximo para dar uma moderada, sabendo, porém, que a minha tagarelice jamais cessaria por completo, já que a mamãe falava tanto quanto eu, se não até mais, e de que nada se pode fazer para mudar características hereditárias.

O sr. Keesing não se conteve e riu dos meus argumentos, mas, como na aula seguinte continuei sendo tagarela, o castigo também se repetiu. Dessa vez o tema era "Uma tagarela empedernida". Essa redação também foi entregue, e o sr. Keesing passou duas aulas sem ter do que reclamar. Na terceira aula, porém, perdeu a paciência outra vez.

— Anne Frank, como castigo, quero agora uma redação com o título: "Quá-quá-quá, disse a sra. Pata."

A turma caiu na gargalhada. Não aguentei e comecei a rir com os demais, apesar de a minha criatividade para redigir sobre o tema da tagarelice estar esgotada. Eu tinha de encontrar outra coisa, algo bem original. A minha amiga Sanne, poetisa de qualidade, ofereceu ajuda a fim de que a redação fosse entregue em rimas de cabo a rabo. Eu estava exultante. A intenção de Keesing com um tema tão estúpido era a de me ridicularizar, mas ele que esperasse só: quem ri por último ri melhor.

O poema estava pronto e ficou um primor! Era sobre uma mãe pata e um pai cisne com três patinhos filhotes, mordidos e mortos pelo pai, farto de tanto grasnado. O sr. Keesing por sorte entendeu a indireta da piada, leu o poema em voz alta, provido de comentários, diante de toda a turma e de várias outras também. A partir de então, nunca mais implicou comigo por tagarelar nem voltou a me passar redações de castigo; muito pelo contrário, agora é o sr. Keesing quem está sempre fazendo piadinhas.

Sua Anne

•

QUARTA-FEIRA, 24 DE JUNHO DE 1942

Querida Kitty,

Está fazendo um calor dos infernos, todo mundo bufa, derretendo, e é nesse calor que eu vou a pé de um lado para o outro. Agora é que eu me dou conta da maravilha que é o bonde, principalmente o aberto, mas nós, judeus, não estamos mais à altura desse privilégio; para nós as locomotivas chamadas pés estão de muito bom tamanho. Ontem eu tive de ir ao dentista na Jan Luykenstraat. É uma boa distância desde a nossa escola nos Stadstimmertuinen. Na escola quase caí no sono no turno da tarde. Felizmente há quem nos ofereça de livre e espontânea vontade algo de beber. A assistente do dentista tem um grande coração.

O único transporte público que nós ainda podemos usar é a balsa. O barqueiro no cais Joseph Israëlskade nos levou assim que lhe pedimos que fizesse a travessia. Não é mesmo culpa dos holandeses a miséria que nós, os judeus, estamos vivendo.

Eu queria não precisar mais ir à escola, a minha bicicleta foi roubada no feriado da Páscoa, e a da mamãe o papai deu para um grupo de conhecidos cristãos guardarem. Menos mal que as férias se aproximam a passos largos, mais uma semana e o sofrimento será passado.

Ontem de manhã houve um episódio que me alegrou. Eu estava passando na frente do bicicletário quando alguém me chamou. Eu me virei e vi, atrás de mim, um rapaz simpático; o mesmo que eu tinha encontrado na noite anterior na casa da Wilma, uma conhecida minha. Era um primo de segundo grau dela; bom, todos sabem que a Wilma conhece Deus e o mundo. Eu a achei no começo muito simpática, o que ela de fato é, mas passa o dia inteiro falando única e exclusivamente de garotos, e isso acaba cansando. O menino se aproximou, um pouco acanhado, e se apresentou como Hello Silberberg. Fiquei um pouco confusa, sem saber o que ele queria, mas logo entendi. Queria minha companhia e me acompanhar até a escola.

— Se for o seu caminho, eu aceito — respondi, e lá fomos nós. Hello já tem 16 anos, é bom de papo e sabe falar de diversos assuntos.

Hoje de manhã lá estava ele de novo me esperando, o que continuaria acontecendo dali em diante.

Anne

•

QUARTA-FEIRA, 1º DE JULHO DE 1942

Querida Kitty,

Até hoje eu não tive um segundo para voltar a escrever. Na quinta eu passei a tarde inteira na casa de uns conhecidos, na sexta nós recebemos visita e assim por diante até hoje.

O Hello e eu tivemos naquela semana tempo suficiente para nos conhecermos melhor, ele me contou muito sobre a sua vida. Vem de Gelsenkirchen e está aqui na Holanda sem os pais, na casa dos avós. Os pais estão na Bélgica, mas ele não pode se juntar a eles lá. O Hello tinha uma namorada, a Ursula. Por acaso a conheço, um modelo de brandura e tédio. Depois que me conheceu, o Hello descobriu que pegava no sono ao lado da Ursul.[1] O que me leva a pensar que eu

1. Hipocorístico para Ursula, algo como "Ursulinha" ou a forma internacionalizada do alemão Uschi. (*N. do T.*)

talvez seja uma espécie de antídoto para sonífero; uma pessoa nunca sabe para que mais pode servir!

A Jacque dormiu aqui em casa de sábado para domingo. Ela passou a tarde na casa da Hanneli, e eu morri de tédio.

Estava combinado que o Hello passaria à noite aqui em casa, mas por volta das seis ele ligou. Fui atender, e o ouvi dizer:

— Aqui é o Helmuth Silberberg. Eu poderia, por favor, falar com a Anne?

— Oi, Hello! Sou eu mesma.

— Oi, Anne! Como vai?

— Bem, obrigada.

— Eu só queria dizer que, infelizmente, não vou conseguir passar aí essa noite, mas, mesmo assim, gostaria de trocar umas palavrinhas com você. Tudo bem se daqui a uns dez minutos eu estiver aí na sua porta?

— Tudo, então até já!

— Até, já estou saindo!

Pus o telefone no gancho, fui correndo trocar de roupa e dei uma ajeitada no cabelo. Então, nervosa, fui me debruçar na janela. Finalmente ele apareceu. Milagrosamente, não saí em disparada na mesma hora escada abaixo; esperei, tranquila, até soar a campainha. Ele pulou os protocolos e foi direto ao assunto.

— É o seguinte, Anne: a minha avó acha que você é nova demais para sair comigo. Ela quer que eu frequente a casa dos Löwenbachs, mas, como você já deve saber, eu terminei com a Ursul.

— Eu não sabia. Vocês brigaram?

— Não, muito pelo contrário. Eu disse a ela que estava claro que a gente não se dava bem e que, por isso, era melhor a gente deixar de se ver. Mas também disse que ela sempre seria bem-vinda lá em casa e que eu esperava ser bem-vindo na casa dela. A questão é que eu pensava que ela estava saindo com outro e a tratei como achei que ela merecia. Mas nada disso era verdade. Então o meu tio disse que eu devia pedir desculpas a ela, o que, é claro, eu não queria fazer, por isso preferi terminar o namoro, ainda que essa fosse só uma das muitas razões. Mas a minha avó ainda quer que eu saia com a Ursul, e não com você, mas isso não passa nem nunca vai passar pela minha cabeça. Os velhos de vez em quando têm uns conceitos muito ultrapassados e a gente não deve se deixar guiar por eles. É verdade que eu preciso dos meus avós, mas, de certa maneira, eles também precisam de mim. Agora eu estou com as noites de quarta livres porque, para os meus avós, eu tenho aulas de entalhe em madeira, quando, na verdade, frequento um desses lugares de encontro do partido sionista. Eu não posso ir porque os meus avós são categoricamente contra o sionismo. Não que eu seja fanático, mas me interesso pelo assunto. Mas nos últimos tempos as coisas têm andado tão de pernas para o ar que estou decidido a me desligar. É por isso que a noite da próxima quarta vai ser a minha última noite lá. Aí então eu fico disponível na quarta à noite, no sábado à tarde, no sábado à noite, no domingo à tarde, e talvez até mais.

— Mas, se os seus avós não querem, você vai agir contra a vontade deles?

— Todo mundo sabe muito bem que amor não é algo que se imponha.

Nesse instante passávamos em frente à livraria Blankevoort, e lá estava o Peter Schiff com outros dois meninos; era a primeira vez depois de muito tempo que ele voltava a me cumprimentar, o que me deixou bastante feliz.

Na noite de segunda o Hello passou na minha casa para conhecer o papai e a mamãe. Eu tinha comprado bolo e doces; o chá já estava servido, acompanhado de biscoitos, e havia de tudo, mas nem eu nem o Hello estávamos dispostos a ficar sentados e quietos em casa; saímos para passear, e só fui deixada em casa às oito e dez, para a fúria do papai, que achou uma falta de decoro chegar tão tarde em casa; tive de prometer que, de agora em diante, eu vou sempre estar em casa não às oito e dez, mas às dez para as oito. Fui convidada a ir para a casa do Hello no sábado seguinte. A Wilma me contou que o Hello tinha aparecido certa noite na casa dela e que ela havia lhe perguntado de quem ele gostava mais, se da Ursul ou de mim.

Aí ele disse:

— Não é da sua conta.

Quando ele foi embora, porém (eles não se falaram mais o resto da noite), disse:

— Da Anne. Agora, tchau, e bico calado!

E vupt, foi embora.

Ao que tudo indica, o Hello está apaixonado por mim, o que é ótimo porque é novidade. A Margot diria que o Hello é um bom rapaz, e eu concordo; ele é até mais que isso. A mamãe também é só elogios. “Um rapaz inteligente, bonito e simpático.” Fico feliz que o Hello tenha caído nas graças de todos aqui em casa. Com as minhas amigas a história é outra; ele as achou infantis demais, e tem razão. A Jacque não para de fazer troça por causa do Hello, só que eu não estou apaixonada, longe disso, mas o que me impede de ter amigos? Por acaso estou interferindo na vida de alguém? A mamãe não para de me perguntar com quem eu quero me casar no futuro; mal sabe ela que é com o Peter, porque eu afasto essa ideia da cabeça dela sem demonstrar a menor hesitação. Eu amo o Peter como jamais amei ninguém e trato de me convencer de que o Peter anda com todas essas meninas para esconder os sentimentos. É possível que ache que o Hello e eu estamos apaixonados um pelo outro. Mas isso não é verdade. Ele não passa de um bom amigo ou, como mamãe o expressou, um cavalheiro.

Sua Anne

•

DOMINGO, 5 DE JULHO DE 1942

Querida Kitty,

A minha colação de grau celebrada na sexta-feira no Teatro Judaico ocorreu como previsto, o meu boletim não estava nada mau: uma única nota insuficiente, um cinco em álgebra, seguido por um monte de setes, dois oitos e dois seis. Em casa todo mundo fica satisfeito, mas, no que diz respeito a notas e boletins, os meus pais são muito diferentes dos outros; eles não ligam para notas boas ou ruins, só querem me ver saudável, bem-educada e feliz. Se essas três coisas estiverem em ordem, todo o resto já está encaminhado.

Já eu sou exatamente o contrário; não quero ir mal na escola. Fui aceita sob certas condições no liceu, porque, na verdade, devia ter ficado na sétima série da sexta Escola Montessori, mas, quando todas as crianças judias foram obrigadas a frequentar escolas judaicas, o sr. Elte, depois de muita conversa, aceitou a mim e à Lies Goslar sob certas condições. A Lies também passou, mas ficou de recuperação e precisou refazer a prova de geometria.

Pobrezinha! Em casa mal consegue estudar; a irmãzinha fica brincando o dia inteiro no quartinho minúsculo dela, uma bebê mimada de quase 2 anos. Se a Gabi não consegue fazer valer a própria vontade, começa a berrar, e, se a Lies não lhe dá atenção, quem berra é a sr. Goslar. Assim, ela não tem como se concentrar, e nem as inúmeras aulas particulares que ela volta e meia recebe são capazes de ajudar.

Mas vale a pena ver a casa da família Goslar! Os pais da sra. Goslar moram na casa contígua, mas fazem as refeições na casa da família. E tem uma empregada, a bebê, o sempre distraído e distante sr. Goslar e a sempre nervosa e irritadiça sra. Goslar, grávida de novo. Em meio a essa baderna, a Lies fica completamente perdida. A minha irmã Margot também já recebeu o boletim dela, excelente como sempre. Se na nossa escola existisse a menção *cum laude*, com certeza a Margot a levaria quando passasse de ano, acompanhada de elogios. Que cachola mais brilhante a dela!

O papai tem ficado bastante em casa nos últimos tempos. Ele não tem mais o que fazer no escritório; deve ser um sentimento tenebroso o de se sentir supérfluo de uma hora para a outra. O sr. Kleiman assumiu a direção da Opekta, e o sr. Kugler, a Gies & Co, uma empresa de temperos e de substitutos de temperos, criada em 1941.

Alguns dias atrás, enquanto passeávamos pela pracinha perto de casa, o papai começou a dizer o quão difícil seria vivermos completamente isolados do mundo. Eu perguntei por que ele estava tocando nesse assunto.

Ele disse:

— Pois é, Anne, como você já deve ter reparado, já faz mais de um ano que nós temos levado roupas, mantimentos e móveis para outras pessoas. Não queremos que os nossos bens caiam nas mãos dos alemães; e menos ainda nós mesmos. Por isso vamos desaparecer por vontade própria e não esperar que eles nos levem.

— Mas, papai, quando? — A seriedade com que o papai falava me deixou assustada.

— Não se preocupe que eu cuido disso; trate de aproveitar a sua vidinha sossegada enquanto ainda pode.

E fim de conversa. Que a profecia dessas palavras sombrias ainda esteja muito longe de se cumprir!

Acabo de ouvir a campainha, é o Hello. Termino por aqui.

Sua Anne

•

QUARTA-FEIRA, 8 DE JULHO DE 1942

Querida Kitty,

Anos parecem ter se passado desde a manhã de domingo até agora. Aconteceram tantas coisas que é como se tudo estivesse de pernas para o ar, mas, Kitty, você já percebeu que eu ainda estou viva, o que é, de acordo com o papai, o mais importante. De fato, continuo viva, só não me pergunte onde e como. Eu acho que hoje você não vai me entender, e é por isso que eu vou começar contando o que aconteceu na tarde de domingo.

Às três (o Hello tinha dado uma saída, mas voltaria mais tarde) alguém tocou a campainha, mas eu não ouvi porque estava numa espreguiçadeira da varanda lendo ao sol. Logo em seguida apareceu a Margot toda agitada na porta da cozinha.

— Chegou uma convocação da SS para o papai — sussurrou.

— A mamãe já foi procurar o sr. van Daan. (O sr. van Daan é um bom amigo e sócio na empresa do papai.)

Levei o maior susto, uma convocação, todo mundo sabe o que isso significa, vi assomarem diante de mim campos de concentração e celas solitárias; pretendiam mandar o meu pai para lá?

— É claro que ele não vai — declarou a Margot enquanto esperávamos a mamãe no quarto. — A mamãe foi procurar o sr. van Daan para perguntar se a gente pode desaparecer amanhã no nosso esconderijo. Ele também vai se esconder com a gente. Vamos ser sete pessoas.

Silêncio. Pensar no papai, que tinha ido ao Hospital Judaico sem ideia do mal que se aproximava, a espera pela mamãe, o calor, a angústia, tudo isso nos fez ficar caladas.

De repente tocaram a campainha outra vez.

— É o Hello — eu disse.

— Não abra — tentou me deter a Margot, o que foi desnecessário, porque logo ouvimos a mamãe e o sr. van Daan falando com o Hello lá embaixo, até que entraram e fecharam a porta.

Cada vez que tocassem a campainha, a Margot e eu deveríamos descer as escadas de mansinho para ver se era o papai; ninguém mais era admitido. O sr. van Daan queria falar a sós com a mamãe, e nos pediram para sair do cômodo.

Uma vez no nosso quarto, a Margot me contou que a convocação era para ela, e não para o papai. Eu me sobressaltei de novo e comecei a chorar. A Margot tem 16 anos; quer dizer então que eles querem despachar jovens tão novas como ela? Felizmente, porém, ela não iria, disse a própria mamãe. Quer dizer então que as palavras do papai se referiam a isso quando me falou do esconderijo.

Mas onde? Onde nos esconderíamos? Na cidade, no campo, numa casa, numa cabana, quando, como, onde...? Eram muitas as perguntas que eu não podia fazer e que iam e vinham sem parar.

A Margot e eu nos pusemos a enfiar coisas indispensáveis numa pasta da escola. A primeira coisa que eu pus foi este caderno de capa dura, em seguida rolos de cabelo, lenços, livros escolares, pente, cartas antigas; pensando em me esconder, pus na pasta os objetos mais estapafúrdios, mas não me arrependo; dou mais valor às lembranças que aos vestidos.

Às cinco finalmente o papai chegou em casa; ligamos para o sr. Kleiman para perguntar se ele poderia vir ainda naquela mesma noite.

O sr. van Daan saiu para buscar a Miep. Quando ela chegou, trazia numa mala sapatos, saias, casaquinhos, roupas íntimas e meias-calças e prometeu voltar à noite. Em seguida nosso apartamento mergulhou no silêncio; nenhum de nós quatro quis comer. Ainda estava fazendo calor, e tudo estava muito estranho.

O nosso quarto grande no andar de cima estava alugado para um tal sr. Goldschmidt, homem divorciado na casa dos 30 anos que, ao que tudo indicava, não tinha o que fazer nessa noite; sendo assim, ficou com a gente de bobeira até as dez; não entendia as nossas indiretas de que estava na hora de subir para o seu quarto.

Às onze a Miep e o Jan Gies chegaram. A Miep trabalha no escritório do papai desde 1933 e se tornou uma amiga próxima, assim como o seu jovem e recente marido, o Jan. Mais uma vez desapareceram sapatos, meias-calças, livros e roupas íntimas, dessa vez no interior da mala da Miep e dos bolsos profundos do Jan; às onze e meia eles também sumiram.

Eu estava exausta e, apesar de saber que aquela seria a última noite na minha cama, logo peguei no sono e dormi até ser acordada pela mamãe às cinco e meia da manhã. Felizmente não estava tão quente quanto no domingo; uma chuva quente caiu o dia inteiro sem parar. Nós quatro nos embrulhamos em tanta roupa que era como se fôssemos passar a noite dentro de um congelador, só para que pudéssemos levar ainda mais roupas. Nenhum judeu nas nossas condições se atreveria a sair de casa com uma mala cheia de roupas. Eu estava com duas camisetas, três calças, um vestido e sobre tudo isso uma saia, um casaquinho, um casaco de verão, dois pares de meias, sapatos apertados, um gorro, um xale e muito mais; em casa eu já estava com falta de ar, mas não tinha com quem reclamar.

A Margot encheu a pasta da escola com livros escolares, pegou a bicicleta do bicicletário e foi pedalando atrás da Miep pelo longo caminho desconhecido. Isso porque eu ainda não sabia onde ficava o esconderijo do nosso destino.

Às sete e meia fechamos a porta depois de sair; a única despedida que precisei fazer foi da Moortje, a minha gatinha, que seria bem acolhida pelos nossos vizinhos, como explicamos num bilhete deixado para o sr. Goldschmidt.

As camas desfeitas, a mesa posta com o café da manhã, meio quilo de carne para a gata na cozinha, tudo isso dava a impressão de que tínhamos partido atabalhoadamente. Não nos importávamos com que impressão deixamos; o que queríamos era ir embora dali, só ir embora e chegar sãos e salvos a algum lugar.

Continua amanhã.

Sua Anne

•

QUINTA-FEIRA, 9 DE JULHO DE 1942

Querida Kitty,

Foi assim que andamos sob a chuva torrencial, o papai, a mamãe e eu, cada um levando uma pasta escolar e uma bolsa de compras, cheias dos objetos mais variados. As pessoas a caminho do trabalho olhavam para nós com pena; naqueles rostos se lia a infelicidade de não poderem nos oferecer nenhum tipo de veículo; a estrela amarela extravagante falava por si própria.

Só na rua é que os meus pais foram me revelando pouco a pouco todo o plano. Já fazia meses que retiravam de casa o máximo possível de móveis e roupas íntimas; tínhamos decidido ir para o esconderijo no dia 16 de julho. Por causa da convocação, o esquema foi adiantado em dez dias, de modo que teríamos de nos dar por satisfeitos com uma morada menos organizada.

O esconderijo ficava no prédio do escritório do papai. Para quem vem de fora é um pouco difícil de entender, e por isso vou descrevê-lo melhor. O papai nunca teve muitos funcionários: eram o sr. Kugler, o sr. Kleiman e a Miep, além da Bep Voskuijl, uma datilógrafa de 23 anos; todos cientes da nossa vinda. No armazém trabalhavam o sr. Voskuijl, o pai da Bep, e dois assistentes, a quem não havíamos dito nada.

O prédio é estruturado da seguinte forma: o grande armazém no térreo é usado como depósito, que, por sua vez, está subdividido em diversas seções, como a câmara de moagem, onde são moídos canela, cravo e substitutos de pimenta, e o estoque. Ao lado da porta do armazém fica a porta da casa, e, logo depois dela, há outra porta, que dá acesso para as escadas. No alto delas se chega a uma porta de vidro fosco, na qual se lia em letras pretas "escritório". Lá fica o escritório principal, enorme, bem iluminado, muito cheio. De dia trabalham lá a Bep, a Miep e o sr. Kleiman. Atravessando uma alcova com um cofre, um guarda-roupa e um armário de provisões, se chega ao escritório dos fundos, um espaço pequeno, cheirando a mofo e bastante escuro. Era lá que ficavam antigamente o sr. Kugler e o sr. van Daan; hoje em dia, só o primeiro. Também se pode chegar lá através do corredor, mas apenas por uma porta de vidro que pode ser aberta facilmente por dentro, mas não por fora. Saindo do escritório do sr. Kugler e seguindo por um corredor longo e estreito que ladeia o depósito de carvão, encontra-se ao final dele, depois de subir quatro degraus, o orgulho da casa: o escritório particular. Móveis escuros e imponentes, linóleo e tapetes sobre o piso, um rádio, um abajur sofisticado, tudo da melhor qualidade.

Ao lado, uma cozinha grande e espaçosa provida de um aquecedor de água e de um fogão de duas bocas ao lado do qual se encontra um banheiro. Esse é o primeiro andar. O corredor do térreo dá acesso a uma escada de madeira comum que conduz aos andares superiores.

No alto há um cômodo que chamam de patamar. Há duas portas nele. A da esquerda leva à área dos depósitos, ao sótão e à água-furtada, na frente da casa. Nessa parte do prédio há outra escada — longa, íngreme e genuinamente holandesa, dessas em que, numa queda, se pode quebrar o pescoço —, que conduz à segunda porta que dá para a rua.

À direita do patamar fica "o Anexo". Ninguém jamais suspeitaria que, por trás dessa porta simples, pintada de cinza, há tantos aposentos ocultos. É só subir um degrauzinho diante da porta para entrar. Em frente à porta se encontra uma escada íngreme; à esquerda, um corredorzinho e um quarto; este cômodo se tornaria a sala e o quarto da família Frank. Ao lado dele há um cômodo menor, que se tornaria o quarto e o escritório das duas garotas Frank. À direita da escada, um cômodo sem janelas, com uma pia e um cubículo com vaso sanitário, e outra porta de acesso ao nosso quarto. Depois de subir a escada e abrir a porta lá em cima, qualquer um ficaria espantado que numa casa tão antiga à beira do canal houvesse um aposento tão grande, claro e espaçoso. Nele há um fogão (graças ao fato de que antigamente ali funcionava o laboratório do sr. Kugler) e uma pia. Ou seja, a cozinha e o quarto do casal van Daan, além de uma sala de estar, uma sala de jantar e um escritório de uso comum. Um cômodo bem pequeno seria o quarto do Peter van Daan. De resto, como na parte da frente, um sótão e uma água-furtada. Pois muito bem, acabo de lhe apresentar o nosso aprazível Anexo de cabo a rabo!

Sua Anne

1º andar 2º andar 3º andar

•

SEXTA-FEIRA, 10 DE JULHO DE 1942

Querida Kitty,

É bem provável que eu tenha aborrecido você com a minha extensa descrição da nossa morada, mas é que eu acho fundamental que você saiba onde foi que eu vim parar; como eu vim parar aqui você vai descobrir nas próximas cartas.

Mas, antes disso, segue a continuação do meu relato, já que eu ainda não terminei, sabe. Assim que chegamos no número 263 da Prinsengracht, a Miep nos conduziu pelo longo corredor e subiu a escada de madeira direto para o Anexo. Fechou a porta depois que entramos; estávamos sozinhos. A Margot tinha vindo de bicicleta e já estava esperando por nós.

A nossa sala de estar e todos os outros aposentos estavam tão cheios de tralhas, que a bagunça era indescritível. Todas as caixas de papelão que tinham sido mandadas para o escritório ao longo dos últimos meses estavam no chão e em cima das camas. O quarto menor tinha pilhas de roupa de cama que chegavam até o teto. Se quiséssemos dormir aquela noite em camas decentemente feitas, tínhamos de pôr a mão na massa imediatamente. A mamãe e a Margot não tinham condições de mexer mais um dedo — estavam deitadas direto no colchão, cansadas, exaustas e sabe lá mais o quê; mas o papai e eu, os dois organizadores da família, queríamos arregaçar logo as mangas.

Passamos o dia inteiro abrindo caixas e colocando as coisas dentro dos armários, martelando e arrumando até de noite, quando, mortos de cansaço, desabamos nas camas recém-arrumadas. Não fizemos nenhuma refeição nesse dia, mas isso não importava; a Margot e a mamãe estavam cansadas e agitadas demais para comer, e o papai e eu tínhamos muito trabalho pela frente.

Na terça de manhã retomamos o trabalho de onde tínhamos parado. A Bep e a Miep trouxeram as compras que tinham feito com os nossos cupons de racionamento. O papai melhorou o blecaute, e nós esfregamos o chão da cozinha, trabalhando de manhã até de noite. Até quarta eu não tinha tido tempo para refletir sobre a grande mudança na minha vida. Só então, desde a nossa chegada ao Anexo, que tive um momento para narrar a você os acontecimentos e, ao mesmo tempo, de me dar conta do que estava acontecendo comigo e do que ainda estava por acontecer.

Sua Anne

•

SÁBADO, 11 DE JULHO DE 1942

Querida Kitty,

O papai, a mamãe e a Margot ainda não se acostumaram com as badaladas no campanário da Westertoren, que informam a hora a cada quinze minutos. Já eu logo passei a achar aquilo bastante agradável, principalmente à noite, quando tinha um toque de familiaridade. Imagino que você deva querer saber como eu me sinto na condição de clandestina; bem, só posso dizer que nem eu mesma sei.

Acho que aqui nunca vou me sentir em casa, o que também não quer dizer que eu considere o lugar terrível, eu me sinto mais é numa pensão peculiar onde vim passar as férias. Um jeito estranho de ver a clandestinidade, mas é assim mesmo. Apesar de úmido e desnivelado, o Anexo é o esconderijo ideal; nenhum lugar em toda Amsterdã, em toda a Holanda talvez, teria sido decorado e preparado com um resultado tão aconchegante quanto este.

O nosso quartinho era até então completamente árido com as paredes nuas; graças ao papai, que havia trazido antes toda a minha coleção de cartões e cartazes com estrelas de cinema, passei cola com um pincel em todas as paredes e transformei o quarto numa gravura só. Isso deixa o lugar muito mais alegre, e, quando os van Daan chegarem, vamos trazer a madeira que está no sótão para construir alguns armários pequenos e outras quinquilharias.

A Margot e a mamãe estão com uma aparência um tiquinho melhor. Ontem, pela primeira vez, a mamãe quis preparar uma sopa de ervilha, mas, enquanto batia papo, se esqueceu da sopa, que queimou tanto que as ervilhas ficaram pretas feito carvão e grudaram tanto na panela que não conseguimos removê-las.

Ontem à noite nós quatro nos reunimos e fomos para o escritório particular, onde sintonizamos a rádio inglesa. Eu estava com tanto medo de que alguém ouvisse que literalmente implorei ao papai que fôssemos para o andar de cima. A mamãe entendeu o meu medo e subiu comigo. Não importava o que fizéssemos, tínhamos medo de que os vizinhos nos vissem ou ouvissem. Logo no primeiro dia, costuramos as cortinas, embora não sejam exatamente cortinas, porque não passam de alguns retalhos de forma, qualidade e desenhos dos mais diversos, que o papai e eu costuramos uns nos outros da maneira mais torta e amadora. Com tachinhas, essas obras de arte foram fixadas diante das janelas para ficarem lá até o fim dos nossos dias de clandestinidade.

O prédio da direita é uma filial da Keg, uma empresa de Zaandam; o da esquerda, uma fábrica de móveis, de modo que mesmo após o expediente algum ruído poderia chegar até eles. Proibimos a Margot de tossir à noite apesar do resfriado danado que ela pegou, e damos para ela uma quantidade enorme de codeína.

Estou ansiosa pela chegada dos van Daan, marcada para a terça-feira — o ambiente vai ficar mais animado e menos silencioso. É justamente o silêncio que me deixa tão nervosa, e eu daria qualquer coisa para que um dos nossos protetores dormisse aqui.

Não que nós estejamos mal aqui, porque podemos cozinhar nós mesmos e até ouvir rádio aqui embaixo, no escritório do papai. O sr. Kleiman, a Miep e a Bep Voskuijl nos ajudaram tanto!

Já temos ruibarbo, morangos e cerejas, e não acho que, por enquanto, vamos ficar entediados aqui. Leitura nós também temos e ainda vamos comprar um monte de jogos. É claro que sair e olhar pela janela está proibido. Também temos de andar de mansinho para não sermos ouvidos lá embaixo.

Ontem nós tivemos um trabalhão tirando o caroço de duas cestas de cereja para a fábrica. O sr. Kugler queria usá-las para fazer conservas.

Com os caixotes de cereja nós fizemos prateleiras para os livros.

Tem alguém me chamando.

Sua Anne

•

COMENTÁRIO ACRESCENTADO POR ANNE EM 28 DE SETEMBRO DE 1942

Eu fico mais nervosa do que consigo expressar com o fato de nunca poder sair para a rua e morro de medo de que nos descubram e nos matem com tiros. Essa, é claro, é uma perspectiva bem menos agradável.

•

DOMINGO, 12 DE JULHO DE 1942

Hoje faz um mês do meu aniversário, o que explica porque todo mundo tem me tratado tão bem, mas começo a sentir que estou ficando mais distante da mamãe e da Margot; hoje eu dei duro no trabalho, e elas me elogiaram bastante, mas cinco minutos depois voltaram a apontar meus defeitos.

Qualquer um logo veria como tratam diferente a Margot e a mim. Um exemplo foi quando a Margot fez o aspirador pifar, o que nos fez ficar sem luz o dia inteiro. A mamãe lhe disse em alemão:

— Minha filha, está na cara que você não está acostumada a fazer trabalhos domésticos, senão você ia saber que não se desliga o aspirador de pó arrancando o fio da tomada.

A Margot resmungou algo e a coisa morreu aí.

Mas hoje à tarde eu quis reescrever alguns itens da lista de compras da mamãe, porque a letra dela é quase ilegível, e ela não deixou e me passou um sabão bem passado no qual toda a família se meteu.

Eu não combino com eles, e esse sentimento vem crescendo mais e mais nos últimos tempos. Eles formam um trio tão sentimental, que prefiro ficar sozinha. Depois ainda falam como é agradável estarmos os quatro juntinhos e como nos damos bem. Não passa nem um segundo pela cabeça de ninguém que eu não compartilho esse sentimento.

O papai é o único que de vez em quando me entende, mas, no geral, fica do lado da mamãe e da Margot. Eu também não suporto quando parecem agir como se não se conhecessem e comentam o quanto eu chorei e como sou sensível; isso é insuportável; às vezes também falam da Moortje e eu não suporto, porque esse é o meu ponto fraco. Sinto saudade da Moortje a cada minuto do dia, e ninguém faz ideia do quanto eu penso nela; e sempre que penso nela os meus olhos ficam marejados. A Moortje é um amorzinho e eu a amo tanto que sonho com frequência que ela voltou.

Eu tenho sonhado aqui todas as noites, mas a verdade é que vamos ter de ficar confinados até a guerra terminar. Nunca podemos sair, e as únicas visitas que podemos receber são as da Miep, do seu marido Jan, da Bep Voskuijl, do sr. Voskuijl, do sr. Kugler e do sr. e da sra. Kleiman, se bem que a sra. Kleiman não vem porque ela acha perigoso demais.

•

COMENTÁRIO ACRESCENTADO POR ANNE EM SETEMBRO DE 1942

O meu querido papai é mesmo um amor. E ele me entende tão bem; eu gostaria de abrir meu coração para ele sem logo me debulhar em lágrimas, mas parece que isso tem a ver com a minha idade. Gostaria de escrever sem parar, mas isso também acabaria sendo tedioso.

Até agora quase que me limitei a expressar pensamentos no meu diário, sem nenhuma história emocionante que eu pudesse um dia ler em voz alta. Mas, no futuro, eu vou deixar de ser ou vou ser menos sentimental e me ater mais à realidade.

•

SEXTA-FEIRA, 14 DE AGOSTO DE 1942

Querida Kitty,

Eu deixei você a ver navios durante um mês inteiro, mas é que também não é todo dia que eu tenho alguma novidade divertida para contar. Os van Daan chegaram no dia 13 de julho. Era para eles virem no dia 14, mas, como os alemães foram deixando as pessoas mais e mais inquietas mandando convocações a torto e a direito entre os dias 13 e 16 de julho, eles acharam mais seguro desaparecer um dia antes que um dia depois.

Às nove e meia da manhã (nós ainda estávamos sentados à mesa do café da manhã), chegou Peter van Daan, um varapau desengonçado de 16 anos, bastante tímido e com cara de chato cuja companhia não tinha nada de promissora. O sr. e a sra. van Daan chegaram meia hora depois; ela, para o divertimento geral, com um penico enorme dentro de uma chapeleira.

— Eu não me sinto em casa em lugar nenhum sem o penico — explicou.

O penico também foi o primeiro objeto a receber o seu lugar fixo: embaixo do divã que fazia as vezes de cama. Já o sr. van Daan não trazia um penico, mas carregava debaixo do braço uma mesinha de chá dobrável.

No primeiro dia fizemos uma agradável refeição juntos; passados três dias, nós sete já sabíamos que tínhamos nos tornado uma grande família. Não preciso nem dizer que os van Daan tinham muito o que contar sobre essa semana a mais que permaneceram no mundo povoado. Antes de mais nada, queríamos muito saber o que tinha acontecido com a nossa casa e com o sr. Goldschmidt.

O sr. van Daan fez o relato:

— Na segunda, às nove da manhã, o sr. Goldschmidt nos ligou pedindo que eu passasse na casa dele. Fui na mesma hora e o encontrei todo agitado. Ele me mostrou um bilhete que a família Frank tinha deixado e, seguindo as instruções, levou a gatinha para a casa dos vizinhos, o que me pareceu uma excelente ideia. Ele estava com medo de que fossem vasculhar a casa; por isso, percorremos todos os aposentos, arrumando tudo um pouco e limpando a mesa de refeições. Foi quando eu encontrei na escrivaninha da sra. Frank um bloco de anotações com um endereço em Maastricht. Mesmo sabendo que ela não tinha deixado o endereço por acaso, fingi estar surpreso e pedi ao sr. Goldschmidt que queimasse urgentemente aquele papel funesto. Eu tinha reforçado o tempo todo que não sabia nada do sumiço de vocês, mas, depois de ler o bilhete, tive uma ideia ótima. Eu disse: "Sr. Goldschmidt, me ocorreu agora com o que isso pode ter a ver. Eu me lembro bem de que, há mais ou menos seis meses, esteve no escritório um oficial de alto escalão que revelou ser um amigo do sr. Frank de quando eram jovens que tinha prometido ajudá-lo em caso de necessidade e que, de fato, morava em Maastricht. Imagino que o tal oficial manteve a palavra e queria de um jeito ou de outro levá-lo para a Bélgica e, de lá, para a Suíça. Peço ao senhor que passe para a frente essa informação a todos os conhecidos que eventualmente perguntem pelos Frank, mas, claro, omitindo a parte sobre Maastricht." Fui embora então. A maior parte dos seus conhecidos ficou sabendo disso, porque eu ouvi de várias fontes essa mesma história.

Achamos o relato engraçadíssimo, mas rimos ainda mais da imaginação das pessoas quando o sr. van Daan nos falou de outros conhecidos. Uma família da praça Merwede tinha nos visto passar de bicicleta cedo pela manhã e uma senhora jurava de pés juntos que um veículo militar tinha passado de madrugada e nos obrigaram a entrar nele.

Sua Anne

•

SEXTA, 21 DE AGOSTO DE 1942

Querida Kitty,

Só agora o nosso esconderijo se transformou num verdadeiro esconderijo. Isso porque o sr. Kugler achou que seria bom colocar uma estante diante da porta de acesso (já que estão revistando cada vez mais casas em busca de bicicletas escondidas), mas uma estante que pode ser aberta como uma porta. Foi o próprio sr. Voskuijl quem a construiu. (Nós informamos ao sr. Voskuijl que somos sete escondidos, e ele tem ajudado bastante.)

Quando queremos descer, temos primeiro de nos abaixar para então pular. Depois de três dias, estamos todos com a testa cheia de galos porque damos com a cabeça na porta baixa. O Peter pregou um pano com serragem dentro para suavizar as pancadas ao máximo. Vamos ver se funciona!

Não tenho estudado muito, me dei férias até setembro. O papai quer me dar aulas, mas, para isso, temos de comprar de novo todo o material escolar.

A vida aqui não varia muito. Hoje o Peter lavou o cabelo, o que não tem nada de especial. O sr. van Daan e eu estamos sempre nos bicando. A mamãe me trata sempre como se eu fosse uma bebê, o que eu não suporto. De resto, tudo está um pouco melhor. Eu ainda não consegui simpatizar com o Peter; ele é um garoto chato e preguiçoso que passa o dia inteiro na cama; de vez em quando faz algum trabalho braçal, mas logo depois volta para a cama. É mesmo uma anta!

Hoje de manhã a mamãe deu outro daqueles sermões que nós estamos carecas de ouvir. As nossas visões são completamente opostas. Já o papai é um doce; mesmo quando às vezes passa cinco minutos zangado comigo.

Lá fora está fazendo um calor agradável, e nós, apesar de tudo, conseguimos tirar o maior proveito dele, esticados sobre a cama dobrável do sótão.

Sua Anne

•

COMENTÁRIO ACRESCENTADO POR ANNE EM 21 DE SETEMBRO DE 1942

O sr. van Daan tem sido extremamente gentil comigo ultimamente, e eu só fico quieta e aproveito.

•

QUARTA-FEIRA, 2 DE SETEMBRO DE 1942

Querida Kitty,

O sr. e a sra. van Daan brigaram feio. Foi a primeira vez que vi algo assim, já que o papai e a mamãe jamais sonhariam em gritar desse jeito um com o outro. O motivo era algo tão banal que não vale a pena gastar uma única palavra para contar. Enfim, cada um sabe o que faz.

Não há dúvida de que é extremamente desagradável para o Peter, que fica entre os dois, mas ninguém o leva a sério, já que ele é preguiçoso e de uma mesquinharia sem igual. Ontem ele estava morto de preocupação porque a língua dele ficou azul. Esse fenômeno desapareceu tão rápido quanto apareceu. Hoje ele está circulando com o cachecol grosso enrolado do pescoço, porque está com torcicolo, e não para de reclamar de umas pontadas de dor na lombar. Também já se acostumou às dores que alternam entre o coração, os rins e os pulmões. É um hipocondríaco de marca maior! (É esse o termo, não é?)

A sra. van Daan e a mamãe também não são as melhores amigas. Razões para a inimizade é que não faltam; para dar um exemplo bobo: a sra. van Daan tirou do guarda-roupa comum todos os lençóis, deixando só três. Com certeza supôs que os jogos de cama da mamãe podiam ser usados pela família inteira. Que decepção ela não vai ter quando descobrir que a mamãe seguiu seu exemplo.

Além disso, a madame deve estar se corroendo por dentro por estarmos usando a louça dela, e não a nossa. Ela não para de tentar descobrir o que houve com os nossos pratos; eles estão mais perto do que ela imagina: no sótão, dentro de caixas de papelão, atrás de uma pilha de material publicitário da Opekta. Enquanto estivermos escondidos, não temos acesso aos pratos. Ainda bem! Isso é bom, porque volta e meia eu causo algum acidente; ontem mesmo espatifei um prato fundo da louça da madame.

— Ei! — exclamou, furiosa. — Você poderia ter mais cuidado? Eles são os únicos pertences que me restam!

Por favor, leve em consideração, Kitty, que as duas senhoras aqui falam um holandês deplorável (dos senhores eu não me atrevo a dizer nada; eles ficariam ofendidíssimos). Se você ouvisse como arranham o holandês aqui, daria gargalhadas. Já nem prestamos mais atenção, corrigir não adianta de nada. Enquanto estiver escrevendo sobre a mamãe ou a sra. van Daan, não vou reproduzir a pobreza de linguagem, mas sim um holandês mais correto.

Na semana passada tivemos uma pequena interrupção na nossa vida monótona, por causa de um livro sobre mulheres e o Peter. Você precisa saber que a Margot e o Peter estão autorizados a ler praticamente todos os livros que o sr. Kleiman nos empresta, mas esse livro específico sobre um tema feminino os adultos preferiram guardar para si. Isso logo despertou a curiosidade do Peter. De que assunto proibido se tratava? Pegou escondido o livro da mãe enquanto ela estava conversando no andar de baixo e levou o butim para a água-furtada do sótão.

Dois dias se passaram sem problemas; a sra. van Daan soube desde o início que fim o livro tinha levado, mas não abriu a boca até o sr. van Daan descobrir. Ele ficou furioso, pegou o livro de volta e achou que o assunto estava encerrado. No entanto, subestimou a curiosidade do filho, que não se deixou abalar pela reação enérgica do pai. O Peter pensou de que manhas podia lançar mão para terminar a leitura daquele livro tão interessante.

A mãe dele, nesse meio-tempo, foi pedir a opinião da mamãe sobre o assunto. Ela não achou o livro apropriado para a Margot, mas, de resto, não via mal nenhum na maioria deles.

— Existe uma grande diferença entre a Margot e o Peter, sra. van Daan — comentou a mamãe. — Em primeiro lugar, a Margot é uma menina, e as meninas são mais maduras que os meninos; em segundo lugar, a Margot já leu outros livros sérios e não fica atrás nem mesmo de coisas que deixaram de ser proibidas para ela; em terceiro, a Margot é bem mais desenvolvida e ajuizada, o que é o resultado de quatro anos no HBS, uma excelente escola.

A sra. van Daan concordou, ainda que tenha achado errado por uma questão de princípios deixar garotos e garotas lerem livros para adultos.

Nesse meio-tempo, o Peter tinha descoberto uma hora em que ninguém estaria interessado no livro nem nele. Às sete e meia, quando toda a família estava no escritório particular escutando rádio, ele levou o seu bem precioso de novo até a água-furtada. Às oito e meia já deveria ter descido, mas, como o livro era interessante, perdeu a noção de tempo e, justamente quando ia descer as escadas do sótão, o pai entrou no aposento. O desenrolar foi óbvio: um safanão, uma bofetada, um empurrão, o livro sobre a mesa e o Peter no chão.

Em meio a essa situação chegou a hora do jantar. O Peter ficou lá em cima, ninguém nem perguntou por ele, que foi para a cama de estômago vazio. Conversando alegremente, jantávamos quando ouvimos um silvo penetrante; todos pousamos os talheres e nos entreolhamos com o semblante pálido e assustado.

Escutamos então, pela chaminé, a voz do Peter, que dizia:

— Não estou nem aí para vocês. Não vou descer.

O sr. van Daan se levantou de súbito, o guardanapo caindo no chão, e gritou, com o rosto rubicundo:

— Agora ele passou dos limites!

O papai o pegou pelo braço, receoso do que estava por vir, e lá se foram os dois para o sótão. Depois de resistir e espernear, o Peter acabou indo parar no seu quarto; a porta se fechou, e nós continuamos comendo.

A sra. van Daan quis guardar um sanduíche para o seu queridinho, mas o senhor seu marido se opôs terminantemente.

— Se ele não pedir desculpas logo, vai ter de dormir na água-furtada.

Todos protestamos e dissemos que ficar sem comer já era castigo demais. Ele poderia pegar um resfriado e não haveria como chamar um médico.

O Peter não pediu desculpa e foi de novo parar na água-furtada. O sr. van Daan deixou o ocorrido para lá, mas reparou na manhã seguinte que a cama do Peter estava desfeita. Às sete já tinha voltado para o sótão, mas se viu forçado a descer pelas palavras afáveis do papai. Depois de três dias de cara feia e de um silêncio persistente, tudo voltou ao normal.

Sua Anne

•

SEGUNDA, 21 DE SETEMBRO DE 1942

Querida Kitty,

Hoje eu vou contar em linhas gerais as notícias do Anexo. Acima do divã-cama foi instalada uma lâmpada bem simples com uma cordinha que basta eu puxar para acender caso haja algum tiroteio. Por enquanto não posso usá-la, já que a nossa janela fica entreaberta dia e noite.

Os homens van Daan construíram um armário cinzelado que é usado como despensa, com tela apanha-moscas e tudo. Esse objeto glorioso se encontrava até então no quarto do Peter, mas, para ficar num ambiente mais ventilado, foi levado para o sótão. No seu antigo lugar agora fica uma prateleira. Eu tinha sugerido pôr lá a mesa com uma toalhinha bonita e pregar um dos armariozinhos onde agora está mesa. Assim, aquele cantinho dele se tornaria um lugar aconchegante, ainda que eu não fosse gostar nem um pouco de dormir lá.

A sra. van Daan é insuportável. Ela não para de me passar sermão lá de cima por causa da minha tagarelice. Não estou nem aí para eles dois!

Agora a novidade é que a madame não quer mais lavar panelas. Se sobra um tiquinho de comida no fundo de alguma, em vez de passar para uma tigela, ela o deixa na panela até apodrecer. E, quando depois do almoço vê o tanto de panelas que a Margot tem de lavar, a madame exclama:

— Ai, meu bem, quanto trabalho!

O sr. Kleiman, semana sim, semana não, traz para mim alguns livros escritos para garotas da minha idade. Fiquei toda empolgada com a série da Joop ter Heul.

A Cissy van Marxfeldt é das que eu mais gosto. Eu cheguei a ler *Een Zomerzotheid* [*Uma loucura de verão*] quatro vezes e ainda hoje rio das situações burlescas.

O papai e eu estamos às voltas com a genealogia da família dele, e ele vai contando detalhes de cada um dos membros.

Recomecei os estudos. Mergulhei no francês e me forço a decorar diariamente cinco verbos irregulares. Mas fico muito chateada por ter me esquecido de praticamente tudo o que aprendi na escola.

O Peter voltou a estudar inglês em meio a suspiros. Alguns dos livros didáticos tinham acabado de chegar, assim como um estoque de cadernos, lápis, borrachas e etiquetas que eu havia trazido de casa.

O Pim (apelido carinhoso do papai) faz questão de aprender holandês. Sempre quis ajudá-lo, como retribuição pela ajuda dele com o francês e outras matérias. Mas ele comete cada erro que vou te contar...!

Às vezes eu sintonizo a rádio Oranje; há pouco tempo o príncipe Bernhard fez um discurso.

Por volta de janeiro vão ter um bebê, anunciou. Fiquei contente com a notícia; ninguém aqui entende como eu possa ser fã da família real.

Algumas noites atrás ficaram comentando o quanto eu ainda não sei nada, o que me motivou a, a partir do dia seguinte, pôr mãos à obra; não tenho a menor vontade de, com 14 ou 15 anos, estar muito atrasada na escola. Nessa conversa falaram que eu ainda não tenho permissão para ler praticamente nada. A mamãe está lendo no momento *Heeren, vrouwen, knechten* [*Senhores, senhoras e lacaios*]; como sempre, um livro proibido para mim (para a Margot, não!); preciso ser tão madura quanto a minha talentosa irmã. Em seguida, falaram de como eu não sei nada de filosofia, psicologia e fisiologia (fui logo consultar o significado desses conceitos complicados no dicionário Koenen!), e eu não sei nada mesmo. Quem sabe até o ano que vem eu já esteja mais madura! Cheguei à preocupante conclusão de que eu não tenho nada para o inverno além de um vestido de manga comprida e três casaquinhos. O papai me autorizou a tricotar um suéter de lã de cordeiro branca — a verdade é que a lã não é nenhuma maravilha, mas deve dar conta do frio. Nós temos outras roupas na casa das pessoas, mas, infelizmente, só podemos buscá-las depois que a guerra acabar, se é que ainda estarão lá.

Quando eu estava escrevendo para você sobre a sra. van Daan, a própria apareceu, e, vupt, fechei o diário.

— Poxa, Anne, não posso nem dar uma olhadinha?

— Não, senhora.

— Nem mesmo uma única página?

— Nem mesmo uma única página, senhora.

Levei um susto daqueles, porque na página anterior eu tinha acabado de descrevê-la com termos bem pouco gentis.

Todo dia acontecem incidentes como esse, mas que cansaço e que preguiça escrever tudo isso!

Sua Anne

•

SEXTA, 25 DE SETEMBRO DE 1942

Querida Kitty,

O papai tem um velho conhecido, o sr. Dreher, um homem na casa dos 70 anos, surdo feito uma porta, doente e pobre, que leva para cima e para baixo um apêndice desagradável: uma mulher vinte e sete anos mais jovem, igualmente pobre, com braços e pernas cobertos de braceletes e argolas falsos e genuínos, resquícios de dias melhores. Esse tal sr. Dreher já foi motivo de grande aborrecimento para o papai, que eu admirava pela paciência de Jó quando atendia as ligações do velho ridículo. Quando nós ainda morávamos em casa, a mamãe sempre sugeria que ele pusesse ao lado do telefone um gramofone que dissesse a cada três minutos "sim, sr. Dreher" e "não, sr. Dreher", já que o velhinho não entendia nada das respostas detalhadas do papai.

Hoje o dito-cujo ligou para o escritório e perguntou ao sr. Kugler se ele poderia ir vê-lo. O sr. Kugler não estava com a menor vontade e preferiu lhe mandar a Miep. Mas a Miep ligou desmarcando. A sra. Dreher ligou em seguida, mas, como a Miep supostamente estava fora a tarde inteira, teve de imitar ao telefone a voz da Bep. Lá embaixo (no escritório) e aqui em cima, o incidente provocou gargalhadas, e agora, sempre que o telefone toca, a Bep diz "É a sra. Dreher!", e a Miep já atende rindo e trata quem está do outro lado da linha com muita descortesia. Pois é, não existe igual no mundo uma empresa-manicômio como a nossa, em que os diretores e as secretárias se divertem à beça uns com os outros.

Às vezes, à noite, eu fico com os van Daan para bater papo. Comemos uns biscoitos-naftalina de caramelo (a lata de biscoitos era guardada num guarda-roupa impregnado de naftalina) e nos divertimos. Outro dia, na conversa, falamos do Peter. Contei que ele sempre dava tapinhas na minha bochecha e que eu não gostava nem um pouco disso. Então eles me perguntaram, como pais costumam fazer, se eu não conseguiria me apaixonar por ele, já que estava claro que o Peter gostava de mim. "Era só o que me faltava!", pensei, mas só disse que não. Imagina só! Disse então que ele era um pouco estabanado e que eu o considerava tímido. O típico rapaz que ainda não teve muito trato com as moças.

Eu tenho de reconhecer que a comissão do Anexo (departamento masculino) é muito criativa. Olha só a última que eles inventaram para fazer com que uma mensagem nossa chegasse às mãos do sr. Broks, um conhecido representante da Opekta e que escondia algumas das nossas coisas. Escrevem à máquina uma carta para um lojista, um cliente da Opekta na Flandres zelandesa, que inclui um formulário a ser preenchido e o envelope no qual enviá-lo de volta. O papai anota o endereço no envelope. Quando o envelope voltar da Flandres zelandesa, é só tirar o formulário do cliente e colocar uma carta escrita à mão no lugar, então fica evidente que o papai está vivo. Assim, o tal Broks lê a carta sem desconfiar de nada. Escolheram a Flandres zelandesa justamente pela proximidade com a Bélgica, de modo que a carta pode ter atravessado a fronteira com facilidade e porque ninguém pode ir para lá sem um visto. Um representante comum como o Broks não conseguiria essa permissão.

Ontem o papai aprontou mais uma. Ele estava tonto de sono e foi para a cama cambaleando. Estava com os pés frios, por isso lhe emprestei as minhas pantufas. Cinco minutos depois, porém, as pantufas estavam outra vez ao lado da cama. A luz acesa o estava incomodando e ele cobriu a cabeça com o cobertor. Quando a luz se apagou, ele tirou a cabeça de baixo das cobertas lentamente. Foi hilário. Nesse momento mencionamos o fato de o Peter chamar a Margot de "tia", então ouvimos das profundezas a voz do papai:

— Tia-Maria.

A Mouschi, a gata, fica a cada dia que passa mais amorosa, especialmente comigo, mas eu ainda tenho um pouco de medo dela.

Sua Anne

•

DOMINGO, 27 DE SETEMBRO DE 1942

Querida Kitty,

Hoje eu tive uma suposta "discussão" com a mamãe. Mas o pior é que eu logo começo a chorar, não consigo evitar. O papai é *sempre* um amor comigo, ele também me entende melhor. Pois é, nessas horas é que eu não suporto a mamãe, dá logo para ver que eu sou uma estranha para ela, que ela não sabe nem como eu penso sobre as coisas mais simples.

Estávamos falando de empregadas domésticas e de como deveriam ser chamadas de "auxiliares domésticas", o que, principalmente depois que a guerra acabar, com certeza vai ser obrigatório.

Eu achava isso pouco provável de imediato, e foi então que ela disse que para mim tudo é "depois" e que eu me dou um ar de madame, mas nada disso é verdade; além do mais, eu também tenho o direito de construir os meus castelos de areia no ar, não há nada de errado nisso, e ninguém precisa me levar tão a sério. Ainda bem que o papai me defende, sem ele eu não suportaria estar aqui.

Com a Margot eu também não me dou tão bem assim. Apesar de não haver na nossa família explosões de raiva como lá em cima, na maior parte do tempo paira no ar algo de desagradável. Eu não entendo a Margot e a mamãe. Eu entendo melhor as minhas amigas que a minha própria mãe. Isso não é uma pena?

A sra. van Daan está de mau humor, para variar; ela é muito melindrosa e com frequência fecha produtos de uso comum a sete chaves. É uma pena a mamãe não reagir ao sumiço de um bem adquirido pelos van Daan com o sumiço de um bem adquirido pelos Frank.

Algumas pessoas parecem gostar muito de educar não só as próprias crianças mas também as dos conhecidos, como é o caso dos van Daan. A Margot não precisa aprender mais nada — ela é a personificação da bondade, da afabilidade e da inteligência; eu, no entanto, carrego o excedente da cota de marotagem dela. Os van Daan várias vezes disparam do outro lado da mesa reprimendas às minhas respostas malcriadas. O papai e a mamãe sempre me defendem ferozmente; sem eles, eu não me atreveria a começar o bate-boca. Apesar de sempre me aconselharem a falar menos, a ser menos intrometida e mais modesta, eu sempre saio perdendo. Se o papai não fosse tão paciente, eu já teria perdido há muito tempo a esperança de atender às expectativas pra lá de modestas dos meus pais.

Se me sirvo pouco de algum legume que não gosto e acabo colocando mais batatas, os van Daan — principalmente a madame — não aguentam ver o quanto sou mimada.

— Vamos lá, Anne, mais um pouquinho só! — logo diz ela.

— Não, senhora, obrigada — digo. — As batatas já dão.

— Comer legumes é muito saudável, a sua mãe mesmo diz; mais um pouquinho — insiste ela, até que o papai intervém e me apoia na minha recusa.

É quando a madame fica furiosa.

— Vocês deviam é ter estado conosco em outras épocas; as crianças eram pelo menos educadas, porque isso aqui não é educação. A Anne é mimada que só; eu jamais aceitaria isso. Se ela fosse filha minha...

É sempre assim que começa e termina uma enxurrada ininterrupta de palavras dela. "Se ela fosse filha minha..." Ainda bem que não sou.

Mas, voltando ao nosso tema da educação dos filhos, após as últimas e inequívocas palavras da sra. van Daan, houve silêncio. Então o papai respondeu:

— Já eu acho a Anne muito bem-educada; ela pelo menos já aprendeu o suficiente para não se dar ao trabalho de replicar aos longos sermões da madame. E, em relação aos legumes, tudo o que posso dizer é que a madame também tem das suas.

A dita-cuja ficou completamente transtornada. Esse "também tem das suas", claro, fazia referência direta ao fato de a sra. van Daan não tolerar comer feijões ou qualquer tipo de couve à noite, porque senão solta "ventosidades". Mas isso até eu mesma podia dizer. Que cretina, ela, não? Enfim, pelo menos agora ela fica de boca fechada a meu respeito.

É engraçadíssimo ver como a sra. van Daan fica corada. Já eu, não fico, o que deve fazer com que ela se corroa de inveja por dentro.

Sua Anne

•

SEGUNDA-FEIRA, 28 DE SETEMBRO DE 1942

Querida Kitty,

Eu ainda tinha muito a escrever ontem, mas precisei parar. Eu não consigo resistir à tentação de contar a você outra briga ocorrida, mas, antes de mais nada, é o seguinte: fico impressionada com a facilidade e a rapidez com que os adultos começam a brigar por qualquer bobagem. Eu sempre achei que as pequenas rixas eram um hábito infantil que se superava mais tarde. É claro que tem vezes em que algo realmente justifica uma briga "de verdade", mas esses bate-bocas aqui não passam de pequenas rixas. Eu já devia estar acostumada à ideia de que esses atritos são cotidianos, mas esse não é nem será o caso enquanto meu nome for citado em toda discussão (emprego este último termo em vez de "briga", erroneamente, claro, mas em alemão não se faz diferença entre eles).

Eles não têm dó nem piedade, não mesmo — o meu jeito, a minha personalidade, os meus modos, tudo é passado em revista de cima a baixo e de baixo a cima e vira fofoca. Além disso, tem uma coisa a que não estou nem um pouco acostumada: palavras duras e gritaria dirigidas a mim. Eu não aguento! Não tenho a menor intenção de deixar essas ofensas pairarem sobre mim. Vou mostrar a eles que a Anne Frank não nasceu ontem; eles vão ficar de queixo caído e calar o bico quando eu deixar bem claro que eles não devem reavaliar a minha educação, mas sim a deles próprios. Que maneira de agir é essa? Isso é coisa de bárbaros. Eu vivo perplexa com a falta de modos e, mais que tudo, com a estupidez (da sra. van Daan). Assim que eu me sentir pronta, o que não vai demorar muito para acontecer, vou responder às palavras deles sem papas na língua, e aí é que vão mudar de tom! Será que vão continuar me achando mal-educada, cabeça-dura, birrenta, convencida, boba, preguiçosa etc. etc., como dizem lá em cima? Eu sei que cometo erros e que tenho lá os meus defeitos, mas eles exageram demais! Se você soubesse, Kitty, como o meu sangue às vezes ferve quando xingam e batem boca... Não falta muito para a raiva que eu engulo explodir.

Eu sei que já chateei demais você falando dessas discussões, mas é que eu não posso deixar de contar uma bastante interessante que aconteceu à mesa.

Conversa vai, conversa vem, começamos a falar da modéstia excessiva do Pim. Essa modéstia é fato consumado e nem mesmo a pessoa mais burra questionaria. Eis que exclama a sra. van Daan, que sempre puxa a conversa para o seu lado:

— Eu também sou muitíssimo modesta, até mais que o meu marido!

Você acredita nisso?! Essa afirmação por si só já indica o quanto ela não é modesta.

O sr. van Daan, que se sentiu obrigado a esclarecer o "até mais que o meu marido", disse com a maior calma:

— Eu nem quero ser modesto. Eu sempre soube que os imodestos chegam mais longe na vida que os modestos. — E se voltou para mim: — Não seja modesta, Anne, porque aí você não vai chegar longe.

A mamãe concordou plenamente com esse ponto de vista, mas a sra. van Daan, como sempre, fez questão de dar a sua opinião. Dessa vez, porém, não se voltou diretamente para mim, mas sim para os meus pais.

— Que concepção de vida mais estranha a de vocês para dizer à Anne algo do tipo. Na minha juventude não se pensava assim, e tenho certeza de que atualmente também não se pensa, exceto na família moderna dos senhores!

Este último comentário aludia ao método de educação apregoado mais de uma vez pela mamãe. A sra. van Daan estava com o rosto afogueado de exaltação. Quem se exalta fica cada vez mais esbraseado e não demora para ser derrotado pelo oponente.

A mamãe, sem corar, que queria dar um fim à discussão o mais rápido possível, refletiu logo antes de responder:

— Sra. van Daan, eu também sou da opinião de que de fato é melhor sermos menos modestos na vida. O meu marido, a Margot e o Peter sãos modestos demais. O seu marido, a senhora, a Anne e eu não chegamos a ser imodestos, mas não deixamos ninguém passar por cima de nós com facilidade.

A sra. van Daan:

— Minha senhora, não entendo o que a senhora está dizendo! Eu, sinceramente, sou modesta demais. O que foi que deu na senhora para me considerar imodesta?

A mamãe:

— Sem dúvida a senhora não é imodesta, mas exatamente modesta eu também não a consideraria.

A sra. van Daan:

— Eu gostaria de saber por que eu sou imodesta?! Se eu não cuidasse de mim mesma, ninguém mais o faria, e aí eu morreria de fome. É justamente por isso que eu sou de fato tão modesta quanto o seu marido.

Diante dessa autodefesa absurda, a mamãe só conseguiu rir, o que irritou a sra. van Daan, que embelezou o seu relato com uma longa série de formulações num germano-holandês e num holando-alemão maravilhosos, até que a grande oradora começou a tropeçar nas próprias palavras de tal modo que, por fim, se levantou da cadeira e fez menção de sair do aposento. Foi quando os olhos dela pousaram em mim. Você devia ter estado lá para ver! Infelizmente, justo no momento em que a madame nos dava as costas, eu estava balançando a cabeça em sinal de comiseração e ironia; não de propósito, mas de maneira completamente involuntária de tão intensamente que eu havia estado ouvindo aquela enxurrada de palavras. A sra. van Daan se virou para nós outra vez e disse um palavrão, em alemão e em alto e bom som, vulgar, incivilizada, exatamente como uma peixeira ruborizada e balofa. Um espetáculo para se ver. Se eu soubesse desenhar, gostaria de tê-la desenhado nesse momento, de tão engraçada, pequena, ridícula e bufona que estava! Mas uma coisa eu aprendi: só se conhece bem uma pessoa após ter brigado uma vez com ela. Só assim é que dá para avaliar o seu caráter.

Sua Anne

•

TERÇA-FEIRA, 29 DE SETEMBRO DE 1942

Querida Kitty,

Coisas fora do normal acontecem com aqueles que estão escondidos! Imagine só: por não termos banheira, nos lavamos numa tina, e, como só o escritório (por "escritório" me refiro a todo o andar inferior) tem água quente, nós sete vamos nos alternando para usufruir desse privilégio. Mas, visto que somos todos tão diferentes uns dos outros e a questão do pudor é mais complexa para alguns, cada membro da família escolheu um espaço diferente para se lavar. O Peter o faz na cozinha, apesar da porta de vidro. Quando planeja se lavar, vai de um em um anunciando-o e pedindo que ninguém passe pela cozinha por uma meia hora. Ele considera suficiente essa medida de precaução. O sr. van Daan se lava lá em cima. Para ele a segurança do próprio quarto compensa o estorvo de subir as escadas levando a água quente. A sra. van Daan prefere não se lavar por enquanto; ainda fica sondando para descobrir o melhor lugar. O papai se lava no seu escritório particular; a mamãe, na cozinha, atrás da grade do fogão; já a Margot e eu escolhemos o escritório principal. Como as cortinas são fechadas nas tardes de sábado, tomamos banho no escuro, enquanto quem espera sua vez entreabre as cortinas e monta guarda à janela, estranhando as pessoas se divertindo lá fora.

Desde a semana passada, parei de gostar daquele lugar para banho e fui procurar outro mais confortável. Foi o Peter quem me deu a ideia, aconselhando que eu pusesse a minha tina no amplo espaço do banheiro do escritório. Eu me sento, acendo a luz, tranco a porta despejo a água eu mesma sem a ajuda de ninguém, a salvo dos olhares indiscretos. No domingo passado eu estreei o meu novo banheiro e, por mais estranho que pareça, o considero o melhor lugar de todos.

Um encanador apareceu na quarta de manhã no andar de baixo para redirecionar o escoamento de água e de outros encanamentos do banheiro do escritório para o corredor. Essa alteração ocorreu para evitar o congelamento da tubulação caso o inverno fosse rigoroso. A visita do encanador foi longe de ser agradável para nós. Não só não pudemos abrir nenhuma torneira durante o dia como também não pudemos ir ao banheiro.

Não me sinto nada à vontade para contar a você o que fizemos para contornar esse mal, mas não sou puritana a ponto de não falar desses assuntos. O papai e eu adquirimos assim que fomos para o esconderijo um penico improvisado, com a diferença de que, por falta de um urinol, sacrificamos dois frascos de conserva de geleia para esse fim. Durante a visita do encanador, deixamos os frascos no quarto para as nossas necessidades do dia. De longe achei isso menos pior do que ter de passar o dia inteiro em silêncio, sem poder falar. Você nem imagina o quão difícil isso foi para esta sra. Pata Quá-quá-quá. Em dias comuns só podemos sussurrar; não poder dizer nada nem se mover é dez vezes pior.

O meu bumbum, depois de três dias sentada, estava quadrado e dolorido. A ginástica vespertina foi de grande ajuda.

Sua Anne

•

QUINTA-FEIRA, 1º DE OUTUBRO DE 1942

Querida Kitty,

Ontem eu quase morri de susto. Às oito em ponto eis que tocam a campainha insistentemente. Eu logo achei que fosse alguém da... Você sabe a quem me refiro. Só fiquei tranquila quando todos disseram que, sem sombra de dúvida, eram alguns moleques traquinas ou o carteiro.

Os dias aqui são silenciosos demais. O sr. Levinsohn, um farmacêutico e químico judeu mirrado, trabalha na cozinha para o sr. Kugler. Ele conhece a casa como ninguém, razão pela qual ficamos tremendo de medo de que inventasse de ir dar uma "olhadinha" no seu antigo laboratório. Falamos mais baixo que filhotes de camundongo. Quem teria imaginado há três meses que a hiperativa Anne Frank passaria horas a fio calada no seu canto?

O aniversário da sra. van Daan foi no dia 29. Apesar de não ter havido uma grande celebração, ela foi homenageada com flores, alguns presentinhos e uma ótima refeição. Os cravos vermelhos do senhor seu marido parecem ser uma tradição da família.

Sem mudar de assunto, posso dizer que uma fonte constante de irritação para mim são as suas tentativas de flertar com o papai. Ela o acaricia no rosto e nos cabelos, levanta bem alto a barra da saia, diz coisas aparentemente espirituosas e tenta assim atrair para si a atenção do Pim. Ainda bem que ele não a considera nem bonita nem interessante e não cai na armadilha dos flertes. Como você sabe, eu sou uma pessoa bastante ciumenta e odeio tudo isso. A mamãe também não joga charme para o marido dela. Eu disse isso para a sra. van Daan na cara dura.

O Peter às vezes nos surpreende com alguma gracinha. Nós dois temos um hábito comum que nos faz dar risadas: nos fantasiar. Aparecemos outro dia ele num vestido justíssimo da mãe e eu no terno dele; ele com um chapéu; eu com um boné. Os adultos morreram de rir, e nós, também.

A Bep comprou na Bijenkorf saias novas para a Margot e para mim. O tecido era uma porcaria, como a juta dos sacos de batatas. Esses artigos que as lojas antigamente nem sonhariam em vender custam agora 7,75 (a minha) e 24 florins (a da Margot).

Outra novidade legal: a Bep encomendou de uma associação qualquer aulas escritas de estenografia. Você vai ver que estenógrafos perfeitos nós seremos. Eu pelo menos acho maravilhoso aprender uma língua de fato secreta.

Tenho sentido uma dor terrível no indicador (da mão esquerda) e não estou conseguindo passar roupa, felizmente! O sr. van Daan preferia que eu me sentasse ao seu lado à mesa, porque a Margot não come mais o suficiente para o seu gosto. Gostei dessa mudança.

Agora tem sempre um gatinho preto circulando no jardim, o que me faz pensar de novo na minha Moortje, aquela gracinha de gata. A mamãe sempre encontra algum motivo para me dar uma bronca, principalmente à mesa, por isso também é que a tal mudança veio a calhar. Agora é a Margot que se sente incomodada, ou, melhor, que não se sente incomodada, porque a mamãe nunca tem a menor reclamação dela, a garota exemplar! Sou eu quem a fico agora atazanando com o "garota exemplar", o que ela não suporta. Quem sabe agora ela aprende a ser menos exemplar? Está mais que na hora.

Para terminar esse amontoado de notícias, uma piada excepcionalmente engraçada do sr. van Daan:

O que é que faz 999 vezes clique e 1 vez claque?

Uma centopeia manca!

Tchauzinho, sua Anne

•

SÁBADO, 3 DE OUTUBRO DE 1942

Querida Kitty,

Ontem tiraram sarro de mim por eu ter deitado na mesma cama que o sr. van Daan. "A essa idade e já um escândalo?!" e outras tantas expressões do tipo. Infames, como não podiam deixar de ser. Eu jamais dormiria com o sr. van Daan no sentido universal do termo.

Ontem houve outra briga que exacerbou terrivelmente o ânimo da mamãe: ela contou todos os meus pecados ao papai e se desfez em lágrimas, assim como eu, claro, que já estava com uma dor de cabeça horrorosa. Acabei por fim contando ao papai que amo mais a ele que à mamãe. Ele respondeu que isso passaria, mas eu acho que não. Não suporto mais a mamãe, e estou sempre me segurando para manter a calma e não ser desagradável com ela; eu daria um tapa nela sem pensar duas vezes. Não entendo de onde vem essa antipatia absurda que sinto por ela. O papai pediu que, se a mamãe não estiver se sentindo bem ou estiver com dor de cabeça, eu me ofereça a fazer algo por ela, o que não vai acontecer porque eu não a amo e ela não me faz a menor falta. Eu consigo até imaginar a mamãe morrendo, mas a morte do papai me parece inconcebível. Eu sei que é baixo da minha parte, mas é o que eu sinto. Espero que a mamãe *jamais* leia isso nem nada que eu tenha escrito.

Agora estou lendo *Eva's jeugd* [*A infância de Eva*], de Nico van Suchtelen. Não vejo muita diferença entre romances para meninas e esse livro. A Eva achava que as crianças cresciam em árvores como maçãs e que a cegonha as colhia e as levava para as mães. Mas a gata de uma amiga dela teve filhotes, e eles saíram de dentro dela. A Eva passou então a achar que a gata punha ovos e se sentava sobre eles para chocá-los e que as mães que estão para ter um bebê sobem com alguns dias de antecedência para o último andar para porem também um ovo, que elas então começam a chocar. Quando o bebê quebra a casca, as mães ficam bastante fracas por terem estado tanto tempo agachadas. A Eva decidiu que queria ela também um bebê. Pegou um xale de lã e o estendeu sobre o chão para que o ovo caísse sobre ele. Então se agachou e começou a fazer força. Pôs-se a cacarejar, mas nada de ovo. Finalmente, depois de um bom tempo nessa posição, algo saiu: não um ovo, mas sim uma salsicha. A Eva queria morrer de vergonha. Achou que estava doente. Engraçado, não é? O *Eva's jeugd* também trata de assuntos como o de mulheres que vendem os corpos em vielas e que cobram uma fortuna. Pessoalmente, eu morreria de vergonha de estar diante de um homem desses. Além disso, o livro também fala da primeira menstruação de Eva. Nossa, como eu quero que chegue a minha vez para me tornar adulta!

O papai tem andado reclamão de novo e ameaçado tirar o meu diário de mim; morro de medo disso. Daqui em diante eu vou ter de escondê-lo bem escondido.

Anne Frank

•

QUARTA-FEIRA, 7 DE OUTUBRO DE 1942

Eu me imagino agora... indo para a Suíça. O papai e eu dormimos no mesmo quarto, ao passo que o quarto de estudos dos meninos [os primos Bernhard e Stephan] se transforma no meu quarto, onde eu espero as minhas visitas, sentada. Chega um dia em que eles compram para mim todo um mobiliário novo para me fazer uma surpresa: uma mesinha de chá, uma escrivaninha, poltronas e um divã; uma graça. Após alguns dias o papai me dá 150 florins. Convertidos em francos suíços, claro, mas eu digo florins para facilitar; ele me diz que esse dinheiro é para eu gastar exclusivamente comigo mesma no que eu achar preciso. (Mais para a frente eu vou ganhar um florim por semana. Também para gastar no que eu quiser.) Eu saio com o Bernd e compro:

3 blusas de verão por 0,50 cada = 1,50
3 calças de verão por 0,50 cada = 1,50
3 blusas de inverno por 0,75 cada = 2,25
3 calças de inverno por 0,75 cada = 2,25
2 calcinhas por 0,50 cada = 1,00
2 sutiãs (no número tamanho) por 0,50 cada = 1,00
5 pijamas por 1,00 cada = 5,00
1 roupão de verão por 2,50 cada = 2,50
1 roupão de inverno por 3,00 cada = 3,00
2 baby-dolls por 0,75 cada = 1,50
1 roupão de inverno por 3,00 cada = 3,00
1 almofadinha por 1,00 cada = 1,00
1 par de chinelos de verão por 1,00 cada = 1,00
1 par de chinelos de inverno por 1,50 cada = 1,50
1 par de sapatos de verão (escola) por 1,50 cada = 1,50
1 par de sapatos de verão (elegantes) por 2,00 cada = 2,00
1 par de sapatos de inverno (escola) por 2,50 cada = 2,50
1 par de sapatos de inverno (elegantes) por 3,00 cada = 3,00
2 aventais por 0,50 cada = 1,00
25 lenços por 0,05 cada = 1,25
4 pares de meias de seda por 0,75 cada = 3,00
4 pares de meias-calças por 0,50 cada = 2,00
4 pares de meias curtas por 0,25 cada = 1,00
2 pares de meias grossas por 1,00 cada = 2,00

4 pares de meias curtas por 0,25 cada = 1,00
3 novelos de lã branca (para calças e gorros) = 1,50
3 novelos de lã azul (para pulôver e saia) = 1,50
3 novelos de lã coloridas (gorros e xales) = 1,50
Xales, cintos, golas, botões = 1,25

Além disso, dois vestidos escolares (de verão), dois vestidos escolares (de inverno), dois bons vestidos (de verão), dois bons vestidos (de inverno), 1 saia de verão, 1 saia elegante de inverno, 1 saia de inverno para a escola, 1 capa de chuva, 1 casaco de verão, 2 chapéus, 2 gorros.

Tudo somado: 108 florins.

2 bolsas, 1 vestido de patinação no gelo, 1 par de patins com sapatos, 1 caixa de cosméticos (com pó, creme hidratante, *blush*, demaquilante, filtro solar, algodão, estojo de primeiros socorros, *rouge*, batom, delineador, sais de banho, talco, água-de-colônia, sabonete, pincel).

Depois ainda 4 pulôveres a 1,50, 4 casaquinhos a 1,00, artigos diversos a 10,00 e livros, presentinhos a 4,50.

•

SEXTA-FEIRA, 9 DE OUTUBRO DE 1942

Querida Kitty,

Hoje eu só tenho notícias sinistras e angustiantes. Os nossos muitos conhecidos judeus estão sendo capturados em massa. A Gestapo trata essas pessoas de forma nem um pouco delicada; elas são levadas em vagões de transporte de gado a Westerbork, o grande campo de judeus em Drenthe. A Miep contou sobre uma pessoa que fugiu de Westerbork. Deve ser um lugar horripilante. As pessoas não recebem praticamente nada para comer, imagine então o que beber. Só têm água uma hora por dia, e há apenas uma latrina e uma pia para alguns milhares de pessoas. Dormem todos uns sobre os outros, homens e mulheres, sendo que estas, assim como as crianças, costumam ter a cabeça raspada. Fugir é praticamente impossível. As pessoas são todas marcadas pela cabeça rapada, e muitos, pelo seu aspecto judeu.

Se as coisas já chegaram a esse ponto na Holanda, o que pensar da situação dos judeus vivendo nas paragens longínquas e bárbaras para onde são enviados?

Supomos que a maior parte deles seja assassinada. A rádio inglesa fala que estão sendo mortos por gás, talvez seja o método mais rápido de matança.

Eu estou desesperada. A Miep narra esses relatos de arrepiar de maneira tão comovente que ela própria fica transtornada. Há pouco tempo, por exemplo, encontrou na frente da porta de casa uma senhora judia idosa e paralisada que esperava a Gestapo, que tinha ido pegar um veículo para transportá-la. A velhinha estava apavorada com os disparos estrondosos dos alemães contra os aviões ingleses que sobrevoavam e dos holofotes que ofuscavam a visão. Ainda assim, a Miep não se atreveu a levá-la para dentro. Ninguém ousaria fazer isso. Os alemães são generosos nas suas represálias.

A Bep também anda quieta — o namorado dela foi convocado para ir à Alemanha. Ela teme que, quando esses mesmos aviões que passam sobre as nossas casas soltarem os seus lastros de bombas, que costumam pesar um milhão de quilos, seja sobre a cabeça do Bertus.

Considero piadinhas como "também não é como se fosse cair um milhão na cabeça dele" e "uma única bomba já dá conta do recado" completamente inadequadas. O Bertus também não é o único obrigado a ir, todos os dias partem trens cheios de rapazes. No caminho, quando param em alguma estação menor, alguns descem escondidos para passar à clandestinidade. Talvez dê certo para uma pequena porcentagem deles.

Mas as minhas lamentações não param por aqui. Você alguma vez já ouviu falar de reféns? É a mais nova punição para os sabotadores. É mais terrível do que você pode imaginar.

Cidadãos proeminentes e inocentes são detidos para esperar serem assassinados. Se acontece alguma sabotagem e o responsável não é encontrado, a Gestapo simplesmente põe uns cinco reféns contra um paredão. É frequente o nome deles constar na seção de óbitos dos jornais. O crime é chamado de "acidente fatal".

Que bela laia, os alemães! E o pior: eu na verdade faço parte dela! Mas não, Hitler já faz tempo nos transformou em apátridas. Aliás, não existe no mundo uma inimizade maior que a entre alemães e judeus.

Sua Anne

•

QUARTA-FEIRA, 14 DE OUTUBRO DE 1942

Querida Kitty,

Tenho andado ocupadíssima. Ontem eu primeiro traduzi um capítulo do *La Belle-Nivernaise*, anotando as palavras desconhecidas. Aí então eu fiz um exercício de cálculo dificílimo e depois a tradução de três páginas de gramática francesa. Hoje mais gramática francesa e história. Eu simplesmente me recuso a fazer todo santo dia esses cálculos chatérrimos. O papai também detesta. Eu chego a ser quase melhor que ele; o fato, porém, é que nós dois somos dois zeros à esquerda no assunto, de modo que pedimos socorro à Margot. Estou ocupada também com a estenografia, que eu acho o máximo. Dos três, sou a que pega mais fácil.

Li *De Stormen* [*As tempestades*]. É um livro legal, mas não chega nem aos pés da Joop ter Heul. Por sinal, o vocabulário dos dois é frequentemente idêntico, o que se explica em grande parte por serem da mesma escritora. A Cissy van Marxveldt escreve que é uma maravilha. Com certeza vou fazer com que os meus filhos a leiam.

De resto, li também um monte de peças de Körner. Adoro o estilo dele. Alguns títulos: *Hedwig*, *Der Vetter aus Bremen* [*O primo de Bremen*], *Die Gouvernante* [*A governanta*], *Der grüne Domino* [*O dominó verde*], entre outros.

A mamãe, a Margot e eu voltamos a ser as melhores das amigas, o que é, na verdade, bem mais agradável. Ontem à noite a Margot e eu estávamos deitadas na minha cama, minúscula, e justamente por isso foi engraçado. Ela perguntou se por acaso eu a deixaria ler o meu diário.

— Algumas passagens, sim — respondi, ao que eu lhe pedi para ler o dela. Nenhum problema.

Foi quando começamos a falar do futuro e eu lhe perguntei o que ela gostaria de ser. Ela fazia disso um grande segredo. Eu captei algo relacionado a ensino. É claro que não sei se acertei, mas suspeito que seja algo nessa direção. Na verdade, eu não deveria ser tão curiosa.

Hoje de manhã eu me deitei na cama do Peter, depois de tê-lo afugentado dela. Ele ficou furioso comigo, mas eu não estava nem aí para ele. Bem que ele podia ter sido um pouco mais simpático comigo, porque ontem à noite eu ainda lhe levei uma maçã.

Perguntei certa vez à Margot se ela me achava muito feia. Ela respondeu que eu tinha uma aparência engraçada e olhos bonitos. Um pouco vago, você também não acha?

Bom, até a próxima!

Anne Frank

P.S.: Hoje de manhã todos nós nos pesamos na balança. A Margot está pesando 54,5 quilos; a mamãe, 56; o papai, 64; a Anne, 39; o Peter, 60; a sra. van Daan, 48; o sr. van Daan, 68. Nos três meses em que estou aqui, engordei 7 quilos; bastante, não?

•

TERÇA-FEIRA, 20 DE OUTUBRO DE 1942

Querida Kitty,

As minhas mãos ainda estão tremendo apesar de já terem se passado duas horas do susto que nós levamos. Você deve saber que temos no prédio cinco extintores da Minimax. O pessoal lá de baixo, como sempre primando pela inteligência, não nos avisou quando o carpinteiro, ou seja lá como se chama o profissional que faz esse trabalho, veio encher os extintores. O resultado foi que não fizemos o menor silêncio; muito pelo contrário. Até que eu, saindo para o descanso (do lado oposto da porta com a estante) ouvi marteladas. Pensei na mesma hora no carpinteiro e fui avisar a Bep, que estava comendo, para que ela não descesse. O papai e eu montamos guarda na porta para ouvir quando o sujeito saísse. Após quinze minutos ele deixou as suas ferramentas sobre a nossa estante (pelo menos era o que achávamos) e bateu à nossa porta. Empalidecemos. Será que ele tinha nos ouvido e queria investigar a estante misteriosa? Era o que parecia: as batidas, os puxões, os empurrões e as investidas não cessavam.

Eu quase desmaiei de medo de que aquele completo estranho conseguisse desmantelar o nosso belo esconderijo. Justamente quando já achava que os meus dias estavam contados foi que ouvimos a voz do sr. Kleiman:

— Abram, sou eu!

Abrimos na mesma hora. O que tinha acontecido? O gancho que mantém a porta da estante no lugar havia emperrado, razão pela qual ninguém tinha conseguido nos avisar sobre o carpinteiro. O homem tinha descido, e o sr. Kleiman queria buscar a Bep, mas não conseguia abrir a porta. Você não imagina o meu alívio. O homem que eu imaginava querer entrar na nossa casa tinha assumido contornos cada vez maiores. No fim já parecia um gigante, metamorfoseado no pior fascista do mundo. Pois é, desta vez as coisas terminaram bem para nós.

Na segunda nós nos divertimos muito. A Miep e o Jan passaram a noite conosco. A Margot e eu fomos dormir com o papai e a mamãe, cedendo as nossas camas ao casal Gies. O cardápio estava maravilhoso. Houve uma pequena interrupção quando a lâmpada do papai provocou um curto-circuito e nos vimos de repente no escuro. O que fazer? Fusíveis novos nós tínhamos em casa, mas um deles precisava ser instalado bem no fundo do armazém escuro, uma tarefa não tão agradável de ser executada à noite. Ainda assim, os homens a levaram a cabo, e em dez minutos as velas puderam ser recolhidas.

Hoje de manhã eu acordei bem cedo. O Jan já estava vestido. Tinha de ir embora às oito e meia, por isso às oito já estava tomando café no andar de cima. A Miep estava com as mesmas calças de lã que eu para pedalar. A Margot e eu também fomos nos vestir e subimos muito mais cedo que o normal. Depois de um café da manhã agradável a Miep desceu. Chovia canivetes, e ela ficou feliz por não precisar ir ao escritório de bicicleta. Fui fazer as camas com o papai; em seguida aprendi cinco verbos irregulares do francês. Que aplicada, não?

O Peter e a Margot estavam lendo no nosso quarto, a Mouschi, sentada com a Margot no divã. Depois dos meus verbos irregulares franceses, fui me juntar a eles para ler *En eeuwig zingen de bossen* [*E os bosques cantam eternamente*]. É um livro muito bonito, ainda que muito estranho, estou quase acabando a leitura.

A Bep voltará a nos fazer uma visita noturna na semana que vem.

Sua Anne

•

QUINTA-FEIRA, 29 DE OUTUBRO DE 1942

Queridíssima Kitty,

Eu estou preocupadíssima: o papai está doente. Febre alta e erupções vermelhas na pele. Parece sarampo. Imagine só, nem médico nós podemos chamar! A mamãe está fazendo com que ele dê uma boa suada, talvez isso faça a febre baixar.

A Miep contou hoje de manhã que o apartamento dos van Daan na alameda Zuider-Amstel foi esvaziado. Ainda não contamos nada à madame, já que ela tem andado uma pilha de nervos nos últimos tempos e não estamos com a menor vontade de ouvir as suas ladainhas sobre os seus utensílios de mesa e cozinha e sobre as suas cadeiras nobres, que acabaram ficando lá. Nós também deixamos para trás praticamente tudo o que era bonito, não deixamos? De que adianta tanta lamentação?

O papai agora quer que eu comece a ler livros de escritores alemães renomados, tais como os de Hebbel. A leitura em alemão está ficando cada vez mais dinâmica para mim. Só que agora, em vez de ler para mim mesma em voz baixa, geralmente sussurro as palavras entre os lábios. Mas isso também vai passar. O papai retirou da estante grande os dramas de Goethe e Schiller, com a intenção de ler um pouco para mim todas as noites. Já começamos com o *Don Carlos*. Para seguir o bom exemplo do papai, a mamãe me pôs na mão o seu livro de preces. Por decoro, já li algumas passagens em alemão. É bonito, mas não me diz quase nada. Por que será que a mamãe me força tanto a ser religiosa e devota?

Amanhã vamos usar a lareira pela primeira vez. O ambiente vai se encher de fumaça, considerando que já faz muito tempo desde que a chaminé foi limpa pela última vez. Vamos torcer para que ela funcione!

Sua Anne

•

SEGUNDA-FEIRA, 2 DE NOVEMBRO DE 1942

Querida Kitty,

Na noite de sexta a Bep passou por aqui. Foi muito agradável, mas ela dormiu mal por ter bebido vinho demais. De resto nada de especial. Ontem eu estava morrendo de dor de cabeça e fui cedo para a cama. A Margot está chata de novo.

Hoje de manhã comecei a organizar um arquivo de fichas que tinha caído no chão e estava todo bagunçado. Isso não demorou para me deixar meio louca, até que pedi a ajuda da Margot e do Peter, mas ambos estavam com preguiça, de modo que acabei devolvendo o arquivo para o lugar. Eu lá sou louca de fazer tudo sozinha?

Anne Frank

P.S.: Esqueci de contar a grande novidade de que eu provavelmente vou menstruar logo. Eu tenho notado continuamente uma substância pegajosa na roupa de baixo, o que gerou o prognóstico da mamãe. Mal posso esperar. Considero esse um senhor acontecimento; só é uma pena que eu não possa usar absorvente, porque não estão mais disponíveis, nem os tampões da mamãe, que só usam mulheres que já tiveram filhos.

•

COMENTÁRIO ACRESCENTADO POR ANNE
EM 22 DE JANEIRO DE 1944

Eu não seria mais capaz de escrever coisas desse tipo.

Após reler o meu diário um ano e meio depois, fico espantada com a minha ingenuidade de adolescente. Involuntariamente, sei que, por mais que eu queira, jamais poderei voltar a ser como era. As crises de mau humor, os desabafos em relação à Margot, à mamãe e ao papai, tudo isso eu entendo como se tivesse escrito ontem. Mas não consigo entender como escrevi sobre outros assuntos tão despudoradamente. Fico envergonhada de verdade quando leio as páginas que tratam de temas que eu preferiria imaginar como muito melhores do que foram. Anotei certos fatos de forma grosseira demais. Enfim, chega de lamentar.

O que eu também entendo perfeitamente são as minhas saudades da Moortje. Consciente, mas com muito mais frequência inconscientemente, durante todo o tempo em que estive e continuo aqui, sinto um desejo profundo de intimidade, de amor e de carinho. Esse desejo é às vezes mais ou menos intenso, mas está sempre presente.

•

QUINTA-FEIRA, 5 DE NOVEMBRO DE 1942

Querida Kitty,

Os ingleses finalmente conseguiram obter alguns sucessos na África, e Stalingrado ainda não capitulou, por isso os homens estão tão alegres e de manhã nós bebemos chá e café. De resto, nada de especial.

Nesta semana eu li muito e trabalhei pouco. As coisas deviam ser assim mundo afora, e é assim que se chega ao sucesso.

A mamãe e eu temos nos dado muito bem ultimamente, mas jamais teremos intimidade uma com a outra; o papai não é muito aberto com os sentimentos, mas, como sempre, ele é um amor. A lareira está acesa faz alguns dias e a sala está cheia de fumaça. Eu prefiro aquecimento central, e com certeza não sou a única. Eu só consigo chamar a Margot de "peste", e ela me irrita noite e dia.

Anne Frank

•

SEGUNDA-FEIRA, 9 DE NOVEMBRO DE 1942

Querida Kitty,

Ontem foi o aniversário do Peter, que fez 16 anos. Às oito eu já tinha subido para ver com ele os seus presentes. Entre outras coisas, ele ganhou Banco Imobiliário, um barbeador e um isqueiro. Não que ele fume muito — pelo contrário —, é mais pela elegância.

A grande surpresa foi o sr. van Daan quem trouxe quando anunciou à uma da tarde que os ingleses tinham aterrissado em Túnis, Argel, Casablanca e Orã.

— É o começo do fim — diziam todos, mas Churchill, o primeiro-ministro inglês, que provavelmente tinha ouvido na Inglaterra a mesma notícia, falou: "O desembarque é um grande acontecimento, mas não devemos achar que já é o começo do fim. Prefiro dizer que ele significa o fim do começo." Captou a mensagem? Mas não deixa de ser motivo de otimismo. Stalingrado, o lugar na Rússia que eles vêm defendendo há três meses, ainda não caiu em mãos alemãs.

Para dar uma ideia melhor da natureza do Anexo, preciso falar das nossas provisões de víveres. (Você precisa saber que os ocupantes do andar superior são verdadeiros glutões!)

O nosso pão quem fornece é um padeiro simpaticíssimo, um conhecido do sr. Kleiman. É claro que o abastecimento não é tão generoso como em casa, mas é suficiente. Os cupons de racionamento alimentar também são comprados de forma clandestina. O preço deles sobe constantemente; o que era 27 florins ontem, hoje custa 33. E isso apenas por uma folhinha de papel impresso!

Para obter alimentos não perecíveis, além da nossa centena de latas, compramos 135 quilos de secos. Não são só para nós; levamos também em conta o pessoal do escritório. Os secos estavam em sacos pendurados com ganchos no corredorzinho atrás na porta do Anexo. Por causa do peso, as costuras de alguns sacos cederam e se abriram. Decidimos então pôr as nossas provisões de inverno no sótão e incumbimos ao Peter a tarefa de levá-las. Cinco dos seis sacos já tinham ido parar lá em cima sãos e salvos, e o Peter estava justamente levando o sexto quando a costura da parte inferior se abriu, despejando uma chuva, ou melhor, uma chuva de granizo de feijões pretos escada abaixo. O saco continha aproximadamente 25 quilos de feijão. Aquilo pareceu o estrondo de uma bomba. Quem estava lá embaixo achou que a casa estava ruindo sobre sua cabeça. O Peter inicialmente se assustou, mas assim que me viu ao pé da escada como uma ilhota em meio a ondas de feijão se esborrachou de rir de tão rodeada que eu estava por aquela substância preta que chegava aos meus tornozelos. Logo nos pusemos a recolher os feijões, porém, lisos e pequenos como são, eles foram rolando até os cantos e os mais inimagináveis recônditos. Sempre que alguém sobe a escada, se agacha para recolher um punhado de feijão e entregá-lo à sra. van Daan.

Quase me esqueci de contar que o papai está completamente saudável de novo.

Sua Anne

P.S.: Acabamos de ouvir pelo rádio que Argel capitulou. O Marrocos, Casablanca e Orã já estão há alguns dias nas mãos dos ingleses. Agora só falta Túnis.

•

TERÇA-FEIRA, 10 DE NOVEMBRO DE 1942

Querida Kitty,

Tenho uma ótima notícia: vamos acolher um oitavo clandestino!

É sério, nós sempre achamos que aqui ainda havia espaço mais que suficiente para uma oitava pessoa. Só tínhamos medo de colocar um fardo mais pesado nos ombros do sr. Kugler e do sr. Kleiman. Quando as notícias vindas de fora sobre as atrocidades cometidas contra os judeus se agravaram mais e mais, o papai deliberou com os dois senhores, que acharam seu plano excelente.

— O perigo é tão grande para sete quanto para oito pessoas — disseram com razão.

Dado o aval, fomos passando em revista todo o nosso círculo de conhecidos a fim de encontrar alguém que vivesse sozinho e que se encaixasse no nosso contexto familiar clandestino. Não foi difícil encontrar alguém com essas características. Após o papai descartar qualquer parente dos van Daan, acabamos escolhendo um dentista chamado Albert Dussel. Ele vivia com uma moça cristã simpática e bem mais jovem, com quem provavelmente não era casado, mas isso é só um detalhe. É tido como um homem tranquilo e civilizado, e, julgando-se pelo nosso conhecimento superficial, tanto nós como os van Daan simpatizamos com ele. É um conhecido da Miep, por isso é ela quem está arquitetando o plano de desaparecimento dele. Quando chegar, o sr. Dussel vai ter de dormir no meu quarto em vez de no quarto da Margot,[2] que vai dormir no beliche. Vamos pedir a ele que traga algo para tapar as cáries nos dentes.

Sua Anne

•

QUINTA-FEIRA, 12 DE NOVEMBRO DE 1942

Querida Kitty,

A Miep veio nos contar que tinha ido ver o dr. Dussel, que logo lhe perguntou se ela não sabia de algum esconderijo. Ele ficou extremamente feliz quando a

2. Após a vinda do sr. Dussel, Margot passou a dormir no quarto dos pais.

Miep disse que tinha um lugar para ele e que fosse para lá o mais rápido possível, de preferência no próximo sábado. Ele pareceu um tanto hesitante, precisava primeiro atualizar os registros, atender a dois clientes e fechar o caixa. Foi essa a notícia que a Miep veio nos trazer hoje de manhã. Não achamos uma boa ideia esperar tanto. Esse tipo de preparativo gera pedidos de explicações de pessoas que preferimos que não saibam de nada. A Miep vai perguntar se ele realmente não pode se organizar para vir no sábado mesmo. O sr. Dussel não só respondeu que não como também adiou a sua vinda para a segunda.

Acho estranhíssimo ele não aceitar essa proposta na mesma hora. Se ele for detido na rua não vai mais poder organizar os registros nem atender aos pacientes. Por que então esse adiamento? Acho pouco inteligente o papai ter concordado com isso.

De resto, nada de novo.

Sua Anne

•

TERÇA-FEIRA, 17 DE NOVEMBRO DE 1942

Querida Kitty,

O sr. Dussel chegou. Deu tudo certo. Às onze da manhã, tinha lhe dito a Miep, era para ele estar em determinado lugar na frente do prédio do correio, onde passaria um senhor para levá-lo. La estava então o sr. Dussel no lugar e na hora combinados. O sr. Kleiman foi até ele, informou que o sujeito em questão não tinha podido vir e lhe sugeriu ir ao escritório e ficar com a Miep. O sr. Kleiman entrou no bonde, retornou ao escritório, enquanto o tal sr. Dussel fazia o mesmo caminho a pé.

Eram onze e dez quando ele bateu de leve à porta do escritório. A Miep o ajudou a tirar o casaco, de modo que a estrela amarela não ficasse à mostra, e o levou ao escritório particular, onde o sr. Kleiman o manteve ocupado até a empregada ir embora. Usando o pretexto de que o aposento não estava mais livre, a Miep levou o sr. Dussel ao andar de cima, moveu a estante giratória e, diante dos olhos assombrados e incrédulos do homem, deu um passo para dentro.

Nós sete estávamos lá em cima à mesa esperando o nosso companheiro de sorte com café e conhaque. A Miep o levou primeiro à sala de estar; ele logo reconheceu os nossos móveis, mas jamais imaginaria que nós nos encontrássemos logo acima da sua cabeça. Quando a Miep lhe contou isso, ele quase desmaiou de espanto. Mas, felizmente, a Miep não lhe deu muito tempo, levando-o logo para cima. O homem se estatelou numa cadeira e olhou para nós, perplexo, como se primeiro quisesse ler a verdade nos nossos rostos. Em seguida, misturando holandês e alemão, gaguejou:

— Mas... Mas vocês então não estão na Bélgica? Não veio militar nenhum? O carro? Não deu certo a fuga?

Nós lhe explicamos todo o ocorrido e que havíamos difundido a lenda do militar e do carro de propósito para colocar numa pista falsa as pessoas e os alemães que eventualmente viessem nos procurar. O sr. Dussel ficou sem palavras diante da engenhosidade da nossa parte e tudo que conseguia fazer era olhar para nós, estarrecido, enquanto explorava com mais atenção o nosso agradável e hiperprático Anexo. Comemos juntos, ele dormiu um pouco e depois veio tomar chá conosco, deu uma arrumada nas poucas coisas que a Miep tinha trazido previamente, já se sentindo bastante em casa. Principalmente quando teve em mãos as regras de esconderijo do Anexo datilografadas (obra do sr. van Daan).

PROSPECTO E DIRETRIZES DO ANEXO

Instituição especial para a estada
temporária de judeus e afins

Aberto o ano todo.

Localização bela, tranquila e arborizada no coração de Amsterdã.

Sem residências particulares na vizinhança. De acesso fácil com as linhas de bonde 13 e 17, de bicicleta ou de carro. Em determinados casos, onde as autoridades alemãs não permitem o uso dos meios de transporte citados, igualmente andando. Flats e quartos mobiliados ou não, constantemente disponíveis, as refeições incluídas ou não.

Preço: gratuito.

Refeições: baixo teor de gordura.

Água corrente no banheiro (infelizmente sem banheira) e em diversas paredes interiores e exteriores. Lareira, estufas e fogões agradabilíssimos.

Amplo espaço de armazenagem para todo tipo de carga. Dispomos igualmente de dois cofres.

Central radiofônica própria em linha direta com emissões de Londres, Nova York, Tel Aviv, entre muitas outras. A partir das seis da tarde o aparelho está à disposição dos inquilinos, e não há rádios proibidas, com a ressalva de que só excepcionalmente se podem escutar emissoras alemãs, que transmitem programas de música clássica e afins. Fica terminantemente proibido escutar noticiários alemães (seja de onde for que sejam transmitidos) e divulgá-los.

Horários de descanso: das dez da noite às sete e meia da manhã e, aos domingos, às dez e quinze. Dadas as circunstâncias, durante o dia também se pode dar a observância de horas de descanso, de acordo com as indicações da direção. Tais horas de descanso devem ser respeitadas à risca, já que têm como fim a segurança geral!!!

Horário livre: restrito à casa até segunda ordem.

Uso linguístico: é imperativo manter o tom de voz baixo. Permitido o uso de qualquer idioma civilizado, o que exclui o alemão.

Leitura e ócio: fica proibida a leitura de livros alemães, com exceção de clássicos e científicos; sem restrições a quaisquer outros.

Exercícios de ginástica: diários.

Canto: exclusivamente em voz baixa e depois das seis da tarde.

Filmes: após deliberação geral.

Aulas: escrita estenográfica uma vez por semana. Inglês, francês, matemática e história quando quer que seja. Remuneração em forma de troca de aulas, tais como de holandês.

Acomodação especial para pequenos animais domésticos (exceto animais perniciosos, a menos que com licença expedida para tal fim).

O consumo de refeições:

Café da manhã: diariamente, exceção feita aos domingos e feriados, às nove da manhã; aos domingos e feriados, por volta das onze e meia.

Almoço: uma refeição leve. Da uma e quinze às quinze para as duas.

Jantar: servido frio ou quente; por conta dos horários dos noticiários, sem horário definido.

Obrigações diante da brigada de provisionamento: sempre dispostos a ajudar com algum trabalho de escritório.

Banhos: aos domingos a partir das nove da manhã, a tina está à disposição de todos os moradores. Pode-se usá-la no banheiro, na cozinha, no escritório particular, no escritório principal, ao gosto do freguês.

Destilados: somente com receita médica.

FIM.

Sua Anne

•

QUINTA-FEIRA, 19 DE NOVEMBRO DE 1942

Querida Kitty,

Como todos já suspeitávamos, o sr. Dussel é uma pessoa muito simpática. Aceitou sem o menor problema dividir comigo o meu quartinho; para ser sincera, não gosto muito da ideia de um estranho usando as minhas coisas, mas temos certa obrigação de ajudar o próximo, e é com prazer que faço esse pequeno sacrifício.

— Podendo salvar um dos nossos conhecidos, todo o resto não importa — disse o papai com toda propriedade.

No primeiro dia do sr. Dussel aqui ele me encheu de perguntas como, por exemplo, quando a empregada viria e quais os horários de uso do banheiro. Você pode até achar engraçado, mas nada disso é tão simples num esconderijo. tinham chegado até nós tantas notícias sobre os judeus, e achávamos que o melhor era mantermos o máximo de positividade. Quando a Miep de vez em quando deixava escapar algo sobre a sorte terrível de um conhecido, a mamãe e a sra. van Daan choravam tanto, que a Miep fez bem ao decidir não dizer mais absolutamente nada a respeito. Mas o sr. Dussel logo foi bombardeado de perguntas, e as histórias que ele contou eram tão horripilantes e bárbaras que não podíamos mais deixar entrar por uma orelha e sair pela outra. Ainda assim, quando a poeira assentar um pouco, sei que vamos continuar fazendo piadas e provocando uns aos outros. Não estaremos ajudando a nós mesmos nem aos outros lá fora se continuarmos com um humor tão sombrio quanto estamos neste momento. E qual é o sentido de transformar o Anexo Secreto num Anexo Melancólico?

Não importa o que esteja fazendo, não consigo deixar de pensar nos que já partiram. E, se algo me faz rir, paro escandalizada, pensando na vergonha que é estar tão alegre. Mas será que devo ficar chorando o dia inteiro? Não, não devo; esse humor fúnebre vai passar logo, eu sei que vai.

A essa desgraça se somou outra, mas de natureza pessoal e desaparece ao lado da desgraça que acabei de descrever. Ainda assim, não posso deixar de dizer a você que tenho me sentido extremamente só nos últimos tempos; há um vazio enorme à minha volta. Antigamente eu nunca parava para refletir sobre isso; as minhas amiguinhas e a diversão povoavam todos os meus pensamentos. Agora eu reflito ou sobre coisas infelizes ou sobre mim mesma. No fim das contas, acabei descobrindo que o papai, por mais amoroso que seja, não pode substituir todo o meu antigo mundinho. A mamãe e a Margot já há muito perderam o seu lugar no meu coração. Mas por que incomodar você com todas essas coisas estapafúrdias? Eu sou muito mal-agradecida, Kitty, eu sei bem, mas depois de levar tanta bronca e ainda por cima ficar pensando em todas essas desgraças, eu muitas vezes fico atordoada!

Sua Anne

•

SÁBADO, 28 DE NOVEMBRO DE 1942

Querida Kitty,

Nós consumimos luz demais e ultrapassamos a nossa cota do racionamento. Resultado: economia exagerada e a perspectiva de um corte de eletricidade. Duas semanas sem luz. Não é maravilhoso? Mas quem sabe isso não chega a acontecer. A partir das quatro ou quatro e meia já escureceu e não dá mais para ler. Matamos o tempo com as atividades mais loucas. Fazemos charadas, praticamos ginástica no escuro, falamos inglês ou francês, fazemos crítica de livros — a longo prazo acabamos todos entediados. Ontem à noite inventei outra: ficar espiando as salas iluminadas dos vizinhos de trás com um bom binóculo. Durante o dia não podemos puxar as cortinas um centímetro que seja. Mas de noite não há problema nenhum.

Antigamente eu não tinha ideia do quão interessantes podem ser os vizinhos, pelo menos os nossos. Vi alguns enquanto comiam, outra família fazia filmes domésticos, e o dentista do outro lado da rua atendia uma paciente idosa e amedrontada.

O sr. Dussel, o homem que, de acordo com o que diziam, se dava muito bem com crianças e as adorava, revelou ser um disciplinador antiquado e um pregador de sermões com todo um pergaminho de boas maneiras. Visto que tenho o privilégio (!) de dividir o meu infelizmente apertadíssimo quarto com Sua Excelência do bom comportamento e de ser tida como a mais mal-educada dos três jovens do Anexo, preciso me esforçar para evitar as mesmas admoestações e os mesmo sabões e para me fazer de surda. Tudo isso ainda daria para engolir não fosse pelo fato de o senhorzinho ser um dedo-duro e ter escolhido a mamãe como receptora das suas mensagens. É só eu receber uma bronca dele que logo vem a mamãe repetir a ladainha e as reprimendas. Se eu me mostro respondona, em cinco minutos vem a sra. van Daan pedir satisfações e aí me escracha com vontade!

Juro para você, não é fácil ser o centro das atenções de uma família clandestina de bisbilhoteiros.

À noite na cama, quando reflito sobre os meus muitos pecados e os defeitos que atribuem a mim, fico tão confusa com a montanha de coisas que têm de ser revistas que eu, dependendo do meu estado de espírito, começo ou a rir ou a chorar. Aí durmo com a sensação louca de querer ser diferente do que sou ou de que sou diferente do que quero ser, ou talvez ainda fazer diferente do que sou ou do que quero ser.

Meu Deus do céu, agora sou eu quem está confundindo você, mas é que eu não gosto de riscar palavras, mas é que é proibido jogar fora papel em épocas de escassez dele. Sendo assim, só posso sugerir que você não leia de novo a passagem acima e, sobretudo, que não se aprofunde nela, porque é um beco sem saída!

Sua Anne

•

SEGUNDA-FEIRA, 7 DE DEZEMBRO DE 1942

Querida Kitty,

Hanucá e o Dia de São Nicolau[3] não caíram juntos neste ano, com a diferença de um único dia. Não fizemos uma grande comemoração do Hanucá, só uns presentinhos aqui e ali e depois as velas. Por conta da escassez de velas, elas ficaram acesas só por uns dez minutos; bastava que elas não se apagassem até o fim do canto que já estava ótimo. O sr. van Daan construiu um candelabro de madeira para que não faltasse nada.

A noite de são Nicolau já foi bem mais divertida. A Bep e a Miep nos deixaram muito curiosos porque ficaram cochichando com o papai durante toda a ceia, o que nos fez suspeitar que algo estava sendo planejado. De fato, às oito, todos nós descemos pela escada de madeira, atravessamos o corredor escuro como breu (me deu arrepios a ponto de desejar outra vez estar em segurança no andar acima!) e entramos no quartinho intermediário. Lá podíamos acender a luz, porque o quarto não tinha janelas. Quando ela foi acesa, o papai abriu o armário grande.

— Que incrível! — gritamos em uníssono.

---

3. Conhecido como Sinter-Klaas, é a versão holandesa do nosso Papai Noel, que entrega seus presentes às crianças (boazinhas) no dia 5 de dezembro. (*N. do T.*)

No canto havia uma cesta adornada com papel de presente. Presa sobre ela, uma máscara do Pietmombakkes.[4] Subimos então com o cesto. Para cada um de nós havia um presente bacana com os respectivos versos rimados. Imagino que você conheça esse nosso costume dos versos rimados, então não vou me alongar sobre ele.

Eu ganhei uma bonequinha com uma sacolinha no lugar da saia, o papai apoios para livros e daí por diante. Seja como for, tudo tinha sido bem pensado, e, como nenhum de nós jamais comemorou o Dia de São Nicolau, essa primeira vez veio a calhar.

Sua Anne

P.S.: Também havia presentes para o pessoal lá de baixo, tudo ainda dos bons e velhos tempos e, além disso, dinheiro, o que para a Miep e a Bep é sempre uma boa pedida.

Hoje descobrimos que o cinzeiro do sr. van Daan, a moldura de retrato do sr. Dussel e os apoios de livros do papai foram todos fabricados pelo próprio sr. Voskuijl. É um mistério para mim como alguém consegue fazer tanta arte com as próprias mãos!

•

QUINTA-FEIRA, 10 DE DEZEMBRO DE 1942

Querida Kitty,

O sr. van Daan vem do ramo do comércio de salsichas, carnes e temperos. Tinha sido contratado pela qualidade dos seus temperos; agora, porém, ele se destaca pela sua habilidade no preparo de salsichas, o que para nós é bem agradável.

Encomendamos uma grande quantidade de carne (no mercado negro, é claro) para fazer conserva caso passássemos por dificuldades. Ele quis preparar *bratwurst*,[5] salsicha de Gelderland[6] e *metworst*.[7] Era engraçado ver como os pedaços de carne passavam primeiro pelo moedor, duas ou três vezes, depois eram misturados na massa de carne que, com a ajuda de um canudo, recheava as tripas.

---

4. Zwarte Piet, o "Pedro Negro", personagem do folclore neerlandês. Negro e de pequena estatura, acompanha são Nicolau para distribuir os presentes. (*N. do T.*)
5. Salsicha de origem alemã, composta por carnes de porco, vaca e, por vezes, vitela. (*N. do T.*)
6. *Gelderse gekookte worst*, uma salsicha de carne de porco magra e ligeiramente defumada. (*N. do T.*)
7. Salsicha holandesa tradicional de carne e gordura de porco cruas e secas. (*N. do T.*)

A *bratwurst* nós comemos em dois tempos, no almoço com chucrute, mas as salsichas de Gelderland, destinadas à conserva, tinham primeiro de secar bem, e, para isso, foram penduradas no teto por meio de uma ripa com dois cordões. Todo mundo que entrava no aposento dava de cara com as salsichas expostas e começava a rir. Confesso que era mesmo uma visão das mais burlescas.

A cozinha estava uma tremenda bagunça. O sr. van Daan, com o avental da esposa enrolado na cintura, lidava com a carne em toda a sua obesidade (parecia mais gordo do que nunca). As mãos escorrendo sangue, a cara esbraseada e o avental manchado lhe conferiam o aspecto de um verdadeiro açougueiro. A senhora sua mulher estava fazendo de tudo ao mesmo tempo: estudava holandês com um livrinho, remexia a sopa, olhava para a carne, suspirava e se queixava da costela superior quebrada. É o que dá quando senhoras de certa idade (!) começam a fazer exercícios de ginástica insensatos para diminuir o traseiro enorme de gordo!

O sr. Dussel estava com um olho inflamado e fazia compressas de chá de camomila perto do fogão. O Pim estava sentado numa cadeira à luz do sol que entrava pela janela, se deslocando de um lado para o outro conforme lhe pediam. Seu reumatismo devia estar incomodando, retorcido como estava, observando com uma expressão de agonia as mãos do sr. van Daan. Parecia um desses velhinhos de asilos para pobres e inválidos. O Peter girava feito um pião no meio do aposento atrás da Mouschi, a gata; a mamãe, a Margot e eu estávamos descascando batatas. No fim, ninguém conseguiu terminar seus afazeres devidamente porque todo mundo ficou olhando para o sr. van Daan.

O sr. Dussel abriu um consultório dental. Vou contar a você, só para a gente rir, como ocorreu o primeiro tratamento.

A mamãe estava passando roupa, e a sra. van Daan, a primeira a se arriscar, foi se sentar numa cadeira no meio do aposento. O sr. Dussel se pôs a abrir solenemente a maleta com os instrumentos enquanto pedia água-de-colônia, para fazer as vezes de desinfetante, e vaselina, como cera. Olhou para dentro da boca da madame, tocou num dente e num molar, enquanto a sra. van Daan se retorcia toda como se estivesse morrendo de dor e soltava palavras desarticuladas. Após um exame demorado (na percepção da madame, porque não durou nem dois minutos), o sr. Dussel começou a cavoucar numa cárie. Mas, não, ela resistia. De jeito nenhum, nem que a vaca tossisse. A sra. van Daan se debatia e esperneava, de modo que, em certo momento, a broca escapou da mão do sr. Dussel e... ficou presa num dente da madame. Foi então que a coisa ficou feia! A sra. van Daan se debatia toda, chorava (na medida do possível, dado que o instrumento estava dentro da sua cavidade bucal), tentando tirar o objeto da boca, mas acabou enterrando-o ainda mais no dente. O sr. Dussel, com a maior calma do mundo, se limitou a acompanhar aquela cena com as mãos na cintura. Os outros espectadores riam desenfreadamente. Claro que foi maldade da nossa parte, porque sei que, se fosse comigo, teria gritado ainda mais alto. Depois de muito se virar, chutar, gritar e berrar, a sra. van Daan enfim conseguiu tirar o instrumento da boca, e o sr. Dussel deu continuidade ao seu trabalho como se nada tivesse acontecido. O sr. Dussel concluiu tudo tão rápido que a madame nem teve tempo de voltar a fazer uma cena, mas teve assistência como nunca antes na sua vida. Dois ajudantes não são pouca coisa, o sr. van Daan e eu cumprimos bem o nosso papel. A cena mais parecia um quadro medieval com a inscrição "charlatão trabalhando". Nesse ínterim, porém, a paciente não estava mais com paciência, tinha de cuidar da sopa e da comida "dela". De uma coisa eu sei: a sra. van Daan vai ficar um bom tempo sem se tratar!

Sua Anne

•

DOMINGO, 13 DE DEZEMBRO DE 1942

Querida Kitty,

Estou confortavelmente instalada no escritório principal, olhando para fora por uma fresta das cortinas pesadas. Estou aqui no lusco-fusco, mas com o mínimo de claridade necessário para poder escrever a você.

É estranhíssimo ver as pessoas andando lá fora, como se estivessem apressadíssimas, quase tropeçando nos próprios pés. Os ciclistas, então... impossível acompanhar com os olhos a passagem deles. Não dá nem para ver quem está ao guidão. As pessoas aqui da região não são nada bonitas; das crianças, então, nem se fala! Estão tão sujas que eu não as pegaria nem com luvas, parecem mesmo crianças do subúrbio, o nariz escorrendo, mal consigo entender o que dizem.

Ontem à tarde a Margot e eu estávamos tomando banho quando eu disse:

— Se a gente pescasse as crianças que passam aqui com uma vara, desse um banho nelas, lavasse e remendasse a roupa delas e as soltasse de novo, elas...

Ao que a Margot completou:

— Amanhã elas estariam de novo tão pobres e acabadas como hoje.

Mas quanto disparate da minha parte! Há bem mais para se ver: os carros, os barcos e a chuva. Ouço o bonde e as crianças, e assim eu me divirto.

Os nossos pensamentos mudam tão pouco quanto nós. Eles dão voltas feito um carrossel: dos judeus à comida, da comida à política. Aliás, por falar em judeus, ontem vi por entre as cortinas do lado de fora um desses milagres do mundo: dois judeus. E me ocorreu um sentimento estranho, como se eu os tivesse traído e agora os estivesse espionando em sua desgraça.

Quase do outro lado da rua há uma casa flutuante onde mora um capitão com a mulher e os filhos. Esse homem tem um cachorrinho vira-lata que nós só conhecemos pelo latido e pelo rabinho, que dá para ver quando ele anda pelo convés do barco.

Droga, agora começou a chover, e a maior parte das pessoas está escondida debaixo do guarda-chuva, não vejo nada além de capas de chuva e a parte de trás das cabeças cobertas por gorros. Na verdade, não preciso ver mais nada, pouco a pouco passei a reconhecer as mulheres por fora: rechonchudas de tanta batata que comem, com casacos vermelhos ou verdes, os saltos dos sapatos gastos, bolsas penduradas no braço, com um semblante alegre ou carrancudo, dependendo do humor dos seus maridos.

Sua Anne

•

TERÇA-FEIRA, 22 DE DEZEMBRO DE 1942

Querida Kitty,

O Anexo recebeu com alegria a notícia de que cada um vai ganhar de Natal 125 gramas a mais de manteiga. É claro que nos jornais constam 250 gramas, mas isso é só para os felizardos com cupons de racionamento distribuídos pelo Estado, e não para os judeus escondidos que, por causa dos preços exorbitantes, compram, em vez dos oito cupons, só quatro no mercado negro. Nós oito vamos preparar alguma comida com a manteiga extra. Hoje de manhã eu assei biscoitos e fiz dois bolos. O espaço aqui em cima está muito concorrido, e a mamãe me proibiu de ler e estudar antes de todas as tarefas domésticas terem sido concluídas.

A sra. van Daan está de cama com a costela machucada. Tem reclamado o dia inteiro, pede constantemente que troquem seus curativos e nunca está satisfeita com nada. Como eu vou ficar feliz quando ela conseguir se levantar de novo e der uma boa arrumada nas suas coisas, porque, verdade seja dita, a sra. van Daan é excepcionalmente diligente e arrumada, além de, contanto que esteja em boa condição física e mental, alegre. Como se já não bastassem todos os "xius" que eu ouço durante o dia por fazermos "barulho demais", o senhor meu companheiro de quarto teve a brilhante ideia de seguir o exemplo dos demais e me lançar constantes "xius". Eu não posso nem me virar na cama que lá vêm eles. Eu me recuso a obedecer e da próxima vez respondo "xiu" de volta!

A cada dia que passa ele fica mais chato e egoísta. Dos biscoitos prometidos, passada a primeira semana, não vi nem a cor. Ele me deixa furiosa principalmente aos domingos, quando acende a luz bem cedo de manhã para fazer dez minutos de ginástica. Eu, a pobre incomodada, tenho a impressão de que aquilo dura horas, porque as cadeiras que prolongam a minha cama se sacodem sob a minha cabeça sonolenta de um lado para o outro. Depois de girar com força os braços e finalizar os exercícios de elasticidade, o senhorzinho começa a fazer a sua toalete. As cuecas estão penduradas num gancho, por isso ele vai até lá pegá-las e volta. A gravata está sobre a mesa; lá vai ele de novo e volta empurrando e batendo nas cadeiras.

Mas não quero ocupar o seu tempo reclamando de velhos esquisitos, mesmo porque isso não adianta nada; infelizmente, também vou desistir dos meus planos de vingança, tais como desenroscar a lâmpada, trancar a porta e esconder as roupas para manter a paz.

Estou ficando bastante ajuizada, hein? Tudo o que se passa aqui deve ser feito com juízo: aprender, escutar, ficar calado, ajudar, ser amoroso, admitir e sei lá mais o quê! Tenho medo de que o meu juízo, que já não é lá muito, se esgote rápido demais e que não sobre nada dele para o pós-guerra.

Sua Anne

•

QUARTA-FEIRA, 13 DE JANEIRO DE 1943

Querida Kitty,

Hoje de manhã fui atrapalhada por mil e uma coisas e, por isso, não consegui terminar nada que comecei.

Encontramos um novo passatempo: encher envelopinhos com molho de carne (em pó). Esse tempero é fabricado pela Gies & Co. O sr. Kugler não consegue encontrar ninguém para o trabalho, e, se nós o fizermos, sai bem mais barato. É o tipo de trabalho que se faz nas prisões, tão entediante que provoca risadas e tontura.

A vida lá fora é um horror só. As pessoas são levadas noite e dia, com nada consigo além de uma mochila e de um pouco de dinheiro. Esses pertences são tomados delas no caminho. Os membros de uma mesma família são afastados uns dos outros; homens, mulheres e crianças são separados. As crianças que voltam da escola não encontram mais os pais em casa. Mulheres que saem para fazer compras ao voltar encontram suas casas interditadas, a família desaparecida. Os cristãos holandeses também têm medo: os seus filhos são enviados à Alemanha. Todos temem. A cada noite sobrevoam a Holanda centenas de aviões em direção à Alemanha que semeiam a terra de bombas; a cada hora morrem na Rússia e na África centenas, milhares de pessoas. Ninguém consegue ficar longe do conflito. O mundo inteiro está em guerra, e, apesar do avanço das forças aliadas, não se vê ainda um fim.

E nós, nós estamos bem, numa situação melhor que milhões de outros. Ainda estamos abrigados e tranquilos, comprando a nossa própria comida. Somos tão egoístas que falamos do "pós-guerra", ficamos ansiosos para ter novas roupas e sapatos, ao passo que deveríamos economizar cada centavo para que, ao fim da guerra, possamos ajudar os outros e salvar o que puder ser salvo.

As crianças do bairro circulam com camisetinhas finas e calçando tamancos de madeira. Sem casaco, sem gorro, sem meias e sem ninguém para ajudá-las. Estão de estômago vazio, mas ficam mastigando cenouras; saem das suas casas geladas, andam pelas ruas geladas e chegam às salas de aula mais geladas ainda. Pois é, até na Holanda a situação chegou a ponto de as crianças pararem os transeuntes para pedir um naco de pão.

Eu poderia ficar horas escrevendo a você sobre a miséria associada à guerra, mas isso me deixaria ainda mais transtornada. Não temos mais remédio senão esperar com a maior tranquilidade possível o fim de toda essa miséria. Tanto os cristãos como os judeus aguardam, o mundo inteiro aguarda, e muitos aguardam a própria morte.

Sua Anne

•

SÁBADO, 30 DE JANEIRO DE 1943

Querida Kitty,

Estou explodindo de raiva, mas não posso deixar transparecer; queria mais é bater os pés no chão, berrar, sacudir a mamãe com toda a força, chorar e não sei mais o que por causa das palavras terríveis, dos olhares sarcásticos e das acusações que dia após dia me atingem como as flechas de um arco bem retesado, as quais eu só a duras penas consigo arrancar do corpo. Eu adoraria gritar para a mamãe, para a Margot, para os van Daan e para o sr. Dussel: "Me deixem em paz, me deixem dormir pelo menos uma noite sem que o meu travesseiro esteja encharcado de lágrimas, sem que os meus olhos ardam e a minha cabeça fique martelando! Quero ficar longe, longe de tudo, de preferência do mundo inteiro!" Mas eu não posso, não posso mostrar o meu desespero a eles, não posso deixar que vejam as feridas que causaram em mim; eu não suportaria a comiseração, a ironia benevolente. Isso só me deixaria com mais vontade de berrar.

Todos acham que sou melindrosa quando falo, ridícula quando me calo, mal-educada quando respondo, astuta quando tenho uma boa ideia, preguiçosa quando estou cansada, egoísta quando como um pouco mais, burra, covarde, calculista e por aí vai. Durante o dia a única coisa que ouço é que sou uma garota insuportável, e, apesar de fingir que rio e não ligo, na verdade me afeta sim, e gostaria de pedir a Deus que me desse outra natureza e que ninguém se voltasse contra mim.

Impossível, a minha natureza me foi dada, e sinto que não sou má pessoa. Dou o melhor de mim para satisfazer a todos, algo de que ninguém suspeita. Tento rir mais alto, porque não quero que percebam o meu desgosto.

Mais de uma vez despejei sobre a mamãe uma série de impropérios:

— Eu não me importo nem um pouco com o que você diz. Não se preocupe mais comigo, eu sou um caso perdido.

É claro que eu logo ouviria que era malcriada e seria meio ignorada por dois dias até que tudo voltaria ao normal de repente e eu seria tratada como todo mundo.

Para mim era impossível eu ser um docinho de coco num dia e no dia seguinte despejar na cara dos outros todo o meu ódio. Prefiro ficar no meio-termo, longe dos extremos, e manter a boca fechada quanto ao que penso, tentando ser tão desdenhosa com eles quanto eles são comigo. Quem me dera...

Sua Anne

•

SEXTA-FEIRA, 5 DE FEVEREIRO DE 1943

Querida Kitty,

Apesar de fazer um bom tempo que não escrevo sobre brigas, nada mudou. No começo o sr. Dussel levava os nossos atritos muito a sério, mas agora já está acostumado e tenta sair de fininho.

A Margot e o Peter não são exatamente o que se chamaria de "jovens", de tão calados e entediantes que são. Eu destoo tanto dos dois que sempre acabo ouvindo: "Se nem a Margot e o Peter agem assim! Siga o exemplo da sua irmã ajuizada!" Acho isso terrível.

Confesso que não quero me parecer nem um pouco com a Margot. Na minha opinião, ela é muito fraca e indiferente, se deixa influenciar por todo mundo e sempre cede em tudo. Eu quero ter o espírito mais firme! Mas isso eu prefiro guardar para mim; iriam rir de mim se eu trouxesse isso à tona.

O ambiente na hora das refeições tem andado tenso. Ao menos as explosões têm sido evitadas pela presença dos tomadores de sopa.

Os tomadores de sopa são as pessoas do escritório que vêm para tomar uma tigelinha de sopa no almoço.

Hoje o sr. van Daan voltou a dizer que a Margot tem comido muito pouco.

— Com certeza para manter a silhueta — comentou com um toque de ironia.

A mamãe, que sempre defende a Margot, disse em alto e bom som:

— Não aguento mais ouvir essas besteiras do senhor!

A sra. van Daan virou um pimentão de tão vermelha, e o sr. van Daan ficou olhando fixamente para o vazio, calado.

Nós costumamos rir de uma coisa ou outra. Faz pouco tempo, a madame soltou uma que arrancou gargalhadas. Ela estava falando de antigamente, do quão bem ela se dava com o pai e do quanto ela adorava flertar.

— Sabem — continuou —, o meu pai dizia que, quando um homem começa a ficar com a mão boba, você tem de lhe dizer o seguinte: "Meu senhor, eu sou uma dama"; porque aí ele entende a mensagem. — Gargalhamos como se ela tivesse contado uma ótima piada.

Até o Peter, por mais calado que costume ser, de vez em quando tem das suas e demonstra certa alegria. Ele tem o azar de ser louco por palavras estrangeiras, mas sem saber o que significam. Certo dia, por causa de uma visita no escritório, não podíamos ir ao banheiro, mas ele não conseguiu mais se segurar e foi, porém não deu descarga. Para nos advertir para o odor desagradável, prendeu na porta do banheiro um aviso em que se lia: "*SVP*:[8] gás".

É claro que o Peter queria escrever "Cuidado: gás", mas achou "*SVP*" mais elegante.

Ele não tinha a menor ideia de que a expressão significava "por favor".

Sua Anne

---

8. Abreviação do francês *S'il vous plaît* ("Por favor"), a fim de enfatizar um pedido, mas apenas na linguagem escrita. (*N. do T.*)

•

SÁBADO, 27 DE FEVEREIRO DE 1943

Querida Kitty,

O Pim prevê que a invasão vai acontecer a qualquer momento. Churchill teve uma pneumonia e tem se recuperado lentamente. Gandhi, um libertário hindu, faz a sua enésima greve de fome.

A madame se diz fatalista. Mas quem tem mais medo quando os alemães disparam? Ninguém menos que Petronella van Daan.

O Jan nos trouxe uma carta do bispo aos fiéis. É um texto belamente escrito e comovente. "Não fiquem parados esperando, holandeses, que cada um lute com suas próprias armas pela liberdade do país, do povo e da religião! Ajudem, apoiem, não hesitem!!" É isso que se prega do alto dos púlpitos. Terá algum efeito? Certamente não para os nossos irmãos de fé.

Olha só o que acabou a acontecer conosco: o proprietário deste imóvel vendeu a casa sem nem mesmo informar ao sr. Kugler e ao sr. Kleiman. Certa manhã vieram inspecionar a casa o novo proprietário com um arquiteto. Ainda bem que o sr. Kugler estava presente e lhes mostrou tudo de cima a baixo, com exceção do Anexo. O pretexto foi ter esquecido em casa a chave da porta divisória. O novo proprietário não fez mais perguntas. Vamos torcer para que não volte para vir ver o Anexo, porque aí nós vamos nos dar mal!

O papai esvaziou para a Margot e para mim uma caixa de arquivo de escritório e a encheu de fichas com um lado em branco. Isso vai ser o arquivo relativo aos livros. A ideia é nós duas anotarmos nas fichas quais livros nós lemos, por quem foram escritos e as respectivas datas. Já aprendi duas novas palavras: "bordel" e "coquete". Eu trouxe uma caderneta para esse tipo de anotação.

Há uma nova distribuição de manteiga e margarina. Cada um recebe no seu prato a sua porção. A divisão se dá de uma maneira muito injusta. Os van Daan, que sempre preparam o café da manhã, se dão uma porção e meia a mais que nós. Os meus velhinhos estão apreensivos demais para comprar qualquer briga. Uma pena. Sou da opinião que esse tipo pessoa deve receber o troco na mesma moeda.

Sua Anne

•

QUINTA-FEIRA, 4 DE MARÇO DE 1943

Querida Kitty,

A madame tem um novo nome: nós a chamamos agora de Mrs. Beaverbrook. Claro que você não tem como saber o motivo, portanto aqui vai: na estação de rádio inglesa, um certo Mr. Beaverbrook volta e meia diz que os bombardeios na Alemanha são fracos demais.

A sra. van Daan adora contradizer todo mundo, incluindo o próprio Churchill e o noticiário, mas com o Mr. Beaverbrook ela concorda plenamente. Por causa disso, dissemos que ela deveria era se casar com o Mr. Beaverbrook; como a sra. van Daan se sentiu lisonjeada, passou a se chamar automaticamente Mrs. Beaverbrook.

Vai chegar um novo empregado para o armazém, porque o antigo foi mandado para a Alemanha, o que é triste para ele, mas para nós foi um alívio, já que o novo não conhece a casa. Nós ainda temos medo dos funcionários do armazém.

Gandhi voltou a comer.

O mercado negro continua prosperando. Nós poderíamos estar nos empanturrando de comida se tivéssemos o dinheiro para pagar os preços exorbitantes. O nosso verdureiro compra batatas diretamente da Wehrmacht e as traz em sacos até o escritório particular. Ele sabe que estamos na clandestinidade, por isso vem sempre certinho na hora do almoço, que é quando o armazém está vazio.

Tanta pimenta passa pelos moedores que é impossível respirar sem tossir ou espirrar. Todo mundo que sobe nos cumprimenta com um "atchim!" A madame diz que não desce; ela ficaria doente se respirasse mais pimenta.

Para mim, o negócio do papai é uma chatice, não tem nada além de ingredientes gelatinosos e pimenta picantes. Se alguém trabalha no ramo alimentício, deveria ter também alguma coisa gostosa de comer.

Hoje de manhã despejaram sobre mim outra tempestade estrepitosa de impropérios; as expressões vulgares relampejavam com tanta intensidade, que os meus ouvidos começaram a ressoar: "a Anne é péssima nisso", "os van Daan são ótimos naquilo". *Donderwetterwetter*![9]

Sua Anne

9. Corruptela holandesa da expressão alemã: "*Donnerwetter(nocheinmal)!*", com que os pais repreendem os filhos por alguma traquinagem e que significa literalmente "tempo de trovão", daí sua inserção no contexto da passagem. (*N. do T.*)

•

QUARTA-FEIRA, 10 DE MARÇO DE 1943

Querida Kitty,

Ontem à noite houve um curto-circuito, sem contar os disparos ininterruptos. Ainda não perdi o medo de aviões e disparos e passo quase todas as noites na cama do papai buscando algum consolo. Pode ser muito infantil da minha parte, mas é algo que só se entende vivenciando. Não se ouvem nem as próprias palavras com o ribombar dos canhões. A Mrs. Beaverbrook, fatalista como é, estava praticamente chorando, e disse com uma vozinha amedrontada:

— Ah, é tão desagradável, que barulheira esses canhões fazem! — O que equivale a dizer: "Que medo!"

À luz de velas tudo parece menos impactante que no escuro total. Eu sentia uns arrepios, era como se estivesse com febre, por isso implorei ao papai que acendesse alguma vela. Mas ele se manteve irredutível, por isso ficamos na escuridão.

De repente, rajadas de metralhadoras começaram a ser disparadas, o que é dez vezes pior que os canhões. A mamãe saltou da cama e, para grande irritação do Pim, acendeu uma vela. A resposta dela para os resmungos dele foi:

— A Anne não é um soldado veterano! — E isso encerrou qualquer discussão.

Já contei a você sobre as outras fobias da madame? Acho que não. Para não ficar faltando nenhuma aventura do Anexo, tenho de lhe contar esta: certa noite a madame achou que havia ladrões no sótão; ouvia todos os passos, tão pesados e com tanta clareza que acordou o marido. Naquele exato momento os ladrões desapareceram, e o único barulho que o sr. van Daan ouviu foi o pulsar do coração amedrontado da mulher fatalista.

— Ai, Putti — era assim que a madame chamava o marido carinhosamente —, eles devem ter levado todas as nossas salsichas e vagens. E o Peter? Será que ele continua bem na cama?

— O Peter eu duvido que eles tenham levado, fique calma e me deixe dormir!

Até parece! A madame não conseguiu mais adormecer de medo.

Algumas noites depois os van Daan foram acordados por causa do barulho de fantasmas. O Peter foi até o sótão com uma lanterna e vupt, o que saiu correndo? Uma massa enorme de ratos!

Foi quando descobrimos quem eram os ladrões; soltamos a Mouschi no sótão, e os hóspedes indesejáveis não voltaram a aparecer. Pelo menos.... não à noite.

Algumas noites atrás o Peter foi à água-furtada (eram sete e meia e ainda havia luz do dia) para pegar papel velho. Para descer os degraus teve de se segurar no alçapão; pousou a mão nele sem olhar e.... quase rolou escada abaixo com a dor e o susto. Sem saber, tinha agarrado uma ratazana, que mordeu com tudo seu braço. O sangue escorria pelo pijama quando ele veio até nós com uma toalha na mão e as pernas bambas. Não é de admirar, acariciar uma ratazana não é uma boa ideia, principalmente quando ela abocanha um pedaço da sua mão.

Sua Anne

•

SEXTA-FEIRA, 12 DE MARÇO DE 1943

Querida Kitty,

Quero lhe apresentar: Mamãe Frank, defensora das crianças! Manteiga extra para os jovens, problemas da juventude atual; em tudo a mamãe toma partido da juventude e quase sempre consegue fazer valer sua vontade depois de uma briga ou duas.

Um pote de linguado em conserva estragado: jantar de gala para a Mouschi e para o Moffie.

Você ainda não conheceu o Moffie, mas ele já circulava pela empresa antes de termos de nos esconder. Ele é o gato do armazém e do escritório e mantém os ratos longe do depósito. O seu nome político também é fácil de explicar. Por um tempo, a Gies & Co teve dois gatos, um para o armazém e o outro para o sótão. Às vezes os dois se cruzavam, o que invariavelmente resultava em brigas feias. Era sempre a fera do armazém que atacava, ao passo que o monstrengo do sótão saía vencedor. Como na política. Assim sendo, o do armazém era chamado de Alemão ou Moffie,[10] e o do sótão, de Inglês ou Tommie. Livraram-se do Tommie um tempo depois, enquanto o Moffie é para nós motivo de diversão quando descemos.

Comemos tanto feijão-preto e feijão-branco que não consigo mais olhar para nenhum dos dois. Só de pensar, já fico enjoada.

---

10. *Mof* é uma palavra de origem germânica que designa uma peça de vestuário na qual os alemães enrolavam as mãos e os antebraços para protegê-los do frio (uma espécie de polaina para as mãos). Durante a Segunda Guerra Mundial, os holandeses passaram a usar a palavra para se referir pejorativamente aos alemães, que costumavam usar o *mof*. (*N. do T.*)

A distribuição do pão vespertino foi cancelada.

O papai acabou de dizer que não está de bom humor. Ele está de novo com aqueles olhinhos tristes, pobrezinho!

Eu estou simplesmente viciada no livro *De klop op de deur* [*O bater à porta*], de Ina Boudier-Bakker. O romance familiar é muito bem escrito. Só o pano de fundo sobre guerra, escritores e emancipação feminina não é tão bom, mas, para ser sincera, o meu interesse por esses temas é quase nulo.

Atentados a bomba terríveis na Alemanha. O sr. van Daan está de mau humor. O motivo é a escassez de cigarros.

A discussão sobre abrir ou não as latas de conserva terminou a nosso favor.

Não consigo mais colocar nenhum par de sapatos, com exceção dos de esquiar, que são pouquíssimo práticos para serem usados dentro de casa. Um par de sandálias de palha de 6,50 florins ficou totalmente gasto após uma semana de uso. Quem sabe a Miep não encontra algum outro no mercado negro?

Eu ainda tenho de cortar o cabelo do papai. O Pim afirma que, após a guerra, não vai mais a nenhum outro cabeleireiro de tão bem que eu dou conta do recado. Se pelo menos eu deixasse as orelhas dele intactas!

Sua Anne

•

QUINTA-FEIRA, 18 DE MARÇO DE 1943

Queridíssima Kitty,

A Turquia está em guerra. Grande tensão. Esperamos ansiosamente notícias pelo rádio.

•

SEXTA-FEIRA, 19 DE MARÇO DE 1943

Querida Kitty,

A decepção substituiu a alegria em uma hora. A Turquia não está em guerra, o ministro turco apenas falou de um iminente fim da neutralidade. Na praça Dam havia um jornaleiro gritando: "A Turquia alinhada com a Inglaterra!" E os jornais eram arrancados das suas mãos. Foi assim que os boatos animadores chegaram até nós.

As notas de mil florins foram declaradas inválidas. Isso é um forte golpe nas pessoas que exercem atividades no mercado negro e afins, mas é ainda pior para quem possui algum dinheiro que não pode ser declarado ou para quem está na clandestinidade. Quem quiser trocar uma nota de mil florins deve explicitar e provar como ela chegou às suas mãos. Os impostos, sim, ainda podem ser pagos com elas, mas essa facilidade só estará em vigor até a semana que vem. As notas de quinhentos também deixaram de valer. A Gies & Co ainda tinha notas ilegais de mil. Por um bom tempo se pagaram antecipadamente os impostos com elas, de modo que tudo transcorreu de forma lícita.

O sr. Dussel recebeu um aparelho de obturação; em breve vou ter de me submeter seriamente a um exame.

Aliás, é estarrecedor o quanto o sr. Dussel não se atém aos regulamentos de proteção do nosso esconderijo. Ele não só escreve cartas para a esposa como mantém agradáveis correspondências com diversas pessoas. Coloca a Margot no papel de professora de holandês do Anexo e a faz corrigir as suas cartas. O papai o proibiu terminantemente de dar continuidade a essa atividade. Foram abolidas as correções da Margot, mas eu tenho cá para mim que logo, logo ele vai retomar a correspondência.

O Führer conversou com os soldados feridos. Foi triste de se ouvir. As perguntas e as respostas eram mais ou menos assim:

— O meu nome é Heinrich Scheppel.

— Ferido onde?

— Perto de Stalingrado.

— Que tipo de ferimento?

— Ulceração nos pés causada pelo gelo e fratura numa articulação do braço esquerdo.

Foi exatamente assim que a rádio nos transmitia esse show de marionetes horripilante. Os feridos pareciam orgulhosos dos seus ferimentos; quanto piores, maior o orgulho. Um deles ficou tão emocionado por poder dar a mão ao Führer (se é que a tinha ainda) que quase não conseguiu pronunciar palavra nenhuma.

Deixei o sabonete do sr. Dussel cair no chão e pisei nele. Agora está até faltando um pedaço. Já pedi ao papai com antecedência uma compensação para ele, principalmente porque o sr. Dussel não recebe mais de uma barra de sabonete por mês.

Sua Anne

QUINTA-FEIRA, 25 DE MARÇO DE 1943

Queridíssima Kitty,

A mamãe, o papai, a Margot e eu estávamos sentados confortavelmente aconchegados uns aos outros quando o Peter chegou e cochichou algo no ouvido do papai. Eu ouvi algo sobre "um barril virado no armazém" e "alguém forçando a porta sem jeito".

A Margot também o ouviu, mas tentou me acalmar um pouco, porque eu estava pálida feito cera e com os nervos à flor da pele. Ficamos as três esperando; o papai tinha, nesse meio-tempo, descido com o Peter. Nem dois minutos haviam se passado quando a sra. van Daan subiu do andar de baixo, onde estava escutando rádio, contando que o Pim tinha lhe pedido que o desligasse e subisse de mansinho. Mas, como sempre acontece quando alguém não quer fazer barulho, os degraus das escadas velhas rangeram duas vezes mais. Depois de uns cinco minutos entraram o Peter e o Pim, pálidos até a ponta do nariz, e nos contaram os contratempos.

Tinham se posicionado ao pé da escada e esperado, sem resultado. Mas, de repente, eis que ouviram, sim, duas fortes pancadas, como se tivessem batido aqui em casa. O Pim foi para o andar de cima correndo; o Peter quis primeiro avisar ao sr. Dussel, que muito desajeitada e ruidosamente enfim apareceu. Depois subimos na ponta dos pés até o andar superior, onde estavam os van Daan. O marido, com um senhor resfriado, já estava na cama, de modo que nos reunimos em volta da sua cama e o pusemos a par das nossas suspeitas. Quanto mais o sr. van Daan tossia, mais entrávamos em pânico a sra. van Daan e eu. Ele continuou tossindo até um de nós ter a brilhante ideia de lhe dar codeína. Foi tiro e queda para a tosse.

Esperamos e esperamos, mas não ouvimos mais nada; chegamos à conclusão de que, na verdade, depois de ouvir passos numa casa tão silenciosa, eles saíram correndo. Foi muito azar que o rádio lá embaixo estivesse sintonizado no canal inglês, com as cadeiras caprichosamente à sua volta. Se a porta tivesse sido forçada e a vigilância antiaérea tivesse se dado conta e avisado a polícia, o caso poderia ter tido consequências desastrosas para nós. Assim sendo, o sr. van Daan se levantou, vestiu calça e casaco, um chapéu e desceu a escada muito cuidadosamente no encalço do papai, seguido pelo Peter, que, por precaução, havia se munido de um martelo pesado. As damas lá em cima (incluindo a Margot e a mim), esperaram, prendendo a respiração até que os senhores reapareceram e informaram que a casa inteira estava em paz. Combinamos de não usar água corrente nem dar descarga, mas, como a tensão havia mexido com o intestino de todos nós, você pode imaginar que odor reinava no banheiro depois de cada um deixar lá a sua encomenda.

Quando um incidente como esse acontece, ele desencadeia toda uma série de eventos. Ultimamente tem sido assim. Um deles foi o sino da Westertoren, que tanto me acalmava e que deixou de badalar. Depois foi o sr. Voskuijl, que ontem à noite foi embora mais cedo e nos deixou sem saber se a Bep tinha conseguido pegar a chave e trancar a porta.

Mas essa não era a maior preocupação no momento. A noite mal havia começado, e nós ainda estávamos num estado de incerteza, ainda que um tanto mais calmos, já que das oito e quinze, que foi quando os ladrões colocaram a casa em perigo, às dez e meia não tínhamos ouvido mais nada. Refletindo melhor, nos pareceu bastante improvável que um ladrão arrombasse uma porta à noite tão cedo, enquanto ainda podia haver gente circulando pelas ruas. Além disso, ocorreu a um de nós que o chefe do armazém dos nossos vizinhos, a Keg, podia ainda estar trabalhando, porque, em meio a tanta atribulação e com as paredes finas, é bem fácil confundir as vozes deste lado com as do outro; em momentos delicados como esse, a imaginação pode pregar peças.

Fomos então para a cama, mas não foram todos que conseguiram pegar no sono. O papai, assim como a mamãe e o sr. Dussel, ficou acordado, e posso dizer sem exagero que não preguei os olhos. Hoje de manhã os homens desceram e mexeram na porta que dá para a rua a fim de ver se estava trancada e encontraram tudo em ordem!

Os acontecimentos desagradáveis foram relatados ao pessoal do escritório com riqueza de detalhes. É muito mais fácil rir desse tipo de coisa depois que acontece; apenas a Bep nos levou a sério.

Sua Anne

P.S.: A privada estava entupida hoje de manhã, e o papai teve de escarafunchar todas as receitas de morango[11] (nosso atual papel higiênico) com uma longa vara de madeira para tirar da privada alguns quilos de cocô. A vara foi queimada em seguida.

11. Ao que tudo indica, páginas do livreto de receitas de geleia de morango da Opketa. (*N. do E.*)

•

SÁBADO, 27 DE MARÇO DE 1943

Querida Kitty,

Concluímos o curso de estenografia e logo começamos a exercitar. Estamos ficando craques! Para contar a você um pouco mais dos meus "assuntos-passatempo" (eu os chamo assim porque nós não fazemos nada além de deixar os dias escoarem o mais rápido possível para que o fim do nosso tempo de reclusão se aproxime mais). Eu adoro mitologia, principalmente a dos deuses gregos e romanos. Todo mundo aqui acha que é um interesse passageiro, porque nunca ouviram falar de uma adolescente com inclinação para mitologia. Pois então: aqui está a primeira!

O sr. van Daan está resfriado, ou melhor: está com a garganta arranhando um pouco. Ele faz disso um estardalhaço. Gargareja com chá de camomila, pincela o céu da boca com tintura de mirra, unta com pomada de eucalipto o peito, o nariz, os dentes e a língua e se mostra de um mau humor que só!

Rauter, ou algum outro *mof* de alto escalão, fez um discurso. "Todos os judeus deverão ter desaparecido de terras germânicas até o dia 1º de julho. De 1º de abril a 1º de maio, a província de Utrecht será purgada (como se fossem baratas); de 1º de maio a 1º de junho, as províncias da Holanda do Sul e da Holanda do Norte." Como um rebanho de animais pobres, doentes e negligenciados, as coitadas das pessoas serão transportadas para abatedouros imundos. Mas é melhor eu me calar, porque os meus próprios pensamentos me causam pesadelos! Uma (pequena) boa notícia é que o Departamento de Intercâmbio de Trabalho foi incendiado por sabotagem. Alguns dias depois foi a vez do Cartório de Registro Civil. Homens com farda da polícia alemã amarraram os guardas e deram um fim a todos aqueles documentos importantes.

Sua Anne

•

QUINTA-FEIRA, 1º DE ABRIL DE 1943

Querida Kitty,

Hoje eu realmente não estou com humor para fazer gracinhas (vide a data); muito pelo contrário, faço minhas as palavras do ditado: "Uma desgraça nunca vem sozinha."

Primeiro foi o nosso catalisador de alegria, o sr. Kleiman, que ontem sofreu uma hemorragia estomacal e vai ter de ficar de cama por três semanas no mínimo. Tenho de contar a você que ele sofre essas hemorragias com frequência e que não há nada que possa ser feito.

Depois foi a Bep, que pegou uma gripe. Em seguida, foi a vez do sr. Voskuijl, que tem de ser hospitalizado na semana que vem. O mais provável é que esteja com uma úlcera no estômago e que seja operado. Por último vieram de Frankfurt os diretores da Pomesinwerke para discutir as novas entregas da Opekta. Todos os pontos dessa discussão o papai já tinha repassado com o sr. Kleiman; por causa da urgência da questão, o sr. Kugler não tem como ser posto a par devidamente.

Quando os senhores de Frankfurt estavam para chegar, o papai já tremia antecipadamente ao pensar no desfecho da reunião.

— Se eu pudesse ir, estaria lá embaixo! — exclamou.

— Encoste uma orelha no chão. Os senhores vão estar no escritório particular, e daqui você pode ouvir tudo.

O semblante do papai se reavivou, e, às dez e meia da manhã de ontem, a Margot e o Pim (dois ouvidos ouvem mais que um!) tomaram suas posições junto ao chão. A reunião não terminou na parte da manhã, mas pela tarde o papai não estava mais em condições de dar continuidade à campanha de escuta. Estava quebrado por causa da postura incomum e nada prática. Eu o rendi às duas e meia, até que ouvimos vozes no corredor. A Margot me fez companhia; a conversa se arrastava tanto e era tão chata que de repente peguei no sono no chão frio e duro de linóleo. A Margot não teve coragem de encostar em mim por medo de que nos ouvissem lá embaixo; chamar o meu nome, então, estava fora de questão. Dormi uma boa meia hora e acordei assustada, tendo esquecido tudo o que havia se falado na importante reunião. Ainda bem que a Margot tinha prestado mais atenção.

Sua Anne

•

SEXTA-FEIRA, 2 DE ABRIL DE 1943

Querida Kitty,

Ah, tenho mais uma vez algo terrível para acrescentar ao meu registro de pecados! Ontem à noite eu estava na cama, esperando que o papai viesse rezar comigo e me dar boa-noite. Até que entra a mamãe no quarto, se senta na cama e, humildemente, me diz:

— Annie, o papai não pode vir ainda; vamos rezar juntas?

— Não, mamãe.

A mamãe se levantou, ficou parada ao lado da cama e depois se dirigiu à porta. Eis que ela de repente gira sobre os calcanhares e me diz, o rosto retorcido:

— Não quero ficar brava com você. Amor não é algo que pode ser imposto.

Algumas lágrimas rolaram pelo seu rosto enquanto ela saía pela porta.

Continuei deitada e logo me dei conta da minha atitude infame, da rudeza com que eu a tinha rejeitado, ainda que soubesse que eu não poderia ter reagido de outra maneira. Não posso ser hipócrita a ponto de rezar com ela a contragosto. Simplesmente não consegui. Eu fiquei com pena da mamãe, morrendo de pena, porque era a primeira vez na vida que eu me dava conta de que ela engolia a minha frieza com indiferença. Vi a tristeza no seu rosto quando ela disse que o amor não é algo que possa ser imposto. É duro dizer a verdade; entretanto, a verdade é que ela mesma me afastou, me deixou insensível a qualquer forma de amor vinda dela com os seus comentários inconsiderados e com as suas chacotas grosseiras sobre assuntos em que eu não consigo ver graça. Da mesma maneira que eu me encolho sempre que ela me lança suas palavras duras, agora foi o coração dela que se encolheu ao se dar conta de que o amor entre nós de fato desapareceu.

Ela chorou metade da noite, não dormiu a noite inteira. O papai não olha para mim, mas, se os nossos olhares se cruzam, leio nos seus olhos: "Como você pôde ser tão indelicada? Como você se atreve a causar tanta dor à sua mãe?!"

Todos esperaram que eu pedisse desculpas a ela, mas esse é um caso em que não posso me desculpar. Porque o que eu disse é a pura verdade, algo que a mamãe precisa saber cedo ou tarde. Eu não só pareço ficar como realmente fico indiferente diante das lágrimas da mamãe e do olhar do papai, porque é a primeira vez que ambos sentem algo que eu sinto quase o tempo todo. Eu só posso ter pena da mamãe, que vai ter de descobrir sozinha como deveria ter agido. Eu, da minha parte, vou continuar em silêncio e distante, e também não vou mais fugir da verdade, porque, quanto mais for adiada, mais dificuldade vão ter em ouvi-la!

Sua Anne

•

TERÇA-FEIRA, 27 DE ABRIL DE 1943

Querida Kitty,

A casa está tremendo de tantas brigas. A mamãe e eu, o sr. van Daan e o papai, a mamãe e a madame, todos andam irritados uns com os outros. Que ambiente mais agradável, não? O famoso registro de pecados da Anne voltou à tona em toda a sua amplitude.

No sábado vieram de visita os senhores estrangeiros. Ficaram até as seis da tarde; nós todos ficamos aqui em cima sem fazer o menor movimento. Quando não tem ninguém em casa nem trabalhando nas imediações, dá para ouvir cada passo dado no escritório particular. Eu estou de novo com o bumbum quadrado; ficar sentada quase prendendo a respiração não é mole. O sr. Voskuijl já está no hospital; o sr. Kleiman, de volta ao escritório, a hemorragia no estômago estancou mais rápido que o normal. Ele contou que o corpo de bombeiros causou um estrago no Cartório de Registro Civil pior que o incêndio depois de jogar no prédio uma catarata de água em vez de usar extintores. Isso me faz rir!

O Carlton Hotel ficou arruinado; dois caças ingleses com bombas caíram em cima do Clube de Oficiais Alemães. A esquina da Vijzelstraat com o Singel foi inteiramente consumida pelo fogo. Os ataques aéreos em cidades alemães têm se intensificado dia após dia. Não temos mais sossego de noite, estou com olheiras profundas por falta de sono.

A nossa alimentação é péssima. De café da manhã pão ressecado e um substituto de café. De janta, já há quatorze dias, alface e espinafre. Batatas grandes com um gosto doce e rançoso. Quem quiser emagrecer pode vir se alojar no Anexo! Os de lá de cima reclamam aos gritos, nós aqui não achamos a situação tão trágica.

Todos os homens que lutaram ou foram mobilizados em 1940 foram intimados a trabalhar nos campos de prisioneiros de guerra para o Führer. Sem dúvida uma medida de precaução para a invasão!

Sua Anne

•

SÁBADO, 1º DE MAIO DE 1943

Querida Kitty,

Foi aniversário do sr. Dussel. Antes ele deu a entender que não queria comemoração, mas quando a Miep chegou com uma sacola de supermercado transbordando de pacotes, ele ficou serelepe feito uma criancinha. A sua querida Charlotte lhe mandou ovos, manteiga, biscoitos, sucos, pão, conhaque, bolinhos de especiarias, flores, laranjas, chocolate, livros e papel de correspondência. Ele montou uma mesa de aniversário, que deixou exposta durantes três longos dias, o velho doido!

Não pense você que ele passa fome; nós encontramos no armário dele pão, queijo, geleia e ovos. É revoltante que logo ele, que foi acolhido tão calorosamente para que salvasse a pele, se empanturre de comida às nossas costas sem nos oferecer nada de nada. Afinal de contas, nós dividimos com ele absolutamente tudo! Pior ainda é a mesquinhez dele para com o sr. Kleiman, o sr. Voskuijl e a Bep, aos quais ele não dá nada. As laranjas, de que o sr. Kleiman precisa tão desesperadamente para o seu estômago debilitado, o sr. Dussel considera mais saudáveis para o próprio estômago.

Na noite passada eu quis deixar à mão todos os meus pertences, tamanho foi o tiroteio lá fora. Hoje eu peguei uma mala e a enchi com tudo de primeira necessidade para o caso de fuga. Mas a mamãe perguntou, e com propriedade:

— Fugir para onde?

A Holanda inteira está sendo punida por causa da greve de muitos trabalhadores. Por isso foi declarado estado de sítio, e todos recebem um cupom de manteiga a menos. Quanta infantilidade e traquinagem.

Hoje à noite eu lavei o cabelo da mamãe, o que, nos tempos atuais, não é mais tão simples. Primeiro porque temos de nos virar com um sabonete verde e grudento já que o xampu acabou e, segundo, porque a mamãe não consegue mais pentear os cabelos direito, visto que do pente da família não sobram mais de dez dentes.

Sua Anne

•

DOMINGO, 2 DE MAIO DE 1943

Querida Kitty,

Quando eu paro de vez em quando para refletir sobre como vivemos aqui, em geral chego à conclusão de que nós, em comparação aos judeus que não se esconderam, vivemos num paraíso, mas que mais para a frente, quando tudo voltar ao normal, não vamos deixar de nos espantar com o fato de que nós, que sempre tivemos a casa bem-ajeitada, sim senhora, caímos muito em qualidade de vida. “Caímos” no que se refere às nossas boas maneiras. Por exemplo, desde que nos instalamos aqui, usamos a mesma toalha de mesa. É verdade que frequentemente tento dar um brilho nela, porém, com um pano de pratos com mais buracos que tecido e que foi novo num passado distante, antes mesmo de nos escondermos, por mais que eu a esfregue com afinco, não dá o resultado esperado. Os van Daan dormem desde o início do inverno sobre uma toalha de flanela que já não se pode mais lavar porque o sabão em pó comprado no mercado não só é escasso como também de má qualidade. O papai circula com calças rasgadas e uma gravata quase desmanchada. O espartilho da mamãe hoje estourou de velhice sem esperança de conserto, ao passo que a Margot anda por aí com um sutiã de um número duas vezes menor que o dela. A mamãe e a Margot têm só três camisetas passar o inverno inteiro, enquanto as minhas são tão pequenas que não chegam nem ao umbigo. É claro que dos males o menor, mas ainda assim eu às vezes levo um susto ao me dar conta disto: como é que, depois da guerra, vamos manter o nosso nível social de antes com tudo surrado e carcomido, desde a minha roupa íntima até o pincel de barbear do papai?

•

DOMINGO, 2 DE MAIO DE 1943
OS DIFERENTES HUMORES DENTRO DO ANEXO EM RELAÇÃO À GUERRA

O sr. van Daan: todos nós aqui sabemos que este excelentíssimo senhor tem uma visão bastante apurada sobre política. Sua expectativa é de que teremos de ficar aqui até o final de 1943. É muito tempo, mas ainda dá para aguentar. Mas o que nos garante que esta guerra, que não traz nada a ninguém além de prejuízo e dor, vai ter terminado até lá? E quem nos garante que até lá não terá acontecido algo conosco e com os nossos cúmplices? Ninguém, de fato. E é por isso que vivemos dia após dia sob tamanha tensão. Tanto na tensão da espera e da esperança como na do medo de que alguém ouça algum barulho dentro ou fora de casa, medo de disparos violentos e de novas "proclamações" no jornal, porque pode muito bem acontecer de algum dia alguns dos nossos cúmplices de esconderijo terem de se juntar a nós, os escondidos. "Escondidos" e "clandestinos" se tornaram duas palavras mais que comuns. Quantas e quantas pessoas não estão escondidas? Proporcionalmente, claro, não são muitas, mas mais para a frente vamos ficar espantados com o número de pessoas bondosas na Holanda que acolheram judeus e foragidos cristãos, em troca de dinheiro ou não. Além disso, é inacreditável o número de pessoas que sabidamente circula por aí com identidade falsa.

A sra. van Daan: quando esta bela (só mesmo para si própria) madame ficou sabendo que já não é tão difícil como antes conseguir documentos falsos, sugeriu que mandássemos fazer para cada um de nós. Como se o papai e o sr. van Daan nadassem em dinheiro. Quando a sra. van Daan diz essas besteiras, o Putti fica querendo subir pelas paredes. O que é perfeitamente compreensível, porque num dia a sua querida esposa diz: "Mais para a frente eu vou me batizar"; e no outro: "Eu sempre quis mesmo ir a Jerusalém, só me sinto em casa entre judeus!"

O Pim é um otimista, mas sempre encontra um motivo para ser.

O sr. Dussel inventa de tudo, dando tiros no escuro, mas, se alguém contradiz a sua ilustre pessoa, acaba se indispondo com ele. O sr. Albert Dussel tem como regra, penso eu, que a última palavra seja sempre dele, mas a srta. Anne Frank não se deixa convencer por isso.

O que os outros membros do Anexo pensam sobre a guerra é de pouco interesse. Somente a opinião desses quatro importa; ou melhor, apenas de dois, porque só mesmo na própria cabeça é que a sra. van Daan e o sr. Dussel acreditam que as deles têm o mesmo valor.

•

TERÇA-FEIRA, 18 DE MAIO DE 1943

Querida Kit,

Fui testemunha de uma batalha aérea violenta entre aviões alemães e ingleses. Infelizmente, alguns aviadores aliados tiveram de saltar dos seus aviões em chamas. O nosso leiteiro, que mora em Halfweg, viu sentados à beira da estrada quatro canadenses, dos quais um falava holandês fluentemente. Ele pediu ao leiteiro fogo para acender um cigarro e lhe contou que a tripulação da sua aeronave consistia em seis homens. O piloto tinha morrido queimado, e o quinto homem estava escondido em algum lugar. A Polícia de Segurança Alemã veio prender quatro homens ilesos. Como é possível alguém ter tanta presença de espírito após uma incrível aterrissagem de paraquedas?!

Apesar do indiscutível calor que está fazendo, temos de acender a lareira dia sim, dia não para queimar o lixo e as sobras de verduras. Não podemos jogar nada em latas de lixo, porque temos sempre de levar em consideração o funcionário do armazém. Um pequeno descuido pode nos delatar com tanta facilidade!

Todos os estudantes devem assinar uma lista do governo em que afirmam "simpatizar com os alemães e mostrar inclinação pela nova ordem". Oitenta por cento se recusou a renegar as suas convicções e a sua consciência, mas as represálias não tardaram a vir. Todos os estudantes que não assinaram vão ser levados para campos de trabalho na Alemanha. O que vai sobrar da juventude holandesa se todos tiverem de se acabar de trabalhar na Alemanha?

Por causa dos estrondos violentos da noite passada, a mamãe fechou a janela; eu estava na cama do Pim. De repente, ouvimos acima de nós a sra. van Daan saltar da cama, como se tivesse sido mordida pela Mouschi, e imediatamente houve um barulho muito alto. Soou como se uma bomba incendiária tivesse caído ao lado da minha cama. Gritei:

— Luz! Luz!

O Pim acendeu a luz. Eu não esperava nada menos que o quarto fosse estar em chamas em questão de minutos. Nada. Disparamos todos escadas acima para descobrir o que estava acontecendo. O sr. van Daan e a madame tinham visto pela janela chamas ardendo. O senhor achava que havia um incêndio em algum lugar na vizinhança; e a sra. van Daan, que a nossa casa estava pegando fogo. Com o barulho, a coitadinha da madame estava com as pernas tremendo. O sr. Dussel ficou lá em cima para fumar; nós nos enfiamos de novo na cama. Nem quinze minutos haviam se passado quando os disparos recomeçaram. A sra. van Daan já foi pulando da cama e descendo as escadas para bater à porta do quarto do sr. Dussel em busca do alento que o seu próprio cônjuge não lhe proporcionava. O sr. Dussel a recebeu com as palavras:

— Vem para a cama, minha criança!

Isso causou uma explosão de gargalhadas entre nós. Os disparos de canhões já não nos assustavam mais; o nosso medo tinha desaparecido.

Sua Anne

•

DOMINGO, 13 DE JUNHO DE 1943

Querida Kitty,

Os versos que o papai escreveu para o meu aniversário são lindos demais para que eu deixe de registrá-los aqui. Como o Pim faz poesia em alemão, lá foi a Margot traduzir. Julgue por si mesma se ela não se saiu maravilhosamente bem na tarefa. Depois de um resumo dos acontecimentos do ano, como sempre, segue:

Como a mais nova de todos, ainda que não mais tão pequena,
A vida não é fácil para você; cada um quer ser
Um pouco seu mestre, e é frequente o sofrer:
"Temos experiência!", "Acredite em mim.",
"Já passamos por muita coisa assim
E sabemos o que pode ser feito e o que passa pela proibição."
Pois é, assim as coisas desde sempre são.
Os nossos defeitos não têm peso nenhum,
Por isso repreender é simples para qualquer um.
Enquanto, sim, os erros alheios pesam demais.
Para nós, os seus velhos, não é dos trabalhos mais banais
Sermos justos na hora de julgar,
Os velhos repreendem, ainda que possa estranhar.
Se os filhos convivem com os pais,
Têm de aceitar as broncas sem ais
Como se toma um remédio repleto de amargor;
Se agem assim é para à paz não se opor.
Não passam em vão os meses vividos aqui,
E, se assim o fosse, não agradariam a ti,
Com tanto para aprender e tantos livros a ler,
Não é tão fácil no tédio se perder.
Bem mais difícil é se colocar a questão:
"Vestir o quê? Importa? Não.
Fica sempre curto. Calça eu não tenho
E a minha blusa me faz franzir o cenho.
Os sapatos então, neles não posso ter fé
Tamanhas as dores que causam no meu pé."
Pois é, ao dez centímetros se crescer
Nada mais serve, é sempre bom saber.

Um fragmento sobre o tema "comida" que a Margot não conseguiu traduzir com rimas eu omiti. Você não achou os meus versos bonitos?

De resto, me mimaram bastante, e ganhei uns presentes lindos. Entre outros, um livro enorme sobre o meu assunto preferido: mitologia greco-romana. Também não posso reclamar de falta de doces: todos rasparam o fundo do tacho. Como caçula da nossa grande família clandestina, devo dizer que recebi mais honras do que mereço.

Sua Anne

•

TERÇA-FEIRA, 15 DE JUNHO DE 1943

Querida Kitty,

Aconteceu uma porção de coisas, mas acho que tanta tagarelice tão pouco interessante deve deixar você entediada, você deve sentir um alívio quando recebe poucas cartas. Por isso, vou ser mais concisa ao transmitir as notícias.

O sr. Voskuijl acabou não sendo operado do estômago. Quando estava deitado na mesa de cirurgia com o estômago exposto, os médicos se deram conta de que ele estava com um câncer terminal já tão avançado, que uma cirurgia não serviria para nada, de modo que fecharam a incisão, fizeram com que ficasse três semanas de cama com uma excelente alimentação até que o mandaram de volta para casa. Mas, agindo assim, cometeram um erro crasso: desenganaram o coitado com riqueza de detalhes. Ele não está mais em condições de trabalhar, fica em casa rodeado pelos oito filhos refletindo sobre a sua morte iminente. Morro de pena dele e fico indignada por não poder sair para a rua, porque senão eu certamente o visitaria com frequência para distraí-lo.

Para nós é uma tragédia que o pobre sr. Voskuijl não possa mais nos manter a par de tudo o que se ouve e acontece no armazém. Ele era a nossa melhor força de apoio e ajuda no que diz respeito à cautela; sentimos muito a falta dele.

No mês que vem é a nossa vez, vamos ter de entregar o nosso rádio. O sr. Kleiman tem em casa um aparelho ilegal minúsculo que vai substituir o nosso grande da Philips. É uma pena que tenhamos de nos desfazer desse rádio de gabinete, mas uma casa que abriga clandestinos não deve chamar a atenção das autoridades se puder evitá-la. Nós vamos levar o rádio pequeno para cima, claro. A judeus clandestinos e dinheiro clandestino se pode muito bem somar também um rádio clandestino.

Todos estão tentando arranjar um aparelho velho para entregar em vez da sua "fonte de manutenção da coragem". Eu juro que é verdade, quando as notícias lá de fora só vão de mal a pior, a voz miraculosa do rádio nos ajuda a não perder a coragem e a dizermos a nós mesmos: "Cabeça erguida, não entregue os pontos, outros tempos estão por vir!"

Sua Anne

•

DOMINGO, 11 DE JULHO DE 1943

Querida Kitty,

Voltando a falar pela enésima vez sobre educação dos filhos, devo dizer que me esforço ao máximo para ser solícita, simpática e afável e agir de tal maneira que a chuva de críticas sobre mim se transforme numa garoa fininha. Não é pequeno o desafio de se mostrar exemplar diante de pessoas que você não suporta, principalmente se não se importa nem um pouco com isso. Mas vejo que um pouco de hipocrisia é mais benéfico para mim que, como costumo fazer, dizer a todo mundo o que penso sem papas na língua (apesar de ninguém pedir a minha opinião e de não valorizá-la). É claro que muitas vezes eu deixo a máscara cair para dar vazão à minha fúria quando são injustos comigo, dando mais motivos para que os outros fiquem um mês inteiro cochichando sobre a garota mais mal-educada do mundo.

Você não acha que de vez em quando eu mereço um pouco de pena? Ainda bem que eu não sou reclamona, senão ficaria amargurada e não conseguiria manter o bom humor. Em geral, vejo o lado engraçado dos sabões que me passam; fica mais fácil, porém, quando é outra pessoa sendo repreendida no meu lugar.

De resto, decidi (o que me custou muito tempo de deliberação) deixar a estenografia um pouco de lado. Em primeiro lugar, para dedicar mais tempo às minhas outras matérias e, em segundo, por causa dos meus olhos, que estão me causando um problemão. Fiquei muito míope e já faz tempo que deveria estar usando óculos (ui, vou ficar com cara de coruja!), mas você sabe como é: os clandestinos podem...

Ontem não se falou de mais nada além dos olhos da Anne, porque a mamãe sugeriu que a sra. Kleiman me levasse ao oftalmologista. Quando ouvi isso, fiquei com as pernas bambas, porque não é algo trivial. Na rua! Imagine só: eu, na rua! É inconcebível. Primeiro me veio um medo dos infernos; depois, alegria. Mas esse assunto é espinhoso, já que nem todas as instâncias que decidiram dar tal passo chegaram a um consenso tão rápido. Primeiro têm de se pôr na balança todos os riscos e todas as dificuldades, ainda que a Miep quisesse sair comigo para a rua na mesma hora. Eu já fui pegando o meu casaco cinza do armário, mas ele tinha encolhido tanto que parecia ser de uma irmã menor. Já estava com a bainha solta e não dava mais para abotoar. Estou sinceramente curiosa para saber o que vai acontecer, mas não acho que o plano vá adiante, porque nesse meio-tempo os ingleses aterrissaram na Sicília, e o papai voltou a ser partidário da ideia "do fim iminente".

A Bep passa muito trabalho de escritório para mim e para a Margot. Nós nos sentimos importantes fazendo isso, pois sabemos o quanto estamos contribuindo. Classificar correspondências e fazer registros num livro de vendas é algo que qualquer um pode fazer, mas nós o fazemos de modo extremamente meticuloso.

A Miep anda de um lado para o outro como se fosse um burro de carga. Quase todos os dias ela consegue encontrar legumes em algum lugar, que traz de bicicleta em sacolas grandes. É também ela quem traz todos os sábados livros da biblioteca. Ficamos todos na expectativa do sábado, impacientes para saber quais serão os livros. Feito crianças recebendo presentes. As pessoas por aí não sabem o significado dos livros para quem está recluso. Ler, estudar e ouvir rádio são as nossas únicas distrações.

Sua Anne

•

TERÇA-FEIRA, 13 DE JULHO DE 1943
A MELHOR ESCRIVANINHA

Ontem à tarde pedi permissão ao papai para perguntar ao sr. Dussel (muito educadamente) se ele por gentileza nos deixaria, duas vezes por semana (das quatro às cinco e meia), fazer uso da nossa escrivaninha. Todos os dias, das duas e meia às quatro, fico lá, que é quando o sr. Dussel tira uma soneca, mas, de resto, o quarto com a escrivaninha é terreno interditado. Na sala, o espaço comunitário, há tumulto demais durante a tarde para se conseguir trabalhar; além disso, o papai de vez em quando também gosta de trabalhar à escrivaninha.

Os motivos eram razoáveis, e a pergunta, mera formalidade. Agora me diga você o que acha que o ilustre sr. Dussel respondeu!

— Não. — Curto e grosso: — Não!

Fiquei tão indignada que não deixei ele simplesmente me despachar, sem perguntar o motivo da recusa. Foi um balde de água fria. Ele foi logo dizendo:

— Eu também tenho de trabalhar. Se eu não conseguir trabalhar na parte da tarde, perco o meu prazo. Tenho de terminar a minha tese, senão vou ter feito os meus estudos à toa. Esse seu estudo de mitologia não é sério. Que tipo de trabalho é esse? Ler e tricotar também não são trabalho. Sou eu quem usa a escrivaninha e vou continuar usando!

A minha resposta foi:

— Sr. Dussel, eu trabalho seriamente, sim. Na sala eu não consigo trabalhar de tarde. Eu lhe peço encarecidamente que reconsidere o meu pedido!

Com essas palavras, uma Anne ofendida deu meia-volta, fingindo que o altamente letrado doutor era invisível. Eu estava morrendo de raiva, considerando o sr. Dussel um grandessíssimo mal-educado (o que ele de fato é) e a mim mesma extremamente delicada.

De noite, ao encontrar o Pim disponível, lhe contei como o incidente tinha terminado e discuti o que faria dali em diante, porque eu não queria dar o caso por encerrado, mas preferia lidar com isso sozinha. O Pim deu algumas ideias de como abordar melhor o sr. Dussel, mas me encorajou a esperar o dia seguinte, porque aquela minha indignação do momento só faria me atrapalhar.

Este último conselho eu preferi ignorar e, depois de lavar a louça, fui falar com o sr. Dussel.

O Pim estava no aposento ao lado, o que me acalmava bastante.

Comecei:

— Sr. Dussel, imagino que o senhor não tenha se dado ao trabalho de analisar a minha questão e lhe peço que a reconsidere.

Com um dos seus sorrisos mais amáveis, o sr. Dussel observou:

— Estou sempre pronto a discutir esse assunto, mesmo que tudo já esteja resolvido!

Continuei falando, sendo interrompida pelo sr. Dussel o tempo todo:

— Nós tínhamos combinado desde o início, quando o senhor chegou aqui, que esse quarto seria compartilhado por todos. Desse jeito, o senhor ficaria com ele pela parte da manhã, e eu, as tardes inteiras! No entanto, não é nem isso que eu peço; me parece que poder usá-lo duas tardes por semana é um pedido bastante razoável.

Nisso o sr. Dussel saltou como se espetado por uma agulha.

— Se é uma questão de justiça, a senhorita não tem nada a dizer. Onde é que você quer que eu fique? Talvez eu devesse perguntar ao sr. van Daan se pode construir uma divisória pequena no sótão onde eu possa ficar. Eu também não tenho nenhum lugar sossegado para trabalhar. Você é o tipo de pessoa que está sempre procurando briga. Se fosse a sua irmã Margot, que tem mais motivos para querer usar a escrivaninha, quem tivesse vindo com esse pedido, nem me passaria pela cabeça recusar; já você...

Aí ele voltou ao tema da mitologia e do tricô, o que deixou a Anne ofendida outra vez. Mas não deixei transparecer e esperei que o sr. Dussel concluísse:

— Enfim, com você não se pode conversar, você é de um egoísmo escandaloso; se você quer fazer valer a sua vontade, os outros que saiam de perto. Nunca vi uma garota assim. No fim das contas eu vou me ver forçado a ceder, senão eu ainda vou ter de ouvir que a Anne Frank não passou nas provas porque o sr. Dussel não quis emprestar a escrivaninha!

E por aí foi ele, batendo na mesma tecla, até que no fim despejou sobre mim tamanha enxurrada de palavras que até me desconcentrei. Houve um momento em que pensei: "Vou dar um murro tão forte na cara dele, que ele vai dar na parede com as suas inverdades!" Mas logo disse a mim mesma: "Trate de manter a calma, que esse sujeito não merece que você perca o seu tempo com ele!"

Finalmente o sr. Dussel parou de esbravejar e, com um rosto em que se liam rancor e triunfo, saiu do aposento com os bolsos do casaco cheios de comida.

Saí correndo atrás do papai e, sem saber o quanto ele havia conseguido ouvir da conversa, lhe contei todo o relato. O Pim decidiu falar com o sr. Dussel na mesma noite; conversaram por mais de meia hora. Primeiro, sobre a real necessidade de a Anne usar a escrivaninha. O papai disse que certa vez o sr. Dussel e ele conversaram sobre isso e que havia lhe dado razão para não colocá-lo numa situação desvantajosa em relação à filha, tendo em vista a diferença de idade entre os dois, mas que o arranjo não lhe parecera justo desde o início. O sr. Dussel disse que eu não tinha o direito de falar dele como se fosse um intruso que quisesse se apoderar de tudo, mas então o papai o contradisse terminantemente, já que não tinha me ouvido fazer a menor alusão a algo do tipo. E, papo vai, papo vem, o papai acabou me defendendo da acusação de ser egoísta e de fazer os meus "trabalhos inúteis" de qualquer jeito, enquanto o sr. Dussel só reclamava.

A discussão finalmente acabou, mas só depois de o sr. Dussel dar o braço a torcer e ficar combinado que eu teria a oportunidade de usar a escrivaninha duas tardes por semana sem ser incomodada. O sr. Dussel passou dois dias de cara fechada, sem me dirigir a palavra, mas fazia questão de se sentar à escrivaninha das cinco às cinco e meia... uma infantilidade, naturalmente.

Uma pessoa de 54 anos com modos tão pedantes e tanta mesquinhez é assim por natureza e jamais vai mudar.

Sua Anne

•

SEXTA-FEIRA, 16 DE JULHO DE 1943

Querida Kitty,

Invadiram a casa de novo, só que desta vez foi pra valer! Hoje, às sete da manhã, o Peter foi, como sempre, ao armazém, e logo viu que tanto a porta do armazém como a da rua estavam abertas. Foi correndo contar ao Pim, que foi para o escritório particular, sintonizou o rádio numa emissora alemã e trancou a porta. Depois subiram ambos. As instruções de sempre para casos como esse foram seguidas à risca: não se lavar, manter silêncio, ficar sentado e acomodado às oito e não ir ao banheiro. Nós oito estávamos felizes de ter dormido bem e não ter ouvido nada na noite anterior. Ficamos um bom tempo indignados por ninguém ter dado as caras lá em cima a manhã inteira e o sr. Kleiman ter nos deixado sentados no formigueiro até as onze e meia. Ele nos contou que haviam investido contra a porta da rua e forçado a do armazém com um pé de cabra. No entanto, não havia muito o que se roubar no armazém, por isso os ladrões tentaram a sorte num andar mais acima. Roubaram duas caixas com 40 florins, um talão de cheques em branco, cadernetas bancárias e, o pior, os nossos cupons que dariam para comprar 150 quilos de açúcar. Não vai ser nada fácil conseguir novos cupons.

O sr. Kugler acha que esse ladrão pertence à mesma gangue daquele que esteve aqui há seis semanas e que tentou entrar pelas três portas (uma do armazém e duas da casa), mas que fracassou.

Esse outro incidente causou um tumulto no Anexo, que parece precisar de agitação para existir. É claro que foi um alívio que as máquinas de escrever e o caixa estivessem em segurança no nosso guarda-roupa.

Sua Anne

P.S.: Desembarque na Sicília. Mais um passo em direção a...!

•

SEGUNDA-FEIRA, 19 DE JULHO DE 1943

Querida Kitty,

No domingo o norte de Amsterdã foi bombardeado sem dó nem piedade. O estrago deve ter sido enorme, ruas inteiras viraram ruínas, e vai demorar muito para resgatar as pessoas sob os escombros. Até agora já contaram duzentos mortos e um sem-número de feridos; os hospitais estão abarrotados. Dizem que há crianças andando pelos destroços ardendo em brasas à procura dos pais mortos. Sinto calafrios quando penso no estrondo abafado pela distância, que representa para nós um símbolo da destruição que está por vir.

•

SEXTA-FEIRA, 23 DE JULHO DE 1943

A Bep tem conseguido arranjar cadernos, principalmente jornais e livros-razão, úteis para a minha irmã escriturária! Dá para encontrar para comprar outros tipos de caderno, só não me pergunte de que tipo e por quanto tempo ainda. Atualmente vêm com a inscrição: "Disponível sem cupons." Como tudo que se compra "sem cupons", eles também são uma porcaria. Um caderno desses é constituído de doze folhas cinzentas com linhas tortas e apertadas demais. A Margot está pensando na minha sugestão de fazer um curso de caligrafia. A mamãe não quer de jeito nenhum que eu faça por causa da minha vista, o que eu acho um disparate; fazer isso ou qualquer outra coisa não faz a menor diferença.

Como você nunca viveu uma guerra, Kitty, e, apesar das minhas cartas, não sabe o que implica estar escondida, vou lhe dizer qual é o maior desejo de nós oito quando pudermos sair de casa.

A Margot e o sr. van Daan desejariam mais que tudo tomar um banho quente e ficar na banheira cobertos de água até o pescoço, e isso por mais de meia hora. A sra. van Daan quer logo sair por aí para se empanturrar; o sr. Dussel não quer nada além da sua Charlotte; a mamãe, tomar uma xícara de café. O papai iria ver o sr. Voskuijl; o Peter iria ao centro e a um cinema; mas eu mesma não saberia por onde começar, tamanho seria o meu arrebatamento.

Eu adoraria ter uma casa própria, andar livremente e receber ajuda para pôr em dia o que perdi na escola antes de voltar a frequentá-la!

A Bep se ofereceu para comprar frutas para nós, mas os preços estão proibitivos. Uvas a 5 florins o quilo, groselhas a 70 centavos o meio quilo, um pêssego a 50 centavos, 1 quilo de melão a 1,50. E olha que toda as noites se lê bem grande no jornal: "Aumento de preços configura especulação!"

•

SEGUNDA-FEIRA, 26 DE JULHO DE 1943

Ontem foi um dia atribulado, e continuamos exaltados. Como você bem sabe, não passamos nenhum dia sem uma comoção.

Durante o café da manhã ouvimos as sirenes de alarme, o que não implica necessariamente um bombardeio, mas sim a aproximação de aviões sobre o litoral. Depois do café da manhã fui me deitar um pouco, porque estava com uma senhora dor de cabeça, e em seguida fui ao escritório. Era por volta das duas. Às duas e meia a Margot tinha dado conta da papelada; ela estava quase arrumando as suas coisas quando as sirenes voltaram a tocar, de modo que subi rápido com ela. Foi quase em cima da hora, porque, após cinco minutos, tiveram início os disparos. Fomos todos para o corredor. A casa começou a estremecer, e as bombas, a detonar. Apertei no peito a minha mala de fuga, mais para ter algo a que me aferrar que para fugir, já que não podíamos sair dali, a menos que fosse o único jeito, porque estar na rua representava um risco de vida tão grande quanto o bombardeio. Passada meia hora o barulho dos aviões foi esmorecendo, mas as atividades dentro de casa se intensificaram. O Peter desceu do seu posto de vigilância na frente do sótão enquanto o sr. Dussel estava na parte da frente do escritório, a sra. van Daan se sentia mais segura no escritório particular, o sr. van Daan havia estado observando da água-furtada, enquanto nós nos espalhávamos pelo pequeno portal, observando as colunas de fumaça acima do rio Ij. Em pouco tempo veio um cheiro de queimado; parecia que uma camada espessa de neblina tinha se condensado do lado de fora.

Apesar de um incêndio ser algo pavoroso de se ver, para nós felizmente ficou para trás e voltamos cada um aos seus respectivos afazeres. À noite, na hora do jantar: alarme antiaéreo. A comida estava deliciosa, mas só o ruído já me fez perder todo o apetite. Entretanto, nada aconteceu e, depois de quarenta e cinco minutos, o perigo já havia passado. Uma vez lavada a louça, tudo de novo: alarme antiaéreo, estampidos e muitos, muitos aviões aterrorizantes. “Meu Deus, duas vezes por dia é demais”, pensou cada um de nós. Mas pensar não serviu para nada, outra vez começou a chover bombas, dessa vez do outro lado; segundo a rádio inglesa, sobre o aeroporto de Schiphol. Os aviões mergulhavam, empinavam, zuniam pelos ares; era de deixar os cabelos em pé. Eu achava que a qualquer momento um deles cairia: “É agora!”

Juro para você que, quando eu fui para a cama, minhas pernas tremiam. Quando deu exatamente meia-noite, acordei com um susto: aviões! O sr. Dussel estava se despindo no exato momento, mas eu não estava nem aí: saltei da cama com o primeiro estampido, acordadíssima. Até uma da manhã fiquei na cama do papai, à uma e meia eu já estava na cama; às duas, com o papai de novo, e os aviões continuavam sobrevoando sem parar. Não havia mais disparos, de modo que voltei para “o meu canto”. Adormeci às duas e meia.

Sete da manhã. Com um sobressalto pulei da cama. O sr. van Daan estava com o papai. “Algum ladrão entrou aqui”, foi o meu primeiro pensamento.

— Tudo — ouvi o sr. van Daan dizer, e fui logo achando que tinham roubado tudo. Mas não, dessa vez era uma boa notícia, a melhor que ouvíamos fazia meses, talvez em todos os anos de guerra. Mussolini bateu em retirada, o rei da Itália assumiu as rédeas do poder. Nós estávamos exultantes. Depois do espetáculo de horrores de ontem, finalmente algo agradável e... esperança!

Esperança de que tudo acabe, esperança de paz.

O sr. Kugler passou por aqui e disse que a fábrica da Fokker tinha sofrido danos graves. Nesse meio-tempo, houve pela manhã outro alarme antiaéreo por causa dos aviões que sobrevoavam as nossas cabeças, seguido de mais um. Eu me sinto sufocar em meio a tantos alarmes, estou com falta de sono e sem vontade de trabalhar, mas agora pelo menos o ocorrido na Itália nos encoraja e cria a expectativa de que tudo termine até o final do ano...

Sua Anne

•

QUINTA-FEIRA, 29 DE JULHO DE 1943

Querida Kitty,

A sra. van Daan, o sr. Dussel e eu estávamos lavando a louça, com um detalhe, algo que praticamente nunca acontece e que com certeza chamou a atenção deles: o fato de eu estar excepcionalmente silenciosa. Para evitar qualquer pergunta, tentei desviar o foco para um assunto bastante neutro e achei que o livro *Henri van de Overkant* [*Henri do outro lado*] cumpriria esse requisito. Mas calculei mal. Quando não é a sra. van Daan quem me diz algo atravessado, é o sr. Dussel. A questão se resume ao seguinte: o sr. Dussel tinha nos recomendado esse livro como sendo excepcionalmente bom. A Margot e eu tínhamos achado o livro tudo menos excepcional. O personagem do rapazinho estava bem descrito, mas o resto... melhor nem comentar. Eu disse algo do gênero, mas a resposta veio sobrecarregada.

— O que você entende da psique de um homem?! De uma criança, ainda vá lá (!). Você é nova demais para um livro desse gênero, nem mesmo um homem de 20 anos conseguiria compreendê-lo. (Então por que ele o tinha recomendado justo à Margot e a mim?)

Agora ele e a madame falavam ao mesmo tempo:

— Você sabe muito sobre assuntos que não são para alguém da sua idade, sua criação foi totalmente errada. Mais tarde, quando você tiver crescido, não vai desfrutar mais nada e dizer: isso eu já li num livro há vinte anos. Você tem de se apressar caso ainda queira ter um marido ou se apaixonar, já que tudo vai lhe parecer uma grande decepção. Na teoria você já aprendeu muitíssimo; já na parte prática, muito pouco...

Aposto que qualquer um consegue se pôr no meu lugar. Eu mesma me admirei da tranquilidade com que respondi:

— Talvez vocês achem que eu não fui educada corretamente, mas saibam que tem muitíssima gente que discorda dessa opinião!

Parece até que eles acham um sinal de boa educação me instigar contra os meus pais, porque eles sempre fazem isso; e, para eles, não esclarecer uma garota da minha idade sobre certos assuntos é o melhor a fazer. Pois é, a prova viva de uma educação dessa estava ali na nossa frente.

Naquele momento, eu poderia esbofetear aqueles dois que não paravam de zombar de mim. Eu estava fora de mim de raiva e queria poder estar contando os dias (se soubesse em que dia parar) para me livrar daqueles indivíduos.

A sra. van Daan também é uma figura rara! Deveria servir de exemplo... do que não se deve ser! A sra. van Daan é tida como nada modesta, egoísta, astuta, calculista e insatisfeita com tudo. Podemos também acrescentar à lista a vaidade e a faceirice. Ela é, o que é ponto pacífico, uma figura completamente detestável. Sobre a sra. van Daan eu poderia dedicar capítulos inteiros; quem sabe eu não acabe fazendo isso mesmo? A camada de verniz atrás da qual alguns se escondem é facilmente removível.

A madame é simpática com desconhecidos, sobretudo se são homens, o que engana quem acaba de conhecê-la.

A mamãe a acha tonta demais para perder tempo falando dela. A Margot a acha insignificante demais; o Pim, feia demais (literal e figurativamente); e eu, após uma longa observação — porque eu nunca faço um pré-julgamento —, cheguei à conclusão de que ela é tudo isso mesmo e muito mais. São tantos os defeitos dela que não saberia qual escolher para começar.

Sua Anne

P.S.: Que o leitor leve em consideração que, quando escreveu essas linhas, a autora ainda não havia apaziguado a sua fúria!

•

TERÇA-FEIRA, 3 DE AGOSTO DE 1943

Querida Kitty,

A política anda às mil maravilhas. A Itália proibiu o Partido Fascista. São muitos os lugares onde o povo luta contra o fascismo, até alguns militares abraçaram a causa. Como é possível que um país como aquele continue em guerra com a Inglaterra?

O nosso lindo rádio foi levado embora. O sr. Dussel ficou furioso com o sr. Kugler por ele ter entregado o rádio às autoridades dentro do prazo. O sr. Dussel vai despencando no meu conceito cada vez mais, deve estar abaixo de zero já. Não importa o que diga sobre política, história, geografia, entre outros, é sempre uma bobagem tão grande que não me atrevo a reproduzi-la: Hitler será esquecido pela história; o porto de Roterdã é maior que o de Hamburgo; os ingleses são uns mentecaptos por não quererem bombardear a Itália de cabo a rabo; e daí por diante.

Aconteceu um terceiro bombardeio. Cerrei os dentes fazendo um exercício de coragem.

A sra. van Daan, que sempre disse "Eles que venham!" e "Melhor um fim assustador que fim nenhum", tem se mostrado a mais covarde de todos. Hoje de manhã ela estava tremendo que nem vara verde e se desfez em lágrimas. O marido, com quem fez as pazes após uma semana de brigas, a consolou; eu quase fiquei comovida só de observar.

A Mouschi demonstrou de maneira inequívoca que gatos não têm só "prós" mas também "contras". A casa está infestada de pulgas, a praga se alastra mais e mais a cada dia que passa. O sr. Kleiman polvilhou todos os cantos com uma substância amarela, mas as pulgas não deram a mínima. Todos nós ficamos nervosos sentindo algo rastejar continuamente nos braços, nas pernas e em outras partes do corpo, razão pela qual vários membros da família participam dos exercícios de ginástica, para de pé conseguir enxergar as partes posteriores das pernas ou o pescoço. Agora a pouca atividade física se vinga do corpo; estamos enrijecidos demais para conseguir virar o pescoço. A verdadeira ginástica foi para o beleléu.

Sua Anne

•

QUARTA-FEIRA, 4 DE AGOSTO DE 1943

Querida Kitty,

Já faz pouco mais de um ano que nos tornamos "anexados"; nesse meio-tempo você ficou sabendo muito dessa nossa vidinha, mas ainda está longe de saber tudo. A vida é tão diferente dos tempos normais com pessoas normais! Para dar uma visão mais próxima da nossa vida, decidi a partir de hoje descrever de vez em quando um dia comum passado aqui. Hoje começo com o fim da tarde e a noite.

Às nove da noite tem início no Anexo o pandemônio de ir para a cama, que é sempre um verdadeiro tumulto. Cadeiras são empurradas; camas, desdobradas; cobertores, dobrados numa pilha; e tudo vai parar num lugar diferente do que ocupou durante o dia. Eu durmo no pequeno divã, que não tem nem um metro e meio de comprimento. As cadeiras postas ao pé da cama servem de extensão para os pés. Edredom, lençóis, travesseiros, tudo é retirado da cama do sr. Dussel, onde ficam guardados durante o dia.

Lá de dentro se ouve um rangido horroroso, provocado pela cama dobrável da Margot. Mais cobertores de divã e lençóis para tornar as ripas de madeira um pouco menos desconfortáveis. Lá em cima parece estar havendo uma tempestade, mas na verdade é só a cama da sra. van Daan. O que acontece é que ela é empurrada para perto da janela para que Sua Majestade, vestindo o seu baby-doll cor-de-rosa, possa respirar ar fresco pelas suas narinazinhas delicadas.

Às nove: depois do Peter, eu entro no banheiro para me lavar. Não é raro ver uma pulga boiando na superfície da água (mas só nos meses, nas semanas e nos dias quentes). Aí eu escovo os dentes, ponho bobes no cabelo, cuido das unhas e uso chumaços de algodão com água oxigenada (para clarear o buço), tudo isso em apenas meia hora.

Às nove e meia: me enfio no roupão rapidinho. Numa das mãos, sabonete; na outra, grampos de cabelo, calças, bobes e algodão; saio às pressas do banheiro, e na maior parte das vezes sou chamada de volta para tirar da borda da pia os meus cabelos graciosos, mas desagradáveis para a próxima pessoa que vai tomar banho.

Às dez: cortinas do blecaute, boa noite. Por quinze minutos se ouvem em casa o ranger das camas e os suspiros das molas quebradas; depois, silêncio, a não ser que os vizinhos de cima comecem um bate-boca na cama.

Às onze e meia: range a porta do banheiro. Um fino raio de luz penetra no quarto. Estalidos de sapatos se arrastando, um casaco comprido, maior que o homem debaixo dele... O sr. Dussel volta da sua ronda noturna de trabalho no escritório do sr. Kugler, durante dez minutos se ouvem o arrastar de sapatos no chão, o farfalhar de papéis (na verdade, das embalagens de comida dele) e a cama sendo feita. É quando a figura volta a desaparecer e só se ouve intermitentemente um barulho suspeito no banheiro.

Por volta das três: tenho de me levantar para fazer algo que ninguém pode fazer por mim: tiro de baixo da cama um urinol, abaixo do qual fixei um tapetinho de borracha para prevenir qualquer vazamento. Sempre prendo a respiração quando faço isso, porque o jato na bacia parece a cascata de um riacho. O penico volta para o lugar onde estava, e a silhueta da camisola branca, que toda noite faz a Margot exclamar "Outra vez essa sua camisola indecente!", retorna para a cama. Por quase quinze minutos uma pessoa fica escutando os ruídos noturnos, primeiro para ouvir se tem um ladrão lá embaixo; depois, presta atenção a todas as camas acima, ao seu lado e no quarto ao lado, e é possível perceber quando os companheiros de casa dormem ou passam a noite numa semivigília. A possibilidade de ter alguém acordado sem dúvida não é nada agradável, especialmente se o membro da família em questão tem o sobrenome "Dussel". Primeiro ouço um ruído abafado, como o de um peixe abrindo a boca fora da água, o que se repete umas dez vezes, em seguida umedecendo os lábios ostensivamente, alternando o ato com um estalar de língua, seguido por uma agitação constante na cama e um rearranjo do travesseiro. Cinco minutos de silêncio total até que se repita essa mesma sequência de eventos umas três vezes, então o doutor mergulha num sono profundo por bom tempo.

Podem também acontecer disparos entre uma e quatro da madrugada. Quando me dou conta disso, já estou de pé ao lado da cama. Tem vezes que continuo dormindo, sonhando até com os verbos irregulares do francês ou com uma briga lá em cima. Só quando se esvai a ilusão é que percebo que houve disparos e que estou parada no quarto, tranquila. Em geral, porém, acontece como descrito mais acima.

Eu me apresso em pegar um lenço e um travesseiro, me enfio no roupão, calço as pantufas e, num segundo, lá estou com o papai, exatamente como a Margot escreveu no meu poema de aniversário:

Com o primeiríssimo disparo na escuridão
a porta se abre e se veem então
um lenço, um travesseiro e uma menininha...

Depois de chegar à cama grande, já passou o primeiro susto, a não ser que o disparo seja muito barulhento.

Às quinze para as sete: trim... o despertadorzinho que ergue a voz a qualquer hora do dia (tendo sido programado ou não). Paft... Poft... A sra. van Daan o silencia. Pluft... Seu marido saltou da cama. Agora é pôr água para ferver e correr até o banheiro.

Às sete e quinze: a porta é aberta de novo. O sr. Dussel pode usar o banheiro. Quando me vejo sozinha, corro as cortinas, deixando a luz entrar... É quando tem início um novo dia no Anexo.

Sua Anne

•

QUINTA-FEIRA, 5 DE AGOSTO DE 1943

Querida Kitty,

Falemos hoje da hora do almoço.

É meio-dia e meia: cessa toda a agitação e podemos respirar. Ao menos o sr. van Maaren (o homem com o passado sombrio) e o sr. de Kok foram para casa.

Lá em cima só se ouve o barulho do aspirador de pó com o qual a sra. van Daan limpa o seu único e belo tapete. A Margot pega alguns livros e vai dar a sua aula para "as crianças que não avançam", frequentada pelo sr. Dussel.

O Pim vai com o seu inseparável Dickens se sentar em algum canto para que o deixem sossegado. A mamãe sobe para dar uma mão à diligente dona de casa, e eu vou ao banheiro para dar uma ajeitada tanto nele quanto em mim!

Às quinze para uma: as pessoas vão aparecendo uma após a outra. Primeiro o sr. Gies, depois o sr. Kleiman ou o sr. Kugler, a Bep, e às vezes, às pressas, também a Miep.

À uma: em estado de tensão, eis todos sentados ouvindo as notícias da BBC. Próximos em volta do radinho; esses são os únicos poucos minutos em que os membros do Anexo não atropelam um o discurso do outro, porque quem está com a palavra é alguém que nem mesmo o sr. van Daan pode contradizer.

À uma e quinze: a grande divisão. Cada um dos de lá de baixo recebe uma tigela de sopa e, caso haja, algo de sobremesa. Satisfeito da vida, o sr. Gies se senta no divã ou se encosta na escrivaninha. Ao seu lado, o jornal, a xícara e, em geral, o gato. Se falta um desses três elementos, ele não deixa de protestar. O sr. Kleiman conta as últimas novidades da cidade, para isso é uma fonte excelente. O sr. Kugler sobe as escadas atabalhoadamente, bate à porta curta mas vigorosamente e entra esfregando as mãos, de bom humor e agitado ou de mau humor e calado, dependendo do seu ânimo.

Às quinze para as duas: os comensais se levantam e voltam aos seus respectivos afazeres. A Margot e a mamãe lavam a louça; o sr. van Daan e a madame vão para o divã; o Peter, para o sótão; o papai vai para o divã, assim como o sr. Dussel, e a Anne faz o dever de casa.

Agora se segue uma horinha de descanso; quando todos dormem, ninguém é incomodado. O sr. Dussel sonha com guloseimas, dá até para ver pela expressão dele, mas não fico parada olhando porque o tempo urge e, às quatro, o pedante doutor já está esperando com o relógio na mão, porque eu atrasei um minuto para tirar as minhas coisas e deixar a escrivaninha em ordem para ele.

Sua Anne

•

SÁBADO, 7 DE AGOSTO DE 1943

Querida Kitty,

Faz algumas semanas eu comecei a escrever uma história, puramente fictícia, mas gostei tanto que já tenho aqui ao meu lado na mesa uma pilha de escritos, os filhos da minha caneta.

Sua Anne

•

SEGUNDA-FEIRA, 9 DE AGOSTO DE 1943

Querida Kitty,

Desta vez vou continuar descrevendo um dia comum no Anexo. Após a pausa, chega a hora do almoço propriamente dito.

O sr. van Daan é quem encabeça a fila. É quem se serve primeiro e, portanto, quem enche o prato com tudo o que mais gosta. Fala enquanto come, não deixa passar a oportunidade de dar sua opinião, e, tendo feito isso, não há ninguém que o faça mudar de ideia; se alguém, porém, se atreve a fazê-lo, coitado desse alguém! Ele... Ele sibila que nem um gato... Eu prefiro não me meter... Quem já passou por isso uma vez não quer repetir a dose. A melhor opinião é a dele próprio; é um sabe-tudo. Eu admito que ele é inteligente, vá lá, mas a arrogância desse senhor chegou a um nível absurdo.

A *madame*: no caso dela eu deveria é ficar de boca fechada. Tem vezes, principalmente quando está de mau humor, em que é melhor nem olhar para a cara dela. Se for pensar bem, ela é a culpada de todas as discussões. Não o assunto, mas sim ela! Pois é, o melhor mesmo é manter distância, mas poderíamos caracterizá-la de provocadora. Provocar é divertido. Principalmente ao se tratar da sra. Frank e da Anne. Já com a Margot e o sr. Frank a coisa fica mais difícil.

Agora à mesa. Não falta nada à madame, apesar de muitas vezes ela acreditar que está em desvantagem. Escolher as melhores batatas, a comida mais apetitosa e os pedacinhos de carne mais macios é com ela mesma. Os outros que se virem, contanto que eu seja a primeira a escolher (o que ela acusa a Anne de fazer). A segunda coisa mais importante para ela é tagarelar: que a ouçam. Se a pessoa está interessada ou não, isso não é importante. A madame, a sra. van Daan, sem dúvida acha que as suas palavras são de interesse geral.

Sorrir com faceirice, fingir que sabe tudo e dar conselhos maternais a todo mundo, tudo isso deve causar uma ótima impressão. Mas que não prestem muita atenção nela, porque a ilusão se desfaz. Traço um: aplicada; traço dois: feliz da vida; traço três: coquete e às vezes até bem-apessoada. Esta é Petronella van Daan.

O terceiro comensal: quase não se faz ouvir. O jovem van Daan costuma ser calado e não chamar a atenção. No que se refere ao seu apetite: como o mitológico tonel das Danaides. O seu estômago nunca se enche; mesmo depois de uma refeição farta, afirma com a maior tranquilidade do mundo que poderia comer o dobro.

A *quarta é a Margot*: come feito um passarinho, não abre a boca para dizer nada. A única comida que ingere são legumes e frutas. “Mimada”, reza o veredicto dos van Daan. Já a nossa opinião é: “Falta de ar fresco e esporte.”

Ao lado dela, a mamãe: um bom apetite, tagarela. Ninguém faz ideia — ao contrário da sra. van Daan — de que é uma dona de casa. Mas por quê? Porque a madame cozinha e à mamãe só compete lavar a louça e limpar os móveis.

Números seis e sete: sobre o papai e mim não vou dizer muito. O primeiro é o mais humilde dentre os comensais. Verifica sempre primeiro se todos estão servidos. Não precisa de nada, tudo o que há de melhor é para as crianças. Ali está o exemplo da própria bondade; ao passo que ao seu lado está a pilha de nervos do Anexo.

O sr. Dussel: se serve, não olha, come, não fala. Se for imperativo falar, que seja, pelo amor de Deus, sobre comida, pois é um assunto que não dá muita chance de gerar brigas, só bobagens. Porções imensas entram naquele estômago, e da boca nunca sai um “não”, nem para o bem nem (na maior parte das vezes) para o mal.

As calças na altura do peito, o colete vermelho, os chinelos pretos envernizados e os óculos com haste de tartaruga. É sempre assim que está à escrivaninha, trabalhando eternamente sem jamais avançar, o que só é interrompido: durante a soneca da tarde, a refeição e — o seu lugar favorito — o banheiro. Três, quatro, cinco vezes por dia aparece alguém impaciente à frente da porta do banheiro saltitando de um pé para o outro prestes a explodir. Será que ele não liga mesmo para a urgência alheia? Não senhor, o banheiro é dele das sete e quinze às sete e meia, de meio-dia e meia à uma, das duas às duas e quinze, das quatro às quatro e quinze, das seis às seis e quinze e das onze e meia à meia-noite. Pode anotar, esses são os seus horários fixos de "estar no trono". Ele não abre exceções e não dá a mínima para as vozes suplicantes do lado de fora anunciando a chegada galopante de um desastre.

A *número nove* não é um membro da família do Anexo propriamente dito, mas nem por isso deixa de ser uma companheira de casa e de mesa. A Bep tem um apetite saudável. Limpa o prato, não é exigente. É fácil de agradar e justamente por isso nos agrada. Alegre e bem-humorada, dócil e bondosa, são esses os traços da sua personalidade.

Sua Anne

•

TERÇA-FEIRA, 10 DE AGOSTO DE 1943

Querida Kitty,

Uma ideia genial: estando à mesa, converso mais comigo mesma que com os demais, o que tem duas vantagens. A primeira é a alegria geral de que eu não fique tagarelando o tempo todo e a segunda é de eu não ter de me chatear com o julgamento alheio. Eu não acho a minha opinião tola, ao contrário dos outros, de modo que prefiro mantê-la em segredo. Faço o mesmo quando encaro alguma comida que odeie. Aproximo o prato de mim, imagino que é algo apetitosíssimo, olho o mínimo possível para ele, e, quando vou ver, já comi. De manhã, na hora de me levantar — outra dessas coisas extremamente desagradáveis —, salto da cama, pensando com os meus botões: "Daqui a pouco eu me enfio outra vez na cama"; vou até a janela, desfaço um pouco o blecaute e por uma fresta respiro uma lufada de ar puro até me sentir revigorada. A cama é logo desfeita para me livrar da tentação. Sabe como a mamãe chama isso? "A arte de viver." Não é uma expressão curiosa?

Ultimamente andamos todos um pouco confusos com o tempo cronológico, já que o sino do campanário da nossa bem-quista e querida torre Westertoren aparentemente foi removido para uso industrial, o que teve como consequência não sabermos ao certo a hora do dia e da noite. Ainda tenho uma leve esperança de que encontrem uma solução, algo que faça a vizinhança se lembrar um pouco do sino; por exemplo, algo de estanho, cobre ou sei lá o quê.

Lá em cima, aqui embaixo ou onde quer que seja, todos olham com admiração para os meus pés, que ostentam um par de sapatos estranhamente belos (para os tempos atuais). A Miep os achou pelo preço módico de 27,50 florins. Bordô, de camurça com couro e saltos bem altos. Sinto como se estivesse andando de perna de pau e que estou bem mais alta do que já sou.

Ontem tive um daqueles dias de azar. Espetei o polegar direito com uma agulha grossa. O resultado foi que a Margot teve de descascar as minhas batatas (o lado bom de uma situação ruim) e tive de escrever meio sem jeito. Depois dei com a cabeça na porta do armário, quase caí para trás, recebi um sabão por causa do barulho que fez, não pude abrir a torneira para deixar escorrer água na testa e agora estou com um galo enorme acima do olho direito. Como se não bastasse, fiquei com o dedinho do pé direito entalado no tubo do aspirador. Sangrou e doeu, mas eu já estava tão ocupada com os meus outros machucados, que esse último caiu no esquecimento. Deveria ter lhe dado mais atenção, porque agora estou com um dedo do pé infeccionado coberto de pomada anti-inflamatória e um curativo de gaze e esparadrapo e não posso usar os meus gloriosos sapatos.

O sr. Dussel nos expôs pela enésima vez a um perigo mortal. A pedido do doutor, a Miep lhe trazia um exemplar de um livro proibido, em que Mussolini é criticado, quando um funcionário da SS investiu de moto contra a sua bicicleta e a derrubou. Ela perdeu a cabeça e gritou "Seus desgraçados" antes de subir outra vez na bicicleta. Nem me atrevo a pensar o que teria acontecido se tivesse sido levada à delegacia.

Sua Anne

A OBRIGAÇÃO DO DIA NA COMUNIDADE:
DESCASCAR BATATAS!

Um vai pegar os jornais; o segundo, as faquinhas (guardando a melhor dentre elas para si próprio); o terceiro, as batatas; e o quarto, a água.

O sr. Dussel começa, embora nem sempre corte com precisão, mas corta sem parar, e olha para um lado e para o outro para se certificar de que todos estão fazendo igual a ele. Não!

— Anne, repare que eu seguro a faquinha assim, e descasco de cima para baixo! Não, assim não... Mas assim!

— Eu acho do outro jeito mais fácil, sr. Dussel — digo timidamente.

— Não é, não; assim é que é. Pode acreditar. É claro que você pode fazer do jeito que bem entender, porque dá na mesma para mim.

Continuamos descascando. Olho para o sr. Dussel de canto de olho.

Ele balança a cabeça de novo, absorto nos seus pensamentos (com certeza são sobre mim), mas se cala.

Retomo o trabalho. Olho dessa vez para o outro lado, onde está o papai; para ele, descascar batatas não é um trabalho árduo, mas sim de precisão. Quando lê, fica com uma ruga profunda na testa, mas, quando ajuda a preparar batatas, feijões ou outros legumes, parece se desligar de tudo e de todos. É quando fica com a sua expressão de batata: como se jamais tivesse descascado uma batata tão bem descascada na vida; nunca se viu uma batata mais vem descascada que essa quando o seu rosto assume essa expressão.

Continuo trabalhando até que um novo olhar de relance afasta qualquer dúvida minha. A madame está tentando captar a atenção do sr. Dussel. Primeiro ela olha para ele, que finge não perceber nada. Depois lhe lança uma piscadela,

o sr. Dussel continua trabalhando. Então ri, o sr. Dussel não levanta a cabeça. É quando a mamãe também ri, e o sr. Dussel faz como se não fosse com ele. Sem conseguir nada, a sra. van Daan sabe que tem de mudar de estratégia. Após um curto silêncio:

— Putti, daria para você pôr um avental? Senão amanhã lá vou eu de novo remover as manchas do seu terno!

— Eu não estou me sujando.

Outro curto silêncio, e então:

— Putti, por que você não se senta?

— Porque eu estou bem assim. Prefiro ficar de pé!

Pausa.

— Putti, veja só, já está salpicando!

— Eu sei, mãe, mas estou tomando cuidado!

A madame muda de assunto.

— Putti, me diga uma coisa: por que os ingleses não estão bombardeando agora?

— Porque o tempo está feio, Kerli!

— Mas ontem o tempo estava bom e mesmo assim eles não voaram.

— Melhor falar de outra coisa.

— Por quê? Agora não se pode falar desse assunto e dar a opinião?

— Não!

— Por que não?

— Mamãezinha, fique caladinha!

— O sr. Frank sempre responde quando a mulher dele faz alguma pergunta.

O marido agora tenta se controlar, a mulher tocou no seu ponto nevrálgico, ele não sabe como reagir. A sra. van Daan recomeça:

— Essa invasão não vai acontecer é nunca!

O marido empalidece e, quando a madame percebe isso, fica vermelha, o que não a impede de continuar.

— Os ingleses são uns inúteis!

A bomba explode.

— Dá para você calar essa sua boca, *donnerwetternogeinmal*!

A mamãe não consegue conter uma gargalhada, ao passo que eu olho para o vazio.

Esse tipo de cena se repete praticamente todo dia, a não ser que tenham tido uma briga bem feia pouco antes, porque aí tanto um quanto o outro ficam de bico calado.

Tenho de pegar mais batatas. Vou até o sótão, onde encontro o Peter tirando as pulgas da gata. Ele ergue o olhar, a gata percebe e, pluft, ela pula pela janela aberta sobre a canaleta de escoamento.

O Peter solta um palavrão, eu rio e desapareço.

A LIBERDADE DENTRO DO ANEXO

Cinco e meia: a Bep aparece para nos presentear com a liberdade noturna. Primeiro, eu subo com ela até o andar de cima para lhe adiantar a sobremesa da nossa janta.

A Bep mal consegue se sentar antes que a madame comece a enumerar a lista de coisas que quer. Assim começa: "Ah, Bep, eu queria uma coisinha..."

A Bep me lança uma piscadela, a sra. van Daan jamais perde uma oportunidade de anunciar os seus desejos a quem quer que seja. Sem dúvida é uma das razões pelas quais ninguém gosta de subir até lá.

Quinze para as seis: a Bep vai embora. Vou dar uma olhada nos dois andares abaixo. Primeiro na cozinha, depois no escritório particular, em seguida no depósito de carvão para abrir a portinhola para a Mouschi.

Após uma demorada ronda de inspeção, vou parar no apartamento do sr. Kugler. O sr. van Daan vasculha todas as gavetas e pastas em busca da correspondência do dia. O Peter pega a chave do armazém e o Moffie; o Pim leva as máquinas de escrever para cima; a Margot procura um cantinho sossegado para dar conta da papelada do escritório; a madame põe água para ferver no fogão a gás; a mamãe desce as escadas com uma panela de batatas. Cada um com os seus afazeres.

O Peter não demora a voltar do armazém. Logo perguntam sobre o pão: ele esqueceu. O Peter se agacha diante da porta do escritório e engatinha até o armário de aço, pega o pão e volta, ou, melhor, tenta voltar, porque antes que perceba a Mouschi já saltou por cima dele e foi se sentar bem embaixo da mesa de trabalho.

O Peter procura de um lado, procura do outro, até que vê a gata, entra no escritório de novo engatinhando e a puxa pelo rabo. A Mouschi sibila e o Peter suspira. A única coisa que ele conseguiu foi fazer com que a gata fosse lá para a janela, onde começou a se lamber, toda satisfeita por ter escapado do Peter. Como último recurso, o Peter usou um pedaço de pão como isca. Isso dá certo, sim senhor, e a Mouschi vai atrás, então a porta é fechada.

Vi essa cena pela fresta da porta. O sr. van Daan está furioso e bate a porta. A Margot e eu nos entreolhamos, pensando a mesma coisa: com certeza se irritou com alguma besteira do sr. Kugler e se esqueceu dos funcionários da Keg no prédio ao lado.

Ouvem-se de novo passos no corredor. Entra o sr. Dussel, que vai com um ar de proprietário até a janela; funga... tosse, espirra e pigarreia; teve azar, era pimenta. Prossegue até o escritório da frente. As cortinas estão abertas, o que significa nada de papel de correspondência. Desaparece então, carrancudo.

A Margot e eu nos entreolhamos de novo.

— Uma página a menos para a queridinha dele amanhã — ouço-a dizer. Faço que sim com a cabeça.

Captamos brevemente uns passos de elefante na escada, é o sr. Dussel, em busca de consolo no seu lugar cativo.

Continuamos a trabalhar. Toc-toc-toc... Três batidinhas, hora de comer!

•

SEGUNDA-FEIRA, 23 DE AGOSTO DE 1943

WENN DIE UHR HALB NEUNE SCHLÄGT...[12]

A Margot e a mamãe estão nervosas. "Xiu... pai, silêncio, Otto, xiu... Pim! São oito e meia. Venha cá agora mesmo, a essa hora não se pode mais deixar a água correr. Anda de mansinho!", são as exclamações para o papai no banheiro. Às oito e meia em ponto ele tem de estar no quarto. Nem uma gota de água, nem banheiro, nada de ficar andando, só silêncio. Enquanto os funcionários não chegam ao escritório, ouve-se tudo no armazém.

Às oito e vinte a porta lá em cima é aberta, depois disso se ouvem três batidinhas secas no chão... O mingau da Anne. Subo a escada e pego a tigelinha de cachorro.

---

12. "Quando dão oito e meia", em alemão no original. (*N. do T.*)

De volta ao andar de baixo, não se perde tempo: eu me penteio, despejo o conteúdo do penico, ponho a cama no devido lugar. Silêncio! O relógio dá as horas! A madame troca de sapatos e se arrasta de chinelos pela sala, parecendo o Charles Chaplin, tudo em silêncio.

Neste momento a perfeita cena de família atinge o clímax. Eu quero ler ou estudar, a Margot também, assim como o papai e a mamãe. O papai se senta (como sempre acompanhado por Dickens e pelo dicionário) na beirada da cama deformada, que chia e na qual não há nem colchões decentes. Dois travesseiros, um sobre o outro, já ajudam.

— Não precisa, fico bem também sem eles!

Quando embarca na leitura, não olha mais nem para cima nem para os lados, ri vez ou outra, faz de tudo para que a mamãe se interesse por um conto.

— E eu lá tenho tempo agora?

Emite um muxoxo de decepção e volta à leitura, pouco depois aparece outra cena engraçada e ele tenta outra vez:

— Mulher, leia isso aqui!

A mamãe fica sentada na cama dobrável, lendo, costurando, tricotando ou estudando, dependendo da ocasião. De repente lhe ocorre algo. Já vai dizendo: "Anne, sabe de uma coisa... Margot. Anote aí..."

Pouco depois a calma é restabelecida. A Margot fecha o livro com um barulhão, o papai arqueia as sobrancelhas de um jeito engraçado, reaparece a sua ruga de leitura e já está de novo absorto no livro. A mamãe começa a palavrear com a Margot, eu fico curiosa e escuto. O Pim também é envolvido na conversa...

Dão nove. Café da manhã!

•

SEXTA-FEIRA, 10 DE SETEMBRO DE 1943

Querida Kitty,

Sempre que escrevo para você é porque aconteceu alguma coisa de especial, mas em geral costuma ser algo desagradável. Dessa vez, porém, é uma coisa feliz.

Na noite de quarta, 8 de setembro, estamos sentados escutando o noticiário das sete, e a única coisa que ouvimos foi o seguinte: "*Here is some of the best news from the war so far: Italy has capitulated.*"[13] A Itália se rendeu incondicionalmente! Às

13. "Eis uma das melhores notícias da guerra até o momento: a Itália capitulou", em inglês. (*N. do E.*)

oito e quinze teve início a rádio Oranje: "Prezados ouvintes, há uma hora e quinze minutos, quando eu estava pronta para dar o relatório do dia, ficamos sabendo da maravilhosa notícia da capitulação da Itália aqui dentro. Posso dizer que jamais na vida amassei e joguei no lixo as minhas anotações como no dia de hoje!"

"God save the King", o hino americano e a Internacional russa tocaram em seguida. Como sempre, a rádio Oranje elevou os ânimos, mas não com muito otimismo.

Os ingleses aterrissaram em Nápoles. O norte da Itália estava ocupado pelos alemães. Na sexta-feira, dia 3 de setembro, foi assinado o armistício, justamente no dia em que os ingleses aterrissaram na Itália.

Os alemães gritam e xingam por causa da traição de Badoglio e do rei da Itália.

Mas nem tudo é uma maravilha. Agora é o sr. Kleiman. Como você sabe, todos nós gostamos muito dele, mas, apesar de ele estar sempre doente e não poder nem comer nem andar, sempre se mostrou serelepe e notavelmente corajoso.

— Quando o sr. Kleiman entra, é como um raio de sol — disse a mamãe agora mesmo, e está coberta de razão.

Agora ele teria de se submeter a uma operação bastante desagradável no intestino e vai ter de ficar no hospital pelo menos quatro semanas. Você tinha de ver quando ele se despediu de nós; com a maior naturalidade do mundo, como se estivesse indo fazer compras.

Sua Anne

•

QUINTA-FEIRA, 16 DE SETEMBRO DE 1943

Querida Kitty,

A relação entre nós vai de mal a pior. À mesa ninguém mais se atreve a abrir a boca (a não ser para fazer entrar uma garfada), porque, não importa o que se diga, ou nos levam a mal ou nos interpretam erroneamente. O sr. Voskuijl vem nos visitar de vez em quando. É uma pena, mas ele está muito, muito mal. Para piorar a situação para a família, ele usa e abusa do subterfúgio: não estou nem aí para nada; afinal de contas, não vou durar muito mais mesmo! Consigo imaginar muito bem o clima na casa dos Voskuijl quando penso no quão macambúzios todos aqui já estão.

Eu me entupo de comprimidos de valeriana para lidar com o medo e a depressão, mas eles não previnem que no dia seguinte eu me sinta ainda mais miserável. Dar umas gargalhadas em alto e bom som ajudariam mais que dez comprimidos de valeriana. Mas nós praticamente já esquecemos como rir aqui. Às vezes fico com medo de que a seriedade apague as expressões do meu rosto e me deixe com o queixo caído. Com os outros não é muito diferente; todos temem, cheios de maus pressentimentos, o grande bloco de pedra que se chama inverno.

Outro fato que nos desanima é o de que um funcionário do armazém chamado van Maaren parece desconfiado em relação aos fundos do prédio. Alguém com um mínimo de cérebro deve achar suspeito quando a Miep diz que vai ao laboratório; a Bep, ao arquivo; e o sr. Kleiman, ao depósito da Opekta; enquanto o sr. Kugler afirma que o Anexo não pertence à nossa propriedade, e sim ao prédio vizinho.

Não nos importaríamos nem um pouco com o que o sr. van Maaren pensa da situação, se ele não tivesse a reputação de ser pouco confiável e não fosse curioso a ponto de não se deixar convencer por qualquer desculpa boba.

Certo dia, o sr. Kugler quis tomar uma medida extra de precaução: vestiu o casaco ao meio-dia e vinte e foi à farmácia da esquina. Não tinham se passado nem cinco minutos e já estava de volta, subiu de mansinho a escada como um ladrão e veio até nós. À uma e quinze quis ir embora, mas encontrou a Bep no patamar da escada, que o advertiu de que o sr. van Maaren estava no escritório. O sr. Kugler deu meia-volta e ficou conosco até uma e meia. Tirou os sapatos, segurou-os e caminhou na ponta dos pés (apesar do resfriado) até a porta do sótão, desceu de lá degrau por degrau e, após uns bons quinze minutos se equilibrando para evitar rangidos na madeira, entrou no escritório pela porta da rua.

A Bep, nesse meio-tempo, conseguiu se livrar do sr. van Maaren e veio buscar o sr. Kugler, mas já fazia um tempinho que ele havia ido embora de meias, na ponta dos pés. O que terão pensado as pessoas na rua quando o diretor calçou os sapatos ali em público? Mas vejam só, o diretor de meias!

Sua Anne

•

QUARTA-FEIRA, 29 DE SETEMBRO DE 1943

Querida Kitty,

Hoje é o aniversário da sra. van Daan. Além de cupons de queijo, carne e pão, nós só lhe demos um pote de geleia. Do marido, do sr. Dussel e do escritório ela só ganhou flores e comida. Sintomático dos tempos que estamos atravessando!

Esta semana a Bep esteve a ponto de ter um colapso nervoso de tanto que a mandam de um lado para o outro. No dia em questão ela recebeu dez encargos marcados como "urgente" e insistiram para que fossem levados a cabo o mais rápido possível, para que fosse andando e que havia se enganado em alguma compra. Se for levado em conta que ela faz todo o trabalho sozinha lá embaixo, que o sr. Kleiman está doente e que ela está com um resfriado daqueles, com um tornozelo luxado, sofrendo de males de amor e tem em casa um pai que não para de reclamar, é fácil entender por que ela está arrancando os cabelos. Nós a consolamos e lhe dissemos que, se ela fosse assertiva ao repetir que não tem tempo, as nossas listas se encurtariam sozinhas.

No sábado se desenrolou aqui o drama mais intenso que já vi. Começou com o sr. van Maaren e terminou numa briga generalizada com direito a choro e tudo. O sr. Dussel foi reclamar com a mamãe que é tratado como um rejeitado, que nenhum de nós é simpático com ele, que ele nunca fez mal a ninguém, uma armadilha em que a mamãe não caiu dessa vez. Ela disse que ele tinha sido uma decepção para todos nós e que mais de uma vez havia sido motivo de desentendimentos. O sr. Dussel prometeu por tudo o que lhe era mais sagrado que isso mudaria. Até agora, porém, nenhum sinal de mudança, como sempre.

Com os van Daan a coisa também tem desandado, já dá para ver! O papai está furioso porque eles nos enganam, mantendo escondidas carne e outras coisas. Meu Deus, que escuridão é essa que paira sobre as nossas cabeças? Ah, se pelo menos eu não estivesse diretamente envolvida nessas brigas, se pudesse ir embora daqui! Eles estão nos deixando loucos!

Sua Anne

•

DOMINGO, 17 DE OUTUBRO DE 1943

Querida Kitty,

O sr. Kleiman felizmente voltou! Ele ainda está meio pálido, mas já vai todo bem-humorado vender roupas para o sr. van Daan.

É um fato preocupante, mas o dinheiro do sr. van Daan chegou ao fim. Os seus últimos 100 florins ele perdeu no armazém, e ainda sentimos as consequências disso.

Como é que 100 florins poderiam ir parar no armazém?

Tudo isso dá abertura para suspeitas. Nesse meio-tempo, foram roubados os 100 florins. Quem é o ladrão?

Mas voltemos ao assunto da falta de dinheiro. A sra. van Daan não quer se desfazer de nenhuma peça do seu vestuário, uma pilha de casacos, vestidos e sapatos; já o terno do marido não tem muita saída. A bicicleta do Peter voltou da inspeção, ninguém se interessou. Ainda não se vê nenhuma luz no fim do túnel. A madame vai ter de sacrificar o casaco de pele. Ela ainda não entendeu que a empresa não vai mais poder prover o nosso sustento. Tiveram lá em cima uma discussão terrível por causa disso, mas o período de reconciliação já começou, repleto de abordagens como "minha querida Putti" e "Kerli, meu benzinho".

Estou até tonta com todos os palavrões que foram lançados nesta respeitável casa no último mês. O papai anda com os lábios apertados. Se alguém o chama, ele se vira, arisco, como se tivesse medo de acabar tendo de resolver algum pepino. A mamãe está com manchas vermelhas de estresse no rosto, a Margot se queixa de dor de cabeça, o sr. Dussel não consegue dormir, a madame reclama o dia inteiro e eu mesma estou completamente desorientada.

Para ser sincera, às vezes eu até me esqueço de quem está brigado com quem e quem já fez as pazes.

A minha única distração é estudar, o que eu faço com frequência.

Sua Anne

•

SEXTA-FEIRA, 29 DE OUTUBRO DE 1943

Queridíssima Kitty,

O sr. Kleiman teve de se ausentar de novo; seu estômago não o deixa tranquilo. Ele nem mesmo sabe se a hemorragia já parou ou não. A primeira vez que o vi para baixo de verdade foi quando nos disse que iria para casa porque não estava se sentindo bem.

O Anexo foi outra vez o cenário de brigas tremendas entre o sr. van Daan e a esposa. O motivo: o dinheiro deles acabou. Quiseram vender um casaco de inverno e um terno dele, mas não encontraram comprador. Ele estava pedindo um preço bem acima da média.

Certo dia, já faz um tempinho, o sr. Kleiman falou de um peleteiro amigo dele. Foi quando ocorreu ao sr. van Daan vender o casaco de pele da madame. Era um casaco feito de pele de coelho que ela já vinha usando fazia dezessete anos. A sra. van Daan recebeu por ele 325 florins, uma quantia enorme. Queria guardar o dinheiro para comprar roupas novas quando a guerra acabasse, mas o marido enumerou todos os fatores que provavam que o montante era absolutamente indispensável para cobrir a manutenção doméstica.

Não há palavras que descrevam para você a gritaria, os berros, os estampidos e os palavrões que vieram. Era de dar medo. A minha família prendeu a respiração ao pé das escadas pronta a intervir e separar um do outro caso necessário. Toda aquela arruaça, a choradeira e o nervosismo eram tão extenuantes e desestabilizavam tanto, que à noite fui para a cama soluçando, mas agradecendo aos céus poder ficar sozinha uma meia horinha.

Comigo está tudo bem, com a exceção de eu ter andado sem o menor apetite. Não param de buzinar na minha orelha: "Você está com uma aparência péssima!" Tenho de admitir que todos fazem o máximo para que eu mantenha o meu peso. Dextrose, óleo de fígado de bacalhau, levedura de cerveja e cálcio fazem parte da dieta. Os meus nervos costumam me dominar, principalmente aos domingos, quando fico péssima. O astral da casa fica sufocante, letárgico; não se ouve o chilrear dos passarinhos lá fora, um silêncio perturbador paira sobre tudo e esse sentimento pesado se agarra a mim como se quisesse me levar para um mundo subterrâneo profundo. Tem vezes em que o papai, a mamãe e a Margot me são indiferentes; fico vagando de um aposento para o outro, desço e subo as escadas com um sentimento de passarinho trinador cujas asas foram arrancadas sem o menor cuidado e, na escuridão completa, voa e se choca nas grades da sua gaiola estreita. "Para fora, ar fresco, alegria!", sinto algo gritar dentro de mim. Eu já nem respondo mais; vou me deitar num divã e durmo para o tempo, o silêncio e esse medo horroroso passarem, já que matá-los é impossível.

Sua Anne

•

SÁBADO, 30 DE OUTUBRO DE 1943

Querida Kitty,

A mamãe está terrivelmente nervosa, o que nunca é bom para mim. Seria coincidência que o papai e a mamãe nunca passem um sabão na Margot e tudo acabe em cima de mim? Ontem à noite, por exemplo: a Margot estava lendo um livro com umas ilustrações lindíssimas; ela se levantou e deixou o livro de lado para logo retomar a leitura. Eu não tinha o que fazer, peguei o livro e comecei a admirar as ilustrações. A Margot voltou, viu o livro dela nas minhas mãos, franziu o cenho e, brava, pediu o livro de volta.

Eu só queria dar mais uma olhadinha e a Margot foi ficando cada vez mais brava; e a mamãe se intrometeu:

— Quem está lendo esse livro é a Margot, portanto, devolva para ela.

O papai entrou justamente nesse momento, sem nem saber do que se tratava, viu que a Margot estava sendo injustiçada e me repreendeu:

— Eu queria era ver você se a Margot ficasse folheando o livro que você estava lendo!

Cedi na mesma hora, pus o livro onde o encontrei e saí do quarto "ofendida". Na verdade, não estava nem ofendida nem brava, apenas triste.

Não gostei do papai julgar sem conhecimento de causa. Eu teria devolvido o livro à Margot por mim mesma e bem antes se o papai e a mamãe não tivessem se intrometido e, como se fosse a maior injustiça do mundo, tomado as dores da Margot.

Que a mamãe tome o partido da Margot não é novidade nenhuma, uma sempre defende a outra. Estou tão acostumada que fico indiferente às broncas da mamãe e aos melindres da Margot. Eu só as amo porque são a mamãe e a Margot; como pessoas, daria na mesma se fossem parar na Cochinchina. Já com o papai a história é outra. Se ele toma parte da Margot, aprova tudo o que ela faz, a elogia e se mostra carinhoso com ela, aí algo me corrói por dentro, porque eu adoro ao papai; ele é o meu grande exemplo, não tem ninguém no mundo que eu ame mais que ele. O papai parece não perceber que se comporta de uma maneira diferente em relação a ela da que se comporta comigo. Afinal, a Margot é a mais inteligente, a mais doce, a mais bonita e a melhor. Mas eu também tenho direito a ser levada um pouco a sério, você não acha? Eu sempre fui a palhaça e a mandriona da família, a minha penitência pelos meus atos sempre foi dupla: primeiro, com a reprimenda; depois, com o desespero dentro de mim. Já não fico satisfeita com esse carinho superficial nem com as conversas supostamente sérias. Eu não quero nada que o papai não possa me dar. Não tenho nem tive ciúmes da Margot, não desejo ter nem a beleza nem a inteligência dela; eu só queria mesmo era sentir um amor genuíno por parte do papai, não só como sua filha, mas como a Anne, do jeito que ela é.

Eu me agarro ao papai porque o meu desprezo pela mamãe cresce a cada dia e porque ele é o único que mantém viva a chama do restinho de amor familiar que me sobrou. O papai não me entende quando quero desabafar a respeito do que sinto pela mamãe. Não quer falar do assunto, evita qualquer alusão aos erros da mamãe.

No entanto, o que mais me pesa no coração é a mamãe com os seus defeitos. Não sei como me portar: não posso esfregar na cara dela o desleixo, o sarcasmo e o punho de ferro com que ela me trata, mas também não posso sempre procurar a culpa de tudo dentro de mim.

Eu sou exatamente o contrário dela em tudo, e os choques são inevitáveis. Eu não estou julgando o seu caráter, até porque não tenho como fazê-lo — eu só a vejo como mãe. Para mim a mamãe não é uma mãe. Eu mesma tenho de cumprir esse papel. Eu me isolei dos outros; navego sozinha e um dia verei onde fui parar. As coisas são como são principalmente por eu ver em mim mesma um grande, um imenso exemplo: o de como uma mãe e uma mulher devem ser, algo que eu não encontro nela, algo que mereça ser chamado de "mãe".

Sempre digo a mim mesma que não devo olhar para os seus maus exemplos, quero ver apenas o seu lado bom e o que não encontro nela passo a procurar em mim mesma. Mas não dá certo, e o pior de tudo é que nem o papai nem a mamãe se dão conta de que não me dão o que eu busco na vida e que, por isso, eu os julgo. Será que existe alguém que consiga satisfazer completamente aos seus filhos?

Às vezes eu acho que Deus quer me pôr à prova, agora e mais à frente. Tenho de aprender a ser boa, sem exemplos e sem conversas, porque só assim que terei vencido.

Quem além de mim vai ler estas cartas algum dia? Quem além de mim vai me consolar? Porque eu preciso de consolo com frequência. São tantas as vezes que eu não sou forte o suficiente e erro mais que acerto! Estou ciente disso e dia após dia tento me aperfeiçoar.

Não sou tratada de maneira equilibrada. Num dia a Anne é ajuizada e pode ser posta a par de tudo e no dia seguinte a Anne é obrigada a ouvir que é burrinha feito um jumento e que não tem noção de nada, mas acha que tem por causa das coisas que aprendeu nos livros! Eu não sou mais a bebê e a criancinha mimada que provoca risos com tudo que faz. Eu tenho os meus próprios ideais, os meus próprios projetos e as minhas próprias ideias, só não sei ainda expressá-los em palavras.

Ah, tanta coisa se passa pela minha cabeça quando estou sozinha de noite! Durante o dia também, quando tenho de aguentar as pessoas que estão entaladas na minha garganta ou que sempre interpretam mal as minhas intenções. É por isso que eu sempre acabo voltando ao meu diário, que é o meu ponto de partida e o meu destino, porque a Kitty é sempre paciente. Vou prometer a ela que, apesar de tudo, vou persistir, vou desbravar a minha trilha e secar as lágrimas. Eu só queria mesmo era já ver algum resultado ou, uma vez que fosse, ser encorajada por alguém que me ama.

Não me julgue, só leve em consideração que eu sou uma pessoa que às vezes também se sente prestes a explodir!

Sua Anne

•

QUARTA-FEIRA, 3 DE NOVEMBRO DE 1943

Querida Kitty,

Para proporcionar distração e desenvolvimento pessoal para as filhas, o papai pediu um catálogo das Instituições de Ensino Leiden. A Margot já deu umas boas três xeretadas no calhamaço e não encontrou nada do seu agrado e que coubesse no seu orçamento. O papai foi mais rápido em encontrar algo; ele escreveu à instituição para pedir uma aula experimental de latim básico. Chegou a lição, a Margot fez o trabalho de cabo a rabo e, por mais caro que fosse, o adquiriu. Para mim era difícil demais, apesar de eu querer muito aprender latim.

Para que eu também pudesse ocupar a cabeça com algo novo, o papai pediu ao sr. Kleiman que encontrasse uma Bíblia infantil para que eu finalmente soubesse algo do Novo Testamento.

— Você quer dar para a Anne uma Bíblia de Hanucá? — perguntou Margot, consternada.

— Sim... É que eu achei que o Dia de São Nicolau era a melhor ocasião — respondeu o papai.

Jesus não é o assunto mais adequado para o Hanucá.

Como o aspirador está quebrado, tenho de limpar o velho tapete com escovas. Janela fechada, luzes acesas, o forno também e, em seguida, o espanador passado por todo o chão. Isso não vai acabar bem, pensei na primeira vez com os meus botões. As consequências seriam péssimas. Pronto, a mamãe já ficou com dor de cabeça por causa da nuvem de poeira no ar. O novo dicionário de latim da Margot ficou todo sujo, e o Pim reclamou, alegando que o chão não parecia ter mudado nem um pouco. Mal-agradecidos.

O novo regulamento do Anexo é de que a lareira seja acesa aos domingos às sete e meia em vez de às cinco e meia da manhã. Me parece perigoso. O que pensarão os vizinhos da nossa chaminé soltando fumaça?

O mesmo vale para as cortinas. Desde que entramos aqui elas estão na mesma posição. Vez ou outra uma das damas ou um dos cavalheiros sente um ímpeto de olhar para fora e o faz. Resultado: uma chuva de protestos. Resposta: "Ninguém repara mesmo!" É assim que começa e termina a falta de cuidado. Ninguém repara mesmo, ninguém ouve mesmo, ninguém presta atenção. É fácil dizer, mas será que é verdade? As discussões agressivas esmoreceram ultimamente, só mesmo o sr. Dussel e o sr. van Daan discutem. Se o primeiro fala da madame, se refere à "morcega velha" e à "galinha choca", e a sra. van Daan, por sua vez, chama o infalível erudito de "solteirona", e assim por diante.

O roto falando do esfarrapado.

Sua Anne

•

NOITE DE SEGUNDA-FEIRA, 8 DE NOVEMBRO DE 1943

Querida Kitty,

Se você foi lendo as minhas cartas uma atrás da outra, deve ter percebido que foram escritas em diferentes humores. Eu mesma acho chato estar aqui no Anexo sempre dependendo desses humores. Aliás, não sou a única; todos estão sujeitos. Se eu leio um livro que me impressiona, preciso me preparar psicologicamente e suprimir os meus sentimentos antes de me juntar aos outros, senão vão me achar estranha. Atualmente, como você deve ter notado, estou num período de depressão. Não sei dizer o porquê, mas acho que tem a ver com a minha covardia, na qual eu sempre acabo tropeçando.

Hoje à noite — a Bep ainda estava aqui — alguém tocou a campainha muito insistentemente. Fiquei pálida, com cólica e com o coração disparado, e tudo por causa do medo.

À noite na cama eu me vejo sozinha num calabouço, sem pai nem mãe. Às vezes perambulo ao longo de um caminho, ou o nosso Anexo está pegando fogo, ou vêm nos prender e levar daqui, e eu, desesperada, me escondo debaixo da cama. Experimento tudo isso com os cinco sentidos. E o pior: essas coisas podem acontecer de fato!

A Miep diz muitas vezes que tem inveja de nós, porque aqui nós temos sossego. Pode até ser verdade, mas ela com certeza se esquece do nosso medo.

Eu não consigo de jeito nenhum imaginar que o mundo pode voltar a ser normal para nós. Posso até falar em "depois da guerra", mas é como se estivesse falando de castelos no ar, algo que nunca vai se tornar realidade.

Vejo nós oito juntos no Anexo como se fôssemos um pedacinho azul de céu, rodeado de nuvens plúmbeas e escuras de chuva. O terreno a que estamos circunscritos ainda é seguro, mas as nuvens vão se aglomerando, vindo na nossa direção, e a linha circular que nos envolve e nos separa do mal que se avizinha vai se cingindo cada vez mais. Estamos agora tão rodeados de perigo e escuridão que, desesperados para encontrar uma salvação, nos chocamos uns nos outros. Olhamos todos para baixo, para onde as pessoas se debatem em duelos, olhamos todos para cima, onde tudo é tranquilidade e beleza, enquanto nos isolamos pela massa escura que nos impede de subir ou descer, mas que assoma diante de nós como um muro intransponível que quer nos esmagar, mas ainda não pode. Tudo que consigo fazer é gritar e suplicar: "Ó círculo, círculo, se abra e nos deixe passar!"

Sua Anne

•

QUINTA-FEIRA, 11 DE NOVEMBRO DE 1943

Querida Kitty,

Eu tenho um bom título para este capítulo:

Ode à minha caneta-tinteiro
"In memoriam"

A minha caneta-tinteiro sempre foi um dos meus bens preferidos por causa da ponta grossa, porque só mesmo com pontas grossas de canetas-tinteiro eu consigo escrever realmente caprichado. A minha tem uma história antiga e interessante, que eu quero contar sem muitos detalhes.

Quando eu tinha 9 anos, a caneta-tinteiro chegou para mim num pacotinho (envolto em algodão) como amostra grátis lá de Aken, a cidade onde vivia a minha avó, a generosa doadora.

Eu estava de cama com gripe, enquanto lá fora o vendaval de fevereiro queria levar a casa. A gloriosa caneta-tinteiro se encontrava dentro de um estojo de couro vermelho, que eu já quis mostrar no mesmo dia a todas as minhas amigas.

Eu, Anne Frank, a orgulhosa possuidora de uma caneta-tinteiro!

Quando eu estava com 10 anos, a professora permitiu que eu escrevesse com ela. Com 11, porém, tive de guardá-la de novo no estojo, já que a professora da sexta série só permitia o uso de canetas comuns. Com 12, uma vez no Liceu Judaico, tive a honra de ganhar um novo estojo, em que cabia também um lápis e que era impressionante porque tinha zíper. Aos 13 anos, a caneta-tinteiro me acompanhou ao Anexo, onde percorreu um sem-número de páginas de diário e escritos. Aos 14, foi o último ano que a minha caneta-tinteiro passou comigo...

Foi numa tarde de sexta, depois das cinco, quando saí do meu quartinho para me sentar à mesa, mas fui empurrada para o lado para ceder lugar à Margot e ao papai, que queriam estudar latim. A caneta-tinteiro ficou lá sobre a mesa, sem uso; a sua possuidora, suspirando, teve de se contentar com um cantinho da mesa e começou a "polir feijões". Isso significa tirar o bolor dos feijões-pretos que estivessem cobertos por ele e "lhes dar um brilho".

Às quinze para as seis varri o chão e joguei a sujeira junto com os feijões estragados, embrulhados num jornal, no forno. Formou-se uma chama colossal, e achei maravilhosa a maneira como o forno, que já dava os seus últimos suspiros de vida, se reacendeu.

O sossego voltou a imperar, os estudantes de latim se mandaram e eu voltei à mesa para dar seguimento ao meu texto, porém, por mais que procurasse, não encontrava a minha caneta-tinteiro. Procurei de novo, a Margot procurou, a mamãe procurou, o papai procurou, o sr. Dussel procurou, mas o objeto tinha desaparecido sem deixar pistas.

— Será que ela não foi parar no fogo junto com os feijões? — aventou a Margot.

— Não tem como isso ter acontecido! — respondi.

Como a caneta-tinteiro não queria aparecer, chegamos à noite à conclusão de que ela havia virado cinzas, ainda mais porque a celuloide queima feito palha. Essa ominosa perspectiva revelou ser verdadeira na manhã seguinte, quando o papai, ao limpar as cinzas do forno, encontrou nele o clipe que serve para prender a caneta. Da caneta dourada não sobrou nada para contar história.

— Certamente derreteu no fogo — opinou o papai.

Eu tive ao menos um consolo, por menor que fosse: a minha caneta-tinteiro foi cremada, como eu mesma vou fazer questão de ser.

Sua Anne

•

QUARTA-FEIRA, 17 DE NOVEMBRO DE 1943

Querida Kitty,

Eventos que desestabilizam o lar. A difteria reina na casa da Bep, razão pela qual ela não pode ter contato com a gente por seis semanas. Tanto no que se refere à comida como às compras é muito complicado, isso sem falar no contato social.

O sr. Kleiman continua em repouso e já faz três semanas que está à base de leite e papinha. O sr. Kugler está numa correria só.

As lições de latim que a Margot envia pelo correio voltam corrigidas por um professor. A Margot usa o nome da Bep. O professor é simpaticíssimo, além de muito espirituoso. Deve estar contente com uma aluna tão inteligente.

O sr. Dussel anda bastante agitado, e ninguém sabe o motivo. Começou lá em cima, quando passou a cerrar os lábios na presença do sr. e da sra. van Daan — não dirigia uma palavra sequer a nenhum dos dois. Todos repararam. Como a situação já perdurava havia dias, a mamãe aproveitou uma ocasião para preveni-lo em relação à madame, que podia lhe causar muitos dissabores se a situação se prolongasse. O sr. Dussel disse que tinha sido o sr. van Daan quem havia começado com isso e que não tinha a intenção de ser ele a quebrar o silêncio. O que você não sabe, porém, é que ontem foi dia 16 de novembro, o dia em que fez um ano que ele chegou ao Anexo. À mamãe deu de presente um buquê de flores, mas a sra. van Daan, que havia meses já aludia à data sem fazer segredo de que esperava que o sr. Dussel nos convidasse para algum tipo de comemoração, não ganhou nada. Em vez de expressar a sua gratidão pelo acolhimento, ele não disse absolutamente nada. Quando lhe perguntei na manhã do dia 16 se devia felicitá-lo ou oferecer meus pêsames, o sr. Dussel respondeu que aceitava qualquer coisa. A mamãe, que queria desempenhar o belo papel de pacificadora, não deu mais um passo à frente, e a situação acabou ficando elas por elas.

Não é exagero da minha parte dizer que falta um parafuso na cabeça do sr. Dussel. Acontece com frequência de rirmos em silêncio da sua falta de memória, de opinião e de discernimento, e rimos não poucas vezes quando ele reproduz notícias que acabou de ouvir de maneira totalmente equivocada, misturada e deturpada. Além disso, para cada reprimenda e acusação, ele faz lindas promessas que nunca cumpre.

"Der Mann hat einen grossen Geist
Und ist so klein von Taten!"[14]

Sua Anne

14. "O homem é grande de espírito e pequeno de ações", em alemão no original. (*N. do T.*)

•

SÁBADO, 27 DE NOVEMBRO DE 1943

Querida Kitty,

Ontem à noite, pouco antes de pegar no sono, eis que a Hanneli aparece diante de mim.

Eu a vi à minha frente, maltrapilha e com o rosto abatido e esquálido. Ela me olhava com uns olhões sombrios e recriminatórios em que se lia: "Ô, Anne, por que você me deixou? Socorro, me ajude a sair desse inferno!"

Mas eu não posso ajudá-la, tudo que posso fazer é ver as pessoas sofrendo e morrendo; por isso estou sentada com uma mão sobre a outra no colo, só podendo orar e pedir a Deus que a deixe voltar para nós. Foi justamente a Hanneli que eu vi, nenhuma outra, mas entendi o porquê. Eu a tinha julgado erroneamente e era infantil demais para entender as suas dificuldades. Ela era muito ligada à sua amiga, e era como se eu quisesse separá-las. Como a pobrezinha deve ter se sentido! Eu sei como é, conheço esse sentimento! Eu via às vezes flashes da vida dela para em seguida voltar a me absorver de modo egoísta nos meus próprios prazeres e dificuldades.

Foi maldade da minha parte agir como eu agi em relação a ela, que agora olhava para mim com os seus olhos suplicantes e indefesos. Ah, se eu ao menos pudesse ajudá-la! Meu Deus, eu tenho aqui tudo o que quiser, ao passo que ela foi entregue à dura fatalidade do destino! Ela era tão piedosa quanto eu, também queria tudo de bom, por que fui eu a poupada para viver, e ela, provavelmente não? Que diferença havia entre nós? Por que estamos tão longe uma da outra?

Para ser sincera, já faz meses, quase um ano que quase a esqueci. Não completamente, mas de tal maneira que não a imaginava em toda a sua miséria.

Ah, Hanneli, eu espero, se você sobreviver ao fim desta guerra e voltar para nós, que eu possa acolhê-la para recompensá-la em algo pela culpa que sinto em relação a você.

Mas, quando eu estiver em condições de ajudá-la, ela não precisará da minha ajuda tanto quanto agora. Será que ainda pensa em mim? E, se fizer isso, como ela se sentirá?

Meu bom Deus, dê-lhe o Seu apoio para que ela pelo menos não se sinta só! Ah, Senhor, se for possível lhe dizer que penso nela com amor e compaixão, talvez isso possa lhe dar forças para resistir.

Eu não posso continuar pensando assim, senão ficarei presa nesses sentimentos. Será que a Hanneli encontrará essa fé dentro de si mesma e não só por fora?

Não tenho nem essa certeza, nunca me dei ao trabalho de lhe perguntar como de fato se sente.

Hanneli, Hanneli, se eu pelo menos conseguisse tirar você de onde está, dividir com você tudo de que usufruo! É tarde demais, não posso mais ajudar nem corrigir o que fiz de errado. Mas eu nunca mais a esquecerei e sempre orarei por ela!

Sua Anne

•

SEGUNDA-FEIRA, 6 DE DEZEMBRO DE 1943

Querida Kitty,

Conforme o Dia de São Nicolau se aproxima, todos nós pensamos involuntariamente na cesta decorada do ano passado, e foi terrível, particularmente para mim, ter de ignorar a comemoração neste ano. Eu levei um tempo para pensar em algo, algo de que pudesse rir. O Pim foi consultado a respeito e há uma semana pusemos as mãos à obra: escrever um versinho para cada um de nós.

No domingo à noite, às oito e quinze, aparecemos lá em cima com uma cesta de lavanderia entre nós, enfeitada com figuras e laços de papel-carbono rosa e azul. A cesta estava coberta com uma tira de papel de presente pardo, no qual estava preso um bilhete. Lá em cima todos ficaram espantados com o volume da surpresa. Eu retirei o bilhete do papel de embrulho e li:

PRÓLOGO:
O Dia de São Nicolau veio este ano também
E o Anexo na memória ele retém.
Infelizmente a nossa diversão
não foi tamanha como a de então.
Quando, com o pensamento esperançoso,
Acreditávamos que o otimista sairia vitorioso,
Certos de que hoje sem nenhuma restrição
Para o São Nicolau teríamos uma comemoração.
Ainda assim, da data não podemos nos esquecer
Sem que nenhum presente possamos dar ou receber!
Temos de fazer agora de outra maneira
E que cada um olhe para o que tiramos da sapateira!

Foi uma gargalhada generalizada quando cada dono tirou o seu sapato da cesta. Em cada um deles havia um pacotinho de nada envolto em papel de embrulho com o endereço do seu respectivo dono.

Sua Anne

•

QUARTA-FEIRA, 22 DE DEZEMBRO DE 1943

Querida Kitty,

Uma gripe daquelas me impediu de escrever antes. É horrível ficar doente aqui. Cada vez que eu tossia — uma, duas, três vezes —, tinha de me encolher debaixo do cobertor e tentar silenciar a minha garganta o mais suavemente possível, o que na maior parte das vezes fazia com que o pigarro continuasse irritando e que eu me enchesse de leite com mel, açúcar e pastilhas.

Quando penso na sugestão de cada um para que eu melhorasse, fico até tonta: suadeira, me enrolar toda, panos úmidos sobre o peito, panos secos sobre o peito, bebidas quentes, gargarejos, pinceladas, não me mexer, travesseiros quentes, bolsa térmica, gotas de limão e medir a temperatura a cada duas horas. Será que tudo isso adianta mesmo para alguma coisa?

Para mim o pior foi quando o sr. Dussel quis bancar o médico e pousou sobre o meu peito descoberto a sua cabeça com toda aquela brilhantina nos cabelos a fim de me auscultar. Além de os cabelos dele me fazerem cócegas, fiquei envergonhada, mesmo sabendo que ele estudou medicina trinta anos antes e conseguiu um diploma de médico. Por que o sujeito tinha de encostar a cabeça no meu peito? Ele não é meu namorado! Além disso, ele lá vai saber se eu estou doente ou não por dentro? Primeiro ele teria de dar uma boa limpada nos ouvidos, porque a cada dia que passa parece mais surdo. Mas chega de falar de doença. Eu estou saudável e saltitante de novo, cresci um centímetro, engordei um quilo e estou pálida, mas ávida por aprender.

Ausnahmsweise[15] (nenhuma outra palavra o expressa melhor), as relações aqui andam bem — ninguém está brigado com ninguém —, o que não deve durar mais muito. Faz pelo menos seis meses que não reina uma paz como essa aqui em casa.

A Bep continua de quarentena, mas logo, logo a irmã dela não vai estar contagiosa.

---

15. "Como exceção à regra; excepcionalmente", em alemão no original. (*N. do T.*)

Para o Natal vamos receber uma quantidade extra de óleo, doces e caramelo. Para celebrar o Hanucá, o sr. Dussel deu um belo bolo à mamãe e à sra. van Daan. Foi a pedido dele que a Miep o assou. Como se ela já não tivesse trabalho demais! A Margot e eu ganhamos um broche feito a partir de uma moeda, cintilante que é uma beleza. Enfim, dispensa muita descrição, uma pérola.

De Natal eu também tenho o que dar à Miep e à Bep. Economizei o açúcar do meu mingau por um mês. Com o açúcar, o sr. Kleiman mandou preparar *borstplaatjes*, um docinho tradicional.

O tempo anda chuvoso, o fogão fede, a comida pesa no estômago de todos, o que causa ruídos trovejantes de todos os lados.

Intervalo de guerra, o ânimo está baixíssimo.

Sua Anne

•

SEXTA-FEIRA, 24 DE DEZEMBRO DE 1943

Querida Kitty,

Eu já lhe escrevi várias vezes contando que nós aqui nos vemos constantemente confrontados com diferentes humores, e notei que esse mal tem se intensificado em mim. "*Himmelhoch jauchzend, zu Tode betrübt*"[16] se aplica aqui com muita propriedade. "Gritando de alegria" eu fico quando penso em quão bem estamos aqui e me comparo com outras crianças; "morrendo de tristeza" eu me sinto, por exemplo, quando a sra. Kleiman vem nos visitar e fala do clube de hóquei do Jopie, dos passeios de canoa, das peças de teatro e do chá com as amigas.

Não é que eu sinta inveja do Jopie; o que acontece é que me dá uma vontade imensa de estar por aí me divertindo à beça e morrendo de rir até a barriga doer. Principalmente agora, no inverno e nesses feriados de Natal e de Ano-Novo; é quando nos sentamos aqui como párias da sociedade. Entretanto, na verdade, eu não deveria escrever esses termos, porque parece ingratidão da minha parte, mas é que não consigo guardar tudo só para mim, de modo que recorro ao meu lema: "O papel é paciente."

16. Citação do poeta alemão Goethe, traduzida de forma literal: "Em júbilo no céu, aflige-se à morte"; ou seja: "Gritando de alegria, morrendo de tristeza" ou "num minuto no céu, no seguinte no inferno", em alemão no original. (*N. do T.*)

Quando entra alguém da rua trazendo vento nas roupas e frio no rosto, me dá vontade de enfiar a cabeça debaixo do cobertor para não pensar: "Quando é que vamos poder respirar o ar lá de fora?" Porém, visto que não posso me esconder debaixo do cobertor — muito pelo contrário, tenho de manter a postura —, esses pensamentos invadem a minha cabeça sem dó nem piedade, um após o outro, incontáveis vezes.

Acredite no que digo: quando se é prisioneiro há um ano e meio, há dias em que não se aguenta mais. A despeito da justiça e da gratidão, não há como espantar os sentimentos. Andar de bicicleta, dançar, assobiar, olhar para o mundo, me sentir jovem, me saber livre — é tudo o que eu mais quero, mas não posso deixar transparecer nada, porque imagine você como estaríamos se todos os oito começássemos a reclamar e a fechar a cara! Onde iríamos parar?

Às vezes penso com os meus botões e me pergunto se alguém entenderia a minha situação aqui dentro, se conseguiria olhar para além da minha ingratidão, para além do fato de eu ser judia, enxergar em mim a adolescente que tanto precisa se distrair? Não sei nem poderia jamais discutir com alguém a respeito disso, porque sei que choraria. Chorar pode ser um grande alívio se há alguém com quem puder fazê-lo. Apesar de tudo, apesar de todas as teorias e de todos os esforços, sinto falta todos os dias e em todos os momentos de uma mãe que me entenda. Por isso também é que, em tudo o que faço e escrevo, penso que no futuro quero ser para os meus filhos essa mãe que idealizo. Uma mãe que não leve tão a sério tudo o que o filho diga, mas que leve o filho a sério. Percebo, sem saber explicar o motivo, que a palavra "*mams*"[17] já diz tudo. Sabe o que aconteceu para eu usar uma palavra como "*mams*"? Eu a chamo com frequência de *Mansa*, e daí vem o "*Mans*". É como se ela fosse a "*Mans*" imperfeita, que eu tanto gostaria de honrar com mais uma "perninha" no "n". Felizmente a *Mans* não sabe disso, porque ficaria triste.

Bem, já chega, o meu "zu Tode betrüb" passou um pouco enquanto eu escrevia.

Sua Anne

É um dia depois do Natal, e não paro de pensar no Pim e na história que ele me contou no ano passado nessa época.

Naquele dia eu não entendi o significado das palavras dele como entendo agora. Se ele ao menos tivesse tocado no assunto outra vez, talvez eu pudesse ter mostrado que entendia agora!

---

17. Como Anne se refere muitas vezes à mãe, no original. (*N. do E.*)

Acho que o Pim me falou aquilo porque ele conhece tantos segredos dos "corações alheios" que deve ter sentido a necessidade de se expressar ao menos uma vez; porque ele nunca diz nada sobre si, e não acho que a Margot suspeite das coisas pelas quais o Pim passou.

Pobre do Pim, ele não me engana quando diz que a esqueceu. Ele nunca se esquecerá disso. Ele se transformou numa pessoa condescendente, porque com certeza vê os erros da mamãe. Espero mesmo que eu venha a ser um pouco como ele, mas sem ter de passar pelo que ele passou!

Anne

•

SEGUNDA-FEIRA, 27 DE DEZEMBRO DE 1943

Querida Kitty,

Na sexta à noite ganhei pela primeira vez na vida algo de Natal. As meninas, o sr. Kleiman e o sr. Kugler tinham mais uma vez preparado uma das suas surpresas divinas. A Miep assou um bolo natalino delicioso, no qual se lia: "Paz em 1944." Já a Bep se encarregou de trazer meio quilo de biscoitos amanteigados de Natal, tão bons que pareciam anteriores à guerra.

Para mim, o Peter e a Margot trouxeram uma garrafinha de iogurte e, para cada adulto, uma garrafinha de cerveja. Tudo estava belamente embrulhado e com figurinhas lindas coladas nos diversos pacotes. As festas de fim de ano passaram rápido demais para nós.

Anne

•

QUARTA-FEIRA, 29 DE DEZEMBRO DE 1943

Ontem à noite eu fiquei muito triste de novo. Vi a vovó e a Hanneli diante de mim. A vovó, aquele amor de vovó! Quão pouco nós entendemos todo o seu sofrimento, quão gentil ela era com todos nós, quanta importância ela dava a tudo o que nos dizia respeito! E isso sempre guardando cuidadosamente para si o segredo terrível [de que estava com uma doença terminal] que a acompanhava.

Ela era tão fiel e boa, jamais lhe ocorreria nos deixar na mão. Não importava o que acontecesse, por mais desobediente que eu fosse, a vovó sempre me perdoava. Vovó — será que você me amava ou também não me entendia? Eu não saberia dizer.

Como a vovó deve ter se sentido sozinha, como mesmo, apesar da nossa presença! Uma pessoa pode se sentir solitária mesmo com o amor de todos, porque ninguém é "o único amor" de alguém.

E a Hanneli? Será que ela ainda está viva? O que será que ela anda fazendo? Ó Deus, cuide dela e a traga de volta para nós. Hanneli, eu vejo em você qual poderia ter sido o meu destino, eu sempre me vejo no seu lugar.

Por que então será que eu ainda me sinto tão triste com o que acontece aqui? Eu não deveria estar sempre alegre, satisfeita e feliz, exceto quando penso na Hanneli e nas pessoas que tiveram a sorte dela? Eu sou uma egoísta e uma covarde.

Por que será que eu sempre penso em e sonho com as piores coisas e fico com vontade de gritar de desespero? Porque, apesar de tudo, minha fé em Deus não é mais plena. Ele me deu tantas coisas que eu sem dúvida não merecia e, ainda assim, cometo tantos erros!

Uma pessoa pode chorar ao pensar no seu próximo; na verdade, pode passar o dia inteiro chorando. O máximo que se pode fazer é rezar e pedir a Deus um milagre que poupe alguns deles. Eu espero estar rezando o suficiente!

Anne

•

QUINTA-FEIRA, 30 DE DEZEMBRO DE 1943

Querida Kitty,

Após as últimas brigas feias tudo tem andado bem por aqui, tanto entre nós, o sr. Dussel e os de cima como entre o sr. van Daan e a madame. Mas agora dá para perceber que nuvens de tempestade carregadas estão se aproximando no horizonte, tudo por causa de comida. A madame teve a infeliz ideia de assar menos batatas e armazenar o restante. A mamãe e o sr. Dussel, além de nós, discordamos e então dividimos as batatas. Agora, porém, se passou a dividir a banha de maneira injusta, e a mamãe se viu obrigada a intervir. Se a questão tiver um desfecho interessante, você vai ficar sabendo. Nos últimos tempos, temos dividido: a carne (eles com gordura, nós sem); eles têm sopa, nós, não; as batatas (para eles descascadas; para nós, não). Resultado: compras extras, e agora também as batatas assadas.

Quem dera podermos nos dividir completamente!

Sua Anne

P.S.: A Bep mandou fazerem para mim um postal com toda a família real. A Juliana ficou até mais jovem, assim como a rainha. As três moçoilas estão um brinco. Achei um gesto muito simpático da parte da Bep. Você não concorda?

•

DOMINGO, 2 DE JANEIRO DE 1944

Querida Kitty,

Quando vi que não tinha o que fazer de manhã, folheei o diário e encontrei muitas cartas com o tema "mamãe" em que me refiro a ela em termos tão maldosos que fiquei chocada e perguntei a mim mesma: "Anne, é você mesma falando de ódio assim? Anne do céu, como você pôde?"

Mantive uma dessas páginas aberta e refleti sobre como era possível eu sentir tanto ódio a ponto de fazer tais confidências a você. Tentei trazer à tona a Anne de um ano atrás para entendê-la e desculpá-la, porque a minha consciência não vai ficar limpa enquanto eu não explicar como cheguei a essas acusações. Eu estou e sempre estive à mercê dessas mudanças de humor em que a água (figurativamente) chega ao meu pescoço e que me fazem ver tudo de maneira subjetiva, sem tentar pesar com calma as palavras da outra pessoa antes que o meu temperamento explosivo a ofendesse ou entristecesse.

Eu me escondi dentro de mim mesma, olhando apenas para mim e anotando toda a minha alegria, o meu sarcasmo e a minha tristeza no diário. Ele é de grande valor para mim, porque se transformou num livro de memórias, mas vários trechos eu poderia dizer que é uma "página virada"...

Eu ficava furiosa com a mamãe (e ainda fico com frequência). Ela não me entendia, isso é verdade, mas eu também não a entendia. Como me amava, ela era carinhosa, mas, porque acabou em situações desagradáveis por minha causa — e, por conta disso e de outras circunstâncias deploráveis, ficou nervosa e irritadiça —, é compreensível que ela fosse grosseira comigo.

Eu levava isso muito a sério, ficava ofendida, respondona e briguenta, o que, por sua vez, a deixava triste. Em resumo, era um vai e vem constante de desagrados e dissabores. Não era bom para nenhuma das duas, isso está claro, mas vai passar. O fato de que eu não quisesse enxergar isso e sentisse pena de mim mesma também é compreensível.

As frases intensas demais não passam de explosões de raiva, que num cotidiano normal eu poria para fora esperneando no meu quarto com a porta trancada ou soltando uns palavrões pelas costas da mamãe.

A época em que eu condenava a mamãe entre lágrimas é página virada; eu amadureci, e os nervos da mamãe se acalmaram um pouco. Costumo ficar de bico calado quando me irrito, e ela segue o meu exemplo, o que, aparentemente, deu uma melhorada na situação. Porque é impossível para mim amar a mamãe com o amor carinhoso de um filho.

Tranquilizo a minha consciência pensando que os xingamentos estão melhor no papel que no coração que a mamãe leva de um lado para o outro.

Sua Anne

•

QUINTA-FEIRA, 6 DE JANEIRO DE 1944

Querida Kitty,

Hoje eu preciso confessar duas coisas que vão levar um tempão, mas que eu não posso contar a ninguém, por isso só me resta você, porque eu sei que você vai guardar o segredo para sempre e sob qualquer circunstância.

A primeira delas é sobre a mamãe. Você bem sabe com que frequência eu me queixo dela, mas sempre faço o possível para tratá-la bem. De uma hora para a outra eu me dei conta de qual é o problema com ela. A própria mamãe sempre disse que nos vê mais como amigas que como filhas. É claro que isso é bom, mas convenhamos que essa amiga não desempenha o papel de mãe. Eu preciso ter a minha mãe como um exemplo e respeitá-la; a mamãe é na maior parte das coisas um exemplo para mim, mas justamente um exemplo do que não devo ser e fazer. Imagino que a Margot não pense assim, e ela jamais entenderia o que eu acabei de contar a você. E o papai evita toda e qualquer conversa que diga respeito à mamãe.

Eu vejo uma mãe como uma mulher, em primeiro lugar, com muito tato, sobretudo em relação a filhas da nossa idade, e que não ri de mim em alto e bom som como ela faz quando eu choro não de dor, mas por outras razões.

Tem uma coisa — pode parecer uma besteira de nada — pela qual eu nunca a perdoei. Foi num dia em que eu tive de ir ao dentista. A mamãe e a Margot me acompanhariam e acharam uma boa ideia que eu fosse de bicicleta. Assim que a consulta acabou e nos vimos diante da porta do consultório, as duas, animadas, me avisaram que iriam passear na cidade para ver ou comprar alguma coisa, não lembro o quê. É claro que eu queria ir junto, mas não me deixaram por causa da bicicleta. Meus olhos se encheram de lágrimas de raiva e tanto a mamãe como a Margot começaram a rir. Furiosa como eu estava, na rua, mostrei a língua para elas bem na hora em que passava uma velhinha, que levou um senhor susto. Pedalei de volta para casa e ainda chorei por um bom tempo. É curioso que, de todas as feridas que a mamãe me causou, essa é a que mais arde quando penso na raiva que senti naquele dia.

A segunda coisa é algo que me custa muito contar, porque diz respeito a mim mesma. Eu não sou puritana, Kitty, mas mesmo assim tenho a impressão de que, quando eles falam, com tanta frequência, sobre o que exatamente fazem no banheiro, o meu corpo inteiro se retesa em sinal de resistência.

Ontem li um artigo da Sis Heyster sobre enrubescimento. Ela escreveu esse artigo como se se dirigisse única e exclusivamente a mim. Apesar de eu não enrubescer com facilidade, os outros assuntos de que ela trata são bastante adequados para mim. Em linhas gerais, ela escreve que, nos anos de puberdade, uma moça vai ficando introspectiva para refletir sobre as maravilhas que acontecem no seu corpo. Isso também vale para mim, e é por isso que eu tenho sentido certa vergonha diante da Margot, do papai e da mamãe. A Margot, em contrapartida, que é bem mais tímida que eu, não se mostra nem um pouco envergonhada.

Acho milagroso o que vem acontecendo comigo, e não só o que se vê na minha aparência mas também o que se opera por dentro. Justamente por não falar sobre mim e sobre todas essas coisas com ninguém, acabo conversando comigo mesma. Sempre que menstruo (o que até agora só aconteceu três vezes), tenho a sensação de que, apesar da dor, da chateação e das manchas, carrego comigo um doce segredo e, por isso, apesar de todo o incômodo, de certa forma fico feliz com a antecipação do segredo que vou voltar a sentir em mim. De resto, a Sis Heyster escreve também que as jovens moças nestes anos não se sentem muito confiantes e que vão descobrir que são uma pessoa plena, com ideias, pensamentos e hábitos próprios. Eu, que quando cheguei aqui mal tinha 13 anos, comecei a refletir sobre mim mesma antes do tempo para descobrir que sou "uma pessoa por si só". De noite na cama, às vezes sinto uma necessidade louca de tocar nos meus seios e de ouvir a pulsação tranquila mas firme do meu coração.

Inconscientemente já havia sentido algo do tipo antes de chegar aqui, como quando certa vez dormi uma noite na casa da Jacque. Eu me lembro de quase não conseguir refrear a minha curiosidade em relação ao corpo dela, que ela sempre escondia de mim e que por isso jamais vi. Perguntei se, como prova de amizade, poderíamos tocar uma nos seios da outra. A Jacque recusou. Além disso, eu estava sentindo uma vontade louca de beijá-la, o que acabei fazendo. Eu fico em êxtase sempre que vejo a figura de uma mulher nua, como por exemplo a de Vênus do livro de história da arte, de Springer. Acho tão maravilhosamente bonito que preciso me segurar para não derramar lágrimas.

Se pelo menos eu tivesse uma amiga!

Sua Anne

•

QUINTA-FEIRA, 6 DE JANEIRO DE 1944

Querida Kitty,

A minha vontade de conversar com alguém era tamanha que, de alguma maneira, pus na cabeça que o Peter tinha de ser o escolhido. Às vezes, quando eu subia e entrava no quarto dele à luz do dia, achava o lugar bastante aconchegante, mas, como o Peter é educado demais e jamais poria alguém que o importunasse para fora, nunca ousei ficar muito tempo, com medo de que ele ficasse incomodado. Eu estava esperando uma oportunidade para entrar desapercebida no quarto dele e puxar conversa, e essa oportunidade surgiu ontem. O que acontece é que o Peter desenvolveu uma mania: fazer palavras-cruzadas. Essa é a única coisa que ele faz. Ontem eu lhe dei uma mãozinha e, quando percebi, estava sentada à mesinha diante dele; o Peter na cadeira, eu no divã.

Fiquei extasiada ao olhar para os seus olhos azul-escuros e percebi como ele ficou tímido com a visita inesperada.

Eu conseguia enxergá-lo por dentro através dos sinais: lia no seu rosto o desamparo e a insegurança de como se comportar e, ao mesmo tempo, uma tênue percepção da sua masculinidade. Era olhar para perceber a sua timidez, e me derreti por dentro. Eu queria pedir: agora me fale algo de você. Enxergue além dessa minha vontade terrível de tagarelar. Percebi, porém, que era mais fácil formular essas perguntas que fazê-las.

A noite passou sem que nada acontecesse além de eu lhe falar do artigo sobre enrubescimento. Naturalmente não o que eu tinha escrito, mas sim que ao longo dos anos ele se sentiria mais seguro.

De noite na cama eu não me aguentei e chorei e chorei, sem que ninguém ouvisse. Eu achei a ideia de implorar pelos favores do Peter repugnante. As pessoas fazem de tudo para satisfazer aos seus desejos, como você pode ver muito bem pelo meu exemplo, porque eu me propus a passar mais tempo com o Peter para que, de alguma forma, conseguisse fazer com que ele me contasse mais coisas.

Não pense que estou apaixonada pelo Peter, nem de longe! Se os van Daan tivessem uma filha aqui em vez de um filho, eu teria tentado ficar amiga dela também.

Hoje de manhã eu acordei mais ou menos às cinco para as sete e na mesma hora me lembrei vivamente do que tinha sonhado. Eu estava numa cadeira e à minha frente estava sentado o Peter... Schiff. Estávamos folheando um livro com ilustrações de Mary Bos. O meu sonho tinha sido tão nítido que eu ainda me lembro um pouco das ilustrações. Mas a coisa não parou por aí, continuei sonhando, até que, de repente, o meu olhar cruzou com o do Peter; fiquei um bom tempo contemplando aqueles belos olhos castanho-aveludados. O Peter disse então bem baixinho: "Se eu soubesse disso antes, teria vindo até você faz tempo!" Então me virei de repente para o lado, porque a emoção tomou conta de mim. Foi quando senti no meu rosto uma bochecha suave, tão prazerosa, tão afetuosa, que tudo virou um deleite, tão bom, mas tão bom...

Foi nesse momento que acordei, mas ainda sentindo o rosto dele no meu e os seus olhos castanhos tão profundamente fixos no meu coração, mas tão profundamente que ele pôde ler o quanto eu o amava e o quanto ainda o amo. Outra vez os meus olhos se encheram de lágrimas, e eu fiquei triste por tê-lo perdido de novo, mas, ao mesmo tempo, contente por saber com certeza que o Peter ainda é o meu escolhido.

É curioso como eu frequentemente vejo nos sonhos imagens tão nítidas. Primeiro foi a Omi [Omi é a avó paterna de Anne, e Oma, a materna] que eu vi certa noite com tanta clareza que pude distinguir a sua pele de veludo macia e cheia de rugas. Depois foi a vez da Oma, que apareceu como um anjo da guarda, e então da Hanneli, que representa para mim o símbolo das atrocidades a que todos os meus amigos e todos os judeus foram submetidos; assim sendo, quando rezo por ela, rezo também por todos os judeus e por todos os pobres.

E agora o Peter, o meu querido Peter; nunca criei uma imagem mental dele com tantos detalhes. Não preciso de uma fotografia dele, pois o vejo diante de mim tão vividamente.

Sua Anne

•

SEXTA-FEIRA, 7 DE JANEIRO DE 1944

Querida Kitty,

Como a idiota que sou, nunca me ocorreu contar a história do meu primeiro grande amor.

Quando ainda era bem nova, no jardim de infância, comecei a gostar de um tal de Sally Kimmel. Seu pai havia morrido, e ele morava com a mãe na casa de uma tia. Um primo do Sally, o Appy, um menino moreno e esbelto que mais tarde ficou parecido com um astro de filmes de aventura, começou a chamar cada vez mais atenção que o primo, que era engraçado, baixinho e parecia um saco de batatas. Durante um bom tempo andamos juntos, mas o meu amor não era correspondido, até que o Peter cruzou o meu caminho e a paixão se abateu sobre mim como um amor infantil três vezes mais forte. Ele também gostava de mim, e durante um verão inteiro nós fomos inseparáveis.

Eu me lembro como se fosse ontem de nós dois passeando de mãos dadas pela Zuider Amstellaan, ele com um terno branco de algodão; eu num vestido curto de verão. Depois das longas férias, ele entrou no primeiro ano do ensino secundário; e eu, na sexta série do primário. Ele vinha me buscar na saída da escola ou eu ia buscá-lo.

O Peter era um modelo de rapaz: alto, bonito, esbelto com um rosto sério, tranquilo e inteligente. Tinha os cabelos escuros e um lindo par de olhos castanhos, as maçãs do rosto avermelhadas e um nariz pontudo.

O seu sorriso era o que mais me enlouquecia, porque ele adquiria uma expressão marota e traquinas.

Saí da cidade nas férias e, quando voltei, não encontrei mais o Peter no seu antigo endereço; nesse meio-tempo, ele tinha se mudado e estava morando com um rapaz bem mais velho, que pelo visto chamou a atenção dele para o fato de que eu não passava de uma fedelha, e por isso o Peter decidiu me deixar. Eu o amava tanto que não queria enxergar a verdade, me aferrando a ele até o dia em que me dei conta de que, se eu o continuasse cercando, seria chamada de assanhada. Anos se passaram. O Peter só andava com garotas da sua idade e nem me cumprimentava mais. Fui para o Liceu Judaico, vários meninos da minha idade se apaixonaram por mim. Eu gostava, me sentia lisonjeada, mas, de resto, não tinha interesse. Algum tempo depois o Hello se apaixonou por mim, mas, como eu disse, nunca mais me apaixonei.

O ditado não diz que "o tempo cura todas as feridas"? Eu imaginei que isso valeria para mim também. Acreditava ter esquecido o Peter e não achá-lo nem mesmo minimamente simpático. No entanto, a lembrança dele perdurou com tanta intensidade que certas vezes tive de confessar a mim mesma que estava com ciúmes das outras garotas e por isso passei a não gostar mais dele.

Hoje de manhã percebi que nada mudou em mim; pelo contrário, enquanto eu crescia e amadurecia, o amor por ele só se intensificou. Agora eu entendo por que o Peter me achava infantil, mas, mesmo assim, acho cada vez mais doloroso que ele tenha se esquecido de mim. Vi outra vez o seu rosto diante de mim com tanta clareza e agora sei que ninguém jamais vai ocupar o lugar dele.

Hoje me sinto completamente confusa. Quando o papai hoje de manhã me deu um beijo, me deu vontade de gritar: "Eu queria que fosse o Peter!" Não importa o que eu faça, estou sempre pensando nele e não paro de repetir: "Ah, Petel, amor da minha vida..."

Mas de que adianta? Eu tenho de continuar vivendo e pedindo a Deus que, quando eu sair daqui, Ele o traga de volta para o meu caminho e, ao ler os pensamentos nos meus olhos, diga:

— Ah, Anne, se eu soubesse disso antes, teria vindo até você há muito tempo.

O papai me disse certa vez, quando estávamos falando de sexualidade, que eu ainda não conseguiria entender aquele desejo; mas eu sempre soube que entendia, e hoje então nem se fala! Nada é mais precioso para mim que ele, o meu Petel!

Olhei o meu rosto no espelho e o vi tão diferente! Vejo os meus olhos límpidos e profundos, as minhas maçãs do rosto — o que já faz semanas não acontecia — com uma cor rosada, a minha boca muito mais suave; pareço feliz, mas, ainda assim, há algo de amargura na minha expressão, o meu sorriso desliza dos meus lábios e desaparece na mesma hora.

Não estou feliz, porque é fácil imaginar que o Petel não está pensando em mim, mas, ainda assim, sinto os seus belos olhos fixados em mim, e o seu rosto suave e fresco encostado no meu...

Ah, Petel, Petel! Como eu faço para me libertar da sua imagem? Qualquer outro no seu lugar não passaria de uma pobre imitação? Eu amo você, mas com tanto, tanto amor que o sentimento já não tem mais para onde crescer se não for para brotar e sair à luz com muita intensidade, como uma revelação.

Se você tivesse me perguntado há uma semana, ou mesmo ontem, "Qual dos seus conhecidos você acharia o mais adequado para ser o seu marido?", eu teria respondido: "O Sally, porque com ele eu me sinto bem, tranquila e protegida!" Mas hoje eu gritaria: "O Petel, porque eu o amo de corpo e alma, numa entrega total!" Com uma ressalva, porém: que não me tocasse em nenhum lugar além do rosto.

Hoje de manhã eu imaginei que estava sentada com o Petel no chão de madeira diante das janelas na parte da frente do sótão; após uma breve conversa, começamos os dois a chorar. Mais tarde senti a sua boca e a sua bochecha maravilhosa! Ah, Petel, venha até mim, pense em mim, meu único e querido Petel!

•

QUARTA-FEIRA, 12 DE JANEIRO DE 1944

Querida Kitty,

Já faz duas semanas que a Bep voltou, apesar de a sua irmã só poder voltar para a escola na semana que vem. Ela mesma passou dois dias de cama por causa de um senhor resfriado. A Miep e o Jan também passaram dois dias longe do trabalho por causa de um desarranjo digestivo.

Eu ando inspirada por dança e balé. Todas as noites ensaio, aplicada, uns passos de dança. Fiz, usando uma anágua azul-clara da mamãe, um vestido de dança muito moderno. Um elástico na parte superior se amarra na altura do peito e sustenta o vestido. Uma fita rosa canelada completa o conjunto. Tentei transformar os meus tênis em sapatilhas de balé genuínas, mas não deu certo.

Os meus membros enrijecidos estão se esforçando ao máximo para se tornar flexíveis de novo. Um exercício excelente para mim é me sentar no chão com um tornozelo em cada mão e ir levantando as pernas.

Eu preciso de uma almofada para me sentar, senão acabo machucando o meu pobre cóccix.

O pessoal anda lendo um livro chamado *Ochtend zonder wolken* [*Uma manhã sem nuvens*]. A mamãe o achou excepcionalmente bom por tratar de problemas da juventude. Um tanto maliciosa, pensei com os meus botões: "Você trate primeiro dos seus próprios problemas juvenis!"

Eu acredito que a mamãe realmente ache que a Margot e eu mantemos a melhor das relações com os nossos pais e que ninguém se preocupa mais que ela com os problemas das filhas.

Com isso, ela se dedica exclusiva e categoricamente à Margot, porque nunca lidou com problemas parecidos com os meus. Não quero nem um pouco dar a entender que uma das suas filhas esteja tão distante do que ela considera ideal, porque a mamãe ficaria consternada, sem saber como abordar o problema; ela sentiria uma tristeza tão grande que prefiro poupá-la, mesmo porque sei que nada mudaria para mim. A mamãe sabe que a Margot a ama muito mais que eu, mas deve pensar que isso é só uma fase.

A Margot ficou mais carinhosa; ela me passa uma imagem bem diferente da que passava antes. Não é mais tão ríspida comigo e está virando uma verdadeira amiga. Ela não me considera mais nem um pouco aquela fedelha que não precisava ser levada a sério.

É raro, mas às vezes eu me vejo pelos olhos dos outros. Eu avalio os assuntos de uma tal Anne Frank com a maior tranquilidade do mundo e passo a folhear a minha própria biografia como se fosse a de uma estranha.

Antigamente, em casa, na época em que eu não pensava tanto, eu tinha vez ou outra a impressão de que não fazia parte do núcleo mamãe, Pim e Margot e de que seria sempre uma estranha no ninho. Costumava brincar de fingir por um semestre inteiro ser órfã, até que eu me castigava e me repreendia por desempenhar o papel de mártir, já que não me faltava nada. Aí eu entrava na fase em que me esforçava para ser amável. Todas as manhãs, quando alguém descia pela escada do sótão, esperava que fosse a mamãe vindo me dar bom-dia, e eu a cumprimentava com gentileza por de fato ficar feliz que ela me visse com bons olhos. Então, por causa de um comentário ou outro, já me respondia mal, o que me fazia ir para a escola toda desanimada. No caminho de volta para casa, eu a perdoava, pensando comigo mesma que ela tinha as suas preocupações, chegava serelepe e conversava sem parar, até que na manhã seguinte acontecia a mesma coisa; eu pegava a mochila e saía de casa toda perdida em pensamentos. Às vezes eu decidia me mostrar brava, mas, ao voltar da escola, tinha tantas novidades que me esquecia por completo da minha decisão, porque, fossem quais fossem as circunstâncias, queria a atenção da mamãe para me ouvir. Até que eu voltava para a fase de não prestar mais atenção à escada, me sentia só e, toda noite, deixava escorrer lágrimas no travesseiro.

Tudo piorou bastante aqui, você bem sabe. Mas, em meio a tudo isso, Deus me enviou uma ajuda: o Peter. Eu seguro o meu medalhão, dou um beijo nele e penso: "Que se dane tudo isso! O Peter faz parte de mim sem que ninguém saiba!" Essa é a minha forma de enfrentar as grosserias.

Quem aqui saberia o que se passa na cabeça de uma adolescente?

Sua Anne

•

SÁBADO, 15 DE JANEIRO DE 1944

Querida Kitty,

Não faz sentido eu ficar toda hora falando das nossas brigas e das discussões nos mínimos detalhes. Acho que já está de bom tamanho eu lhe contar que dividimos muitas coisas mesmo, como banha e carne, e que comemos as nossas próprias batatas fritas e assadas. Já faz algum tempo que temos comido um pouco mais de pão de centeio porque às quatro já estamos com água na boca pensando na janta e é impossível manter calados os roncos do estômago.

O aniversário da mamãe se aproxima a passos largos. Ela conseguiu uma quantidade extra de açúcar do sr. Kugler, o que fez os van Daan ficarem com inveja, porque o aniversário da madame se passou em brancas nuvens. Mas para que continuar chateando você com os bate-bocas, as choradeiras e as conversas maliciosas sabendo que elas também nos chateiam mais e mais?

A mamãe fez um desejo impossível de ser realizado: o de não ter de ver a cara do sr. van Daan por duas semanas.

Eu me pergunto se todas as pessoas que se veem obrigadas a viver juntas por tanto tempo invariavelmente acabam brigando. Ou terá sido azar nosso? Quando o sr. Dussel, com a maior pachorra do mundo, se serve à mesa de um quarto da tigela de molho pela metade, deixando os demais a ver navios, perco o apetite e me dá vontade de saltar no pescoço dele, arrancá-lo da cadeira e pô-lo no olho da rua.

Será que a maior parte da humanidade é mesmo tão egoísta e gananciosa? Acho ótimo ter adquirido aqui certo conhecimento sobre os seres humanos, mas agora já chega! O Peter disse a mesma coisa.

A guerra não está nem aí para as nossas brigas ou para os nossos desejos de ser livres e fugir, por isso temos de tirar o máximo proveito da nossa estada aqui.

Aqui estou eu, fazendo sermão e acho que, se continuarmos muito tempo aqui, vou virar uma ameixa seca. Logo eu, que só queria ser uma adolescente de verdade!

Sua Anne

•

QUARTA-FEIRA À NOITE, 19 DE JANEIRO DE 1944

Querida Kitty,

Eu (de novo o mesmo erro!) não sei o que acontece, mas percebo pelos meus sonhos o quanto eu tenho mudado. Diga-se de passagem, na noite passada eu sonhei mais uma vez com o Peter e o seu olhar profundo fixo no meu, mas dessa vez o sonho não foi tão bonito e nítido como o anterior.

Você sabe que antigamente eu tinha ciúmes da Margot em relação ao papai. Do ciúme não sobrou mais nadica; é verdade que me dói quando o papai me trata injustamente ao ficar nervoso, mas aí eu penso: "Não posso culpar vocês por serem como são; vocês não param de falar da cabeça dos jovens, mas não fazem a menor ideia do que estão falando!" Eu não quero beijos apenas do papai, não quero as carícias apenas dele. Não é terrível da minha parte andar às voltas com essas ideias? Será que eu, que quero ser boa e carinhosa, não deveria primeiro perdoá-los? Eu até perdoo a mamãe, mas é difícil me segurar quando ela debocha e ri de mim repetidas vezes.

Eu sei, ainda estou muito longe de ser como eu deveria. Será que algum dia chego lá?

Anne Frank

P.S.: O papai me perguntou se eu comentei com você sobre a torta. Isso porque, de aniversário, a mamãe ganhou do pessoal do escritório uma torta como as que se faziam antes da guerra, sabor mocha. Divina! No momento, porém, eu estou com outras coisas na cabeça.

•

SÁBADO, 22 DE JANEIRO DE 1944

Querida Kitty,

Você saberia me dizer por que as pessoas têm tanto medo de mostrar seu verdadeiro eu? Por que eu sempre me comporto como não deveria quando estou com outras pessoas? Por que as pessoas confiam tão pouco umas nas outras? Eu sei que certamente há uma razão para isso, mas fico incomodada em não poder confiar mais nas pessoas, principalmente nas que estão mais próximas de mim.

Tenho a impressão de ter amadurecido desde a noite em que tive aquele sonho, de ter começado a andar com as minhas próprias pernas. Você deve achar estranhíssimo esse meu comentário, mas passei a ver até mesmo os van Daan de outra forma. De repente passei a encarar as nossas discussões de um ponto de vista mais neutro. Como é que eu mudo assim, de uma hora para outra? Pois é, de repente eu comecei a pensar que, se a mamãe fosse diferente, uma mãe de verdade, a nossa relação teria sido outra. É inegável que a sra. van Daan é tudo menos uma pessoa agradável; mesmo assim, se a mamãe não fosse tão difícil de lidar por causa das suas implicâncias, metade das brigas delas poderia ter sido evitada.

A sra. van Daan tem o seu lado sombrio, mas com um ponto de luz — ela está aberta ao diálogo. Apesar de todo o egoísmo, de toda a mesquinhez e de toda a esperteza, se ela vir os próprios erros, dá o braço a torcer, contanto, porém, que não seja provocada e que ninguém force a barra. Essa tática não funciona sempre, mas, com um pouco de paciência, sempre se pode ir experimentando para ver até onde se chega.

Todas as questões relativas à educação, a mimar os filhos, à comida, tudo, mas tudo mesmo poderia ter tomado outro rumo se tivéssemos sido abertos e amigáveis em vez de ver apenas o lado ruim uns dos outros.

Eu sei exatamente o que você diria agora, Kitty: "Mas, Anne, essas palavras vêm mesmo de você? Logo de você, que teve de ouvir tantas reprimendas; de você, que sabe de todas as injustiças cometidas?!"

Pois é, vêm de mim mesma. Quero sondar a vida e redescobri-la, mas desta vez não de acordo com o provérbio: "Enquanto os velhos cantam, os jovens tocam flauta."[18] Quero eu mesma investigar os van Daan para saber até onde vai a verdade e começa o exagero. Quando eu sentir na própria pele a decepção, poderei estar em pé de igualdade com o papai e a mamãe; se não puder, vou tentar abrir seus olhos desse imaginário errado deles, e, se nem isso eu conseguir fazer, vou manter a minha opinião e proclamar o meu veredito. Vou aproveitar toda oportunidade para discutir abertamente com a madame os nossos pontos de discórdia, sem medo — apesar da minha fama de sabichona — de dar a minha opinião neutra. Não vou falar nada de mau a respeito da minha família, o que não quer dizer que não vou defendê-la se alguém o fizer, mas nunca mais vou fofocar.

Até hoje sempre tive certeza de que a culpa de todas as brigas era dos demais, mas reconheço que grande parte dela também era nossa. De fato, tínhamos razão, mas de pessoas ajuizadas como nós se espera um pouco mais de sabedoria para lidar com os demais.

Espero ter adquirido um tiquinho desse conhecimento humano e encontrar um momento para demonstrá-lo.

Sua Anne

---

18. "*Zoals de ouden zongen, piepen de jongen*", no original; os jovens seguem o exemplo dos adultos. (*N. do E.*)

•

SEGUNDA-FEIRA, 24 DE JANEIRO DE 1944

Querida Kitty,

Aconteceu uma coisa comigo (se bem que, na verdade, o termo "acontecer" não se aplica aqui) que eu mesma considero uma loucura.

Antigamente, tanto na escola como em casa, se falava de assuntos relacionados a sexo ou como um segredo ou como algo repulsivo. Palavras que fizessem referência ao assunto eram sussurradas, e com frequência se caçoava de quem não soubesse nada do assunto. Eu achava tudo aquilo estranho e me perguntava muitas vezes o porquê de se falar a respeito como sendo algo secreto ou desagradável. Mas, como eu não podia fazer nada para mudar isso, ficava o máximo possível de bico calado ou então pedia informações às minhas amiguinhas.

Quando eu já estava bem mais a par do assunto, a mamãe um dia veio e me disse:

— Anne, eu quero dar um bom conselho para você: jamais fale desse assunto com os garotos, e, se algum deles vier puxar conversa a respeito, não dê ouvidos!

Eu me lembro exatamente da minha resposta; eu disse:

— É claro que não; era só o que me faltava!

E a coisa morreu por aí.

Assim que chegamos ao Anexo, o papai frequentemente vinha falar comigo de assuntos que eu preferia ter ouvido da boca da mamãe. O resto eu aprendi por meio de livros e conversas.

O Peter van Daan nunca me chateou a respeito do assunto tanto quanto os meninos da escola. Talvez no início, vez ou outra, mas não para tentar conseguir algo de mim. A madame nos contou certo dia que nunca tinha tocado no tema com o filho, e, pelo que sabia, o marido também não. Aparentemente, ela não sabia nem como nem até onde ele tinha sido instruído.

Ontem, quando a Margot, o Peter e eu estávamos descascando batatas, a conversa foi parar no Moffie.

— A gente nem sabe se Moffie é um gato ou uma gata, né? — perguntei.

— Claro que sabe — respondeu ele. — É um macho.

Eu comecei a rir.

— Ou seja, um macho prenhe.

O Peter e a Margot riram comigo. Isso porque fazia uns dois meses que o Peter tinha constatado que não demoraria muito mais para que o Moffie tivesse filhotes, a barriga dele estava quase estourando. Mas aquele volume todo revelou ser dos ossinhos que ele andava roubando; se os filhotes mal cresciam, nascer é que não iam mesmo.

Mas o Peter não podia deixar isso passar sem se defender.

— Venha comigo então que eu mostro. Outro dia eu estava brincando com ele e vi direitinho que era macho.

Eu não estava conseguindo controlar a minha curiosidade e fui atrás dele até o armazém. Mas não era o horário de visitas do Moffie nem vimos sinal dele. Esperamos um pouquinho, até que ficamos com frio e subimos outra vez pelas escadas.

Na mesma tarde, pouco depois, ouvi o Peter descer pela segunda vez. Eu me muni de coragem para descer sozinha no silêncio da casa e fui parar no armazém. Sobre a mesa de empacotamento estava o Moffie, brincando com o Peter, que tinha acabado de colocá-lo numa balança para controlar o peso.

— Oi, quer dar uma olhada? — perguntou e, impaciente, pegou o gatinho, o virou de barriga para cima, sustentou com jeito a cabecinha e as patas e deu início à lição. — Essa aqui é a genitália masculina; aqui, um ou outro pelo, e, aqui, o traseiro.

O gato se virou noventa graus e ficou de novo de pé sobre as suas patinhas brancas.

Eu deixaria de olhar na cara de qualquer outro garoto que tivesse apontado a genitália masculina para mim, mas o Peter continuou falando com tanta naturalidade sobre esse assunto vergonhoso, sem nenhuma segunda intenção, que acabou me tranquilizando sem a menor comoção. Brincamos com o Moffie, nos divertimos e, por fim, fomos caminhando pela larga área do armazém até a porta.

— Você estava lá quando castraram a Mouschi?

— Sim, claro; é feito num piscar de olhos. Claro que com anestesia.

— Eles retiram alguma coisa?

— Não, o veterinário só faz um corte na trompa. Não dá para perceber nada por fora.

Eu me muni de coragem, porque isso não era tão "normal" para mim.

— Peter, a palavra alemã "*Geschlechtsteil*" se refere ao órgão sexual. Mas as fêmeas e os machos têm cada um o próprio nome.

— Eu sei disso.

— Nas fêmeas se chama "vagina", mas eu esqueci como é o nome nos machos.

— Sim...

— Ah! — exclamei então. — Como é que se decora esses nomes, se só se depara com eles por acidente?

— Daqui a pouco eu pergunto lá em cima. Os meus pais sabem melhor que eu, além de terem experiência.

Já estávamos ao pé da escada, mas fiquei de bico calado.

De fato, eu jamais tinha falado desse assunto com uma garota de maneira tão natural.

Também sei que não era isso que a mamãe tinha em mente com o seu conselho sobre os garotos.

Mesmo assim, passei o resto do dia um pouco alterada; quando me lembrava da nossa conversa, ela me parecia um tanto peculiar. Em um ponto, pelo menos, eu aprendi algo: no sexo oposto também tem gente que fala com espontaneidade e sem piadinha.

Será que o Peter fará aquela pergunta aos pais? Será que ele vai continuar sendo assim como foi ontem?

Ah, e eu lá sei?!

Sua Anne

•

SEXTA-FEIRA, 28 DE JANEIRO DE 1944

Querida Kitty,

Eu passei a gostar bastante de pesquisar sobre árvores genealógicas e linhagens das casas reais e cheguei à conclusão de que, depois de começar a busca, é preciso cavar cada vez mais no passado e se chega a conclusões mais e mais interessantes.

Apesar de estar me dedicando excepcionalmente aos estudos e de já conseguir acompanhar muito bem o Home Service da estação de rádio inglesa, eu dedico vários dos meus domingos a selecionar e organizar a minha coleção de astros do cinema, que aumentou consideravelmente. O sr. Kugler me deixa contente toda segunda-feira quando me traz um exemplar da *Cinema & Theater*. Apesar de esse agrado ser encarado como desperdício de dinheiro pelos moradores nada mundanos do Anexo, eles sempre ficam impressionados com a precisão com que, passado um ano, ainda sei enumerar todos os atores de tal ou tal filme. A Bep, que costuma ir com o namorado ao cinema nas folgas, me diz aos sábados o título do filme que combinaram ver e eu logo começo a citar que nem uma matraca não só o nome dos atores mas também a crítica que o filme teve. Não faz muito tempo que a mamãe me disse que eu não precisaria ir ver os filmes no futuro porque já conheço o enredo, os atores e a crítica de cor e salteado.

Se algum dia eu apareço com um novo penteado, todos se viram para mim com um olhar de desaprovação e me perguntam qual estrela de cinema ostenta um penteado igual. Se eu digo que é criação própria, não se convencem. Quanto ao penteado, ele fica no lugar por no máximo meia hora, depois disso eu fico tão irritada com os comentários reprobatórios que vou até o banheiro e em três tempos refaço o penteado encaracolado de sempre.

Sua Anne

•

SEXTA-FEIRA, 28 DE JANEIRO DE 1944

Querida Kitty,

Hoje de manhã fiquei me perguntando se você não se sente como uma vaca, ruminando e ruminando as velhas notícias e que, enjoada da mesma comida sempre, acaba bocejando, desejando em silêncio que a Anne apareça qualquer hora com alguma notícia diferente.

Eu sei que as notícias velhas são uma chatice para você, infelizmente, mas imagine como eu me sinto ouvindo sempre as mesmas coisas, sem mudar nunca. Se a conversa à mesa não é sobre política ou sobre uma refeição deliciosa, vêm a mamãe e a madame contar histórias do passado que estamos carecas de saber, ou então é o sr. Dussel que matraqueia, discorrendo minuciosamente sobre o closet da esposa, cavalos de corrida, os barcos a remo furados ou ainda sobre meninos que aprendem a nadar aos 4 anos, sobre dores musculares e pacientes traumatizados. Basta alguém começar uma história para que os outros possam concluí-la. Já conhecemos a graça de todas as piadas, e quem conta ri sozinho. Já conseguimos imaginar os diversos leiteiros, quitandeiros e açougueiros das ex-donas de casa ostentando uma barba digna de Matusalém de tanto que já foram elogiados e esculhambados à mesa; é impossível que surja no Anexo algum assunto que ainda soe como novidade.

Mesmo isso daria para aguentar se os adultos não decorassem as histórias contadas pelo sr. Kleiman, pelo Jan e pela Miep e as recontassem dez vezes, acrescentando os seus próprios detalhes, de modo que muitas vezes tenho de beliscar o braço debaixo da mesa para me conter e não colocar o narrador entusiasmado no seu devido lugar. Criancinhas, tais como a Anne, não têm, sob qualquer circunstância, permissão para corrigir os adultos, por mais crassos que sejam os erros, por piores que sejam os furos, as inverdades e as invenções sem o menor fundamento.

O sr. Kleiman e o Jan adoram falar das pessoas que se esconderam e foram para a clandestinidade; eles sabem que tudo relacionado a gente em situações como a nossa nos interessa e que nos compadecemos de coração do seu sofrimento, assim como ficamos bastante satisfeitos com a felicidade dos que foram libertados.

Entrar na clandestinidade e se esconder se tornaram coisas tão corriqueiras quanto deixar as pantufas do papai na frente do fogão. Instituições como a Holanda Livre, que falsificam documentos de identidade, emprestam dinheiro aos clandestinos, encontram esconderijos e criam postos de trabalho para os jovens cristãos, são muitas, e é surpreendente o quanto é nobre e abnegado o trabalho dessas pessoas, que põem a vida em risco para ajudar e salvar o próximo.

O melhor exemplo disso são os nossos ajudantes, que conseguiram nos salvar do naufrágio e que, assim esperamos, vão nos levar à terra firme, senão eles próprios vão ter de compartilhar o destino de todos que estão sendo procurados. Nunca nos disseram uma palavra que fosse sobre o fardo que nós sem dúvida somos, nunca os ouvimos reclamar do trabalho que lhes damos. Todos os dias sobem, conversam com os senhores dentre nós sobre a empresa e política; com as senhoras sobre comida e as privações dos tempos de guerra; com as crianças sobre livros e jornais. Sempre aparecem com a cara mais alegre possível, trazem flores e presentes de aniversário e de datas comemorativas e estão sempre e com tudo à nossa disposição. Jamais nos esqueceremos disto: apesar de outros demonstrarem heroísmo na guerra ou contra os alemães, os nossos salvadores demonstram heroísmo no seu amor e no seu afeto.

Há boatos dos mais absurdos, mas em geral eles procedem. O sr. Kleiman nos falou nesta semana, por exemplo, que dois times jogaram futebol em Gelderland, um composto exclusivamente de clandestinos, e o outro, de onze policiais militares. Em Hilversum vão ser distribuídos novos documentos de identidade. Para que muitos dos clandestinos também recebam sua parte do racionamento (os cupons de racionamento alimentar só são entregues mediante documento de identidade ou 60 florins por cada), os funcionários de distribuição convocaram a uma determinada hora os clandestinos das redondezas para que possam retirar o documento de identidade em uma mesa à parte.

É preciso tomar muito cuidado para que essas notícias não cheguem ao ouvido dos *moffen*.

Sua Anne

DOMINGO, 30 DE JANEIRO DE 1944

Queridíssima Kitty,

Chegamos a mais um domingo; é verdade que já não os acho tão ruins como antes, mas continuam sendo uma chatice.

Ainda não fui ao armazém, quem sabe mais tarde. Ontem à noite desci no escuro totalmente sozinha depois de ter passado algumas noites com o papai. Eu estava quase descendo as escadas, quando percebi vários aviões alemães sobrevoando; eu soube que estava sozinha, que não poderia contar com o apoio de ninguém. O meu medo tinha desaparecido, eu ergui o olhar para o alto, com confiança em Deus.

Tenho andado com uma necessidade louca de ficar sozinha. O papai percebeu que eu não estou no meu normal, mas não posso dizer nada a ele. Tudo que quero é gritar: "Me deixe em paz! Me deixe em paz!"

Quem sabe qualquer hora não me deixam mais em paz do que eu gostaria!

Anne Frank

•

QUINTA-FEIRA, 3 DE FEVEREIRO DE 1944

Querida Kitty,

Um clima de invasão iminente tem tomado conta do país, e, se você estivesse aqui, por um lado ficaria tão impressionada quanto eu com todos os preparos; por outro, riria de nós por causa de tanto fuzuê que pode não dar em nada!

Os jornais só falam de invasão e vão deixando todo mundo louco com declarações como: "Se os ingleses desembarcarem na Holanda, os alemães farão de tudo para defender o país, até mesmo quebrar os diques, se for preciso." Já foram publicados até mapas demarcando as partes do país que podem ser inundadas. Considerando que grandes partes de Amsterdã estão marcadas, a primeira pergunta foi: o que fazer se a água chegar a um metro nas ruas? As respostas a essa pergunta são das mais diversas:

— Já que andar a pé ou de bicicleta está fora de questão, vamos ter de vadear pelas águas paradas.

— Que nada, vamos ter de tentar nadar. Colocamos roupas de banho e toucas e nadamos o máximo possível debaixo da superfície, assim ninguém vê que somos judeus.

— Quanto disparate! Quero só ver as madames nadarem com os ratos mordendo as suas pernas! (Isso, é claro, foi um homem falando. Vamos ver quem grita mais alto!)

— Não vamos mais conseguir sair de casa; o armazém está tão decrépito que vai desabar assim que a água vier.

— Ouça bem, pessoal! Deixando a brincadeira de lado, nós precisamos arranjar um bote.

— E de que isso adiantaria? Eu tenho uma ideia melhor. Cada uma pega no sótão um caixote e uma concha de sopa para remar.

— Já eu vou andar de perna de pau. Eu fazia isso com maestria quando era jovem.

— O Jan Gies não precisa disso, ele leva a esposa nas costas, e assim a Miep fica com pernas de pau naturais.

Agora você viu como as coisas andam, não é, Kit? Toda essa conversa mole é muito engraçada, mas a verdade vai ser bem diferente. A segunda pergunta não tardou a vir: o que fazer se os alemães evacuarem Amsterdã?

— Ir atrás deles, o mais bem disfarçados possível.

— Ir para a rua está fora de questão! Só nos resta continuar aqui! Os alemães são capazes de arrastar toda a população até a Alemanha para todo mundo morrer lá.

— Sim, claro, nós ficamos aqui. É o lugar mais seguro. Tentamos convencer o sr. Kleiman a vir morar aqui com a família, arranjamos um saco cheio de lascas de madeira de uma carpintaria e dormimos no chão. É melhor já pedir para a Miep e para o sr. Kleiman irem trazendo cobertores. Encomendamos mais grãos além dos nossos trinta quilos. Que o Jan nos arranje mais secos. Nós já temos quase trinta quilos de feijão e cinco de ervilhas no estoque. Não se esqueçam as cinquenta latas de legume.

— Mamãe, conte aí o que mais tem no estoque.

— Dez latas de peixe, quarenta de leite, dez quilos de leite em pó, três garrafas de óleo, quatro frascos de manteiga, outros quatro de carne, dois garrafões de morango, duas garrafas de framboesa, vinte garrafas de tomate, cinco quilos de aveia, quatro de arroz, e é isso.

Até que o nosso estoque não está mal, mas, se você parar para pensar que servimos sempre algo às visitas e que vamos retirando víveres semanalmente, parece ser mais do que é na verdade. Carvão e lenha há o suficiente, velas também.

— Vamos costurando uns bolsos internos para o caso de termos de levar todo o nosso dinheiro.

— E listas com tudo o que tivermos de levar em caso de fuga e deixar as mochilas à mão.

— Se a situação chegar a esse ponto, demarcamos dois postos de observação, um na frente e o outro nos fundos do sótão.

— Agora me digam o que a gente faz com tanta comida se não tivermos água, gás e eletricidade?

— Nesse caso teríamos de cozinhar na lareira. Filtrar e ferver a água. Limpamos uns garrafões grandes para conservar água neles. Além disso, temos três caldeirões e um tanque que servem como reservatórios de água.

— Também temos pouco mais de cem quilos de batatas para o inverno no quarto com os temperos.

Eu ouço esses disparates o dia inteiro, além de que vai haver uma invasão e de que não vai haver uma invasão. Discussões sobre passar fome, morrer, bombas, extintores de incêndio, sacos de dormir, documentos de judeu, gases venenosos, e daí por diante. Nada de positivo.

Um bom exemplo dos avisos inequívocos dos senhores da casa é a seguinte conversa com o Jan.

Anexo: Temos medo de que, quando baterem em retirada, os alemães levem junto toda a população.

Jan: Impossível, eles precisariam dispor de trens, e não dispõem.

Anexo: Trens? Por acaso você acha que eles poriam os cidadãos dentro de um vagão? Fora de questão. Para que você acha que Deus lhes deu pernas?" (*Per pedes apostolorum*, como o sr. Dussel sempre diz.)

Jan: Tudo besteira, o senhor vê as coisas pelo lado negativo. Por que eles iriam querer levar todos os cidadãos embora?

Anexo: Então você não ouviu o que Goebbels disse? "Se tivermos de sair do poder, fechamos atrás de nós a porta de todas as regiões ocupadas!"

Jan: Eles já disseram tanta coisa!

Anexo: Você acha que os alemães são nobres e benevolentes demais para cometer um ato desse? Eles pensam assim: se nós perdermos, levamos conosco para o fundo todos os que estiverem ao alcance do nosso poder.

Jan: O senhor pode me dizer o que quiser, eu vou continuar não acreditando.

Anexo: A história é sempre a mesma: as pessoas só dão o justo valor ao perigo quando o sentem na própria pele.

Jan: O senhor fala sem conhecimento de causa e se baseia apenas em suposições.

Anexo: Nós mesmos vimos tudo de perto, primeiro na Alemanha e depois aqui. E o que você pensa sobre o que acontece na Rússia?

Jan: O senhor desconsidere os judeus por um momento; acho que ninguém sabe o que está acontecendo na Rússia. Os ingleses e os russos aumentam os fatos para fins propagandistas tanto quanto os alemães.

Anexo: De forma nenhuma. A rádio inglesa sempre disse a verdade. Agora suponhamos que exagerem as notícias uns dez por cento; mesmo assim, os fatos continuam sendo horríveis, porque não podemos negar que milhões de pessoas pacíficas foram postas em câmaras de gás e assassinadas na Polônia e na Rússia.

Vou poupar você das nossas outras conversas. Eu me mantenho calma e não deixo me influenciar por todo esse alvoroço. Cheguei a ponto de não me importar tanto se vivo ou morro. A Terra vai continuar girando sem mim; afinal, sei também que não posso oferecer resistência aos acontecimentos. Tenho de esperar para ver; enquanto isso, vou estudando e rezando por um desfecho feliz.

Sua Anne

•

TERÇA-FEIRA, 8 DE FEVEREIRO DE 1944

Querida Kitty,

Eu não saberia dizer como eu me sinto. Uma hora eu quero tranquilidade; na seguinte, agitação. Nós perdemos o costume de rir, rir até não poder mais.

Hoje de manhã me deu um ataque de riso, sabe, daqueles que a gente tem na escola? A Margot e eu ficamos rindo que nem duas adolescentes bobalhonas normais.

Hoje de noite houve outro episódio com a mamãe. A Margot estava enrolada no seu cobertor de lã, mas saltou de repente da cama e ficou olhando-o atentamente; havia um alfinete espetado nele! A mamãe tinha remendado o cobertor. O papai balançou a cabeça e disse algo sobre a mamãe ser descuidada, e ela logo saiu do banheiro. Eu disse de brincadeira:

— *Du bist doch eine echte Rabenmutter*.[19]

É claro, ela perguntou o motivo, e lhe contamos sobre o alfinete. Ela, presunçosa, fechou a cara na mesma hora e me disse:

19. "Você é mesmo uma mãe degenerada", em alemão no original. (*N. do T.*)

— Olha só quem veio falar de ser descuidada! Quando é você que costura, deixa o chão cheio de alfinetes espalhados. E olhe o estojo de manicure rondando por aqui, você nunca o coloca de volta no lugar!

Eu disse que não tinha usado o estojo de manicure, e foi quando a Margot entrou na conversa, se declarando culpada.

A mamãe ainda ficou um tempo falando de como eu sou descuidada, até que eu, farta, respondi, curta e grossa:

— Não fui eu que falei que você é descuidada; sou sempre eu que acabo pagando o pato injustamente!

A mamãe se calou, e, menos de um minuto depois, me vi obrigada a lhe dar um beijo de boa-noite. O incidente pode parecer irrisório, mas tudo me irrita hoje em dia.

Como, ao que tudo indica, este parece ser um momento de reflexão e eu analiso todo e qualquer assunto até os últimos detalhes, os meus pensamentos foram parar no casamento dos meus pais. O casamento deles sempre me foi apresentado como o casamento ideal. Jamais brigavam ou fechavam a cara, a harmonia plena etc. Sei muito do passado do papai e o que não sei eu fantasio; quero crer que o papai se casou com a mamãe porque a considerou adequada para tomar o lugar de esposa ao seu lado. Devo dizer que admiro a mamãe pela maneira como ela ocupou esse lugar e, até onde sei, nunca reclamou de nada nem fez cena de ciúme. Não deve ser fácil para uma mulher que ama saber que nunca está em primeiro lugar no coração do marido, e a mamãe sabe disso. Isso sem dúvida fez com que o papai a admirasse e achasse impecável o seu caráter. Por que ele se casaria com outra? Os ideais dele bateram asas e voaram, marcando o fim da sua juventude. No que se transformou o seu casamento? Discussões e diferenças de opinião, zero, eu sei — mas ideal o casamento deles também não é. O papai estima a mamãe e a ama, mas não com o amor conjugal tal como o imagino. Ele a aceita como ela é, se irrita com frequência, mas fala o mínimo possível porque sabe quanto a mamãe se sacrifica.

Sobre os negócios, sobre outros assuntos, sobre pessoas, sobre tudo — o papai quase nunca pede a opinião dela e lhe conta tudo, porque sabe que a mamãe é exagerada, crítica e, não raras vezes, preconceituosa demais. Ele não é apaixonado por ela e a beija com os mesmos beijos que nos dá, e não a cita como exemplo porque sabe que não pode. O papai olha para ela com ironia e provocação, mas nunca com amor. Pode ser que, por causa desse seu grande sacrifício, ela tenha se tornado tão dura e temível para os que a cercam, mas isso faz com que ela se distancie cada vez mais da senda do amor e inspire cada vez menos admiração; o papai com certeza sabe que por fora ela nunca exigiu o monopólio do seu amor, mas isso foi fazendo com que o sentimento, internamente, fosse se erodindo, lenta mas certamente. Ela o ama mais que qualquer um, e é duro ver que esse amor não é correspondido.

Assim sendo, será que eu não deveria sentir pena da mamãe? E ajudá-la? E o papai, como fica? Eu não consigo, sempre vejo diante de mim outra mãe, não posso. Por outro lado, como fazer algo, se ela nunca me contou nada de si nem eu lhe perguntei? O que sabemos uma dos pensamentos da outra? Eu não posso falar com ela, não posso olhar com amor para aqueles seus olhos frios, não posso, nunca! Se ela tivesse uma qualidade que fosse de uma mãe compreensiva — ou brandura, ou simpatia, ou paciência, ou algo mais —, eu estaria sempre me esforçando em me aproximar dela. Mas amar essa natureza insensível, esse ser irônico, me é a cada dia que passa mais difícil, se não impossível.

Sua Anne

•

SÁBADO, 12 DE FEVEREIRO DE 1944

Querida Kitty,

O sol brilha, o céu é de um azul profundo, sopra uma brisa amena, e eu anseio tanto — anseio mesmo — por tudo... Por falar, pela liberdade, pelos amigos, por ficar sozinha. Anseio tanto por chorar! Sinto como se eu fosse explodir e sei que tudo melhoraria se eu chorasse; mas não consigo. Estou irrequieta, ando de um quarto para o outro, respiro pela fresta de uma janela, sinto o coração bater como se dissesse: "Faça algo para aliviar o seu anseio!"

Acho que sinto em mim a primavera, sinto-a despertar, no corpo e na alma. Preciso me segurar para agir com normalidade, estou totalmente confusa, não sei o que ler, o que escrever, o que fazer; só sei que anseio...

Anne Frank

•

SEGUNDA-FEIRA, 14 DE FEVEREIRO DE 1944

Querida Kitty,

Desde o sábado muita coisa mudou para mim. Explicando: eu estava sentindo um anseio (e ainda o sinto), mas... uma pequena, bem pequena fração de mim já foi satisfeita.

Na manhã de ontem eu reparei (vou ser sincera: para o meu grande prazer) que o Peter não tirava os olhos de mim. De uma maneira muito diferente da costumeira; não sei explicar como, mas tive a sensação de que ele não é tão apaixonado pela Margot como eu imaginava. Durante o dia inteiro fiz questão de não olhar muito para ele, porque, se o fizesse, ele continuaria me olhando sem parar e aí — pois é, aí eu senti algo de agradável em mim, algo que não estou acostumada a sentir.

No domingo à noite estavam todos sentados em volta do rádio, exceto o Pim e eu, escutando a "música imortal dos mestres alemães". O sr. Dussel não parava de mexer no aparelho, para grande irritação do Peter e dos demais. Após meia hora contendo o nervosismo, o Peter pediu, um tanto irritado, que ele parasse de mexer no rádio. O sr. Dussel respondeu com aquele seu ar de extrema arrogância:

— *Ich mach' das schon!*[20]

O Peter se enfureceu e engrossou, o sr. van Daan concordou, e o sr. Dussel teve de dar o braço a torcer. E a coisa morreu aí.

Esse acontecimento por si só não era tão importante, mas o incidente pareceu afetar bastante o Peter; qualquer que fosse o motivo, hoje de manhã, quando eu estava mexendo na estante de livros no sótão, ele veio até mim e começou a falar do assunto. Eu não sabia de nada; o Peter percebeu que tinha encontrado em mim uma ouvinte atenta e se empolgou.

— Pois é, você viu. Eu não sou muito de falar, porque sei que não vou achar as palavras certas. Começo a gaguejar, fico vermelho e ruminando tanto as palavras que queria dizer que acabo tendo de interromper o que dizia porque não as encontro mais. Ontem aconteceu a mesma coisa; eu queria dizer uma coisa bem diferente, mas, quando comecei a falar, perdi o fio da meada e ficou muito chato. Antigamente eu tinha um hábito péssimo que adoraria poder pôr em prática ainda hoje: quando eu ficava com raiva de alguém, apelava para a força em vez de bater boca. Eu sei que não se vai muito longe com esse método, por

20. "Isso decido eu", em alemão no original. (*N. do T.*)

isso que eu admiro você. Pelo menos você não enrola a língua, diz às pessoas o que tem para dizer sem a menor vergonha.

— Você está muito enganado — respondi. — Na maior parte das vezes eu digo o que tenho para dizer de um jeito totalmente diferente do que eu tinha em mente e aí eu falo demais e demoro demais falando, o que também é bem chato.

— Pode ser, mas pelo menos você não deixa transparecer nada disso. Você não se atrapalha.

Achei graça da última frase; porém, eu queria fazer com que ele falasse tranquilamente de si mesmo, por isso não demonstrei nada da minha diversão, me sentei em uma almofada no chão, abracei os joelhos e olhei para o Peter atentamente.

Estou bastante feliz por haver nesta casa alguém que tenha exatamente os mesmos ataques de raiva que eu. Dava para perceber que fazia bem ao Peter poder criticar o sr. Dussel nos piores termos possíveis sem ter medo de que eu fosse dedurá-lo. Quanto a mim, também me fez bem, porque me dei conta de uma forte afinidade, o que, antigamente, tinha única e exclusivamente com as minhas amigas.

Sua Anne

•

TERÇA-FEIRA, 15 DE FEVEREIRO DE 1944

Querida Kitty,

O mísero episódio com o sr. Dussel não tinha morrido por aí; houve um longo desenrolar, por causa do próprio. O sr. Dussel se dirigiu triunfantemente à mamãe na noite de segunda para contar que o Peter tinha, na manhã daquele mesmo dia, perguntado se ele havia dormido bem e acrescentado que sentia muito pelo ocorrido na noite de domingo e que não tinha tido intenção de atacá-lo, ao que o sr. Dussel o havia tranquilizado, dizendo que tampouco o tinha levado a mal. Sendo assim, tudo havia voltado ao normal entre os dois.

A mamãe me falou desse incidente, e eu fiquei secretamente espantada pelo Peter, irritado como estava com o sr. Dussel, ter se rebaixado tanto apesar de afirmar o contrário.

Não pude deixar de sondar o Peter a respeito do episódio, e ele me disse com todas as letras que claramente o sr. Dussel havia mentido. Você tinha de ter visto a cara do Peter, valeria ouro se tivesse sido fotografada. Indignação com a mentira, ira, deliberação sobre como agir, inquietação e muito mais se alternavam a curtos intervalos no seu rosto.

À noite o sr. van Daan e o Peter passaram um bom sermão no sr. Dussel. Mas não deve ter sido tão terrível, porque hoje o sr. Dussel estava tratando os dentes do Peter.

Na verdade, eles queriam deixar de se falar.

•

QUARTA-FEIRA, 16 DE FEVEREIRO DE 1944

Passamos o dia inteiro sem nos falar, com exceção de umas trivialidades. Estava frio demais para subir ao sótão, além de ter sido aniversário da Margot. À uma e meia ele foi dar uma olhada nos presentes e ficou conversando mais do que o necessário, o que jamais teria feito em circunstâncias normais. Mas à tarde surgiu uma oportunidade. Como eu gosto de agradar a Margot pelo menos uma vez por ano, fui buscar o café e depois as batatas. Entrei no quarto do Peter; ele tirou na mesma hora os seus papéis da escada, e eu perguntei se podia fechar o alçapão do sótão.

— Pode sim — respondeu —, faça isso. Quando você voltar é só bater na porta que eu a abro de novo.

Agradeci, subi e fiquei uns bons dez minutos escolhendo as menores batatas do barril. Então as minhas costas começaram a doer e o sótão estava frio. Naturalmente eu não bati à porta, fechei eu mesma o alçapão, mas ainda assim, solícito, ele veio ao meu encontro a pegou a panela das minhas mãos.

— Eu procurei por um bom tempo, mas não consegui achar menores que essas.

— Você procurou no barril maior?

— Procurei, eu revirei tudo.

Nesse meio-tempo eu já havia alcançado o pé da escada, enquanto ele olhava para o conteúdo da panela que ele ainda segurava, inquisitivo.

— Nossa, mas essas aqui estão ótimas — comentou ele, e acrescentou: — Bom trabalho!

Enquanto falava, me olhou tão calorosa e ternamente que me senti aquecida e enternecida. Percebi claramente que ele queria me agradar, mas, como não era capaz de tecer grandes elogios, pôs as palavras no olhar. Eu me dei conta disso e me senti enormemente agradecida. Ainda me sinto alegre quando me lembro das palavras e do seu olhar!

Quando cheguei lá embaixo, a mamãe me disse que seria preciso pegar mais batatas para o jantar. Eu me ofereci para ir. Depois de chegar à porta do quarto do Peter, pedi desculpas por ter de incomodá-lo outra vez. Ele se levantou, ficou entre a parede e a escada e me pegou pelo braço quando eu já estava sobre um degrau para me impedir de continuar.

— Pode deixar que eu vou. Eu preciso mesmo subir — prontificou-se.

Mas eu respondi que, de verdade, não me importava e que dessa vez nem precisava escolher das pequenas. Ele então se convenceu e soltou o meu braço. Na volta o Peter veio abrir o alçapão do sótão e pegou de novo a panela das minhas mãos. À porta, perguntei:

— O que é que você está fazendo?

— Francês — foi a resposta.

Perguntei se poderia dar uma olhada nas lições, lavei as mãos e fui me sentar à sua frente no divã.

Depois de tirar umas dúvidas dele de francês, engrenamos na conversa. Ele me contou que no futuro queria ir às Índias Orientais Holandesas para viver nas plantações. Contou da sua vida em casa, do comércio ilegal e disse ser um inútil. Eu retruquei que o que ele tinha era um profundo complexo de inferioridade. Aí ele falou da guerra, dizendo que os russos e os ingleses certamente voltariam a lutar entre si, e depois falou dos judeus. A vida seria muito mais fácil se ele fosse cristão e pensava em se tornar um após a guerra. Perguntei se ele gostaria de ser batizado, mas ele disse que também não era para tanto. Afinal, ele não conseguiria sentir o mesmo que os cristãos, disse, mas depois da guerra ninguém mais saberia se ele era judeu ou cristão. Quando ele disse isso, senti uma pontada no coração. Acho uma pena que ele ainda tenha um resquício de deslealdade. O Peter acrescentou:

— Os judeus sempre foram o povo escolhido e vão continuar sendo para todo o sempre!

Eu respondi:

— Espero que, para variar, sejam escolhidos para algo de bom!

Mas de resto tivemos um papo gostoso sobre o papai e o conhecimento humano e sobre todos os assuntos possíveis e imagináveis; eu já nem me lembro mais do que falamos.

Só fui embora de lá às cinco e quinze, porque a Bep chegou.

À noite ele ainda me disse algo que eu achei bonito. Estávamos falando de uma estrela do cinema da qual certa vez eu tinha lhe dado um pôster que ele tem na parede há pelo menos um ano e meio. O Peter gostou tanto que lhe ofereci outros.

— Não precisa — disse ele então. — Eu prefiro deixar só esse aí como está, porque olho para ele todos os dias e sinto que nós nos tornamos amigos.

Agora eu entendo melhor por que ele sempre abraça tão forte a Mouschi: ele também, claro, tem necessidade de carinho.

Outra coisa que ele disse de que eu tinha me esquecido:

— Não, eu não sei o que é o medo, a não ser das coisas que têm de errado comigo, mas estou dando um jeito nisso.

O complexo de inferioridade do Peter é enorme. Um exemplo é ele se achar sempre tão burro enquanto pensa que nós somos tão inteligentes. Quando eu dou uma ajuda com o francês, ele agradece exageradamente. Um dia eu ainda vou dizer: "Pode ir parando com esse papo. Você, em compensação, é bem melhor em inglês e em geografia!"

Anne Frank

•

QUINTA-FEIRA, 17 DE FEVEREIRO DE 1944

Querida Kitty,

Hoje de manhã eu estive lá em cima; tinha prometido à madame ler em voz alta alguns contos. Comecei com *O sonho de Eva,* que ela gostou de verdade; depois li algumas passagens de *O Anexo,*[21] que fez o pessoal gargalhar. O Peter pegou o bonde andando (só ouviu o último trecho) e me pediu para dar uma passada no seu quarto para ler mais para ele. Pensei que tinha chegado a hora de tentar a minha sorte, peguei o diário e deixei que ele lesse aquele trecho entre Cady e Hans sobre Deus. Não tenho a menor ideia de qual foi a impressão dele; ele disse algo que eu não lembro mais, não foi sobre se estava bom ou não, mas sobre a ideia do texto. Eu disse que só queria mostrar que não escrevo exclusivamente coisas engraçadas. Ele concordou e saiu do quarto. Quero só ver se ele ainda faz algum comentário!

Sua Anne

•

SEXTA-FEIRA, 18 DE FEVEREIRO DE 1944

Queridíssima Kitty,

Seja quando for, sempre que eu subo é com a esperança de vê-lo. A minha vida aqui deu uma melhorada, porque tenho um objetivo e algo por que ansiar e com que me alegrar.

---

21. Título original de *O diário de Anne Frank.* (*N. do T.*)

Ao menos o objeto da minha amizade está dentro desta casa, e não tenho medo de rivais (exceto a Margot). Não pense você que eu estou apaixonada, de verdade, porque não é isso o que eu sinto, mas sim o sentimento que não me larga de que entre o Peter e eu ainda vai surgir alguma coisa bonita, algo que proporcione amizade e confiança. Sempre que possível, vou até ele, e não é mais como antes, quando ele não sabia como se portar diante de mim; muito pelo contrário, ele continua falando até quando eu quase já saí pela porta.

A mamãe não gosta nada de me ver subindo. Sempre diz que eu incomodo o Peter e que devo deixá-lo em paz. Será que ela realmente não percebeu que eu também tenho uma coisa chamada "intuição"? Toda vez que eu entro no quartinho, ela me olha como se eu tivesse feito algo de errado. Quando desço lá de cima, ela pergunta por onde eu estive. Acho irritante e, aos poucos, estou pegando ojeriza dela.

Sua Anne M. Frank

•

SÁBADO, 19 DE FEVEREIRO DE 1944

Querida Kitty,

Outra vez sábado, o que, por si só, já diz muito, na verdade. A manhã decorreu tranquilamente. Passei quase uma hora lá em cima, mas eu só falei *en passant* com "ele".

Às duas e meia, quando todos estavam aqui em cima ou para ler ou para dormir, desci com cobertor e tudo para me sentar à escrivaninha e ler ou escrever. Não demorou muito para que eu fosse dominada por um sentimento forte demais: deixei a cabeça cair sobre o braço e comecei a soluçar. Ah, se pelo menos "ele" tivesse vindo me consolar!

Já eram quatro horas quando voltei para cima. Às cinco fui pegar batatas com a mesma esperança de sempre, mas, enquanto eu ajeitava os cabelos no banheiro, ele foi ver o Moffie.

Eu queria ajudar a madame, subi com livro e tudo e fui me sentar, mas, de repente, senti outra vez os olhos cheios de lágrimas e corri para o banheiro, apanhando o espelho de mão no caminho. Continuei sentada lá, até bem depois de estar pronta, totalmente vestida, enquanto as lágrimas deixavam marcas escuras no vermelho do meu avental e o meu coração se apertava mais e mais.

Pensei mais ou menos assim: "Desse jeito é que eu nunca vou cativar o Peter. Talvez ele nem goste de mim e não tenha a menor necessidade de se confidenciar com alguém. Talvez ele só pense em mim superficialmente. Eu tenho de seguir em frente sozinha, sem ninguém em quem confiar e sem o Peter. Possivelmente em breve sem nem mesmo esperança, consolo e expectativa. Ah, se pelo menos eu pudesse apoiar a minha cabeça no ombro dele e não me sentir tão sem esperança e abandonada! Talvez ele não esteja nem aí para mim e olhe para todos da mesma maneira branda, e eu aqui achando que é só para mim! Ah, Peter, se você pudesse me ver ou ouvir! Mas a verdade, que talvez seja a mais frustrante, eu não aguentaria ouvir."

Depois eu até voltei a me sentir esperançosa e cheia de expectativas, enquanto as lágrimas rolavam pelo meu rosto.

Sua Anne M. Frank

•

DOMINGO, 20 DE FEVEREIRO DE 1944

O que as outras pessoas fazem durante a semana nós aqui no Anexo fazemos aos domingos. Enquanto os outros vestem as suas melhores roupas e saem para passear ao sol, nós aqui esfregamos, varremos e lavamos.

Às oito: apesar de a maioria de nós dormir até mais tarde, o sr. Dussel já está de pé às oito. Ele vai ao banheiro, em seguida desce, volta a subir e volta para o banheiro, onde executa um ritual de uma hora se lavando.

Às nove e meia: os fogões se acendem, entra a luz do sol, e o sr. van Daan vai para o banheiro. Uma das minhas provações das manhãs de domingo é ver o sr. Dussel de costas para mim enquanto reza. Qualquer um olharia para mim com estranheza se eu dissesse que a imagem do sr. Dussel em prece é uma visão horrenda. Não que ele fique emocionado ou chore, não é isso, mas sim o seu costume de ficar pelo menos quinze minutos se balançando, passando o peso dos calcanhares para os dedos do pé e vice-versa. Daqui para lá, de lá para cá, parece não ter fim, e, se eu não fechar os olhos com força, quase fico tonta.

Às dez e quinze: os van Daan assobiam, o banheiro está livre. Os dorminhocos entre nós erguem o rosto sonolento do travesseiro. Então tudo acontece rápido, rápido, rápido. A Margot e eu alternamos ao lavar a roupa. Com o frio que vem lá de baixo, nada mais apropriado que calça comprida e a cabeça envolta num lenço. Nesse meio-tempo o papai já entrou no banheiro: às onze é a vez da Margot (ou a minha) de estar no banheiro, e depois disso todos estamos outra vez asseados.

Às onze e meia: café da manhã. Não vou me alongar nesse tópico, já que todo mundo já fala exaustivamente de comida.

Ao meio-dia e quinze: cada um vai para o seu canto. O papai, de macacão, se ajoelha no chão e escova o tapete com tanta força que a sala fica envolta numa enorme nuvem de poeira. O sr. Dussel faz as camas (malfeitas, claro) e assobia invariavelmente o mesmo concerto para violino de Beethoven. Ouve-se o arrastar de pés da mamãe lá em cima, no sótão, enquanto pendura a roupa lavada. O sr. van Daan coloca o chapéu e desaparece nas paragens lá embaixo, geralmente seguido pelo Peter e pela Mouschi, a madame põe um avental longo, um casaquinho de lã preto e galochas, enrola um cachecol grosso de lã vermelha na cabeça, sobraça uma trouxa de roupa por lavar, executa um leve gesto estudado de lavadeira e vai se entregar aos afazeres. A Margot e eu lavamos a louça e arrumamos o quarto tanto quanto possível.

•

QUARTA-FEIRA, 23 DE FEVEREIRO DE 1944

Queridíssima Kitty,

Desde ontem está fazendo um tempo maravilhoso lá fora e eu me sinto bastante animada. A minha escrita, meu bem mais precioso, tem andado num bom ritmo. Vou quase todas as manhãs até o sótão para limpar os meus pulmões desse ar viciado de quarto fechado. Hoje de manhã, ao subir outra vez para o sótão, encontrei o Peter fazendo uma arrumação. Não demorou para ele acabar e, quando me sentei no meu lugar preferido no chão, ele se sentou ao meu lado. Ficamos contemplando o céu azul, as castanheiras desfolhadas, em cujos galhos se viam gotinhas brilhantes, as gaivotas e outros pássaros que, nos seus voos rasantes, pareciam prateados, e tudo isso nos cativou e comoveu tanto que não conseguíamos mais nem falar. Ele se levantou, apoiando a cabeça numa viga grossa, e eu continuei sentada. Inspirávamos e olhávamos para fora, sentindo que aquele momento não deveria ser interrompido por palavras. Ficamos um bom tempo olhando para fora, e, quando ele teve de cortar lenha, tive a certeza de que era um rapaz especial. Subiu a escada da água-furtada, e eu o segui; durante os quinze minutos em que ele esteve cortando lenha, não dissemos uma palavra sequer. Eu olhava para o Peter e percebi que ele fazia de tudo para cortar a lenha corretamente e para me mostrar a sua força. Mas eu também estava olhando pela janela aberta para uma vasta área de Amsterdã, acima dos tetos desenhados no horizonte, que estava de um azul tão claro que mal se via a linha que o delimitava.

“Enquanto isso existir”, pensei, “e eu puder vivê-lo, os raios do sol, o céu sem uma única nuvem, não posso me sentir infeliz.”

Para quem quer que sofra de medo, solidão e infelicidade, não há dúvida de que sair para a rua é o melhor remédio, ir para algum lugar onde possa estar completamente sozinho, sozinho com o céu, com a natureza e com Deus. Porque só então é que se sente que tudo é como deve ser, o que sempre será, em qualquer circunstância, um consolo para qualquer tristeza. Acredito também com total convicção que a natureza pode eliminar grande parte das desgraças.

Ah, quem sabe não demore muito para que eu possa compartilhar esse sentimento de felicidade exacerbada com alguém que o interprete como eu.

Sua Anne

P.S.: Pensamentos: para Peter.

Nós aqui sentimos falta de muita, muita coisa, já faz muito tempo, da mesma maneira que você. Não pense que eu estou falando de aspectos exteriores, porque esses aqui não faltam. Não, eu falo dos interiores. Como você, eu anseio por liberdade e por ar, mas acho que por essas privações já fomos excepcionalmente ressarcidos. Ressarcidos internamente.

Quando me sentei diante da janela hoje de manhã e olhei para fora, sondando profundamente Deus e a natureza, eu me senti feliz, nada além de feliz. E, Peter, enquanto essa felicidade vier de dentro, felicidade em relação à natureza, à saúde e muito mais, enquanto nós a levarmos no coração, sempre seremos felizes.

Riqueza, prestígio, tudo se pode perder, mas a felicidade dentro do próprio peito você só pode disfarçar, porém, enquanto viver, ela só lhe trará mais felicidade. Se você alguma vez se sentir sozinho, tente ir até o sótão e olhar para o tempo bonito lá fora. Não para as casas e os seus telhados, mas sim para o céu. Enquanto você puder olhar para o céu sem medo, vai saber que está limpo por dentro e pode alcançar mais uma vez a felicidade.

•

DOMINGO, 27 DE FEVEREIRO DE 1944

Queridíssima Kitty,

Desde a manhã até tarde da noite não consigo fazer nada além de pensar no Peter. Eu adormeço com a sua figura em mente, sonho com ele e acordo como se ele continuasse me olhando.

Tenho uma forte sensação de que o Peter e eu não temos tantas diferenças assim como parece para quem vê de fora e explico por que: tanto ele como eu sentimos falta de uma mãe. A dele é superficial, gosta de flertar e não se preocupa muito com o que o filho pensa. Já a minha se intromete demais na minha vida, mas não dispõe de tato nenhum e de nenhum sentimento materno.

O Peter e eu lutamos ambos com nossos sentimentos mais íntimos; ainda nos sentimos inseguros e, na verdade, delicados e brandos demais para sermos abordados com violência. É quando, de vez em quando, eu desejo sair ou esconder o que se passa dentro de mim. É quando eu manuseio panelas e água fazendo bastante barulho, para que todos queiram que eu esteja bem longe daqui. Ao passo que ele já se fecha, praticamente não fala, mantém-se em silêncio e sonha, se escondendo da vida com medo.

Mas como e quando alcançaremos por fim um ao outro?

Já não sei o quanto eu ainda vou conseguir dominar esse desejo com o meu lado racional.

Sua Anne M. Frank

•

SEGUNDA-FEIRA, 28 DE FEVEREIRO DE 1944

Queridíssima Kitty,

O dia e a noite têm se tornado um pesadelo. Eu o vejo praticamente o tempo todo e não posso ir até ele, não posso deixar transparecer nada a ninguém, tenho de estar alegre enquanto dentro de mim só há desespero.

O Peter Schiff e o Peter van Daan convergiram para um só Peter, que é bom e carinhoso e pelo qual eu anseio terrivelmente. A mamãe é horrorosa; o papai, um amor e, por isso mesmo, irritante; a Margot é a mais irritante de todos, porque exige de mim um semblante amoroso enquanto eu só quero que me deixem em paz.

O Peter não veio até mim no sótão, foi à água-furtada, onde fez algum trabalho de carpintaria. Com cada trepidação e cada martelada vai ruindo mais um pedaço do meu ânimo e vou ficando ainda mais triste. Ao longe badalava um sino: "endireite o corpo, endireite a alma!"

Estou muito sensível, eu sei. Desesperada e sem juízo, sei disso também.

Socorro!

Sua Anne M. Frank

•

QUARTA-FEIRA, 1º DE MARÇO DE 1944

Querida Kitty,

As minhas questões pessoais passaram para o segundo plano, porque a casa foi invadida. Eu sei que acabo sendo repetitiva com tantas entradas forçadas, mas o que eu posso fazer se os ladrões aproveitam tanto as suas visitas à Gies & Co? Esse assalto foi bem mais complexo que o último, em julho de 1943.

Quando o sr. van Daan foi ao escritório do sr. Kugler ontem à noite, às sete e meia, como de costume, reparou que a porta de vidro e a porta do escritório estavam abertas. Estranhou aquilo. Prosseguiu e o seu espanto aumentou quando viu que as portas do escritório principal também estavam abertas e que havia uma bagunça enorme lá dentro. "Um ladrão passou por aqui", ocorreu-lhe como um raio. Para descobrir o que estava por trás do incidente, desceu a escada, mexeu na porta de entrada e na tranca — tudo fechado. "Então deve ter sido um descuido terrível da Bep e do Peter esta noite", pensou então o cavalheiro. Ele ficou sentado na sala do sr. Kugler por um tempo, apagou a luz, e então subiu, sem dar muita importância às portas abertas ou ao pandemônio no escritório.

Hoje de manhã o Peter bateu à porta do nosso quarto bem cedo, trazendo a má notícia de que a porta principal estava escancarada e o projetor e a pasta nova do sr. Kugler tinham desaparecido da estante. Ele foi incumbido de fechar a porta. O sr. van Daan falou das suas descobertas da noite anterior, o que nos deixou seriamente preocupados.

O incidente não pode ter outra explicação senão a de que o ladrão tem uma cópia da chave, já que a porta não foi forçada. Ele deve ter entrado furtivamente bem cedo de noite e fechado a porta, então foi interrompido pela presença do sr. van Daan e se escondeu, para depois sair com o roubo em mãos e, por causa da pressa, acabou deixando a porta aberta por descuido.

Quem será que está com a nossa chave? Por que o ladrão não entrou no armazém? Será que o culpado é um dos funcionários do armazém e agora, depois de ter ouvido e talvez até mesmo visto o sr. van Daan, vai nos delatar?

É uma situação horripilante, porque não sabemos se não vai ocorrer ao ladrão voltar a abrir a porta. Ou será que ele mesmo não se assustou com o homem que estava rondando por aqui?

Sua Anne

P.S.: Se você conseguir um bom detetive para nós, seríamos muito gratos. O requisito número um, claro, é a discrição em relação ao tema do esconderijo.

•

QUINTA-FEIRA, 2 DE MARÇO DE 1944

Querida Kitty,

A Margot e eu estivemos hoje juntas no sótão, mas a companhia dela é bem menos agradável que a do Peter (ou de qualquer outra pessoa). Mas eu sei que ela se sente como eu em relação à maior parte das coisas!

Enquanto lavavam a louça, a Bep começou a falar com a mamãe e com a madame sobre como estava desanimada. Como essas duas podem ajudá-la eu não sei. Principalmente a nossa mãe, tão sem tato que só faz empurrar uma pessoa para o precipício. Sabe qual foi o conselho que ela deu? Que pensasse em todas as outras pessoas sofrendo no mundo! Desde quando pensar na miséria alheia ajuda quem se sente miserável? Foi o que eu disse. A resposta foi, claro, que eu não devia me meter nesse tipo de conversa.

Como são cretinos esses adultos! Como se o Peter, a Margot, a Bep e eu não sentíssemos a mesma coisa e apenas o amor materno ou de um grande, grande amigo pudesse ajudar! As duas mães em questão não entendem nada dos filhos! A madame talvez até um pouco mais que a mamãe.

Ah, como eu gostaria de ter dito à pobre da Bep algo que, por experiência própria, sei que ajuda. Mas o papai interveio e me empurrou para o lado com brutalidade. São todos tão idiotas!

Também conversei com a Margot sobre o papai e a mamãe e sobre quanto nós poderíamos nos divertir se eles não fossem tão chatos. Poderíamos organizar matinês em que cada um falaria alternadamente sobre um assunto diferente. Mas essa situação não tem mais volta. Eles não me deixam falar aqui!

O sr. van Daan sempre na ofensiva, a mamãe sempre sarcástica e incapaz de falar o que quer que seja com normalidade, o papai não se anima para nada do tipo, assim como o sr. Dussel, e a madame é sempre atacada de maneira tão bárbara que agora fica sentada no seu canto com o rosto vermelho, sem conseguir se defender. E nós? Nós não temos o direito de fazer qualquer julgamento! Pois é, são de uma modernidade assustadora! Não fazer julgamentos! Podem muito bem pedir que fechemos o bico, mas isso de não fazer julgamento não existe. Ninguém pode impedir o outro de ter as suas próprias opiniões, por mais jovem que seja! A única coisa que ajudaria a Bep, a Margot, o Peter e a mim seria um amor profundo, algo que nenhum de nós aqui recebe. E ninguém, principalmente esses sábios cretinos aqui, consegue nos entender, porque somos muito mais sensíveis e os nossos pensamentos voam mais longe do que qualquer um aqui suspeita!

Amor, o que é o amor? Eu acredito que amor seja algo que não precise de palavras. Amor é entender alguém, amar alguém e compartilhar com essa pessoa felicidades e vicissitudes. A longo prazo se acrescenta também o amor carnal; você compartilha algo, dá algo de si e recebe algo em troca, não importa se for ou não casado, se tiver ou não filhos. Se tiver perdido ou não a sua honra, nada disso importa, contanto que se saiba que tem alguém ao seu lado para o resto da vida, alguém que o entenda e que você não precise dividir com ninguém!

Neste momento a mamãe está reclamando de novo: está na cara que ela sente ciúme por eu falar mais com a sra. van Daan que com ela. Não estou nem aí!

Hoje à tarde consegui pegar o Peter de jeito e conversamos por mais de meia hora. O Peter tem muita dificuldade de falar de si, mas aos poucos foi se soltando. Eu não sabia se seria mais sensato descer ou continuar ali. É que eu queria tanto ajudá-lo! Falei para ele da Bep e da falta de tato das duas mães. Ele me contou que os pais vivem brigando por causa de política, cigarros e muitas outras coisas. Como eu acabei de dizer, o Peter é tímido demais, mas isso não o impediu de dizer que gostaria de passar uns dois anos sem ver os pais.

— O meu pai de fato não é a pessoa legal que finge ser — comentou —, mas no que diz respeito aos cigarros, a minha mãe está coberta de razão.

Também contei para ele algumas coisas sobre a mamãe. Ele veio em defesa do papai, dizendo que o considerava um sujeito incrível.

Hoje à noite, quando tirei o avental depois de lavar a louça, ele me chamou e pediu para não dizer nada lá embaixo, e contou que eles tinham brigado de novo e não estavam se falando. Eu prometi, apesar de já ter comentado com a Margot. Mas tenho certeza de que ela não vai abrir o bico.

— Você não precisa se preocupar comigo, viu — eu disse —, eu parei de repetir para outras pessoas tudo o que escuto. Eu nunca espalho nada do que você me diz.

Ele ficou satisfeito com isso. Contei para o Peter também dessa mania horrorosa de fofocar, tão comum no nosso meio, dizendo:

— A Margot tem toda a razão quando diz que eu não estou sendo honesta, porque, apesar de não querer mais fazer fofoca, quando se trata do sr. Dussel, eu não consigo resistir.

— É muito bacana da sua parte reconhecer isso — disse ele, enrubescendo. Eu mesma fiquei um tanto tímida com o elogio bem-intencionado.

Falamos também sobre o andar de cima e o de baixo. O Peter ficou um tanto espantado ao saber que nós ainda não gostamos muito dos pais dele.

— Peter — falei —, você sabe que eu sou honesta. Por que eu não contaria isso para você? A gente conhece os defeitos deles.

E disse ainda:

— Peter, eu gostaria tanto de ajudar você! Tem algo que eu possa fazer? Você fica aqui no meio dos dois, e eu sei que, apesar de você não dizer, tudo isso o afeta.

— Ah, toda ajuda que vier de você é bem-vinda.

— Não seria uma boa ideia eu falar com o meu pai, que sabe guardar segredo e para quem você pode contar tudo isso com total confiança?

— É, ele é um sujeito e tanto.

— Você gosta muito dele, não é?

Ele fez que sim, e acrescentei:

— Pois fique sabendo que ele também gosta de você!

Ele ergueu o olhar rapidamente, enrubescido; foi comovente de verdade ver como ele tinha ficado feliz com aquelas poucas palavras.

— Você acha mesmo? — perguntou.

— Acho — respondi. — Dá para perceber pelos comentários que ele faz de vez em quando.

Foi quando o sr. van Daan chegou para lhe fazer um ditado. Não há dúvida de que, como o papai, o Peter é um "sujeito incrível"!

Sua Anne M. Frank

•

SEXTA-FEIRA, 3 DE MARÇO DE 1944

Queridíssima Kitty,

Esta noite, contemplando a vela, me senti alegre e calma. Na verdade, é a vovó quem se encontra na vela e é ela quem me guia, protege e me reanima. Mas... é outra pessoa que domina todo o meu humor, e é... o Peter. Hoje, quando fui buscar as batatas e ia descer as escadas com a panela cheia, ele perguntou:

— O que você fez no comecinho da tarde?

Eu me sentei no degrau e começamos a conversar. Só às cinco e quinze (uma hora depois de ter ido pegar as batatas) foi que entrei na sala com elas. O Peter não chegou nem perto de falar dos pais, só falamos de livros e de antigamente. Ah, ele tem um calor no olhar! Não falta muito para eu me apaixonar por ele.

Hoje à noite ele falou disso. Depois de descascar as batatas, entrei no quarto dele e disse que estava morrendo de calor.

— É só olhar para a Margot e para mim que já dá para saber qual é a temperatura: se está frio a gente fica branca, e, se está quente, vermelha — comentei.

— De paixão? — perguntou ele.

— Por que eu estaria apaixonada? — A minha resposta (ou, melhor, pergunta) foi das mais bobas.

— Por que não? — perguntou, e então nos chamaram para jantar.

Será que ele queria dizer algo com essa pergunta? Hoje eu finalmente criei coragem de perguntar se eu o incomodava quando ia conversar com ele. E a resposta foi:

— Claro que não!

Eu não tinha como avaliar até que ponto o Peter tinha dado essa resposta por educação.

Kitty, eu ando que nem uma garota apaixonada que não sabe falar de mais nada além do seu amado. O Peter é de fato o meu amado. Quando vou conseguir dizer isso para ele? Pressupondo, é claro, que ele também me considere a sua amada, mas eu sei muito bem que não sou das mais fáceis. E ele preza muito o seu sossego, de modo que vai saber o quanto simpatiza comigo ou não. Seja como for, estamos aos poucos nos conhecendo melhor, mas eu gostaria que nos atrevêssemos a revelar mais. Quem sabe esse momento não chega antes do que eu imagino? Algumas vezes ao longo do dia eu capto por parte dele um olhar ou outro de cumplicidade e respondo com uma piscadela, então ambos ficamos contentes. Eu pareço louca por falar da alegria dele, mas tenho a irresistível sensação de achar que ele pensa como eu.

Sua Anne M. Frank

•

SÁBADO, 4 DE MARÇO DE 1944

Querida Kitty,

Este sábado foi o primeiro em meses e meses que não foi chato, melancólico e tedioso. O motivo disso não é nada além do Peter. Hoje de manhã eu fui até o sótão para pendurar o avental, e o papai veio me perguntar se eu não queria ficar para conversar um pouco em francês. Aceitei. Primeiro falamos algo de francês, eu lhe expliquei uma coisa ou outra, e depois passamos ao inglês. O papai leu uma passagem de Dickens, e eu estava no sétimo céu por estar sentada na cadeira do papai, bem ao lado do Peter.

Às quinze para as onze desci. Quando, às onze e meia, voltei para cima, ele já estava me esperando no último degrau. Conversamos até as quinze para a uma. Sempre que o terreno está livre e eu saio pela porta, como depois de uma refeição, por exemplo, ele diz sem que ninguém mais possa ouvir:

— Até mais, Anne!

Ah, eu estou tão feliz! Será que agora ele vai se apaixonar por mim? Seja como for, ele é um rapaz muito legal, e ninguém imagina como é gostoso conversar com ele!

A madame não vê nenhum problema nas nossas conversas, mas hoje ela perguntou em tom malicioso:

— Será que eu posso confiar em vocês dois lá em cima?

— Mas é claro — respondi, em protesto. — A senhora me ofende assim!

Eu fico feliz de manhã até a noite sabendo que vou ver o Peter.

Sua Anne M. Frank

P.S.: Para que conste: hoje de noite nevou consideravelmente. Agora nem dá para notar mais; a neve derreteu toda.

•

SEGUNDA-FEIRA, 6 DE MARÇO DE 1944

Querida Kitty,

Você não acha um pouco absurdo que, depois de o Peter ter me falado dos seus pais, eu me sinta um pouco responsável por ele? É como se aquelas brigas afetassem a mim tanto quanto a ele, mas, ainda assim, não me atrevo a tocar no assunto, com receio de que ele se sinta incomodado. Agora eu não seria inconveniente por nada no mundo.

Dá para ver pela cara do Peter que ele reflete tanto sobre as coisas quanto eu, e, ontem à noite, me deu nos nervos quando a madame falou em tom de ironia:

— O pensador!

O Peter ficou todo vermelho e envergonhado, e eu queria saltar da cadeira.

Por que as pessoas não calam a boca?! Você não tem ideia do quanto é terrível vê-lo assim, tão solitário, e não ter como ajudar.

Eu consigo imaginar, como se eu mesma passasse por isso, o desespero que ele deve sentir por causa das brigas e do amor. Pobre Peter! Quanto ele precisa de amor!

Quão duro soou nos meus ouvidos quando ele disse que não precisa de amigos! Quão enganado ele está! Não acho que ele tenha dito isso seriamente. Ele se agarra à sua masculinidade, à sua solidão e à sua indiferença construída para se manter no seu papel, para que jamais mostre como se sente no fundo. Coitado do Peter! Quanto tempo esse papel vai durar? Será que ele não vai acabar explodindo depois desse esforço sobre-humano?

Ai, Peter, se eu pudesse e você me deixasse ajudar! Juntos afastaríamos para bem longe essa solidão que ambos sentimos!

Eu penso muito, mas falo pouco. Fico contente quando o vejo, ainda mais se o sol estiver brilhando. Ontem, ao lavar os cabelos, me senti bem-disposta e sabia que ele estava no quarto ao lado do nosso. Não podia fazer nada para mudar a situação — quanto mais calada e séria me sinto por dentro, mais barulhenta eu me transformo por fora! Quem será o primeiro a descobrir e romper essa nossa couraça?

Ainda bem que os van Daan não têm uma filha. A minha conquista não seria tão árdua, tão bonita e tão agradável se o seu objeto fosse alguém do mesmo sexo!

Sua Anne M. Frank

P.S.: Você sabe que eu sou sempre honesta ao lhe escrever, e por isso devo dizer a você que eu, na verdade, vivo sempre da expectativa do nosso encontro seguinte.

Estou sempre com a esperança de descobrir que ele já está me esperando e fico exultante quando percebo uma tênue e acanhada tentativa dele de se aproximar. Acho que ele adoraria poder expressar os seus sentimentos como eu; o que ele não sabe é que é justamente essa sua falta de jeito que me encanta.

•

TERÇA-FEIRA, 7 DE MARÇO DE 1944

Querida Kitty,

Quando penso na minha vidinha de 1942, tudo me parece tão irreal. Aquela vidinha de princesa quem levava era uma Anne Frank bem diferente desta, que aprendeu tanto aqui. Uma princesa, é isso que ela era. Para onde quer que se virasse, cinco admiradores, umas vinte amigas e conhecidos, a preferida da maior parte dos professores, mimada pela mamãe e pelo papai, guloseimas à vontade, dinheiro suficiente — o que mais se pode querer? Você provavelmente deve estar se perguntando como eu fazia para ter tanta gente na palma da mão. O Peter diz que é uma "atração", mas isso não é totalmente verdade. Os professores achavam as minhas respostas inteligentes; os meus comentários engraçados; o meu rosto sorridente e o meu olhar crítico divertidos, engraçados e positivos. Uma coquete, uma namoradeira terrível, alguém que divertia os demais. Eu não era nada além disso. Tinha, sim, algumas características que me faziam cair nas graças de todos: era aplicada, sincera e generosa. Jamais recusava passar cola na hora das provas, dividia os meus doces sem miséria e não era convencida.

Será que eu não teria ficado audaciosa com tanta admiração? Foi uma sorte danada que, bem no meio, no auge da festa, eu tivesse de repente vindo parar na realidade; levei mais ou menos um ano para me acostumar à interrupção de tanta admiração.

Como eu era vista na escola? Como a engraçadinha que adorava pregar peças e contar piadas, sempre o centro das atenções e nunca de mau humor ou chorona. Não é à toa que todo mundo adorava pedalar ao meu lado e me dar atenção.

Olhando em retrospecto, vejo aquela Anne Frank como uma menina bacana, engraçada, mas superficial, que não tem nada a ver comigo. O que foi mesmo que o Peter disse sobre mim?

— Quando eu olhava para você, você invariavelmente estava rodeada por dois ou mais meninos e um bando de meninas, sempre rindo e sempre no centro das atenções!

Ele tinha razão.

O que sobrou daquela Anne Frank? É certo que ainda não perdi o meu sorriso e as minhas respostas, ainda sei criticar as pessoas tão bem ou ainda melhor, sei paquerar e também ser divertida, se eu quiser...

Esse é justamente o ponto: eu gostaria de viver outra vez uma noite, alguns dias ou uma semana dessa maneira, aparentemente despreocupada e feliz.

No fim dessa tal semana eu estaria exausta e agradeceria enormemente ao primeiro que viesse conversar sobre algo mais profundo. Não quero admiradores e sim amigos; não quero adoradores com um sorriso lisonjeador, mas sim atitude e caráter. Eu sei bem que o círculo de pessoas à minha volta seria bem menor. Mas qual seria o problema se na minha vida ficassem apenas algumas pessoas, pessoas íntegras?

Apesar de tudo, em 1942 eu também não era completamente feliz; com frequência me sentia abandonada, mas, como me mantinha ocupada dia e noite, não refletia e me divertia o máximo que podia, tentando preencher a lacuna.

Agora olho para a minha própria vida com desdém e percebo que um ciclo se fechou irremediavelmente: o período escolar despreocupado e pacato jamais voltará. Nem mesmo anseio por ele, é como se eu não coubesse mais nele. Não posso mais ficar de brincadeira, uma parte de mim se mantém sempre séria.

Observo a minha vidinha até o início de 1944 sob uma lupa poderosa. Em casa, aquela vida ensolarada, depois a súbita virada em 1942 e a vinda para cá, as brigas, as recriminações; tudo era inconcebível para mim, eu tinha sido pega desprevenida e tudo que eu sabia fazer era ser impertinente.

Depois a primeira metade de 1943, as minhas crises de choro, a solidão, a conscientização lenta de todos aqueles erros e faltas tão gritantes. E eu, escondendo-os durante o dia por trás de uma enxurrada de palavras, tentava atrair o Pim para o meu lado, não conseguia, me via sozinha diante da árdua tarefa de me portar de modo a não ouvir recriminações, porque elas me abatem e me arrastam para um derrotismo terrível.

A segunda metade desse ano foi um pouco melhor, eu me tornei adolescente e passei a ser tratada como adulta. Comecei a pensar, a escrever histórias e cheguei à conclusão de que os outros não tinham mais nada a ver comigo, que não tinham o direito de me tratar feito um relógio de pêndulo, me empurrando da direita para a esquerda e da esquerda para a direita; eu queria me reconstruir de acordo com a minha vontade. Percebi que a mamãe não me faz a menor falta, o que doeu, ainda que o que mais me atingisse mesmo fosse entender que o papai jamais seria o meu confidente. Eu não confiava em ninguém além de mim mesma.

A partir do ano-novo, a segunda grande mudança, o meu sonho... através dele descobri o meu desejo... por um rapaz; não mais a necessidade de uma amiguinha, mas sim de um amigo. Descobri também a felicidade em mim mesma e a minha casca de superficialidade e alegria. Mas vez ou outra eu ficava calada. Agora eu só vivo para o Peter, pois dele depende muito do meu futuro!

E, à noite, na cama, termino a minha prece com as palavras: "*Ich danke dir für all das Gute und Liebe und Schöne*";[22] sinto uma felicidade na alma, penso em *das Gute* do fato de estar escondida, da minha saúde e de todo o meu ser; em relação ao Peter, penso em *das Liebe*, que ainda é um conceito novo e sensível que ambos não ousamos nomear, no amor, no futuro e na felicidade; penso em *das Schöne*, que é o mundo, o mundo, a natureza e a amplitude da beleza de tudo, no conjunto de tudo o que é belo.

Então não penso em toda a miséria, mas sim em toda a beleza que ainda existe. É aí que mora a grande diferença entre a mamãe e eu. O conselho que ela dá para a melancolia é: "Pense em toda a miséria que há no mundo e se dê por satisfeito de não ser com você!"

---

22. "Eu lhe agradeço o bom, o amoroso e o belo." Expressão alemã em que os adjetivos são substantivados a fim de indicar o conceito em si. (*N. do T.*)

Já o meu conselho é: "Vá para fora, para os campos, para a natureza e para o sol. Vá para fora e tente reencontrar a felicidade em si próprio; pense em tudo o que há de belo dentro de si mesmo e à sua volta e seja feliz."

Na minha opinião, o conselho da mamãe não é bom, porque o que se deve fazer quando se vive a miséria? Aí se está perdido. Como contraponto, acho que sempre há um fundo de beleza na tristeza; se você olha para ele, se dá conta de cada vez mais alegria e acaba reencontrando o seu equilíbrio. E quem é feliz sempre faz com que os outros também fiquem felizes; quem tem coragem e confiança nunca afundará na miséria!

Sua Anne M. Frank

•

QUARTA-FEIRA, 8 DE MARÇO DE 1944

A Margot e eu escrevemos bilhetinhos uma para a outra, só de brincadeira, claro.

Anne: As coisas que acontecem à noite só me ocorrem muito depois; que loucura, não? De repente me veio agora à mente que o sr. Dussel roncou terrivelmente durante a noite (agora é quarta à tarde, quinze para as três, e o sr. Dussel está roncando de novo; por isso que eu me lembrei, é claro). Quando sentei no penico, fiz questão de fazer o máximo de barulho para pôr um fim ao ronco do homem.

Margot: O que é menos pior: quando ele tem dificuldade para respirar ou o ronco?

Anne: Ronco, porque, se você fizer barulho, a pessoa para de roncar sem ter de ser acordada.

O que eu não escrevi à Margot, mas que me atrevo a confessar a você, querida Kitty, é que eu sonho muitíssimo com o Peter. Anteontem sonhei que estava patinando aqui na nossa sala de estar com aquele rapazinho do rinque de patinação do Appolohal e a irmãzinha dele, frágil e eternamente de vestido azul-claro. Eu me apresentei pomposamente a ele e lhe perguntei o seu nome. Ele se chamava Peter. No meu sonho eu me perguntei quantos Peters eu já conhecia!

Então sonhei que estávamos no quartinho do Peter, um diante do outro ao lado da escada. Eu lhe disse algo, ele me deu um beijo, mas respondeu que, na verdade, não me amava e que, por isso, eu devia parar de flertar. Com uma voz desesperada e suplicante, eu disse: "Eu não estou flertando, Peter!"

Quando acordei, fiquei feliz pelo Peter não ter dito isso.

Ontem à noite nós também estávamos nos beijando, mas as bochechas do Peter foram uma decepção; não eram tão macias como pareciam ser, mas como as do papai, ou seja, como as de um homem que já se barbeia.

•

SEXTA-FEIRA, 10 DE MARÇO DE 1944

Queridíssima Kitty,

Hoje constatei que o ditado "uma desgraça nunca vem sozinha" é verdade. O Peter acabou de dizer isso. Eu vou contar tudo de horrível que aconteceu e que ainda paira sobre as nossas cabeças.

Primeiro, é a Miep, que está doente por causa do casamento do Henk e da Aagje ontem. Acabou ficando resfriada na Westerkerk, onde a cerimônia foi realizada. Segundo, é o sr. Kleiman, que ainda não veio trabalhar por causa da sua última hemorragia estomacal, o que faz com que a Bep seja a única no escritório. Terceiro, é um senhor (cujo nome não vou citar) que foi detido pela polícia. Não é uma desgraça apenas para o sujeito em questão mas também para nós, visto que estamos esperando desesperadamente por batatas, manteiga e geleia. O sr. M., vamos chamá-lo assim, tem cinco filhos e mais um a caminho.

Ontem à noite levamos um leve susto quando bateram à parede justo ao nosso lado. Estávamos comendo. Passamos o resto da noite nervosos e preocupados.

Nos últimos tempos eu não tenho tido a menor vontade de escrever aqui sobre os acontecimentos. É o que se passa dentro de mim que me afeta mais que tudo. Não interprete mal as minhas intenções, porque acho terrível o que aconteceu com o pobre e bom sr. M., mas no meu diário não há de verdade muito espaço para ele.

Na terça, na quarta e na quinta, estive com o Peter das quatro e meia às cinco e quinze. Estudamos francês e falamos de tudo um pouco. Eu realmente fico feliz nessa quase uma horinha no fim da tarde, e o melhor de tudo é que acho que o Peter também gosta da minha presença.

Sua Anne M. Frank

•

SÁBADO, 11 DE MARÇO DE 1944

Querida Kitty,

Nos últimos tempos não tenho conseguido parar quieta; ando de cima para baixo e de baixo para cima. Gosto muito de conversar com o Peter, mas sempre fico com receio de estar incomodando. Ele me contou uma ou outra coisa de antigamente, dos pais e de si mesmo. Acho muito pouco e me pergunto a cada cinco minutos como fazer com que ele se abra mais. O Peter me achava insuportável no começo; o sentimento era recíproco, mas agora mudei de opinião; será que ele também mudou? Acho que ele bem que poderia, mas isso também não quer dizer que devamos ser melhores amigos, ainda que eu ache que isso poderia tornar a clandestinidade bem mais leve de se suportar. Mas também não vou ficar me torturando; eu me ocupo com ele mais que o suficiente e não preciso deixar você tão entediada quanto eu só porque sou uma medrosa!

•

DOMINGO, 12 DE MARÇO DE 1944

Querida Kitty,

As coisas ficam cada dia mais loucas. Desde ontem, o Peter não olha mais para mim. É como se estivesse com raiva de mim, e eu me seguro o máximo que posso para não ir atrás dele e me dirijo a ele o mínimo possível, mas é tão difícil! O que é isso que frequentemente me afasta dele para depois me jogar de volta? Pode ser que eu esteja pintando o quadro mais negro do que ele é de fato, talvez o Peter também seja uma pessoa instável, talvez amanhã esteja tudo bem outra vez!

O mais difícil de tudo é manter a minha aparência de normalidade, mesmo me sentindo mal e triste. Eu preciso conversar, ajudar, me sentar com outras pessoas e, principalmente, ficar feliz! Mais que tudo, sinto falta da natureza e de um lugar onde eu possa ficar sozinha o tempo que eu quiser. Acredito estar misturando tudo, Kitty, mas é que estou completamente confusa: por um lado, morro de desejo por ele, não posso estar no mesmo aposento sem olhar para ele, mas por outro me pergunto por que eu me importo tanto com ele, por que não consigo sossegar!

Dia e noite, não faço nada além de me perguntar: "Você já não o deixou em paz o suficiente? Talvez você suba demais. Talvez você fale demais de assuntos sérios sobre os quais ele ainda não está pronto para conversar. Talvez na verdade ele não goste de você. Talvez tudo tenha sido a sua imaginação. Mas então por que ele contou tantas coisas sobre si mesmo? Talvez tenha se arrependido"; e outras tantas coisas do gênero.

Ontem à tarde eu fiquei tão ensandecida com uma série de notícias desoladoras lá de fora que acabei indo dormir no meu divã. A única coisa que eu queria era dormir para não ter de pensar. Dormi até as quatro, depois tive de me juntar aos outros. Foi muito difícil para mim responder a todas as perguntas da mamãe e inventar uma desculpa para o papai que explicasse o meu cochilo. Inventei que estava com dor de cabeça, o que não era mentira, porque eu realmente estava com dor de cabeça... na alma!

Pessoas comuns, meninas comuns e adolescentes como eu me acharão louca com toda essa autocomiseração, mas é isso, eu sempre digo a você o que pesa no meu coração e depois passo o resto do dia sendo tão impertinente, alegre e confiante quanto possível para evitar todas as perguntas e não me irritar comigo mesma.

A Margot é uma doçura e gostaria de ser a minha confidente, mas é fato que não posso lhe contar tudo. Ela me leva muito a sério, sério demais, e reflete demoradamente sobre a sua irmãzinha louca, e me olha com um olhar inquisidor sempre que lhe digo algo, pensando: "É uma piada ou ela está realmente falando sério?"

As coisas são assim porque vivemos uma ao lado da outra: não posso ter a minha confidente constantemente ao meu redor.

Quando é que eu vou desemaranhar esse novelo de pensamentos, quando é que eu vou sentir dentro de mim paz e tranquilidade?

Sua Anne

•

TERÇA-FEIRA, 14 DE MARÇO DE 1944

Querida Kitty,

Talvez seja engraçado para você (para mim não é nem um pouco) saber o que nós vamos comer hoje. Neste momento estou sentada à mesa coberta com um oleado no aposento dos van Daan — já que a faxineira está lá embaixo —, com um lenço encharcado de um perfume cheiroso dos tempos idos de antes da "clandestinidade" cobrindo a boca e o nariz. Da maneira que estou narrando, você não vai entender nada; sendo assim, deixe-me "começar do começo".

Como os nossos fornecedores de cupons foram apanhados, além dos nossos cinco cartões ilegais de alimentação racionada, não temos nem feijões nem banha. Com a Miep e o sr. Kleiman doentes outra vez e a Bep incapacitada de fazer compras, o astral geral está tão desanimador quanto a comida. A partir de amanhã não teremos mais nem um pedacinho em banha, manteiga ou margarina. O nosso café da manhã não consiste mais em batatas assadas (racionamento de pão), mas em mingau, e, como a madame acha que estamos definhando de fome, compramos uma quantidade extra de leite integral.

O nosso almoço de hoje é purê de batata com couve em conserva. Por isso as medidas de precaução com os lenços. É inacreditável o quanto couve fede depois de alguns anos! O aposento inteiro cheira a uma mistura de ameixa estragada, salmoura e ovos podres. Eca, já me sinto enjoada com a simples ideia de que vou ter de comer essa porcaria!

Além disso, há ainda o fato de que as nossas batatas pegaram algumas doenças tão estranhas que dos dois baldes de *pommes de terre* um deles acabou sendo queimado na lareira. Nós nos entretemos tentando descobrir as diversas doenças delas e chegamos à conclusão de que se alternam entre câncer, caxumba e sarampo. Ah, sim, não é nada divertido continuar escondido no quarto ano da guerra. Se pelo menos essa confusão desgraçada tivesse chegado ao fim!

Para ser sincera, a comida não me importaria tanto se as condições aqui fossem mais agradáveis. Este é o ponto crítico: é essa nossa vida monótona que nos torna chatos. Segue aqui a visão de cinco clandestinos adultos sobre o presente estado das coisas (as crianças não opinam, e desta vez eu me atenho a essa visão).

> A sra. van Daan: "O papel de piloto de fogão já não me satisfaz há muito tempo. Ficar sentada sem ter em mãos algo com que me ocupar aborrece, de modo que me ponho a cozinhar, mas reclamando: é impossível cozinhar sem banha, todos esses cheiros nojentos me deixam nauseada. A recompensa pelos meus esforços são só ingratidão e berros, eu sou sempre a ovelha negra, a que recebe a culpa de tudo. De resto, na minha opinião, essa guerra não faz progresso nenhum, os alemães no fim ainda vão sair vitoriosos. Estou morta de medo de que morramos de fome e desço a lenha em todo mundo quando estou de mau humor."

> O sr. van Daan: "Fumo feito um condenado, depois é hora de comer, política, o humor da Kerli, nada de muito terrível. A Kerli é uma mulher amorosa. Mas, se fico sem tabaco, adoeço, depois sinto falta de carne, a vida parece insuportável, e é aí que as coisas deixam de correr bem e ocorre uma briga de enormes proporções. A minha Kerli é burra feito uma porta."

A sra. Frank: "A comida não é tão importante assim, mas agora bem que eu gostaria de uma fatia de pão de centeio, porque estou morta de fome. Se eu fosse a sra. van Daan, já teria posto um fim ao vício em fumo do marido há muito tempo. Mas agora eu preciso de um cigarro não importa como, porque estou enlouquecendo. Os van Daan são pessoas horrorosas; os ingleses podem até cometer muitos erros, mas a guerra continua avançando. Eu preciso manter a boca fechada e ficar satisfeita de não estar na Polônia."

O sr. Frank: "Tudo bem, eu não preciso de nada. Calma, nós temos tempo. Só me deem as minhas batatas que eu fecho o bico. Em breve vou deixar de lado algo da minha provisão racionada para a Bep. A política vai de vento em popa, me sinto extremamente otimista."

O sr. Dussel: "Preciso concluir o meu trabalho a tempo, terminar tudo bonitinho. Vai tudo bem *no política*, é *impocível* que achem *nós*. Eu, eu, eu...!"

Sua Anne

•

QUINTA-FEIRA, 16 DE MARÇO DE 1944

Querida Kitty,

Ufa, até que enfim uns minutos livre da perspectiva sombria do futuro! Hoje tudo que escuto é: "Se acontecer isso ou aquilo, vamos nos dar mal, e, se fulano ainda adoecer, estaremos sozinhos no mundo, e, se..."

Enfim, o resto você já sabe, pelo menos imagino que ao longo desse tempo já conheça os moradores do Anexo o suficiente para adivinhar as suas conversas.

A razão de todos esses "se" é o fato de o sr. Kugler ter sido convocado a passar seis dias trabalhando a terra num campo de trabalho forçado, de a Bep estar com um senhor resfriado e provavelmente ter de ficar em casa amanhã, de a Miep ainda não ter se curado da gripe e de o sr. Kleiman ter perdido a consciência por causa de uma hemorragia estomacal. Uma verdadeira lista de acontecimentos deploráveis para nós!

Na nossa opinião, a primeira coisa que o sr. Kugler tem de fazer é consultar um médico de confiança e pedir a ele um bom atestado para levá-lo à prefeitura de Hilversum. Os funcionários do armazém ganharam um dia de folga amanhã, e a Bep vai estar sozinha no escritório. Se acontecer (de novo) de a Bep ter de ficar em casa, a porta vai ficar trancada e nós vamos ter de andar na ponta dos pés para que ninguém nos ouça da Keg. O Jan vem visitar os abandonados, chega à uma e fica por uma meia horinha, como se fosse um vigia do Artis, o jardim zoológico.

O Jan contou essa tarde, depois de um bom tempo, notícias do vasto mundo lá fora. Queria que você estivesse aqui para nos ver ao redor dele. Igualzinho a uma cena de *Als grootmoeder aan het vertellen is* [*Quando a vovó conta*].

Ele agradou seu público falando, antes de tudo, de comida. A sra. Pf., uma conhecida da Miep, cozinha para ele. Anteontem ela preparou cenouras com ervilhas, ontem teve de comer as sobras; hoje ela vai cozinhar capuchinhas e amanhã vai fazer um guisado com o que sobrou de cenouras.

Perguntamos sobre o médico da Miep.

— Médico? — questionou o Jan. — O que vocês querem do médico? Hoje de manhã eu liguei para ele e quem atendeu foi uma secretária. Pedi uma receita de remédio para gripe e ela disse que eu poderia passar entre as oito e as nove da manhã para pegar a receita. Caso se trate de uma gripe forte, ela passa o telefone para o médico, que diz: "Ponha a língua para fora e diga 'ááá'. Já percebi pela sua voz que a senhora está com a garganta inflamada. Vou escrever uma receita, que o senhor pode levar para um farmacêutico. Adeus, meu senhor." E isso foi tudo. Que prática mais simplista, atendimento exclusivamente por telefone. Mas é melhor não recriminar os médicos, afinal, eles só têm duas mãos, e nesses tempos há pacientes demais e médicos de menos.

Mesmo assim, todos rimos quando o Jan reproduziu a conversa que teve pelo telefone. Eu consigo visualizar muito bem uma sala de espera de um consultório médico. Os médicos não desprezam mais pacientes pobres e sim os que não têm nada grave, que fazem com que eles pensem: "Ei, homem! O que você veio fazer aqui? Para o fim da fila! Os pacientes de verdade têm prioridade!"

Sua Anne

•

QUINTA-FEIRA, 16 DE MARÇO DE 1944

Querida Kitty,

Está um dia maravilhoso, indescritível; com certeza eu vou subir daqui a pouco até o sótão. Agora sei por que sou tão mais inquieta que o Peter. Ele tem um quarto próprio onde trabalha, sonha, pensa e dorme.

Já eu me sinto atirada de um canto para o outro. Nunca consigo ficar sozinha no meu quarto compartilhado, e queria tanto! Essa também é a razão de eu fugir para o sótão. Lá e com você é que eu posso ser eu mesma por alguns momentos. Entretanto, não quero ficar reclamando dos meus desejos, muito pelo contrário: quero ser corajosa!

Lá embaixo eles felizmente não sabem o que se passa no meu coração, exceto que a cada dia eu trato a mamãe com mais frieza e desprezo, e o papai, com menos carinho; à Margot eu não confidencio mais nada, estou hermeticamente fechada. Antes de mais nada, tenho de preservar a minha segurança externa, ninguém pode saber que dentro de mim continua viva a guerra. Uma guerra entre o meu desejo e a minha consciência. Até agora, a vitória tem sido da última, mas será que algum dia o meu desejo será vitorioso? Às vezes receio que sim, e com frequência até anseio que seja o caso!

Como é terrível esconder essas coisas do Peter, mas sei que ele tem de ser o primeiro; é tão difícil durante o dia esquecer as conversas e os eventos que vivi nos meus sonhos! Pois é, Kitty, a Anne é uma doida, mas eu de fato estou vivendo em tempos enlouquecedores e circunstâncias ainda piores.

Eu ainda acho que o melhor de tudo é poder ao menos passar para o papel o que penso e sinto, senão me sufocaria. O que será que o Peter acha disso? Vez ou outra penso que algum dia vou poder voltar a falar com ele a respeito disso. Alguma coisa pelo menos ele tem de ter descoberto, porque não é possível que ele ame a Anne exterior que conheceu até agora! Como é que ele, que preza tanto a tranquilidade e a paz, pode sentir simpatia por todo o barulho que eu faço? Será que ele é a primeira e única pessoa no mundo que conseguiu enxergar através da minha máscara de concreto? Será que ele virá para o outro lado dela em breve? Não há um velho ditado que diz que o amor é o resultado da compaixão e que ambos andam de mãos dadas? Não seria também o meu caso? Porque eu sinto tanta compaixão por ele quanto por mim mesma!

Eu realmente não sei, não sei mesmo como encontrar as primeiras palavras, ou como ele faria para encontrá-las, ele que tem ainda mais dificuldade para falar. Se eu pudesse lhe escrever, pelo menos teria certeza de que ele sabe o que eu quero dizer, porque é tão difícil dizer isso em voz alta!

Sua Anne M. Frank

•

SEXTA-FEIRA, 17 DE MARÇO DE 1944

Bem do meu coração,

Afinal, parece que tudo não passou de tempestade em copo de água mesmo, porque o resfriado da Bep não se transformou numa gripe, só numa rouquidão, e o sr. Kugler conseguiu licença do trabalho forçado com um atestado médico. O Anexo respirou uma lufada de alívio. Por aqui, tudo *all right*! Com exceção de a Margot e eu estarmos um pouco fartas dos nossos pais.

Não me interprete mal: eu ainda amo o papai como sempre; e a Margot ainda ama o papai e a mamãe; mas é que, chegando à nossa idade, queremos decidir certas coisas um pouco por nós mesmas e deixar de dar tanta satisfação para os pais. Se eu subo, me perguntam o que eu vou fazer, não me deixam comer sal, a mamãe sempre me pergunta às oito e quinze da noite se não está na hora de eu vestir o pijama, cada livro que leio precisa ser aprovado por eles. Para ser sincera, essa aprovação não é tão rígida e eles me deixam ler praticamente tudo, mas todos os comentários, todas as críticas e tantas perguntas o dia inteiro acabam se tornando incômodos.

Tem outra coisa em mim que eles não têm gostado: não quero mais ficar dando beijinhos aqui e ali o dia inteiro. Todos aqueles apelidos fofos me parecem ridículos, e é nojento o quanto o papai fala de peidos e privadas. Em resumo: eu quero um pouco de distância, mas eles não entendem isso. Não que eu e a Margot tenhamos dito qualquer coisa a respeito, mas de que adiantaria? Eles não entenderiam.

A Margot ainda disse ontem:

— Acho muito chato que basta apoiar as mãos na nuca e suspirar duas vezes para que eles já venham perguntando se você está com dor de cabeça ou passando mal.

É um banho de água fria para ambas perceber quão pouco sobrou daquele nosso lar harmonioso e íntimo! E é um fato que isso acontece em grande parte por causa da discrepância da nossa situação. Com isso quero dizer que somos tratadas feito criancinhas no que diz respeito a questões externas e que somos bem mais velhas que as outras garotas da nossa idade no que diz respeito a questões internas. Apesar dos meus 14 anos, sei muito bem o que quero, sei quem tem razão ou não, tenho os meus princípios, as minhas concepções e visões, e, por mais estranho que possa parecer para uma adolescente, me sinto mais como uma pessoa formada, e não uma menina; me sinto totalmente independente. Sei que debato e discuto melhor que a mamãe, sei que tenho uma visão mais objetiva, sei que não exagero, que sou mais organizada e desenvolta e, por isso (pode rir, se quiser), me sinto superior a ela em muitos aspectos. Para gostar de alguém, tenho primeiro de sentir admiração pela pessoa, admiração e respeito, duas qualidades de que a mamãe é completamente desprovida!

Tudo estaria bem se eu tivesse o Peter, porque a ele eu admiro por um monte de coisas. É um rapaz tão agradável e bonito!

Sua Anne M. Frank

•

SÁBADO, 18 DE MARÇO DE 1944

Querida Kitty,

Não há no mundo ninguém a quem eu tenha contado mais de mim mesma e dos meus sentimentos que você. Assim sendo, por que não falar para você sobre questões sexuais?

Os pais e as pessoas em geral são muito estranhos em relação a esse tema. Em vez de contar tudo tanto aos filhos quanto às filhas de 12 anos, as crianças são mandadas para fora da sala sempre que o assunto surge e se veem obrigadas a se virar para buscar informações a respeito. Quando os pais mais tarde percebem que os filhos pescaram alguma informação, acham que eles sabem mais ou menos o que corresponde à realidade. Por que não corrigem qualquer possível estrago perguntando o que eles sabem?

Há uma barreira para os adultos, ainda que para mim não passe de uma leve lombada: eles acham que as crianças deixariam de ver o casamento como algo sagrado e imaculado se soubessem que essa imaculabilidade na maior parte dos casos não passa de lorota. Já eu não tenho absolutamente nada contra um homem levar para o casamento um pouco de experiência; afinal, isso é irrelevante para o casamento, não é?

Quando fiz 11 anos, me explicaram sobre a menstruação; mas de onde aquilo vinha e qual era a sua importância eu ainda estava longe de saber. Com 12 anos e meio me contaram mais coisas, pois a Jacque era muitíssimo mais sabida que eu. O meu próprio sentimento já me fazia suspeitar do que um homem e uma mulher faziam juntos; no começo, achei a ideia estranhíssima, mas, quando a Jacque a confirmou, fiquei orgulhosa da minha intuição!

Também foi a Jacque que me contou que os bebês não saem pela barriga; ela disse simplesmente:

— Os ingredientes entram pelo mesmo lugar por onde o produto sai pronto!

Fatos sobre o hímen e outras particularidades nós ficamos sabendo por meio de livros sobre educação sexual. Eu também sabia que podemos evitar ter filhos, mas os detalhes da coisa ainda me eram um mistério. Quando vim parar aqui, o papai me falou de prostituição e assim por diante, mas, somando tudo, muitas questões ainda faltam ser esclarecidas.

Se uma mãe não conta tudo aos filhos, eles ficam recolhendo informações aqui e ali, e isso não pode dar certo!

Apesar de ser sábado, não estou entediada! O motivo é que fiquei no sótão com o Peter; devaneando de olhos fechados, foi maravilhoso!

Sua Anne M. Frank

•

DOMINGO, 19 DE MARÇO DE 1944

Querida Kitty,

Ontem foi um dia muito importante para mim. Após o almoço tudo correu na maior normalidade. Às cinco eu pus as batatas para cozinhar, e a mamãe me deu chouriço para que eu levasse para o Peter. No começo eu não queria fazer isso, mas depois acabei aceitando.

Só que ele não quis, o que me deixou com a sensação terrível de que era por causa da briga relacionada à desconfiança. Até que eu não me aguentei mais, meus olhos se encheram de lágrimas e, sem muita explicação, deixei o pratinho de novo ao lado da mamãe e fui chorar no banheiro. Foi quando decidi esclarecer a questão com o Peter. Antes do jantar, quatro de nós estávamos ajudando o Peter com as suas palavras-cruzadas, o que me impediu de falar com ele, mas, pouco antes de nos dirigirmos à mesa, eu lhe perguntei baixinho:

— Hoje à noite você vai praticar estenografia?

— Não — respondeu ele.

— Então eu gostaria de mais tarde ter uma palavrinha com você.

Ele disse que não havia problema.

Depois de lavar a louça, fui até o quarto dele e perguntei se não tinha aceitado o chouriço por causa da nossa briga. Mas, felizmente, não tinha sido por isso e sim porque simplesmente tinha lhe parecido indelicado cair tão rápido na tentação. Estava fazendo um calor horrível na sala, e eu estava com a cara vermelha feito um pimentão, de modo que desci para levar um pouco de água para a Margot, mas logo subi de novo para respirar melhor. Para manter as aparências, primeiro fiquei junto à janela dos van Daan, mas não demorou para eu ir para perto do Peter. Ele estava do lado esquerdo da janela aberta, e eu fui para o lado direito. Era bem mais fácil conversar no lusco-fusco do que em plena luz do dia, e acho que o Peter concordava. Conversamos tanto, mas tanto, que já nem me lembro de tudo que falamos, mas isso me fez muito bem, foi a melhor noite que passei no Anexo. Mas vou resumir os diversos tópicos:

Primeiro falamos das brigas, de como a minha posição em relação a elas mudou muito; depois, falamos do afastamento dos nossos pais. Contei ao Peter da mamãe e do papai, da Margot e de mim. Num determinado momento ele perguntou:

— Vocês sempre se dão boa-noite com um beijo?

— Um só? Um monte. Vocês não, né?

— Pois é, eu nunca dei um beijo em ninguém!

— Nem mesmo de aniversário?

— Sim, aí sim.

Falamos de confiança, algo que nenhum de nós deposita nos pais. Do fato de que os pais dele amam muito um ao outro e de que gostariam que o Peter confiasse neles, algo que ele não queria fazer. De eu chorar na cama para pôr para fora a minha tristeza, o que ele faz soltando uns palavrões na água-furtada. Da Margot e eu nos conhecermos de verdade há tão pouco tempo e, ainda assim, não contarmos muito uma à outra por estarmos sempre juntas. De tudo e mais um pouco, de confiança, de sentimento e de nós mesmos — ele é exatamente como eu pensava que fosse.

Começamos então a falar de 1942, de como éramos diferentes. Já não nos reconhecemos mais em quem nós éramos naquela época. E de como não nos suportávamos no início. Ele me achava espalhafatosa e irritante, e eu de cara o tinha achado um zero à esquerda. Não entendia ele não flertar comigo, mas hoje fico feliz. Ele falou também de como se isolava dos outros. Eu lhe disse que entre o meu barulho e a minha imprudência e o seu silêncio também não há grande diferença, que eu também gosto de ficar no meu canto, que não tenho mais nada de privado além do meu diário, que as pessoas preferem quando eu vou embora do que quando eu chego, para começar pelo sr. Dussel, e que nem sempre quero ficar dentro de casa. E que ele fica feliz pelos meus pais terem filhos e que eu fico feliz por ele estar aqui. E que eu o entendo na sua reserva e na relação que mantém com os pais e que gostaria de poder ajudá-lo com as brigas.

— Mas você sempre me ajuda com tudo! — comentou ele.

— Como? — perguntei, atônita.

— Com a sua alegria.

Essa foi a coisa mais bonita que ele me disse. Também me disse que não se incomodaria em absoluto se eu fosse até ele como antes, muito pelo contrário. Eu lhe contei que os apelidos carinhosos dados aos meus pais não têm nenhum sentido e que um beijinho aqui e o outro ali não cria laços de confiança. Falamos ainda da nossa vontade própria, do meu diário e da solidão, da diferença entre o interior e a fachada das pessoas, da minha máscara, e assim por diante.

Foi maravilhoso; ele deve ter começado a me amar pela amizade, o que, por enquanto, basta. Nem tenho palavras para dizer o quanto fico feliz, e devo pedir desculpa a você, Kitty, pelo meu estilo tão abaixo de qualquer parâmetro hoje. Eu estou escrevendo o que aparece na minha mente!

Tenho a impressão de que o Peter e eu compartilhamos um segredo; quando ele me olha daquela maneira, com aquele sorriso e uma piscadela, se acende dentro de mim uma luzinha. Espero que continue sempre assim e que ainda possamos passar muitas e muitas horas agradáveis juntos!

Sua grata e feliz Anne

•

SEGUNDA-FEIRA, 20 DE MARÇO DE 1944

Querida Kitty,

Hoje de manhã o Peter me perguntou se eu iria passar lá à noite e disse que não o incomodo de forma alguma e que no seu quarto há espaço suficiente para duas pessoas. Eu disse que não é toda noite que posso, porque o pessoal lá de baixo não gostava muito disso, mas ele me aconselhou a não me preocupar com os outros. Então falei que gostaria de passar no quarto dele no sábado à noitinha e que ele me avisasse quando desse para ver a lua.

— Nesse caso a gente desce para ver a lua lá de baixo — sugeriu ele.

Achei a ideia ótima, e eu não tenho mesmo medo de ladrões.

Nesse meio-tempo, surgiu uma sombra na minha felicidade; já fazia um bom tempo que eu achava que a Margot gostava do Peter. Não sei o quanto ela gosta dele, mas fico bastante incomodada com essa ideia. Agora, sempre que me encontro com o Peter é como se eu causasse dor nela de propósito, e o curioso é que ela não deixa transparecer nada. No lugar dela eu morreria de ciúme, mas a Margot só diz que eu não devo sentir pena dela.

— Fico incomodada por você sentir que está segurando vela — acrescentei ainda.

— Já estou acostumada — respondeu, um tanto amarga.

Isso é algo que eu não me atrevo a contar ao Peter, talvez mais para a frente. Nós temos de discutir muitos outros assuntos antes.

Ontem à noite a mamãe me passou um pequeno sermão, que eu de fato merecia ouvir. Não posso deixar a indiferença que sinto por ela ir longe demais. Apesar de tudo, eu deveria tentar parecer simpática e guardar para mim as minhas críticas!

O Pim também deixou de ser tão cordial. Tem tentado me tratar menos como criança e passou a ser frio demais. Ele fez uma ameaça, dizendo que, se eu deixar a álgebra de lado, posso esquecer, ele não vai me dar aulas particulares depois de jeito nenhum. Apesar de poder esperar para ver, estou disposta a recomeçar tudo, contanto que receba um livro novo.

Por enquanto é isso, tudo que faço é olhar para o Peter, o que me preenche totalmente!

Sua Anne M. Frank

Uma prova da bondade da Margot. Recebi hoje, dia 20 de março de 1944:

> Anne, quando eu disse que não sentia ciúme de você, não estava sendo cem por cento sincera. A questão é a seguinte: eu não estou com ciúme nem do Peter nem de você. Só sinto um pouco de pena de mim mesma por ainda não ter encontrado ninguém — e saber que, no momento, não vou encontrar — com quem falar do que eu penso e do que eu sinto. É justamente por isso que eu desejo a vocês de coração toda a felicidade de poder confiar um no outro. Já faltam muitas coisas para você aqui, coisas que os outros têm como certas na vida.
>
> Por outro lado, tenho certeza de que jamais teria ido tão longe com o Peter, porque sinto que precisaria ter certa intimidade com quem eu quisesse me abrir. Eu deveria sentir que ele me entende perfeitamente sem que eu tivesse de dizer muito. Mas teria de ser alguém que eu sentisse que fosse intelectualmente superior a mim, e esse não é o caso do Peter. No seu caso, acho que tudo o que eu disse acima sobre o Peter é válido.
>
> Assim sendo, você não precisa se recriminar, pensando que está me tirando algo ou me fazendo mal. Você e o Peter têm tudo a ganhar juntos.

A minha resposta:

Querida Margot,

Achei o seu bilhete excepcionalmente fofo, mas ainda não me sinto totalmente tranquila, e não acho que isso vá acontecer.

Ainda não posso falar que sinto a confiança que você parece querer sentir, mas no lusco-fusco junto a uma janela aberta é mais fácil fazer confidências que em plena luz do sol. Da mesma forma, é mais fácil conversar aos sussurros que num trombone. Acho que você começou a nutrir pelo Peter uma afeição fraternal e quer ajudá-lo, pelo menos tanto quanto eu. Pode até ser que você venha a fazer isso de fato, embora não seja esse tipo de confiança que a gente tem em mente. Aliás, acho que isso deve ser uma via de mão dupla; por isso talvez que o papai e eu nunca fomos muito íntimos.

Vamos deixar isso de lado agora; se quiser saber algo mais, escreva, porque eu me expresso bem melhor assim que verbalmente. Você não imagina como eu a admiro e espero que eu ainda tenha em mim uma bondade como a sua e a do papai, porque já não vejo muita diferença entre elas.

Sua Anne

•

QUARTA-FEIRA, 22 DE MARÇO DE 1944

Querida Kitty,

Veja só o que eu recebi ontem à noite da Margot:

Querida Anne,

Depois de ler o seu bilhete de ontem, fiquei com a sensação desagradável de que você sente remorso quando vai estudar ou conversar com o Peter; garanto que não há necessidade disso. No fundo, acho que todos têm o direito de encontrar alguém em quem confia, e eu não conseguiria tolerar o Peter nesse papel.

Entretanto, é bem o que você diz: eu tenho a sensação de que o Peter é uma espécie de irmão, mas... um irmão caçula, e de que nós dois temos nos sondado para que mais à frente, ou talvez nunca, nos sintamos como irmão e irmã; de qualquer forma, ainda falta muito para chegarmos lá. Sendo assim, você não precisa sentir pena de mim. Aproveite o máximo que pode da companhia que encontrou.

Enquanto isso, o ambiente aqui deu uma boa melhorada. Eu acho, Kitty, que talvez ainda presenciemos aqui no Anexo um grande e verdadeiro amor. Toda essa brincadeira de casamento com o Peter no fim das contas não é tão absurda se continuarmos aqui por muito mais tempo. Não que eu pense em me casar com ele, nem mesmo sei no que ele vai se tornar quando crescer, assim como não sei se vamos chegar a nos amar tanto a ponto de querermos nos casar.

Agora eu tenho certeza de que o Peter também me ama, mas não sei que espécie de amor é esse. Ainda não descobri se ele só quer uma boa amiga ou se eu o atraio como garota ou irmã. Quando o Peter disse que eu sempre lhe dou apoio moral quando os pais dele brigam, eu me senti enormemente feliz e acreditei ter dado mais um passo para acreditar na minha amizade com ele. Ontem eu lhe perguntei o que ele faria se houvesse uma dúzia de Annes aqui para ficar aparecendo no quarto dele. O que ele respondeu foi:

— Se elas fossem todas como você, não seria incômodo nenhum mesmo!

Ele é extremamente hospitaleiro comigo, e realmente acho que gosta de me ver chegando. Nesse meio-tempo, ele começou a se aplicar bastante ao estudo de francês; às dez e quinze da noite ainda está estudando na cama.

Ah, quando eu me lembro da noite de sábado, das nossas palavras, das nossas vozes, pela primeira vez me sinto satisfeita comigo mesma. Quero dizer com isso que hoje eu falaria as mesmas coisas, em vez de querer ter dito algo diferente, como costuma acontecer. Ele é lindo tanto quando ri como quando fica calado olhando fixamente para a frente. É tão bonito e bom e carinhoso! Na minha opinião, o que mais o pegou desprevenido em relação a mim foi perceber que eu não sou essa garota mundana e superficial que parecia ser, e sim uma sonhadora com tantas dificuldades quanto ele próprio!

Ontem à noite, depois de lavar a louça, tive certeza de que ele me pediria para ficar lá em cima. Mas isso não aconteceu; saí de lá e ele desceu para avisar ao sr. Dussel, que estava no banheiro, que era hora de escutar rádio, e ficou perto do banheiro por um tempo, mas, como o sr. Dussel não veio, ele subiu de novo. Ficou andando no quarto de um lado para o outro e foi bem cedo para a cama.

Eu passei a noite inteira tão agitada que de tempos em tempos ia ao banheiro, refrescava o rosto com água gelada, lia um pouco, depois cochilava, consultava o relógio e esperava, esperava e esperava, tentando ouvi-lo. Quando fui para a cama, cedo, estava destruída.

Hoje à noite eu tenho de tomar banho, e amanhã?

Está tão longe ainda!

Sua Anne M. Frank

A minha resposta:

Querida Margot,

Acho que o melhor a fazer é esperar para ver no que vai dar. Não deve demorar tanto até o Peter e eu tomarmos uma decisão e então ou voltamos ao normal ou passamos para algo diferente. Como isso deve acontecer eu não sei, não consigo ver nada muito antecipadamente.

Mas uma coisa eu farei sem dúvida se ele e eu optarmos pela amizade — eu conto para o Peter que você também gosta muito dele e que estaria à disposição, caso ele precisasse de alguma coisa. Sei que você não ia querer que eu fizesse algo do tipo, mas não me importo mais; o que o Peter pensa sobre você eu não sei, mas pode ter certeza de que vou perguntar a ele. Não pode ser algo ruim, muito pelo contrário! Venha se juntar a nós no sótão ou onde estivermos; você não incomoda de jeito nenhum, já que, penso eu, temos um acordo tácito de só conversarmos à noite, no escuro.

Coragem! Eu também tenho de manter a minha, apesar de não ser sempre fácil; a sua vez talvez chegue antes mesmo do que você imagina.

Sua Anne

•

QUINTA-FEIRA, 23 DE MARÇO DE 1944

Querida Kitty,

As coisas começaram a entrar nos eixos outra vez. Os nossos fornecedores de cupons de racionamento foram finalmente soltos da prisão!

A Miep voltou a trabalhar ontem. Hoje foi o marido dela que caiu de cama. Febre e calafrios, sintomas típicos de gripe. A Bep está melhor, ainda que a tosse continue; já o sr. Kleiman ainda vai ter de ficar em casa por um bom tempo.

Ontem caiu um avião na vizinhança, os passageiros saltaram de paraquedas a tempo. O avião caiu sobre uma escola onde não havia crianças. O acidente causou um pequeno incêndio e a perda de algumas vidas. Os alemães dispararam sem dó nem piedade contra os aviadores paraquedistas, e os moradores de Amsterdã bufavam de raiva com o ato covarde. Nós, as damas, também ficamos horrorizadas.

Grrr, eu considero disparar um ato miserável.

Agora sobre mim.

Quando fui me juntar ao Peter ontem, a conversa rumou, eu não sei como, para o terreno do sexo. Já fazia tempo que eu tinha me proposto a lhe perguntar algumas coisas. Ele sabe de tudo; quando eu lhe disse que a Margot e eu não éramos bem informadas, ele ficou atônito. Eu lhe falei muito de mim e da Margot e do papai e da mamãe, e disse que nos últimos tempos eu não me atrevo a lhes perguntar mais nada. Ele se prontificou a me instruir, e eu aceitei, grata. Contou como funcionam os métodos anticoncepcionais; eu, atrevida que sou, lhe perguntei como os meninos percebem que estão entrando na puberdade. Nesse ponto ele teve de parar para pensar e disse que me falaria disso à noite. Entre outras coisas, compartilhei com ele a história da Jacque e de como as meninas são indefesas diante de meninos fortes.

— Olha, você não precisa ter medo de mim — comentou ele.

Quando voltei à noite, ele respondeu à pergunta que eu tinha lhe feito. Foi um pouco constrangedor, mas também agradável poder falar com ele a respeito disso. Jamais acreditaríamos que um dia teríamos coragem de falar com uma garota e um garoto sobre assuntos tão íntimos. Acho que agora eu sei de tudo. Ele me contou muita coisa sobre métodos de prevenção.

À noite, a Margot e eu conversamos no banheiro sobre o Bram e a Trees!

Hoje de manhã tive uma surpresa bastante desagradável. Depois do café da manhã, o Peter fez um sinal para que o acompanhasse até o sótão. Então disse:

— Você abusou da minha boa vontade. E muito. Eu ouvi o que você e a Margot discutiram ontem no banheiro, e acho que você queria testar o quanto o Peter aqui sabia do assunto para depois fazer piada!

Ah, eu fiquei atônita, fiz de tudo para tirar essa ideia escandalosa da cabeça dele; eu consigo imaginar como o Peter deve ter ficado chateado, mas nunca tive intenção de caçoar!

Eu disse então:

— Ai, não, Peter! Eu jamais seria tão baixa, eu disse que ficaria de bico calado e é isso que estou fazendo. Fazer piada e armar uma dessas, não, Peter, isso não teria a menor graça, é injusto. Eu não contei nada, de verdade, por favor, acredite!

Ele garantiu que acreditava em mim, mas tenho de falar com ele mais uma vez sobre o assunto, passei o dia inteiro refletindo sobre o ocorrido. Fico feliz que ele tenha dito de cara o que pensava; imagine se ele ficasse por aí com a impressão de que eu sou uma pessoa ruim. O Peter é tão meigo! É agora que eu tenho de dizer tudo a ele!

Sua Anne

•

SEXTA-FEIRA, 24 DE MARÇO DE 1944

Querida Kitty,

Ultimamente tenho ido com frequência ao quarto do Peter para respirar um pouco do ar fresco noturno. Num quarto escuro é mais fácil manter conversas mais razoáveis que com o sol queimando a sua cara. É muito gostoso ficar sentada numa cadeira ao lado dele, olhando para fora. Os van Daan e o sr. Dussel fazem comentários desagradáveis quando eu desapareço no quarto dele. "*Annes zweite Heimat*",[23] ou então "Não é uma falta de decoro para cavalheiros receber a visita de jovens meninas tarde da noite e no escuro?" O Peter tem uma presença de espírito espantosa para rebater tais comentários pretensamente espirituosos. Aliás, a minha mãe também fica bastante curiosa e adoraria perguntar sobre o que nós falamos se não fosse pelo medo silencioso de que eu me negasse a responder. O Peter diz que os adultos ficam é com inveja, porque somos jovens e não damos a mínima para os comentários desagradáveis deles.

Às vezes ele desce para me chamar, mas isso também é constrangedor, porque, apesar de todas as medidas de precaução, ele fica vermelho feito um pimentão e não consegue articular as palavras. Como eu gosto de nunca ficar corada, porque me parece extremamente desagradável.

De resto, acho muito chato que a Margot fique lá embaixo sozinha enquanto eu, aqui em cima, tenho uma ótima companhia. Mas o que eu posso fazer? Não vejo o menor problema em que ela suba, mas seria como segurar vela e ficar sem ter o que fazer.

Sou obrigada a ouvir todo tipo de comentário sobre a amizade repentina e já perdi a conta de quantas vezes as conversas à mesa são sobre um possível casamento no Anexo, caso a guerra dure outros cinco anos. E quanto de toda essa conversa mole dos adultos nos afeta? Não muito, porque é ridícula demais. Será que o papai e a mamãe se esqueceram de que também foram jovens? Parece que sim; pelo menos eles sempre nos levam a sério se fazemos uma brincadeirinha e riem de nós quando estamos sérios. Não tenho mais a menor ideia do que vai acontecer daqui para a frente nem se vamos ter do que falar para sempre. Mas, se a nossa história continuar, vamos poder ficar juntos mesmo sem conversar. Se pelo menos os velhotes lá de cima não forem tão chatos. Talvez não gostem

23. "A segunda casa da Anne", em alemão no original. (*N. do T.*)

de me ver chegar. O Peter e eu nunca dizemos a eles sobre o que conversamos. Imagine só se eles soubessem que nós falamos de assuntos tão íntimos.

Eu gostaria de perguntar ao Peter se ele sabe como de fato é o corpo de uma garota. Um menino, eu acho, não é tão complexo quanto uma menina lá embaixo. Em fotos e ilustrações de homens nus dá para ver claramente as suas "estruturas", ao contrário do que acontece com as mulheres. No caso dos homens, os órgãos genitais, como quer que se chamem, ficam mesmo entre as pernas. Provavelmente ele nunca viu uma menina tão de perto e, para ser sincera, eu também não. A genitália dos meninos é realmente bem mais simples. Como é que eu poderia descrever para ele?! Dá para perceber pela resposta dele que o Peter não sabe como funciona. Ele falou do "colo do útero", mas fica do lado de dentro e não dá para ver. Tudo está muito arrumado em nós.

Antes dos meus 11 ou 12 anos, não sabia que também existiam lábios internos, que não podem ser vistos. E a melhor de todas: achava que a urina vinha do clitóris. Quando perguntei à mamãe para que servia aquela protuberância, ela me disse que não sabia. Sempre se fazendo de boba!

Mas, voltando ao assunto: como é possível descrever a estrutura sem exemplos? Será que eu não deveria tentar fazer isso aqui e agora? Lá vai!

Olhando de frente, você não vê nada além de pelos. Entre as pernas há uma espécie de almofadinhas suaves, também com pelos, que, quando a gente se levanta, se apertam umas nas outras, e então não se vê nada do que fica do lado de dentro. Quando a gente se senta, elas se separam, deixando à mostra uma parte rubra, carnuda e feiosa. Na parte superior, entre os grandes lábios se encontra uma dobra de pele, que, quando se examina melhor, parece uma espécie de bexiguinha, que é o clitóris. Depois vêm os pequenos lábios, também apertados um no outro como se fosse uma dobrinha. Ao se abrirem, deixam à vista um apêndice carnudo pequenininho, menor que a ponta do meu polegar. A parte de cima é porosa e nela se vê uma porção de buraquinhos, por onde sai a urina. A parte de baixo parece ser só pele, mas é aí que se encontra a vagina. Aí fica uma porção de dobras de pele, muito difícil de ver. O buraquinho que fica mais abaixo é tão pequeno que me parece difícil imaginar ser o lugar onde ocorre a penetração e, pior, por onde sai um bebê. Mesmo o indicador entra nele com muita dificuldade. Pois eis aqui a descrição de algo que desempenha um papel tão fundamental!

Sua Anne M. Frank

•

SÁBADO, 25 DE MARÇO DE 1944

Querida Kitty,

Quando uma pessoa se transforma, só o percebe depois de transformada. Eu me transformei, profunda, completamente, em tudo. As minhas opiniões, os meus conceitos, o meu olhar crítico, a minha aparência, o meu interior, tudo se transformou. E posso afirmar tranquilamente, porque é verdade, que foi para melhor.

Já contei a você no passado o quão difícil foi para mim abandonar a minha vidinha de menina cheia de admiradores e vir parar aqui, na realidade nua e crua, repleta de sermões e adultos. Mas o papai e a mamãe têm uma grande parcela de culpa por eu ter de passar por tantas dificuldades. Em casa eles me mimaram, e não reclamo disso, mas aqui eles não deveriam me atiçar por tabela e me mostrar, em meio às brigas e às fofocas, apenas o lado deles. Levei um bom tempo para descobrir que, nas suas brigas, a proporção de razão entre eles é de *fiftyfifty*. Agora, porém, conheço o número de erros cometidos aqui, pelos jovens e pelos adultos. O grande erro do papai e da mamãe em relação aos van Daan é o de nunca serem francos e amigáveis (apesar de essa amizade ser um tanto fingida). Acima de tudo, o que eu quero é manter a paz e evitar as brigas e as fofocas. Com o papai e a Margot isso não é difícil; já com a mamãe é bem diferente, e, por isso, fico satisfeita quando ela me chama a atenção vez ou outra. O sr. van Daan também pode ser conquistado lhe dando a razão, escutando-o em silêncio, não lhe dizendo muito e, principalmente... respondendo às suas brincadeiras infames com outras brincadeiras. A madame se ganha com uma conversa franca, confessando-lhe tudo. Ela mesma admite os próprios erros, que são inúmeros, de maneira honrada. Eu bem sei que a opinião dela a meu respeito não é tão ruim quanto no início. Isso porque eu sou sincera, mesmo que precise dizer coisas pouco lisonjeiras na cara das pessoas. Quero ser honesta e acho que assim se vai mais longe; isso também faz com que você mesma se sinta bem melhor.

Ontem a madame falou comigo sobre o arroz que demos ao sr. Kleiman.

— Nós demos, demos e demos. Mas chegou um momento em que eu disse: "Agora já chega." O sr. Kleiman pode conseguir arroz por si próprio, basta se esforçar um pouco. Por que nós temos de dar de tudo que temos no nosso estoque? Nós também temos a nossa necessidade.

— Não, madame — eu disse. — Eu discordo. O sr. Kleiman pode até conseguir arroz, mas ele não gosta de ter de se preocupar com isso. Não podemos criticar as pessoas que nos ajudam. Devemos dar tudo de que pudermos abrir mão e que elas precisarem. Um pratinho de arroz por semana também não é nada, nós podemos comer vagem, ervilhas ou algo do tipo em vez de arroz.

A madame não concordava comigo, mas disse que, mesmo discordando, aceitava o meu argumento, e essa era uma questão completamente diferente.

Bem, é melhor eu encerrar este assunto. Às vezes sei qual é o meu lugar e às vezes tenho lá as minhas dúvidas, mas ainda vou aprender! E se vou! Principalmente agora que eu tenho ajuda, porque o Peter me ajuda a atravessar poucas e boas!

Não sei o quanto ele me ama nem se algum dia vai haver um beijo; seja como for, não quero forçar a barra!

Ao papai eu contei que vou com frequência visitar o Peter, e lhe perguntei se ele aprovava. É claro que ele aprova!

Não tenho dificuldade de contar ao Peter coisas que nunca falo por aí; sendo assim, contei a ele que no futuro quero ser escritora. Mesmo se eu não me tornar uma escritora, jamais vou deixar de lado a escrita em paralelo à minha profissão.

Eu não tenho nem muito dinheiro nem bens materiais, não sou bonita nem inteligente ou esperta, mas sou e sempre serei feliz! Tenho uma natureza alegre, amo as pessoas, não sou desconfiada e quero que todos sejam felizes junto comigo.

Sua afeiçoada Anne M. Frank

Mais um dia sem nada, só paúra
Como outra noite, a noite escura.

(Isto já tem umas duas semanas e não vale mais. Mas, como os meus versos são tão escassos, escrevi para constar.)

•

SEGUNDA-FEIRA, 27 DE MARÇO DE 1944

Querida Kitty,

Um longo capítulo da nossa história na clandestinidade neste diário deveria ser sobre política, mas, como eu sou indiferente ao tema, acabei lhe dando pouquíssima importância. Por isso vou dedicar a carta de hoje inteiramente à política.

É compreensível que as opiniões sejam tão divergentes, e, em tempos delicados de guerra, faz todo o sentido se falar muito dela... mas o fato de haver tantas brigas ao discuti-la é completamente idiota! Eles podem apostar, rir, xingar e reclamar o quanto quiserem, mas que fique cada um na sua, sem brigas, caso contrário as consequências podem ser terríveis. Quem vem de fora traz muitas notícias que se revelam mentirosas; já a nossa rádio até agora nunca mentiu. O Jan, a Miep, a Bep e o sr. Kugler têm nas suas convicções políticas os seus altos e baixos emocionais, mas o Jan é o mais estável dentre eles.

No que diz respeito à psicologia da política aqui no Anexo, ela é sempre a mesma. Ao longo dos inúmeros debates sobre invasão, bombardeios, discursos e afins, se ouvem exclamações num holandês germanizado tais como:

— Impossível! Pelo amor de Deus, se eles só agora estão começando, onde vamos parar? Vai tudo muito bem, ótimo, melhor impossível!

Otimistas e pessimistas, sem esquecer antes de todos os realistas, expõem as suas opiniões com uma energia inesgotável e, como acontece com todo o resto, cada um deles acha que está com a razão. Certa madame se irrita com a confiança que o senhor seu cônjuge deposita nos ingleses; certo cavalheiro ataca a sua nobre esposa por causa dos seus comentários pejorativos e escarnecedores direcionados à sua amada nação!

De manhã cedo até tarde da noite; e, o melhor de tudo, nunca se cansam! Inventei um truque que sempre funciona, é como se você espetasse alguém com um alfinete, fazendo com que a pessoa dê um pulo. É exatamente assim que a minha descoberta funciona.

Toque no tema política: basta uma pergunta, uma palavra, uma frase para que toda a família logo entre numa discussão ferrenha!

Como se as "notícias da Wehrmacht" alemãs e as da BBC inglesa não bastassem, se instaurou já faz algum tempo o chamado "Luftlagemeldung".[24] Numa única palavra: magnífico! Mas o outro lado da moeda costuma ser decepcionante. Os ingleses transformaram o seu arsenal aéreo numa fábrica que não descansa, que se equipara à incansável máquina de propaganda alemã!

Assim, o rádio é ligado às oito da manhã (se não antes) e se ouve de hora em hora até as nove, dez e, com frequência, até as onze da noite. Aí está a prova cabal da paciência e do cérebro limitado dos adultos (de alguns, claro; não quero ofender ninguém). Nós nos daríamos por satisfeitos com um, no máximo dois noticiários por dia, mas os velhos bobalhões... enfim, já toquei nesse assunto antes. O Programa dos Trabalhadores, a família real Oranje, Frank Philips e Sua Majestade Guilhermina, cada um deles toma a palavra alternadamente e conta com ouvidos dos mais ávidos que, se não estão comendo ou dormindo, se encontram em volta do rádio, falando de comida, dormir e política. Ufa, isso tudo está virando uma chatice, e vou precisar de um esforço sobre-humano para

24. "Alarme de invasão aérea", em alemão no original. (*N. do T.*)

não me tornar uma velhinha resmungona! Embora, com tanta gente velha ao meu redor, até que essa possibilidade não é das piores!

Para dar um exemplo esclarecedor, o discurso feito pelo popular e muito querido por todos nós Winston Churchill é ideal.

Às nove da noite de domingo, sobre a mesa, o bule de chá está coberto por um abafador para mantê-lo aquecido, então entram os convidados. O sr. Dussel está do lado esquerdo do rádio; o sr. van Daan à sua frente, e o Peter, do outro lado. A mamãe, ao lado do senhor; a madame, logo atrás. Margot e eu, bem atrás, e o Pim, à mesa. Acabo de reparar que não descrevi com clareza a disposição espacial de cada um, mas isso não é importante. Os senhores fumam, as pálpebras do Peter estão praticamente fechadas, tamanho o esforço dele para se concentrar no que escuta; a mamãe usa um *négligé* longo e de tons escuros, e a madame treme por causa dos aviadores alheios ao discurso, voando alegremente para a cidade de Essen. O papai toma ruidosamente o seu chá enquanto a Margot e eu nos mantemos unidas fraternalmente pela dorminhoca da Mouschi, que monopoliza um joelho de cada uma. A Margot está com bobes nos cabelos, enquanto eu, usando uma camisola pequena, apertada e curta demais. Parece uma cena cotidiana na intimidade da família, aconchegante e pacífica, o que ela é, mas a verdade é que espero as consequências do discurso com certo receio. Os outros estão impacientes, desejando presenciar outra briga! Pss-pss, como um gato incitando um rato a sair da toca, eles incitam uns aos outros para provocar brigas e semear a discórdia.

Sua Anne

•

TERÇA-FEIRA, 28 DE MARÇO DE 1944

Queridíssima Kitty,

Eu até poderia divagar mais sobre política, mas hoje é a primeira vez que tenho um monte de notícias para dar. Em primeiro lugar, a mamãe praticamente me proibiu de subir, porque, segundo ela, a sra. van Daan estava com ciúme. Em segundo lugar, o Peter convidou a Margot para subir também; se foi por educação ou com sinceridade, eu não sei. Em terceiro, fui perguntar ao papai se ele era da opinião de que eu deveria me importar com o ciúme da madame e ele me disse que não.

E agora? A mamãe está brava, não quer mais que eu suba, quer que eu volte a trabalhar na presença do sr. Dussel, talvez também esteja com ciúme. O papai não vê mal nenhum que eu passe as minhas horinhas com ele e fica feliz por nos darmos tão bem. A Margot também gosta do Peter, mas sente que não se pode falar a três sobre o que se faz a dois...

De resto, a mamãe acha que o Peter está apaixonado por mim, e, sinceramente, eu bem que gostaria que fosse o caso. Assim nós ficamos empatados e mais acessíveis um ao outro. Ela ainda acrescentou que ele não para de olhar para mim. É verdade que piscamos um para o outro na sala e que ele olha fixamente para as minhas covinhas e eu fico sem saber o que fazer.

Estou mais uma vez numa posição delicada. A mamãe está contra mim; e eu, contra ela. O papai se faz de cego diante da briga silenciosa entre a mamãe e eu. Ela está triste, já que ainda gosta de mim; eu não estou nem um pouco triste, porque não estou nem aí para o que ela pensa ou deixa de pensar.

E o Peter... Dele eu não quero abrir mão, ele é tão bonzinho e eu o admiro tanto! Poderia crescer algo bonito entre nós; por que os velhos adoram meter o nariz onde não são chamados? Ainda bem que eu estou acostumada a não demonstrar o que se passa dentro de mim, além de conseguir esconder admiravelmente o fato de estar louca por ele. Será que ele diria algo a respeito? Será que ele diria algo a respeito? Sentir o seu rosto no meu, como senti o rosto do Petel num sonho? O Peter e o Petel, vocês são uma única pessoa! Eles não nos entendem nem nunca entenderiam que já estamos satisfeitos só de estarmos juntos, sem nem mesmo conversarmos. Não sabem o que nos atrai um ao outro. Ah, quando será que as nossas dificuldades terão sido superadas, porque é a sua superação que fará com que o final seja ainda mais feliz. Quando ele está com a cabeça apoiada nos braços e os olhos fechados, parece uma criança. Quando brinca com a Mouschi ou fala sobre ela, soa todo amoroso. Quando carrega batatas ou outras coisas pesadas, se mostra fortão. Quando ele vai atrás do barulho de disparos ou em busca de ladrões no escuro, aparenta coragem, e, quando se mostra desengonçado ou atrapalhado, tem um quê de "fofo". Acho muito mais agradável quando ele me explica alguma coisa do que quando sou eu quem lhe ensina algo. Eu gostaria que ele fosse superior a mim em quase tudo!

O que me importam todas essas mães! Ah, se ele pelo menos ele estivesse disposto a conversar!

O papai vive dizendo que eu sou convencida, mas isso não é verdade, eu sou só vaidosa! Até hoje não ouvi de muitas pessoas que eu sou bem-apessoada, com exceção de C. N., que disse que eu ficava bonitinha quando ria. Ontem o Peter me fez um elogio sincero e, não para me gabar, reproduzo aqui a conversa com mais ou menos as mesmas palavras. O Peter tinha dito várias vezes:

— Dê uma risada!

Isso me chamou a atenção e ontem lhe perguntei:

— Por que você sempre me pede para rir?

— Porque é bonito de se ver. Você fica com umas covinhas nas bochechas. Por sinal, por que acontece isso?

— Eu nasci assim. Tenho outra covinha no queixo. É o único traço natural de beleza que eu tenho.

— Deixa disso! Não é verdade!

— Claro que é. Eu sei que não sou uma garota bonita; nunca fui nem nunca vou ser!

— Eu discordo completamente. Acho você bonita.

— Não é verdade.

— Se eu estou dizendo, é porque é, pode acreditar!

Eu, naturalmente, disse a mesma coisa dele.

Sua Anne Frank

•

QUARTA-FEIRA, 29 DE MARÇO DE 1944

Querida Kitty,

Ontem à noite o ministro Bolkestein falou à rádio Oranje que, ao fim da guerra, seriam coletados diários e cartas sobre a guerra. É claro que, na mesma hora, todos quiseram saltar sobre o meu diário. Imagine como seria interessante se fosse publicado um romance sobre o Anexo. Pelo título as pessoas achariam que se trata de um romance policial.

Mas, falando sério, imagino que uns dez anos depois da guerra, as pessoas vão achar curiosamente engraçado ler como nós, judeus, vivemos, comemos e falamos aqui. Apesar de eu contar a você muito de nós, ainda assim o que você fica sabendo é só uma pequena parcela do que é a nossa vida. Quanto medo sentem as damas daqui quando há bombardeios, como, por exemplo, no domingo, quando 350 aviões de guerra ingleses soltaram 500 mil quilos de bombas em Ijmuiden, como as casas tremem feito palha ao vento, quantas epidemias correm soltas por aqui, você nem imagina!

Se eu fosse escrever com riqueza de detalhes sobre todas essas coisas que você não sabe, levaria um dia inteiro. As pessoas fazem fila para comprar legumes e todos os produtos possíveis e imagináveis; os médicos não podem visitar os pacientes porque volta e meia os seus veículos são roubados; as casas têm as portas arrombadas, roubos são cometidos diariamente; tudo isso é tão comum que você pode acabar se perguntando o que fez com que os holandeses passassem a ser tão pilantras de repente. Pirralhos de 8 a 11 anos quebram as vidraças das casas e fazem uma "limpeza geral". Ninguém mais se arrisca a sair de casa mesmo que por cinco minutos porque, quando alguém desaparece, os seus pertences fazem o mesmo. Todas as manhãs aparece nos jornais um sem-número de mensagens com recompensas pelo retorno ao proprietário de máquinas de escrever roubadas, tapetes persas, relógios elétricos, tecidos e assim por diante. Os relógios públicos são desmontados, os telefones nas cabines têm até o último fio arrancado.

O moral dos cidadãos não deve estar nem um pouco bom; todos estão passando fome; a comida racionada da semana não dura nem dois dias, exceto o substituto de café. A invasão está demorando; os homens são mandados para a Alemanha; as crianças estão ou doentes ou subnutridas; todo mundo anda malvestido e com os sapatos caindo aos pedaços. Uma sola custa 7,50 florins no mercado negro. A maior parte dos sapateiros não aceita mais clientes, ou então tem de se esperar quatro meses pelos sapatos consertados, que, no meio-tempo, em geral desaparecem.

Há um lado bom nisso tudo: a sabotagem contra o governo se intensifica mais e mais conforme a qualidade da comida piora e as medidas para o povo ficam cada vez mais austeras. O serviço de distribuição de comida, a polícia, as autoridades, todos ou fazem de tudo para ajudar os cidadãos ou os delatam, mandando-os para a prisão. Felizmente, só uma pequena porcentagem dos cidadãos holandeses está do lado errado.

Sua Anne

•

SEXTA-FEIRA, 31 DE MARÇO DE 1944

Querida Kitty,

Imagine só: ainda está um frio daqueles, mas já faz aproximadamente um mês que as pessoas não têm mais carvão. Desagradável, não?! O clima geral está mais uma vez otimista em relação aos avanços da frente russa, o que é ótimo! É verdade que não escrevo muito sobre política, mas não tenho como deixar de comentar a situação atual. As tropas russas estão diante da sede do Governo Geral e, na Romênia, junto ao rio Prut, o maior afluente do Danúbio. Elas se encontram no momento perto de Odessa, depois de sitiar Tarnopol, esperando noite após noite um comunicado de Stalin.

Em Moscou são tantas salvas de balas que a cidade inteira treme; só não sei se fazem isso porque gostam, porque a guerra é cada vez mais iminente, ou simplesmente porque não têm outra maneira de externar a sua alegria.

A Hungria foi ocupada por tropas alemãs; ainda há um milhão de judeus lá; eles também estão condenados.

Aqui nada de especial. Hoje é o aniversário de sr. van Daan, que ganhou de presente dois maços de tabaco, café para uma única xícara (que a esposa tinha guardado), um ponche de limão do sr. Kugler, sardinhas da Miep, água-de-colônia de nós, dois buquês de lilases e tulipas.

Não se pode esquecer a torta de framboesa, um tanto grudenta por causa da qualidade da farinha e da falta de manteiga, mas gostosa ainda assim.

As fofocas em relação ao Peter e eu esmoreceram um pouco; hoje à noite ele vem me buscar; simpático da parte dele, não acha? Principalmente levando em conta o quão desagradável ele acha tanta fofoca! Nós nos tornamos bons amigos de verdade, passamos muito tempo juntos e falamos dos mais variados assuntos. É tão agradável não ter de controlar o que eu digo, o que seria o caso com qualquer outro, quando entramos em temas delicados. Por exemplo, falamos de sangue, e a conversa acabou indo parar em menstruação e afins. Ele acha que nós somos corajosas por enfrentar uma perda de sangue dessas. Ele também acha que eu sou corajosa. Por que será?

A minha vida aqui deu uma melhorada. Uma boa melhorada. Deus não me abandonou nem me abandonará.

Sua Anne Frank

•

SÁBADO, 1º DE ABRIL DE 1944

Queridíssima Kitty,

E, no entanto, tudo ainda é tão difícil. Você sabe a que me refiro, não? Eu desejo tanto um beijo dele, um beijo que demora tanto para vir. Será que todo esse tempo ele me viu mais como uma amiga e nada além disso?

Você sabe tanto quanto eu que sou forte, que consigo carregar a maior parte da carga sozinha. Nunca tive o costume de dividir a minha carga com ninguém, nunca me apeguei à minha mãe, mas agora como eu gostaria de apoiar a cabeça no ombro do Peter e me sentir apenas tranquila, em paz.

Eu jamais, jamais consigo me esquecer do sonho em que senti o rosto do Peter, numa época em que tudo era tranquilidade! Será que ele não tem esse mesmo desejo?

Será que ele só é tímido demais para confessar o seu amor?

Por que ele sempre quer me ter ao seu lado? Ah, por que ele não fala?

Chega, eu tenho de recuperar a minha calma; vou me fortalecer, e, com um pouco de calma, todo o resto vai vir naturalmente, mas isso também não é bom; não é nada bom que eu fique correndo atrás dele. Sou sempre eu que subo, nunca é ele que desce até mim. Mas isso é por causa da divisão dos quartos, e ele bem sabe onde mora o problema. Sim, é isso, ele leva tudo isso em conta.

Sua Anne M. Frank

•

SEGUNDA-FEIRA, 3 DE ABRIL DE 1944

Queridíssima Kitty,

Indo completamente contra o que costumo fazer, para variar, vou falar detalhadamente de comida. Porque esse assunto complicado e importantíssimo não é uma questão só no Anexo, mas em toda a Holanda, em toda a Europa e até mais além.

Durante esses vinte e um meses em que estamos aqui, já passamos por diversos "períodos alimentícios" — você já vai entender o que eu quero dizer com isso. Quando falo de "períodos alimentícios" me refiro a períodos em que não comemos outra coisa além de determinado prato ou determinado legume. Durante um bom tempo, dia após dia, não comemos nada além de endívia, com areia, sem areia, com purê de batata, sem acompanhamento e em travessas refratárias; depois foi a vez do espinafre, então vieram a couve-rábano, a escorcioneira, os pepinos, os tomates, o chucrute, e daí por diante...

Não é nada agradável comer chucrute, por exemplo, em todo almoço ou janta, mas quem tem fome faz de tudo. Agora, porém, estamos passando pelo melhor período, porque não nos fornecem mais nenhum legume.

O nosso cardápio de almoço da semana é constituído de: feijão-preto, sopa de ervilha, batata com bolinho de farinha, suflê de batata e, com a graça de Deus, nabos ou cenouras estragadas, então, de novo, feijão-preto. Nós comemos batatas antes de todas as refeições, começando pelo café da manhã por causa da falta de pão; pelo menos pela manhã elas são um pouco douradas. Para a sopa, usamos feijão-branco e preto, batatas e pacotinhos de sopa de legumes, de frango e de feijão-

-preto. Os feijões-pretos estão em tudo, até mesmo no pão. À noite comemos batatas com uma imitação de molho de carne e, o que por sorte ainda temos, salada de beterraba. Ainda preciso escrever sobre os bolinhos de farinha; nós os preparamos com farinha distribuída pelo governo, água e fermento. São tão grudentos e duros que é como estivéssemos com pedras no estômago, mas fazer o quê?

O ponto alto da semana são as rodelas de salsicha de fígado e a geleia no pão seco. Mas ainda estamos vivos e, com frequência, a comida é até gostosa!

Sua Anne M. Frank

•

QUARTA-FEIRA, 5 DE ABRIL DE 1944

Queridíssima Kitty,

Passei um bom tempo sem me questionar por que continuo estudando aqui. O fim da guerra ainda parece tão distante, e ele é tão irreal e belo, como um conto de fadas! Se a guerra não tiver terminado até setembro, não vou voltar para a escola, porque não quero ficar dois anos atrasada.

Os meus dias se constituem do Peter e nada além do Peter, em sonhos e pensamentos; até que comecei a sentir no sábado à noite uma apatia absurda, ou, melhor, horrorosa. Lá estava eu ao lado do Peter, me segurando para não me debulhar em lágrimas, rindo ensandecidamente com o sr. van Daan e o seu ponche de limão, serelepe e agitada, mas, assim que me via sozinha, sabia que logo verteria tudo aquilo em lágrimas.

Só de camisola, fui escorregando até o chão e, primeiro, fiz uma longa e intensa prece; depois, chorei com a cabeça apoiada nos braços, que seguravam os meus joelhos dobrados, no chão, toda encolhida. Um soluço mais alto me fez voltar os pensamentos para o quarto e tentar controlar as lágrimas, porque não queria que ouvissem nada lá de dentro. Comecei a dizer a mim mesma palavras de alento, repetindo: "Eu preciso, eu preciso, eu preciso..." Com o corpo duro por causa da postura pouco natural, me encostei na beirada da cama, onde continuei a minha batalha até que, pouco antes das dez e meia, me enfiei na cama. Tinha passado!

E virou passado. Tenho de estudar para não continuar sendo uma ignorante, avançar e me tornar uma jornalista, porque é isso que eu quero! Estou ciente de que sei escrever. Alguns dos meus contos são bons; as minhas descrições do Anexo, divertidas; muito do meu diário tem voz própria, mas... se eu realmente tenho talento, essa é outra questão.

O sonho de Eva é o meu melhor conto, mas é estranho que eu realmente não saiba de onde ele veio. Muito de *A vida de Cady* também é bom, mas o conjunto é uma porcaria. Nesse ponto sou a minha melhor e mais mordaz crítica; eu mesma sei quando algo está bem ou mal escrito. Ninguém que não escreve sabe a delícia que é escrever. Antigamente eu me queixava de que não tinha a menor inclinação para o desenho, mas agora me sinto felicíssima por conseguir pelo menos escrever.

E, se eu não tiver talento para escrever nem livros nem para jornais, sempre posso escrever para o meu próprio prazer. Mas quero progredir; para mim é inconcebível ser como a mamãe, a madame e todas as outras mulheres que fazem algo e depois são esquecidas. Quero ter alguma atividade paralela ao meu marido e aos filhos à qual eu possa me dedicar! Ah, sim, não quero que a minha vida tenha sido em vão como a da maior parte das pessoas! Quero poder servir e agradar às pessoas que vivem à minha volta, mesmo àquelas que não me conhecem; quero perdurar, mesmo após a minha morte! E é por isso que dou graças a Deus por ter me dado, quando nasci, a possibilidade de me desenvolver e escrever, ou seja, expressar tudo o que existe em mim!

Por meio da escrita eu me liberto, a minha tristeza desaparece, a minha coragem revive! Mas — e essa é a grande questão — será que eu ainda conseguirei escrever algo grandioso, me tornar jornalista ou escritora?

Espero que sim — e como! —, porque, escrevendo, posso registrar tudo: os meus pensamentos, os meus ideais e as minhas fantasias.

Já faz muito que não trabalho em *A vida de Cady*; já sei mentalmente e com precisão como tudo vai se desenrolar, mas não consigo avançar. É possível que eu jamais conclua o texto e ele acabe na lixeira ou na lareira. É uma aflição, mas então penso de novo: aos 14 e com tão pouca experiência, ninguém escreve filosofia.

Assim sendo, sigo em frente com a coragem redobrada e ainda chegarei lá, porque o que eu quero é escrever!

Sua Anne Frank

•

QUINTA-FEIRA, 6 DE ABRIL DE 1944

Querida Kitty,

Você me perguntou quais são os meus passatempos e interesses, e aqui vai a resposta, mas esteja avisada que tem uma porção de coisa.

Em primeiro lugar: escrever, se bem que eu não penso nisso como um passatempo.

Número dois: árvores genealógicas. Vivo pesquisando em tudo que é jornal, livro e documento as das famílias reais francesa, alemã, inglesa, austríaca, russa, norueguesa e holandesa. Com algumas delas eu já fiz bastante progresso, ainda mais porque já há muito tempo faço anotações quando leio livros de história e biografias. Até mesmo copio trechos inteiros de biografias para mim mesma.

O meu terceiro passatempo também é estudar história, e o papai já comprou vários livros do tema para mim. Mal posso esperar o dia de ir à biblioteca pública para explorar tudo com mais detalhes.

O passatempo número quatro é estudar mitologia greco-romana. Eu também tenho diversos livros sobre o tema. Sei enumerar sem parar para pensar as nove musas e as sete amantes de Zeus. As mulheres de Hércules eu também sei citar de cor e salteado.

Outra coisa que adoro são estrelas do cinema e fotos de família. Amo livros e leitura. Tenho uma sensibilidade especial para história da arte, principalmente no que se refere a escritores, poetas e pintores. Os músicos talvez despertem meu interesse mais tarde. Nutro certa antipatia por álgebra, geometria e aritmética. Todas as demais matérias da escola eu estudo com prazer, mas a minha preferida é história!

Sua Anne Frank

•

TERÇA-FEIRA, 11 DE ABRIL DE 1944

Queridíssima Kitty,

A minha cabeça está dando voltas, juro que não sei por onde começar.

A quinta-feira (a última vez que escrevi a você) transcorreu normalmente.

A sexta foi uma Sexta-Feira Santa, e jogamos Banco Imobiliário à tarde, assim como na tarde de sábado. Esses dias passaram todos muito depressa.

Por volta das duas horas do sábado começaram disparos violentos — metralhadoras, dizem os cavalheiros. De resto, tudo tranquilo.

Às quatro e meia da tarde de domingo, atendendo ao meu convite, o Peter veio até mim; às cinco e quinze fomos para o sótão, onde ficamos até as seis. Das seis às sete e quinze foi transmitido pelo rádio um belo concerto de Mozart, e desfrutei mesmo foi de *Kleine Nachtmusik*. É praticamente impossível para mim escutar essa música na sala, porque a beleza dela mexe demais comigo.

No domingo à noite o Peter ficou sem banho, porque a tina estava lá embaixo na cozinha, cheia de roupa para lavar. Fomos às oito juntos para o sótão, e, para me acomodar, apanhei a única almofada do divã que se encontrava no meu quarto. Sentamo-nos sobre um caixote. Tanto o caixote como as almofadas eram estreitos demais, e nos sentamos encostados um no outro e nos apoiamos em caixotes; a Mouschi também nos fez companhia, de modo que não estávamos sozinhos.

De repente, às quinze para as nove, assobiando, o sr. van Daan apareceu e perguntou se tínhamos pegado uma almofada do sr. Dussel. Ambos nos sobressaltamos e descemos com a almofada, a gata e o sr. van Daan. A tal almofada ainda causaria uma grande desavença. O sr. Dussel estava furioso porque eu tinha pegado o seu travesseiro-almofada, temendo que estivesse infestado de pulgas agora; havia mobilizado todos por causa daquele travesseiro. De vingança pela sua chateação, o Peter e eu enfiamos na sua cama duas escovas duras, que mais tarde tivemos de retirar de novo de lá, já que ele ainda não tinha entrado no quarto. Rolamos de rir por causa desse *intermezzo*.

Mas a nossa alegria duraria pouco. Às nove e meia o Peter bateu de mansinho à porta e perguntou ao papai se poderia ajudá-lo com uma frase difícil em inglês.

— Tem alguma coisa cheirando mal nisso — eu disse à Margot. — Está na cara que ele inventou um pretexto, e os dois estão conversando num tom que é como se estivessem discutindo o fato de alguém ter invadido a casa!

A minha suspeita se revelou verdadeira, alguém tinha entrado no armazém. Num piscar de olhos, o papai, o sr. van Daan e o Peter desceram. A Margot, a mamãe, a madame e eu, enquanto isso, esperávamos. Quatro mulheres amedrontadas sentem a urgência de falar, que foi o que fizemos, até que ouvimos uma batida lá embaixo, seguida por silêncio total; o relógio deu quinze para as dez. Empalidecemos todas, mas ainda estávamos calmas, apesar de inquietas. Onde os cavalheiros teriam ido parar? O que tinha sido aquele estrondo? Estariam brigando com o ladrão? Todas tinham parado de pensar. Esperávamos. Às dez, passos na escada. O papai, pálido e nervoso, entrou, seguido pelo sr. van Daan.

— Luzes apagadas, todo mundo subindo na ponta dos pés, pode ser que a polícia apareça!

Não havia tempo para ter medo; as luzes foram apagadas, eu ainda peguei rapidamente um casaquinho e fomos nos sentar lá em cima.

— O que aconteceu, conta logo!

Não havia ninguém para contar, os cavalheiros tinham descido outra vez.

Os quatro só subiram às dez e dez; dois à espreita na janela aberta do Peter, a janela do patamar estava fechada, a estante giratória, também. Estendemos um suéter em cima do abajur. Foi então que contaram o que aconteceu.

O Peter ouviu do patamar duas pancadas fortes, desceu em disparada e viu que uma grande tábua no lado esquerdo da porta do armazém tinha caído. Subiu correndo, alertou os homens da família e os quatro desceram juntos. Os ladrões arrombadores continuavam pilhando coisas quando os quatro entraram no armazém. Sem refletir, o sr. van Daan gritou: "Polícia!"

Passos apressados para a rua, os ladrões partiram em debandada. Para evitar que a polícia notasse o buraco, recolocaram a tábua no lugar, mas, com um pontapé de fora, a tábua saiu voando pelos ares e foi parar no chão. Os cavalheiros ficaram perplexos diante de tamanho atrevimento; o sr. van Daan e o Peter foram tomados por um ímpeto assassino. O sr. van Daan deu uma machadada no chão; silêncio geral. Recolocaram a tábua no lugar e ela foi parar no chão de novo. Um casal do lado de fora apontou uma lanterna para o buraco e iluminou todo o armazém.

— Mas o que... — resmungou um dos cavalheiros e... eis que o seu papel havia se invertido e agora ele era um dos arrombadores.

Os quatro saíram correndo para cima, o sr. Dussel e o sr. van Daan apanharam os livros do sr. Dussel e o Peter abriu as portas e as janelas da cozinha e do escritório particular e jogou o telefone no chão, até que, por fim, os quatro se encontram atrás da estante.

(FIM DA PRIMEIRA PARTE.)

Era bem provável que o casal com a lanterna tivesse alertado a polícia. Era noite do domingo, a noite do primeiro dia de Páscoa. No segundo dia de Páscoa o escritório estava mais uma vez vazio, de modo que tínhamos de andar na ponta dos pés até a manhã de terça. Imagine você: duas noites e um dia nesse medo constante! Não imaginávamos nada, apenas ficávamos no breu, porque a madame, com medo, tinha apagado a lâmpada, só se falava aos sussurros, a cada rangido soava um "xiu".

Eram dez e meia, onze, nenhum barulho; o sr. van Daan e o papai vinham até nós alternadamente. Até que, às onze e quinze, ouvimos uma barulheira lá embaixo. De onde estávamos dava para ouvir a respiração da família toda, mas ninguém se mexia. Passos em casa, no escritório, na cozinha e... na escada. Não dava para ouvir mais ninguém respirar, oito corações tinham ido parar na garganta. Passos na escada, depois batidas na estante giratória.

Aquele momento foi indescritível.

— Estamos perdidos! — exclamei, já imaginando nós quinze sendo transportados pela Gestapo.

Batidas à estante giratória, duas vezes, e o barulho de uma lata caindo; os passos se afastaram; por enquanto, estávamos a salvo! Todos sentimos arrepios, ouviam-se dentes batendo, ninguém dizia nada. Assim ficamos até as onze e meia.

Nada mais se ouvia na casa, mas a lâmpada do patamar das escadas estava acesa, em frente à estante. Os policiais desconfiaram de alguma coisa? Eles esqueceram a luz acesa? E alguém viria apagá-la? As línguas começaram a se desatar; não havia mais ninguém no prédio, talvez só um guarda diante da porta.

Queríamos fazer três coisas: expressar nossas suposições, nos arrepiar de medo e ir ao banheiro. Os penicos estavam no sótão, só podíamos usar a lixeira de papel do Peter. O sr. van Daan foi o primeiro; depois, o papai; a mamãe estava morta de vergonha. O papai levou a lata de lixo para o quarto, onde a Margot, a madame e eu a usamos. No fim, a mamãe cedeu.

Toda hora alguém pedia papel; ainda bem que eu tinha um pouco no bolso. A lata fedia, todos nós sussurrávamos e estávamos cansados, já era meia-noite.

— Vocês se deitem aí no chão e durmam!

Entregaram travesseiros e mantas à Margot e a mim. A Margot acabou ocupando uma parte da despensa, enquanto eu me deitei entre as pernas da mesa. No chão fedia menos, mas mesmo assim a madame polvilhou a superfície da lixeira com lixívia em pó e a cobriu com uma toalha de prato por precaução.

Conversas, sussurros, timidez, fedor, gases e sempre alguém sentado na lixeira — tente dormir numa situação dessas! No fim das contas, às duas e meia eu estava tão cansada que não ouvi mais nada até as três e meia. Só acordei quando a madame encostou a cabeça nos meus pés.

— Por favor, me dê mais alguma coisa para eu me esquentar! — pedi.

Ela me deu, mas não queira saber em que estado: umas calças para vestir por cima do pijama, um suéter vermelho e uma saia preta, meias térmicas brancas e meias até a altura do joelho furadas.

A madame retornou ao seu lugar na cadeira e o marido foi se deitar aos meus pés. A partir das três e meia passei a refletir e voltei a tremer tanto que o sr. van Daan não conseguia pegar no sono. Eu estava me preparando para a volta da polícia; teríamos então de dizer que éramos clandestinos — podiam ser holandeses bondosos, o que seria um alívio, ou membros do NSB, os colaboradores dos alemães, então teríamos de suborná-los!

— Quer fazer o favor de esconder esse rádio! — exclamou a madame, entre suspiros.

— Pois é, na lareira — respondeu o marido. — Porque, se nos acharem, é possível que achem o rádio também!

— E o diário da Anne também — interveio o papai.

— Então o queimem — sugeriu a pessoa mais medrosa dentre nós.

Esse momento e o momento em que mexeram na estante giratória foram os que mais me deram medo — se o meu diário for, eu vou junto! Mas o papai, felizmente, deixou a coisa morrer por isso mesmo.

Não faz sentido registrar todas as conversas de que me lembro; falou-se tanto! Consolei a madame, que estava apavorada. Falamos sobre fugas e interrogatórios da Gestapo, sobre telefonemas e sobre ser corajosos.

— Agora nós temos de nos comportar como soldados, senhora, e, se tivermos de pagar com a vida, muito bem, que seja pela rainha e pela pátria, pela liberdade, pela verdade e pela justiça, tudo o que a casa real volta e meia reitera. A única coisa ruim é que vamos levar os outros para o fundo conosco!

O sr. van Daan trocou de lugar com a mulher após uma hora. O papai veio ficar comigo. Os cavalheiros fumavam sem parar. Vez ou outra se ouvia um suspiro profundo, depois alguém esvaziando a bexiga, e então tudo recomeçava.

Quatro horas, cinco, cinco e meia. Fui até o Peter então e nos encolhemos quase encostados, tão próximos que sentíamos os tremores um no corpo do outro. Ficamos assim sentados, dizíamos de vez em quando alguma palavra e prestávamos atenção. O ambiente foi iluminado o máximo possível. Então fizeram um resumo por escrito de todos os pontos que queriam dizer ao sr. Kleiman ao telefone.

Isso porque, às sete, queriam ligar para o sr. Kleiman e mandar vir alguém. O risco de que o guarda diante da porta ou no armazém ouvisse o telefonema era grande, mas o de que a polícia voltasse era ainda maior.

Apesar de anexar o documento com os pontos aqui, por questões de clareza vou reproduzi-lo mais uma vez.

Invasão domiciliar: a polícia esteve no prédio e chegou até a estante giratória, mas não a atravessou. Pelo visto os invasores foram flagrados, forçaram a porta do armazém e fugiram pelo jardim. A entrada principal estava trancada; o sr. Kugler só pode ter saído pela outra porta.

Máquina de escrever e calculadora em segurança na caixa preta no escritório.

Roupas sujas da Miep e da Bep no tanque da cozinha. Só a Miep ou o sr. Kugler têm a chave da outra porta; fechadura possivelmente quebrada.

Tentar alertar Jan, mandar trazer a chave e dar uma olhada no escritório; o gato também tem de ser alimentado.

De resto tudo correu às mil maravilhas. Ligaram para o sr. Kleiman, as ripas foram retiradas, a máquina de escrever voltou para o armário. Em seguida nos sentamos outra vez à mesa, à espera de Jan ou da polícia.

O Peter tinha pegado no sono, o sr. van Daan e eu nos estendemos no chão, quando ouvimos passos vigorosos lá embaixo. Levantei-me de mansinho.

— É o Jan!

— Não, não, é a polícia! — disseram os demais.

Punhos batendo à nossa estante, a Miep assobiou. Isso foi demais para a madame; morbidamente pálida, perdeu a firmeza sobre a cadeira; se a tensão tivesse durado mais um minuto que fosse, teria desmaiado.

Quando o Jan e a Miep entraram, depararam com uma cena inesquecível na nossa sala; só a mesa já valia uma foto: um exemplar da *Cinema & Theater* aberto numa página que exibia bailarinas e suja de geleia e pectina para diarreia, dois potes de geleia, um sanduíche pela metade e um quarto de outro, pectina, espelho, pente, fósforos, cinzas, cigarros, cinzeiro, livros, uma peça de roupa íntima, uma lanterna, um pente da madame e papel higiênico, entre outros itens.

O Jan e a Miep foram recebidos com júbilo e lágrimas, é claro. O Jan tapou o vão com uma tábua branca e logo em seguida se foi com a Miep para falar com a polícia sobre a invasão. A Miep tinha achado sob a porta do armazém um bilhete do guarda noturno, o sr. Sleegers, que tinha descoberto o buraco e alertado a polícia. O Jan também lhe faria uma visita.

Com isso, dispúnhamos de apenas meia hora para nos aprontar. Jamais vi ser operada uma mudança tão radical em apenas meia hora como então.

A Margot e eu demos uma arrumada no chão debaixo das camas, fomos ao banheiro, escovamos os dentes, lavamos as mãos e demos uma ajeitada nos cabelos.

Em seguida, arrumei o quarto um pouco mais e voltei a subir. A mesa já estava arrumada também; abrimos a torneira, preparamos chá e café, esquentamos leite e pusemos a mesa para a hora do café.

O papai e o Peter esvaziaram os penicos improvisados e os limparam com água quente e lixívia em pó; o maior tinha ficado cheio até a boca, tão pesado que foi difícil erguê-lo, e, além disso, ele pingava, de modo que teve de ser transportado sobre um balde.

Às onze lá estávamos nós de novo à mesa, com o Jan, que tinha voltado, e, aos poucos, o astral foi melhorando. O Jan nos contou o seguinte: na visita à casa do sr. Sleegers, como ele estava dormindo, a sua esposa explicou que o marido estava fazendo a ronda noturna pelos canais da área nobre quando reparou no buraco na nossa casa; então chamou um policial, com quem inspecionou a área. O sr. Sleegers é um guarda particular e percorre os canais de bicicleta com os seus dois cachorros todas as noites. Passaria na terça-feira para falar com o sr. Kugler e contar mais detalhes. Na delegacia ainda não estavam a par da invasão, mas haviam agendado uma visita para a terça-feira também.

No caminho de volta, o Jan passou por acaso pela casa do sr. van Hoeven, o nosso fornecedor de batatas, e também contou a ele da invasão.

— Já estou sabendo — disse o sr. van Hoeven com a maior calma do mundo. — Ontem à noite eu passei com a minha mulher diante do prédio e vi um buraco na porta. A minha mulher não queria parar, mas eu dei uma inspecionada com a lanterna, e nessa hora os ladrões devem ter saído. Por precaução, não chamei a polícia, porque se tratava do senhor. Eu não sei muito, é verdade, mas tenho várias suspeitas.

O Jan agradeceu e prosseguiu. O sr. van Hoeven com certeza supõe que nós estamos aqui, porque sempre traz as batatas na hora do almoço. Um homem bom!

Depois que o Jan foi embora e lavamos a louça já era uma hora. Fomos os oito dormir. Às quinze para as três eu acordei e vi que o sr. Dussel já havia desaparecido. Muito por acaso, no banheiro esbarrei com a minha cara de sono no Peter, que tinha acabado de descer. Combinamos de nos encontrar lá embaixo. Eu me ajeitei um pouco e desci.

— Você ainda tem coragem de ir até a parte da frente do sótão? — perguntou.

Fiz que sim, peguei o travesseiro da cama envolto num pano e fomos para lá. O tempo estava maravilhoso, mas logo soaram as sirenes; permanecemos onde estávamos. O Peter envolveu os meus ombros com um braço, e eu segui o exemplo, e assim ficamos abraçados, esperando tranquilamente até que a Margot veio nos chamar às quatro para o café.

Comemos o nosso sanduíche, tomamos limonada e fizemos gracinhas, o que melhorou o humor, e tudo voltou a ser como antes. Agradeci ao Peter a noite porque ele foi o mais corajoso de nós.

Nenhum de nós passou por um perigo tão grande como naquela noite. Deus nos protegeu com muito zelo. E pensar que a polícia chegou a ficar diante da nossa estante, a luz acesa logo em frente, e nós passamos despercebidos! "Estamos perdidos!", eu tinha dito baixinho naquele momento, mas fomos salvos. Se houver uma invasão e bombas forem lançadas, é cada um por si, mas naquela situação tivemos medo pelos nossos salvadores cristãos bons e inocentes.

"Fomos salvos, continue nos salvando!", é tudo o que podemos dizer.

Essa história gerou muitas mudanças. A partir de então, o sr. Dussel permanece a noite no banheiro, o Peter inspeciona a casa às oito e meia e às nove e meia. A janela do Peter não pode mais ser aberta, já que o funcionário da Keg viu a janela aberta. A partir das nove e meia não se pode mais dar descarga. O sr. Sleegers foi contratado como guarda noturno. Hoje à noite vem aqui um marceneiro clandestino que vai pegar o estrado de uma das nossas camas brancas de Frankfurt para fazer uma barricada. Aqui no Anexo, as pessoas não param de discutir. O sr. Kugler nos recriminou por causa da nossa falta de cuidado, e o Jan acrescentou que estávamos proibidos de ir ao térreo. Resta saber se o tal do sr. Sleegers é de confiança, se os cachorros vão dar o alarme se ouvirem alguém atrás da porta, como fazer a barricada etc.

Somos sempre lembrados de que somos judeus agrilhoados, presos num único lugar, sem direitos, mas com milhares de deveres.

Nós, os judeus, não podemos fazer valer os nossos sentimentos, temos de ser corajosos e fortes, engolir sapos e não reclamar, fazer tudo o que está ao nosso alcance e confiar em Deus. Um dia essa guerra terrível vai ter fim; um dia vamos voltar a ser pessoas, e não apenas judeus!

Quem nos faz passar por tudo isso? Quem transformou a nós, os judeus, na grande exceção entre todos os povos? Quem é o responsável por esse nosso sofrimento? Foi Deus que nos fez assim, mas será também Ele que nos elevará. Se continuarmos carregando tanto sofrimento e, ainda assim, sobrarem judeus, então deixaremos de ser vistos como um povo condenado e passaremos a ser um exemplo. Quem sabe não serão os nossos ensinamentos que pregarão o bem ao mundo e, com isso, a todos os povos, razão única e exclusiva pela qual devemos sofrer? Jamais poderemos ser apenas holandeses, ou apenas ingleses, ou apenas cidadãos de qualquer outra nação — em paralelo, seremos sempre judeus, seremos obrigados a continuar sendo judeus, o que, no fundo, é também o que queremos.

Sejamos corajosos! Tomemos consciência da nossa missão e não reclamemos, de algum lugar virá ajuda, Deus jamais abandonou o nosso povo; ao longo dos séculos sempre houve judeus; na passagem de todos os séculos, nós, os judeus, sempre tivemos de sofrer, mas, na passagem dos séculos nós também nos fortalecemos. Os fracos cairão, ao passo que os fortes permanecerão, sem jamais ser derrotados!

Naquela noite eu estava pronta para morrer; estava esperando pela polícia, pronta, pronta como um soldado no campo de batalha.

Eu até gostaria de me sacrificar pela pátria, mas, agora que fui salva outra vez, o meu primeiro desejo para depois da guerra é me naturalizar holandesa!

Eu gosto dos holandeses, gosto do nosso país, gosto da língua e quero trabalhar aqui. Nem que eu tenha de escrever diretamente à rainha, nada vai me demover de atingir o meu objetivo!

Vou ficando cada vez mais independente dos meus pais; mesmo sendo tão nova, tenho mais vontade de viver e um sentimento de justiça mais inalienável e correto que o da mamãe. Sei o que quero, tenho um objetivo, uma opinião, uma crença e um amor. Deixem-me ser o que sou que já me dou por satisfeita. Tenho consciência de que sou uma mulher, uma mulher com força interior e muita coragem!

Se Deus me deixar viver, vou realizar mais do que a mamãe jamais realizou, não vou ser insignificante, vou trabalhar para o mundo e para as pessoas! Hoje sei que coragem e alegria são elementos primordiais!

Sua Anne M. Frank

•

SEXTA-FEIRA, 14 DE ABRIL DE 1944

Querida Kitty,

O ambiente aqui continua muito tenso. O Pim está em ponto de ebulição, a madame está de cama com um resfriado e não para de reclamar; o marido, sem os seus cigarros, pálido; o sr. Dussel, depois de sacrificar tanto da sua comodidade, é só críticas; e daí por diante. A bruxa anda solta. O sanitário está vazando, não dá mais para fechar a torneira. Graças aos muitos contatos que temos, todos os problemas podem ser resolvidos rapidamente.

Às vezes, como você bem sabe, eu fico emotiva... às vezes até aqui há espaço para isso. Quando o Peter e eu, em meio a tanta bagunça e poeira, nos sentamos sobre uma caixa de madeira resistente, os braços enlaçados sobre o ombro um do outro, ele com um cacho dos meus cabelos entre os dedos, quando os passarinhos cantam os seus trinados lá fora, quando as árvores começam a florescer, quando o sol parece chamar para fora e o céu fica tão azul, ah, nesses momentos eu tenho tantos desejos, mas tantos!

Aqui dentro não se vê nada além de rostos insatisfeitos e carrancudos e só se ouvem suspiros e queixas abafadas, parece que de repente todos começamos a nos sentir mal. Mas, na verdade, nada é tão ruim, depende apenas do nosso ponto de vista. Aqui no Anexo, ninguém se dá ao trabalho de mostrar o bom exemplo; aqui, cada um luta contra o próprio mau humor.

— Se pelo menos tudo já tivesse terminado! — ouve-se todo santo dia.

Meu trabalho, minha esperança, meu amor, minha coragem,
tudo isso me mantém em pé e me faz ficar bem!

Kit, eu juro que acho que hoje estou um pouco lelé da cuca, sem saber por quê. Tudo aqui anda misturado, não se enxerga a mínima conexão entre as coisas, e às vezes eu duvido seriamente de que essas bobagens serão do interesse de alguém. "As confissões de um patinho feio" vai ser o título disso. O sr. Bolkestein ou o sr. Gerbrandy[25] não tirarão nenhum proveito dos meus diários.

Sua Anne M. Frank

•

SÁBADO, 15 DE ABRIL DE 1944

Querida Kitty,

"É uma desgraça atrás da outra. Quando isso vai ter fim?" Dá para dizer isso mais uma vez. Olha só o que aconteceu agora: o Peter se esqueceu de tirar o ferrolho da porta. Por causa disso, o sr. Kugler e os outros não conseguiram entrar em casa; ele foi até a Keg e estilhaçou a janela da cozinha para poder entrar. As nossas janelas estavam abertas, algo que o pessoal da Keg deve ter reparado. O que será que estão pensando por lá? E o sr. van Maaren? O sr. Kugler ficou uma fera. Nós reclamávamos por ele não querer reforçar as portas, e aí a gente vai e apronta uma dessas! O Peter está chateadíssimo. Quando a mamãe disse à mesa que ela tem mais pena é do Peter, ele quase começou a chorar. A culpa também é nossa, porque nós e o sr. van Daan perguntamos praticamente todo dia se os ferrolhos foram mesmo retirados. Talvez eu possa consolá-lo daqui a pouco. Gostaria tanto de ajudá-lo!

Seguem aqui mais algumas confidências do Anexo nas últimas semanas:

Há uma semana, no sábado, o Moffie começou a passar mal de repente; ficou parado, quieto, babando. A Miep o pegou com cuidado, o enrolou num pano, o enfiou numa bolsa de compras e o levou à clínica veterinária. O veterinário lhe deu um remédio, porque o Moffie estava com problemas no intestino. O Peter fez com que ele tomasse o remédio mais algumas vezes, mas o Moffie logo desapareceu, passando dia e noite por aí, com certeza na companhia da namorada. Não demorou muito para o Moffie sarar. Mas agora ele está com o nariz inchado

25. Membros do governo holandês exilados em Londres.

e, quando alguém o pega, ele geme. Provavelmente levou um safanão quando tentou roubar comida.

A Mouschi passou alguns dias miando em falsete. Assim que decidimos mandá-la para o veterinário, começou a melhorar.

A janela do sótão passou a ficar entreaberta de madrugada também. O Peter e eu ficamos lá em cima à noite com frequência.

Graças ao cimento branco e à tinta a óleo, o nosso sanitário em breve estará consertado. A torneira que não se fecha também será substituída por outra.

A saúde do sr. Kleiman deu uma boa melhorada, felizmente. Em breve ele verá um especialista. Vamos torcer para que não seja necessária uma cirurgia de estômago.

Este mês nós recebemos oito cupons de racionamento de comida.

Infelizmente nas próximas duas semanas vamos ter legumes em vez de aveia ou sêmola. A mais recente novidade são os picles. Se tiver azar, num frasco de vidro só vai encontrar pepinos e um pouco de molho de mostarda. De legumes, nadica de nada. Alface e mais alface. As nossas refeições agora se constituem apenas de batatas e uma imitação de molho de carne.

Os russos ocuparam mais da metade da Crimeia.

No monte Cassino, os ingleses não fazem progresso. Vamos ter de contar com a costa ocidental. Tem acontecido bombardeios aos montes e eles são incrivelmente violentos. A prefeitura de Haia foi bombardeada. Todos os holandeses vão receber um novo registro para pegar cupons de racionamento.

Chega por hoje!

Sua Anne M. Frank

•

DOMINGO, 16 DE ABRIL DE 1944

Queridíssima Kitty,

Guarde na memória o dia de ontem, porque ele é muito importante na minha vida. Não é importante para toda garota o dia em que recebe o primeiro beijo? Pois para mim é. O beijo que o Bram deu na minha bochecha direita não conta, assim como o do Woudstra na minha mão direita. Muito bem, a história de como eu recebi esse beijo assim tão de repente é o que vou contar agora.

Ontem à noite, às oito, eu estava sentada com o Peter no seu divã. Ele logo pôs o braço em volta dos meus ombros (como era sábado, ele não estava de macacão).

— A gente podia chegar um pouquinho para lá — sugeri —, assim eu não bato a cabeça no armário.

Ele se arrastou quase até o cantinho, eu passei o meu braço por baixo do dele e praticamente desapareci por baixo do Peter, porque o seu braço estava como que pendurado sobre os meus ombros. Nós já tínhamos nos sentado bem juntinhos antes, mas nunca tão próximos como ontem. Ele me apertou com força, o meu lado esquerdo estava encostado no peito dele. O meu coração batia forte, mas isso ainda não era tudo. Ele não descansou enquanto a minha cabeça não pousou no seu ombro e a dele na minha. Quando, depois de uns cinco minutos, me endireitei um pouco, ele foi logo pegando a minha cabeça nas mãos e a encostou na dele de novo. Ah, aquilo era divino, eu mal conseguia falar, o prazer era intenso; ele acariciou o meu rosto um tanto sem jeito, mexendo nos meus cachos, e as nossas cabeças se tocavam uma na outra na maior parte do tempo.

As sensações que percorreram o meu corpo são indescritíveis, Kitty; eu estava feliz demais, e ele também, eu acho.

Levantamo-nos às oito e meia. O Peter calçou os tênis para que os seus passos ecoassem menos na segunda ronda pela casa, enquanto eu me mantinha lá. Não sei que gesto repentino eu fiz, mas, antes de descermos, ele me deu um beijo, por entre os meus cabelos, meio na bochecha direita, meio sobre o ouvido. Desci em disparada, sem olhar para trás, desejando que já fosse o dia de hoje.

Domingo de manhã, faltando pouco para as onze.

Sua Anne M. Frank

•

SEGUNDA-FEIRA, 17 DE ABRIL DE 1944

Querida Kitty,

Você acha que o papai e a mamãe vão ver com bons olhos que eu, uma garota de praticamente 15 anos, passe tanto tempo sentada num divã aos beijos com um rapaz de 17 e meio? Imagino que não, mas, no presente caso, eu só posso confiar em mim mesma. Eu me sinto tão tranquila e segura nos braços dele, descansando e sonhando! É tão empolgante sentir o seu rosto sobre o meu; tão maravilhoso saber que alguém está à minha espera! Mas — e aqui realmente há um "mas" — será que o Peter vai se contentar só com isso? Não que eu tenha me esquecido da sua promessa, mas... ele é um rapaz!

Eu mesma sei que estou me apressando — uma garota que sequer completou 15 anos já tão independente é inexplicável para os outros. Tenho quase certeza absoluta de que a Margot jamais daria um beijo num rapaz sem ter falado de noivado ou casamento antes.

Nem o Peter nem eu temos planos do tipo. A mamãe com certeza jamais tocou num homem antes do papai. O que as minhas amigas ou a Jacque diriam se soubessem que estive nos braços do Peter, com o coração sobre o seu peito, com a cabeça no seu ombro, com a cabeça e o rosto dele sobre o meu!

Ai, Anne, que escândalo! Mas juro que para mim não tem nada de escandaloso; nós ficamos aqui trancados, isolados do mundo, com medo e preocupados, principalmente nos últimos tempos; por que ficarmos separados, nós que amamos um ao outro? Por que não deveríamos nos beijar nesses tempos? Por que esperar até termos idade para isso? É pedir demais?

Decidi cuidar de mim mesma; ele jamais me deixaria triste ou magoada, por que então não seguir o que o meu coração diz e fazer com que nós dois sejamos felizes?

Ainda assim, Kitty, imagino que você perceba um pouco da minha dúvida. Deve ser a minha honestidade se rebelando contra o lado furtivo dessa história. Você acha que é minha obrigação informar ao papai o que eu fiz? Você acha que o nosso segredo deve ser compartilhado? Muito do que torna toda essa história tão especial se perderia, mas será que eu me sentiria mais tranquila? Vou conversar com *ele* sobre isso.

Ah, sim, eu ainda quero conversar com ele sobre muitas coisas, porque não vejo tanta utilidade em apenas acariciar um ao outro. É compartilhando o que pensamos que demonstramos confiança, e sem dúvida vamos nos tornar mais fortes por isso!

Sua Anne M. Frank

P.S.: Ontem de manhã já estávamos de pé às seis, porque todos ouvimos de novo barulho de gente forçando a porta para entrar na casa. É provável que algum vizinho nosso tenha sido a vítima dessa vez. As nossas portas estavam trancadas quando foram verificadas às sete, felizmente!

•

TERÇA-FEIRA, 18 DE ABRIL DE 1944

Querida Kitty,

Por aqui, tudo bem. Ontem à noite veio de novo o marceneiro, que começou a parafusar barras de ferro nos painéis das portas.

O papai acabou de dizer que, antes do dia 20 de maio, vão acontecer operações em grande escala, tanto na Rússia e na Itália como na frente ocidental; quanto mais tempo passa, mais remota eu vejo a possibilidade de libertação do nosso estado atual.

Ontem o Peter e eu finalmente conseguimos nos sentar para ter a conversa que já vínhamos adiando havia pelo menos dez dias. Eu lhe expliquei tudo sobre as garotas e não hesitei em discutir os detalhes mais íntimos. De certa forma, achei engraçado que ele pensasse que o orifício vaginal das mulheres fosse simplesmente omitido nas ilustrações. Por isso ele não fazia a menor ideia de que tudo isso realmente estivesse entre as pernas delas. A noite terminou com um beijo recíproco, meio que ao lado da boca. Que sensação deliciosa, de verdade!

Talvez qualquer hora eu leve o meu livro de belas citações lá para cima, assim eu e o Peter poderemos nos aprofundar mais nas questões que levantamos. Não acho que ficarmos um nos braços do outro seja o suficiente e adoraria que ele pensasse da mesma forma.

Após o inverno instável e mixuruca, a primavera está maravilhosa; abril é realmente uma beleza, nem frio, nem calor demais com pancadas de chuva vez ou outra. A nossa castanheira está bastante verde, aqui e ali já se veem até algumas flores desabrochando.

A Bep nos presenteou no sábado com quatro buquês de flores, três de narcisos e um de muscaris, este último para mim. O sr. Kugler nos fornece cada vez mais jornais.

Está na hora de estudar álgebra, Kitty, até mais.

Sua Anne M. Frank

•

QUARTA-FEIRA, 19 DE ABRIL DE 1944

Amada querida,

(Esse é o título de um filme com Dorit Kreysler, Ida Wüst e Harald Paulsen!)[26]

O que é mais belo no mundo que observar a natureza a partir de uma janela aberta, ouvir os passarinhos cantarem, sentir o sol no seu rosto e estar nos braços de um garoto maravilhoso? Sentir os seus braços me envolvendo me passa uma

---

26. *Lieve Schat*, no original em holandês. Anne se refere ao filme alemão *Geliebter Schatz* (1943). (*N. do E.*)

sensação de segurança e tranquilidade, assim como saber que ele está ao meu lado e, ainda assim, permanecer calada; não pode haver nada de mal nisso, porque essa tranquilidade é boa. Ah, que bom seria se não fôssemos mais incomodados por nada nem ninguém, nem mesmo pela Mouschi!

Sua Anne M. Frank

•

SEXTA-FEIRA, 21 DE ABRIL DE 1944

Queridíssima Kitty,

Ontem à tarde fiquei de cama com dor de garganta, mas, como já estava entediada na primeira tarde de cama e nem febre eu tinha, decidi me levantar hoje. A dor de garganta praticamente desapareceu.

Como você mesma já deve saber, ontem foi o aniversário de 55 anos do nosso Führer. Hoje é o aniversário de 18 anos de Sua Alteza Real, a princesa Elizabeth de York. Foi anunciado na BBC que ela ainda não foi proclamada adulta, ao contrário do que costuma acontecer com as princesas. Já nos perguntamos com que príncipe essa beldade será casada, mas não nos ocorreu nenhum adequado; é possível que a sua irmã, a princesa Margaret Rose, receba como marido o príncipe Boudewijn da Bélgica!

Aqui é um drama atrás do outro; mal tínhamos trancado as portas exteriores quando o sr. van Maaren reapareceu. O mais provável é que tenha vindo roubar farinha de batata e que queira pôr a culpa na Bep. O Anexo, compreensivelmente, está de novo todo alvoroçado. A Bep está fora de si de raiva. Talvez o sr. Kugler até faça com que vigiem os passos desse sujeito miserável.

Hoje de manhã esteve aqui o avaliador da Beethovenstraat. Ele ofereceu 400 florins pelo nosso armário. Suas outras ofertas também nos pareceram abaixo do valor dos objetos.

Eu quero perguntar ao jornal *De Prins* se não querem publicar os meus contos, obviamente sob um pseudônimo. Mas, como os que escrevi até hoje são longos demais, acredito que não tenha muita chance de conseguir isso.

Até a próxima, *darling*.

Sua Anne M. Frank

•

TERÇA-FEIRA, 25 DE ABRIL DE 1944

Querida Kitty,

Já faz uns dez dias que o sr. Dussel não fala com o sr. van Daan e isso só porque adotamos um monte de medidas de segurança novas depois de invadirem a casa. Uma delas é que ele não pode mais descer à noite. O Peter faz a última ronda com o pai às nove e meia da noite e depois disso ninguém mais pode descer. A partir das oito da noite, não se pode mais dar descarga no sanitário, assim como a partir das oito da manhã. As janelas só podem ser abertas de manhã quando a luz no escritório do sr. Kugler estiver acesa e à noite não podem ser abertas com ripas. Foi esta última medida que fez o sr. Dussel ficar melindrado. Ele afirma que o sr. van Daan lhe deu uma bronca, mas a culpa é dele mesmo. Diz que para ele é mais fácil viver sem comer que sem ar e que eles têm porque têm de inventar um jeito de manter as janelas abertas.

— Eu vou ter de falar com o sr. Kugler a respeito — disse ele a mim.

Respondi que esse tipo de coisa não se discute com o sr. Kugler, mas sim com os moradores do Anexo.

— Tudo aqui é feito às minhas costas, então eu vou falar é com o seu pai.

Ele também não pode mais passar as tardes de sábado e de domingo no escritório do sr. Kugler, porque o gerente da Keg pode ouvir, se estiver lá. Foi só dizer isso para que o sr. Dussel logo fosse para o escritório. O sr. van Daan ficou furioso, e o papai desceu para conversar com o sr. Dussel. É claro que ele tinha pensado numa desculpa esfarrapada, mas, dessa vez, nem o papai acreditou. Agora ele também fala o mínimo possível com o sr. Dussel, porque o sr. Dussel o ofendeu; nem eu nem ninguém sabe como, mas deve ter sido feia a coisa.

E na semana que vem o dito-cujo faz aniversário. Fazer aniversário sem abrir a boca, ficar melindrado e receber presentes — como combinar essas coisas?

O sr. Voskuijl está cada vez pior; já faz mais de dez dias que ele está com quase quarenta graus de febre. O médico não parece nada otimista, acham que o câncer se alastrou para os pulmões. O pobre homem, todos gostariam tanto de ajudá-lo, mas agora ele está nas mãos de Deus!

Escrevi um conto divertido. Ele se chama *Blurry, o descobridor do mundo* e agradou bastante aos meus três ouvintes.

Continuo muito resfriada e passei tanto para Margot como para o papai e para a mamãe. Espero que pelo menos o Peter não pegue; ele quis ganhar um beijo e disse que eu era o seu El Dorado. Não dá para se referir a alguém assim, o louquinho! Mas que é fofo, é!

Sua Anne M. Frank

•

QUINTA-FEIRA, 27 DE ABRIL DE 1944

Querida Kitty,

Hoje de manhã a madame estava de mau humor, não parava de reclamar, primeiro por causa do resfriado, porque não ganha bombons e porque assoar tanto o nariz é insuportável. Depois porque não faz sol, porque a invasão não acontece, porque não podemos ficar olhando para fora pela janela etc. Não conseguimos nos conter e caímos na gargalhada, e ela acabou rindo também.

A receita do nosso suflê de batatas readaptada pela falta de batatas:

> Passar as batatas descascadas num moedor, acrescentar um pouco da farinha distribuída pelo governo e sal. Untar assadeiras refratárias com parafina ou estearina, assar por duas horas e meia. Comer com compota de morango estragada.
>
> (Não leva cebolas nem banha, esta nem para a travessa nem para a massa!)

No momento estou lendo *Keizer Karel V* [*O imperador Carlos V*], escrito por um professor catedrático da Universidade de Göttingen; o homem trabalhou quarenta anos nesse livro. Li cinquenta páginas em cinco dias, mais que isso é impossível. O livro tem 598 páginas; agora você vai poder calcular quanto tempo vou levar para acabá-lo, e depois ainda tem o segundo volume! Mas... muito interessante!

É incrível o tanto de coisa que uma garota em idade escolar aprende num dia! Veja só o meu exemplo: primeiro, traduzi do holandês para o inglês uma passagem sobre a última batalha de Nelson. Depois repassei a continuação da Grande Guerra do Norte (1700-1721), a história de Pedro, o Grande, Carlos XII, Augusto, o Forte, Stanislaus Leszczyński, Mazeppa, von Görz, Brandemburgo, da Pomerânia Oriental, da Pomerânia Ocidental e da Dinamarca, além das inevitáveis datas. Em seguida fui parar no Brasil; li sobre o tabaco da Bahia, a abundância de café, o milhão e meio de habitantes do Rio de Janeiro, de Pernambuco e de

São Paulo, sem me esquecer do rio Amazonas. Li sobre os negros, os mulatos, os mestiços, os brancos, os mais de cinquenta por cento de analfabetos e a malária. Como sobrava tempo, fui logo revendo uma árvore genealógica. João, o Velho, Willem Ludwig, Ernst Casimir I, Hendrik Casimir I até a pequena Margriet Franciska (nascida em 1943, em Ottawa).

Ao meio-dia: dou continuidade ao meu horário de estudos no sótão com deãos, vigários, pastores, papas e.... ufa! Até uma da tarde.

Depois das duas: a pobre criança (ui, ui, ui) está de novo às voltas com os estudos; agora era a vez dos macacos de nariz largo ou estreito. Kitty, diga sem pensar: quantos dedos tem um hipopótamo!

Em seguida, a Bíblia, a arca de Noé, Sem, Cam e Jafé. Depois, Carlos V. E logo depois, com o Peter, *De kolonel*, de Thackeray, em inglês. Repassei então com ele vocabulário do francês e, em seguida, comparamos o Mississippi com o Missouri!

É o suficiente por hoje, *adieu*!

Sua Anne M. Frank

•

SEXTA-FEIRA, 28 DE ABRIL DE 1944

Querida Kitty,

Eu jamais me esqueci do meu sonho com o Peter Schiff (dê só uma olhada no começo de janeiro). Ainda hoje, quando o rememoro, sinto o seu rosto encostado no meu, aquela sensação maravilhosa que deixava tudo tão bom. Com o Peter de carne e osso, também voltei por vezes a sentir isso, mas nunca com tamanha intensidade, até que... ontem à noite estávamos sentados juntos no divã, como costumávamos fazer, um nos braços do outro. Foi quando a Anne de sempre desapareceu de repente, cedendo lugar a uma segunda Anne, uma que não é temerária e engraçada, e que só deseja amar e ser gentil.

Estava sentada encostada nele e comecei a sentir uma onda de emoção dentro de mim, e os meus olhos ficaram cheios de lágrimas. Uma lágrima do olho esquerdo caiu no seu macacão, uma do direito foi escorrendo ao longo do meu nariz e também foi parar no macacão. Será que ele notou alguma coisa? Nenhum movimento do Peter revelou no que estava pensando. Sentiria o mesmo que eu? Estava praticamente calado. Será que percebeu que tinha diante de si duas Annes? Nenhuma dessas perguntas foi respondida.

Às oito e meia eu me levantei, fui até a janela; era onde sempre nos despedíamos. Eu ainda tremia, ainda era a Anne número dois; ele veio até mim, eu enlacei o seu pescoço e lhe dei um beijo na bochecha esquerda, e, quando ia para a direita, a minha boca se encontrou com a dele. Num delírio, elas se uniram e se apertaram uma na outra, uma vez, outra vez, e indefinidamente. Ai!

O Peter precisa de carinho, é a primeira vez na vida dele que descobre uma garota e vê que mesmo as mais brincalhonas têm também um coração e uma vida interior e que se transformam assim que se fica a sós com elas. É a primeira vez na vida que oferece sua amizade e a si mesmo, nunca teve um amigo ou uma amiga. Agora encontramos um ao outro; eu também não o conhecia, não tinha nenhum confidente, mas a vida me trouxe um... E a eterna dúvida: "Estou fazendo a coisa certa?" Estou fazendo a coisa certa ao me entregar tão rápido, ao ser tão intensa, tão intensa e ter tanto desejo quanto o próprio Peter? Eu, uma menina, posso me deixar levar dessa maneira?

A resposta é só uma: "O meu desejo é tamanho... e já dura tanto tempo. Eu me sinto solitária e agora encontrei consolo!"

Pela manhã nos comportamos normalmente, pela tarde quase tão normalmente — com uma exceção aqui e ali, mas, quando anoitece, vem à tona todo o desejo do dia inteiro, assim como a felicidade e a exaltação das últimas vezes, e só pensamos um no outro. Todas as noites, após o último beijo, eu fico com vontade de sair correndo, não olhar nos olhos dele, e fugir, fugir para a escuridão, sozinha!

E o que me aguarda ao descer os quatorze degraus da escada? A forte luz, perguntas, uma risada aqui, outra ali, mas preciso agir como se nada tivesse acontecido, sem deixar transparecer o que quer que seja.

O meu coração ainda está fraco demais para se recuperar de um choque como o da noite anterior. A Anne doce aparece muito raramente e, por isso, não se deixa ser mandada embora com tanta facilidade. O Peter me abalou mais do que eu jamais tinha sido abalada na minha vida, exceto em sonhos. Ele me tocou e me virou pelo avesso; por isso, não é perfeitamente compreensível que em seguida precise descansar para recuperar o seu mundo interior? Ai, Peter, o que você fez comigo? O que você quer de mim?

Como é que vai acabar essa história? Ah, agora eu entendo a Bep, agora que estou passando por isso; agora eu entendo a sua dúvida: se eu fosse mais velha e ele quisesse se casar comigo, o que eu responderia? Anne, seja sincera! Anne, você não ia querer se casar com ele, mas se afastar dele também é tão difícil... O Peter ainda não tem muita força de caráter, pouca força de vontade, pouca coragem e força. Ele ainda é uma criança; por dentro, não é mais velho que eu; só quer encontrar calma e felicidade.

Será que eu só tenho 14 anos mesmo? Que realmente não passo de uma garota bobalhona em idade escolar? Que sou realmente tão inexperiente? Eu tenho mais experiência que os outros; passei por situações que praticamente ninguém da minha idade conhece.

Tenho medo de mim mesma, medo de que, no meu desejo, acabe me entregando cedo demais; neste caso, como poderia dar certo mais à frente com outros garotos? Ai, que difícil! Sempre volta a questão: coração *versus* razão. Cada um deles deve falar mais alto no seu devido tempo, mas como eu descubro quando é chegado o momento certo?

Sua Anne M. Frank

•

TERÇA-FEIRA, 2 DE MAIO DE 1944

Querida Kitty,

No sábado à noite perguntei ao Peter se ele achava que eu deveria contar algo sobre nós ao papai. Conversa vai, conversa vem, ele acabou achando que sim. Fiquei contente; com isso, ele mostrava que era sensível. Assim que desci, fui com o papai buscar água. Já na escada eu disse:

— Papai, você já deve ter notado que o Peter e eu estamos juntos e nunca ficamos mais de um metro longe um do outro. Você acha errado?

O papai não respondeu de imediato, então disse:

— Não, errado eu não acho, mas, Anne, nesse nosso espaço tão limitado você tem de tomar cuidado.

Ele disse mais alguma coisa do gênero e subimos. No domingo de manhã, ele me chamou e disse:

— Anne, eu parei para refletir mais uma vez sobre o assunto. — (Já fui ficando com medo!) — Aqui no Anexo não é o melhor lugar; eu achava que vocês eram só amigos. O Peter está apaixonado?

— De jeito nenhum — respondi.

— Pois é, você sabe que eu entendo vocês dois, mas você precisa ser reservada; não suba mais com tanta frequência, não o atice mais. Nesses assuntos o homem é sempre mais ativo; a mulher, mais reservada. Lá fora, em liberdade, é tudo muito diferente, você vê mais meninos e meninas; você pode sair, praticar esportes e tudo o mais, mas aqui, quando se passa tempo demais junto e você quer se recolher, não tem como, você e o outro se veem a cada hora; o tempo inteiro, na verdade. Tome cuidado, Anne, e não leve tudo tão a ferro e fogo.

— Eu não levo, papai, mas o Peter é um rapaz decente e carinhoso!

— Eu sei, mas ele não tem muita força de caráter; ele pode se inclinar facilmente para o lado bom, mas pode ser influenciado para o lado errado também. Espero que ele se mantenha no lado bom, porque essa é a natureza dele.

Estendemos a conversa um pouco mais e combinamos que o papai falaria com ele também.

Na tarde de domingo, na entrada para o sótão, o Peter me perguntou:

— E aí, Anne, você já falou com o seu pai?

— Sim — respondi —, eu vou contar como foi. Ele não vê mal nenhum, mas disse que aqui, quando passamos muito tempo juntos, é possível que aconteçam leves desavenças.

— Mas nós não combinamos que não brigaríamos? Eu pretendo seguir essa regra.

— Eu também, Peter, mas o papai não imaginava que fôssemos mais que amigos. Você acha que vamos conseguir?

— Eu acho que sim, e você?

— Eu também. Eu também disse ao papai que confio em você. Eu confio em você, Peter, tanto quanto confio no papai e acho que você vale a pena, não é?

— É o que eu espero. — (Ele ficou todo envergonhado e corado.)

— Eu acredito em você. Peter — continuei. — Acho que você tem um bom caráter e que vai se dar bem na vida.

Conversamos depois sobre outras coisas, mas ainda disse mais tarde:

— Quando sairmos daqui, eu sei que você não vai mais se importar comigo.

Ele ficou alterado.

— Isso não é verdade, Anne, não, não, você não tem o direito de pensar isso de mim!

Foi quando nos chamaram.

O papai falou com ele, e o Peter me contou na segunda.

— O seu pai acha que a nossa amizade pode acabar em paixão — disse. — Mas eu falei que nós nos conteríamos.

O papai quer que eu suba com menos frequência à noite, mas eu me recuso a aceitar: não só porque me sinto bem na companhia do Peter mas porque eu confio nele, como disse ao papai. Eu confio de verdade nele e quero demonstrar ao Peter a minha confiança, mas jamais vou conseguir fazer isso ficando lá embaixo por falta de confiança.

Nada disso, eu vou subir sim!

Nesse meio-tempo, o drama "Dussel" acabou em paz. No sábado à noite, com colocações num belo holandês, ele fez um pedido de desculpas. O sr. van Daan o aceitou de pronto. O sr. Dussel deve ter estudado bastante ao longo daquele dia para decorar o que ia dizer.

O domingo, dia do seu aniversário, transcorreu tranquilamente. Nós lhe demos uma garrafa de um bom vinho de 1919; os van Daan (que por fim puderam dar o seu presente) lhe ofereceram um pote de pepinos e legumes em conserva e um pacotinho com lâminas de barbear; o sr. Kugler, uma jarra de limonada; a Miep, um livro, *Martijntje*; e a Bep, uma plantinha. O próprio ofereceu um ovo para cada um.

Sua Anne M. Frank

•

QUARTA-FEIRA, 3 DE MAIO DE 1944

Querida Kitty,

Antes de mais nada, rapidamente, as novidades da semana! A política está de férias; não há nada, mas nada mesmo, a comunicar. Aos poucos eu também começo a acreditar que a invasão vai acontecer; afinal, não podem deixar que os russos deem conta de tudo sozinhos; por sinal, estes também não estão fazendo nada no momento.

O sr. Kleiman está de novo vindo ao escritório todas as manhãs. Conseguiu uma nova mola para o divã do Peter, que agora tem de arregaçar as mangas para estofá-lo, o que, compreensivelmente, não está com a menor vontade de fazer. O sr. Kleiman trouxe também um pó para combater pulgas de gato.

Eu cheguei a contar que o Moffie desapareceu sem deixar rastro na quinta passada? Com certeza já está há um bom tempo no céu dos gatos, enquanto algum amante dos animais qualquer o cozinha como iguaria. Talvez alguma garota endinheirada ganhe um gorro feito com a sua pele. O Peter fica bem triste com isso.

Há duas semanas que almoçamos aos sábados às onze e meia; pela manhã tivemos de nos satisfazer com uma tigelinha de mingau. A partir de amanhã vai ser assim todo dia para poupar uma refeição. Continua sendo muito difícil conseguir verduras; hoje almoçamos alface podre cozida. Alface comum, espinafre e alface cozida, é só o que dá para encontrar. De acompanhamento, batatas podres, ou seja, uma combinação divina!

Há mais de dois meses que eu não menstruava; no domingo, porém, finalmente voltou a acontecer. Apesar da chatice e do trabalho, fico feliz por ela não ter me abandonado.

Como você deve imaginar, com frequência se pergunta aqui em desespero: "Para quê, meu Deus? Para que serve a guerra? Por que as pessoas não podem viver pacificamente umas com as outras? Por que tanta destruição?"

A pergunta é compreensível, mas uma resposta satisfatória ninguém conseguiu dar ainda. Sim, por que é que constroem na Inglaterra aviões cada vez maiores, bombas cada vez mais pesadas e, paralelamente, casas novas? Por que é que se investe tanto na guerra, dia após dia, e não sobra nada para a medicina, para os artistas, para as pessoas carentes? Por que é que se tem de passar fome enquanto em outros lugares do mundo o excesso de comida simplesmente apodrece? Por que tanta loucura na humanidade?

Não acho que a guerra seja feita apenas pelos peixes grandes, pelos governantes e pelos capitalistas. Ah, não! O homem simples a faz com o mesmo prazer; caso contrário, os povos já teriam se rebelado há muito tempo! Sabemos que existe no homem um impulso aniquilador, um impulso fatal, assassino e furioso, enquanto toda a humanidade, sem exceção, não tiver passado por um processo de mudança, a guerra vingará e tudo o que foi construído, cultivado e houver crescido será cortado e aniquilado só para depois ser reconstruído.

Já me senti deprimida muitas vezes, mas nunca desesperada. Considero a clandestinidade apenas uma aventura perigosa, romântica e interessante. Considero cada privação uma anotação divertida no meu diário. Afinal, eu me propus a levar uma vida diferente da que levam as outras garotas e, mais à frente, uma vida diferente da das donas de casa comuns. Esse é o início adequado de tudo o que é interessante e, por isso, só por isso é que, nos momentos mais perigosos, acabo rindo de tão cômica que é situação.

Eu sou jovem e tenho qualidades ainda ocultas; sou jovem e forte e vivo essa grande aventura; estou bem no meio dela e não posso passar o dia reclamando de não poder me divertir! Nasci com muitas qualidades: uma natureza feliz, muita alegria e força. Todos os dias sinto que amadureço mais, que a minha liberdade se aproxima, sinto a beleza da natureza, a bondade das pessoas que me cercam. A cada dia penso no quão interessante e divertida é essa aventura! Por que eu deveria me desesperar?

Sua Anne M. Frank

•

SEXTA-FEIRA, 5 DE MAIO DE 1944

Querida Kitty,

O papai está chateado comigo; ele achava que, depois da nossa conversa no domingo, eu não tomaria mais a iniciativa de subir toda noite. Ele não quer saber mais de "*Knutscherei*".[27] Eu não queria mais saber é de ouvir essa palavra, já era ruim o bastante falar do assunto. Por que será que ele quer me chatear tanto? A Margot me deu um bom conselho. Olha só mais ou menos o que eu vou dizer a ele:

Eu acho, papai, que você está esperando uma explicação da minha parte, e vou dar. Você está decepcionado comigo, você esperava que eu fosse mais reservada. Com certeza você quer que eu seja como uma garota de 14 anos deve ser, mas aí você se engana! Desde que chegamos aqui, a partir de julho de 1942 até algumas semanas atrás, não foi nada fácil para mim. Se você soubesse o tanto que já chorei aqui à noite, o quão desesperada e infeliz eu fiquei, quão sozinha eu me senti, talvez você entendesse o quanto eu gosto de ir lá para cima! Isso tudo não aconteceu da noite para o dia, para eu chegar a me sentir como me sinto, viver sem a mamãe e sem o apoio de quem quer que seja. Tive de lutar muito, muito mesmo, e derramar lágrimas para me tornar independente como eu sou. Você pode rir e não acreditar — para mim dá na mesma —, eu sei que sou uma pessoa que se vale por si mesma e não sinto a menor obrigação de me justificar para vocês. Só estou dizendo isso tudo a você para que não ache que eu sou uma pessoa sorrateira; o que acontece é que eu só devo explicações dos meus atos a mim mesma.

Quando eu tive dificuldades, todos, inclusive você, fecharam os olhos e taparam os ouvidos. Você não me ajudou; muito pelo contrário, só ouvi recriminações de que eu devia sossegar o facho. Eu só era espalhafatosa para não passar o tempo todo triste, eu só dava uma de audaciosa para não ficar sempre ouvindo aquela voz dentro de mim. Tenho representado há um ano e meio, dia após dia, não reclamei de nada, não deixei cair a máscara, nada disso, mas agora, agora a batalha acabou. Eu saí vencedora! Sou independente de corpo e alma, não preciso mais de uma mãe, toda essa batalha me deixou mais forte!

27. "Namoricos", em alemão no original. (*N. do T.*)

E agora, agora que atingi o ápice, depois de batalhar até não poder mais, agora quero trilhar o meu próprio caminho, o caminho que eu quiser.

Você não pode nem deve me tratar como se eu tivesse 14 anos; amadureci por causa de tudo o que enfrentei; não vou me arrepender das minhas ações, vou agir como achar adequado!

Você não vai me manter longe lá de cima com um conselho. Das duas, uma: ou você me proíbe tudo ou confia em mim plenamente e me deixa em paz!

Sua Anne M. Frank

•

SÁBADO, 6 DE MAIO DE 1944

Querida Kitty,

Ontem, antes do jantar, coloquei o bilhete no bolso do papai; depois de ler, ele passou a noite inteira perturbado, segundo a Margot. (Eu estava lá em cima lavando a louça). Pobre Pim! Eu deveria ter imaginado o efeito que a carta teria sobre ele. O Pim é tão sensível!

Logo pedi ao Peter que não perguntasse ou dissesse mais nada.

O Pim não tocou mais no assunto; será que ainda vai falar alguma coisa?

Por aqui tudo voltou ao normal. Os relatos do Jan, do sr. Kugler e do sr. Kleiman sobre os preços e as pessoas lá fora são quase inacreditáveis: 250 gramas de chá custam 350 florins; 250 gramas de café, 80 florins; meio quilo de manteiga, 35 florins; um ovo, 1,45. Por 100 gramas de tabaco búlgaro se paga 14 florins! Todos estão comprando e vendendo no mercado negro, cada menino que passa correndo oferece algo. O menino que faz entregas da padaria nos conseguiu linha de costura (90 centavos um fiozinho); o leiteiro consegue cupons de racionamento ilegais; o agente funerário arranja queijo. Todos os dias há invasões a casas, assassinatos e roubos; os policiais e os guardas-noturnos entraram na dança; enfim, todos querem forrar o estômago, e, como os aumentos salariais foram proibidos, as pessoas se veem obrigadas a arrumar algum esquema. A polícia tem dado continuidade às buscas: garotas de 15, 16, 17 anos e mais velhas desaparecem todos os dias.

Vou tentar concluir o conto *Ellen, a fada*. De brincadeira posso dá-lo ao papai de aniversário, juntamente com todos os direitos autorais. Até mais ver! (O que, na verdade, está incorreto; nas emissões de rádio da Inglaterra em alemão, dizem "*Auf wiederhören*",[28] então eu deveria escrever "*Tot wederschrijvens*").[29]

Sua Anne M. Frank

•

DOMINGO DE MANHÃ, 7 DE MAIO DE 1944

Querida Kitty,

Ontem à tarde o papai e eu tivemos uma longa conversa, e acabei chorando copiosamente, assim como ele. Sabe o que ele me disse, Kitty?

— Eu já recebi muitas cartas na minha vida, mas essa foi a mais dolorosa de todas! Você, Anne, que sempre recebeu tanto amor dos seus pais, pais que sempre estão ao seu lado para o que der e vier, que sempre defenderam você no que quer que fosse, você diz que não precisa prestar contas de nada do que faz para nós! Você se sente injustiçada e abandonada. Não, Anne; foi uma grande injustiça que você cometeu conosco!

"Talvez não fosse exatamente o que você queria dizer, mas foi exatamente o que você escreveu. Não, Anne, *nós* não merecemos uma acusação dessa!"

Ai, eu cometi um erro tremendo; essa foi de longe a pior coisa que fiz na minha vida. O meu choro e as minhas lágrimas não passaram de bravata, nada além de atitudes para me fazer de importante para ter o respeito dele. É verdade, eu sofri muito e, no que diz respeito à mamãe, é tudo verdade; agora, culpar o bondoso Pim, logo ele que fez e continua fazendo tudo por mim, não, esse foi um verdadeiro golpe baixo.

Foi muito bom eu ter sido tirada do pedestal e o meu orgulho ter sido um pouco abalado, porque eu estava com um conceito muito alto de mim mesma. O que a srta. Anne faz está longe de ser sempre o melhor! Causar tamanha dor a uma pessoa que se diz que ama, e, pior, de propósito, é muito, muito rasteiro!

O que mais me deixa envergonhada é a maneira como o papai me perdoou: ele vai queimar a carta, e agora está sendo tão carinhoso comigo como se tivesse me feito alguma maldade. Não, Anne, você ainda tem muito o que aprender — e comece agora, em vez de olhar os outros de cima para baixo e culpá-los!

---

28. "Até mais ouvir", em alemão no original. (*N. do T.*)
29. "Até mais escrever", em holandês. (*N. do T.*)

Eu já tive muitas tristezas, mas quem é que não teve na minha idade? Eu representei tanto na minha vida, mas sem a menor consciência disso; eu já me senti só, mas dificilmente desesperada! Nunca cheguei ao ponto do papai, que correu para a rua para tentar tirar a própria vida.

Eu devia estar profundamente envergonhada, e é como me sinto; o que está feito não pode ser desfeito, mas pode me prevenir para que eu não cometa o mesmo erro no futuro. Quero começar do zero, o que não deve ser difícil, já que eu tenho o Peter agora. Com o apoio dele, isso parece *possível*. Não estou mais sozinha, ele me ama, eu o amo, eu tenho os meus livros, os meus cadernos de anotações e o meu diário, não sou feia nem boba, tenho a minha natureza alegre e quero desenvolver um bom caráter!

Pois é, Anne, você sentiu muito bem quão rude e mentirosa foi a sua carta, mas, como se não bastasse, ainda ficou orgulhosa dela! Que o papai me sirva outra vez de exemplo, e eu *vou* melhorar.

Sua Anne M. Frank

•

SEGUNDA-FEIRA, 8 DE MAIO DE 1944

Querida Kitty,

Por acaso eu já cheguei a contar algo sobre a nossa família? Acho que não e, por isso, lá vai:

O papai nasceu em Frankfurt am Main, filho de pais muito ricos. Michael Frank tinha um banco e, com ele, se tornou milionário, e os pais de Alice Stern eram ricos e nobres.

Na juventude, Michael Frank não tinha nada de rico, mas, trabalhando, conseguiu melhorar de vida. O papai levava, quando jovem, uma vida de filhinho de papai; as suas semanas eram repletas de festas, bailes, patuscadas, garotas bonitas, valsas, jantares, uma casa espaçosa etc. Parte daquele dinheiro acabou depois da morte do vovô; e, ao fim da Primeira Guerra Mundial, com a inflação, não sobrou nada. Antes da guerra ainda havia parentes suficientemente ricos. Por isso, o papai foi educado com primor; ontem não conteve a gargalhada, porque foi a primeira vez nos seus 55 anos de vida que raspou à mesa a frigideira. A mamãe não era tão rica, mas rica o suficiente, de modo que ainda ouvimos boquiabertos as histórias sobre noivados com duzentos e cinquenta convidados, bailes particulares e jantares.

Não podem mais nos chamar de ricos de maneira alguma, mas toda a minha esperança está voltada para depois da guerra; eu lhe asseguro, porém, que não tenho inclinação nenhuma para essa vidinha tacanha que a mamãe e a Margot gostam.

Eu gostaria de passar um ano em Paris e um ano em Londres para aprender as línguas e estudar história da arte. Bem diferente da Margot, que quer dar assistência a mulheres em trabalho de parto e recém-nascidos na Palestina.

Eu continuo sonhando com vestidos bonitos e pessoas interessantes, quero ver e viver o mundo, já lhe disse isso várias vezes, e um pouco de dinheiro não faria mal algum!

A Miep contou hoje de manhã do noivado da sua sobrinha, que foi no sábado. A sobrinha é filha de pais ricos, e o noivo é filho de pais ainda mais ricos. A Miep nos fez ficar com água na boca ao descrever o que foi servido: sopa de legumes com almôndegas, queijo, sanduíches de carne moída, *hors d'oeuvres* com ovos e rosbife, sanduíches com queijo, bolos moscovitas, vinhos e cigarros, tanto quanto se quisesse. A Miep bebeu dez drinques e fumou três cigarros; não era ela que não bebia álcool? Se a Miep bebeu tudo isso, quanto o seu marido não teria mandado para dentro? Naturalmente estavam um tanto "alegrinhos" na festa. Também estavam presentes dois agentes da comissão de homicídios, que tiraram algumas fotos dos noivos; você deve perceber que a Miep não para de pensar em nós por um minuto sequer, porque já foi logo anotando o nome e o endereço desses sujeitos para o caso de algo acontecer e bons holandeses serem necessários.

Ela nos fez ficar com água na boca, nós que de café da manhã não comemos nada além de duas colheres de mingau e estamos sempre verdes de fome; nós, que todo santo dia só comemos espinafre meio cozido (por causa das vitaminas!) e batatas podres; nós, que mandamos goela abaixo para o nosso estômago vazio nada além de alface, alface cozida, espinafre, espinafre e mais espinafre. Quem sabe a gente não fica mais forte que o Popeye, embora eu não esteja vendo nada disso acontecendo!

Se a Miep tivesse nos levado à festa de casamento, não teria sobrado sanduíche nenhum para os outros convidados.

Se tivéssemos ido à festa, teríamos pilhado tudo o que víssemos pela frente, nem os móveis teríamos deixado no lugar! Era quase como se arrancássemos as palavras da boca da Miep, escutando a história ao redor dela como se nunca antes tivéssemos ouvido falar em comida gostosa e pessoas chiques! E olha que somos netas de um famoso milionário. Este mundo está de pernas para o ar!

Sua Anne M. Frank

TERÇA-FEIRA, 9 DE MAIO DE 1944

Querida Kitty,

O conto sobre a fada Ellen está pronto. Eu o copiei para um fino papel de carta, enfeitado com tinta vermelha e costurado. Ficou bonito, mas não sei se é pouco. A Margot e a mamãe fizeram cada uma um poema de aniversário.

O sr. Kugler subiu hoje à tarde para avisar que a sra. Broks quer vir todas as tardes tomar café aqui durante duas horas a partir da segunda. Imagine só! Ninguém mais vai poder subir, as batatas não vão poder ser trazidas, a Bep vai ficar sem comida, nós não vamos poder ir ao banheiro nem nos mexer, além de tantos outros contratempos! Pensamos nas mais variadas sugestões para dissuadi-la. O sr. van Daan achou que um bom laxante no café dela seria mais que suficiente.

— Não — disse o sr. Kleiman —, por favor, não, senão ela não sai mais do vaso!

Gargalhadas generalizadas.

— Do vaso? — perguntou a madame. — O que isso significa?

Houve uma explicação.

— Posso passar a usar essa expressão? — perguntou tolamente.

— Imagine — disse a Bep, entre risadinhas — que você perguntasse na Bijenkorf onde fica o vaso. Sequer entenderiam a senhora!

Ao meio-dia e meia o sr. Dussel vai sempre direto para o "vaso", pegando a expressão emprestada. Hoje à tarde, resoluta, peguei uma folha de papel rosa e escrevi:

Regulamento de uso do banheiro para o sr. Dussel

Pela manhã, das 7h15 às 7h30
Pela tarde, a partir de 13h
De resto, conforme a necessidade!

Afixei a folha na porta verde do banheiro enquanto ele estava lá dentro. Bem que poderia ter acrescentado: "A infração dessa lei acarreta isolamento!" Porque a porta do banheiro pode ser trancada por dentro e por fora.

A nova piada do sr. van Daan:

Depois das aulas de religião sobre a Bíblia e Adão e Eva, um aluno de 13 anos pergunta ao pai:

— Papai, me diga uma coisa: como foi exatamente que eu nasci?

— Bom — responde o pai —, a cegonha tirou você do grande lago e o colocou na cama perto da mamãe, dando umas bicadas na perna dela. Por isso que ela começou a sangrar e teve de ficar mais de uma semana no hospital.

Não satisfeito, o menino vai até a mãe e lhe pergunta:

— Mamãe, como foi exatamente que você nasceu, e eu, como eu nasci?

A mãe lhe conta a mesmíssima história, e, depois disso, para saber a versão mais confiável, se dirige ao avô e lhe pergunta:

— Vovô, como foi que você nasceu? E como a sua filha nasceu?

Pela terceira vez, ouve a mesma história.

À noite, escreve no seu diário:

— Depois de ter me informado detalhadamente, devo concluir que há três gerações não se faz sexo na família!

Ainda tenho de trabalhar, já deram três horas.

Sua Anne M. Frank

P.S.: Como eu já falei da nova faxineira, quero só acrescentar um detalhe: a senhora em questão é casada, tem 60 anos e a audição bastante comprometida! Bem conveniente para nós, os oito clandestinos, levando em consideração os eventuais ruídos que possamos fazer.

Ai, Kit, está fazendo um tempo tão lindo! Se pelo menos eu pudesse sair!

•

QUARTA-FEIRA, 10 DE MAIO DE 1944

Querida Kitty,

Ontem à tarde estávamos estudando francês no sótão quando de repente ouvi atrás de mim algo que parecia água esguichando. Perguntei ao Peter de onde vinha o barulho, mas ele nem respondeu. Saiu correndo até a água-furtada, o cenário do desastre, e, com um movimento rápido, colocou a Mouschi no lugar depois de ela ter urinado ao lado da caixa de areia, que estava molhada. Seguiu-se um espetáculo barulhento, e a Mouschi, que nesse meio-tempo tinha esvaziado a bexiga, desceu correndo. Para sentir algo que parecesse a sua caixa de areia, tinha ido se sentar numa fenda do chão poroso da água-furtada coberta de serragem. A poça logo transbordou da água-furtada, passando pelo forro para o sótão e, por azar, caindo justamente dentro e ao lado do barril com as batatas. O teto também pingava e, como havia buracos no chão do sótão, várias gotas amarelas passaram por ali, indo parar no quarto, entre uma pilha de meias e livros dispostos sobre a mesa.

Eu me esborrachei de rir, aquela visão era demais: a Mouschi encolhida debaixo de uma cadeira, o Peter com água, cloro e um esfregão e o sr. van Daan apaziguando os ânimos. Logo tudo foi colocado em ordem, mas todo mundo sabe que o fedor de xixi de gato é terrível. As batatas ontem já deram prova mais que suficiente disso, assim como o lixo com a serragem, que o papai levou para baixo num balde para ser queimado.

Pobre Mouschi! Como ela ia saber que os resíduos de turfa estão em falta?

Anne

•

QUINTA-FEIRA, 11 DE MAIO DE 1944

Querida Kitty,

Outra cena cômica:

O cabelo do Peter precisava ser cortado, e quem faria as vezes de cabeleireira seria, como sempre, a mãe dele. Às sete e vinte e cinco o Peter desapareceu no quarto e reapareceu às sete e meia vestindo nada além de um calção de banho azul e um par de tênis.

— Vamos? — perguntou à mãe.

— Primeiro tenho de encontrar as tesouras!

O Peter ajudou a procurar e, ao fazê-lo, bagunçou a gaveta de artigos de toalete da madame.

— Não faça tanta bagunça, Peter! — já foi logo reclamando.

Não consegui ouvir a resposta do Peter, mas deve ter sido malcriada, porque a madame lhe deu um tapa no braço, e ele devolveu; ela deu outro, com toda a força, e o Peter recuou, com uma expressão cômica no rosto.

— Vamos lá, velhota!

A madame ficou imóvel; o Peter a pegou pelos pulsos e a arrastou pelo quarto, enquanto a madame chorava, ria, xingava e esperneava, mas de nada adiantou. O Peter conduziu a sua prisioneira até a escada do sótão, onde se viu obrigado a soltá-la. A madame voltou para o quarto, despencou numa cadeira, suspirando alto.

— *Die Entführung der Mutter*[30] — eu disse, brincando.

— Pois é, mas que doeu, doeu.

Dei uma examinada e fiz uma compressa da água fria nos seus pulsos vermelhos que ardiam. O Peter, ainda na escada, ficou impaciente; com o cinto em mãos, irrompeu na sala feito um domador de leões. Mas a madame não seguiu com ele; permaneceu sentada ao lado da escrivaninha e procurou um lenço de bolso.

— Primeiro você tem de se desculpar.

— Que seja. Faço neste momento constar as minhas desculpas, porque senão vai ficar muito tarde.

A madame não resistiu e riu a contragosto; levantou-se e foi até a porta. Depois de tudo isso, se sentiu obrigada a nos dar explicações. (Esse "nos" se refere ao papai, à mamãe e a mim.)

— Em casa ele não era assim — disse. — Era eu lhe dar um tapa que ele corria escada abaixo (!). Ele nunca foi tão malcriado e já recebeu muitos outros tapas; a culpa é dessa nova forma de educar os filhos, filhos modernos; eu jamais teria encostado na minha mãe dessa maneira. O senhor também se comportava com a senhora sua mãe desse modo, sr. Frank?

Ela estava tão agitada, andando de lá para cá e de cá para lá, fazendo várias perguntas e dizendo o que surgiu na sua cabeça, sem fazer menção de subir. Até que, enfim, enfim se mandou.

Não se passaram nem cinco minutos antes que ela descesse outra vez feito um vendaval, as bochechas infladas, e jogasse o avental no chão; perguntei se havia terminado, e ela respondeu que precisava descer rápido, e foi como um furacão escada abaixo, provavelmente para os braços do seu Putti.

Só voltou depois das oito, na companhia do marido. Fizeram o Peter descer do sótão e lhe passaram um sabão daqueles, acompanhado de alguns xingamentos (fedelho, tratante, malcriado, mau exemplo, a Anne é isso, a Margot faz aquilo; não consegui ouvir muito além disso).

Parece que hoje a paz já reina entre eles!

Sua Anne M. Frank

P.S.: Na terça e na quarta a nossa amada rainha falou. Ela está de férias para voltar à Holanda fortalecida. Ela falou de uma "libertação próxima, heroísmo e encargos onerosos" e "em breve, quando eu tiver voltado".

---

30. "O sequestro da mãe", em alemão no original.

Seguiu-se um discurso do ministro Gerbrandy. O sujeito tem uma vozinha de criança babona tão intensa que a mamãe soltou um "ooh" involuntário. Um vigário, que roubou a voz do sr. Edel, encerrou a transmissão com uma prece a Deus para que cuide dos judeus, das pessoas nos campos de concentração, em prisões e na Alemanha.

•

QUINTA-FEIRA, 11 DE MAIO DE 1944

Querida Kitty,

Como esqueci lá em cima a caixa onde guardo toda a minha "parafernália", incluindo a minha caneta-tinteiro, e não posso voltar porque senão incomodo os demais na hora do cochilo (até as duas e meia), você vai ter de se conformar com uma carta escrita a lápis.

Ando ocupadíssima e, por mais estranho que pareça, tenho pouco tempo para dar conta da minha pilha de tarefas. Quer saber por alto que tarefas são essas?

Vamos lá: para amanhã tenho de ter lido a primeira parte da biografia de Galileu Galilei, porque o livro precisa ser devolvido à biblioteca. Estou na página 220 e ele tem 320, portanto vou conseguir acabá-lo a tempo. Na semana que vem vou ter de ler *Palestina op de tweesprong* [*Palestina na encruzilhada*] e o segundo volume da biografia de Galilei. De resto, ontem concluí a leitura do primeiro volume da biografia sobre o imperador Carlos V e preciso urgentemente reelaborar as minhas muitas anotações e as árvores genealógicas que fui reproduzindo.

Depois disso tenho três folhas com palavras que não conheço que eu ia tirando dos diversos livros e que têm de ser lidas em voz alta, anotadas e memorizadas. Em quarto lugar preciso me ocupar das minhas estrelas do cinema, cujos cartazes estão todos misturados numa bagunça enorme que anseia por um pouco de ordem; porém, considerando que uma organização levaria dias e a professora Anne por enquanto, como dito anteriormente, está atolada em trabalho, o caos, infelizmente, continuará reinando. Depois são Teseu, Édipo, Peleu, Orfeu, Jasão e Hércules os que aguardam uma reorganização, já que vários dos seus feitos, como fios coloridos num vestido, se embaralham e se entrecruzam na minha cabeça. Míron e Fídias também precisam urgentemente passar por um exame, se quiserem permanecer dentro de um contexto coeso. O mesmo vale, por exemplo, para a Guerra dos Sete e dos Nove Anos. Do jeito como as coisas têm ido, acabo confundindo tudo. Pois é, como dar um jeito nesta minha memória? Se eu já sou tão esquecida agora, imagina quando eu chegar aos 80!

Outra coisa: a Bíblia. Quanto ainda falta para eu encontrar a história do banho de Susana? E a que se referem quando falam de Sodoma e Gomorra? Ah, há tanta, tanta coisa ainda a perguntar e aprender! E Isabel Carlota do Palatinado? Essa, então, eu deixei a ver navios.

Kitty, dá para ver que eu estou prestes a explodir?

Agora, mudando completamente de assunto: já faz tempo você sabe que o meu grande desejo é me tornar jornalista e, depois, uma escritora famosa. Ainda teremos de esperar para ver se essas grandes ilusões (ou desilusões) vão se tornar realidade, mas assuntos eu já tenho de sobra. Após a guerra, de qualquer maneira, quero publicar um livro intitulado O *Anexo*; se vai dar certo, porém, já é outra história; o que eu sei é que vou usar o meu diário como base.

Também preciso terminar *A vida de Cady*; imaginei a sequência assim: depois de se curar no sanatório, a Cady volta para casa, mas continua se correspondendo com o Hans. Estamos no ano de 1941. Ela logo descobre que o Hans é um colaborador holandês do regime de Hitler, e, dado que a Cady se compadece profundamente com o destino dos judeus e da sua amiga Marianne, há um afastamento entre os dois. Acabam rompendo a relação depois de um encontro em que inicialmente fazem as pazes, até que ela descobre que o Hans estava com outra mulher. A Cady fica profundamente magoada e decide, já que queria mesmo conseguir um bom trabalho, se tornar enfermeira.

Depois da formatura e incitada por amigos do pai, vai à Suíça para trabalhar como enfermeira num hospital especializado em doenças pulmonares. Durante as primeiras férias, vai ao lago de Como, onde, coincidentemente, encontra o Hans. Ele lhe diz que dois anos antes havia se casado com a sucessora da Cady, mas que a sua esposa tinha se suicidado numa crise de depressão.

Ao lado dela, ele de repente percebe o quanto ama a mirrada Cady e volta a pedi-la em casamento. Ela se recusa, apesar de, involuntariamente e a contragosto, amá-lo na mesma medida; o seu orgulho fala mais alto. O Hans parte e, anos depois, a Cady fica sabendo que ele desembarcou na Inglaterra, onde passa mais tempo doente que saudável.

Ela se casa aos 27 anos com um camponês endinheirado, o Simon. Passa a amá-lo muito, ainda que nunca tanto quanto ao Hans. Tem duas filhas e um filho: Lilian, Judith e Nico. O Simon e ela são felizes juntos, mas o Hans se mantém sempre vivo no seu coração, até que, certa noite, sonha com ele e se despede.

Não é uma bobajada sentimental, porque é baseada na vida do papai.

Sua Anne M. Frank

•

SÁBADO, 13 DE MAIO DE 1944

Queridíssima Kitty,

Ontem foi aniversário do papai e o aniversário de dezenove anos de casamento do papai e da mamãe; não foi dia de faxina, e o sol brilhava de um jeito que eu ainda não tinha visto em 1944. A nossa castanheira está florida de cima a baixo e cheia de folhas, bem mais bonita que no ano passado.

O papai ganhou de presente do sr. Kleiman uma biografia sobre a vida do botânico sueco Linnaeus; do sr. Kugler, um livro sobre a natureza; do sr. Dussel, *Amsterdam te water* [*Amsterdã vista pela água*]; dos van Daan, uma caixa enorme, num embrulho tão belo que parecia um trabalho profissional, contendo três ovos, uma garrafa de cerveja, um iogurte e uma gravata verde. O nosso pote de marmelada destoava um pouco dos demais presentes. As minhas rosas cheiravam maravilhosamente em comparação aos cravos vermelhos de Miep e Bep. Ele foi bastante mimado. Foram encomendadas cinquenta tortinhas da Siemons, deliciosas! O papai ainda ofereceu biscoitos de especiarias e cerveja aos cavalheiros e iogurte às damas. Todos adoraram!

Sua Anne M. Frank

•

TERÇA-FEIRA, 16 DE MAIO DE 1944

Queridíssima Kitty,

Para variar um pouco (porque já faz tanto tempo que não falamos do assunto), queria contar uma pequena discussão que a madame e o sr. van Daan tiveram ontem à noite.

A madame: "Os alemães devem ter construído a Muralha do Atlântico da maneira mais resistente possível, com certeza fazem tudo o que podem para deter o avanço das tropas inglesas. Os alemães têm uma força inacreditável!"

O marido: "E põe força nisso!"

A madame: "Pois é!"

O marido: "Desse jeito os alemães vão acabar vencendo a guerra, tamanha a força deles."

A madame: "É bem possível, ainda não estou convencida do contrário."

O marido: "Não vou nem comentar isso."

A madame: "Você sempre acaba comentando. E se deixa levar, toda vez."

O marido: "Deixe disso! As minhas respostas são monossilábicas."

A madame: "Seja como for, você sempre responde e ainda quer ter a última palavra!"

O marido: "Até agora, todas as minhas previsões se tornaram realidade."

A madame: "Mentira. Você disse que a invasão já teria acontecido no ano passado, que os finlandeses já estariam fora da guerra, que a Itália já teria afundado no inverno, que os russos já teriam anexado Lemberg; não mesmo, as suas previsões não têm a menor credibilidade."

O marido (levantando-se): "Quando é que você vai calar essa sua boca? Eu ainda vou mostrar a você que tenho razão, qualquer hora você vai se cansar. Não aguento mais essa sua lenga-lenga e vou esfregar o seu nariz nas suas chateações!" (Fim do primeiro ato)

Na verdade, acabei caindo na gargalhada, assim como a mamãe, e o Peter estava se segurando para não fazer o mesmo. Ah, esses adultos idiotas! Eles que aprendam certas coisas antes de corrigirem os filhos!

Desde sexta deixamos as janelas abertas à noite.

Sua Anne M. Frank

•

O QUE IMPORTA PARA A FAMÍLIA DO ANEXO: (A SISTEMÁTICA VISÃO GERAL DE ASSUNTOS DE APRENDIZAGEM E LEITURA)

O sr. van Daan: não aprende nada, consulta muito as enciclopédias da editora Knaur, lê muitos romances policiais, além de livros de histórias de amor, mas sem valor literário algum.

A sra. van Daan: estuda inglês escrito; gosta de ler romances biográficos e alguns romances em geral.

O sr. Frank: estuda inglês (Dickens!) e um pouco de latim; nunca lê romances, mas sim descrições mais sóbrias e secas de pessoas e países.

A sra. Frank: estuda inglês num curso por correspondência; gosta de ler de tudo, com exceção de histórias policiais.

O sr. Dussel: estuda inglês, espanhol e holandês sem nenhum resultado visível; lê de tudo; os seus julgamentos são os mesmos da maioria.

Peter van Daan: estuda inglês, francês (escrito), estenografia holandesa, inglesa e alemã, correspondência comercial em inglês, carpintaria, administração pública e, às vezes, cálculo; lê pouco, às vezes sobre geografia.

Margot Frank: estuda inglês, francês, latim em cursos por correspondência, estenografia em inglês, em alemão e em holandês, mecânica, trigonometria, geometria espacial, física, química, álgebra, geometria, literaturas inglesa, francesa, alemã e holandesa, contabilidade, geografia, história contemporânea, biologia, economia; lê de tudo, de preferência livros sobre religiões e medicina.

Anne Frank: estuda francês, inglês, alemão, estenografia em holandês, geometria, álgebra, *história*, geografia, história da arte, mitologia, biologia, história da Bíblia, literatura holandesa; adora ler biografias, curtas e secas ou daquelas envolventes, e livros de história (às vezes romances ou literatura leve).

•

SEXTA-FEIRA, 19 DE MAIO DE 1944

Querida Kitty,

Ontem me senti péssima, vomitando (logo eu!), com dor de cabeça, cólicas e tudo mais que você possa imaginar. Hoje já me sinto melhor e estou morta de fome, mas vou ter de dispensar os feijões-pretos que vão ser servidos hoje.

O Peter e eu vamos muito bem. O coitado é ainda mais carente que eu, continua ficando corado todas as noites ao receber o seu beijo de boa-noite e simplesmente mendiga para ganhar outro. Serei eu uma substituta do Moffie? Não faz mal; o que importa é que ele se sinta feliz pelo mero fato de saber que alguém o ama.

Após a minha árdua conquista, me sinto um pouco superior às circunstâncias, mas não ache que o meu amor está fraquejando. Ele é um amor, mas eu logo fechei a porta de acesso ao meu interior; se ele quiser quebrar de novo a fechadura, vai ter de usar um pé de cabra mais forte!

Sua Anne M. Frank

•

SÁBADO, 20 DE MAIO DE 1944

Querida Kitty,

Ontem à noite eu desci do sótão e, ao entrar na sala, logo vi que o belo vaso com os cravos estava no chão, a mamãe ajoelhada secando a água com o esfregão e a Margot pescando do chão os meus papéis.

— O que aconteceu? — perguntei com um mau pressentimento e, sem esperar a resposta, examinei o estrago de perto.

A minha pasta com as árvores genealógicas inteira, os cadernos, os livros, tudo flutuava na água. Eu estava quase chorando, num estado de tamanha consternação que comecei a falar em alemão. Não me lembro mais das minhas palavras, mas a Margot disse que eu soltei a língua, dizendo disparates como "*unübersehbarer Schade, schrecklich, entsetzlich, nie zu ergänzen*",[31] entre outros. O papai gargalhava, e a mamãe e a Margot o acompanharam, mas, para mim, aquele trabalho perdido, assim como todas as notas tão bem elaboradas, eram motivo de lágrimas.

Após um exame mais minucioso, o "estrago incalculável" até que não foi tanto. Uma vez no sótão, fui pondo cuidadosamente em ordem as massas compactas e descolando os papéis uns dos outros. Em seguida, os pendurei no varal lado a lado. Ficou engraçado, e até eu comecei a rir. Maria de Médici ao lado de Carlos V, Willem van Oranje e Maria Antonieta.

— Isso é *Rassenschande*[32] — brincou o sr. van Daan.

Depois de ter confiado ao Peter o cuidado dos meus papéis, desci de novo.

— Quais livros foram estragados? — perguntei à Margot, que examinava o tesouro em que constituíam os meus livros.

— O de álgebra — respondeu a Margot.

Infelizmente, nem mesmo esse estava estragado. Queria que ele tivesse caído dentro do vaso; nunca senti tanta repulsa a um livro quanto ao de álgebra. Na primeira página está escrito o nome de pelo menos vinte meninas que o tiveram em sua posse antes de mim; é um livro velho, amarelado, todo rabiscado, grifado e corrigido. Se qualquer hora me der uma de vândala, ainda acabo despedaçando essa porcaria!

Sua Anne M. Frank

---

31. "Um estrago incalculável, horrível, horripilante, insubstituível", em alemão no original (*N. do T.*)

32. Literalmente, "vergonha racial" em alemão no original. Conceito criado pela ideologia alemã nazista ao fazer referência à relação entre arianos e não arianos. (*N. do T.*)

•

SEGUNDA-FEIRA, 22 DE MAIO DE 1944

Querida Kitty,

No dia 20 de maio o papai apostou cinco garrafinhas de iogurte e as perdeu para a madame. A invasão de fato ainda não aconteceu. Posso dizer com segurança que Amsterdã inteira, a Holanda inteira, ou melhor, toda a costa oeste da Europa até a Espanha não fala de outra coisa que não seja da invasão, debatendo, fazendo apostas e... esperando.

A tensão chega ao clímax; nem todos que até agora considerávamos "bons" holandeses mantêm a confiança nos ingleses; nem de longe consideram a bravata dos ingleses uma demonstração de estratégia, ah não; as pessoas querem ver feitos — grandiosos e heroicos.

Ninguém pensa além do próprio nariz, ninguém pensa que os ingleses lutam para proteger a si mesmos e ao seu país; todos acham que eles têm a obrigação de salvar a Holanda o mais rápido e o melhor possível. Aí eu me pergunto: que obrigações os ingleses têm? O que os holandeses fizeram para merecer dos ingleses a nobre ajuda que esperam com tanta convicção? Isso, não, os holandeses estão enganados, e muito; os ingleses, apesar da bravata, não caíram numa desgraça maior ou menor que a de qualquer um dos países, grandes e pequenos, que agora estão ocupados pelos alemães. Não resta dúvida de que os ingleses vão oferecer as suas desculpas; eles estiveram dormindo durante os anos em que a Alemanha se armava, mas todos os outros países que fazem fronteira com a Alemanha fizeram o mesmo. Não se chega a lugar nenhum com a política de avestruz, como constatou a Inglaterra, como constatou o mundo inteiro. Como consequência, agora pagam um preço altíssimo pelo erro, cada um deles, e a Inglaterra não menos.

Nenhum país vai sacrificar os seus homens, muito menos em prol dos interesses alheios, e a Inglaterra não é diferente.

A invasão, a libertação e a liberdade virão algum dia; ainda assim, é a Inglaterra que vai escolher o momento conveniente, libertando uma região ocupada de cada vez, não todas ao mesmo tempo.

Para a nossa grande tristeza e consternação, ficamos sabendo que a opinião de muitos em relação a nós, os judeus, mudou radicalmente. Dizem que o antissemitismo veio à tona em círculos sociais que antigamente nem pensavam no assunto. Isso afetou os oito habitantes do Anexo profunda, mas muito profundamente. A razão desse ódio aos judeus é compreensível, às vezes até humana, mas nada boa. Os cristãos recriminam os judeus por soltarem a língua perante os alemães, por trair os que os ajudam e pelo fato de que muitos cristãos acabam entregues a um destino e a uma pena terríveis, como muitos outros. Isso é verdade, mas, como tudo, eles deveriam ver o outro lado: será que, no nosso lugar, os cristãos agiriam de maneira diferente? Será que um indivíduo, independentemente de ser judeu ou alemão, ficaria calado diante dos métodos alemães? Todos sabem muito bem que isso é praticamente impossível; por que se pede o impossível aos judeus?

Nos círculos da clandestinidade corre a opinião de que os judeus alemães que imigraram para a Holanda e que agora foram mandados para a Polônia não deveriam poder voltar à Holanda. Eles tinham direito a asilo na Holanda, mas, se Hitler for afastado, deveriam voltar para a Alemanha.

Quando alguém ouve algo do tipo, não tem todo o direito de se perguntar o porquê dessa guerra longa e árdua? Sempre ouvimos que a luta é pela liberdade, pela verdade e pela justiça. Mas então começa a surgir discórdia mesmo antes do fim da batalha — e os judeus acabam sendo considerados inferiores. Ai, que tristeza, que tristeza que pela enésima vez se confirme a sabedoria antiga: um cristão só responde pelos seus próprios atos, enquanto todos os judeus têm de responder pelos atos de um único deles.

Para ser sincera, é inconcebível para mim que os holandeses, indivíduos desse povo honesto, íntegro e bom, façam esse julgamento de nós, talvez um dos povos mais reprimidos, infelizes e dignos de comiseração do mundo.

Só espero uma coisa: que esse ódio aos judeus seja uma onda passageira, que os holandeses acabem mostrando quem são, que não vacilem nem agora nem nunca nos seus valores de honra, porque o que está acontecendo é uma injustiça!

E, se esse horror for em frente, os pouquíssimos judeus que continuarem na Holanda vão embora. Nós também vamos juntar os nossos trapos e continuar a nossa jornada, para além das fronteiras deste lindo país que tão gentilmente nos ofereceu abrigo e que agora nos vira as costas.

Eu amo a Holanda. Tinha esperança de que ela se tornasse uma pátria para mim, uma apátrida. E ainda tenho!

Sua Anne M. Frank

•

QUINTA-FEIRA, 25 DE MAIO DE 1944

Querida Kitty,

A Bep ficou noiva! Ninguém se surpreendeu com a notícia, mas nenhum de nós ficou particularmente empolgado com ela. O Bertus pode até ser um jovem de fibra, simpático e atlético, mas a Bep não o ama, o que, a meu ver, é o suficiente para que ela não se case.

Todos os esforços da Bep são para, trabalhando, subir na vida, e o Bertus a puxa para trás; ele é um operário, sem nenhum interesse e sem ambição, e não acredito que a Bep vá ser feliz vivendo assim. É compreensível que ela queira pôr um fim à indecisão dessa relação. Há quatro semanas mesmo ela deu um pé na bunda dele, mas se sentiu ainda mais infeliz, e por isso o aceitou de volta e decidiu noivar com ele.

Há vários fatores envolvidos nesse noivado. Em primeiro lugar, o pai doente, que gosta muito do Bertus; em segundo, por ser a mais velha das irmãs Voskuijl e a sua mãe fazer troça, dizendo que a filha vai ficar para titia; em terceiro lugar, porque está prestes a fazer 25 anos, o que para a Bep é uma data muito importante.

A mamãe disse que seria melhor se ela só o estivesse namorando. Não sei o que dizer, só sei que me compadeço da Bep e entendo que ela se sinta tão só.

Eles só podem se casar depois da guerra, já que o Bertus está na clandestinidade, ou seja, um homem estigmatizado; para completar, nenhum dos dois tem um centavo nem um enxoval. Que perspectiva mais triste para a Bep, a quem todos queremos muito bem. Espero ou que o Bertus se transforme sob a influência dela ou que ela ainda encontre um homem gentil que a valorize!

Sua Anne M. Frank

NO MESMO DIA

Cada dia acontece uma coisa; hoje de manhã apanharam o sr. van Hoeven, que tinha dois judeus em casa. Para nós é um baque e tanto, não só porque os pobres judeus estão de novo à beira do precipício mas também pelo horror que isso representa para o sr. van Hoeven.

O mundo todo está de pernas para o ar. As pessoas mais íntegras são mandadas para campos de concentração, prisões e celas solitárias enquanto as mais vis imperam sobre os novos e os velhos, sobre os ricos e os pobres. Uns acabam sendo presos por transações no mercado negro, outros por ajudar judeus e outros clandestinos; ninguém que não esteja filiado à NSB sabe o que acontecerá amanhã.

O sr. van Hoeven também é uma grave perda para nós. A Bep não consegue carregar sozinha tantas batatas; a solução vai ser comer menos. Como vamos nos virar eu vou informando a você, mas não vai ser nada agradável. A mamãe quer que pulemos o café da manhã, que no almoço comamos pão e mingau e, de janta, batatas assadas e, eventualmente, uma ou duas vezes por semana, legumes ou salada. Não vamos comer mais que isso. Ou seja: vamos passar fome. Mas nada é pior que sermos descobertos.

Sua Anne M. Frank

•

SEXTA-FEIRA, 26 DE MAIO DE 1944

Querida Kitty,

Finalmente encontrei um pouco de tranquilidade para me sentar à minha escrivaninha à frente da fresta da janela para contar tudo a você, tudo mesmo.

Eu me sinto deprimida como há meses não me sentia; nem mesmo depois de terem invadido a casa eu me sentia tão arrasada, por dentro e por fora. Por um lado, o sr. van Hoeven, a questão judaica, debatida em seus pormenores na casa inteira, a invasão que não acontece, a comida péssima, o nervosismo, o humor sombrio, a decepção em relação ao Peter; por outro, o noivado da Bep, a festa de Pentecostes, as flores, o aniversário do sr. Kugler, os bolos e as histórias sobre cabarés, filmes e concertos. Essa diferença, essa enorme diferença, está sempre presente: um dia nós rimos do lado burlesco de termos de nos esconder; no dia seguinte e em muitos outros, há o medo, escrito na nossa testa junto com a expectativa e o desespero.

A Miep e o sr. Kugler carregam um fardo maior por nós e pelos outros clandestinos; a Miep, no trabalho, e o sr. Kugler, com a responsabilidade colossal por nós oito que às vezes o sobrepuja, fazendo com que mal consiga falar tamanha a tensão reprimida e a agitação. O sr. Kleiman e a Bep também cuidam de nós muito, muito bem mesmo, mas chega um momento em que não pensam mais no Anexo, seja por algumas horas, seja por um dia ou dois. Eles têm as suas próprias preocupações — o sr. Kleiman, com a saúde, a Bep, com um noivado nada promissor; além das preocupações, também passeiam, visitam amigos; enfim, têm uma vida de pessoas normais; às vezes a tensão deles é aliviada, por mais breves que sejam esses instantes, enquanto, para nós, a tensão é constante já faz dois anos. Por quanto tempo mais essas garras que nos seguram vão se manter tão firmes, cada dia mais apertadas, cada dia mais afiadas?

O encanamento está obstruído outra vez. Não temos mais água corrente, só uma gota aqui e outra ali. Não podemos mais usar o sanitário, a não ser que levemos uma vassourinha; conservamos a água suja num enorme vaso de cerâmica. Hoje ainda conseguimos nos virar, mas o que vai acontecer se o encanador não der conta do problema sozinho? O serviço de limpeza da prefeitura só vai passar na terça.

A Miep nos mandou um panetone de uvas-passas com a inscrição "Feliz Pentecostes", mas era quase como se caçoasse, porque o nosso estado de espírito não tinha nada de "feliz".

Ficamos todos com mais medo depois do incidente com o sr. van Hoeven. Ouve-se em todo o Anexo "Xiu, mais baixo!", e tudo é feito na surdina. Se até a polícia conseguiu forçar a porta, realmente não estamos em segurança. Caso aconteça de nós também sermos... Não, não posso terminar essa frase, mas não é tão fácil descartar essa questão hoje em dia; muito pelo contrário, todo o medo pelo qual passei e ainda passo assoma diante de mim em todo o seu horror.

Eu só precisei descer para ir ao banheiro às oito da noite; não havia ninguém lá embaixo, todos estavam no andar superior em volta do rádio. Quis ser corajosa, mas foi difícil. Eu me sinto mais segura aqui em cima do que sozinha nesta casa enorme e silenciosa; se começo a pensar muito em vez de sair em disparada para junto dos outros depois de ouvir barulhos misteriosos e tropeços lá em cima e a buzina dos carros na rua, começo a ficar arrepiada.

A Miep passou a ser bem mais simpática e cordial conosco depois de conversar com o papai. Mas eu ainda não contei isso a você. A Miep chegou certa tarde com o rosto todo ruborizado para falar com o papai e lhe perguntou de pronto se nós achávamos que eles tinham se deixado contaminar pelo antissemitismo. O papai levou um senhor susto e tratou de tirar por completo essa ideia da cabeça dela, mas um pouco da suspeita da Miep continuou no ar. Eles têm feito mais compras para nós, têm se mostrado interessados pelos nossos problemas, apesar de não os incomodarmos com eles de forma alguma. São pessoas tão boas e prestativas!

Várias e várias vezes me pergunto se não teria sido melhor para todos nós não termos nos escondido, estarmos agora mortos para não precisarmos passar por esse inferno e, sobretudo, para pouparmos todos os outros. Mas nos encolhemos, incomodados, diante desse pensamento. Ainda gostamos de viver, ainda ouvimos a voz da natureza, ainda temos esperança, esperança em relação a tudo.

Que alguma coisa aconteça logo, nem que sejam disparos, nada pode nos esmagar mais que essa ansiedade; que o fim chegue, por mais difícil que seja; pelo menos enfim saberemos se vamos ganhar ou perder!

Sua Anne M. Frank

•

QUARTA-FEIRA, 31 DE MAIO DE 1944

Querida Kitty,

No sábado, no domingo, na segunda e na terça fez tanto calor que eu não conseguia segurar a caneta-tinteiro, por isso foi impossível escrever para você.

Na sexta, o encanamento quebrou; no sábado, foi consertado. A sra. Kleiman veio nos visitar à tarde e contou um monte de coisas sobre a Jopie; ela e a Jacque van Maarsen frequentam o mesmo clube de hóquei. No domingo, a Bep apareceu para ver se ninguém tinha invadido a casa e tomou o café da manhã conosco. Na segunda (o segundo dia de Pentecostes), o sr. Gies fez as vezes de guarda, até que na terça finalmente pudemos abrir de novo as janelas. Não há dúvida de que esse foi um dos dias de Pentecostes mais bonitos e quentes, quente mesmo. O calor aqui no Anexo é horroroso. Para dar uma ideia dos muitos incômodos, vou descrever resumidamente os dias de calor:

Sábado: "Que maravilha, que tempo bom!", dissemos todos pela manhã.

"Se pelo menos fizesse um pouco menos de calor!", dissemos pela tarde, quando tivemos de fechar as janelas.

Domingo: "Não dá para aguentar mais esse calor; a manteiga derrete, não há um único lugar mais fresco em casa, o pão fica ressecado, o leite azeda, não se pode abrir uma janela. Nós, pobres párias, ficamos aqui sufocados, enquanto os demais aproveitam o feriado." (Segundo a madame.)

Segunda: "Os meus pés estão doendo, eu não tenho roupas menos grossas, não dá para lavar louça com esse calor!" Reclamações desde de manhã cedo até tarde da noite. Uma coisa horrorosa.

Eu não suporto o calor e fico feliz porque está ventando bastante, embora o sol continue brilhando.

Sua Anne M. Frank

•

SEXTA-FEIRA, 2 DE JUNHO DE 1944

Querida Kitty,

"Quem for até o sótão que leve um guarda-chuva grande, de preferência um modelo masculino!" Isso para se proteger das chuvas que vêm lá de cima. Tem um ditado holandês que diz: "No alto se está ao seco, abençoado e salvo"; mas ele obviamente não se aplica a tempos de guerra (disparos!) e a clandestinos escondidos (caixa de gato!). Por causa disso, a Mouschi adquiriu o hábito de fazer as suas necessidades sobre jornais ou entre os vãos na madeira do chão, de modo que há um bom motivo para ter medo de xixi pingando e, mais ainda, do fedor terrível. Vale apontar também que a nova Moortje do armazém sofre do mesmo mal. Assim, quem quer já tenha tido um gato não habituado a usar a caixa consegue fazer uma ideia dos odores que pairam na nossa casa além dos de pimenta e tomilho.

De resto, tenho uma receita nova em folha para os tremores causados pelos disparos: quando o barulho ficar muito ato, correr para a escada de madeira mais próxima, descer e subir correndo por ela, de novo e de novo, tomando o cuidado de tropeçar ao menos uma vez nesse processo.

Os arranhões provocados e o barulho feito são o suficiente para não ouvir os disparos nem pensar no assunto. Esta escritora aplicou essa receita, como não poderia deixar de ser, com muito sucesso!

Sua Anne M. Frank

•

SEGUNDA-FEIRA, 5 DE JUNHO DE 1944

Querida Kitty,

Novas encrencas no Anexo. Desavença entre o sr. Dussel e os Frank a respeito da distribuição de manteiga. Capitulação do sr. Dussel. A sra. van Daan e o citado anteriormente de repente carne e unha, flertes, beijinhos e risinhos amistosos. Renasce no sr. Dussel o desejo pelo sexo oposto.

Os van Daan não querem assar um bolo de especiarias para o aniversário do sr. Kugler porque não fazemos isso para nós mesmos. Quanta mesquinharia!

Lá em cima, mau humor. A madame está resfriada. O sr. Dussel foi pego em flagrante com tabletes de levedura de cerveja, enquanto nós não temos nenhum.

Roma foi tomada pelo quinto regimento; a cidade não foi nem destruída nem bombardeada. Enorme propaganda para Hitler.

Poucos legumes e batatas, uma embalagem de pão embolorado.

O Mirradinho (nome que demos ao novo gato do armazém) não suporta pimenta. Usa a caixa de areia para dormir e serragem como banheiro. Impossível mantê-lo assim.

Tempo feio. Bombardeios contínuos em Pas de Calais e na costa oeste da França.

Não se conseguem mais vender dólares, e ouro ainda menos; já dá para ver o fundo da caixa preta. Do que vamos viver no mês que vem?

Sua Anne M. Frank

•

TERÇA-FEIRA, 6 DE JUNHO DE 1944

Queridíssima Kitty,

"*This is D-Day*", disseram na rádio inglesa ao meio-dia. "*This is* the *day.*" A invasão começou!

Às oito da manhã os ingleses comunicaram: bombardeio pesado em Calais, Bologna, Le Havre, Cherbourg e Pas de Calais (como não podia deixar de ser). De resto, uma medida de segurança para todas as regiões ocupadas: todas as pessoas que moram numa zona de até trinta e cinco quilômetros da costa devem estar preparadas para bombardeios. Onde for possível, uma hora antes os ingleses vão distribuir do ar panfletos informativos.

De acordo com o noticiário alemão, tropas de paraquedistas ingleses aterrissaram na zona costeira da França. "Lanchas de desembarque inglesas lutando com os fuzileiros navais alemães", de acordo com a BBC.

A conclusão dos moradores do Anexo às nove horas, durante o café da manhã: trata-se de um ensaio para o desembarque, como aconteceu há dois anos nas proximidades de Dieppe.

Transmissão inglesa em alemão, holandês, francês e outros idiomas às dez: "*the invasion has begun!*" Ou seja, uma invasão de verdade. Transmissão inglesa em alemão às onze: discurso do comandante supremo, o general Dwight Eisenhower.

Transmissão inglesa em inglês: "*This is D-day*". O general Eisenhower se dirigiu ao povo francês: "*Stiff fighting will come now, but after this the victory. The year 1944 is the year of complete victory, good luck!*"[33]

---

33. "Agora virá uma luta árdua, mas, depois disso, a vitória. O ano de 1944 é o ano da vitória completa, boa sorte!", em inglês no original. (*N. do. E.*)

Transmissão inglesa em inglês (traduzida) à uma: "Onze mil aviões estão a postos, voando de um lado para o outro, para lançar as tropas e realizar bombardeios atrás das linhas inimigas. Quatro mil embarcações de desembarque e outros barcos menores fazem a rota contínua na área entre Cherbourg e Le Havre. Tropas inglesas e americanas já estão numa batalha acirrada. Discursos de Gerbrandy, o primeiro-ministro da Bélgica, do rei Haakon da Noruega, De Gaulle para a França, o rei da Inglaterra e, claro, Churchill.

O Anexo está alvoroçado! Será que agora a tão esperada libertação realmente se aproxima, a libertação da qual tanto se falou, mas que era bela demais, fantasiosa demais para se tornar realidade? Será que este ano, o ano de 1944, nos oferecerá a vitória? Ainda continuamos sem saber, mas, onde há esperança, há vida — ela nos traz coragem e nos fortalece. Afinal, é com coragem que se enfrentam os muitos medos, as privações e o sofrimento. O importante agora é nos mantermos calmos e perseverantes e trincar os dentes em vez de gritar! Quem tem o direito de gritar de agonia são a França, a Rússia, a Itália e até a Alemanha, mas nós, ainda não!

Ai, Kitty, o melhor da invasão é ter a impressão de que são amigos chegando. Os terríveis alemães têm nos oprimido há tanto tempo com a faca no nosso pescoço que amigos e salvadores significam tudo para nós! Isso agora não se aplica mais aos judeus, se aplica à Holanda; à Holanda e a toda a Europa ocupada. Quem sabe, diz a Margot, se já em setembro ou outubro não posso voltar a frequentar a escola?

Sua Anne M. Frank

P.S.: Eu vou mantendo você informada das novidades!

Hoje de manhã e à noite foram jogados do ar manequins e bonecos de palha logo atrás das linhas alemãs; essas bonecas explodiram em contato com o chão. Além disso, muitas tropas de paraquedistas aterrissaram, todos pintados de preto para não chamar a atenção de noite. Hoje às seis da manhã chegaram as primeiras embarcações depois de a costa ter sido bombardeada à noite com cinco mil toneladas de bomba. Vinte mil aviões estiveram em ação hoje. As baterias costeiras alemãs foram destruídas antes mesmo do desembarque. Já foi estabelecida uma cabeça de ponte, tudo vai bem, apesar do mau tempo. Tanto o exército como os civis se sentem *"one will and one hope"*.[34]

•

34. "Uma só vontade e uma só esperança", em inglês no original. (*N. do E.*)

SEXTA-FEIRA, 9 DE JUNHO DE 1944

Querida Kitty,

A invasão está correndo às mil maravilhas. As tropas aliadas tomaram Bayeux, um vilarejo na costa francesa, e agora estão lutando para tomar Caen. Está claro que o plano é isolar a península onde fica Cherbourg. Toda noite os correspondentes de guerra falam das dificuldades, da coragem e do espírito de luta do exército. Alguns dos relatos são inacreditáveis. O depoimento dos feridos que voltaram para a Inglaterra e agora tomam o microfone em mãos corroboram esse discurso. Apesar do tempo terrível, os aviões voam diligentemente. Soubemos pela BBC que Churchill queria desembarcar com as tropas. Ele só desistiu dessa ideia depois de discutir com Eisenhower e outros generais. Já parou para pensar na coragem de um homem tão idoso? Ele deve ter pelo menos uns 70 anos!

Toda a empolgação daqui já deu uma moderada; mas continuamos esperando que a guerra termine até o fim do ano; já está mais que na hora! As reclamações da madame são insuportáveis; agora que ela não tem mais como encher a nossa paciência com a invasão, reclama o dia inteiro sobre o mau tempo. Dá vontade de enfiá-la dentro de um balde com água fria no sótão!

Todos no Anexo, exceto o sr. van Daan e o Peter, já leram a trilogia *Hongaarse Rhapsodie* [*Rapsódia húngara*]. O livro conta a história de vida do compositor, pianista e criança prodígio Franz Liszt. O livro é muito interessante, mas, a meu ver, fala um pouco demais de mulheres; Liszt era não só o maior e mais famoso pianista da sua geração mas também o mais mulherengo, mesmo com 70 anos. Foi amante da condessa Marie d'Agoult, da rainha Caroline Sayn-Wittgenstein, da bailarina Lola Montez, da pianista Agnes Kingworth, da pianista Sophie Menter, da rainha circassiana Olga Janina, da baronesa Olga Meyendorff, da atriz de teatro Lilla sei-lá-das-quantas, entre outras, a lista não tinha fim. As partes do livro que tratam de música e de outras artes são bem mais interessantes. Aparecem também no livro Schumann e Clara Wieck, Hector Berlioz, Johannes Brahms, Beethoven, Joachim, Richard Wagner, Hans von Bülow, Anton Rubinstein, Frederic Chopin, Victor Hugo, Honoré de Balzac, Hiller, Hummel, Czerny, Rossini, Cherubini, Paganini, Mendelssohn etc.

O Liszt era em si um homem querido, muito generoso, modesto, ainda que extremamente vaidoso, ajudava a todos, não conhecia nada mais elevado que a arte, adorava conhaque e mulheres, não suportava ver ninguém chorando, era um *gentleman*, jamais dizia "não" quando lhe pediam um favor, não ligava para dinheiro, era adepto da liberdade religiosa e gostava do mundo.

Sua Anne M. Frank

TERÇA-FEIRA, 13 DE JUNHO DE 1944

Querida Kit,

Outro aniversário passou, ou seja, agora estou com 15 anos. Ganhei muitas coisas: os cinco volumes de história da arte de Springer, roupas íntimas, dois cintos, um lenço de bolso, dois iogurtes, um pote de geleia, dois biscoitos de mel (pequenos), um livro sobre botânica do papai e da mamãe, um bracelete duplo da Margot, um livro da série Patria dos van Daan, *biomalt* e flores do sr. Dussel, balas da Miep, balas e cadernos da Bep e, o melhor de tudo, o livro *Maria Theresia* e três fatias de queijo integral do sr. Kugler. Do Peter, um belo buquê de peônias — o coitado se esforçou muito para achar alguma coisa, mas não teve sucesso.

Quanto à invasão, continua indo tudo bem, apesar do tempo horroroso, das incontáveis tempestades, das pancadas de chuva e da maré alta.

Churchill, Smuts, Eisenhower e Arnold estiveram ontem nos vilarejos franceses conquistados e libertados pelos ingleses. Churchill estava a bordo de um navio-torpedeiro que disparou na costa; o sujeito parece, como muitos homens, não saber o que é o medo. Admirável!

Não conseguimos sondar o estado de espírito da Holanda a partir do nosso Forte Anexo. Não há dúvida de que as pessoas estão felizes porque a inerte (!) Inglaterra finalmente arregaçou as mangas. As pessoas não se dão conta de quão injusto é pensar assim, repetindo e repetindo que não querem que haja uma ocupação inglesa aqui. Levando tudo em consideração, essa linha de raciocínio pode ser resumida da seguinte forma: a Inglaterra deve lutar, batalhar e sacrificar os seus filhos pela Holanda e por outras regiões ocupadas. Entretanto, os ingleses não podem ficar na Holanda e devem apresentar as suas mais humildes desculpas a todos os países ocupados, mas têm de devolver as Índias Orientais Holandesas ao seu antigo proprietário para então voltar debilitados e pobres à Inglaterra. Como são idiotas os que pensam assim, e, no entanto, como já falei, muitos holandeses fazem parte desse grupo de idiotas. E agora pergunto: o que seria da Holanda e dos países vizinhos se a Inglaterra tivesse, numa das muitas possíveis ocasiões, assinado um tratado de paz com a Alemanha? A Holanda teria se tornado alemã e ponto final!

Todos os holandeses que ainda hoje olham os ingleses de cima para baixo, blasfemam a Inglaterra e o antigo governo de cavalheiros, chamam os ingleses de covardes, mas ainda assim odeiam os alemães, têm é de levar uma boa sacudida, como se sacode uma almofada. Quem sabe assim criam juízo!

São muitos os desejos, os pensamentos, as acusações e as recriminações que não consigo tirar da cabeça. Eu realmente não tenho muita imaginação, ao contrário do que muitos pensam. Estou ciente dos meus inúmeros erros e defeitos mais que ninguém, com a única diferença de que sei que quero e vou melhorar, e que já melhorei!

Eu me pergunto então como é possível que todos ainda me considerem tão metida a sabichona e convencida? Eu sou mesmo tão metida a sabichona? Será que *eu* sou mesmo ou os outros é que são? Eu sei que parece absurdo, mas não vou riscar essa minha última frase, porque ela realmente não é tão absurda. A madame e o sr. Dussel são os que mais me acusam, mas não existe a menor dúvida de que ambos são pouquíssimo inteligentes, se não — e digo tranquilamente — "burros"! Pessoas burras não conseguem aceitar que os outros façam as coisas melhor que elas próprias. Os melhores exemplos disso são, de fato, a madame e o sr. Dussel.

A madame acha que eu sou burra por não sofrer tanto quanto ela com a reclusão; ela acha que eu sou convencida porque é ainda pior. Considera os meus vestidos curtos demais porque os dela são ainda mais curtos; acha que eu sou metida a sabichona ao passo que ela fala o dobro de mim sobre assuntos dos quais não tem o menor conhecimento.

O mesmo vale para o sr. Dussel. Mas um dos meus ditados preferidos é: "Onde há fumaça, há fogo"; e admito: sou mesmo metida a sabichona.

O mais chato dessa minha característica é que ninguém me recrimina ou me xinga tanto quanto eu mesma; se acrescentarmos a porção de reprimendas da mamãe, a pilha de sermões aumenta tanto que eu, desesperada, fico impertinente e começo a discutir com todo mundo, e é quando surge em mim a frase que não paro de repetir para mim mesma, típica da Anne: "Ninguém me entende!"

Essa frase está enraizada em mim e, por menos verdadeiro que pareça ser, uma pontinha de verdade ela tem. Com frequência as minhas autorrecriminações tomam tal dimensão que me fazem ansiar por uma voz consoladora que reverta tudo às proporções normais e fale ao meu mundo interior, mas, infelizmente, posso procurar o quanto quiser, essa pessoa não apareceu ainda.

Eu sei que você está pensando no Peter agora, não é mesmo, Kit? É verdade, o Peter gosta de mim, não como namorado, mas como amigo; a sua afeição cresce cada dia mais, mas essa coisa secreta que nos refreia é algo que nem eu entendo.

Às vezes penso que aquele meu desejo profundo era exagerado, mas não era, porque basta eu não subir por dois dias para que anseie por ele com tanta intensidade quanto antes. O Peter é bom e querido, mas não posso negar que muito nele me decepciona. Acho especialmente desagradáveis a repulsa que sente pela religião e as suas conversas sobre comida, além de outras coisas. Ainda assim, estou totalmente convencida de que, conforme o nosso trato sincero, nunca brigaremos. O Peter é uma pessoa pacífica, tolerante e muito condescendente. Ele aceita mais comentários de mim que da mãe. Tenta com muita tenacidade tirar as manchas de tinta dos seus livros e deixar as suas coisas arrumadas. No entanto, por que guarda para si o seu mundo interior e não me deixa nem tocá-lo? Ele é por natureza ainda mais fechado que eu, é verdade, mas realmente sei por experiência própria que mesmo as pessoas mais fechadas anseiam, no seu devido tempo, tão intensamente ou ainda mais que os outros por um confidente.

O Peter e eu passamos ambos os nossos anos contemplativos aqui no Anexo, falamos frequentemente de futuro, passado e presente, mas, como já disse: ainda me falta algo de genuíno; entretanto, tenho certeza de que esse algo existe!

Será que estou tão encantada pela natureza porque não coloco o nariz para fora há tanto tempo? Ainda me lembro muito bem de que um céu azul reluzente, pássaros chilreando, o luar e as flores desabrochando antigamente não chamavam muito a minha atenção. Isso mudou aqui; no feriado de Pentecostes, por exemplo, quando fazia tanto calor, eu mantinha os olhos abertos à força para que enfim pudesse, sozinha, dar uma boa examinada na lua diante da janela aberta, às onze e meia da noite. Infelizmente, porém, esse sacrifício não deu em nada, já que a lua espalhava luz demais e eu não podia arriscar ser vista na janela aberta. Numa outra situação, também já há muitos meses, estava por acaso lá em cima num momento em que a janela estava aberta, de noite. Só desci depois que o sótão não precisava mais ser arejado. A noite escura e chuvosa, a tempestade e as nuvens que se deslocavam velozmente me detiveram lá, fascinada; após um ano e meio, era a primeira vez que eu via a noite cara a cara. Depois disso, o desejo de voltar a ver aquilo era maior que o meu medo de ladrões, de covas escuras de ratos ou assalto. Muita gente acha a natureza bonita, muitos dormem vez ou outra ao ar livre, muitos anseiam por ver o dia fora de prisões ou hospitais para que, livres, desfrutem da natureza, mas poucos se encontram tão afastados e isolados daquilo que é igual tanto para ricos como para pobres.

Não é a minha imaginação quando digo que ver o céu, as nuvens, a lua e as estrelas me acalma e me deixa esperançosa. Esse remédio é bem melhor que valeriana e bromo. A natureza me torna pequena e preparada para sofrer todos os golpes com coragem!

Só posso ver a natureza em raras ocasiões e através de janelas cobertas por uma camada de poeira e cortinas encardidas, o que tira todo o prazer. A natureza é das poucas coisas para as quais não existe substituto!

Uma das muitas questões que não me deixam em paz é por que, tanto no passado como hoje em dia, as mulheres ocupam um lugar tão inferior ao dos homens nas mais diversas sociedades. Ainda que todos digam que isso é injusto, eu não me conformo; gostaria de saber a origem dessa grande injustiça!

É possível supor que o homem, por causa da sua força física maior, desde o início venha exercendo o seu domínio sobre as mulheres; o homem que ganha o pão, o homem que concebe crianças, o homem que tudo pode... Foi burrice demais da parte de todas essas mulheres até pouco tempo atrás terem se deixado levar em silêncio, já que, quanto mais séculos essa regra perdura, mais profundamente ela se enraíza. Felizmente, por causa da escola, do trabalho e do desenvolvimento, as mulheres abriram um pouco os olhos. Em muitos países as mulheres conseguiram obter igualdade de direitos. Muitas pessoas, principalmente as mulheres, mas os homens também, hoje veem o quão equivocada é essa distribuição do mundo que por tanto tempo perdurou; a mulher moderna reivindica o direito de se tornar plenamente independente!

Mas só isso não é o bastante. Falta ainda a valorização da mulher — que ela chegue por fim! Em geral, os homens são mais valorizados em qualquer parte do mundo; por que as mulheres não podem receber esse respeito? Soldados e heróis de guerra são condecorados e homenageados, descobridores adquirem uma fama imortal, mártires são adorados, mas quanto da humanidade considera a mulher um soldado?

No livro *Strijders voor het leven* [*Lutadores pela vida*] encontrei algo que me tocou muito. Resumindo, as mulheres em geral, só por conta de terem filhos, já sofrem mais que qualquer herói de guerra: mais dores, mais doenças e mais miséria. E como são retribuídas depois de tanto sofrimento? São jogadas para o canto como se fossem mutiladas de nascença, os seus filhos logo as deixam, a sua beleza desaparece. As mulheres são soldadas bem mais valentes, bem mais corajosas — lutam e passam por dores para que a humanidade perdure — que muitos dos heróis da liberdade falastrões juntos!

Eu não quero de forma alguma dizer com isso que as mulheres devam se negar a ter filhos, muito pelo contrário — assim estabeleceu a natureza e assim deve ser. Só condeno os homens e toda a ordem mundial porque nunca quiseram tomar consciência da grande e árdua mas ao mesmo tempo bela participação da mulher na sociedade.

Paul de Kruif, o autor do livro que mencionei acima, conta com a minha mais total aprovação quando diz que os homens devem aprender que o parto deixou de ser algo inevitável nas partes do mundo ditas civilizadas. É fácil para os homens falar, eles nunca passaram nem passarão pelos fardos de uma mulher!

Acredito que a visão de que é obrigação da mulher gestar e dar à luz as crianças vai acabar mudando ao longo do próximo século, dando lugar à valorização e à admiração em relação às mulheres, que levam esse fardo nas costas sem se queixar ou fazer alarde!

Sua Anne M. Frank

•

SEXTA-FEIRA, 16 DE JUNHO DE 1944

Querida Kitty,

Novos problemas: a madame está desesperada, fala de dar um tiro na própria cabeça, prisão, enforcamento e suicídio. Está com ciúme porque o Peter confia em mim e não nela; está ofendida porque o sr. Dussel não corresponde suficientemente às suas tentativas de flerte; tem medo de que o marido gaste todo o dinheiro do casaco de pele que ela vendeu em cigarros; briga, xinga, reclama, ri e volta a brigar.

O que fazer com um ser humano louco e resmungão? Ninguém a leva a sério, ela não tem força de caráter, se queixa com qualquer um e anda de um lado para o outro como se fosse jovenzinha: "*von hinten Lyceum, von vorne Museum*".[35] O pior é que o Peter está ficando malcriado; o sr. van Daan, irritadiço; e a mamãe, cínica. Pois é, veja só que situação! Só há uma coisa a fazer: rir de tudo e não se deixar abalar pelos demais! Parece egoísta, mas é realmente o único remédio contra quem se deixa levar pela autocomiseração.

O sr. Kugler tem de ir a Alkmaar fazer trabalho forçado, mas está tentando se livrar com um atestado médico e uma carta da Opekta. O sr. Kleiman espera em breve passar por uma cirurgia no estômago. Ontem, às onze da noite, foram cortadas todas as linhas telefônicas particulares.

Sua Anne M. Frank

•

---

35. "Pela frente, liceu; por trás, museu", em alemão no original. A expressão expressa a ideia de uma mulher que se faz passar por jovem — daí liceu, escola de colegiais —, mas que, na verdade, não é. (*N. do T.*)

SEXTA-FEIRA, 23 DE JUNHO DE 1944

Querida Kitty,

Nada de especial por aqui. Os ingleses deram início à grande ofensiva em Cherbourg; segundo o Pim e o sr. van Daan, no dia 10 de outubro vamos estar livres com certeza. Os russos participam da empreitada, ontem começaram a ofensiva em Vitebsk, o dia em que fez exatamente três anos desde a invasão dos alemães.

O ânimo da Bep continua terrível. Quase não temos mais batatas. Daqui para a frente queremos distribuir as batatas entre nós oito; assim, cada um decide por si próprio o que fazer com elas. A Miep vai tirar a partir da segunda uma semana de férias adiantada. Os médicos do sr. Kleiman não acharam nada na radiografia. Ele está hesitante, sem saber se opera ou se deixa tudo seguir o seu curso normal.

Sua Anne M. Frank

•

TERÇA-FEIRA, 27 DE JUNHO DE 1944

Queridíssima Kitty,

O estado de espírito deu uma boa melhorada, tudo vai muitíssimo bem. Cherbourg, Vitebsk e Slobin capitularam hoje. Com certeza muitos prisioneiros e muito espólio de guerra. Cinco generais alemães foram mortos e dois foram presos. Os ingleses já podem levar para terra firme tudo o que quiserem, porque têm um porto agora: toda a região de Cotentin está em mãos inglesas três semanas depois da invasão! Uma excelente conquista!

Nas três semanas desde o dia D não houve um único dia sem chuva e tempestade, tanto aqui como na França, mas essa falta de sorte não impede que os ingleses e os americanos mostrem a sua enorme força, e como! É claro que as Wuwa[36] não param, mas o que significa essa ninharia além de alguns estragos na Inglaterra e de matérias para os jornais dos *Moffen*? Aliás, se perceberem na "Mofáfrica" que o perigo bolchevique realmente está às portas, vão ficar com mais medo ainda.

---

36. "Wuwa", em alemão no original, é a abreviação de "Wunderwaffe", as "armas milagrosas". (*N. do T.*)

Todas as mulheres e crianças alemãs que não trabalham para a Wehrmacht estão sendo evacuadas para Groningen, Friesland e Gelderland. Mussert[37] declarou que, se a invasão chegar até aqui, ele vai vestir a farda. Será que o gorducho quer lutar? Podia ter feito isso antes, na Rússia. A Finlândia na época não aceitou o tratado de paz; agora, as negociações nesse sentido foram interrompidas. Como eles vão se arrepender, esses bobalhões!

Em que pé você acha que nós vamos estar no dia 27 de julho?

Sua Anne M. Frank

•

SEXTA-FEIRA, 30 DE JUNHO DE 1944

Querida Kitty,

Mau tempo ou *bad weather from one at a stretch to the 30 June*.[38] Não ficou lindo? Ah, sim, eu já me viro bem em inglês; como prova disso, estou lendo *O marido ideal* com ajuda do dicionário!

A guerra avança às mil maravilhas: Bobroisk, Mogilev e Orsha capitularam; muitos prisioneiros de guerra.

Por aqui tudo *all right*. Os ânimos vão melhorando, os nossos superotimistas estão triunfantes, os van Daan fazem o açúcar desaparecer como se por um passe de mágica, a Bep mudou o penteado e a Miep tirou uma semana de folga. São essas as últimas notícias!

Estou tendo de fazer um tratamento de canal horroroso e, o pior, num dos dentes da frente. Isso já me fez ver estrelas; a dor era tamanha que o sr. Dussel achou que eu fosse desmaiar. Faltou pouquíssimo para isso acontecer. De repente, a madame começou a se queixar de dor no dente também!

Sua Anne M. Frank

P.S.: Ficamos sabendo que o Bernd,[39] na Basileia, fez o papel do estalajadeiro na peça *Minna von Barnhelm*. "Inclinações artísticas", diz a mamãe.

•

---

37. Líder do Partido Nacional Socialista na Holanda.
38. "Mau tempo sem parar de 1º a 30 de junho", em inglês, com erros, no original. (*N. do E.*)
39. O primo Bernhard (Buddy) Elias.

QUINTA-FEIRA, 6 DE JULHO DE 1944

Querida Kitty,

O meu coração vai ficando pequenininho quando ouço o Peter dizer que talvez no futuro ele se torne um criminoso ou um especulador; apesar de ser uma brincadeira, tenho a impressão de que ele tem medo da própria fraqueza de caráter. Tanto a Margot quanto o Peter vivem me dizendo:

— É, se eu tivesse a sua força e a sua coragem, se conseguisse impor a minha vontade, se tivesse a energia e a perseverança que você tem, aí eu...!

Será que é uma característica tão boa eu não me deixar influenciar? Será que é certo eu seguir o cominho da minha própria consciência? Para ser sincera, não consigo entender como alguém diz "Eu sou fraco" e continua sendo. Se alguém sabe disso, por que não se esforça para reverter a situação, por que não desenvolve o seu caráter? A resposta que ouvi foi: "Porque é muito mais fácil!" Essa resposta me deixa um pouco desanimada. Fácil? Será que uma vida preguiçosa e enganosa é fácil? Ah, não! Não pode ser verdade, não pode ser que facilidade e... dinheiro seduzam alguém tão facilmente. Refleti muito sobre que resposta dar, sobre como fazer o Peter acreditar em si mesmo e, sobretudo, melhorar. Agora, se o meu palpite vai ser correto eu não sei.

Já tentei imaginar inúmeras vezes como seria bom se alguém depositasse a confiança em mim, mas agora, chegada a hora H, é que me dou conta do quão difícil é entrar nos pensamentos de outra pessoa e, através deles, encontrar a resposta *certa*. Principalmente porque "facilidade" e "dinheiro" são conceitos completamente novos e estranhos para mim.

O Peter está começando a se apoiar em mim, o que não pode acontecer sob nenhuma circunstância. É difícil caminhar com as próprias pernas, mas é ainda mais difícil fazê-lo se mantendo fiel ao próprio caráter e à própria alma sem perder o equilíbrio.

Tenho andado inquieta de um lado para o outro, procurando dias a fio, procurando um antídoto eficaz para essa palavra horrorosa que é "fácil". Como é que eu faço para deixar claro para ele que o que parece fácil e bonito pode levá-lo para o abismo, um abismo em que não existem mais amigos, apoio nem nada de belo — um abismo do qual não se consegue mais sair?

Estamos todos vivos, mas sem saber por que nem para quê. Estamos todos vivos com o objetivo de ser feliz; vivemos todos de maneira diferente e, ainda assim, igual. Nós três fomos educados num bom meio social, podemos aprender, temos a possibilidade de chegar a algum lugar, temos muitas razões para acreditar que a sorte rirá para nós, mas... temos de fazer por onde. E isso é algo que não se pode fazer pelo caminho mais fácil. Ter sorte significa trabalhar por ela, fazer o bem e não especular nem ser preguiçoso. A preguiça *parece* atraente, e trabalhar *proporciona* satisfação.

É inconcebível para mim o fato de certas pessoas não gostarem de trabalhar, mas esse não é o caso do Peter; acontece que ele não tem um objetivo diante de si e se considera burro demais e inferior para realizar o que quer que seja.

Pobre rapaz, jamais soube o que é fazer os outros felizes, e isso é algo que não posso lhe ensinar. Não tem religião, zomba de Jesus Cristo, pragueja usando o nome de Deus; apesar de eu também não ser tão ortodoxa, me dói cada vez que percebo quão isolado, quão desdenhoso, quão sofrido ele é.

Quem tem uma crença pode se alegrar, porque nem todo mundo é abençoado com a capacidade de acreditar numa ordem maior. Não é nem necessário temer punições após a morte; o purgatório, o inferno e o céu são elementos que muitos não conseguem aceitar; ainda assim, uma religião, não importa qual, mantém a pessoa no caminho do bem. Não tem nada a ver com o temor a Deus, mas sim com ter a consciência e a própria honra como conceitos superiores.

Quão nobres e boas seriam todas as pessoas se, antes de dormir, revissem mentalmente todos os acontecimentos do dia para determinar se agiram bem ou mal. Involuntariamente, tenta-se recomeçar do começo, melhorando; com o passar do tempo, então, você provavelmente obterá ótimos resultados. Qualquer um pode aplicar essa técnica; não custa nada e certamente é útil. Porque quem não a conhece tem de aprendê-la e passar pela experiência: "Uma consciência tranquila nos torna fortes!"

Sua Anne M. Frank

•

SÁBADO, 8 DE JULHO DE 1944

Querida Kitty,

A sra. Broks esteve em Beverwijk e, do nada, conseguiu arranjar morangos no leilão. Quando chegaram aqui estavam empoeirados e cheios de terra, mas eram muitos. Pelo menos vinte e quatro caixas para dividir entre o pessoal do escritório e nós. Na mesma noite preparamos os primeiros seis potes de conserva e pusemos a geleia em oito potes. Na manhã seguinte, a Miep decidiu preparar geleia para o pessoal do escritório.

Ao meio-dia e meia, a porta para a rua é trancada; as caixas, trazidas. Ouvem-se na escada os passos abafados do Peter, do papai e do sr. van Daan, e, enquanto a Anne pega água quente do aquecedor, a Margot vai buscar um balde, todos trabalhando em conjunto! Com uma sensação estranhíssima no estômago, entro na cozinha superlotada. A Miep, a Bep, o sr. Kleiman, o Jan, o papai, o Peter, os nossos cúmplices e uma coluna de reabastecimento — todos amontoados, e isso em plena luz do dia!

As cortinas e as janelas abertas, falatório em voz alta, portas batendo, me deu uma crise de pânico, com os nervos à flor da pele. "Será que continuamos escondidos?", me passou pela cabeça. Deve ser um sentimento desses que se tem quando já se pode se revelar ao mundo. A panela estava cheia, hora de subir de volta. Na nossa cozinha, o resto da família está de pé junto à mesa, retirando as folhas e os caules, ou pelo menos é o que deveria estar fazendo. No entanto, iam parar mais morangos nas bocas que no balde. Logo foi necessário outro balde. O Peter voltou para a cozinha lá embaixo, a campainha tocou, o balde foi deixado onde estava, o Peter subiu em disparada, a estante foi fechada. Estávamos tendo chiliques de impaciência, a torneira deveria ficar fechada, e metade dos morangos ainda precisava ser lavada, mas mantivemos uma das regras do esconderijo: se tiver alguém em casa, nenhuma torneira pode ser aberta por causa do barulho do escoamento da água.

À uma vem o Jan:

— Era o carteiro.

O Peter desce as escadas correndo outra vez. Din-don, a campainha, ele dá meia-volta outra vez. Eu fico à escuta para ouvir a possível chegada de alguém, primeiro à porta da biblioteca e depois no patamar superior da escada. No fim, tanto o Peter como eu ficamos pendurados feito dois ladrões sobre o balaústre, atentos aos ruídos que vêm lá de baixo. Nenhuma voz desconhecida. O Peter desce de mansinho pela escada, para na metade do caminho e grita:

— Bep! — E mais uma vez: — Bep!

O barulho na cozinha é mais alto do que a voz do Peter. Então ele desce o resto da escada e entra na cozinha. Eu, inquieta, fico olhando para baixo.

— Suba bem rápido, Peter, o contador está aqui, você tem de desaparecer! — É a voz do sr. Kleiman.

Suspirando, o Peter sobe e fecha a estante.

À uma e meia enfim chega o sr. Kugler:

— Ai, Deus do céu, eu não vejo mais nada além de morangos. Como morango de café da manhã, o Jan come morango, o sr. Kugler come morango como quem chupa bala, a Miep cozinha morango, a Bep limpa morango, eu sinto o cheiro de morango e, quando quero me ver livre dessa coisa vermelha e subo, vejo que vocês estão lavando... morango!

O resto dos morangos é posto em conserva. À noite dois potes são abertos. O papai logo os transforma em geleia. Na manhã seguinte: dois potes de conserva; à tarde, quatro. O sr. van Daan não os tinha esterilizado a uma temperatura alta o suficiente. Agora o papai prepara geleia todas as noites. Comemos mingau com morangos, coalhada com morangos, pão com morangos, morangos como sobremesa, morangos com açúcar, morangos com areia. Por dois dias havia morango, morango e mais morango em tudo que é lugar, depois ou o estoque acabou ou foi tudo parar em potes bem guardados em algum lugar atrás de trancas ou fechaduras.

— Anne, ouça só — diz a Margot —, ganhamos ervilhas da sra. van Hoeven, nove quilos.

— Muito simpático da parte dela — respondo. De fato, muito simpático, mas o trabalho... uau!

— No sábado de manhã todo mundo vai ter de ajudar a descascar — anuncia a mamãe à mesa.

Assim, hoje de manhã, depois do café da manhã, a maior panela esmaltada surgiu em cima da mesa, cheia de ervilhas até a boca. Descascar ervilhas é um trabalho muito chato, mas tirar a pele das vagens é pior ainda. Acho que a maior parte das pessoas não sabe quão macia e gostosa é a vagem da ervilha, além de conter muitas vitaminas. Essas três características citadas, porém, não são tão relevantes diante do fato de que a porção que pode ser consumida é três vezes maior do que quando se comem só as ervilhas.

Tirar as peles é um trabalho excepcionalmente minucioso e melindroso, possivelmente adequado para dentistas pedantes ou comerciantes de especiarias perfeccionistas; para uma adolescente impaciente é uma tortura. Começamos às nove e meia, às dez e meia eu vou me sentar, às onze eu me levanto de novo, às onze e meia eu me sento. Os meus ouvidos começam a zunir: corto a pontinha, puxo a pele, retiro o fio, recolho a vagem; corto a pontinha, puxo a pele, retiro o fio, recolho a vagem, e assim por diante. Tudo gira diante dos meus olhos: verde, verde, vermezinho, fio, vagem podre, verde, verde, verde. Sem energia, mas para fazer alguma coisa, fico papeando a manhã inteira, uma besteira atrás da outra, faço os demais rirem e me sinto quase desfazer de estupidez.

A cada pele que eu puxo me convenço mais que nunca que jamais, jamais serei apenas uma dona de casa!

Ao meio-dia finalmente vamos tomar o café da manhã, mas do meio-dia e meia à uma e quinze continuamos descascando. Quando termino, me sinto como se estivesse mareada, e os outros um pouco também. Vou dormir até as quatro e, quando acordo, ainda estou desorientada por causa das malditas ervilhas.

Sua Anne M. Frank

•

SÁBADO, 15 DE JULHO DE 1944

Querida Kitty,

Escolhemos da biblioteca um livro com o polêmico título *Hoe vindt u het moderne jonge meisje?* [*Como encontrar a moderna jovem mulher?*]. Hoje gostaria de falar desse assunto.

A escritora critica a "juventude atual" de cima a baixo, sem, porém, descartar por completo tudo o que é jovem como algo inútil. Pelo contrário, ela é da opinião de que, se a juventude quisesse, poderia construir um mundo maior, melhor e mais bonito; de que a juventude dispõe dos meios para tal; mas se mantém ocupada com atividades superficiais sem oferecer um único olhar ao que é essencialmente belo.

Em certas passagens tive a profunda impressão de que a autora se referia a mim com as suas recriminações, e, por isso, queria de uma vez por todas me abrir completamente a você e me defender desse ataque.

Eu tenho uma característica bastante pronunciada que deve chamar a atenção de todo mundo que me conhece há mais tempo: o meu autoconhecimento. Consigo ver a mim mesma de fora executando tarefas como se fosse uma estranha. Sem nenhuma ideia preconcebida ou cheia de desculpas, me vejo diante da Anne do dia a dia e constato o que ela faz de certo ou errado. Essa autoanálise nunca me abandona, e, a cada palavra que pronuncio, logo me dou conta: "eu deveria ter dito de outra maneira" ou "eu disse a coisa certa". Eu me condeno por muitas coisas e percebo quão corretas são as palavras do papai: "Cada criança deve educar a si mesma." Os pais só podem dar conselhos e dicas úteis aos filhos; a forma final do caráter de uma pessoa está nas suas próprias mãos. Juntando-se a isso há o fato de eu ter um impulso excepcionalmente forte; me sinto sempre tão cheia de energia e resistente, tão livre e tão nova! Quando me dei conta disso pela primeira vez, fiquei feliz, porque acredito que jamais abaixarei a cabeça para receber os golpes que todo mundo, mais dia menos dia, acaba recebendo.

Mas já falei demais disso tudo no passado; agora eu queria passar ao tema "Papai e mamãe não me entendem". Os meus pais sempre me mimaram muito, foram carinhosos comigo, me defenderam do pessoal daqui de cima e fizeram tudo o que pais podem fazer por um filho. Ainda assim, me senti terrivelmente solitária, excluída, negligenciada, não compreendida. O papai tentou de tudo para controlar a minha rebeldia, mas em vão. Eu mesma melhorei quando pus um espelho diante de mim no qual se refletia tudo o que havia de errado na minha maneira de agir. Como é possível que o papai jamais tenha me apoiado na minha luta, que sempre tenha falhado na hora de estender as mãos para mim? O papai escolheu os meios incorretos na tentativa de me ajudar, falando comigo como se falasse com uma criança passando por um momento difícil. Parece absurdo, porque ninguém além do papai depositou tanta confiança em mim, ninguém além do papai fez com que eu me sentisse uma pessoa sensata. Mas uma coisa ele negligenciou: não entendeu que a minha luta para não afundar e crescer era mais importante para mim que todo o resto. Eu não queria saber de "problemas da adolescência", de "outras meninas", de "isso passa com o tempo"; não queria ser tratada na condição de "uma menina-como-qualquer-outra", mas sim como a Anne-por-si-só, e o Pim não entendeu isso. Aliás, não posso depositar a minha confiança em alguém que não me conta muito de si mesmo e, como não sei nada do Pim, não vou trilhar o caminho que leva à intimidade entre nós. O Pim sempre age como um pai mais velho que já experienciou vez ou outra tais impulsos passageiros, mas que não pode ser solidário comigo na condição de amigo diante da juventude, por mais que se esforce. Por essas e por outras cheguei à conclusão de que não quero compartilhar a minha filosofia de vida com ninguém além do meu diário e, vez ou outra, com a Margot. Do papai eu escondo tudo o que mexe comigo; tampouco compartilhei com ele os meus ideais e, se me distanciei dele, foi de propósito.

Não podia ser de outro modo. Eu agi de acordo com o que o meu coração dizia, de maneira egoísta, mas necessária para a minha tranquilidade, porque eu poderia perder por completo a tranquilidade e a autoconfiança que construí de maneira tão instável se tivesse de enfrentar críticas em relação ao meu trabalho inacabado. E isso eu não faço nem pelo Pim, por mais insensível que possa parecer, porque não só não pus o Pim a par da minha vida íntima como também frequentemente o afasto ainda mais com a minha irritabilidade.

Essa é uma questão que costuma me fazer pensar: como é possível que às vezes o Pim me irrite tanto? Como é possível que eu praticamente não suporte mais viver com ele, que a sua ternura me pareça fingida, que eu queira que ele me deixe sozinha e, de preferência, não me dê muito mais atenção até eu me sentir mais segura diante dele outra vez? Porque ainda me corrói por dentro a lembrança da bronca que levei por causa daquela carta infame que eu, na minha empolgação, quase tive coragem de lhe esfregar na cara. Ah, como é difícil ser forte e corajosa para tudo e para todos!

Entretanto, nem é isso o que mais me deixa desapontada, não mesmo. Mais que com o papai, eu encasquetei foi com o Peter. Eu sei muito bem que fui eu que o conquistei, e não o contrário — criei para mim uma imagem ideal dele, vendo-o como um rapaz calado, sensível e querido, com uma imensa carência de amor e amizade!

Eu precisava me abrir com uma pessoa de carne e osso. Gostaria de ter um amigo que me ajudasse a reencontrar o meu caminho; dei conta do trabalho complicado, fazendo com que ele se voltasse para mim vagarosa, mas eficientemente.

Quando finalmente fiz com que despontassem sentimentos de amizade nele, isso por si só se transformou em intimidade, o que, depois de analisar com atenção, me parece inusitado. Falávamos de assuntos dos mais secretos; porém, até agora não chegamos nem perto das coisas que transbordavam e ainda transbordam do meu coração. Até hoje não consegui entender direito como o Peter funciona: seria ele tão superficial ou será que é a sua timidez que o faz se conter diante de mim? Mas, desconsiderando isso, devo reconhecer que cometi um erro crasso quando descartei todas as outras possibilidades de amizade para me aproximar dele unicamente por meio da intimidade. Ele quer ser amado, e percebo que passou a gostar mais de mim a cada dia. O Peter fica satisfeito com os nossos encontros; enquanto isso, para mim, eles só renovam o impulso que sinto de tentar, uma vez atrás da outra — em vão —, trazer à tona os assuntos que são essenciais para mim. Eu o forcei a se aproximar de mim mais do que ele imagina, e o Peter agora se aferra à minha pessoa sem que eu tenha como afastá-lo para que ele ande com as próprias pernas. Isso porque, conforme percebia que ele não tinha como ser um amigo na acepção da palavra para mim, tentei ajudá-lo a ampliar a sua visão de mundo estreita e fazê-lo brilhar na sua adolescência.

“Porque, em sua raiz mais profunda, os anos da infância e da juventude são mais solitários que os da velhice.” Isso estava em algum livro que eu li, e me parece verdadeiro.

Será mesmo verdade que os adultos têm mais dificuldades que os jovens?

Não, certamente isso não é verdade. As pessoas de mais idade têm uma opinião formada sobre tudo e não titubeiam mais nas suas ações e ao tomar decisões na vida. Nós, os jovens, temos dificuldade em dobro em manter as nossas opiniões numa época em que todo idealismo é aniquilado, esmagado, em que as pessoas mostram o seu lado mais feio, em que se duvida da verdade, da justiça e de Deus.

Qualquer um que ainda afirme que os mais velhos aqui no Anexo têm mais dificuldades certamente não percebe quão maiores são os problemas que se abatem como uma tempestade sobre nós. Problemas para os quais talvez ainda sejamos jovens demais, mas que nos são impostos com tamanha persistência que finalmente, depois de muito tempo, acreditamos ter encontrado uma solução para eles, mas uma que em geral se revela ineficaz diante dos fatos. Isto é o mais difícil desses tempos: basta virem à tona os ideais, os sonhos, as perspectivas risonhas para que sejam esmagados e completamente destruídos pela mais horrenda das realidades. É um milagre enorme que eu não tenha abandonado as minhas esperanças, porque parecem absurdas e impraticáveis. Ainda assim, me aferro a elas, apesar de tudo, porque ainda acredito na bondade intrínseca das pessoas.

Isso porque é impossível para mim construir o que quer que seja tendo como base a morte, a miséria e a consternação. Vejo como o mundo se reinventa, transformando-se vagarosamente num deserto, ouço cada vez de mais perto os trovões que nos destruirão também, sinto com compaixão o sofrimento de milhões de pessoas; quando olho para o céu, porém, sinto que tudo isso vai dar uma guinada para melhor, que essa crueldade terá um fim, que a tranquilidade e a paz retornarão à ordem mundial. Enquanto isso, devo manter firmes as minhas convicções; quem sabe nos tempos que se aproximam elas não podem ser postas em prática?

Sua Anne M. Frank

•

SEXTA-FEIRA, 21 DE JULHO DE 1944

Querida Kitty,

Agora sim eu me sinto esperançosa, agora finalmente tudo vai bem! É isso mesmo, tudo vai bem! Ótimas notícias! Hitler sofreu um atentado contra a sua vida e, por mais estranho que pareça, não foram os judeus comunistas nem os ingleses capitalistas, e sim por iniciativa de um general alemão altamente teutônico, não apenas um conde como também jovem. A "Providência Divina" poupou a vida do Führer, que sofreu apenas uns leves arranhões e algumas queimaduras. Alguns oficiais e generais da sua escolta foram mortos ou feridos. O autor da conspiração foi fuzilado.

Essa foi a prova de que alguns oficiais e generais são avessos à guerra e prefeririam ver Hitler sete palmos abaixo da terra, para em seguida instaurar uma ditadura militar, consolidar a paz com os Aliados, se rearmar e, depois de uns vinte anos, dar início a uma guerra outra vez. Talvez a Providência esteja se atrasando um pouco de propósito para tirar o Führer do jogo, porque para os Aliados é bem mais fácil e barato deixar que os impecáveis alemães se matem uns aos outros. Da mesma forma, assim sobraria menos trabalho para os russos e para os ingleses, que, além disso, poderiam começar logo a reconstrução das suas próprias cidades. Mas ainda falta para chegarmos lá, e não quero me adiantar aos fatos gloriosos. Ainda assim, como você pode ver, eu digo a verdade e nada além da verdade. Para variar um pouco, não estou matraqueando sobre os meus mais altos ideais.

Hitler foi mais que cordial por comunicar ao seu fiel e dedicado povo que todos os militares a partir de hoje devem obedecer à Gestapo e que qualquer soldado que saiba que o seu comandante participou desse atentado covarde e baixo pode lhe dar um tiro na cabeça sem o menor problema!

Que bela história tudo isso vai dar! O soldadinho está com os pés cansados de tanto andar, o seu chefe, o oficial, lhe passa um senhor sabão. O soldadinho apanha a sua a arma e grita:

— Você quis matar o Führer, aqui vai a sua recompensa!

Ouve-se um disparo, e o seu comandante arrogante, que se atrevia a dar broncas no soldadinho, passa para a vida eterna (ou seria a morte eterna?)! No fim, a situação será a seguinte: todos os senhores oficiais vão "se molhar" de medo quando derem com um soldado ou tiverem de comandar, porque os soldados são mais livres para ter opinião e agir que eles próprios.

Dá para entender, ou será que fui me atropelando nas palavras? Não posso fazer nada para mudar, estou feliz demais para ser lógica diante da perspectiva de poder voltar a me sentar à carteira da sala de aula em outubro! Opa, não acabei de dizer que não quero me adiantar aos fatos? Perdão! Não é à toa que dizem que eu sou uma pilha de contradições!

Sua Anne M. Frank

•

TERÇA-FEIRA, 1º DE AGOSTO DE 1944

Querida Kitty,

"Uma pilha de contradições." Foi com essas palavras que encerrei a minha última carta e com elas inicio esta. "Uma pilha de contradições." Será que você consegue me explicar exatamente o que é isso? O que significa "contradição"? Como acontece com tantas palavras, "contradizer" tem dois significados: uma contradição é externa, e a outra, interna. Na primeira, se trata de não se conformar com as opiniões alheias; na segunda, de ser respondona e sabe-tudo, de querer sempre ter a última palavra, ou seja, todas as características desagradáveis que me tornam famosa; a segunda, não sou famosa por causa dela, é o meu segredo.

Eu já contei algo a respeito, disse que é como se a minha alma estivesse dividida em duas. Uma parte abriga a minha alegria exuberante, troças em relação a tudo, um espírito vivaz que vê, principalmente, o lado leve de tudo. Isso inclui não ver nada de errado em paqueras, num beijo, num abraço ou numa piada menos decorosa. Esse lado meu se mantém em geral vigilante e abafa o outro, que é bem mais bonito, puro e profundo. Este belo lado da Anne não há quem conheça e é por isso que tão poucas pessoas me suportam, não é verdade? Claro, eu sou uma palhaça engraçada para uma tarde, mas depois passam um mês enjoados de mim. Na verdade, isso é como um filme romântico para pensadores profundos: mera distração, divertimento para uma única vez, algo a ser esquecido em questão de dias, não ruim, mas não particularmente bom. Eu não me sinto nada bem contando isso a você, mas não tenho desculpas para não fazer isso, já que essa é a verdade, concorda? O meu lado mais leve e superficial vai se adiantar sempre ao mais profundo e, assim, vencê-lo. Você não acreditaria se eu lhe contasse quantas vezes já tentei reprimir, esconder e bater nessa outra Anne, que não passa de metade de tudo o que se chama "Anne" — mas é impossível e eu bem sei por quê.

Tenho medo de que as pessoas que me conhecem como eu sempre sou descubram que tenho outro lado, um lado melhor e mais bonito. Tenho medo de que caçoem de mim, de que me achem ridícula e sentimental e de que não me levem a sério. Estou acostumada a não ser levada a sério, mas é só a Anne "leve" que está acostumada a isso e o suporta; a "pesada" é fraca demais para tal. Se eu empurro a Anne boazinha à força para a luz da ribalta, em quinze minutos ela se contrai e se fecha feito uma plantinha dormideira assim que se vê obrigada a falar, passando a palavra à Anne número um. Antes que eu perceba, ela já desapareceu.

Na companhia de outros, a Anne boazinha nunca, mas nunca apareceu, porém, quando estou sozinha, é quase sempre ela quem dá o tom. Eu sei exatamente como gostaria de ser, como realmente sou... por dentro, mas, infelizmente, só o sou para mim mesma. E essa talvez seja, ou melhor, de fato é a razão pela qual considero a minha natureza interior uma natureza feliz e os demais considerem feliz o que veem, ou seja, a minha natureza exterior. No meu íntimo, é a Anne pura quem me mostra o caminho; por fora, não sou nada além de uma cabritinha que, alegre e saltitante, vai se afastando do rebanho. Como eu já disse, sinto tudo de uma maneira, mas o exteriorizo de outra, o que me valeu os apelidos de "namoradeira", "paqueradora", "sabichona" e "leitora de romances água-

-com-açúcar". A Anne serelepe ri disso tudo, responde com impertinência, dá de ombros, indiferente, finge não estar nem aí; a Anne calada, porém, reage da maneira contrária. E como! Para ser completamente sincera, tenho de confessar que tudo me importa, sim, que faço um esforço indizível para ser diferente, mas me vejo sempre diante de um exército mais forte que o anterior.

Eu me sinto soluçar por dentro e ouço a minha voz: "Está vendo onde você foi parar? Opiniões erradas sobre você, rostos que zombam, caretas, pessoas que acham você antipática, e tudo isso só porque você não quis ouvir o bom conselho da sua melhor parte." Ah, eu bem que gostaria de segui-lo, mas não dá; se fico calada e com cara de séria, todos acham que é uma nova atuação minha, e me vejo obrigada a me safar com alguma piadinha. Isso para não falar da minha própria família, que acha que estou doente; me dão comprimidos para dor de cabeça e calmantes, põem a mão na minha testa e no meu pescoço para ver se não estou com febre, perguntam se tenho ido ao banheiro e criticam o meu mau humor. Não aguento mais prestarem atenção a tudo o que eu faço, porque aí é que fico mesmo ríspida, inicialmente; depois, triste; e, por fim, o meu coração se retorce; deixo à mostra o seu lado ruim e escondo o bom, procurando sempre uma maneira de me transformar naquilo que eu gostaria tanto de ser, poderia ser se... se não houvesse mais pessoas no mundo.

Sua Anne M. Frank

AQUI TERMINA O DIÁRIO DE ANNE.

Zondag 20 Februari. 1944.

Zondag.

Wat bij andere mensen in de week gebeurt, gebeurt in het Achterhuis 's Zondags. Als andere mensen mooie kleren aanhebben en in het zonnetje wandelen, zijn wij hier aan het schrobben, vegen en wassen.

8 uur: Ondanks de langslapers staat Df. toch al om 8 uur op. Gaat naar de badkamer, vervolgens naar beneden, weer naar boven en dan volgt in de badkamer een wasbeurt die een vol uur duurt.

Half 10: Kachels worden aangemaakt. Ontduisterd en v. P. gaan naar de badkamer. Een van de Zondagmorgen bezigheden is, dat ik vanuit m'n bed Df. juist op z'n rug moet kijken als hij bidt. Iedereen zal wel gek opkijken als ik zeg dat een biddende Df. een verschrikkelijk gezicht is, om aan te zien. Niet dat hij gaat huilen of sentimenteel doen, o nee, maar hij heeft de gewoonte een kwartier lang, zegge wel een kwartier, van z'n hakken op z'n tenen te wiebelen. Heen en weer, heen en weer, eindeloos duurt dat en als ik m'n ogen niet dichtknijp word ik er bijna draaierig van.

Kwart over 10: v. P. fluiten, de badkamer is leeg. Bij ons verheffen zich de eerste slaperige gezichten uit de kussens. Dan gaat alles vlug, vlug, vlug. Om de beurt gaan Margot en ik mee naar de was. Daar 't beneden flink koud is, komt een lange broek en een hoofddoek ons wel te pas. Intussen is Vader in de badkamer bezig; om 11 uur gaat Margot (of ik) naar de badkamer en dan is alles weer schoon.

Half 12: Ontbijten. Hier zal ik maar niet over uitweiden, want over 't eten wordt zonder mij toch al genoeg gesproken.

Kwart over 12: Gaan alle personen een andere weg op. Vader in overal ligt al gauw op z'n knieën op de grond en schuiert het kleed zo hard dat de kamer in een grote stofwolk gehuld is. De heer Df. maakt de bedden op (natuurlijk verkeerd, hè) en fluit daarbij steeds maar weer hetzelfde viool-concert van Beethoven. Moeder hoort men op de zolder schuifelen, terwijl ze de was ophangt.
Mijnheer v. P. zet z'n hoed op en verdwijnt

CONTOS E ACONTECIMENTOS DO ANEXO

Prefácio

Da herança grafada de Anne Frank faz parte também o assim chamado *Livro de contos*, sobre o qual ela escreveu no dia 7 de agosto de 1943 no seu diário: "Faz algumas semanas eu comecei a escrever uma história, puramente fictícia, mas gostei tanto que já tenho aqui ao meu lado na mesa uma pilha de escritos, os filhos da minha caneta." Não havia passado nem um mês, ela se tinha posto a copiar os "filhos da sua caneta" para um grande caderno de capa dura à parte. Na primeira página, escreveu: "*Contos e acontecimentos do Anexo*, escritos por Anne Frank"; mais abaixo, na mesma página, acrescentou: "estreado em: quinta-feira, dia 2 de setembro de 1943".

Como o título já indica, são duas as categorias: os contos, puramente fictícios, e as narrações, que descrevem ocorrências da vida no esconderijo. Anne Frank acrescentou no final do livro uma lista de conteúdo em que também indica em quais categorias caem as narrações (vide a lista de conteúdo na página 391 deste livro).

A maior parte dos contos Anne provavelmente concebeu primeiro em folhas avulsas para então passá-las com capricho para o caderno de contos, já que neste praticamente não há passagens rasuradas ou outras correções. O conto mais antigo data de 8 de dezembro de 1942, o que indica que o caderno inclui os textos passados a limpo de versões anteriores dos contos; a última narração tem como data o dia 12 de maio de 1944.

Alguns contos Anne incluiu na versão retrabalhada do seu diário (versão *b*), ao passo que seu pai, Otto Frank, após a guerra, incluiu mais alguns no livro *O diário de Anne Frank*, cuja primeira edição foi publicada em 1947.

Em 1949, oito contos de Anne foram lançados sob o título *Weet je nog? Verhalen en sprookjes* [*Você se lembra? Histórias e contos de fada*]. Um volume consideravelmente mais extenso, *Verhalen rondom het Achterhuis* [*Contos sobre o Anexo*], foi publicado em 1960. A primeira edição completa dos contos de Anne foi publicada em 1982 por Joke Kniesmeyer. Por fim, em 2001, saiu à luz a edição revista por Gerrold van der Stroom, com base nos manuscritos de todos os contos de Anne: *Verhaaltjes, en gebeurtenissen uit het Achterhuis/Cady's leven* [*Contos e acontecimentos do Anexo/A vida de Cady*] (Amsterdã, 2005). Para uma sólida pesquisa acerca dos contos de Anne, essa edição de caráter científico continua sendo a fonte mais idônea. É também nela que se respaldam os "contos e acontecimentos" que se seguem aqui. As notas e correções nesta edição da obra completa também se originam nos textos em questão.

Nesta obra completa, os nomes abreviados por Anne nos contos foram escritos por extenso.

Entraram gatunos?[40]

QUARTA-FEIRA, À NOITE, 24 DE MARÇO DE 1943

A mamãe, o papai, a Margot e eu estávamos juntos, muito bem acomodados; de repente o Peter entrou e sussurrou no ouvido do papai. Consegui ouvir algo sobre um barril derrubado no armazém e alguém mexendo na porta. A Margot também ouviu, mas tentou me acalmar um pouco porque, claro, fiquei lívida e nervosíssima.

Ficamos as três à espera; o papai tinha descido com o Peter, e não haviam se passado nem dois minutos quando a sra. van Pels apareceu, vinda do [andar de baixo, onde estava] o rádio. Contou que o Pim tinha pedido a ela que desligasse o rádio e subisse na ponta dos pés. No entanto, o que costuma acontecer quando alguém quer justamente andar na ponta dos pés? Os degraus da velha escada estalam duas vezes mais alto, claro. Passados outros cinco minutos, o Peter e o Pim reapareceram, pálidos até a ponta do nariz, e nos contaram as peripécias.

Estavam ao pé da escada, esperando. Mas nada aconteceu. Até que, de repente, sim senhor, ouviram duas pancadas, como se duas portas tivessem sido batidas com força dentro da casa. O Pim subiu na mesma hora com um só salto. O Peter ainda foi avisar o Pfeffer, que, muito ruidosa e atabalhoadamente, acabou aparecendo. Em seguida, subimos na ponta dos pés. O sr. Pels já estava na cama, resfriadíssimo, e por isso nos agrupamos junto à sua cabeceira e contamos as nossas suspeitas aos sussurros.

Toda vez que ele tossia, a madame e eu sentíamos um arrepio gelado de medo percorrer a nossa coluna. Aquilo não tinha fim; até que alguém teve a brilhante ideia de lhe dar codeína. Foi certeiro: a tosse parou na mesma hora.

---

40. A seguinte passagem também aparece descrita na carta do diário de Anne em 25 de março de 1943.

Continuamos esperando e esperando, mas não se ouvia nada mais, o que nos levou à conclusão de que os gatunos na verdade tinham se mandado ao ouvir passos na casa sempre tão silenciosa.

Foi um azar que o rádio lá embaixo estivesse ligado, justamente no programa da estação inglesa, e as cadeiras dispostas em círculo à sua volta. Se a porta tivesse sido forçada e os vigias antiaéreos, percebido e chamado a polícia, as coisas poderiam ficar complicadas e ter consequências desastrosas. O sr. van Pels então se levantou, vestiu a calça e um casaco, pôs um chapéu e começou a descer a escada no encalço do papai, seguido pelo Peter, que, pelo sim pelo não, empunhava um pesado martelo. As damas (incluindo a Margot e eu) esperaram com angústia até que, cinco minutos mais tarde, os cavalheiros reapareceram, dizendo que toda a casa estava em paz. Combinamos não abrir nenhuma torneira e não dar descarga na privada. Mas, como a tensão tinha mexido com a barriga de quase todos os coabitantes, pode-se imaginar o fedor que se espalhou após cada um de nós termos depositado nossa "contribuição" na privada.

Quando algo vai mal, desencadeia mais um monte de calamidades, como agora. Primeiro foi o sino da Westertoren, que sempre exercia um efeito calmante, mas que havia parado de tocar. Depois foi o sr. Voskuijl, que, na noite anterior, tinha ido embora mais cedo, e nós não sabíamos se tinha se lembrado de dar a chave à Bep e de fechar a porta.

Ainda era noite, e continuávamos na dúvida, apesar de estarmos mais tranquilos, já que, das oito e quinze, o horário em que o ladrão entrara, até as dez e meia, não ouvimos mais nada.

Quando paramos para pensar, nos pareceu também muito improvável que um ladrão forçasse uma porta no início da noite, hora em que poderia haver outras pessoas na rua. Passou-nos pela cabeça que não seria estranho que algum funcionário do armazém vizinho, a Companhia Keg, ainda não tivesse encerrado o expediente; em meio a tanta tensão e sendo tão finas as paredes, era muito fácil confundir os ruídos. Além disso, em momentos tão delicados, a imaginação costuma nos pregar peças.

Com isso em mente, fomos deitar, mas ninguém conseguia pegar no sono. O papai, assim como a mamãe e o sr. Pfeffer, ficou um bom tempo acordado, e eu, sendo um pouquinho exagerada, posso dizer que não preguei o olho.

Hoje de manhã os cavalheiros desceram e mexeram na porta principal, mas constataram que estava trancada e tudo na maior normalidade! O acontecimento, que não tinha nada de agradável, se espalhou por todo o escritório com riqueza de detalhes, porque esses incidentes acabam virando piada; foi só a Bep quem nos levou a sério.

Obs.: A privada estava tão entupida no dia seguinte que o papai teve de cutucá--la com um bastão de madeira para tirar todos os papéis contendo receitas com morangos (o nosso atual papel higiênico) e alguns quilos de cocô. O bastão foi queimado depois.

O dentista[41]

QUARTA-FEIRA, 8 DE DEZEMBRO DE 1942

Hoje nós vimos o melhor espetáculo que já houve aqui. A mamãe estava passando roupas, e a sra. van Pels receberia um tratamento dentário. O Pfeffer deu início ao procedimento com ares de importância (era a primeira vez que ele tratava de alguém aqui), abrindo cuidadosamente a sua pequena maleta e apanhando a água-de-colônia para fazer as vezes de desinfetante e a vaselina, de cera. A madame se sentou, e o Pfeffer começou a lhe examinar a boca. A pobre criatura se encolhia subitamente a cada vez que o dentista encostava num dente e soltava ruídos ininteligíveis. Após um exame circunstanciado (pelo menos na visão dela, pois não levou mais de dois minutos), o Pfeffer começou a raspar uma das cáries. De jeito nenhum, nem que a vaca tossisse. A madame se debateu e esperneou até que a broca escapou da mão do Pfeffer e... ficou presa num dente dela. Foi então que a coisa ficou feia. A madame brandia os braços ao seu redor, chorando (na medida do possível, já que o instrumento estava dentro da sua boca), tentando soltar a broca, mas acabou por enterrá-la ainda mais no dente. O Pfeffer se manteve inerte diante daquela cena, observando-a com as mãos na cintura. O restante dos espectadores ria desenfreadamente, o que era maldade, porque tenho certeza de que eu gritaria ainda mais alto se fosse comigo. Após muito se retorcer, chutar, berrar e gritar, conseguiram tirar a broca, e o Pfeffer continuou o tratamento como se nada tivesse acontecido. E tão rápido que a madame nem teve tempo de recomeçar a cena; mas também, com tanta ajuda, não era para menos: dois assistentes não são pouca coisa, o

41. A seguinte passagem também aparece descrita na carta do diário de Anne de 10 de dezembro de 1942.

sr. van Pels e eu estávamos nos saindo bem. Parecia até um quadro medieval, de um daqueles charlatões.

Durante esse tempo, a paciente acabou perdendo a paciência: tinha de cuidar da sopa e da comida "dela". De uma coisa eu sei: a madame nunca mais vai se submeter a um tratamento dentário!

Esta última declaração não se realizou.

O dia da salsicha[42]

SEXTA-FEIRA, 10 DE DEZEMBRO DE 1942

O sr. van Pels tinha carne sobrando e queria preparar para hoje *bratwurst* e salsicha de Gelderland e, para amanhã, *metworst*. Foi curioso ver os nacos de carne passando pelo moedor duas ou três vezes e, depois, tudo o que era possível sendo acrescentado à carne antes de ela voltar ao moedor e, dele, por meio de um pequeno bocal, ser enfiada dentro das tripas. No almoço, logo comemos a *bratwurst* com chucrute misturado com batatas e cebolas. As salsichas de Gelderland foram penduradas no teto por meio de uma ripa com dois cordões. Todos os que entravam no aposento davam de cara com as salsichas expostas e começavam a rir. Confesso que era mesmo uma visão das mais burlescas.

Tudo aqui estava num alvoroço que eu nem te conto; o sr. van Pels, com o avental da esposa enrolado na cintura, preparava a carne em toda a sua obesidade (parecia mais gordo do que realmente era). As mãos escorrendo sangue, o rosto corado e o avental lhe conferiam o aspecto de um verdadeiro açougueiro. A madame fazia tudo ao mesmo tempo: estudava holandês, cozinhava, olhava, suspirava e reclamava; estava (segundo a própria) com uma costela do peito quebrada; é nisso que dá quando se praticam exercícios de ginástica tão idiotas.

O Pfeffer estava com um olho inflamado e fazia compressas com chá de camomila. O Pim estava sentado numa cadeira ao sol e ficava se deslocando o tempo todo, ora para a direita, ora para a esquerda. Com certeza voltara a sentir dor nas costas, porque seu corpo estava todo torto e tinha no rosto uma expressão incomodada. Parecia aqueles velhinhos de asilos para pobres e inválidos. O Peter

42. A seguinte passagem também aparece descrita na carta do diário de Anne de 10 de dezembro de 1942.

dava voltas na sala com a gata, mantendo diante do nariz dela um pedaço de carne para então sair correndo. A mamãe, a Margot e eu descascávamos batatas, mas a verdade é que todos estávamos distraídos das nossas atividades, acompanhando os movimentos do sr. van Pels.

A pulga

QUARTA-FEIRA, 7 DE JULHO DE 1943

Cá estamos nós agora com uma nova praga: as pulgas da Mouschi. Não sabíamos que também se transmite pulga de gatos a humanos, mas aparentemente isso acontece.

Ontem eu consegui pegar uma na minha perna; dez minutos depois, mais uma, quando estava lá embaixo. De noite, sentada na cama do Pfeffer, encontrei outra, mas ela escapuliu por entre os meus dedos; as desgraçadas são rápidas que só. Hoje de manhã eu estava me vestindo na frente do armário quando aconteceu outra dessas coisas estranhas. Nunca tinha visto uma andar e pular ao mesmo tempo. Consegui pegá-la e a apertei bem entre dois dedos, mas a srta. Pulga deu um salto na mesma hora e escapuliu. Suspirando, voltei a tirar a roupa e inspecionei o meu corpo nu e a minha roupa até achar a pulga na roupa íntima. No mesmo segundo, ela foi decapitada.

Você se lembra?

RECORDAÇÕES DOS MEUS ANOS LETIVOS NO LICEU JUDAICO

Você se lembra? Fico muito feliz quando posso falar sobre a escola, os professores, as aventuras e os meninos. Quando ainda levávamos uma vida normal, tudo era brilhante.

Aquele ano no Liceu em especial foi divino. Os professores, o tanto que aprendi, as piadas, o prestígio, os namoricos e os adoradores.

Você se lembra? De uma certa tarde em que, ao voltar da cidade para casa, encontrei na caixa de correio uma embalagem; "d'un ami. R." Não podia ser outra pessoa além de Rob Cohen. Na embalagem havia um broche que devia custar apenas uns 2,50 florins, mas que era hipermoderno. O pai do Rob vendia esse tipo de objetos. Eu o usei por dois dias, até que ele quebrou.

Você se lembra? De quando a Lies e eu traímos a turma? Nós tínhamos uma prova de francês. Eu havia estudado um pouco, mas a Lies, não. Ela colou de mim a prova inteira, e eu ainda conferi e corrigi as respostas (dela). Ela tirou 5/6, e eu, 4/5, porque a minha correção garantiu a ela uma nota melhor.[43] No entanto, tanto o 5/6 como o 4/5 estavam circunscritos por um enorme zero. Grande indignação. Fomos tirar satisfações com a Premsela, e, no final, a Lies acabou dizendo:

— Sim, mas a turma toda estava com o livro debaixo da carteira!

Premsela prometeu à turma não dar nenhum castigo se todos que tinham colado durante a prova levantassem a mão. Mais ou menos dez mãos se ergueram, ou seja, nem metade da turma. Após três aulas, recebemos a mesma prova de

43. A primeira nota é para o desempenho e a segunda para o texto/resposta. (*N. do T.*)

surpresa. Lies e eu, pela traição, fomos ignoradas por todos. Não demorou para eu achar a situação insuportável, e escrevi uma longa carta de súplica à turma 1LII para que tudo voltasse ao normal. Nem duas semanas depois, o incidente tinha sido esquecido.

Na carta eu dizia mais ou menos o seguinte:

Aos alunos da turma 1LII,

Por meio desta, Anne Frank e Lies Goslar pedem as mais sinceras desculpas à turma inteira por conta do golpe baixo em relação à prova de francês.

O incidente se deu, porém, sem termos refletido sobre as consequências, e admitimos mais que prontamente que, na verdade, apenas nós duas deveríamos ter recebido o castigo. Pensamos que qualquer um pode, num momento de raiva, deixar escapar uma palavra ou frase que provoquem danos desagradáveis, mesmo que isso não tenha sido intencional. Esperamos que a 1LII prefira interpretar assim o acontecido e pagar o mal com o bem. De nada mais adiantaria, e as duas culpadas não podem mais desfazer o que já está feito.

Não escreveríamos esta carta se não estivéssemos realmente arrependidas. Pedimos também a todos os que têm nos ignorado até agora que, por gentileza, deixem de fazer isso, porque o nosso delito também não foi assim tão grave para sermos tidas como criminosas eternamente.

Que os que ainda não conseguem nos encarar pelo nosso delito venham até nós e nos passem um sabão ou nos peçam algum tipo de favor, que nós procuraremos realizar na medida do possível.

Esperamos que todos os alunos da 1LII a partir de agora se esqueçam do ocorrido.

Anne Frank e Lies Goslar

Você se lembra? De quando o Pim Pimentel estava no bonde e disse ao Rob Cohen, na intenção de que a Sanne Ledermann o ouvisse e viesse me contar depois, que, de rosto, a Anne era mais bonita que a Danka Zajde, principalmente quando ria? A resposta do Rob tinha sido:

— Mas que narinas enormes você tem, Pim!

Você se lembra? De quando o Maurice Coster queria pedir permissão ao Pim para poder sair com a filha dele?

Você se lembra? De quando o Rob Cohen e a Anne Frank ficavam trocando correspondência enquanto o Rob estava internado?

Você se lembra? Da maneira como o Sam Salomon me perseguia de bicicleta, estendendo o braço para mim?

Você se lembra? De quando o A. W. me deu um beijo na bochecha quando prometi que não contaria a ninguém sobre ele e a E. G.?[44]

Espero que algum dia voltemos a ter anos letivos despreocupados como aqueles.

44. O nome de alguns dos envolvidos foi substituído por iniciais aleatórias.

A melhor escrivaninha[45]

TERÇA-FEIRA, 13 DE JULHO DE 1943

Ontem à tarde pedi permissão ao papai para perguntar ao Pfeffer (com muita educação) se ele, por gentileza, nos deixaria usar nossa escrivaninha duas vezes por semana (das quatro às cinco e meia). Eu fico lá todos os dias, das duas e meia às quatro, que é quando o Pfeffer tira um cochilo, mas, de resto, o quarto com a escrivaninha é terreno proibido. Na sala, no espaço comunitário, há rebuliço demais durante a tarde para se conseguir trabalhar, além disso, o papai de vez em quando também gosta de usar a escrivaninha.

Os motivos eram razoáveis e a pergunta, uma mera formalidade. Agora você não vai acreditar no que o ilustre Pfeffer respondeu!

— Não. — Curto e grosso: — Não!

Fiquei tão indignada que não deixei que ele simplesmente me despachasse, sem perguntar a razão da recusa. Foi um balde de água fria. Ele foi logo dizendo:

— Eu também tenho que estudar. Se não fizer isso à tarde, perco o meu prazo. Tenho que terminar a minha tese, senão vou ter começado à toa. Você não leva seus estudos a sério. Mitologia... Que tipo de trabalho é esse? Ler e tricotar também não são trabalho. Sou eu quem uso a escrivaninha e vou continuar usando!

A minha resposta foi:

— Sr. Pfeffer, eu levo a sério meus estudos, sim. Na sala eu não consigo estudar de tarde. Eu lhe peço encarecidamente que reconsidere o meu pedido!

Com essas palavras, uma Anne ofendida deu meia-volta, fingindo que o sábio doutor não estava ali. Eu fervia de raiva, achando o Pfeffer um grandessíssimo mal-educado (o que ele é de fato) ao passo que eu fui extremamente cortês.

---

45. Otto Frank incluiu essa passagem em *O diário de Anne Frank* em 13 de julho de 1943.

De noite, encontrei o Pim disponível, lhe contei o desfecho do incidente e discuti o que faria dali para a frente, porque eu não queria dar o caso por encerrado, mas preferia me desincumbir sozinha da tarefa. O Pim me passou as coordenadas de como seria melhor agir, mas me encorajou a esperar pelo dia seguinte, porque aquela indignação que eu sentia no momento só me atrapalharia.

Este último conselho eu preferi ignorar e, depois de lavar a louça, fui falar com o Pfeffer.

O Pim estava no aposento contíguo, o que me acalmava bastante.

Comecei:

— Sr. Pfeffer, eu acredito que o senhor não se deu ao trabalho de analisar a minha questão e lhe peço mais uma vez que considere meu pedido.

Com um dos seus sorrisos mais amáveis, o Pfeffer observou:

— Estou sempre pronto para discutir esse assunto, ainda que já esteja tudo decidido!

Dei continuidade à conversa, interrompida pelo Pfeffer o tempo todo:

— Nós tínhamos combinado desde o início, quando o senhor chegou aqui, que esse quarto seria compartilhado por todos. Assim sendo, segundo as disposições, o senhor ficaria com ele pela parte da manhã e eu, as tardes inteiras! No entanto, não é nem isso o que estou pedindo. Só me parece justo que eu possa usar a escrivaninha duas tardes por semana.

Nisso o Pfeffer saltou como se espetado por uma agulha:

— Se a questão é justiça, a senhorita não tem nada a dizer. Onde quer que eu fique? Eu vou perguntar ao sr. van Pels se pode construir uma divisória pequena no sótão onde eu possa ficar. Eu também não tenho nenhum lugar para trabalhar sossegado. Você é o tipo de pessoa com quem sempre se acaba brigando. Se fosse a sua irmã Margot, que tem mais razões para tal, quem me viesse com esse pedido, nem me passaria pela cabeça recusar; já você...

Aí ele voltou ao tema da mitologia e do tricô, o que trouxe de volta a Anne ofendida. Mas não deixei transparecer e esperei que o Pfeffer concluísse:

— Enfim, com você não se pode conversar, você é de um egoísmo escandaloso, se quer fazer valer a sua vontade, os outros que saiam de perto. Nunca vi uma garota assim. No final das contas, eu vou me ver forçado a ceder, senão eu ainda vou ter de ouvir que a Anne Frank não passou nas provas porque o sr. Pfeffer não quis lhe ceder a escrivaninha!

E por aí foi ele, batendo na mesma tecla, até que no final começou a despejar uma enxurrada tão grande de palavras que até me desconcentrei. Em certo momento, pensei: *Vou dar um murro tão forte na cara dele que ele e suas mentiras vão dar contra a parede!* Mas logo disse a mim mesma: *Mantenha a calma que esse sujeito nem merece que você perca o seu tempo com ele!*

Finalmente o Pfeffer deixou de soltar fumaça e, com rancor e triunfo estampados no rosto, saiu do aposento com os bolsos do casaco abarrotados de comestíveis.

Saí correndo atrás do papai e, sem saber o quanto ele havia conseguido ouvir da conversa, lhe contei todo o relato. O Pim decidiu falar com o Pfeffer na mesma noite, o que de fato aconteceu; conversaram por mais de meia hora. O primeiro tópico foi a necessidade de a Anne usar a escrivaninha: era realmente imperativo? O papai disse que o Pfeffer e ele já tinham conversado uma vez sobre o assunto e que lhe havia dado certa razão, para não colocá-lo numa situação desvantajosa em relação à filha, considerando a diferença de idade entre eles, mas que, desde o início, o arranjo não lhe parecera equitativo. O Pfeffer achou que eu não tinha o direito de falar dele como se fosse um intruso e quisesse se apoderar de tudo, mas o papai discordou terminantemente, já que ele não me ouvira fazer a menor alusão a respeito. E em meio ao papo, o papai acabou por me defender da acusação de ser egoísta e de fazer de qualquer jeito os meus "trabalhos inúteis", enquanto o Pfeffer só sabia reclamar.

A discussão finalmente terminou, mas só após o Pfeffer dar o braço a torcer e ficar combinado que eu teria a oportunidade de usar a escrivaninha duas tardes por semana sem ser incomodada. O Pfeffer passou dois dias de cara fechada, sem me dirigir a palavra, mas fazia questão de ir se sentar à escrivaninha das cinco às cinco e meia... uma infantilidade, naturalmente.

Alguém de 54 anos com maneiras tão pedantes e tanta mesquinhez é assim por natureza e jamais perderá os seus hábitos.

Anne em teoria[46]

SEGUNDA-FEIRA, 2 DE AGOSTO DE 1943

A sra. van Pels, o Pfeffer e eu estávamos lavando a louça, mas havia um detalhe, algo que quase nunca acontece e que com certeza lhes chamou a atenção: eu estava excepcionalmente calada. Querendo evitar perguntas, tentei desviar o foco para um assunto bastante neutro e achei que o livro *Henri van de Overkant* [*Henri do outro lado*] cumpriria esse requisito. Mas me enganei. Quando não é a sra. van Pels sendo grossa comigo, é o Pfeffer. A questão se resume no seguinte: o Pfeffer tinha nos recomendado esse livro como sendo excepcionalmente bom. A Margot e eu achamos o livro tudo, menos excepcional. O protagonista era bem construído, mas o restante... melhor nem comentar. Foi mais ou menos o que eu disse a ele, mas o Pfeffer ficou possesso.

— O que é que logo você entende da psique de um homem?! De uma criança, ainda vá lá. — (!) — Você é nova demais para um livro desse gênero. Até um homem de 20 anos teria dificuldade de entender. — (Então por que ele o tinha recomendado justo à Margot e a mim?)

Agora ele e a madame diziam ao mesmo tempo:

— Você sabe demais da conta a respeito de assuntos que não são para alguém da sua idade, você foi educada de maneira totalmente errada. Mais tarde, quando estiver crescida, não vai mais tirar prazer de nada e dizer: "isso eu já li em livros há vinte anos". Você tem que se apressar, caso ainda queira ter um marido ou se apaixonar, com certeza tudo há de conspirar contra você. Na teoria você já aprendeu muitíssimo; já na prática...

46. A seguinte passagem também aparece descrita por Anne na carta do seu diário de 29 de julho de 1943.

Dá para imaginar como eu me senti. Até me admirei com a tranquilidade com que respondi:

— Vocês talvez achem que eu não fui educada corretamente, mas saibam que tem muitíssima gente que discorda dessa opinião!

Parece até que eles pensam que me instigar sempre contra os meus pais é sinal de boa educação, porque é isso mesmo o que eles fazem com frequência; além disso, para eles, não esclarecer uma garota da minha idade sobre certos assuntos é o melhor a fazer. Pois é, a prova viva de uma educação assim estava ali na nossa frente.

Naquele momento, eu poderia matar aqueles dois que não paravam de me repreender. Estava fora de mim de tanta raiva e queria estar contando os dias (se soubesse em que dia tudo iria acabar) para me livrar daqueles indivíduos.

O caráter da sra. van Pels

A sra. van Pels também é uma figura rara! Deveria servir de exemplo... do que não se deve ser! Ela é tida como muito pouco modesta, inculta e insatisfeita com tudo. Podemos também acrescentar à lista a vaidade e a coqueteria. Ela tem, sem sombra de dúvida, um caráter extremamente detestável. Eu poderia dedicar capítulos inteiros sobre a sra. van Pels. Quem sabe não acabo fazendo isso? Ela não tem mesmo nenhuma qualidade que venha de dentro. É por isso que precisa se esconder por trás da fachada de boa moça.

A madame é simpática com desconhecidos, sobretudo se são homens, o que engana quem acaba de conhecê-la. Ela é tão astuta, tão calculista, tão egoísta que, para uma pessoa de bom coração, é difícil imaginar alguém assim. É praticamente impossível, poderíamos afirmar, que uma pessoa tão bem aparentada seja por dentro assim tão vazia.

Para a mamãe, ela é tonta demais para que gaste o seu tempo falando dela. A Margot a acha insignificante demais; o Pim, feia demais (literal e figurativamente), e eu, depois de muito analisar — porque nunca faço um pré-julgamento —, cheguei à conclusão de que ela é tudo isso mesmo e muito mais. São tantos os defeitos que eu não saberia qual escolher para começar.

Que o leitor leve em consideração que, quando escreveu essas linhas, a autora ainda não havia apaziguado a sua fúria!

A briga pelas batatas

QUARTA-FEIRA, 4 DE AGOSTO DE 1943

Após quase três meses de paz, interrompidos apenas por algumas discussões sem importância, hoje houve um grande bate-boca.

Foi de manhã bem cedo, enquanto descascávamos batatas. Ninguém estava esperando. Vou reproduzir aqui a discussão; todos os envolvidos, porém, iam falando ao mesmo tempo e se atropelando de tal maneira que era impossível acompanhar a conversa inteira.

Foi a madame quem começou (quem mais teria sido?!), dizendo que quem não ajudasse a descascar as batatas de manhã deveria ajudar a descascar ervilhas de noite. Ninguém respondeu, e isso certamente incomodou os van Pels, porque o marido logo soltou que, na verdade, cada um bem que podia descascar as suas próprias batatas, com exceção do Peter, porque isto não é trabalho para meninos! (Já dá para ver onde ele queria chegar!)

O sr. van Pels prosseguiu:

— Eu também não vejo por que os cavalheiros sempre têm de ajudar nisso aí, porque, assim, o trabalho fica mal distribuído. Por que uns têm que trabalhar mais que os outros para o bem da comunidade?

Nesse momento a mamãe interveio, porque percebeu o rumo que a conversa estava tomando:

— Ah, cavalheiro, já entendi. O senhor vai dizer que as crianças não trabalham o suficiente. Não sei se o senhor sabe, mas, quando a Margot não ajuda, a Anne faz a parte da irmã, e vice-versa. O Peter também não trabalha, mas, no caso dele, o senhor não acha necessário. Assim sendo, eu também acho desnecessário que as meninas trabalhem!

Enquanto o homem latia, a madame gania, o Peter chiava e a mamãe berrava. Era uma cena terrível, e a minha pessoa magricela, em meio aos demais, ficou vendo os supostos "sábios adultos" saltarem literalmente uns sobre os outros. As palavras disparavam de um lado para o outro; a madame culpava o Pfeffer de fazer jogo duplo (concordo), o sr. van Pels falava à mamãe sobre a comunidade, dizia que trabalhava demais e que os outros deveriam se compadecer dele.

— As crianças fariam melhor em ajudar aqui e acolá em vez de ficar sempre com o nariz enfiado nos livros. As meninas não precisam saber tanta coisa assim! — (Que progressista, não é?), gritou ele de supetão. A mamãe declarou, já mais sossegada, que não tinha a menor pena do sr. van Pels.

Foi então que ele recomeçou:

— Por sinal, por que é que a meninas nunca ajudam a levar batatas para cima nem vão pegar água quente? Elas não são tão fracas assim!

— O senhor está louco! — exclamou a mamãe, o que até me assustou um pouco; não imaginei que ela se atrevesse a tanto.

O resto é relativamente insignificante, variações do mesmo tema. Que a Margot e eu deveríamos ser promovidas a serviçais da casa do Anexo. Que aqui se pode mandar qualquer um para qualquer lugar, porque não vai dar em nada.

O sr. van Pels ainda teve o desplante de dizer que lavar a louça de manhã e de noite, como a Margot vinha fazendo havia um ano inteiro, não era trabalho.

O papai, ao ouvir sobre o incidente, já queria sair correndo para confrontar o sr. van Pels com umas boas verdades, mas a mamãe achou melhor dizer a ele que, se cada um fosse descascar as próprias ervilhas, que cada um vivesse também do próprio dinheiro.

A minha conclusão é: o incidente é realmente típico do sr. van Pels, sempre a mesma ladainha. Se o papai não fosse bom demais com esse tipo de pessoa seria o caso de lhe esfregar na cara que nós e os outros estávamos literalmente salvando-o da morte certa... num campo de concentração, ele teria de fazer muito mais que apenas descascar ervilhas... ou procurar piolhos em gato!

O final da tarde e a noite no Anexo[47]

QUARTA-FEIRA, 4 DE AGOSTO DE 1943

Antes das nove da noite, começa no Anexo o pandemônio de arrumar tudo para a hora de dormir, que é sempre um verdadeiro tumulto. Cadeiras são empurradas, camas, desdobradas, cobertores, dobrados, e tudo é colocado num lugar diferente do que ocupou durante o dia. Eu durmo no pequeno divã, que não tem nem um metro e meio de comprimento. As cadeiras postas ao pé da cama servem, portanto, de extensão para os pés. Edredom, lençóis, travesseiros, tudo é retirado da cama do Pfeffer, onde ficam guardados durante o dia.

Lá de dentro se ouve um rangido horroroso, provocado pela cama dobrável da Margot. Mais cobertores e lençóis ajudam a tornar as ripas de madeira do divã um pouco menos desconfortáveis. Lá em cima parece estar havendo uma tempestade, mas na verdade não passa da cama da madame. O que acontece é que a cama precisa ser empurrada para perto da janela para que Sua Majestade, vestindo seu *baby-doll* cor-de-rosa, possa inalar ar fresco pelas suas narinas delicadas.

Às nove: Peter sai do banheiro, e entro eu para me lavar. Não é raro que se veja uma pulga flutuando na superfície da água (mas só nos meses, semanas e dias quentes). Aí eu escovo os dentes, ponho bobes, cuido das unhas e uso chumaços de algodão com água oxigenada, tudo isso num tempo curto de meia hora.

Às nove e meia: me enfio no roupão rapidinho. Numa mão, sabonete; na outra, penico, alfinetes de cabelo, calça, bobes e algodão. Saio às pressas do banheiro, mas na maioria das vezes sou chamada de volta para retirar da borda curva da pia os meus diversos pelos graciosos, porém desagradáveis para o próximo banhista.

---

47. Essa cena também foi descrita por Anne na carta do seu diário de 4 de agosto de 1943.

Às dez: as luzes se apagam, boa noite. Durante os quinze minutos seguintes, se ouvem na casa o rangido das camas e os suspiros das molas quebradas; depois, silêncio, a não ser quando os vizinhos de cima começam um bate-boca na cama.

Às onze e meia: a porta do banheiro range. Um fino raio de luz penetra no quarto. Estalidos de sapatos se arrastando, um casaco comprido, maior que o homem debaixo dele... O Pfeffer volta de seu turno à noite no escritório do Kugler; durante dez minutos se ouvem o arrastar de sapatos no chão, o farfalhar de papéis (que na verdade são embalagens de produtos alimentícios) e a cama sendo feita. Depois disso, a figura volta a desaparecer e só se ouve um ruído suspeito no banheiro.

Por volta das três: tenho de me levantar para fazer algo que ninguém pode fazer por mim; tiro de debaixo da cama o urinol, abaixo da qual eu coloquei um tapetinho de borracha para o caso de vazar. Durante o ato em si, sempre prendo a respiração, porque o jato gorgola na bacia como uma cascata. O urinol volta para o lugar onde estava, e a silhueta na camisola branca, que todas as noites arranca da Margot a exclamação: "Outra vez essa sua camisola indecente!", entra na cama. Por quase quinze minutos, uma certa pessoa fica escutando os barulhos noturnos, primeiro para descobrir se pode haver algum ladrão lá embaixo; em seguida presta atenção em todas as camas do andar de cima, do cômodo ao lado e do seu quarto, para saber se os companheiros da casa estão dormindo ou passando a noite semiacordados. O que não é nada agradável, principalmente se o membro da família em questão tem o sobrenome "Pfeffer".

Primeiro, vem um ruído abafado, como o de um peixe abrindo a boca fora da água, e isso se repete uma dezena de vezes; ouço-o umedecendo os lábios ostensivamente, alternando o ato com um barulho da língua, depois fica se remexendo constantemente na cama e ajeitando o travesseiro. Cinco minutos de silêncio total e a sequência se repete três vezes até que o doutor mergulha num sono profundo por bom tempo.

Podem também acontecer disparos entre uma e quatro da madrugada. Quando percebo, já estou de pé ao lado da cama. Tem vezes que continuo dormindo, sonhando até com os verbos irregulares do francês ou com uma briga lá em cima. Só quando se esvai a ilusão é que percebo que houve disparos e que estou parada no quarto, no silêncio. Mas, geralmente, acordo.

Eu agarro um lenço e um travesseiro, me enfio no roupão, calço as pantufas e, num instante, lá estou com o papai, exatamente como Margot escreveu no meu poema de aniversário:

Com o primeiríssimo disparo noturno
a porta estala e se veem
um lenço, um travesseiro e uma menininha...

Uma vez tendo chegado à cama grande, já passou o primeiro susto, a não ser que a situação seja feia.

Às quinze para as sete: trriiim... é o despertador, com sua voz que pode se erguer a qualquer hora do dia (seja porque alguém o programou ou por iniciativa própria). Crac... Tchum... a madame o desliga. Treec... seu marido salta da cama. Agora é pôr água para ferver e correr até o banheiro.

Às sete e quinze: a porta estala de novo. O Pfeffer pode usar o banheiro. Quando me vejo sozinha, corro as cortinas, deixando a luz entrar... É quando tem início um novo dia no Anexo.

O horário do almoço[48]

QUINTA-FEIRA, 5 DE AGOSTO DE 1943

É meio-dia e meia: cessa todo o rebuliço e podemos respirar. Pelo menos [os funcionários do armazém] van Maaren, o homem com o passado obscuro, e o De Kok foram para casa.

Lá em cima só se ouvem as pancadas surdas do aspirador de pó com o qual a madame limpa o seu único e belo tapete. A Margot segura debaixo do braço alguns livros sobre magistério e vai dar aula a "crianças que não avançam", e o Pfeffer provavelmente se encaixa nesta categoria.

O Pim vai se sentar com o seu inseparável Dickens em algum canto também para que o deixem sossegado. A mamãe se despacha para o andar de cima para dar uma mão à ativa dona de casa, e eu vou ao banheiro para dar uma ajeitada, tanto nele quanto em mim!

Às quinze para a uma: vão aparecendo um após o outro. Primeiro o sr. Gies, depois o Kleiman ou o Kugler, a Bep e às vezes, às pressas, também a Miep.

À uma: em estado de tensão, todos se reúnem em volta do pequeno rádio para ouvir as notícias da BBC. Esses são os únicos poucos minutos em que os membros do Anexo não atropelam um o discurso do outro, porque quem está com a palavra é alguém que nem mesmo o sr. van Pels pode contradizer.

À uma e quinze: a grande partilha. Todo mundo lá de baixo recebe uma cuia de sopa e, caso haja, uma sobremesa.

Satisfeito, o sr. Gies se senta no divã ou se encosta na escrivaninha. Ao seu lado, o jornal, a xícara e, em geral, o gato. Se falta um desses três elementos, ele não deixa de protestar. O Kleiman conta as últimas novidades da cidade, e ele é

48. Essa cena também foi descrita por Anne na carta do seu diário de 5 de agosto de 1943.

uma fonte excelente. O Kugler sobe as escadas atabalhoadamente, bate à porta curta mas vigorosamente e entra esfregando as mãos quando acontece de estar de bom humor; quando não é o caso, mostra-se atarefado, calado e de mau humor.

Às quinze para as duas: todos se levantam e voltam aos seus afazeres. A Margot e a mamãe lavam a louça; o sr. van Pels e a madame vão ao divã; o Peter, ao sótão; o papai também ao divã, o Pfeffer faz o mesmo, e a Anne ao trabalho.

Nesse momento, temos uma horinha de descanso; quando todos dormem, ninguém é incomodado. O Pfeffer sonha com guloseimas, dá até para ver pela expressão dele, mas não fico parada olhando porque o tempo urge e, às quatro, o pedante doutor já está esperando com o relógio na mão, porque eu atrasei um minuto para tirar as minhas coisas e deixar a escrivaninha em ordem para ele.

Os oito do Anexo à mesa[49]

QUINTA-FEIRA, 5 DE AGOSTO DE 1943

E à mesa, como é? Como se entretêm os diversos comensais? Um é espalhafatoso, o outro, calado; um come muito, o outro, pouco.

O sr. van Pels é quem encabeça a fila. É quem se serve primeiro e, portanto, quem enche o prato com tudo de que mais gosta. Fala enquanto come, não deixa passar a oportunidade de dar sua opinião, e, tendo feito isso, não há cristo que o faça mudar de ideia; se alguém, porém, se atreve a tentar contradizê-lo, coitado deste alguém! Ah... ele bufa que nem um gato... Eu prefiro nem me meter... Quem já passou por isso uma vez não quer repetir a dose. A melhor opinião é a dele próprio; é um sabe-tudo. Vá lá, eu admito que tem um rosto bonito, mas a autoestima desse senhor atingiu um alto grau.

A *madame*: no caso dela eu deveria é ficar de boca calada. Tem vezes, principalmente quando está de mau humor, em que é melhor nem olhar para a cara dela. Feitas as contas, é sempre ela a culpada de todas as discussões. Não é o assunto, mas sim ela! Pois é, o melhor mesmo é manter distância; poderíamos chamá-la de provocadora. Provocar é divertido. Principalmente em se tratando da sra. Frank e da Anne. Já com a Margot e o sr. Frank a coisa fica mais difícil.

Agora à mesa. Nada falta à madame, mas muitas vezes ela acredita estar em desvantagem. Escolher as melhores batatas, os pedaços mais saborosos, a melhor parte do que quer que seja é com ela mesma. Os outros que se virem, contanto que seja eu quem escolha primeiro (igual ao que acusa Anne de fazer). A segunda coisa mais importante é tagarelar, e temos de ouvi-la. Se a fulano interessa e a sicrano não, isso aparentemente não importa. A sra. van Pels com certeza acha

49. Essa cena também foi descrita por Anne na carta do seu diário de 9 de agosto de 1943.

que as suas palavras são de interesse geral. Às vezes penso: será que ela era como eu quando jovem? Mas felizmente ainda não cheguei aos 43.

Sorrir toda coquete, fingir que sabe de tudo e dar conselhos maternais a todo mundo —isso deve causar uma boa impressão. Mas se você prestar muita atenção, a ilusão se desfaz.

Ela é trabalhadeira, alegre, coquete e às vezes até bem-apessoada. Esta é Gusti van Pels.

O terceiro comensal: quase não se faz ouvir. O jovem van Pels costuma ser calado e não chamar a atenção. O seu apetite é como o mitológico tonel das Danaides. O seu estômago nunca se enche; mesmo após um banquete afirma com a maior tranquilidade do mundo que poderia comer o dobro.

A *quarta é a Margot*: come como um passarinho, não abre a boca para dizer nada. A única comida que ingere são legumes e frutas. Mimada, reza o veredicto
dos van Pels. Já a nossa opinião é: falta de ar fresco e esporte.

Ao lado dela, a mamãe: Um bom apetite, tagarela. Ninguém tem a ideia — ao contrário da sra. van Pels — de que é dona de casa. Mas isso por quê? Pois muito bem: porque a madame cozinha, e a mamãe lava a louça e limpa a casa. É difícil reparar, mas os cômodos estreitos estão sempre limpíssimos.

Números seis e sete: Sobre o papai e eu não vou dizer muito. O primeiro é o mais humilde dentre os comensais. Sempre se certifica de que todos já se serviram. Não precisa de nada, tudo o que há de melhor é para as crianças. Ali está o exemplo da própria bondade; já a pessoa ao seu lado é a pilha de nervos do Anexo.

O Pfeffer: este se serve, não olha, come, não fala. Se for imperativo falar, que seja pelo amor de Deus sobre comida, visto que se trata de assunto que dá pouco ensejo a brigas, só a uma ou outra fanfarrice. Porções imensas entram naquele estômago, e da boca nunca sai um "não", nem para o bem, nem (na maior parte das vezes) para o mal.

As calças na altura do peito, o colete vermelho, os chinelos pretos envernizados e os óculos com haste de tartaruga. É como está quando se senta à escrivaninha, sempre trabalhando sem quaisquer avanços, o trabalho interrompido apenas pela soneca da tarde, pelas refeições e... pelas visitas ao seu lugar favorito... o banheiro. Três, quatro, cinco vezes por dia aparece alguém impaciente à porta do banheiro, saltitando de uma perna para a outra, a ponto de explodir. Será que ele não liga mesmo para a urgência alheia? Não senhor, o banheiro é dele das sete e quinze às sete e meia, de meio-dia e meia à uma, das duas às duas e quinze, das quatro às quatro e quinze, das seis às seis e quinze e das onze e meia à meia-noite. Pode anotar, esses são os seus horários fixos de "estar sentado no trono". Ele não abre exceções e não dá a mínima para as vozes suplicantes do lado de fora anunciando a chegada galopante de um desastre.

A *número nove* não é propriamente uma moradora do Anexo, mas não por isso deixa de ser uma companheira de casa e de mesa. A Bep tem um apetite saudável. Esvazia o prato, não é exigente. É fácil de se agradar e justamente por isso nos agrada. Alegre e bem-humorada, dócil e bondosa, são esses os traços do seu caráter.

Quando dão oito e meia...[50]

SEXTA-FEIRA, 6 DE AGOSTO DE 1943

A Margot e a mamãe estão nervosas. "Xiu... pai. Silêncio, Otto. Xiu... Pim! São oito e meia. Venha cá agora mesmo, a torneira não pode ficar ligada a essa hora. Ande de mansinho!" São as exclamações para o papai no banheiro. Às oito e meia em ponto ele tem de estar no quarto. Nada de água corrente, nada de banheiro, nada de ficar andando, só silêncio. Enquanto os funcionários ainda não tiverem chegado no escritório, no armazém se ouve quase tudo.

Às oito e vinte a porta é aberta lá em cima, depois se seguem três batidinhas fracas no chão... o mingau da Anne. Subo a escada e pego minha vasilha de cachorro.

De volta lá embaixo, não perco tempo: me penteio, despejo o conteúdo do penico, ponho a cama no devido lugar. Silêncio! O relógio dá as horas! A madame troca de sapato e se arrasta de chinelo pela sala, tal como o Charles Chaplin, tudo em silêncio.

Neste momento a perfeita cena de família atinge o seu clímax. Eu quero ler ou estudar, a Margot também, assim como o papai e a mamãe. O papai se senta (como sempre acompanhado pelo Dickens e o dicionário) na beirada da cama deformada, que chia e sobre a qual não há nem colchões decentes. Dois travesseiros, um em cima do outro, já ajudam.

— Não precisa, fico bem sem eles também!

Quando embarca na leitura, não olha mais nem para cima nem para os lados; ri vez ou outra, faz de tudo para que a mamãe se interesse por um conto.

— E eu lá tenho tempo agora?

---

50. Otto Frank incluiu essa passagem em *O diário de Anne Frank* em 23 de agosto de 1943.

Faz um muxoxo de decepção e volta à leitura. Um pouco depois aparece outra cena engraçada e tenta outra vez:

— Mulher, leia isto aqui!

A mamãe fica sentada na cama dobrável, lendo, costurando, tricotando ou estudando, dependendo da ocasião. De repente lhe ocorre algo. Já vai dizendo:

— Anne, sabe de uma coisa... Margot. Anote aí.

Um pouco depois se restabelece a calma. A Margot fecha o livro com um estrépito, o papai arqueia as sobrancelhas de maneira engraçada, reaparece a sua ruga de leitura e já está de novo absorto no livro. A mamãe começa a palavrear com a Margot, eu fico curiosa e escuto. O Pim também acaba se envolvendo na conversa.

Dão nove. Café da manhã!

Canalhas!

SEXTA-FEIRA, 6 DE AGOSTO DE 1943

Quem são os canalhas aqui?

Grandíssimos canalhas!

Os van Pels!

O que se passa agora?

Vou contar a você.

É pura verdade que a casa se encheu de pulgas, e isso graças à indiferença dos van Pels. Por meses a fio nós os prevenimos, e dizíamos:

— O gato tem que ser tratado contra pulgas!

A resposta era sempre:

— O nosso gato não tem pulgas!

Quando o contrário ficou evidente e não conseguíamos mais dormir de coceira, o Peter, que só tinha pena do gato, foi dar uma olhada no bichano: as pulgas, é claro, saltaram na cara dele. O Peter pôs as mãos à obra: penteou o gato com o pente fino da madame e o escovou com a única escova que nós tínhamos. Resultado?

Uma boa centena de pulgas!

O Kleiman foi consultado, e, no dia seguinte, a casa foi toda polvilhada com um pó verde nojento. Não adiantou nada.

Trouxe então uma espécie de *spray* inseticida contra pulgas. O papai, o Pfeffer, a Margot e eu passamos um bom tempo encerando, limpando, esfregando e aplicando o produto em tudo: roupas, cobertores, divãs e orifícios — nada tinha sido poupado.

Exceto o andar de cima e o quarto do Peter; o sr. van Pels não achou necessário aplicar o produto lá. Insistimos que o fizesse pelo menos nos tapetes, cobertores e cadeiras. Acabou cedendo. Tudo foi levado ao sótão e, supostamente, tratado com o produto. Até parece! Eles acham que é fácil levar os Frank no papo! Nada tinha sido feito, nada cheirava.

A desculpa esfarrapada: tudo o que tinha sido armazenado lá estragaria com o cheiro.

Conclusão final: as pulgas se instalaram nesta casa por culpa deles. E fomos nós que sofremos por conta do fedor, da coceira e do desconforto.

A madame não suporta o fedor durante a noite. Ele faz de conta que passa o *spray* e leva as cadeiras, os tapetes, cobertores e afins, mas volta com eles do mesmo jeito. Que os Frank sejam comidos pelas pulgas!

A obrigação do dia na comunidade: descascar batatas![51]

SEXTA-FEIRA, 6 DE AGOSTO DE 1943

Um vai pegar os jornais, o segundo, as facas (guardando a melhor dentre elas para si próprio), o terceiro, as batatas e o quarto, a água.

O Pfeffer começa, raspa [=descasca], nem sempre com precisão, mas corta sem parar, olha de um lado e para o outro para se certificar de que todos estão fazendo da mesma maneira que ele. Não!

— Anne — diz em dialeto —, repare que eu seguro a faca assim, e descasco de cima para baixo! Não, assim não... assim!

— Eu acho do outro jeito mais fácil, sr. Pfeffer — digo timidamente.

— Não é, não; assim é que é. Pode acreditar. É claro que você pode fazer do jeito que bem entender, porque dá na mesma para mim.

Continuamos descascando. Olho para o meu vizinho de canto de olho. Ele balança a cabeça de novo, absorto em pensamentos (com certeza sobre mim), mas fica calado.

Retomo o trabalho. Olho dessa vez para o outro lado, onde o papai está; para ele, descascar batatas não é um trabalho tedioso e, sim, de precisão. Quando lê, fica com um vinco profundo na testa, mas quando ajuda a preparar batatas, feijões ou outros legumes parece se desligar de tudo e de todos. É quando fica com a sua expressão de batata: como se jamais tivesse descascado uma batata tão bem descascada; quando o seu rosto assume essa expressão, é porque nunca haverá uma melhor.

---

51. Otto Frank incluiu essa passagem em *O diário de Anne Frank*, que figura na edição de Mirjam Pressler após a carta do diário de 10 de agosto de 1943.

Continuo trabalhando até que ergo o olhar novamente, mas consigo entender tudo num segundo: a madame está tentando chamar a atenção do Pfeffer. Primeiro ela olha para ele, que finge não perceber nada. Depois lhe dá uma piscadela, o Pfeffer continua trabalhando. Então ri, o Pfeffer não levanta a cabeça. E quando a mamãe também ri, o Pfeffer faz como se não fosse com ele. Não tendo conseguido nada, a madame sabe que precisa mudar de estratégia. Após um curto silêncio:

— Putti, daria para você pôr um avental? Senão amanhã lá vou eu de novo remover as manchas do seu terno!

— Eu não estou me sujando.

Outro curto silêncio, e então:

— Putti, por que você não se senta?

— Porque eu estou bem assim. Prefiro ficar de pé!

Pausa.

— Putti, cuidado, está espirrando tudo!

— Eu sei, mãe, mas estou tomando cuidado!

A madame muda de assunto:

— Putti, me diga uma coisa: por que é que os ingleses não estão bombardeando agora?

— Porque o tempo está feio, Kerli!

— Mas ontem o tempo estava bom e mesmo assim eles não voaram.

— Melhor falar de outra coisa.

— Por quê? Agora você não pode falar disso e dar a sua opinião?

— Não!

— Por que não?

— Mamãezinha, fique caladinha!

— O sr. Frank sempre responde quando a mulher dele faz alguma pergunta.

O marido tenta se controlar, a mulher tocou no seu ponto fraco, ele não sabe como reagir. A madame recomeça:

— Essa invasão não vai acontecer é nunca!

O marido empalidece e quando a madame percebe, fica vermelha, o que não a impede de continuar:

— Os ingleses são uns inúteis!

A bomba explode:

— Dá para você calar essa sua boca, *donnerwetternogeinmal*!

A mamãe não consegue reprimir uma gargalhada, enquanto eu olho para o nada.

Esse tipo de cena se repete praticamente todos os dias, a não ser que tenham tido uma briga bem feia logo antes, porque aí tanto um como o outro ficam de bico calado.

Preciso buscar mais batatas. Vou até o sótão, onde encontro o Peter tirando as pulgas do gato. Ele ergue o olhar, o gato percebe e vupt... lá salta ele pela janela aberta sobre a calha de chuva.

Peter solta um palavrão; eu rio e desapareço.

A liberdade dentro do Anexo[52]

SEXTA-FEIRA, 6 DE AGOSTO DE 1943

Cinco e meia: A Bep aparece para nos presentear com a liberdade do movimento noturno, e agora podemos circular livremente pela casa. Primeiro eu subo com ela até o andar superior para lhe adiantar a sobremesa. A Bep mal se senta e a madame começa a enumerar a lista com os seus desejos, que geralmente começa com:

— Ah, Bep, tem mais uma coisa que eu queria...

A Bep me lança uma piscadela; a madame jamais perde uma oportunidade de anunciar os seus desejos a quem quer que seja. É certamente uma das razões pelas quais ninguém gosta de ir lá em cima.

Quinze para as seis: A Bep vai embora. Desço dois andares para dar uma olhada: primeiro na cozinha, depois no escritório particular, em seguida no depósito de carvão para abrir a portinhola para a Mouschi.

Após uma demorada ronda de inspeção, vou parar no escritório do Kugler. O sr. van Pels está vasculhando todas as gavetas e pastas, em busca da correspondência do dia. Peter pega a chave do armazém e o Moffie; o Pim leva as máquinas de escrever para cima; a Margot procura um cantinho sossegado para dar conta da papelada do escritório; a madame põe água para ferver no fogão a gás; a mamãe desce as escadas com uma panela de batatas. Cada um com os seus afazeres.

O Peter logo volta do armazém. A primeira pergunta que lhe fazem é sobre o pão: ele esqueceu. O Peter se encolhe ao máximo diante da porta da frente do escritório e rasteja de quatro até o armário de aço, pega o pão e desaparece, ou

52. Otto Frank incluiu essa passagem em *O diário de Anne Frank*, que figura na edição de Mirjam Pressler após a carta do diário de 10 de agosto de 1943.

melhor tenta desaparecer, mas, antes que se dê conta, a Mouschi já saltou sobre ele e foi se sentar bem embaixo da mesa.

O Peter procura de um lado, procura do outro, até que vê a gata, entra no escritório de novo rastejando, puxa a gata pelo rabo. A Mouschi sibila, o Peter suspira. A única coisa que ele conseguiu foi fazer a gata parar na janela, onde começou a se lamber, toda satisfeita de ter escapado do Peter. Como último recurso, ele usa um pedaço de pão como isca. Dá certo, sim senhor, a Mouschi vai atrás dele e a porta se fecha.

Eu consegui observar a cena toda por uma fresta da porta.

O sr. van Pels está furioso e bate a porta. A Margot e eu nos entreolhamos, pensando a mesma coisa: com certeza se irritou por algum erro do Kugler e se esqueceu da Keg [a empresa no prédio ao lado].

Ouvem-se de novo passos no corredor. O Pfeffer entra, vai até a janela com um ar de dono do lugar, cheira... tosse, espirra e pigarreia; teve azar, era pimenta. Prossegue o seu caminho até a parte da frente do escritório. As cortinas estão abertas, o que significa: não vai poder chegar aos papéis de carta. Desaparece então, carrancudo.

A Margot e eu nos entreolhamos de novo.

— Amanhã, uma página a menos para a queridinha dele — ouço-a dizer. Faço que sim com a cabeça.

Retomamos o nosso trabalho. Ouvimos passos de elefante na escada; é o Pfeffer, em busca de consolo no seu lugar predileto.

Continuamos a trabalhar. Toc, toc, toc... Três batidinhas, hora de comer!

Kaatje[53]

SÁBADO, 7 DE AGOSTO DE 1943

A Kaatje é a menininha do vizinho; quando olho pela janela, se o tempo estiver bom, vejo a Kaatje brincando no jardim.

A Kaatje tem um vestido de veludo bordô para os domingos e um de algodão para os outros dias. Tem cabelos loiros cor de espiga de milho com trancinhas finas e olhos azul-claros.

A Kaatje tem uma mãe carinhosa, mas o pai não está mais vivo. A mãe é lavadeira. Durante o dia, às vezes se ausenta para limpar casas; de noite, lava roupa para "as suas casas". Às onze, ainda bate os tapetes e pendura roupa no varal.

A Kaatje tem seis irmãos e irmãs. Entre eles há um pequenininho feio que dói, que se agarra à saia da irmã de 11 anos quando a mãe grita que está na hora de dormir.

A Kaatje tem um gatinho tão negro que se parece com um mouro. A Kaatje cuida muito bem dele; todas as noites, antes de a mãe anunciar que está na hora de dormir, pode-se ouvi-la chamar:

— Katje, katje, katje, gatinho, gatinho, gatinho.

Daí é que veio o nome "Kaatje";[54] é possível que ela nem se chame Kaatje, mas combina com ela.

A Kaatje tem também dois coelhinhos, um branco e um castanho. Upa, upa... saltitam em círculos sobre o gramado debaixo da escadinha que dá acesso à porta da casa da Kaatje.

---

53. Essa historinha também figura na versão *b* de seu diário, no dia 7 de agosto de 1943.
54. "Katje", que se assemelha a "Kaatje", significa "gatinho" em holandês. (*N. do T.*)

Às vezes a Kaatje também é travessa, como as outras crianças, o que costuma acontecer quando ela briga com os irmãozinhos. Nossa, como ela fica brava; bate, chuta e morde como ninguém. Os irmãozinhos têm muito respeito pela irmã robusta.

— Está na hora de fazer compras, Kaatje! — grita a mãe. A Kaatje tapa os ouvidos para poder ser sincera e dizer à mãe que não ouviu. A Kaatje detesta fazer compras. Mas isso não justifica uma mentira, e a Kaatje não mente; é só olhar para os seus olhos azuis para perceber.

Um dos irmãos da Kaatje já tem 16 anos e trabalha como aprendiz. Esse irmão gosta de bancar o pai às vezes e fica mandando nos outros irmãos. A Kaatje não tem coragem de contradizer o Piet, porque ele tem a mão pesada, e a Kaatje sabe por experiência própria que se lhe obedecer, vez ou outra acaba ganhando alguma bala ou doce. E de doces tanto a Kaatje como as outras irmãzinhas gostam muito.

Aos domingos, quando os sinos da igreja fazem blém, blém, blém, a mãe da Kaatje vai à missa com todos os filhos e filhas. É então que a Kaatje reza pelo seu querido papai, que está no céu, e pela mãe, para que ela ainda viva por muito tempo. Depois da missa vão todos passear com a mãe. Como a Kaatje gosta de passear no parque e — como acontece muito de vez em quando — no zoológico! Mas ainda faltam alguns meses para que ela vá de novo ao zoológico; só vai em setembro, quando a entrada volta a custar 25 centavos, ou quando é aniversário dela, porque aí ela pode pedir a visita ao zoológico de presente. Para outros presentes, a mãe da Kaatje não tem dinheiro.

A Kaatje consola a mãe frequentemente, porque, de noite, quando está cansada após trabalhar tanto, começa a chorar, e a Kaatje lhe promete tudo o que ela desejar quando for gente grande.

Como ela gostaria de já ser gente grande para ganhar o seu próprio dinheiro e poder comprar roupas bonitas e dar guloseimas às irmãzinhas, como o Piet!

Mas primeiro a Kaatje precisa aprender muito e ir à escola por um bom tempo para chegar lá. A mãe quer que ela estude numa escola que prepara as jovens para trabalhar em domicílios, mas a Kaatje não tem a menor vontade de ir a esse curso. Ela não quer trabalhar na casa de uma senhora; quer trabalhar na fábrica, como todas aquelas moças que passam pela sua casa todos os dias. Na fábrica ela não ficará sozinha; lá ela nunca ficaria sozinha e poderia conversar e se socializar, o que a Kaatje tanto adora.

Na escola às vezes acontece de ficar de castigo num canto por ter falado demais, mas, de resto, ela até que é uma boa aluna.

A Kaatje gosta muito da sua professora, que, em geral, é simpática e muito, mas muito inteligente. Que difícil deve ser tornar-se tão inteligente! Mas também não é preciso ser tão inteligente; a mãe de Kaatje diz sempre que, se ela for inteligente demais, não vai arranjar um marido, o que a deixaria muito infeliz. Afinal, mais para a frente, ela quer ter crianças fofinhas, mas não como os seus irmãozinhos e irmãzinhas; as da Kaatje vão ser mais fofinhas e muito mais bonitas. Vão ter cabelos castanhos encaracolados e não cor de espiga de milho como os dela, que não são bonitos, nem as sardinhas no rosto que a Kaatje tem aos montes. A Kaatje também não quer ter tantos filhos como a mãe. Dois ou três, já estaria bom. Só que ainda vai demorar tanto, mas tanto tempo: a mesma quantidade de anos que ela já viveu até agora.

— Kaatje — grita a mãe —, venha aqui, sua menina travessa! Onde é que você estava? Pode tratar de ir para a cama. Com certeza você estava sonhando acordada!

A Kaatje suspira; estava fazendo uns planos tão gostosos para o futuro!

A família do porteiro

SÁBADO, 7 DE AGOSTO DE 1943

No inverno e no verão a família do porteiro não se atém às regras do blackout. Parece até tempos de paz, a época do conforto das luzes acesas dentro de todas as casas, quando se viam os moradores reunidos à mesa tomando chá ou jantando.

À família do porteiro não parece importar se são tempos de paz ou de guerra; pelo menos o pai, a mãe e a filha são sempre vistas através do lusco-fusco da janela, reunidos à mesa.

A mãe prefere esquecer-se da guerra. Não prepara molho artificial — é melhor ficar sem molho nenhum —, não utiliza sucedâneo para fazer chá, bebe chá de menta e, quando há disparos e não quer ouvi-los, tem um meio eficaz para tal. Senta-se na cabine da ducha e põe discos de *jazz* na vitrola com a música mais barulhenta que existe. Se os vizinhos reclamam, ela não lhes dá nenhuma atenção, mas, no dia seguinte, para se reconciliar, lhes leva algo gostoso de comer.

A mulher do terceiro andar, cuja filha é noiva do seu filho, acaba recebendo uma panqueca bem gorda; a sra. Steen, a vizinha da direita, é honrada com cinquenta gramas de açúcar.

O dentista dos fundos do segundo andar, cuja assistente é a filha mais nova dela, também está incluído, mas desse o pai tem bronca, porque, após cada noite de disparos, é obrigado a sacrificar três cigarros. O pai e a mãe ficam sozinhos durante o dia, cuidando com amor dos seus cinco coelhos, que vão engordando mais a cada dia que passa. Usam um berço como dormitório, um chiqueiro para proteger da chuva e uma lixeira como mesa. Durante o inverno os bichinhos têm uma casinha com janelas e uns chiqueiros lindos e espaçosos. Cenouras e outras guloseimas fazem parte do seu cardápio.

O pai trabalha muito no jardim; a mãe, na casa. Ela brilha de tão limpa. Todas as semanas as janelas da frente e de trás, os tapetes e tudo o que há na cozinha são limpos com ajuda de uma empregada gorda, que está há séculos nessa função.

O pai já não tem muito o que fazer. Atualmente trabalha como porteiro do escritório comercial no andar de cima e só precisa prestar atenção a possíveis ladrões, o que ele pode fazer tirando um cochilo. No passado a mãe e a empregada mantinham o edifício inteiro limpo. Mas a mãe largou o trabalho quando uma das suas filhas se casou, e a outra mulher, quando teve o seu décimo filho.

O maior prazer da mãe e do pai é quando os netos vêm de visita. Nesses momentos, pode-se ouvir o tempo todo no jardim:

— Vovô, vovó, vejam só o que os coelhos estão fazendo, que engraçado!

Os avós saem então correndo, porque acreditam que netos existem para serem mimados. Netos não são como os próprios filhos, que são educados com mão de ferro.

O avô está todo ocupado com algo para a sua neta mais velha: está construindo uma canoa de madeira para o aniversário dela.

— Como eu queria ter um avô assim!

Meu primeiro dia de liceu

QUARTA-FEIRA, 11 DE AGOSTO DE 1943

Conversa vai conversa vem, depois de muita deliberação e discussão, foi decidido que eu iria para o Liceu Judaico e, após alguns telefonemas, entraria sem nem mesmo prestar o exame de admissão. Eu era uma aluna fraca em tudo, mas principalmente em cálculo, e tremia por dentro quando pensava na iminente prova de geometria.

No final de setembro chegou a tão esperada carta dizendo que eu deveria comparecer num dado dia de outubro no Liceu Judaico no Stadstimmertuinen. No dia estabelecido estava chovendo tão torrencialmente que era impossível ir de bicicleta.

Tive de ir então de bonde, mas, claro, não sem o devido acompanhamento. Tendo chegado à escola, vimos um alvoroço que só, grupinhos de meninos e meninas conversavam uns com os outros; muitos andavam de lá para cá, perguntando: "Você está na minha turma?", "Ah, eu me lembro de você" e "Você caiu em que turma?"

Foi mais ou menos isso que eu também comecei a fazer. Além da Lies Goslar, não descobri ninguém mais que estivesse na minha turma, o que não era muito agradável de se pensar.

Todos entraram na escola; na sala recebemos as boas-vindas de uma professora de cabelos grisalhos com sapatos de plataforma, uma saia comprida e uma carinha de camundongo.

Estava de pé olhando toda a movimentação, esfregando as mãos e dando-nos as informações necessárias. Nomes foram chamados, títulos de livros que deveriam ser comprados foram citados, falou-se ainda de tudo e mais um pouco, até que pudemos voltar para casa.

Para falar a verdade, foi uma decepção. No mínimo eu esperava o cronograma de aulas, além do... diretor. Apesar de ter visto no corredor um homenzinho baixo, gordo, simpático e de bochechas coradas que cumprimentava todo mundo, meneando a cabeça amigavelmente enquanto conversava com outro homenzinho do mesmo tamanho, magro, de óculos, cabelos espetados e rosto solene, eu não fazia a menor ideia de que o primeiro era, aparentemente, o bedel e o segundo, o diretor.

Chegando em casa, fiz um relatório animado das minhas experiências, ainda que, quando parei para pensar, soubesse tão pouco sobre a escola, os professores, as outras crianças e as aulas quanto antes de ir até lá.

Exatamente uma semana depois começariam as aulas. Estava de novo chovendo canivetes, mas eu insisti em ir de bicicleta. A mamãe pegou um abrigo para mim para que eu não me molhasse (era só o que faltava!), e lá fui eu.

Geralmente, a Margot pedala rápido demais, e, em dois minutos, eu já estava ofegando e suplicando que fosse mais devagar. Alguns minutos depois, caiu uma pancada de chuva, e, lembrando-me do abrigo que a mamãe me dera, apeei da bicicleta e o vesti, tomando cuidado para que nenhuma ponta tocasse no chão e ele fosse molhado. Voltei a montar na bicicleta com coragem renovada, mas logo tive de pedir novamente à Margot que fosse com mais calma.

Ela estava à beira do desespero e foi logo dizendo que, a partir de então, iria sozinha até a escola; com certeza estava com medo de chegar atrasada!

Ainda assim, chegamos na hora e, após estacionar e prender as bicicletas, passamos por debaixo do portal que conduzia até ao rio Amstel, conversando.

Às oito e meia em ponto deveríamos entrar, e, logo na entrada, havia uma grande tabela anunciando que cerca de vinte alunos mudariam de classe.

Justamente eu estava entre esses vinte. E eu deveria mudar para a sala 1LII. Nessa turma, eu conhecia alguns meninos e, de vista, algumas meninas. Mas a Lies tinha ficado na 1LI, e eu me senti um pouco abandonada quando fui posta no último banco, atrás de umas meninas mais velhas, onde fiquei completamente sozinha.

Na segunda parte da aula, levantei a mão e perguntei se não podia mudar para outro lugar, porque eu não conseguia ver nada por trás daquelas costas largas a menos que me entortasse toda, me pendurando na beira do banco.

O pedido foi atendido na mesma hora; peguei as minhas tralhas e me mudei.

A terceira aula era de educação física; simpatizei tanto com a professora que insisti que ela encontrasse uma maneira de trazer a Lies da outra turma. Não sei como conseguiu, mas, na segunda parte da aula, lá estava a Lies ao meu lado. Agora, sim, eu estava em paz com a escola, que tanto prazer e proveito me proporcionava; a escola agora sorria para mim, e eu comecei a prestar atenção, cheia de boa vontade, no que o professor de geografia explicava.

Uma aula de biologia

QUARTA-FEIRA, 11 DE AGOSTO DE 1943

Esfregando as mãos ela entra, esfregando as mãos se senta, esfregando as mãos, esfregando as mãos, esfregando as mãos.

A professora Biegel de biologia (não podemos chamar a aula de Natte His)[55] é baixa, tem cabelos grisalhos, olhos de um azul acinzentado, um narigão e, juro, o rosto de um camundongo ou algum outro bicho.

Atrás dela o quadro-negro e o esqueleto são trazidos para dentro da sala.

Ela se posta atrás da estufa, de novo esfregando as mãos, e começa a aula.

Primeiro ela faz a chamada, depois, explica. Uau, ela sabe muito, a sra. Biegel! Passa o conteúdo de maneira agradável: fala sobre os peixes e até sobre as renas, mas o seu assunto preferido é (segundo a Margot) a reprodução. (Com certeza por ela ser uma "solteirona")

De repente ela é interrompida, no meio de uma história, por uma bolinha de papel amassado que voa pela classe, na direção do meu banco.

— O que você tem aí? — pergunta ela. (A srta. Biegel é de Haia!)

— Não sei, senhorita.

— Traga esse papel aqui!

Hesitante, me levantei do banco e levei o bilhete até ela.

— De quem é?

— Não sei, senhorita, eu não li.

— Sei. Então vamos começar lendo.

Desdobrou o dito-cujo e me mostrou o conteúdo, no qual se lia "dedo-duro". Enrubesci. Ela me encarou.

---

55. Variação cômica da palavra "*Natuurhistorie*" = História da Natureza. (*N. do T.*)

— Você sabe de quem veio isso?

— Não, senhorita.

— Mentira!

Fiquei vermelha como um pimentão e contemplei a professora com os olhos cintilantes, mas sem dizer nada.

— Diga-me de quem é. Levante a mão o autor do bilhete!

No fundo da classe um braço se ergueu. Exatamente quem eu imaginava: Rob Cohen.

— Rob, venha aqui!

O Rob foi.

— Por que você escreveu esse bilhete?

Silêncio.

— E você, Anne, sabe?

— Sei, sim, senhorita.

— Então diga!

— Não pode ficar para outra hora, senhorita? É uma longa história.

— Não, não pode.

Contei da prova de francês, que tirei zero por causa da cola, e da delação em relação à classe.

— Muito bonito! E você, Rob, achou necessário revelar a sua opinião à Anne justamente durante a aula? E, Anne, eu não acredito no seu silêncio sobre a origem do bilhete. Sente-se!

Eu estava furiosa. Contei em casa sobre o incidente, e, quando surgiu uma boa oportunidade de pegar a srta. Biegel no pulo, mandei o papai falar com ela.

Ele voltou para casa dizendo que ficou o tempo inteiro chamando a srta. Biegel de Biggel e que ela disse que simpatizava comigo e não se lembrava mais nada da suposta mentira!

Uma aula de matemática

QUINTA-FEIRA, 12 DE AGOSTO DE 1943

Lá está ele diante da turma, imponente, grande e velho, com o colarinho engomado curvado para cima, a careca envolta num anel de cabelos grisalhos. Fala um dialeto bem peculiar, reclama demais e ri demais. É paciente quando os alunos se esforçam, fica com raiva quando se mostram preguiçosos.

Dos dez alunos para quem ele pergunta, nove não sabem a resposta. Ele sempre explica de novo, e explica e mostra como raciocinar para se chegar a um resultado abaixo de zero.

Gosta de fazer charadas, conversar depois das aulas e antigamente era presidente de um time de futebol. O sr. Keesing e eu frequentemente batíamos boca por causa... da minha tagarelice. Em apenas três aulas eu tinha conseguido ganhar seis advertências, até que ele se encheu e me passou uma redação de duas páginas como método de me fazer calar a boca.

A redação foi entregue na aula seguinte, e o sr. Keesing, que sempre gostou de piadas, riu com gosto do conteúdo. Num trecho eu dizia o seguinte:

"Eu realmente preciso me esforçar para perder um pouco o hábito de tagarelar, mas temo que não haja muito o que fazer, já que essa praga é hereditária. A minha mãe também adora matraquear, então devo ter herdado isso dela. Até hoje ela não conseguiu perder esse hábito."

O título da redação era: *Uma tagarela*.

Na aula seguinte, porém, acabei entrando num papo interessante e... o sr. Keesing pegou a sua agenda e anotou: "srta. Anne Frank, para a próxima aula, uma redação sobre uma tagarela incorrigível."

Como toda boa aluna que se preze, entreguei também a nova redação, mas já na aula seguinte surgiu novamente o problema. O sr. Keesing anotou na sua agenda:

"Anne Frank, quero agora uma redação de duas páginas com o título: *Quá, quá, quá, disse a sra. Pata.*"

E agora?! Eu bem sabia que se tratava, antes de tudo, de uma maneira de me ridicularizar, senão ele teria me passado cálculos de castigo; assim sendo, decidi me atrever a responder a piada com uma piada. Foi assim que escrevi uma redação em versos com ajuda da Sanne Ledermann. A primeira parte ficou assim:

"Quá, quá, quá, disse a sra. Pata,
Ao chamar os seus patinhos.
Vieram todos, piu, piu, piu,
Você tem pão para dar para a gente,
E ao Gerrit, à Mietje e ao Alfonso?
Claro, claro, aqui está,
Procurei e achei na margem do rio,
Por vocês tive de roubar,
Aqui está, mas dividam direitinho!
Os patinhos obedeceram,
Cada um pegou o que lhe cabia,
Gritando: piu, piu, piu,
E: o maior pedaço é o meu!
Oh, mas aí foi o pai, o cisne,
Na direção do barulho, furioso."

E por aí continuava.

O sr. Keesing leu em voz alta para a classe; para a nossa e para outras tantas. Deu-se por vencido.

A partir de então, virei seu xodó. Não ligou mais para a minha tagarelice e não me passou mais castigos.

P.S.: Assim se vê que ele é um camarada legal.

O apelido de sra. Pata, portanto, eu devo ao sr. Keesing.

O sonho de Eva[56]

QUARTA-FEIRA, 6 DE OUTUBRO DE 1943

Parte I

— Boa noite, Eva, durma bem!

— Você também, mamãe!

A luz se apagou, e a Eva permaneceu por alguns segundos no escuro. Quando se acostumou à penumbra, viu que a mãe tinha fechado as cortinas, deixando uma abertura larga entre elas; através dessa abertura é que a Eva conseguia ver, ainda que não completamente, o rosto arredondado da lua. A lua permanecia sossegada no céu, sem se mover; só fazia rir e ser simpática com todos, na mesma medida.

— Se eu pelo menos fosse assim! — exclamou a Eva a meia-voz. — Se pelo menos eu pudesse ser tão tranquila e calma a ponto de todos me acharem uma menina simpática! Que bom seria!

A Eva ficou refletindo sobre a lua e sobre a sua semelhança com ela, que era tão amargamente mínima. De tanto refletir, os seus olhos se fecharam, e a reflexão se transformou num sonho do qual, no dia seguinte, a Eva se lembrava tão claramente que chegou a duvidar se não teria sido realidade.

A Eva estava na entrada de um grande parque e olhava através de um portão, indecisa, sem coragem de passar por ele e entrar.

No momento em que fez menção de se virar e ir embora, apareceu uma garotinha com asinhas, que lhe disse:

— Vem, Eva, pode vir, ou será que você não sabe para onde deve ir?

— Não sei — confessou a Eva, tímida.

56. Em relação a esse conto, ver as cartas do diário de 17 de fevereiro de 1944 e 5 de abril de 1944.

— Nesse caso, vou lhe ensinar o caminho — disse a fadinha, pegando, resoluta, a mão da Eva.

A mãe e a avó já tinham passeado com ela em um monte de parques, mas ela nunca havia visto um parque tão bonito como aquele.

Viu uma profusão de flores, árvores e campos e todas as espécies de insetos e pequenos animais, como esquilos e tartarugas.

A fadinha conversou com ela alegremente sobre um monte de coisas; a Eva no meio-tempo tinha deixado a timidez de lado e feito uma pergunta específica, mas a fadinha lhe pediu silêncio ao pousar um dedo sobre os seus lábios.

— Eu vou lhe indicar e explicar cada coisa na devida hora, e, se você não tiver entendido algo depois da explicação, aí você me pergunta, mas, até lá, você tem que ficar calada e não me interromper. Caso contrário, eu levo você de volta para casa na mesma hora, e você não ficará sabendo nada mais que todas as outras pessoas ignorantes. Preste atenção, vou começar:

"Aqui temos a rosa, a rainha das flores: é tão bonita e cheira tão bem que todo mundo fica estonteado, principalmente ela própria. A rosa é bonita, elegante e perfumada, mas, se alguma coisa a contraria, ela logo vai mostrando os seus espinhos. A rosa é como uma menina mimada: bonita, elegante e aparentemente doce, mas, se você encostar nela ou der atenção a outro, tirando o foco das atenções dela, aí ela é toda espinhos. Fica toda melindrada, se sente ofendida e se aproveita da situação para fazer charme. O seu jeito fica artificial e, portanto, afetado."

— Mas, fadinha, por que é que então todo mundo considera a rosa a rainha entre todas as outras flores?

— Porque praticamente todas as pessoas são cegadas pelo brilho exterior. São poucos os que não votariam na rosa, caso houvesse uma votação. A rosa é aristocrática e bela, e, exatamente como acontece no nosso mundo, no mundo das flores não se pergunta se uma outra flor, mais feia de aparência, não seria por dentro mais bonita e, quem sabe, mais adequada para reinar.

— Quer dizer então que você, fadinha, não acha a rosa bonita?

— Acho sim, Eva. A rosa *é* bonita por fora e, se não estivesse sempre em destaque, talvez também fosse uma querida, mas, sendo como é a flor dentre as flores, sempre se achará mais bonita do que em realidade é: enquanto essa imagem de si mesma perdurar, a rosa será arrogante, e de seres arrogantes eu não gosto nada!

— A Leentje por acaso também é arrogante? Ela também é linda e, por causa da sua fortuna, a comandante da nossa classe.

— Reflita sozinha, Eva. Você vai chegar à conclusão de que se a Marietje da sua classe contradisser a Leentje, conseguirá atiçar todas as outras meninas contra esta, que usa como argumento que a Marietje é feia e pobre. Vocês todas fazem o que a Leentje quer, porque sabem que, se não fizerem o que a comandante disser, a voltam contra vocês mesmas e caem em desgraça, fora da liderança dela.

"Estar fora das graças da Leentje significa para vocês quase o mesmo que fazer o diretor ficar indisposto contra vocês por um bom tempo.

Não podem mais aparecer na casa dela e são desprezadas pelo resto da classe. As meninas do estilo da Leentje vão acabar sozinhas na vida, porque, quando as outras amadurecerem vão naturalmente se voltar contra a Leentje. Se isso vier a acontecer logo, Eva, a Leentje talvez ainda tenha tempo de se corrigir antes que fique sozinha para sempre."

— Quer dizer que eu tenho que fazer todo o possível para que as outras meninas se desacostumem a obedecer sempre a Leentje?

— Isso mesmo. Primeiro ela vai ficar brava, furiosa com você, mas, se ela no meio-tempo tomar juízo e se der conta das suas ações, com certeza lhe será grata e fará amigos de maneira mais sincera do que tem feito até hoje.

— Agora eu entendi tudo, mas, me diga, fadinha, será que eu não sou tão altiva como a rosa?

— Ouça só, Eva, as pessoas e as crianças que se fazem esse tipo de questionamento já não são altivas, porque quem é altivo não o sabe. Assim sendo, o melhor é que você responda a essa pergunta, o que eu lhe aconselho fazer.

"Bom, agora continuemos. Está vendo aqui? Não é uma graça?"

A fadinha se ajoelhou ao lado de uma campânula azul, que o vento soprava e embalava na grama.

— Essa campânula é de uma graça cordial e simplicidade só. Traz alegria ao mundo; soa para as flores assim como o sino do campanário da igreja para os homens. Ajuda muitas flores e lhes dá esteio. A campânula não se sente nunca só, porque tem música no seu coração. Essa florzinha é um ser bem mais feliz que a rosa. Não precisa se preocupar em cativar os demais; já a rosa vive da e para a admiração alheia: se ela se vê privada disso, não tem nada com o que se alegrar. O seu aspecto exterior vive para as outras pessoas, o seu coraçãozinho é vazio e infeliz, ao passo que a campânula não é tão bonita, mas tem "verdadeiros" amigos, que a elogiam pela sua música: esses amigos moram no seu coração.

— Mas a campânula não é uma flor bonitinha também?

— Sim, mas não chama tanto a atenção como a rosa, cuja aparência é o que fascina a maior parte das pessoas.

— Mas eu também me sinto frequentemente solitária e procuro a companhia dos outros. Não deveria?

— Uma coisa não tem nada a ver com a outra, Eva. Quando você tiver mais idade, vai você mesma ouvir o seu coração cantar, tenho certeza disso!

— Mas pode continuar, fadinha querida, porque eu acho lindas tanto você como sua história.

— Muito bem, continuo. Olhe um pouco para cima! — Com o seu indicador miúdo, a fadinha apontou para uma castanheira antiga, enorme e imponente. — Essa árvore é impressionante, você não acha?

— É mesmo, que grande! Quantos anos será que ela tem, fadinha?

— Com certeza mais de 150. Mas ela continua bem reta e não se sente velha. Essa castanheira é admirada por todos pela sua força. O que prova a sua força é a sua indiferença diante de qualquer admiração. Ela não suporta ninguém sobre si e é egoísta e indiferente em relação a tudo; se ela "tem", todo o resto perde a importância. Essa castanheira parece ser generosa e um apoio para todo mundo, mas as aparências enganam, e como! Fica feliz da vida enquanto ninguém vem aborrecê-la com as suas preocupações. Leva uma vida feliz, mas não deseja essa felicidade a mais ninguém. As árvores e as flores sabem disso: levam as suas reclamações sempre ao pinheiro caseiro e aconchegante e deixam a castanheira na dela.

"Ainda assim, também a castanheira tem uma cançãozinha num coração enorme, o que se percebe pela sua afeição aos pássaros. Para eles tem sempre um lugar em si e lhes deseja o bem, ainda que com limites."

— Será que eu posso comparar a castanheira com um certo tipo de pessoas?

— Aí está outra coisa que você não precisa perguntar nunca, meu bem. Todos os seres vivos podem ser comparados uns com os outros. A castanheira não é exceção. Por sinal, ela não tem nada de mau, mas boa para as pessoas ela também não é. Não faz mal a ninguém; leva a sua vidinha e está satisfeita. Você tem mais alguma pergunta, querida?

— Não, entendi tudo e fico muito agradecida pela sua explicação, fadinha. Agora eu vou para casa, mas você ainda volta para me contar mais coisas, não volta?

— Não vai ser possível. Durma bem, querida.

A fadinha desapareceu, e a Eva acordou; a lua havia, no meio-tempo, cedido o lugar ao sol, o relógio cuco dos vizinhos deu as sete horas.

Parte II

O sonho havia impressionado a Eva. Quase todos os dias ela se deparava com pequenos contratempos e sempre pensava, então, nos conselhos da fadinha.

Esforçou-se também bastante para, pouco a pouco, não dar sempre razão à Leentje. Mas garotas como a Leentje logo pressentiam quando alguém tinha algo contra elas ou queria derrubá-la do seu trono.

Defendia-se com unhas e dentes quando a Eva, no meio de alguma brincadeira, propunha que se desse o comando a qualquer outra. Atiçava as suas "fiéis" (assim chamavam as meninas que a seguiam por marés e tempestades, nas palavras das próprias) contra a "mandona da Eva", que, entretanto, sentia com alegria que a Leentje não a tratava tão destemidamente como o fazia com a Marietje.

Esta era uma menina pequena, mirrada e tímida que a impressionava sobremaneira pelo modo como se opunha à Leentje.

Em segunda análise, deu-se conta de que a Marietje era, na verdade, uma amiga muito mais simpática e interessante que a Leentje.

À sua mãe, a Eva não disse nada sobre a fadinha; nem ela sabia o porquê. Até então sempre confidenciava tudo à mãe, mas agora sentia, pela primeira vez, a necessidade de guardar esse segredo para si mesma. Não entendia a si própria e pressentia que a mãe também não a entenderia, a fadinha era linda, e a mãe não tinha estado no parque com elas. Nunca tinha visto a fadinha. E a Eva tampouco podia lhe descrever como ela era.

Não demorou muito para que o sonho surtisse efeito na Eva; a mãe percebera o quanto a Eva tinha mudado.

Ela falava a respeito de outras coisas, coisas mais importantes, não se exaltava mais com pequenezas. Mas, como não falava do que a tinha transformado de tal maneira, a mãe não se atrevia a desrespeitar a sua reserva.

Assim continuava vivendo a Eva, enquanto, em pensamentos, acrescentava outros conselhos aos que lhe havia dado a fada. Desta, a Eva nunca mais vira um único traço.

A Leentje já não era a comandante da classe; as meninas iam se alternando no comando.

A Leentje tinha ficado primeiro furiosa, mas, quando se deu conta de que a sua reação não servia para nada, adotou uma postura mais cordial. Acabou sendo tratada normalmente, pois não reincidiu nos antigos erros.

Quando achou chegada a hora, a Eva decidiu contar toda a história à mãe. Um pouco para a sua surpresa, a mãe não começou em absoluto a rir, mas disse:

— Foi um privilégio seu ter sido escolhida para receber os conselhos da fada, meu bem, porque não acho que ela tenha considerado adequadas muitas crianças para tal. Aceite essas confidências como um ensinamento e não fale com ninguém a respeito. Faça sempre o que a sua fadinha lhe aconselhou fazer e não se desvie dos conselhos dela.

A Eva ia crescendo e fazendo muitas coisas boas para os que a cercavam. Quando completou 16 anos (quatro após o encontro com a fadinha) era tida por todos como uma menina cordial, branda e prestativa.

A cada vez que as suas ações surtiam um bom efeito, sentia-se tão infinitamente contente e tépida por dentro que conseguiu entender a que se referia a fadinha com a canção dentro do seu coração.

Uma vez adulta, deu-se de repente conta da imagem e, ao mesmo tempo, da solução em si mesma em relação a que e a quem a fadinha podia ter sido.

Entendeu de repente com clareza que tinha sido a sua própria consciência que lhe mostrara em sonho a bondade, e se sentiu muito agradecida por ter tido na infância a fadinha como exemplo.

FIM

Inquilinos de aluguel ou pensão

SEXTA-FEIRA, 15 DE OUTUBRO DE 1943

Quando decidimos alugar o nosso espaçoso quarto dos fundos, muito nos custou passar por cima do nosso orgulho, porque quem de nós estava acostumado a ter um hóspede pagante em casa?

No entanto, quando a necessidade se faz presente e alugar se torna uma necessidade premente, tem-se de pisar no próprio orgulho e em muito mais. Foi isso que nós também fizemos. O espaçoso quarto foi esvaziado e mobiliado com alguns móveis que nos tinham sobrado; no entanto, eram poucos demais para uma sala e um dormitório. Assim sendo, o papai saiu em busca... foi investigar todos os leilões e vendas públicas nas vizinhanças; um dia trouxe isso, no outro dia aquilo.

Ao cabo de três semanas, tínhamos conseguido um cesto de papéis jeitoso e uma mesinha de chá linda, mas ainda nos faltavam duas poltronas e um armário de verdade.

O papai retomou a busca, mas, dessa vez, levou-me junto como uma atração especial.

Chegando no leilão, fomos nos sentar num banco de madeira entre alguns compradores enlouquecidos e uns sujeitos desagradáveis, esperando, esperando e esperando.

Podíamos ter esperado até o dia seguinte, porque no dia em que fomos não se leiloava nada além de porcelana!

Frustrados, batemos em retirada para voltar no dia seguinte a fim de desafiar a sorte mais uma vez, mas sem muita esperança.

Entretanto, nesse dia tivemos mais sorte: o papai conseguiu adquirir um bonito armário de madeira de carvalho além de duas poltronas com braço.

Para comemorar o fato de termos comprado os móveis e a esperança de encontrar um inquilino, tomamos um chá acompanhado de bolo e voltamos contentes para casa.

Mas, Deus do céu! Quando o armário e as poltronas foram levados e colocados no quarto, a mamãe descobriu umas covinhas estranhas na madeira do armário; o papai foi olhar e... de fato, o armário estava apestado de cupim. O tipo de coisa que não se informa no papel nem se enxerga no escuro entre as quatro paredes de um leilão.

Após essa descoberta, logo examinaram também as poltronas e, sim senhor, lá se via o estrago do cupim.

Telefonaram ao escritório do leilão com o pedido de que viessem buscar de volta os objetos o mais rápido possível. Assim foi feito, e a mamãe suspirou de alívio quando os móveis saíram definitivamente pela porta. O papai também suspirou, mas de desgosto pelas economias que acabara perdendo com toda a história.

Alguns dias depois, o papai deu de cara com um conhecido que disse ter alguns móveis em casa que nos podia ceder até que tivéssemos algo melhor. Essa questão tinha-se, portanto, finalmente resolvido.

Por alguma razão besta, parei por aqui. Como já se sabe, no meio-tempo acabei jogando a minha caneta-tinteiro no fogão, e agora tenho de escrever com outra.[57] Eis-nos então redigindo um anúncio caprichado que seria colocado na vitrine da livraria da esquina e pelo qual estávamos dispostos a pagar por uma semana.

Não demorou nada para que viessem os interessados. O primeiro foi um senhor idoso que, na verdade, estava à procura de um quarto para o filho solteiro. Tudo já estava praticamente fechado, até que apareceu o filho. Quando começou a participar da conversa, disse uns disparates tais que a mamãe se pôs a duvidar da sanidade mental do rapaz, o que se corroborou quando o senhor idoso confessou, envergonhado, que o filho possuía uma pequena anomalia. A mamãe não sabia o que fazer para que ambos fossem embora o mais rápido possível.

Dezenas de pessoas vieram e se foram até que chegou, certo dia, um senhor baixinho e gordo de meia-idade, disposto a pagar muito e com poucas exigências, e foi aceito. Com esse senhor nós, na verdade, tínhamos mais prazer que incômo-

57. Vide a "Ode à minha caneta-tinteiro", que Anne escreveu no seu diário no dia 14 de novembro de 1943.

do. Todo sábado ele trazia chocolate para as crianças, cigarros para os adultos, e, mais de uma vez, levou todos ao cinema. Após um ano e meio, mudou-se para um apartamento com a mãe e a irmã; depois disso, sempre que nos visitava, nos dizia com toda convicção que nunca tinha passado um tempo tão divertido como quando esteve conosco.

Novamente, pusemos um anúncio na vitrine da livraria e mais uma vez telefonaram pessoas grandes e pequenas, velhas e novas. Entre outros, uma moça relativamente jovem com um chapéu parecido ao do "Exército de Salvação", o que logo lhe valeu o nome de "Josephine, a soldada da salvação". Foi aceita, mas revelou não ser uma coabitante tão agradável como o gordo senhor. Para começar, era terrivelmente desleixada, deixava suas tralhas por todos os cantos e, depois, o pior de tudo, tinha um noivo que volta e meia aparecia bêbado, algo bastante desagradável de ser ver em casa. Assim foi que, certa noite, acordamos assustados com a campainha. O papai foi ver quem era e, ao abrir a porta, se deparou com um sujeito embriagado que lhe dava tapinhas nos ombros, repetindo continuamente:

— Nós somos bons amigos! É isso mesmo, somos bons amigos! — Pá... fechou a porta na sua fuça.

Quando eclodiu a guerra em 1940, nós os despejamos e alugamos o quarto a um conhecido que estava noivo, um homem na casa dos 30.

Esse senhor era muito simpático, mas tinha também um defeito: era mimado demais. Num dos frios dias do inverno, quando estávamos sendo parcimoniosos com a eletricidade, reclamou horrores do frio. Um exagero escandaloso, dado que a calefação no seu quarto estava ligada ao máximo.

Entretanto, talvez sejamos um tanto solícitos com inquilinos, pois lhe demos permissão de acender, vez ou outra, a sua lareira elétrica por uma horinha. Mas qual foi o resultado? A lareira ficava ligada ao máximo durante o dia inteiro. De nada serviram as nossas súplicas para que fosse mais moderado. O relógio de eletricidade disparou para cima de maneira assustadora. Certa tarde, a minha destemida mãe desligou a fonte da eletricidade dele e desapareceu até anoitecer. A culpa foi dada à pequena lareira: estava sobrecarregando o fusível, e o cavalheiro teria que aguentar o frio.

Ainda assim, acabou ficando um ano e meio conosco, até se casar.

Mais uma vez estávamos com o quarto vazio, e a mamãe estava prestes a pôr o anúncio, quando telefonou um conhecido, insistindo que aceitássemos um senhor desesperadamente em busca de um quarto. Tratava-se de um varapau de óculos, por volta dos 35, com uma aparência que inspirava pouca simpatia. Não queríamos desapontar o nosso conhecido, então alugamos o quarto ao sujeito.

Ele também estava noivo, e a sua prometida aparecia em casa frequentemente. O casamento estava para ser celebrado, quando os dois brigaram. Logo em seguida, às pressas, acabou se casando com uma outra.

No meio-tempo nós nos mudamos de casa; estávamos (se Deus quisesse, para sempre) livres dos inquilinos.

A fuga de Paula

QUARTA-FEIRA, 22 DE NOVEMBRO DE 1943

Quando eu era pequena, o Pim sempre me contava histórias do "*Der bösen Paula*". Havia uma porção delas, e eu as adorava. Hoje em dia, quando estou à noite com ele, volta a me contar sobre a Paula. Pus a sua mais recente história no papel.

CAPÍTULO 1

Já fazia um bom tempo que a Paula tinha encucado que queria ver um avião de perto. O seu pai trabalhava já havia um tempo num aeroporto nas proximidades de Berlim, para onde a Paula e a mãe tinham se mudado.

Num belo dia, em que o aeroporto estava relativamente calmo, decidiu se atrever a montar no primeiro avião que encontrou. Com toda a calma do mundo, examinou todos os cantos e recônditos, interessando-se mais vivamente pelo *cockpit*. Quando fez menção de pousar a mão na maçaneta da porta, levou um susto indescritível ao ouvir, do lado de fora, vozes alto e bom som.

Ligeira, rastejou para debaixo de um banco, tremendo, na expectativa do que aconteceria.

As vozes se aproximavam mais e mais; logo viu dois homens embarcarem no avião e que andavam de um lado para o outro, quase dando contra o banco sob o qual eu estava escondida. A dupla se acomodou em bancos logo atrás dela e começaram a falar um dialeto que ela não compreendia em absoluto. Após uns bons quinze minutos, levantaram-se. Um deles foi embora e o outro se enfiou no *cockpit*, para sair dele logo em seguida com uniforme de piloto. Então reapareceu o outro também, acompanhado de outros seis homens embarcando na aeronave; tremelicando, a Paula ouviu o motor sendo ligado e as hélices girando.

CAPÍTULO 2

Dado que ela, apesar da sua audácia, era frequentemente covarde e medrosa e, às vezes inesperadamente corajosa, não se podia definir qual desses seus traços de caráter contraditórios se manifestaria agora.

Mas descobriu que o que falava mais alto era a sua excepcional coragem; após algum tempo de voo, saiu de debaixo do banco e, para o desmedido espanto da tripulação, se apresentou e disse como tinha ido parar ali.

A tripulação deliberou sobre o que fazer com a Paula e decidiu que não tinham outra solução a não ser levá-la junto. Disseram-lhe que estavam voando para a Rússia com o objetivo de bombardear as linhas militares russas.

Suspirando, se recostou num banco e adormeceu. Um barulho alto... e a Paula se endireitou na mesma hora e fixou os olhos escancarados na tripulação. Ninguém, porém, tinha tempo para lhe dar atenção. Porque os russos disparavam com fúria contra a aeronave inimiga. De repente — a Paula gritou, os bancos balançavam, as janelas tilintavam e algumas granadas se abatiam contra o avião, que mergulhava e se preparava para uma aterrissagem de emergência.

Logo após o avião aterrissar, alguns russos irromperam para dentro do avião e algemaram toda a tripulação. Pode-se facilmente imaginar o quanto estranharam os estrangeiros ao ver diante de si uma menina de aproximadamente 13 anos. Os alemães e os russos não entendiam uma palavra do que diziam uns aos outros; um jovem russo pegou a Paula pela mão e seguiu com ela atrás da tripulação até um campo de prisioneiros. O chefe do campo riu sonoramente quando teve diante de si a Paula, que parecia muito à vontade; não quis que a menininha fosse detida junto com os outros e decidiu perguntar no dia seguinte, por detrás das linhas de combate, se por ali viviam simples civis dispostos a cuidar da menina até que a guerra terminasse.

CAPÍTULO 3

Após quase uma semana no quartel do comandante, certa manhã chuvosa, a Paula foi pega desprevenida e posta num veículo de grandes dimensões em que se encontravam soldados feridos a caminho das instalações hospitalares. O veículo sacolejou e chacoalhou durante cinco horas a fio sobre o caminho de pedras e cascalhos, enquanto um véu espesso de chuva furtava a vista da paisagem exterior. O caminho solitário era, a intervalos, interrompido por alguma casinha, mas todas as casas pareciam desertas. No começo da viagem se ouviam os estrondos dos canhões, mas pouco a pouco foram esmorecendo até, por fim, cessarem completamente. De repente, as ruas começaram a ficar mais movimentadas. Os russos ultrapassavam alguns veículos até estacionarem diante de uma casa branca, pintada de cima a baixo com cruzes vermelhas. Os feridos foram retirados e levados lá para dentro, onde foram acolhidos pelas solícitas enfermeiras.

Quando todos bateram em retirada, o chofer acelerou o veículo sem proferir uma única palavra. Havia passado mais uma hora quando a Paula viu assomar-se ao longe uma fazenda bem grande. O chofer gesticulou na direção da casa, dando a entender à Paula que descesse do carro.

Quando estava na rua esperando o chofer, antes que desse pelo fato, o veículo tinha desparecido; lá estava ela, esperando sozinha na rua deserta. *Os russos são mesmo pessoas* sui generis. *Eis que me deixam, de repente, sozinha neste país estrangeiro, entregue a mim mesma. Eu sei que os alemães me tratariam diferente se me vissem nessa situação*, pensou a Paula com os seus botões. (Não nos esqueçamos de que ela era uma menina alemã.)

De repente, lembrou-se, porém, de que o chofer lhe tinha apontado para a tal casa. Atravessou a rua, abriu um portãozinho e se encontrou numa espécie de pradaria delimitada. Na frente da casa, vislumbrou uma mulher que lavava roupa e uma menininha que pendurava roupas no varal.

Estendeu o braço e se dirigiu à mulher, dizendo apenas:

— Paula Müller.

A mulher ergueu o olhar e também lhe deu a mão após esfregá-la no avental ensopado e disse:

— *Iustichiiarreia kolovina.*

A Paula quis crer que se tratava do seu nome, mas aquelas palavras significavam apenas "bem-vinda".

CAPÍTULO 4

A sra. Kantawoska (este era o nome da mulher) morava naquela fazenda com o marido e três filhos. De resto, ainda tinham um lacaio e duas empregadas ao seu serviço. Havia três dias ela tinha recebido a mensagem de que num dos próximos dias chegaria uma menina de por volta dos seus 13 anos. Dessa maneira, estaria isenta da obrigação de dar acomodação a qualquer soldado ou ferido de guerra.

A sra. Kantawoska aprovou a ideia com gosto e supôs que se tratava da menina recém-chegada. Era muito difícil para os Kantawoska ensinar o que fosse à Paula. A menina, ainda que com a maior boa vontade do mundo, não entendia o que queriam dela. Nas suas primeiras semanas lhe custava muito engolir a comida servida, mas, quando bate a fome, come-se de tudo; acostumou-se à comida e arregaçou as mangas para costurar e lavar roupa, ao exemplo dos demais. Assim foi que a Paula criou uma rotina; ao cabo de seis meses, já conseguia entender o russo bastante bem. Passados outros seis meses, já entendia praticamente tudo e, por mais dificultoso que fosse, abria de vez em quando a boca para falar. Os Kantawoska não se deram minimamente conta do caráter atrevido da Paula; ela também não era boba de deixá-lo transparecer e não estava com vontade de estragar o seu convívio com os demais. Fazia o que tinha de fazer e, dado que não era tão estabanada como sempre tinha fingido ser em casa, foi-se pouco a pouco tornando parte da família.

CAPÍTULO 5

Dois anos após a sua chegada à casa dos Kantawoska, sugeriu-se que ela aprendesse algo da arte da leitura e da escrita russas. Ela aceitou a proposta com muito gosto, após o que começou a ir três vezes por semana às aulas de alfabetização acompanhada por uma menina das vizinhanças. Progrediu rápido e, após aproximadamente doze semanas, já lia o russo sem dificuldade. Na companhia da vizinha, deixaram-na aprender a dançar, e não demorou muito até que, por alguns trocados, a encontrassem pelas noites em locais de entretenimento, esmerando-se na dança de polcas e mazurcas. A metade do dinheiro que ganhava em tais noites ela dava à mãe Kantawoska e a outra metade ao seu próprio bolso, pois já fazia um bom tempo que queimava a cachola tentando imaginar uma maneira de ir embora daquele país.

A guerra já tinha no meio-tempo dado o seu último suspiro, mas a Paula nunca mais ficara sabendo de nada sobre os pais.

CAPÍTULO 6

Ela estava agora com 16 anos e não tinha aprendido muito; sabia que, aos olhos do Ocidente, deveria ser uma parva. Foi por isso que dançava diligentemente. Não demorou muito para que tivesse o dinheiro suficiente para viajar de trem de Minsk (perto de onde ela se encontrava) até Varsóvia. *Se eu pelo menos conseguir chegar a Varsóvia*, pensava, *a Cruz Vermelha se encarrega de me levar de volta para casa*.

Chegara a hora de pôr o plano em ação. Certa manhã, em que supostamente iria à escola, apanhou as suas trouxas e desapareceu na surdina. Como tinha previsto, não foi nada fácil andar da fazenda dos Kantawoska até Minsk. Por algumas horas, recebeu carona de um cocheiro, mas o restante do caminho ela levou umas boas horas para percorrer a pé.

À noite, tendo chegado exausta em Minsk, para o seu grande espanto, ficou sabendo que o primeiro trem só partiria às doze horas do dia seguinte. Pediu veementemente para falar com o chefe da estação e, quando se encontrou diante dele, suplicou-lhe que a deixasse passar a noite nas premissas da estação. As suas súplicas foram ouvidas, e ela logo pegou no sono de tão cansada que estava. Quando o dia raiou, acordou com os membros todos rígidos e se perguntou, confusa, onde diabos estava. A sua consciência, porém, voltou na mesma hora, já que o seu estômago doía de fome. Com esse contratempo, a Paula não tinha contado.

Na lanchonete da estação havia uma moça simpática, que, após a confidência sincera da Paula, lhe cedeu com boa vontade um sanduíche sem cobrar nada. A Paula matou o tempo conversando com a moça da lanchonete até o meio-dia, quando subiu no trem com destino a Varsóvia, contente da vida e cheia de coragem.

CAPÍTULO 7

Chegando lá, seguiu as instruções do chefe da estação e foi diretamente para a casa das enfermeiras da Cruz Vermelha. Ficou lá mais tempo do que tinha previsto, porque nenhuma das enfermeiras sabia o que fazer com ela. Não tinham nenhum endereço ou informações com os quais localizar alguém, e, já que a Paula não tinha um tostão sequer, não podiam pô-la num trem, mas também não a podiam deixar morrer de fome. Decorrido um tempo, porém, as enfermeiras decidiram, em nome de Deus, pagar para aquela menina uma viagem de trem a Berlim, já que ela havia dito que, uma vez em Berlim, acharia sozinha o caminho para a casa dos pais.

A despedida das enfermeiras foi comovente. A Paula subiu mais uma vez no trem. Na estação seguinte entrou no seu cupê um jovem simpático, que logo se viu conversando arrebatadamente com aquela menina ousada. Durante a viagem inteira, pôde-se ver a Paula na companhia do jovem e atraente soldado; quando desembarcaram em Berlim, combinaram de encontrar-se muito em breve.

A Paula apertou os passos e logo chegou à casa dos pais, mas tudo ali parecia vazio e deserto. Nunca lhe passou pela cabeça que os pais pudessem, no meio--tempo, ter mudado de casa. O que ela faria agora? Foi mais uma vez à Cruz Vermelha e contou a sua história num alemão arranhado. Mais uma vez a acolheram e trataram, mas ela não tinha o direito de passar lá mais tempo que duas semanas.

A única notícia que teve dos pais foi que a mãe tinha ido embora de Berlim para procurar algum tipo de emprego e de que o pai havia sido convocado pelo exército no último ano da guerra, fora ferido em algum lugar desconhecido e que agora estava num hospital.

Logo se pôs a procurar um emprego como criada e, quando rapidamente achou um, saiu freneticamente à procura do Erich, o jovem bonitão que a ajudou a conseguir trabalho num cabaré para três noites por semana. Assim sendo, ali também os seus conhecimentos das danças russas lhe prestavam serviço.

CAPÍTULO 8

Já fazia um bom tempo que a Paula se dedicava a essa atividade quando, certa noite, a direção do cabaré anunciou que em duas semanas teria lugar uma grande apresentação de dança única e exclusivamente para soldados quase revalidados que, havia pouco, tinham tido alta dos diversos hospitais.

Nessa grandiosa noite, o papel da Paula não era de somenos importância. Teve de fazer muitos ensaios e, sempre que chegava em casa, estava tão cansada que na manhã seguinte, às sete, quase não conseguia sair da cama. O seu único consolo nessa época era o Erich. A amizade entre elas só tinha feito crescer, e a Paula realmente não saberia o que fazer sem ele. Quando chegou a tal noite, a Paula sentiu pela primeira vez na vida medo do palco. Achou especialmente intimidante dançar apenas para homens. Mas não havia outro remédio a não ser tentar a sorte; a sua principal motivação era que, pelo menos, faria mais dinheiro que o usual.

Ao final da noitada, que decorreu às mil maravilhas, a Paula logo entrou no salão para ficar com o Erich. De repente, estacou, como se os pés fossem chumbo: não muito longe, avistou o próprio pai conversando com um soldado. Com um grito histérico de alegria, correu até ele e o abraçou.

O homem envelhecido ergueu o olhar, espantadíssimo, já que não reconhecera a filha nem no palco nem agora. Ela teve literalmente de se apresentar a ele!

CAPÍTULO 9

Uma semana depois se pôde ver a Paula entrando na estação ferroviária de Frankfurt am Main aos braços do pai. Foram recebidos pela profundamente comovida mãe, que todo esse tempo havia esperado em vão a volta da filhinha.

Após a Paula relatar à mãe tudo o que havia acontecido, o pai, brincando, perguntou-lhe se ela por acaso não queria embarcar no avião que se via mais adiante a fim de voltar para a Rússia!

Que se tenha em mente que este relato tem como pano de fundo a guerra de 1914-1918, quando os alemães saíram vitoriosos na campanha militar contra os russos.

A ilusão das estrelas de cinema

SEXTA-FEIRA, 24 DE DEZEMBRO DE 1943

(Em resposta à eterna pergunta da sra. van Pels: por que não quero ser uma estrela de cinema.)

Eu tinha 17 anos, era uma jovem bonita com os cabelos negros encaracolados, o olhar matreiro e muitos, muitos ideais e ilusões. De alguma maneira ou outra, mais para a frente, todos conheceriam o meu nome, e eu figuraria nos álbuns de muitas adolescentes fanáticas.

Sobre como eu exatamente me tornaria uma celebridade e em que direção eu seguiria não me preocupava muito. Com 14 anos, eu dizia a mim mesma: mais para a frente, e, quando estava com 17, continuava dizendo a mesma coisa. O papai e a mamãe não desconfiavam de verdade desse meu plano, e eu era esperta o suficiente para guardá-lo para mim, já que achava que, se tivesse a chance de me tornar famosa, os meus "velhinhos" não se entusiasmariam com a ideia. Assim sendo, seria melhor que eu passasse por tudo primeiro sozinha.

Que ninguém pense que essas ilusões tivessem um fundamente muito sólido ou que os meus pensamentos só girassem ao redor da ideia de me tornar uma celebridade. Muito pelo contrário, eu sempre fora uma trabalhadora diligente e estava sempre com o nariz enfiado entre duas páginas de um livro, assim, só por gosto.

Aos 15 anos, passei em todos os exames finais para, na sequência, frequentar pela manhã uma escola com aulas de idiomas e, pela tarde, fazia os meus deveres de casa e jogava tênis.

Certo dia (era outono) estava em casa arrumando o meu armário-despensa, quando, em meio a caixas e caixinhas, encontrei uma caixa de sapatos sobre cuja tampa se lia "ESTRELAS DE CINEMA". Lembrei-me logo de que aquela caixa (na palavra dos meus pais) deveria ter sido jogada fora havia muito tempo e de que eu a tinha empurrado o máximo para o fundo a fim de que ninguém a encontrasse.

Curiosa, levantei a tampa e comecei a tirar os elásticos que a mantinham em maços, guardados organizadamente. Uma vez absorta no ato de examinar todos aqueles rostos maquiados, não conseguia mais parar. Assim foi que levei um tremendo susto quando, duas horas depois, alguém bateu levemente no meu ombro e eu ergui o olhar do chão, onde estava sentada, rodeada de uma pilha de papéis e caixas. Eram tantos que eu quase não consegui saltar sobre eles para ir tomar chá.

Quando, mais tarde, arrumei toda a bagunça, deixei de lado a caixa das estrelas de cinema e continuei a minha pesquisa até encontrar algo mais que não me saía da cabeça. Tratava-se de um pacote contendo discos vinis de diversas rotações, especialmente os dos Lane, uma família de estrelas, sobre a qual eu tinha lido que três das filhas já eram estrelas de cinema. Encontrei também o endereço das três moças, e... peguei caneta e papel e comecei a redigir uma carta para a caçula das irmãs, a Priscilla Lane.

Sem dizer nada a ninguém sobre ela, postei a carta, na qual escrevia o quanto eu gostaria de obter fotografias dela, Priscila, e das irmãs, e pedindo que me respondesse, já que eu me interessava tão fortemente por ela e por toda a sua família.

Esperei por mais de dois meses e, por mais que não quisesse dar o braço a torcer, na verdade já tinha perdido a esperança de algum dia vir a receber uma resposta. Também não era de se espantar. Se as irmãs Lane fossem escrever detalhadamente e mandar fotografias a todos os fãs que lhes escreviam, era fácil de imaginar que, por algumas semanas, em todos os dias, não fariam mais que se dedicar exclusivamente à sua correspondência.

Mas... justamente quando eu tinha perdido as esperanças, o papai me entregou certa manhã um envelope endereçado à srta. Anne Franklin que eu já fui rasgando para encontrar a carta. Os meus coabitantes estavam curiosíssimos para saber do que se tratava e, depois de contar-lhes sobre a minha carta, li a resposta para eles em voz alta. A Priscilla deu a entender que não podia mandar fotos antes de me conhecer melhor, mas que se sentia inclinada a me responder se eu contasse um pouco mais de mim e da minha família. Eu fui sincera ao lhe escrever que, na verdade, ela me interessava mesmo mais como pessoa que como uma estrela de cinema. Eu queria saber para onde ela gostava de ir quando saía à noite, se a Rosemary filmava tanto quanto ela, e assim por diante. Muito tempo depois tive permissão para chamá-la de "Pat". A Priscilla parecia tão encantada com a minha maneira de escrever que me disse adorar responder detalhadamente às minhas cartas.

Já que a correspondência que se seguiu se dava unicamente em inglês, os meus pais dificilmente poderiam ter qualquer objeção, já que era um excelente exercício para mim. A Priscilla me contou nas cartas seguintes que passava a maior parte dos seus dias no estúdio e explicou exatamente como os organizava. As minhas cartas em inglês ela me reenviava corrigidas, mas eu também tinha que retorná-las. No meio-tempo, ela já tinha me enviado uma série de fotografias suas.

A Priscilla não era nem casada nem noiva, apesar de já ter uns bons 20 anos. Isso, porém, não me incomodava em absoluto, e eu estava toda orgulhosa da minha amiga estrela de cinema.

Assim o inverno passou, e, quando a primavera já ia avançada, recebi certo dia uma carta dos Lane em que a Priscilla me perguntava se eu gostaria de ir de avião até lá e passar dois meses na casa dela. Eu dei saltos de alegria; entretanto, não tinha contado com as objeções dos meus pais. Não podia ir sozinha à América, não poderia aceitar o convite, não tinha roupas suficientes, não podia me ausentar por tanto tempo, além de todas as outras objeções que os pais têm reservadas para a sua prole. Mas eu tinha posto na cabeça que iria à América e não arredaria o pé.

Escrevi à Priscilla, contando-lhe sobre todas as objeções, mas ela apresentou soluções. Em primeiro lugar, eu não precisaria viajar sozinha, já que a sua dama de companhia iria passar quatro semanas em Haia para ver a família e poderia levar-me com ela na volta. Para o retorno à Holanda achariam alguma acompanhante.

Eu veria naturalmente muito da Califórnia, mas os meus pais insistiam na recusa: não conheciam a família, e podia ser que eu não me sentisse nada à vontade lá...

Fiquei furiosa, era como se eles não quisessem me deixar aproveitar de uma ocasião tão extraordinária. A Priscilla continuava sendo extremamente simpática e atenciosa para comigo, e toda a chatice dos meus pais teve fim após uma carta da sra. Lane de tom extremamente pessoal.

Fui bastante diligente durante os meses de maio e junho, e, quando a Priscilla escreveu que a sua dama de companhia chegaria no dia 18 de julho em Amsterdã, os preparativos para a grande viagem tomaram um caráter sério.

No dia 18, o papai e eu fomos buscar a tal senhora na estação. A Priscilla tinha me mandado uma fotografia dela, e logo a reconheci entre os numerosos passageiros. A Miss Kalwood era uma senhora baixinha de cabelos loiro-acinzentados, que falava muito e bem rápido, mas que parecia simpática e bondosa.

O papai, que já esteve na América e falava um inglês excelente, conversava com a Miss Kalwood enquanto eu soltava uma palavra ou outra de vez em quando.

Tínhamos combinado que a *miss* ficaria uma semana conosco. Só então partiria. A semana passou rapidamente; logo no segundo dia a *miss* baixinha e eu já éramos boas amigas. No dia 25 de julho eu estava tão entusiasmada que não consegui nem comer nada no café da manhã.

A Miss Kalwood já mantinha todo o equilíbrio; tinha feito a mesma viagem uma vez antes. A família inteira nos acompanhou até o aeroporto de Schiphol, e finalmente — finalmente tinha início a minha viagem à América.

A viagem de avião levou uns bons cinco dias; na noite do quinto dia chegamos às redondezas de Hollywood.

A Priscilla e a sua irmã um ano mais velha foram nos buscar, e, como eu estava um pouco cansada da viagem, fomos de carro diretamente a um hotel nas proximidades do aeroporto.

Tomamos o café da manhã com toda calma e, no dia seguinte, nos acomodamos no carro que a própria Rosemary dirigia.

Após umas três horas de estrada, chegamos à casa dos Lane, onde fui recebida calorosamente. A sra. Lane foi logo me mostrando um brinco de quarto, que seria o meu durante dois meses.

Na casa dos hospitaleiros Lane, onde sempre havia movimento e diversão, onde bastava dar um passo para tropeçar em qualquer gato possível e imaginável, onde as três celebridades ajudavam a mãe mais do que a adolescente boba que eu era, lá em casa, e onde havia tanta, mas tanta coisa que ver, que todos se sentiam em casa. A falar inglês eu também logo me acostumei, ainda mais que eu já estava relativamente familiarizada com o idioma.

A Priscilla havia tirado folga durante as minhas duas primeiras semanas de férias nos Estados Unidos e mostrou muito das redondezas. Íamos quase todos os dias à praia, onde fui conhecendo pouco a pouco pessoas de quem eu já tinha frequentemente ouvido falar no passado. Uma amiga toda especial da Priscilla era a Madge Bellamy, que volta e meia nos acompanhava nos nossos passeios.

Ninguém que conhecesse a Priscilla jamais imaginaria que ela fosse tão mais velha que eu. Não era estranho que nos déssemos bem. Ao cabo das duas primeiras semanas, a Priscilla teve de voltar aos estúdios da Warner Bros, e — sensacional! — eu pude ir com ela. Acompanhei-a ao camarim e, depois, estive presente no ensaio das suas gravações.

Nesse primeiro dia ela terminou antes e me levou para conhecer todo o estúdio.

— Olha, Anne — disse de supetão —, tive uma ideia genial: amanhã de manhã você vai a uma dessas agências em que inscrevem todas as beldades e pergunta se não é adequada para algo, assim só de brincadeira, claro!

— Ah, sim, me parece uma boa ideia — respondi.

Como combinado, no dia seguinte fui a uma dessas agências. Estava bem movimentada, e as garotas que queriam se inscrever estavam todas numa fila diante da porta. Pus-me na fila atrás delas e, após uma meia hora de espera, foi a minha vez de entrar. Apesar de estar lá dentro, ainda faltava muito para eu ser atendida. Havia ainda vinte e cinco garotas na minha frente. Esperei mais umas duas horas para chegar a minha vez. Ouvi uma campainha e, cheia de coragem, entrei num escritório, onde me deparei com um homem de meia-idade sentado a uma escrivaninha. Cumprimentou-me secamente, pediu nome e endereço e se mostrou admirado quando eu disse que estava hospedada na casa dos Lane. Ao cabo de todas as perguntas, me examinou mais uma vez detidamente e perguntou:

— A senhorita tem mesmo certeza de que quer se tornar estrela de cinema?

— Se eu levar jeito para a coisa, sim senhor — respondi.

Ele apertou o botão de uma campainha, e logo em seguida entrou uma jovem vestida refinadamente, que fez sinal para que eu a acompanhasse. Abriu uma porta, e eu tive de piscar os olhos: a luz naquele aposento era tão ofuscante e cintilante!

Um jovem atrás de um aparato complexo me cumprimentou de maneira mais amável que o velho de antes e pediu que eu me sentasse numa banqueta. Tirou algumas fotografias, chamou a moça, e fui levada de volta para o "velho". Este ficou então de me notificar se eu deveria voltar ou não. Toda feliz, empreendi o caminho de volta à casa dos Lane.

Havia se passado já uma semana, quando recebi notícia do sr. Harwich (a Priscilla me disse o nome dele). Ele escrevia que as fotos tinham saído muito bem e que eu poderia ir vê-lo no dia seguinte, às três. Eu tinha prioridade porque tinha sido escolhida. O sr. Harwich perguntou se eu gostaria de posar para um fabricante de raquetes de tênis. Seria só por uma semana. Quando ele me disse os honorários, aceitei.

O tal senhor do tênis foi chamado por telefone, e acabei o conhecendo na mesma tarde.

No dia seguinte fui a um estúdio fotográfico, ao qual deveria comparecer todos os dias durante uma semana. Volta e meia eu tinha de trocar de roupa, ficar de pé ou sentada, sempre sorrindo, andar de um lado para o outro e trocar outra vez de roupa, fazer beicinhos, excessivamente maquiada. De noite estava morta de cansaço e tive de me arrastar para a cama.

Após três dias praticamente não conseguia mais sorrir, mas, fazer o quê, tinha de honrar o meu compromisso com o fabricante de raquetas.

Quando, na noite do quarto dia, voltei para a casa dos Lane, estava tão pálida que a sra. Lane me proibiu de voltar a posar. Ela própria ligou para o sujeito e desmarcou o compromisso.

Eu me sentia agradecida a ela de coração.

Pude então desfrutar das minhas inesquecíveis férias sem ser incomodada, tendo me curado de todas as minhas ilusões de me tornar uma celebridade, já que tinha visto de perto a vida que elas levavam.

Katrientje

SEXTA-FEIRA, 11 DE FEVEREIRO DE 1944

A Katrientje estava sentada na grande pedra ao sol diante da fazenda. Estava pensando, pensando febrilmente. A Katrientje era uma daquelas meninas caladas que se tornam[58] anos depois, justamente por tanto pensar.

O que a menina com o avental de camponesa pensava só ela sabia; jamais contaria os pensamentos a quem quer que fosse, ela era introspectiva e calada demais para tal.

No momento não tinha amiga nenhuma; o mais provável é que jamais as teria. A mãe a achava estranha e ela, infelizmente, também o sentia. O pai, um camponês, era ocupado demais para dispensar à filha qualquer atenção. Isso fazia com que a Katrientje só pudesse confiar em si mesma. Não a incomodava estar sempre sozinha e se satisfazia com pouco.

Naquela manhã quente de verão, porém, suspirou profundamente quando ergueu o olhar e passeou por sobre a seara. Que divertido deveria ser estar agora brincando com todas aquelas meninas mais além. Como elas correm e riem, como se divertem!

Eis então que as meninas se aproximam, cada vez mais; viriam elas na sua direção? Ai, que tristeza: estão caçoando dela! Ouve-as claramente a chamar pelo seu nome, pelo seu apelido, que ela tanto detesta, mas que as outras sempre repetem por trás das suas costas: Slampientje.[59] Ah, como ela se sentia magoada! Se pelo menos pudesse entrar! Mas então as crianças ririam ainda mais às suas custas.

58. Falta aqui uma palavra no manuscrito de Anne.
59. No holandês, tal palavra tem a conotação de "preguiçosa, desleixada". (*N. do T.*)

Pobre menina, não é a primeira vez na sua vida em que se sente tão abandonada e inveja tanto meninas mais pobres.

— Trientje, Trien, entre que a comida está pronta!

Suspira outra vez e se levanta vagarosamente para obedecer ao chamado da mãe.

— Que rosto mais radiante que a nossa filha tem, que menina mais contente da vida! — exclama a camponesa, quando a criança entra pela porta mais devagar e triste que nunca. — E você vai ficar calada? — pergunta a mãe rispidamente. O seu tom de voz é mais desagradável do que ela própria imagina, mas é que a filha está tão pouco à altura dos seus desejos de ter uma filha alegre e vivaz...

— Não, mãe — disse, quase ininteligivelmente.

— Você também, hein! Fica fora a manhã inteira e não faz mais nada. Onde é que você esteve?

— Fora — respondeu, agora, sim, com um nó na garganta, mas a mãe, que interpretava a timidez da filha de maneira errada, estava realmente curiosa para saber o que a filha fizera a manhã inteira.

— Responda e seja clara, porque quero saber, entendeu?! — insistiu. — A mesma Slampientje de sempre, não aguento mais!

Ao ouvir aquele apelido tão odiado, a Katrientje não se segurou mais e se pôs a soluçar sonoramente.

— E o que foi agora? Que covarde você é! Não custa nada dizer o que fez pela manhã, ou será que é segredo?

A pobre criança não tinha como responder, já que os soluços a impediam de falar. Levantou-se de repente, derrubando a cadeira, e saiu chorando da cozinha. Foi até o sótão, onde despencou num canto sobre uns sacos e continuou a chorar baixinho.

Dando de ombros, a mãe retirou a mesa. Não estava exatamente espantada com o comportamento da filha; essas "crises de loucura" aconteciam de vez em quando. Deixaria a menina em paz. Afinal, não conseguiria arrancar nada dela, e aquelas lágrimas logo começavam a lhe rolar sobre o rosto. Seria realmente filha de camponesa aquela menina de 12 anos?

No sótão, a Trien se acalmara e agora estava pensando de novo. Desceria imediatamente e diria à mãe que só tinha estado sentada sobre a pedra e se ofereceria para terminar o trabalho pela tarde. A mãe entenderia então que o trabalho, por mais difícil que fosse, não a intimidava e, se lhe perguntasse por que ela tinha estado sentada a manhã inteira, responderia que tinha de refletir muito mesmo sobre um certo assunto. Quando ela fosse distribuir pela tarde os ovos, compraria para a mãe um dedal na cidade, um daqueles cinzentos bonitos que brilhavam, tinha a quantia justa para tal. A mãe veria então que não era desleixada e preguiçosa. De repente os seus pensamentos se imobilizaram. Deus, quando é que ela se livraria daquele apelido horroroso? Hum, ela já sabia: o dinheiro que talvez sobrasse da compra do dedal, ela usaria para comprar uma senhora embalagem com docinhos (que os filhos dos camponeses chamavam de "snaapjes" e que eram vermelhos e grudavam na boca), que ela distribuiria no dia seguinte entre as outras meninas quando fosse para as aulas com o professor. As meninas veriam que era simpática e a incluiriam em alguma brincadeira e logo perceberiam que era uma boa companheira e jamais a chamariam por outro nome que não Katrientje.

Ainda hesitante, levantou-se e foi descendo os degraus do sótão de mansinho. Quando deu com a mãe no corredor, que lhe perguntou se os melindres tinham acabado, perdeu a coragem de lhe dizer por que tinha se ausentado pela manhã, mas não se deteve, foi logo lavar as janelas antes que anoitecesse.

Quando o sol já se tinha praticamente posto, a Trientje pegou o cesto com os ovos, pôs no braço e apertou os passos. Após meia hora de caminho, alcançou a casa do primeiro cliente, que já estava na soleira da porta com um pratinho de porcelana.

— Me vê dez ovos, meu bem? — pediu a mulher cordialmente.

A Trientje foi entregando, um por um, e, após um cumprimento de despedida, prosseguiu; em questão de quarenta e cinco minutos, o cesto estava vazio, e a Trientje entrou então numa loja que ela sabia vender de tudo. Um dedal bonito e uma embalagem de docinhos foram parar no cesto dela. Na metade do caminho de volta para casa, viu duas das meninas que tanto haviam caçoado dela pela manhã. Refreou o impulso de se esconder e seguiu o seu caminho com coração na garganta.

— Vejam só se não é a Slampientje, a doida da Slampientje! — A Trien gelou. Sem a menor ideia do que fazer, pegou a embalagem com os docinhos da cesta e os ofereceu às meninas. Com um movimento rápido, uma das meninas roubou dela a embalagem e saiu correndo. A outra a seguiu, não sem antes se virar e mostrar a língua, e as duas desapareceram numa curva.

Sem saber o que fazer, tamanhos o desamparo, a tristeza e a solidão, Trientje se sentou na grama, à beira do caminho, e chorou, chorou até não mais poder. Já estava anoitecendo quando a Trientje apanhou o cesto, que tinha ido parar no chão e se dirigiu de volta para casa. Num certo ponto da grama cintilava o dedal prateado...

Domingo

DOMINGO, 20 DE FEVEREIRO DE 1944

O que as outras pessoas fazem durante a semana nós aqui no Anexo fazemos aos domingos. Enquanto os outros vestem as suas melhores roupas e saem para passear ao sol, nós aqui esfregamos, varremos e lavamos.

Às oito: apesar da maioria de nós dormir até mais tarde, o Pfeffer às oito já está de pé. Vai ao banheiro, em seguida desce, volta a subir e executa um ritual de lavagem que dura uma boa hora.

Às nove e meia: As estufas se acendem, entra a luz do sol, e o sr. van Pels vai ao banheiro. Uma das minhas provações das manhãs de domingo é ver o Pfeffer de costas para mim enquanto reza. Qualquer um me olharia com estranheza se eu dissesse que a imagem de um Pfeffer em prece é uma visão horrenda. Não que ele fique emocionado ou chore, não é isso, mas sim o seu costume de ficar pelo menos quinze minutos se balançando, passando o peso dos calcanhares aos dedos do pé e vice-versa. Daqui para lá, de lá para cá, parece não ter fim, e, se eu não fechar os olhos com força, quase fico tonta.

Às dez e quinze: o sr. van Pels assobia, o banheiro está livre. Os dorminhocos entre nós erguem os rostos sonolentos do travesseiro. Aí se faz tudo rápido, rápido, rápido. A Margot e eu alternamos as nossas visitas e lavagens no banheiro. Com o frio que vem lá de baixo, nada mais apropriado que calças compridas e a cabeça envolta num lenço. No meio-tempo o papai já entrou no banheiro: às onze é a vez da Margot (ou a minha) de estar no banheiro, e depois disso estamos todos novamente asseados.

Às onze e meia: café da manhã. Não vou me alongar sobre esse tópico, já que todos falam mesmo exaustivamente sobre ele.

Ao meio-dia e quinze: cada um vai para o seu canto. O papai, de macacão, se ajoelha no chão e escova o tapete com tanta força que a sala fica envolta numa nuvem de poeira enorme. O Pfeffer faz as camas (malfeitas, claro) e assobia invariavelmente o mesmo concerto para violino de Beethoven. Ouve-se o arrastar de pés da mamãe lá em cima, no sótão, enquanto pendura a roupa lavada. O sr. van Pels veste o chapéu e desaparece pelas paragens lá embaixo, geralmente seguido pelo Peter e pela Mouschi, a madame põe um avental longo que termina em ponta, um casaquinho de lã negro e galochas, enrola um cachecol grosso de lã vermelha em volta da cabeça, sobraça uma trouxa de roupa por lavar, executa uma pequena vênia estudada de mulher lavadeira e vai se entregar aos seus afazeres. Margot e eu lavamos a louça e arrumamos o quarto.

À uma e quinze: Tendo secado toda a louça — exceto as panelas, que esperam pela sua vez — desço para tirar o pó e, tendo lavado pela manhã, só falta limpar a pia.

À uma: Noticiário.

À uma e quinze: Um de nós começa a lavar ou cortar os cabelos dos demais.

Depois só sobra para todos descascar batatas, pendurar a roupa no varal, encerar os descansos das escadas. Esfregar o banheiro e daí por diante.

Às duas: Após as notícias do Wehrmacht, esperamos o programa de música e o café para que tudo fique em paz. Alguém saberia me dizer por que os adultos aqui dormem tanto? Já às onze da manhã se vê alguém bocejando e, não raramente, suspirando: "Ah, se eu pudesse tirar um cochilo de uma meia horinha!"

Não é nada agradável ver entre as duas e as quatro rostos sonolentos por onde quer que se ande. No nosso quarto, o Pfeffer; na sala, o papai e a mamãe e, no andar de cima, os van Pels, que compartilham da mesma cama durante a tarde. Enfim, não há o que se fazer; talvez eu entenda quando tiver a idade deles.

Seja como for, a soneca da tarde do domingo é sempre mais esticada. Antes das quatro ou quatro e meia nem adianta subir, porque tudo ali está no reino dos sonhos.

O finzinho da tarde decorre como durante a semana, salvo o concerto das seis às sete. Depois de comer e fazer a faxina, fico contente da vida, porque outro domingo se foi.

A florista

DOMINGO, 20 DE FEVEREIRO DE 1944

Todas as manhãs às sete e meia se abre a aporta da casinha na parte limítrofe da aldeia. Por ela sai uma menina relativamente pequena levando em cada braço um cesto cheio de flores.

Ao fechar a porta atrás de si, ajeita os dois cestos e se põe a caminho. Todos os aldeães que a veem passar e a quem ela cumprimenta com um aceno amigável olham para ela com pena enquanto ela se afasta; pensam o mesmo todas as manhãs: *Esse caminho é longo e difícil demais para uma criança de 12 anos.* Mas ela própria não ouve os pensamentos dos seus conterrâneos e avança o mais rápida e alegremente que pode, cada vez mais.

O caminho é realmente muito longo até que ela alcance a cidade: no mínimo duas horas e meia de chão, e os cestos pesados também não ajudam.

Quando finalmente começa a percorrer as ruas da cidade, já está morta de cansaço; só a perspectiva de que logo vai poder se sentar para descansar é o que lhe dá coragem. Mas ela é mesmo corajosa, essa aí, e não desacelera os passo até atingir o seu lugarzinho na praça do mercado. É quando se senta e espera e espera...

Há vezes em que ela fica assim, esperando, o dia inteiro, porque são poucas as pessoas que desejam comprar algo da pobre florista. Acontece, não raras vezes, de a Krista voltar para casa com os cestos esvaziados pela metade.

Mas aquele dia era diferente; era quarta-feira e havia um movimento inusitado no mercado. Enquanto ela oferece as suas flores, as vendedoras se esgoelam para vender os seus produtos. De todos os lados ouvem-se berros e palavrões.

As pessoas que passam mal ouvem a Krista, porque a sua vozinha aguda praticamente desaparece no tumulto do mercado. Mas a Krista não para de gritar o dia inteiro:

— Quem quer essas lindas flores, cinquenta centavos por buquê?!

E, quando quem já terminou as suas compras, olha para os dois cestos cheios, acaba pagando cinquenta centavos por um buquê tão ajeitadinho.

Ao meio-dia a Krista se levanta da cadeira e se dirige ao outro lado do mercado, onde o dono de uma tenda de café lhe dá uma xícara de café quente com muito açúcar. É para ele que a Krista deixa sempre reservado o mais bonito dos seus buquês.

Volta ao seu lugar, onde, sentada, continua a elogiar as suas flores. Às três e meia ela finalmente se levanta e empreende o caminho de volta à aldeia. Vai andando mais devagar que na ida, de tão, tão cansada que está. Agora ela leva três horas e é só às seis e meia que ela chega à porta da casinha tão velha.

Do lado de dentro tudo está como ela deixou: frio, solitário e pouco acolhedor. A irmã, com quem divide a casinha, trabalha desde cedo da manhã até tarde da noite.

A Krista não se pode dar ao luxo de descansar. Logo após chegar em casa, começa a descascar batatas e a cortar os legumes; só às sete e meia, quando a irmã chega em casa, é que ela por fim se senta à mesa para comer um bocadinho.

Às oito da noite a porta da casinha se abre de novo para deixar sair a menina com os dois cestos grandes nos braços. Os seus pés agora a levam à pradaria e ao campo em volta da casa. Não anda até longe, mas vai se curvando sobre o gramado para apanhar florezinhas de todos os tipos, cores e tamanhos: todas vão para dentro dos cestos. Quando cai a noite, lá está ela ainda no gramado colhendo, colhendo, colhendo...

Finalmente ela termina, e os cestos estão cheios. O sol no meio-tempo já se pôs, e a Krista se deita no gramado, as mãos dobradas sob a nuca, contempla de olhos abertos o céu ainda azul-claro.

Esses são os melhores quinze minutos do seu dia e ninguém deve pensar que essa menina pequenina, uma florista que deu tão duro, se sinta insatisfeita. Insatisfeita ela não é nem jamais será, enquanto puder desfrutar todos os dias desses momentos.

Em meio ao prado, entre as flores e a grama, bem de cara para o céu, a Krista se sente satisfeita. Lá se foi todo o cansaço, para longe foram as pessoas e o mercado; a menina sonha e só pensa nisto: que lhe são dados todos os dias esses quinze minutos, em que não faz nada, a sós com Deus e a natureza.

A minha primeira entrevista

TERÇA-FEIRA, 22 DE FEVEREIRO DE 1944

Imagine só se o meu primeiro objeto de pesquisa souber que será utilizado como material! Certamente enrubesceria e perguntaria: "E o que é que tem para saber de mim?"

Vou abrir o jogo: o Peter é o meu tema, e já conto como eu cheguei a ele assim de repente!

Tive a ideia de entrevistar alguém e, visto que já discorri sobre todos aqui em casa exaustivamente, pensei de repente no Peter, que sempre se mantém no pano de fundo e, como a Margot, nunca dá margem à insatisfação e às brigas.

Se você bate à porta do seu quarto no final da tarde, o ouve exclamar baixinho: "Pode entrar!"; pode ter a certeza de que, se você abrir a porta, estará olhando para você com a cabeça entre dois degraus da escada do sótão, em geral com uma expressão convidativa: "Diga lá."

O seu quartinho é — pois é, o que é que ele é mesmo? — um tipo de descanso que vai dar no sótão, muito pequeno, escuro e úmido, mas... ele o transformou num verdadeiro quarto.

Se ele senta no lado esquerdo da escada do sótão, o espaço dali até a parede não chega a ter nem um metro. Ali se vê uma espécie de mesinha, assim como as nossas, repleta de livros (a própria escada faz as vezes de depósito), uma cadeira e, do lado oposto ao da mesa, se vê a sua bicicleta pendurada do teto. Esse objeto provisoriamente inútil está envolto em papel de embrulho, enquanto de um dos pedais balança comicamente um cabo de extensão comprido. Para arrematar a sua pequena oficina, se vê pendurada sobre a cabeça da entrevistadora uma lâmpada coberta por um abajur gracioso feito de um pedaço de papelão, com adesivos de papel.

Eu estou ainda na soleira da porta e desvio o olhar. Junto à parede, isso é, do outro lado de onde está o Peter, detrás da mesinha, se vê um divã azul com motivos florais, cuja roupa de cama foi escondida por trás do espaldar. Acima dele balança uma lâmpada do mesmo estilo da outra, a cinquenta centímetros de distância, além de um espelho de mão e, um pouco mais adiante, uma pequena estante de livros carregada de cima a baixo com livros encadernados com papel de embrulho de uma maneira deselegante e própria de um menino adolescente. Para dar um toque de elegância ao todo (ou porque o proprietário não tinha mais onde enfiá-la), vê-se uma caixa com instrumentos na qual seguramente se podia achar o que quer que fosse. Já faz um bom tempo, mas realmente já aconteceu de eu procurar a minha faca preferida, mas perdida, e resgatá-la das profundezes dessa caixa na qual já haviam ido parar por descuido outros tantos objetos.

Ao lado da estante de livros se vê fixada uma tábua embrulhada num papel de cor — num distante passado — branca. Essa tábua tinha sido na verdade designada para servir de apoio a garrafas de leite e afins da cozinha; mas, visto que o estoque de livros do jovem ocupante se foi incrementando tanto com o passar do tempo, acabou servindo de suporte para tão ilustres objetos que a invadiram e condenou as diversas garrafas de leite a uma pobre existência no chão.

Já na terceira parede se vê um "armário" bem pequenino (uma antiga caixa de cerejas), no qual se encontra também uma coleção maravilhosa constituída, entre outros, de um pincel para barbear, giletes, durex, laxantes e daí por diante.

Ao lado desse "armário" se encontra a glória da arte criativa dos van Pels: um armário fabricado com papelão sobre apenas dois ou três pilares de apoio de um material mais resistente. Diante desse armário, cheio de ternos, casacos, meias, sapatos e afins se vê uma cortina realmente bonita que o Peter conseguiu obter da mãe após mendigá-la semanas a fio. Sobre o armário há tanta coisa que nunca consegui descobrir exatamente o que era.

Também a tapeçaria do assoalho do Van Pels júnior é digna de nota. Dispôs no chão do seu quartinho dois grandes e um pequeno tapetes persas genuínos, que, além de tudo, têm as cores especialmente harmoniosas, de maneira que saltam aos olhos de que entra no aposento. O assoalho, instável e nada igualado, que deve ser pisado de mansinho, é, portanto, enfeitado com tais joias de valor inestimável.

Duas das paredes estão revestidas com juta verde e as outras duas são generosamente enfeitadas com cartazes de estrelas de cinema mais ou menos belas e *slogans* publicitários. Manchas de gordura e queimaduras devem ser ignoradas, já que, em um ano e meio, é de esperar que uma ou outra coisa fique manchada.

O espaço do sótão, ainda que não exatamente confortável, é igual a todos os demais da região, com as suas vigas antigas; visto que goteja ali água vinda das águas-furtadas, o Peter protege os pontos críticos com folhas de papelão aderidas a eles. Mas o fato de que essa medida não é suficiente para remediar o problema o provam claramente as inúmeras manchas e círculos de água.

Acho que já dei a volta no aposento inteiro e só me esqueci das duas cadeiras. Uma delas é marrom com pequenos furos e a segunda, uma cadeira de cozinha branca antiga que o Peter queria pintar no ano anterior, mas que, ao começar a descascar, deixou claro que isso seria esforço inútil. Assim sendo, esta cadeira tinha um aspecto desleixado de meio descascada, com uma só perna (das outras nós precisamos para atiçar o fogo) e mais negro que branco. Mas, como já dito antes, o aposento é escuro e não chama muito a atenção. A porta para a cozinha está coberta de aventais, ao lado dos quais se veem alguns ganchos com uma escova e panos de pó.

Após este relato, todos saberão exatamente onde fica tudo no quartinho do Peter, com exceção do protagonista, o próprio Peter. Assim sendo, quero me desincumbir dessa tarefa e permitir que seja a vez do proprietário de todos os gloriosos objetos acima enumerados.

As roupas do Peter apresentam uma grande diferença entre as de uso cotidiano e as de festas. De segunda a sábado ele costuma vestir o seu macacão, que pode ser tranquilamente chamado de inseparável, já que o Peter, só muito a contragosto, deixa que o pobre seja lavado com certa frequência. Não consigo achar outra razão para tal fato que não o medo de que a sua roupa predileta acabe assim se desgastando e sendo jogada fora. Seja como for, pelo menos agora ele acabou de ser lavado, e pode-se ver que ele é de cor azul. Em volta do pescoço, tão inseparável como o macacão, se vê enrolado um xale azul fininho. Cingindo a cintura, um cinto grosso de couro castanho, e meias brancas de algodão. Assim é que imediatamente se reconhece o Peter no indivíduo que aparece na segunda, na terça ou em qualquer outro dia da semana. Aos domingos, porém, as suas roupas sofrem uma reencarnação. Um fino terno, sapatos bonitos, camisa, gravata; enfim, não preciso enumerar o resto, já que todos sabem a que se parecem as roupas de festa.

Basta no que se refere ao aspecto exterior. Sobre o próprio Peter a minha opinião mudou drasticamente nos últimos tempos. Antigamente eu o achava bobo e atarantado, mas agora não lhe atribuo mais nem uma nem a outra dessas características, e quem o conhece estará de acordo comigo.

Tenho a firme convicção de que ele é honesto e generoso. Modesto e solícito ele sempre foi, e tenho a sensação de que ele é muito mais sensível do que qualquer um imagina ou suspeita. Tem uma predileção que eu não posso de maneira alguma deixar de considerar: os gatos. Ele se desvela pela Mouschi e pelo Moffie e acho que ambos lhe suprem o amor da sua carência emocional. Medroso ele também não é; muito pelo contrário, e de maneira alguma conta bravatas como os outros garotos da sua idade. Burro ele decididamente não é, e a sua memória não é nada ruim.

Que ele é bonito eu não preciso contar a ninguém: quem o conhece sabe. Os seus cabelos são divinos, um arrematado grosso de caracóis castanhos, olhos de um azul-cinzento, e, de resto, pois é, o meu ponto fraco sempre foi descrever rostos, de maneira que, acabada a guerra, vou adicionar uma foto dele às dos demais clandestinos. Assim sendo, não preciso descrever mais nada com a minha caneta.

O poço da iniquidade

TERÇA-FEIRA, 22 DE FEVEREIRO DE 1944

Não se choque, eu realmente não tenho a intenção de enumerar exemplos do título acima; a razão de eu ter optado por ele foi por tê-lo lido ontem numa revista.

Agora se perguntará peremptoriamente: em qual contexto? Eu lhe responderei na mesma hora. Faz-se referência ao poço da iniquidade numa revista (*Cinema & Theater* nº 8) em relação a um número de fotos nuas num filme que o crítico, pelo que tudo indica, achou indecorosas. Não quero de maneira alguma afirmar que ele não tenha tido direito de fazê-lo, mas, em geral, sou de opinião de que as pessoas aqui na Holanda atacam com palavrões tudo o que esteja parcialmente encoberto.

Chamam de pudor o que aqui impera, o que, por um lado, pode ser muito bom; por outro lado, porém, se todas as crianças forem educadas dessa maneira, ou seja, de modo que vejam tudo o que tem a ver com nudeza como indecente, a longo prazo a juventude se perguntará certo dia: "Será que falta à cabeça deles algum parafuso?"

Eu só posso lhes dar a razão. O recato e o pudor podem ir longe demais, e a Holanda é exemplo vivo disso, pois pense o quão paradoxal é o fato de alguém pronunciar a palavra "nu": de todos os lados é o alvo de olhares que dão a entender que quem a proferiu é a pessoa mais desonrada do mundo.

Não pense, porém, que eu seja uma dessas que desejam que voltássemos aos tempos dos povos primitivos, andando por aí cobertos só com o couro de animais. Longe disso, mas com um pouco mais de liberdade, de naturalidade, e tudo seria mais leve e relaxado.

Neste ponto eu faço uma pergunta: você cobre as flores que colhe na mesma hora e nunca mais volta a falar do seu aspecto?

Eu acho que a diferença entre a natureza não é tão grande, e, já que nós fazemos parte da natureza, por que deveríamos nos envergonhar pela maneira como a natureza nos vestiu?

O anjo protetor

TERÇA-FEIRA, 22 DE FEVEREIRO DE 1944

Havia muitos, muitos anos que viviam na orla de um denso bosque duas pessoas: uma mulher e a sua netinha. Os pais da menina tinham morrido quando ela ainda era bem pequena, e a avó cuidava dela desde então com muito carinho.

Era uma casinha solitária a que ambas habitavam, mas elas não a viam como tal e se sentiam sempre felizes e satisfeitas.

Certa manhã, a idosa senhora não conseguiu sair da cama por dores generalizadas. A menina estava, na época, com 14 anos de idade e tratava da avó tão bem como podia.

Passaram-se cinco dias, após os quais a avó veio a falecer, de maneira que a menina se viu sozinha na casa diminuta e solitária. Já que ela não conhecia praticamente a mais ninguém e não sentia a menor necessidade de convidar a quem quer que fosse para ajudar a enterrar a avó, ela própria cavou uma cova profunda por debaixo de uma árvore antiga no bosque e colocou nela o corpo da avó.

Quando a menina voltou para casa, se sentiu totalmente abandonada e solitária. Foi se deitar na cama e chorou aos borbotões. Assim ficou o dia inteiro, na cama, e só se levantou de noite para ir comer algo.

Essa rotina se repetia dia após dia; a pobre criança não tinha mais vontade de nada, só pranteava sempre em silêncio a sua querida vovó. Até que aconteceu algo que a transformou num único dia.

Era noite, e a menina estava dormindo, quando a avó apareceu de repente diante dela: estava toda vestida de branco, os cabelos brancos cobriam os seus ombros e levava na mão uma lampadinha. A menina a contemplava da cama, esperando que a vó falasse.

— Minha querida menina — a vovozinha começou a dizer. — Já faz quatro semanas que eu observo você, dia após dia, e vejo que você não faz nada além de chorar e dormir. Isso não é nada bom, e eu vim dizer a você que volte a trabalhar e a fiar; você deve manter a nossa casinha asseada e se vestir de novo bem! Não ache você que, porque eu estou morta, não cuido mais de você. Estou no céu e a vigio sempre. Eu me transformei no seu anjo da guarda e, como antes, continuo ao seu lado. Retome as suas atividades, meu bem, e não se esqueça nunca que a sua vovó está junto a você!

A sua querida avozinha desapareceu de novo, e a menina continuou dormindo. Na manhã seguinte, porém, quando se despertou, lembrou-se das palavras da avó, e lhe veio de repente uma onda de alegria tal que deixou de se sentir sozinha e abandonada.

Começou a trabalhar de novo e a levar os seus artigos de costura ao mercado, sempre seguindo os conselhos da avó. Mais tarde, bem mais tarde, deixou de estar sozinha no próprio mundo, porque se casou com um digno moleiro. Foi então que a menina agradeceu à avó por nunca a ter deixado a sós. Sabia, porém, que, apesar de ter agora companhia, o seu anjo da guarda não a abandonaria mais até a morte.

A felicidade

DOMINGO, 12 DE MARÇO DE 1944

Antes de começar a minha história propriamente dita, não tenho como deixar de contar brevemente como a minha vida decorreu até o dia de hoje.

Não tenho mais mãe (na verdade, nem cheguei a conhecê-la) e o meu pai tem pouco tempo para mim.

Quando a minha mãe morreu, eu tinha 2 anos; o meu pai me deixava aos cuidados de pessoas muito cordiais, que ficaram comigo por cinco anos. Com 7, fui a uma espécie de internato, onde fiquei até os meus 14. Foi então que eu felizmente pude abandoná-lo, e o meu pai me levou para ficarmos juntos.

Vivemos agora juntos numa pensão, e eu frequento o Liceu. A minha vida havia decorrido da maneira mais natural possível até que, sim, até que apareceu o Jacques.

Conheci o Jacques quando ele veio morar aqui na pensão com os pais. Primeiro o encontrei algumas vezes nas escadas, depois, coincidentemente, no parque, até que fazíamos juntos incursões no bosque. Achei o Jacques de cara um rapaz agradável, ainda que de poucas palavras e tímido, mas acho que foi justamente isso o que me atraiu nele. Fomos gradualmente saindo mais e mais e, agora, volta e meia eu estou no seu quarto, e ele, no meu.

Antes do Jacques eu nunca havia conhecido outro rapaz, e me espantou o fato de ele não ser convencido e arrogante como pareciam ser os outros meninos da minha classe.

Comecei a refletir sobre o Jacques após ter passado um período de grande introspecção sobre mim mesma. Eu sabia que os seus pais viviam em desavenças contínuas, o que, achava eu, o incomodava bastante, pois uma das suas características era o amor pela paz e pela tranquilidade.

Eu passo muito tempo sozinha e triste; será porque sinto tanta falta da minha mãezinha e não tenho uma amiga de verdade a quem eu possa confiar todos os meus sentimentos. Com o Jacques é a mesma coisa: ele só tinha amigos superficiais e, tal como me parecia, também tinha necessidade de alguém a quem abrir-se. Entretanto, eu não podia entrar na sua essência e só falávamos de assuntos corriqueiros.

Certo dia, porém, ele veio me ver com uma notícia inventada, enquanto eu estava sentada sobre uma almofada no chão, só olhando para o céu.

— Estou atrapalhando? — perguntou baixinho ao entrar.

— Claro que não — respondi, virando-me para ele. — Vem cá sentar ao meu lado. Você não acha uma delícia ficar sonhando acordado de vez em quando?

Ele parou junto à janela e apoiou a cabeça no vidro antes de responder:

— Sim, eu também faço isso. Sabe como eu chamo? Olhar a história do mundo.

Olhei para ele com surpresa.

— Acho muito adequado. Vou me lembrar sempre dessa expressão.

— Pois é — disse, olhando para mim com aquele seu sorrisinho peculiar que de alguma maneira sempre me confundia. Eu, pelo menos, não tinha a menor ideia do que ele, de fato, queria dizer.

Falamos então de assuntos corriqueiros, e, após meia hora, ele foi embora.

A vez seguinte que ele veio ter comigo, estava sentada no mesmo lugar, e ele foi se postar outra vez junto à janela. Nesse dia fazia um tempo excepcionalmente bonito, o céu era de um azul profundo (estávamos num nível tão alto que não víamos mais as outras casas; pelo menos eu não, sentada como estava no chão); sobre os galhos da castanheira nua diante da janela se viam gotas de orvalho que, com o balançar dos galhos, apanhavam vez após vez um raio de sol; as gaivotas e outros pássaros voavam diante da nossa janela, e de todos os lados nos chegava o seu gorjear.

Não sei por que, mas, seja como for, nem ele nem eu conseguíamos articular mais uma palavra. Estávamos juntos num só aposento e bastante próximos, mas mal víamos um ao outro. Olhávamos e olhávamos para o céu, falando com nós próprios. Falo de "nós próprios" porque estou convencida de que ele sentia o mesmo que eu, tão pouco disposto a fazer menção de quebrar o silêncio.

Depois de quinze minutos na companhia um do outro, ele acabou dizendo a primeira palavra:

— Quando você vê tudo isso, não é de estranhar que se brigue. Como tudo tem tão pouca importância! Mesmo assim, nunca o sinto dessa maneira! — Voltou-se para mim um olhar um tanto tímido, certamente com medo de que eu não o entendesse, mas eu estava exultante com o fato de que ele esperasse uma resposta e de que eu finalmente pudesse expor a um ser compreensivo os meus pensamentos. Assim foi que respondi:

— Sabe o que eu acho? Acho que é absurdo brigar com pessoas que nos são indiferentes; com as pessoas que não nos são indiferentes já é outra história. Você os ama e, quando elas começam a brigar ou agem de maneira tal que acarreta uma briga, sentimos mais dor que raiva!

— Você também acha isso mesmo? Mas você praticamente não briga com ninguém, ou estou errado?

— Não, mas o suficiente para saber como eu me sinto! E o pior é saber que, na verdade, a maioria das pessoas passa a vida sozinha!

— Como assim? — Jacques não tirava o olhar de mim, mas eu decidi manter-me firme, quem sabe não o ajudaria?

— O que eu quero dizer é que a maior parte das pessoas, casada ou não, se encontra sozinha por dentro. Não tem ninguém com quem falar dos seus sentimentos e ideias, e é isso o de que eu mais sinto falta.

— Eu também — Jacques se limitou a dizer.

Olhamos de novo para o céu, e ele disse:

— Pessoas que não têm ninguém com quem, como você bem diz, possam falar perdem muito, muito mesmo. Só de me dar conta disso, eu fico deprimido.

— Aí eu discordo. Não que você não possa nunca se sentir deprimido... não se pode, por assim dizer, fazer nada contra... mas saber antecipadamente que você vai ficar triste não deveria acontecer nunca!

"Porque o que você procura quando fica triste é justamente a Felicidade e, ainda que sinta tanta falta de alguém com quem conversar, a felicidade que você sente dentro de si, uma vez que a encontre no seu íntimo, nunca se perde. Não falo de bens materiais, mas de bens espirituais. Acredito que, uma vez que você tenha encontrado a felicidade dentro de si mesmo, é até possível que ela fique por muito tempo velada, mas nunca perdida!"

— Como foi que você a encontrou?

Levantei-me.

— Siga-me — disse eu, dirigindo-me ao sótão.

Lá em cima havia ainda um espaço de armazenagem com uma janelinha. A nossa casa era excepcionalmente alta. Olhando pela janelinha, vimos uma grande parte do céu.

— Veja só — disse —, se você procura a felicidade dentro de si próprio, deve sair para a rua num dia muito ensolarado e com um azul-celeste profundo. Assim como quando você está junto a uma janelinha como esta e tem uma vista panorâmica da nossa cidade e do céu sem uma única nuvem, como agora; mais dia menos dia, você com certeza vai encontrar a felicidade.

"Vou contar a você como aconteceu comigo. Eu estava num internato e achava o lugar horripilante; conforme os anos iam passando, mais horripilante ele se tornava. Certa tarde, em que eu tinha folga, me aventurei sozinha pela charneca. Eu me sentei e me pus a sonhar acordada. Quando ergui o olhar, percebi que fazia um tempo incrivelmente bonito. Até então nunca tinha atentado para o fato, porque andava sempre às voltas com a minha miséria. Mas quando olhei para o alto e vi tanta beleza ao meu redor, se calou de repente aquela vozinha dentro de mim que enumerava tudo o que era desagradável. Não consegui fazer, pensar e sentir nada além daquela beleza, que era a única verdade.

"Fiquei ali sentada uma boa meia hora e, quando finalmente me levantei para voltar à detestada escola, não estava mais me sentindo deprimida. Muito pelo contrário, achei tudo bom e bonito tal como era.

"Mais tarde vim a entender que tinha encontrado naquela tarde a minha felicidade interior, porque, sob as circunstâncias que forem, essa felicidade está sempre presente."

— E você então se transformou? — perguntou ele baixinho.

— Sim, na medida em que estou satisfeita. Não sempre, verdade seja dita, porque eu ainda reclamava com frequência, mas tão completamente triste como eu me sentia nunca mais, principalmente ao entender que aquela tristeza só nascia da minha autocomiseração e aquela felicidade, da alegria.

Quando me calei, ele continuou a olhar pela janelinha e, aparentemente, a pensar, porque não disse nada. Então, de repente, voltou-se para mim e me olhou.

— Eu ainda não encontrei a felicidade, mas sim outra coisa: alguém que me entenda!

Entendi a que ele se referia e, até agora, nunca mais me senti sozinha.

Medo

SÁBADO, 25 DE MARÇO DE 1944

Eram terríveis os tempos pelos quais eu estava passando. A guerra grassava ao nosso redor, e ninguém sabia se ainda estaria vivo dali a uma hora.

Os meus pais, irmãos, irmãs e eu morávamos na cidade, mas estávamos à espera de ordens para evacuar ou fugir. Os dias eram compostos de disparos e canhões; as noites, cheias de faíscas e estrépitos secretos que pareciam vir das profundidades.

Não saberia descrevê-lo, não me lembro com nitidez nem do tumulto daqueles dias; só sei que não fazia mais que sentir medo, dia após dia. Os meus pais faziam de tudo para acalmar-me, mas em vão; eu tinha medo por dentro e por fora, não comia, dormia mal, só fazia tremer.

Essa situação perdurou durante uma semana, até aquela noite de que eu me lembro como se fosse ontem.

Às oito e meia da noite, justamente após os disparos terem arrefecido e enquanto eu cochilava sobre o divã com roupa e tudo, fomos todos de repente sobressaltados por dois estrondos horríveis. Como se espetados por agulhas, todos saltamos ao mesmo tempo e fomos para o corredor.

Até a mamãe, em geral tão calma, empalideceu. Os estrondos se repetiram — a intervalos bastante regulares — e, de repente: um rangido sonoro, campainhas e gritaria, que me fizeram correr o mais rápido que pude. Com uma mochila nas costas, vestida com camadas de roupa, só fiz correr e correr, para longe daquela massa inflamável.

Em todos os lugares à minha volta, por todos os lados, corriam e gritavam pessoas. A rua se iluminava pelas casas engolfadas pelo fogo e tudo parecia esbraseado e vermelho de maneira pavorosa.

Não pensei nos meus pais, irmãos e irmãs, mas apenas em mim mesma e na contingência de correr dali, para o mais longe possível. Não me sentia cansada, o meu medo imperava; não percebi que tinha perdido a mochila, só fazia correr. Não saberia de maneira alguma dizer por quanto tempo eu corri daquela maneira polvorosa, acompanhada apenas pela imagem das casas engolfadas pelas labaredas, por rostos retorcidos e pessoas berrando, e pelo medo que eu sentia de tudo. Foi quando percebi que tudo se havia calado à minha volta. Olhei para trás, como se despertasse de um pesadelo, e não vi mais nada nem ninguém. Nem fogo, nem bombas, nem pessoas.

Fiquei imobilizada, atentei melhor para tudo: eu me encontrava num gramado; acima da minha cabeça cintilavam as estrelas e brilhava a lua, o tempo estava magnífico; a noite, fresca, mas não fria. Não ouvia mais ruído nenhum. Morta de cansaço, me sentei no chão, abri o cobertor que ainda levava sobre o braço e encostei nele a cabeça.

Olhei para o céu e percebi que o meu medo tinha passado completamente: pelo contrário, o que senti foi uma tranquilidade enorme.

O mais estranho foi que não pensava mais na minha família, nem mesmo ansiava por eles; só ansiava pela calma, e não demorou muito para que eu adormecesse em pleno gramado, sob o céu desnudo.

Quando me despertei, acabava de raiar o sol. Logo soube onde estava quando vi na luz do dia, ao longe, as familiares casas dos arredores da nossa cidade.

Esfreguei os olhos e dei mais uma boa olhada ao meu redor; não via vivalma. Só me faziam companhia os dentes-de-leão e os trevos. Deitei-me no cobertor por alguns instantes, pensando no que deveria fazer agora, mas os meus pensamentos divagavam e se atinham naquela sensação maravilhosa que eu tivera pela noite, sentada no gramado, sem medo.

Depois voltei a encontrar os meus pais, e decidimos ir morar em outra cidade. Agora que já fazia um bom tempo que a guerra havia terminado, entendi como fora possível que o meu medo desaparecesse sob o vasto céu.

Estando a sós com a natureza, me dei conta, sem dar pelo fato, de que o medo não ajuda e não serve para nada e que o melhor que têm a fazer todos os que sintam medo como eu havia sentido é procurar a natureza e ver que Deus está muita mais próximo de nós do que imaginamos.

Desde então, apesar de todas as bombas caídas nas minhas imediações, nunca mais voltei a sentir aquele medo.

Doem!

DOMINGO, 26 DE MARÇO DE 1944

Quem de todas aquelas pessoas acomodadas em aposentos aquecidos e aconchegantes tem ideia de como vivem os mendigos?

Quem de todas aquelas "amáveis" e "boas" pessoas jamais se perguntaram como é a vida de tantas crianças e pessoas ao seu redor? Muito bem, todos dão, vez ou outra, um trocado a algum mendigo, mas, em geral, de má vontade, após o que lhes fecham a porta na cara. E, na maior parte das vezes, o bom samaritano ainda acha nojento encostar naquela mão estendida! Verdade ou não? E depois se surpreendem de que os mendigos sejam tão grosseiros! Não é verdade que qualquer um que seja tratado mais como cachorro que como pessoa se torne grosseiro?

É o fim da picada que um país como a Holanda, que se orgulha das suas leis sociais e de uma população digna, trate certas pessoas de tal maneira. Um pedinte é para a maior parte das pessoas endinheiradas algo ínfimo, alguém sujo e desleixado, sem maneiras e inculto. Mas quem de todas essas pessoas já parou para pensar como os pedintes se tornaram o que são?

Compare os seus próprios filhos com as crianças pedintes. Qual é a diferença entre eles? Os seus filhos são bonitos e asseados; as outras crianças, feias e desleixadas! Mas é só isso mesmo? Pois é, de fato, aí é que está diferença, mas se uma tal criança pedinte recebesse boas roupas e aprendesse boas maneiras, então não haveria mais qualquer diferença entre elas!

Todas as pessoas nascem iguais, todas desamparadas e imaculadas. Todas as pessoas inalam o mesmo ar, muitas acreditam no mesmo Deus. Mas, ainda assim, há quem veja um abismo de distinções! Um abismo tamanho porque essas muitas pessoas nunca se deram conta de no que consiste em realidade essa diferença, porque, se o tivessem feito, teriam há muito descoberto que, na verdade, ela não existe!

Todas as pessoas nascem iguais, todas acabam morrendo sem que lhes sobre nada da sua fama enquanto vivos. Toda a riqueza, todo o poder e toda a grandiosidade perduram apenas alguns anos: por que é então que se atêm a essa transitoriedade? Por que é que as pessoas que guardam um excesso de tudo para o consumo próprio não repassam esse excesso ao seu próximo? Por que é que se tem de sofrer tanto neste mundo pelos tão poucos anos que se passam aqui?

E o principal: as pessoas não devem esfregar na cara dos demais a ajuda que lhes dão, todo e qualquer ser tem direito à cordialidade. Por que é que se trata uma dama rica mais cordialmente que a uma pobre? Será que alguém se pôs a investigar a fundo a diferença de caráter entre uma e outra?

A grandeza das pessoas não se encontra na riqueza ou no poder, mas no caráter e na bondade. Todas as pessoas não passam de pessoas; todas têm os seus defeitos e a sua dose de erros, mas todas também nascem com a sua porção de bondade. E: se se começasse a aumentar essa bondade em vez de sufocá-la, presenteando as pessoas pobres com um sentimento de humanidade, nem se precisaria mais de dinheiro e bens, já que nem todos têm o suficiente para doar.

Tudo começa com as pequenas ações, neste contexto também. Por exemplo: não ceda o seu lugar no bonde só para as senhoras ricas com filhos, não; não ignore aquela mãe pobre. Peça desculpas também quando você pisar sem querer no pé de uma pessoa pobre como o faz com uma rica.

O esforço é mínimo, mas significa tanto! E por que não tratar com um pouco de simpatia todas as crianças pedintes, que já têm de prescindir de tanta coisa?

Todos sabem que dar o bom exemplo surte os seus efeitos. Dê o bom exemplo que não vai demorar muito para que outros o sigam. Cada vez mais pessoas se tornarão cordiais e generosas, até que, no final, ninguém mais desprezará as pessoas sem recursos.

Ah, que bom seria que já tivéssemos chegado lá, que a Holanda, depois a Europa e, por fim, o mundo inteiro houvessem se dado conta da injustiça com que agem. E que tivessem chegado os tempos em que as pessoas se preocupassem umas com as outras, cientes de que são todas iguais e que todas as coisas mundanas são efêmeras!

Que maravilha que ninguém precise esperar nem um minuto para começar a mudar o mundo pouco a pouco! Que maravilha que todos, pequenos e grandes, possam dar a sua contribuição para fazer valer a justiça! Como acontece em tantas situações, a maior parte das pessoas procura a justiça nos lugares errados e reclama que não sente os seus benefícios em si mesma.

Abram os olhos, sejam vocês próprios primeiramente justos! Deem vocês o que têm para dar! Sempre, sempre há o que se dar, ainda que seja só cordialidade! Se todos a dessem, sem serem egoístas com as suas palavras de simpatia, haveria muito mais amor e mais justiça no mundo!

Doem e receberão, mais do que jamais imaginaram. Doem, doem e doem, com ânimo, coragem, e doem! Ninguém jamais empobreceu por doar!

Se agirem assim, daqui a algumas gerações as pessoas não precisarão mais ter compaixão com as crianças pedintes, porque elas cessarão de existir!

Há lugar, riqueza, dinheiro e beleza suficientes no mundo. Deus criou o suficiente para todos! Comecemos então a ser justos ao partilhar!

O sábio gnomo

TERÇA-FEIRA, 18 DE ABRIL DE 1944

Havia certa vez uma fadinha chamada Dora. A Dora era bonita e rica e terrivelmente mimada pelos pais. Quem visse a Dora não a via senão risonha. Ela ria desde cedo da manhã até tarde da noite, se contentava com tudo e não tinha pesar algum.

No mesmo bosque em que vivia a Dora, vivia também um pequeno gnomo chamado Peldron. O Peldron era, em tudo, exatamente o extremo oposto da Dora: enquanto ela sempre ria ao ver algo de bonito, ele chorava pela miséria que continuava a existir no mundo, principalmente no mundo dos gnomos e das fadinhas.

Certo dia a mãe da Dora a mandou levar algo ao sapateiro da Aldeia dos Gnomos, e o destino quis que ela, de fato, topasse com o aborrecido e sempre pálido Peldron.

A Dora era mesmo um amor, mas pelo fato de todos simpatizarem com ela, a própria mostrava uma certa presunção. Atrevida como era, foi correndo na direção do Peldron, arrancou-lhe o seu lindo gorro de gnomo e, a uma boa distância, se pôs a rir com o gorro nas suas mãozinhas. O Peldron ficou furioso da vida com aquele ato odioso; começou a bater os pés no chão e exclamou:

— Devolva-me já isso aí, sua feiosa, pode me devolver agora mesmo! — Mas a Dora nem sonhava em fazê-lo: saiu correndo e acabou escondendo o gorro num tronco de árvore oco; seguiu então rumo ao sapateiro.

Após uma longa busca, o Peldron finalmente resgatou o seu gorro; ele era um tipo nada divertido e não suportava a Dora e as suas gracinhas. Desanimado, seguiu andando, mas uma voz grave o fez sobressaltar da sua profunda reflexão:

— Olhe para mim, Peldron, eu sou o gnomo mais velho do mundo, mas também o mais pobre. Você não poderia me dar um pouco de dinheiro para eu comprar comida?

O Peldron fez que não com a cabeça:

— Eu não vou lhe dar nada; é melhor que você morra, porque aí você não precisa mais suportar toda a miséria do mundo — disse, sem se voltar para trás enquanto seguia o seu caminho.

A Dora tinha no meio-tempo feito o que tinha de fazer no sapateiro e, ao voltar de lá, o velho gnomo também lhe pediu um pouco de dinheiro ou algum bem.

— Não — disse a Dora —, dinheiro eu não lhe dou, quem mandou ficar pobre? O mundo é bonito demais para que eu perca o meu tempo com pobretões. — E saiu borboleteando.

Em meio a suspiros, o velho gnomo se sentou sobre o musgo e se pôs a refletir sobre o que fazer com as duas crianças. Uma era melancólica demais e a outra, contente demais. Ambas, assim como eram, não vingariam na vida.

Faz-se necessário mencionar aqui que o gnomo, velhíssimo como era, não era um gnomo comum; ele era um mago, mas de maneira alguma dos maus. Pelo contrário, ele queria operar uma melhoria nas pessoas, nos gnomos, nas fadas e no mundo em geral. Ficou uma hora perdido em pensamentos, até que se levantou e se dirigiu vagarosamente à casa dos pais da Dora.

Um dia após o seu encontro no bosque, a Dora e o Peldron foram confinados numa mesma casinha isolada, presos. O velho gnomo os tinha levado até lá para educá-los e, se assim quisesse, não deixaria que os pais deles se opusessem.

O que fazer aqueles dois juntos numa só casa? Estavam proibidos de sair, de brigar; só podiam trabalhar o dia todo. Eram as três condições impostas pelo gnomo. Assim sendo, a Dora trabalhava e fazia depois piadas, e o Peldron trabalhava para depois se entristecer.

Todas as noites, às sete, ia o velho gnomo inspecionar o trabalho deles para deixá-los novamente sozinhos.

Pois é, o que fazer para que pudessem ser soltos? Só havia um único meio: seguir as instruções do velho gnomo, e isso não era pouco.

Ah, que difícil era para a Dora ter de ver o chato do Peldron o dia inteiro, Peldron aqui, Peldron ali e ninguém mais! Mas também não sobrava muito tempo para falar com o Peldron, porque a Dora tinha de cozinhar (tinha-o aprendido em casa com a mãe), deixar a pequena casa arrumada e, se lhe sobrasse tempo, fiar.

Já o Peldron cortava lenha no jardim cercado e lavrava a terra. Se terminasse esse trabalho antes do fim do dia, consertava sapatos. Às sete da noite a Dora o chamava para jantar, após o que os dois se encontravam tão cansados que mal podiam responder às perguntas do velho gnomo quando este ia inspecionar o trabalho deles pela noite.

Esse arranjo durou uma semana: a Dora continuava rindo muito, mas, por outro lado, começou a enxergar a seriedade da vida e o fato de que muitas pessoas passavam por tremendas dificuldades e que certamente não se tratava de um luxo supérfluo quando se lhes dava algo em vez de dispensá-los com alguma grosseria.

E o Peldron perdeu um pouco da sua tristeza; sim, acontecia até de ele assobiar baixinho ao trabalhar ou rir com a Dora de uma das suas gracinhas.

Quando chegou o domingo, puderam ambos acompanhar o gnomo à capela tão frequentada na Aldeia dos Gnomos. Prestaram muito mais atenção às palavras do senhor pastor-gnomo e se sentiram satisfeitos ao voltarem, através do bosque verde.

— E, já que vocês foram uns anjos, podem passar o dia de hoje fora, mas atenção, voltem amanhã de novo para a casa para trabalhar e não para a casa dos seus pais ou de outras famílias; quero vocês juntos!

Nenhum dos dois nem pensou em amarrar a cara, felizes como estavam de estar no bosque. Dançaram o dia inteiro, contemplaram os passarinhos, as flores e o céu azul e, principalmente o simpático e quente sol, e se sentiram satisfeitos. Pela noite, seguindo as instruções do seu guia, voltaram à diminuta casa e dormiram até o amanhecer. O velho gnomo os deixou assim estar por quatro meses. A cada domingo frequentavam a igreja e depois passeavam, trabalhando duro no restante da semana. Ao cabo dos quatro meses, o velho gnomo pegou cada um por uma mão e os levou de noite até o bosque.

— Escutem só, minhas crianças, eu imagino que vocês tenham tido raiva de mim muitas vezes — disse — e imagino que estejam loucos para voltar para casa, não é?

Fez que sim a Dora, fez que sim o Peldron.

— Mas vocês entendem que foi proveitoso este tempo que passaram aqui?

Não, nenhum dos dois o entendia.

— Pois então eu me explico — disse o gnomo. — Eu trouxe vocês até aqui para que ficassem sabendo que no mundo há mais coisas que só a alegria e a tristeza. Vocês dois agora vão se dar bem melhor no mundo do que antes de ficarem aqui. A Dorinha aprendeu a sentir certa seriedade, e o Peldron ficou mais alegre, justamente porque foram obrigados a tirar o máximo proveito da estada de vocês na casa. Acho que agora vocês se dão bem melhor, não é, Peldron?

— Sim, eu acho a Dora agora bem mais simpática — respondeu o pequeno gnomo.

— Nesse caso, os dois podem voltar para a sua família, mas quero que vocês reflitam sobre o tempo passado nesta casinha de madeira. Fiquem contentes com tudo de bom que a vida traz a vocês, mas não se esqueçam também das tristezas, e tentem amainá-las. Todas as pessoas podem se ajudar: todas as fadas e os gnomos, até mesmo fadinhas como a Dora e gnomos como o Peldron. Assim sendo, podem ir embora, e não fiquem bravos comigo. Eu fiz por vocês o que eu podia fazer, e foi para que vocês se beneficiassem. Um bom dia para vocês e até mais ver, crianças!

— Até mais! — disseram a Dora e o Peldron, indo cada qual para a sua casa.

O velho gnomo foi se sentar no gramado, desejando uma única coisa: que pudesse ajudar todas as crianças e levá-las ao bom caminho como tinha feito com aqueles dois.

E, de fato, a Dora e o Peldron se mantiveram satisfeitos, para o resto da vida. Tinham aprendido de uma vez por todas que era possível rir e chorar, mas cada qual no seu devido tempo; e, mais tarde, muito mais tarde, já adultos, se instalaram juntos numa mesma casinha por livre e espontânea vontade: a Dora trabalhava dentro de casa, e o Peldron, fora, como na sua infância!

Blurry, o descobridor de mundos[60]

DOMINGO, 23 DE ABRIL DE 1944

Quando o Blurry ainda era bem pequeno, morria de vontade de fugir dos cuidados da sua mãe-ursa e descobrir um pouco do mundo.

Dias a fio ele se mostrou menos animado que o normal, tão ocupado estava refletindo sobre o seu plano. Mas na noite do quarto dia ele já o tinha "montado". O plano estava pronto e só esperava a sua execução. Sairia para o jardim cedo pela manhã, bem de mansinho, claro, para que a Miesje, a sua proprietária, não se desse conta. Ele escapuliria por uma frincha sob a cerca viva e depois... bem, depois, ele sairia à descoberta do mundo!

Como planejado, foi muito silencioso para que ninguém se desse conta da sua fuga antes de passadas algumas horas.

O seu pelo estava todo sujo de terra e lama por conta da fuga sob a cerca viva, mas um urso, principalmente um de pelúcia pequeno querendo conhecer o mundo, não estava realmente preocupado com um pouco de sujeira! Com o olhar fixo diante de si para não escorregar sobre possíveis pedras desiguais. Maroto, avançou para a rua, acessível por entre o corredor formado pelos jardins.

Tendo chegado em plena rua, levou um susto com a quantidade de pessoas adultas, por entre as pernas das quais ele desaparecia. Tenho de andar pela lateral, senão vão pisar em mim, pensou, e foi de fato o melhor a fazer. Pois é, o Blurry era esperto, o que por si só já fica claro pelo fato de que, por pequeno que fosse, descobriria o mundo sozinho!

---

60. Anne faz referência a este conto na entrada do diário de 25 de abril de 1944.

Assim, foi andando pela lateral da rua, tomando cuidado para não ficar preso; de repente, porém, o seu coração começou a bater selvagemente: o que era aquilo? Um abismo enorme, negro e profundo se abria diante das suas patas. Era um guarda-vento que levava a um porão, mas o Blurry não sabia disso e ficou tonto. Será que ele deveria entrar ali? Olhou, receoso, à sua volta, mas as pernas envoltas em calças dos homens e as das mulheres, em meias-calças, simplesmente contornavam a abertura escura como se nada houvesse ali.

Ainda assustado, o Blurry foi na mesma direção, passo por passo e não demorou para que continuasse andando encostado ao muro.

— Quer dizer que agora eu me encontro no grande mundo, mas onde está o mundo ele próprio? Por causa de todas as pernas cobertas não consigo ver o mundo de jeito nenhum — refletiu.

— Acho que sou pequeno demais para descobrir o mundo, mas isso não é empecilho. Quando eu crescer, vou também aumentar de tamanho e, se eu beber leite com nata (só de pensar lhe revirou o estômago), vou ficar tão grande quanto todas essas pessoas. Assim, vou continuar andando. Em algum momento eu vou acabar vendo o mundo.

Assim sendo, o Blurry prosseguiu o seu caminho sem se importar demais com todas aquelas pernas grossas e finas. Continuava ou não a andar? Tinha ficado com uma fome danada, e havia escurecido um pouco na rua. O Blurry não tinha pensado de verdade em que deveria também comer e dormir. Tinha estado tão maravilhado com o seu projeto de descoberta que se esquecera de pensar em coisas tão pouco heroicas e comuns como comer e dormir.

Suspirando, continuou a andar um pouco, até que se viu diante de uma porta de casa aberta. Ficou por um tempo hesitante, mas tomou então uma decisão: entrou de mansinho.

Teve sorte, porque, quando passou por outra porta, viu entre algo de quatro patas duas tigelinhas: uma com leite e nata e a outra com purê de batatas misturado com algo. Esfomeado e ávido por algo de gostoso, o Blurry tomou de uma só vez a tigela com leite sem nem mesmo se preocupar com a película de nata, como deve ser com os ursos adultos. Depois mandou para dentro o purê e se sentiu saciado e satisfeito.

Mas, ó Deus, o que era aquilo que vinha na sua direção? Algo branco com uns olhões azuis se aproximava, olhando-o cada vez mais fixamente, num ritmo vagaroso. Diante dele, aquele ser lhe perguntou com uma vozinha aguda:

— Quem é você e por que comeu a minha comida?

— Eu sou o Blurry e, na minha descoberta do mundo, preciso também de comida; por isso foi que comi essa comida, mas sem saber que era sua, juro!

— Entendo; você vai descobrir o mundo, mas por que comeu justamente a minha tigela de comida?

— Porque não vi nenhuma outra — respondeu o Blurry da maneira mais antipática possível. — Mas qual é o seu nome e que tipo estranho de pessoa você é?

— Eu sou a Mirwa e pertenço à raça dos gatos angorás; sou muito preciosa, me diz a minha dona. Mas, sabe, Blurry, eu me chateio, sempre tão sozinha. Você não quer ficar um tempinho comigo?

— O que eu quero é dormir aqui com você — respondeu o Blurry, resoluto, e, com ares de quem faz um favor à bela Mirwa. — Mas amanhã tenho que continuar a minha jornada para descobrir o mundo!

No início, a Mirwa pareceu satisfeita.

— Siga-me — disse, e o Blurry a seguiu até um outro aposento, onde novamente não viu nada além de patas, patas de madeira, pequenas e grandes, mas... algo mais: numa esquina havia um grande cesto de vime com uma almofada revestida de seda verde.

A Mirwa pisou na tal almofada com as suas patas sujas, e o Blurry achou um pecado sujar tudo.

— Será que eu não posso me lavar um pouco? — perguntou.

— Pode sim — respondeu a Mirwa. — Eu lavo você, mas do mesmo jeito que me lavo a mim mesma.

O Blurry não conhecia em absoluto aquele método, o que até era melhor, senão não teria deixado a Mirwa nem começar. Agora a gata lhe dava a ordem de ficar parado reto e começava a passar nos seus pés a língua com toda a calma do mundo. O Blurry se arrepiou todo e perguntou com receio se aquela era a maneira da Mirwa de se lavar.

— É — respondeu ela —, você vai ver quão limpo vai ficar! Vai reluzir, e um urso de pelúcia reluzente é mais bem aceito em todos os lugares. Assim você vai poder descobrir o mundo melhor!

O Blurry guardou os seus arrepios para si o máximo que pôde e, sendo um urso valente, ficou então em silêncio.

O banho de Mirwa demorou uma eternidade; o Blurry quase se mostrou impaciente e ficou com dor nas pernas, parado tanto tempo, mas, finalmente, finalmente ele estava brilhando!

A Mirwa entrou de novo no cesto, e o Blurry, exausto como estava, se deitou à frente dela. A Mirwa o cobriu, por assim dizer, com a sua própria "pele", pois praticamente se deitou sobre ele.

Não demorou nem cinco minutos para que ambos pegassem no sono.

Na manhã seguinte o Blurry se despertou espantado e levou alguns instantes para entender o que estava deitado sobre as suas costas. A Mirwa roncava um pouco, e o Blurry ansiava por um café da manhã. Assim, sem consideração ao conforto da sua hospitaleira protetora, balançou-se para tirá-la de cima dele e já foi logo dando ordens:

— Mirwa, por favor me dê o meu café da manhã, que eu estou morto de fome!

A Mirwa primeiro deu uma boa bocejada, espreguiçou-se até atingir o dobro do seu tamanho e respondeu:

— Não senhor, agora já chega. A minha dona não pode se dar conta da sua presença aqui; assim, trate de sair pelo jardim o mais rápido possível! — Saltou para fora do cesto, atravessou a sala, passou por uma porta, entrou por uma outra e saiu por ainda outra de vidro, até que se encontraram do lado de fora. — Boa viagem, Blurry, e até mais ver. — E desapareceu.

Sozinho e nada convencido das suas capacidades (uma mudança operada durante a noite), o Blurry saiu do jardim por uma frincha na cerca viva e se viu na rua. Para onde ir agora? E quanto ainda demoraria para ele descobrir o mundo? Ele não sabia. Bem devagar andou até o final da rua quando, de repente, um ser enorme de quatro patas dobrou a esquina com toda a velocidade. Ele fazia um barulho infernal, e os ouvidos de Blurry tiniam. Receoso, encostou na parede de uma casa o máximo que pôde. Parando à sua frente, o ser gigantesco se dirigiu a ele. O Blurry começou a chorar de medo, mas aquela coisa enorme não se mostrou impressionada; muito pelo contrário, se sentou e não fez mais que observar com os olhos esbugalhados o pobre ursinho.

O Blurry estava todo tremendo, reuniu toda a sua coragem e perguntou:

— O que é que você quer comigo?

— Só quero observar você, porque nunca antes vi ninguém do seu tipo!

O Blurry expirou o ar; quer dizer que também com aquele ser enorme era possível falar. Estranho; por que é que a dona dele nunca o entendia? Muito tempo para pensar nessa questão de peso ele não teve, porque o enorme animal abriu a boca e deixou os dentes à mostra. O Blurry se arrepiou ainda mais que com o banho da Mirwa: o que aquele ser queria com ele?

Descobriu-o antes do que gostaria, porque, sem o pedir, o animal o pegou pela nuca e o arrastou pela rua.

Chorar o Blurry não podia mais, porque sufocaria; gritar, menos ainda: a única coisa que lhe sobrava era tremer, o que nem lhe dava mais coragem.

Assim também não precisava mais andar pelas próprias pernas. Se o pescoço não doesse tanto, até que não seria tão mal, pois era como se corresse. Dava até vontade de dormir com aquele movimento monótono. Para onde estava sendo levado? Onde acabaria...? Na pegada daquele grande animal, tinha caído no sono.

Mas aquele cochilo não durou muito, porque o animal de repente não soube mais o que estava fazendo com aquele ser entre os dentes. Sem cuidado, deixou o Blurry cair no chão, após lhe morder a nuca, e saiu andando.

Ali ficou o pequeno e pobre urso que queria descobrir o mundo, sozinho com a sua dor. Acabou se levantando para não ser pisado e esfregou os olhos antes de olhar ao seu redor.

Muitas pernas menos, muitos muros menos, muito mais sol e menos pedras sob os pés: seria esse o mundo? Na sua cabeça não cabiam mais pensamentos, tudo pulsava e lhe martelava a cabeça, e ele perdera a vontade de continuar andando. Para que fazê-lo? Para onde ir? A Mirwa tinha ficado para trás, a sua mãe ainda mais para trás e com a sua dona. Não, já que ele tinha se posto a caminho, tinha que continuar até que descobrisse o mundo.

Assustado, virou o pescoço ao ouvir barulho atrás de si. Não era possível que fosse mordido por mais um bicho. Não, agora era uma menininha que o Blurry tinha descoberto.

— Mamãe, olhe só, é um ursinho! Posso levar comigo? — perguntou à mãe, que vinha atrás dela. — Não, filha, é um ursinho sujo; veja só como ele está sangrando!

— Isso não é problema, a gente dá uma lavada nele em casa. Eu o levo, que assim eu tenho depois algo com que brincar.

O Blurry não entendeu nada da conversa; os seus ouvidos só entendiam linguagem animal, mas a menininha de cabelos loiros parecia uma graça e, por isso, ele não opôs resistência quando, envolto num pano, foi colocado numa bolsa. Balançando de um lado para o outro, continuou a sua viagem pelo mundo.

Após terem andando por um tempo, o Blurry foi tirado da bolsa com o pano, e a menina o pegou nos braços. Que sorte! Agora ele via o caminho pela primeira vez de cima.

Que quantidade de pedras enormes era aquilo para ele, e o quão altas eram, umas sobre as outras com aqui e acolá um espaço entre elas. E em cima, lá perto do céu, aquilo só podia ser enfeite, assim como o penacho no chapéu da sua dona. Soltava também uma fumaça fina. Será que aquele penacho tinha um cigarro na boca, daqueles finos que o senhor da casa também sempre fumava? Que engraçado! Mas sobre aquelas pedras aparentemente também havia um espaço, porque se via uma azul. Mas eis que de repente um movimento, algo branco cobria o azul e se aproximava cada vez mais até pairar sobre a cabeça deles, até se distanciar e aquela coisa fumegante alta voltar o mesmo azul de antes.

Lá embaixo algo buzinava e andava bem rápido, mas onde estavam as patas ou pernas sobre as que se andava? Não se viam mais, apenas algumas coisas redondas e inchadas. Não havia dúvida de que valia a pena descobrir o mundo; de que servia ficar sempre em casa, para que nascer só para isto? Com certeza não para ficar sempre junto da mãe. Ver e vivenciar, era para isto que ele queria crescer. Sim, sim, o Blurry sabia muito bem o que queria.

Finalmente, finalmente a menina parou junto a uma porta: entraram juntos e a primeira coisa que o Blurry viu foi algo do mesmo tipo da Mirwa — gato se chamava, se não lhe falhava a memória. O gato que ele via ali se esfregou nas pernas da menina loira, mas ela o empurrou para o lado e, com o Blurry nos braços, se dirigiu a uma coisa branca que a sua dona também tinha em casa, mas cujo nome o Blurry desconhecia. Aquilo estava bem acima do solo, era largo, branco e liso. Na sua lateral havia algo de um metal luzente que se podia girar, porque foi o que fez a menina.

O Blurry foi colocado numa superfície grande, dura e fria, e a menina começou a lavá-lo, principalmente no pescoço, onde aquele ser bestial o tinha mordido. Doeu muito, e o Blurry gemeu muito, mas ninguém estava nem aí para ele.

Aquele tipo de banho felizmente não durou tanto como o que tinha recebido da Mirwa, mas... era mais frio e mais molhado.

Os cuidados da menina logo terminaram; ela ainda o secou, o envolveu num pano limpo e o pôs numa cama ambulante, do mesmo tipo que a sua dona utilizava com ele.

Mas por que ir para a cama agora? O Blurry não estava nem um pouco cansado e não queria se deitar.

Assim que a menina saiu do quarto, escorregou para fora da cama e, após passar por um bom número de portas e aberturas, acabou indo parar na rua.

Agora eu preciso mais que tudo comer. Deu uma farejada: por ali deveria haver algo que comer. Orientando-se pelo olfato, logo se viu junto a uma porta, pela qual lhe chegava o delicioso cheiro.

Por entre as pernas cobertas por meias-calças de uma senhora, se esgueirou para dentro duma grande loja. Diante de um alto objeto havia duas meninas, que logo perceberam a sua presença. Tinham as próprias que trabalhar duro o dia inteiro e uma ajuda a mais lhes era muito útil. Foi assim que logo o pegaram e o puseram num espaço bastante escuro onde fazia um tremendo calor. Mas não tinha problema: o que importava é que podia comer quanto quisesse. Sobre o chão e nos aparadores baixos havia fileiras de sanduíches e doces, tantos e tão atraentes como o Blurry nunca tinha visto antes. Afinal, o que ele já havia visto? Não muito!

Avidamente atacou as guloseimas e comeu tanto que ficou quase enjoado. Depois deu uma outra olhada ao seu redor: realmente havia muito o que ver ali, parecia o País das Maravilhas. Em todo lugar pães, sanduíches, tortinhas e biscoitos em abundância. Havia também muita agitação, o Blurry via um monte de pernas brancas, bem diferentes das da rua.

Não teve muito tempo para sonhar acordado. As meninas, que tinham estado olhando para ele um pouco mais adiante, lhe puseram uma vassoura enorme nas mãos e lhe mostraram como deveria fazer. Varrer o chão, grrr, ele sabia como fazer; a sua mãe também varria de vez em quando na presença dele.

Valente, pôs-se a trabalhar, mas era mais difícil do que pensava, porque aquela vassoura era pesada e o pó, como irritava o seu nariz, ele até espirrava! E que calor fazia! Ele se sentia mais e mais sufocado por conta do abafado e do trabalho pouco costumeiro, mas, se de vez em quando descansava um pouquinho, logo vinha alguém pô-lo de novo para trabalhar e lhe dar um empurrão.

Se eu pelo menos não tivesse entrado aqui tão apressadamente, pensava o Blurry com os seus botões, teria sido poupado de todo esse trabalho. Mas agora era tarde demais: ele tinha de varrer e varria.

Depois de passar tanto tempo varrendo, tanto que toda a sujeira tinha se amontoado numa pilha, uma das meninas o pegou de novo pela mão e o levou para um cantinho cheio de umas volutas amarelas soltas e duras. Ela o pôs ali e o Blurry entendeu que podia dormir.

Bem acomodado, como se se tratasse da cama mais confortável, o Blurry se espreguiçou e adormeceu; dormiu até a manhã seguinte.

Foi acordado às sete e pôde de novo comer tantas guloseimas quantas quisesse, mas depois foi de novo posto para trabalhar. Pobre Blurry! Nem tinha dormido o suficiente após o longo e cansativo dia anterior. Não estava acostumado a trabalhar, e principalmente o calor o incomodava. A sua cabeça, os braços e as pernas doíam, e era como se tudo nele estivesse inchado.

Começou então pela primeira vez a sentir saudades de casa, da mãe, da dona, da sua cama tão confortável e da sua vida tão cômoda, mas... como fazer para voltar? Fugir dali era impossível, pois não tiravam os olhos dele; aliás, a única porta que se abria dava para o aposento em que ficavam as duas meninas. Elas o deteriam se ele conseguisse chegar até ali!

Não, o Blurry tinha de aguardar!

Os seus pensamentos estavam todos embaralhados; ele se sentia fraco e estranho. Tudo começou a girar à sua volta; sentou-se sem que ninguém o repreendesse. Quando começou a se sentir melhor, começou a trabalhar de novo.

Sempre se acaba acostumando-se a tudo, o que aconteceu também com o trabalho do Blurry. Após uma semana varrendo desde cedo pela manhã até tarde da noite, já nem se lembrava de como era não trabalhar.

Ursos jovens logo se esquecem, o que era positivo. Mas da mãe e da antiga casa ele não se esquecia; apenas lhe pareciam irreais e inatingíveis num passado longínquo.

As duas meninas que haviam aprisionado o pequeno urso, leram certa noite no jornal o seguinte anúncio:

"Recompensa para quem levar de volta um ursinho marrom que atende o nome de Blurry."

— Não seria o nosso ursinho? — perguntou uma à outra. — Ele não trabalha tão duro, mas é o que se espera de um animal tão pequeno. Talvez valha mais a pena ganhar uma recompensa.

Dirigiram-se à parte dos fundos, onde ficava a padaria, e gritaram alto e bom som:

— Blurry!

O Blurry ergueu o olhar: será que o haviam chamado? Deixou a enorme vassoura cair no chão e aguçou os ouvidos. As meninas foram até ele e voltaram a gritar o seu nome. O Blurry se aproximou delas apressadamente.

— Sim, ele se chama Blurry, você já vai ver — disse uma menina à outra.

— Vamos levá-lo de volta logo agora de noite. — Melhor, impossível. Na mesma noite o Blurry foi entregue à casa da sua dona, e as meninas receberam a sua recompensa.

Da sua dona o Blurry levou primeiro uma surra pela sua desobediência e, depois, um beijo por estar de volta. A sua mãe só lhe disse:

— Blurry, por que você se mandou daqui?

— Eu queria descobrir o mundo — respondeu o Blurry.

— E você descobriu?

— Nossa, eu vi muita, muita coisa e virei um urso muito experiente!

— Disso eu sei, mas eu estou perguntando se você descobriu o mundo.

— Hum... pois é... na verdade, não; não consegui achar o mundo!

Inhoudsopgave.

blz.	Opschrift	welk soort.	datum
1-2-3	Is er ingebroken?	A-huis.	24 Maart. 1943.
3	De tandarts	"	8 Dec. 1942.
4	Worstdag	"	10 " 1942.
4-5	De vlo	"	7 Juli 1943.
5-6-7	Weet je nog?	Joodse Lyceum	
7-8-9-10	Het beste tafeltje.	A-huis.	13 Juli 1943.
10-11	Anne in theorie	"	2 Aug. 1943.
12-13	De ruzie over de aardappels	"	4 " 1943.
13-14-15-16	De avond en de nacht in het Achterhuis.	"	4 " 1943.
16-17	Schaftuurtje.	"	5 " '43.
17-18-19	Het Achterhuis van 8 aan tafel	"	5 " '43.
19-20	Wenn die Uhr halb neune schlägt....	"	6 " '43.
20-21	Schaften!	"	6 " '43.
21-22-23	De plicht v.d. dag in de gemeenschap: Aardappelschillen	"	6 " '43.
23-24	De vrijheid in het Achterhuis	"	6 " '43.
24-25-26	Kaatje	v. uit het A-huis gezien	7 " '43.
27-28	De portiersfamilie.	" " " " "	7 " '43.
28-29-30	Mijn eerste Lyceum-dag	Joodse Lyceum.	11 " '43.
30-31	Een Biologie-les	" "	11 " '43.
32-33	Een Wiskunde-les	" "	12 " '43.
33-34-35-36-37-38-39	Eva's droom deel 1 en 2.	Bedenksel	6 Oct. '43.
40-41-42-43	Pension- of Kamergasten	ingezonden naar de [illegible]	15 Oct. '43.
43-44-45-46-47-48-49-50	Paula's vlucht	[illegible] naar P. [illegible].	21 Dec. '43.
50-51-52-53-	Filmster-illusie		
54-55 en 56.		Bedenksel.	24 Dec. '43.
56-57-58 en 59	Katrientje	"	11 Feb. '44.
60 en 61	Zondag.	A-huis.	20 " '44.
62-63 en 64	Het Bloemenmeisje	Bedenksel	20 " '44.
64-65-66-67-en 68	Mijn eerste Interview.	A-huis	22 '44.
68 en 69	De Roel des Verderfs	Antwoord op een critiek.	22 " '44.
69-70 en 71.	De Schutsengel	Bedenksel	22 " '44.

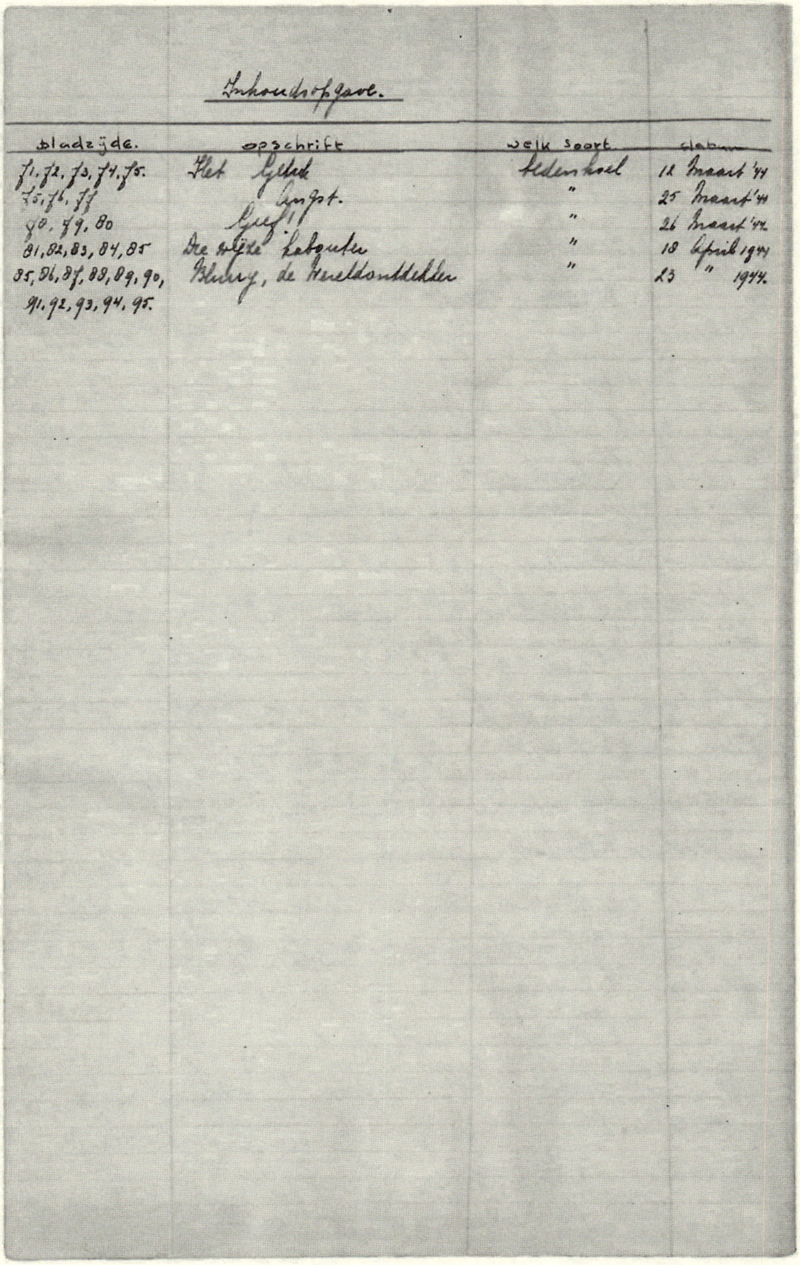

Inhoudsopgave.

bladzijde.	opschrift	welk soort.	datum
71, 72, 73, 74, 75.	Het Geluk	Vertelsel	12 Maart '44
75, 76, 77	Angst.	"	25 Maart '44
78, 79, 80	Geef!	"	26 Maart '44
81, 82, 83, 84, 85	De wijze kabouter	"	18 April 1944
85, 86, 87, 88, 89, 90, 91, 92, 93, 94, 95.	Blurry, de wereldontdekker	"	23 " 1944.

De Fee.

De fee, die ik bedoel was geen gewone fee, zoals er zovele te vinden zijn in sprookjesland. O nee, mijn fee was een heel bijzondere fee, bijzonder in haar uiterlijk en bijzonder in haar manier van doen! Waarom zal nu iedereen vragen was die fee dan zo bijzonder? Wel omdat zij niet hier wat hielp en daar wat pret maakte, maar omdat zij het zich tot taak had gesteld, wereld en mensen te verblijden.

Die bijzondere fee heette Ellen. Haar ouders waren gestorven toen zij nog maar heel klein was, maar hadden haar veel geld nagelaten. Ellen kon dus al als klein meisje alles doen wat zij verkoos en alles kopen wat zij graag wilde hebben. Andere kinderen, feetjes of elfjes zouden daardoor verwend geworden zijn, maar daar Ellen altijd al zo bijzonder was, werd zij helemaal niet verwend!

Toen zij ouder werd had zij nog steeds veel geld, en dat diende nergens anders toe dan om mooie kleren te kopen en lekker te eten.

OUTROS CONTOS

Prefácio

Os contos "A fada", "Riek", "Joke", "Por quê?" e "Quem é interessante?" não se encontram no *Livro de contos* de Anne Frank (vide página 279), mas foram escritos por ela em folhas soltas de papel-carbono. É possível que ainda quisesse fazer alguma alteração. De "A fada" existem, por exemplo, dois manuscritos — o primeiro marca o início da narrativa, o segundo tem a versão completa com o idêntico começo.

Diferentemente do que fez com todos os outros contos, Anne Frank não deu nome a "Riek" e "Joke". Tais títulos são acrescentados aqui.

Dos cinco contos, apenas "A fada" foi datado por Anne.

Os quatro primeiros contos foram publicados em 1960 em *Verhalen rondom het Achterhuis* [*Contos sobre o Anexo*]. "Quem é interessante?" foi lançado apenas em 1982, quando Joke Kniesmeyer o incluiu na edição completa de *Verhaaltjes, en gebeurtenissen uit het Achterhuis* [*Contos e acontecimentos do Anexo*]. Uma edição completa, baseada pela primeira vez nos manuscritos de Anne, foi publicada por Gerrold van der Stroom em 2001: *Verhaaltjes, en gebeurtenissen uit het Achterhuis/Cady's leven* [*Contos e acontecimentos do Anexo/A vida de Cady*] (Amsterdã, 2005). Os textos dos contos foram baseados nesta edição; a nota remissiva na obra completa também foi incluída a partir desta edição.

A fada[61]

SEXTA-FEIRA, 12 DE MAIO DE 1944

A fada a que eu me refiro não é uma fada comum, tais como se encontram no mundo do faz de conta. Ah, não! A minha fada era uma fada excepcional, excepcional na aparência e excepcional no seu modo de agir. No que, todos me perguntarão, a fada em questão era tão excepcional?

Então, é porque ela não dava uma ajudada aqui e se divertia ali, mas porque ela tinha como propósito na vida alegrar o mundo e as pessoas.

Essa fada tão excepcional se chamava Ellen. Os seus pais tinham morrido quando ela ainda era muito pequena, mas lhe deixaram muito dinheiro. A Ellen podia então, já desde pequena, fazer o que decidisse e comprar o que quisesse. Outras crianças, fadinhas ou duendes poderiam ter ficado mimados, mas, como a Ellen era tão excepcional, não aconteceu isso com ela.

Quando cresceu, ainda tinha muito dinheiro, que não lhe servia para outra coisa que não fosse para comprar roupas bonitas e comer o que achasse gostoso.

Certa manhã a Ellen despertou e, ainda deitada na sua caminha tão macia, refletiu sobre o que fazer com todo aquele dinheiro. *Não vou conseguir gastá-lo só comigo e para o meu túmulo ele também não vai, então por que não fazer com ele que as outras pessoas se tornem felizes?* Era um bom plano, e a Ellen quis pô-lo em execução sem demora. Levantou-se, vestiu-se, pegou um cestinho de vime, colocou nele notas de uns dos seus maços de dinheiro e saiu de casa.

---

61. No dia 9 de maio de 1944, Anne escreveu em seu diário: "O conto sobre a fada Ellen está pronto. Eu o copiei para um fino papel de carta, enfeitado com tinta vermelha e costurado." — provavelmente como presente de aniversário para o pai no dia 12 de maio.

Por onde começar?, perguntou a si mesma. *Espere aí, já sei: a viúva do lenhador ficaria bem contente com uma visita minha. Não faz tempo que o marido dela morreu, e ela deve estar passando por muita dificuldade.*

Cantando, a Ellen caminhou sobre o gramado e bateu à porta da cabana do lenhador.

— Entre! — ouviu-se de dentro. A Ellen abriu de mansinho a porta e esticou o pescoço para dentro. Num cantinho da sala escura havia uma mulher miúda tricotando numa poltrona cambaleante.

Surpreendeu-se muito quando a Ellen entrou e já foi pondo um punhado de dinheiro sobre a mesa. A pobre mulher sabia tanto como todos os demais que é preciso aceitar os presentes de fadas e duendes sem objeção. Por isso, disse amavelmente:

— Que simpático da sua parte, meu bem. Não são muitas as pessoas que doam em troca de nada, mas os habitantes do mundo do faz de conta são felizmente uma exceção.

A Ellen a olhou com espanto.

— O que a senhora quer dizer com isso?

— Que não há muitas pessoas que presenteiam sem querer nada em troca.

— É mesmo? Mas por que eu pediria algo da senhora? Eu fico sinceramente contente de que o meu cesto tenha ficado um pouco mais leve.

— Então tudo bem, e muitíssimo obrigada, querida!

A Ellen lhe desejou um bom dia e prosseguiu. Após dez minutos andando a pé, viu-se diante da seguinte cabana. Ali também bateu à porta, apesar de não conhecer as pessoas. Assim que a porta foi aberta, a Ellen se deu conta de que ali não havia falta de dinheiro. As pessoas que ali viviam não tinham falta de dinheiro, mas, sim, de felicidade.

A mulher também a recebeu amavelmente, mas com desânimo e os olhos sem brilho; parecia triste.

A Ellen decidiu ficar ali por mais tempo: quem sabe não ajudava a mulher de uma outra maneira, pensou e, de fato, quando a querida fadinha se acomodou numa almofada, a mulher já começou a lhe falar da sua infelicidade. Falou do marido ruim, das crianças desobedientes e de tudo o que ia mal, e a Ellen a escutou, perguntando algo a intervalos e mostrando interesse por todo aquele sofrimento. Quando a mulher por fim se calou, ficaram ambas em silêncio por um breve momento, mas a Ellen logo se pôs a falar:

— Minha boa senhora — disse —, eu nunca passei pelo seu sofrimento, também não tenho experiência com essas coisas e sei menos ainda como ajudá-la, mas, mesmo assim, gostaria de lhe dar um conselho, que eu própria sigo quando me sinto só e triste como a senhora. Certa manhã bonita e tranquila, passeie por aquele bosque grande, sabe, aquele que termina onde começa a grande charneca. Pois muito bem, depois de andar um trecho pela charneca, se sente no chão e não faça nada. Só olhe para o céu e as árvores, que vai lhe vir uma tranquilidade enorme e, de repente, nenhuma dificuldade vai lhe parecer mais irremediável.

— Ui, não, fadinha, essa maneira vai funcionar tão pouco como todos os outros xaropes que eu já consumi.

Pelo menos tente — insistiu a Ellen. — Só na natureza é que você vai se livrar de toda essa miséria, eu tenho certeza disso. Você sentirá uma seriedade e uma alegria, além da certeza de que Deus não a abandonou, como já acha faz tempo.

— Se é para satisfazer você, vou tentar — respondeu a senhora.

— Muito bem, então eu me vou, mas volto na semana que vem à mesma hora.

Assim foi que a Ellen entrou em quase todas as casas, alegrando as pessoas; no final do longo dia, o seu cesto estava vazio, mas o coração repleto, com o sentimento de que havia dado o seu dinheiro e doado algo de si da melhor maneira possível, muito melhor do que se tivesse comprado roupas caras.

A partir desse dia a Ellen frequentemente saía para fazer as suas visitas com o cesto no braço, o vestido amarelo florido, os cabelos apanhados num coque, entrando na casa das pessoas e deixando-as alegres.

Até a senhora que tinha tanto dinheiro como pesares se mostrava bastante mais feliz. A Ellen sabia: as suas doações sempre ajudavam!

Todas essas visitas rendiam à Ellen muitos amigos e amigas — não fadas e duendes, mas filhos de humanos. As crianças lhe falavam sobre a sua vida. Dessa maneira a Ellen ganhou muita, muita experiência e não demorou para que soubesse dar uma resposta adequada para todos os males.

Mas, pois é, descobriu que havia calculado um pouco mal as suas reservas de dinheiro, porque, após um ano, tudo o que lhe sobrava só lhe bastava para sobreviver.

Quem agora acha que a Ellen estava desanimada ou que tinha parado de doar está muito enganado: ela continuava fazendo isso, não com dinheiro, mas com os seus bons conselhos e suas palavras amorosas.

Ah, sim, a Ellen também tinha aprendido que, apesar de ter perdido toda a sua grande família, podia embelezar a vida, e, por mais pobre que fosse, podia pôr a serviço dos demais a sua riqueza interna.

Quando a Ellen morreu ao atingir uma idade avançada se chorou mais do que nunca antes no mundo. Mas a alma de Ellen não havia morrido, porque voltava quando as pessoas dormiam e lhes inspirava belos sonhos de maneira a que ainda recebessem os conselhos da excepcional fadinha.

Riek

Eram as quatro e quinze quando eu passeava pela rua relativamente tranquila e acabara de decidir entrar na confeitaria mais próxima, quando, de uma rua lateral, vinham duas adolescentes falando animadamente, de braços bem dados, que seguiam para o mesmo lugar que eu.

No devido momento é interessante e animador ouvir-se a conversa de duas adolescentes, não só por elas rirem sob o mais insignificante dos pretextos, mas por o seu riso ser tão contagiante que qualquer um nas suas imediações também riem involuntariamente.

Foi o que aconteceu comigo. Enquanto andava logo por detrás das duas amigas, ouvia a sua conversa, que dessa vez versava sobre a compra de algum doce por dez centavos de florim. Consultavam as suas economias para saber quanto podiam comprar e ficaram com água na boca por antecipação, porque recomendavam uma à outra o doce mais gostoso. Chegando à confeitaria, se puseram diante da vitrine para tomar a decisão final, e como eu, detrás delas, também estava olhando as guloseimas, já sabia o que haviam escolhido antes mesmo de entrarem no estabelecimento.

Não havia muito movimento na confeitaria, de maneira que logo foram atendidas. Tinham escolhido duas tortinhas generosas, que se mantiveram intocadas — que milagre! — até saírem de novo para a rua. Também fui atendida nem mesmo meio minuto depois e vi as duas conversando em voz alta enquanto andavam logo à minha frente.

Na esquina seguinte havia outro confeiteiro, diante de cuja vitrine se via uma menininha, que contemplava as guloseimas, comendo-as com os olhos.

As duas felizes possuidoras das tortinhas se postaram junto à menina para examinarem aquela vitrine também, e logo se engajaram numa conversa com a pobre menina. Quando cheguei àquela esquina, já havia um tempinho que as três estavam conversando e pesquei apenas o final da conversa.

— Você está com tanta fome assim? — perguntou uma das adolescentes à menina. — Quer uma tortinha que nem está aqui?

A menina fez que sim.

— Não faça nenhuma besteira, Riek — disse a segunda adolescente. — Faça como eu e enfie a tortinha logo na boca, porque se você a der à menina, você não vai nem provar!

A Riek não respondeu, mas olhou, irresoluta, da tortinha para a menina. Deu então o doce de repente à menina e disse amavelmente:

— Faça bom proveito, porque eu hoje à noite sei que vou comer! — E, na mesma hora, antes que a menina, diante da vitrine, pudesse agradecer, as duas desapareceram.

Eu também prossegui, mas, ao passar pela menina, que se deliciava com o doce, ela se voltou para mim e disse:

— A senhorita quer provar? Eu ganhei de presente.

Agradeci e me afastei rindo. Quem é que você acha que sentiu o maior prazer: A Riek, a amiga ou a menininha?

Acho que foi a Riek!

Joke

A Joke está junto à janela aberta do seu quarto e respira o ar fresco. Está sentindo calor, e respirar um pouco de ar puro lhe faz bem ao rosto banhado em lágrimas.

O seu olhar ascende e ascende até chegar, por fim, até a lua e as estrelas.

Ai, pensa a Joke. Não aguento mais! Não aguento mais nem estar triste. O Paul me abandonou, agora estou sozinha, quem sabe por quanto tempo; não aguento mais, só sei que estou desesperada. E, olhando para a natureza, que se revela a ela nessa noite com tanta beleza, sente-se mais calma. Enquanto uma rajada de vento se segue a outra através das árvores diante da casa, enquanto o céu escuro e as estrelas se escondem por detrás de umas nuvens grandes e densas que, sob a pálida luz, se parecem com papel mata-borrão amassado em todas as formas possíveis, a Joke sente de repente que não está mais nem um pouco desesperada, que ainda pode aguentar e que a sua felicidade, o que ela própria sente, ninguém pode lhe roubar.

— Ninguém tem esse poder — murmura. — Nem mesmo o Paul.

Após uma hora junto à janela, Joke está curada: continua triste, mas já não está desesperada. Quem quer que contemple por tempo suficiente e com profundidade a natureza e, assim, a ele próprio, curará a si mesmo como a Joke de qualquer desespero.

Por quê?

A expressão "por quê" na verdade vive e cresce em mim desde os meus primeiros anos de vida, quando ainda mal podia falar.

É sabido que as crianças pequenas perguntam de tudo, porque quase todas as coisas lhes são desconhecidas. No meu caso, essa tendência era ainda mais pronunciada, mas não só na infância: mesmo conforme crescia, eu continuava querendo saber sobre de tudo. Por si só, isso não era exatamente um problema e não posso deixar de dizer que os meus pais até que respondiam às minhas perguntas muito pacientemente... mas eu não dava descanso nem aos estranhos; as outras pessoas em geral não suportam esse "interrogatório infantil incômodo".

Tenho de admitir que às vezes pode mesmo ser uma chateação, mas eu me consolava com o pensamento de que se aprende ao perguntar, uma ideia que não bate cem por cento, caso contrário eu já deveria ter me tornado uma erudita.

À medida que fui envelhecendo, percebi que nem de longe se pode perguntar o que quer que seja a quem quer que seja e que muitíssimos "por quês" não podem ser respondidos.

A consequência disso foi que tentava ajudar a mim mesma ao refletir sobre as minhas questões. Foi assim que fiz a importante descoberta de que perguntas que não se podem fazer publicamente ou que não se podem formular com palavras podem muito bem ser resolvidas dentro de nós mesmos. Assim, a expressão "por quê" na verdade não me ensinou só a perguntar, mas também a pensar.

Bem, agora, sobre a segunda parte dessa expressão: se cada um se perguntasse primeiro o "por quê" de todas as suas ações, acredito que as pessoas viveriam muito melhor e mais honestamente. Porque mais vale tornar-se bom e honesto, o que se faz ao nunca deixar de analisar a si mesmo.

A maior covardia que posso conceber numa pessoa é a de não reconhecer os seus erros e defeitos (que todos temos). Isso vale tanto para as crianças como para os adultos. Porque em princípio se trata da mesma coisa. A maior parte das pessoas pensará que os pais devem educar os filhos e tentar formar o seu caráter da melhor maneira possível, mas esse é um sério erro.

As crianças devem educar a si próprias desde pequenas e formar o seu caráter. Muitos acharão isso um disparate, mas se enganam; uma criança, por menor que seja, já é ela própria uma pessoinha com uma consciência. É ao se fazer uma criança entender que a sua consciência é o que a pune com mais severidade que se a educa.

Quando as crianças chegam aos seus 14, 15 anos se torna ridículo qualquer castigo, pois essa criança sabe muito bem que ninguém, nem mesmo os pais, pode abordá-la ou machucá-la através de um castigo.

Só através de conversas e referências a si próprios é que se notará alguma melhora, o que é impossível até com o mais severo dos castigos.

Mas eu não queria enumerar aqui conselhos pedagógicos, só queria dizer que tanto no caso das crianças como dos adultos a expressão "por quê" desempenha e deve desempenhar um papel fundamental.

O ditado "é perguntando que se aprende" é então válida na medida em que acarreta reflexão, o que não torna ninguém um ser humano pior; pelo contrário, só contribui para a sua melhora contínua.

Quem é interessante?

Na semana passada eu estava no trem; ia a contragosto para a casa da minha tia em Bussum, mas determinada a me divertir pelo menos no trem, já que aguentar uma semana a presença da tia Josephine não tinha nada de divertido.

Ali estava eu no trem, portanto, com esse plano, mas não tive sorte, porque os meus companheiros de viagem não pareciam, à primeira vista, interessantes ou divertidos. Uma senhora idosa miudinha sentada à minha frente até se mostrou preocupada comigo, mas de divertida não tinha nada. O cavalheiro austero sentado ao lado dela e que não deixava o seu jornal de lado por nada no mundo, ainda menos. A camponesa sentada do outro lado também não parecia querer saber de papo; ainda assim, eu tinha me proposto a me divertir, e era o que eu ia fazer.

Se fosse necessário, estava disposta a incomodar alguém; a culpa eu jogaria na tia Josephine, com o seu magro pescoço de girafa.

Já havia quinze minutos que eu não podia pôr o meu plano em ação, já que os meus companheiros de cupê não pareciam minimamente interessantes, quando o trem parou na primeira estação e nele embarcou, para grande alegria minha, um senhor de uns 30 anos que, apesar de não parecer divertido, parecia interessante.

As mulheres, em geral, acham interessantes os homens de rosto jovem e cabelos em via de se tornar grisalhos nas têmporas, e eu nunca duvidei da verdade desse raciocínio. Agora eu comprovaria na prática o interesse causado por um homem, ou, pelo menos, não deixaria essa opinião no ar.

A grande pergunta era como conseguir extrair de um tal homem o seu caráter de interessante? Haviam passado pelo menos outros quinze minutos quando, de repente, achei um método simples e certamente bastante usado: deixei simplesmente o meu lenço de bolso cair, e o resultado disso foi realmente incrível.

O homem não só apanhou do chão sujo o meu lenço galantemente (assim como deve ser, não é mesmo?), mas logo tomou a iniciativa de dar início a um colóquio.

— Aqui a senhorita tem o seu pertence de volta — começou, sem cerimônia, naturalmente num tom de voz baixo, porque os outros viajantes não precisavam ouvir tudo —, mas, em troca da devolução, gostaria de saber o seu nome!

Para ser sincera, achei o homem muito atrevido, mas, como eu de qualquer maneira queria me divertir, respondi no mesmo tom:

— Pois claro, senhor; sou a srta. van Bergen.

Olhou-me com muita desaprovação e perguntou, lisonjeador:

— Ah, senhorita! Eu gostaria de saber o seu primeiro nome!

— Muito bem, sou a Hetty.

— Pois então, Hetty — tomou outra vez a palavra o meu vizinho, ao que começamos a falar sobre amenidades; mas eu não consegui tornar a nossa conversa interessante; esperava que o cavalheiro aparentemente interessante o fizesse.

Na estação seguinte, o cavalheiro apeou do trem, o que me deixou mais que frustrada.

De repente, porém, a miúda senhora deu sinal de vida e tomou a palavra. Falava de uma maneira tão agradável e interessante que o tempo voou, e, quando dei por mim, já tinha chegado ao meu destino.

Agradeci a interessante senhora, agora ciente de que a fama dos homens interessantes se baseia só na aparência.

Se você quiser se divertir numa viagem ou em algum outro lugar, faça como eu: procure com os olhos as pessoas feias e idosas. Essas lhe proporcionarão a distração desejada bem mais que homens com rostos que praticamente irradiam a impertinência.

29.

Sinds hun gesprek over God voelden Hans en Cady alle twee dat ze een vriendschap gesloten hadden, die veel dieper ging dan ieder buitenstaander zou denken.
Cady was er intussen zo aan gewend geraakt alles wat er rondom haar gebeurde, op te schrijven in haar dagboek, dat ze ook langzamerhand haar gevoelens en gedachten daar, behalve bij Hans, het beste kon beschrijven.
Zo schreef ze eens:
„Ondanks dat ik nu een vriend heb, die „echt" is, ben ik toch niet altijd vrolijk en blij. Zouden stemmingen bij alle mensen zo wisselen? Maar, als ik altijd vrolijk was zou ik misschien niet genoeg na kunnen denken over allemogelijke dingen, die heus wel de moeite van het overdenken waard zijn.
Ons gesprek over God zit me nog altijd in m'n hoofd en het gebeurt me vaak dat ik plotseling onder het lezen, in bed of in het bos denk: „Hoezo ~~zo~~ spreekt God dan door mezelf?" Dan volgt er een hele gedachtenwisseling in m'n eentje.
Ik geloof dat God „door mezelf spreekt",

A VIDA DE CADY

Prefácio

O romance *A vida de Cady*, em vias de criação, figura no segundo caderno do diário de Anne Frank na versão *a*. Trabalhou nele no primeiro semestre de 1944. Fala do projeto em diversas notas do diário. No dia 17 de fevereiro de 1944, escreve que tinha deixado Peter ler algo dela: "Eu disse [a ele] que só queria mostrar que não escrevo exclusivamente coisas engraçadas." Em 5 de abril de 1944, suspirando, Anne diz que muito de *A vida da Cady* é bom "mas o conjunto é uma porcaria". No mesmo dia se queixa: "Já faz muito tempo que não trabalho em *A vida de Cady*; já sei mentalmente e com precisão como tudo vai se desenrolar, mas não consigo avançar. É possível que eu jamais conclua o texto e ele acabe na lixeira ou na lareira." O primeiro medo de Anne revelou ser verdadeiro, o segundo, não. Ao final, Anne escreveu no dia 11 de maio de 1944 à amiga imaginária do diário, Kitty, contando-lhe como tinha imaginado a sequência do seu romance e confiando-lhe que não se tratava de "uma bobajada sentimental" porque "é baseada na vida do papai". Em páginas soltas foram encontrados três fragmentos do romance, aqui publicados após a primeira e maior parte.

A vida de Cady foi primeiramente incluído em 1960 nos *Contos e acontecimentos do Anexo* de Anne Frank; em 1982 Joke Kniesmeyer o acrescentou à edição dos contos de Anne, e Gerrold van der Stroom publicou em 2001 *A vida de Cady* em *Verhaaltjes, en gebeurtenissen uit het Achterhuis/Cady's leven* [*Contos e acontecimentos do Anexo/A vida de Cady*] (Amsterdã, 2005). Trata-se de uma edição científica em relação à caligrafia de Anne, na qual, ademais, pela primeira vez figuram os três fragmentos integralmente. Essa edição serve de modelo para estudos em relação à romancista Anne Frank e está na base da presente edição do romance em vias de criação; a nota remissiva na obra completa também foi incluída nesta edição.

Tenho uma porção de ideias e estou tentando conectá-las para formar um conjunto. A fim de dar uma ideia geral e dado que não tenho mais papéis com linhas, escrevo-os na parte de trás [de um dos diários].

PARTE 1: CAPÍTULO I

Quando a Cady abriu os olhos, o primeiro que viu foi que, à sua volta, tudo estava branco. Por último, o que soube com mais clareza é que alguém a chamava... um carro, após o que ela caiu... até que tudo escureceu. Estava também com uma dor aguda na perna direita e no braço esquerdo e, sem dar-se conta, gemia baixinho. Logo em seguida se curvou sobre ela um rosto amável, que a olhava por sob um capuz branco.

— Você está sentindo dor, minha pobre menina? Você se lembra de algo do que aconteceu com você? — perguntou a enfermeira.

— Não é nada...

A enfermeira sorriu. Então a Cady prosseguiu, falando com dificuldade:

— Sim... foi um carro... eu caí... e só!

— Pelo menos me diga como você se chama para que possamos contatar os seus pais e eles não fiquem apreensivos!

A Cady ficou visivelmente assustada:

— Mas... é que... — Mas ela não conseguia continuar.

— Não tenha medo, não faz muito tempo que os seus pais esperam, você está aqui conosco não faz nem uma hora.

No rosto da Cady apareceu, embora com dificuldade, o esboço de um sorriso.

— Eu me chamo Caroline Dorothea van Altenhoven, mas me chamam de Cady, e vivo na Zuider Amstellaan, 261.

— Está com saudade dos seus pais?

A Cady fez apenas que sim. Estava cansada, e tudo doía; deu mais um suspiro e adormeceu.

A enfermeira Ank, que fazia vigília ao lado da cama no quartinho branco, olhou desassossegada para aquele rostinho pálido encostado no travesseiro, tranquilo como se nada tivesse acontecido. Porque, sim, havia acontecido algo: pelo que ouviu do doutor, a menina tinha sido atropelada por um carro que dobrava a esquina justamente no momento em que ia atravessar a rua. Tinha caído, mas, felizmente, o carro tinha bons freios e não chegara a passar por cima dela. Na opinião do médico, tinha sofrido uma fratura dupla na perna, o braço esquerdo estava luxado e também o pé esquerdo não estava bem. Será que aquela doce criança voltaria a andar? A enfermeira Ank tinha muita dúvida: o rosto do médico estava muito sério quando o disse. Felizmente a menina ainda não suspeitava de nada e lhe diriam tanto quanto possível apenas meias-verdades. A Cady gemia enquanto dormia e a enfermeira Ank, absorta em reflexão, sobressaltou. Ela não tinha mesmo como ajudar a menina, de maneira que se levantou rapidamente, apertou um botão e entregou à enfermeira que entrava um bilhete como nome e o endereço dos van Altenhoven.

— Procure já, já no guia telefônico o número dessas pessoas e lhes informe da maneira mais sutil possível sobre o estado da filha deles. Pergunte se podem vir logo para cá. Se você não achar o número de telefone, escreva uma mensagem num bilhete e mande um menino entregar!

A porta foi fechada de mansinho. Suspirando, a enfermeira Ank pegou o seu trabalho de tricô da mesinha ao seu lado. Andava nessa tarde com uns pensamentos sombrios. Por que razão se importava tanto com o destino da menina em questão? Já não tinha visto tantas e tantas pessoas se tornarem inválidas pelo resto da vida por algo parecido ao que acontecera à menina? Já não tinha, havia muito, aprendido a manter o sangue frio? Mas nenhuma consideração ajudava, os seus pensamentos davam voltas em torno do mesmo assunto.

Ouviu umas batidinhas leves na porta; uma enfermeira permitiu a entrada de uma dama nem alta nem baixa no quarto, seguida de um homem excepcionalmente alto e belo. A enfermeira Ank se levantou; deviam ser os pais da Cady. A sra. van Altenhoven estava muito pálida e olhou para a filha com um olhar receoso. Esta não percebeu nada, porque continuava a dormir calmamente.

— Enfermeira, conte-me; o que foi que aconteceu com ela? Ficamos tanto tempo esperando-a, mas não imaginamos que houvesse acontecido um acidente... isso não...não!

— Não se preocupe demais, minha senhora. A sua filhinha tinha perdido os sentidos, mas já voltou a si. — A enfermeira Ank descreveu tudo o que sabia do caso, atenuando os detalhes, o que a fez sentir-se mais leve e alegre. Quem sabe a menina não se sentiria mesmo melhor!

Enquanto os adultos falavam, a Cady acordou, viu os pais na sala e se sentiu bem mais doente do que quando estava a sós com a enfermeira. Foi acometida pelos seus sentimentos e por imagens de horror vindo de todos os lados; viu a si mesma paraplégica... com um só braço, além de outras terríveis imagens.

A sra. van Altenhoven tinha, no meio-tempo, se dado conta de que a Cady estava desperta e se aproximara.

— Você está com muita dor? Quer que eu fique aqui junto com você? Você está precisando de alguma coisa?

A Cady não estava em condições de responder a todas essas perguntas. Apenas assentiu, ansiando pelo momento em que toda aquela confusão teria um fim.

— Papai! — foi a única coisa que conseguiu dizer.

A sra. van Altenhoven se sentou na beira da grande cama de ferro e, sem dizer uma só palavra ou formular uma pergunta, pegou a mão saudável da filha na sua.

— Obrigada, eu agradeço... — Mais que isso a Cady não disse, porque adormeceu de novo.

CAPÍTULO II

Fazia uma semana desde que acontecera o acidente. A Cady recebia visitas da mãe todas as manhãs e tardes, mas esta não podia ficar por mais tempo, porque cansava a Cady com o seu falatório contínuo e nervoso, e a enfermeira que cuidava dela percebeu que a Cady esperava bem mais pelo pai que pela mãe.

A enfermeira tinha muito pouco trabalho com a pequena paciente de que lhe cabia cuidar. Apesar de a Cady seguramente ter com frequência muita dor, principalmente quando o médico tratava dela, jamais reclamava ou se mostrava insatisfeita.

Preferia sonhar acordada com o olhar fixo no vazio quando a enfermeira Ank permanecia sentada à cabeceira da sua cama com um livro ou o seu trabalho de tricô. Após os primeiros e difíceis dias, não dormia mais continuamente e gostava de conversar um pouco com alguém, e para tal ninguém melhor que a enfermeira Ank. Esta era tranquila e falava sempre com afabilidade. Era esta característica que tanto a atraía. Esse traço doce e maternal, a Cady só percebia agora o quanto lhe havia faltado.

Pouco a pouco foi crescendo a confiança entre a enfermeira e a Cady, que começou a fazer perguntas sobre os mais diversos assuntos.

Depois de duas semanas e após a Cady ter-lhe contado muito, certa manhã a enfermeira perguntou cautelosamente sobre a mãe da Cady. A Cady já vinha esperando aquela pergunta e achou agradável poder falar a alguém sobre os seus sentimentos.

— Por que a pergunta? Por acaso reparou na minha antipatia pela mamãe?

— Não, isso não. Eu tenho é a impressão de que você age de maneira diferente, mais fria, com a sua mãe do que com o seu pai.

— A senhora o percebeu bem; não consigo nutrir pela minha mãe um calor de verdade, o que já me causou muita tristeza. A mamãe é tão diferente de mim! Por si só, isso não seria tão ruim, mas ela mostra muito pouca compreensão por coisas que eu acho importantes e que me são tão caras. A senhora não conseguiria me ajudar, enfermeira Ank, e me dizer como eu poderia melhorar o meu posicionamento em relação a ela, para que ela não tenha a impressão de que não a amo como amo o papai? Isso porque eu sei que ela ama muito a sua filha única!

— A sua mãe tem boas intenções, só acho que ela não sabe como entrar em sintonia com você. Será que ela própria não é um pouco tímida?

— Ah, não. Não é isso. Ela acha que o seu comportamento como mãe é impecável; ficaria de queixo caído se alguém lhe dissesse que não encontrou a sintonia correta em relação a mim. Ela tem certeza de que o erro é só meu. Enfermeira Ank, a senhora é de verdade a mãe que eu gostaria de ter! Como eu anseio por uma mãe de verdade, um papel que a minha mãe jamais vai poder desempenhar!

"Ninguém no mundo está completamente satisfeito com tudo, apesar de a maior parte das pessoas acharem que não me falta nada. Eu vivo numa casa aconchegante, a relação entre os meus pais é boa, e me dão tudo o que eu desejar, mas, mesmo assim, uma mãe compreensiva de verdade não ocupa um lugar essencial na vida de uma menina? Ou será que não só da vida de uma menina? O que sei eu da vida dos meninos? Nunca conheci um menino de perto, mas com certeza eles também têm a mesma necessidade que eu de uma mãe compreensiva, mas talvez de uma outra maneira!

Agora eu de repente me dou conta do que falta na minha mãe: tato. Ela fala sobre os assuntos mais delicados de uma maneira estranha; não tem a menor ideia do que se passa na minha cabeça e, ainda assim, diz sempre que se interessa pelos jovens. Ela nem imagina o que significa paciência e doçura. É uma mulher, mas não uma mãe de verdade!"

— Não seja tão severa no julgamento da sua mãe, Cady. Será que ela não é também diferente, viveu situações muito difíceis e evita agora falar de assuntos mais delicados?

— Não sei. O que uma filha sabe sobre a vida dos seus pais? Sobre a vida da sua mãe? Isso lhe é dito? É justamente porque a mamãe não me entende, nem eu a ela, que nunca houve confiança entre nós.

— E o seu pai, Cady?

— O papai sabe que a mamãe e eu não nos entendemos. Ele entende tanto a mim como a ela. É um amor, enfermeira, e tenta compensar o que a mamãe não me dá. Só tem um pouco de medo de falar a respeito e evita todas as conversas que poderiam acabar pondo a mamãe contra mim. Um homem pode fazer muita coisa, mas substituir uma mãe, não, nunca!

— Eu gostaria de contradizer você, mas não posso, Cady, porque sei que você tem razão. Acho uma pena que você e a sua mãe se posicionem uma contra a outra em vez de uma ao lado da outra. Você acha que isso nunca vai melhorar, nem quando você for mais velha?

A Cady deu de ombros sem chamar a atenção.

— Enfermeira, eu sinto tanto a falta de uma mãe! Gostaria tanto de ter alguém em quem poder confiar plenamente e que também confie em mim!

— Cady, eu amo muito você e gostaria muito mesmo de dar a você o que você diz precisar, mas sinto que jamais poderia ser o que eu deveria ser. Poderia lhe dizer muita coisa, também sobre mim, mas a confiança que existe entre mãe e filha ou entre duas amigas não pode existir entre nós, porque a confiança é algo que precisa crescer!

A Cady ficou com os olhos rasos de lágrimas por conta das palavras da enfermeira Ank. Quando a enfermeira concluiu o seu discurso, a Cady levantou a mão, já que ela não podia se levantar. A enfermeira Ank entendeu mesmo assim o que ela queria dizer.

— Querida enfermeira, acho uma pena, mas a senhora tem razão: eu posso lhe dar a minha confiança, mas a senhora não pode me dar a sua.

A enfermeira Ank ficou muito séria quando a Cady se calou.

— Não voltemos a falar disso, minha criança, mas fico feliz que você tenha me contado tudo sobre a sua mãe. — De repente, mudou completamente de assunto: — Eu tenho uma novidade para você, que já ia quase me esquecendo de contar. Se você continuar assim, na semana que vem as suas amigas podem vir visitá-la uma por uma!

A expressão nos olhos da Cady deixava claro o quanto a notícia a entusiasmara. Não tanto por voltar a ver as amigas, mas porque isso significava que ela estava se recuperando.

Satisfeita e aliviada, comeu a sua papinha, que tinham acabado de trazer. Em seguida, se deitou para tirar o cochilo da tarde.

CAPÍTULO III

As semanas passavam bastante monotonamente para a Cady. Recebeu muitas visitas de conhecidos e amigos, mas passava a maior parte do dia sozinha. O seu estado tinha melhorado ao ponto de poder ficar sentada e ler. Tinham-lhe arranjado um apoio de madeira disposto sobre a cama, e o pai lhe havia dado um diário de presente: agora ela passava muito tempo anotando os seus sentimentos e pensamentos. A Cady jamais havia imaginado que isso a divertisse e agradasse tanto.

A enfermeira Ank, que agora tinha de novo outros pacientes de quem se ocupar, havia mantido o hábito de ficar cerca de meia hora conversando com a Cady, após lavá-la e arrumá-la.

A vida num tal hospital era, sim, muito, muito monótona. Todos os dias os mesmos procedimentos, regidos pelo relógio, sem jamais um só erro. Tudo ocorria na maior calma, mas a Cady, que não tinha mais dores no braço e na perna, gostaria de ver um pouco mais de movimento e vivacidade à sua volta. Ainda assim, o tempo transcorria relativamente rápido. A Cady nunca se chateava e recebia de todos os lados jogos que podia jogar sozinha ou com a mão direita. Os livros escolares ela também não negligenciava e reservava a eles um determinado horário do dia. Já estava havia três meses ali, mas logo teria alta. As suas fraturas não eram tão graves como acreditavam no início, e os médicos acharam que, agora que tinha dado uma boa melhorada, se curasse de vez fora dali, num sanatório.

Assim sendo, a sra. van Altenhoven foi na semana seguinte apanhar os pertences da filha, após o que as duas foram levadas por uma ambulância para o sanatório numa viagem que durou várias horas.

Lá a Cady tinha a impressão de que os dias transcorriam ainda mais solitários. Um ou dois dias por semana recebia alguma visita; mas não havia nenhuma enfermeira Ank, e tudo lhe parecia estranho. A grande luz ao fundo do túnel era que a sua saúde ia melhorando.

Quando se acostumou também à vida no sanatório e pôde voltar a mexer o braço, teve de reaprender a andar do zero. Foi horrível! Apoiando-se em duas enfermeiras ia pondo um pé na frente do outro, dia após dia recomeçava o suplício. Mas quanto mais andava, mais melhorava o seu desempenho e não demorou mais muito para as suas pernas se acostumarem ao movimento.

Foi uma festa quando se recuperou a ponto de poder estar no jardim só com uma enfermeira e uma bengala.

CAPÍTULO IV

Quando fazia bom tempo, a Cady e a enfermeira Truus, que sempre a acompanhava, iam sentar-se no amplo jardim, onde conversavam ou liam algo, quando Cady levava um livro. Nos últimos dias também tinha acontecido uma ou outra vez de irem passear além dos limites do jardim, no bosque. Como a Cady o achava bem mais divertido, a enfermeira não tinha objeções. É certo que andava mais vagarosamente lá e acontecia com frequência que sentisse dor ao fazer um movimento inesperado, mas ela ansiava todos os dias por essa meia horinha em meio à natureza em que conseguia imaginar-se saudável.

Após três semanas, quando a Cady já conhecia cada sendeiro do bosque como a palma da mão, o médico lhe perguntou se não achava mais agradável sair para passear sozinha. A Cady disse que acharia uma delícia:

— Eu posso mesmo?

— Sim, vá passear daqui a pouco e tome cuidado para que nós não a vejamos de novo aqui — disse ele, brincando.

Assim, quando a Cady estava pronta para sair, apanhou a bengala e saiu desacompanhada pela porta. Era uma sensação estranha. Estava tão acostumada a ter sempre a enfermeira Truus por perto! Mas, de qualquer forma, no dia em questão, não tinha permissão para sair pelo portão do jardim. Após meia hora, a enfermeira que vigiava a sala a viu entrar com as bochechas mais rosadas que de costume e um rosto alegre.

— Dá para perceber que o seu passeio foi agradável! Você com certeza gostou de estar livre de nós!

— Não é isso — respondeu a Cady —, mas é que é tão bom voltar a fazer algo sozinha!

A enfermeira assentiu, compreensiva, e lhe recomendou que voltasse para a cama.

A partir desse dia, podia-se vê-la todos os dias no jardim, e, quando tudo ia muito bem, teve permissão para sair pelo portão por um certo tempo.

A vizinhança onde ficava o sanatório era muito tranquila, quase não havia casas à sua volta, exceto pelas mansões que ficavam a dez minutos a pé dele e umas das outras.

A Cady havia descoberto numa trilha paralela um tronco de árvore que se estendia sobre o chão e que fazia as vezes de banco, e ela levava mantas consigo para poder se sentar nelas com mais conforto.

Todas as manhãs ela ia até lá para sentar-se e ler ou sonhar acordada. Quando levava consigo algum livro, ele frequentemente caía das suas mãos após a leitura de algumas páginas, ao que ela pensava consigo mesma: O que me importa na verdade este livro inteiro? Não é bem mais agradável só ficar aqui em contemplação, não é bem melhor refletir sobre o próprio mundo e o seu conteúdo do que ler o que essa menina, uma personagem, faz da vida? Então olhava ao seu redor, para os pássaros e as flores, seguia com o olhar uma formiga que corria junto aos seus pés carregando um pedacinho de madeira, e se sentia satisfeita. Sonhava então com os tempos em que ainda podia correr e saltar para onde quisesse e, certa vez, fez a descoberta de que a sua queda, que lhe havia causado tantos desgostos, também tinha o seu lado bom. De repente se deu conta de que ali, no bosque, no sanatório e nas horas tranquilas no hospital, descobrira algo de novo em relação a si mesma: descobrira que era uma pessoa com sentimentos, opiniões e pensamentos próprios, independente de todos os que eram também algo.

Como era possível que não tivesse ainda percebido isso, que nunca antes lhe houvesse ocorrido refletir sobre as pessoas que a cercavam no dia a dia, sim, e sobre os próprios pais?

O que era mesmo que a irmã Ank tinha dito? "Será que a sua mãe não viveu situações muito difíceis e evita agora falar de assuntos mais deliciados?" E o que ela tinha respondido? "O que uma filha sabe sobre a vida dos seus pais?"

Como é que essa resposta um tanto amarga viera dela própria, dado que nunca antes houvesse refletido sobre a questão? E, no entanto, será que agora não daria a mesma resposta? Seria verdadeira essa resposta? O que sabe uma criança sobre a vida de todos e de cada um? Para isso ela também tinha uma resposta: das suas amigas, da sua família, dos seus professores, o que ela conhecia sobre eles além do que aparentavam ser? Pois é, por acaso ela já tinha conversado com eles seriamente? No fundo do seu coração ela se envergonhava daquilo, apesar de não saber como fazer para descobrir algo sobre todas essas pessoas; na verdade, de que serviria que depositassem nela a sua confiança? Será que assim ela poderia ajudá-los com as suas dificuldades? E ainda que soubesse que não tinha noção de como ajudar, sabia também que confiar em alguém trazia tranquilidade e apoio; afinal, ela própria não fazia muito tempo sentira tanto a falta de alguém com quem poder conversar "de verdade". Não era a mesma coisa aquela solidão opressora que ela mesma por vezes sentia? Não se desfaria esse sentimento se ela tivesse uma amiga a quem poder dizer tudo? A Cady tinha total consciência de que havia falhado, e como! Sabia também, porém, que os demais não se haviam preocupado com ela.

A Cady ergueu o olhar e se deu conta de que, todo aquele tempo, não prestara atenção a nenhum dos sons à sua volta. Apanhou rapidamente o livro e, nessa manhã, leu mais do que jamais havia lido no bosque.

CAPÍTULO V

A Cady era por natureza alegre e falante; no entanto, não se sentia só por ter tão poucas oportunidades de falar com alguém. Não, não era por aí; aquele sentimento de solidão tinha as suas raízes em outro lugar!

Ei-la de novo absorta em reflexão. Isso mesmo, ela ainda ficaria tonta se continuasse dando voltas ao redor do mesmo ponto. A Cady deu em si mesma um empurrãozinho mental, o que fez com que ela risse do absurdo daquilo: agora que não lhe davam mais broncas provavelmente sentia falta delas e dava a si mesma uma.

Eis que ergueu o olhar e ouviu passos que se aproximavam: nunca antes havia acontecido de dar com alguém naquela trilha solitária. O ruído se aproximava mais e mais, até que viu aparecer do bosque um garoto de uns 17 anos, que a cumprimentou cordialmente e continuou andando.

Quem seria? Talvez um dos moradores das mansões? Só podia ser isso mesmo, porque ninguém mais morava por ali. Tendo tirado essa conclusão, encerrou o assunto e se esqueceu do garoto, até que voltou a vê-lo na manhã seguinte, o que se repetiu por semanas a fio, sempre pela manhã na mesma hora.

Certa manhã, a Cady estava sentada no seu banco, vendo o garoto aparecer à vista, quando este parou e, estendendo-lhe a mão, disse:

— Eu me chamo Hans Donkert; na verdade, já nos conhecemos há um bom tempo. Por que não nos apresentarmos formalmente?

— Eu me chamo Cady van Altenhoven — respondeu a Cady, emendando: — Gostei muito de você ter parado aqui.

— Pois é, fiquei com medo de que você achasse estranho eu passar sempre por aqui sem me apresentar ou justamente falar com você, mas ao final fiquei tão curioso que decidi arriscar!

— Por acaso eu tenho cara de quem tem medo de ser abordada? — perguntou Cady, com um tom maroto.

— Agora que eu vejo você de perto, não — retrucou o Hans, no mesmo tom de brincadeira. — Mas eu queria na verdade é saber se você veio morar numa das mansões ou se é uma paciente do sanatório, o que me parece muito improvável — foi logo acrescentando.

— Improvável? — Cady não pôde deixar de perguntar. — Mas é claro que eu estou no sanatório. Tinha quebrado a perna e luxado o braço e o pé e agora faz meio ano que tive de ser internada.

— Tanto acidente de uma só vez?

— Sim. Consegui ser atropelada, mas não se assuste, porque você nem mesmo percebe que sou uma paciente!

O Hans estava de fato um pouco assustado, mas achou melhor não insistir no assunto.

— Eu moro na "Casa do Verde Pinheiro", ali atrás — disse, apontando o indicador. — Você deve achar estranho que eu passe por aqui tão regularmente; estou de férias e voltei da escola para casa, mas todas as manhãs vou para a casa de um dos meus amigos, senão fico entediado.

A Cady fez menção de se levantar, e o Hans, percebendo que ela estava com dificuldade, logo estendeu a mão. Mas a Cady era cabeça-dura e recusou a ajuda dele.

— Não me leve a mal; é que eu preciso treinar me levantar sozinha.

O Hans, que queria ajudá-la, pegou então o livro, que lhe serviu de pretexto para acompanhar aquela menina tão simpática de volta ao sanatório. Despediram--se junto ao portão como se já se conhecessem havia muito, e a Cady não se mostrou nada espantada quando viu o Hans passar por ali mais cedo na manhã seguinte e sentar-se sobre o tronco da árvore com naturalidade.

Falaram sobre tudo e mais um pouco, mas nada de natureza mais profunda, e a Cady, que simpatizara muito com o Hans, achava uma pena não tocarem em nenhum assunto que não dissesse respeito ao cotidiano.

Certa manhã os dois estavam sentados no tronco um pouco afastados um do outro, e a conversa entre eles não fluía, o que normalmente nunca acontecia. Por fim, nenhum dos dois disse uma palavra mais, e ficaram olhando para o vazio. A Cady, completamente absorta nos seus pensamentos, de repente ergueu o olhar, porque tinha a impressão de que estava sendo observada. Já fazia um tempinho que o Hans olhava para aquele rostinho ao seu lado; então os seus olhares se encontraram e permaneceram mais tempo fixos um no outro do que pretendiam. Até que a Cady se deu conta e desviou o olhar para o chão.

— Cady — soou a voz dele ao seu lado. — Cady, você pode me dizer alguma coisa do que está se passando dentro de você?

A Cady ficou calada para refletir e depois disse:

— É tão difícil! Você não entenderia e com certeza me acharia infantil. — A Cady de repente se sentiu desanimada e baixou o tom de voz ao proferir as últimas palavras.

— Você não confia em mim? Por acaso acha que eu não tenho sentimentos e pensamentos que não compartilho com todo mundo?

— Não quis dizer que não confio em você, mas é que é tão difícil; nem eu mesma sei o que dizer a você. — Olharam ambos para o chão com uma expressão séria no rosto. A Cady se deu conta de que tinha decepcionado o Hans profundamente e, por conta dos remorsos, disse-lhe de repente: — Você também se sente tão frequentemente sozinho, até mesmo quando os seus amigos estão por perto? Sozinho por dentro, quero dizer?

— Acho que todo jovem se sente sozinho de vez em quando, uns mais que outros. Eu também me sinto assim e, até hoje, nunca tive ninguém com quem conversar. Os meninos se abrem com os seus camaradas muito menos do que acontece entre as meninas; têm ainda mais medo de não serem entendidos ou de serem ridicularizados.

A Cady olhou para ele e ficou calada por alguns instantes. Então disse:

— Já pensei tantas vezes a respeito: por que é que as pessoas confiam tão pouco umas nas outras, por que regulam tanto as palavras "sinceras"? Às vezes bastam algumas frases para remediar grandes dificuldades e mal-entendidos!

De novo se passaram alguns momentos sem que nenhum dos dois dissesse alguma palavra, até que a Cady pareceu de repente tomar uma resolução:

— Você acredita em Deus, Hans?

— Acredito sim!

— Nos últimos tempos eu tenho pensado muito em Deus, mas não falo sobre isso. Em casa, aprendi desde muito cedo a rezar todas as noites antes de ir para cama, mas fazia isso por costume, assim como escovar os dentes todos os dias. Nunca parava para pensar em Deus, ou seja, Ele nunca figurava nos meus pensamentos, porque os pedidos que eu fazia em geral podiam ser cumpridos por pessoas. Quando este acidente aconteceu comigo e comecei a passar muito tempo sozinha, tive tempo mais que suficiente de refletir bastante sobre tudo. Numa das primeiras noites em que estava aqui, emperrei na minha prece e percebi que os meus pensamentos estavam bem longe dali. Foi quando isso mudou, comecei a refletir sobre o sentido mais profundo daquelas palavras e fiz a descoberta de que naquela prece infantil aparentemente tão boba se escondia muitíssimo mais do que eu poderia imaginar. A partir dessa noite, comecei a rezar também outros tipos de preces, preces que eu mesma achava bonitas em vez daquelas preces de caráter geral. Mas, certa noite, algumas semanas mais tarde, também fiquei emperrada na minha prece, porque me peguei pensando de repente: por que é que Deus me ajudaria agora que eu precisava, se, quando eu estava bem, nem pensava Nele? Essa pergunta não saía mais da minha cabeça, porque eu sabia que seria justo que Deus, por sua vez, não pensasse em mim.

— Não concordo completamente com esta última colocação. Antigamente, quando você levava a sua vida de felicidade, não rezava de propósito sem conteúdo: você não parava para pensar em Deus. Agora você O procura porque está com medo e dor, agora está realmente tentando ser como acha que deve ser. Deus com certeza não a abandonará. Confie Nele, Cady, porque Ele já ajudou tanta gente!

A Cady, refletindo, olhou para as árvores.

— Como podemos saber, Hans, se Deus realmente existe? O que e quem é Deus? Afinal, ninguém jamais O viu. Às vezes eu penso que rezar para Ele é como rezar para o nada!

— Se você me perguntar quem é Deus, só posso responder o seguinte: você não pode perguntar a ninguém quem e como Ele é, porque ninguém sabe. Mas se você me perguntar o que Deus é, então eu posso responder: olhe ao seu redor, olhe para as flores, para as árvores, para os animais e para as pessoas: é assim que se sabe o que Deus é. Esse fenômeno milagroso que vive e morre, que se reproduz e leva o nome de natureza, isso é Deus. Foi Ele quem fez tudo. Você não precisa de mais do que essa sua representação.

"As pessoas chamam esse milagre de Deus. O nome, aleatório, poderia ser qualquer outro. Você concorda, Cady?"

— Sim, eu entendo o que quer dizer; eu própria já refleti sobre isso. Às vezes, quando o médico no hospital me dizia: "Você está melhorando, tenho certeza de que vai se recuperar completamente", eu me sentia tão agradecida, agradecida a quem mais senão, excetuando-se os médicos e as enfermeiras, a Deus? Mas em outros momentos, quando estava morrendo de dores, pensei que o que eu chamava de Deus era na verdade a fatalidade, de maneira que eu só fazia dar voltas no mesmo lugar, incapaz de chegar a uma conclusão. E, quando perguntava então a mim mesma em que acreditava, sabia com certeza que a resposta era Deus. Isto acontece comigo frequentemente: quando preciso de um conselho, eu peço a Deus, por falta de outro nome, e sei então que a resposta é infalivelmente a única correta. Entretanto, Hans, será que essa resposta não nasce dentro de mim de alguma maneira?

— Como eu já disse, Cady, as pessoas e tudo existe foram criados por Deus tais como são. A alma e o sentido de justiça também provêm dele. A resposta às suas perguntas vem de dentro de você e, ao mesmo tempo, de Deus, porque Ele fez você tal como é.

— Você quer dizer que Deus fala comigo através de mim mesma?

— Exatamente. E agora que falamos sobre tudo isso, Cady, já confiamos um monte de coisas um ao outro. Por favor me dê a sua mão como sinal de que vamos sempre confiar mutuamente um no outro e de que, se um dos dois estiver passando por dificuldades e quisermos nos abrir com alguém, pelo menos sabemos onde encontrar esse alguém!

A Cady estendeu a mão na mesma hora, e ambos ficaram sentados assim por um bom tempo, de mãos dadas, enquanto sentiam crescer dentro de si uma paz maravilhosa.

Desde a sua conversa sobre Deus, o Hans e a Cady ficaram com o sentimento de que haviam, de fato, selado uma amizade mais profunda do que qualquer um poderia imaginar. A Cady tinha, no meio-tempo, se acostumado tanto a anotar tudo o que acontecia à sua volta no seu diário que foi, pouco a pouco, se tornando onde melhor descrevia os seus sentimentos e pensamentos, com exceção de quando estava com o Hans.

Certa vez escreveu:

"Apesar de ter agora um amigo 'real', nem sempre estou feliz e contente da vida. Será que os outros também têm essa mudança de humor? Se eu estivesse sempre contente, porém, talvez não refletisse tanto sobre tudo que existe e que vale a pena ser considerado.

A nossa conversa sobre Deus não me sai da cabeça, e, frequentemente, enquanto leio, estou na cama ou no bosque, me pego pensando: *Como é que Deus fala através de mim mesma?* E aí me vem toda uma troca de ideias comigo mesma.

Acredito que Deus 'fale através de mim', porque antes de enviar as pessoas ao mundo, dá a cada uma delas em pedacinho de si mesmo. Esse pedacinho é o que determina no homem a diferença entre bem e mal e que responde às suas perguntas. Esse pedacinho pertence à natureza tanto como as flores que crescem e o chilrear dos pássaros.

Mas Deus semeou no homem também as paixões e os desejos, e em todos impera uma luta entre esses desejos e a justiça. O Hans dissera: 'O senso de justiça também vem de Deus.'

Será que todos realmente têm senso de justiça? O que dizer então dos criminosos? Eu acho que eles também o têm, só que neles os desejos foram pouco a pouco vencendo o que é justo e, assim, as suas paixões são mais fortes que o seu senso de justiça. Será que essas pessoas destruiriam mesmo tudo o que Deus lhes deu de bom? Será que não sobraria nada de bom? Ou será que os piores criminosos — altamente perigosos para os demais — ainda têm algo em si que possa vir à tona algum dia?

Ainda assim, nem todo senso de justiça é bom; afinal o que mais é a guerra senão a luta pela justiça entre dois partidos?

Guerras, por que é que eu de repente falo delas? Nas últimas semanas se fala muitíssimo de uma guerra iminente.

Mas ainda não terminei.

Todas as pessoas que só quiseram fazer valer a sua própria justiça até hoje fracassaram. Após anos, às vezes por mais tempo ainda, algumas pessoas quiseram voltar a fazer uso da sua liberdade e da sua justiça, já que querer que todos estejamos sob a mesma jurisdição é por si só injusto. Afinal, Deus criou a justiça de uma maneira diferente para cada pessoa. Assim sendo, se todos têm de viver anos a fio de acordo com uma só maneira, o seu próprio sentido de justiça ameaça se perder. Mas não o de todos. Mais cedo ou mais tarde a noção de liberdade virá à tona.

Sem perceber, da justiça passei a falar da liberdade, mas acredito que esses dois elementos juntos podem crescer e se transformar em algo grandioso.

Quem sabe as pessoas não passarão a dar mais ouvidos a esse 'pedacinho de Deus' que se chama consciência do que aos seus próprios desejos!"

Os tempos deixaram de ser os melhores para os judeus. Em 1942 seria selado o destino de muitos deles. No mês de julho, rapazes e moças de 16 anos começaram a ser convocados para deportação. Foi uma sorte que Mary, uma amiga da Cady, tivesse sido aparentemente esquecida. Tempos depois deixaram de convocar só os jovens, e todos acabaram mal. No outono e no inverno, a Cady vivenciou coisas terríveis. Noite após noite, ouvia os veículos passando pelas ruas, gritaria de crianças e batidas às portas. À luz do abajur, a sra. van Altenhoven e a Cady se entreolhavam, e nos seus olhares se lia a pergunta: "Amanhã vai ser a vez de quem?"

Certa noite de dezembro, a Cady decidiu ir até a casa da Mary, sua amiga, para distraí-la um pouco. Nessa noite a agitação nas ruas era pior do que jamais havia sido.

A Cady tocou três vezes a campainha na casa dos Hopken e tranquilizou a Mary quando a amiga correu para a frente e espiou pela janela cautelosamente. Entrou e encontrou a família inteira vestindo abrigos e com mochilas preparadas, como se esperasse alguma coisa. Todos estavam pálidos e não disseram uma única palavra quando a Cady entrou no aposento. Será que eles passariam todas as noites ali durante meses? A visão de todos aqueles rostos pálidos e amedrontados era horrível. A cada vez que uma porta se fechava abruptamente do lado de fora, uma onda de choque percorria todos os presentes. Aqueles estrondos pareciam simbolizar as portas de vidas que se fechavam.

Às dez a Cady se despediu. Percebeu que não havia sentido em ficar ali. Ela não tinha como distrair e ajudar aquelas pessoas, que pareciam já estar vivendo em outro mundo. A única que se mantinha um pouco mais firme era a Mary, que de tempos em tempos assentia para a Cady e, reunindo todas as suas forças, insistia para que as irmãs e os pais comessem algo.

A Mary a acompanhou até a porta, que se fechou atrás de Cady. Com a lanterna em mãos, seguiu na direção da casa. Não tinha andando nem dez metros quando estacou, aguçando os ouvidos; ouviu passos na curva de uma esquina, como se todo um regimento de soldados marchasse. A Cady não conseguia enxergar nada no escuro, mas sabia muito bem quem se aproximava e o que isso significava. Encostou-se num muro e apagou a lanterna, na esperança de que aqueles homens não a descobrissem. Mas um daqueles soldados parou à sua frente, empunhando uma pistola e olhando para ela com olhos ameaçadores e uma expressão ríspida.

— *Mitgehn*[62] — limitou-se a dizer, antes de pegá-la com violência e a levar dali.

— Sou uma menina cristã de pais honrados, meu senhor! — ousou dizer. Estava tremendo inteira e perguntou-se o que aquele sujeito sinistro faria com ela. Fosse como fosse, tinha de tentar mostrar a ele a sua documentação.

— *Was ehrbar, zeig dein Beweis!*[63]

A Cady tirou o seu documento de identidade do bolso.

— *Warum hast du das nicht gleich gesagt? So ein Lumpenpack!*[64] — disse o soldado, observando-a. Quando deu por si, se viu atirada na rua. Com raiva por conta do engano, o alemão deu um belo chute na "honrada menina cristã". Sem se preocupar com as dores ou o que fosse, a Cady se levantou e foi correndo para casa.

Após aquela noite, havia se passado uma semana sem que a Cady tivesse tido a oportunidade de ver a Mary. Mas, certa tarde, sem se preocupar com o trabalho e outros compromissos, ela arranjou um jeito de ir. Antes de chegar à residência dos Hopken, teve quase certeza de que não encontraria mais a Mary lá. De fato, quando parou diante da porta, encontrou-a lacrada.

Sentiu-se invadida por um desânimo terrível. *Sabe-se lá onde estará a Mary agora*, pensou. Deu logo meia-volta e retornou para casa; correu para o seu quarto, bateu a porta e a trancou. Despencou no divã com casaco e tudo e não parou de pensar um instante sequer na Mary.

Por que é que a Mary tivera quer ir e ela pudera ficar? Por que o destino da Mary tinha de ser tão terrível enquanto ela podia se divertir? Qual era a diferença entre as duas? Por acaso ela era melhor que a Mary? Não eram iguais? Que pecado a Mary teria cometido? Ah, aquilo era absurdamente injusto. De repente imaginou a figura miúda da amiga, trancafiada numa cela, vestida com trapos, o rosto abatido e emaciado. Os seus olhos estavam enormes e encaravam a Cady, tristes e repreendedores.

Aquilo era demais para a Cady, ela caiu no chão de joelhos e se pôs a soluçar, tanto que o seu corpo chacoalhava. Via repetidamente os olhos de Mary, e o seu olhar suplicava por ajuda, uma ajuda que a Cady sabia não poder dar.

— Mary, mil perdões, volte...

---

62. "Acompanhe-me", em alemão no original. (*N. do T.*)
63. "Quanta honradez, mostre-me os seus documentos!", em alemão no original. (*N. do T.*)
64. "Por que você não disse antes, sua maltrapilha!", em alemão no original. (*N. do T*)

A Cady não sabia mais o que dizer e pensar, não conseguia expressar em palavras aquele horror que via em sua mente. Ouvia o estrépito das portas, as crianças chorando, e viu diante de si uma tropa de homens bárbaros, armados, como aquele que a tinha jogado na lama, e, em meio a tudo isso, a Mary, desamparada e solitária. A Mary, que era igual a ela.[65]

65. Anne escreveu a continuação na carta do diário datada de 11 de maio de 1944.

Fragmentos

A manhã seguinte era uma típica manhã cinzenta de abril. Ainda não estava chovendo, mas o barômetro marcava o nível mais baixo. A Cady só acordou às dez horas e pediu que a enfermeira Ank lhe contasse as circunstâncias exatas da sua queda. Lavaram-na um pouco, lhe serviram um mingau, e ela voltou a dormir depois. Assim aconteceu nos quatro dias seguintes: a Cady despertava de vez em quando, comia algo e caía de novo no sono. Não sentia muita dor e, com exceção de ter de ficar imobilizada, estava bem.

Na tarde do quarto dia foi que acordou de vez, durante a visita da mãe. A sra. van Altenhoven até então só encontrava a filha dormindo. Após ficar sentada quinze minutos à cabeceira da cama, ia embora. Foi por isso que se surpreendeu quando a filha a cumprimentou alegremente:

— Quer dizer que agora que senhora veio me visitar, mãe?

— Minha menina, eu estive aqui todos os dias, dorminhoca. Você só dormia!

— Eu sei disso, a enfermeira Ank sempre me manda as suas lembranças.

Mãe e filha não tinham muito o que dizer. A Cady pediu notícias de todos os conhecidos e vizinhos, até que a conversa não foi para a frente. Após meia hora, a sra. van Altenhoven se inclinou sobre a Cady e lhe deu um beijo:

— Então até amanhã, tchauzinho! — E saiu pela porta. A mãe da Cady não era uma mulher bonita, apesar do seu rosto inteligente e resoluto. O nariz pontiagudo e os olhos castanhos penetrantes lhe conferiam uma expressão fria, e quando olhava alguém, o seu olhar era desagradável. Quando ria, deixava à vista uma bela arcada dentária, o que desfazia a impressão de frieza. A Cady nunca tinha parado muito para pensar na aparência da mãe, mas agora lhe chamou a atenção que a mulher rebolava ao andar [como uma gansa velha]. Ainda que jamais fosse dizer isso em voz alta, não podia deixar de rir sozinha e quase se repreender por chamar a mãe de gansa velha.

Perto do horário de visitas da noite, porém, a Cady estava sempre bem desperta. Esperava na cama com impaciência a visita do pai, que jamais deixava de trazer alguma coisa para ela. Um ramalhete de tulipas, uma fruta, era só uma lembrancinha, mas a Cady adorava esses pequenos gestos atenciosos. Quando a porta se abria e entrava o sr. van Altenhoven, os olhos da Cady brilhavam, e ele sempre acabava ficando mais tempo que a mulher.

O pai da Cady era um homem bonito e tranquilo com cabelos grisalhos e olhos azuis. O seu olhar transmitia um sentimento de alegria e calor humano. Era para a Cady como uma varinha de condão. Ela e o pai podiam ficar um bom tempo juntos em silêncio, apenas contentes de estarem juntos.

A enfermeira Ank, a enfermeira que cuidava tanto da Cady, sempre olhava com gratidão para aquele homem que não faltava um único dia de visita para alegrar a filha.

A enfermeira tinha na verdade muito pouco trabalho com a paciente de quem tinha sido encarregada. A Cady, que deveria sentir dores com frequência, principalmente quando o médico tratava dela, jamais reclamava; muito pelo contrário, estava sempre satisfeita.

A VIDA DE CADY — FRAGMENTO

Aconteceu o que a enfermeira Ank tinha previsto. Na tarde do domingo, às três, pela primeira vez a Cady recebia a visita de uma jovem. Era uma menina grandalhona, não era bonita, mas tinha um rosto alegre e simpático, que pedira ao porteiro para ver Caroline Dorothea van Altenhoven.

— Ah, você deve estar se referindo à moça simpática que chamam de Cady. Ela está no quarto número quatro, terceira porta à direita.

A Cady ganhara a simpatia do porteiro porque a jovem havia recebido um pacote de bombons e distribuíra ao hospital inteiro, dois chocolates [para cada uma das] enfermeiras e pacientes, se estas estivessem em condições de comer. Por isso, ficara conhecida como "Cady, a menina simpática".

Assim, a menina se dirigiu ao quarto de número quatro e bateu na porta. A enfermeira Ank abriu a porta e falou:

— Você deve ser a Greet. Entre!

— Oi, Greet! Não precisa ficar com essa cara de espanto, eu estou inteira, viu? — A Cady estava encantada de ver alguém que não enfermeiras de rosto sério.

— Então, Cady, como você está? — Estava claro que a Greet era tímida. A enfermeira Ank, que queria que ela ficasse mais à vontade, saiu do quarto.

Quando voltou, um pouco mais tarde, de longe já ouvia o eco dos risos. Abriu a porta rapidamente e exclamou:

— Shh, meninas, mais baixo!

— Ah, enfermeira! Não consigo parar de rir. A senhora tem de ouvir o que aprontaram na escola, que pena que eu não estava lá para ver! — E a enfermeira Ank ouviu a narração com riqueza de detalhes.

Quando a Greet foi embora às três e meia, a Cady estava cansada mas feliz com a visita, o que era o mais importante, porque de tempo para dormir ela dispunha.

No mais, porém, as semanas se arrastavam monotonamente.

A VIDA DE CADY — FRAGMENTO

No dia 3 de setembro a calma no sanatório foi rompida pela primeira vez desde que a Cady tinha sido internada.

À uma da tarde, justamente quando ouvia as notícias com os fones de ouvido, levou um susto quando o porta-voz do diário de notícias do governo leu a declaração de guerra à Alemanha do ministro Chamberlain. A Cady jamais tinha ligado para política, o que era comum para uma garota de 14 anos; os acontecimentos em terras longínquas a interessavam menos ainda. Mas imaginava que aquela declaração de guerra lhe dizia respeito. Quando a enfermeira trouxe o chá após o descanso da tarde, deu a notícia aos demais pacientes.

No quarto em que a Cady se encontrava só havia pacientes em fase de recuperação.

Um dia antes da eclosão da guerra, tinha-se juntado a eles uma nova senhora cuja cama ficava do lado da cama da Cady. Até então, a garota não tinha trocado nenhuma palavra com ela além de "bom-dia" e "boa-noite", mas de repente se viram conversando. Quando a enfermeira deu a notícia, se ouviram exclamações de todos os lados do quarto; apenas a vizinha da Cady se calara.

Quando a Cady se deu conta, viu que lágrimas escorriam pela face ainda bastante jovem da nova paciente, que assumira uma expressão triste, de dar pena. Não se atreveu a perguntar nada, com medo de incomodar a vizinha absorta nas suas comiserações. Mais tarde, no mesmo dia, a Cady estava lendo quando ouviu a mulher soluçar. Pousou o livro na mesa de cabeceira e perguntou baixinho:

— Quer que eu chame a enfermeira? A senhora não está se sentindo bem?

A mulher ao seu lado ergueu o olhar. Estava banhado em lágrimas. Ela encarou a Cady e disse então:

— Não, não, meu bem, não se preocupe. Nem enfermeiras nem remédios podem aliviar a minha dor.

Essas palavras reforçaram a pena que a Cady estava sentindo. A sua vizinha parecia tão deprimida e inconsolável que a garota não se conformou. Emendou:

— Será então que eu própria não tenho como ajudar?

A mulher, que tinha recaído sobre os travesseiros, endireitou-se de novo, secou as lágrimas com um lenço de bolso e olhou para a Cady com muita simpatia.

— Dá para ver que você não está apenas curiosa. Por mais nova que seja, vou lhe contar o que me causa esta tristeza toda. — Parou por um breve instante, olhou à sua volta com o olhar ausente e continuou: — O meu filho, se trata do meu filho. Ele está num internato na Inglaterra e voltaria no mês que vem, mas agora, agora... — Os soluços a impediram de continuar, mas a Cady completou a sua frase:

— Mas agora ele não tem mais como voltar?

A resposta veio como um fraco menear de cabeça.

— Sabe-se lá quanto tempo vai durar essa guerra e o que vai acontecer para aqueles lados. Eu não acredito nesse papo-furado de que a guerra vai terminar em alguns meses. Uma guerra dura sempre mais do que as pessoas imaginam.

— Mas por enquanto a guerra só está acontecendo na Polônia, não é? Não tenha tanto medo, o seu filho não está sendo bem-cuidado. — Apesar de não ter a mínima ideia da situação do filho da vizinha, a Cady não pôde evitar dar tal resposta tão inconsolável. Mas a mulher não respondeu à pergunta.

— Depois do fim de uma guerra as pessoas sempre dizem: nunca mais, que tragédia, isso jamais se repetirá. Mas as pessoas sempre voltam a lutar umas contra as outras. Enquanto as pessoas respirarem e viverem, isso nunca vai mudar; elas sempre acabam brigando e, quando há paz, procurando motivos para se enfrentar.

— Eu não sei, nunca vivi uma guerra e... por enquanto, não estamos em guerra, ela ainda não chegou até nós. É uma infelicidade o que a senhora conta sobre o seu filho, mas, quando a guerra terminar, vocês vão se rever, sãos e salvos. Mas... espere um pouco: o seu filho não tem como voltar agora? Não está proibido transitar entre a Holanda e a Inglaterra! Pergunte ao médico, ele deve saber. Se o seu filho quiser, ainda pode voltar para casa.

Nunca na sua vida a Cady tinha visto uma transformação tão imediata num rosto.

— Você acha mesmo? Isso não me ocorreu nem por um segundo. Aí vem a enfermeira, vou perguntar a ela.

A enfermeira, que se aproximava, foi até elas assim que viu o sinal que a Cady e a sua vizinha faziam.

— Enfermeira — começou a mulher —, a senhora sabe se está proibido transitar entre a Holanda e a Inglaterra?

— De maneira alguma, minha senhora. Por acaso a senhora pretende ir à Inglaterra?

— Ah, não, não é por isso que eu pergunto. Agradeço imensamente, enfermeira.

Após lançar mais um olhar agradecido à Cady, a mulher se virou e começou a fazer planos de como escrever ao filho.

Liebe Omi,

Ich gratuliere herzlichst zum Geburstag.
Ist es bei Euch auch so kalt, bei uns kaum zum aushalten, es ist 8 Grad unter null im Tag, nachts „ Grad.
Ist pussie wieder zureick, und hat Stephan sie wieder auf der Schulter.
War Chanuka auch bei euch gewesen, bei uns wohl und es gab viel zu „snoepen".
Wir sind viel auf der Eisbaan, und ich hab auch Schlittschuh laufen gelernt, erst bin ich viel gefallen jetzt geht es schon, und ich habbe spass dran. Viele grüsse an alle und Küsschen an dich

Zärtlein.

b. w.

CARTAS

Prefácio

Todas as cartas conhecidas de Anne Frank até então se encontram reunidas aqui. Apesar de o arquivo de Anne Frank em Amsterdã não revelar nenhuma informação adicional, não se pode excluir a existência de mais material escrito. As cartas não datadas figuram aqui na suposta ordem cronológica — tanto quanto se possa concluir com base no seu conteúdo.

Carta de 18 de dezembro a Alice Frank, cujo aniversário é no dia 20 de dezembro

SEXTA-FEIRA, 18 DE DEZEMBRO DE 1936

Querida Omi,[66]

Tudo de bom no seu aniversário. Como o Stephan e o Bernd estão? Agradeça a tia Leni pelo lindo bonequinho de esqui, você ganhou bons presentes de aniversário? Escreva-me. Beijos,

Anne

•

Carta não datada a Alice Frank, cujo aniversário é no dia 20 de dezembro

Querida Omi,

Meus mais sinceros parabéns.

Está fazendo tanto frio aí como aqui? Está difícil de aguentar, durante o dia faz 8 graus negativos, e durante a noite, 11.

A Pussie voltou e está de novo nos ombros do Stephan?

Teve festa de Hanucá por aí? Aqui sim, com muitas comidinhas.

---

66. Hipocorístico de "avó" ("Vovó") em alemão. (*N. do T.*)

Fomos direto ao rinque de patinação no gelo, e eu também aprendi a patinar. No começo eu caía direto, mas agora já sei patinar e me divirto muito. Lembranças a todos e um beijo para você,

Zärtlein

•

Carta não datada a Stephan Elias, cujo aniversário, como o da Alice Frank, é no dia 20 de dezembro

Querido Stephan,

Quero desejar tudo de bom nesse aniversário para você também.

Está fazendo muito frio por aqui.

Vocês também têm costume de patinar? Nós, sim, e eu também aprendi.

Ganhou muitos presentes?

A vovó já melhorou? Espero que sim.

É gostoso morarem juntos?

A vovó nos contou muita coisa. Esta não é exatamente uma carta de aniversário, mas a intenção foi boa.

Lembranças a todos, principalmente para você e o Bernd.

Anne

•

Carta datada de 29 de abril de 1940 à correspondente Juanita Wagner de Danville, Iowa

AMSTERDÃ, 29 DE ABRIL, SEGUNDA-FEIRA

Querida Juanita,

Recebi, sim, a sua carta e quero responder o mais rápido possível. A Margot e eu somos as únicas crianças aqui em casa. A nossa avó mora com a gente. O meu pai tem um escritório e a minha mãe cuida de casa. Eu tenho [=moro?] não muito longe da escola e estou na quinta série.

A gente não tem períodos de aula e pode fazer o que quiser. É claro que temos que atingir uma certa meta. A sua mãe deve conhecer esse método, ele é chamado de Montessori. Não temos muito dever de casa. Olhei de novo no mapa e achei o nome Burlington. Perguntei a uma amiga minha se ela gostaria de se corresponder com alguma amiga sua. Ela quer fazer isso com uma menina mais ou menos da minha idade, não com um menino.

Vou anotar o endereço dela aqui embaixo. Foi você mesma quem escreveu a carta que eu recebi ou foi a sua mãe? Estou anexando um cartão-postal de Amsterdã e vou continuar fazendo isso, colecionando cartões-postais: já tenho cerca de 800.

Uma menina que frequentava a minha escola foi para Nova York e escreveu uma carta para a nossa turma faz algum tempo. Se você e a Betty tiverem uma foto, me mande uma cópia porque eu tenho curiosidade de ver como vocês são. O meu aniversário é no dia 12 de junho. Me diga quando é o seu por gentileza. Pode ser que uma das suas amigas escreva primeiro para a minha, porque ela também não sabe inglês, mas vai pedir para o pai ou a mãe traduzir a carta.

Aguardo notícias suas, da sua amiga holandesa, Annelies Marie Frank

P.S.: Por favor me mande o endereço de uma menina.

•

Cartão-postal não datado dos canais de Amsterdã, anexado à carta acima para Juanita Wagner de 29 de abril

Querida Juanita,

Esta foto mostra um dos muitos canais antigos de Amsterdã. Mas é só um da parte antiga da cidade. Existem também canais grandes e pontes sobre todos eles.

Existem mais ou menos 340 pontes na cidade.

Anne Frank

•

Cartão de 17 de novembro de 1940 a Alice Frank na Basileia

17 DE NOVEMBRO DE 1940

Querida Omi,

Como você está? Hoje é domingo e eu estou bem entediada. Eu estava brincando com os meus cartões-postais, quando de repente pensei em escrever para vocês. Hoje de manhã o papai e a mamãe saíram, e a Margot e eu tivemos que arrumar os quartos. Não dá para escrever muito nesse cartão, mas segue junto uma carta também.

Lembranças a todos, muitos beijos.

•

Carta não datada a Alice Frank, cujo aniversário é no dia 20 de dezembro

Querida Omi,

Para você eu não tenho nada, só um buquê de flores e mais nada. Eu sei que é pouco, mas não vou escrever mais.

Sua Anne

•

Carta de 13 de dezembro de 1940 a Alice Frank e Stephan Elias

SEXTA-FEIRA, 13 DE DEZEMBRO DE 1940

Querida Omi e querido Stephan,

Desejo a vocês um feliz aniversário e espero que não demore muito para que a gente volte a comemorar juntos. Tomara que nenhum outro aniversário seja pior que este.

Hoje de manhã eu tive ditado e cometi nada menos que 27 erros. Vocês com certeza vão rir ao ler isso, mas não é de se estranhar tanto, porque o ditado foi muito difícil, e eu não sou muito boa em ditados.

Estou ansiosa para amanhã porque vou a um rinque de patinação artificial (também vai ser a primeira vez neste ano). Mas ele não fica mais tão longe, agora está no Appolohal. Você deve saber onde fica, vovó, acho que já tomou café no salão. E amanhã de tarde eu vou com o papai no leilão.

O boletim escolar da Margot veio excelente, e estou orgulhosa dela. Acho que eu nunca vou ter só notas 9 e 8.

A Gabrielle Goslar é uma graça de bebê, de vez em quando deixam que eu e Margot fiquemos quando a põem na banheira.

A Margot está escurecendo as janelas, essas são as preocupações [agora], e eu estou muito irritada, porque ainda não é necessário e está fazendo um dia tão bonito! A Margot acabou de sair do quarto, e eu fui lá e tirei tudo da janela.

Desejo tudo de melhor para o ano que vem. Muitos beijos a todos, mas especialmente à vovó,

Sua Anne

•

Carta não datada da casa de veraneio a Otto Frank, talvez de janeiro de 1941

Querido ming kungka, ou seja papai,

Queria agradecer de coração pelos dois cartões de estrelas do cinema que você mandou depois do primeiro, eu ainda não tinha nenhum desses.

Fiquei muito feliz com a sua carta e também com o açúcar, a geleia e o arroz. O arroz veio em boa hora, já que estou mesmo com o estômago desarranjado; a primeira coisa que fiz foi comer muito arroz.

Será que a mamãe pode me mandar alguns comprimidos de carbono para eu tomar depois de comer? Levantei da cama agora há pouco, estou me sentindo bem de novo, só senti um pouco de dor de cabeça hoje de manhã e ainda estou com um peso no estômago. De janta a gente comeu peixe frito com batatas e salada. Não consegui comer nem salada nem pão. De sobremesa a gente comeu um pudim maravilhoso com cerejas e calda; eu gosto muito de pudim, mas só com calda, a mamãe bem que pode preparar, com calda de framboesa, por exemplo.

Fiquei muito contente com a sua carta e estou me concentrando principalmente no "controle". Você não pode tirar férias uma semana depois?

Se não der, será que você não poderia vir me visitar? Eu adoraria; aí você poderia pegar o trem das nove e meia saindo de Amsterdã e o ônibus que sai da frente da estação de Apeldoorn até Beekbergen e pede para descer na "Zonnehuis" e pergunta como chegar ao Koningweg 5, "Op den Driest". O ideal seria, claro, que você me mandasse primeiro um cartão; traga também sanduíches.

Para os outros aqui não tem problema nenhum.

Espero que você faça isso, porque estou morrendo de saudades de todos vocês.

Não demore para me escrever, porque no domingo eu não recebo correspondência e seria uma desgraça se eu recebesse sua carta só na noite da segunda-feira.

Lembranças para todos e beijos,

Sua Anne

•

Carta de 13 de janeiro de 1941 a Alice Frank e a família Elias na Basileia

13 DE JANEIRO DE 1941

Meus queridos,

Recebi hoje a carta do Bernd, adorei que ele tenha escrito para nós, então muito obrigada.

Eu passo cada minuto do meu tempo livre no rinque de patinação. Até agora estava usando sempre os patins que eram da Margot. Eles têm uns parafusos que se ajustam com uma chavinha. Já as minhas amigas têm patins de verdade, em que o apoio dos pés é preso com prego para não se soltar.

Estava morrendo de vontade de comprar um desses e, depois de muito reclamar, acabei ganhando.

Agora tenho aulas de patinação artística: aprendo a dançar, saltar e tudo o mais.

Dei para a Hanneli os meus patins velhos, e ela está toda contente. Assim, estamos as duas satisfeitas.

A irmãzinha dela é uma graça. Eles me deixam pegá-la no colo; ela ri para todo mundo, e as crianças morrem de inveja da Hanneli por causa da Gabi.

Como vocês estão? Eu só estou falando de mim e da patinação, mas não me levem a mal, é que eu estou toda prosa com ela.

Espero que eu aprenda a patinar como o Bernd.

Por aqui vai tudo bem (me refiro à escola), eu tenho pouco tempo durante a semana, e, quando tenho, estou no rinque.

Às terças e sextas eu também tenho lição de casa e só me sobram os sábados e os domingos para patinar.

Às segundas, quartas e quintas tenho francês e chego em casa só quase às seis.

Bernd: quem sabe a gente não faz uma apresentação juntos mais para a frente, mas eu tenho que praticar muito ainda para alcançar você.

Lembranças a todos e muitos beijos,

Sua Anne

•

Carta de 22 de março de 1941 a Alice Frank e a família Elias na Basileia

AMSTERDÃ, 22 DE MARÇO DE 1941

Querida Omi e todo mundo,

Muito obrigada pela linda foto, dá para ver que o Bernd é muito engraçado, porque todo mundo está rindo. Coloquei em cima da minha cama.

O sr. Wronker foi embora, e agora temos o quarto grande livre para todos nós, o que, claro, é uma delícia, e temos mais espaço.

Hoje a mamãe e eu estivemos na cidade para comprar um casaco para mim, um cinza, além de um chapéu, e eu encontrei um lindo.

No sábado estive com o papai no escritório. Trabalhei lá das nove às três. Depois fomos para o centro e finamente voltamos para casa.

Eu queria poder voltar a patinar, mas tenho que ter paciência até o fim da guerra. Se o papai ainda estiver em condição de pagar, depois de tudo, volto a fazer aula, e ele me prometeu uma viagem para a Suíça, para visitar vocês, se eu estiver patinando muito bem.

Tenho muita lição de casa. A sra. Kuperus é muito legal. A Hanneli também vai bem. Deixam a Margot passear com a bebê sozinha, e no domingo posso acompanhar a sra. Goslar e a bebê.

A Sanne vem pouco aqui em casa, ela tem as suas próprias amigas.

A Barbara dança desde cedo até de noite, está sempre tendo aulas de dança, tanto balé como dança normal.

A Margot costuma sair aos sábados e domingos, ela agora está num clube do sr. Melker. A vovó sai para passear com as suas velhinhas todas as tardes, e às vezes, quando o tempo está feio, elas vêm aqui e é uma tagarelice sem fim. Eu gosto de ouvir as conversas das velhinhas, que adoram se gabar.

Estou sentada na escrivaninha. O nosso quarto é enorme: tem uma cômoda, uma pia, um mapa na parede, do lado oposto da secretária[67] da mamãe que nós transformamos numa escrivaninha fofa, além da cama dobrável da Margot e mais uma cômoda baixinha, um divã, onde eu durmo, e, no centro, uma mesinha à frente de uma poltrona grande e todos os meus quadrinhos e fotografias, onde também está a do Bernd.

O papai acabou de chegar em casa, e a mamãe saiu para fazer compras. Vou parar por aqui, senão o papai fica muito sozinho.

Lembranças e muitos beijos para todos,

Sua Anne

•

Carta não datada a Alice Frank, provavelmente da primavera de 1941

Querida Omi,

Como você está? A gente recebeu a foto do Bernd, ele saiu muito bem.

A escola vai bem, o diretor saiu de lá faz dois anos. Quem está no lugar dele agora é a sra. Kuperus, a gente sempre chama a diretora de senhora.

No ano que vem eu termino esta escola, e espero passar para o hbs.[68]

É uma loucura tudo o que eu tenho que estudar, quase não posso mais brincar na rua.

---

67. No original, Anne escreveu "sekreter" em vez de "secretaire". (*N. do E.*)

68. Hogere Burgerschool — ensino secundário (*N. do T.*)

Vou ganhar um vestido novo, é muito difícil conseguir tecido e muito caro.

A Hanneli está doente; ela nem chega perto do meu nível na escola, ficou mesmo para trás, e olhe que eu não sou a melhor. Vai um senhor à casa dela duas vezes por semana para dar um reforço, mas é um dinheirão o que o homem cobra.

O papai tem tido muito trabalho; o escritório dele em breve vai mudar, porque o espaço no Singel é pequeno demais. Vai para o Prinsengracht, o canal, eu muitas vezes vou recebê-lo quando descer do bonde. É muito legal dormir com ele, mas eu gostaria de ter uma desculpa para voltar a dormir no andar debaixo, e que as coisas voltassem ao normal.

Estou tricotando um suéter, o modelo é uma graça, e fácil. No final desta carta eu faço um desenho; são seis para a direita e seis para esquerda na maior parte.

Estou com os cabelos bem compridos, como vocês devem ter visto na foto. O papai e a mamãe querem que eu corte, mas eu prefiro deixar crescer.

Vocês vão bem? Queria tanto poder ver o Bernd no gelo, espero que isso aconteça mais cedo do que imaginamos!

Estou tendo aula de francês, e nessa matéria eu sou a melhor; vai aparecer no boletim, mas só pouco antes das férias de outono. Não podemos ter aula de judaísmo por enquanto, e no inverno acho que não vou mesmo poder frequentar a escola, senão tenho que voltar no escuro para casa, o que eu nem quero nem posso fazer.

Estou com um aparelho na boca. Tenho que ir ao dentista toda semana e amanhã vou de novo. Já faz oito semanas, e, óbvio, é muito desagradável. Tenho que parar por aqui, está na hora de ir para a cama. Lembranças ao tio Erich, à tia Leni, ao Stephan, ao Bernd e à avó Ida, e muitos beijos para você,

Sua Anne

•

Carta não datada a Alice Frank e a família Elias na Basileia. A data é ilegível, provavelmente de junho de 1941

Querida Omi e todo mundo,

Agradeço a todos vocês pela linda carta de aniversário. Eu só consegui ler no dia 20 porque o meu aniversário foi adiado porque no dia 11 a vovó teve que ir para o hospital. Ganhei muita coisa. Da vovó 2,50 florins e um atlas; do papai e da mamãe uma bicicleta, uma mochila nova para a escola, um maiô para a praia e várias outras coisas. A Margot me deu este papel de cartas, porque o meu tinha acabado, e também não me faltaram doces e outros presentinhos.

Está fazendo muito calor aqui; aí também? Adorei o poema do Stephan. O papai também me escreveu um, como pede a ocasião.

Logo, logo a gente entra de férias, eu vou passar duas semanas na casa de parentes da Sanne Ledermann (talvez a vovó ainda se lembre dela). Depois disso vou para uma colônia de férias, também com a Sanne, então não é o fim do mundo.

Ontem (domingo) saí com a Sanne, a Hanneli e uma menina. Foi muito agradável, não sinto falta da companhia de meninos.

Não vou ter muita oportunidade de ficar bronzeada porque não podemos ir à piscina, o que é uma pena, mas não tem o que fazer para mudar.

Na escola não estamos fazendo muita coisa; de manhã nós desenhamos um pouco e de tarde ficamos no jardim catando moscas e colhendo flores.

Vou parar por aqui porque está muito quente para continuar escrevendo.

Lembranças e beijos a todos,

Sua Anne

•

Carta de 30 de julho de 1941 a Alice Frank

30 DE JULHO DE 1941

Querida Omi,

Estou agora em Beekbergen e está uma delícia, mas é uma pena que o tempo esteja tão ruim. Como vocês estão? Está gostoso em Sils-Maria?

Se você for me responder, escreva para Amsterdã, porque vou embora logo e eles teriam que reencaminhar a carta, o que é trabalho à toa. Tem um menininho aqui chamado Raymond, e a Sanne e eu passamos o dia brincando com ele. Ele tem 1 ano e meio de idade. Vocês vão ficar fora por quanto tempo? O Sils continua sendo aquele lugar lindo? A casa aqui é um pouco antiquada, mas ainda assim boa. A Sanne e eu temos um quartinho só nosso. Leio muito, é uma pena que não possamos sair. Dormimos aqui bem mais tranquilas que em Amsterdã, sem ser minimamente incomodadas.

Vou agora brincar com o Ray de novo porque ele já está chamando.

Será que vocês vão mandar notícias logo? Muitos beijos da

Anne

•

Carta não datada a Otto Frank, por volta de julho de 1941

SEGUNDA À NOITE

Querido Papi,

Obrigada pela carta e pelo dinheiro, está mesmo me fazendo falta. Eu já gastei muito, mas nada sem necessidade; eu estava precisando comprar selos para escrever a todas as pessoas para quem eu queria escrever.

f 0,25 para litronela [= citronela?]
f 0,05 para envelopes
f 0,10 para doces
f 0,30 para flores para a tia Eva
f 1,80 para selos
f 0,05 para bloco de notas
f 0,73 para cartões
A soma final foi então *f* 3,28.

Você dá parabéns ao sr. Dreher por mim? Eu também mandei um cartão. Hoje eu passei o dia deitada no jardim e jogando pingue-pongue, já estou aprendendo mesmo. O tio Heinz e a tia Eva jogam muito bem, é com ela que eu estou aprendendo. Estou lendo bastante e, com exceção de um, já li todos os meus livros e os da Sanne. Não tenho notícias da mamãe desde sábado à noite, e agora já é segunda à noite.

O tempo não está muito bom, mas não chove. O Ray hoje está um pouco reclamão, mas fofo. Você me escreve logo? Beijos da

Anne

•

Carta não datada a Alice Frank com uma nota manuscrita em cada página: "1942 após a Páscoa"

Querida Omi,

Já faz muito tempo que eu não escrevo, mas é porque estamos com muita lição de casa e quase não me sobra tempo.

Recebemos os boletins antes da Páscoa. Aumentei em 3 a minha nota de matemática, mas diminui as de holandês, alemão e francês em 3 (no total, claro).

Como vão vocês?

Hoje é o primeiro dia de verão que faz tempo bom. Na terça já acabam as férias, elas passam rápido demais. É verdade que eu dirigi esta carta à vovó, mas ela é, claro, para a família inteira.

Não tem mais patinação, não é, Bernd?

Perdi totalmente a prática, porque já fez um tempão que não patino.

O liceu é divertido, na nossa turma tem doze meninas e dezoito meninos. No começo a gente andava muito com os meninos, mas agora deu uma esfriada. Felizmente, porque eles começaram a ficar muito chatos.

Estou de novo na turma da Hanneli; a irmã dela é uma gracinha e já consegue andar.

A Sanne não está na nossa escola, mas a gente continua se vendo muito. Como eu, ela adora a Moortje, que é como se chama a gatinha que a gente tem já faz seis meses. Como é fêmea e está sempre passeando no telhado e encontrando machos, espero que ela logo tenha filhotes.

De resto, tudo vai bem. O papai estava com lumbago ou reumatismo nas costas, mas já passou.

Está na hora de vocês me escreverem também, eu adoro receber uma carta só para mim.

Em breve nós vamos tirar uma foto em família num estúdio fotográfico, acho que não vai demorar para vocês receberam de novo uma foto.

Eu estou com outra aparência, porque estou com os cabelos curtos e encaracolados, vocês vão ver na foto se não ventar.

A Margot saiu hoje à noite, foi para o clube da escola. Infelizmente ela volta logo, senão eu teria o reino todo só para mim.

Estou indo, tchau para todos, espero receber notícias rápido.

Anne

•

Cartão colorido não datado a Alice Frank em Sils-Maria, por volta do verão de 1942

Querida Omi,

Nós fizemos hoje um passeio e o tempo estava maravilhoso, e como tem cartões tão bonitos, pensamos em vocês. Lembranças,

Anne

•

Carta de aniversário de 2 de junho de 1942 a Bernd (Buddy) Elias na Basileia

Querido Bernd,

Parabéns pelo seu aniversário (é sempre assim que começa uma carta de aniversário) e muitos anos de vida. Espero que vocês estejam todos com saúde, como nós.

Tivemos cinco dias de folga pelo feriado de Pentecostes. Foi muito gostoso, e os meus dias estão muito ocupados. De noite eu não chego antes das dez em casa, mas normalmente um menino me traz de volta.

Como vai aquela menina da foto que você me mandou? Escreva para me contar, essas coisas me interessam, como você sabe.

A Margot também está com um menino, mas ele é mais novo que o meu.

Não vou me estender muito nesta carta, mas é que estou correndo, porque vou assistir a um filme na casa de conhecidos com o papai.

Lembranças a todos. Responda!

Anne

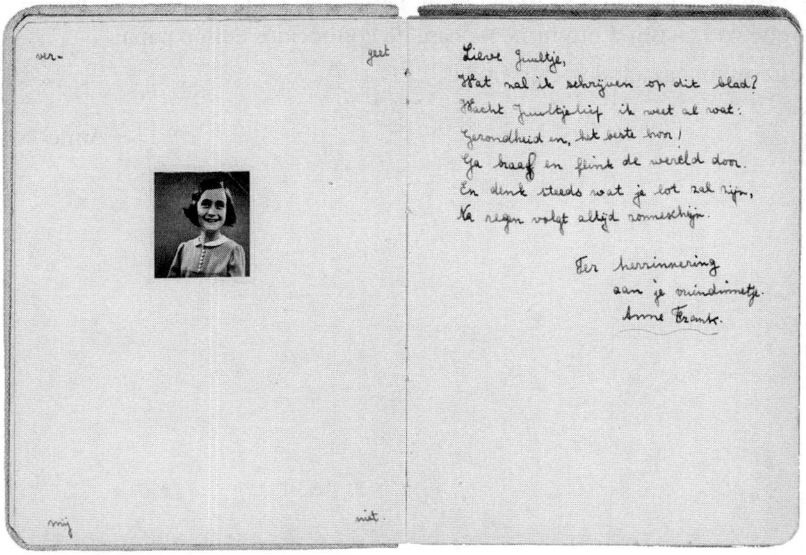
ver-
geet
mij
niet.
Lieve Juultje,
Wat zal ik schrijven op dit blad?
Wacht Juultjelief ik weet al wat:
Gezondheid en, het beste loon!
Ga braaf en flink de wereld door.
En denk steeds wat je lot zal zijn,
Na regen volgt altijd zonneschijn.
Ter herinnering
aan je vriendinnetje.
Anne Frank.

VERSOS EM ÁLBUNS DE POESIA

Prefácio

Conservaram-se quatro versinhos que Anne escreveu em álbuns de poesia de amigas. Estão todos enfeitados, como se costuma fazer ainda hoje em dia. Apesar de se tratar de versos comuns, a escolha de tais poemas diz algo sobre a própria Anne e sobre a sua relação com as amigas. Essa é a razão de constarem nesta obra completa.

Versos no álbum de poesia de Mary Caroline Bos, em 5 de março de 1938

Querida Mary,

Quando depois de muitos anos
Você voltar a ler este livro
E pensar em quem foram as suas amigas
Nos tempos da escola.

E quando nos seus pensamentos
Você evocar as lembranças
Da longa fila de amigas
Mary, pense então em mim também!

Para que se lembre sempre da sua companheira de escola,

Anne Frank

•

Versos no álbum de poesia de Juultje Ketellapper, em julho de 1939

Querida Juultje,

O que escrever neste papel?
Espera, já sei, Juultje, meu bem:

Saúde e tudo de bom para ti!
Enfrenta o mundo com coragem e força.
E pensa sempre no que será teu destino,
Após a chuva, o sol sempre brilha.

Para que se lembre sempre da sua amiga,

Anne Frank

•

Versos no álbum de poesia de Dinie Amelsbeek, em 18 de outubro de 1940

Querida Dinie,

No dia que
Não estivermos mais na escola,
Mas vivendo nesse mundo imenso,
Olhe este álbum,
E pense em mim, sua companheira de escola.

Anne Frank

•

Versos no álbum de poesia de Jacqueline van Maarsen, em 13 de março de 1942

Querida Jacque,

Continue sendo um raio de sol,
A menina simpática na escola,
A minha mais querida amiga.
Assim, será amada por todos.

Para que se lembre sempre da sua amiga,

Anne Frank

Verschillende versjes van allerlei:

15 Aug. 1943. Willst du glücklich sein im Leben,
Trage bei zu and'rer Glück,
Denn die Freude die wir geben
Strahlt ins eig'ne Herz zurück.

. . . .

15 Aug. 1943. Mensch mit zugeknöpften Taschen
Dir tut niemand was zu lieb.
Hand wird nur von Hand gewaschen;
Wenn du nehmen willst, so gib.

. . . .

15 Aug. 1943. Willst du glücklich sein im Leben,
Scheue niemand, tue recht.
Dann wird alles gut gelingen,
Und es geht dir niemals schlecht.

. . . .

15 Aug. 1943 Du weintest einst als du die Welt begrüsstest,
Doch alles Lächeln grüsste dein Erscheinen.
Gott gebe – dass – wenn du die Augen schliessest,
Dein Antlitz lächle, während alle weinen.

. . . .

15 Aug. 1943 Mit vielen teile deine Freuden,
Mit allen Munterkeit und Scherz.
Mit wenigen nur deine Leiden!
Mit Auserwählten nur dein Herz.

Uit Julius Cäsar van Shakespeare:

18 Aug. 1943

Wer ist so fest, den nichts verführen kann?

---

18 Aug. '43 Noch felsenfeste Burg, noch ehr'ne Mauern
Noch dumpfe Kerker, noch der Ketten Last,
Sind Hindernisse für des Geistes Stärke.

O LIVRO DAS BELAS CITAÇÕES

Prefácio

Anne Frank manteve, de junho de 1943 a 2 de julho de 1944, o que chamava de *Livro das belas citações*: um pequeno caderno no qual não só anotava frases bonitas, mas também passagens mais longas dos livros que lia e que achava interessante. Ela faz menção ao *Livro das belas citações* em anotações do diário do dia 18 de abril de 1944. Foi o pai de Anne, Otto Frank, quem a encorajou a fazer essa coleção, porque, na primeira página, Anne escreve: "Uma invenção do Pim!" (Pim era o apelido do pai).

Aqui e acolá, por entre os autores citados, a própria Anne Frank aparece, escondendo-se sob o pseudônimo "Rea". Nos dias 28 de fevereiro e 24 de março de 1944, Rea também aparece na versão *a* do diário. Assim como no *Livro das belas citações,* Anne Frank também assina seus próprios versos. Assim sendo, Rea pode ser tida como o *alter ego* poético de Anne.

Tal como no *Livro do Egito*, a maior parte dos textos do *Livro das belas citações* não são da própria Anne, mas de outros autores. No entanto, sua seleção oferece um testemunho de palavras inspiradoras e textos que lhe falaram diretamente ao coração. Por isso é que faz parte da documentação da sua escrita e se constitui em elemento indissociável da sua herança literária.

O *Livro das belas citações* foi publicado pela primeira vez em 2004. A edição de Gerrold van der Stroom foi impressa basicamente como uma cópia do manuscrito de Anne. Além disso, o livro contém informações biográficas e bibliográficas dos autores e livros a que Anne faz menção ou cujos trechos foram transcritos. Essa edição é a principal fonte para quem pesquisa a relação entre os livros que Anne lia e sua própria obra.

Anne Frank
O Anexo, 14 de agosto de 1943

Uma invenção do Pim!

•

JUNHO DE 1943

De: *Het lied der duisternis* [*A canção da escuridão*]
Por Alice Bretz

Um exemplo dessa fé é a história de uma menina irlandesa, cujo irmão tinha ido a Nova Iorque. A tia dava uma pequena festa para eles, e, quando chegaram, já estavam todos dançando.

A menina correu até o dormitório para ali deixar chapéu e casaco. Como não voltava, a tia foi procurá-la. Achou a sobrinha ajoelhada e perguntou o que fazia. A resposta foi:

— Agradecendo a Deus por estar tão feliz. Estava com medo de me esquecer se fosse logo dançar.

Uma prece de gratidão é algo que muitos de nós esquecemos facilmente. Lembramo-nos de pedir algo a Deus, mas raramente nos lembramos de agradecer por tudo o que Ele já fez por nós.

Quando alguém acha que a minha cegueira é um castigo de Deus, tal opinião em relação a Ele me enche de horror. Uma ideia assim é uma barbaridade. Um homem que cegasse o seu filho pelo motivo que fosse seria linchado pelos vizinhos, que lamentariam por não ter feito isso antes. Assim, o Pai Divino seria mais cruel que um homem, e essa é uma interpretação que me contraria. Não recrimino Deus pela minha cegueira, Ele me ajuda como um pai.

Não me preocupo com que os demais acham de Deus, assim como não me pergunto se a minha crença é ortodoxa ou não.

É simples e forte. O Senhor é nosso amigo, e da mesma maneira que nos alegramos aqui na Terra com um bom amigo que nos ajuda nas nossas tarefas diárias e nos acompanha quando saímos, a presença do Senhor aumenta o nosso contentamento.

A minha simples crença não me obriga a ir de fato à igreja. Não me preocupo com as opiniões contraditórias das diversas igrejas e não me atrevo a encetar discussões teológicas. Não sou uma mística, e, quando Deus fala a mim no silêncio, poderia pensar que a mensagem é produto da minha imaginação. Deus sabe disso e utiliza as pessoas para me demonstrar o seu amor e os seus cuidados. É o que encontro na amabilidade, na palavra encorajadora, num presente, e aceito as pessoas como mensageiros de Deus. Quando agradeço a alguém, também agradeço a Deus. É essa opinião que faz com que a amabilidade seja tão importante na minha vida. É o sorriso de Deus. É o que justifica a minha felicidade e o fato de poder ser tão alegre apesar do que os demais chamam de "a tragédia da minha vida". Não há nem sombra de tragédia. A minha vida se constitui de pequenos fatos que contribuem para a minha alegria e conforto, mas também com frequência para a minha tristeza. Não preciso pedir a Deus que se realize um determinado desejo. Se Lhe aprouver, Ele vem na forma de uma pessoa. Os momentos tranquilos que constituem o meu dia são um prazer por si só. A minha crença em Deus preenche as lacunas do meu coração. A minha crença em Deus me fortalece, fico rica ao pensar Nele, em algo que Ele disse, ainda que seja uma palavra só. Esse pensamento se transforma na mesma hora em algo de que preciso e me dá forças para continuar. Um sentimento de paz preenche o meu coração.

Quando reflito sobre um problema, tentando em vão achar uma solução, deixo-o a cargo de Deus. A Sua ajuda nunca falhou em vir. Tenho tanta certeza disso que não acho mais que justo fazer eu mesma o máximo e me virar tão bem quanto possível. Apelo então para a sabedoria e entendimento de Deus para que Ele me indique o que tenho de fazer. A amizade de Deus não só dá coragem, mas também uma profunda felicidade. Mostra-nos o que a amabilidade significa no mundo. Ninguém pode nos roubar esse sentimento, porque nós, os cegos, temos mais oportunidades de pô-lo em prática que os demais.

Apreciação é o primeiro passo em direção ao agradecimento, e o agradecimento no nosso coração é como uma nova chama, reacendida numa lareira cheia de cinzas. Aquece-nos por inteiro e torna as nossas vidas mais felizes. Podemos igualmente compartilhar essa chama com os outros; isso porque nós, os cegos, podemos tornar o nosso papel na sociedade algo importante. Os outros gostam de falar conosco por mantermos a nossa coragem e porque não deixamos as nossas dificuldades pesarem sobre nós.

Por tudo o que eu já li no terreno da religião, formei a convicção de que a amizade com Deus é de importância fundamental. Há um texto no Antigo Testamento que reza: "Sujeite-se a Deus, fique em paz com ele, e a prosperidade virá a você". É tão fácil. Podemos conhecer Deus. Ele está sempre disposto a ser nosso amigo; tudo o que devemos fazer é desejar a Sua amizade e tentar entendê-Lo. O nosso desejo é a parte mais poderosa e fundamental, o entendimento chega mais devagar e a cada um de nós, de uma maneira diferente. No que se refere a um amigo humano, gostamos de dizer e fazer coisas para agradá-lo. Podemos assumir tal posicionamento também perante Deus.

Gostamos de pensar Nele, de falar com Ele; achamos agradável que esteja perto de nós. Sabemos que Ele entende os nossos desejos e os nossos erros assim como tudo o que desregra o nosso espírito.

É difícil formular esse sentimento com palavras. Quando tentei, certa vez, a minha ouvinte exclamou:

— Acho péssima a maneira como você fala sobre Deus. Como se Ele fosse seu amigo!

— É o que eu espero — foi a minha resposta.

Para essa mulher, Deus era alguém num lugar muito distante, cuja ira deve ser esconjurada com súplicas. Naturalmente nos sentimos pequenos e insignificantes na presença do Todo-Poderoso. Da mesma maneira, uma criança pequena se sente pequena e impotente nos braços do pai.

Sim, eu sei que há muita maldade, dor e infelicidade no mundo, mas há também a amizade de Deus.

(Alice Bretz escreveu esse livro depois que ficou cega.)

•

14 DE AGOSTO DE 1943

De: *Vorstenschool* [*A escola de príncipes*]
Por Multatuli[69]

Rainha-Mãe: Tanto trabalho?
Louise: Eu estava com visita
Você sabe, recebo das oito às dez...
Ah, mamãe, veja só aquelas pilhas.
Notícias sobre todos os males que atingem o povo,
Coisas que não são como deveriam ser,
E ainda assim — espero eu! — um dia serão.
Mas, mãe... que filha leviana eu sou...
Nem perguntei pelo seu bem-estar!
Você descansou bem após uma noite daquelas?!

Mas uma pessoa deve viver,
Ou seja: sentir, pensar, agir, ansiar,
E render frutos, centenas... milhares!
Quem não der mais do que recebeu é... um nada
E perdeu tempo nascendo.

O povo caiu muito baixo, mãe! Alma e coração
Soçobram com o sofrimento contínuo da carne.
A chama do estro elevado é apagada.
Se a vida não passar de uma luta contra o vil,
Se o único objetivo da vida for não morrer,
E sucumbir tardiamente o mais alto preço!
O que é para o pobre a frescura da primavera? Nada!
Um céu estrelado? Nada! O que lhe é a arte?
E os tons, as cores, os aromas? Nada!
O que lhe é a poesia? E o amor? Nada!
Isso tudo não lhe é nada. Qualquer fuga
Lhe é interditada pela realidade,
Que com punho de ferro o esfrega na lama.
E castiga qualquer tentativa de rebelião
Com... a fome...

69. Em alguns poemas deste livro, preferiu-se priorizar na tradução o conteúdo à forma. (*N. do E.*)

Nascimento, títulos, riqueza, posição, privilégio,
E pergunto: alguma posição prescreve a fome?
Ou uma posição é fadada ao fracasso?
Pergunto se tal posição é inferior
À ovelha ou à vaca que pastam despreocupadamente,
Que desprezariam o homem com certeza,
Se soubessem o quão mal ele se alimenta?
Será o filho de um pobre inferior ao bezerro?
A mãe inferior à vaca? Deus meu,
É essa a sua posição? E o exige a sociedade?
Oh, então é mentira tudo o que se apregoa
Sobre a nobreza do espírito e a civilização.
Uma parte, uma parte ínfima da sociedade
Rege, arranja, faz intrigas, leis e direciona
À outra parte — a maior — à miséria.

•

Versos de vários autores:

15 DE AGOSTO DE 1943

Se você quiser ser feliz na vida,
Para a felicidade dos outros dê sua contribuição,
Pois a alegria que damos sem medida
Irradia de volta ao próprio coração.[70]

•

15 DE AGOSTO DE 1943

[Goethe]
Homem de bolsa abotoada
Ninguém algo bom a ti faz.
A mão só é por outra mão lavada;
Se queres receber, então dá.

70. Os versos das páginas 464, 465, 466, 467, 475, 479, 480 e 481 e o texto de Byron na página 467 aparecem em alemão no original. (*N. do E.*)

•

15 DE AGOSTO DE 1943

Se você quiser ser feliz na vida,
não poupe ninguém, faça a coisa certa.
Então tudo correrá bem,
e jamais você se dará mal na lida.

•

15 DE AGOSTO DE 1943

Você chorou ao saudar o mundo, outrora,
Mas o sorriso de todos foi a saudação.
Deus queira que quando fechares os olhos,
Seu semblante sorria, enquanto todos chorarão.

•

15 DE AGOSTO DE 1943

[Johann Gaudenz von Salis-Seewis]
Com muitos divida tuas alegrias
Com todos, brincadeira e animação.
Com poucos só tuas dores!
Com eleitos, apenas, teu coração.

•

18 DE AGOSTO DE 1943

De: *Julius Caesar*
Por Shakespeare
Quem está tão seguro, que nada o pode seduzir?

•

18 DE AGOSTO DE 1943

[Shakespeare]
Nem a fortaleza pétrea, nem o muro férreo,
Nem o cárcere sombrio, nem o peso dos grilhões,
São obstáculos para o vigor do espírito.

[Shakespeare]
A humildade é a escada da noviça ambição;
Quem a escala, volta os olhos para ela,
Mas, assim que alcança o mais alto degrau,
Volta suas costas para a escada,
Olha para os céus, despreza os passos baixos
Que o levaram até ali em cima.

[Shakespeare]
O rinoceronte se deixa pegar com árvores,
O leão na rede, o elefante na cova.
O urso com espelhos e o homem com aduladores.
Mas se eu lhe digo que ele aos aduladores odeia,
Ele concorda, mais adulado que nunca.

[Shakespeare]
Se está no contrato de casamento, Bruto, dize-me,
Condicionado que eu nenhum segredo conhecesse
Que a vós pertence? E eu sou vós próprio,
Mas apenas com certas restrições?
Estar convosco às refeições, dividir convosco a cama,
E também por certo convosco conversar? Por acaso moro então
Apenas no subúrbio de vossas inclinações?
Se é só isso, então Pórcia é
Apenas a meretriz, e não a mulher de Bruto.

[Shakespeare]
O covarde morre muita vez antes mesmo de morrer,
Já os destemidos degustam a morte apenas uma vez.

[Shakespeare]
O que os homens fazem de mal, sobrevive a eles,
O bem por sua vez sói ser com eles enterrado.

•

23 DE AGOSTO DE 1943

De: *Byron*
Por André Maurois

Paz seja dada aos mortos. O luto não pode despertá-los; um suspiro aos que se foram, então voltamos à monotonia da vida, com a certeza de que também nós algum dia encontraremos paz.

•

22 DE AGOSTO DE 1943

De: *Oogst der tijden* [*Colheita dos tempos*]
Por Thomas More

"O senhor cria ladrões"

Aconteceu de, certo dia, estando eu sentado à mesa do cardinal, estar presente um advogado do povo muito versado nas leis de seu país. Já não sei por que motivo, pôs-se a fazer, sério e fervoroso, a apologia da jurisprudência estrita, que naqueles tempos era aplicada justamente aos ladrões, dos quais, segundo ele, na maior parte das vezes, vinte eram enforcados no patíbulo concomitantemente. Visto que muito poucos eludiam sua justa pena, declarou-se profundamente espantado de que ainda circulassem tantos ladrões em quase todos os lugares.

— Não, meu senhor — disse eu (já que na presença do cardinal podia expressar tudo o que me passasse pela mente) —, não se espante por conta disso, porque tal punição dos ladrões ultrapassa os limites da justiça, além de que deslustra de maneira infame a *res publica*. Isso porque se trata de uma punição demasiadamente severa e cruel que, contudo, revela ser insuficiente para deter as pessoas com intenção de roubar e fazer com que recuem do ato com medo. Porque o roubo comum não constitui um delito tão grave que mereça a pena de morte. Além disso, nenhuma posição é suficientemente terrível ao ponto de impedir de roubar aqueles sem outros meios de prover seu sustento. No que se refere a isso, o senhor, e não só o senhor, mas também a maior parte das pessoas que conheço, é um mau professor, que prefere bater em seus alunos a ensiná-los. Porque as punições severas e terríveis são impostas aos ladrões ao passo que o melhor seria cuidar para pudessem prover seu sustento e suas necessidades. Assim, ninguém precisaria recorrer ao extremo ato de roubar, para morrer depois.

— Sim — respondeu o advogado —, mas essa questão já foi suficientemente prevenida: existe todo tipo de trabalho manual, além do trabalho na agricultura, se assim desejarem, em vez de recorrerem ao crime.

— Não — disse eu —, o senhor dispõe a questão de maneira errada. Para início de conversa, não quero falar daqueles que voltam da guerra, mutilados ou paralíticos, como os que voltaram há pouco da batalha de Blackheath e, logo antes, das guerras na França: aqueles que põem sua vida em jogo para a *res publica* ou em nome do rei e que, por conta de fraqueza ou deformações, não se encontram em condições de voltar a exercer seu antigo ofício e estão velhos demais para aprender um novo; destes eu não desejo falar, já que se trata de um fenômeno que não acontece com frequência.

"Examinemos o que ocorre diariamente diante de nossos olhos. Em primeiro lugar, há um grande número de senhores que não só passam sua vida no ócio como também fazem outros trabalharem para eles... refiro-me a seus arrendatários cujas vidas eles sugam até a última gota... esses nobres senhores não só vivem na inatividade, mas arrastam atrás de si toda uma manada de serviçais inúteis que nunca aprenderam nenhuma habilidade que pudessem utilizar para arranjar trabalho. Assim que seus mestres morrem ou quando eles próprios adoecem, são postos como lixo no olho da rua. Isso porque tais nobres senhores preferem ter à sua volta vadios a enfermos, e pode acontecer que o herdeiro de um nobre senhor não esteja em condições de administrar tamanho patrimônio e sustentar o mesmo número de serviçais. Então, no desastroso período que se anuncia, morrem os desprovidos de um cargo por conta da fome ou acabam recorrendo ao roubo.

"Porque o que o senhor espera que eles façam? Pois quando já tiverem vagabundeado o suficiente para que suas roupas tenham desfiado até o último fio e sua saúde se tenha comprometido... por causa de sua aparência doentia e pálida e os trapos em que se transformou sua roupa, nenhum nobre senhor os põe a seu serviço. E os agricultores tampouco os querem, porque sabem que tais indivíduos não são minimamente adequados para trabalhar para eles com enxada e picareta por um salário ínfimo. Pois trata-se de pessoas que antanho levavam uma vida folgada, eram mal-acostumados e alimentados à saciedade, habituados a andar pelas ruas com uma espada e belas fivelas, falando e dando-se ares de importância e imaginando dar-se bem com tudo e todos."

— Não, não, em nome da Virgem Maria — falou o advogado —, não é assim. Temos necessidade desse tipo de indivíduo. Porque esses homens... com seus corpos mais pesados, seu caráter indômito e sua coragem masculina, que os de que dispõem os camponeses e trabalhadores manuais... constituem o poder, a força e o vigor integrais quando devemos batalhar na guerra.

— Deveras, meu senhor — disse eu. — Quer dizer então que o senhor cria ladrões em prol da guerra? Porque seguramente não lhe faltarão os ladrões enquanto acreditar que deve dispor de tais pessoas! Mas essa não é a única causa do roubo. Há também outra, assim creio eu, que acontece especialmente na Inglaterra.

— E qual é ela? — perguntou o cardinal.

— Pois é, meu senhor — falei —, suas ovelhas, que costumavam antigamente ser tão dóceis e brandas e que precisavam de tão pouca comida, hoje, conforme eu ouvi dizerem, se tornaram tão ávidas e selvagens que devoram até pessoas. Digerem, destroem e engolem campos inteiros, casas e cidades. Pois veja só em quais regiões as ovelhas produzem a mais fina e, portanto, a mais cara lã; é onde vivem homens nobres e homens insignes e alguns abades, homens sem nenhuma dúvida santos, que não estavam satisfeitos com lucro anual das terras de que viviam seus ancestrais e seus predecessores e tampouco de levar uma vida tranquila e cômoda sem que a população sofresse revezes de sua administração: não permitem que se cultivem suas terras e transformam tudo em pasto para suas ovelhas, que tanta lã produzem; despojam as cidades até que não sobre mais nada em pé além da igreja, que transformam, porém, num curral de ovelhas. E enquanto uma superfície considerável de terras aráveis se perde para florestas, campos de caça, planícies e parques, esses santos senhores deixam todas as cidades residenciais e terrenos pastorais tornarem-se uma planície desolada. E a fim de que esses senhores, glutões vorazes e insaciáveis, verdadeiras pragas deste país, possam cercar e vedar milhares de hectares de terra com seus tapumes e grades, os camponeses são espoliados de tudo o que lhes pertence por meio de astúcia, engano e coerção, ou são acuados de tal maneira que se veem obrigados a vender tudo; seja como for, são obrigados a migrar dali, pobres, pungentes, despojados homens, mulheres, pais e mães de família, órfãos, viúvas, mães mergulhadas em dor com seus pequenos filhos e seu escasso mobiliário. Arrastam-se para longe, digo eu, e abandonam o domicílio que lhes é tão caro, sem encontrar um lugar onde acomodar-se. De uma hora para a outra, veem-se constritos a abandonarem seu lar e a venderem por uma quantia ínfima todos os bens de suas casas, que já eram de tão pouco valor, mas que ainda assim lhes poderia render algum dinheiro. E, após terem errado por tantas paragens e seus poucos bens se terem consumido, que mais podem fazer além de roubar (e serem enforcados por tal) ou mendigar? E então são atirados à prisão por vagabundear e errar, e não trabalhar: mas ninguém lhes dá emprego, apesar de estarem mais que prontos e desejosos de trabalhar. Porque um único pastor é suficiente para tomar conta das ovelhas nas mesmas terras extensas em que, no passado, eram necessárias muitas mãos de camponeses para trabalhar na agricultura. Essa é também a razão pela qual os bens de consumo encareceram em tantas e tantas regiões. E tal encarecimento dos bens de consumo constrange as pessoas a morar em casas tão pequenas quanto possível e mostrar nelas tão pouca hospitalidade quanto possível, além de despedir todo e qualquer criado. Agora lhe pergunto: o que mais podem fazer essas pessoas além de mendigar e roubar? Elimine toda essa indignidade e desumanidade perniciosas, faça uma lei que obrigue as pessoas a reconstruírem as propriedades rurais que despovoaram e negligenciaram. Proíba as pessoas abastadas de comprar tudo, de subir os preços e comandar o mercado com seus monopólios. Não tolere mais a inatividade de tantos, faça renascer a agricultura, possibilite novamente a fabricação de roupas e cuide para que haja outra vez trabalhos honrados para os que erram por aí, desocupados, a fim de que todos os que a fome tem transformado em ladrões, ou os vagabundos e criados inúteis que o serão em breve também, levem uma vida mais proveitosa.

"Porque, deveras, a não ser que o senhor encontre um remédio para esses males insanos, tentará em vão continuar a aplicar sua justiça aos criminosos. Isso porque o senhor, que permite que a juventude cresça na penúria e na indignidade, o que mais faz, pergunto-lhe eu, além de primeiramente criar ladrões para depois puni-los?"

•

24 DE AGOSTO DE 1943

De: *Het eeuwige vuur* [*O fogo eterno*]
Por Jacob van Maerlant

"O eterno teu e meu"

Querido Jacó, ah, conta-me,
Se o povo inteiro descende
De Adão, o pai de todos nós,

Por que há nobres e libertos,
Ao lado dos escravos?
Como nasceram tais circunstâncias?
Aos aldeões se diz: “Credo!
Sumam daqui, seus desonrados,
Vocês só servem para escandalizar a humanidade!”
Mas ao nobre, a esse se honra,
E se diz: “bem-vindo, senhor!”
É algo que me enfurece,
Inadequado me parece.

Martijn, é para muitos sombrio
Aquilo sobre o que refletiste,
E o que pedes, vai demasiado longe:
Porque como um usurário tu escorchas
E despes até a última camisa
Uma tal pessoa deseja em breve
Ser posta no número dos nobres;
Ainda que conspurque
Mil vezes é lavada a sujeira com dinheiro.
É isso o que faz que as pessoas anseiem
Por conseguir tanto quanto possível.
Para Deus isso é razão de ira
E produz confusão nas almas.

Martijn, a velha lei diz,
Que a injustiça e a violência
Fazem com que surjam os escravos.
Se um príncipe vence a batalha,
Deixa alguns com vida,
Condenando-os à escravidão,
E os vende por dinheiro.
São os que se insultam com não livres,
São os que se ouve chamar de escravos.

Jacó, fiquei sabendo por ti
Que toda a raça humana
Começou certa vez com Adão.

Como se degenerou tal parentesco
Ao ponto de um assassinar o outro?
Chamo-o de miséria e pecado.
A inveja se encontra em todo lugar
Mestra do campo e da cidade
O povo é pobre como os cachorros;
Diz-me o que quero saber,
Tudo me força a perguntar-te
O que tanto gostaria de saber
A fundo desde o começo.

Há duas palavras no mundo,
São as palavras "meu" e "teu",
Se pelo menos as pudéssemos banir,
Paz e concórdia perdurariam,
Todos seriam livres e ninguém escravo,
Homem e mulher, mulher e homem
Compartilhariam o trigo e o vinho
Nem no mar nem no Reno
Se faria alguém perecer.
Ainda o impede o veneno,
Da ganância, oh Martijn,
Isso faz que não se proceda
Ainda a escrever outras leis.

•

De: *Past and Present* [*Passado e presente*]
Por Thomas Carlyle

Feliz aquele que encontrou sua missão. Não lhe resta mais nada a desejar. Tem trabalho, um objetivo na vida e dispensa qualquer outra benção!

Lido em: *De jeugd van Florence Nightingale* [*A juventude de Florence Nightingale*]

Por Willy Corsari

•

Rea
Só olhando nos meus próprios olhos é que reencontro a verdade.

ver próxima página! Está errado!

•

Rea
Se alguém "quiser" ouvir a voz de Deus, deve ouvir apenas a sua e não os seus desejos pessoais!

Lido mais ou menos assim em: *De jeugd van Florence Nightingale* [*A juventude de Florence Nightingale*]

Por Willy Corsari

•

De: *Van allerlei slag* [*De todas as espécies*]
Por Justus van Maurik Jr.

É difícil fazer o julgamento de um rosto quando não se veem os olhos.

•

21 DE DEZEMBRO DE 1943

De: *Peter Paul Rubens*, 2ª parte, *In de kracht van zijn leven!* [*Na força dos seus anos*]
Por Zsolt Harsányi
(Para ver como um católico apaixonado enxerga Deus e as pessoas.)

R: Não acredito que se possa subestimar tanto a humanidade. Deus amava tanto as pessoas que transformou por certo tempo também o Seu único Filho em homem.

D. D.: Isso ainda não prova nada; talvez ame tanto as estrelas que transforme ou tenha transformado o Seu único Filho em estrela. Ele ama tudo, por isso Ele é também o Amor infinito. Mas esse amor sobe à cabeça das pessoas.

Aferra-se por qualquer meio a fim de sentir-se o mais elevado possível. Segundo o senhor, qual é a razão pela qual os ricos têm anões como acompanhantes? É para que possam olhar sempre os anões de cima a baixo e sentirem-se supremamente felizes na ciência triunfante de serem grandes, poderosos e soberbos. Apesar de não passarem de poeira invisível na Criação. Quando estão de mau humor, pensam em fazer guerra, apesar de que ela é uma tempestade que os fará dançar. E quando se sentem sossegados, pensam em salvaguardar a paz, apesar de isso só significar que o cometa desaparece por entre as estrelas. Paz mundial não se fará. Ela só existiu uma única vez e apenas em poesia: *aurea prima sata est*, a idade do ouro. Chegará um dia, porém, talvez em dez anos, talvez amanhã, que as tensões causadas por forças sobrenaturais em determinado local da terra se desviem e as pessoas recomecem a nutrir simpatia umas pelas outras.

•

OUTUBRO DE 1943

Rea
Se olho os meus próprios olhos,
Sempre reencontrarei a verdade!

•

21 DE DEZEMBRO DE 1943

De: *Kristin Lavrans dochter* [*A filha de Kristin Lavrans*], 2ª parte, *Vrouw* [*Mulher*]
Por Sigrid Undset
(Antes de morrer, Lavrans fala com sua filha Kristin, seguem aqui alguns trechos)

Lavrans: É insensato prantear o falecimento de uma pessoa: "É melhor que Deus se apodere de você que eu", ouve-se de vez em quando; entrego-me completamente à misericórdia de Deus. O tempo em que amigos passam separados não é longo. Pode ser que se lhe afigure assim, agora que você é jovem; mas, quando atingir minha idade, lhe parecerá fazer muito pouco tempo que nos viu, os falecidos, e ficará admirado, quando contar os invernos que já se foram, de que fossem tantos.

(Aqui aparece primeiro outra coisa, e então Lavrans fala da sua juventude.)

No início, eu queria tornar-me monge, mas, quando tinha 16 anos e meu pai me deu de presente armas, então preferi o próprio mundo, e, quando algo no mundo me contrariava, tentava pensar que era pouco comum de um homem reclamar sobre o destino que ele mesmo escolhera. Porque a cada ano de minha vida ia percebendo que, para uma pessoa que recebera a graça de entender a misericórdia de Deus, não existe exercício mais belo que servir a Ele, e rezar e vigiar os homens que ainda perambulam com a sombra das coisas mundanas em seus olhos. Por isso é que um homem que teve descendentes deve suportar a dor de seu coração quando volta a perdê-los ou quando eles se embatem com os revezes do mundo. Eles pertencem a Deus, que deu uma alma a eles, e não a mim.

•

4 DE JANEIRO DE 1944

De: *Siegfried*
Por Richard Wagner
(Anotado apenas pela aliteração!)

Siegfried:
Sair do mato
Para ir ao mundo
Jamais haverei de voltar.
Como estou contente
Por ter estado livre,
E que nada me amarra nem obriga!
A Mime:
Meu pai não és,
A lonjura é meu lar;
Tua lareira não é minha casa,
Meu cobertor não é teu telhado.
Contente como o peixe
A nadar na torrente,
Solto como o tentilhão
Que bate as asas e se vai:
Voo para longe daqui,
Vou de vez no vau,
Solto como o vento na floresta
Sopro sem cessar...
Para a ti, Mime, jamais voltar a ver!

•

7 DE JANEIRO DE 1944

De: *Peter Paul Rubens*, 3ª parte, *De kroon op het werk* [*A coroação do trabalho*]
Por Zsolt Harsányi
(Conversa entre Frederik Hendrik e Rubens)

Frederik Hendrik: A guerra é um monstro malévolo; a paz, uma bênção. Mas eu lhe pergunto: quem é que faz a guerra aqui? Um povo pacífico, industrioso, que quer trabalhar em paz e escolher sua própria igreja? Ou o tirano, que deseja subjugar esse povo com toda violência e mantê-lo numa camisa de força?

Peter Paul Rubens: Os Países Baixos são a legítima herança da coroa espanhola, príncipe, se examinarmos a questão do ponto de vista da dinastia. E para quem tem sucessores, é difícil abrir mão da legítima herança.

Frederik Hendrik: Isso é verdade. Nós, os holandeses, zelandeses, frísios e demais vivemos outrora em liberdade. Os pais deixaram aos filhos essa herança. Como podemos procriar para depois abrir mão de nossa liberdade? Tentou-se reprimir os Países Baixos com uso de violência, e nós então o libertamos também com uso de violência. Esta aqui se transformou em nossa própria pátria e a defenderemos com armas. Não com gosto, já que cada um prefere estar pacificamente junto aos seus. Mas somos constrangidos a isso, assim como você lançaria mão de armas se os predadores armados arrancassem seus filhos de seus braços. Preste atenção às minhas palavras, Rubens, ainda que tenhamos dificuldade em nos entender porque falamos idiomas diferentes. Você parte do pressuposto da herança dos Habsburgos sendo dádiva divina, da posição de obediência dos povos humildemente subjugados a ela e, acima de tudo, da sacralidade da coroa infinitamente poderosa. Porque de uma coisa vocês se esqueceram aí no outro lado sob a hegemonia espanhola: que ainda existe algo chamado "nação". Esqueceram-se de seu próprio país flamengo, assim como também gostariam de esquecer-se de nossa nação holandesa. Mas nós não nos esquecemos. Aqui na Europa vive um povo. Não é muito benquisto, porque é forte e trabalhador. Esse povo não deseja nada no mundo que viver e trabalhar. Todo o mundo ao seu redor se opõe. O que mais pode fazer esse povo além de, reunindo todo o seu bravio esforço, libertar-se de seus grilhões? E se se defende contra as tentativas de sufocá-lo, vocês dizem: bárbaros os holandeses, defendem-se com a crueldade de animais selvagens.

Mas sobre o Duque de Alva já não se fala mais, de Egmond e Hoorne não se ouve mais uma palavra. Aprenda de mim, Rubens, que também existe o direito da autodefesa. E ainda que o seu rei possa comandar centenas de

Duques de Alva, obstruir para nós todos os portos do mundo e isolar-nos com cercas de ferro, tudo isso será em vão. Nós nos defenderemos enquanto estejamos respirando. E se você replicar que, assim, sou um defensor da guerra violenta e um inimigo de toda a humanidade, eu lhe digo: tenho a paz em alto conceito, mas a liberdade ainda está acima dela, de maneira que não estou disposto a simplesmente morrer defendendo a paz para a Espanha. Inverto as suas palavras: vocês significam guerra. Você, que vem a mim como apóstolo da paz, anuncia guerra, porque tenta justificar a opressão de um povo pacífico e trabalhador!

•

1º DE FEVEREIRO DE 1944

De: *De terugkeer van een held* [*O retorno de um herói*]
Por Eric Lowe

"A história de Robin Stuart"[71]

As reflexões de Robin

Quando a morte de repente sobreveio, o choque era por vezes insuportável, ainda que a tristeza tivesse passado, e até mesmo o sonhador mais sentimental, por mais que quisesse, não tinha como fazer perdurar essa tristeza ao longo dos anos. Havia naturalmente outras formas de tristeza, da qual a morte era a causa ou o efeito, que não perdiam sua intensidade tão rapidamente; mas nesse contexto o sonhador sentimental não tinha muito o que suportar, porque era presa de sua autocomiseração, ainda que ela se reportasse a um outro.

No campo um novo amigo diz a Robin Stuart:

— Uma despedida não me diz nada. Nunca me despeço. Quanto mais consciência se toma dela, tão mais superficial é a amizade. Se a amizade de fato for autêntica, está-se em poder de algo que nunca se perde.

Uma opinião interessante:[72]

O livre-arbítrio? A liberdade de ação do indivíduo? Liberdade de pensar o que se quiser? As leis que regem a vida não são tão intrínsecas ao indivíduo

71. No seu diário, Anne escreveu no dia 12 de janeiro de 1944 sobre a primeira parte desta antologia.
72. Essas três palavras são da própria Anne.

como se imagina. Dê uma olhada à sua volta. A cada momento se veem os indivíduos tomarem uma decisão, dizerem coisas específicas e fazerem coisas específicas. Por acaso você quer negar possuir a capacidade de refletir? E se consegue pensar também consegue agir, ainda que só até certo ponto, de maneira a nunca fazer cessar de valer a lei da causa e do efeito. Mas, quando muitos indivíduos se unem, a questão muda de figura. Em conjunto podem alcançar muita coisa. O pensamento, o pensamento construtivo, só se desenvolveu muito tardiamente na história da humanidade. Mas quanto já não atingimos! Não é impossível que nosso conhecimento cedo ou tarde nos possibilite determinar nosso próprio destino!

•

11 DE FEVEREIRO DE 1944

De: *De Forsyte Sage* [*A saga dos Forsyte*], 2ª parte, *In ketenen* [*Em grilhões*][73]
Por John Galsworthy

O jovem Jolyon diz a Irene Heron após a morte do velho Jolyon:

— Todos gostaríamos de abandonar este mundo em pleno verão, enquanto a beleza se aproxima de nós no gramado.

•

11 DE FEVEREIRO DE 1944

Pensamentos do jovem Jolyon:

Que solidão! Assim ele não poderia continuar a viver. Mas, ainda assim, enquanto exista a beleza, por que uma pessoa se sentiria só? A resposta, porém, soa — como um enigma —: porque ele o fez. Quanto maior a beleza, maior a solidão, porque a beleza se associa à harmonia, e harmonia era — união. A beleza deixa de consolar se a alma partiu.

•

73. No dia 15 de março de 1944 Anne anotou na versão *a* de seu diário: "Terminei os cinco primeiros livros dos Forsyte. O Jon me lembra em muitas coisas o Peter [van Pels], a Fleur é em algumas coisas melhor e pior que eu, mas se parece um pouco comigo."

12 DE FEVEREIRO DE 1944

De: *Egmont*
Por: Goethe

> *"A canção de Clarinha"*
> *Cheia de alegria*
> *E de tristeza plena,*
> *De ideias cheia estar;*
> *Chegar*
> *e recear*
> *Em sofrimento pairar;*
> *Subindo, jubilosa, ao céu,*
> *Sombria à morte que clama,*[74]
> *Feliz sozinha e ao léu*
> *É a alma que ama.*

•

12 DE FEVEREIRO DE 1944

> [Goethe]
> *"A violeta"*
> *Uma violeta na relva parada*
> *Curvada sobre si e ignorada;*
> *Era uma violeta encantadora,*
> *Então chegou uma jovem pastora*
> *Com passo leve e senso animado,*
> *Por aqui, por ali,*
> *Pelo campo assim e cantou.*
> *"Ah!", pensa a violeta, "se eu fosse apenas*
> *A mais bela flor da natureza,*
> *Ah, apenas uma pequena violeta*
> *Até que essa queridinha me apanhasse*
> *E junto ao seio, murcha, me apertasse!*

---

74. Em 24 de dezembro de 1943, Anne citou estes dois versos no seu diário a fim de transmitir o seu estado de espírito.

Oh, se apenas, apenas
Por quinze minutinhos!"
Ah, mas, ah, a mocinha veio
E sem a violeta perceber no meio,
A pobre violeta pisoteou.
Ela se dobra e morre e ainda se alegra:
"E se morro ainda assim morro deveras,
Por ela, por ela,
Aos pés dela."

•

12 DE FEVEREIRO DE 1944

[Goethe]
"Achado"
À floresta fui andar
Pensamentos à revelia,
Sem nada procurar,
Era o que eu queria.
À sombra então eu vi
Uma florzinha,
Brilhando como estrela,
Bonita como um olho a luzir.
Eu quis colhê-la ao passar,
E então ela disse:
"Devo ser colhida
P'ra depois murchar?"
Eu a escavei, pois,
Com todas suas raízes,
E a levei da cova rasa
Ao jardim da bela casa.
E lá bem a replantei
No mais calmo lugar
Agora eis que ela sempre cala
E assim floresce sem parar.

•

12 DE FEVEREIRO DE 1944

Provérbios de Goethe
Não fosse o olho solar
E ele não poderia jamais o sol vislumbrar;

Não existisse em nós a própria força de Deus,
Como poderia o divino nos deliciar?

Vai tudo bem com um senhor
Que faz o que ele mesmo ordena em penhor.

Queres perambular sempre, nessa postura?
Olha, o que é bom está tão próximo, à mão.
Aprenda apenas a agarrar a ventura
Pois a ventura está sempre à disposição.

•

19 DE FEVEREIRO DE 1944

De: *Het eeuwige lied* [A *canção eterna*], 2ª parte, *De blijde stilte* [*O silêncio contente*]
Por F. de Clercq Zubli

A mãe de Joep lhe diz:

— Não é possível expirar sem viver primeiro, de maneira intensa, plena. Você se lembra de quando começou a escrever? Naquele difícil período de seu ensurdecimento, quando inspirava tão no fundo da alma? Você precisava então se expressar, ainda que fosse só para tomar consciência, claramente, do que se passava dentro de você.

"Aliás, todo e qualquer livro verdadeiro representa a tentativa de alguém que deseja obter clareza em relação a seus próprios pensamentos. Num livro verdadeiro o autor se liberta através da escrita.

"Em nome de Deus, seja sincero perante seu trabalho e o personalize. Se a sua forma de expressão é um conto de fada, como você diz, então o escreva, contanto que seja bom, pleno, sincero; é isso o que conta, todo o resto é aparência. Até hoje você só foi colaborador de revistas. Escreva para variar exatamente o que leva na alma; escreva contos de fada, tantos quantos queira. Está realmente em falta uma antologia de contos bons e puros, e, se você não achar um editor, bem, você terá tido pelo menos o prazer da escrita.

"Não adultere sua arte, Joep, seria um sacrilégio, você sabe. Por fim, todas as pessoas sensíveis são receptivas em relação ao que é verdadeiro e puro e emanado diretamente do coração sem enfeites, seja qual seja a forma na qual seja cunhada."

Conversa com a mãe após o nascimento do filho Hans:

— Você acha difícil ter filhos homens? — pergunto, pensativo.

A mamãe me olha com espanto:

— Como assim difícil, Joep?

— O que eu quero dizer é: você não tem medo de, mais tarde, quando estiverem crescidos, não consiga entendê-los?

— Acho que nós não temos uma ideia clara desse tipo de coisa. Acredito que a educação que damos não se orienta para o fato de que tenhamos um filho ou uma filha, mas sim uma pessoa. Acredito que se solucionem todos os problemas de uma perspectiva puramente humana, não de uma perspectiva masculina ou feminina.

"A pessoa verdadeira é a síntese dos elementos masculino e feminino.

"Por essa razão não acho que seja impossível entender o seu filho se você próprio se elevar acima dessa perspectiva puramente masculina ou feminina.

"Se seu filho fizer o mesmo é aí que vocês se encontrarão, e essa é a forma mais pura possível de entendimento."

Conversa entre a Joep e a mãe:

— A confiança não é algo a que você tenha direito pela natureza da maternidade. O que uma criança, uma pessoa busca quando desabafa com você? Busca um amigo compreensivo; se a felicidade de seu filho pesa mais, você deve agradecer quando ele encontra um amigo, ainda que este não seja você próprio.

"A confiança serve para despertar a conscientização do filho e não a felicidade da mãe. É claro que uma mãe tem, por semelhança de caráter, por afeto recíproco, talvez mais chance de se tornar essa amiga íntima que um estranho, mas que você tenha a *obrigação* de receber a confiança de seu filho eu sempre achei absurdo. Seria uma espécie de abuso da maternidade."

•

A verdadeira felicidade vive em você, assim você não tem como perdê-la.

•

Todo sofrimento que passamos pelo que a morte arrancou de nós não tem nada a ver com amor, mas flui do amor próprio.

•

A vida que transformou as formas que nos são familiares em algo indizivelmente querido e carinhoso habita em todos nós, em toda a criação, em nós mesmos. E o que nos faz falta é somente o que, assim, possuíamos de felicidade, o que dela se manifestara no corpo amado.

Acreditávamos possuir e, por isso, vamos sofrer indescritivelmente, porque homem nenhum pode jamais possuir um outro, nem nada mais no mundo, porque toda a criação flui da vida e a vida flui de tudo o que foi criado.

•

Ousar, ousar pensar, ainda que seja tão difícil e feio.

•

Os doutores deveriam ser funcionários públicos; viver do sofrimento alheio é para mim antissocial.

•

A morte, que você ainda não se atreve a olhar cara a cara, tem uma aparência bem diferente do que você imagina.

Ela é boa e suave e também é uma forma da vida, que amamos tanto como todo o resto. Como é que a criação pode se tornar continuamente nova e velha, se ela própria não aniquila as velhas formas?

•

23 DE MARÇO DE 1944

De: *De Forsyte Sage* [*A saga dos Forsyte*], 3ª parte.

Que tolice é os velhos acharem que podem expressar os sentimentos dos jovens!

•

Rea

Amor, o que é o amor? Eu acredito que amor seja algo que não precise de palavras. Amor é entender alguém, amar alguém e compartilhar com essa pessoa felicidades e vicissitudes. A longo prazo se acrescenta também o amor carnal; você compartilha algo, dá algo de si e recebe algo em troca, não importa se for ou não casado, se tiver ou não filhos. Se tiver perdido ou não a sua honra, nada disso importa, contanto que se saiba que tem alguém ao seu lado para o resto da vida, alguém que o entenda e que você não precise dividir com ninguém![75]

•

Rea

De que serve pensar em mais miséria quando já se está nela?[76]

Pense em coisas bonitas e não se esqueça do que lhe sobra de beleza!

•

Não mostrar confiança já é desconfiança.

•

Quem não tem nada o que dizer fala demais.

•

Quem honra o herói que soube evitar a batalha?

•

Só aquele a quem se tem em alto ou baixo conceito não se contraria.

•

A dor verdadeira se cala.

75. Anne escreveu o mesmo texto no diário em 2 de março de 1944.

76. Em 2 de março de 1944, Anne escreveu em seu diário: “Desde quando pensar na miséria alheia ajuda quem se sente miserável?”

•

Calar-se pode ser o fruto tanto do desespero como da convicção.

•

12 DE MAIO DE 1944

De: *De hemelbestormer* [*O atacante do céu*]
Por Z. v. Harsányi[77]

Quem entende geometria, entende tudo no mundo. Quem não tem a menor ideia de geometria, que feche seus livros, porque jamais entenderá o que for das outras ciências. A geometria nos ensina o que significa na verdade aprender, já que essa ciência se explica por si só. Quem contradiz a geometria, nega a verdade, que se revelou a si mesma...

A geometria nos possibilita reconhecer um burro quando se encontra um. Em todas as outras ciências uma pessoa pode defender a obtusidade; e tudo o que podemos fazer é contender com ela. Mas aqui qualquer discussão está fora de questão: só existe a verdade!

E quem não se der conta disso é um burro. Sejamos respeitosos em relação à geometria, o único cão de guarda diante da casa da ciência! A geometria é a prova dos dez que distingue os loucos dos sábios.

Ah, Anne, tome isso como um exemplo!

•

14 DE MAIO DE 1944

De: *De hemelbestormer* [*O atacante do céu*]
Por Z. v. Harsányi

Conversa entre Galileu e o cardinal Bellarmin. Galileu tinha sido delatado por alguns clérigos à Inquisição, já que, segundo eles, professava coisas que iam de encontro à Sagrada Escritura. Como, por exemplo, que a Terra girava em torno do Sol, ou seja, o contrário do que afirmava Aristóteles. Uma passagem:

77. Em 11 de maio de 1944, Anne escreve em seu diário sobre esse livro.

Bellarmin: O senhor jamais se deu conta do admirável que é a organização de nossa igreja? Com que habilidade brilhante faz uso de tudo o que possa cativar e elevar a alma humana? Pense em nossa igreja e sua suntuosidade: só a vista dela já dá força aos pobres, porque lhes damos a sensação de que o ouro refulgente da bata da liturgia e a pompa das procissões são na realidade deles próprios.

Pense nas obras artísticas dos mais geniais pintores e escultores que, através dos séculos, foram criadas para a igreja. Pense nos sacramentos que orientam um ser humano desde seu nascimento até a idade adulta e que o mantêm em seus braços até que ele entregue a alma à igreja. Pense na confissão, a sábia e gloriosa instituição que proporciona a milhões de pessoas paz de espiríto, coragem para continuar vivendo e um sono tranquilo. Nenhum movimento da alma humana pode escapar do empenho da igreja na sua luta contra a fraqueza do ser humano pecador. E toda essa admirável instituição, cuja sabedoria jamais se pode elogiar o suficiente, é fundamentada na verdade da Sagrada Escritura. Toda e qualquer ação tal como é neste momento, emana diretamente de Deus. Suas ordens sagradas, seu *corpus* gestores e seu poder ecumênico são divinos. Quem disso duvidar é um herege.

Galileu: Deus me livre duvidar disto, *monseigneur!*

Bellarmin: Pois bem, então escute: nós, os clérigos, que fomos elevados pela bondade de Deus a postos nos quais se gere e se exercita o poder, temos a obrigação de defender e reforçar essa admirável instituição. Com sabedoria devemos adequar sua hegemonia a todos os problemas que possam sobrevir.

Muito antes da vitória do cristianismo, Aristóteles e Ptolomeu formaram sua imagem do universo. O cristianismo adotou suas ideias, já que pareciam alinhar-se com o final sagrado. Deus criou Adão e Eva e, através deles, a humanidade. Libertou-nos através de Seu Filho Único. Todo o cosmos está relacionado com a humanidade... com a luta do ser humano para salvar sua alma. Nada pode ser mais importante que a beatitude de uma só pessoa, ainda que seja o mais pobre dos mendigos. Até o Sol significa menos para a nossa Mãe, a Igreja Sagrada, porque o Sol, a Lua e as Estrelas são apenas uma parte do universo humano, em que teve lugar o terrível drama da redenção através da morte de Jesus.

A alma de um único mendigo por entre a multidão que viveu e cresceu nas mãos da igreja de Deus, na ciência de que tudo no mundo é de somenos importância que não sua participação no Sacrifício de carne e sangue do Cristo, isso na minha opinião significa mais que toda a sabedoria do senhor. Esse tal mendigo confia no Deus que desceu dos céus e foi sacrificado na cruz. Como posso permitir que ele venha a pensar que a Terra não passa de um planeta insignificante e que o Sol é o verdadeiro centro do cosmos? Posso eu permitir à humanidade formar-se a ideia de que a Terra, como todas as pessoas que anseiam pela beatitude, não é o epicentro de toda a criação? Posso eu semear a dúvida em seus corações? Isso seria um golpe mais terrível que o protestantismo e todas as outras heresias juntas. Seria suficiente para minar a autoridade estatal do papa e, assim, também o poder sábio e misericordioso da igreja. A essa primeira dúvida se seguiriam centenas de outras. Toda a estrutura desmoronaria. Em vez da crença imperariam as disputas caprichosas; as pessoas teriam até sua felicidade terrena estragada. Não, Galileu, enquanto eu estiver no poder, jamais permitirei a infiltração desses pensamentos.

— Posso fazer-lhe uma pergunta, *monseigneur*?

— Pergunte o que quiser.

— É mesmo impensável que esse ensinamento se baseie na verdade?

— Não sei. Ele vai de encontro aos meus conceitos: meu espírito se perderia nele. Não obstante, é possível que se baseie na verdade. Mas sua verdade não me impressiona. Devo me preocupar unicamente com o que é ensinado. Pois o que posso permitir que o povo acredite, no interesse da igreja e em sua própria beatitude? Seria a verdade em questões científicas tão importante? Pode até sê-lo para os homens das ciências; para mim, a crença de milhões de pessoas pobres é de maior peso. Se o seu ensinamento for, porém, corroborado, minha crença se adaptaria e ela, uma vez que esta seria forte o suficiente para tal. Também posso imaginar o mistério sagrado da Redenção numa Terra que gira em torno do Sol. Ainda assim, não poderia medir a crença confiante desses milhões de pequenas e subdesenvolvidas pessoas com o parâmetro da minha própria.

— Esse é o ponto em que eu queria chegar, *monseigneur*. Também eu assim penso, acredito que a minha cosmologia é a verdadeira, mas, ainda assim, permaneço um filho crente da igreja. Não é absolutamente minha intenção encorajar um eventual membro da massa ignorante a acreditar no contrário do que seus olhos veem. Por que ele pressuporia que não é realmente o Sol que surge com o raiar do dia, assim como o faço eu? Só o pergunto a pessoas desenvolvidas cuja crença é forte o suficiente para permanecer intocada por essa questão. As pessoas aprendem devagar, mas o seu desenvolvimento vai avançando passo a passo. Porque o que a Sagrada Escritura diz é: Portanto, sejam perfeitos como perfeito é o Pai celestial de vocês. Virá o dia em que centenas de milhares terão a firmeza necessária em sua fé para não se abalarem com a verdade de Copérnico, a fim de que, no fim, até a multidão a aceite sem perder sua fé. Por que não poderia eu revelar tal verdade a pessoas eruditas?

— Porque vários dentre eles são clérigos, e um clérigo não deve pensar com o seu próprio cérebro, mas sim com o do papa. Não há clérigo que consiga convencer seus ouvintes com um sermão em que ele próprio não acredite.

— E os eruditos leigos?

— Como separar essas duas categorias uma da outra? Não posso pedir à inquisição que compile dois índices diferentes. O senhor terá de se conformar com o fato de que nunca lhe permitirei revelar ao mundo esse sistema como verdade. Ouça-me. Todos o estimamos muito aqui, não faço segredo disso. Admiramos o seu trabalho cientifico, e Sua Santidade, que não tem tempo para a ciência, respeita no senhor o cortesão de um monarca que se tornou muito meritório promovendo a política externa da igreja. Nós o tratamos com a maior admiração. Por exemplo, não levantamos nenhuma objeção em relação ao seu livro sobre as manchas solares, embora esteja escrito no espírito de Copérnico. Também não nos opusemos a qualquer evidência de que o Sol possa ser imperfeito. Em outras palavras, nós o tratamos com muito mais benevolência do que o fazemos, por exemplo, com Foscarini. Poderíamos até mesmo fechar os olhos se o senhor prometesse apresentar o seu sistema como uma hipótese estranha e curiosa, de maneira alguma baseada na realidade.

"Mas nunca permitiria que a proclamasse e defendesse como verdade estabelecida, porque sou um bom clérigo e um bom católico e quero ver todos os filhos de Deus felizes. Deixo ao cargo da sua consciência como católico fazer o que acha melhor. Eu próprio já tomei a minha decisão...

•

18 DE MAIO DE 1944

De: *De hemelbestormer* [*O atacante do céu*]
Por Z. v. Harsányi

Conversa entre Galileu e sua filha primogênita Suor Celeste (Virginia)

Celeste: O senhor jamais pode ficar sozinho, pai. Deus, em que pode confiar, está sempre com o senhor. E eu nunca o desapontarei. Talvez um outro o faça, e, ainda assim, digo: ame as pessoas e confie nelas. Visto que o amor é uma felicidade tão grande, a dor da decepção jamais o obscurecerá. O amor pode ser perfeito, mas a decepção, não, porque há sempre o consolo divino. Assim sendo, aquele que confia aborda a questão corretamente, porque se ele desconta a decepção que o sofrimento produz da felicidade que a confiança lhe dá, ainda lhe sobra muito, muito mesmo!

Perdão pela letra ruim, eu quase desmaiei! Anne

•

De: *Hongaarse Rhapsodie* [*A rapsódia húngara*][78]
Por Z. v. Harsányi

[O abade] Lamennais [a] Liszt:

Pesquisar o mundo inteiro como criação de Deus e reconhecê-la, isso é que é ciência.

Apresentar o mundo inteiro em todas as suas partes como criação de Deus, isso é que é arte.

•

1º DE JULHO DE 1944

De: *An ideal husband* [*Um marido ideal*]
Por Oscar Wilde[79]

Robert Chiltern e Gertrude, sua esposa:

Gertrude: Robert, os homens podem amar o que está abaixo deles — coisas indignas, maculadas, desonradas. Nós, as mulheres, veneramos quando amamos e, quando perdemos nossa veneração, perdemos tudo.

•

1º DE JULHO DE 1944

Lorde Goring: Bem, ela usou ruge demais ontem à noite, e não exatamente muita roupa. Isso é sempre um sinal de desespero numa mulher.

•

2 DE JULHO DE 1944

O sr. Robert Chiltern diz à sua esposa Gertrude:

— Todas as mulheres cometem um grande erro. Por que vocês não nos amam com nossos defeitos e tudo o mais?

78. Em 9 de junho de 1944, Anne escreveu em seu diário sobre esse livro.
79. Em 30 de junho de 1944, Anne escreveu em seu diário sobre essa peça.

“Por que nos colocam em monstruosos pedestais? Todos temos pés de barro, tanto as mulheres como os homens; mas quando nós homens amamos as mulheres, amamo-las conhecendo suas fraquezas, suas extravagâncias, suas imperfeições; e as amamos possivelmente até mais por tal razão. Não são os perfeitos, mas os imperfeitos que necessitam de amor. É quando nos encontramos feridos por nossas próprias mãos, ou pelas de outros, que o amor deveria vir nos curar... se não for assim, de que serve o amor? O Amor deveria perdoar todos os pecados, exceto um pecado contra si mesmo. A todas as vidas que não as de desamor o Amor verdadeiro deveria perdoar. O amor de um homem assim é. Mais amplo, maior e mais humano que o de uma mulher. As mulheres creem que estão idealizando os homens. O que fazem de nós não passa de ídolos falsos. Você fez de mim seu ídolo falso, e faltou-me a coragem de descer do pedestal e mostrar-lhe minhas feridas e falar sobre minhas fraquezas. Tinha medo de perder seu amor, como aconteceu agora. Assim sendo, ontem à noite você arruinou minha vida... sim, a arruinou! O que essa mulher me pediu não é nada comparado ao que me ofereceu. Ela ofereceu segurança, paz, estabilidade. O pecado de minha juventude, que eu tinha como enterrado, ergueu-se diante de mim, hediondo, horrível, com as mãos me cingindo a garganta. Eu poderia tê-lo matado de uma vez por todas, enviado de volta a sua tumba, destruído seu registro e queimado a única testemunha contra mim.

“Você me impediu. Ninguém além de você, e você sabe disso. E agora o que há à minha frente senão a desonra pública, ruínas, uma vergonha terrível, o escárnio do mundo, certo dia, possivelmente, uma vida desonrada e solitária? Que as mulheres não transformem mais os homens, que não os ponham em altares ou façam vênias diante deles, senão outras vidas poderão ser arruinadas como você... você, a quem amei tão selvagemente... arruinou a minha!”

•

12 DE MAIO DE 1944

Exclamação do aniversário da mamãe, 1944[80]

Mil novecentos e quarenta e quatro
Cinquenta e cinco anos.
Sempre guerra
Pouco cabelo.

---

80. 12 de maio era o aniversário de Otto Frank, pai de Anne.

Pouco dinheiro e
Pouca comida
Presentes, já foram há muito esquecidos.
Um pacote de xarope
Mais nós não sabíamos como conseguir,
Afinal, vivemos tempos muito modestos.
E ainda Pim permanece cheio de coragem:
"A guerra está indo bem!"

•

Porque, em sua raiz mais profunda, os anos da infância e da juventude são mais solitários que os da velhice.[81]

•

Quem não sabe ouvir, tampouco sabe contar.

81. Em 15 de julho de 1944, Anne escreveu em seu diário as mesmas linhas.

Archief: kunst in beeld A 53

Gouden met emaille versierd masker van Tut-ankh-Amon, ter bedekking van hoofd en schouders van de mummie.
Nu in het museum te Caïro.
Egypte. Nieuwe Rijk XVIII. Dynastie ± 1350 v. Christus.

Buitenste mummiekist geopend; onder het lijkkleed de tweede kist.
Nu in het museum te Caïro
Egypte. Nieuwe Rijk.
XVII Dynastie ± 1350 v. Christus

Buitenste mummiekist van Tut-Ankh-Amon, hout, met goud overtrokken. Nu in Egyptisch museum te Caïro.
Archief: Kunst in Beeld A51

O LIVRO DO EGITO

Prefácio

Até hoje ainda não se sabe qual foi o ensejo para que Anne trabalhasse no chamado *Livro do Egito*. Talvez tivesse começado antes de entrar para a clandestinidade e continuado com ele no Anexo. Em 13 de julho de 1943 (ver também "A melhor escrivaninha", na página 294) escreve sobre a discussão com o sr. Pfeffer/Dussel sobre o uso da sua escrivaninha e a reclamação dele: "Você não leva seus estudos a sério. Mitologia... Que tipo de trabalho é esse?" Provavelmente se referia então ao *Livro do Egito*.

Este texto é publicado aqui pela primeira vez. Assim como o *Livro das belas citações*, apenas uma pequena parte é de autoria da própria Anne. A maior parte dos textos é, de longe, transcrita da coleção *Kunst in beeld* [*Arte em cena*] em folhas soltas das quais recortava ilustrações para colá-las no seu caderno, acompanhadas de frases em sua própria letra. Refere-se aqui a essas ilustrações com "[Ilustração]". Alguns fragmentos de texto mais extensos desse "álbum de recortes" foram provavelmente formulados por Anne, como, por exemplo, menções gerais ao Egito, à Mesopotâmia e à Grécia e outras a pessoas, como Champolion e Péricles. Para eles, Anne reservava as páginas da esquerda de seu caderno; as ilustrações cortadas com suas referências são coladas nas páginas da direita.

O *Livro do Egito* foi incluído nesta obra completa porque os textos mostram sobre os temas que interessavam Anne tão intensamente.

[ILUSTRAÇÃO]

Acima: a cidade Tiro envia por via marítima o tributo devido à Assíria.

Abaixo: Acampamento do exército em debandada nas muralhas da cidade. Ambas tiras com imagens tinham sido aplicadas com revestimento de cobre sobre os portões de um palácio de Ninevé, do tempo de Salmanassar II. Mesopotâmia. Assíria. ±850 a. C.

Arquivo: *Kunst in beeld* B95

•

[ILUSTRAÇÃO]

Estela da vitória do rei da cidade, Naramsin, filho de Sargon da Acádia.

Mesopotâmia. Suméria. ± 2800 a. C.

Arquivo: *Kunst in beeld* B84

•

Pinturas das cavernas de Altamira. Font de Gaume e Combarelles.

A caverna de Altamira está localizada na fronteira entre a Espanha e a França nos Pirenéus.

•

[ILUSTRAÇÃO]

Rena.

•

[ILUSTRAÇÃO]

Rebanho.

•

[ILUSTRAÇÃO]

Bisão

Arquivo: *Kunst in beeld* C1

•

[ILUSTRAÇÃO]

Cartão postal do Egito.

•

O Egito é um país civilizado já desde muito tempo atrás; o principal fator para isso é o rio Nilo. O Nilo transborda todos os anos, o que forçou as pessoas a construírem diques e pontes a fim de se protegerem das águas. Às vezes, porém, não faziam nada para conter a água, que transbordava pelo país inteiro, mas o solo irrigado se tornava fértil e as pessoas aprenderam a cultivá-lo da melhor maneira. Se não existisse o Nilo, o Egito seria um deserto como o Saara. É por isso que chamam o Egito de "um presente do Nilo". Os povos que viviam ao redor do Egito tentaram conquistá-lo sistematicamente, mas só conseguiram algumas poucas vezes.

O Egito era regido pelos faraós, mas este era só um termo que eles adotavam. O faraó era muito adorado. Os sacerdotes também tinham muita influência.

No Egito, havia poucas cidades, umas das maiores eram Mêmfis e Tebas. Como o Nilo inundava todos os anos, pessoas de outras cidades tinham que ajudar os agricultores. Essas pessoas também negociavam muito com outros povos e também lhes ensinavam a trabalhar a terra. Muito depois, nos dias de Alexandre, o Grande, o Egito foi completamente tomado e [se] fundou nele a grande cidade de Alexandria, que recebeu o nome de Alexandre, o Grande. Antes de Alexandre, o Grande, governar o país, lá estavam Dário e Xerxes, que também tinham todas as terras, exceto a Grécia, que nunca conseguiam conquistar.

Durante o seu reinado, houve no Egito muitos levantes, mas os poderosos príncipes sempre acabavam derrotando-os. Alexandre foi então o primeiro que fez com que os egípcios se tornassem novamente um pouco satisfeitos, porque introduziu os costumes deles na Macedônia e os costumes da Macedônia na Macedônia [provavelmente Anne quis dizer Egito] de maneira que todos se transformaram na verdade em um só povo. Aliás, Alexandre era o filho de Felipe, rei da Macedônia.

•

[ILUSTRAÇÃO]

Máscara dourada decorada com esmalte de Tutancâmon, para cobrir a cabeça e os ombros da múmia. Atualmente no museu de Cairo. Egito.

Novo Império. Dinastia XVIII. ± 1350 a. C.

Arquivo: *Kunst in beeld* A53

•

[ILUSTRAÇÃO]

Caixão exterior da múmia aberto; embaixo do sudário, o segundo caixão. Atualmente no museu de Cairo. Egito.

Novo Império. Dinastia XVII. ± 1350 a. C.

•

[ILUSTRAÇÃO]

Caixão exterior da múmia de Tutancâmon aberto; de madeira revestida de ouro. Atualmente no museu de Cairo. Egito.

Arquivo: *Kunst in beeld* A51

•

A múmia de Tutancâmon foi encontrada em uma pirâmide. A parte lateral está coberta de hieróglifos, que foram mais tarde decifrados pelo erudito francês Champolion; para tal usou a pedra de Roseta. Esta pedra foi encontrada em Roseta, e continha escritos em três línguas, entre elas hieróglifos e grego. Este Sr. Champolion também sabia grego e decifrou assim a escrita em hieróglifos.

•

[ILUSTRAÇÃO]

Pirâmides de Khafra (Quéfren) e Menkaure (Miquerinos) perto de Gizé. Egito.
Antigo Império. Dinastia IV. ± 2800 e 2750 a. C.

•

[ILUSTRAÇÃO]

Pirâmides de Khufu (Quéops). Egito.
Antigo Império. Dinastia IV. ± 2850 a. C. Junto a Gizé.
Arquivo: *Kunst in beeld* A9

•

As pirâmides eram pedras enormes parecidas com uma torre e postas umas sobre as outras. Bem antes de sua morte, os faraós mandam erigir a pirâmide em que serão enterrados. No interior dela, há vários compartimentos e também uma câmara do tesouro. Quando o rei falecia, era sepultado na pirâmide que se construíra para tal fim.

•

[ILUSTRAÇÃO]

Túmulo de Tutancâmon. Tebas. A antecâmara com, na parte norte, a porta lacrada da câmara funerária. Egito.
Novo Império. Dinastia XVIII. ± 1350 a. C.
Arquivo: *Kunst in beeld* A48

•

[ILUSTRAÇÃO]

Pirâmide de Snefru (Seneferu), junto a Meidum. Egito.
Antigo Império. Dinastia III. 2900 a. C.

•

[ILUSTRAÇÃO]

A Esfinge, junto à pirâmide de Khafra (Quéfren), Gizé. Egito.

Antigo Império. Dinastia [IV]. ± 2700 a. C.

Arquivo: *Kunst in beeld* A11

•

O rei Xerxes foi o sucessor do rei Dário no trono. O rei Dário morreu justamente quando ia preparar uma enorme campanha militar a fim de lutar contra a Grécia. O rei Xerxes continuou a fortalecer o exército imediatamente após a morte do pai. No entanto, não conseguiu vencer os gregos.

•

[ILUSTRAÇÃO]

O rei Xerxes acompanhado por seus súditos com leque e guarda-sol. O guarda-sol era considerado um sinal de dignidade. Baixo-relevo de Persépolis.

Arquivo: *Kunst in beeld* B120

•

[ILUSTRAÇÃO]

Ruínas de um templo ou palácio em Ur. No fundo se veem os restos de um terraceamento (zigurate). O núcleo das muralhas é feito de pedra de argila, e o revestimento, de tijolos.

Novo Babilônico. ± 550 a. C.

Arquivo: *Kunst in beeld* A82

•

[ILUSTRAÇÃO DA MESOPOTÂMIA]

Mesopotâmia

Na bacia do Eufrates e do Tigre, viveu cerca de 3000 anos a. C. (5.000 anos atrás) um povo altamente civilizado: os sumérios. As terras da Mesopotâmia, ao contrário das do Egito, são quase abertas, enquanto o Egito é quase inteiramente fechado. A Mesopotâmia é a terra entre dois rios. A consequência desta localização foi a de que a Mesopotâmia fora muito mais afetada pela guerra que o Egito. Além disso, a Mesopotâmia travou muitas guerras, que, além da conquista de terras, também servia para proteger seu comércio. O povo dessa bacia de dois rios conseguiu através de seu comércio também exercer muita influência sobre outros territórios (povos). O primeiro grande rei da Mesopotâmia foi Hamurabi, cuja legislação foi gravada em uma coluna de basalto de dois metros de altura. A legislação de Hamurabi foi importante porque estabeleceu para o seu povo um novo direito. (Ninguém podia mais ser seu próprio juiz). A escrita desse país entre dois rios é chamada de escrita cuneiforme. A religião dos babilônios foi inicialmente instaurada de maneira que cada cidade tivesse seu próprio deus. Por exemplo, Marduk era o deus da cidade da Babilônia, enquanto Shamash (sol) era o de outra cidade, mas também bastante conhecido. Mais tarde, muitas vezes, um deus de uma cidade se tornava o deus de todo o país, por exemplo, o que aconteceu com Marduk. Com os babilônios, a influência das forças naturais sobre a religião era importante, lembremos nesse contexto a figura de Shamash (sol). Era também costume fazerem previsões com base nas estrelas, que é o que hoje se chama de astrologia. Mais tarde, partindo da astrologia, se desenvolveu a ciência das estrelas: a astronomia.

Mesmo na atualidade, ainda somos influenciados por esta "astrologia": dizemos que alguém nasceu sob uma estrela feliz. Também no judeu [crença judaica?]. No holandês, por outro lado, [adotou-se] dos germanos parte da religião e também uma série de palavras.

•

[ILUSTRAÇÃO]

Portão da cidade de Babilônia. Da época do rei Nabopolasar. Mesopotâmia.
Novo Babilônico. ± 610 a. C.
Arquivo: *Kunst in beeld* A81

•

[ILUSTRAÇÃO]

Sepulturas arqueadas, possivelmente sepulturas familiares. Cada quarto tem espaço para múltiplos caixões. Mesopotâmia. Babilônico.
Arquivo: *Kunst in beeld* A91

•

[ILUSTRAÇÃO]

Estela legislativa do rei Hamurabi, o rei recebe a legislação de um deus do sol. Mesopotâmia.

Babilônico. ± 2000 a. C.

•

[DUAS ILUSTRAÇÕES]

Duas estelas: o rei adora Shamash, o rei do sol. Mesopotâmia.

Babilônico. ± 2000 a. C.

Arquivo: *Kunst in beeld* B82

•

[DUAS ILUSTRAÇÕES]

Imagens de rainhas da cidade suméria (possivelmente também sacerdotisas) dos séculos anteriores à fundação do império da Babilônia. Ambas as imagens de Tello, Lagasch. À esquerda: ± 3000 a. C., à direita (rainha Gudea) ± 2500 a. C. Mesopotâmia.

Arquivo: *Kunst in beeld* B80

•

[ILUSTRAÇÃO]

Busto de rei. Assíria. ± 800 a. C.

Arquivo: *Kunst in beeld* B90

•

[ILUSTRAÇÃO]

Rei Assurnasirpal II em caça ao leão. Baixo-relevo de alabastro do palácio do rei. Em Nimrud-Kalach. Mesopotâmia.

Assírio. ± 870 a. C.

Arquivo: *Kunst in beeld* B93

•

[ILUSTRAÇÃO]

Sítio em uma fortaleza inimiga. À direita, o rei Assurnasirpal II, que coordena o ataque. Diante do rei, uma grande máquina de cerco, uma torre de batalha móvel com aríete. O inimigo tenta levantar e desarmar o aríete com ajuda de correntes. Os soldados assírios prendem-se com ganchos nas correntes a fim de manter o aríete direcionado contra o portão do inimigo. Arcos e flechas são disparados de ambos os lados; os inimigos atingidos caem das muralhas da fortaleza. Baixo-relevo de alabastro do palácio de Assurnasirpal II em Nimrud-Kalach. Mesopotâmia.

Assírio. ± 870 a. C.

Arquivo: *Kunst in beeld* B94

•

[ILUSTRAÇÃO]

Arqueiros com couraças assaltam uma fortaleza. Do seu trono, o rei coordena o ataque.

•

[ILUSTRAÇÃO]

Palácio do rei Sargon. A construção em volta do portão junto à grande escada.

•

[ILUSTRAÇÃO]

Reconstrução. Mesopotâmia. Assírio. ± 720 a. C.

Arquivo: *Kunst in beeld* B87

•

Pérsia.

Mais ou menos meio século após a queda de Nínive, os persas, que também eram aparentados aos medos, conseguiram se libertar. Nessa época, regia um rei chamado "Ciro". Os persas haviam feito Ciro o rei de sua nação por volta de

550 antes do nascimento de Cristo. A Lídia, a Babilônia e algumas outras terras haviam sido conquistadas pelos persas, até que estes tinham em seu domínio toda a Ásia Menor. Os povos conquistados não eram maltratados. Os persas tinham um alto conceito sobretudo dos israelitas e dos fenícios. O comércio dos fenícios voltou a florescer. O filho de Creso [Anne provavelmente se referia a Ciro II], um príncipe muito próspero, se chamava Cambises. Em 525, este subjugou os egípcios também, mas os egípcios eram um povo muito orgulhoso e tentaram se libertar repetidas vezes. Cambises não conseguia ganhar a sua confiança. Quando morreu, o reino era [aqui falta uma palavra] terrível, mas logo Dário tomou o poder, e reestabeleceu a ordem. Dário reinou de 521-485. À época, Dário deu à Pérsia o poder mundial; tinha uma administração regulada e foi dividida em províncias, que eram governadas por regentes (sátrapas). Para a infelicidade dos persas, Dário quis estender seu poder em direção ao oeste, mas acabou assim entrechocando-se com os gregos, que nem ele nem seu filho Xerxes conseguiram vencer.

•

[ILUSTRAÇÃO]

Túmulo de Kyros (Ciro). Junto a Pasárgada. Mesopotâmia. ± 530 a. C.
Arquivo: *Kunst in beeld* A100

•

[ILUSTRAÇÃO]

Túmulo esculpido na rocha de Dareios (Dário). Persépolis. Mesopotâmia.
Persa. ± 500 a. C.
Arquivo: *Kunst in beeld* A108

•

[ILUSTRAÇÃO]

O guarda-costas persa do rei Dário. Baixo-relevo do palácio em Persépolis. Mesopotâmia.
Persa. ± 500 a. C.

•

[ILUSTRAÇÃO]

O rei Dário lutando contra um dragão, símbolo da luta do bem contra o mal. (Ormuz contra Ahriman).

Arquivo: *Kunst in beeld* B122

•

Grécia

[Cartão]

Cartão da Grécia com povoados na Ásia Menor e na Itália.

Arquivo: *Kunst in beeld* A132

•

Capitéis de acordo com as três ordens gregas.

•

[ILUSTRAÇÃO]

Jônico. Propileu (Atenas).

•

[ILUSTRAÇÃO]

Coríntio. Tholos (Epidauro).

•

[ILUSTRAÇÃO]

Dórico. Propileu (Atenas).

Arquivo: *Kunst in beeld* A153

Sócrates e seu aluno Platão foram em todos esses séculos os filósofos mais famosos. Sócrates era um homem bom e sábio e sempre estava à disposição dos seus semelhantes.

•

[ILUSTRAÇÃO]

Teatro em Pérgamo. Ásia Menor. Como todos os outros teatros gregos, foi construído ao sopé de uma montanha, na qual foram esculpidos os assentos. Entre os assentos e o palco há um espaço semicircular, a orquestra, reservado para o coro. A alta parede traseira do palco desapareceu.

Grego. ± 200 a. C.

Arquivo: *Kunst in beeld* A155

•

[ILUSTRAÇÃO]

Busto de um boxeador. Bronze. Grego. ± 325 a. C.

Arquivo: *Kunst in beeld* B178

•

[ILUSTRAÇÃO]

Sócrates. Original branco. ± 300 a. C.

Arquivo: *Kunst in beeld* B176

•

Hermes é um dos muitos deuses gregos. É filho de Zeus. Hermes é o deus da arte declamatória e o mensageiro de todos os deuses. Tem de acompanhar sempre as almas dos mortos e mostrar-lhes como chegar até Caronte e o rio Estige. Visto que tem de executar o mais rápido possível todas as tarefas que lhe são incumbidas, tem asas nas suas sandálias; quando precisa ser ainda mais rápido, aparecem-lhe também asas no chapéu.

•

[ILUSTRAÇÃO]

Busto de um atleta. ± 340 a. C. Grego.

Arquivo: *Kunst in beeld* B178

•

[ILUSTRAÇÃO]

O Hermes de Praxiteles. Após o "excelso" estilo de Fídias, Praxiteles e sua escola trazem o estilo "da harmonia das formas". Grego. ± 350 a. C.

Arquivo: *Kunst in beeld* B174

•

Em 461, Péricles tomou as rédeas do poder em Atenas. Hoje se diz que ele foi um dos maiores estadistas da história. Quando Péricles ascendeu ao poder, quis estender o domínio de Atenas, porém só podia fazê-lo se tivesse mais influência na Aliança. Vários aliados, que lhe tinham até então fornecido navios, começaram a apoiá-lo financeiramente, e o tesouro monetário da Aliança foi transferido a Atenas. E todos tinham a obrigação de dar sua contribuição em dinheiro a Atenas. Se os cidadãos tivessem lutado nas guerras ao lado de Atenas, era permitido aceder a cargos políticos e a participar de sessões do tribunal. O Areópago tinha perdido o direito de aniquilar as decisões das assembleias públicas. Péricles também era um amante da arte, encomendou dos artistas edifícios e palácios esplêndidos, maravilhosamente decorados. Os cidadãos pobres tinham acesso gratuito aos anfiteatros. Assistiam também às preleções de Sócrates e Platão. Dessa maneira, fez com que o povo se tornasse mais culto. E que soubesse um pouco de tudo.

•

[ILUSTRAÇÃO]

Heródoto. Cópia romana do original grego. Do século IV antes de Cristo.

•

[ILUSTRAÇÃO]

Péricles. Cópia romana do original grego. ± 440 a. C.

Arquivo: *Kunst in beeld* B176

•

[ILUSTRAÇÃO]

Cópia de mármore pequena e provavelmente não muito bem-sucedida de Athena-Parthenon, de Fídias. Cópia romana do original grego. ± 450 a. C.

Arquivo: *Kunst in beeld* B154

•

[ILUSTRAÇÃO]

Lado noroeste do Parthenon na Acrópole de Atenas. Um períptero (octostilo) sobre oito colunas. Construído por Ictinus e Callicrates. A fabricação da escultura foi liderada por Fídias, com sua própria participação parcial. Grego.

Estilo dórico. ± 447-432 a. C.

Arquivo: *Kunst in beeld* B138

•

[ILUSTRAÇÃO]

Lado sudeste do Parthenon na Acrópole de Atenas. No décimo sétimo século, a parte do meio do templo com todo o telhado sofreu uma explosão que a derrubou. A imagem acima mostra o estado em que a construção se encontrava antes do trabalho de restauração começar em 1929. Grego.

Estilo dórico. 447-432 a. C.

Arquivo: *Kunst in beeld* A137

•

Atenas é a deusa da sabedoria e da guerra. Encontra-se sobre o Parthenon com um longo bastão na mão, sobre o qual se via uma grande pedra refulgente. Quando os soldados da guerra voltavam a Atenas, ou partiam de lá, então viam que a deusa da guerra estava com eles, e sabiam que nada de ruim aconteceria.

•

Os Delfos são conhecidos principalmente por seu famoso oráculo. O oráculo não era nada mais que uma fenda no solo da qual saíam vapores embriagantes; sobre o solo haviam disposto um trípode no qual se sentava uma sacerdotisa. Os vapores a embriagavam inteiramente; quando se fazia uma pergunta, ela respondia de uma maneira muito confusa. Os gregos, porém, acreditavam que fosse o deus Apolo que lhes propunha uma resposta enigmática, à qual davam grande valor.

•

[ILUSTRAÇÃO]

Discóbolo de Myron. Reconstrução moderna de bronze, constituída pela cabeça da cópia de Lancelotti. Com o corpo da cópia do Vaticano. O original também era de bronze. Grego.

Escola Ática. ± 450 a. C.

Arquivo: *Kunst in beeld* B150

•

[ILUSTRAÇÃO]

À esquerda: busto da deusa Atenas (segundo Myron). Grego. ± 450 a. C.

À direita: cópia clássica em mármore da Atenas de Fídias. Grego. ± 450 a. C.

Arquivo: *Kunst in beeld* B152

•

[ILUSTRAÇÃO]

Busto de uma deusa. Reprodução mais sensível, uma certa graça na postura e na dobra do vestido: característica do estilo jônico. Grego. ± 470 a. C.

Arquivo: *Kunst in beeld* B142

•

[ILUSTRAÇÃO]

O estádio de Delfos, reservado para competições de corrida. De um lado, os assentos tinham sido cavados na rocha da montanha, do outro, foram especialmente construídos. Havia lugar para sete mil espectadores. A faixa da partida ainda se distingue ao fundo. Grego. Provavelmente de 500 a. C.

Arquivo: *Kunst in beeld* B157

•

[ILUSTRAÇÃO]

Busto de uma deusa. Uma certa dureza na forma, e a postura corporal e expressão facial de um sorriso fixo são características do estilo dórico. Grego.

Dórico. 600 a. C.

Arquivo: *Kunst in beeld* B142

•

[ILUSTRAÇÃO]

Túmulo com cúpula (chamado a sala do tesouro de Atreu) em Micenas. Grego.

Período Cretense-Micênico. ± 1300 a. C.

Arquivo: *Kunst in beeld* A130

•

[ILUSTRAÇÃO]

Muralha da antiga cidade de Troia. Muros ciclópicos de pedra esculpida. Os blocos estão bem mais unidos, embora ainda tenham forma e tamanho muito desiguais. ± 1300 a. C

Arquivo: *Kunst in beeld* A125

•

[ILUSTRAÇÃO]

O portão do leão em Micenas. Terceira forma de trabalho de muros ciclópicos; os blocos de pedra geralmente são cortados em forma retangular. Período Cretense--Micênico. ± 1400 a. C.

Arquivo: *Kunst in beeld* A129

•

[ILUSTRAÇÃO]

Corredor arqueado no castelo de Tirinto. O método de construção apresenta a forma mais primitiva dos muros ciclópicos. Grego.

Período Cretense-Micênico. ± 1500 a. C.
Arquivo: *Kunst in beeld* A125

•

[ILUSTRAÇÃO]

Entrada iluminada e escada do palácio de Cnossos, em Creta. Grego.
Período Cretense-Micênico. ± 1500 a. C.
Arquivo: *Kunst in beeld* A121

•

[NA PARTE DE TRÁS DO CADERNO]

Anne Frank.
Praça Merwede 37 II
Amsterdã (sul)
tel. 90441

HERINNERING
AAN MIJN
SCHOOLJAAR
1935

II

FOTOS E DOCUMENTOS

Prefácio

Existe uma grande quantidade de fotografias de Anne e de sua irmã Margot — seu pai era um fotógrafo inveterado. O critério para a escolha das fotografias aqui apresentadas foi de que deveriam passar a imagem das distintas fases da vida de Anne. Foram selecionadas também fotografias de pessoas mais próximas a ela, tais como os demais moradores do Anexo e os que os ajudaram a se manter escondidos. Além disso foram incluídas algumas páginas do diário em forma de fac-símiles, tais como sua certidão de nascimento e suas duas certidões de óbito.

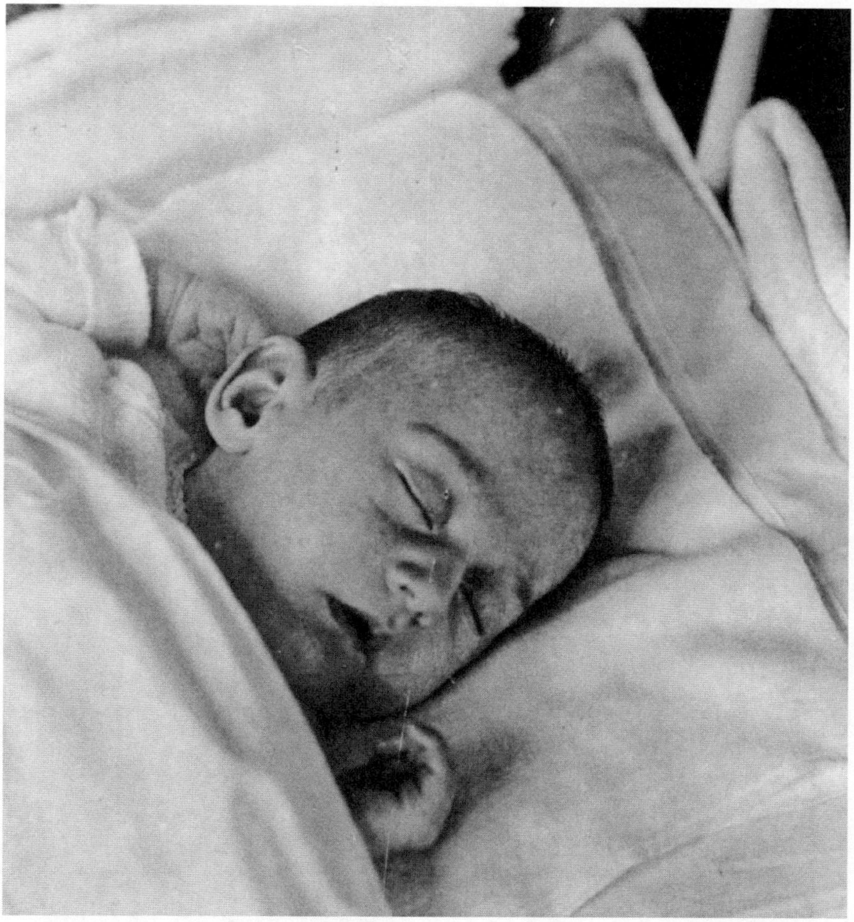

Anne Frank, 1929, quatro semanas de vida.

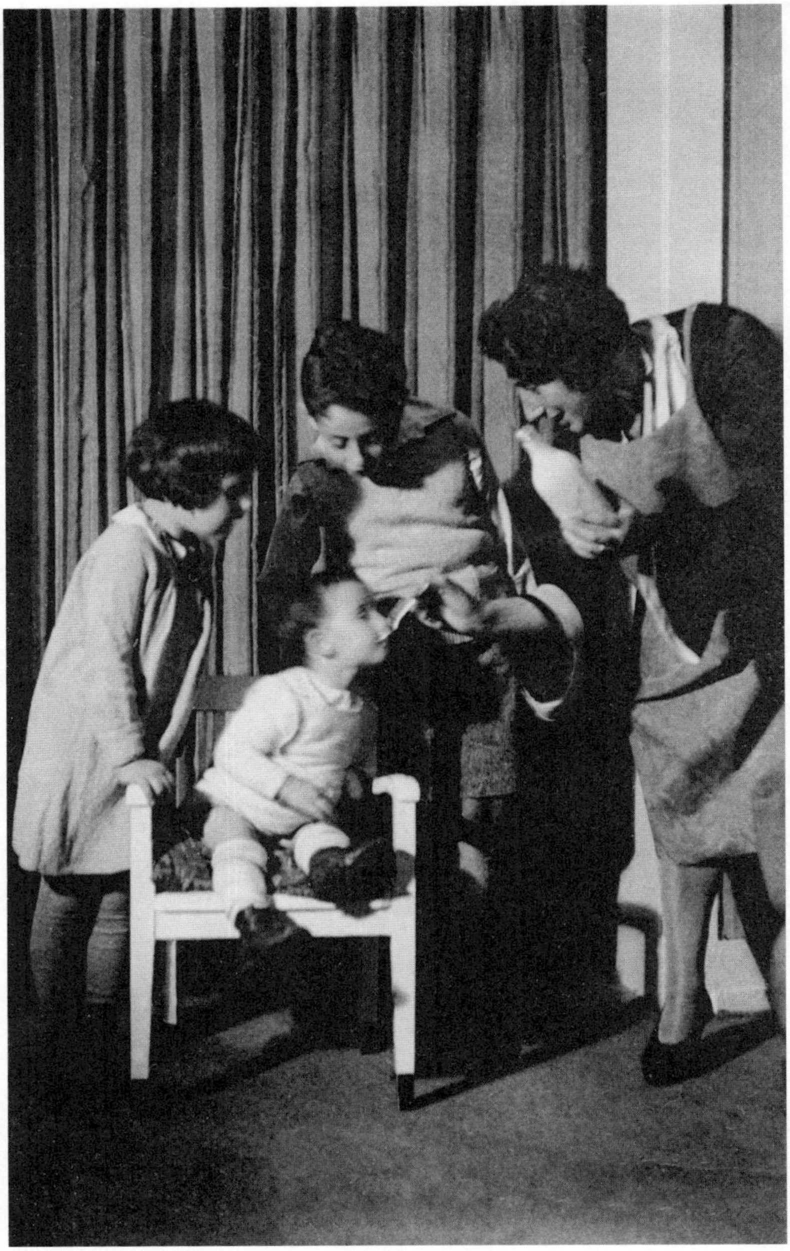

Anne comendo.
Da esquerda para a direita: sua irmã Margot, Anne, seu primo Stephan, e sua mãe Edith Frank (provavelmente em 1930).

Anne, por volta de 1931.

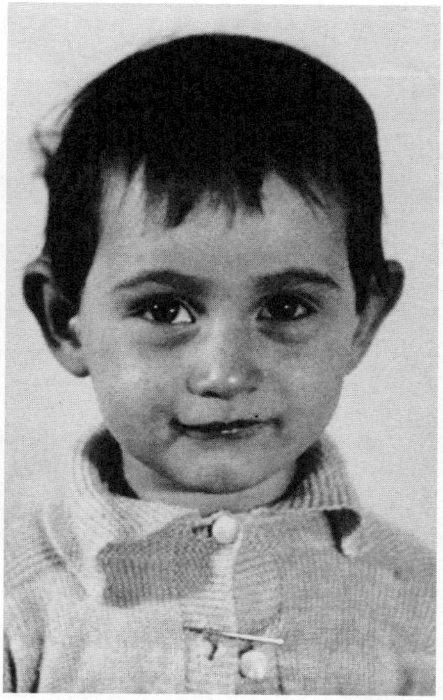

Anne em Sils-Maria,
por volta de 1935.

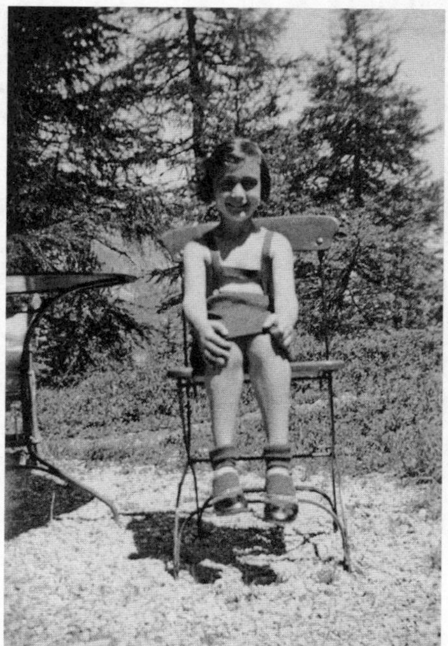

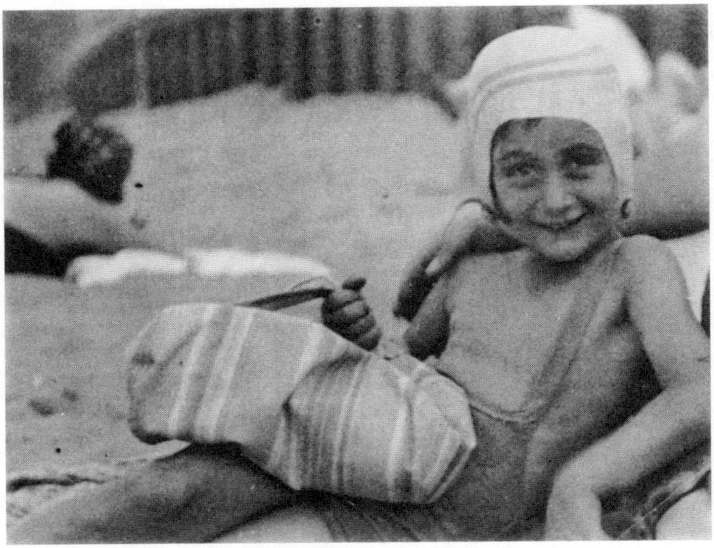

Anne com aproximadamente 5 anos.

Anne (à direita) e Margot em Aken, outubro de 1933.

Anne (à esquerda) e Margot em Aken, verão de 1933.

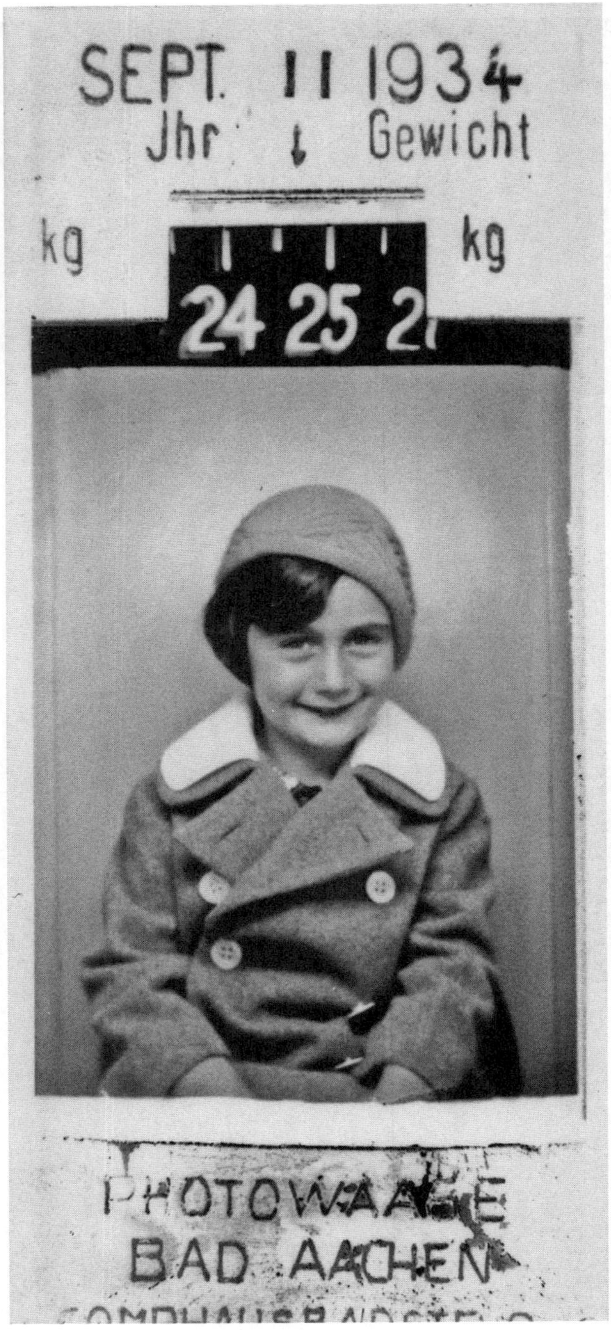

Anne, 11 de setembro de 1934.

Anne, por volta de 1934.

Anne, "lembrança do ano letivo de 1935".

Anne, por volta de 1937.

Anne (segunda à esquerda) com suas amigas no seu décimo aniversário, 1939.

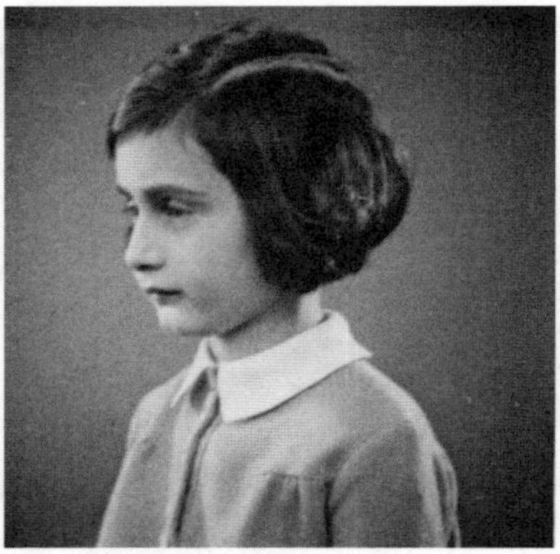

Maio de 1935

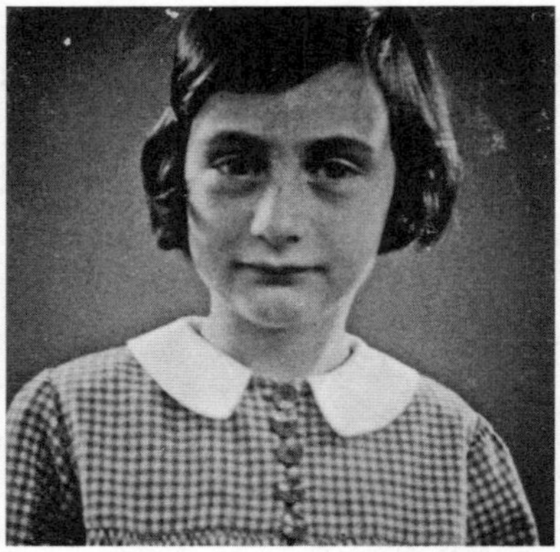

Maio de 1936

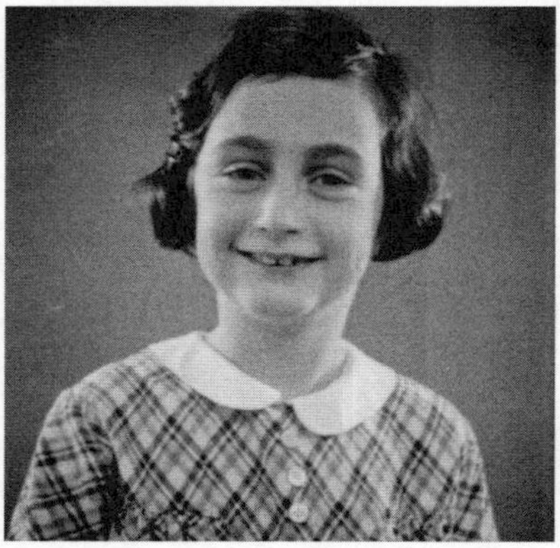

Maio de 1937

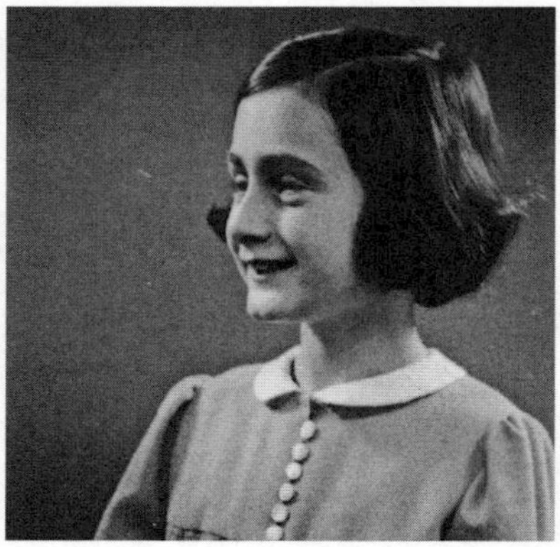

Maio de 1938

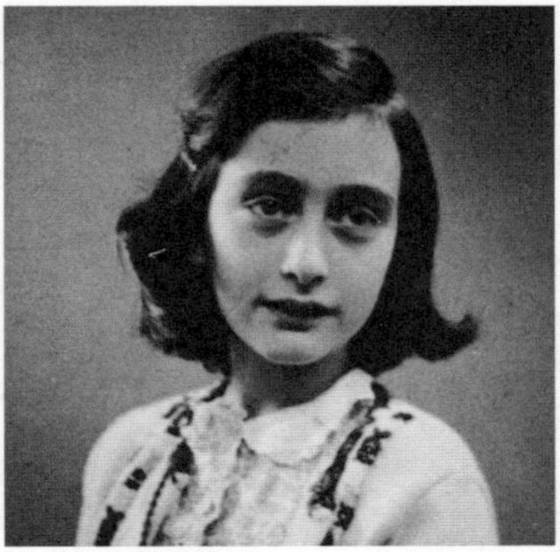

Maio de 1939

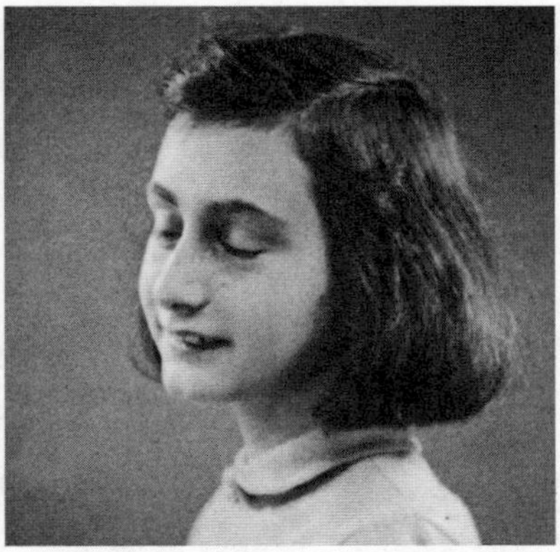

Maio de 1940

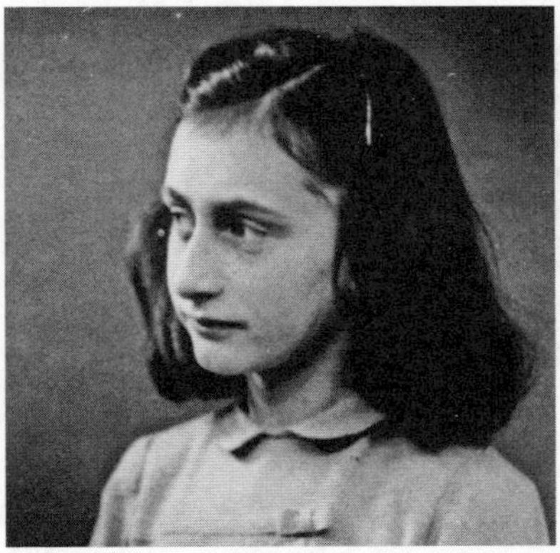

Maio de 1941

Maio de 1942

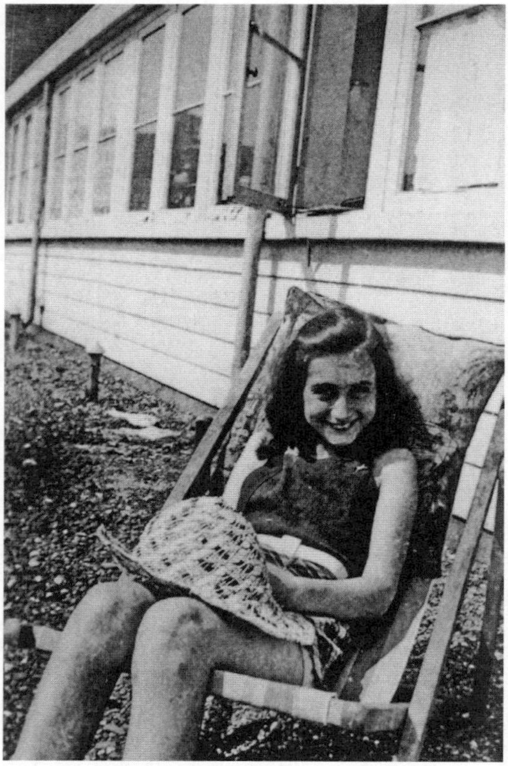

Anne no terraço da casa na praça Merwede, 1940.

Anne, 1942.

Foto de casamento dos pais de Anne: Otto Frank e Edith Frank-Holländer, 12 de maio de 1925.

Edith Frank-Holländer, maio de 1935.

Otto Frank, maio de 1936.

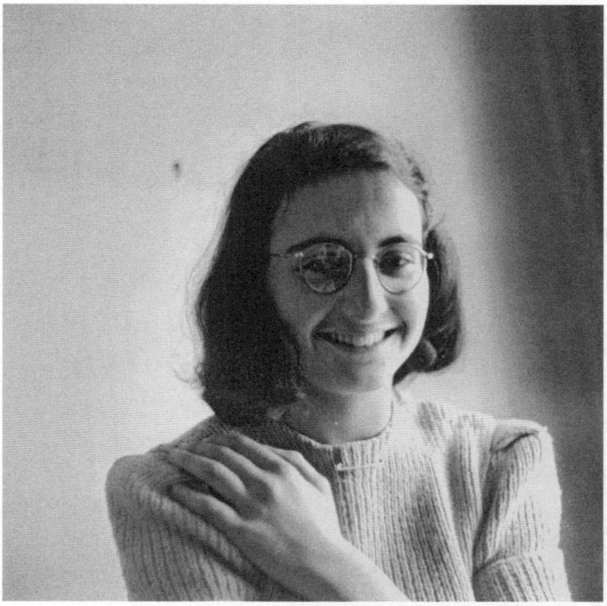

Margot Frank, 1942.

Alice Frank, avó de Anne por parte de pai, por volta de 1945.

Rosa Holländer, avó de Anne por parte de mãe, na década de 1920.

Hermann e Auguste van Pels, que moravam com a família Frank no Anexo; no diário de Anne, foram chamados de van Daan.

Os primos de Anne na Basileia, Stephan (à esquerda) e Bernd (Buddy) Elias, por volta de 1935.

Os funcionários da empresa de Otto Frank, Opekta, em 1941.
Da esquerda para a direita: Victor Kugler, Esther, Bep Voskuijl, Pine e Miep Gies.

Fritz Pfeffer, que morava com os Frank no Anexo
No diário de Anne é chamado de Albert Dussel

Peter van Pels com cerca de 17 anos.
No diário de Anne é chamado de Peter van Daan.

Miep e Jan Gies, no dia
de seu casamento,
16 de julho de 1941.

Miep Gies (sentada)
e Bep Voskuijl,
por volta de 1940.

Victor Kugler, por volta de 1938.

Johannes Kleiman.

Saco para guardar pijama que Anne bordou antes de entrar na clandestinidade e que Otto Frank ofereceu ao primo de Anne, Bernd (Buddy) Elias.

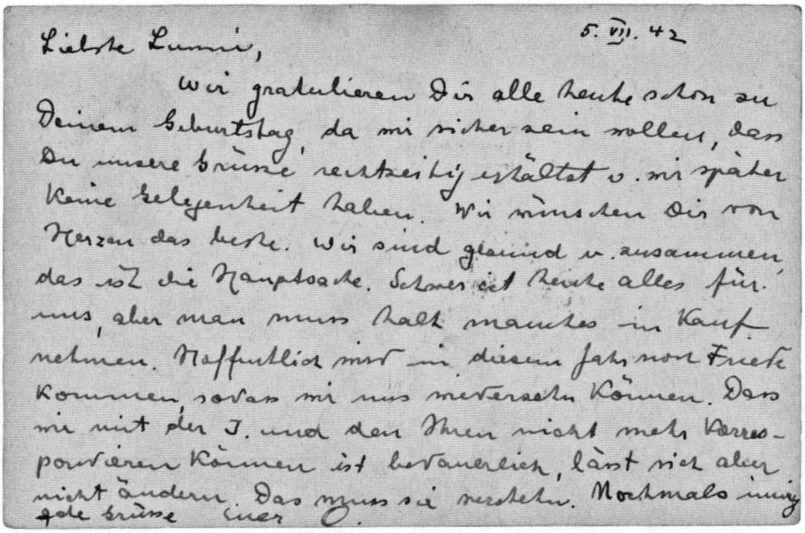

Liebste Lunni, 5. VII. 42

Wir gratulieren Dir alle heute schon zu Deinem Geburtstag, da wir sicher sein wollen, dass Du unsere Grüsse rechtzeitig erhältst u. wir später keine Gelegenheit haben. Wir wünschen Dir von Herzen das beste. Wir sind gesund u. zusammen das ist die Hauptsache. Schwer ist heute alles für uns, aber man muss halt manches in Kauf nehmen. Hoffentlich wird in diesem Jahr noch Friede kommen, sodass wir uns wiedersehen können. Dass wir mit der J. und den Ihren nicht mehr korrespondieren können ist bedauerlich, lässt sich aber nicht ändern. Das muss sie verstehen. Nochmals innige gute Grüsse Euer O.

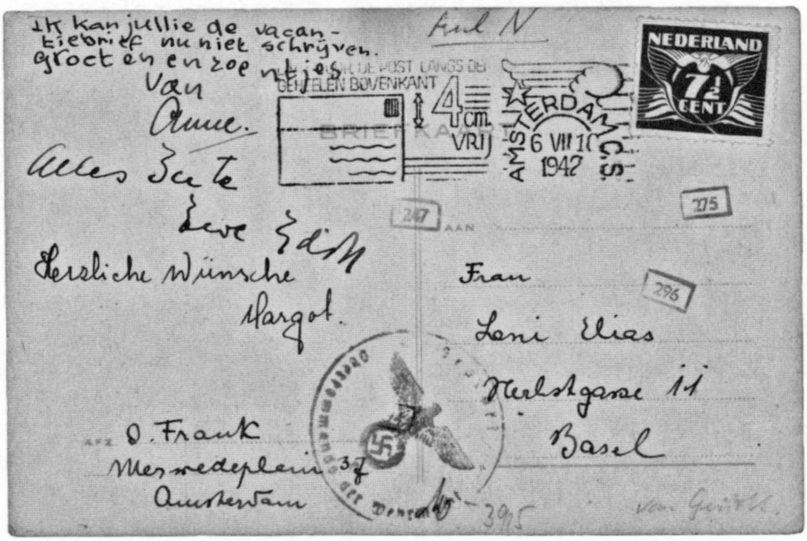

Ik kan jullie de vacantiebrief nu niet schrijven. groeten en en zoentjes van Anne.

Alles Gute Leve Edith

Herzliche Wünsche Margot.

O. Frank Merwedeplein 37 Amsterdam

Frau Leni Elias Herbstgasse 11 Basel

Um cartão assinado por toda a família, que Otto Frank enviou, no dia 5 de julho de 1942, pouco antes de entrar na clandestinidade, a sua irmã Leni Elias na Basileia.

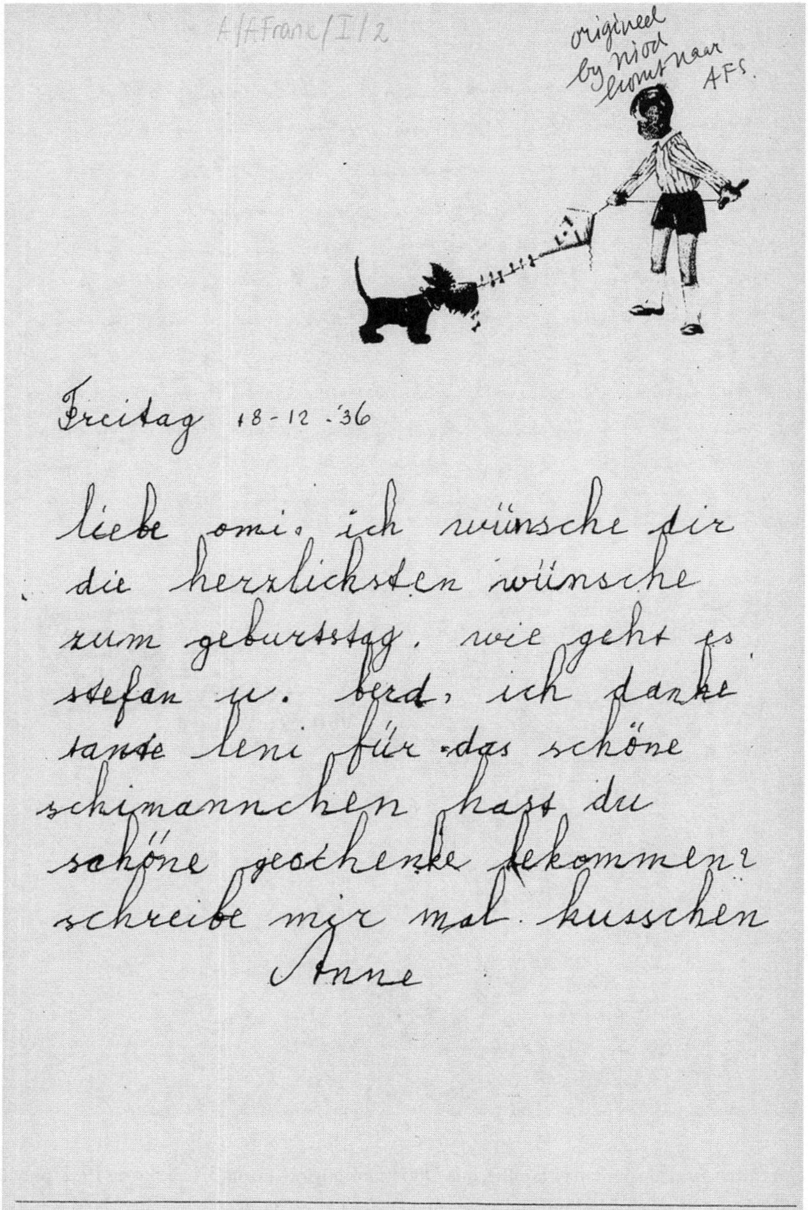
A/AFrank/I/2

Freitag 18-12-36

liebe omi, ich wünsche dir
die herzlichsten wünsche
zum geburtstag. wie geht es
stefan u. berd, ich danke
tante leni für das schöne
schimannchen hast du
schöne geschenke bekommen?
schreibe mir mal kusschen
Anne

Carta de Anne a sua avó Alice Frank na Basileia, em dezembro de 1936.

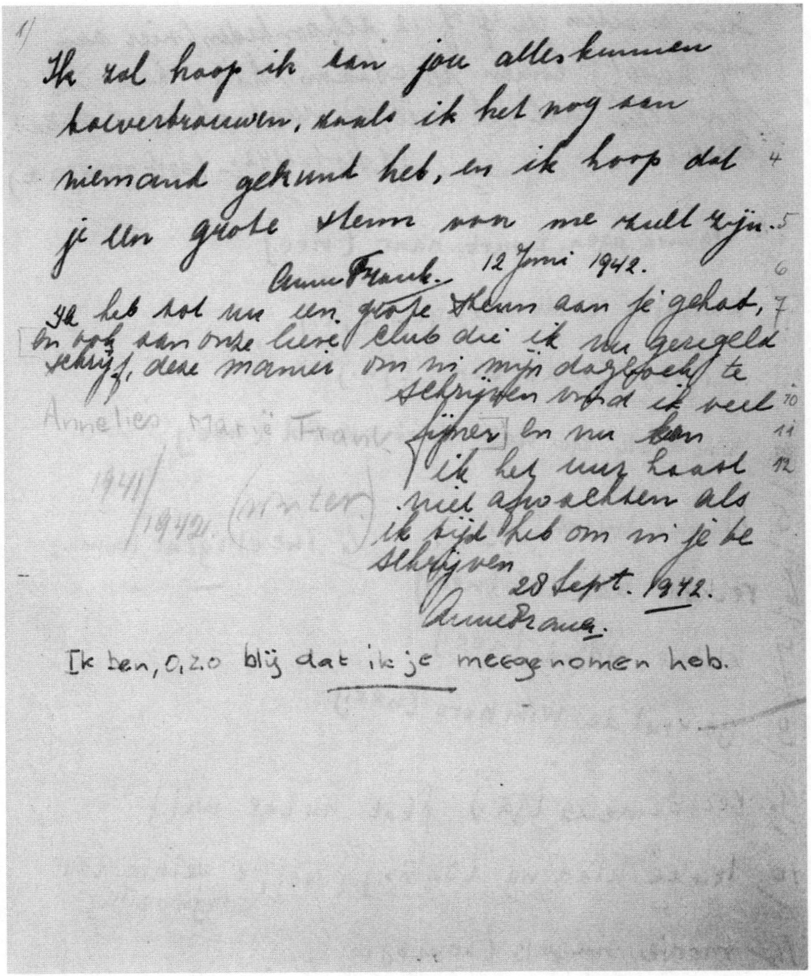

Folha de rosto do primeiro diário de Anne, 12 de junho de 1942 e 28 de setembro de 1942.

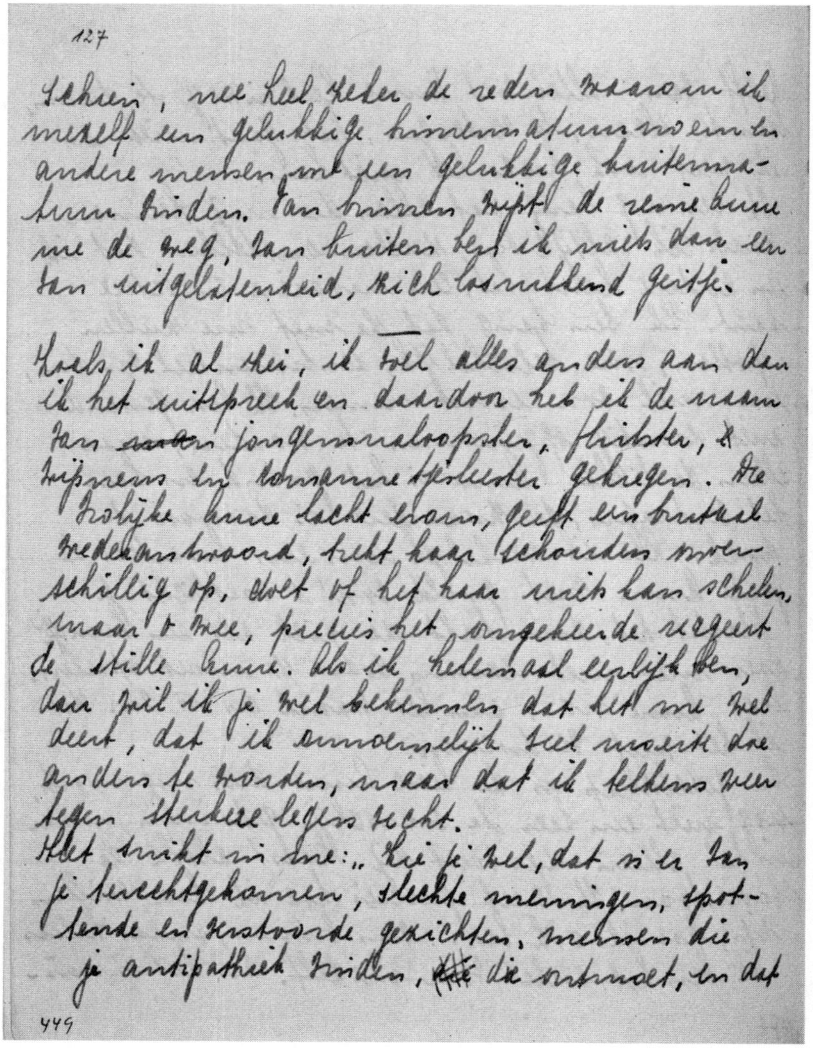
127

schijn, wie heel zelden de redenen waarom ik mezelf een gelukkige binnennatuur en een andere mensen een gelukkige buitennatuur vinden. Van binnen wijst de zuivere Anne me de weg, van buiten ben ik niets dan een van uitgelatenheid, losrukkend geitje.

Zoals ik al zei, ik voel alles anders aan dan ik het uitspreek en daardoor heb ik de naam van ~~aan~~ jongensnaloopster, flirtster, & wijsneus en romannetjeslezeres gekregen. De vrolijke Anne lacht erom, geeft een brutaal wederantwoord, trekt haar schouders onverschillig op, doet of het haar niets kan schelen, maar o wee, precies het omgekeerde reageert de stille Anne. Als ik helemaal eerlijk ben, dan zal ik je wel bekennen dat het me wel deert, dat ik ontzettend veel moeite doe anders te worden, maar dat ik telkens weer tegen sterkere legers vecht.
Het snikt in me: „Zie je wel, dat is er van je terechtgekomen, slechte meningen, spottende en verstoorde gezichten, mensen die je antipathiek vinden, ~~die~~ die ontmoet, en dat

449

As últimas duas páginas do diário de Anne, de 1º de agosto de 1944.

alles alleen omdat je niet naar de goede raad van je eigen goede helft luistert. Ach, ik zou wel willen luisteren, maar het gaat niet, als ik stil en ernstig ben denken allen dat het een nieuwe comedie is en dan moet ik me wel met een grapje eruit redden, nog niet eens van m'n eigen familie gesproken, die beslist denkt dat ik ziek ben, me hoofdpijnpillen en kalmeertabletten laat slikken, me in hals en voorhoofd voelt of ik koorts heb, naar m'n ontlasting vraagt en m'n slechte bui bekritiseert; dat houd ik niet vol, als er zo op me gelet wordt dan word ik eerst snibbig, dan verdrietig en tenslotte draai ik m'n hart weer om, draai het slechte naar buiten, het goede naar binnen en zoek aldoor naar een middel om te worden zoals ik zo erg graag zou willen zijn en zo als ik zou kunnen zijn, als ..... er geen andere mensen in de wereld zouden wonen.

je Anne M. Frank.

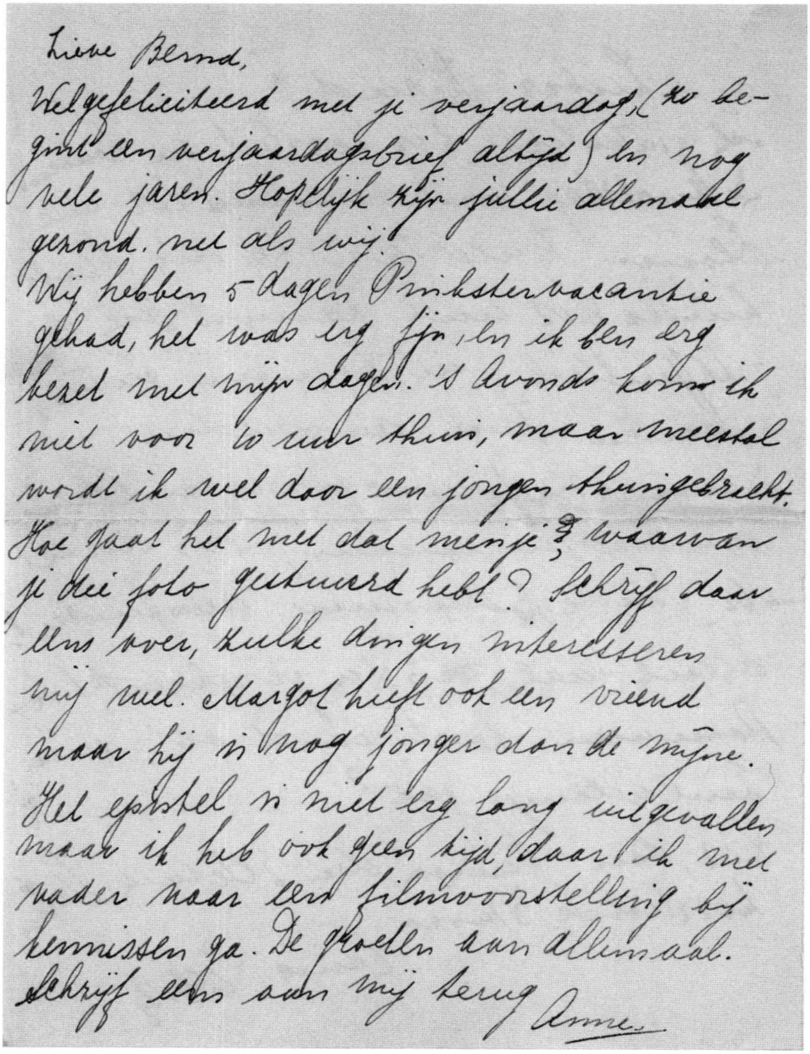
Lieve Bernd,
Welgefeliciteerd met je verjaardag, (zo begint een verjaardagsbrief altijd) en nog vele jaren. Hopelijk zijn jullie allemaal gezond, net als wij.
Wij hebben 5 dagen Pinkstervacantie gehad, het was erg fijn, en ik ben erg bezet met mijn dagen. 's Avonds kom ik niet voor 10 uur thuis, maar meestal wordt ik wel door een jongen thuisgebracht. Hoe gaat het met dat meisje, waarvan je die foto gestuurd hebt? Schrijf daar eens over, zulke dingen interesseren mij wel. Margot heeft ook een vriend maar hij is nog jonger dan de mijne. Het epistel is niet erg lang uitgevallen maar ik heb ook geen tijd, daar ik met vader naar een filmvoorstelling bij kennissen ga. De groeten aan allemaal. Schrijf eens aan mij terug
Anne.

Carta de aniversário de Anne a seu primo Bernd (Buddy) Elias na Basileia, 1942.

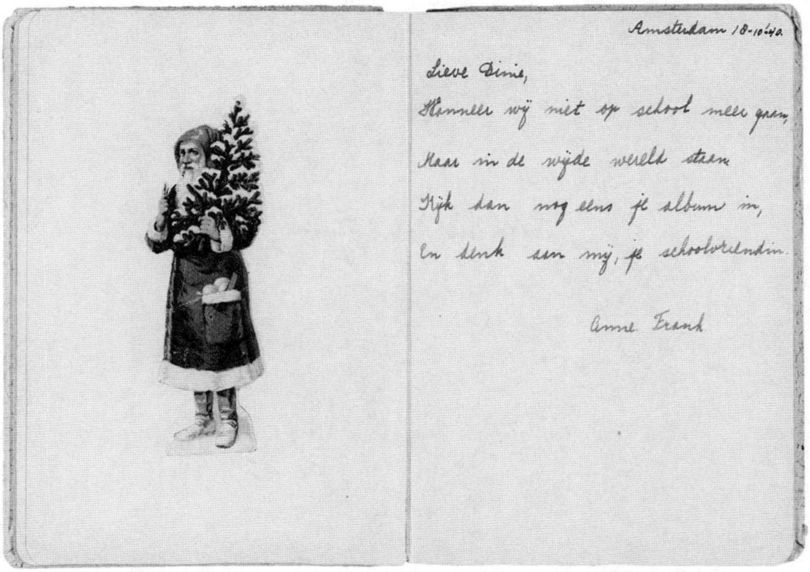

Amsterdam 18-10-'40.

Lieve Dinie,
Kunnen wij niet op school meer gaan,
Maar in de wijde wereld staan
Kijk dan nog eens je album in,
En denk aan mij, je schoolvriendin.

Anne Frank

Os versinhos de Anne no álbum de poesia de sua colega de classe Dinie, 1940.

Primeira página do *Livro das belas citações*.

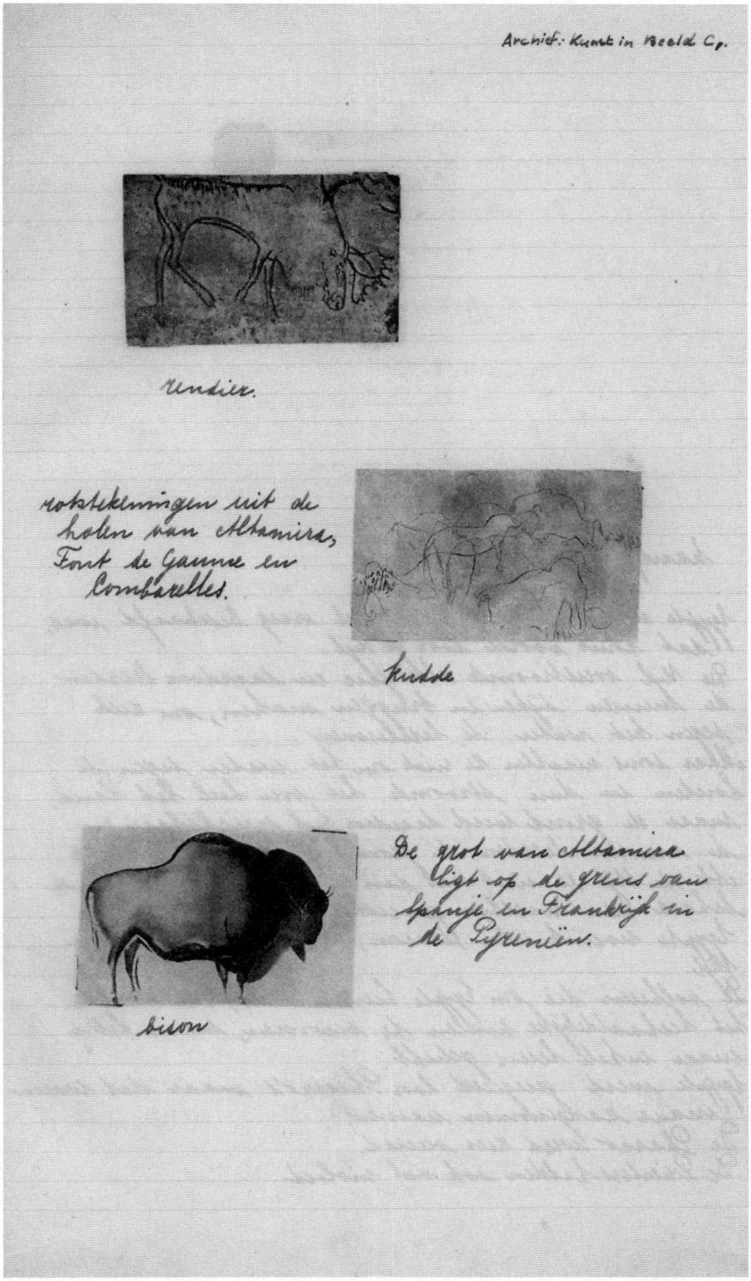

Página do chamado *Livro do Egito*.

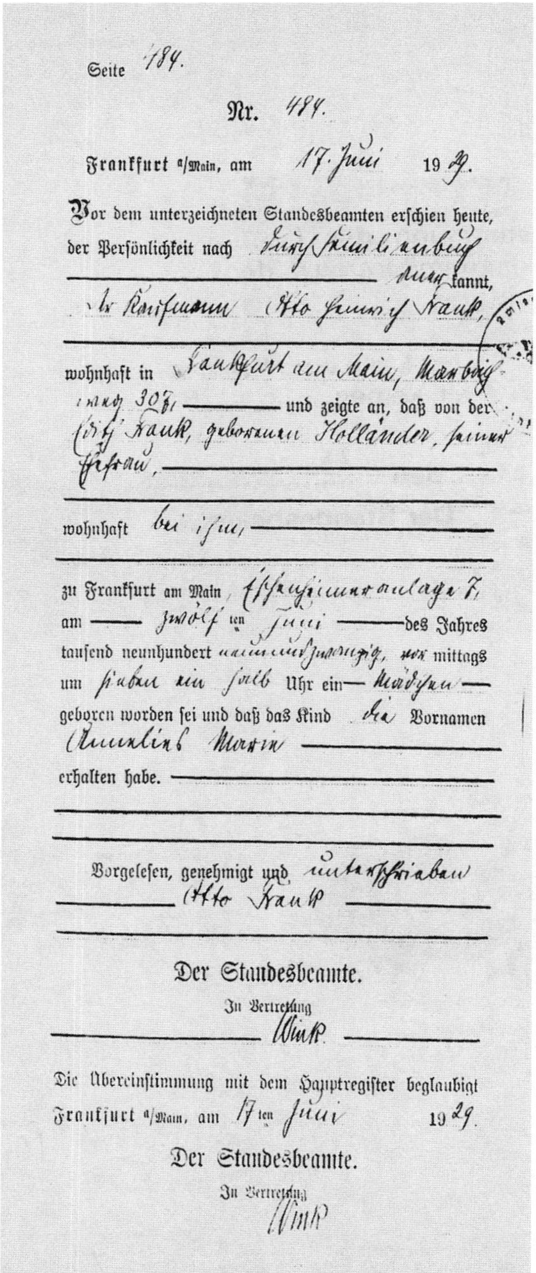

Seite 484.

Nr. 484.

Frankfurt a/Main, am 17. Juni 1929.

Vor dem unterzeichneten Standesbeamten erschien heute, der Persönlichkeit nach durch Familienbuch anerkannt, der Kaufmann Otto Heinrich Frank,

wohnhaft in Frankfurt am Main, Marbachweg 307, und zeigte an, daß von der Edith Frank, geborenen Holländer, seiner Ehefrau,

wohnhaft bei ihm,

zu Frankfurt am Main, Eschenheimer Anlage 7, am zwölften Juni des Jahres tausend neunhundert neunundzwanzig, vormittags um sieben ein halb Uhr ein Mädchen geboren worden sei und daß das Kind die Vornamen Annelies Marie erhalten habe.

Vorgelesen, genehmigt und unterschrieben
Otto Frank

Der Standesbeamte.
In Vertretung
Wink.

Die Übereinstimmung mit dem Hauptregister beglaubigt
Frankfurt a/Main, am 17ten Juni 1929.

Der Standesbeamte.
In Vertretung
Wink

Certidão de nascimento de Anne.

INFORMATIEBUREAU VAN HET NEDERLANDSCHE ROODE KRUIS
Jan Evertstraat 9, 's-Gravenhage
Telefoon: 184200

Abt.: J.
Dossier: 117266 's-Gravenhage, 5.Mai 1954
Betr.: Uw schr.z.d.

B E S C H E I N I G U N G

Unterzeichneter, Direktor des "Informatiebureau van het Nederlandsche Roode Kruis", bestätigt hierdurch, dass laut der ihm zur Verfügung stehenden Angaben

Annelies Marie FRANK

geboren: 12.Juni 1929 in: Frankfurt/M.

letzter Wohnsitz: Amsterdam, Merwedeplein 37

aus rassischen Gründen und zwar wegen jüdischer Abstammung

am 8.August 1944 ins K.L.Westerbork (Holland) eingeliefert wurde.

Deportation erfolgte am 3.Sept. 1944 vom K.L.Westerbork aus nach Auschwitz.

Obengenannte Person ist nach den hier vorhandenen Unterlagen ~~verhaftet~~ xx nach 1.März 1945, spätestens aber 31.März 1945 in Bergen-Belsen verstorben. Nach den hiesigen Unterlagen ist der Sterbefall in Holland noch nicht beurkundet.

(J. van de Vosse)
Direktor.

373/54

Model: J.80

Certidão de óbito de Anne datada de 5 de maio de 1954.

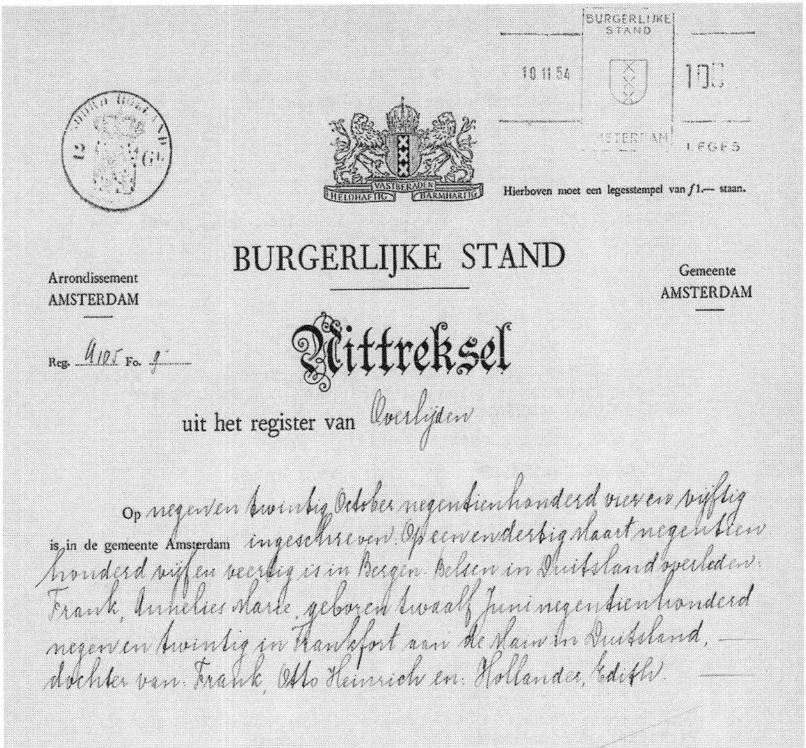

BURGERLIJKE STAND 10 11 54 LEGES

Hierboven moet een legesstempel van ƒ1.— staan.

Arrondissement AMSTERDAM

BURGERLIJKE STAND

Gemeente AMSTERDAM

Reg. 9105 Fo. 5

Uittreksel

uit het register van Overlijden

Op negen en twintig October negentienhonderd vier en vijftig is in de gemeente Amsterdam ingeschreven: Op een en dertig Maart negentien honderd vijf en veertig is in Bergen-Belsen in Duitsland overleden: Frank, Annelies Marie, geboren twaalf Juni negentienhonderd negen en twintig in Frankfort aan de Main in Duitsland, — dochter van: Frank, Otto Heinrich en: Hollander, Edith. —

Coll:

Voor gelijkluidend uittreksel.

AMSTERDAM, 10 November 1954.

De Ambtenaar van de Burgerlijke Stand,

Zegel ƒ 2.—
Leges „ 1.—
ƒ 3.—

Model U 4 - S D A *12511-6-53-5000

Certidão de óbito de Anne datada de 10 de novembro de 1954.

Capa da primeira edição do diário, 1947.

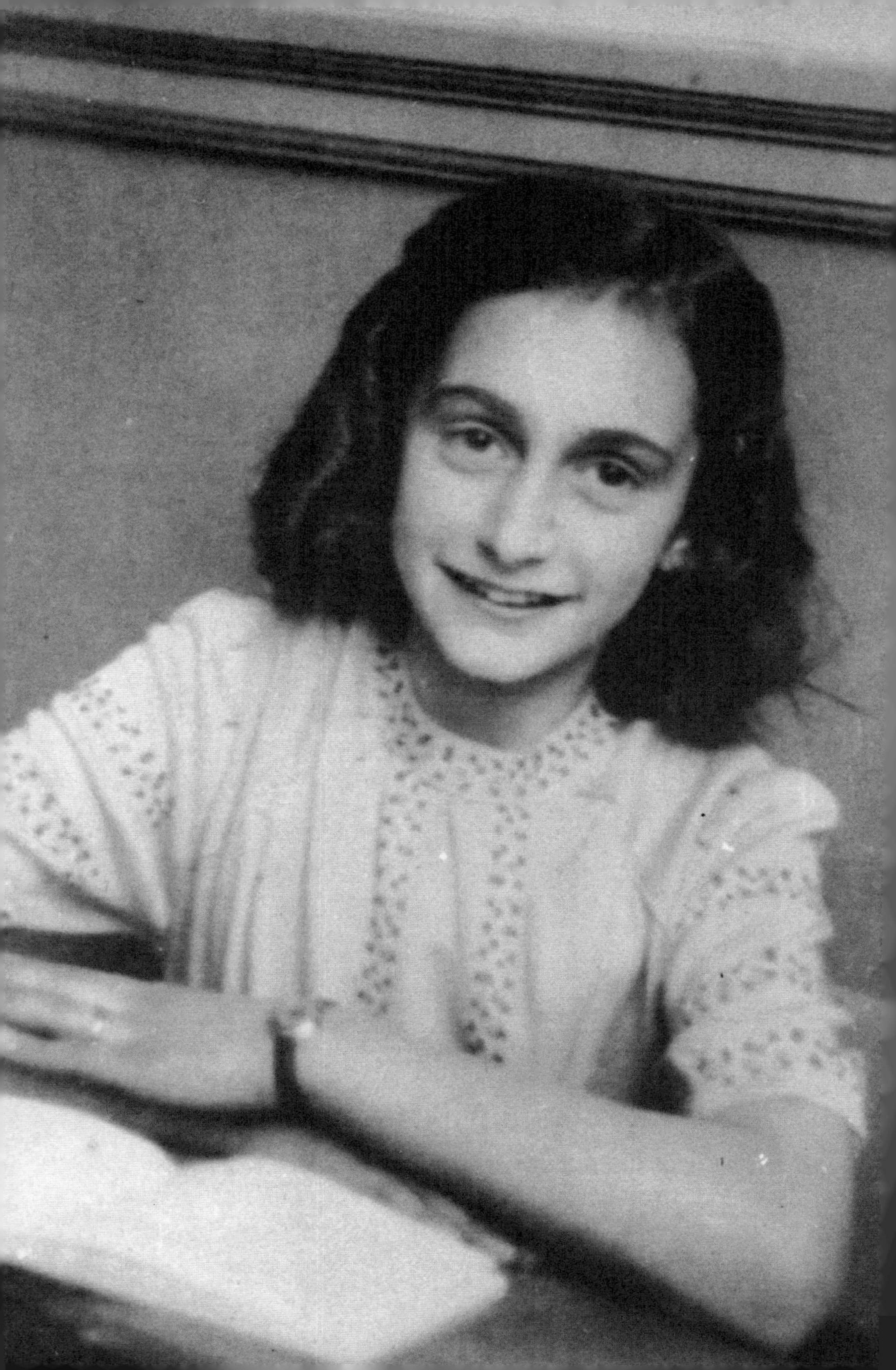

III

PANO DE FUNDO

A VIDA DE ANNE FRANK

MIRJAM PRESSLER

Como escrever a biografia de uma moça que só atingiu a idade de 15 anos? A respeito de Anne Frank não basta dizer que ela nasceu em 12 de junho de 1929, morou em Frankfurt am Main nos primeiros quatro anos de vida, depois dez anos em Amsterdã, em seguida viveu um breve período no campo de trânsito de Westerbork antes de ir para Auschwitz e então acabar sendo deportada para o campo de concentração de Bergen-Belsen no Lüneburger Heide, onde faleceu aos 15 anos. Para contar a sua história é também necessário abordar a situação política na Europa, que foi determinante para sua vida e conduziu à sua morte prematura.

O pai de Anne Frank, Otto Frank, descendente de uma família judia abastada oriunda de Frankfurt am Main, já tinha 36 anos quando se casou com Edith Holländer (25 anos), de Aken, filha de um fabricante endinheirado, em 1925. Para além de sua juventude, ela levou para o casamento um grande dote. O jovem casal morava em Frankfurt, primeiro na casa da mãe de Otto, Alice, onde também moravam seus irmãos e irmãs com as respectivas famílias. Foi lá que nasceu, no dia 16 de fevereiro, sua primeira filha, Margot Betti. Três anos mais tarde — Otto e Edith no meio tempo mudaram para Marbachweg — nasceu a segunda filha, Annelies Marie, a quem chamava de Anne. Em Marbachweg o ambiente era liberal e progressista: as crianças, que na sua maioria pertenciam à Igreja Evangélica, brincavam com algumas católicas, e Anne, tal como sua irmã, fazia parte do grupo de crianças do bairro, sem quaisquer problemas. Em 1931, devido às consequências da Primeira Guerra Mundial e à crise econômica que afetava o mundo todo, a família Frank foi obrigada a se mudar para uma casa menor e mais barata. Alugaram uma casa na Ganghoferstraße, no chamado "bairro dos poetas", com a esperança de ali ficarem mais protegidos contra a atuação cada vez mais impositiva e agressiva dos nacionais-socialistas. Porém, no início de maio de 1933, os Frank desistiram de viver de aluguel "devido à situação econômica" e foram morar novamente na casa da mãe de Otto.

A situação política foi ficando cada vez mais delicada. Em 30 de janeiro de 1933, o presidente Hindenburg nomeou Hitler chanceler do Reich. Nas eleições municipais de março, os nazistas ganharam em todo o país, inclusive em Frankfurt am Main. E em 1º de abril de 1933, os nazistas decidiram boicotar organizações e empresas judias. Compreendendo que não havia mais futuro nem em Frankfurt nem na Alemanha para eles, os Frank decidiram emigrar. As circunstâncias políticas foram decisivas para essa resolução, embora provavelmente a situação econômica também tenha desempenhado um papel importante, pois o banco da família ia cada vez pior.

Robert, o irmão mais velho de Otto, foi para Londres com a mulher; Herbert, o caçula, foi enviado para casa de um primo em Paris; Leni, a irmã de Otto, já tinha se mudado com o marido Erich Elias e os filhos Stephan e Bernard — cujo apelido era Buddy — para Basileia, onde Erich abriu uma filial da firma alemã Opekta. Alice Frank, a mãe, mudou-se também para Basileia a fim de ficar perto da filha. Já Otto escolheu Amsterdã. Havia vários motivos para tal: em primeiro lugar, a Holanda tinha permanecido neutra durante a Primeira Guerra Mundial; por que seria diferente numa próxima guerra? Portanto, o país era considerado seguro. Em segundo lugar, já tinha tentado anteriormente abrir uma filial do banco em Amsterdã. É verdade que havia fracassado, mas conhecia a cidade e tinha amigos lá. Contudo, o motivo principal era que seu cunhado Erich Elias cuidara para que Otto fosse o único representante da firma Opekta na Holanda. Assim, Otto Frank esperava conseguir sustentar a família. Logo em 1933, levou a mulher e as filhas Margot e Anne para casa da avó Holländer, em Aken.

Ele seguiu viagem para Amsterdã com o objetivo de fundar a firma. Os funcionários que contratou desempenhariam mais tarde o papel de ajudantes no esconderijo. Nenhum deles era judeu, mas arriscaram suas vidas para protegê-los. Sem estes ajudantes teria sido impossível entrar na clandestinidade. A disponibilidade destas pessoas leais para ajudar e para se sacrificar foi admirável e por isso merecem ser apresentadas uma por uma.

Victor Kugler, nascido em 1900, em Hohenelbe, era austríaco, mas adquiriu a nacionalidade holandesa em 1938. Esteve envolvido na firma desde o início e trabalhava como braço direito de Otto.

Pouco tempo após Kugler ser contratado pela firma, Miep Santrouschitz foi admitida como funcionária administrativa. Miep também era austríaca e nascera em 1908, em Viena. Depois da Primeira Guerra Mundial, ela foi levada para a Holanda por um programa de auxílio a crianças que precisavam de tratamentos médicos, e lá acabou ficando com os pais adotivos. Em 1931, se casou com Jan Gies — que também fazia parte deste círculo de ajudantes — e mais tarde tornou-se Miep Gies.

Elisabeth Voskuijl, apelidada de Bep, morava em Amsterdã quando foi contratada como auxiliar administrativa a serviço de Otto Frank, em 1937, aos 18 anos.

Por último, devemos mencionar Johannes Kleiman, nascido em 1886, em Koog aan de Zaan, um velho amigo de Otto Frank desde os tempos de sua primeira estada em Amsterdã. Antes de começar a trabalhar na empresa, pouco depois de Hermann van Pels, ele já tinha cuidado da contabilidade.

Em 1938, Otto Frank decidiu abrir uma nova empresa para comercializar especiarias e conservantes e pediu ajuda a Hermann van Pels. O judeu van Pels, filho de um açougueiro e um grande conhecedor de especiarias, havia fugido dos nazistas de Osnabruck para Amsterdã, com a mulher Auguste e o filho Peter. Ele se tornou sócio da nova empresa, a Pectacon. A família van Pels iria mais tarde entrar com os Frank na clandestinidade; no seu diário, Anne chamou-os de "a família van Daan".

Voltemos a Anne. Ela foi o último membro da família a chegar no apartamento na Praça Merwede, em Amsterdã, na primavera de 1934. Neste novo bairro moravam muitos emigrantes vindos da Alemanha. Anne frequentou a pré-escola e o ensino básico da escola Montessori e, tal como Margot, aprendeu muito rapidamente a falar holandês. Mas, ao contrário da irmã, não era uma aluna excepcionalmente boa. Parece ter sido uma menina bastante extrovertida, mais interessada em brincar e passear do que em ir à escola. Buddy Elias, seu primo com quem ela convivera com certa frequência em Frankfurt e passara muitas férias na Suíça, também se recorda dela como sendo uma criança alegre, entusiasmada e brincalhona que estava sempre pregando peças, enquanto Margot, segundo ele, estava sempre lendo, sossegada. Uma antiga professora das duas, ao ser perguntada se imaginava que Anne escreveria um diário desses, revelou que esperava mais isso de Margot. De qualquer modo, ao que parece, Anne teve uma infância despreocupada e, devido à sua jovem idade, não tivera consciência do desenrolar dos acontecimentos na Alemanha, não antes de 1939, em todo o caso.

No dia 1º de setembro de 1939, o exército alemão invadiu a Polônia e a Segunda Guerra Mundial começou. Oito meses depois, os alemães invadiram a Holanda e ocuparam o país inteiro após forte e breve resistência das forças militares holandesas. Foi assim que os alemães alcançaram a família Frank — não era possível fugir, as fronteiras estavam cercadas. Otto Frank ainda tentou obter um visto para os Estados Unidos, mas em vão.

Como em todas as zonas ocupadas, também na Holanda os alemães tomaram diversas medidas contra os judeus. Tudo começou com a demissão de funcionários públicos, e, através da chamada "arianização" ou "desjudiamento" da economia, levaram ao isolamento social e a perda de direitos da população judaica. Otto Frank estava obviamente informado da situação dos judeus na Alemanha e pusera a tempo sua empresa no nome do amigo Johannes Kleiman e de Jan Gies, o marido de Mies, evitando assim a desapropriação. Contudo os novos decretos antissemita já atingiam a família toda; quando as crianças judias foram proibidas de frequentar a escola juntamente com as não judias, Anne foi enviada para o liceu judaico, criado pouco antes.

Em 12 de junho de 1942, Anne fez 13 anos e ganhou um diário, entre outros presentes. Logo nas primeiras linhas escreveu que era o melhor presente que já havia recebido. O que ela colocou no diário durante as semanas que ainda viveu em liberdade são anotações que se podem esperar de uma menina de sua idade. Conta quais presentes ganhara e quem ela havia visitado, conta sobre um clube de pingue-pongue que formara com suas amigas, sobre meninos que estavam interessados nela, além de que havia tomado sorvete. Coisas comuns do dia a dia, portanto. Porém, já se nota nas entradas das primeiras semanas, em seus comentários sobre os colegas de turma, que ela é boa observadora e que tem uma escrita aguçada.

Nesse mesmo verão chegaram as primeiras convocações dirigidas aos judeus. Eles deveriam comparecer num determinado dia num determinado local para serem enviados para um campo de trabalho.

As primeiras convocações eram dirigidas a jovens entre 16 e 26 anos e, pouco mais tarde, até mesmo a crianças e idosos. Margot, a irmã de Anne, que tinha acabado de fazer 16 anos, foi uma das primeiras pessoas a receber tal convocação. Otto Frank já contava que a situação iria piorar e havia tomado medidas de precaução. No prédio onde sua empresa estava instalada, ele preparara um esconderijo para a família, não sem antes perguntar aos seus funcionários se estariam dispostos a ajudar. Todos eles, incluindo Jan Gies, o marido de Miep, concordaram, demonstrando um altruísmo e uma coragem de importância inestimável. Isso porque, afinal de contas, os alemães ameaçavam punir severamente quem ajudasse os judeus. E, de fato, houve muitos holandeses que pagaram sua ajuda com a morte.

A empresa de Otto Frank havia mudado um ano e meio antes para o prédio no Prinsengracht 263, um prédio estreito, comprimido entre outros prédios estreitos do canal, que possuía uma dependência nos fundos: o chamado Anexo. No primeiro andar do anexo encontrava-se o escritório grande da firma. O acesso aos andares superiores só podia ser feito por uma escada que, mais tarde, foi escondida atrás de uma estante contendo dossiês e que podia ser deslocada por quem conhecesse o mecanismo. Foi no segundo e no terceiro piso do Anexo que Otto Frank instalou o esconderijo. Junto com Kleiman, ele levara mobílias, roupas de cama e reservas de comida para lá. No segundo andar, além de um banheiro e um lavatório, havia dois quartos pequenos: um deles era para o sr. e sra. Frank, o outro, para Margot e Anne. No piso superior, onde se chegava através de uma escada íngreme, havia uma cozinha grande que fazia as vezes de sala comum durante o dia, mas que à noite servia para o sr. e a sra. van Pels dormirem. Da cozinha, se chegava a um pequeno patamar com a escada para o sótão, e esse patamar virou o quartinho de Peter. A área total do esconderijo não ultrapassava os $56m^2$.

Bem cedo, na manhã do dia seguinte ao recebimento da convocação por Margot, a família Frank mudou-se para o Anexo, seguida pouco depois pela família van Pels. Aos sete clandestinos eram fornecidos alimentos e notícias do mundo exterior através dos funcionários da empresa. Sobretudo Miep Gies e Bep Voskuijl eram incansáveis ao levarem todo tipo de comida que conseguiam arranjar, o que ia se tornando mais e mais difícil. Afinal de contas havia a guerra, e a maior parte dos gêneros alimentícios só podia ser adquirida com cartões de racionamento. Embora os ajudantes por vezes conseguissem comprar cartões no mercado negro para os clandestinos, a provisão de comida era uma questão problemática, já que os ajudantes não podiam dar na vista. Miep Gies deve ter tido um talento de organização extraordinário para poder desempenhar sua difícil tarefa durante dois anos.

Além do problema da provisão de comida, havia ainda outro: sete pessoas tendo de conviver num espaço tão exíguo. Os habitantes do Anexo eram obrigados a se habituar a uma nova e estranha forma de viver, e isso não era realmente fácil.

Em primeiro lugar, a falta de espaço tornava impossível evitar os conflitos que surgem sempre que diferentes pessoas convivem umas com as outras; em segundo lugar, todo mundo tinha de seguir um conjunto de regras a fim de não denunciar a sua presença. Os funcionários da empresa, os ajudantes, obviamente sabiam que havia judeus escondidos acima do escritório, mas os funcionários do armazém, não. Por isso, e também porque às vezes pessoas de fora — clientes, a faxineira ou o consultor fiscal — visitavam o escritório, os clandestinos tinham de permanecer em silêncio absoluto durante as horas de serviço. Tinham de caminhar nas pontas dos pés e, por exemplo, não podiam dar descarga na privada. Somente no intervalo do almoço, quando o pessoal do armazém saía para comer, é que podiam andar à vontade por alguns instantes. Isso significava que tinham de ficar horas a fio em silêncio absoluto. Nada fácil se pensarmos ainda que três dos clandestinos eram jovens — Margot tinha 16 anos; Peter, 15, e Anne, 13 — forçados a passar o dia inteiro sem exercício físico, sem distração e sem obrigações como tarefas escolares, e não havia uma previsão do fim da guerra. Era absolutamente imperativo em tal situação encontrar uma maneira de passar o tempo, mas não havia muito mais o que fazer além de ler e estudar. Também isso Otto Frank tinha previsto: ele encarregara Margot, Anne e Peter de levarem os livros didáticos e uma reserva de cadernos e materiais de escrita. Exigia que estudassem as matérias escolares, incluindo as disciplinas de que não gostavam; Anne, por exemplo, detestava matemática. Além disso, inscreveu os jovens, através de Bep, num curso de estenografia por correspondência, no intuito de lhes dar uma ocupação extra.

Ao fim de algumas semanas, quando já estavam ficando um pouco acostumados à situação, chegaram notícias cada vez mais sinistras do exterior. Falava-se em razias, ruas inteiras vedadas, buscas em casas à procura de judeus que, se fossem encontrados, eram levados em seguida. Os moradores do Anexo, que consideravam o esconderijo bastante seguro, concordaram que num local onde moravam sete pessoas poderia morar uma oitava, que se havia comida suficiente para sete também haveria para oito; e que o perigo para os ajudantes era o mesmo quer fossem sete ou oito pessoas escondidas. Decidiram, portanto, acolher mais alguém. A escolha recaiu no dentista judeu Fritz Pfeffer, que, em sua fuga dos nazistas, saíra de Giessen e chegara a Amsterdã, e quem os moradores do Anexo conheciam de vista. Como não havia um quarto extra, Margot — sendo já uma jovem mulher com 16 anos — se mudou para uma cama dobrável no quarto dos pais, e Fritz Pfeffer acabou dividindo o quarto com Anne, que ainda era encarada como uma criança. No diário, ela conta várias vezes sobre as divergências e as brigas com Pfeffer, a quem ela chama de maneira pouco lisonjeira de "Dussel" (palavra alemã para "palerma").

Anne e seu diário. Ela tinha nítida dificuldade em aceitar a redução drástica de seu raio de ação e a limitação de seus contatos a meia dúzia de pessoas. Deve ter-se sentido muito só, incompreendida e prejudicada, e brigava muito com a mãe. Além disso, era a causadora de brigas intensas entre os adultos, sobretudo entre sua mãe e a sra. van Pels, que tinha o hábito frequente de criticar Edith Frank por causa de seus "métodos modernos" de educação. Anne fornecia cada vez mais informações do pano de fundo no seu diário. Era sua única distração e funcionava como compensação para a falta de amigos e contatos sociais, ao ponto até de ela personalizar o diário e dar um nome a sua amiga fictícia: Kitty. Kitty não foi um nome que ela própria inventou; tinha relação com uma personagem de Joop ter Heul, um ciclo romanesco de Cissy van Marxveldt muito popular na época, que acompanha a vida de um grupo de amigas desde o ensino médio até quando as primeiras casam e têm filhos. No início, Anne escreveu a todos os membros do clube, mas logo só Kitty restou. Juntamente com o diário, em 1943, ela também começou a escrever pequenos contos e histórias, que mais tarde foram publicados sob o título *Verhaaltjes, en gebeurtenissen uit het Achterhuis* [*Contos e acontecimentos do Anexo*].

Escrever era vital para ela. Escrever oferecia-lhe a oportunidade de retratar sua própria imagem e seu lugar no mundo. O aumento do interesse pela escrita, que mais tarde atingiu a obsessão, é explicável por sua solidão e isolamento. Enquanto a vida das oito pessoas no Anexo parecia consistir em brigas violentas e desgastantes, Anne começou a grande aventura de sua vida e se desenvolveu como a escritora que iria conquistar o mundo postumamente. Havia muito deixara de ser criança. Não só crescia fisicamente, mas também seu desenvolvimento mental era de uma rapidez incrível. E teve um romance com Peter van Pels. Foi verdadeiramente um caso amoroso, embora possamos nos perguntar se Anne estava apaixonada pelo Peter van Pels real ou se ela projetava o desejo emocional que tinha na "figura de seus sonhos". Prova disto é o fato de que, após algumas semanas de grande empolgação, Anne regressou à solidão. No entanto, ao descrever seu caso amoroso, doou-nos o documento único do desenvolvimento de uma moça em mulher, sem nunca ter mudado ou ter sido influenciado por vivências ou percepções tardias, que não foi idealizado ou ensombrecido, mas que se manteve sincero e inspirado nos anseios e desejos do momento. Talvez seja esse o motivo pelo qual o diário de Anne Frank ainda hoje cativa e emociona jovens leitores.

No início de 1944, aconteceu uma coisa que para Anne era de grande importância: um ministro do governo holandês no exílio em Londres, Gerrit Bolkenstein, fez um discurso na emissora Radio Oranje, no qual ele apelou à criação de um instituto, após a guerra, que tivesse o objetivo de expor o quanto o povo holandês havia sofrido sob a ocupação alemã, coletando, arquivando e publicando o máximo de informações que conseguissem coletar daquele período e, como exemplo, mencionou diários. Esse discurso também foi ouvido no Anexo. Anne, que, havia muito tempo, tinha confiado a seu diário que queria ser jornalista ou escritora após a guerra, sentiu-se incentivada a adaptar seu próprio diário para uma futura publicação. Com isso ela não só mostrou ter consciência da diferença entre um diário pessoal e um diário com formato literário, mas provou igualmente ter evoluído de uma adolescente que escrevia um diário para uma escritora. Não só se deu ao esforço de melhorar suas anotações estilisticamente, mas fez ainda uma seleção, rasurou coisas que achava serem de menor importância e acrescentou muitas novas passagens. Além disso, continuou escrevendo seu diário original, que depois recebeu o nome de "versão *a*" para se distinguir da versão adaptada e editada a que se chamou de "versão *b*".

As oito pessoas permaneceram durante mais de dois anos no Anexo com o auxílio de seus ajudantes. Durante mais de dois anos, o diário de Anne Frank foi para ela o centro de sua vida. Sua última entrada data de 1° de agosto de 1944. Depois há somente um comentário da editora: "Aqui termina o diário de Anne Frank. Mas sua vida não termina aqui".

No dia 4 de agosto, os clandestinos foram presos. Foram traídos, isso é certo, mas a pergunta é por quem. Depois da guerra, um dos funcionários do armazém foi investigado. Conseguiu-se provar que ele tinha conhecimento da presença de judeus clandestinos, mas não que os traíra. Também há a suspeita de que um nazista holandês, com quem Otto Frank lidara anteriormente, teria sido o traidor; no entanto, isso também não se conseguiu provar. De qualquer modo, os clandestinos foram presos e, alguns dias mais tarde, levados para o campo de Westerbork.

No início, Westerbork era um campo de acolhimento para refugiados judeus da Alemanha financiado por congregações israelitas na Holanda, contudo os alemães fizeram dele um campo de trânsito para judeus. Dali partiam todas as semanas trens com prisioneiros em direção ao leste, a maioria para Auschwitz e Sobibor. Contudo, quando os oito moradores do Anexo lá chegaram, já fazia algum tempo que não havia mais deportações de Westerbork. Na realidade, os prisioneiros sentiam-se relativamente seguros àquela altura porque a libertação parecia próxima. Os Aliados haviam desembarcado na Normandia e, no Leste, o Exército Vermelho já avançara muito. Era evidente que os alemães perderiam a guerra e ninguém acreditava que ainda fossem capazes de deportar prisioneiros judeus para a Polônia. Porém, justamente quando os Aliados alcançaram a fronteira sul da Holanda, partiu um trem para Auschwitz em 3 de setembro, o último a sair de Westerbork.

Todos os oito judeus do Anexo estavam nesse trem. Foram transportados em vagões para gado, sem comida nem bebida, sem privada, amontoados uns por cima dos outros. Logo quando chegaram a Auschwitz, aconteceu uma seleção. Dos 1.019 prisioneiros do trem, 509 foram imediatamente mandados às câmaras de gás, entre eles jovens com menos de 15 anos. Famílias foram separadas, homens e mulheres acabaram indo para campos diferentes.

Otto Frank, Hermann van Pels, Fritz Pfeffer e Peter van Pels ficaram juntos. Hermann van Pels foi o primeiro a ser morto. Fritz Pfeffer foi enviado de Auschwitz para o campo de concentração Neuengamme e lá morreu em 20 de dezembro.

Em meados de janeiro, Peter van Pels participou de uma das chamadas marchas da morte, organizadas pelos alemães com o objetivo de não deixar testemunhas vivas nas mãos dos russos que avançavam. Ele chegou ao campo Mauthausen, na Áustria, e foi lá que morreu, poucos dias antes de o campo ser libertado pelos ingleses. Otto Frank, fraco demais para participar da marcha da morte, ficou para trás em Auschwitz, libertado em 27 de janeiro pela Cruz Vermelha. A mãe de Peter, Auguste van Pels, foi levada de Auschwitz para outro lugar; dela só se sabe que esteve em Bergen-Belsen, Buchenwald e, por último, em Theresienstadt. A Cruz Vermelha registrou que ela morreu entre 9 de abril e 8 de maio, em algum lugar da Alemanha ou da Checoslováquia.

Edith Frank, Margot e Anne ficaram juntas em Auschwitz-Birkenau. Segundo as mulheres que conheceram Anne e sobreviveram ao Holocausto, nos breves dois meses em que Margot e Anne estiveram em Auschwitz, passaram a maior parte do tempo no chamado Krötzeblock — nome derivado da praga de piolhos que ali grassava. Em 28 de outubro, Anne e Margot foram transferidas para Bergen-Belsen. Edith ficou e morreu de inanição e exaustão em 6 de janeiro de 1945. Bergen-Belsen, o campo de concentração no Lüneburger Heide, era conhecido originalmente como sendo um campo "melhor". Era ali que os nazistas concentraram os judeus com passaporte estrangeiro ou com um certificado que lhes permitia emigrar para a Palestina. Os prisioneiros serviam como moeda de troca para os alemães feitos prisioneiros pelos Aliados. Uma dessas trocas tinha realmente ocorrido uma vez em 1943, quando 222 judeus foram trocados por templários alemães que se tinham estabelecido na palestina um século antes e que, através dessa negociação, foram reenviados à Alemanha.

Porém, quando Margot e Anne Frank chegaram a Bergen-Belsen, o campo estava numa situação miserável: havia prisioneiros demais e os guardas da SS não conseguiam controlar o caos cada vez maior. Eles se limitavam, sobretudo, a vigiar o campo e a evitar evasões. As condições higiênicas deploráveis — não havia banheiros nem locais para banho — propagavam doenças que dizimaram os prisioneiros subnutridos e em má condição física.

Sobretudo a epidemia de tifo que deflagrou no início de 1945 foi catastrófica: metade dos 125 mil judeus em Bergen-Belsen morreu; a grande maioria, nos últimos meses anteriores à libertação e nas primeiras semanas seguintes. Existem várias declarações de mulheres que estiveram no campo com Margot e Anne Frank ou que conheciam as irmãs de Amsterdã. Segundo suas declarações, Margot e Anne também foram atingidas pelo tifo, tendo sido Margot provavelmente a primeira. Os corpos delas, exauridos pela fome, não ofereceram resistência à doença e ambas sucumbiram. A data exata de suas mortes não é conhecida, mas, em geral, considera-se que morreram em março de 1945, somente poucas semanas antes da libertação do campo pelos ingleses. Quando entraram no campo molestado pelo tifo em 17 de abril, encontraram cerca de 60 mil sobreviventes esquálidos no meio de pilhas de cadáveres para os quais foram feitas valas comuns. Devido ao perigo de contágio, as barracas foram queimadas.

Hoje em dia existe em Bergen-Belsen, junto às valas comuns, um memorial para as vítimas do Holocausto. Entre muitas outras, há também uma lápide em homenagem para Margot e Anne Frank. Anne Frank morreu com pouco mais de 15 anos e meio.

A HISTÓRIA DA FAMÍLIA DE ANNE FRANK

MIRJAM PRESSLER

Para contarmos a história da família Frank devemos primeiro olhar para o Judengasse, o gueto de Frankfurt am Main. A partir de 1462, todos os judeus de Frankfurt — que até então moravam no centro da cidade — tiveram de mudar para as novas casas construídas ao longo do Staufenmauer, uma das muralhas da cidade. Em ambas as pontas da rua chamada Judengasse havia portões que eram fechados nos dias de festa cristãos. A rua media somente 330 metros de comprimento e era tão estreita que uma carroça não podia virar. No começo existia espaço suficiente para os 110 judeus dessa época, mas, sobretudo no século XVI, o número de habitantes se multiplicou. O espaço foi ficando cada vez mais apertado e, no entanto, a prefeitura se recusava a dar o seu aval à expansão. Por volta de 1800 viviam 3 mil judeus no Judengasse e havia uma construção em cada pátio, em cada pequeno jardim, no canal que circundava a muralha, em todos os espaços possíveis. Até mesmo nos telhados tinham sido construídas novas casas. A vala de esgoto a céu aberto, que os moradores utilizavam para fazer suas necessidades, estava constantemente entupida, e o beco era tão estreito que mal se conseguia respirar. Por isso não era de se estranhar que as crianças fossem pálidas e magras e tivessem sarna e outras doenças.

Os judeus não podiam exercer um ofício. No entanto, eram necessários à circulação da moeda, porque a Igreja não autorizava o empréstimo de dinheiro a juros. Em muitos lugares, só os judeus que tinham títulos de crédito e emprestavam dinheiro possuíam autorização de residência. Os judeus mais abastados viviam do comércio de mercadorias, moedas e cavalos; os judeus mais pobres viviam do comércio de trapos e artigos de segunda mão. Muitos deles eram mercadores que iam de porta em porta e tinham pouca chance de melhorar suas vidas miseráveis. Mas, ao contrário do que acontecia noutras cidades alemãs, os judeus de Frankfurt nunca foram expulsos e podiam continuar morando na cidade. A única exceção foi a chamada insurreição Fettmilch (assim apelidada devido ao sobrenome do instigador: o padeiro Fettmilch), dirigida tanto contra os judeus como contra a prefeitura. A insurreição fez com que os judeus fossem forçados a morar fora da cidade durante dois anos até a insurreição ser derrotada em 1614, permitindo que regressassem à cidade.

Após a Revolução Francesa, cresceu o apelo à liberdade, à igualdade e à fraternidade. Em 1796, Frankfurt foi assaltada por tropas francesas e, por fim, conquistada. O fogo deflagrou em diversos locais da cidade; a parte norte do Judengasse foi tragada pelas chamas. Esse foi o início do fim do gueto, embora os judeus continuassem sem receber os mesmos direitos que os demais cidadãos de Frankfurt. Isso só aconteceu em 1871 com a proclamação do Império.

Faziam parte dos habitantes originais do Judengasse as famílias Stern e Cahn, ascendentes diretos de Anne Frank. Seu trisavô Elkan Juda Cahn (1796-1884) ainda passara parte de sua juventude no Judengasse. Mais tarde virou um mercador abastado. Uma foto oval colorida à mão de Elkan com sua mulher Betty mostra um cavalheiro distinto, de costeletas e corrente de relógio, sentado numa cadeira com uma mulher elegantemente vestida num vestido festivo escuro com espartilho, de gola e punhos de renda. Elkan Juda Cahn casou sua filha Cornelia (1840-1921), bisavó de Anne, com August Heinrich Stern (1838-1878). A família dele, da qual faziam parte alguns eruditos e livreiros, também originava do Judengasse. Existe também uma foto colorida à mão de Cornelia na qual se pode ver uma menina de aproximadamente 3 anos com bochechas redondinhas, com ar muito sério e vestida com roupa chique, e uma paisagem montanhosa de fundo. Em 1865, o casal teve uma filha: Alice Betty, avó de Anne Frank, que iria desempenhar um papel especial na família. Um retrato mostra Alice por volta dos 4 anos, com um vestidinho branco de renda transparente por cima de um saiote cor-de-rosa e pequenas botas com meias brancas, contra um fundo marrom e verde.

Alice tinha 13 anos quando, após a morte súbita do pai, foi viver com a mãe na casa de seu avô Elkan Juda Cahn. No entanto, a relação com a família do pai, os Stern, parece ter sido mais cordial do que com os Cahn. Bernhard Stern, o irmão de seu pai, era um médico admirado por todos, assim contou Alice mais tarde. Os seus filhos, sobretudo Klärchen, a prima três anos mais velha que Alice, Richard, da mesma idade, e Karl, seis anos mais novo, provavelmente compensaram sua falta de irmãos. A relação calorosa com Klärchen durou para sempre.

Alice se casou aos 20 anos com o homem de negócios judeu, Michael Frank, de 35 anos, que tinha ido de Landau, no sudoeste da Alemanha, para Frankfurt, e era o sexto filho (de nove) de Zacharias e Babette Frank.

Zacharias Frank — cujo pai, Abraham, era professor particular e tinha saído de Fürth para Niederhochstadt — mudara-se em 1841 para Landau, nas proximidades, depois de ter obtido licença para abrir uma loja de ferragens. Mais tarde, se ocupou com a concessão de empréstimos. Deve ter feito bons negócios, pois em 1870 comprou para sua família a casa "Zur Blum", um antigo posto de correios. Atualmente existem nesse prédio lindamente restaurado, conhecido por "Frank-Loebsches Haus", um museu e um instituto científico.

Michael Frank era um homem de negócios astuto que ganhava dinheiro suficiente para oferecer uma vida confortável à mulher. Ele trabalhava como corretor particular de câmbio e investia seus lucros em outros ramos de investimento. Depois de um tempo, revendia suas quotas; só ficou com a sociedade de uma usina de pastilhas para a tosse em Bad Sodem. Em 1896/1897, Michael Frank fundou um banco privado, uma instituição financeira que se dedicava particularmente à transação de títulos financeiros, câmbios e divisas. É extraordinário como Michael Frank, oriundo de Landau, se tornou um verdadeiro habitante de Frankfurt. Os membros da família de Frankfurt tinham laços tão fortes que quem quer que viesse de fora e ficasse ligado à família através do casamento não era visto como um estranho no ninho, mas como uma incorporação que enriquecia o grupo.

Exatamente nove meses após o casamento, em 1886, o casal teve um filho, Robert Hermann, e três anos depois nasceu Otto Heinrich, o pai de Anne Frank. Em 1891, nasceu Herbert, o terceiro filho, e somente em 1893 nasceu a filha há muito desejada, Helene, apelidada de Leni. Também existe um retrato dela, um desenho em pastel. Leni é retratada como uma moça muito bonita de 15 anos, de cabelos louro-escuros e orelhas um pouco salientes, num vestido de renda branca com uma gola alta decorada com uma fita cor-de-rosa. Dentro da família, esses retratos só eram feitos para as moças e revela o quanto os pais tinham orgulho da filha.

Os Frank moraram primeiro na Leerbachstrasse. Após o nascimento do segundo filho, mudaram-se para a Gärtnerweg e, em 1901, Michael Frank comprou um casarão enorme, não muito longe do Palmengarten, na Jordanstrasse (mais tarde chamada Mertonstrasse e, atualmente, Dantestrasse). Cornelia Stern, a mãe de Alice, se mudou para o segundo andar; o sótão foi alugado. A família Frank valorizava uma boa educação. As crianças aprendiam a tocar um instrumento musical — Otto, por exemplo, tocava violoncelo — e aprendiam inglês, francês e italiano. Desde pequenas, eram encorajadas a escrever cartas aos pais quando eles viajavam, o que aparentemente acontecia bastante. As crianças ficavam então aos cuidados da avó Cornelia em Frankfurt, além das serviçais como uma cozinheira e babás. Nas cartas, as crianças contavam aos pais tudo o que tinha acontecido. Existem muitas cartas conservadas, principalmente de Robert, o filho mais velho. Ele tinha dotes artísticos e enfeitava suas cartas com desenhos muito bonitos. Já nas cartas de Otto, o assunto principal eram as notas que ele tirava na escola, enquanto que Herbert discorria muitas vezes sobre comida. De Leni só se conservaram algumas cartas, afinal de contas, era a caçula. Alice gostava de escrever poesia, portanto não era de se espantar que as crianças também escrevessem por saber que a mãe gostava. Em todo o caso, a relação entre pais e filhos parece ter sido afetuosa e agradável, formando com certeza a base para laços familiares extraordinariamente profundos.

Alice e Michael viviam como pessoas ricas e refinadas — iam a concertos, teatros e óperas, recebiam visitas e eram convidados para a casa dos outros —, contudo não pertenciam aos círculos mais altos do império. Quem não podia se gabar de pertencer a uma rede sofisticada de ascendência e relações não era considerado como pertencente da elite. No caminho para o topo parecia haver uma tabuleta: proibida a entrada de judeus. Os Frank eram judeus, judeus liberais. Embora a família não fosse religiosa, possuía, contudo, um sentimento marcante em relação a suas origens judaicas. Ninguém da família tinha sido batizado, e durante gerações seguidas procuraram seus consortes entre judeus alemães.

Eram, pode dizer-se, uma família agraciada pela sorte. Porém, em 17 de setembro, Michael faleceu subitamente com somente 58 anos, tal como o pai de Alice falecera quando ela era ainda apenas uma criança.

Nessa altura os dois filhos mais velhos não moravam mais em casa. Depois de ter estudado História da Arte, Robert se tornou procurador de um negócio de antiguidades, e Otto — que tinha interrompido seu curso de História de Arte — partira para os EUA a convite de um amigo. Quando teve conhecimento da morte do pai, escreveu uma carta impressionante a sua mãe expressando suas condolências da qual se infere seu desenvolvimento pessoal. Enquanto as cartas que escrevera enquanto mocinho eram sobretudo por dever, ele provava agora aos 20 anos um grande amadurecimento, uma empatia surpreendente e uma profunda compreensão da situação da mãe. É como se tivesse saído da sombra de seu irmão mais velho e tomasse a responsabilidade de tomar conta de toda a família. Voltou dos EUA para Frankfurt e, tal como seu irmão Hendrik, entrou ao serviço do banco familiar após um breve curso. Seu irmão mais velho, Robert, não demonstrou interesse em assumir um cargo no banco.

Em 1914, eclodiu a Primeira Guerra Mundial. Levando em conta sua posição social, é provável que os Frank fossem mais conservadores que socialistas. Alice Frank, tal como outros cidadãos alemães, comprou títulos de guerra de sua fortuna pessoal e seus filhos não hesitaram em se alistar no exército. Otto foi enviado para a frente ocidental. De lá ele escrevia bastantes vezes à irmã para quem ele era uma espécie de pai. Assim que a guerra começou, Alice Frank se ofereceu para trabalhar como enfermeira auxiliar num hospital militar, e Leni também trabalhava como enfermeira auxiliar num lazareto.

Todos os três filhos sobreviveram à guerra; Otto tinha sido promovido a tenente em 1918 e recebido a Cruz de Ferro. A capitulação alemã e o fim do Império trouxeram grandes consequências para a família Frank. A família perdera muito dinheiro, e o banco, especializado em divisas, pudera fazer poucos negócios durante a guerra. Do ponto de vista econômico as coisas não iam bem, no entanto, a família de vez em quando dava uma festa. Em 1921, Leni se casou com Erich Elias, um judeu de Zweibrücken que tinha participado da guerra e que, como Otto e Robert, recebera a Cruz de Ferro por sua coragem. Contudo a alegria do jovem casal foi abafada por luto. No mesmo ano em que Alice festejava o casamento da filha, perdeu sua mãe. Cornelia Stern, sobrenome de solteira Cahn, faleceu em junho de 1921.

Um ano mais tarde, Herbert, o terceiro filho, se casou com a americana Hortense Rah Schott. Porém, esse casamento, do qual não houve descendentes, não durou muito tempo — no final de poucos anos Hortense abandonou a Herbert, após o que o casamento foi anulado. No mesmo ano do matrimônio de Herbert, Robert se casou com Charlotte Witt. Ele foi o primeiro membro da família a se casar com uma cristã.

O casamento seguinte foi em 1925, Otto Frank se casou com Edith Holländer, filha do industrial de Aken Abraham Holländer e sua mulher Rosa Stern. Otto já tinha 35 anos; estava na hora de ele casar e Edith Holländer era oriunda de uma boa e, acima de tudo, abastada família judia. O dote de Edith sem dúvida desempenhou um papel importante, porque financeiramente os negócios do banco iam de mal a pior.

Acerca da infância de Edith se sabe muito pouco. Nasceu em 16 de janeiro de 1900 em Aken. Seus antepassados, como o nome indica, emigraram da Holanda por volta de 1800 para a Alemanha. O avô de Edith, Benjamin Holländer, enriquecera rapidamente com o negócio de uma loja de sucata, adquirindo mais tarde diversas usinas de metalurgia.

O pai de Edith, Abraham, nasceu em 1860 e era um dentre nove filhos. Ele e a mulher Rosa tiveram quatro filhos. Julius nasceu em 1894, três anos depois nasceu Walter, ao qual se seguiram Bettina e, um ano depois, Edith. Abraham chefiava os negócios da família e tinha muito sucesso como homem de negócios.

A família Holländer não era ortodoxa, mas Abraham era um membro destacado da comunidade judia em Aken. Em comparação com a família Frank, os

Holländer sim eram religiosos. No lar se seguiam as regras *kosher* e ia-se regularmente à sinagoga. Edith frequentou a Evangelische Viktoriaschule, um liceu feminino que também aceitava alunas de outras religiões. Era descrita como sendo uma moça tímida, contudo deve ter tido muitas amigas e conhecidas. Era uma mulher atraente, jogava tênis e se vestia segundo a última moda, o que testemunham algumas fotografias.

Em 1914 teve um lugar um acontecimento que influenciou muito a vida de Edith: sua irmã Betti morreu aos 16 anos, vítima de uma apendicite. Mais tarde, para honrar a memória de sua irmã, Edith pôs o nome de Margot Betti à sua filha mais velha. Durante a guerra Edith tirou diploma e ajudou o pai no escritório. Seu irmão Julius ficou inválido devido a um tiro que levou no braço durante a guerra.

Os pais de Edith estavam a par dos problemas financeiros de Otto Frank, mas deve tê-la aprazido muito que a filha se casasse com o membro de uma família distinta de Frankfurt, embora os Frank pertencessem aos judeus assimilados. O casamento teve lugar em Aken em 12 de maio de 1925, no dia em que Otto completava os seus 36 anos. Depois da viagem de lua de mel, passada em San Remo, o jovem casal foi morar na casa da mãe de Otto, na Mertonstrasse, onde também Leni e Erich já moravam com seus filhos Stephan (1921-1980) e Bernhard (nascido em 1925), apelidado Buddy. Após o nascimento de sua primeira filha, Margot Betti, Otto e Edith se mudaram para uma casa geminada na Marbachweg número 307. A razão da mudança foi provavelmente quererem evitar com antecedência a intromissão da família na educação da filha. Além disso, Otto tinha anunciado que queria que as suas filhas crescessem 'livres', o que significava que ele desejava viver num ambiente liberal, isento de limites sociais. Suas ideias humanistas no que respeitava à educação condiziam com as convicções de Edith. Ela era uma mulher inteligente e aberta a novas ideias, o que, mais tarde, no Anexo, seria a causa de irritações regulares devido a seus "métodos modernos" de educação.

Em junho de 1929, foi com grande alegria que o casal teve sua segunda filha, Annelies Marie, que, como Anne Frank e com seu diário tornaria mundialmente famoso o sobrenome da família. A família estava mais que feliz com o nascimento dessa segunda filha, sobretudo Alice, a mãe de Otto, e sua irmã Leni. Fosse como fosse, em ambas as famílias não havia sinais de desavença: Margot e Anne visitavam as avós regularmente, e também Buddy se lembrava de ter brincado muitas vezes com suas priminhas. Os laços familiares eram sólidos e continuariam a ser.

No meio tempo, Erich Elias, o marido de Leni, trabalhava com Otto e Herbert na instituição bancária de Michael Frank, provavelmente devido aos problemas em que o banco se encontrava. A situação financeira causada pela crise mundial econômica e pelas indemnizações que a Alemanha vencida era obrigada a pagar não trazia melhorias no contexto geral. Além disso, havia um grande desassossego social por causa da germinação do antissemitismo. O NSDAP[82] também incrementava em Frankfurt. Erich Elias foi o primeiro a entrever as consequências das mudanças na situação política e econômica. Em 1929, aceitou uma oferta para fundar uma filial da usina Opekta, uma firma que produzia principalmente gelatina para doces. Dois anos depois sua família se juntou e ele. Otto e Edith Frank tinham mudado com suas filhas para a Ganghoferstrasse, para uma casa menor e mais barata e, por volta de 1932, decidiram mudar-se novamente para a casa de Alice na Mertonstrasse.

Em 30 de janeiro de 1933, o presidente Hindenburg nomeou Adolf Hitler chanceler do Reich. Nas eleições municipais de 12 de março, o NSDAP angariou 42 dos 85 lugares na assembleia municipal. O prefeito judeu Ludwig Landmann tinha se demitido um dia antes das eleições.

Em 1º de abril de 1933, teve início o grande boicote nacional-socialista de instituições judaicas, lojas, consultórios médicos, escritórios de advogados, etc. Muitos deles pensaram nessa altura que o terror nazista depressa voltaria a passar, e até mesmo a direção da comunidade israelita tinha se pronunciado em carta aberta contra a emigração usando o argumento de que um judeu alemão não deveria fugir agora.

Contudo, a família Frank decidiu emigrar, especialmente porque o banco familiar estava tendo grandes problemas e não havia esperanças que a situação melhorasse. Robert emigrou para a Inglaterra com sua mulher Lotti, Herbert já estava em Paris, Erich e Leni Elias estavam na Basileia onde Alice foi morar também a fim de ficar perto da filha e dos netos Stephan e Buddy.

Otto Frank escolheu a Holanda. Em 1933 viajou para Amsterdã e aí fundou uma filial da companhia Opekta. A relação com essa firma se devia a seu cunhado Erich Elias. Edith Frank ficou com Margot e Anne na casa da avó Holländer em Aken, até Otto mandar que se reunisse com ele no início de 1934. Assim punha-se um fim à história das famílias Frank e Elias em Frankfurt am Main.

A família Frank depressa se sentiu à vontade na Holanda, mas isso mudou com a ocupação do exército alemão em maio de 1940. Precisamente como em todas as outras zonas ocupadas, na Holanda os alemães tomaram igualmente toda espécie de medidas contra os judeus.

---

82. *National Sozialistische Deutsche Arbeiter Partei*: Partido dos Trabalhadores Alemães Nacional-Socialistas. (*N. do T.*)

Sistematicamente foram sendo impostas limitações no nível econômico e social dos judeus até que estes praticamente não tivessem mais direitos. Quando as crianças judias deixaram de poder frequentar as mesmas escolas que as crianças não judias, Anne foi para o Liceu Judaico criado pouco tempo antes e onde ela se sentia bem. A pior coisa que lhe aconteceu nesse tempo foi a morte de sua avó, a mãe de Edith em Aken, que tinha ido morar com a filha. Ela faleceu em 1942 pouco antes de tudo mudar na vida dos Frank.

Em 1942, pouco depois de Margot ter recebido uma convocação para apresentar-se a fim de ser transportada para um campo de trabalho, os Frank entraram na clandestinidade. O esconderijo ficava no prédio do Prinsengracht número 263 (onde Otto tinha criado sua firma ano e meio antes) em uma dependência, o chamado Anexo. Ali também Hermann van Pels, o sócio judeu de Otto Frank, sua mulher e seu filho Peter viveram clandestinamente. Eles tinham igualmente fugido da Alemanha devido aos nazistas. Mais tarde, os sete clandestinos acolheram mais um entre eles sete, o dentista Fritz Pfeffer que tinha vindo de Giessen para a Holanda.

Durante dois anos viveram oito pessoas no esconderijo, abastecidos e protegidos pelos seus ajudantes Miep e Jan Gies, Johannes Kleiman, Victor Kugler e Bep Voskuijl. Durante esses anos passados no esconderijo, Anne Frank escreveu seu famoso diário.

No dia 4 de agosto de 1944 foram detidos e deportados para Auschwitz através do campo Westerbork.

Edith Frank morreu no início de janeiro no campo Auschwitz-Birkenau, por essa altura Margot e Anne já se encontravam no campo de concentração Bergen-Belsen para onde tinham sido transferidas após umas semanas em Auschwitz. Foram vitimadas pela epidemia de tifo que tinha rompido no campo na primavera de 1945 e sepultadas em uma vala comum em Bergen-Belsen.

Otto Frank foi o único da família que sobreviveu ao Holocausto. Foi libertado em 27 de janeiro de 1945 pelo Exército Vermelho. No verão regressou a Amsterdã. Nessa altura ele já sabia que sua mulher tinha morrido, mas se passou ainda bastante tempo até ele saber — através de pessoas que tinham encontrado as moças em Bergen-Belsen — que também suas filhas estavam mortas. Ele se encontrava sozinho, sem dinheiro, sem documentos, sem casa. Miep e Jan Gies o acolheram. Quando tiveram a certeza de que Margot e Anne nunca mais regressariam, Miep Gies entregou a Otto Frank o diário de Anne que ela tinha encontrado no esconderijo após a prisão dos Frank e guardado em segurança. Otto, desesperado e pesaroso, deve ter lido o diário contendo recordações da mulher e das filhas com muita dificuldade. Mas mais uma vez, tal como anteriormente fizera, deu mostras de força de vontade: resignou-se com seu destino e direcionou toda a sua energia no sentido de manter as memórias vivas. Jamais alguém deveria esquecer-se do que tinha acontecido a suas filhas Margot e Anne, ninguém deveria jamais esquecer o destino de um milhão e meio de crianças que perderam suas vidas no Holocausto.

Em 1948 foi publicado o diário de Anne Frank. Depois de ter sido adaptado a uma peça de teatro e, mais tarde, a um filme, começou sua ronda triunfante pelo mundo inteiro. Em 1952 Otto se casou com Elfriede (Fritzi) Geiringer que, como ele, sobrevivera ao campo de concentração de Auschwitz. Seu marido e seu filho tinham perecido, ela e a filha tinham conseguido salvar-se. Otto deixou a companhia e foi morar com sua nova esposa na Basileia, na casa que Leni e Erich Elias tinham comprado. Estes tinham vivido nessa casa durante a guerra com os filhos Stephan e Buddy, Alice Frank e Ida Elias, a mãe de Erich, que eles tinham conseguido fazer sair a tempo da Alemanha; ademais viveram lá Herbert Frank, após regressar de Paris, e, não nos devemos esquecer, também uma empregada italiana. Em 1953, Alice Frank, nascida Stern, faleceu. Apenas dois meses mais tarde faleceu também seu filho mais velho, Robert, em Londres.

Otto ficou morando alguns anos na casa da irmã, mas depois se mudou com Fritzi para Birsfelden. Até sua morte em 1980, dedicou todo seu tempo e energia ao diário da filha. Ele fazia palestras e respondia, com a ajuda da mulher, às muitas cartas de jovens que contavam o quanto o diário tinha mudado suas vidas. Otto fundou a Anne Frank Fonds na Basileia, que gere os direitos do diário e com essas receitas apoia causas humanitárias. Otto Frank sempre enfatizou que esse dinheiro não era seu, mas de sua filha, e que deveria ser gasto de acordo com o espírito de Anne na realização de seus ideais humanitários e pacifistas. Quando ele faleceu, os direitos permaneceram na Anne Frank Fonds; as anotações de Anne, seus diários e as páginas soltas que escreveu foram para o atual NIOD — Instituto para os estudos sobre Guerra, Holocausto e Genocídio — em Amsterdã.

Após seu falecimento, Fritzi, sua mulher, foi morar com a filha em Londres onde morreu em 1998. A maioria dos membros da família faleceu em idade avançada, exceto Stephan Elias, que morreu com somente 59 anos, apenas poucos dias depois de seu tio Otto Frank falecer. Erich Elias, seu pai, alcançou a idade de 94 anos; Leni Elias-Frank faleceu em 1986 aos noventa e três, e um ano depois, seu irmão Herbert, aos noventa e seis.

Buddy Elias, que, após cursar a academia de teatro, trabalhou anos a fio como comediante no Holiday on Ice, regressou à Basileia em 1961 e dedicou-se a carreira como ator. Casou-se em 1965 com Gerti Wiedner, uma colega que conhecera no teatro em Tübingen, nascida na Áustria em 1933. Tiveram dois filhos: Patrick (1966) e Oliver (1971) que atualmente residem na Alemanha com suas famílias. A partir de 1986, Buddy Elias foi-se dedicando mais e mais à Anne Frank Fonds da qual ele é atualmente o presidente,[83] e sua mulher Gerti, membro do conselho consultor. O diário de sua prima Anne virou o centro da nova fase da vida de Buddy. Ele faz palestras, responde a cartas e vela para que os grandes ideais e convicções que Anne tinha não sejam esquecidos.

83. Buddy Elias faleceu em 16 de março de 2015, aos 89 anos, dois anos após a publicação de *Obra reunida* na Holanda. (*N. do E.*)

O PANO DE FUNDO HISTÓRICO

GERHARD HIRSCHFELD

No dia 10 de maio de 1940, um mês antes de Anne Frank comemorar seu décimo primeiro aniversário em Amsterdã, a Alemanha nazista invadiu o pequeno e neutro Reino dos Países Baixos. Devido à supremacia material do exército alemão e as grandes baixas, sobretudo entre a população civil, o exército holandês capitulou logo ao fim de cinco dias. No dia anterior, a Força Aérea alemã tinha reduzido o centro de Roterdã a cinzas, perdendo a vida oitocentas pessoas e ficando milhares sem abrigo. O ataque alemão foi um choque enorme para a população. A reação das pessoas variou de pânico e histeria a conformação e desespero. Centenas de pessoas, entre as quais muitos cidadãos judeus, cometeram suicídio. Somente um ou outro indivíduo conseguiu escapar para a Inglaterra através do Mar do Norte. Entre os venturosos se encontrava um grupo de setenta e cinco crianças judias oriundas da Alemanha e da Áustria que, em 1938, tinham chegado à Holanda num dos chamados transportes de crianças e sido alojadas em um orfanato.

Logo no terceiro dia da invasão, a rainha Wilhelmina deixara o país a bordo de um navio da marinha de guerra inglesa. Algumas horas mais tarde, seguiram-se o primeiro-ministro e o governo inteiro após os secretários-gerais dos departamentos terem sido encarregados de despachar temporariamente os assuntos. Através da rádio BBC, a rainha declarou no dia de sua chegada a Londres que iria continuar daí sua luta contra a Alemanha. Embora não estivesse mencionado na Constituição mudar o assento do governo para o estrangeiro, Wilhelmina proclamou a capital inglesa sua residência temporária. Na Holanda, em primeira instância, as pessoas reagiram com indignação e desapontamento à fuga da rainha e do governo. Somente ao fim de algum tempo a população se conscientizou de aquela ter sido a decisão correta. Para muitos holandeses rapidamente a Casa de Orange voltou a ser o símbolo da soberania e união nacionais, e a rainha Wilhelmina, a figura de proa da resistência à Alemanha nacional-socialista.

Adolf Hitler utilizou no dia 13 de maio o vácuo de poder que surgira e depressa instalou, tal como na previamente invadida Noruega, um governo civil, o chamado Comissariado do Reich na Holanda. Arthur Seyss-Inquart, oriundo da Áustria e considerado um nazista politicamente moderado, ficou encarregado da chefia. Três dos quatro comissários-gerais eram igualmente austríacos. Este órgão administrativo — que na Holanda era chamado popularmente de "Clube do Danúbio"— não só devia exercer a autoridade nazista, mas também criar uma larga base de apoio entre a população a favor da "nazificação voluntária" desejada por Hitler.

Havia esperança de conseguir integrar a Holanda no Reich alemão através de uma operação de charme que levasse as instituições a colaborar, mas o objetivo não era ainda a anexação formal. A transmissão do poder ao Movimento Nacional Socialista (o NSB), cujo líder era Anton Mussert, não era por enquanto uma opção, porque a grande maioria da população não gostava desse partido. Além do mais, o NSB era visto como politicamente corrupto e por isso considerado inapto.

No princípio não se excluía que a Holanda se unisse ao Terceiro Reich. No início, as atitudes sobremaneira corretas dos soldados alemães, o não aprisionamento de judeus e oponentes políticos e também a boa colaboração entre as instituições holandesas do Estado e os ocupantes acalmaram os ânimos. Impressionada com os sucessos da Wehrmacht, durante os primeiros meses da ocupação, a maior parte dos holandeses parecia disposta a juntar-se aos vencedores. Nessa altura essa disposição parecia presente em quase todos os países ocupados pela Alemanha e baseava-se na expectativa de a vitória alemã ser "definitiva e total" e a Alemanha nacional-socialista passar a mandar na Europa. Mais tarde, os historiadores holandeses alcunhariam o termo "acomodação" para esta atitude política: ceder aos alemães no que parecia ser inevitável e ao mesmo tempo apegar-se tanto quanto possível à autonomia nacional.

Após o fiasco da invasão da Inglaterra e, mais ainda, após a derrota do exército alemão na sua expansão para o leste no inverno de 1941-42, a disposição para se acomodar foi regredindo. E a brutalidade da atuação dos ocupantes acabou com o resto. Em vez da boa relação que muitos holandeses esperavam ter com os alemães, estes emitiam cada vez mais decretos que intervinham profundamente na vida dos cidadãos. Houve protestos esporádicos, mas aos primeiros sinais eram imediatamente abafados pela "Grüne Polizei" alemã (assim chamada por causa da cor verde de seus uniformes) e os outros serviços de segurança (Gestapo, SS e SD). Isso só se transformou em fevereiro de 1941, quando os funcionários dos transportes públicos de Amsterdã e operários da indústria metalúrgica e de construção naval fizeram três dias de greve em protesto contra a deportação de quatrocentos homens judeus. A greve foi interrompida com violência: houve sete mortos e bastantes feridos, e muitos dos grevistas foram presos. Embora a Greve de Fevereiro de 1941 tivesse sido uma ação corajosa e a primeira manifestação pública motivada pela perseguição aos judeus nos países ocupados, ela aconteceu demasiado cedo, como mais tarde foi dito; a greve foi vista como uma ação isolada e local pela maioria das pessoas, e essa foi possivelmente a razão pela qual não se seguiram protestos durante muito tempo.

Em vez disso, a maior parte dos serviços do Estado e grande quantidade de empresas passou rapidamente a estreitar a colaboração com os ocupantes; contudo, essa colaboração servia sem exceção aos interesses dos alemães. A colaboração em muitas áreas (administrativa, econômica, cultural, etc.) e em todas as regiões do país acontecia de diversas maneiras e seguramente não tinha só motivações políticas. Por exemplo, no início, a indústria local laborou um terço de sua capacidade e até mesmo mais da metade a partir de 1944 para clientes alemães, incluindo o exército alemão. Os empresários e os secretários-gerais responsáveis esperavam desse modo promover a economia e o comércio e manter os postos de trabalho, mas esta colaboração dita pragmática não se limitou somente aos assuntos econômicos e administrativos. Polícia e justiça colaboraram igualmente com os serviços de segurança alemães, o que trouxe consequências funestas.

Funesto foi igualmente o exemplo das elites holandesas no que se refere ao Estado, à economia e à sociedade. Tendo em vista uma provável colaboração mais intensa com o ocupante, a disponibilidade de cooperação por parte da maioria dos altos funcionários, juízes e prefeitos (pelo menos os que ainda não tinham sido despedidos pelos alemães) influenciou muito os níveis mais baixos dos organismos e instituições. A atitude receptiva dos funcionários públicos holandeses tinha, porém, pouco a ver com a propaganda nazista ou com a intenção alemã de igualizar os serviços públicos. O número de nazistas convictos permaneceu reduzido e só aumentou a partir de 1943 após a nomeação de prefeitos do NSB em alguns grandes municípios.

Os defensores de uma colaboração pragmática com os alemães mantiveram insistentemente a opinião de que a colaboração levara a um regime brando por parte dos ocupantes. As decisões tomadas pelos próprios governantes teriam poupado a população de medidas muito mais rigorosas. Os fatos históricos apontam, porém, para uma orientação bastante diferente: nos dois acontecimentos mais impactantes durante a ocupação — a deportação e o assassinato de judeus e a imposição de trabalho forçado na Alemanha para homens e mulheres — os órgãos locais de poder revelam não ter tido uma influência moderadora, antes pelo contrário: a acomodação dos dirigentes e a colaboração por parte da polícia e da justiça foram em grande parte a causa de as deportações de judeus e a o trabalho forçado no *Arbeitseinsatz* na Alemanha em geral decorrerem impecavelmente.

A perseguição aos judeus se iniciou com medidas administrativas. E também aí houve departamentos e instituições do Estado holandês envolvidas, como, por exemplo, a Inspeção de Registros do Estado, em Haia. A pedido dos alemães, esta fez em janeiro de 1941 um levantamento rigoroso sobre o número preciso de judeus residentes na Holanda: eram exatamente 140.245. A maioria —uns 118.000 — possuía nacionalidade holandesa. Havia ainda mais ou menos 15.000 refugiados alemães e outros 7.000 judeus de outras nacionalidades. Muitos emigrantes judeus já moravam havia anos na Holanda e, no meio-tempo, a nacionalidade alemã já tinha sido retirada à maioria. Para além dos *Volljuden* ('judeus por inteiro" no jargão racial do regime nazista), havia ainda uns 20.000 *Mischlinge* (mestiços), aqueles que tinham menos de dois avós judeus ou contraído um matrimônio misto judeu-alemão. As primeiras vítimas das medidas antissemitas do ocupante foram os cerca de 140 mil *Volljuden* — entre eles se encontrava também a família Frank oriunda de Frankfurt am Main, que, em fevereiro de 1934, fora morar em Amsterdã, onde Otto Frank, o pai, trabalhava como diretor da filial holandesa da Opekta desde setembro de 1933.

Após um breve período de estranho retraimento por parte do ocupante, no término do verão de 1940 foram surgindo cada vez mais medidas excludentes e discriminatórias. No final de agosto, todos os funcionários públicos foram chamados a apresentar o chamado "certificado de arianismo"; uma declaração que atestava que não eram judeus. Houve alguns protestos por parte dos secretários-gerais, mas, por fim, declararam-se dispostos a seguir as instruções alemãs e a solucionar o assunto administrativamente. Todos os funcionários públicos judeus foram uns meses mais tarde suspensos e, pouco depois, despedidos. Paralelamente à introdução do "certificado de arianismo" para os funcionários públicos, em outubro surgiu a ordem de mandar-se registrar todas as firmas judaicas. Para isso as câmaras de comércio holandesas enviaram formulários às direções dessas empresas. Era o primeiro passo na direção das expropriações planejadas pelas forças ocupantes ("*Ariserungen*"). A exclusão não se limitou a funcionários públicos e empresas: em janeiro de 1941 todos os judeus foram proibidos de entrar nos cinemas e, não muito depois, o acesso a museus e outras instituições culturais lhes foi negado.

Às repressões sociais e administrativas depressa se seguiram as primeiras medidas físicas contra os judeus. Em resposta aos grandes tumultos em Amsterdã em fevereiro de 1941, durante os quais um membro da NSB morreu, a polícia alemã prendeu cerca de quatrocentos homens judeus durante razias violentas, deportando-os de imediato para os campos de concentração de Buchenwald e

Mauthausen. Nenhum dos judeus de Amsterdã sobreviveu a esse "tratamento especial" nas pedreiras de Mauthausen. Nos meses seguintes chegaram ainda mais três transportes perfazendo um total de 850 judeus a esse campo de concentração nos arredores de Linz, na Áustria. Também esses prisioneiros não sobreviveram às condições inumanas em Mauthausen.

A deportação dos judeus de Amsterdã não só teve como consequência a greve de fevereiro, citada anteriormente, que imobilizou os transportes públicos e a indústria por três dias, mas conduziu igualmente à formação temporária de um gueto numa parte da cidade habitada majoritariamente por judeus. Ao mesmo tempo foi criado o Conselho Judaico que deveria representar os cerca de 80.000 judeus de Amsterdã perante as autoridades alemãs, mas que o ocupante inimigo usou sobretudo para manter a calma e a ordem. A qualquer momento os membros do Conselho Judaico podiam ser chamados à responsabilidade quer coletiva, quer individualmente. Os cabeças do Conselho Judaico eram Abraham Asscher — um homem de negócios — e David Cohen — professor catedrático em História da Antiguidade. Os membros eram homens de negócios e representantes das classes mais altas da burguesia. Trabalhadores e judeus estrangeiros não eram representados. Em resposta aos comentários críticos quanto ao papel desempenhado pelo Conselho Judaico como sendo tão somente um executor das ordens dadas pelo ocupante, a reação dos cabeças foi sempre contrapor não haver alternativa à sua política "realista" de colaboração com os alemães. Tendo em conta a tendência geral para a colaboração, este ponto de vista não era surpreendente.

As competências e tarefas do Conselho Judaico de Amsterdã foram-se alargando. Em relação a questões da vida cotidiana (emprego, habitação, assistência social), o Conselho tinha igualmente responsabilidade quanto ao anúncio e execução dos decretos e medidas alemãs. O Conselho ficou encarregado de tantas tarefas de caráter social e cultural, e as competências foram tão rigorosamente detalhadas que se pode dizer que existia um — ainda que totalmente dependente — "Estado dentro de um Estado". O isolamento da população judaica da dos não judeus, pretendido pelas forças de ocupação, se tornara mais ou menos irreversível, e a formação de um gueto judeu, um fato estabelecido.

A exclusão e a retirada de direitos à população judaica foram acompanhadas pelo saque econômico. Todos os judeus, não só mais um punhado de ricos homens de negócios e empresários, foram obrigados a depositar seu capital em um antigo banco judeu que trabalhava para os alemães; somente podiam ficar com 250 florins por indivíduo. Concomitantemente, o ocupante limitou quase toda a liberdade de movimento da população judaica: os judeus tiveram que entregar suas bicicletas na prefeitura, deixaram de poder utilizar os transportes públicos, só podiam fazer compras a certas horas e não podiam sair à rua entre as oito da noite e as seis horas da manhã. Com a limitação de movimentação, criou-se a base para o início das deportações planejadas.

No princípio de julho de 1942, quatro mil judeus — entre os quais muitos refugiados da Alemanha residindo sobretudo em Amsterdã — receberam uma convocação por escrito da *Zentrastelle für jüdische Auswanderung* (Administração para a Emigração Judaica), uma seção da Gestapo. Os endereçados deviam "apresentar-se de imediato no campo de trânsito Westerbork, estação Hooghalen, onde, sob vigilância policial, seriam submetidos a um exame médico para, eventualmente, serem enviados a trabalhar na Alemanha". A autorização para viajar — que os judeus no meio-tempo eram obrigados a ter — e um bilhete grátis de trem para a estação Hooghalen, vinham incluídos. Apesar da linguagem discreta — "enviados a trabalhar na Alemanha" e "exame médico" — somente um ou outro indivíduo obedeceu à convocação. A Administração para a Emigração Judaica tentou intimidar os judeus convocados através de razias e detenções indiscriminadas, e ameaças da Gestapo dadas pelo Conselho Judaico de que todos os judeus presos seriam deportados imediatamente para um campo de concentração alemão.

Também Margot, de 16 anos, irmã de Anne Frank, recebera em 5 de julho uma convocação por escrito a fim de se preparar para o transporte para um campo de trabalho alemão. Como consequência, o pai, Otto Frank, decidiu que estava na hora de se mudarem para o esconderijo que vinha preparando desde havia um ano no Anexo da filial da Opekta, no Prinsengracht número 263. Em 9 de julho de 1942, a família Frank entrou na clandestinidade juntamente com outros amigos.

Na noite de 14 para 15 de julho, um trem com 962 judeus partiu da estação central de Amsterdã para Hooghalen/Westerbork. Porém, o campo de trânsito Westerbork na província de Drenthe era somente uma fase intermédia; a estação final do trem de mercadorias era o campo de concentração Auschwitz. A fase final da perseguição aos judeus, feita pelos nazistas na Holanda ocupada, tinha sido iniciada.

Só no mês de julho de 1942, partiram de Amsterdã nove transportações ao total. Outras se seguiram, bem como novas razias e detenções. A partir de meados de outubro, o "Amsterdamse Hollandse Schouwburg" — teatro nacional holandês — fez as vezes de "sala de espera" para as deportações. Em breve chegaram a Hooghalen trens extras da ferrovia holandesa oriundos de todas as grandes cidades do país; os custos destes transportes eram cobrados do escritório principal da SS, que pagava a conta corretamente.

A chegada e a partida decorriam sempre segundo o mesmo padrão: os convocados caminhavam cerca de cinco quilômetros da estação Hooghalen até ao campo Westerbork. Chegando ali, eram registrados de novo e sujeitos a controle. Joias e dinheiro eram apreendidos. O tempo que os prisioneiros declarados "*transportfrei*" — aqueles que não tinham ficado (temporariamente) isentos de transportação — passavam no campo era em geral breve, muitas vezes nem chegava a um dia. Até o final de fevereiro de 1943, saíram 49 transportações com um total de 46.455 judeus de todas as idades do campo de trânsito Westerbork com destino a Auschwitz. O ritmo das deportações foi somente interrompido por quatro semanas de intervalo na época do Natal, porque as ferrovias alemãs necessitavam de todos os vagões disponíveis nesse período para as licenças dos soldados alemães.

De março a julho (inclusive) de 1943, as transportações foram para o campo de concentração de Sobibor no sudeste da Polônia. Aí, ao contrário de Auschwitz não havia seleções. Sobibor tinha somente uma função: matar cada judeu dentro de breves horas após a sua chegada. Das 33.208 pessoas deportadas de Westerbork para Sobibor só 19 sobreviveram à miséria indescritível desse campo. A maior transportação foi uma chamada "transportação de crianças" com 3.017 pessoas, quase todas sem exceção crianças e suas mães. Eram famílias de trabalhadores judeus obrigados a trabalhar na produção de material bélico, entre outras empresas, na Phillips, em Eindhoven. Às mães e às crianças tinha sido prometida uma estada num "campo especial para crianças". Esse campo era Sobibor e, tirando algumas exceções, mães e filhos foram imediatamente assassinados à chegada.

Não foram só os judeus empregados na indústria de armamento e suas famílias que perderam suas posições de exceção até aí. Isso foi igualmente válido para outros judeus isentos de deportações, entre eles os lapidários de diamantes de Amsterdã e judeus de nacionalidade estrangeira ou dupla nacionalidade por serem considerados "judeus de troca", assim como para os muitos colaboradores do Conselho Judaico e suas famílias. Em três razias no país inteiro em maio e junho de 1943, milhares de judeus, isentos de deportação até esse momento, foram presos e levados para Westerbork. Também os dois líderes do Conselho Judaico, Abraham Asscher e David Cohen, aí chegaram com suas famílias no outono de 1943.

Ao mesmo tempo os transportes continuavam: até 1° de outubro de 1943 já tinham sido deportados de Westerbork e do campo de concentração de Vught 86.000 homens, mulheres e crianças judias para Auschwitz e Sobibor; e 2.000 para Mauthausen, Buchenwald e Ravensbrück. Nessa última fase de deportações houve dois outros campos que cresciam em importância: Theresienstadt e Bergen-Belsen. Em total chegaram oito transportações vindas da Holanda em Bergen-Belsen e sete em Theresienstadt. Enquanto o gueto Theresienstadt no norte da Boêmia era visto como um "campo de propaganda" destinado a camuflar as práticas cruéis do Holocausto, Bergen-Belsen, na orla do Lüneburger Heide, construído como "campo de troca" para judeus que dispunham de relações com os chamados Estados inimigos, esperando desse modo libertar os cidadãos alemães internados devido à guerra. Quando isso falhou, transformou-se igualmente o carácter de Bergen-Belsen, que, num curto espaço de tempo, tornou-se um campo de concentração superlotado para prisioneiros de outros campos, que nos últimos meses da guerra foram enviados para o Ocidente nas chamadas marchas da morte.

No derradeiro transporte de Westerbork para Auschwitz, que partiu em 3 de setembro, iam Anne Frank — que no meio tempo completara 15 anos — com seus pais e sua irmã Margot. A família Frank e seus amigos que tinham vivido na clandestinidade desde julho de 1942 foram denunciados no início de agosto de 1944 e, em seguida, levados para Westerbork. Em Auschwitz, Anne, a mãe e a irmã foram colocadas na seção de mulheres onde suportaram as seleções, as contagens diárias, as doenças contagiosas e a fome. No final de outubro, ambas as moças foram transferidas, numa das notoriamente terríveis transportações de Auschwitz-Birkenau para o campo Bergen-Belsen que nesse ínterim já estava lotado com 200.000 prisioneiros. Foi lá que Anne e Margot no mês de março de 1945 — a data exata é desconhecida — foram vítimas da epidemia de tifo que aí grassava havia várias semanas. Edith, a mãe de Anne, que ficara em Auschwitz, já falecera no início de janeiro, provavelmente de exaustão. Otto, o pai, fez parte do número reduzido de judeus detidos em Auschwitz libertados pelo Exército Vermelho em 27 de janeiro de 1945.

Do total de 107.000 judeus deportados da Holanda, só cerca de 5.000 sobreviveram aos campos de concentração alemães. Uns 20.000 a 25.000 judeus, sobretudo jovens, tinham entrado clandestinamente na Holanda e conseguido sobreviver à perseguição com a ajuda de corajosos ajudantes não-judeus. É impossível saber o número preciso de judeus na clandestinidade — ao contrário da contabilização do número exato de deportados pelos alemães — sobretudo porque surgiam constantemente novos clandestinos enquanto outros eram presos por acaso ou por denúncia. No entanto, o número de pessoas que depois de 1943 ainda conseguiram entrar na clandestinidade em grandes cidades, ou mais tarde no campo, é surpreendentemente grande. Isso se deve em parte a uma resistência contra os governantes alemães a partir de 1942-1943 e à solidariedade crescente da população holandesa com os judeus perseguidos.

Quanto mais difícil a situação militar da Alemanha nazista, mais impiedosa e drástica se tornava a ocupação: detenções, aprisionamentos, tomada de reféns e execuções estavam na ordem do dia e aconteciam ainda nos últimos dias da guerra. Por exemplo em Putten, onde em setembro de 1944 a Wehrmacht, depois de um atentado da resistência a oficiais alemães, incendiou dezenas de casas e deportou centenas de homens em represália.

Durante os meses de inverno de 1944-1945, a economia praticamente caiu a pique. Como consequência da guerra e da estagnação quase total dos transportes públicos registrou-se uma grande escassez de alimentos, o que originou o assim chamado Inverno da Fome no último ano da guerra. Mais de 20.000 pessoas, sobretudo nas grandes cidades na parte ocidental do país, bastante povoada, morreram de fome ou de doenças relacionadas a ela.

Devido ao empobrecimento econômico e social, por uma ou outra razão havia cada vez mais holandeses prontos a tomar parte na resistência. As ações dos grupos de resistência contra os ocupantes alemães e seus colaboradores — frequentemente iniciadas e apoiadas pelo governo no exílio em Londres — tornaram-se cada vez mais eficazes. Contra elas, a polícia e os serviços de segurança, mas também o exército alemão, reagiram com represálias brutais e um terror impiedoso. Quando no final de abril e princípio de maio de 1943 quase um milhão de holandeses suspenderam seu trabalho em protesto contra a deportação de ex-prisioneiros de guerra para o *Arbeitseinsatz* na Alemanha, oitenta pessoas foram condenadas à morte por tribunais alemães na Holanda ocupada. Outros sessenta holandeses foram sumariamente executados. Esta greve foi a maior manifestação que houve durante a segunda Guerra contra um regime de ocupação nazista.

O grande número de vítimas do Holocausto na Holanda — 75 por cento dos judeus que moravam no país antes da guerra pereceram — deu mais tarde lugar a discussões acaloradas e controvérsias. Como tantas vezes na História, não existe só uma, mas diferentes explicações para o grande número de vítimas judias holandesas, só comparável ao do leste da Europa. Um fator importante a ter-se em conta foi o alto grau de "energia criminosa" e eficiência com que os ocupantes alemães executaram o isolamento e a deportação de judeus. Um outro fator foi, sem dúvida, a poderosa posição de poder das organizações da SS e outros organismos persecutórios na Holanda ocupada. Acrescidos a isso, contam-se ainda a disponibilidade holandesa a adaptar-se e o colaboracionismo pragmático, dos quais a posição do Conselho Judaico era um exemplo.

Mas a explicação decisiva é provavelmente outra. Os judeus holandeses estavam mais bem integrados na sociedade do que em qualquer outro país da Europa. Isso criara em muitos judeus uma sensação de segurança psicologicamente compreensível, o que, numa situação como a que ocorreu durante a ocupação alemã, teve consequências fatais. Também explica por que, após o início das deportações, só poucos judeus entraram na clandestinidade como a família Frank e seus amigos fizeram. A grande maioria dos judeus preferiu requerer o adiamento de suas transportações através de "licenças" obtidas a muito custo pelo Conselho Judaico. A tragédia do judaísmo na Holanda foi primeiramente a sua integração de sucesso na sociedade holandesa. Isso criou neles uma falsa sensação de segurança que, por fim, acabou por ser-lhes fatal.

A HISTÓRIA DA PUBLICAÇÃO DO DIÁRIO

FRANCINE PROSE

A PRIMEIRA PUBLICAÇÃO DO DIÁRIO

No verão de 1945, após a volta de Otto Frank de Auschwitz a Amsterdã e a descoberta de que ambas as filhas haviam morrido em Bergen-Belsen, Miep Gies entregou o diário de Anne a seu profundamente pesaroso pai. Em agosto do ano anterior, fora detida pelos nazistas a família Frank, após dois anos de clandestinidade nos andares superiores do armazém da firma Opekta no número 263 do canal Prinsengracht. Juntamente com os demais ajudantes, que haviam cuidado do antigo patrão e de sua família, Miep Gies salvara as anotações do diário de Anne do caos que se instalara após a detenção da família. Estavam dispersos entre o álbum de poesia de capa quadriculada em que Anne começara a escrever em junho de 1942, dois cadernos negros em que continha o diário e mais de duzentas páginas coloridas soltas nas quais havia reelaborado e corrigido a primeira versão de seu relatório sobre a vida no esconderijo. Miep tinha guardado o diário numa gaveta caso Anne voltasse após a guerra e perguntasse por ele.

Mas, quando ficou claro que Anne não voltaria, Miep entregou o diário a Otto Frank. Este se recluiu em seu antigo escritório e leu o diário de uma filha — como viria depois a dizer — que não conhecera bem. Paralelamente a uma surpreendente visão de mundo da filha, descobriu que ela desejara ardentemente que seu diário fosse publicado.

Em 29 de maio de 1944 os clandestinos do Anexo tinham ouvido ilegalmente uma emissão radiofônica da Radio Oranje em Londres em que Gerrit Bolkenstein, ministro da Educação, da Cultura e das Ciências, encorajava aos cidadãos holandeses a guardar suas anotações pessoais a fim de que seus descendentes pudessem fazer uma ideia das provações dos holandeses durante a guerra. Anne dera-se conta de que seu diário correspondia ao que o ministro se referira. Sua ideia era a de usar suas anotações para criar um romance com o título *Het Achterhuis* [O *Anexo*], provavelmente ao exemplo dos romances detetivescos que tanto gostava de ler.

Anne pôs mãos à obra. Algumas anotações ela rasurara, outras ela ampliara, acrescentando ainda certas passagens — tudo com o objetivo de tornar mais preciso e completo o dia a dia no Anexo do número 263 do Prinsengracht. Após entender que fora fogo de palha sua delirante paixão por Peter van Pels, omitiu passagens sobre seu timorato primeiro amor. Levando em conta que seu livro seria lido por desconhecidos, riscou também seus comentários de caráter íntimo sobre as mudanças que se operavam em seu corpo e sobre o desabrochar da sua sexualidade. Por ter-se tornado mais adulta nos dois anos no esconderijo, moderou sua crítica infantil e aguda em relação à mãe. Diferentemente do início, quando enchia as páginas do álbum com capa quadriculada com sua grafia de menina, sua letra e sua escrita foram-se tornando mais fluentes e adultas e assim escrevia nas páginas coloridas soltas num ritmo mais ligeiro. Na época que precedeu à detenção dos moradores do Anexo, escrevia em média onze páginas por dia.

Era esse manuscrito abrangente e constituído de várias partes que Otto Frank tinha em mãos quando iniciou a leitura do diário da filha. Foi só após ler a passagem em que Anne expressava a esperança de que seu livro viesse a ser publicado que considerou deixar que outros também o lessem.

No início transcreveu algumas passagens, traduziu-as e as enviou à mãe, que vivia na Suíça. Foi então que, com base na primeira versão de Anne — que veio a ser conhecida como a versão *a* — e na versão reelaborada por ela — a chamada versão *b* — que começou a compor e escrever inteiramente à máquina o manuscrito — a versão *c*, cuja tradução não muito depois veria a luz do dia na Alemanha, na França, na Inglaterra e nos Estados Unidos.

Otto Frank tirou passagens da primeira e da segunda versões de Anne e juntou-as com a intenção de inserir novamente no texto anotações que a filha omitira quando da reelaboração do texto. Nestas ela descrevia, entre outras coisas, a alegria que sentira ao ganhar de presente o diário pelo seu décimo terceiro aniversário, como festejara o último aniversário antes de entrar na clandestinidade e, talvez a passagem mais importante, como se desenvolvera a sua relação com o jovem Peter van Pels. Otto tinha a sensação — o que mais tarde se revelaria ser verdade — de que a relação de amor dos dois jovens incrementaria o charme do livro. Respeitou o desejo de Anne de dar outros nomes às pessoas com quem dividia o esconderijo no Anexo (a família van Pels e o dentista Fritz Pfeffer). No entanto, apesar de Anne ter pensado em mudar o sobrenome da família Frank para "Robin", seu pai se ateve ao verdadeiro sobrenome.

Quando concluiu uma versão provisória, Otto Frank apresentou o diário a algumas pessoas do círculo literário de Amsterdã. Torturado pela tristeza, tinha sempre consigo o manuscrito e, lutando contra as lágrimas, lia em voz alta algumas passagens dele e pedia tanto a amigos quanto a desconhecidos que lessem o diário. Dentre esses primeiros leitores se encontravam os reputados historiadores Jan e Annie Romein, que se mostraram impressionados pelo diário de Anne. Contudo, não achavam um editor interessado em publicá-lo; as editoras tinham receio de que o livro despertasse nos leitores lembranças dolorosas que preferiam esquecer. Foi só quando Jan Romein escreveu no jornal *Het Parool* um artigo entusiasmado e elogioso sobre o livro que um redator da editora *Contact* se prontificou a publicá-lo, mas com a condição de que Otto Frank omitisse passagens em que — segundo a editora — Anne escrevia abertamente sobre seu corpo e seus sentimentos sexuais.

Het Achterhuis [*O Anexo*], com o subtítulo "Cartas de diário de 12 de junho de 1942 a 1 de agosto de 1944", foi publicado na Holanda primeiramente em 1947. O livro continha uma introdução de Annie Romein que, apesar de seu tom positivo, tinha algo de reserva, sobretudo se comparada ao entusiasmo de seu marido no *Het Parool*. O livro teve uma primeira tiragem de 1.500 exemplares, recebeu críticas complacentes, mas teve um sucesso bastante modesto. Ainda assim, atraiu a atenção de alguns editores estrangeiros, mas os mais conhecidos recusaram publicá-lo. Por fim, apareceu em 1950 na Alemanha sob o título de *Das Tagebuch der Anne Frank* pela editora Verlag Lambert Schneider em Heidelberg.

Algumas passagens ofensivas aos alemães foram omitidas a fim de não assustar ou indispor os leitores alemães. Apesar dessas modificações, porém, o livro não atingiu o grande público. Na França, onde apareceu ao mesmo tempo, houve mais leitores que na Alemanha. Foi só após o sucesso do livro nos Estados Unidos e encenações teatrais com o mesmo título no mundo inteiro que os editores e leitores europeus reconheceram o interesse e o potencial comercial do livro.

Contudo, também nos Estados Unidos o diário de Anne Frank fora inicialmente recusado por quase todas as grandes editoras. Tal como na Europa, achava-se o livro, no que dizia respeito à temática, demasiadamente limitado, familiar, judeu e monótono. Temia-se principalmente que ele lembrasse aos leitores da guerra, de que todos preferiam esquecer-se. Foi finalmente em 1952 que ele foi publicado pela editora Doubleday, com um prefácio de Eleanor Roosevelt, e recebeu críticas das mais entusiasmadas. A primeira tiragem esgotou-se rapidamente; seguiram-se uma segunda e uma terceira com 10 mil exemplares.

Em questão de dias a Doubleday recebeu pedidos de dramaturgos para que se encenassem versões teatrais do livro. Assim teve início a história do diário de Anne Frank na Broadway — uma história tão repleta de traições e maldades, tão insondável em sua complexidade que ao menos quatro autores tentaram elucidar a questão.

O americano Meyer Levin, autor de diversos romances com ótima recepção juntos aos leitores, vivia em 1950 no sul da França com sua esposa Tereska Torres e seus dois filhos. Tereska deu-lhe de presente um exemplar do "Diário de Anne Frank", que fora publicado na França logo antes. Levin tinha estado às voltas com a ideia de escrever sobre a aniquilação dos judeus na Europa, mas chegara à conclusão de que lhe faltava a presença de um narrador "da esfera dos judeus" para tal. Após a leitura do diário, convenceu-se de que tinha encontrado esse narrador na figura da menina que descrevera sua história no sótão de uma casa em Amsterdã de maneira tão pungente.

Levin escreveu uma carta a Otto Frank e prontificou-se a traduzir o livro ao inglês e ajudar na busca de um editor americano. É verdade que esta última promessa não foi bem-sucedida, mas Levin soube convencer Otto Frank — de quem se tornara no meio tempo amigo — de que o livro oferecia excelente material para uma peça teatral. Por volta dessa época, Otto estava em vias de negociar com a editora Doubleday, e lhe era de suma importância manter os direitos da encenação do livro: a ideia de que uma ou outra atriz atuasse no papel de Anne o contrariava terminantemente.

A ironia do destino quis que a resenha de Levin no *New York Times* tornasse o diário de imediato popular, mas que ele próprio fosse deixado de lado. Quando se tornou evidente que o livro era um sucesso comercial e que uma versão teatral cativaria o público da Broadway, vários autores mais famosos se ofereceram para escrever a peça. Todos os renomados dramaturgos da época — Arthur Miller, Maxwell Anderson, Lilian Hellman, Carson McCullers, Thornton Wilder — foram considerados possíveis autores da peça.

Levin escrevera no meio tempo sua peça, mas ficou claro que ela não seria aceita. Isso teve consequências para sua relação com Otto Frank e a Doubleday. A correspondência entre os dois até então amigos tornou-se mais distante e terminou em discórdia. Otto Frank e Meyer Levin só mantiveram contato através de seus respectivos advogados. Levin moveu um processo, alegando que seu texto havia sido plagiado. No entanto, a acusação dificilmente poderia ser provada, já que tanto a versão de Levin quanto a que foi finalmente encenada baseavam-se no mesmíssimo texto: o diário de Anne.

Na primavera de 1953, Kermit Bloomgarden, um conhecedor do mundo teatral da Broadway, entrou em contato com o casal Frances Goodrich e Albert Hackett, celebrados dramaturgos. Após algo de hesitação, Goodrich e Hackett aceitaram o encargo. Escreveram a Otto Frank, dizendo-se honrados por terem sido escolhidos para ressuscitar o espírito de sua filha no palco. Em sua resposta a eles, Otto Frank ofereceu ajuda no que quer que fosse e lhes comunicou seu contentamento de que o diário da filha os houvesse tocado tanto.

Mas o entusiasmo de Otto arrefeceu após ler a primeira versão da peça deles. Escreveu-lhes dizendo que não poderia concordar com uma obra teatral que deixasse de fora a maneira de ver o mundo de Anne, seu idealismo e seu desejo de ajudar o próximo. Passado algum tempo, porém, Otto Frank se resignou a que muitas de suas ideias não encontrariam solo fértil, nem mesmo sua proposta de mencionar no programa que a peça se baseava numa história verdadeira. Mais para frente Otto ouviria da boca de um conhecido holandês que havia encontrado uma americana que afirmava ter visto a peça três vezes sem dar-se conta de que ela se baseava em fatos históricos. Em 1954 — quando o casal Hackett se via às voltas com uma quinta versão da peça, já que as quatro primeiras tinham sido recusadas — veio em seu socorro o diretor de teatro Garson Kanin. Kanin teve a ideia de que a peça terminasse com as palavras de Anne de que o ser humano tem um bom coração. Além disso, para aumentar a tensão, acrescentou efeitos especiais: ruídos de fora do Anexo, como passos e o som agudo e estridente das sirenas.

No outono de 1954 o casal Hackett se encontrou com Garson Kanin em Londres, onde trabalharam em ainda outra versão. Em dezembro passaram uma semana em Amsterdã, onde tiveram com Otto Frank conversas que Frances Goodrich descreveria mais tarde como "extremamente árduas". Haviam-nos acompanhado igualmente fotógrafos para fotografar o esconderijo no Anexo e técnicos de som, que gravaram o repicar dos sinos de Westerkerk e ruídos de rua.

A estreia da peça aconteceu em 5 de outubro de 1955 no Cort Theater de Nova Iorque. Otto Frank não compareceu à estreia por medo de que a peça o abalasse demais. A peça não agradou só aos críticos, mas foi também um enorme sucesso junto ao público. Em dois anos foi representada 717 vezes e, além disso, granjeou o prêmio Pulitzer e o prêmio do New York Drama Critics Circle.

Um ano após a estreia na Broadway, a peça foi encenada também na Alemanha. O crítico teatral Kenneth Tynan foi testemunha da reação do público ao final da apresentação: "Quando a luz se acendeu na sala, os espectadores permaneceram sentados como estátuas. Durante meio minuto houve quem ficou parado olhando o vazio e quem olhou para o chão. Então se levantaram todos como se despertando de um pesadelo e se dirigiram à saída em silêncio. Ninguém se entreolhava, nem mesmo os amigos e conhecidos lançaram uns aos outros os usuais olhares de apreciação após uma peça ou filme. Nem se aplaudiu e nem se chamou aos atores outra vez para o palco."

O diário inicialmente não atraiu muitos leitores, mas o sucesso da peça aumentou exponencialmente a venda do livro na Alemanha e no resto da Europa. Anne Frank transformou-se rapidamente no objeto de uma adoração quase religiosa. Na casa em Frankfurt na qual viveu de pequena foi posta uma lápide comemorativa; e, em 1957, dois mil jovens alemães fizeram uma peregrinação até Bergen-Belsen e puseram flores na vala comum onde se supõe que estejam enterrados os restos mortais de Anne Frank.

O FILME

Em 1956 Samuel Goldwyn anunciou estar interessado em produzir um filme baseado no diário de Anne Frank. William Wyler seria o diretor do filme. Entretanto, como Otto Frank fazia questão de dar palpites sobre o roteiro, Goldwyn retirou a proposta — algo de que se arrependeria amargamente mais tarde. Otto assinou um contrato com a Twentieth Century Fox de filmagem do diário com um orçamente de três milhões de dólares. O filme se basearia na peça da Broadway, e o roteiro seria escrito outra vez por Frances Goodrich e Albert Hackett.

O *trailer* do filme, que saiu em 1959, prometia: "Nunca antes foi contada uma história mais cativante que a magistral filmagem da Twentieth Century Fox do diário de Anne Frank! O *frisson* do seu primeiro beijo, o milagre da adolescência, a excitação do primeiro amor, o encanto de sua risada — todo isso se sente ao ver o filme!" O filme faz jus ao seu *trailer*, porque se trata de um *thriller* psicológico em que se sente a tensão do primeiro beijo de Anne na mesma medida que o medo de sua detenção. É provável que, para a versão definitiva do filme, tenha-se levado em conta as reações do público quando dos *tryouts*. Neles se pedia aos espectadores que anotassem em cartões pré-impressos (conservados no arquivo da Casa de Anne Frank) quais cenas lhes tinham agradados mais e quais lhes pareciam confusas. Perguntou-se também se recomendariam o filme a seus amigos. Durante um *tryout* em São Francisco, os espectadores se mostraram críticos em relação à última cena, que mostra Anne Frank no campo de concentração. Essa cena foi cortada do filme sem que, no desfecho, Anne pudesse anunciar sua crença na bondade do ser humano.

Em 1997 foi encenada na Broadway uma nova versão teatral de Wendy Kesselmann. Kesselmann havia aceitado o encargo por querer "restaurar a verdade" da história de Anne Frank apresentada no palco.

Em sua readaptação teatral, Kesselmann se atém mais ao diário do que fizeram seus predecessores. Ouve-se mais claramente a voz de Anne, percebem-se melhor sua inteligência e suas convicções. Leem-se também passagens do diário. Acrescem-se também os pensamentos de Anne sobre sua sexualidade e a lembrança de ter tocado os seios de outra menina. Agora o público também ouve o discurso do ministro Bolkenstein através do rádio, o que a incitou a ter o diário publicado após a guerra e tornar-se escritora. As circunstâncias religiosas e históricas agora se fazem mais que nunca presentes, e o espectador acaba por entender o que significou para os clandestinos estar tanto tempo trancados. Finalmente o público ouve que destino esperava por Anne e os outros clandestinos do Anexo.

O diário de Anne e o mundo criado por ela foram, paradoxalmente, ressuscitados. Talvez Otto Frank tivesse razão quando expressou suas dúvidas em relação à adaptação teatral do diário da filha. Talvez devesse ter ouvido sua voz interior e resistido à tentação de conseguir um público consideravelmente mais numeroso para o livro de Anne. Contudo, é a esse público maior que devemos a existência das versões teatrais e a filmagem do diário. É difícil determinar o número de pessoas que quiseram ler o livro após assistir à peça e que não teriam lido o livro se não tivesse antes visto a peça. E o número de jovens que jamais teria ouvido falar do livro se a peça teatral e o cinema não tivessem dado popularidade ao relato sobre o Anexo. Atualmente há traduções do diário de Anne em mais de sessenta línguas, e sua leitura tornou-se obrigatória em muitas escolas mundo afora. Algumas escolas chegaram ao ponto de adotar o nome de Anne Frank; no Japão há até mesmo uma igreja com seu nome.

ATAQUES SOBRE A AUTENTICIDADE DO LIVRO

Nas décadas de 1960 e 1970 surgiu um movimento que começou a crescer com uma velocidade preocupante e que asseverava que o Holocausto nunca acontecera, que os nazistas não haviam construído e usado nem as câmeras de gás nem os crematórios e que o número de vítimas judias durante a Segunda Guerra Mundial de maneira alguma era tão alto como se queria fazer crer. Os chamados "negadores do Holocausto" são subsidiados por neonazistas e se organizam em grupos tais como o *Institute for Historical Review* e o *Committee for Open Debate on the Holocaust*. Em campanhas de propaganda e *websites*, atacam os que chamam de "teóricos do extermínio". Apesar de a negação do Holocausto ser um crime e, portanto, punível em muitos países, o movimento conta com um sem-número de adeptos, entre os quais se encontram muitos membros ativos de países que haviam feito parte da União Soviética. Até mesmo no mundo islâmico o movimento encontrou solo fértil. Seu representante mais famoso é o presidente iraniano Mahmoud Ahmadinejad, segundo o qual o Holocausto não passa de um mito sionista.

Se o Holocausto for um mito, segundo a lógica dos representantes do "revisionismo histórico", o diário de Anne Frank só pode ser uma falsificação. A primeira pessoa que ousou afirmá-lo em voz alta foi Harald Nielsen, um dinamarquês que escreveu em 1957 num jornal sueco que o diário é de autoria de Meyer Levin. A acusação de Nielsen é adotada um ano depois por um jornalista norueguês, que chama o diário de "falsificação".

Em 1958 Lothar Stielau, professor de inglês e líder de grupo da *Hitlerjugend*, publica na Alemanha um artigo em que equipara o diário de Anne Frank ao — falsificado — diário de Eva Braun, a amante de Adolf Hitler. Após a pesquisa do fato. Stielau admite que, em vez do termo "falsificado", deveria ter dito "radicalmente transformado". Stielau foi defendido no tribunal pelo político de direita Heinrich Buddeberg, que reiterava a acusação de que Meyer Levin tinha dado sua contribuição a tal falsificação. Stielau foi demitido do seu cargo de professor e Otto Frank processou Stielau e seu defensor Buddeberg por ofensa e difamação.

Seus advogados exigiram que se instaurasse uma investigação a respeito da autenticidade do diário e fizeram referência a um artigo na revista semanal *Der Spiegel* no qual se afirmava que Albert Cauvern, um amigo de Otto ao qual este havia pedido que lesse o manuscrito, tinha operado mudanças significativas no texto. Miep e Jan Gies e também Bep Voskuijl tiveram de comparecer ao tribunal e confirmar sob juramento que Anne havia de fato mantido um diário e que este era tal qual o tinha entregado a Otto Frank após a guerra. Especialistas forenses em caligrafia acabaram por convencer o juiz da autenticidade do diário.

Contudo, o processo ainda não havia chegado ao fim. Apenas em 1961 se chegou a um ponto pacífico. A defesa admitiu que o diário era genuíno. Stielau e Buddeberg apresentaram suas desculpas e disseram a Otto Frank que não queriam conspurcar a lembrança de sua filha. A multa monetária imposta a Stielau foi majoritariamente paga pelo Estado alemão.

A partir daquele momento, porém, a quantidade de livros e artigos que punham em questão a autenticidade do diário só fez aumentar. Os autores deles faziam referência ao "fato" de que os pouco inteligentes falsificadores do diário de Anne haviam usado caneta esferográfica, que ainda não era usada antes de 1944. Em realidade só se veem escritos com esferográfica os números das páginas em seis folhas soltas, autoria inconfundível de Otto Frank. O resto do texto está escrito com caneta-tinteiro, sem dúvida alguma na caligrafia de Anne.

Em 1967 *The American Mercury* publicou um artigo van Teresa Hendry no qual se voltava a dizer que o diário era de autoria de Meyer Levin. O mais exasperante era o tom acadêmico e cauto do artigo de Hendry. Cita nele a pergunta que Abraham Lincoln teria feito a Harriet Beecher Stowe, autora de *Uncle Tom's Cabin*: "Quer dizer que a senhora é essa pequena mulher que provocou essa grande guerra?" Hendry encerra seu artigo defendendo a verdade: "Se o senhor Frank utilizou a obra de Meyer Levin a fim de oferecer ao mundo um diário que ele supunha ser parcial ou integralmente de autoria da filha, então agora é o momento de trazer a verdade à luz. Vender um relato inventado como se fosse fatos é injustificável e imperdoável."

A afirmação de que que o diário fosse uma falsificação era mais que bem-vinda para os negadores do Holocausto proeminentes, entre os quais Richard Harwood, autor de *Did Six Million Really Die? The Truth At Last*, e David Irving, que considerava a questão acerca de Levin como prova de que Otto Frank havia ajudado a falsificar o diário da filha. Após o protesto veemente de Otto Frank, Irving omite de seu livro *Hitler und seine Feldherren* (1975) a passagem com tal acusação. Acabou tendo que pagar ao Anne Frank Fonds compensação por danos morais.

Outros panfletos em que o diário era considerado "enganação" tinham sido escritos pelo alemão Heinz Roth. Os panfletos que distribuíra em 1976 durante uma apresentação da peça "O diário de Anne Frank" chamaram a atenção do Ministério Público de Hamburgo. A Roth ficou proibida a distribuição de mais panfletos. Quando de sua defesa no tribunal, seu advogado leu uma citação do livro *Le journal d'Anne Frank — est-il authentique?* (1978) de um certo Robert

Faurisson. Era um dos primeiros negadores do Holocausto e afirmava que as mentiras sobre câmaras de gás e crematórios tinham sido inventadas pelos Aliados e os judeus a fim de caluniar o partido nazista.

Outros distribuidores de panfletos não foram perseguidos juridicamente por razões formais e por apelarem ao o direito à liberdade de expressão. Somente um jornalista, Edgar Geiss, que distribuiu panfletos na sala do tribunal em que um colega estava sendo julgado, recebeu uma pena de prisão de um ano, veredito contra o qual recorreu.

Anne Frank's Diary, A Hoax (1979), de Ditlieb Felderer, é um dos exemplos mais reprováveis de ataque ao diário. O autor, que nasceu judeu na Áustria, mas aderiu às testemunhas de Jeová, emigrou para a Suécia e, por conta de sua investigação sobre a perseguição de seus antigos companheiros de fé, foi visto pelos nazistas como precursor do revisionismo histórico. A leitura de suas afirmações absurdas e as tiradas de ódio de páginas inteiras é cansativa e deprimente. Só mesmo seus companheiros de fé e leitores insensíveis conseguem ler mais que algumas passagens dessa obra mortificante, que ele escrevera, como próprio afiançava, em nome da história, da verdade, da lucidez e em posse de conhecimentos secretos. No livro de Felderer se chega a afirmar que tinha sido ideia dos próprios judeus a introdução da estrela de Davi amarela, um "fato" que seria corroborado por uma revista semanal sionista que recomendava aos judeus vestirem com orgulho a estrela. Tenta-se convencer o leitor de que a estrela era algo como uma condecoração, comparável aos broches da *Légion d'honneur* francesa. Além disso, lê-se que a família de Otto Frank em Frankfurt "chafurdava na riqueza" e que era fato notório que os judeus não se conformavam com possuir apenas uma parte da Alemanha, querendo para si o país inteiro. Felderer tenta provar que as janelas do Anexo, tal como descrito no livro, não podiam ser escurecidas com papel, que os adultos jamais poderiam fumar sem que os funcionários no armazém se dessem conta e que os clandestinos não poderiam receber tanta comida sem serem descobertos.

A ideia dos ajudantes de pernoitarem no esconderijo Felderer acha a tal ponto absurda que as anotações do diário concernindo o pernoite deveriam ser uma prova convincente de que o livro era uma mentira de cabo a rabo. Além disso, a nenhum holandês em são juízo ocorreria guardar um diário repleto de ofensas aos alemães numa gaveta, onde qualquer alemão poderia descobri-lo. E por que Anne guardaria seu diário numa pasta do pai, onde ele poderia acha-lo e ler todos os seus segredos imorais? Tudo isto também mostra a incapacidade de Felderer de entender o tato necessário para guardar segredos — também o das crianças entre eles. Mesmo na situação em que se encontravam, nossos clandestinos continuavam sendo pessoas civilizadas.

AS PUBLICAÇÕES CRÍTICAS E HISTÓRICAS

Todos esses ataques fizeram que o Instituto Nacional de Documentação de Guerra (atualmente chamado de Instituto de Estudos de Guerra, Holocausto e Genocídio)[84] decidisse pedir uma investigação ao Laboratório Forense do Ministério da Justiça. O relatório de 250 páginas que resultou dessa investigação contém a prova cabal da autenticidade do diário. No que diz respeito às partes físicas — papel, cola, tinta, tecido da capa — os pesquisadores puderam provar que tudo era datado de antes de 1944. Também as fotografias e os cartões (ilustrados ou não) que Anne havia colado no diário foram pesquisados e datados. O mais importante na investigação, porém, tinha a ver com a caligrafia.

Um resultado positivo da investigação foi a publicação crítica de *Os diários de Anne Frank* com suas versões *a*, *b* e *c*. Neste volumoso livro, que saiu em holandês em 1986 e dois anos depois em alemão, foram descritos pormenorizadamente os resultados do Laboratório Forense: entre outros, as características da letra no diário, a distância entre as palavras e os inícios das orações, a postura em relação à superfície do papel e a variação na pressão dos instrumentos de escrita nele. As conclusões são definitivas. Tanto as letras em maiúsculo das primeiras páginas, a letra fluente de anotações posteriores e as correções são todas do punho da mesmíssima menina. A mudança de caligrafia de Anne Frank no período de dois anos é exatamente conforme "uma caligrafia em desenvolvimento". As correções feitas por outra pessoa numa data posterior só aparecem esporadicamente.

Apesar de os ataques ao diário de Anne Frank serem abomináveis, devemos a eles a publicação da edição científica, que possui também inúmeros fac-símiles de páginas do manuscrito, ilustrando assim os resultados da pesquisa. Agora os leitores têm as três versões do diário a fim de cotejá-las: a versão original de Anne (*a*), a versão retrabalhada por ela própria (*b*) e o manuscrito que Otto Frank compôs baseando-se em ambas versões (a versão *c*). Assim os leitores podem ver eles próprios como se desenvolveu o estilo de Anne Frank durante

84. NIOD em holandês: *Instituut voor Oorlogs-, Holocaust- en Genocidestudies*. (*N. do T.*)

dois anos e quais partes do texto original ela quis que aparecessem em *Het Achterhuis* [*O Anexo*].

A edição científica possibilita ao leitor seguir à linha a obra de Anne, formando-se uma imagem do desenvolvimento de seu caráter e seu estilo literário nos anos de clandestinidade e — talvez o mais importante — avaliar seu talento literário. Esse talento se evidencia também nos outros textos de Anne Frank — contos, lembranças e até mesmo fragmentos de um romance em desenvolvimento com o título de *A vida de Cady*. Os contos são publicados na Holanda pela primeira vez em 1949; em 1960 apareceu aqui também uma edição que incluía igualmente *A vida de Cady*. Ainda que tais textos tenham o charme das primeiras tentativas de um talento literário que desperta, é principalmente o diário que mostra do que era capaz Anne Frank em termos literários.

Em 2001 foi publicado o diário na assim chamada versão *d*. Essa publicação é consideravelmente mais abrangente que o texto de *Het Achterhuis* [*O Anexo*] de 1947 e inclui desde então as passagens sobre a sexualidade de Anne, a raiva que nutria pela mãe e seus sentimentos em relação ao "frio" matrimônio dos pais. Trata-se de passagens que Otto Frank havia parcialmente omitido em sua versão *c*.

Apesar dos ataques dos negadores do Holocausto e toda a crítica feita às intervenções textuais de Otto Frank, o diário de Anne Frank continua sendo um dos livros mais lidos do mundo. Foram vendidos milhões de exemplares mundo afora. Uma prova do proeminente lugar que o livro ocupa é a comoção que surge a cada vez que se ouve algo de diferente sobre o diário ou sobre a vida de Anne Frank.

Em 10 de setembro de 1998 o *New York Times* publica na primeira página, abaixo da manchete *Five Precious Pages Renew Wrangling Over Anne Frank*, um artigo detalhado sobre páginas até então ainda desconhecidas do diário. Entre outros se lê: "Uma passagem omitida por muito tempo revela os seus problemas com a mãe: 'Não consigo conversar com ela. Não consigo mais olhar para os olhos frios dela com amor. Não adianta, simplesmente não consigo. Nunca mais!'" Uma outra notícia causou em 2007 comoção quando veio à tona no YIVO (Instituto de Pesquisa Judia) em Nova Iorque certa correspondência que evidencia as tentativas desesperadas de Otto Frank de conseguir asilo nos Estados Unidos ou em Cuba para si e sua família. Na Holanda em 2004 uma maioria do Senado tentou conferir postumamente a Anne Frank a nacionalidade holandesa. Apesar de essa proposta não ser aceita, decidiu-se que ela se tornara holandesa por assimilação.

Através dessa decisão Anne Frank pôde ser numa votação a oitava entre os maiores holandeses de todos os tempos.

Num sem-número de filmes e peças teatrais, vários diretores mergulharam na história de Anne Frank com maior ou menor sucesso. A Jon Blair foi concedido em 1996 o Oscar de melhor documentário por seu filme *Anne Frank Remembered*. Uma minissérie televisiva com o título *Who Betrayed Anne Frank?* transformou a história de Anne Frank num *thriller* detetivesco. Em 2003 apareceu um filme *hip-hop* com o título *Anne B. Real*, cuja protagonista é uma *rapper* inspirada na história de Anne Frank. A história desse filme foi mais para frente transformada até mesmo num desenho animado japonês.

Em 1998 uma banda indie, Neutral Milk Hotel, lançou o disco *In The Aeroplane, Over the Sea*. Algumas canções desse álbum se inspiraram na vida e na morte de Anne Frank. Dez anos mais tarde apareceu em Madrid um musical sobre o famoso diário: *El Diario de Ana Frank. Un canto a la vida*, e nos Estados Unidos, em Atlanta, o diário serviu de inspiração para um *show* de marionetes. Além disso, o *show* televisivo americano *60 Minutes* deu a conhecer que as crianças em idade escolar na Coreia do Norte eram incentivadas a ler o diário de Anne Frank, com a ideologia transformando o então presidente George W. Bush no novo Hitler e os norte-americanos em neonazistas com intenção de exterminar os norte-coreanos.

No modelo do diário de Anne Frank foram escritos muitos livros, tanto de ficção como de não ficção. Regularmente um editor acaba descobrindo o diário de guerra de algum jovem infeliz e o publica no papel de Anne Frank da Sérvia, da Polônia ou do Vietnam, ou em qualquer lugar onde s crianças são vítimas dos adultos. O romance de Philip Roth *The Ghostwriter* de 1979 contém uma apreciação pormenorizada sobre Anne Frank e seu diário. A razão para tal é a imaginação do protagonista Nathan Zuckerman em que Anne Frank se torna a amante de seu ídolo literário. Ela não só sobreviveu ao campo de concentração, mas também partiu para os Estados Unidos, onde vive sob um nome falso e onde encontra um trabalho: arquiva os manuscritos para seu amante. Em 2007 a personificação que Roth faz de Anne Frank, a chamada Amy Ballette, no meio-tempo idosa e caduca, reaparece em seu mais recente romance *Exit Ghost*.

No mesmo ano se pôde ler nos jornais que a castanheira atrás do Anexo, afetada pela doença e pela idade, teria de ser cortada. Tal fato deu ensejo a uma discussão acalorada em torno da possibilidade de poupar-se a árvore, que marcava para Anne a passagem das estações. Em agosto de 2010 a árvore foi rachada pela metade por conta de uma tempestade. Em muitos lugares, porém, as pessoas plantaram uma muda da castanheira, o que faz com que ela continue crescendo e perdure da mesma forma como acontece com o livro saído da caneta de uma menininha que costumava olhar com frequência para a mesma árvore do esconderijo em que escreveu seu esplêndido, desconcertante e imortal diário.

IV

ANEXOS

Prefácio às versões *a* e *b*

A versão *a* é a primeira versão das cartas do diário de Anne Frank, que ela foi escrevendo sem um rascunho. É composta de três volumes, inclusive algumas páginas soltas que foram coladas por Anne. O Diário 1 (o famoso caderno quadriculado) fora um presente no seu décimo terceiro aniversário e contém o período que vai de 12 de junho de 1942 a 5 de dezembro do mesmo ano. Nos anos 1943 e 1944, Anne acrescentou passagens em páginas que até então tinham permanecido em branco. É por isso que as anotações do diário nem sempre estão em ordem estritamente cronológica. O Diário 2 começa com uma anotação do dia 22 de dezembro de 1943 e termina no dia 17 de abril de 1944. Pode-se pressupor que nesse intervalo de meses Anne também tenha mantido um diário que acabou se perdendo. O último deles, o Diário 3, inicia-se em 17 de abril de 1944: a última anotação foi a de 1° de agosto de 1944 — três dias antes da sua detenção.

Em 28 de março de 1944, Anne ouvira pela rádio Oranje o discurso do ministro da Educação, Bolkestein, que fazia um apelo à população para que, durante a ocupação alemã, mantivesse diários que, após a libertação, seriam coletados e publicados. Foi então que Anne, tendo em vista uma possível publicação no futuro, começou a retrabalhar no diário, reescrevendo e corrigindo passagens, ampliando alguns trechos e condensando outros. Escreveu em papel carbono: as chamadas "folhas soltas". Essa versão também permaneceu intacta e é chamada de versão *b*. A primeira anotação data de 20 de junho de 1942 e a última, de 29 de março de 1944. Sua detenção pôs um fim à reelaboração.

Os textos de ambas as versões foram incluídos aqui e se baseiam inteiramente na edição de acordo com o manuscrito de Anne tal como foi publicados por David Barnouw e Gerrold van der Stroom do Instituto Nacional de Documentação da Guerra (Rijksinstituut voor Oorlogsdocumentatie) de Amsterdã: *Os diários de Anne Frank*, Amsterdã/Haia, 1986 (sétima edição de 2004). Essa edição científica constitui a base para o estudo dos manuscritos de Anne Frank. Ela também possibilitou que Mirjam Pressler levasse a cabo o encargo da Anne Frank Fonds de copilar esta versão mais extensa, que apareceu em 1991 e ficou conhecida como a versão *d*.

VERSÃO A DO DIÁRIO

Diário 1: 12 de Junho de 1942 a 5 de Dezembro de 1942

Que foto mais fofa, não é?!!!!

A você — assim espero — vou poder confiar tudo, como nunca antes a mais ninguém, e espero que me sirva de grande amparo.

ANNE FRANK, 12 DE JUNHO DE 1942.

Você tem sido até agora uma grande fonte de amparo, assim como o nosso querido clube, ao qual escrevo regularmente. Mas esta maneira de escrever, em forma de diário, me agrada muito mais; ultimamente, quando tenho tempo, mal vejo a hora de pegar você para escrever.

28 DE SET. DE 1942.
ANNE FRANK.

De verdade, mesmo, que alegria ter trazido você comigo!

Aqui devem constar 7 ou 12 traços de beleza (não formulados por mim, veja bem!), então eu acrescento o que eu tenho ou não.

28 DE SET. DE 1942. (FEITAS POR MIM MESMA.)

1. Olhos azuis, cabelos negros (não)
2. Covinhas nas bochechas (sim)
3. Covinha no queixo (sim)
4. Triângulo na testa (não)
5. Pele branca (sim)
6. Dentes retos (não)
7. Boca pequena (não)
8. Cílios ondulados (não)
9. Nariz reto (sim) {pelo menos até hoje}
10. Vestir-se bem (às vezes.) {pouco demais para o meu gosto}
11. Unhas bonitas (às vezes.)
12. Inteligência (às vezes.)

DOMINGO, 14 DE JUNHO DE 1942.

As páginas que se seguem acho que vão ser todas da mesma data (página), porque ainda tenho que informar você sobre um monte de coisas.

Melhor começar do momento em que eu ganhei você de presente, ou seja, quando o vi sobre a mesa posta para comemorar o meu aniversário (porque o ato da compra em si, ainda que eu estivesse junto, não conta).

Na sexta-feira, dia 12 de junho, eu já estava acordada às seis da manhã, o que não era de se espantar, já que era o meu aniversário.

Mas eu ainda não podia me levantar, então tive de segurar a curiosidade até as quinze para as sete. Foi quando não aguentei mais e fui até a sala de jantar, onde a Moortje (a gata) me deu as boas-vindas esfregando a cabeça em mim.

Fechei as portas corrediças, claro. Logo que deram sete horas, fui ver o papai e a mamãe e em seguida me dirigi à sala para desembrulhar os presentes; mas os meus olhos bateram de cara em *você*, talvez o mais estupendo dentre todos os presentes. Depois, um buquê de rosas, dois ramalhetes de rosas de Pentecostes e uma plantinha; eram estas as filhas da mãe natureza que eu encontrei sobre a minha escrivaninha, mas eu ganhei muito mais.

Do papai e da mamãe eu ganhei uma blusinha, um *varieté*, que é um jogo de muito moderno para adultos, como o Banco Imobiliário, uma garrafa de suco de uva que, para o meu gosto, tem um quê de vinho forte demais e que já começou a azedar, e que por isso não posso mais beber, e afinal eu tenho razão, já que vinho é feito de uva; um quebra-cabeça, uma garrafinha de peek-aroma[85] "com tampinha" (que eu ganhei mais tarde; veja bem, a tampinha, não a garrafa); um pote de creme, uma nota de 2,50 florins e dois vales-livro. Também ganhei um livro da Katze, o Camera Obscura, mas acabei trocando por outro, porque Margot já tem esse; depois vieram uma fornada de biscoitos (assados por mim mesma, claro, porque assar biscoitos é a minha mais nova especialidade), uma tigelinha de "stroopballetje", mas eles grudam demais, uma tigelinha de trufas, do papai, um prato de biscoitos Maria, uma carta da vovó, bem a tempo, ainda que tenha sido, claro, puro acaso, e uma torta de morango feita pela mamãe

Em seguida, a Hanneli chegou para irmos juntas à escola. No horário do recreio, ofereci biscoitos aos meus colegas e professores antes de voltarmos aos nossos afazeres. Cheguei em casa às cinco, porque fui com os outros para a aula de educação física (apesar de eu mesma não poder participar para não correr o risco de desarticular os braços e as pernas), já que, por ser o meu aniversário, eles me deixariam escolher a modalidade do dia: sugeri vôlei. Depois todos fizeram uma roda em volta de mim e cantaram Parabéns, dançando.

Quando cheguei em casa, a Sanne Ledermann já estava lá. A Ilse Wagner, a Hanneli Goslar e a Jacqueline van Maarsen foram direto comigo da aula de educação física, porque somos colegas de classe. Antigamente, as minhas duas melhores amigas eram a Hanneli e a Sanne, e quem nos via juntas sempre dizia: Aí vão a Anne, a Hanne e a Sanne. A Jacqueline van Maarsen eu só vim a conhecer no Liceu Judaico, e hoje ela é a minha melhor amiga. A Ilse é a melhor amiga da Hanneli, e a Sanne foi para uma outra escola e fez amigas por lá.

Nós cinco formamos um clube chamado A Ursa Menor, menos 2, abreviado como a.U.m.-2.

Isso se deve ao fato de que nós achávamos que a Ursa Menor tivesse 5 estrelas, mas estávamos enganadas, porque ela tem o mesmo número de estrelas que a Ursa Maior, sete estrelas; menos 2 significa que a Sanne é a líder e a Jacqueline, a secretária, e nós (ou seja, a Ilse Hanneli e eu) ficamos sobrando. É um clube de pingue-pongue. Elas me deram de presente uma maravilha de livro. Lendas e sagas neerlandesas, de Joseph Cohen, mas, por descuido, compraram o segundo volume, então troquei o Câmera obscura pelo primeiro volume de Lendas e sagas neerlandesas. Mais um livro da mamãe, que foi caro demais. Do Hello eu ganhei 6 belos cravos. O Hello é um primo de segundo grau ou algo parecido da Wilma de Jonge, e a Wilma de Jonge é uma menina do bonde que parecia legal e de fato é, mas que fala o dia inteiro só sobre os meninos, o que acaba por cansar.

85. Substituto de café a base de chicória. (*N. do E.*)

O Hello tem agora uma amiga, a Ursula, que ele abreviou para Ursul. Mas sou eu a melhor amiga dele, não é estranho?

Todo mundo acha que eu estou apaixonada pelo Hello, mas isso é uma grande mentira. A tia Helene também me trouxe um quebra-cabeças; a tia Stephanie, uma graça de broche; e a tia Leny, um livro fofo intitulado As férias de Daisy na montanha e um bracelete com um beijinho da Anneke; o senhor Wronker me trouxe uma caixa de bombons e um jogo; a senhora Ledermann, uma embalagem de balas azedinhas; a senhora Pfeffer, uma embalagem de balas azedinhas; o sr. van Maarsen, um buquê de flores. O Peter van Pels, uma barra de chocolate ao leite; a senhora Pfeffer e o senhor Wronker, flores também; como você vê, estou sendo bastante mimada. Hoje à tarde ainda vêm algumas crianças da minha turma. Ontem à noite fizemos uma apresentação do filme "O faroleiro", com o Rin-tin-tin, e hoje à tarde vamos repetir a dose, que ótimo!!!

Vou ganhar também Mitos da Grécia e de Roma com o meu dinheiro. Mais um livro do sr. Kohnke e mais um Varieté, de reserva, do Blankevoort. Tenho que ir parando por aqui, da próxima vez vou ter de novo muito o que escrever em você, ou seja, muito o que contar, tchau, gosto tanto de você.

O livro sobre as férias de Daisy é realmente lindo; me comoveu profundamente a história da menina que era tão rica e boa, mas que acaba morrendo, mas isso fazia mesmo parte da história e a torna justamente mais bonita.

Hoje de manhã, durante o banho, estive pensando que maravilha seria se eu tivesse um cachorro como o Rin-tin-tin. Eu também o chamaria de Rin-tin-tin e ele ficaria na guarita, com o zelador, e se estivesse fazendo tempo bom, ao ar livre, no bicicletário. O meu palácio subterrâneo, como eu o chamo para mim mesma, desenhei mais ou menos da maneira que eu quero que ele seja. Espero que esse meu desejo se torne realidade um dia, mas para isso teria de acontecer um milagre, porque do jeito que são as coisas, que me dessem sempre comida, dinheiro e coisas do gênero e que ele possa navegar até a América e simplesmente desaparecer no solo e ali ficar, é bom demais para ser verdade. A mamãe quer sempre saber com quem eu gostaria de me casar mais para frente, mas acho que ela nunca adivinharia que é com o Peter, porque quando eu falo dele, falo sem mostrar nenhuma emoção. Eu amo o Peter como nunca amei ninguém e imagino que ele só fica saindo com um monte de meninas para esconder os seus sentimentos; pode ser que ele ache a mesma coisa de mim e do Hello, que a gente esteja apaixonado um pelo outro, mas isso não tem nada a ver, porque ele não passa de um amigo ou, como diz a mamãe, o meu cavalheiro.

SEGUNDA-FEIRA, 15 DE JUNHO DE 1942.

A minha festinha aconteceu na tarde do domingo. A exibição do Rin-tin-tin foi um sucesso entre os meus colegas e ganhei da Miep um broche; da Leny, mais um broche; da Nannie Blitz, um marcador de livro; da Danka, da Nanny van Praag e da Eefje, um livro intitulado "bom dia seu leiteiro". De Henny e Betty também um livro "As dificuldades de Lydia. Eu vou primeiro contar alguma coisa sobre a minha classe e a escola, por isso começo com os alunos. São os alunos da classe iL ii.

A Betty Bloemendaal tem uma aparência um pouco pobretona, o que, na minha opinião, ela de fato é; vive numa tal de Jan Klasenstraat, uma rua na parte oeste de Amsterdã, e nenhum de nós sabe onde fica isso. Em classe é muito boa aluna, mas é por ser tão aplicada, já que agora a sua inteligência vem deixando a desejar.

Tranquila, fica no seu canto.

A Jacqueline van Maarsen eu tenho como a minha melhor amiga, se bem que uma amiga de verdade eu nunca tive. No início achei que ela seria, mas foi um ledo engano.

Ela fica sempre de segredinhos e procura outras meninas como a Danka Zajde.

A Lenij Duizend é uma menina agitada que está sempre se esquecendo de alguma coisa e vive levando dever de casa extra como castigo. Ela é muito gentil, principalmente com a Miep Lobatto.

A Nannie Blitz é uma que fala pelos cotovelos, tanto que uma hora você tem que abstrair. Quando pergunta alguma coisa, ela fica mexendo no nosso cabelo ou nos botões. Dizem por aí que a E. não me suporta, mas eu nem ligo, porque eu também não vejo nada de especial nela.

A Henny Mets é alegre e gente boa, só que fala alto demais, e quando brinca na rua é para lá de infantil. É uma grande pena que a Henny tenha uma amiga, chamada Beppy, que seja uma influência má pra ela, com um jeito sórdido e vulgar.

Sobre a Danka Zajde, poderia escrever capítulos e mais capítulos. A Danka é uma menina espalhafatosa, fofoqueira, enjoada, traiçoeira, falsa e que se acha adulta.

Conseguiu fazer a Jacque cair direitinho na lábia dela, o que é uma pena. A Danka chora à toa, é cheia de não-me-toques e, principalmente, melindrosa. Ah, e ela tem um armário lotado de vestidos maravilhosos, mas que a deixam parecendo mais velha do que ela é. Ela se acha lindíssima, mas na verdade não é. A Danka e eu não nos suportamos.

A Ilse Wagner é uma garota agitada e legal, só que é detalhista demais e fala horas a fio, como quando ela está com os pés molhados, aí ela quer falar comigo e quer ir para casa. Por que ela não vai para casa e troca de meias em vez de vir buzinar na minha orelha? A Ilse gosta muito de mim. É inteligente, mas preguiçosa.

A Hanneli é uma menina um pouco peculiar: costuma ser tímida, mas, em casa, uma malcriada que só, ao contrário da timidez de quando está com os outros. Tudo o que ouve ela conta em casa para a mãe. Mas as suas opiniões são transparentes, algo que eu passei ultimamente a apreciar muito nela. continuo na próxima vez.

TERÇA-FEIRA, 16 DE JUNHO DE 1942.

A Hanneli, ou Lies, como é chamada na escola, às vezes se comporta de um jeito estranho com a Ilse e a Jacque, eu não sei direito o que pensar.

A Nannie van Praag-Sigaar é uma menina engraçada, baixinha e inteligente. Não há mais muito o que se dizer sobre ela.

A Eefje de Jong eu considero uma menina excepcional. Apesar de só ter 12 anos, já é uma dama e me trata como se eu fosse um bebê. É muito prestativa, gosto muito dela mesmo.

A Miep Lobatto é de longe a menina mais bonita da classe. Tem um rosto terno, mas não prima pela inteligência. Acho que não vai passar de ano, mas é claro que guardo isso para mim.

E, para concluir, das nossas doze colegas, sou eu quem se senta ao lado da Miep Lobatto.

Sobre os meninos há muito, mas ao mesmo tempo pouco o que dizer.

O Maurice Coster é um dos meus inúmeros admiradores, mas é um garoto meio chato. O Sallie Springer é um sem-vergonha de marca maior, e dizem as más línguas que ele já "copulou". Mesmo assim, eu simpatizo com ele, porque ele é hilário..

O Emiel Bonewit é o admirador da Miep Lobatto, mas ela não está nem aí para ele, que é mesmo um garoto bem entediante.

O Rob Cohen também era apaixonado por mim, mas hoje em dia eu não suporto mais ele. É um rapazinho hipócrita, mentiroso, choramingão, doido e chato, e que se acha o máximo.

O Max van de Velde é um filho de camponeses de Medemblik, mas muito adequado, como diria a Margot.

O Herman Koopman é outro enorme sem-vergonha, do tipo do Jopie de Beer, um paquerador insensível e mulherengo. O Leo Blom é o amigo do peito de Jopie de Beer, mas está sendo contagiado pela sem-vergonhice dele.

O Albert de Mesquita é um garoto que veio da Sexta Escola Montessori e pulou uma classe. É muito inteligente.

O Leo Slager vem da mesma escola, mas não é tão inteligente.

O Ru Stoppelmon é um garoto baixinho e louquinho, de Almelo, que só entrou na escola um tempo depois.

O Pim Pimentel faz tudo o que não pode. ?????????????????????????????? Eu quis dizer em alemão, mas não queria escrever, se alguém achar o livro, 1943 Anexo.

O Jacques Kocernoot se senta atrás de nós com o Pim, e a gente morre de rir (a Miep e eu).

O Harry Schaap é o garoto mais certinho da classe, simpático.

O Werner Joseph idem, mas, considerando os tempos que estamos vivendo, calado demais, o que o faz parecer chato. O Sam Solomon é outro desses malandrinhos das áreas menos privilegiadas, um espertalhão. (Outro admirador!)

O Appie Riem é bem ortodoxo, mas também malandrinho.

idiota Minha história algo assim não se esquece.

Nasci em 12 de junho de 1929, em Frankfurt am Main. Vivi em Frankfurt até meus 4 anos, e então meu pai Otto Heinrich Frank veio à Holanda procurando trabalho, o que aconteceu em junho. Achou um cargo e em setembro, a sua esposa Edith Frank-Holländer também veio para a Holanda. Margot e eu fomos para Aken, onde morava a nossa avó Rosa Holländer-Stern; A Margot veio em dezembro para a Holanda, e eu, em fevereiro do ano seguinte; uma vez aqui, me puseram sentada sobre uma mesa como presente de aniversário para a Margot.

Entrei logo no pré-escolar da Sexta Escola Montessori. Lá fiquei até fazer 6 anos, quando comecei a primeira série. Fui para a classe 1B com o sr. van Gelder, que me deu aula até a quarta série, até que ele foi substituído pela srta. Gadron, com quem tive aula na quinta série. Na sexta série, fui aluna da sra. Kuperus. No fim do ano escolar, nos despedimos entre lágrimas e dor no coração. Mas depois das férias eu voltaria a ser aluna dela, no sétimo ano, o que não aconteceu, porque fui aceita no Liceu Judaico, que a Margot já frequentava. O meu boletim até que foi bom, mas talvez não fossem os melhores para mudar de escola. No verão de 1941, a vovó adoeceu gravemente (ela já estava conosco); teve de ser operada, de modo que o meu aniversário passou despercebido. No verão de 1940 também já tinha sido igual, porque a guerra havia pouco tinha chegado à Holanda.

A vovó morreu em janeiro de 1942. Ninguém faz ideia do quanto eu penso nela e ainda a amo.

Meu aniversário nesse ano foi então celebrado duplamente, para compensar os anteriores, com a luzinha da vela pela vovó acesa ali ao lado.

Sexta-feira, 19 de junho de 1942.

Hoje de manhã fiquei em casa, dormi muito, depois a Hanneli e eu batemos papo. A Jacque agora está toda amores com a Ilse e se comporta de maneira infantil e boba comigo, quanto mais tempo passa mais ela me decepciona.

Anne

Estamos em junho de 1939.

Esta é a única foto com a avó Holländer, eu penso tanto nela, gostaria de que ela mantivesse a paz em casa. A Margot e eu tínhamos acabado de sair da água e eu me lembro que ainda estava morrendo de frio, por isso me enrolei no roupão, a vovó está por detrás, fofa e tranquila. Como tão frequentemente ficava.

Anne Frank

28 de set. de 1942.

Esta é em 1940, de novo a Margot e eu. Eu me consolo pensando que a Margot na foto acima de 1939 ainda não estava muito desenvolvida. Ela tinha 13 anos, como eu hoje, talvez até mais que 13. Neste caso, então, Margot não tem por que me olhar com desprezo.

Anne Frank

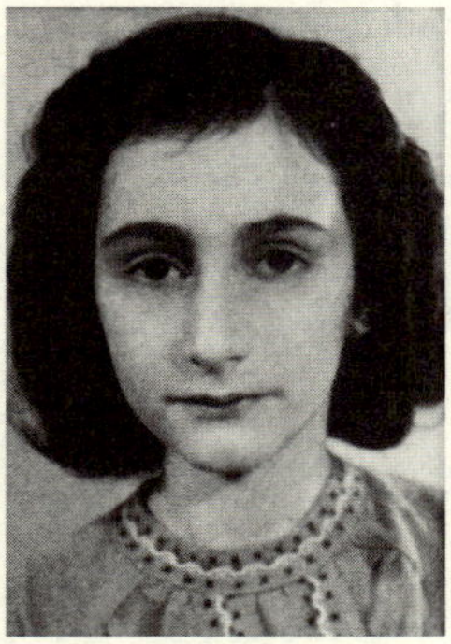

28 de set. de 1942.

Começo com a foto da Margot e termino com a minha própria. Esta é de janeiro de 1942. Esta foto é horrorosa e eu não me pareço com ela de maneira alguma.

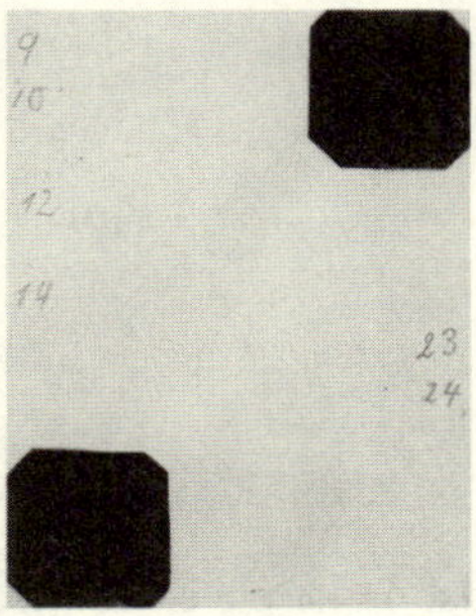

A vovó está na Suíça e é uma mulher amável e inteligente que mantém a todos os conhecidos amigos e familiares juntos e ajuda com amor a todos. Está morando agora com a irmã do papai, a tia Leni e o Stephan e Bernd. Comigo também a vovó foi sempre um amor. Agora, em 1942, ela está com 76 anos e esperamos voltar a vê-la com saúde após a guerra.

Anne Frank

Em 11 de maio de 1939 eu recebi esta carta fofa do papai, vai ser um esteio para a vida inteira, pelo menos se eu não o deixar por aí como faz a Margot, que deixa as coisas delas rodando em casa.

12.v.39

Minha querida Annelein,

A vovó já chamava você assim quando era bem pequenininha:

"Menina sabichona." E você de fato ficou sendo uma, minha gatinha manhosa.

Você sabe, nós com frequência temos os nossos segredos. Pois é, às vezes acontece algo que nós queremos discutir um com o outro. Tão fácil como com a sua irmã nem sempre é, porque a sua disposição para brincadeiras em geral e o seu ser amável fazem com que você não leve certas questões a sério. Frequentemente eu lhe disse que você tem que se educar a si própria, nós combinamos um com o outro o "control", e você própria se esforça muito para engolir o "mas". E, fazendo assim, você se mima a si mesma, ainda que prefira ser mimada pelos outros.

Nada disso é ruim se você continua com esse seu grande coração como até agora. Eu já contei a você que, de criança, eu também agi muitas vezes impulsivamente e fiz besteiras. O que importa é que se reflita um pouco e encontre o caminho certo.

Teimosa você não é, o que faz que, logo depois das lágrimas, volte o sorriso.

"Aproveite enquanto é tempo", diz a mamãe.

Que se conservem sempre as risadas com as quais você embeleza a sua vida e a dos outros.

Seu

Pim

ANNE FRANK, 28 DE SET. DE 1942.

Essa carta eu recebi do papai em 1939 e a considero linda, o que ela é mesmo, mas o papai nem sempre é assim. Eu achava antes que sim, mas o contrário se revelou como sendo verdade.

A Jacque achou que era no mínimo uma declaração de amor de um ou outro menino, e eu não tentei fazê-la pensar que era outra coisa. Nunca recebi uma declaração de amor por escrito, mas o que ainda não aconteceu pode vir a acontecer, diz o provérbio, mas declarações faladas sim, e não poucas.

28 set. 1942. O papai é agora sempre tão querido, ele me entende completamente, e eu gostaria de falar com ele qualquer hora confidencialmente sem cair em prantos, mas pelo visto isto tem a ver com a minha idade. Gostaria de continuar escrevendo sem parar, mas chega a hora em que fica chato.

Anne Frank

Essa é a única carta que eu tenho da Jacqueline van Maarsen, já pedi a ela várias vezes uma foto, e ela ficou de me dar uma, mas agora, 28 set. 1942, já é tarde demais, quem estiver lendo isto já vai ter percebido, porque já faz um bom tempo que estamos escondidos. Anne Frank

{Esse é o único traço escrito da minha amizade com a Jacque, além do meu álbum de poesia. Ela voltou a ser no meio tempo simpática, e espero que continue assim.} As coisas que anotei até aqui eu vejo hoje parcialmente de outra maneira, mas também não posso rasgar nenhuma pg. do meu diário e espero que mais para a frente não desaprovem a letra horrível que eu tinha então, porque não é verdade. Era só por estar sem vontade, e por achar pouco cômodo escrever no meu diário.

Com isto eu quero só me desculpar e explicar a questão.

28 DE SET. DE 1942.
ANNE FRANK

Se eu frequentemente junto aos trechos escritos, o que eu acrescentei, ou vou acrescentar, é só para a melhoria ou para ver as coisas da minha nova perspectiva.

28 DE SET. DE 1942.
ANNE FRANK

Este é só um testemunho escrito do nascimento da Ruthje Cauvern.

TERÇA-FEIRA, 30 DE JUNHO DE 1942.

Tenho ainda que fazer um relatório da semana inteira.

x Na sexta 26 de junho estiveram aqui em casa de tarde a Jacque e a Miep, foi bem divertido e assamos biscoitos.

x No sábado 27 de junho eu fui de manhã à sinagoga e de tarde era para eu estar às três na casa do Hello Silberberg; tinha mais um menino chamado Fredie Weiss e foi agradável. Fomos à oase e tomamos um sorvete de 12 centavos, depois veio a Wilma, e quiseram nos pagar mais um sorvete, mas não queríamos, mas eles deram a ambas um de 12 centavos, mas não aceitamos, o que fez com que o Fredie e o Hello ficassem com mais 2 sorvetes de 12.

x No domingo 28 de junho a Jacque e eu queríamos ir assistir a um filme na casa do Alfred Bloch, mas não deu certo porque iam a Hanneli e a Sanne. A Jacque dormiu aqui em casa na noite do sábado.

x A segunda 29 de junho foi um dia bastante tranquilo. De manhã eu fui como sempre para a casa da Hanneli e fomos fazer compras; de tarde a Jacque foi para a casa da Hanneli e eu quase morri de tédio.

Estava combinado que o Hello passaria à noite por casa, mas por volta das seis ele telefonou. Fui atender, e o ouvi dizer:

"Aqui quem fala é o Helmuth Silberberg. Será que eu poderia por favor falar com a Anne?"

"Oi, Hello! Está falando com a própria."

"Oi, Anne! Como vai?"

"Bem, obrigada."

"Eu queria só dizer que, para grande desgosto meu, não vou conseguir passar aí esta noite, mas, mesmo assim, gostaria de trocar umas palavrinhas com você. Tudo bem se daqui a uns dez minutos eu estiver aí na frente da sua porta?"

"Tudo, então até já!"

"Até, já estou saindo!"

Pus o telefone no gancho, fui correndo trocar de roupa e dei uma ajeitada nos cabelos. Então, nervosa, fui me debruçar na janela. Finalmente ele apareceu. Milagrosamente, não saí em disparada na mesma hora escadas abaixo; esperei, tranquila, até que soasse a campainha. Ele pulou os protocolos e foi direto ao assunto.

"É o seguinte, Anne: a minha avó acha você ainda nova demais para sair comigo tão regularmente. Ela quer que eu frequente os Löwenbachs, mas, como você possivelmente já sabe, eu desmanchei com a Ursul."

"Não estava sabendo. Por acaso vocês brigaram?"

"Não, muito pelo contrário. Eu disse a ela que estava claro que a gente não se dava bem e que, por isso, era melhor que a gente deixasse de se ver. Mas disse também que ela era sempre bem-vinda em casa e que eu esperava igualmente ser bem-vindo na casa dela. O fato é que eu pensava que ela estava saindo com um outro e a tratei como achei que ela merecia. Mas era tudo invenção. O meu tio disse então que eu deveria ir pedir desculpas a ela, o que, claro, eu não queria fazer, razão pela qual preferi terminar o namoro, ainda que essa fosse só uma das muitas razões.

Mas a minha avó quer ainda que eu saia com a Ursul, e não com você, mas isso não passa nem nunca vai passar pela minha cabeça. Os velhos têm de vez em quando uns conceitos muito ultrapassados pelos quais a gente não deve se deixar guiar. É verdade que eu preciso dos meus avós, mas, de certa maneira, eles também precisam de mim. Eu estou agora com as noites da quarta livres, porque, para os meus avós, estou assistindo aulas de talha em madeira, mas, na verdade, frequento um desses lugares de encontro do partido sionista. Estou proibido, porque os meus avós são categoricamente contra o sionismo. Não é que eu seja fanático, mas é verdade que eu me interesso pelo assunto.

Mas nos últimos tempos a coisa tem estado tão de pernas para o ar que estou decidido a me desligar. É por isso que na noite da próxima quarta vai ser a minha última noite lá. Aí então eu fico disponível na quarta à noite, no sábado à tarde, no sábado à noite, no domingo à tarde, e talvez até mais."

"Mas se os seus avós não querem, você não vai agir contra a vontade deles pelas costas, ou vai?"

"Todo mundo sabe muito bem que amor é algo que não se impõe."

Nesse instante passávamos diante da livraria Blankevoort, e lá estava o Peter Schiff com outros dois meninos; era a primeira vez depois de muito tempo que ele voltava a me cumprimentar, o que me causou um grande contentamento. O Hello e eu no meio tempo estávamos só dando voltas até que nos vimos detrás do papai e da mamãe, o que também foi uma coincidência, porque eles estavam voltando do Katzens naquela hora incomum.

Parei diante de casa, conversando ainda um pouco com o Hello, até que apareceram o Sulman com o Jantje, que claro estava com ele; acabou que eu deveria estar na calçada diante da casa do Hello às oito e cinco na quinta à noite.

Na noite da segunda eu dei com o senhor van Pels, que pagou um sorvete para mim, a Jacque, a Lies, a Ilse, depois ainda encontramos no oase o senhor Bernhardt, que também me pagou um sorvete. Foi então que a Wilma me contou que o Hello tinha aparecido certa noite na casa dela, e que ela tinha lhe perguntado de quem ele gostava mais, se da Ursul ou de mim. Aí ele disse: "Não é da sua conta." Quando ele foi embora, porém (eles não tinham mais se falado no resto da noite), disse: "Da Anne, agora tchau, e bico calado!" Saiu pela porta num átimo. Pelo que tudo indica, o Hello está apaixonado por mim, o que me agrada por ser novidade.

A Margot diria que Hello é um rapaz mais que adequado, com o que eu concordo, e até mais do que isso. A mamãe também é toda elogios. "Um rapaz inteligente, bonito e simpático." Fico contente que o Hello tenha caído nas graças de todos aqui em casa. Com as minhas amigas a história já é outra: ele as achou infantis demais, no que tem razão, com exceção da Ilse, que eu, além de infantil, também não acho mais tão legal!!!! Anne Frank.

QUARTA-FEIRA, 8 DE JULHO DE 1942.

Eu tenho agora um monte de coisas para escrever no meu diário, no domingo o Hello esteve aqui, no sábado saímos com a Fredie Weiss, entre outros, claro, na oase, no domingo pela manhã o Hello e eu ficamos tomando sol na varanda, ele tinha ficado de voltar de tarde, mas lá pelas 3 apareceu um policial para a mamãe que gritou junto à porta senhorita Margot Frank, a mamãe desceu e recebeu do policial um cartão dizendo que a Margot Frank deveria comparecer à S.S.

A mamãe ficou toda abalada e foi direto falar com o sr. Pels ele veio direto até em casa e me contaram que o papai tinha sido convocado. Trancou-se a porta de casa para não entrar mais ninguém. O papai e a mamãe já tinham há muito tempo tomado medidas, e mamãe me assegurou que a Margot não iria e que nós desapareceríamos no dia seguinte. Eu, claro, comecei a chorar, e a casa virou uma confusão só. O papai e a mamãe já tinham tirado há muito tempo coisas de casa, mas na hora agá acaba ainda faltando muito. A Miep Gies e seu marido Jan chegaram às 11 da noite para levar mais coisas. No dia seguinte saímos de casa já às sete e quarenta e cinco eu estava vestindo duas camisas e duas calças e um vestido e uma saia e um abrigo de lã e um casaco, estava caindo uma tempestade então cobri a cabeça com um lenço e a mamãe e eu levamos uma bolsa escolar cada debaixo do braço. A Margot também saiu de bicicleta com uma bolsa escolar e nós tivemos que ir andando até o escritório. O papai e a mamãe me contaram um monte de coisas. Nós iríamos para o escritório do papai e lá em cima tinham liberado um andar para nós. Os van Pels também iriam, de maneira que éramos sete, o gato dos van Pels também iria, aí nós teríamos um pouco de distração.

Chegamos bem ao escritório e fomos direto para cima lá tinha primeiro um sanitário e o banheiro pequeno com uma pia nova, junto de um quartinho com duas camas-sofá e esse era o quarto da Margot e meu. Nele havia 3 armários de parede; anexo a ele havia ainda outro quarto, o do papai e da mamãe, onde tinha mais duas mesinhas com uma cômoda pequena, e uma prateleira de livros e um armário de parede, com 150 latas de legumes em conserva dentro além de vários outros tipos de mantimentos, e aí se chegava num corredorzinho com outras duas portas, uma dava para o corredor pelo qual se descia para o escritório do papai. A outra era a do nosso banheiro pequeno, de onde saía uma escada íngreme que levava para uma sala-cozinha dos van Pels, um quartinho para o Peter e dali se subia ao sótão com uma água-furtada. Não estamos nada mal aqui, porque dá para cozinhar e até ouvir rádio no escritório do papai.

Posso agora escrever abertamente todos os nomes e tudo o mais no meu diário. O sr. Kleiman e Miep e também a Bep Voskuyl nos ajudaram tanto, já temos ruibarbo, morangos e cerejas, e não acho de momento que vai ser tedioso ficar aqui.

O sr. van Pels espalhou a notícia de que o papai é amigo de um capitão militar e este o ajudou a chegar à Bélgica, agora todo mundo ficou sabendo dessa história e nós aqui nos divertimos. Leitura também temos e ainda vamos comprar um monte de jogos.

É claro que não podemos olhar da janela nem sair. Temos também que ficar silenciosos, porque quem está no térreo não pode nos ouvir.

Paro por aqui porque tenho muito que fazer.

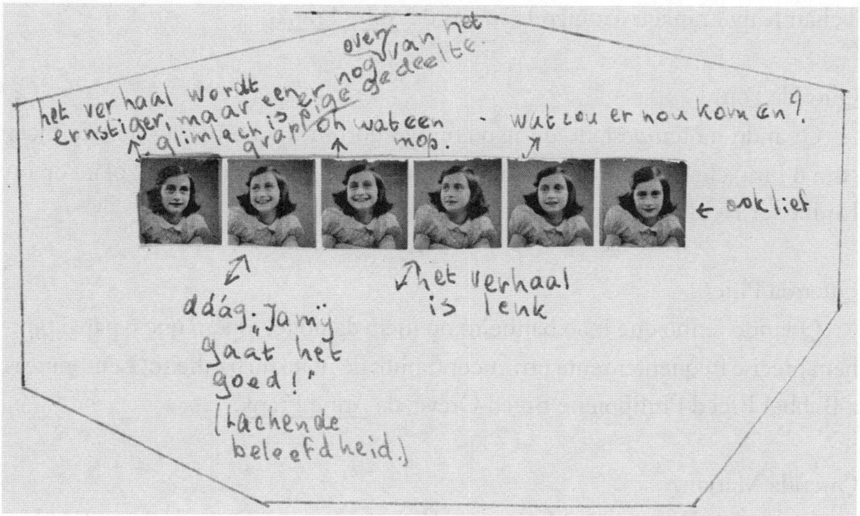

A fotografia mais bonita do papai.
1939 (fotografia)

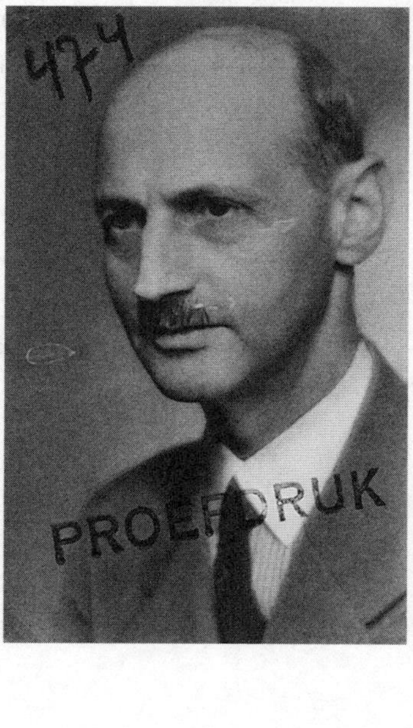

28 SET. 1942.

No geral, para todo o clube,

Querida Kitty,
Quando fico com medo durante a noite vou para a cama do papai, ele não se importa. Certa noite os disparos duraram tanto que eu juntei um monte de cobertores e me deitei sobre eles no chão diante da cama como um cachorro. Tchau Kitty Franken e amigo François da Anne Frank.

Querida Pop,

Quando há tempestade ou não consigo dormir, tenho permissão para ficar com o Pim, ele não vê nada de ruim. Lembranças ao Kees ter Heul, olá, Pop ou Emilie ter Heul-Helmer da Anne Frank.

Querida Phien,

Quando tenho que ir ao banheiro no meio da noite, espero que o papai também precise frequentemente nos encontramos de noite no banheiro, Lembranças a Bobbel Breed-Philippiene Breed-Greve, da Anne Frank.

Querida Marjan,

O papai é um amor!!!! Marjan van Hoven e Jaap ter Duin da Anne Frank

Querida Conny,

A mamãe em geral não é simpática, eu gosto muito mais do pim, lembranças a Ru Duyff — Connie Duyff-Ralandt, da Anne Frank.

Querida Lou,

Lembranças a Kaki Kruivers — Lou Kruivers, de Poll van Annefrank.

Queridas Jetje e Emmy,

Para vocês eu escrevo só uma vez por mês, sem incluir a Jacqueline.

DOMINGO 12 DE JULHO DE 1942

Hoje faz um mês do meu aniversário, o que explica que todos tenham estado me tratando com um diferencial, mas começo a sentir um distanciamento da mamãe e da Margot; trabalhei duro hoje, o que me valeu uma fama sem par, mas cinco minutos depois recomeçaram a me apontar defeitos.

Dá para ver nitidamente a diferença entre o modo como tratam a Margot e a mim. Um exemplo foi quando Margot estragou o aspirador, o que nos fez ficar sem luz o dia inteiro. A mamãe lhe disse em alemão: "Minha filha, está na cara que você não está acostumada a trabalho manual, senão você saberia que não se desliga o aspirador de pó arrancando o cabo da tomada."

A Margot resmungou algo e a coisa morreu aí.

Mas hoje à tarde eu quis reescrever alguns itens da lista de compras da mamãe, porque a letra dela é quase ilegível, ao que ela se opôs, me passando um sabão bem passado e toda a família se envolveu.

Eu não combino com eles, e esse sentimento vem crescendo mais e mais nos últimos tempos. Juntos, formam um trio tão sentimental que prefiro estar sozinha. Depois ainda dizem como é gostoso estarmos os quatro juntinhos, e como combinamos harmoniosamente uns com os outros. Não lhes passa nem um segundo pela cabeça que eu não compartilhe desse sentimento.

Só o papai é quem de vez em quando me entende, mas, em geral, fica do lado da mamãe e da Margot. Eu também não suporto quando, na presença de estranhos, contam o quanto eu chorei e como <u>eu</u> sou ajuizada; isso me é insuportável; às vezes falam também sobre a Moortje, o que quase me faz explodir, porque se trata do meu ponto fraco e sensível. Sinto saudade da Moortje em qualquer hora do dia, e ninguém faz ideia do quanto eu penso nela; e sempre que penso nela os meus olhos ficam rasos de lágrimas. A Moortje é um amorzinho e eu a amo muito e já sonho e faço planos para que ela volte.

O papai diz que pode escrever um diário sobre o quanto os holandeses são o máximo, um livro ele quer dizer, vou parando de novo por aqui, tchauzinho.

<u>Anne</u>

QUINTA-FEIRA, JULHO 1942

Pode ser que eu já tenha escrito, mas não tenho certeza que estejamos no Prinsengracht 263 com a família dos van Pels, escondidos, acontece muita coisa aqui nesta cidade no momento, mas agora vou começar do começo. No dia 9 de maio de 1940 eclodiu a guerra na Holanda, os alemães invadiram com seus soldados e em 5 dias tomaram a Holanda. Eles já estão em guerra com a Inglaterra desde setembro de 1939. Agora eles têm a Holanda, a Bélgica, a França (quase totalmente), a Polônia,[86] a Noruega, a Dinamarca, a Iugoslávia, a Grécia, a Romênia, a Bulgária, a Hungria é aliada da Alemanha.

Agora que os alemães mandam por aqui, começou o nosso infortúnio, primeiro houve a distribuição e tudo teve que ser comprado com cupons de racionamento, depois vieram nos dois anos que eles estão aqui todas essas leis judias. Os judeus têm que vestir a estrela judia; os judeus tiveram que entregar as suas bicicletas; os judeus não podem mais andar de bonde, os judeus não podem andar de carro, nem mesmo em carros particulares; os judeus só podem fazer de 3 — 5 compras, com exceção das lojas judias onde se lê Local Judio; os judeus só podem ir a cabeleireiros judeus; os judeus não podem circular pelas ruas das 8 da noite às 6 da manhã; os judeus não podem mais frequentar teatros, os cinemas e outros lugares de recreação; os judeus não podem mais frequentar piscinas, quadras de hóquei e afins, os judeus não podem mais remar; os judeus não podem mais praticar nenhum tipo de esporte público. Os judeus não podem mais sentar nos seus jardins após as 8 da noite, nem nos dos seus conhecidos; os judeus não podem mais frequentar as casas de cristãos; os judeus são obrigados a frequentar escolas judias, entre tantas outras coisas; foi assim que continuou a nossa vida sem poder fazer nem isso nem aquilo. A Jacque me disse: "Eu não me atrevo a fazer mais nada, com medo de que também seja proibido. Eu sonho aqui tão bem, mas a verdade é que vamos ter de ficar aqui até que a guerra acabe, não podemos mais sair e só podemos receber visita da Miep Gies-Santroschits, do Jan Gies, o marido dela, da Bep Voskuyl, do senhor Voskuyl, do senhor Kugler, do senhor Kleymann, e a senhora Kleyman, mas essa não vem mesmo, porque acha perigoso demais. Não <u>posso</u> escrever tudo o que se passa dentro de mim e do que eu sou culpada, porque é <u>tão</u> horrível. Querido diário eu espero que nunca <u>ninguém</u> mais leia você exceto o meu querido e fofo marido, e quem ele é, você sabe, embora eu às vezes duvide do meu amor, e o menino dos meus sonhos seja o Frits van Altenhoven. Acho que nunca escrevi antes nada sobre o Peter Schiff e isso é um escândalo ou esxândalo como diria a senhora van Pels, porque ele é o meu único.

<u>Anne Frank</u>   Anne }{Peter

86. Você me entende!!!!!

ANNE, 28 DE SET. 1942

1º DE AGOSTO 1942

Até agora eu praticamente só escrevi no meu livro pensamentos mas ainda não deu para fazer deles histórias para ler mais para frente em voz alta. Mas na sequência eu não vou ser ou vou ser menos sentimental e me ater mais à realidade.

Aqui estamos, já começa de manhã, nós nos levantamos e fazemos fila para ir ao banheiro, depois subimos para tomar o café da manhã, lavamos a louça e uma ou outra tarefa doméstica. E assim passa o dia até de noite fazemos uma horinha de ginástica e eu treino os meus passinhos de dança. É gostoso aqui no nosso quartinho, mas em casa é que eu não me sinto. E fico mais aflita do que ouso confessar por não poder nunca sair, e fico com medo de que sejamos descobertos e levemos uma bala na cabeça, o que é uma perspectiva menos agradável. E há mais uma coisa, que é que o sr. v. Pels adora a Margot e me odeia, agora ele está sempre lançando armadilhas para mim, mas sem sucesso, porque o papai e a mamãe estão ambos do meu lado. Como ontem à noite que a gente comeu carne e enguia. Eu, claro, não comi carne, só enguia. Havia muito pouco pão, mas a Margot e eu tínhamos cada uma uma fatia, e aí o sr. v. Pels disse, Margot, você tem que comer a carne com o pão e depois mandar vir o queijo. Guardei as palavras dele e pus um pedacinho de queijo no meu pão porque muito queijo não havia, e então a Margot e eu comemos o nosso sanduíche. Depois disso a Margot não quis mais queijo e eu perguntei se ela não daria para mim, e o papai riu e deu o queijo para mim, porque se a Margot não quer, pode ficar com você. O sr. v. Pels fez uma careta e disse então:

"Não, o queijo é só para crianças que comem carne."

"Sim, mas a Anne comeu enguia", disse Margot de imediato.

"Sim, mas enguia muita gente não come, e carne todo mundo come!"

Então eu disse, sim sr. v. Pels, o senhor sempre procura alguma coisa que eu não posso fazer ou algo do tipo e então me levantei.

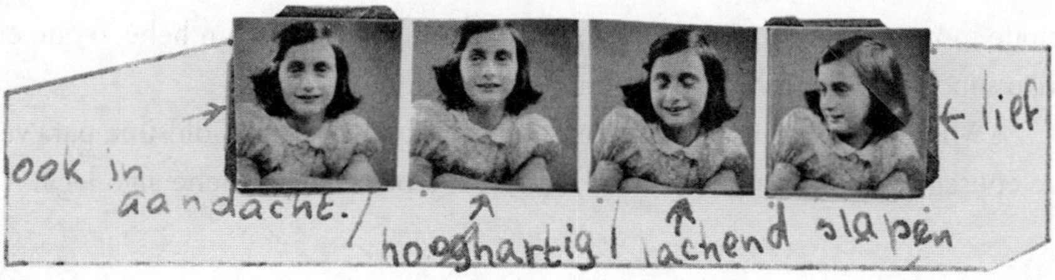

Um outro exemplo:

Tinha sopa de semolina e eu não gosto e além disso estava fazendo um calorão e então eu não como muito. Mas é claro que eu tinha de comer mas tinha também carne dentro e eu não queria carne, por isso a dei à mamãe, não, disse a mamãe, você tem que comer e me deu de volta. O sr. disse então que eu não podia pôr aromat.[87] A Margot não tinha nem um milímetro de gordura na carne, então dispensou a carne e o sr. não disse nada. A semolina era demais para mim e eu não consegui terminar, por isso não toquei mais no prato; na mesma hora o sr. disse que não haveria iogurte para mim, mas a mamãe o contradisse e me deu uma porção caprichada.

v. P. ficou altamente indignado e de imediato se saiu com umas maravilhosas histórias sobre o Peter, que comia tão bem.

O papai e a mamãe o ignoraram.

....

Ficou combinado que de manhã nós tomamos chá, mas o Peter não gosta; se acontece de me darem chocolate quente e eu fazer uma careta, começam a implicar comigo todos eles.

Se tem chá o Peter fica insatisfeito, mas aí a sra. v. P. lhe dá o chocolate quente discretamente. É um golpe baixo, porque quando alguns de nós não acha algo gostoso, ninguém leva em consideração.

......

assim é que todos os dias acontece alguma coisa,
mas me dá preguiça e cansaço de escrever
tudo.

Tchauzinho Anne Frank.

SEXTA-FEIRA, 14 DE AGO. 1942

Muita variedade não há na nossa vida aqui. Hoje o Peter lavou o cabelo, mas isso não tem nada de especial, o sr. v. Pels e eu continuamos em atrito e hoje de noite morremos de rir. A mamãe me trata como se eu fosse um bebê, o que eu não suporto. De resto tudo anda um pouco melhor.

A Miep vai hoje à noite falar com o nosso inquilino, o sr. Goldsmit, para ver se consegue pegar um pouco mais de roupa, espero que ela ache algo legal. O

87. *Aromat* é uma marca de tempero fabricado e comercializado pela empresa alemã Knorr. (*N. do T.*)

papai agora me dá aulas sistematicamente, mas eu infelizmente esqueci muito do que aprendi na escola. Descobri no meio tempo que a Hanneli e a Jacque (pelo menos acho que se trate delas) estiveram lá em casa para ler o meu diário, elas estavam, claro, procurando a carta misteriosa do papai. De noite nós fazemos trabalho do escritório, mas hoje em especial estou de mãos abanando.

Aqui as coisas começam a se tornar misteriosas, o sr. Kugler estava com medo de que viessem aqui atrás das bicicletas, e por isso quis que a porta que dá para o nosso esconderijo fosse camuflada, e conseguiram fazer com que se pareça uma estante de livros, mas em realidade é uma porta, porque a estante com os livros está toda suspensa nas dobradiças de maneira que ela possa ser aberta, <u>contudo</u> (que palavra mais solene, não é?) parece que a estante está pendurada.

Então, se nós <u>quisermos</u> ir lá fora, no escritório, temos primeiro que nos abaixar e depois pular.

Já chega por hoje, porque estou com o braço formigando, <u>tchauzinho</u>!

<u>Anne Frank</u>

22 DE AGOSTO DE 1942

A Miep e o Jan estiveram com o senhor Goldsmith, o nosso inquilino, lembra, e perguntaram se podiam dar uma procurada na casa para ver se ainda conseguiam resgatar alguma coisa para nós. O Goldsmith disse que nós tínhamos tirado tudo de casa e que não entendia como nós comíamos, porque só havia um prato. Isso significa que <u>ele</u> tirou tudo da nossa casa. De resto ainda os fez acreditar que a senhora Goslar tinha estado lá em busca de cigarros e a senhora Lefkowits atrás de roupa para o bebê do Kohnke, mas ambos teriam supostamente ido embora com uma mão na frente e outra atrás. Acho que ele vendeu uma parte e deu a outra parte à Ulla Cohen, porque faz pouco tempo ele se casou e nós achamos que com a Ulla Cohen.

Então o senhor Kleiman foi falar com o senhor Lefkowits e perguntou se ele não queria ir atrás do Goldsmith, mas o Lefkowits quer ir primeiro falar com o Goslar a respeito, e eu não sei se o Goslar faria isso. Porque eles querem que o Goldsmith diga ao Kleiman onde estão as nossas coisas, e o sr. Dunselman tem a procuração, o que significa que eles podem conseguir alguma coisa dele.

É realmente um golpe baixo do Goldsmith roubar as nossas tralhas, e depois ainda mentir. De resto não há nada de especial, só que o sr. e a sra. van Pels tiveram uma senhora briga e o marido gritou horrores, e com certeza foi ouvido nas outras casas. A mamãe hoje de manhã passou de novo um dos seus patéticos sermões, que eu não suporto, as nossas visões do mundo são diametralmente opostas. O papai é um amor, apesar de às vezes ficar bravo comigo por 5 minutos.

Tchauzinho Anne Frank.

21 DE SETEMBRO
1942.

Apesar de ser suspeita porque sou eu quem diz, estou trabalhando muito.

Faz um século que eu não escrevo, mas vou compensar o prejuízo. O sr. v. Pels tem sido adorável comigo nos últimos tempos, mas eu fico na minha. Rimos um montão do Peter, um dia ele sente as costas espetarem, no dia seguinte está com a língua azul e comichão e por aí vai. O Peter e a Margot podem ler quase todos os livros, e o sr. Kleiman trouxe um livro sobre a última guerra que além de tudo é muito explícito. Por isso é que o Peter e a Margot não podem ler. O Peter logo o afanou, após o que a madame foi falar com a mamãe (ela não sabia que o Peter estava lendo o livro) para dizer que achava muito inadequado que a Margot pudesse ler qualquer livro que quisesse. A mamãe claro disse que a Margot era muito madura em tais assuntos (madura demais para o meu gosto), mas que a Trilogia ela não estava autorizada a ler. De noite o Peter desceu com "o livro" e ele e a mãe ficaram a noite inteira falando sobre ele, após o que a senhora van Pels disse que, de fato, não achava ruim [que ele o lesse]. Mas o marido não gostou e o confiscou, mas o Peter ficou furioso e disse que o pai lhe devolvesse o livro, senão ele não estudaria mais inglês. Isso fez com que o senhor van Pels ficasse também furioso e o Peter subiu. Antes da janta o sr. chamou. Peter desça para comer! Mas nada. Chamou mais uma vez, quando ele gritou eu não vou descer eu durmo no sótão no sofá-cama. Ao que o sr. trouxe este para baixo e disse você ainda pode mudar de ideia mas em 10 minutos vai ser tarde demais e você vai ter de dormir sozinho no sótão. Ele gostou da ideia, mas à mesa todos nós dissemos que o Peter não poderia dormir lá em cima senão ficaria doente. Que ele não comesse ainda vá lá. De repente ouvimos um assobio. Levamos um baita susto, porque não sabíamos de onde vinha aquele ruído, até que uma voz disse sonoramente, — Eu é que não desço, fiquem sabendo! O sr. se levantou com um salto, vermelho de raiva, mas o papai foi atrás dele, e então trouxeram o Peter para baixo. No dia seguinte ele disse que também não desceria se não lhe dessem o livro. Mas ele teve de descer. E a senhora van Pels agora lhe dá toda a razão. Que mulher mais idiota!!!!

Hoje de tarde de novo, ela simplesmente pegou todos os lençóis e as fronhas do armário, e deixou só dois. Ela agora vai querer que os nossos lençóis estraguem na hora de lavar e por conta do uso, e a madame vai deixar os dela em perfeito estado para depois da guerra. Mas o papai não vai deixar por menos. Ontem foi Yom Kippur, ninguém por aí deve ter passado o dia tão tranquilamente como nós. A Bep disse que a Betty Bloemendal da minha classe também foi para a Polônia, que horror, enquanto nós estamos aqui tão bem. Dizem que o senhor Pfeffer vai se juntar a nós, assim nós podemos ajudá-lo. A guerra continua e nós não temos mais manteiga para o pão. Estou agora fazendo com o papai a árvore genealógica da família dele, e ele conta histórias sobre todo mundo. A Miep e o Jan acabaram de voltar de férias, e agora posso olhar a Miep no fundo dos olhos. Estou morta de vontade de me corresponder com alguém, e vou fazer isso na sequência com o meu diário. Então eu agora escrevo em forma de cartas, o que, no fundo, dá na mesma.

Querida Jettje, (digo eu)

Minha querida amiga, eu vou ter na sequência e também já agora um monte de coisas para lhe contar. Comecei a tricotar um pulôver de lã branca. Mas eu não posso ficar tricotando muito, senão ele fica pronto cedo demais. Agora me puseram uma lâmpada acima da cama. Tchaaaau eu tenho que descascar batatas para a pessoa mais podre do mundo, exagerando um pouco, mas só um pouco. Lembranças a todos e beijos da

<u>Anne Frank</u> 21 de setembro

<u>NO MESMO DIA</u>

Hoje à noite ainda tenho tempo querida Emmy, então vou lhe escrever algumas linhas, hoje de tarde eu escrevi uma carta um pouco bobona para a Jettje, porque foi eu começar a escrever que "a senhora mamãe" me chamou para descascar batatas, ela chama num tom de comando e, se eu não me apressar se segue um "loos",[88] é alemão, mas não sei bem como se escreve. Como no "Joop ter Heul" tabeh. Por sinal, você leu "Joop ter Heul"? Como vai com o Janeau? Vocês estão bem,

88. Anne escreve a palavra em holandês, sem sabê-lo, mas se refere na realidade à palavra "*los*" do alemão, com que se incita alguém a fazer algo.

ou continuam brigando todos os dias para fazerem as pazes à noite, que é a parte mais interessante? Todos os sábados à noite eu ouço rádio, porque tem uma noite colorida da Alemanha, mas está ficando cada vez mais chato, depois da primeira noite o programa se chamava "Apaixonados, noivos e casados", só que no alemão, claro, mas não vou me estender sobre o alemão, porque você viraria uma fera, o que eu entendo bem. Hoje à noite eu trabalhei de novo para o escritório, e de repente rasguei pela metade um cupom de expedição, mas ainda não contei, mas acho que vão fazer um novo. O senhor Kleiman voltou à casa do senhor Goldschmith, depois de não o encontrar duas vezes, e deixou o seu número de telefone, aí o Goldschmith ligou para ele, e ele foi até o Joodse Invalide onde o Goldschmith trabalha. O Goldschmith contou que tinha dito a todo o mundo que não havia mais nada na casa, senão todos iriam querer pegar alguma coisa agora ele está com tudo dentro de caixas e malas, e uma parte ele deu para o Conselho Judaico, apesar de ser uma parte bem pequena, não estou nem aí, mas a mamãe acha que ele furtou tudo, mas acho que não se deve ser tão desconfiado, e o papai claro que pensa exatamente como eu. O Peter mudou hoje de casa, a despensa agora fica no sótão e no lugar há uma tábua para logo colocar algo, eu lhe aconselhei a pôr ali a mesa, com uma toalhinha bonita e a pendurar um armário na parede, onde fica agora a mesa, e o lugar pode ficar bem gostoso, apesar de que eu própria não gostaria de dormir ali. Outra história com a madame, que agora não quer mais lavar as panelas, e se sobra um pedacinho de comida, não o guarda numa tigela de vidro, mas deixa apodrecer na panela. Um absurdo, claro. Aí a madame diz, se a Margot tem muitas panelas na parte da tarde, Margotchen,[89] Margotchen, quanta coisa sobrou para você fazer, o que não é verdade, e a Margot tem então sete panelas sujas, o que é mais que uma ou no máximo duas, agora eu paro de reclamar, querida Emmy lembranças à Georgette da

Anne Frank

AMSTERDÃ 22-9-1942.

Querida Kitty,

Ontem eu escrevi à Emmy e à Jettje, mas eu gosto mais é de escrever a você, mas disso você já sabe e espero que seja recíproco.

89. Diminutivo de "Margot". (*N. do T.*)

Ontem à noite nós de certa maneira falamos sobre eu ser tão boba, o que teve como resultado que a Aninha aqui pôs mãos à obra no dia seguinte, hoje de manhã eu passei o tempo inteiro tentando memorizar os verbos irregulares do francês (ajuizada, não?) mas não quero ter 14 ou 15 anos e continuar na primeira série. Ontem nós ainda falamos sobre eu não poder ler tudo, a mamãe está agora com o "Senhores, mulheres e lacaios", não ria de mim, porque não sei direito como ele se chama, e também não me deixam ler, porque tenho primeiro que me tornar mais madura, como a minha talentosa irmã, falamos também sobre psicologia, e filosofia e todos esses tipos de assuntos profundos. Acho que amanhã vou escrever à Jacqueline a minha carta de despedida de dois meses e meio atrás. Aqui já está fazendo um frio horroroso e eu fiz a terrível constatação que eu só tenho um vestido de mangas compridas e 3 casaquinhos, continuo trabalhando no meu tricô branco, mas qualquer hora também vai acabar se emporcalhando. Todos os meus pulôveres estão na Broks, mas talvez eu peça à Miep para guardá-los para mim, aí ele acaba voltando para nós, claro. Como estão todos vocês? Acho uma pena não receber nunca resposta. Ontem eu escrevi à Emmy algo sobre a madame, até que ela apareceu e, pluft, fechei o caderno. Ai, Anne, não posso nem dar uma olhada?

Não, senhora. Só a última página? Também não, senhora. Eu levei um baita susto porque ela estava descrita de uma maneira menos agradável. Eu acabei de ler o Joop ter Heul tão rápido que não tenho mais livro até o sábado. Se eu acabar também os próximos dois, vou perguntar ao Kleiman se posso ler o "Kees, o rapaz" do Theo Thijssen, você já ouviu falar? Eu gostaria de que você viesse ver as nossas dependências aqui, apesar de estarem até bem ajeitadas, você morreria de rir. A minha caneta-tinteiro (ou melhor, a caneta-tinteiro da mamãe) esvaziou e eu não gosto de escrever com lápis, então um embrasse (sentimental, não? Copiei do vocabulário da Jettje) da

Anne Frank

ESTA É A CARTA DE DESPEDIDA PROMETIDA
25-SET. 1942.

Querida Jacqueline,

Escrevo esta carta para me despedir de você, o que você deverá estranhar, mas é que o destino o desejou de outra maneira, eu tenho que me mandar (como você já deve ter ouvido há um bom tempo) com a minha família, você própria deve saber a razão.

Quando você me telefonou na tarde do domingo, a mamãe não me deixou dizer nada a você, a casa estava de ponta-cabeça, e a porta principal já trancada. Era para o Hello vir, mas não se abriu a porta. Não posso escrever a todos, por isso escrevo só a você. Suponho que você não vai falar com ninguém sobre esta carta e sobre quem a mandou. Se você tiver a bondade de guardar em segredo a nossa correspondência eu serei muito grata. Informações com senhora Gies!!!! Espero que nos vejamos muito em breve, mas isso deve acontecer só depois da guerra. Se a Lies ou mais alguém perguntar se você tem notícias minhas, nunca diga que sim, porque você poria em perigo a mim e à senhora Gies, espero que você tenha bom senso. É claro que você pode mais para a frente dizer que recebeu uma única carta minha, de despedida. Bom, Jacque, fique bem, espero receber em breve um sinal de vida de você e até breve.

Sua "melhor" amiga Anne

P.S.: Espero que até que nós voltemos a nos ver, continuemos sendo "melhores amigas".

Tchauzinho!

SEGUNDA CARTA
25-SET. 1942

Querida Jacqueline,

A sua carta me alegrou muito, se nenhum alemão ainda tiver estado na nossa casa, você bem que poderia ir falar com o sr. Goldschmith e tirar de lá alguns livros e cadernos e jogos nossos você pode ficar com eles ou guardar para mim, mas você também pode dar para a senhora Gies. Esqueci de lhe dizer na minha última carta que você não pode guardar estas cartas, porque ninguém pode encontrá-las. Rasgue-as em pedacinhos minúsculos como a gente fez no passado com aquele bilhete da caixinha da mamãe. Espero que você faça isso. Como é que vão todos vocês, sobre mim eu não posso claro escrever nada. Penso tanto em você! Como vai a Ilse ela continua por aí. Fiquei sabendo pela sra. Gies que a Lies ainda está aqui. Não estamos entediados e temos companhia, de resto não posso escrever mais nada sobre nós, embora seja assustador mas interessante para mais para frente. A carta não pode ser longa demais até logo e uma beijinho da

Anne

25-SET. 1942

Querida Pop,

Aqui vai um bilhetinho para você, já faz um tempão que você não tem notícias minhas, mas tudo ainda vai bem. Como vai com o Kees? Quando vai chegar a hora? Ele é o garoto adequado, não é? A você eu não preciso perguntar isso, porque você claro que acha isso do seu prometido. Eu preciso lhe contar o "drama-Dreher". Você lembra, o senhor Dreher é aquele senhor idoso e surdo com quem o Pim sempre ia falar. Hoje ele ligou para falar com o senhor Kugler, que lhe disse simplesmente que a Miep iria falar com ele. A Miep cancelou e depois a senhora Dreher ligou três vezes, e a Miep teve de imitar a voz da Bep, porque ela tinha dito que a Miep tinha saído com o senhor Kugler. A Miep contando você morre de rir. Eu posso ficar sempre olhando para Miep durante horas. Hoje o tempo está tão gelado que eu estou pela primeira vez com as meias longas, o que eu nunca faria em casa. Ontem à noite fui visitar o van Pels de novo, na casa dele é sempre muito gostoso. Eles me deram dois sanduíches muito caprichados e um copo de refrigerantes. Falamos do Peter, eu contei que o Peter sempre acaricia as minhas bochechas, o que me incomoda tanto, e que eu não gosto de ser tocadapor garotos. Disseram então que o Peter com certeza me ama e me perguntaram se eu não o amo também e pensei ai não e disse que não. Depois perguntaram um monte de coisas sobre os meus amigos, mas sobre o Peter eu não deixei escapar nada, era como se eu falasse de um Frits ou de um Sallie da vida. Disse que o Peter é um pouco desajeitado e que eu achava que ele era tímido, o que acontece com todos os garotos que ainda não sabem lidar com meninas.

Bom, Pop, estou sentindo cheiro de máquina datilográfica e os meus dedos estão formigando. Muitas lembranças à Betty e o *ami* dela.

Anne Frank

26-SET. 1942

Querida Marianne,

Tenho ido escrevendo a um após o outro, mas você fecha a lista. Hoje de manhã fiquei de novo estudando francês. Ao Pim agora estou dando aulas de holandês. Ele cometeu alguns erros crassos, puros germanismos. O Broks, sabe, aquele representante da Opekta, com que ficaram todas as tralhas de casa, sempre pergunta por nós e reclama sem parar, então eles querem tentar escrever uma carta. Escrevem então a um homem em Flandres Zelandesa, que recebe todos os anos Opekta, perguntando se ele recebeu também neste ano e pedindo para ele assinalar num bilhete e pôr dentro de um envelope e pôr no correio, mas o papai escreveu o endereço na frente então ele vai chegar aqui com a letra do papai. Aí o senhor Kleiman vai abrir o envelope, tirar o bilhete de dentro e fazer o papai escrever um bilhete que ele vai pôr depois no envelope. Assim sendo, recebemos uma carta de nós mesmos da Bélgica, contrabandeada na fronteira. Fizeram de propósito em Flandres Zelandesa, porque ninguém pode ir para lá, e o Broks ou mais alguém não pode ir até lá. Que bem pensado, hein? Também acho. O papai fez ontem à noite uma comédia, estava tonto de sono e foi cambaleando até a cama, e lá ficou com os pés gelados, e pus nele as minhas sapatilhas de cama. Cinco minutos depois lá estavam elas de novo ao lado da cama. Ele então não queria mais luz e cobriu a cabeça debaixo do cobertor. Quando a luz foi apagada ele reapareceu bem de mansinho, foi cômico. Aí nós falamos sobre o Peter chamando a Margot de tia, de repente apareceu uma voz das profundezas do papai, que nós achávamos que estava dormindo, que disse fofoqueira, mas ele quis dizer "tia fofoqueira". A madame está resfriada e toda irritada, a mamãe e eu ficamos nos beliscando à mesa toda hora. A senhora Kleiman está agora aqui em cima, o que é uma novidade bem-vinda. A Mouschi (a gata) vai ficando cada vez mais simpática comigo, mas ainda fico sempre com um pouco de medo dela. Hoje nos trouxeram três cestos daquelas ameixazinhas, uma delícia, apesar de que eu ainda não provei. O senhor Kleiman trouxe consigo a Joop-van Dil-ter Heul e a Joop com o seu menino, simpático mesmo, ele sempre traz tudo na hora certa. Hoje à noite vou ouvir rádio, ele estava quebrado, mas já voltou consertado, num estado bem melhor. A próxima vez eu continuo tchau Marian, lembranças ao Jaap.

Anne

P.S.: Como vai o relacionamento de vocês e o canto da Gabi. Quando chega a molletje, com certeza não falta mais muito. Sua mãe está bem e como vai o papai-banco. Espero que todos vocês estejam bem. Nas minhas cartas eu sempre me esqueço disso, porque sempre tenho tanto que escrever sobre a nossa vida aqui. Agora tchau,

<u>Anne</u>

26-SET. 1942

Querida Kitty,

Eu vou escrever a você uma vez entre uma carta e outra, porque eu consigo muito bem imaginar como você deve se sentir. É muito ruim claro, mas Kit eu acho que você ainda vai achar outra pessoa; você com certeza acha isso uma maldade, porque sei o quanto você amava o Henk e eu nunca esperaria isso do Henk, mas você tem uma grande vantagem Kitty, você pode discutir tudo com a sua mãe, já eu não posso e com o Pim eu tenho muita intimidade mas com uma mulher é bem diferente. Vamos deixar agora de lado e não tocar mais no assunto, porque sei que você não gosta que eu me intrometa, agora se você quiser, pode me escrever tudo sobre ele, porque você sabe que não falo com ninguém a respeito.

Ontem eu vi a mamãe mexendo no armário e tirando todos os trocados, o papai me disse que eu podia ficar com eles o que me dá uma sensação boa. Tudo o que acontece aqui eu não consigo lhe dizer porque senão eu gastaria todo o papel num só dia e sei que tenho que ser parcimoniosa. Vem agora "die alte Sikte" de novo reclamar comigo por eu ter tirado as coisas da Margo de um lugar do armário, porque eu não quero ficar olhando toda hora para uma lâmpada suja e um estojo de caneta ainda mais sujo, essa mulher cretina, ela sabe dizer de uma maneira categórica que se trata do espaço da Margo e que ela pode fazer o que quiser, mas eu vou falar com a Margo. Estou aqui na minha, mas essa mulher sempre chega nos momentos mais íntimos. Perdi toda a vontade, tchau Kit, lembranças minhas a todos, a sua

<u>Anne</u>

27-SET. 1942

Querida Conny,

Como vão você e a sua professora, coitadinha de você tão solitária, mas ouça só uma ótima perspectiva, você pode vir ficar aqui em casa, eu passei uma manhã inteira com a sua mãe e ela concorda, espero que essa distração lhe agrade, venha assim que puder. Hoje eu tive por assim dizer uma "discussão" com a mamãe, mas o chato é que eu logo desato a chorar, não consigo me controlar, o papai é sempre um amor comigo e ele me entende bem melhor. Ai, nessas horas eu não consigo suportar a minha mãe, e eu também sou para ela uma estranha, porque, sabe, ela não tem ideia do que eu penso sobre as coisas mais comuns. Estávamos falando de empregadas, que deve se contratar "ajuda doméstica", o que com certeza vai ser exigido após a guerra, mas eu não conseguia imaginar muito como seria e ela disse então que eu falo demais sobre "depois", e que eu, como o Peter, me dou ares de uma grande dama, mas isso não tem nada de verdade, e eu bem que posso de vez em quando construir castelos no ar, isso não é tão ruim assim, não precisa ser levado tão a sério. O papai pelo menos me defende sem ele eu não aguentaria tudo isto.

A madame estava ontem de novo de mau humor tudo estava errado primeiro a mamãe tinha pegado uma toalha limpa, porque não sabia que a madame tinha pendurado as toalhas de rosto no sótão, porque ela acha isso tão sujo no quarto, outra novidade.

Insistiu então que se tirasse os legumes da panela porque senão ela teria que lavá-la de noite e agora queria que a Margot a lavasse de tarde. Mas isso é uma besteira porque de noite se usa a panela de novo para esquentar os legumes.

Depois ela fez desaparecerem as suas tigelas de vidro, e agora se usam as nossas.

À mesa eu não queria comer legumes, e a madame achou então que eu não deveria comer batatas, mas a ignorei, porque eu sabia que a mamãe acabaria me dando as batatas. Fui logo a primeira para quem ela serviu batata. O senhor seu marido também disse que era para eu comer um pouco de legumes, mas acabou que não comi. Aí a madame teve faniquitos e disse que me educavam errado, que se eu fosse filha dela teria comido legume e que eu era mal-educada. O papai disse então eu acho a Anne muito bem-educada, porque ela não respondeu a senhora, e disse então "vice-versa" o que significa que o exemplo dado é seguido. Foi uma clara indireta à madame, que de noite não pode comer feijão ou qualquer tipo de couve, senão "solta gases".

Mas isso eu também posso dizer. Que idiota ela é, não acha?. Lembranças aos seus pais e venha assim que puder para quem a espera ansiosamente

Anne Frank

27-SET. 1942

Querida Pien,

Já faz muito tempo que eu lhe escrevi, mas é que tenho estado muito atarefada. Não ache que estou brava com você, porque não é verdade de jeito nenhum. Vou lhe contar um drama que aconteceu há algumas semanas e que vai lhe dar uma ideia clara da nossa relação aqui.

Estávamos sentados à mesa do café da manhã no domingo, e estávamos falando da modéstia do papai e então a madame disse:

"Eu também sou modesta, bem mais modesta que o meu marido!"

O marido: "Eu nem quero ser modesto." E então se dirigiu a mim: "Não seja modesta, senão você não vai longe!" Mamãe concordou.

A madame: "Que idiotice dizer isso à Anne, é uma visão de mundo muito errada!"

A mamãe: "Eu também acho que se vai mais longe, veja só o meu marido e a Margot e o Peter são excepcionalmente modestos ao passo que a Anne, o seu marido, a senhora e eu não somos nada modestos. Não somos imodestos, mas também não somos modestos."

A madame: "No que é que eu não sou modesta, se eu aqui não cuidasse de mim mesma, morreria de fome."

A mamãe riu, e por aí foi. Eu me sentia tão complacente que certa hora balancei a cabeça. Aí então ela, claro, ficou furiosa e me passou outro sermão, que me fez soltar uma gargalhada.

Ela é uma cretina, ele também mas um pouco mais simpático e o filho deles simpático mas firme. Bem Pien, a gente volta a se falar em breve, melhor assim que uma história longa e chata. Lembranças minhas para a sua família e Kaki. Como sempre:

Anne Frank

27-SET. 1942

Querida Pop,

Mais algumas linhas, hoje eu tomei um banho e isso é uma operação muito estranha, porque eu tenho que pôr uma bacia pequena no lavabo grande lá embaixo, aí eu encho de água quente do aquecedor da cozinha do escritório na bacia e mergulho os pés nela, enquanto me sento no sanitário e começo a me lavar, mas acaba transbordando água da bacia e depois eu tenho que passar o pano de chão sujo. Em casa eu jamais teria pensado que um dia tomaria um banho no sanitário, mas não é o fim do mundo, porque eu também poderia ter que viver no banheiro, aí eu faria uma prateleira de livros e uma mesinha e então o sanitário como cadeira, só não tem lugar para dormir, porque eu teria que pôr tudo para fora, o que não daria certo. Ali também tem luz e daria para escurecer a janela. Bom, Pop, a família chegou, com o gato, e agora me distraio, porque quero ver. Muitas lembranças ao Kees, abraço da

Anne Frank

28-SET. 1942

Querida Kit,

Nesta tarde não podemos ir ao banheiro e isso é muito desagradável, mas fazer o quê, poderia acontecer algo pior. Os técnicos têm de trocar o encanamento do banheiro do escritório e têm medo de que algum tubo quebre, então têm que subir, o que nos colocaria numa posição arriscada, mas o Kleiman disse que não tem a chave e que eles voltem amanhã, e agora vamos ter que esvaziar o lavabo e o sanitário, mas esperamos que não aconteça. O mecanismo que usamos como porta acho já ter contado nós teríamos que desfazer, mas não sei se é possível. A família Broksen quer alugar o quarto, que não pode ser outro senão a nossa sala, o que é um golpe baixo, porque aí eles recebem dois aluguéis para um só quarto. Temos medo de que joguem fora os nossos pertences. Hoje de manhã trabalhamos duro para fazer um suflê de batatas e o orfanato inteiro como nós o chamamos teve de ajudar a descascar batatas e passá-las pelo moedor, como se faz com maçã eu as raspei num ralador com furinhos para elas ficarem mais finas, mas é um trabalhão, exige muito esforço e demora claro bem mais do que passar pelo moedor. Ontem à noite a Margot e eu ficamos juntas na minha cama, que é minúscula, o que fez ficar engraçado, ela perguntou se poderia ler o meu diário, eu disse que algumas passagens sim e então perguntei se eu poderia ler o dela também e começamos a falar do futuro e então perguntei o que ela queria ser, mas ela se recusa a dizer, mas eu pesquei algo sobre educação, não sei se é certo mas tenho aqui para mim que vai ser por aí. Na verdade eu não devo ser tão curiosa. Hoje de manhã me estendi na cama do Peter depois de tê-lo expulsado dela, ele ficou furioso, mas eu não estou nem aí, ele até que poderia ser um pouco mais simpático comigo porque ontem à noite eu lhe dei uma maçã como consolo pelo seu desesperado amor que eu curiosa como sou consigo imaginar. Perguntei uma vez à Margot se ela me achava muito feia, ela disse que eu era e que eu tinha um olhar simpático, um pouco vago, você não acha/ Agora até a próxima, lembranças ao seu amado da

<u>Anne Frank</u>

28-SET. 1942

Querida Pien,

Como penico eu utilizo um frasco para conservas de compota, ele fica durante o dia no banheiro mas morro de medo que eles o queiram de novo como frasco de compota mas vai bastar que eles ponham o nariz para desistir. De noite eu faço o que tenho que fazer intuitivamente para que a minha "vagina" fique bem no centro, até que dá certo. Esta é uma carta não muito longa e, também não uma carta muito decente, não é, fica para a próxima, da última vez você foi bem servida. Lembranças ao seu amor, da sua amiga,

<u>Anne Frank</u>

28-SET. 1942

Querida Loutje,

O Peter desce de noite ao armazém para esvaziar os baldes com lixo, alguém costuma tocar a campainha na segunda à noite e nós levamos um baita susto. De vez em quando alguém também telefona depois do horário do expediente. Eu

posso escrever em cada página repetidamente, "O Pim é um amor!!!! A mamãe, não!!!!"A primeira parte é tão sincera como a segunda, que injustiça, não é!!!! Acho interessante deixar algo assim, deixar em cada página alguma "coisa" que chame a atenção. Como vai Kaki, o "Joop ter Heul" eu terminei de ler, e acho como você o último livro o mais legal. Estou sentada numa má posição como você deve ter percebido pela minha letra, assim sendo good bye my girl, jour

Anne Frank

30 SET. 1942

Querida Conny,

Ontem não deu para escrever para você, porque foi aniversário da madame, foi muito agradável, e à tarde eu tomei cinco xícaras de chá. A madame recebeu dos funcionários crisântemos e rosas de nós. O Sr. a honrou com cravos vermelhos, lindos. No almoço comemos couve-flor com linguado e batatas, sopa de tomate e um suco gostoso. Quando pela tarde todos os funcionários do escritório subiram inclusive o sr. Voskuyl comemos tortinhas de maçã e café (menos eu que tomei chá). No fim da tarde rimos um montão à mesa porque enrolei na cabeça do papai o casaco de pele da sra. Dreher, ele começou a fazer caretas de beato, era para se rachar de rir, o sr. van Pels também tentou e o casaco ficou ainda mais engraçado, principalmente depois que ele pôs também os óculos da Margot. Ficou com a cara de uma velhinha alemã, e ninguém reconheceria o r. v. Pels. De noite já deixou de ser divertido, porque todos nós sem exceção estávamos muito cansados. A madame assou uma torta de ameixas divina.

Hoje de manhã ficamos contentes de que não tenha vindo o encanador, porque o filho dele estava na Alemanha e voltou, mas recebeu uma convocação para ir mais uma vez para lá. Agora voltou o sr. Levinsohn que tinha que cozinhar umas amostras para o sr. Kugler. Deu medo, porque o sujeito, como o encanador, conhece a casa inteira, então nós tivemos de ficar em silêncio sem soltar um pio. Eu estudei e fui bem aplicada, verbos irregulares do francês além das palavras do "La belle Nivernaise". Mais tarde subiu a Miep e depois o papai e eu fomos atrás dela porque estávamos lá embaixo. Fui me deitar junto ao sr. v. Pels, estava tão gostoso e quentinho e quando a Miep foi embora outra vez, decidi escrever para você. A Miep e o Jan vêm dormir aqui nessa sexta ou na da semana que vem, aí nós levamos a cama do papai para o nosso quarto aí os dois dormem juntos. A

Miep vai trazer dois cobertores de lã, e nós também temos dois cobertores de lã sobrando, aí conseguimos pegar aqui lá em cima da mala do sr. Fuchs mais um cobertor felpudo e travesseiros de pena, assim eles não ficarão mesmo com frio. O meu divã nós arrastamos para o quarto do lado, e a Margot dorme no sofá-cama. A senhora van Pels e eu estamos toda hora brigando, porque ela constantemente quer acariciar os cabelos do papai e eu sou bastante ciumenta como você sabe, de maneira que não suporto o gesto dela, principalmente quando ela se faz de boba, a mamãe não faz isso com o sr., o que eu disse na cara dela.

O namorado da Bep, o Bertus, também tem que ir à Alemanha, a Bep está muito down, o que é compreensível.

Estou com uma dor horrível, no indicador (felizmente da mão esquerda) e não consigo passar roupa, felizmente!

O sr. v. Pels preferiu que eu me sentasse à mesa ao seu lado, porque segundo ele a Margot não come mais o suficiente, eu gostei dessa mudança. Tem um gatinho negro sempre passeando no jardim, o que me faz pensar na <u>minha</u> moortje, ah, a minha fofinha. A mamãe sempre tem alguma crítica, principalmente à mesa, por isso que a mudança é uma boa, agora é a Margot quem se sente incomodada, ou melhor não incomodada, porque a mamãe não faz essas observações desagradáveis, à filha exemplar! Volta e meia eu faço troça dela com esse "exemplar" e ela não suporta, quem sabe ela desaprende, já está mais que na hora.

Se tem alguém aqui embaixo, nós temos todos que fazer as nossas necessidades em frascos de conserva ou penicos na água-furtada, já que não podemos usar o sanitário. Bom, chega por hoje, tchau Con, lembranças ao seu prometido da

<u>Anne Frank</u>

30 SET.
1942.

Hoje de manhã nós pudemos ir lá para baixo depois do café da manhã. Não veio o encanador, porque o filho dele recebeu uma convocação para ir imediatamente à Alemanha. Desci para trabalhar. Por volta do meio-dia e meia veio o sr. Levinsohn, que tinha que ir cozinhar com o sr. Kugler na cozinha. Outra chateação, porque o sr. Levinsohn conhece a casa tão bem ou até melhor que o encanador. A família ficou sem dar um piu e o sr. Levinsohn ficou raciocinando em voz alta e sonora com o sr. Kugler, e quando este saiu da cozinha por 5 minutos, ele foi logo gritando: "sr. Kugler!!!! Senhor. Kugler!!!!"

O pobre homem não teve um único descanso. Quando o sr. Levinsohn finalmente foi embora, às duas e meia, o sr. Kugler teve que voltar ao contador que estava pondo o nariz nos livros.

À mesa, grande alteração, porque eu me sento ao lado do sr. van Pels e a Margot ao lado da mamãe, isso porque a Margot não tem o apetite que o sr. van Pels gostaria que ela tivesse, por isso é que estou dando uma de substituta. O cardápio não era muito apetitoso, pelo menos para mim, já o Sr. comeu 3 pratões e disse que comeria ainda mais um 4to.

1 outubro 1942. Hoje os três perigosos se juntaram, ou seja, Levinsohn, a empregada e o sr. Broks. O sr. Levinsohn é chamado agora pelo telefone de sr. Muller, porque não pode telefonar a cristãos.

Resumindo, hoje de manhã a família esteve aqui em cima de novo. O prato do dia foi hutspot,[90] no entanto sem gargalhada segundo o Peter.

6 outubro 1942.

Bokkie Pepertje Sokkie Tokkie Pepertje — Pokkie Pepertje Pokkie

Hoje nós finalmente estamos um pouco em paz, pelo menos tanto quanto se pode chamar de paz quando o Levinsohn só aparece de tarde. Hoje de manhã eu estudei com o papai francês e história, ainda que não sem interrupções do Kugler e do Kleiman. O Kleiman tem uma coisa preocupante Hemorroidas que são veias no intestino, quando se vai ao banheiro ou deixa escapar um pum se pressionam essas veias e elas estouram e jorra sangue delas, o que faz que às vezes se fique com as calças cheias de sangue na rua. A operação disso dá até medo, o intestino tem que ser tirado do corpo e não se pode ir ao banheiro por 8 dias, o que claro faz com que a barriga inche. O Kleiman já teve no passado uma operação assim e não quer nada enfrentar outra, mas talvez consiga melhorar só usando uma pomada. Hoje à tarde apareceu a Miep com a lista dos devedores de maio e o papai e eu a terminamos juntos antes de comer. Até hoje à noite o caderno da contabilidade tem de estar completo e é muito trabalho, mas acho que o papai vai conseguir, mas não sei se vai terminar, porque a lista dos devedores tem de ser ainda contabilizada.

A Miep passou com os pais (adotivos) por uma situação muito chata vasculharam a casa deles e até lacraram um quarto, porque o homem tinha coisas no quarto que eram do seu genro e ainda aconteceram muitas outras coisas desagradáveis. Noite após noite praticamente pessoas são pegas e isso é horrível principalmente também idosos e doentes, eles os tratam como escravos do passado. Os pobres

90. O "hutspot" é por excelência o prato nacional holandês. A carne é cozida e cortada aos cubos e misturada com purê de legumes (cenoura, feijão branco, batata e cebola). (*N. do T.*)

idosos são pegos depois das oito da noite e têm que ir andando até por exemplo a praça Adama van Scheltema no escuro como num verdadeiro cortejo com crianças e tudo o mais quando chegam à praça Adama van Scheltema são mandados para a rua Ferdinand Bol e depois de volta para a praça Adama van Scheltema e dessa maneira os pobres velhinhos são atormentados. Jogam também água neles se eles gritam. É uma sorte nós estarmos aqui. A Miep esteve com a Helene, que tem uma casa de repouso, tentando conseguir um carimbo para que ela não precise ir embora. O sr. Rozendaal, aquele surdo de Tokita também foi pego porque tinha tirado o "J" da sua identidade. O sr. Huisburg também está em Westerborg mas pode ficar lá, pelo Conselho Judaico. O filho e a nora do sr. Holland, o locutor de esportes, também tiveram de ser levados, assim como o sr. de Vries da associação desportiva do Noorder Amstellaan. A sra. Bunjes teve um nenê no dia 1º de outubro Joke, Regina um nome legal. O sr. Bunjes foi despedido do Cineac por ter encurtado um pouquinho certo filme para pegar o último bonde, mas só fizeram isso porque ele é um quarto judeu e por isso não contar. Hoje à noite nós rimos um monte por conta de umas besteiras infames. A Margot parece ter fugido de um bairro de má reputação e eu não muito menos, porque ontem à noite lavamos os cabelos.

Estou comendo para caramba, tanto que todo mundo se espanta que eu coma também legumes, só de noite é que prefiro não. Hoje no almoço e na janta nós comemos couve com purê mas sem salsichas, hoje à noite eu não o comi. Hoje à tarde dormi também depois de um longo tempo e por causa disso eu eu em vez de ler tirei a minha boneca do berço da sra. Eichwald e a vesti ela está linda e o ursinho, as poucas bijuterias que sobraram, (que triste, não?) eu pus numa posição que parece que ele está se arrastando. Eu terminei a Escola Kingford, mas esse não achei que prende tanto como os outros livros da Cissy van Marxveldt.

3 OUT. 1942.

Querida Marianne,

Faz ainda alguns dias que não escrevo, mas aconteceu tanta coisa no meio-tempo. Ontem me provocaram muito porque eu estive deitada na cama junto com o sr. v. Pels. Já tão cedo um escândalo! e outras expressões mais. Infames, claro. Eu jamais dormiria com o sr. v. Pels no sentido geral, é claro. Esta manhã veio a Miep novamente me dizer que na região do Zuid eles passaram de casa em casa ontem à noite levando os judeus. Terrível. Quem sabe quais dos nossos conhecidos ainda estão lá. Uma mulher velha e coxa estava na porta da casa da Miep porque ela não podia andar, e os desgraçados pegaram um carro, e aquela pobre mulher teve que se sentar no frio na frente da porta (ir para dentro não era permitido) e começaram um tiroteio. Não se pode imaginar o quão terrível tudo é, eu estou é feliz por estar aqui. Ontem houve de novo atritos, e a mamãe exagerou no jeito como reagiu, contou todos os meus pecados ao papai e abriu um berreiro, eu também, claro, e estava com uma dor de cabeça horrorosa. Finalmente disse ao papai que amo mais "a ele" que à mamãe, ao que ele disse que isso ainda vai passar, mas eu acho que não. Já não consigo suportar a mamãe, tenho de me segurar para não a xingar e ficar calma, eu conseguiria numa boa lhe dar uma bofetada, não entendo de onde vem toda esta antipatia que eu sinto por ela. O papai disse que se a mamãe não se sentir bem ou tiver dor de cabeça, eu própria tenho de me oferecer para fazer algo por ela, mas não farei isso porque eu não a amo, e não tenho esses sentimentos. Com o papai sim, como eu percebi quando ele fica doente. Eu consigo imaginar a mamãe morrendo, mas a morte do papai me parece algo de insuportável. Claro que é muito baixo da minha parte, mas é o que sinto. Espero que a mamãe nunca leia "isto" e todas as outras coisas.

O Peter está de novo com alguma coisa no pé, o pateta e eu percebo que ele está apaixonado. Ontem eu recortei os cupons, isso sim é divertido. Descascar batatas, eu ainda faço com frequência, mas tirar a pele eu detesto. Hoje eu tenho que ler o livro de orações, não entendo por que a mamãe quer me obrigar, mas vou fazer isso para agradar a ela e principalmente ao Pim.

A mamãe acabou de dizer que se nós estivéssemos em casa e pudéssemos ficar lá, talvez ficaríamos com o bebê Goslar, o que me parece demais; mas eu acho que não o deixaríamos mais ir embora. Estou com um livro ótimo "A juventude de Eva" ele se chama. A tal Eva achava que os nenês cresciam numa árvore como as maçãs e que a cegonha os colhe quando estão maduros e os leva para a mãe. Mas a gata de uma amiga dela teve filhotes, e eles saíram de dentro da gata, como uma galinha que põe ovos que ela depois choca, e que as mães alguns dias antes sobem para pôr um ovo e depois chocar, e quando o nenê fica pronto a mãe está fraca de tanto ficar agachada. A Eva queria também ter um nenê e então pegou um xale de lã que ela pôs no chão para que o ovo caísse nele e foi então ficar agachada fazendo força. Começou a cacarejar, mas não saía ovo nenhum. Finalmente, depois de muito tempo sentada, saiu algo mas não um ovo, uma salsicha. Ah, que vergonha para a Eva. E a menina achou que estava doente. Engraçado, não é. Vou parando por aqui querida Marianne, conto mais da próxima vez,

Anne Frank

Lembranças ao Jaap. Eu amo você. Entendeu, não é?

4 OUT. 1942
<u>DOMINGO</u>

Querida Kitty,

Hoje é outro desses dias de preguiça que eu detesto. Hoje de manhã estive de novo no banheiro com bacia, foi divertido e eu me sinto confortável. Hoje de manhã ainda ouvi rádio. O Göring estava xingando os judeus, que coisa hein!!!! Ontem à noite ouvi rádio com o Peter foi de novo gostoso depois de algumas semanas, as piadas foram estas:

{{Um fotógrafo queria fotografar uma mulher alta e magra, mas foi um fracasso e a foto saiu só como uma única faixa escura e longa. Mesmo assim a mulher ficou satisfeita e disse que o seu marido escoteiro também ficou satisfeito. Depois de alguns dias a mulher voltou e perguntou ao fotógrafo se ele podia fotografá-la também de noite. Lá estava o fotógrafo que entendeu o que a mulher queria e começou a tirar a roupa, após o que a mulher se mandou.}}}} O papai hoje está de mau humor, mas vai passar. Fiquei deitada no divã ao lado da Margot e li "De Stormers" que é divertido, mas não chega aos pés do "Joop ter Heul" aparecem as mesmas palavras o que é compreensível por ser da mesma escritora. Aliás a Cissij van Marxveld escreve que é uma beleza. Com certeza vou dar também para os meus filhos lerem. Em "A juventude de Eva" falam também sobre a venda de corpos das mulheres nas vielas, e pedem muito dinheiro. Eu morreria de vergonha diante de um homem assim. De resto também acontece de a Eva ficar menstruada, eu mal vejo a hora, quando isso acontecer eu pelo menos serei adulta. O papai continua reclamão, e está ameaçando me tirar o meu diário, ah, que medo absurdo. Daqui para frente vou escondê-lo, tchauzinho (sem alegria)

<u>Anne Frank</u>

5 OUT. 1942
<u>SEGUNDA</u>

Querida Pop,

Tenho 5 minutos para bater papo com você antes de me lavarem os cabelos. Hoje aconteceu de novo: "silêncio"! O encanador, Levinsohn (sem a Susi, a cadela) e a empregada foram um perigo triplo. O meu pulôver branco por enquanto é um colete porque está pronto mas sem mangas. A madame (jordaans) está de mau humor, mas pouco a pouco vamos nos acostumando. Hoje à tarde nós todos quase fizemos nas calças por não poder ir ao banheiro./// Estou sempre com essa coisa amarela na minha calcinha, como se fosse sêmem, eu imagino, medonho mas não me atrevo a perguntar/// tchauzinho não me atrevo a continuar porque a água está fervendo.

Anne Frank

7 OUT. 1942
QUARTA

Querida Phien,

Felizmente hoje de manhã não tinha ninguém lá embaixo, então nós podemos estar tranquilos. Eu estudei um pouco de francês mas a Margot precisou do dicionário então comecei com história. Hoje já se assaram biscoitos de especiarias para a sexta quando vierem a Miep e o Jan, uma delícia, a Bep também quer. A minha nova paixão é a Suíça, talvez eu desenhe os 8 novos vestidos aqui, mas não sei direito porque não acho que o meu talento como desenhista seja muito bom, e aí fico com medo que eu avacalhe e o efeito da minha imaginação não vai ter muito sucesso. A mamãe e eu estamos de novo em paz, enquanto o papai ontem ficava reclamão, mas não vamos levá-lo a mal. Fiz também um estojo de toalete, mas ele não é nem um pouco bom como o meu suíço. Queria ter também o estojo. O Piet está com uma unha encravada no pé com pus, agora ele anda de noite com uma meia em volta dele, é para se esborrachar de rir. Ontem à noite ele parecia um ajudante de padaria com a calça do pijama e a parte de cima do corpo nua, então o pé manco e uma toalha sobre os ombros e uma escovinha de unhas era de se esborrachar de rir. O papai acabou de sair do banheiro, de camiseta e cueca, ele estava andando como o velho sr. Dreher, para morrer de rir. Minha criança Phien estou ficando com dor nas costas então até a próxima.

Anne Frank

7 OUT. 1942
QUARTA

Querida Conny,

Ontem à noite eu ainda quis comer um sanduíche e nós tínhamos dito que não havia mais manteiga na mesa, embaixo nós tínhamos suspeitado que em cima eles comiam sanduíches, mas não tínhamos como dizer. Subi e cortei uma fatia de pão. Lá eles já estavam bravos porque disseram que então eu deveria também comer couve, mas eu disse que pelo menos um privilégio eu tenho por ser a mais nova. Levantaram objeções, porque aí todo mundo poderia dizer o que quisesse mas a madame tinha tido menos que um passarinho para comer, eu não podia dizer porque não queria ser grossa. Peguei manteiga com toda a calma do mundo mas então o sr. ficou furioso e gritou dizendo que era para eu descer assim, e mostrar e dizer que ele estava bravo comigo. Desci com a maior calma do mundo e a madame tentou acalmar um pouco o sr. lá em cima, mas embaixo as coisas não iam melhor porque o papai começou também a gritar, o que me fez morrer de vergonha, porque eles conseguiam ouvir lá em cima tudo o que se dizia. Mas o incidente foi logo resolvido e o resultado foi que eu tive que reconhecer que tinha sido estúpido da minha parte, hoje de manhã ou melhor ontem à noite o caso já tinha sido esquecido. De café da manhã comi sanduíche sem manteiga, mas os outros com manteiga. Veio a Miep, mas ela felizmente não contou muita coisa porque o que ela costuma contar não é muito positivo. A Bep trouxe uma caixa com roupas que a Corry preparou, só faltou a sainha, mas é claro que não podemos perguntar, porque a Miep claro que não sabe.

Anne Frank

Eu agora imagino que...

que vou à Suíça e levo tudo comigo até os móveis e dinheiro. Chegamos lá o papai e eu dormimos em 1 quarto enquanto o estúdio dos meninos fica sendo o meu quartinho onde recebo visita. Lá eles compraram como surpresa uma mobília nova com mesinha de chá, escrivaninha, poltronas e divã, tudo de primeira. Após alguns dias o papai me dá *f* 150 florins claro que convertidos mas eu vou simplesmente dizer florins e ele me diz para eu comprar com o dinheiro o que quiser só para mim e o que eu achar precisar já posso ir comprando, e a cada semana eu recebo mais *f* 1, para comprar com ele o que eu quiser. Saio com o Bernd e compro:

3 blusas de verão	por 0,50	= 1,50
3 calças de verão	por 0,50	= 1,50
3 blusas de inverno	por 0,75	= 2,25
3 calças de inverno	por 0,75	= 2,25
2 roupas íntimas	por 0,50	= 1,00
2 sutiãs (no número menor)	por 0,50	= 1,00
5 pijamas	por 1,00	= 5,00
1 roupão de verão	por 2,50	= 2,50
1 roupão de inverno	por 3,00	= 3,00
2 baby-dolls	por 0,75	= 1,50
1 roupão de inverno	por 3,00	= 3,00
1 almofadinha	por 1,00	= 1,00
1 par de chinelos de verão	por 1,00	= 1,00
1 par de chinelos de inverno	por 1,50	= 1,50
1 par de sapatos de verão (escola)	por 1,50	= 1,50
1 par de sapatos de verão (elegantes)	por 2,00	= 2,00
1 par de sapatos de inverno (escola)	por 2,50	= 2,50
1 par de sapatos de inverno (elegantes)	por 3,00	= 3,00
2 aventais	por 0,50	= 1,00
25 lenços	por 0,05	= 1,25
4 pares de meias de seda	por 0,75	= 3,00
4 pares de meias-calças	por 0,50	= 2,00
4 pares de meias curtas	por 0,25	= 1,00
2 pares de meias grossas	por 1,00	= 2,00
3 novelos de lã branca (para calças e gorros)	1,50	
3 novelos de lã azul (para pulôver e saia)	1,50	
3 novelos de lã coloridas (gorros e xales)	1,50	
Xales, cintos, golas, botões	1,25	
	50	

Marianne.
Kit.
Pop.

2 vestidos escolares (de verão)	por 2.00	= 4.00 (Phien.)
2 vestidos escolares (de inverno)	por 3.75	= 7.50 (Con.)
2 bons vestidos (de verão)	por 2.50	= 5.00
2 bons vestidos (de inverno)	por 4.00	= 8.00 (Em.)
1 saia de verão	por 100	= 1.00

1 saia elegante de inverno	por 300	= 300 (Lou.)
1 saia de inverno para a escola	por 2.00	= 2.00
1 capa de chuva	por 5.00	= 5.00
1 casaco de verão	por 7.50	= 7.50
1 casaco de inverno	por 10.00	= 10.00
2 chapéus	por 2.00	= 4.00
2 gorros	por 050	= 1.00
	58.00	
	108.00	
2 bolsas	por 2.00	= 4.00
1 vestido de patinação no gelo	por 2.50	
1 par de patins + sapatos	por 10.00	
1 caixa de cosméticos (com pó, pomada gordurosa, blush, demaquilante, filtro solar, algodão, estojo de primeiros socorros, rouge, batom, delineador, sais de banho, talco, *eau de cologne*, sabonete, pincel) por 5,00		
1 caixinha de manicure e esmalte	por 2.50	
cinto com bolsinha	por 1,00.	
	= 25.00	
	133.00	
4 pulôveres	por 1,50	= 1.50
4 blusinhas	a 1.00	= 1.00
artigos diversos	por 10.00 e livros	
Presentinhos	por 4,50.	

22 DE JANEIRO 1944.

Só quero lembrar que pasta de dente entre outros ainda nos é fornecida!

Anne Frank

Anne
18 out.1942
Domingo.
Nessa foto eu estava com 11 anos.

10 OUT. 1942
SÁBADO.

Querida Marianne,

Escandaloso hein que eu não tenha dado sinal de vida, mas aconteceu sim muita coisa, mas eu simplesmente não tive tempo para escrever. Ontem à tarde a Miep foi falar com a sra. Stoppelmann que está escondida em Bussum na casa da sra. van der Horst, a Miep foi visitá-la. Quando voltou, veio direto da estação para cá, porque ela dormiria aqui com o Jan. Primeiro nós comemos cenoura, batatas e cada um duas almôndegas de carne moída com sopa como entrada. Depois ainda ficamos à mesa e a sra. v. P. já estava lavando a louça, de repente a luz se apagou, levamos o maior susto e o papai gritou do andar de baixo a luz está apagada? Sim, gritamos de volta. E desci para pegar velas. Era uma iluminação festiva e nós claro pensamos que os cavalheiros não voltariam mais ao armazém. Mas eram só as sete e quinze e os cavalheiros acabaram indo. Após 5 minutos nossa casa foi outra vez banhada pela luz. O curto-circuito tinha sido provocado pelo abajur da escrivaninha do papai. Às 8 e meia nós voltamos para cima, onde haviam no meio-tempo arejado o espaço e bebiam café com biscoitos de especiaria e biscoitos Maria. As crianças tomaram limonada. Às 10 já tínhamos que ir ao banheiro e fomos logo para a cama. Os cavalheiros foram escutar rádio com o Jan e as damas ficaram em cima com a Miep, enquanto que o Lorde Peter já tinha ido para a cama para ler. Às 10 e meia se moveram de novo e foram todos para a cama. Às 11 a luz se apagou. A Margot e eu ficamos lendo na cama das 10 às 11, o que foi permitido por conta da ocasião especial. Hoje de manhã eu me levantei cedo e o Jan já tinha se vestido, ele tinha que sair já às 8 e meia, de maneira que às 8 já estava tomando café da manhã lá em cima. A Miep já estava se vestindo. Ela estava ainda só de blusa quando entrei. A Miep também usa calças de lã como as minhas, quando anda de bicicleta. A Margot e eu também fomos nos vestir e fomos para cima bem antes do habitual. Depois de um animado café da manhã a Miep desceu. Estava caindo uma chuvarada, e ela ficou feliz por não ter que ir ao escritório de bicicleta. A Miep sugeriu me levar certa noite com ela para eu tomar banho, e me trazer de volta na noite seguinte, Mas era perigoso demais que alguém me visse. Depois do café, fui com o papai fazer as camas e depois memorizar 5 verbos do francês, que aplicada, não é? A Margot e o Peter estavam no nosso quarto lendo, e a Musschi estava junto com a Margot no divã e depois das irregularidades francês eu me juntei a elas e li "Além cantam os bosques", é um livro lindo, mas muito especial, já quase acabei. A Muschi agora está deitada com a mamãe, como se fosse ainda bebê, eu a cobri toda e ela parece muito mimosa. Daqui a pouco o papai vai encaracolar os meus cabelos com a chapinha, legal, não! O sr. Kleiman trouxe 2 livros da filha, os trabalhos da Else e Riek o traquinas, um deles eu já conhecia e o outro me parece muito infantil. A filha do sr. Kleiman é sempre chamada assim, o que acho bastante formal. O sr. Kleiman age como se os livros que ele me dá fossem para as irmãzinhas da Bep, e disse que eu tenho 16 ou 15 anos. Por um lado queria que fosse assim, por outro não. Tchau querida Marjan lembrança ao Jaap, e relembrando o nosso "segredo".

Anne Frank

10 OUT. 1942
SÁBADO.

Querida Kitty,

A minha vagina vai ficando cada vez mais larga, mas pode ser também que seja só impressão minha. Quando estou no banheiro às vezes olho para ela e percebo sem erro que a urina vem de um buraquinho na vagina, mas mais para cima também tem outra coisa que também tem um buraco, mas não sei para que serve. O Pim está de novo um amor, sempre me sinto no sétimo céu quando ele me acaricia. A madame estava tomando banho, mas ela pôs a bacia na cozinha, o que me parece horrível. Vou parando por aqui, preciso ir ao banheiro. Tchau. Esperando poder dar continuidade aos nossos papos únicos, mando lembranças a você e aos seus entes queridos. Tchau.

Anne Frank

QUARTA. 14 OUT. 1942

Querida Pop,

Simplesmente não consigo parar para escrever a vocês. Estou ocupadíssima. Ontem eu primeiro traduzi um capítulo de "La belle Nivernaise" e anotei o vocabulário. Depois fiz um cálculo desgraçado e traduzi mais 3 pgs. de gramática francesa. Hoje Gramática Francesa e história. Eu me recuso a fazer aqueles cálculos desgraçados todos os dias. O papai também acha uma chatice e eu sou quase até melhor que ele, mas o fato é que nenhum dos dois consegue terminar sem chamar a Margot para ajudar. Estou também passando muito tempo datilografando, o que eu adoro, estou mais avançada que os outros dois. A Bep é quem encomenda as aulas para nós e cada um recebe um caderno de estenografia, a Margot já tem um. Na noite passada eu sonhei de novo com o PS e ele é o mesmo de sempre. Um querido! Gostaria que ele também viesse se esconder conosco. Pode ser que o pobre já tenha morrido na Polônia. Espero que ele não me decepcione. A mamãe está como sempre. Ontem à noite eu tive trabalho de escritório para fazer. A Miep está resfriadíssima e por isso não vem, e o Jan também não. Sugerimos que ela viesse ficar na cama aqui para cuidarmos dela, mas ela não quis. A madame me acha egoísta de novo hoje, que doida!!!! A desgraçada não tem caráter, ela só finge de vez em quando, e aí é realmente simpaticíssima. Na segunda eu lavei os cabelos da mamãe e ontem os da madame, ela tem um xampu maravilhoso e as minhas mãos e eu ainda estamos com um cheiro bom. O Pim está um amor. Ele aparou um pouco o seu bigode de ratinho, estava horrível e agora ele só deixa o bigode crescer na largura. Hoje chegou uma carta do tio Erich, o Herbi está na Suíça com eles, e estão também esperando o Paul, irmão do Erich. Eu gostaria de que o Pim e eu pudéssemos ir até lá, seria um sonho, não é!!!! Poppedijn, espero que não leve mais do que 5 dias, e então estarei de novo com você em meus pensamentos. , aí eu apareço de novo por aí em pensamentos!

Anne Frank

14 OUT. 1942.
QUARTA.

Querida Phien,

Faz tempo que não dei mais notícias, não? Mas é que não queria incomodar a lua de mel de vocês tagarelando com tanta frequência, ou não incomodo? O Bob retomou o trabalho? E você não apresenta ainda sinais de fecundação? Estou torcendo por você, mas nem sempre é tão fácil assim. O nenê da Goslar já deve também ter no meio-tempo nascido. É uma pena que não o possamos ver, mas quando a Miep estiver melhor de novo com certeza vai dar um pulo lá. Tchau Phienezinha, lembranças à sua cara-metade, desejosa de vê-la.

Anne Frank

15 OUT. 1942.
QUINTA.

Querida Conny,

Ontem nós levamos o maior susto. O marceneiro esteve mexendo na nossa estante, tinha que reencher a mangueira contra incêndios que fica no armário e consertar algo na porta de comunicação dianteira. Não tínhamos sido avisados, e andávamos pela casa gritando, não cientes do perigo. Após a refeição, a Bep quis descer quando de repente ouço marteladas e digo psiu lá em cima, mas achávamos que era a mamãe descendo pela escada do sótão, mas é a Bep na escada ouço de novo, e os outros também, foi assim que percebemos que o marceneiro estava presente. O papai e eu fomos escutar junto à porta, mas durou uns bons quinze minutos e o homem não queria saber de ir embora. A Bep não podia descer claro senão o homem veria a nossa camuflagem. De repente ouvimos uns empurrões fortes na nossa porta. Logo imaginamos que fosse o marceneiro que queria vir olhar. Fez um ruído horroroso. Depois assobios e baques. Eu estava morrendo de medo e achei que a nossa hora tinha chegado. Já nos vi mentalmente em algum campo de concentração ou postados contra um muro para sermos fuzilados. Finalmente ouvimos o Kleiman gritar algo e respiramos, aliviados. Uma hora depois eu ainda estava com as pernas bambas e as mãos tremendo. O Kleiman não tinha conseguido soltar a parede do gancho e por isso não tinha conseguido nos avisar. Agora o marceneiro tinha ido para baixo e por isso quis ir buscar a Bep, mas não conseguia abrir a porta de novo. Que susto, você nem imagina! O papai e eu falamos ontem em francês e morremos de rir. Já fizemos a primeira aula de estenografia escrita do curso "Autodesenvolvimento", é uma delícia e vai rápido. Na semana que vem recebo um caderno de estenografia. Tabeh my darling

Anne Frank

15 OUT. 1942.
QUINTA.

Querida Emmy,

Um bilhetinho rápido, apesar de não ter ainda virado o mês. Hoje de manhã nós tivemos que ficar de novo em cima, por causa da empregada, uma pessoa horrorosa! Comemos batatas da tigela refratária, mas cruas, com compota de maçã e de pera. Ontem saiu no jornal todos os artigos que não se acham mais, entre os quais pasta de dente, eau de cologne, antiguidades, rouge e pó, luvas de couro, porcelana, casaco de pele e por aí vai. Emmy, ainda tenho que trabalhar para o escritório e estudar francês porque durante o dia não fiz muita coisa, então até a próxima vez da Anne Frank.

16 OUT. 1942.
SEXTA.

Querida Jet,

Se escrevo para Emmy um bilhetinho rápido, você também não pode ficar para trás, assim sendo, como vai você? Já se recuperou um pouco do susto? Espero que sim. Felizmente aqui tudo continua como sempre. Hoje eu fiz uma lista de verbos irregulares do francês. É um trabalhinho chato de precisão mas eu quero chegar ao fim. Ainda não trabalhei na estenografia hoje, talvez pela noite, mas é meio crítico porque hoje é sexta. A mamãe está de novo de mau humor. Ficamos sabendo que a família Kohnke entrou para a clandestinidade, felizmente. Estou lendo agora Körner, ele escreve bem. Bom, até a próxima, querida Jettje da

Anne Frank

18 OUT. 1942
DOMINGO

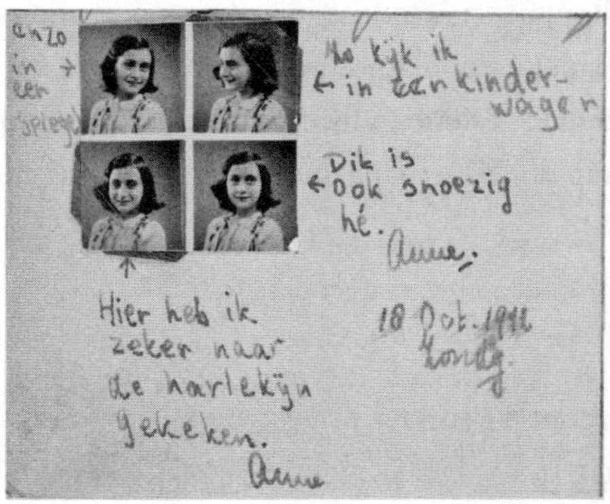

Querida Marianne,

Ontem não deu para escrever de novo. Primeiro porque queria terminar a minha lista com os verbos franceses e depois por conta de mais trabalhos. Ganhei 2 livros do Kleiman, o Arcadia. Trata de uma viagem a Spitsbergen e A cura de purificação, me parecem interessantes. Ele também me trouxe Os rebeldes, que é da Ammersküller. A mesma escritora de Senhores, Senhoras Lacaios. Posso ler agora este também, que bom! Li também um monte de peças românticas o Körner, acho que o homem escreve muito bem, como Hedwig, der Vetter aus Brehen, Hans Heilings Felsen, Der Grüne Domino, Die Gouvernante, Der Vierjährige Posten, Die Sühne, Der Kampf met dem Drachen, Der Nachtwächter entre outros. O papai quer que eu agora também leia Hebbel e outros livros de outros escritores conhecidos alemães. Ler em alemão até que já vai rápido, só que eu vou sussurrando o texto em vez de ler para mim. Qualquer hora melhora.

Ontem eu pendurei no quarto mais algumas estrelas de cinema, mas com os cantinhos de moldura de fotos, aí eu posso tirar de novo. A Bep foi ontem ao centro e comprou saias para mim e para a Margot. Mas têm de ser trocadas, porque não servem direito.

Bertus o namorado da Bep vai embora de novo na quarta, com um monte de outros holandeses. Estão sendo mandados quase todos para ir trabalhar na Alemanha. Tanto homens como mulheres. Hoje nós nos pesamos todos de novo,

A Margot está pesando 54 quilos

A mamãe	"	"	56	"
O papai	"	"	64	"
A Anne	"	"	39	"
O Peter	"	"	60	"
A madame	"	"	48	"
O senhor	"	"	68	"

Nos três meses que estou aqui engordei 7 quilos, quanto, não? Hoje de manhã comecei a organizar um ficheiro do escritório porque ele tinha caído e estava todo fora de ordem. Quase fiquei louca e pedi à Margot e ao Peter se não queriam me ajudar, mas os dois estavam com preguiça. Assim sendo, voltei a coisa para o seu devido lugar, não sou louca para fazer sozinha. Daqui a pouco vou descer com o me tricô ou o meu livro e escutar rádio. Preciso também ir tomar banho, mas não estou com a menor vontade, talvez eu escapula do banho hoje,

A Madame encomendou com o sr. Kleiman todos os tipos de artigos de toalete e entre eles há um tubo de creme fino, e ela não gostou dele mas a mamãe sim então nós duas é que vamos usar. Após alguns dias a madame chegou à conclusão de que o creme era maravilhoso e um produto dos velhos tempos e agora de repente ela quer ficar com ele, mas a mamãe não é boba. A madame claro não sabe que a Margot e eu também o usamos. Mas não estamos nem aí. Continuamos usando. Bom Marjan lembranças ao seu companheiro (de cama ou de vida) da

Anne Frank

Com aulas particulares eu recuperei o que perdi na escola e sei até francês e alemão razoavelmente, sendo que também sei bastante alemão da Suíça. Vou entrar na segunda série do liceu com meninos e meninas legais e logo eu descubro a Kitty de 14 anos que acho legal e nos tornamos boas amigas e dos meninos também fico amiga.

O Bernd está diligentemente me ensinando a patinar eu me tornei sua parceira já que o parceiro dele por acaso teve de ir embora, nós formamos juntos um par fofo e todo mundo está encantado, nós mandamos cinco fotos para o escritório 1 Anne dando voltas 2 Anne segurando o pé esquerdo do Bernd 3 Anne dançando valsa 4 Anne com Berd posição cisne 5 Anne à esquerda, Bernd à direita dando um beijo de mão.

Depois é feito um filme para a Holanda e a Suíça tanto os amigos da Holanda como os da Suíça adoraram. Ele se constitui de três partes.

1ª parte. A Anne de patim

Primeiro vê-se ela vindo de um lado enquanto o seu parceiro aparece do outro lado com um vestido azul de patinação com babados de plo branco com bolsinhos de zíper e um zíper e um cinto com bolsa.

Aí eles fazem uma posição de cisne e a Anne dá um salto. Depois eles valsam e caçoam das aulas.

<u>2ª parte.</u> A Anne com visita e na escola.

No quartinho com a Kitty e dois meninos entre os quais o Bernd à mesa de chá depois na escola cercado de uma tempestade de crianças e todos os tipos de peças idiotas p.e. na cama com o pai e à mesa.

<u>3ª parte.</u> Os toaletes da Anne os 8 novos vestidos de patinação que são presente e um branco e sapatos.

20 OUT. 1942
<u>TERÇA</u>

Querida Kitty,

No meio-tempo recebemos as saias. Ouça agora que ridículo, a minha é compridíssima e apertada, e o tecido é algo como juta, do qual são feitos sacos de batata. As costuras estouraram na mesma hora em que eu vesti. Os botões de pressão já tinham descolado antes de que a saia chegasse aqui e em tudo o que era costura tinha fios soltos ou estava descosturado. Uma tal coisa que antigamente nenhuma loja ousaria vender agora custa f 7.75. Eu tinha em casa uma sainha que vesti durante três anos e que ainda está boa de f 1,95. A Margot tem também algo do mesmo tecido de juta com pregas. Em cima largo demais e na cintura apertado demais e cheio de calombos nas costuras que custa f 24. É simplesmente ridículo. Foram de novo fuzilados 15 reféns não é um horror? Essas pessoas não fizeram nada mas são culpadas de tudo o que é sabotagem. Todos homens proeminentes e simplesmente escreveram no jornal por causa de sabotagem que ninguém claro pode provar. Se um homem ou outro faz algo como p.e. matar um alemão de um tiro ou fazer algo explodir sem que seja encontrado, então são escolhidos uns 5 homens proeminentes que não têm absolutamente nada a ver com a história e fuzilados. Fazem isso claro porque se alguém faz sabotagem os seus compatriotas têm de sofrer e isso é terrível. Na França também todos os homens de 18 a 50 anos têm que se apresentar para o trabalho forçado isso logo vai acontecer aqui também. O Rosel e o Wronker foram reenviados para a Polônia.

Hoje primeiro veio a empregada aqui e foi ela ir embora para chegar o Daatselaar e quando ele se foi veio de novo o Levinsohn, agora ninguém pode ir ao banheiro. A Bep já trouxe o caderno de estenografia. Ontem eu tive que fazer para a Miep as listas de devedores, mas ainda não acabei.

Hoje houve uma grande briga. O sr. Westerman telefonou e disse que se o sr. Kugler não parar com o seu laboratório de provas, o Hijbroek e ele vão comprar os produtos de outro. Bem se o Westerman e o Hijbroek se forem a firma Gies & Co pode dizer adeus à sua existência. Então o Kugler teria que vender, mas ele não se dá conta disso. O sr. v. P. e o Pim dormiram ambos mal de raiva. O Kugler é também louco. Ele quer ainda contratar uma moça o que é não pode ser nem para nós nem para o próprio. "Os rebeldes" é um livro excelente. Trata da família Coornvelt que tinha 14 filhos, dos quais 2 morreram de varíola e 4 por convulsões. Os outros 8 são o Nicolaas o mais velho que também tem convulsões, depois a Keejetje que se casou com o Willem Wijsman e tem 4 filhos Willem, Lize, Agatha, Constance. A Constance também tem um filho. Depois vem o Henrik que é pastor e então a Koosje que cuida da casa do viúvo Henrik. A Koosje também tem varíola. Depois vem o David que é professor e casado com a Aleida e tem com ela dois filhos, a Clara e o Louis. Depois vem a Saartje que é casada com um oficial aposentado e tem também 4 filhos Sophie, Betsy, Cateau, Coba. Depois há no livro uma prima de Paris a Marie Elisabeth Sylvain, uma das primeiras a participar da emancipação feminina, que é a luta para que as mulheres possam estudar e ter os mesmos direitos que os homens. Porque antigamente se uma mulher não se casava acabava indo morar na casa de um dos irmãos na condição de pau-para-toda-obra. Esqueci ainda dois filhos a Naatje que não é casada e vai trabalhar como empregada na casa do Abraham que tem 12 filhos dos quais 2 já existiam antes de ele se casar.

Posso pedir à Bep se ela pode passar pelo Perrij para ver se eles ainda vendem diários, senão em breve eu vou ter que pegar um caderno, porque o meu diário está quase todo escrito, que pena! Eu posso esticar um pouco com as páginas soltas que colei entre as do diário. Agora chego ao final desta epístola longuíssima tchau meu tesouro da

<u>AnneFrank</u>

P.S.: Esqueci de contar uma notícia de peso: eu provavelmente vou ficar em breve menstruada. Percebo isso porque frequentemente fico com um tipo de secreção pegajosa na minha calcinha, e a mamãe o previu. Mal posso esperar me parece algo muito importante, só é pena que eu não possa usar absorvente porque está em falta e o que a mamãe usa é só para mulheres que já tiveram filho. Adeus, minha menina

<u>Anne Frank</u>

Eu não poderia mais escrever algo do tipo!

<u>Anne Frank</u>
<u>22 jan. 1944</u>

<u>22 OUT. 1942</u>
<u>QUINTA</u>

Querida Poppie,

De novo passaram dois dias sem que eu escrevesse é um escândalo. A Rosel e o Wronker foram trazidos de novo, por que nós não sabemos, é uma felicidade. A Miep vai hoje até lá. Com a estenografia eu estou progredindo, qualquer hora vou escrever alguma coisa em estenografia. O papai pediu para a Bep me comprar um penico felizmente. A mamãe, a Margot e eu somos de novo as melhores amigas, é em realidade muito mais agradável. Quase todas as noites eu me deito na cama da Margot nós falamos sobre o fato de a Margot querer se tornar ajudante de parturientes, eu acho uma profissão bonita, mas eu prefiro estar com crianças pequenas que com nenês, mas eu gostaria de estar presente na hora que uma mulher dá à luz, porque aí me parece bem menos temeroso que comigo mesma. A Margot e eu estamos ambas terrivelmente resfriadas, mas isso vai passar. O Bertus foi para a Alemanha com 2 irmãos e uma cunhada, foi todo um drama, mas longo demais para contar. O sr. v. Pels contou algumas piadas engraçadas, que eu vou anotar.

Quem faz 999 vezes tique e uma vez taque?
Uma centopeia com um tamanco.

Quem é negro, se senta no telhado e sabe assoviar?
O aprendiz do limpador de chaminé.

(Papai)

Num hotel as paredes são de ladrilhos como aqui e dá para ouvir tudo através delas.

Certa vez de um lado há um casal e do outro um homem. O homem do casal bate no bumbum da mulher e diz: "Ai, que bumbum bonito! De quem é ele?" Aí o homem do outro lado se manifesta: "Tenho certeza de que você sabe de quem é esse bumbum!

São boas, não é? Querida Pop, mais notícias eu não tenho, e sempre que releio as cartas não acho nelas nada de interessante então tchau, espero notícias suas em breve.

Anne Frank

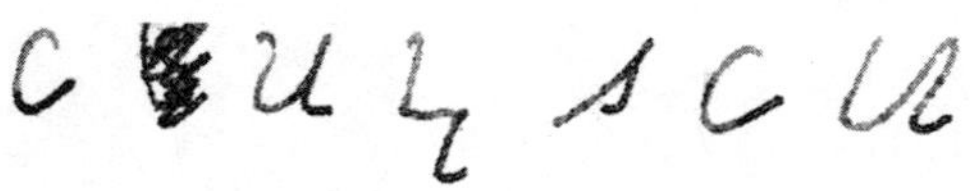
= o gato está no galho.

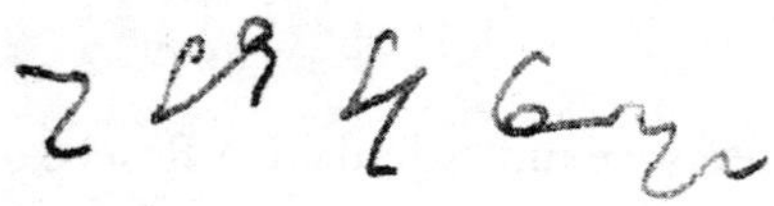
= derrubei a bebida

26 OUT. 1942
SEGUNDA

Sexta e sábado estive de cama, eu estava resfriada e não me sentia bem.

Querida Phienny,

O papai pediu ao sr. Kleiman um diário e à Bep um penico. Ui, eu tinha esquecido que escrevia sempre com as letras separadas, estava mergulhada em pensamentos. Eles nos previram que o Levinsohn vai estar embaixo um mês seguido. Os armários foram trocados, porque no armário na parede as roupas ficam molhadas, tanta é a umidade nele, agora tenho três prateleiras só para mim, é o máximo. Na África se começou uma nova ofensiva, esperemos que os ingleses não cometam mais gafes. e que a guerra termine logo. O sr. Kugler trouxe mais 12 exemplares de Panorama agora temos leitura outra vez. A Miep esteve junto com a sra. Stoppelman a pobre mulher não se aguenta mais no seu esconderijo de saudades da casa e fome. A Bep encontrou na lojinha de legumes onde sempre faz as suas compras uma antiga moça da "Tokita" com um filho de 3 anos. Logo perguntei se ela tinha se casado, mas claro que não era o caso e se supõe que aquele seja o enésimo filho do Rozendael. Escandaloso, que homem.

A Miep contou sobre alguém que fugiu de Westerbork, bem, é um horror só lá, e se ali é tão terrível, quanto mais terrível Margot será na Polônia? As pessoas não recebem quase nada de comer, o que se dirá então de beber, porque só tem uma hora por dia de água e um WC e uma pia para algumas 1000 pessoas. Dormem todos juntos homens e mulheres e as últimas + crianças têm com frequência a cabeça raspada se elas fugirem podem ser reconhecidas por todo mundo.

Anne Frank

Sr. 'Fräulein es blitst!'
Srta. 'Zieht mann arg?'
Sr. 'Nein, nur den Unterrock!'[91]
-.-.-.-

28 OUT. 1942.
QUARTA.

Querida.Lou.

Como vai? Hoje de manhã fiquei incomodada com tudo e por isso não consegui terminar direito nada. Aprendi algo novo bordel e cocote, comprei um livrinho especialmente para isso mas está nas cartas, de resto nada de especial

Anne Frank

91. Mistura enigmática de alemão com holandês:
Sr. 'Fräulein es blitst!' (es blitzt — está relampeando/raios)
Srta. 'Zieht mann arg?'(devemos nos vestir — sollen wir uns anziehen)
Sr. 'Nein, nur den Unterrock!'(só a combinação — roupa embaixo do vestido) (*N. do T.*)

2 NOV. 1942.
SEGUNDA.

Querida Marianne,

Na sexta à noite a Bep esteve aqui, foi muito legal, mas ela não dormiu bem porque tomou vinho. De resto nada de especial. Ontem eu tive uma senhora dor de cabeça e fui cedo para a cama. Na noite passada começou o horário de inverno. A Margot está chata de novo. Ontem ligamos a calefação pela primeira vez e hoje a sala está cheia de fumaça. Até a próxima vez.

Anne Frank

2 NOV. 1942.
SEGUNDA.

Querida Kitty,

Acho que ainda não lhe contei, mas o nenê dos Goslar nasceu morto, um horror só, e a coitada da Hanneli, como ela deve andar ocupada. Hoje de manhã a Miep veio dizer que o apartamento dos van Pels foi esvaziado, mas a madame está com um mau humor tal que ainda não lhe contamos nada. No domingo eu tomei banho, dessa vez na cozinha, mas ainda era cedo, e por detrás do painel da calefação ninguém conseguia me ver. Eu dei uma olhada rápida por entre as cortinas da parte dianteira do escritório e vi a rua, uma sensação estranha, é como se as pessoas lá fora estivessem loucas. Estou fazendo agora também álgebra, mas de geometria eu me mantenho longe. Com a estenografia vai bem, vou escrever uma oraçãozinha entre uma coisa e outra.

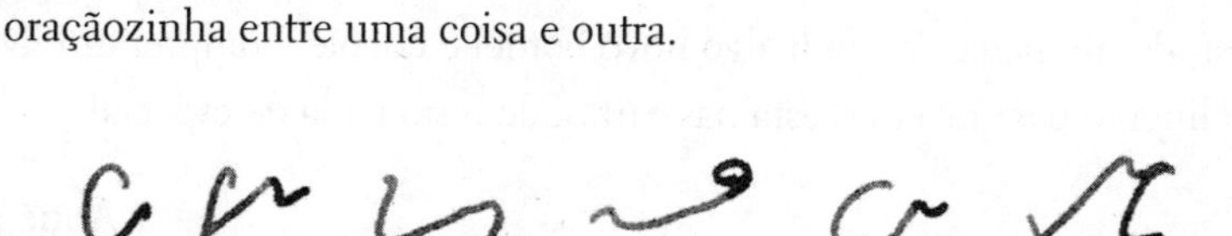

É muito legal, mas eu tenho que exercitar, mas não tenho vontade. O papai acabou de dizer que não está de muito bom humor, ele está com os olhinhos tristes, tadinho dele. Estou viciada no livro “A batida na porta” da Ina Boudier-Bakker.

Esse romance familiar é excepcionalmente bem escrito mas o pano de fundo de guerra, escritores e emancipação feminina não é tão bom, mas, sinceramente, são temas que não me interessam muito. O Bertus escreveu à Bep de Berlim, até agora ele acha tudo relativamente decente. Estou impaciente para pedir ao sr. Kleiman o meu novo diário, agora tabeh

Anne Frank

5 NOV. 1942.
QUINTA.

Querida Pop,

Felizmente nos trouxeram 270 libras de ervilhas, mas uma parte é para os funcionários. Em vez de cupons de racionamento da cidade, recebemos agora os nacionais, porque a diferença é de 7 florins. Os cartões nacionais custam só 33 florins e se nós vendermos os cupons de pão que vêm junto então são só 20 florins. O sr. v. P. praticamente não tem mais dinheiro, o Pim felizmente sim, o sr. Siemans (é o nosso padeiro) está recebendo lactose e por isso nos fornece de novo pão sem cupons pelo preço normal. O Kleiman também foi falar com o Goldschmidt mas ele não quer liberar as nossas coisas e diz que doou quase tudo para o serviço social, mas nós não acreditamos, ele se baseia na sra. Levie mas a Miep vai falar com o Pfeffer e ele vai perguntar à sra. Levie. O sr. Voskuijl costuma almoçar conosco. O escritório fecha atualmente às 5 mas o armazém fica aberto por mais tempo. "A batida na porta" eu quase já terminei, mas ele tem de ser devolvido na sexta-feira. Ontem eu limpei um pouco minhas estrelas de cinema, mas ainda falta muito. Os ingleses obtiveram finalmente algumas vitórias na África e Stalingrado também não caiu ainda, por isso os cavalheiros estão muito felizes e hoje de manhã tomamos chá e café. De resto nada de especial. O Peter faz aniversário no domingo, dia 8 de novembro, e o Kleiman vem para a ocasião. Lembranças ao Kees da

Anne Frank

7 NOV. 1942.
SÁBADO.

Querida Phien,

Faz realmente muito tempo que eu lhe escrevi. Na semana passada eu li muito e trabalhei pouco, isso é o que as pessoas deveriam fazer no mundo e as coisas iriam muito melhor.

Amanhã é o aniversário do Peter, mas eu ainda vou escrever a respeito. A mamãe e eu estamos nos dando melhor, mas íntimas nunca. A Margot está mais chatinha que nunca, e o papai está com algo que não quer revelar, mas é sempre muito querido. O Levinsohn continua nos dificultando as coisas dia após dia. Na quinta à noite eu desci com o papai e fiz no escritório do Kugler a lista de devedores e deu um medão estar lá embaixo, fiquei contente quando terminei o trabalho. A madame viu fantasmas lá embaixo, mas não passava de um pedaço de cal que se desgrudou da parede. O papai deu uma examinada no escritório do Kugler e está testando se ele é à prova de água, e, se for, posso usá-lo como penico, mas o sr. v. P ainda vai fixar um gancho e uma tampa, aí está completo, só espero que não vaze. Eu estou mais que nunca com saudades do Moriaan e mal posso esperar para ver ele ou 1 dos seus filhotes. Eu ainda me sinto aqui abandonada e supérflua e sonho muito com uma abóbada subterrânea mas aí a realidade é tão escura então não sei o que vou fazer. Faz alguns dias que a estufa está acesa, e o aposento está cheio de fumaça, eu gosto muito mais do aquecimento central e com certeza que não sou a única. Não tenho outro nome para a Margot que uma pentelha que me irrita dia e noite, e muito. Lembranças a todos da

Anne

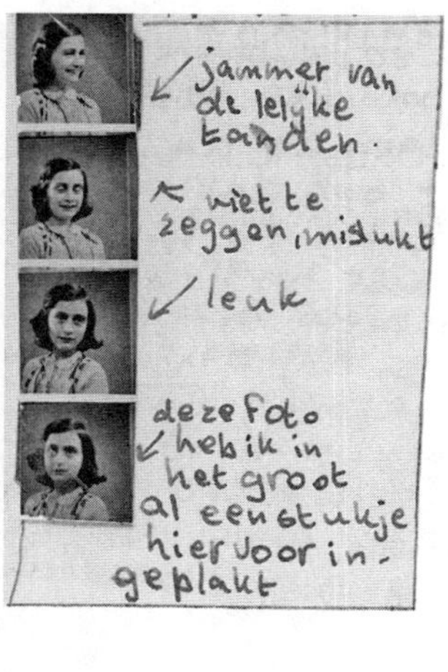

13 NOV. 1942.
SEXTA.

Querida Jetty,

Ontem de manhã a Miep veio nos dizer que falou com o dr. Pfeffer. Ele aceitou na mesma hora a proposta de se esconder também, claro. Mas implorou à Miep que lhe dê mais uma semana porque está fazendo 2 operações dentárias, e ainda tem para receber do van der Hoeden (que é o dentista para quem ele trabalha clandestinamente) e precisa ainda concluir o fichário, senão ele se perde. Mas nós achamos perigoso demais, porque aí ele vai dizer ao van der Hoeden, sim, eu vou me esconder na quinta da semana que vem. Aí o van der Hoeven passa a notícia para frente e o Pfeffer vai ser bombardeado de perguntas. Em segundo lugar pode chamar a atenção que o judeu Pfeffer todos os dias vai até o Jan e a Miep levando as suas tralhas, porque se acontecer alguma coisa com o Jan e a Miep, nós também estaremos em perigo. Então nós dissemos que se o Pfeffer disser hoje que precisa de um adiamento e não pode vir até o sábado então que ele não venha mais, porque se ele for detido na rua, na casa e eventualmente no consultório, não vai poder dizer ai preciso terminar o meu fichário e receber dinheiro que me devem. A Miep vai agora falar com ele e hoje tem de ser decidido se ele vem amanhã ou não. Vamos combinar que ele esteja às 10 no correio e finja estar escrevendo um cartão ao seu pai na Alemanha. Aí o Kleiman supostamente por coincidência encontra com ele e lhe pede para andar atrás de si a uns 10 metros. Quando o Kleiman entrar no escritório e depois o Pfeffer fizer o mesmo, aí não chama a atenção, porque o Levinsohn e o Kahn e um monte de outros judeus vêm todos os dias ao escritório. Vou parando por aqui, porque não há nada mais para contar. A política vai bem. Marrocos e Argel, Casa Blanca e Oram se renderam, agora é Tunis. O meu pulôver branco está pronto, o zíper eu ganhei da sra. v. P. e está perfeito e serve direitinho. Lembranças à moek da

Anne Frank

NO MEIO-TEMPO NO OUTRO DIÁRIO
5 DEZ. 1942

Querida Kitty,

Ontem à noite foi divino, primeiro acendemos uma vela e depois fomos para cima, onde já tinha flores espalhadas, do Pim para a mamãe, do sr. v. Pels e sr.

Pf. para a mamãe, do sr. v. Pels para a madame e do Pim e sr. Pf. para a madame. Mamãe ainda ganhou um maço de cigarros e uma barra de chocolate. A Margot e eu ganhamos ambas um kit de costura, o Piet e nós dois todos um nugá, e M. e eu 1 barra de chocolate e uma tigelinha de prata. Eu, ainda um fecho para o meu diário. Hoje eu estava de novo péssima chorando a manhã inteira, e o Pim até pode me dar uma bronca, mas continua um amor.

tchau da Anne Frank

10 NOV. 1942
TERÇA

Querida Conny,

Ainda não noticiei os acontecimentos do domingo, foi de fato um dia muito importante. Já às 7 da manhã foi acesa a estufa, de maneira que ninguém mais conseguiu dormir e todas as mulheres da casa enraiveceram muito. Subi já às 8 da manhã e passei em revista os presentes com o Peter. Havia um jogo banco imobiliário dos funcionários do escritório, um isqueiro, um espelho, um pincel de afeitar, uma gravata, caramelos uma lata de sopa de ervilha dos seus pais e de nós uma lâmina de barbear com pedra-ume. A meio-dia e meia nós descemos e ouvimos por acaso pelo rádio que as tropas inglesas e americanas desembarcaram em Túnis, Argel, Casa Blanca e Oram. Foi uma surpresa. Pela tarde vieram os Kleiman que já estavam a par das felizes notícias. De noite o Hitler fez um discurso de nada. Na segunda convidamos o pessoal do escritório pelo aniversário. Durma bem e lembranças à srta. Da que tanto a ama

AnneFrank

10 NOV. 1942
TERÇA À NOITE

Querida Emmy,

Hoje fomos na verdade de novo pegos de surpresa, porque já tínhamos dito que poderíamos aceitar mais uma pessoa no anexo e o destino quis que essa pessoa fosse o sr. Pfeffer, porque ele não tem muita família. Já falamos com Kugler a respeito e ele vai passar uma noite refletindo no assunto, mas a decisão já foi tomada. O homem se surpreenderá, mas só poderei contar a respeito quando ele tiver chegado aqui no Anexo. Vamos pedir para que ele traga alguns instrumentos para tratar de cáries, porque ele é dentista, e acho que vai dormir no meu quarto.

Adeus

Anne Frank

[Edith Frank-Holländer]

SÁBADO 22 DE JANEIRO DE 1944.

Acho que foi burrice minha de ter deixado todas essas lindas páginas em aberto, mas pode até servir para eu anotar os meus pensamentos a respeito do escrito.

Agora que dou uma olhada no meu diário 1½ ano depois, me surpreendo de que eu tenha sido uma adolescente tão inocente. Involuntariamente eu sei que, por mais que queira, jamais poderei voltar a ser assim. Os repentes (e) desabafos sobre a Margot, a mamãe e o papai eu entendo tão bem como se os tivesse escrito ontem, mas escrever tão despreocupadamente sobre outros assuntos eu não poderia.

Eu tenho realmente vergonha ao ler as páginas sobre assuntos que eu preferia imaginar mais bonitos. Eu os expressei de uma maneira tão rude! Enfim, chega de falar disso.

O que eu também entendo muito bem são as saudades da Moortje. Com frequência conscientemente mais com mais frequência ainda inconscientemente durante todo o tempo em que eu estava e estou aqui eu tinha um desejo de intimidade, amor e carícias. Esse desejo às vezes é mais forte e às vezes mais fraco, mas sempre presente.

Anne Frank

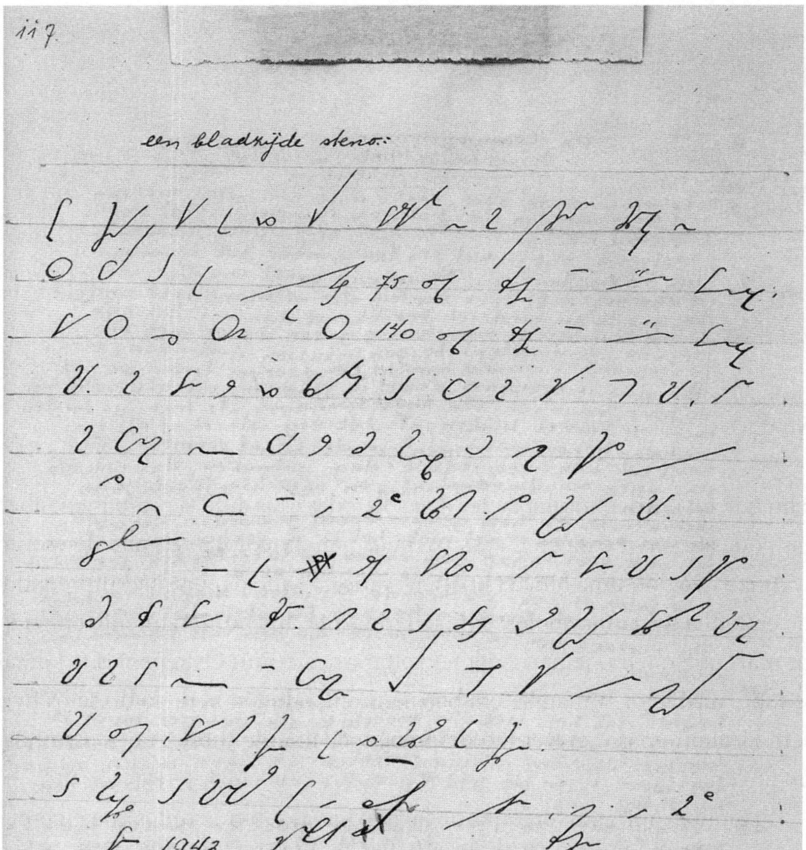

2 MAIO 1943.
DOMINGO.

Os diferentes astrais dentro do Anexo no que se refere à guerra.

O sr. v. Pels. Todos nós aqui temos a ideia de que este excelentíssimo senhor tem uma visão muito apurada sobre política. A sua expectativa é a de que nós teremos de ficar aqui até o final de '43. É muito tempo, mas ainda dá para aguentar. Mas que é que nos garante que esta guerra, que não traz a ninguém nada além de prejuízos e dor, vai ter terminado até lá? E quem nos garante que não terá acontecido até então algo conosco e com os nossos cúmplices? Ninguém, de fato. E é por isso que vivemos dia após dia sob tanta tensão. Tanto na tensão da espera e da esperança como na do medo quando ouvimos ruídos dentro ou fora de casa, medo de disparos violentos e de novas "proclamações" no jornal, porque pode muito bem acontecer algum dia de alguns dos nossos cúmplices de esconderijo terem eles próprios de se juntar a nós, os escondidos.

"Escondidos" e "clandestinos" se tornaram duas palavras mais que comuns. Quantas e quantas pessoas não estão escondidas? Proporcionalmente, claro, não são muitas, mas mais para frente vamos ficar espantados com o número de pessoas bondosas na Holanda que acolheram judeus e foragidos cristãos, em troca de dinheiro ou não. Além disso, é inacreditável o número de pessoas que sabidamente circulam por aí com documentos de identidade falsos.

A sra. v. Pels. Quando esta bela (só mesmo para a própria) senhora ficou sabendo que já não é tão difícil como antes conseguir documentação falsa, sugeriu que mandássemos fazer uma para cada um de nós. Como se não fosse nada demais e o dinheiro crescesse nas costas do papai e do sr. van Pels. Quando a sra. van Pels afirma os maiores besteiróis, o Putti quer subir pelas paredes. O que é perfeitamente compreensível, porque num dia a sua querida esposa diz: "Mais para frente eu vou me batizar", e no outro: "Eu sempre quis mesmo ir a Jerusalém, porque somente entre os judeus me sinto à vontade!"

= = = = = = = =

= = = = = =

O Pim é um grande otimista, mas sempre acha uma razão para o ser porque

O sr. Pfeffer inventa de tudo, dando tiros no escuro, mas se alguém contradiz a sua ilustre pessoa acaba por se indispor com ele. O sr. Fritz Pfeffer tem como regra, penso eu, que seja sempre ele quem dê a última palavra, mas a senhorita Anne Frank não se deixa convencer minimamente por ele.

O que o restante dos membros do Anexo pensa sobre a guerra é de pouco interesse. Somente a opinião desses quatro é que conta; ou melhor, apenas dois, porque só mesmo na suas cabeças é que a madame van Pels e o Pfeffer acreditam que a deles têm o mesmo valor.

2 MAIO 1943.
DOMINGO.

Quando eu paro de vez em quando para refletir sobre como vivemos aqui, geralmente chego à conclusão de que nós, em comparação aos judeus que não se esconderam, vivemos num paraíso, mas que mais para frente, quando tudo voltar ao normal, não vamos deixar de nos espantar com o fato de que nós, que sempre tivemos a casa bem ajeitada, sim senhora decaímos muito em qualidade de vida. "Decaímos" no que diz respeito à nossa qualidade de vida. Um exemplo é, desde que nos instalamos aqui, o oleado para cobrir a mesa o qual, devido ao uso constante, deixou de ser dos mais limpos. É verdade que frequentemente tento dar um brilho nele, mas, com um pano de pratos com mais buracos que tecido e que foi novo num passado distante, antes mesmo de nos escondermos, por mais que eu o esfregue com afinco, não dá o resultado esperado. Os van Pels dormem desde o início do inverno sobre uma manta de flanela que já não se pode mais lavar porque o sabão em pó comprado no mercado não só é escasso como também de má qualidade. O papai circula com calças desfiadas e uma gravata quase desmanchada. O espartilho da mamãe hoje estourou de velhice sem esperança de conserto, ao passo que a Margot anda por aí com um sutiã de número duas vezes menor que o dela. A mamãe e a Margot têm só três camisetinhas para passar o inverno inteiro, enquanto as minhas são tão pequenas que não chegam nem ao umbigo. É claro que dos males o menor, mas ainda assim eu às vezes levo um susto ao me dar conta disso: como é que, finda a guerra, vamos manter o nosso nível social de antes dela com tudo desgastado e carcomido, desde a minha roupa íntima até o pincel de barba do papai?

Aqui eu tinha uma boca sem dentes e por isso estou horrorosa.

A	B	c	D	E	F	G	H	I	J	K	L	M	N	O	P	Q	R	S	T	U	V	W	X	Y	Z
3	5	4	1	2	6	8	7	9	11	12	10	14	13	16	18	15	17	20	19	21	22	24	23	25	26

Diário 2: 22 de Dezembro de 1943 a 17 de Abril de 1944

Diário de

Anne Frank

de 22 de dezembro de 1943 a 17 de abril de 1944.

Anexo

A'dam C.[92]

Em parte cartas a "Kitty".

ANEXO, QUARTA 22-12-'43.

Querida Kitty,

O papai acabou conseguindo um novo diário para mim e o fato de que ele tem uma espessura considerável você vai se dar conta no devido tempo. Tenho que apresentar as minhas desculpas por ter ficado tanto tempo sem dar notícias, mas tive os meus motivos. Desde o sábado da semana passada até ontem, terça, estive de cama. Há uma semana, na terça, me levantei, mas isso só me fez ficar mais resfriada ainda. Dor de garganta, suadeira, compressas, pastilhas e daí por diante. Agora estou um pouco melhor, mas boa ainda não.

92. Abreviação de Amsterdã Central (*N. do T.*)

Ausnahmsweise (nenhuma outra palavra o expressa melhor), as relações interpessoais aqui andam bem — ninguém está brigado com ninguém —, o que não deve durar mais muito, faz pelo menos meio ano que não reina tal paz em casa.

A Bep continua isolada de nós, mas logo, logo a irmã dela vai estar livre dos bacilos ela ficou tão contente com o meu presente do dia de São Nicolau que me trouxe uma maçã e um saquinho de marshmallow, revistas Libelle etc. De Natal eu também tenho o que dar à Miep e à Bep. Fui economizando o açúcar do meu mingau por um mês e acabei acumulando 500 gramas para o São Nicolau, mas não tinha levado em consideração que as lojas teriam tanto trabalho para o dia de São Nicolau. O Kleiman mandou preparar borstplaatjes. Para o Hanucá a Margot e eu ganhamos cada uma um biscoito de especiarias lá de cima e eu também um avental, o Peter também ganhou um biscoito e três cupons de carne. O sr. Pf. deu um belo bolo à mamãe e à sra. v. P., nós pensávamos que tinha sido feito pela mulher dele mas Miep contou ao papai que a senhora Pfeffer não sabia nada sobre o tal bolo e foi a Miep que o assou a pedido dele. Como se ela já não tivesse trabalho demais. Para comemorar São Nicolau e para o Natal recebemos do distribuidor 180 gramas de óleo, 100 gramas de doces e um frasco de caramelo caseiro. Os meus doces eu ofereci ao sr. Kugler, ao Pf., à Margot, à madame e a mim mesma. Só as mulheres e as crianças ganharam doce, já que ainda tínhamos 5 cupons. A Margot e eu ganhamos um broche fabricado a partir de uma moeda, cintilante que é uma beleza, quase todos os membros do Anexo do sexo feminino têm um desses, até o Peter. Ou seja a Miep, a Bep, a sra. Kleiman, a Margot, a Anne e o Peter, a sra. Pf. também.

Por hoje é isso, até a próxima Kitty a sua

Anne.

SEXTA-FEIRA, 24 DE DEZEMBRO DE 1943.

Querida Kitty,

Eu (ui, não pode!)[93] já lhe escrevi muitas vezes que nós aqui nos vemos constantemente confrontados com diferentes estados de espírito, e notei que esse mal tem se intensificado no que diz respeito a mim. "*Himmelhoch jauchzend,*

93. Em holandês se considera de mau-tom começar-se uma oração por "eu", sobretudo quando o sujeito é composto (ex.: eu e você). (*N. do T.*)

zu Tode betrübt" se aplica aqui com muita propriedade. "Gritando de alegria" eu fico quando penso em quão bem nós estamos aqui e me comparo com outras crianças judias; "Morrendo de tristeza" eu me sinto, por exemplo, quando a sra. Kleiman vem nos visitar e conta sobre o hóquei do Jopie, os amigos e os clubes. Não acho que eu tenha inveja do Jopie, o que acontece é que me dá uma vontade imensa de estar por aí me divertindo à beça e sair rolando pelo chão às gargalhadas até ficar com dor de barriga. Não me pergunte quando foi a última vez que nós rimos de verdade, faz pelo menos um ano. Principalmente agora, no inverno e nestes feriados de Natal e ano-novo; é quando nos sentamos aqui como párias da sociedade. Eu não deveria escrever isso, mas não consigo deixar de fazê-lo.

Quando entra alguém da rua trazendo vento nas roupas e frio no rosto, o que me dá vontade de fazer é enfiar a cabeça por debaixo do cobertor para não pensar: Quando é que nos vai ser permitido respirar o ar lá de fora?

Acredite nas minhas palavras: quando se está prisioneiro há um ano e meio, há dias em que não se aguenta mais. Pode ser injusto ou ingrato, não há como espantar os sentimentos.

Andar de bicicleta, dançar, flertar e sei lá mais o que, eu queria abraçar tudo isso: se eu pelo menos me soubesse livre!

Algumas vezes eu penso com os meus botões e me pergunto se alguém entenderia a minha situação aqui dentro, se conseguiria olhar mais para além da minha ingratidão, para além do fato de eu ser judia, enxergar em mim a adolescente que tanta necessidade tem de se distrair para desopilar? Não o sei nem poderia jamais discutir com alguém a respeito, porque sei que choraria. Chorar pode ser um grande alívio se há alguém com quem puder fazê-lo. Apesar de tudo, apesar de todas as teorias e todos os esforços, sinto falta todos os dias e em todos os momentos de uma mãe que me entenda. Por isso também é que eu penso em tudo o que eu faço e escrevo que no futuro quero ser para os meus filhos essa mamis que eu idealizo. Uma mamis que não interprete com tanta seriedade tudo o que se diga por aí, mas sim o que vem de mim. Eu percebo, mas sem saber explicar o porquê, que a palavra mamis já diz tudo. Sabe o que me ocorreu, para usar uma palavra tal como "mamis"? Eu a chamo frequentemente de Mansa, e daí deriva o "Mans". É como se fosse a "mans" incompleta, que eu tanto gostaria de honrar com mais uma "perninha" ao "n". Felizmente que a Mans não o percebe, porque se sentiria infeliz.

Bem, já basta: escrever fez passar um pouquinho o meu "morrendo de tristeza".

Anne.

-.-

Nestes dias, agora que o Natal ficou um dia para trás, penso constantemente no Pim e no que ele me disse no ano passado. Naquele dia eu não tinha entendido o significado das palavras dele como entendo agora. Se ele pelo menos o tivesse dito mais uma vez, eu talvez poderia ter lhe provado que o entendia!

Acho que o Pim falou a respeito. Como ele conhece tantos segredos de "corações alheios", deve ter sentido a necessidade de se expressar ele próprio; porque nunca diz nada sobre si, não acho que a Margot suspeite do que o Pim também passou pelas suas. Pobre do Pim, ele não me engana ao dizer que a esqueceu. Ele nunca se esqueceria disso. Ele se transformou numa pessoa condescendente, porque com certeza não deixa de ver os erros da mamãe. Espero mesmo que eu venha a ser um pouco como ele, mas sem ter de passar pelo que ele passou! a sua

Anne.

SEGUNDA, 27 DE DEZEMBRO DE 1943.

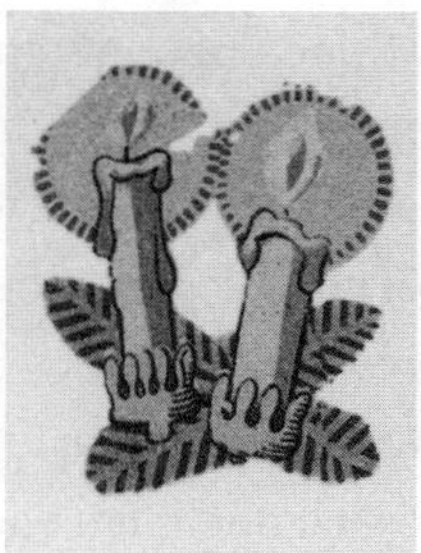

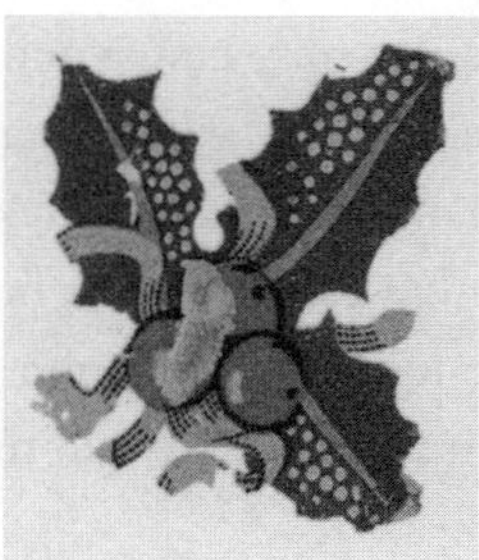

Na sexta à noite ganhei pela primeira vez na vida algo de Natal. As meninas, Kleiman e Kugler, tinham de novo preparada uma das suas divinas surpresas. A Miep assou um bolo natalino delicioso, no qual se lia: "Paz em 1944". Já a Bep se encarregou de trazer meio quilo de biscoitos amanteigados de natal de qualidade pré-guerra.

Para mim, o Peter e a Margot trouxeram uma garrafinha de iogurte e, para cada um dos adultos, uma garrafinha de cerveja. Tudo estava outra vez belamente embrulhado e com figurinhas lindas coladas sobre os diversos pacotes. Os dias natalinos passaram de resto rápido demais para nós.

Anne

QUARTA-FEIRA, 29 DE DEZEMBRO DE 1943.

Ontem à noite eu estava muito triste de novo. Vi mentalmente a vovó e a Hanneli diante de mim. A vovó, aquele amor de vovó! O quão pouco nós entendemos todo o seu sofrimento, o quão gentil ela era para todos nós, quanta importância ela dava a tudo o que nos dizia respeito! E isso sempre guardando cuidadosamente para si o segredo terrível (de que estava seriamente doente) que a acompanhava.

O quão fiel e boa ela era sempre, nunca lhe ocorreria nos deixar na mão. Fosse o que fosse, por mais desobedientemente que eu me comportasse, a vovó sempre me perdoava. Vovó — será que você me amava ou será que também não me entendia? Eu não saberia dizer. Como a vovó deve ter se sentido sozinha, como mesmo, apesar da nossa presença! Uma pessoa pode se sentir solitária apesar do amor de todos, porque para ninguém se é "o mais querido de todos".

E a Hanneli? Será que ela ainda está viva? O que será que ela anda fazendo? Ó Deus, protegei-a e trazei-a de volta a nós. Hanneli, em você eu vejo sempre qual poderia ter sido o meu destino, sempre eu me vejo no seu lugar. Por que será que eu ainda me sinto tão frequentemente triste com o que acontece aqui? Eu não deveria estar sempre alegre, satisfeita e feliz, exceto quando penso nela e nos seus companheiros de sorte? Eu sou uma egoísta e uma covarde. Por que será que eu sempre penso em e sonho com as piores coisas e fico com vontade de gritar de desespero? Porque, apesar de tudo, eu não tenho mais confiança plena em Deus. Ele me deu tanto que eu seguramente não merecia e, ainda assim, cometo tantos erros!

Uma pessoa pode chorar ao pensar no seu próximo; na verdade, pode passar o dia inteiro chorando. Só lhe resta rezar, pedir a Deus um milagre que salve tantos outros de nós. Eu espero estar fazendo isso suficientemente!

Anne

QUINTA-FEIRA, 30 DE DEZEMBRO DE 1943.

Querida Kitty,

Após as últimas brigas feias tudo tem andado bem por aqui, tanto entre nós, o Pf. e os de cima como entre o sr. e a madame. Mas agora já se veem avizinhando no horizonte umas nuvens de tempestade carregadas, que têm a ver com... a comida. A madame teve a infeliz ideia de assar menos bats. e ter mais delas. A mamãe e o Pf., além de nós, discordamos e agora também dividimos as batatas. Mas agora se passou a dividir a gordura de maneira injusta, e a mamãe se viu obrigada a intervir. Se a questão tiver um desfecho interessante, você vai ficar sabendo. No decorrer dos últimos tempos, temos dividido: a carne (eles com gordura, nós sem; eles sopa, nós sem; as batatas (para eles descascadas, para nós raspadas). Compras extras, e agora também mais batatas assadas.

Quem dera estarmos completamente divididos de novo!

Sua Anne

P.S.: A Bep mandou fazer para mim um postal com toda a família real. A Juliana ficou até mais jovem, assim como a rainha. As três moçoilas estão um brinco. Achei um gesto muito simpático da parte da Bep, não é? Deu tudo certo com os meus *borstplaatjes* de Natal para as meninas. A Bep também me agradeceu cordialmente pela minha lata de leite e os outros presentes natalinos. É um alívio que a mamãe não saiba de nada, acho que ela nunca concordaria. No dia 15 de janeiro, quando for o aniversário do senhor Voskuyl, quero lhe dar o meu próximo frasco de geleia de ameixas. Tchau!

QUINTA-FEIRA, 6 DE JANEIRO DE 1944.

Querida Kitty,

Hoje eu preciso lhe confessar três coisas que vão levar um tempão, mas que eu <u>tenho</u> que contar a alguém, de maneira que o melhor é contar a você, porque eu sei com certeza que você vai guardar o segredo sempre e sob quaisquer circunstâncias. A primeira delas se refere à mamãe. Você bem sabe com que frequência eu me queixo dela, mas sempre faço o possível, vez após vez, para tratá-la bem. De uma hora para a outra eu me dei claramente conta de qual é o problema com ela. A própria mamãe sempre disse que nos vê mais como amigas que como filhas. É claro que se trata de algo bonito, mas convenhamos que essa amiga não desempenha o papel de uma mãe. Eu preciso ter a minha mãe como um exemplo e respeitá-la; a mamãe é na maior parte das coisas um exemplo para mim, mas justamente um exemplo do que eu não devo ser e fazer. Eu imagino que a Margot pense de maneira diferente em relação a tudo isso e jamais entenderia o que eu acabo de contar a você. E o papai evita toda e qualquer conversa que diga respeito à mamãe.

Eu vejo uma mãe como uma mulher que, em primeiro lugar, dê mostras de muito tato, sobretudo em relação a filhas da nossa idade, e não ria em alto e bom som como o faz a Mansa quando eu choro não de dor, mas por outras razões. Tem uma coisa, pode parecer uma besteira de nada, que eu nunca lhe perdoei. Foi num dia em que eu tive de ir ao dentista. A mamãe e a Margot me acompanhariam e acharam uma boa ideia que eu levasse a bicicleta. Logo que a consulta acabou e nos vimos diante da porta do consultório, as duas me comunicaram bem animadas que iriam passear na cidade para ver ou comprar alguma coisa, não me lembro mais o que. É claro que eu queria ir junto, mas não me deixaram porque eu estava com a bicicleta. As lágrimas me saltaram aos olhos de raiva e tanto a mamãe como a Margot começaram a rir alto. Furiosa como eu estava, na rua, mostrei a língua para elas bem na hora em que passava uma velhinha, que levou um senhor susto. Pedalei de volta para casa e chorei ainda por um bom tempo. É curioso que, de todas as feridas que a mamãe me causou, essa é a que mais arde quando penso na raiva que eu senti naquele dia.

A segunda coisa é algo que me custa muito lhe contar, porque diz respeito a mim mesma. Eu não sou puritana, Kitty, mas mesmo assim eu tenho a impressão de que, quando eles falam, frequentemente como só, sobre o que fazem exatamente no banheiro, todo o meu corpo se retesa em sinal de resistência.

Ontem eu li um artigo da Sis Heystar acerca de enrubescer. A Sis Heystar escreveu esse artigo como se se dirigisse única e exclusivamente a mim. Apesar de eu não enrubescer com facilidade, os outros assuntos de que ela trata são bastante adequados para mim. Em linhas gerais, ela escreve que, nos anos (no período) da puberdade, uma moça vai ficando introspectiva para refletir nas maravilhas que se operam no seu corpo. Isso vale também para mim, e é por isso que eu tenho sentido algo de vergonha diante da Margot, da Mamãe e do Papai. A Margot, em contrapartida, que é bem mais acanhada que eu, não se mostra nem um pouco envergonhada.

Eu acho milagroso o que vem acontecendo comigo, e não só o que se vê na minha aparência, mas também o que se opera por dentro. Justamente por não falar sobre mim e sobre todas essas coisas com ninguém, acabo conversando comigo mesma. A cada vez que menstruo (o que até agora só aconteceu três vezes) tenho a sensação de que, apesar da dor, da chateação e das manchas, carrego comigo um doce segredo e, por isso, apesar de não sentir nada além do incômodo, me alegro de certa maneira com antecedência em relação ao segredo que vou voltar a sentir em mim. De resto, a Sis Heystar escreve também que as jovens moças nestes anos não se sentem muito confiantes e que irão descobrir que são uma pessoa plena, com ideias, pensamentos e costumes. Eu, que quando cheguei aqui mal tinha 13 anos, comecei a refletir sobre mim mesma antes do tempo para descobrir que sou uma pessoa por si só. De noite na cama, às vezes sinto uma necessidade louca de tocar nos meus seios e de ouvir o meu coração pulsar tranquilo, mas fortemente.

Inconscientemente já tinha sentido algo do gênero antes de chegar aqui, como quando eu certa vez acabei dormindo uma noite na casa da Jacque. Eu me lembro de que quase não conseguia refrear a minha curiosidade em relação ao corpo dela, que ela sempre escondia de mim, de maneira que jamais o vi. Eu lhe perguntei se, como prova de amizade, poderíamos tocar uma nos seios da outra. A Jacque recusou. Além disso eu estava sentindo uma vontade louca de beijá-la. Acabei fazendo isso mesmo. Eu entro em êxtase cada vez que vejo a figura nua de uma mulher, como por exemplo a de Vênus do livro de história do Springer. Eu acho tão maravilhosamente bonito que preciso me segurar para não soltar lágrimas.

Se eu pelo menos tivesse uma amiga!

Agora ainda a terceira confissão, que mexe muito comigo. Vou começar do começo:

O meu anseio de conversar com alguém era tal que, de alguma maneira, quis que fosse o Peter. Às vezes, quando eu subia e entrava no quarto dele à luz do dia, o achava bastante aconchegante, mas, visto que o Peter é tão modesto e jamais poria para fora do quarto alguém que o incomodasse, nunca ousei ficar muito tempo, receosa de que ele ficasse incomodado. Eu estava esperando uma oportunidade para entrar despercebida no quarto dele e puxar conversa, e essa oportunidade se apresentou ontem. O que acontece é que o Peter desenvolveu uma mania: fazer palavras-cruzadas. A única coisa que ele faz é isso. Ontem eu lhe dei uma mãozinha e quando dei pelo fato estava sentada à mesinha à sua frente, ele na cadeira, eu no divã. Posso dizer que ficava extasiada ao olhar para ele ali sentado com os seus olhos azul-escuros e o seu misterioso sorriso. Eu conseguia enxergá-lo por dentro através dos sinais: lia no seu rosto o desamparo e a insegurança de como se comportar e, ao mesmo tempo, uma tênue percepção da sua masculinidade. Era olhar para ver o seu comportamento tímido, e me derretia por dentro, não conseguia não olhar uma vez após a outra para aqueles olhos / escuros e quase que suplicava com todo o meu coração, agora me conte algo de você, enxergue além dessa minha vontade fatal de tagarelar.

A noite ia se passando sem que acontecesse nada além de eu lhe falar sobre o tema do enrubescimento. Naturalmente não o que eu tinha escrito, mas que no decorrer dos anos ele se sentiria mais seguro.

De noite na cama eu não me aguentei e chorei e chorei, mas sem que ninguém ouvisse. Refletia na cama sobre o que eu diria hoje ao Peter e não conseguia parar de soluçar. Adormeci muito tarde.

Não ache você que eu estou apaixonada pelo Peter, nem de longe! Se os van Pels tivessem uma filha aqui em vez de um filho, eu também teria tentado contar algo sobre mim e fazê-la falar também.

Hoje de manhã eu acordei mais ou menos às 5 para as 7 e na mesma hora me lembrei vivamente do que eu tinha sonhado. Eu estava numa cadeira e à minha frente estava sentado o Peter... Schiff. Estávamos folheando um livro com ilustrações da Mary Bos. O meu sonho tinha sido tão nítido que eu em parte ainda me lembro das ilustrações. Mas a coisa não parou aí, continuei sonhando, até que, de repente, o meu olhar cruzou com o do Peter; fiquei um bom tempo contemplando aqueles belos olhos castanho-aveludados, o Peter disse então bem baixinho: "Se eu tivesse sabido disso, faz tempo que teria ido até você...!" Eu me virei então bruscamente para o lado, porque a emoção tomou conta de mim. Foi quando senti uma bochecha suave contra a minha, tão prazenteira, tão benfazeja que tudo virou um deleite, tão bom, mas tão bom......

Foi nessa altura que eu acordei, mas sentindo ainda o rosto dele no meu e os seus olhos castanhos tão profundamente fixos no meu coração, mas tão profundamente que ele pôde ler o quanto eu o amava e quanto eu ainda o amo. Os meus olhos ficaram outra vez rasos de lágrimas, e eu, entristecida por tê-lo perdido de novo, mas, ao mesmo tempo, contente por saber com certeza quanto eu amo o Peter. Findos os sonhos de ter seis filhos, uma bela casa e fazer viagens longínquas, contanto que eu pudesse ter o Peter ao meu lado, oh, Petel, Petel...

É peculiar como eu frequentemente vejo em sonhos imagens tão nítidas. Primeiro foi a Omi que eu vi certa noite tão claramente que pude distinguir a sua pele de veludo espessa e vincada. Depois foi a vez da Oma, que apareceu como anjo de guarda e então da Hanneli, que representa para mim o símbolo das atrocidades cometidas contra todos os meus amigos e todos os judeus; assim sendo, quando oro por ela, oro também por todos os judeus e os pobres. E agora Peter, o meu querido Peter; nunca o vi mentalmente com tantos detalhes, ao ponto de não precisar de uma fotografia sua, tão vividamente eu o vejo diante de mim.

Mas, Kitty, acho que nunca contei a você a história sobre os meus adoradores e eu. Aqui vai ela:

Quando era ainda bem nova, no jardim de infância, simpatizei com um tal Sally Kimmel. Ele já tinha perdido o pai e morava com a mãe na casa de uma tia. Um primo do Sally era o Appy, e os dois costumavam estar juntos e vestidos da mesma maneira. O Appy era um menino bonito, moreno esbelto e o Sally, um loirinho baixo e gordo, mas com tanto humor. Mas para mim não contava a beleza e amei ao Sally muito e durante muitos anos. Durante um bom tempo andamos juntos, mas o meu amor não era correspondido. Até que o Peter cruzou o meu caminho e uma verdadeira paixão infantil se abateu sobre mim. Ele também gostava de mim, e durante um verão inteiro nós fomos inseparáveis. Vejo mentalmente nós dois passeando de mãos dadas na rua. Então eu entrei na sexta do primário, e ele entrou na primeira classe do ensino secundário. Eu ia buscá-lo na saída da escola e eu também, aí voltávamos juntos. O Peter era um modelo de rapaz: alto, bonito, esbelto com um rosto sério, tranquilo e inteligente. Tinha os cabelos escuros e um lindo par de olhos castanhos, as maçãs do rosto vermelhas e um nariz pontiagudo. Quando ele ria, ficava com uma expressão marota. Estávamos 3 meses juntos, ele se mudou e estava morando com um rapaz bem mais velho Rolf (o Peter era 3 anos mais velho que eu). Pelo visto este lhe chamou a atenção para o fato de que eu não passava de um fedelha, ao que o Peter decidiu me deixar. Eu o amava tanto que não queria enxergar a verdade, me aferrando a ele até o dia em que eu me dei conta de que, se eu continuasse a cercá-lo, seria chamada de ninfomaníaca. Passaram-se anos. O Peter tinha trato com garotas da sua idade e nem me cumprimentava mais. Fui para o Liceu Judaico, vários meninos da minha idade se apaixonaram por mim. Eu gostava, me sentia lisonjeada, mas, de resto, não tinha interesse. Algum tempo depois se apaixonou por mim o Hello, mas como dito, nunca mais me apaixonei. O ditado diz: O tempo cura todas as feridas, foi o que aconteceu comigo também. Acreditava ter esquecido o Peter e não o achar nem mesmo minimamente simpático, mas no meu subconsciente perdurou a lembrança de maneira tão forte que acabei me convencendo de que tinha ciúmes das outras meninas e que por isso não o achava mais simpático. Hoje de manhã entendi que nada mudou em mim; pelo contrário, enquanto eu crescia e amadurecia, o amor por ele só fez se intensificar.

Agora eu entendo direito por que o Peter me achava infantil, mas, mesmo assim, acho cada vez mais doloroso que ele tenha (tinha) se esquecido de mim.

Vi de novo o seu semblante à minha frente e agora sei que ninguém mais vai jamais ocupar em mim esse lugar que é dele. Amo o Peter com todas as minhas forças. Hoje eu me sinto também toda confusa. Quando o papai hoje de manhã me deu um beijo, me deu vontade de gritar: "Eu queria que fosse o Peter!" Faça o que faça, estou sempre pensando nele e não paro de repetir: "Ah, Petel, amor do meu coração.....

Mas isso serve de quê? Eu tenho que continuar vivendo e pedindo a Deus que, quando eu sair daqui, Ele o traga de volta para o meu caminho e, ao ler os meus pensamentos nos meus olhos, diga: "Ah, Anne, se eu tivesse sabido, já teria vindo há muito tempo."

O papai me disse certa vez, quando estávamos falando de sexualidade, que eu ainda não conseguiria entender aquele desejo; mas eu sempre soube que entendia, e hoje então nem se fala! Nada me é mais precioso que ele, o meu Petel!

Olhei o meu rosto no espelho e o vi tão diferente! Vejo os meus olhos límpidos e profundos, as minhas maçãs do rosto, o que já faz semanas não acontecia, com uma cor rosada, a minha boca muito mais suave; pareço feliz, mas, ainda assim, há algo de amargura na minha expressão, o meu sorriso desliza dos meus lábios e desaparece na mesma hora. Não estou feliz, porque é fácil imaginar que o Petel não está pensando em mim, mas ainda assim, ainda sim eu sinto os seus belos olhos fixados em mim, e o seu rosto suave e fresco encostado no meu......

Ah. Petel, Petel! Como eu faço para me desprender da sua imagem? Qualquer outro no seu lugar não passaria de uma pobre imitação? Eu amo você, mas com tanto, tanto amor que ele já não tem para onde mais crescer senão for para brotar e sair à luz com uma força tão intensa parece ser uma revelação.

Se você tivesse me perguntado há uma semana, ou mesmo ontem: "Qual dos seus conhecidos você acharia o mais adequado para ser o seu marido?", eu teria respondido: "O Sally, porque com ele eu me sinto bem, tranquila e protegida!"

Mas hoje eu gritaria: "O Petel, porque eu o amo de coração e de alma, numa entrega total!" Com uma ressalva, porém: que não me tocasse em nenhum lugar além do rosto.

Hoje de manhã eu imaginei estar sentada com o Petel no chão de madeira diante das janelas na parte dianteira do sótão; após uma curta conversa, nos pusemos os dois a chorar. Mais tarde senti a sua boca e a sua bochecha maravilhosa! Ah, Petel, venha até mim, pense em mim, meu único e querido Petel!

QUARTA-FEIRA, 12 DE JANEIRO DE 1944.

Querida Kitty,

Já faz duas semanas que a Bep voltou, apesar de a sua irmã não poder ainda voltar à escola. A Dina e o Joop também ainda estão em casa; o Serviço Médico simplesmente se esqueceu da Gerda. A Bep não esteve aqui na segunda e ontem, ficou em casa de cama com dor de garganta. Também a Miep e Jan ficaram dois dias em casa por um desarranjo digestivo. No segundo dia o Jan teve de ir de novo ao trabalho, e a madame ficou tranquila.

A Bep prometeu me ensinar as danças modernas. O Voskuyl também esteve aqui em casa no sábado, e por acaso veio à luz que ele sabe dançar "Pallada".

Eu ando inspirada por dança e balé. Todas as noites ensaio, aplicada, uns passos de dança. Fabriquei de uma anágua azul-claro da Mansa um vestido de dança hipermoderno. Um elástico na parte superior se amarra na altura do peito e sustenta o vestido. Uma fita rosa canelada completa o conjunto.

Tentei transformar os meus tênis em genuínas sapatilhas de balé, mas em vão. Já avancei num monte de exercícios difíceis. Como ficar sentada no chão segurando com cada mão um pé e elevando então as pernas. O que é necessário é ter uma almofada de apoio sobre a qual se sentar. (Aqui eu fui interrompida e na quinta 13 jan. 1944) continuei!

Com todos esses exercícios os meus braços e pernas não melhoraram. O meu braço esquerdo e as minhas pernas direita e esquerda tinham se deslocado, mas após 1½ dia o meu braço estava melhor, mas as minhas pernas ainda doem muito. Essa ilusão de ginástica todas as noites se foi.

O pessoal anda lendo um livro intitulado Uma manhã sem nuvens. A mamãe o achou excepcionalmente bom por tratar de problemas da juventude. Um pouco irônica, pensei com os meus botões: Você trate primeiro dos seus próprios problemas juvenis!

Eu acredito que a mamãe realmente acha que a Margot e eu mantemos a melhor das relações com os nossos pais, e que ninguém se preocupa mais que ela com os problemas das filhas. Ela se dedica exclusiva e categoricamente à Margot, porque esta nunca se viu às voltas com problemas tais como os meus. Eu nem quero dar a ideia à mamãe de que um membro da sua prole se pareça tão pouco ao que ela considera ideal, porque ficaria consternada, sem saber como abordar o problema; a tristeza que sobreviria é algo que eu prefiro lhe poupar, mesmo porque eu sei que nada mudaria para mim. A mamãe sabe que a Margot a ama muito mais do que eu, mas deve pensar que se trata só de uma fase!

Não é estranho, Kitty, que eu de vez em quando me veja pelo olhar dos outros? Vejo distintamente todas essas questões da Anne Frank. Antigamente, em casa, na época em que eu não pensava tanto, eu tinha vez sim vez não a impressão de que não fazia parte do núcleo Mansa, Pim e Margot, às vezes eu ficava triste por meio ano, até que me castigava a mim mesma e me recriminava de que tudo era apenas culpa minha, que eu bancava a sofredora e que não merecia que tudo estivesse sempre bem comigo.

Aí então eu andava na fase em que eu me esforçava para ser amável. Todas as manhãs, quando descia alguém pela escada do sótão, esperava que fosse a mamãe vindo me dar bom dia e eu a cumprimentava com gentileza por de fato me alegrar de que ela me visse com bons olhos. Então, por um ou outro comentário, já me respondia mal, o que me fazia ir à escola toda desanimada, achando que ela no fundo não era mesmo amável. Às 12, no caminho de volta para a casa, eu a perdoava, pensando comigo mesma que ela tinha as suas preocupações, chegava serelepe e em geral se repetia a mesma coisa pela tarde. Às vezes eu decidia me mostrar brava, mas, ao voltar da escola, tinha tantas novidades que me esquecia da minha decisão completamente, e felizmente isso acontecia! Até que eu de manhã não esperava mais, me sentindo só e, de noite, ficava chorando um tempão.

A única diferença agora é que, por ter a Mamãe perto de mim o dia inteiro, não aguento mais ver o rosto dela, porque ela não é a minha mãe querida e nunca o será!

Ontem à noite me ocorreu de repente, e não sei o porquê, mas nunca mais encontro o momento adequado para falar com ele. E então... logo começo a chorar por coisas desse tipo e fico sem conseguir dizer tudo de uma maneira tranquila, quando quero.

Agora Deus me mandou uma ajuda Peter...... — Aperto o meu medalhão, lhe dou um beijo e penso: "E o que me importa toda essa palhaçada! O Peter é meu e ninguém sabe disso!" Dessa maneira eu consigo vencer cada bronca.

Quem saberá quanta coisa sente a alma de uma adolescente?

SÁBADO, 15 DE JANEIRO DE 1944.

Queridíssima Kitty,

Não tem sentido eu ficar toda hora lhe contando as nossas brigas e disputas nos mínimos detalhes. Acho que já basta eu lhe contar que estamos nos afastando cada vez mais uns dos outros e levando cada vez menos em consideração os desejos alheios.

O aniversário da mamãe se aproxima, ela ganhou açúcar do Kugler, o que deu ensejo à inveja, porque no aniversário da madame não havia açúcar. Mas para que continuar chateando você com os bate-bocas, as choradeiras e as conversas maliciosas, sabendo como você sabe que elas também nos chateiam mais e mais. A mamãe expressou um pedido provisoriamente não factível: o de não ter de ver a cara do sr. van Pels.

Eu me pergunto se todas as pessoas que se veem obrigadas a viver juntas por tanto tempo invariavelmente acabam brigando. Ou terá sido má sorte nossa? Se o Pf. se serve à mesa ¼ de uma meia tigela de molho, deixando os outros a ver navios, perco o apetite, e me dá vontade de saltar no pescoço dele, arrancá-lo da cadeira e colocá-lo no olho da rua. Será que a maior parte da humanidade é mesmo tão egoísta e mesquinha? Segundo o van Pels: "Se tivermos o suficiente, que se dê também aos outros, a nós o melhor, nós os primeiros, a nós o máximo." Já o Pf.: "Eu pego o quanto eu quiser, não olho se ainda sobrou e digo a todos que sou muito humilde!" Acho ótimo ter adquirido aqui algo de conhecimento sobre os seres humanos, mas agora já chega; O Peter disse a mesma coisa, assim como eu quando nós só estávamos ainda meio ano aqui, e não um ano e meio. Só Deus sabe o que é necessário e bom para nós, e nós que tiremos o melhor proveito da nossa estada aqui.

Aqui estou eu, fazendo sermão e acho que, se ficarmos ainda muito tempo aqui, a minha adolescência vai desaparecer na minha alma. Logo eu, que queria só ser uma adolescente de verdade!

Anne Frank.

QUARTA À NOITE (8 HORAS!)
19 DE JANEIRO DE 1944.

Querida Kitty,

Eu (de novo o mesmo erro!) não sei o que acontece, mas percebo pelos meus sonhos o quanto eu tenho me modificado. Diga-se de passagem, na noite passada eu sonhei de novo com o Peter e o seu olhar profundo fixo no meu, mas dessa vez o sonho não foi tão bonito e nítido como o anterior. Você já sabe que antigamente eu tinha ciúmes da Margot no que se referia ao papai. De ciúmes não sobrou mais nadica; é verdade que me dói quando o papai me trata injustamente quando fica nervoso, mas aí eu penso: "Não posso levar vocês a mal por serem como são; vocês não param de falar sobre a mentalidade infanto-juvenil, mas não têm a menor ideia do que falam! Eu anseio por mais que os beijos do papai, mas que as suas carícias. Não é horrendo da minha parte andar às voltas com essas ideias? Será que, em vez de me comportar bem e ser carinhosa, eu não deveria primeiro perdoá-los? Eu até perdoo a mamãe, mas é com dificuldade que eu me seguro quando ela debocha e ri de mim o tempo todo.

Eu sei, falta muito para eu ser como deveria. Será que algum dia eu chego lá?

AnneFrank.

P.S.: O papai me perguntou se eu comentei com você sobre a torta. Isso é porque, de aniversário, ganhou do pessoal do escritório uma torta como as que se faziam antes da guerra, com sabor moca. Divina! No momento, porém, eu estou com outras coisas na cabeça.

SÁBADO DE TARDE (TRÊS E QUINZE) 22 DE JANEIRO DE 1944.

Queridíssima Kit,

Será que você saberia me dizer por que razão as pessoas escondem com tanto medo o mundo interior delas? Como se dá que eu, no trato com as pessoas, sempre me comporte como não deveria? Por que é que as pessoas confiam tão pouco umas nas outras? Eu sei que certamente há uma razão para isso, mas é que é horrível, horrível mesmo.

Desde a noite em que eu tive aquele sonho, me modifiquei, fiquei mais velha e uma pessoa por si só. Você deve achar estranhíssimo esta minha colocação, mas até os van Pels tomaram outro lugar dentro de mim. Eis que de repente eu vejo todas as nossas discussões de um ponto de vista imparcial. Como é que eu mudo assim, de uma hora para a outra? Pois é, de repente eu comecei a pensar que se a mamãe fosse diferente, uma mãe de verdade, a nossa relação teria sempre sido toda outra. É inegável que a senhora van Pels tem um caráter medonho, mas as pessoas aqui não podem ser tão ruins a ponto de não ter um lado ensolarado.

Se a mamãe não fosse tão impossível em cada discussão, tão dura, tão ausente e tão pouco feminina, então todas as nossas brigas poderiam facilmente ter sido evitadas porque a senhora van Pels, na hora de falar e falar amigavelmente não é nem um pouco tão ruim como parece. É verdade, apesar de todo o egoísmo, da mesquinhez e da burrice, ainda é possível conversar com ela.

Todas as questões relativas à educação, os mimos, a comida, tudo, mas tudo mesmo poderia ter tomado outro rumo se tivéssemos sido abertos e amigáveis em vez de ver apenas os lados ruins uns dos outros. Eu sei exatamente o que você diria agora, Kittij: "Mas Anne, essas palavras vêm mesmo de você? Logo de você, sobre quem caíam as reprimendas, de você, que sabe de todas as injustiças cometidas?! Pois é, vêm de mim mesma. No momento agarro qualquer oportunidade quando acho alguma coisa que possa falar comigo e a sra., apesar das suas inclinações ruins não é completamente ruim.

É claro que não posso lhe dizer isso, porque tenho que me ocupar agora com a minha própria família, mas eu vou cuidar para que eu não fofoque e os defenda tanto quanto possível.

Até agora eu sempre achava que a culpa das brigas eram todas deles, mas uma grande parte é culpa nossa. Tínhamos razão no que se refere aos assuntos, mas das pessoas ajuizadas (às quais pretendemos pertencer) se espera mais discernimento na hora de lidar com as pessoas.

Agora eu tenho esse discernimento e espero ainda encontrar uma oportunidade de utilizá-lo.

AnneFrank.

P.S.: Continuo trabalhando muito e ultimamente eu desenvolvi uma predileção por árvores genealógicas das casas reais. Quanto mais se procura, mais se avança. Também não abandonei as minhas estrelas de cinema. O sr. Kugler me traz todas as semanas uma Cinema & Theater. Tchau a sua Anne.

SEGUNDA, 24 JAN. 1944.

Querida Kitty,

Aconteceu comigo algo (se bem que, na verdade, o termo "acontecer" não se aplica aqui) que eu própria considero uma loucura.

Antigamente, tanto na escola como em casa, se falava de assuntos relativos ao sexo ou como se tratasse de um segredo, ou como de algo repulsivo. Palavras que fizessem referência ao assunto eram sussurradas, e frequentemente se caçoava de quem não soubesse nada do assunto. Eu achava tudo aquilo estranho e me perguntava muitas vezes o porquê de se falar a respeito como sendo algo secreto ou desagradável. Mas, como eu não podia fazer nada para mudar, ficava o máximo possível de bico calado ou então falava a respeito só quando estava sozinha com a Jacque ou com ela. Quando eu já estava bastante mais a par do assunto, a mamãe um dia veio e me disse: "Anne, eu lhe dou um bom conselho: não fale jamais desse assunto com os garotos, e se algum vier puxar conversa a respeito, você não dê ouvidos!" Eu respondi: "É evidente que não; era só o que me faltava!" E nunca falei a respeito com meninos.

Quando vim para cá, o papai me contou um monte de coisas e o resto eu aprendi por acaso através de livros e conversas. O Peter aqui nunca me chateou a respeito do assunto tanto como os meninos da escola. Talvez no início, uma ou outra vez, mas não para tentar conseguir algo de mim. A madame nos contou certo dia que nunca tinha tocado no tema com o filho, e, pelo que sabia, o marido também não. Aparentemente não sabia nem como nem no que ele tinha sido instruído.

Ontem, quando a Margot, o Peter e eu estávamos descascando batatas, a conversa foi parar no Moffie. Não me lembro como aconteceu, mas o Peter disse que o Moffie era macho e acrescentou que o Pf. também tinha dito, "mas ele tinha dito primeiro que também era uma gata, ou seja, dá na mesma!"

"Bem", disse eu, "então eu também não sei mais distinguir, mas já faz tempo que eu queria descer com você para você me mostrar!" Muito bem o Peter concordou: "Mas é com certeza um macho", disse ela ainda, "eu até o vi do escritório privado tendo relação sexual!" É claro que eu fiquei um pouco desconcertada; não estava acostumada a que me falassem tão abertamente sobre esses assuntos, muito menos o Peter

Pela tarde então eu vesti meu casaquinho e desci com ele. Fomos até a sacada envidraçada, porque o Moffie não estava lá e o Peter começou a chamá-la. "Com certeza", disse ele. "O Moffie é com certeza macho, dá para ver quando ele está brincando comigo, ele pula em cima de mim quando fica selvagem e até acha que eu sou uma gata fêmea, fica evidente!" "Disso eu sei", disse eu, porque já tinha visto isso com o Tor o cachorro da Amende.

Eu quis o tempo todo perguntar se o Moffie não tinha sido castrado, mas não estava conseguindo. Mas o Peter leu os meus pensamentos: "O Moffie com certeza não é castrado."

"Peter", perguntei, "que idade tinha a Mouschi quando foi castrada?"

"Logo que veio ficar com a gente, bem pequena!" E ele começou a assobiar e a chamar baixinho, mas o Moffie não vinha. "Diga cá uma coisa, como se diz "geschlechtsteil" em holandês?", perguntou de novo.

"Órgão sexual."

"Não é isso ao que eu me refiro.

E subimos.

Mais tarde eu o ouvi descendo e o segui sozinha. Ele já estava brincando com o Moffie sobre a mesa de empacotamento.

"Então, aqui está ele, quer ver?" E na mesma hora pegou o gato e me indicou: "Este aqui é o órgão sexual masculino, aqui alguns pelos soltos e aqui atrás está o traseiro!" O gato foi virado sobre a mesa.

Qualquer outro menino que me tivesse mostrado "o órgão sexual masculino" receberia de mim, indignada, uma bofetada, mas o Peter falava daquilo tudo com tanta naturalidade, sem a menor malícia ou segundas intenções que eu achei tudo muito normal. "Você estava junto quando a Mouschi foi castrada?"

"Sim, claro, é bem rápido, mas o animalzinho é anestesiado."

"Eles tiram alguma coisa?"

"Não, o veterinário só faz um corte na trompa. Não dá para perceber nada por fora. Ouça só o outro gato chamando!" Do lado de fora um gato sempre miava dia e noite, sempre na época de cio. "Com certeza é um macho", supus.

"Não dá para dizer isso."

"É, sim. É sempre o macho que chamam assim."

"Esse com certeza não vai achar outro."

"Os cachorros também são castrados tanto quanto os gatos?

"Não, só cachorrinhos de colo." Enquanto isso Peter brincava com o gato, e quis me mostrar a dentição do Moffie. Reuni toda a minha coragem, porque tão "natural" aquilo tudo não me parecia.

"Peter, um '*Geschlechtsteil*' é um '*geslachtsdeel*', mas as fêmeas e os machos têm cada um o seu próprio nome."

"Disso eu sei."

"Nas fêmeas se chama 'vagina', mas do nome nos machos eu me esqueci."

"Sei."

"Ah!", exclamei então. "Como a gente decora esses nomes, porque só muito raramente você dá com eles por acaso?"

"Daqui a pouco eu pergunto lá em cima. Os meus pais sabem melhor, além de terem experiência."

Então subimos de novo.

"É a inconstância da vida, como disse o Brederode.[94] De fato, nunca teria falado sobre o assunto com uma garota de maneira tão natural. Também sei que não era aquilo que a mamãe tinha em mente com o seu conselho sobre os garotos.

Mesmo assim, fiquei um pouco alterada; quando refletia, aquilo me parecia algo peculiar. Em um ponto, pelo menos, eu aprendi algo: também dentre os do sexo oposto há os que falam com espontaneidade e sem chacota.

Será que o Peter fará aquela pergunta aos pais? Será que ele vai continuar sendo assim como foi ontem?

Ah, e eu lá sei?!

Anne.

SEXTA, 28 JAN. 1944.
QUERIDA KITTY,

Apesar de não acontecer muita coisa aqui, não posso tratar com descaso as questões do Anexo em favor das minhas. Primeiro eu gostaria de falar sobre os "clandestinos". Clandestinos e reclusos se transformaram em algo muito comum e você nem pode imaginar quanto se faz em instituições como Holanda Libertária. Milhares e milhares de documentos de identidade e cupons de racionamento são facilitados, em parte por dinheiro, em parte de graça. Quantos documentos de identidade falsos não circulam por aí. Conhecidos judeus andam por aí sob nomes cristãos falsos, e com certeza não há muitos clandestinos como nós que não têm documentos nem circulam pela rua. O namorado da Bep, que na verdade deveria estar em Berlim se encontra diariamente nas ruas com companheiros e sabem com frequência uns os lugares onde se escondem os outros. Três filhos do nosso leiteiro estão no interior etc. e tal.

Ouvem-se as histórias mais absurdas de fontes seguras como: em Gelderland houve um jogo de futebol, um time de clandestinos jogou contra um time de policiais.

Em Hilversum, onde são entregues novos cupons há determinados horários em que a polícia não vigia para que os clandestinos possam pegar os seus cupons. Tenho que trabalhar ainda, até a próxima.

Anne Frank.

---

94. Adriaenszoon Bredero, Breero ou Brederode (Amsterdã, 1585–1618), famoso poeta holandês do Século de Ouro.

DOMINGO, 30 DE JANEIRO DE 1944.

Queridíssima Kitty,

Chegamos a mais um domingo; é verdade que já não os acho tão ruins como antes, mas continuam sendo uma chatice.

Ao armazém eu ainda não fui, quem sabe mais tarde dê certo. Ontem à noite eu desci no escuro totalmente sozinha depois de haver estado com o Papai há algumas noites. Eu estava quase descendo as escadas, quando percebi um sem-número de aviões alemães sobrevoando em todas as direções; eu soube que sou uma pessoa que pode se valer por si mesma, que não pode contar com o apoio dos outros. O meu medo tinha desaparecido, eu elevei o olhar ao alto, confiante em Deus.

Eu ando com uma necessidade louca de estar sozinha. O papai percebeu que eu não estou no meu normal, mas também não posso dizer nada a ele. "Me deixe em paz! Me deixe em paz!": isso é o que eu tenho vontade de gritar vez após vez. Quem sabe qualquer hora não me deixam em paz mais do que eu queria!

Anne Frank.

QUINTA, 3 DE FEVEREIRO DE 1944.

Queridíssima Kitty,

Um clima de invasão tem tomado conta do país inteiro mais e mais a cada dia que passa, e se você estivesse aqui agora, por um lado você ficaria impressionada como eu com todas as preparações; por outro, riria de nós por conta de tanto fuzuê, que pode não dar em nada! Todos os jornais só falam de invasão e vão deixando todo mundo louco por dizer: "Se os ingleses eventualmente desembarcarem na Holanda, as instituições alemãs farão de tudo para defender o país, mesmo quebrando os diques." Em todos os lugares se veem mapas nos quais as partes da Holanda que podem ser inundadas estão demarcadas. A primeira pergunta que se fez foi: O que fazer se a água subir à altura de um metro nas ruas?

Já que com certeza a interessará, vou escrever o que todos aqui no Anexo responderam a essa pergunta.

1ª: Já que andar a pé ou de bicicleta está fora de questão, se quisermos fugir, vamos ter de vadear pelas águas, que, claro, acabavam virando águas paradas.

2ª: Vamos ter que tentar nadar. A sra. v. P: "Ainda tenho um maiô, e o Peter tem que aprender logo a nadar." Resposta: "Se a senhora põe toucas e nada o máximo possível sob a superfície, ninguém vê que a senhora é judia."

3ª: Que fedor vai ser: vamos ver os ratos de água em todas as ruas.

4ª: Talvez o armazém colapse, ele é mais madeira que pedra.

5ª: Deixando a brincadeira de lado, nós precisamos conseguir arranjar um bote.

6ª: Nada disso, seria melhor nos sentarmos sobre uma caixa de lactose e remar com uma concha de sopa.

7ª: Não podemos andar com pernas de pau?

8ª: O Jan Gies não precisa disso e ele leva a esposa nas costas.

Você viu por onde anda a coisa, não é, Kit? Toda essa conversa mole é muito engraçada, mas a verdade não é nada engraçada.

A segunda pergunta não tardou a vir por causa dos pôsteres nas ruas: O que fazer se os alemães evacuarem Amsterdã?

1ª: Ir atrás deles, disfarçados o melhor possível.

2ª: Ir para a rua está fora de questão! Continuamos aqui! Os alemães são capazes de ir empurrando toda a população até ela chegar na Alemanha e lá morrer."

3ª: Sim, claro, nós ficamos aqui. É o lugar mais seguro. Tentamos convencer o Kleiman a vir morar aqui com a família, arranjamos um saco cheio de lascas de madeira de uma carpintaria e dormimos no chão. É melhor já pedir para a Miep e o Kleiman irem trazendo cobertores. Encomendamos do Siemons 25 quilos de farinha, 30 quilos de grãos já temos em casa, moídos e em perfeito estado. Que o Jan nos arranje 5 quilos de ervilhas, nós já temos quase 35 quilos de feijão, 5 quilos de ervilhas e 2,5 quilos de grãos-de-bico. 50 latas de legume, 20 latas de peixe, 40 garrafas de leite, 4 quilos de leite em pó, 3 garrafas de óleo, 4 frascos de manteiga, 4 de carne, 4 garrafas de laranjada, 60 frascos de compota de fruta, 20 garrafas de sopa de tomate, 5 quilos de aveia, 4 quilos de arroz, mas açúcar não. O nosso estoque é relativamente grande, mas se pararmos para pensar que talvez apareçam muito mais pessoas para comer, aí deixa de ser tão grande. De carvão e lenha nós temos o suficiente em casa; velas na medida do possível plenty.

4ª: Vamos cosendo uns bolsos internos para o caso de termos de levar todo o nosso dinheiro.

5ª: Fazemos listas e pomos o necessário em mochilas.

6ª: Quando chegar a hora fazemos dois postos de observação, um na parte dianteira e o outro na traseira do sótão.

7ª: Agora digam o que a gente faz com tanta comida se não tivermos água, gás e eletricidade? Nesse caso teríamos que cozinhar na estufa. Filtrar a água e ferver. Limpamos uns garrafões grandes para conservar água neles. Além disso temos três caldeirões e um tanque como reservatórios de água.

8ª: Vamos pedir para a Amende nos mandar a nossa caixa da Cruz Vermelha, todos os nossos casacos, sapatos, conhaque e açúcar.

9ª: Também temos 2 hectolitros e ½ de batatas de inverno no quarto dos fundos com as especiarias. É assim o dia inteiro o Papai pretende, se chegar a hora, dar à Margot e a mim *f* 500, entre os quais provavelmente também dólares. A mamãe e ele pegam *f* 1000 cada um.

Durante a refeição tivemos a seguinte conversa com Jan:

Os cavalheiros: Temos medo Jan de que os alemães carreguem consigo toda a população.

Jan: Impossível, eles precisariam ter trens.

Os cavalheiros: Trens? Eles usariam os trens dos próprios pés.

J: Tudo besteira, os senhores veem as coisas negras demais. Que interesse eles teriam?

C: Então o senhor não ouviu o que disse o Goebbels? "Se tivermos que sair do poder, fechamos atrás de nós a porta de todas as regiões ocupadas!"

J: Eles já disseram tanta coisa!

C: O senhor acha que os alemães são nobres demais para isso? Eles pensam assim: se nós afundarmos, todos eles afundam conosco.

J: Continuo não acreditando.

C: A história é sempre a mesma: vocês não veem o que aconteceu!

J: O senhor tirou essa de onde, só faz suposições.

C: Nós mesmos vimos tudo de perto, e o que é diferente na Rússia?

J: É bem diferente, os senhores desconsiderem os judeus por um momento. E os senhores também não sabem o que anda acontecendo na Rússia. Os ingleses e os alemães aumentam os fatos para fins propagandistas tanto quanto os alemães.

C: "Fora de questão, nós achamos que tudo é 100% exagero, e isso já é ruim o suficiente, porque é um fato que milhões e milhões de pessoas são postas em câmaras de gás e assassinadas na Polônia e na Rússia.

Kitty, vou parar de ficar enumerando todos os detalhes. Estou muito tranquila e não deixo todas essas coisas me afetarem: só sei que acharia ótimo e tranquilizador se os Kleiman viessem para cá.

Cheguei num ponto em que me dá na mesma morrer ou continuar vivendo, o mundo continuaria girando sem mim e eu não poderia resistir a todos esses acontecimentos.

Só fico à espera, mas se for salva e poupada do declínio, acharia horrível perder os meus diários e os meus contos.

Anne Mary Frank.

TERÇA 8 DE FEVEREIRO DE 1944.

Querida Kitty,

Eu não saberia lhe dizer como eu me sinto. Uma hora eu desejo tranquilidade, na seguinte, alegria. Aqui nós perdemos o costume de rir, rir até não mais poder.

Hoje de manhã me deu um ataque de riso, sabe, daqueles que a gente tem na escola. A Margot e eu ficamos rindo que nem duas verdadeiras adolescentes bobalhonas.

Hoje de noite houve outro episódio com a Mamãe. A Margot estava enrolada no seu cobertor de lã, mas saltou de repente da cama e se pôs a olhar o cobertor minuciosamente: ele estava com um alfinete espetado! A Mamãe tinha remendado o cobertor. O Papai balançou a cabeça e disse algo sobre o desmazelo da Mamãe, que logo saiu do banheiro. Eu disse de brincadeira: "Du bist doch eine echte Rabenmutter." Ela perguntou, claro, o porquê, e lhe contamos sobre o alfinete. Ela, presunçosa, fechou a cara na mesma hora e me disse: "Olhe só quem veio falar de desmazelo! Quando é você quem costura, deixa o chão cheio de alfinetes espalhados. E olhe o estojo de manicure rondando por aqui, você nunca o põe de volta no lugar!" Eu disse que não tinha usado o estojo de manicure, e foi quando a Margot entrou na conversa, se declarando culpada. A Mamãe ficou ainda um tempo falando do meu desmazelo, até que eu, farta, respondi curta e grossa: "Não fui eu quem falou de desmazelo; sou sempre eu quem acaba pagando o pato injustamente!" A Mamãe se calou, e, nem um minuto depois, me vi obrigada a lhe dar um beijo de boa noite. O incidente pode parecer irrisório, mas a mim tudo me irrita.

Pelo que tudo indica, este período aqui parece ser um de reflexão, e os meus pensamentos foram parar no casamento dos meus pais. O casamento deles sempre me foi apresentado como o casamento ideal. Jamais uma briga ou caras fechadas, a harmonia plena, etc. e tal. Sei muito a respeito do passado do Papai; não é pouca coisa o que eu sei, e o que eu não sei, eu fantasio; quero crer que o Papai se casou com a Mamãe porque a achou adequada para tomar o lugar de esposa ao seu lado. Devo dizer que admiro a Mamãe pela maneira como ela ocupou esse lugar e, pelo que eu sei, nunca reclamou de nada nem fez cena de ciúmes. Não deve ser fácil para uma mulher que ama saber que nunca ocupa o primeiro lugar no coração do marido, e a Mamãe o sabe. Isso certamente fez com que o Papai a admirasse e achasse impecável o seu caráter. Por que ele se casaria com uma outra? Os ideais dele bateram asas e voaram, marcando o fim da sua juventude. No que se transformou o seu casamento? Discussões e diferenças de opinião, zero, eu sei — mas ideal o casamento deles também não é. O Papai estima a Mamãe e a ama, mas não no amor conjugal tal como eu o imagino. Ele a aceita como ela é, se irrita frequentemente, mas diz o mínimo possível porque sabe quanto a Mamãe se sacrifica.

Sobre os negócios, sobre outros assuntos, sobre pessoas, sobre tudo — o Papai está longe de pedir sempre a opinião dela e de lhe contar tudo, porque sabe que ela é exagerada, crítica e não raras vezes preconceituosa demais. Ele não é apaixonado por ela e lhe dá beijos como os que dá em nós e não a cita como exemplo porque sabe que não pode. Olha-a com ironia e provocação, mas nunca amorosamente.

Pode ser que por conta desse seu grande sacrifício tenha se tornado tão dura e temível para os que a cercam, mas isso faz com que ela se distancie cada vez mais da senda do amor e suscite cada vez menos admiração; o Papai com certeza sabe que ela externamente nunca fez exigências do monopólio do seu amor, mas isso foi fazendo com que este, internamente, pouco a pouco tenha ido se desgastando. Ela o ama como a mais ninguém, e é duro sempre ver esse tipo de amor não correspondido.

Assim sendo, será que eu não deveria sentir pena da mamãe? E ajudá-la? E o papai, como fica? Eu não consigo, vejo diante de mim sempre uma outra mãe, não posso. Por outro lado, como fazer algo, se ela nunca me contou nada de si, nem eu lhe perguntei? O que é que nós sabemos uma dos pensamentos da outra? Eu não posso falar com ela, não posso olhar amorosamente para aqueles seus olhos gelados, não posso, nunca! Se ela tivesse uma qualidade que fosse de uma mãe compreensiva, ou brandura, ou simpatia, ou paciência, ou algo mais: eu estaria sempre me esforçando em me aproximar dela. Mas amar essa natureza insensível, esse ser irônico, me é a cada dia que passa mais difícil, se não impossível.

Anne Mary Frank.

Sábado 12 de fevereiro de 1944.

Querida Kitty,

Brilha o sol, o céu é de um azul profundo, sopra uma brisa amena, e eu anseio tanto — anseio — por tudo...

Por falar, pela liberdade, pelos amigos, por estar a sós. Anseio tanto... por chorar! Eu tenho a sensação de estar saltando e sei que tudo melhoraria se eu chorasse; mas não consigo. Estou irrequieta, ando de um quarto para o outro, respiro pela fresta de uma janela, sinto o coração bater como se dissesse: "Faça finalmente algo para aliviar o seu anseio!" Acho que sinto em mim a primavera, sinto-a despertar, no corpo e na alma.

Tenho que me segurar — cada vez mais, anseio pelo meu Petel, anseio por qualquer menino, inclusive o Peter — aqui. Gostaria de lhe gritar "Ah, diga-me alguma coisa, não fique só com esse sorriso, toque em mim, para que eu sinta de novo aquele sentimento divino, como quando sonhei pela primeira vez no meu sonho com o rosto do Petel!"

Estou totalmente confusa, não sei o que ler, o que escrever, o que fazer, só sei que anseio.

a sua

Anne Mary Frank.

segunda, 14 de fevereiro '44.

Querida Kitty,

Desde o sábado muita coisa mudou para mim. Eu me explico: estava sentindo um anseio (e ainda o sinto), mas... uma pequena, bem pequena fração de mim já foi satisfeita.

Na manhã do domingo eu reparei (vou ser sincera: para grande prazer meu) que o Peter não parava de olhar para mim. De uma maneira muito diferente da costumeira, não sei explicar como, mas tive a sensação de que ele não é tão apaixonado pela Margot como eu imaginava. Durante o dia inteiro fiz questão de não olhar muito para ele, porque, se o fizesse, ele continuaria a me olhar sem parar e aí — pois é, aí eu senti algo de agradável em mim, algo que não estou acostumada a sentir.

Na manhã da segunda eu tive que subir ao sótão para pegar alguns livros do senhor Pfeffer, e o Peter aproveitou a oportunidade para subir comigo. Estávamos falando de coisas banais; o senhor van Pels se juntou a nós e eu logo desci de novo. Uma vez trazidos os livros do Pf. tive de devolver os já lidos (claro que eu podia protelar, mas não fiz isso).

Subi de novo as escadas com o meu casaquinho e me deitei no chão sobre uma pilha de sacos com um travesseiro. A janela estava aberta, o sol brilhava que era uma maravilha, e eu estava feliz por saber que ele voltaria. Assim o fez e me contou o que tinha acontecido na noite anterior.

No domingo à noite estavam todos sentados em volta do rádio, exceto o Pim e eu, escutando o concerto do domingo. O Pf. não parava de mexer no aparelho, para grande irritação do Peter e dos demais. Após meia hora assim, o Peter pediu um pouco irritado ao Pfeffer que desse um fim àquela intervenção. O Pf. respondeu com aqueles seus ares de extrema arrogância: "Ich mach's schon!" O Peter se enfureceu, o que ele disse exatamente eu não me lembro, só sei que foi mal-educado. O senhor van Pels interveio, bravo também, e defendeu o Peter. E a coisa morreu aí.

O Peter tinha virado uma fera, ele com certeza tinha se dado conta de que eu o entendia, seja como for, se desafogou comigo.

"Pois é, você viu: eu não sou muito de falar, porque sei com antecedência que não vou achar as palavras corretas. Começo a gaguejar, fico vermelho e fico mastigando as palavras que queria dizer. Ontem aconteceu a mesma coisa; eu queria dizer uma coisa bem diferente, mas, quando eu comecei a falar, perdi o fio da meada, e ficou muito chato; eu tenho um péssimo hábito quando eu fico com raiva de alguém, eu apelo para força em vez de bater boca. Eu bem sei que não se vai muito longe com esse método, por isso é que eu admiro você. Pelo menos você não enrola a língua, diz às pessoas o que tem para dizer sem a mínima vergonha."

"Escute aqui", respondi eu. "Na maior parte das vezes eu digo o que tenho a dizer de uma maneira totalmente diferente da qual eu tinha me proposto dizer e aí falo demais, o que também não é bom!"

O Peter continuou a falar e volta e meia falava de novo sobre o Pf. O que ele disse eu não vou escrever, porque você está cansada de saber dos meus ataques de raiva em relação ao Pf. Uma coisa eu vou repetir do que ele disse:

"Ontem à noite eu fiquei mesmo muito nervoso, eu tremia, e nunca antes tinha ficado assim; não reconhecia a mim mesmo. Isso é raro acontecer, em geral eu não fico nervoso."

Fiquei com dó dele. Ele estava encostado num saco de batatas aparentemente todo prosa, enquanto eu estava sentado praticamente aos seus pés. Pelas suas palavras, pelos seus gestos, pela sua voz e pelos seus olhos eu pude ver e sentir o mesmo tipo de raiva que eu sinto. Ele tem proporcionalmente a mesma idade e também em tudo ainda um tanto inseguro.

TERÇA 15-2-1944.

Na terça a mamãe me contou que o Pf. tinha dito o seguinte:

"Ontem pela manhã o Peter veio até mim, disse bom dia e perguntou se eu tinha dormido bem. Ele ainda acrescentou que sentia muito por ontem à noite e que não estava falando sério Eu disse a ele que também não tinha interpretado como se fosse."

Achei incrível da parte do Peter que ele tivesse pedido desculpa e, quando eu fui para o sótão às onze e quarenta e cinco, lhe disse isso.

"É tudo mentira!", exclamou ele. Levei um susto. Por que é que o Pfeffer mentiria? Falamos mais um pouco sobre filmes e cinema e despois descemos.

De noite o sr. van Pels e Peter deram um sermão ao Pfeffer, enraivecidos. Mas tão séria a coisa não pode ter sido porque o Peter teve hoje uma consulta odontológica.

Na verdade, eles não queriam mais falar.

QUARTA 16-2-1944.

Passamos o dia inteiro sem nos falar, com exceção de umas trivialidades. Estava frio demais para subir ao sótão, além do que foi o aniversário da Margot.

À uma e meia ele veio dar uma olhada nos presentes e ficou falando mais do que o estritamente necessário, o que jamais teria feito em circunstâncias normais. Mas à tarde se apresentou a ocasião. Como eu gosto de agradar a Margot pelo menos uma única vez por ano, fui buscar o café e depois as batatas. Entrei no quarto do Peter; ela tirou na mesma hora os seus papéis da escada, e eu perguntei se podia fechar a persiana. "Pode sim", respondeu, "faça isso. Quando você voltar é só bater na porta que eu a abro de novo." Eu lhe agradeci, subi um andar e fiquei uns bons dez minutos escolhendo as menores batatas do barril. Foi então que me deu dor nas costas e começou a ficar frio. Naturalmente eu não bati à porta, fechei eu mesma a persiana, mas ainda assim, solícito, ele veio ao meu encontro a pegou a panela.

"Eu procurei por um bom tempo, mas não consegui achar menores que essas."

"Você procurou no barril maior?"

"Procurei, revirei tudo com as mãos."

No meio-tempo eu já tinha alcançado o pé da escada, enquanto ele olhava para o conteúdo da panela que ele ainda tinha em mãos, inquisitivo. "Nossa, mas estas aqui estão ótimas", disse ele, acrescentando: "Bom trabalho!" Enquanto falava, me olhou tão calorosa e ternamente que me senti aquecida e enternecida por dentro. Eu percebi claramente que ele queria me agradar, mas, como não era capaz de tecer grandes elogios, pôs as palavras no olhar. Eu me dei conta disso e me senti enormemente — agradecida. Ainda me sinto alegre quando me lembro das palavras e do seu olhar!

Quando cheguei lá embaixo, a mamãe me disse que precisaria ir pegar mais batatas para o jantar logo em seguida. Eu me ofereci, condescendente, a voltar para cima. Tendo chegado à porta do quarto do Peter, pedi desculpas por ter de incomodá-lo outra vez. Ele se levantou, se postou entre a parede e a escada, me pegou pelo braço quando eu já estava sobre um degrau e quis me impedir de continuar com toda força. "Pode deixar que vou. Eu preciso mesmo subir", disse. Mas eu respondi que de verdade não me importava e que dessa vez nem precisava escolher das pequenas. Ele então se convenceu e soltou o meu braço. Na volta ele veio abrir a persiana e pegou de novo a panela das minhas mãos. Junto à porta eu ainda lhe perguntei: "O que é que você está fazendo?" "Francês", foi a resposta. Perguntei se poderia dar uma olhada nas lições, lavei as mãos e fui me sentar à sua frente no divã.

Depois de lhe tirar umas dúvidas de francês, engrenamos na conversa. Ele me contou que no futuro queria ir às Índias-Holandesas para viver nas plantações. Contou sobre a sua vida em casa, sobre o comércio ilegal e disse ser um inútil. Eu retruquei que o que ele tinha era um profundo complexo de inferioridade. Aí ele falou sobre a guerra, dizendo que os russos e os ingleses certamente voltariam a guerrear entre si, e depois falou sobre os judeus. Ele teria achado muito mais fácil ser cristão e pensava em se tornar um após a guerra. Perguntei se ele gostaria de ser batizado, mas ele disse que também não era para tanto. Afinal, ele não conseguiria sentir o mesmo que os cristãos, disse, mas depois da guerra ninguém mais saberia se ele era judeu ou cristão e que nome ele teria!*

Quando ele disse isso, senti uma pontada no coração. Acho uma pena que ele ainda tenha em si um resquício de insinceridade. Mas de resto tivemos um papo gostoso sobre o papai e o conhecimento do ser humano, e sobre todos os assuntos possíveis imagináveis, nem mesmo me lembro mais.

Só fui embora dali às cinco e quinze, porque chegou a Bep.

À noite ele ainda me disse algo que eu achei bonito. Estávamos falando sobre uma estrela de cinema da qual certa vez eu lhe tinha dado um pôster que ele tem na parede há pelo menos um ano e meio. Ele gostou tanto que eu lhe ofereci alguns mais.

"Não precisa", ele disse então. "Eu prefiro deixar só esse aí como está, porque olho para ele todos os dias e sinto que nós nos tornamos amigos."

Agora eu entendo melhor por que ele sempre abraça tão forte a Mouschi: ele também, claro, tem necessidade de carinho. Outra coisa que ele disse de que eu tinha me esquecido: "Não, eu não sei o que é o medo, a menos que haja alguma coisa de errado comigo, e isso é dessas coisas de que a gente não se desacostuma nunca."

O complexo de inferioridade do Peter é bem pronunciado. Um exemplo é ele se achar sempre tão burro e a nós sempre tão inteligentes. Quando eu dou uma mão com o francês, ele agradece exageradamente. Um dia eu ainda hei de dizer: "Pode ir parando com esse papo. Você, em compensação, é bem melhor em inglês e geografia!" sua

Anne Frank.

P.S.:

* O Peter acrescentou: "Os judeus sempre foram o povo escolhido, e vão continuar sendo para todo o sempre!"

Respondi: "Sempre espero que eles sejam os escolhidos para algo de bom!"

QUINTA, 17 DE FEVEREIRO DE 1944.

Querida Kitty,

Hoje de manhã eu estive lá em cima; tinha prometido à madame ler em voz alta alguns contos. Comecei com O Sonho de Eva, de que ela gostou de verdade; depois li algumas passagens d'O Anexo, que fez o pessoal gargalhar. O Peter pegou o bonde andando (só ouviu o último trecho) e me pediu para dar uma passada pelo seu quarto para lhe ler mais. Pensei que tinha chegado a hora de tentar a minha sorte, peguei o diário e deixei que ele lesse aquele trecho entre Cady e Hans sobre Deus. Não tenho a menor ideia com que impressão ele ficou; ele disse algo que eu não sei mais, não sobre se estava bom ou não, mas sobre o pensamento em si. Eu lhe disse que eu só queria mostrar que não escrevo exclusivamente coisas engraçadas. Ele concordou e saiu do quarto. Quero só ver se ele ainda faz algum comentário!

Sua

Anne Frank.

SEXTA, 18 DE FEVEREIRO DE 1944.

Queridíssima Kitty,

Seja quando for, sempre que eu subo é com a esperança de ver "ele". A minha vida aqui deu uma boa melhorada, porque tenho um objetivo e algo por que ansiar e com que me alegrar.

O objeto da minha amizade está pelo menos dentro desta casa, e não tenho medo de rivais (exceto a Margot). Não imagine você que eu estou apaixonada, de verdade, porque não é isso o que eu sinto, mas sim o sentimento que não me larga de que entre mim e o Peter ainda vai brotar alguma coisa bonita, algo que proporcione amizade e confiança. Sempre que possível, vou até ele, e não é mais como antes, quando ele não sabia como se portar diante de mim; muito pelo contrário, ele continua falando até quando eu quase já saí pela porta. A mamãe não gosta nada de me ver subindo. Sempre diz que eu incomodo o Peter e que eu devo deixá-lo em paz. Será que ela realmente não percebeu que eu também tenho intuição? (aqui pelo menos essa palavra está bem usada o senhor van Pels a usa faça chuva faça sol!)

Todas as vezes em que eu entro no quartinho, ela me olha como se eu tivesse feito algo de errado. Quando eu desço de lá, ela pergunta onde eu estive. Acho irritante e, pouco a pouco, estou pegando uma ojeriza dela!

a sua

Anne M. Frank.

SÁBADO, 19 DE FEVEREIRO DE 1944.

Outra vez sábado, o que, por si só, já diz na verdade muito. A manhã decorreu tranquilamente. Estive quase uma hora lá em cima, mas com "ele" eu só falei en passant.

Às duas e meia, quando todos estavam aqui em cima ou para ler ou para dormir, baixei com cobertor e tudo para me sentar à escrivaninha e ler ou escrever. Não demorou muito para que tomasse conta de mim um sentimento forte demais: deixei a cabeça cair sobre o braço e comecei a soluçar. As lágrimas borbotavam, e eu me sentia profundamente infeliz.

Ah, se pelo menos "ele" tivesse vindo me consolar! Já eram as quatro quando voltei para cima. Às cinco fui pegar batatas com a mesma esperança de sempre, mas, enquanto eu ajeitava os cabelos no banheiro, ele foi ver o Moffi.

Eu queria ajudar a madame, subi com livro e tudo e fui me sentar, mas, de repente, senti outra vez os olhos rasos de lágrimas e corri para o banheiro, apanhando o espelho de mão no caminho.

Continuei sentada lá, até bem depois de estar pronta, totalmente vestida, enquanto as lágrimas deixavam marcas escuras no vermelho do meu avental e o meu coração se apertava mais e mais. Pensei mais ou menos isto: "Desse jeito é que eu não vou nunca cativar o Peter. É possível que ele nem goste nada de mim nem tenha a menor necessidade de confidencialidade. Quem sabe ele só pensa em mim superficialmente. Eu tenho que seguir em frente sozinha, sem confidencialidade e sem o Peter. Possivelmente em breve sem nem mesmo esperança, consolo e expectativa. Ah, se eu pelo menos pudesse apoiar a minha cabeça no ombro dele e não me sentir tão desesperançada e abandonada!

Vá saber se ele nem está aí para mim e olha a todos da mesma maneira branda, e eu aqui talvez imaginando que seja só para mim! Ah, Peter, se você pudesse me ver ou ouvir, mas a verdade, que talvez seja das mais frustrantes, eu não aguentaria ouvir!

Depois eu até voltei a me sentir esperançosa e cheia de expectativas, enquanto as lágrimas me rolavam pelo rosto.

sua

Anne M. Frank.

QUARTA, 23 DE FEVEREIRO DE 1944.

Queridíssima Kitty,

Desde ontem está fazendo um tempo divino lá fora e eu me sinto toda animada. A minha escrita, meu bem mais precioso, anda a um bom passo.

Hoje de manhã (quinta), ao subir outra vez ao sótão, encontrei o Peter fazendo uma arrumação. Não demorou para ele acabar e, quando me sentei no meu lugar preferido no chão, ele se sentou ao meu lado. Ficamos contemplando o divino azul do céu, as castanheiras depenadas, em cujos galhos se viam gotinhas brilhantes, as gaivotas e outros pássaros que, nos seus voos rasantes, pareciam prateados, e tudo isso nos cativou e comoveu a ambos tanto que não conseguíamos mais nem falar. Ele estava de pé, e eu, sentada. Inspirávamos e olhávamos para fora, sentindo que aquele momento não deveria ser interrompido por palavras. Ficamos um bom tempo juntos, e eu não me atrevia a começar a falar, porque, sem uma transição, não consigo falar das coisas mais íntimas. Estando eu ali e vendo claramente que ele refletia sobre tudo, foi quando tive a certeza de que ele era um rapaz de ouro e uma graça.

Ao meio-dia e meia nós subimos à água-furtada, e eu o segui; durante os quinze minutos em que ele esteve cortando lenha, não dissemos uma palavra sequer. Eu olhava para ele e percebi que ele fazia de tudo para cortar a lenha da maneira correta e para me mostrar a sua força. Mas eu também estava olhando pela janela aberta para uma vasta área de Amsterdã, sobre todos os tetos desenhados no horizonte, que adquiria um tom rosado. Enquanto isso existir, pensei, e eu puder vivê-lo, os raios do sol, o céu sem uma única nuvem, eu não posso me sentir infeliz. Para quem quer que seja que sofra de medo, de solidão e infelicidade, não há dúvida que sair para a rua é o melhor remédio, ir para algum lugar onde possa estar completamente sozinho, sozinho com o céu, com a natureza e com Deus. Porque só então é que se sente que tudo é como deve ser, e que Deus quer ver as pessoas felizes na natureza singela, mas bela.

Enquanto isso existir, o que acontecerá sempre, sei que em quaisquer circunstâncias, existe um consolo para qualquer espécie de tristeza. Acredito também que a natureza pode eliminar todo o medo, mesmo com bombardeios e disparos.

Ah, quem sabe não demore mais muito até que eu possa compartilhar com o Peter esse sentimento de felicidade exacerbada.

sua Anne M. Frank.

P.S.: Pensamentos: sobre o Peter.

Nós aqui sentimos a falta de muita, muita coisa, já faz muito tempo, da mesma maneira que você. Não pense que eu estou falando de aspectos exteriores, porque esses aqui não faltam. Não, eu falo dos interiores. Como você, eu anseio por liberdade e por ar, mas acho que por essas privações já fomos ricamente ressarcidos. Ressarcidos por dentro. Quando eu olhei para fora e, na verdade, sondei profundamente Deus e a natureza, e me senti feliz, nada além de feliz. E Peter; enquanto essa felicidade vier de dentro, felicidade em relação à Natureza, à saúde e muito mais, enquanto nós a levarmos dentro do coração, seremos sempre felizes.

Riqueza, prestígio, tudo se pode perder, mas a felicidade dentro do próprio peito você só pode disfarçar, mas, enquanto viver, ela só lhe trará mais felicidade.

Se você alguma vez se sentir sozinha e infeliz ou triste, tente ir até o sótão e olhar para o tempo bonito lá fora. Não para as casas e os seus telhados, mas sim para o Céu. Enquanto você puder olhar para o céu destemidamente, vai ter a ciência de que está limpa por dentro e pode alcançar mais uma vez a felicidade.

DOMINGO, 27 DE FEVEREIRO DE 1944.

Queridíssima Kitty,

Desde a manhã até tarde da noite eu não consigo fazer nada além de pensar no Peter. Eu adormeço com a sua figura em mente, sonho com ele e acordo como se ele continuasse me olhando.

Eu tenho a forte impressão que o Peter e eu não temos tantas diferenças assim como parece para quem vê de fora e explico por que: tanto ele como eu sentimos falta de uma Mãe. A dele é superficial, gosta de flertar e não se preocupa muito com o que o filho pensa. Já a minha se intromete demais na minha vida, mas não dispõe de tato nenhum e de nenhum sentimento materno.

O Peter e eu lutamos ambos com o nosso lado interior, ainda nos sentimos ambos inseguros e, na verdade, delicados e frágeis demais para sermos abordados com violência. É quando eu desejo sair de vez em quando, ou esconder o que se passa dentro de mim. É quando eu manuseio panelas e água ruidosamente, para que todos queiram que eu esteja bem longe daqui.

Ele já se fecha, praticamente não fala, mantém-se em silêncio e sonha, se escondendo medrosamente.

Mas como e quando é que alcançaremos por fim um ao outro?

Já não sei o quanto eu ainda vou conseguir dominar esse desejo com a minha consciência.

sua Anne M. Frank.

SEGUNDA, 28 DE FEVEREIRO DE '44.

Queridíssima Kitty,

Tanto o dia como a noite têm se transformado num pesadelo. Eu o vejo praticamente a todas as horas e não posso ir até ele, não posso deixar transparecer nada a ninguém, tenho que estar alegre enquanto dentro de mim só há desespero.

O Peter Schiff e o Peter van Pels convergiram para um só Peter, que é bom e carinhoso e pelo qual eu anseio terrivelmente. A mamãe é horrorosa; o papai, um amor e, por isso mesmo, irritante; a Margot é a mais irritante de todos, porque exige de mim uma expressão amorosa enquanto eu só quero que me deixem em paz.

O Peter não veio até mim no sótão, foi à água-furtada, onde fez algum trabalhinho de carpintaria. Com cada trepidação e cada martelada vai ruindo mais um pedaço do meu ânimo e vou ficando ainda mais triste. Ao longe badalava um sino: "endireite o corpo, endireite a alma!"

Estou muito sensível — eu sei. Desesperada e sem juízo — também o sei. Socorro!

sua Anne M. Frank.

Aqui estou e estudo e estudo
Para Ele; não aguento mais tudo!
Rea.

QUARTA, 1º DE MARÇO DE '44.

Querida Kitty.

Ganhei minha garrafinha de iogurte para o primeiro de maio! Hoje de manhã foi que a madame me deu; infelizmente a invasão ainda não aconteceu.

Temos de novo emoções de sobra, porque entraram em casa. Essa questão é dessa vez mais complicada que a anterior.

Quando o senhor v. P. foi ao escritório do Kugler ontem à noite, reparou que a porta de vidro e a porta do Kugler estavam abertas. Achou aquilo estranho, prosseguiu e o seu espanto aumentou quando viu que as portas do escritório, que sempre ficam abertas, estavam fechadas. Prosseguiu até a parte dianteira do escritório e viu um pandemônio, com gavetas em cima da escrivaninha e a porta de um armário aberta. "Por aqui passou um ladrão", lhe passou pela cabeça, desceu a escada imediatamente, para dar uma olhada na porta de entrada, que estava fechada, e a fechadura de cilindro também. Então ele supôs que a Bep tinha deixado o escritório desarrumado.

Hoje de manhã o Peter subiu com a notícia de que a porta principal estava aberta. O Pf. soube dizer que o projetor tinha desaparecido, e o v. P. contou sobre a sua surpresa da noite anterior. O Peter desceu e trancou a porta de entrada.

O que tinha acontecido? O ladrão deve ter uma cópia da chave, já que a porta não foi forçada. Quando o sr. v. P. desceu à noite, ele deve ter logo se escondido e fugido quando o v. P. subiu. Deixou então a porta aberta.

É um mistério. Quem será que tem a nossa chave? E por que é que o ladrão não entrou no armazém? Se um dos nossos funcionários do armazém é o culpado, agora ele sabe que de noite há alguém em casa. O ladrão deve ter querido também levar o grande relógio elétrico Pauweklok, por isso ele já tinha limpado a consola da lareira na parte dianteira do escritório, mas com certeza foi interrompido.

É uma situação horripilante; no entanto eu não me alterei e vejo que não é preciso se alterar.

sua Anne M. Frank.

Querida Kitty,

A Margot e eu estivemos hoje juntas no sótão, mas a companhia dela é bem menos agradável do que eu imaginava como a do Peter (ou de qualquer outro). O que eu sim sei é que ela se sente como eu em relação a maior parte das coisas!

Enquanto lavavam a louça, a Bep começou a falar com a mamãe e a v. P. sobre os seus pensamentos sombrios. Como essas duas podem ajudá-la? Principalmente a nossa mãe tão sem tato, que só faz empurrar uma pessoa para o precipício. Sabe qual foi o conselho que ela lhe deu? Que pensasse em todas essas outras pessoas afundando no mundo! Desde quando pensar na miséria ajuda a quem se sente miserável? Foi o que eu disse. A resposta foi, claro, que eu não podia participar de tais conversas!

Que mentecaptos e cretinos são esses adultos! Como se o Peter, a Margot, a Bep e eu não sentíssemos o mesmo e, de passo, não nos ajudasse não só o amor maternal, mas também o dos grandes, grandes amigos!

Mas as duas mães em questão não têm aqui um mínimo de compreensão em relação aos filhos! A senhora van Pels talvez até um pouco mais que a mamãe! Ah, como eu gostaria de ter dito à coitada da Bep algo que sei ajudar por experiência própria. Mas o papai interveio e me empurrou para o lado com brutalidade. Que idiotas que são todos eles!

Conversei com a Margot também sobre o Papai e a Mamãe e sobre quanto nós poderíamos nos divertir se eles não fossem tão terrivelmente chatos. Poderíamos organizar matinês em que cada um falaria alternadamente sobre um tópico diferente. Mas esta situação não tem mais volta. Eles não me deixam falar aqui! O senhor v. P. sempre na ofensiva, a Mamãe sempre cortante e incapaz de falar o que seja com normalidade, o Papai não se anima para nada do tipo, assim como o senhor Pf., e a madame é sempre atacada de maneira tão bárbara que agora fica sentada no seu canto com o rosto púrpura, sem conseguir se defender! E nós? Nós não temos o direito de fazer qualquer julgamento!

Pois é, são de uma modernidade assustadora! Não fazer julgamentos! Podem muito bem dizer que fechemos o bico, mas isso de não fazer julgamento não existe! Ninguém pode impedir o outro de ter a suas próprias opiniões, por mais novo que seja esse outro!

À Bep, à Margot, ao Peter e a mim a única ajuda seria um profundo e devoto amor, algo de que nenhum de nós aqui desfruta. E ninguém, principalmente estes sábios cretinos aqui, pode nos entender, porque somos muito mais sensíveis e os nossos pensamentos voam mais longe do que qualquer um aqui nem de longe suspeita!

Amor, o que é amor? Eu acredito que amor seja algo isento de palavras. Amor é entender alguém, amar alguém e compartilhar com ele felicidades e vicissitudes. A longo prazo se acrescenta também o amor corporal; você compartilhou algo, deu algo de si e recebeu algo também, indiferentemente de ser ou não casado, de ter filhos ou não. Ter perdido a sua honra ou não, nada disso importa contanto que saiba que tem alguém ao seu lado para o resto da vida, alguém que o entenda e que você não precise dividir com ninguém!

sua

Anne M. Frank.

Neste momento a mamãe está reclamando de novo: está na cara que ela está com ciúmes de que eu fale mais com a senhora van Pels do que com ela. Não estou nem aí para ela!

Hoje à tarde consegui pegar o Peter de jeito, e conversamos por pelo menos três quartos de hora. O Peter tem muita dificuldade de falar de si, mas devagarinho foi se soltando. Eu não sabia se não seria mais ajuizado eu descer ou continuar ali. É que eu queria tanto ajudá-lo!

Falei a ele sobre a Bep e a falta de tato das duas mães. Ele me contou que os pais vivem brigando, por causa de política e cigarros e muita coisa mais. Como eu acabei de dizer, o Peter estava tímido demais, mas não tanto que não dissesse que gostaria de ficar dois anos sem vê-los. "O meu pai realmente não é a pessoa delicada que finge ser", disse, "mas no que diz respeito aos cigarros, a minha mãe está absolutamente certa."

Contei-lhe também certos fatos sobre a mamãe. Ao papai ele defendeu, dizendo que o achava "uma fera".

Hoje à noite, quando tirei o avental após lavar a louça, ele me chamou e pediu para não dizer nada lá embaixo, e contou que eles tinham brigado de novo e não estavam se falando. Eu prometi, apesar de já ter falado a respeito com a Margot. Mas tenho certeza que ela não vai abrir o bico.

"Não se preocupe, viu", disse, "que você não precisa ter receio nenhum no que se refere a mim, eu virei as costas demais para os outros para contar o que quer que seja. Nunca espalho nenhuma informação do que você me diz."

Isso o agradou. Contei-lhe também sobre essa mania horrorosa de fofocar, tão comum no nosso meio, dizendo: "A Margot tem razão absoluta quando afirma que eu não sou honesta, porque, apesar de não querer mais fofocar, eu ainda o faço sobre o sr. Pfeffer, e com enorme prazer." "É muito bacana da sua parte", disse ele, enrubescendo. Eu também fiquei quase um pouco tímida com o elogio bem-intencionado. Falamos também sobre o andar de cima e o de baixo. O Peter ficou um pouco espantado ao saber que continuamos sem gostar muito dos pais dele. "Peter", disse, "você sabe que eu sou honesta. Por que razão eu deixaria de contar isso a você? A gente conhece os defeitos deles."

Nós nos prometemos também ter confiança absoluta um no outro, entre outras coisas eu disse também:

"Peter, eu gostaria tanto de ajudar você! Tem algo que eu possa fazer? Você fica aqui no meio dos dois, e eu sei que, apesar de você não dizer, tudo isso o afeta."

"Ah, toda ajuda que vier de você é bem-vinda."

"Não seria uma ideia eu ir falar com o meu pai, que sabe guardar segredo e para quem você pode contar tudo isso em toda confiança?"

"É, ele é um camarada e tanto."

"Você gosta muito dele, não é?" O Peter fez que sim, e eu acrescentei: "Pois fique sabendo que ele também gosta de você!"

Ele ergueu o olhar rapidamente, corado; foi de verdade comovente ver como ele tinha se alegrado com aquelas poucas palavras. "Você acha mesmo?", perguntou.

"Acho", respondi. "Dá para perceber pelos comentários que ele faz de vez em quando."

Foi quando chegou o senhor van Pels para lhe fazer um ditado. Não há dúvida de que, como o papai, o Peter é "uma fera"!

sua Anne M. Frank.

SEXTA, 3 DE MARÇO DE 1944.

Queridíssima Kitty,

Esta noite (sexta à noite às 7 e 55), contemplando a vela, me senti alegre e calma. Na verdade, é a vovó quem se encontra na vela e é ela quem me guia e protege, e me reanima. Mas... é um outro quem domina todo o meu estado de espírito, e se trata do... Peter. Quando hoje fui buscar as batatas e ia descer as escadas com a panela cheia, ele foi perguntando: "O que é que você fez no comecinho da tarde?"

Sentei-me no degrau e começamos a conversar. Só às cinco e quinze (uma hora depois de ter ido pegar as batatas) foi que entrei na sala com elas. O Peter não tocou nem de leve no tema dos pais, só falamos sobre livros e sobre antigamente. Ah, que olhar mais caloroso tem esse rapaz! Não falta mais muito para eu ficar apaixonada por ele. Hoje à noite ele falou a respeito disso. Depois de descascar as batatas, entrei no quarto dele e disse que estava morrendo de calor. "Basta olhar para a Margot e para mim que você fica sabendo qual é a temperatura: se está frio a gente fica branca e se está quente, vermelha", disse eu.

"Apaixonada?", perguntou ele.

"Por que é que eu estaria apaixonada?" A minha resposta (ou (melhor) pergunta) foi das mais bobas.

"Por que não?", perguntou, ao que nos chamaram para ir jantar.

Será que ele se referia a algo com essa pergunta? Hoje eu finalmente criei coragem de perguntar se ele se sentia incomodado quando ia papear com ele. A resposta: "Que é isso!" Até que ponto essa resposta é acanhamento eu não saberia avaliar. Eu também disse a ele que a mamãe, estava a par da briga, mas não por mim. A própria senhora van Pels contou à mamãe, que ela e o marido não se falam. Ele confia e acredita em mim, pelo menos, acho.

Kitty, eu ando que nem uma garota apaixonada que não sabe falar de mais nada que do seu queridinho.

O Peter é também de fato um querido. Quando é que eu vou conseguir dizer isso a ele? Pressupondo-se, claro, que ele também me ache uma querida, mas eu sei perfeitamente bem que também não sou das mais fáceis. E ele preza muito o seu sossego, de maneira que vá se lá saber o quanto ele simpatiza comigo ou não. Seja como for, estamos pouco a pouco nos conhecendo melhor, mas eu gostaria de que nos atrevêssemos a revelar os nossos propósitos. Mas quem sabe essa hora não chega antes do que eu penso? Algumas vezes por dia eu capto por parte dele um ou outro olhar de cumplicidade, respondo com uma piscadela, e eis-nos ambos contentes da vida.

Eu pareço louca por falar da alegria dele, mas tenho a irresistível sensação de achar que ele pensa como eu!

sua Anne M. Frank.

SÁBADO, 4 DE MARÇO DE 1944.

Querida Kitty,

Este sábado é o primeiro em meses e meses que não se mostra chato, melancólico e tedioso. A razão disso não é nenhuma além do Peter. Hoje de manhã eu entrei no sótão para pendurar o avental, e veio o papai me perguntar se eu não queria ficar para conversar um pouco em francês. Aceitei. Primeiro falamos algo de francês, eu lhe expliquei uma ou outra coisa, e depois passamos ao inglês. O papai leu uma passagem do Dickens, e estava no sétimo céu por estar sentada na cadeira do papai, bem ao lado do Peter.

Às quinze para as onze eu desci e logo voltei para subir ao sótão. O Peter já foi querendo abrir a janela com um salto, mas ficou sentado quando eu disse que talvez fosse melhor voltar mais tarde.

Eu fiquei até um pouco surpresa; em outras ocasiões ele com certeza já teria aberto a janela. No fundo de mim eu me perguntei: "Será que mais tarde ele preferiria subir comigo?

De fato, às onze e meia, já na escada, ele me disse que eu poderia deixar a janela aberta. Ficamos falando até às quinze para a 1. Quando se apresenta a ocasião, e eu saio pela porta, p.ex. depois da refeição, se ninguém está ouvindo, ele diz: "Tchau, Anne, até daqui a pouco!"

Ai, estou tão feliz! Será que agora ele vai se apaixonar por mim? Seja como for, ele é um garoto legal e quem sabe como pode ser gostoso falar com ele!

A madame não se importa que eu fale com ele, mas hoje ela disse maliciosa: "posso confiar em vocês lá em cima?"

"Claro que sim", disse eu protestando "A senhora está me ofendendo, hein!"

Eu me alegro desde a manhã até a noite que vou ver o Peter.

sua Anne M. Frank.

P.S. Não posso me esquecer, de noite caiu muita neve, mas agora não dá mais para ver quase nada ela derreteu toda.

sua A.M.F.

SEGUNDA, 6 DE MARÇO DE 1944.

Querida Kitty,

Você não acha um pouco absurdo que, depois de o Peter ter me falado sobre os seus pais, eu me sinta um pouco responsável por ele? É como se aquelas brigas afetassem a mim tanto quanto a ele, mas, ainda assim, não me atrevo a falar mais do assunto, com receio de que ele se sinta incomodado. Por nada no mundo eu seria agora inconveniente.

Dá para ver pela cara do Peter que ele pensa tanto quanto eu, e, ontem à noite, me deu nos nervos quando a madame falou em tom de ironia: "O pensador!" O Peter ficou todo vermelho e envergonhado, e eu queria saltar da cadeira.

Por que é que as pessoas não calam a boca?! Você não tem ideia do terrível que é vê-lo assim tão solitário e não ter como ajudar. Eu consigo imaginar, como se eu própria passasse por isso, o desespero que ele deve sentir por conta das brigas e do amor. Pobre Peter! Quanto ele precisa de amor!

Quão duro soou nos meus ouvidos quando ele disse não precisar de amigos! Quão enganado ele está! Não acho que ele tenha dito essas palavras a sério!

Ele se aferra à sua masculinidade, à sua solidão e à sua indiferença construída para não perder o seu papel, para não mostrar jamais, jamais mesmo, como ele se sente no fundo. Coitado do Peter! Quanto tempo vai durar esse papel? Será que a esse esforço sobre-humano não vai se seguir uma terrível explosão?

Ah, Peter, se eu pudesse e você me deixasse ajudar! Juntos nós espantaríamos para longe esta solidão de ambos!

Eu penso muito, mas digo pouco. Fico contente quando o vejo, ainda mais se brilha o sol. Ontem, ao lavar os cabelos, me senti bem-disposta e sabia que ele estava no quarto ao lado do nosso. Não podia fazer nada para mudar a situação: quanto mais calada e séria eu me sinto por dentro, mais ruidosa me transformo por fora! Quem será o primeiro a descobrir e romper esta nossa couraça?

Menos mal que os v. P não têm uma filha. A minha conquista não poderia jamais ser mais árdua, mais bonita e mais agradável se o seu objeto fosse alguém do mesmo sexo!

sua Anne M. Frank.

P.S.: Você sabe que eu lhe escrevo honestamente tudo, e é por isso que eu devo dizer a você que eu, na verdade, vivo sempre da expectativa do nosso encontro seguinte.

Estou sempre com a esperança de descobrir que ele já está me esperando e me sinto exultante quando percebo uma tênue e acanhada tentativa dele nesse sentido. Eu pelo menos acho que ele adoraria poder expressar os seus sentimentos assim como eu; o que ele não sabe é que é justamente a sua falta de jeito que me encanta.

Ah, querido! (soa banal, mas é justamente o contrário!)

sua A.

TERÇA, 7 DE MARÇO DE 1944.

Querida Kitty,

Quando eu penso na minha vidinha de 1942, tudo me parece tão irreal. Aquela vidinha de princesa quem levava era uma Anne Frank bem diferente desta, que aprendeu tanto aqui. Uma vidinha de princesa, isso é o que ela era. Para onde quer que se virasse, cinco admiradores, uma vintena de amigas e conhecidos, a preferida da maior parte dos professores, mal-acostumada pela mamãe e pelo papai, doces à vontade, dinheiro suficiente — o que mais se pode desejar?

Você provavelmente deve estar se perguntando como eu fazia para ter tanta gente na palma da mão. O Peter diz que é "atração", mas isso não é totalmente verdade. Todos os professores achavam as minhas respostas, engenhosas; as minhas observações, cômicas; o meu rosto sorridente e o meu olhar crítico, divertidos, engraçados e positivos. Uma coquete, uma namoradeira terrível, alguém que divertia os demais. Mais que isto eu não era. Tinha sim algumas características que me faziam cair nas graças de todos: era aplicada, sincera e generosa. Jamais teria recusado a quem quer que fosse cola na hora das provas, dividia os meus doces de mãos cheias e não era convencida.

Será que eu não teria ficado audaciosa com tanta admiração? Foi uma sorte danada que, bem no meio, no auge da festa, eu tivesse de repente vindo parar na realidade; levei mais ou menos um ano para me acostumar à interrupção de tanta admiração.

Como é que eu era vista na escola? Como a engraçadinha que adorava pregar peças e contar piadas, sempre o centro das atenções e nunca de mau humor ou chorona. Não era à toa que todo mundo adorava pedalar ao meu lado e me conceder atenções.

Olhando para trás, vejo aquela Anne Frank como uma menina bacana, engraçada, mas superficial, que não tem nada a ver comigo. O que foi mesmo que o Peter disse sobre mim? "Quando eu olhava para você, você estava invariavelmente rodeada por dois ou mais meninos e um bando de meninas, sempre rindo e sempre no centro das atenções!" Ele tinha razão.

O que sobrou daquela Anne Frank? É certo que ainda não perdi o meu sorriso e as minhas respostas, ainda sei criticar as pessoas tão bem ou ainda melhor, sei paquerar e também ser divertida, se eu quiser.... — Esse é justamente o ponto: eu gostaria de viver outra vez uma noite, alguns dias ou uma semana essa comédia, porque uma vidinha assim só podia ser uma comédia. Eu estaria exausta e enormemente agradecida ao primeiro que me falasse de algo substancial. Não quero admiradores e sim amigos; não quero adoradores com um sorriso lisonjeador, mas sim atuação e caráter. Mas tantos admiradores eu não preciso ter. Eu própria sei o que é bom e o que é ruim!

A Anne de 1942 também era diferente, também solitária, também ansiando uma amiga de fato, mas tentando consciente ou inconscientemente preencher a lacuna com piadas.

Agora eu olho para a minha própria vida com desdém e percebo que um ciclo se fechou, aquele do período escolar leve e despreocupado. Ele nunca mais vai voltar, nem mesmo anseio por ele, é como se eu não coubesse mais nele. Quem sabe se eu não tivesse ficado nele para sempre se tivesse mudado!

Observo a minha vidinha até o início de 1944 sob uma lupa aguçada. Em casa, aquela vida despreocupada, frequentando a escola, com muita piada e brincadeiras, mas também com um vazio. Depois em 1942 e a vinda para cá, a adversidade, as brigas, as recriminações; tudo era inconcebível para mim, eu tinha sido pega desprevenida e não sabia como reagir com outros meios que não a impertinência.

Depois a primeira metade de '43. As minhas crises de choro, a solidão, a conscientização lenta de todos aqueles erros e faltas tão crassos, que eram e são em mim bem maiores do que eu jamais tivesse imaginado. Eu falava tanto quanto e tentava transformar o Papai em meu confidente com toda a minha força, não conseguia, me encontrava sozinha e (quase) todas as noites não fazia mais que chorar.

Depois a segunda metade de 1943, eu me tornei adolescente, o meu corpo se tornou adulto enquanto a minha alma passava por uma grande, enorme transformação, conheci Deus! Comecei a pensar, a escrever e descobri a mim mesma. Ganhei confiança, mas tristeza também, porque percebi que a mamãe não me faz a mínima falta, e que o papai nunca seria o meu confidente. Não tinha mais aqueles sonhos de que falava, eu tinha a mim mesma.

A partir do ano novo, a segunda grande mudança, o meu sonho... através dele descobri o Peter, descobri ao meu lado uma luta tão forte como a minhas, descobri o meu desejo por um rapaz; não mais a necessidade de uma amiguinha, mas sim de um amigo. Descobri também a felicidade em mim mesma e a minha casca de superficialidade e alegria. Mas vez ou outra eu ficava calada. Agora eu só vivo para o Peter, pois é dele que vai depender muito do que acontecerá comigo!

E, à noite, na cama, termino a minha prece com as palavras: "*Ich danke dir für all das Gute und Liebe und Schöne*", sinto um júbilo na alma, penso em "*Das Gute*" do fato de estar escondida, da minha saúde e de todo o meu ser; em relação ao Peter penso em "*das Liebe*", que ainda é um conceito pequeno e sensível que ambos não ousamos nomear, no amor, no futuro e na felicidade; penso em "*das Schöne*" que é o mundo, o mundo, a Natureza, a Beleza, no conjunto de tudo o que é belo.

Então não penso em toda a miséria, mas sim em toda a beleza que ainda existe. É aí que mora a grande diferença entre a mamãe e eu. O conselho que ela dá para a melancolia é: "Pense em toda a miséria que há no mundo e se dê por feliz de não a estar vivenciando!"

Já o meu conselho é: "Vá para fora, para os campos, a natureza e o sol. Vá para fora e tente reencontrar a felicidade em si próprio; pense em tudo o que há de belo dentro si mesmo e à sua volta, e seja feliz." Aí há uma diferença enorme, a diferença enorme que também há entre nós duas. De que serve a miséria, quando se está deprimida? De que serve a vida, se nela só existe a miséria?

O que nos serve é a Natureza, o raio de sol, a liberdade e você próprio. Só aí é que se encontram você mesmo e Deus.

E quem é feliz sempre faz com que os outros também fiquem felizes; quem tem coragem e confiança nunca afundará na miséria!

sua Anne Mary Frank.

QUARTA, 8 DE MARÇO DE 1944.

Vou inserir aqui alguns bilhetinhos que a Margot e eu trocamos ontem e hoje à tarde, só de brincadeira, claro:

Terça:

Anne: Eu gostaria de lhe mostrar um trecho que escrevi hoje no diário, mas não tenho coragem. Mais para frente, talvez daqui a um mês, quando eu tiver avançado mais, eu possa lhe mostrar. Que a mamãe fale o quanto quiser que eu não entendo nada das coisas da vida!

Sabe por que eu acho que interessaria a você? Porque em nada, nem mesmo nos meus contos, consigo expressar o meu eu verdadeiro e isso no meu diário acontece direto.

Ele na verdade grita e jubila assim como eu faço de vez em quando!

Quarta:

Anne: Só me caem a ficha dos acontecimentos noturnos muito depois, que loucura, não? De repente me veio agora à mente que o senhor Pfeffer roncou terrivelmente durante a noite (agora é quarta à tarde, quinze para as três, e o Pfeffer está roncando de novo; por isso, claro, é que eu me lembrei). Quando sentei no penico, fiz questão de fazer o máximo de barulho para pôr um fim no ronco do homem.

De resto, eu os ouvi voar (literalmente!), sonhei com a Jacque e a J. depois da guerra e me diverti um monte. A.

Margot: O que é menos ruim: dificuldade para respirar ou ronco? Você fez a festa de sempre com J. e a J.

Anne: Ronco, porque, se você fizer barulho, a pessoa em questão para de roncar sem ter de ser acordada.

A Jacque e a J. só apareceram no sonho da pós-guerra. A Jacque queria aprender estenografia comigo, mas em vez disso estava no fogão lá em cima, mexendo numa panela. A J. estava sentada na cadeira ao lado do armário com a porcelana com uma saia tricotada com um monte de cores. Parecia com a minha blusa, mas tinha um lacinho!

A.

O que eu não escrevi à Margot, mas que me atrevo a confessar a você, querida Kitty, é que eu sonho muitíssimo com o Peter. Anteontem eu tinha sonhado que estava pisando sobre gelo aqui na nossa sala de estar com aquele rapazinho da pista de gelo artificial do Appolohal, com a sua irmãzinha frágil eternamente de vestido azul-claro. Eu me apresentei pomposamente a ele: Anne Frank e lhe perguntei o seu nome. Ele se chamava Peter. No meu sonho eu me indaguei quantos Peters eu já não conheceria!

Então eu sonhei que estávamos no quartinho do Peter, um diante do outro ao lado da escada. Eu lhe disse algo, ele me deu um beijo, mas respondeu que, na verdade, não me amava e que eu parasse de flertar. Com uma voz desesperada e suplicante, disse eu: "Eu não estou flertando, Peter!"

Quando eu despertei, fiquei feliz de que o Peter ainda não tivesse dito isso.

Ontem à noite nós também estávamos nos beijando, mas as bochechas do Peter foram uma decepção; não eram tão macias como pareciam ser, mas como as do Papai, ou seja, eram como as de um homem que já se barbeia.

Hoje no almoço, quando a Bep, o Papai e o Pf. já tinham descido, quis dizer à sra. v. P. que não fosse tão inconveniente e ficasse sempre falando sobre o Henk. É que ela tinha dito à Bep algo do tipo: você bem que poderia se casar com o Henk. Você o acha muito simpático, não acha? É só você esperar que ele se divorcie, etc. e tal.

Levei a cabo a minha intenção e disse: "Eu não entendo, senhora, por que a senhora sempre diz à Bep coisas sobre o Henk. É incompreensível para mim como a Bep fica sem jeito." A madame, claro, enrubesceu e disse: "Eu sei muito bem o que digo ou não à Bep: se ela ficasse tão sem jeito, não falaria sempre sobre o Henk!"

A minha resposta foi bem altiva e fria: "Eu só sei que a Bep acha essas coisas desagradáveis.!" Logo em seguida eu desci.

O meu triunfo sobre a madame tem a ver com eu conseguir me manter bem calma; ela enrubesce, mas eu não me altero e digo exatamente o que pretendia dizer. Acho que é a minha segurança que também surpreende a mamãe tão frequentemente.

Porque, Kitty, eu falho ainda muito em tudo, muito mesmo, mas eu sei quando o faço. E uma coisa que funciona em mim muito bem é dizer o que quero dizer!

Eu só fico terrivelmente curiosa do que o Peter dirá a respeito; eu esperei, claro, até que ele estivesse presente! É bem possível que ele não diga nada, mas eu espero que sim!

sua Anne M. Frank.

SEXTA, 10 DE MARÇO DE 1944.

Queridíssima Kitty,

O Peter de fato não disse nada, mas eu perguntei a ele ontem à noite. Ele não disse nada de especial. Hoje eu constatei a verdade do provérbio: "Uma tragédia não vem nunca sozinha." O Peter acabou de dizê-lo. Eu vou contar todos os nossos dissabores e o que paira sobre as nossas cabeças.

Primeiro é algo que tem a ver com o casamento do Henk e da Aagje ontem, a Miep está doente. Acabou se resfriando na Westerkerk, onde se deu a consagração. Vômitos, dor de cabeça, dor de garganta etc.

Segundo é o Kleiman, que ainda não veio trabalhar por causa da sua última hemorragia estomacal, o que faz com que a Bep seja a única no escritório.

Terceiro é um senhor (cujo nome não vou citar) que foi detido pela polícia. Não só para o homem em questão é uma desgraça, mas também para nós, visto que estamos esperando desesperadamente por batatas, manteiga e geleia. O senhor M., o chamemos assim, tem cinco filhos com menos de 13 anos e mais um que está a caminho.

Ontem à noite levamos um pequeno susto quando bateram à parede justo ao nosso lado. Estávamos comendo. O resto da noite decorreu nervosa e preocupadamente.

Nos últimos tempos eu não tenho a menor vontade de escrever aqui sobre os acontecimentos. É o que se passa dentro de mim que me afeta mais que tudo. Não interprete mal as minhas intenções, porque acho terrível o fado do pobre bom senhor M, mas no meu diário não há de verdade muito espaço para ele.

Na terça, na quarta e na quinta, estive com o Peter das 4 e meia até às cinco e quinze. Praticamos francês e falamos sobre tudo e mais um pouco. Realmente me alegra essa quase uma horinha no final da tarde e o mais belo de tudo é que acho que o Peter também gosta da minha presença.

sua Anne M. Frank.

SÁBADO, 11 DE MARÇO DE 1944.

Querida Kitty,

Nos últimos tempos não parei quieta; ando de cima para baixo e de baixo para cima. Tem horas em que eu tenho que ficar sozinha ou, pelo menos, com o Peter. Coitado, coitado do Peter, os pais dele estão de novo brigados, gritam e berram tanto que é uma algazarra sobre as nossas cabeças. Vou subir, não posso fazer mais nada

sua Anne M. Frank.

DOMINGO, 12 DE MARÇO DE 1944.

Querida Kitty,

Quanto mais tempo passa, mais louco tudo se torna. Desde ontem, o Peter não olha mais para mim. Como se estivesse com raiva de mim, e eu me aguento o mais que posso para não ir atrás dele e me dirijo a ele o mínimo possível, mas que difícil que é! O que é isso que frequentemente me afasta dele para depois me jogar de volta a ele? Pode ser que eu esteja pintando o quadro mais negro do que ele é de fato, talvez o Peter também tenha as suas mudanças de humor, talvez amanhã esteja tudo bem outra vez!

O mais difícil de tudo é manter a minha aparência normal, estando mal e triste como estou. Eu preciso falar, ajudar, me sentar junto e, principalmente, estar alegre! Mais que tudo, sinto falta da natureza e de um lugar onde eu possa estar sozinha o tempo que eu quiser. Eu acredito estar misturando tudo, Kitty, mas é que estou mesmo totalmente confusa: por um lado morro de desejo por ele, não posso estar no mesmo aposento sem olhar para ele, mas por outro me pergunto por que eu me importo tanto com ele, por que não me basto a mim mesma, por que não consigo sossegar!

Dia e noite, não faço mais que me indagar: "Você já não o deixou em paz o suficiente? Será que você não sobe demais? Será que você fala demais sobre assuntos sérios sobre os quais ele ainda não está pronto para conversar? Será que ele na verdade antipatiza com você? Será que todo o entusiasmo não foi imaginação? Mas então por que é que ele contou tantas coisas sobre si mesmo? Terá se arrependido?", e outras tantas do gênero.

Ontem à tarde, após uma manhã só de inércia, após notícias de detenções (agora também do D.), após más notícias sobre o pai da Bep e nenhum olhar de simpatia do Peter me senti tão ensandecida e um zero à esquerda que acabei indo dormir, dormir para não ter de pensar. Dormi até às 4, depois tive de me juntar aos outros. Foi muito difícil para mim responder às perguntas da mamãe e explicar ao papai por que fui dormir. Sem forças, justifiquei estar com dor de cabeça, o que não era mentira, porque eu realmente estava com dor de cabeça na alma!

Pessoas comuns, meninas comuns e adolescentes como eu me acharão descompensada, mas ninguém sabe como é difícil estar apaixonada, sem ser correspondida e tendo ao meu lado sempre o objeto da minha adoração. Por nada no mundo eu poderia ficar sem o Peter, mas eu bem que gostaria qualquer hora de estar completamente longe dele. É uma loucura, mas também compreensível, porque, após uma hora de trabalho, tendo posto em ordem os meus pensamentos e sentimentos, o vejo de novo, e todas as minhas boas decisões se desfazem na hora.

Sou infeliz no amor, inúmeros admiradores e amados quiseram cair nas minhas graças enquanto eu só sentia camaradagem por eles. Mas foram três os que eu amei, mas nenhum dos três quis saber de mim.

Ah, Peter, diga finalmente alguma coisa, não me deixe continuamente oscilando entre esperança e consternação. Me dê um beijo ou me ponha para fora do quarto, mas assim eu vou cometer uma besteira. Pela noite imagens das mais amorosas, pela manhã, a realidade nua e crua, e isso por semanas a fio, dia após dia; não tenho ainda forças para aguentar!

É justamente isso, todos me acham sem modos, alegre e autoconfiante, ao passo que eu não desejo nada mais que ser a Anne para uma só pessoa. Toda hora faço comédia, sou a palhaça, a sem modos, a atrevida; para uma pessoa só eu queria não ser nada além de sensível. Porque eu sou sensível, muito sensível! A Margot quer ser a minha confidente, eu não posso. Ela é amável, e boa, e bonita, mas falta nela algo de que eu preciso muito. Eu também não suportaria ver o dia inteiro alguém que sabe o que se passa dentro de mim, o meu confidente não poderia estar o dia inteiro à minha volta, exceto... o Peter!

É difícil o que eu tenho que aguentar, ainda assim, sou forte. De certo modo também sou autoconfiante, ainda que de maneira bem diferente da que todos pensam. Sei que estou acima da mamãe e da senhora v. Pels. Não consigo sentir pelos atos delas nada além de desprezo e a consciência de que sou diferente. Eu sei que tenho a Deus, a Deus, à vovó e muito mais, e é isso que me mantém em pé. Sem essa voz que sempre consola e anuncia coisas boas eu já teria perdido as esperanças, sem Deus eu teria há muito tempo desmoronado.

Sei que não estou segura, tenho medo de celas e campos de concentração, mas sinto que me tornei mais corajosa e que estou nas mãos de Deus!

sua Anne M. Frank.

TERÇA, 14 DE MARÇO DE 1944.

Querida Kit,

Talvez seja engraçado para você (para mim nem um pouco) saber o que nós vamos comer hoje. Neste momento estou sentada à mesa coberta com um encerado no aposento dos v. P. — já que a empregada está de bobeira lá embaixo —, com um lenço encharcado de um perfume cheiroso dos tempos idos de antes da "clandestinidade" apertado contra a boca e o nariz. Da maneira que eu estou narrando, você não vai entender nada; assim sendo, deixe-me "começar pelo começo".

Visto que os nossos provedores de feijões foram apanhados, (além dos nossos cinco cupons ilegais de alimentação racionada), não temos mais cupons nem estoque. Estando outra vez doentes a Miep e o Kleiman, a Bep não pode ir fazer compras, o astral geral está tão desanimador quanto a comida. A partir de amanhã não teremos mais nem um pedacinho de gordura, manteiga ou margarina, e não vamos mais ter nada provavelmente até o sábado, que é quando saem os novos cupons. O nosso café da manhã não consiste mais de batatas assadas, mas de mingau, e como a madame acha que estamos definhando de fome, compramos uma quantidade extra de leite integral. O nosso almoço de hoje é purê de batata com couve em conserva. Daí as medidas de precaução com os lenços. Inacreditável como uma couve que provavelmente perdeu a validade há alguns anos consegue feder! O aposento inteiro está fedendo a uma mistura de privada, ameixas estragadas, conservantes + 10 ovos podres. Eca, já me sinto enjoada só com a ideia de que vou ter que comer essa porcaria!

Além disso há ainda o fato de que as nossas batatas pegaram algumas "doenças" tão estranhas que dos dois baldes de pommes de terre um deles acabou indo parar na combustão da estufa. Nós nos entretemos tentando descobrir as diversas doenças delas e chegamos à conclusão de que se alternam câncer, caxumba e sarampo. Ah, sim, não é nada divertido continuar escondido no quarto ano da guerra. Se pelo menos essa confusão desgraçada já tivesse chegado ao fim!

Para ser sincera, a comida não me importaria tanto se as condições aqui fossem algo mais prazerosas. É este o ponto crítico: esta nossa vida monótona é que nos torna chatos. Segue aqui a visão de cinco clandestinos adultos sobre o presente estado das coisas:

A senhora van Pels:

O papel de motorista de fogão não me satisfaz mais há muito tempo. Ficar sentada sem ter em mãos algo com que me ocupar, ou aprender inglês, aborrece, de maneira que me ponho a cozinhar, em vez de reclamar: é impossível cozinhar sem gordura, me dão náuseas todos esses cheiros nojentos. A recompensa pelos meus esforços são só ingratidão e berraria, <u>eu</u> sou sempre a ovelha negra, a que recebe a culpa por tudo. De resto, na minha opinião, essa guerra não faz progresso nenhum, os alemães no final ainda vão levar a vitória. Estou morta de medo de que morramos de fome: "Scheisse, Schwein, Rottzeug!"[95]

O senhor van Pels:

Fumar, fumar, tenho que fumar, depois é a hora de comer, política, o humor da Kerli, nada de muito terrível. A Kerli é uma mulher amorosa. Mas se fico sem tabaco, adoeço, então preciso de carne e vivemos mal, aí é que as coisas deixam de ir suficientemente bem, e se segue uma briga de enormes proporções. A minha Kerli é burra como uma porta.

O Peter:

Estudar, ficar calado, não reclamar, não sobrecarregar ninguém e fazer o que tem que ser feito!

A senhora Frank:

A comida não é tão importante assim, mas agora bem que eu gostaria de uma fatia de pão de centeio, porque estou morta de fome.

Se eu fosse a senhora van Pels, já teria posto um fim ao fumar constante do marido há muito tempo. Mas agora preciso seja como for de um cigarro, porque estou enlouquecendo.

Os V. P. são umas pessoas horrorosas; os ingleses cometem erros demais, mas a guerra vai progredindo, eu preciso falar e me alegrar de não estar na Polônia!

O senhor Frank:

95 "Merda, porcaria, bosta", em alemão no original. (*N. do T.*)

Tudo bem, não preciso de nada. Calma, nós temos tempo. Só me deem as minhas batatas que eu fecho o bico. Quero em breve deixar de lado algo da minha provisão racionada para a Bep. A política vai de vento em popa.

Margot Frank:

Tudo é chato e medonho, não há o que fazer para mudar, aceitar as coisas como elas vêm e, principalmente, não reclamar. Fome eu não tenho nunca, deixe estar!

Fritz Pfeffer:

Preciso concluir a minha tese a tempo, terminar tudo bonitinho. Com *o política* vai excelente, é *ompossível* que achem *nós*. Eu, eu, eu...!

Anne Frank:

Manter a coragem, procurar a felicidade, ser alegre. Na cama se pode chorar o quanto quiser. Morrer de fome nós não vamos e espero que tudo vá bem! Seja amável e mantenha a coragem!

sua Anne M. Frank.

QUARTA, 15 DE MARÇO DE 1944.

Querida Kitty,

Não tenho muito o que dizer. A Miep ainda está doente, o Kleiman não vai nada bem. Achamos que ele está de novo com uma hemorragia, porque perdeu os sentidos.

A Bep assistiu ontem a um concerto de piano no Concertgebouw. Foi uma certa Telma não-sei-mais-o-quê, uma moça de 20 anos, quem se apresentou. Hoje à noite ela vai assistir ao concerto da Evelyn Künneke! O tempo está divino, mas frio. Tenho estudado muito inglês e francês, outras coisas eu não tenho vontade de fazer.

Terminei os cinco primeiros livros dos Forsyte. O Jon me lembra em muitas coisas o Peter, a Fleur é em algumas coisas melhor e pior que eu, mas se parece um pouco comigo. Na noite passada eu sonhei de novo com o Peter. Nós estávamos em algum lugar, e pedi para ele um cacho dos seus cabelos. Ele disse que sim, e, sei eu como, nos demos outro beijo.

Estou com o meu ânimo um pouco melhor, se pelo menos nunca chegassem o sábado e o domingo!

sua Anne M. Frank.

QUINTA, 16 DE MARÇO DE 1944.

Querida Kitty,

As coisas aqui vão ficando cada vez pior: a Bep está muito resfriada e com dores de garganta e nas costas. Temos medo de que ela também pegue gripe. O que seria de nós?

Está fazendo um dia maravilhoso, indescritível; com certeza eu vou subir daqui a pouco até o sótão.

Agora eu sei por que eu sou tão mais inquieta que o Peter. Ele tem um quarto próprio no qual ele trabalha, sonha, pensa e dorme. Já eu me sinto atirada de um canto para o outro. Nunca posso estar sozinha no meu quarto compartilhado, mas quanto eu o desejaria! Essa é também a razão de eu fugir para o sótão. Lá e com você é que eu posso ser eu mesma por alguns momentos. Entretanto, não quero ficar reclamando sobre os meus desejos, muito pelo contrário: quero ser corajosa!

Lá embaixo eles felizmente não sabem o que se passa dentro do meu coração, exceto que eu me comporto cada dia mais friamente e com mais desprezo em relação à Mamãe; com o Papai, menos amorosamente; à Margot eu não confidencio mais nada, estou hermeticamente fechada. Antes de mais nada, tenho que preservar a minha segurança externa, ninguém pode saber que dentro de mim continua viva a guerra. Guerra entre o meu desejo e a minha consciência. Até agora, a vitória tem sido da última, mas será que algum dia o vitorioso revelará ser o primeiro? Às vezes tenho receio que sim, e com frequência até anseio que assim seja!

Como é tão terrivelmente difícil não liberar informações ao Peter, mas eu sei que tem de ser ele o primeiro; é tão difícil considerar durante o dia como desfeitos as conversas e os eventos que eu vivi nos meus sonhos! Pois é, Kitty, a Anne é uma doidivana, mas eu de fato estou vivendo em tempos enlouquecedores e circunstâncias ainda mais enlouquecedoras.

O melhor de tudo eu ainda acho poder passar pelo menos para o papel o que eu penso e sinto, senão me sufocaria completamente. O que será que o Peter pensa sobre esse assunto? Sistematicamente eu volto a achar que algum dia vou poder falar com ele a respeito. Alguma coisa pelo menos ele tem de ter adivinhado, porque a Anne exterior que ele conheceu até agora não é possível que ele ame! Como é que ele, que preza tanto a tranquilidade e a paz, pode sentir simpatia pelo meu espalhafato todo? Seria ele a primeira e única pessoa no mundo que conseguiu enxergar através da minha máscara de concreto? Será que ele também vai vir parar atrás dela em breve? Não há um velho provérbio que diz que o amor é o resultado da compaixão ou que ambos andam de mãos dadas? Não seria também o meu caso? Porque eu sinto tanta compaixão por ele quanto por mim mesma!

Eu realmente não sei, não sei mesmo como achar as primeiras palavras, ou como ele faria para achá-las, ele que tem ainda mais dificuldade para falar? Se eu pudesse lhe escrever, pelo menos saberia que ele sabe o que eu quero dizer, porque as palavras são algo tão difícil!

sua Anne M. Frank.

QUINTA À TARDE.

Hoje de manhã eu realmente não sabia o que ainda paira sobre as nossas cabeças: O Kugler recebeu uma convocação das autoridades trabalhistas para ir trabalhar 6 dias. Está indo agora a um médico de confiança e que o sr. v. P. também conhece para conseguir atestados suficientes. A Bep está sem febre apesar de ainda não estar bem. Segundo o Jan, a Miep ainda vai ficar 14 dias de cama. O Kleiman não teve uma hemorragia estomacal, mas uma crise de nervos! por isso desmaiou! Como você vê, as coisas aqui andam bem. Nós combinamos que os funcionários do armazém não venham amanhã, somente a Bep, pelo menos, se ela conseguir ficar de pé. A porta de casa vai ficar trancada, e nós temos que ficar quietíssimos por causa dos vizinhos. Se a Bep não vier, vamos ter que ficar mais quietos ainda, mas, seja como for, o Jan vem nos visitar depois da uma.

Para dar um exemplo da situação lá fora, o Jan contou o que comeu a partir do sábado. Ele ganhou no sábado 3 grandes cenouras, a senhora Pfeffer ou ele mesmo, não sei, as cozinhou com ervilhas verdes e essa ficou sendo a refeição do sábado, do domingo e da segunda. Na terça foram para a mesa também grãos-de-bico e na quarta as cenouras que tinham sobrado foram misturadas com purê de batata e cebola.

Quando perguntamos se o médico da Miep voltaria, esta foi a resposta: "O médico está tão atarefado que está com outro assistente na sua clínica privada. Se alguém liga e pede para ele deixar preparada uma receita para sais, ele diz que dá consultas das 8 às 9 e que a pessoa em questão vá lá pegar a receita!"

O conjunto de tudo é uma história trágica, se não fosse tão difícil para nós, seria até interessante e engraçado. Nós tentamos não nos preocupar demais, morrer de fome nós não vamos, e quem sabe tudo não vai se arranjar e acabar sendo só uma tempestade em copo d'água!

Anne.

SEXTA, 17 DE MARÇO DE 1944.

Meu benzinho querido,

Afinal parece que foi mais tempestade em copo d'água mesmo, porque o resfriado da Bep não se transformou numa gripe, só numa rouquidão, e o Kugler conseguiu licença do trabalho forçado com um atestado médico. Menos bem está o senhor Kleiman, que, no final, acabou mesmo tendo uma hemorragia estomacal.

Por aqui, tudo ainda *all right*!

Exceto por Margot e eu estarmos um pouco fartas dos nossos pais. Não me interprete mal: eu continuo como sempre amando o Papai, e a Margot, ao Papai e à Mamãe, mas é que, chegando à nossa idade, queremos poder decidir um pouco nós mesmas certas coisas e não ficar nas asas dos pais. Se eu subo, me perguntam o que eu vou fazer, não me deixam comer sal, a Mamãe me pergunta sistematicamente às oito e quinze da noite se não está na hora de eu vestir pijamas, cada livro que eu leio precisa ser aprovado antes por eles. Para ser sincera, essa aprovação não é em absoluto rígida, e me deixam ler praticamente tudo, mas todos os comentários e críticas e tantas perguntas o dia inteiro acabam se tornando incômodos.

Principalmente em mim há algo que não está lhes agradando: não quero mais passar o dia inteiro dando beijinhos aqui e acolá. Todos aqueles apelidos doces e fantasiados me parecem falsos, a predileção do Papai de falar sobre peidinhos e privadas me repugnam. Em resumo: eu quero um pouco de afastamento, mas eles não entendem isso. Não que tenhamos lhes dito o que seja, não, de que serviria? Eles não entenderiam nada.

A Margot ainda disse ontem: "Eu realmente acho muito chato que baste você apoiar a nuca nas mãos e suspirar duas vezes para que eles já venham perguntando se você está com dor de cabeça ou passando mal."

A Margot também entendem pela primeira vez que é mais fácil contar coisas pessoais às amigas que aos pais.

Para ambas é uma ducha fria nos darmos conta do quão pouco sobrou daquele nosso lar harmonioso e íntimo! E é fato que em grande parte a causa disso é a discrepância da nossa situação. Quero dizer com isso que somos tratadas como criancinhas no que diz respeito à exterioridade das coisas e que somos bem mais velhas que as outras da nossa idade no que diz respeito a assuntos interiores. Apesar dos meus 14 anos, sei muito bem o que quero, sei quem tem razão ou não, tenho os meus próprios princípios, as minhas concepções e visões, e por mais estranho que possa parecer, em se tratando de uma adolescente, me sinto mais um ser formado, bem mais que uma menina; me sinto totalmente independente de qualquer outra alma.

Sei que debato e discuto melhor que a mamãe, sei que tenho uma visão mais objetiva, sei que não exagero, que sou mais organizada e desenvolta e, assim sendo (pode rir, se quiser), me sinto superior em muitos assuntos. Se gosto de alguém, tenho primeiro que sentir admiração pelo indivíduo em questão, admiração e respeito, duas qualidades de que a mamãe é completamente desprovida!

Tudo estaria bem se eu tivesse o Peter, porque a ele eu admiro por um monte de coisas. É um rapaz tão agradável e bonito!

sua Anne M. Frank.

SÁBADO, 18 DE MARÇO DE 1944.

Querida Kitty,

Não há no mundo ninguém a quem eu tenha contado mais sobre mim mesma e os meus sentimentos do que você. Assim sendo, por que não lhe falar sobre questões sexuais?

Os pais e as pessoas em geral são muito estranhos em relação à temática. Em vez de contar tudo tanto aos filhos quanto às filhas de 12 anos, as crianças são mandadas para fora da sala cada vez que o assunto vem à tona e se veem obrigadas a se virar para buscar informações a respeito. Quando os pais mais tarde percebem que os filhos pescaram alguma informação, acham que eles mais ou menos sabem o que corresponde à realidade. Por que não consertam ainda qualquer estrago perguntando o estado das coisas?

Há um obstáculo sólido para os adultos, ainda que eu o considere apenas uma leve lombada, a saber: acham que as crianças perderiam a visão do matrimônio como algo sagrado e imaculado se soubessem que essa imaculabilidade na maior parte dos casos não passa de lorota.

Eu, do meu lado, não tenho absolutamente nada contra o fato de um homem levar consigo para o casamento algo de experiência; afinal, isto é irrelevante para o casamento, não é?

Quando eu fiz onze anos, me esclareceram os fatos sobre a menstruação; de onde aquilo vinha a sua importância, porém, eu ainda estava longe de saber. Com os meus 12 anos e ½ me contaram mais, já que a Jacque era muitíssimo mais sabida que eu. Como viviam um homem e uma mulher o meu próprio sentimento já me fazia suspeitar; no início, achei a ideia estranhíssima, quando a Jacque o confirmou, fiquei orgulhosa da minha intuição!

Que os bebês não saem pela barriga também foi a Jacque que me contou; ela disse simplesmente: "Por onde entra o preparado, por aí é que ele também sai perfeitamente concluído!" Fatos sobre o hímen e outras particularidades mais específicas a J., Jacque e eu nós ficamos sabendo através de livros sobre educação sexual. Que podemos evitar ter filhos eu também sabia, mas os detalhes íntimos da coisa ainda me eram um mistério.

Quando vim parar aqui, o Papai me falou sobre a prostituição e assim por diante, mas, somando-se tudo, ainda faltam serem esclarecidas muitas questões.

Se uma mãe não conta tudo aos filhos, eles ficam recolhendo informações uma aqui e outra acolá, o que é seguramente errado!

Apesar de ser sábado, não estou sendo chata! A razão disso é eu ter estado no sótão com o Peter; fiquei devaneando com os olhos fechados, foi divino!

sua Anne M. Frank.

DOMINGO, 19 DE MARÇO DE 1944.

Querida Kitty,

Ontem foi um dia muito importante para mim. Após o almoço tudo correu na maior normalidade. Às 5 eu pus as batatas para cozinhar, e a Mamãe me deu uma salsicha de chouriço para que eu levasse ao Peter. Primeiro eu não queria fazê-lo, mas depois acabei aceitando. "Peter", disse, "você aceita de nós, para os seus sanduíches?" Só que ele não a aceitou, o que me deixou com a horrível sensação de que era pela briga em relação à desconfiança. Até que eu não me aguentei mais, fiquei com os olhos rasos de lágrimas e, sem muita explicação, deixei o pratinho de novo ao lado da mamãe e fui chorar no banheiro. Foi quando eu decidi ir esclarecer a questão com o Peter. Antes do jantar, quatro de nós estávamos ajudando o Peter com as suas palavras cruzadas, o que me impediu de falar com ele, mas, logo antes de passarmos à mesa, eu lhe perguntei baixinho: "Hoje à noite você vai praticar estenografia?" "Não", respondeu ele. "Então eu gostaria de ter mais tarde uma palavrinha com você." Ele disse que não havia problema.

Após lavar a louça, fui até o quarto dele e perguntei se ele não tinha aceitado o chouriço por causa da briga anterior. Mas, felizmente, não tinha sido essa a razão, mas simplesmente porque tinha lhe parecido indelicado cair tão rápido na tentação. Falamos ainda sobre as brigas e que o meu posicionamento em relação a elas mudou muito. Tinha estado fazendo um calor horrível na sala, e eu estava com a cara vermelha como um pimentão, de maneira que desci para levar a água da Margot, mas logo subi de novo para respirar melhor. Para manter o decoro, primeiro fui me postar junto à janela dos v. P., mas não demorou para eu ir para junto do Peter. Ele estava ao lado esquerdo da janela aberta, e eu fui para o lado direito. Era bem mais fácil conversar no relativo lusco-fusco do que em plena luz do dia, e acho que o mesmo valia para o Peter.

Contamos tanto um ao outro, mas tanto mesmo, que já nem me lembro mais de tudo, mas me fez muito bem, foi a noite mais bonita que eu jamais vivenciei no Anexo.

Vou resumir, porém, os diversos tópicos:

Primeiro nos falamos sobre as brigas, sobre o meu posicionamento em relação a elas ter mudado muito; depois, falamos do afastamento dos nossos pais. Contei ao Peter sobre a mamãe e o papai, sobre a Margot e sobre mim mesma. Num determinado momento ele perguntou: "Vocês sempre se dão boa-noite com um beijo?"

"Um só? Um monte. Vocês não, correto?"

"Correto, eu nunca dei um beijo em quem quer que fosse!"

"Nem mesmo de aniversário?"

"Sim, aí sim."

Falamos sobre confiança, que ambos não depositamos nos nossos pais. Sobre o fato de que os pais dele amam muito um ao outro e gostariam de que o Peter confiasse neles, algo que ele não queria fazer. Sobre eu chorar na cama para pôr para fora a minha tristeza, o que ele faz indo soltar palavrões na água-furtada. Sobre a Margot e eu nos conhecermos de verdade há tão pouco tempo e, ainda assim, não contarmos muito uma à outra por estarmos sempre juntas. Sobre tudo e mais um pouco, sobre confiança, sentimento e nós mesmos: ele é justamente como eu pensava que ele fosse.

Começamos então a falar do ano de 1942, de como éramos diferentes. Já não nos reconhecemos mais em quem nós éramos naquela época. E de como não nos suportávamos no início. Ele me achava espalhafatosa e irritante, e eu de cara o tinha achado um zero à esquerda. Não entendia que ele não flertasse, mas hoje eu me alegro. Ele falou também de como se isolava dos outros. Eu lhe disse que entre os meus espaventos e a minha temeridade e o seu silêncio também não há grande diferença.

Que eu também gosto de ficar no meu canto, que não tenho mais nada de privado além do meu diário, que as pessoas preferem me ver ir embora que chegar, para começar pelo sr. Pfeffer, e que nem sempre quero ficar dentro de casa. E que ele se alegra de que os meus pais tenham filhos e que eu me alegro que ele esteja aqui. E que eu o entendo na sua reserva e na relação que mantém com os pais e que gostaria de poder ajudá-lo no que se refere às brigas. "Peter, se você alguma vez precisar de ajuda, não deixe de me dizer." "Mas você sempre me ajuda com tudo!", disse ele. "Como?", perguntei, atônita. "Com a sua alegria."

Essa foi a coisa mais bonita que ele me disse. Também me disse que não se incomodaria em absoluto que eu fosse até ele como antes, muito pelo contrário.

Eu lhe contei que os apelidos carinhosos dados aos meus país não têm qualquer conteúdo e que um beijinho aqui e o outro acolá não cria laços de confiança.

Falamos ainda sobre a nossa vontade própria, o meu diário e a solidão, a diferença entre o interior e a fachada das pessoas, a minha máscara, e assim por diante.

Foi maravilhoso; ele deve ter começado a me amar pela camaradagem, o que, de momento, basta. Nem tenho palavras para dizer o quanto me sinto feliz e devo me desculpar perante você, Kitty, pelo meu estilo tão abaixo de qualquer parâmetro no dia de hoje. Eu estou escrevendo o que me brota na mente!

Tenho a impressão de que o Peter e eu compartilhamos um segredo; quando ele me olha daquela maneira, com aquele sorriso e uma piscadela, se acende uma luzinha dentro de mim. Espero que continue sempre assim e que ainda possamos passar ainda muitas e muitas horas agradáveis juntos!

sua grata e feliz Anne.

SEGUNDA, 20 DE MARÇO DE 1944.

Querida Kitty,

Hoje de manhã o Peter me perguntou se eu iria passar por lá pela noite e disse que não o incomodo de verdade e que no seu quarto há espaço suficiente para duas pessoas. Eu disse que não é toda noite que eu posso, visto que isso desagradava o pessoal lá de baixo, mas ele me aconselhou a não me preocupar com os outros. Então eu disse que gostaria de passar pelo quarto dele no sábado à noite e que ele me avisasse quando houvesse lua. "Nesse caso a gente desce para ver a lua lá de baixo", disse ele. Achei a ideia ótima, e medo de ladrões é que eu não tenho mesmo.

No meio-tempo se abateu uma sombra sobre a minha felicidade; já fazia um bom tempo que eu pensava que a Margot achava o Peter mais que simpático. Não sei o quanto ela gosta dele, mas acho a ideia muito incômoda. A cada vez que eu me encontro agora com o Peter é como se eu lhe causasse dor propositadamente, e a melhor: ela não deixa transparecer nada. Eu sei que eu morreria de ciúmes, mas a Margot só diz que eu não tenha pena dela. "Eu fico incomodada que você se sinta segurando vela", acrescentei ainda. "Já estou acostumada", respondeu, algo amarga.

Isso é algo que eu não me atrevo a contar ao Peter, talvez mais para a frente, antes nós temos que discutir bastantes outros assuntos.

Ontem à noite a Mamãe me fez um pequeno sermão, que eu de fato merecia ouvir. Não posso deixar a minha indiferença em relação a ela assumir tais proporções. De maneira que toca apesar de tudo tentar me mostrar simpática e omitir as minhas críticas!

o Papai também deixou de ser tão cordial. Está tentando se desacostumar de uma certa infantilidade e deu uma boa congelada. Ele ameaçou, dizendo que, se eu deixar a álgebra de lado, posso esquecer, que ele não vai me dar aulas particulares depois de jeito nenhum. Apesar de poder esperar, estou disposta a começar a fazê-lo, contanto que eu receba um livro novo.

Por enquanto é isso, não posso fazer mais que olhar para o Peter, o que me preenche totalmente!

sua Anne M. Frank.

Uma prova da bondade da Margot. Recebi hoje, dia 20 de março de 1944.

> Anne, quando eu disse não estar com ciúmes de você, só estava sendo 50% sincera. O que se dá é o seguinte: não estou com ciúmes nem do Peter, nem de você. Só sinto um pouco de pena de mim mesma aqui eu tinha pulado uma página. Ver a página anterior por não ter encontrado ainda ninguém — e saber que, de momento, também não vou encontrar — com quem falar dos meus pensamentos e sentimentos. Justamente por isso é que eu lhes desejo de coração toda a felicidade de poder presentear confiança um ao outro. Você já não dispõe aqui de muito do que os outros têm como fato dado.
>
> Por outro lado, tenho certeza de que nunca teria ido tão longe com o Peter, porque tenho a sensação de que eu precisaria ter uma certa intimidade com quem eu gostaria de discutir tantos assuntos. Eu deveria poder sentir que ele me entende perfeitamente sem que eu tenha que dizer muito. Mas teria que ser alguém que eu sinta intelectualmente superior

a mim, o que jamais seria o caso com o Peter. No seu caso, acho que tudo o que eu disse acima sobre o Peter é válido.

Assim sendo, você não precisa se recriminar, pensando que está me tirando algo ou me fazendo mal. Você e o Peter, se juntos, só sairiam ganhando.

A minha resposta:

Querida Margot,

Achei o seu bilhete excepcionalmente fofo, mas ainda não me sinto totalmente tranquila, e não acho que isso vá acontecer.

Da confiança na medida que você indica, ainda não se pode falar, mas no lusco-fusco junto a uma janela aberta é mais fácil fazer confidências do que em plena luz do sol. Da mesma maneira, é mais fácil falar-se entre sussurros do que num trombone. Acho que você começou a nutrir pelo Peter uma afeição fraternal e que quer ajudá-lo, pelo menos tanto quanto eu. Pode ser que até venha a fazer isso de fato, apesar de não se tratar da confiança tal como a gente a vê. Aliás, acho que isso deve ser bilateral; acho que essa é a razão pela qual o papai e eu nunca fomos muito longe.

Deixemos isso agora de lado, sem voltar a discorrer sobre o assunto; se você quiser saber algo mais, faça-o por escrito, porque eu me expresso bem melhor assim que verbalmente.

Você não imagina como eu a admiro e espero que eu ainda venha a desfrutar da sua bondade e da do papai, porque já não vejo mais muita diferença entre elas.

sua Anne.

Horários da Anne Frank em dias laborais, segunda, terça, quarta, quinta e sexta, na primavera de 1944 no Anexo:

Acordar: entre as 6:30 e as 7:30.

Acordar o papai: às 7:30.

Levantar: às 7:38.

Vestir: das 7:38 até às 7:55, incluindo tirar os lençóis, os bobes de cabelo, roupas, reunir água oxigenada, pente, espelho e pomada.

Banheiro: às 8:00.

Terminar de me vestir e arrumar os cabelos: às 8:15 retirar o penico, arrumar os livros etc. e tal até as 8:30.

Ler ou fazer alguma atividade em silêncio e sossegada: das 8:30 às 9:00.

Café da manhã: das 9:00 até as 9:30.

Descascar batatas: das 9:30 até as 10:00 ou 10:30.

Atividades com livros; com pausas para falar, escrever o diário, conversar e não fazer nada (às vezes também café ± às 10:45) das 10:30 às 12:00.

Sótão: das 12:00 até as 12:45. Respirar ar fresco.

Trabalhos domésticos: 12:45 — 1:00. Eu me refiro a limpar a pia.

Rádio: da 1:00 até a 1:15.

Comer: 1:15 ou 1:30 até a 1:50.

Conversar: da 1:50 até às 2:00.

Noticiário da Wehrmacht: das 2:00 até 2 e pouco.

Ficar lá embaixo e aqui em cima de bobeira até as 2:30.

Trabalhar, com várias interrupções, frequentemente muita leitura, depende do texto: das 3:00 até as 3:45.

Comer sanduíche: 3:45 — 4:00.

Espairecer: das 4:00-4:15.

Tomar café: 4:15.

Ir buscar batata: depois de beber café até um pouco antes da 4:30. O café é tomado aqui em cima. Isso porque às 4:15 a Margot e eu subimos.

Ficar treinando francês e conversando com o Peter: das 4:30 até as 5:15.

Liberdade, o pessoal da firma vai embora e bagunça na casa: das 5:15 até as 6:00.

Rádio: das 6:00 às 6:15.

Conversar, ficar de bobeira, sem fazer nada: das 6:15 até as 6:30.

Comer: das 6:30 às 7:00.

Lavar louça: das 7:00 às 7:30.

Ler, escrever, conversar: das 7:30 às 8:30.

Tirar a roupa: das 8:30 às 8:50.

Banheiro: 8:50 até às 9:15.

Toalete: 9:15 às 9:30.

Dar boa noite, apagar a luz: 9:30 até as 9:45.

Pensar, sonhar, rezar e desfrutar: 9:45 até as 10:15.

Dormir: das 10:15 ou 10:30 até ± as 7:00.

<u>Anne Frank.</u>

Quarta, 22 de março de 1944.

Querida Kitty,

Veja só o que eu recebi ontem à noite da Margot:

> Querida Anne,
>
> Após ler o seu bilhete de ontem, fiquei com a sensação desagradável de que você sente remorsos a cada vez que vai estudar ou conversar com o Peter; garanto que não há necessidade disso. No meu foro íntimo acho que temos todos o direito de sentir confiança mútua, eu não conseguiria tolerar o Peter no papel que ele preenche.
>
> Entretanto, é bem o que você diz: eu tenho a sensação de que o Peter é uma espécie de irmão, mas... um irmão caçula, e de que nós apontamos um para o outro as antenas dos nossos sentimentos a fim de mais para frente, talvez também nunca, nos sentirmos como irmão e irmã; mas ainda falta muito para chegarmos lá.
>
> Assim sendo, você não precisa sentir pena de mim. Aproveite o máximo que possa da companhia que você encontrou.

No meio-tempo o ambiente aqui deu uma boa melhorada. Eu acho, Kitty, que nós talvez ainda vamos presenciar aqui no Anexo um grande e verdadeiro Amor. Toda essa brincadeira de casamento com o Peter no final das contas não é tão absurda se continuarmos aqui por muito mais tempo. Não que eu pense em me casar com ele, nem mesmo sei no que ele vai se tornar quando crescer, assim como não sei se vamos chegar a nos amar tanto a ponto de querermos nos casar.

De que o Peter também me ama, no meio-tempo eu descobri ter certeza, não sei que espécie de amor é esse. Ainda não descobri muito bem se ele só deseja uma boa companheira, ou se eu o atraio como garota ou irmã.

Quando ele disse que eu sempre lhe dou apoio moral quando os pais brigam fez com que eu me sentisse enormemente feliz e que acreditasse ter dado um passo a mais na minha crença na amizade dele. Já ontem eu lhe perguntei o que ele faria se houvesse aqui uma dúzia de Annes para ficar aparecendo no quarto dele. O que ele respondeu foi: "Se elas fossem todas como você, não seria mesmo incômodo nenhum!" Ele é comigo extremamente hospitaleiro, e realmente acho que gosta de me ver chegando.

Começou no meio-tempo a estudar francês com uma aplicação enorme; às dez e quinze da noite ainda está estudando na cama. Ah, quando eu me lembro do sábado à noite, das nossas palavras, das nossas vozes, pela primeira vez me sinto satisfeita comigo mesma. Eu me refiro ao fato de que hoje eu diria a mesma coisa e não mudaria nada do que disse, como geralmente é o caso.

Ele é lindo tanto quando ri como quando fica calado olhando fixamente para diante de si. É tão bonito e bom e carinhoso! Na minha opinião, o que mais o pegou desprevenido em relação a mim foi perceber que eu não sou em absoluto essa garota mundana e superficial que parecia ser, mas um exemplar tão sonhador e com tantas dificuldades quanto ele próprio!

Ontem à noite, depois de lavar a louça, tinha a certeza de que ele me pediria para ficar lá em cima. Mas isso não aconteceu; saí dali, e ele desceu a fim de chamar o Pfeffer para escutar rádio, ficou de bobeira no banheiro, mas, como não vinha o Pf., ele subiu de novo. Ficou andando no quarto de um lado para o outro e foi bem cedo para a cama.

Eu passei a noitinha inteira tão irrequieta que de tempos em tempos ia até o banheiro, refrescava o rosto com água gelada, lia um pouco, depois cochilava, consultava o relógio e esperava, esperava e esperava, tentando ouvi-lo. Quando fui para cama, cedo, estava destruída.

Hoje à noite eu tenho que tomar banho, e amanhã?

Está ainda tão longe!

sua Anne M. Frank.

A resposta:

Querida Margot,

Acho que o melhor a fazer é esperar para ver no que vai dar. Não pode mais demorar tanto até o Peter e eu tomarmos uma decisão, ou voltamos ao normal, ou então passamos para algo diferente. Como isso deve acontecer eu não sei, eu não antecipo muito nada.

Mas uma coisa eu com certeza farei se ele e eu optarmos pela amizade, eu conto para ele que você também gosta muito dele e que estaria pronta para ajudá-lo se fosse preciso. Com certeza você se oporia, mas eu nem me importo mais; o que o Peter pensa sobre você eu não sei, mas pode estar certa de que eu vou lhe perguntar.

Mal é que não é, muito pelo contrário! Venha se juntar conosco no sótão ou onde quer que estejamos, você não incomoda de jeito nenhum, já que, penso eu, combinamos tacitamente que, se formos falar, falamos de noite, no escuro.

Coragem! Eu também tenho que manter a minha, apesar de não ser sempre fácil; a sua vez talvez chegue antes mesmo do que você imagina.

sua Anne.

QUINTA, 23 DE MARÇO DE 1944.

Querida Kitty,

Desde ontem de manhã aconteceu tanta, mas tanta coisa que nem sei onde começar. Primeiro as notícias lá de fora. B. & D. foram soltos da prisão. Contam-se as melhores coisas a respeito, mas basta eu lhe dizer que o Povo Holandês é o máximo. A mulher do Brouwer está esperando o seu nenê num destes dias; por isso é que ele foi solto, mas a questão ainda não se resolveu de todo. Esperemos o melhor!

O senhor Kleiman não vai bem. A mulher dele e todos nós não estamos satisfeitos com o seu médico. A sua hemorragia estomacal revelou ter sido muito séria, daí o desmaio.

A Miep voltou a trabalhar ontem de manhã, mas hoje foi o Jan que se enfiou no ninho, com febre e calafrios. A Bep está melhor, ainda que a tosse continue. Ontem caiu um avião nas vizinhanças, os passageiros saltaram a tempo com paraquedas. O avião caiu sobre uma escola em que não havia crianças; o acidente resultou num pequeno incêndio e na perda de algumas vidas. A aeronave deve ter caído perto de Markthallen. Nunca antes vimos tantos disparos como contra esse avião. Foram os alemães que dispararam com metralhadoras sobre o avião a pique e a tripulação de paraquedas. Durante dez minutos de disparos ensurdecedores. Era de dar medo.

Agora sobre mim.

Quando fui ontem me juntar com o Peter, a conversa rumou, eu não sei como, para o terreno sexual. Já fazia tempo que eu tinha me proposto lhe perguntar algumas coisas. Ele sabe de tudo; quando eu lhe disse que a Margot e eu não tínhamos sido devidamente informadas, ele ficou atônito. Eu lhe falei muito sobre mim e a Margot e o Papai e a Mamãe, e disse que nos últimos tempos eu não me atrevo a lhes perguntar mais nada. Ele se prontificou a me instruir, e eu aceitei, grata. Contou como funcionam os métodos anticoncepcionais; eu, atrevida como sou, lhe perguntei como os meninos percebem que estão entrando na puberdade. Nesse ponto ele teve de parar para pensar, disse que me falaria sobre isso à noite. Entre outras coisas, compartilhei com ele a história da Jacque e de que as meninas ficam sem defesa diante de meninos fortes. "Olha, de mim você não precisa ter medo", disse ele.

Quando voltei à noite, ele respondeu à pergunta que eu tinha lhe feito. Foi um pouco embaraçoso, mas também agradável poder falar com ele a respeito. Ambos não acreditávamos algum dia voltar a falar respectivamente com uma garota e um garoto sobre assuntos tão íntimos.

Acho que agora eu sei de tudo. Ele me contou muita coisa sobre métodos de "Präsentiv". Alemão.

Pela noite, a Margot e eu falamos no banheiro sobre o Bram e a Trees!

Hoje de manhã estava me esperando algo muito desagradável: depois do café da manhã. O Peter me fez sinal para que o acompanhasse até o sótão. Então disse: "Você abusou da minha boa-vontade, e muito. Eu ouvi o que você e a Margot discutiram ontem no banheiro, eu acho que você queria testar o quanto o Peter aqui sabia do assunto para depois caçoar!"

Ah, eu fiquei atônita, usei todos os recursos imagináveis para lhe tirar essa ideia escandalosa da cabeça; eu bem que posso imaginar como ele deve ter ficado chateado, sendo que nunca houve intenção de caçoar! Eu disse então: "Ai, não, Peter! Eu jamais seria tão baixa, eu disse que ficaria de bico calado e vou continuar a fazer isso. Montar uma comédia e ser insidiosa, seriamente insidiosa, não, Peter, isso não teria a menor graça, é injusto. Eu não contei nada, de verdade, por favor, acredite!"

Ele me assegurou que acreditava em mim, mas eu tenho que falar com ele mais uma vez a respeito, o dia inteiro não tenho feito mais que refletir no ocorrido. Felizmente que ele disse de cara o que pensava; imagine se ele circulasse por aí com essa impressão de deslealdade da minha parte. Que querido que é o Peter!

Agora é que eu tenho que e vou dizer tudo a ele!

sua

Mary Anne Frank.

Errado!

Só pode ser por causa da comoção, porque o meu coração está dando saltos!

SEXTA DE MANHÃ, 24 DE MARÇO DE 1944.

Querida Kitty,

Não cheguei a contar tudo, mas tudo está bem assim, ou eu deveria dizer: melhor ainda. Você não pode imaginar o quão grata eu me sinto por ter ganhado isto ainda aqui no Anexo.

Ontem à noite estudei inglês com o Peter, falamos sobre pais. É que os v. P. ficam infames quando eu saio à noite do quarto do Peter, e o Peter mesmo diz que eles ficam aos sussurros com o Pf. sobre nós. O Peter me aconselhou a não ligar mais para eles. "Dizem a você alguma coisa lá embaixo?"

"Pois é, a Mamãe é toda curiosa, mas eu sempre me safo com alguma lorota."

"Com certeza ontem eles disseram alguma coisa", continuou.

"Claro que sim, disseram: você continua lá, com certeza se transformou na sua zweite Heimat", o Pf. disse que não é adequado ter meninas no seu quarto tão tarde da noite, e respondi algo do tipo não se meta onde não é chamado. Aos meus pais eu disse que não passa de inveja, porque eles são velhos e nós novos. Mas fique tranquilo, eu (realmente) acho agradável." E mais para frente, quando eu disse: 'Pois é, essas coisas não se contam a qualquer um' (estavam em tema as nossas conversas à janela), ele respondeu 'Mas você não é qualquer uma!'"

Esta página eu pulei sem querer; por isso, para continuar a página passada tem que se virar a página.

O Papai sempre diz que eu sou uma convencida, mas isso não é verdade, eu só sou vaidosa! Ainda nunca ouvi muita gente dizer que me acha bonita. Exceto o C. N., que disse que eu fico muito bonita quando sorrio.

Ontem eu recebi um verdadeiro elogio do Peter e, só de curiosidade, vou reproduzir a nossa conversa mais ou menos assim:

O Peter disse tantas vezes "Sorria!" Isso me chamou a atenção, e ontem perguntei: "Por que é que você sempre pede para eu sorrir?"

"Porque fica bem: você fica com covinhas nas bochechas. Aliás, como isso acontece?"

"Nasci assim. Também tenho no queixo. É a única marca de beleza que eu possuo."

"Não é verdade!"

"É sim, eu sei que não sou uma menina bonita, nunca fui nem nunca serei!"

"De jeito nenhum, eu acho você bonita."

"Não, não sou."

“Se eu digo que sim, pode acreditar!”

Eu, claro, disse a mesma coisa dele!

Quando à noite ouvi os v. P. abrindo a janela deles, fiquei indecisa; às 8 decidi arriscar. Bati fraquinho na porta e fui recebida pelo senhor v. P. dizendo: “Pst, pst, Mouschi, pega!”

“Ui, será que é melhor eu ir embora.” Perguntei, mas continuei até o quarto do Peter. Lá estava a madame que foi logo perguntando se eu vinha respirar um pouco de ar fresco. Ficou um tempinho conversando conosco, mas quando o senhor fechou a porta, o Peter quis pô-la para fora. A madame se recusou a sair, mas acabou indo após 5 minutos. Eu disse ainda que a nossa companhia não era tão interessante, mas ela discordou e disse que logo voltaria.

Quando ficamos sozinhos o Peter logo foi dizendo: “Eles não têm nada contra quando você vem, eles nunca proibiriam; eu disse a eles hoje de noite que você logo viria!” “Oh, eu primeiro não queria vir.” Todo surpreso, ele respondeu: “Mas eu tinha lançado a você uma piscadela à mesa antes de você ter descido!”

“Ouça só, Peter”, disse então, “Eu não posso vir de jeito nenhum todas as noites.” “Mas por que não?” “Não, não dá, já me dá arrepios subir até aqui. A única maneira, que também seria o ideal, é que você descesse para me trazer para cima. Você não quer ter que me pedir todas as noites para vir, e eu não quero vir por mim mesma, então isso seria o melhor.

“Mas, mas, mas...”

“Faça isso por mim.” O meu pedido fez efeito. Imediatamente ele disse: “Está bem então.” Aí ele ainda perguntou se teria que passar pelo nosso compartimento. Claro que não, simplesmente pelo

---

banheiro, eu então estou no meu quarto. Aí ele quis saber se tinha que falar mais alto, a minha resposta foi: “Sim, faça isso, se der jeito.”

Mais tarde, na mesma noite, ele voltou a dizer que eu deveria vir: “Senão eu fico com tédio, aqui sozinho.”

“Mas você não se entediou até agora!”

“Sim, mas era completamente diferente!”

Que engraçada essa situação nossa, não é? No começo eu queria fazer alguma coisa com você, mas você detestava quando eu vinha. Depois, durante um ano, eu praticamente me esqueci da sua existência, até que, certo dia, de repente me lembrei que existe uma coisa chamada Peter’.

“Se nessa época você não tivesse vindo até mim, eu teria ido até você.”

Que coincidência, não é, Kitty, que nós nos tenhamos encontrado quase ao mesmo tempo. Agora eu consigo intuir pelas palavras e ações dele que ele também sente muito por mim. Se acontece de ele não ir ao sótão atrás de mim é com certeza porque eu disse que estou com vontade de ficar sozinha. Como a coisa vai continuar eu realmente não sei, e se nós sempre vamos ter assunto para conversa também não. Mas se continuar assim, nós também vamos conseguir ficar juntos em silêncio. A única coisa chata é a Margot ficar embaixo sozinha quando eu estou a sós com o Peter em cima, mas ela não quer nem saber desse assunto.

O Papai não pergunta e não diz nada, mas não fica mais tão infantil. A Mamãe sabe que eu não a amo muito, igual ao que acontece com o Pai e a Mãe do Peter. E, Kitty, estou ficando com a impressão de que não estou mais tão separada do Peter, de que, na verdade, vou atrás dele, e de que dependo das suas atenções.

Se pelo menos os velhos lá de cima não fossem tão infames; com certeza é porque não gostam de me ver aparecer. E olhe que o Peter e eu nem dizemos sobre o que conversamos. Imagine se eles soubessem que falamos de assuntos tão íntimos. Com certeza não é comum uma menina falar com um menino sobre a sua menstruação, nem de um menino contar sobre os seus assuntos a uma menina. Eu bem que gostaria de fazer muitas mais perguntas sobre esse assunto ao Peter, mas fico sempre com medo de que ele pense que eu não saiba falar de outra coisa.

Eu gostaria de perguntar ao Peter se ele sabe a que uma garota se parece em realidade. Um menino, acho eu, não tem lá embaixo a complexidade de uma menina. Em fotos e ilustrações de homens nus dá para ver claramente as suas estruturas, ao contrário do que acontece com as mulheres. Como é que eu poderia lhe explicar essa instalação?! Porque que ele não sabe do que ela se compõe dá para perceber pelas suas palavras. Falou sobre o "colo do útero", mas ele fica do lado de dentro e não se consegue enxergar. Tudo está muito bem dividido em nós. Antes dos meus 11 ou 12 anos, não sabia que existiam também os grandes lábios internos, que não se veem. E a melhor de todas: achava que a urina vinha do clitóris. Quando perguntei à mamãe para que servia aquele apêndice que não acabava em nada, ela me disse que não sabia. Sempre se fazendo de boba!

Mas, voltando ao assunto: como é possível descrever a estrutura sem exemplos? Será que eu não deveria tentar fazê-lo aqui e agora? Adiante!

Olhando de frente, você não vê nada além de pelos. Entre as pernas há uma espécie de almofadinhas suaves, também com pelos, que, quando a gente se levanta, se apertam umas contra as outras, mas assim ainda não se vê nada do que fica no lado de dentro. Quando a gente se senta, elas se separam, deixando à mostra uma parte rubra e feiamente carnosa. Na parte superior, entre os grandes lábios se encontra um vinco de pele, que, ao se examinar melhor, parece uma espécie de bexiguinha, que é o clitóris. Depois vêm os pequenos lábios, também apertados um contra o outro como se fosse uma dobradura. Ao se abrirem, deixam à vista um apêndice carnoso pequenininho, não maior que a parte superior do meu polegar. O pedaço de cima é poroso e nele se veem uma porção de buraquinhos, por onde sai a urina. O pedaço de baixo parece ser só pele, mas é aí que se encontra a vagina. Aí fica uma porção de pregas de pele, muito difícil de se verem. O buraquinho que fica mais abaixo é tão pequeno que me parece difícil imaginar ser o lugar onde ocorre a penetração e, o pior, por onde sai um bebê. Até mesmo o indicador só entra aí com muita dificuldade. Pois aí está a descrição do que desempenha um papel tão fundamental!

sua Anne M. Frank.

Isto já tem umas duas semanas e não vale mais.
Mas como os meus versos são tão escassos, escrevi para constar:
Mais um dia sem nada, só paúra
Como outra noite, a noite escura.

Anne (Rea.)

SÁBADO, 25 DE MARÇO DE 1944.

Querida Kitty,

Quando uma pessoa se transforma, só o percebe depois de transformada. Eu me transformei, profunda, completamente, em tudo. As minhas opiniões, os meus conceitos, o meu olhar crítico, a minha aparência, o meu interior, tudo se transformou. E posso tranquilamente afirmar, porque é verdade, para melhor.

Eu já contei a você no passado o quão difícil foi para mim abandonar a minha vidinha de menina cheia de admiradores e vir parar aqui, na realidade nua e crua, repleta de sermões e adultos. Mas o Papai e a Mamãe têm uma grande parcela de culpa por eu ter de passar por tantas dificuldades

Em casa me mimaram, e eu não reclamo disso, mas aqui eles não deveriam me atiçar por tabela e me mostrar, em meio às brigas e às fofocas, apenas o lado "deles". Fizeram mal, apesar de, na minha opinião, estarem com a razão na maioria das brigas e que se pode criticar o caráter dos v. P.

Existe um dizer ou provérbio que diz que há um fundo de razão em todas as recriminações e palavras ditas com ira. Comigo também. Eram muitas coisas de que me recriminavam, só que eu não sabia o que fazer, mas suscitava admiração com as minhas críticas engraçadas e minhas respostas ágeis. Os meus oponentes ficavam de fato com frequência nocauteados, mas eu por dentro ficava ainda mais.

Levei um bom tempo para descobrir que, nas suas brigas, a proporção de razão entre eles é a de fiftyfifty. Agora, porém, eu conheço o número de erros cometidos aqui, pelos jovens e pelos adultos.

O grande erro do Papai e da Mamãe em relação aos v. P. é o de nunca falarem franca e amigavelmente (apesar de essa amizade ser algo fingida).

Antes de mais nada, o que eu quero é manter a paz e evitar as brigas e as fofocas. Com o Papai e a Margot isso não é difícil; já com a mamãe não se dá o mesmo, e, por isso, me faz muito bem que ela própria me chame a atenção vez ou outra. O senhor v. P. também se pode conquistar dando-lhe a razão, escutando-o em silêncio, não lhe dizendo muito e, principalmente... respondendo às suas brincadeiras infames com outras brincadeiras. A madame se ganha ao conversarmos com ela francamente, confessando-lhe tudo. Ela mesma admite os próprios erros, que são inúmeros, de maneira cavalheiresca.

Eu bem sei que a opinião dela sobre mim não é tão ruim quanto no início. E a razão disso é exclusivamente por eu ser franca e dizer mesmo na cara das pessoas coisas pouco lisonjeiras. Quero ser honesta e acho que, assim, se vai mais longe; isso também faz com que você própria se sinta bem melhor.

Não quero, sob hipótese alguma, atuar contra o Papai e a Mamãe; não quero me meter em brigas e discussões, (ultimamente a coisa está mais tranquila felizmente) mas eu não estou mais com eles no mesmo barco para o que der e vier. Tenho opinião própria sobre tais assuntos e já não opto por ficar sempre do lado deles só por decência.

Ontem a madame falou comigo sobre essa questão e sobre o arroz que demos ao Kleiman: "Nós demos, demos e demos. Mas chegou um momento em que eu disse 'Agora já chega'. O senhor Kleiman pode conseguir arroz por si próprio, basta se esforçar um pouco. Por que é que nós temos que dar de tudo que temos no nosso estoque? Cada um de nós tem a mesma necessidade", disse a madame.

"Não, madame", disse eu. "Não estou de acordo. O senhor Kleiman pode até conseguir arroz, mas ele se sente mal de ter de se preocupar com isso. Não cabe a nós criticar as pessoas que nos ajudam. Devemos dar tudo de que podemos prescindir e de que elas precisam desesperadamente. Um pratinho de arroz por semana também não é nada, nós bem que podemos comer legumes!"

A madame não achava que fosse assim, mas disse que, apesar de não estar de acordo, o aceitava, porque aí a questão era outra. Bem, melhor eu encerrar este assunto, às vezes eu sei qual é o meu lugar, e às vezes duvido, mas ainda vou aprender! E se vou!

Principalmente agora que eu tenho ajuda, porque o Peter me ajuda a atravessar por umas poucas e boas. Ele já disse que queria cuidar de mim se eu adoecesse, me consolar quando houver disparos ou se acontecer uma invasão, e me ajudar o máximo que der. É claro que é mútuo!

Não sei em que medida ele me ama, nem se algum dia vai ocorrer um beijo; seja como for, não quero forçar a barra! Ao Papai eu contei que vou com frequência visitar o Peter, e lhe perguntei se ele aprovava. É claro que ele aprova!

Eu conto ao Peter com mais facilidade coisas que eu não solto nunca por aí; assim sendo, contei a ele que mais adiante quero escrever. Mesmo se eu não me tornar uma escritora, jamais vou deixar de lado a escrita paralelamente à minha profissão. Ah, não, não quero viver por nada como a maioria das pessoas. Quero poder ser prestativa e divertir as pessoas que vivem à minha volta e as pessoas que não me conhecem, quero viver também além da minha morte! E é por isso que sou tão grata a Deus por ter me dado quando eu nasci a possibilidade de me desenvolver e escrever, ou seja, de expressar tudo o que está dentro de mim!

Eu não tenho nem muito dinheiro nem bens materiais, não sou bonita, nem inteligente ou esperta, mas sou e sempre serei feliz! Tenho uma natureza alegre, amo as pessoas, não sou desconfiada e quero que todos sejam felizes junto comigo.

sua afeiçoada Anne M.
Frank.

SEGUNDA, 27 DE MARÇO DE 1944.

Querida Kitty,

Em realidade, um longo capítulo da nossa história de clandestinidade neste caderno deveria versar sobre política, mas como essa temática pessoalmente me deixa algo indiferente, acabei lhe dando muito pouca importância. Por isso é que hoje eu vou dedicar a carta de hoje inteiramente à política.

O fato de que as opiniões divirjam tanto em relação a essa questão é compreensível; visto que, em delicadíssimos tempos de guerra, se fale tanto sobre ela é ainda mais lógico..., mas o fato de que hajam tantas brigas ao discuti-la é redondamente idiota! Que eles apostem, riam, xinguem e reclamem o quanto quiserem, mas que fiquem cada um na sua, sem brigas, caso contrário as consequências podem ser funestas. Quem vem de fora traz consigo muitas inverdades; já a nossa rádio até agora nunca mentiu. O Jan, a Miep, a Bep e o Kugler têm nas suas convicções políticas os seus altos e baixos emocionais, mas o Jan é o mais estável dentre eles.

No que diz respeito à psicologia da política aqui no Anexo, ela é sempre a mesma. No decurso dos inúmeros debates sobre invasão, bombardeios, discursos e afins, se ouvem exclamações num holandês germanizado tais como impossível! Pelo amor de Deus, se eles só agora estão começando, onde é que vamos parar? Vai tudo muito bem, excelentemente, melhor impossível!

Otimistas e pessimistas, sem esquecer antes de todos os realistas, expõem as suas opiniões com inesgotável energia e, como se dá com todo o resto, cada um deles acha estar com a razão.

Uma certa madame se irrita com a confiança que o senhor seu cônjuge deposita nos ingleses; um certo cavalheiro ataca a sua nobre esposa por conta dos seus comentários pejorativos e escarnecedores em relação à sua amada nação! Desde cedo pela manhã até tarde da noite; e, o melhor: nunca se cansam! Inventei algo cujo funcionamento é o máximo: como se você espetasse alguém com alfinetes, fazendo com que ele dê saltos. É exatamente assim que a minha descoberta funciona, toque no tema da política: basta uma pergunta, uma palavra, uma oração para que toda a família logo entre numa discussão ferrenha!

Como se as notícias da Wehrmacht alemãs e a BBC inglesa não bastassem, se instaurou já faz algum tempo o chamado "Luftlagemeldung". Tanto conteúdo numa única palavra, magnífico! Mas o reverso da medalha também é frequentemente decepcionante. Os ingleses transformaram o seu arsenal aéreo numa fábrica que não descansa, que só podem ser comparadas às mentiras dos alemães!

Assim sendo, o rádio permanece ligado desde as 8 da manhã (se não antes) e se ouve de hora em hora até as 9, 10 e, frequentemente, até as 11 da noite.

Aí está a prova cabal da paciência e do cérebro só dificilmente acessível dos adultos (de alguns, claro; não quero ofender a ninguém). Nós nos daríamos por satisfeitos com um, no máximo dois noticiários por dia! Mas os velhos bobalhões... enfim, já toquei antes nesse assunto!

O programa dos Trabalhadores, a família real dos Oranje, Frank Philips e Sua Majestade Wilhelmina, cada um deles toma alternadamente a palavra e conta com ouvidos dos mais ávidos cujos donos, se não estão comendo ou dormindo, se encontram em volta do rádio, falando sobre comida, cochilos e política. Ufa, isso tudo está virando uma chatice, e vai requerer de mim um esforço sobre-humano para não me tornar eu mesma uma velhinha resmungona! Para a própria velharada esta última possibilidade já é praticamente inofensiva!

Para dar um exemplo esclarecedor, o discurso feito pelo popular e muito querido por todos nós Winston Churchill é ideal.

Às nove horas da noite do domingo, sobre a mesa, o chá se encontra sob uma touca para mantê-lo aquecido, entram os convidados. O Pfeffer está do lado esquerdo do rádio; o senhor, à sua frente, e Peter, do outro lado. A Mamãe, ao lado do senhor v. P.; a madame, logo atrás. Margot e eu, bem por detrás, e o Papai, à mesa. Sei que não descrevo com clareza, mas isso não vem ao caso. Os senhores fumam, o Peter escuta com os olhos fechados para se concentrar, a Mamãe vestida de um negligé longo e de tons escuros, a madame tremendo por conta dos aviadores alheios ao discurso, voando todos alegremente para a cidade de Essen, o Papai sorvendo o chá, a Margot e eu dividindo a Mouschi como boas irmãs, aquela com a cabeça envolta numa toalha para manter os bobes nos cabelos, esta também numa camisola pequena, estreita e curta demais. Uma cena cotidiana na intimidade da família, aconchegante e pacífica, o que realmente ela é, mas eu espero com receio as consequências.

Os demais também mal podem esperar, esperneiam, impacientes, desejosos de presenciar outra briga! Pss, pss, como o gato incitando um camundongo a sair da toca, eles incitam uns aos outros a fim de provocar brigas e semear a discórdia!

TERÇA, 28 DE MARÇO DE 1944.

Queridíssima Kitty,

Eu ainda poderia escrever muito mais sobre a política, sobre as notícias da manhã das perguntas da Miep e da Bep e assim por diante, mas hoje é a primeira vez que eu tenho de verdade um monte de notícias que dar.

Em primeiro lugar, a Mamãe praticamente me proibiu de subir, porque, segundo ela, a senhora van Pels estava com ciúmes. Em segundo lugar, o Peter convidou a Margot para subir também; se foi por delicadeza ou sinceridade eu não sei. Em terceiro, fui perguntar ao Papai se ele era de opinião de que eu deveria me incomodar com tais ciúmes, do que ele me dissuadiu.

E agora? A Mamãe está brava, não quer mais que eu suba, quer que eu volte a trabalhar na presença do Pfeffer, talvez também esteja com ciúmes. O Papai não vê nenhum mal que eu passe as minhas horinhas com ele e se alegra de que nós nos demos tão bem. A Margot também gosta do Peter, mas já pressente que não se pode falar em três sobre o que se faz em dois.

De resto, a Mamãe acha que o Peter está apaixonado por mim, e, sinceramente, eu bem que gostaria que assim fosse. Assim nós ficamos quites e mais acessíveis um ao outro. Ela ainda diz que ele não para de olhar para mim; agora sim que é verdade que nós nos damos reciprocamente piscadelas repetidas na sala e que ele fixa o olhar nas minhas covinhas, e fico sem saber o que fazer. Ou estou errada?

Eu me encontro novamente numa posição delicada. A Mamãe está contra mim; e eu, contra ela. O Papai se faz de cego diante da luta silenciosa entre a Mamãe e mim. Ela está triste, já que ainda gosta de mim; eu não estou nem um pouco triste, porque para mim ela já deu o que tinha que dar. E o Peter... Dele eu não quero abrir mão, ele é tão bonzinho e eu o admiro tanto! Poderia crescer algo de bonito entre nós; por que é que os velhos adoram meter o nariz onde não são chamados?

Menos mal que eu esteja acostumada a não demonstrar o que se passa dentro de mim, além de conseguir admiravelmente esconder o fato de estar louca por ele. Será que algum dia vou tocar com ele neste tema? Sentir o seu rosto contra o meu, como eu senti , num sonho, o rosto do Petel? O Peter e o Petel, vocês são uma única pessoa! Eles não nos entendem nem nunca entenderiam que já estamos satisfeitos só de estarmos juntos, sem nem mesmo conversarmos. Não sabem o que nos atrai um ao outro. Ah, quando será que as nossas dificuldades terão sido superadas, porque é a sua superação que fará que o final seja ainda mais feliz. Quando ele está com a cabeça apoiada nos braços e os olhos fechados, parece uma criança. Quando brinca com a Mouschi ou fala sobre ela, fica todo amoroso. Quando carrega batatas ou outras coisas pesadas, se mostra fortão. Quando ele vai atrás do ruído de disparos ou em busca de ladrões no escuro, aparenta coragem, e, quando se mostra desengonçado ou atrapalhado, tem um quê de "fofo".

Acho muito mais agradável quando ele me explica alguma coisa do que quando sou eu quem lhe ensina alguma coisa. Eu gostaria de que ele fosse superior a mim em quase tudo!

O que me importam todas essas mães! Ah, se pelo menos ele estivesse disposto a conversar!

sua Anne M. Frank.

TERÇA, 29 DE MARÇO DE 1944.

Querida Kitty,

Ontem à noite o ministro Bolkesteyn falou à rádio Oranje sobre o fato de que, finda a guerra, seria feita uma coleta de diários e cartas sobre a guerra. É claro que, na mesma hora, todos quiseram saltar sobre o meu diário.

Imagine que interessante seria se fosse publicado um romance sobre o Anexo. Só pelo título, as pessoas achariam que se trata de um romance policial. Mas, falando sério, imagino que uns dez anos depois da guerra, as pessoas vão ter uma sensação estranhamente engraçada ao lerem como nós judeus vivemos, comemos e falamos aqui. Apesar de eu contar a você muito sobre nós, ainda assim o que você fica sabendo é só uma pequena parcela do que é a nossa vida. Quanto medo sentem as damas dentre nós quando há bombardeios (por exemplo no domingo, quando 350 aviões de guerra ingleses soltaram 500.000 quilos de bombas em Ijmuiden) como as casas tremem como palha no vento, as epidemias correm soltas por aqui, tais como a difteria e a escarlatina. O que as pessoas comem, como elas fazem fila para conseguir legumes e tantas outras coisas, é quase indescritível.

Os médicos estão imensamente ocupados, volta e meia os carros deles são roubados na rua, no hospital não tem lugar para as muitas doenças infecciosas, por telefone se receitam xaropes.

Principalmente você não pode imaginar a quantidade de arrombamentos em casas e roubos. Você acaba se perguntando o que faz com que os holandeses passem a ser de repente tão pilantras. Pirralhos de oito a onze anos quebram a vidraça das casas e roubam de tudo. Objetos móveis e imóveis são roubados, você não pode sair de casa, porque nos cinco minutos em que estiver fora, tudo o que for de sua propriedade desaparece. Todos os dias se leem anúncios nos jornais com recompensas para que se entreguem máquinas de escrever roubadas, tapetes persas, relógios elétricos, máquinas, também brinquedos e bijuteria, linho e tecidos. Às vezes as coisas mais absurdas. O vandalismo da juventude aumenta cada dia mais, desmontam relógios elétricos nas ruas, telefones das cabines, quebram vidraças, levam bicicletas, tudo o que pode ser destruído.

Impossível que o ambiente geral que impera dentre os cidadãos seja minimamente bom; todos estão passando fome; o racionamento semanal não dura nem dois dias, exceto com o sucedâneo de café. A invasão se faz esperar; os homens são mandados para a Alemanha; as crianças estão ou doentes ou subnutridas; todo mundo anda malvestido e com os sapatos caindo aos pedaços. Uma sola custa 7,50 florins no mercado negro. A maior parte dos sapateiros não aceita mais clientes, ou então tem de se esperar 4 meses pelos sapatos consertados se é que no meio-tempo não são roubados. Um lado bom nisso tudo há: se fazem sabotagens em todos os lados, todos conhecem pessoas com carnê de identidade ou ausweisen[96] falsos. Muitos (principalmente os funcionários) avisam quando sabem de algum serviço de controle, a polícia se faz de cega no que diz respeito aos cupons de racionamento. O serviço de distribuição entrega por fora cupons ao "Vrij Nederland" de graça. Desde o leiteiro até a costureira, todos ajudam, mas muitos, muitos mesmo, caem na cilada ou agem sem cuidados.

Veja só os nossos distribuidores de legumes, eles sabem que tem alguém escondido aqui e sempre nos fornecem legumes sem cupom e pelo preço de sempre. A Holanda inteira, todos os habitantes, nós estamos já há quase 4 anos numa prisão estreita. A cada dia que passa o nosso espaço vai ficando menor, será que a coisa vai terminar a tempo, de modo que não morramos asfixiados e de fome?

sua Anne M. Frank.

SEXTA, 31 DE MARÇO DE 1944.

Querida Kitty,

Imagine só: ainda está fazendo um frio daqueles, mas já faz aproximadamente um mês que as pessoas não têm carvão mais para queimar. Que desagradável, não?!

O clima geral está outra vez otimista em relação aos avanços da fronte russa, o que é extraordinário! É verdade que não escrevo muito sobre política, mas a situação atual eu não tenho como deixar de comunicar. As tropas russas estão bem diante da sede do Governo Geral, e, na Romênia, junto ao Proeth, o maior afluente do Danúbio. Perto de Odessa é onde se encontram no momento, tendo sitiado Tarnopol, esperando noite após noite um comunicado do Stalin. Em Moscou são tantos os salvos de tiros que a cidade inteira treme nas bases; só não sei se fazem isso por gosto, porque a guerra está cada vez mais iminente, ou simplesmente por não acharem outra maneira de exteriorizar a sua alegria, sei lá!

A Hungria foi ocupada por tropas alemãs; lá há ainda um milhão de judeus, cuja vez também está chegando. Aqui nada de especial. Hoje é o aniversário de senhor v. Pels, que ganhou de presente 2 maços de tabaco, café para uma única xícara (que a esposa tinha guardado), um ponche de limão do Kugler, sardinhas

96. "Papéis (de identidade)". Em alemão no original.

da Miep, água-de-colônia de nós, 2 ramalhetes de lilás e tulipas. Sem esquecer uma torta recheada de framboesas e frutas do bosque, algo grudenta devido à qualidade da farinha e à falta de manteiga, mas gostosa mesmo assim.

As fofocas em relação ao Peter e a mim esmoreceram um pouco; hoje à noite ele vem me buscar; simpático da parte dele, você não acha? Principalmente tendo-se em conta o quão desagradável ele acha tanta fofoca! Nós nos tornamos de verdade ótimos amigos, passamos muito tempo juntos e falamos sobre os mais variados assuntos. É tão agradável não ter que controlar o que eu digo, o que seria o caso com qualquer outro, quando entramos em territórios delicados. Falamos por exemplo de sangue, e a conversa acabou indo parar na menstruação e afins.

Ele acha corajoso da nossa parte (as mulheres) enfrentar uma tal perda de sangue. A mim ele também acha corajosa. Por que será?

Daqui a pouco vamos comer, a minha vida aqui deu uma melhorada. Uma boa melhorada. Deus não me abandonou nem me abandonará. sua Anne M. Frank.

SÁBADO, 1º DE ABRIL DE 1944.

Querida Kitty,

E, no entanto, tudo é ainda tão difícil, você sabe a que eu me refiro, não? Eu anseio tanto por um beijo dele, o beijo que demora tanto para vir. Será que todo este tempo ele me viu mais como uma colega, nada além disso?

Você sabe tanto quanto eu que sou forte, que consigo carregar a maior parte da carga sozinha. Nunca tive o costume de dividir a minha carga com ninguém, nunca me apeguei a uma mãe, mas agora como eu gostaria de apoiar a cabeça nos ombros dele e me sentir apenas tranquila, em paz.

Não consigo, não consigo nunca me esquecer do sonho em que senti o rosto do Peter, numa época em que tudo era tranquilidade! Será que ele também não tem esse anseio? Será que ele só é tímido demais para confessar o seu amor? Por que é que ele sempre quer que eu esteja ao seu lado? Ah, por que é que ele não fala?

Chega, eu tenho de recuperar a minha calma; vou me fortalecer, e, com um pouco de calma, todo o resto vai vir naturalmente, mas... parece que eu fico correndo atrás dele, sou sempre eu quem subo, nunca ele quem desce até mim. Mas isso tem a ver com a divisão dos quartos, e ele bem sabe onde mora o problema. Sim, é isso, ele tem consciência de causa.

sua Anne M. Frank.

SEGUNDA, 3 DE ABRIL DE 1944.

Queridíssima Kitty,

Completamente contra o meu costume, para variar, vou falar detalhadamente sobre comida. Porque esse fator complicado e nobilíssimo não se dá só no Anexo, mas em toda a Holanda, em toda a Europa e até mais além.

Durante estes 21 meses em que estamos aqui, já passamos por diversos "períodos alimentícios": o que eu quero dizer com isto você já vai ficar sabendo. Quando falo de "períodos alimentícios" me refiro a períodos em que não comemos outra coisa senão um determinado prato ou um determinado legume. Durante um bom tempo, dia após dia, não comemos nada além de endívia, com terra, sem terra, esmagada em purê de batata, sem acompanhamento e em travessas refratárias; depois foi a vez do espinafre, ao que se seguiram o couve-rábano, escorcioneira, pepinos, tomates, chucrute, e daí por diante...

Não é nada agradável comer todo almoço ou toda janta por exemplo chucrute, mas quem tem fome faz de tudo. Agora, porém, e que é o melhor período, porque não nos fornecem mais nenhum legume. O nosso cardápio semanal do almoço se constitui de: feijões pretos, sopa de ervilhas, batatas com bolinhos de farinha, suflê de batatas, com a graça de Deus ainda nabiças ou cenouras estragadas e, de novo, feijões pretos. Batatas nós comemos em todas as refeições, começando pelo café da manhã por causa da falta de pão; pelo menos pela manhã elas são um pouco douradas. Para a sopa, usamos feijões brancos e pretos, batatas e pacotinhos de sopa julienne, de sopa-rainha e de sopa de feijões-pretos.

Os feijões pretos estão em tudo, até mesmo no pão.

Pela noite comemos batatas com molho falso e, o que por sorte ainda temos, salada de beterraba. Preciso ainda escrever sobre os bolinhos de farinha; nós os preparamos com farinha distribuída pelo governo, água e fermento. São tão grudentos e duros que é como estivéssemos com pedras no estômago, mas, fazer o quê?

O nosso grande evento são as rodelas de linguiça de fígado e a geleia sobre o pão seco. Mas ainda estamos vivos e, muitas vezes isso é até gostoso!

sua Anne M. Frank.

Como você nunca viveu uma guerra, Kitty, e, apesar de eu escrever nas minhas cartas, pouco sabe da clandestinidade, só como curiosidade qual é o primeiro desejo de nós oito quando pudermos sair daqui.

A Margot e o senhor v. Pels querem mais que tudo um banho quente de banheira completo para ficar nele meia hora. A senhora v. P. já prefere ir logo comendo tortinhas. O Pf. só vai ter olhos para a sua Charlotte, a mamãe quer a sua xícara de café. O Papai quer ir atrás do Voskuyl, o Peter quer ir ao centro e a um cinema e eu, de extrema felicidade, nem saberia por onde começar.

sua Anne.

QUARTA, 5 DE ABRIL DE 1944.

Queridíssima Kitty,

Passei um bom tempo sem saber por que razão eu ainda estudo aqui. O fim da guerra ainda está tão longínquo, e é tão irreal, um belo conto de fadas. Se a guerra não tiver terminado até setembro, não vou poder frequentar a escola, porque não quero ficar dois anos para trás. Os meus dias se constituíam de Peter e nada além de Peter, sonhos e pensamentos; até que comecei a sentir no sábado pela noite um cansaço mental absurdo, ou melhor, horroroso. Lá estava eu ao lado do Peter, me segurando para não me debulhar em lágrimas, rindo como louca com o v. P. e o seu ponche de limão, serelepe e superexcitada, mas, mal me via sozinha, sabia que logo verteria tudo aquilo em lágrimas. Só de camisola, fui escorregando sobre o chão e, primeiro, fiz uma longa e intensa prece; depois, chorei com a cabeça sobre os braços, que cingiam os joelhos dobrados, no chão nu, toda encolhida. A cada soluço mais alto, voltava para o quarto e tentava controlar as lágrimas, porque não queria que ouvissem nada lá de dentro.

Comecei a dizer a mim mesma palavras de alento, nada além de: eu tenho que, eu tenho que, eu tenho que... Enrijecida pela postura pouco natural, dei contra a beirada na cama, onde continuei a minha batalha até que, pouco antes das dez e meia, me enfiei na cama. Tinha passado!

E virou passado. Tenho que estudar para não me tornar uma idiota, progredir e me tornar uma jornalista, porque é isso o que eu quero! Estou ciente de que sei escrever. Alguns dos meus contos são bons; as minhas descrições do Anexo, humorísticas; muito do meu diário tem voz própria, mas... se eu realmente tenho talento, essa é outra questão.

O sonho de Eva é o meu melhor conto, mas o que eu acho estranho é que realmente não sei de onde ele veio. Muito da vida de Cady também é bom, mas o conjunto é uma porcaria!

Nesse ponto sou a minha melhor e mais mordaz crítica; eu própria sei quando algo está bem ou mal escrito. Ninguém que não escreva sabe que delícia é escrever. Antigamente eu sempre me queixava de que não tinha a menor inclinação para o desenho, mas agora eu me sinto felicíssima por conseguir pelo menos escrever.

E se eu não tiver talento para escrever nem livros nem para jornais, sempre posso escrever para o meu próprio prazer. Mas que quero progredir; para mim é inconcebível ser como a mamãe, a senhora v. P. e todas as outras mulheres que fazem algo e depois são esquecidas. Quero ter alguma atividade paralela ao meu marido e aos filhos à qual eu possa me dedicar!

Através da escrita eu me liberto, a minha tristeza desaparece, a minha coragem revive! Mas — e essa é a grande questão — será que eu ainda conseguirei escrever algo grandioso, tornar-me jornalista ou escritora?

Espero que sim — e como! — porque, escrevendo, posso registrar tudo: os meus pensamentos, os meus ideais e as minhas fantasias.

Já faz muito que não trabalho mais na vida de Cady; já sei mentalmente e com precisão como tudo vai se desenrolar, mas não consigo avançar. Possível que jamais eu conclua o texto e ele acabe na cesta de lixo ou na estufa. É uma ideia aflitiva, mas é então que eu penso de novo: aos 14 e com tão pouca experiência, não se escreve ainda filosofia.

Assim sendo, adiante, com coragem redobrada, ainda chegarei lá, porque o que eu quero é escrever!

<u>sua Anne M. Frank.</u>

QUINTA, 6 DE ABRIL DE 1944.

Querida Kitty,

Você me perguntou quais são os meus passatempos e interesses, e aqui vem a resposta, mas, esteja avisada, porque há uma porção deles.

Em primeiro lugar: escrever, se bem que eu não o tenha na categoria de passatempos.

Número 2: árvores genealógicas. Vivo pesquisando em todos os jornais, livros e documentos as das famílias reais francesa, alemã, inglesa, austríaca, russa, norueguesa e holandesa. Com algumas delas eu já fiz bastante progresso, ainda mais porque já faz muito tempo que eu vou fazendo anotações à parte que eu tiro dos livros de História e de todas as biografias. Eu até mesmo copio vários trechos biográficos inteiros para mim mesma.

O meu terceiro passatempo também é História, assunto sobre o qual o Papai me comprou vários livros. Mal posso esperar o dia de ir à biblioteca pública a fim de explorar tudo com mais detalhes.

Número 4 é a mitologia da Grécia e de Roma. Sobre essa temática eu também tenho diversos livros. As 9 musas ou as 7 queridinhas de Zeus eu sei enumerar sem parar para pensar. As mulheres do Hércules eu também sei citar de cor e salteado.

Outra coisa que eu adoro são as estrelas de cinema e as fotografias de família.

Amo os livros e a leitura. Tenho uma sensibilidade especial para a história da arte, principalmente no que se refere a escritores, poetas e pintores. Os músicos talvez me interessem mais tarde.

Certa antipatia é a álgebra, a geometria e o cálculo. Todas as demais matérias escolares eu estudo com grande prazer, mas, acima de todas, História!

sua Anne.

TERÇA, 11 DE ABRIL DE 1944.

Queridíssima Kitty,

A minha cabeça está dando voltas, eu juro que não sei por onde começar. A quinta-feira (a última vez que eu escrevi a você) decorreu com normalidade. A sexta foi Sexta-Feira Santa, jogamos pela tarde Banco Imobiliário, assim como no sábado à tarde. Esses dias passaram todos muito depressa. Por volta das duas horas do sábado, começou-se a ouvir disparos estrepitosos, canhões automáticos, dizem os cavalheiros. De resto, tudo tranquilo.

Às 4 e meia da tarde do domingo, atendendo ao meu convite, Peter veio até mim; às 5 e quinze fomos ao sótão, onde ficamos até as 6.

Das 6 às 7 e quinze foi transmitido pelo rádio um belo concerto de Mozart, disfrutei mesmo foi da Kleine Nachtmusik. Na sala me é praticamente impossível escutar, porque a beleza da música mexe demais comigo.

No domingo à noite o Peter ficou sem banho, porque a tina estava lá embaixo na cozinha, cheia de roupa recém-lavada. Fomos às 8 juntos para o sótão, e, para ficar confortável, apanhei a única almofada do divã que se encontrava no nosso quarto. Sentamo-nos sobre um caixote. Tanto o caixote como as almofadas eram estreitos demais, e nos sentamos encostados um no outro e nos apoiamos ambos em outros caixotes; a Mouschi também nos fez companhia, de maneira que estávamos sendo espionados.

De repente, às quinze para as nove, assobiando, apareceu o senhor v. P. e perguntou se tínhamos pego uma almofada do Pf. Ambos demos um salto e descemos com a almofada, gata e o senhor v. P. A tal almofada ainda causaria uma grande desavença. O Pf. estava furioso porque o que eu tinha pego era o seu travesseiro-almofada, receoso de que estaria infestado de pulgas; tinha mobilizado a todos por causa daquele travesseiro. De vingança pelo seu enfado, o Peter e eu enfiamos na sua cama duas escovas duras, que mais tarde tivemos de retirar de novo dali, já que ele ainda não tinha entrado no quarto.

Rolamos de rir por causa desse intermezzo.

DOMINGO PELA NOITE, 9 DE ABRIL DE 1944.

Mas a nossa diversão seria de curta duração. Às 9 e meia Peter bateu de mansinho à porta e perguntou ao papai se poderia ajudá-lo com uma oração difícil em inglês. "Alguma coisa me está cheirando mal", disse à Margot. "O pretexto está na cara que é invenção, e os dois estão falando com um tom de voz que é como se ambos estivessem discutindo o fato de alguém ter forçado a entrada em casa!" A minha suspeita revelou ser verdadeira, alguém tinha entrado no armazém. Num piscar de olhos, o papai, o v. P. e o Peter tinham descido. A Margot, a Mamãe, a madame e eu, enquanto isso, esperávamos.

Quatro mulheres amedrontadas sentem a urgência de falar, que foi o que fizemos, até que ouvimos um golpe lá embaixo, seguido por um silêncio total; o relógio deu as quinze para as dez. Empalidecemos todas, mas ainda estávamos calmas, apesar de inquietas. Onde teriam ido parar os cavalheiros? O que tinha sido aquele estrondo? Estariam lutando com o ladrão? Todas tinham parado de pensar. Esperávamos.

Às 10 fomos ao patamar da escada, o papai, pálido e nervoso, entrou seguido pelo senhor v. P. "Luzes apagadas, todos subindo na ponta dos pés, estamos esperando a polícia!" Não havia tempo para medo; as luzes se apagaram, eu apanhei ainda rapidamente um casaquinho e fomos nos sentar lá em cima. "O que foi que aconteceu, conte logo!" Não havia ninguém para contar, os cavalheiros tinham descido outra vez.

Só às dez e dez foi que subiram os quatro; dois à espreita na janela aberta do Peter, a janela do descanso estava fechada, a estante giratória também. Sobre o abajur noturno nós estendemos um suéter. Foi então que contaram o acontecido:

“O Peter tinha ouvido do patamar ao alto da escada duas chapuletadas fortes, descera em disparada e vira que faltava uma grande tábua no lado esquerdo da porta do armazém. Subira correndo, alertara a parte combatente da família e, em quatro, desceram juntos. Os ladrões arrombadores continuavam pilhando coisas quando os quatro entraram no armazém. Sem refletir, o senhor v. P. gritou: “Polícia!”, passos apressados em direção à rua, os ladrões partiam em debandada. Para evitar que a polícia se desse conta do buraco, recolocaram no seu lugar a tábua, mas com um único pontapé de fora, a tábua saiu voando pelos ares e foi parar no chão. Os cavalheiros ficaram perplexos diante de tamanho atrevimento; o senhor v. P. e Peter sentiram em si inclinações assassinas, o v. P. deu uma machadada no chão; silêncio geral. Recolocaram a tábua diante do buraco; seguiu-se o mesmo gesto de brutalidade. Um casal do lado de fora acendeu uma lanterna de bolso e a fez passear por todo o armazém. ‘Ferrugem’, resmungou um dos cavalheiros e... eis que o seu papel de polícia se transforma no dos arrombadores. Os quatro saíram correndo para cima, o Pf. e o v. P. apanham os livros do primeiro, Peter abre as portas e janelas da cozinha e do escritório particular, joga o telefone para o chão, até que, por fim, se encontram os quatro por detrás das paredes do abrigo.” Final da primeira parte.

O mais provável é que o casal com a lanterna de bolso tivesse alertado a polícia. Era noite de domingo, a noite do primeiro dia de Páscoa. No segundo dia de Páscoa mais uma vez o escritório estava vazio, de maneira que tínhamos que andar na ponta dos pés até a manhã da terça. Imagine você: duas noites e um dia neste medo constante! Não imaginávamos nada, apenas ficávamos no breu, porque a madame, de medo, tinha apagado a lâmpada completamente, só se falava em sussurros, a cada rangido soava um “psit”.

Deram as 10 e meia, as 11, nenhum ruído; o senhor v. P. e o papai vinham até nós alternadamente. Até que, às 11 e quinze, ouvimos uma barulheira lá embaixo. Onde estávamos se ouvia a respiração de toda a família, mas, de resto, não nos mexíamos. Passos em casa, no escritório, na cozinha e... na escada. Não se ouvia mais ninguém respirar, oito corações tinham ido parar na garganta. Passos na escada, depois batidas na biblioteca giratória. Aquele momento era indescritível:

“Estamos perdidos!”, exclamei, já imaginando nós quinze sendo transportados pela Gestapo.

Batidas na biblioteca giratória, duas vezes, e alguma lata a cair; os passos se afastaram; de momento, estávamos salvos! Arrepios nos percorreram a todos, ouviam-se dentes batendo em posições indistintas, ninguém dizia nada. Assim ficamos até as 11 e meia.

Nada mais se ouvia em casa, mas a luz no descanso das escadas estava acesa, logo à frente da biblioteca. Seria porque a nossa biblioteca era secreta? Seria porque a polícia tinha esquecido a luz acesa? E que alguém ainda viria apagá-la? As línguas começaram a desatar-se; não havia mais ninguém em casa, talvez só uma sentinela diante da porta. Queríamos fazer três coisas: expressar nossas suposições, arrepiar-nos de medo e a número 3 era ir ao banheiro. Os baldes estavam no sótão, só podíamos lançar mão do cesto de papel de lata do Peter. O v. P. foi o primeiro; depois, papai; a mamãe estava morta de vergonha. O papai trouxe o recipiente de lata para o quarto, onde preferimos utilizá-lo Margot, a madame e eu. No final, mamãe também não teve outro remédio. Em todos os momentos se pedia papel; menos mal que eu tinha um pouco no bolso. O recipiente fedia, todos nós sussurrávamos e estávamos cansados, já era meia-noite. "Vocês se deitem aí no chão e durmam!" À Margot e a mim foram dados travesseiros e mantas. A Margot acabou ocupando uma parte da despensa, enquanto eu me deitei entre as pernas da mesa. No chão fedia menos, mas a madame mesmo assim polvilhou a superfície do recipiente com lixívia em pó, e uma toalha de secar louça acabou por cobri-lo como segundo meio de segurança.

Conversas, sussurros, timidez, fedor, gases e sempre alguém sentado sobre o recipiente: tente lá você pegar no sono nesse cenário! No final das contas, às duas e meia eu estava tão cansada que não ouvi mais nada até as três e meia. Só despertei quando a madame encostou a cabeça nos meus pés.

"Por favor, me dê algo mais para eu me esquentar!", pedi. Ela me deu, mas não queira saber em que estado, umas calças para vestir sobre o pijama, o suéter vermelho e a saia negra, meias térmicas brancas e meias até à altura do joelho, furadas. A madame retomou o seu lugar na cadeira e o marido foi se deitar aos meus pés. A partir das três e meia me pus a refletir e voltei e tremer, de maneira que o v. P. não conseguia pegar no sono. Eu estava me preparando para a volta da polícia; teríamos então que dizer que éramos clandestinos: poderiam ser bondosos holandeses, o que seria um alívio, ou então membros do NSB, os colaboradores dos alemães, caso em que teríamos de suborná-los!

"Quer fazer o favor de esconder esse rádio!" — exclamou a madame, entre suspiros. "Pois é, no forno", responde o marido. "Porque, se nos acharem, é possível que achem o rádio também!"

"E o diário da Anne, também", interveio o papai. "Então o queimem", sugeriu a pessoa mais medrosa dentre nós.

Esse momento e o que tinham estado mexendo na biblioteca giratória foram os que mais senti medo: o meu diário não, só se fosse comigo! Mas o papai, felizmente, deixou a coisa morrer aí. Não tem sentido registrar todas as conversas de que eu me lembro; falou-se tanto! Eu consolei a madame no auge do seu medo. Falamos sobre fugas e interrogatórios da Gestapo, sobre telefonemas e sobre ser corajosos.

"Agora nós temos de nos comportar como soldados, senhora, e, se tivermos que pagar com a vida, muito bem, que seja para a Rainha e a Pátria, pela liberdade, pela verdade e pelo justo, tudo o que a casa real volta e meia reitera. A única coisa terrível é que os levamos todos para o fundo conosco!"

O senhor v. P. trocou de lugar com a mulher após uma hora. O papai veio ficar comigo. Os cavalheiros fumavam ininterruptamente. Vez ou outra se ouvia um suspiro profundo, depois alguém esvaziando a bexiga, e então tudo recomeçava.

Quatro horas, cinco, 5 e meia. Fui então até o Peter, e nos encolhemos um contra o outro, tão próximos que sentíamos os tremores um no corpo do outro. Ficamos assim sentados, dizíamos de vez em quando alguma palavra, e aguçávamos os ouvidos.

Iluminou-se o ambiente o máximo possível. Então fizeram um resumo escrito de todos os pontos que queriam dizer ao Kleiman ao telefone. Isso porque, às sete, queriam telefonar ao Kleiman e mandar vir alguém. O risco de que a sentinela diante da porta ou no armazém ouvisse o telefonema era grande, mas o de que a polícia voltasse era ainda maior.

Apesar de eu inserir o documento com os itens aqui, por questões de clareza vou reproduzi-lo mais uma vez:

Invasão domiciliar: a polícia esteve em casa, até a estante giratória, não além.

Os invasores pelo visto foram incomodados, forçaram o armazém e fugiram pelo jardim. A entrada principal estava trancada; o Kugler só pode ter saído pela 2a porta.

(O Peter tirou as ripas dali!)

A máquina de escrever e a Calculadora continuavam seguras na caixa negra no gabinete.

Também as roupas por lavarem da Miep e da Bep estavam no tanque da cozinha. A chave para a 2a porta são só a Miep e o Kugler que têm; a fechadura está possivelmente quebrada.

Agora era tentar alertar o Jan, mandar vir a chave e dar uma olhada no escritório; o gato também tinha de ser alimentado.

De resto tudo ocorreu às mil maravilhas. Telefonou-se ao Kleiman, as ripas foram retiradas, a máquina de escrever voltou para a caixa. Em seguida nos sentamos outra vez à mesa, à espera de Jan ou da polícia.

O Peter tinha pegado no sono, o senhor v. P. e eu nos estendemos no chão, quando ouvimos passos vigorosos lá embaixo. Levantei-me de mansinho. "É o Jan!"

"Não, não, é a polícia!", disseram os demais. Punhos batendo na nossa biblioteca, assobios da Miep. Aquilo foi de repente demais para a madame; com uma palidez mortal e frouxa, perdeu a sustentação sobre a cadeira; se a tensão houvesse durado mais um minuto que fosse, teria desmaiado.

Quando o Jan e a Miep entraram, se depararam com uma cena imperdível na nossa sala; só a mesa já valia uma fotografia: um exemplar do Cinema & Theater aberto numa página em que se viam bailarinas cobertas de geleia e pectina para diarreia, dois potes de geleia, uma metade e um quarto de sanduíches, pectina, espelho, pente, fósforos, cinzas, cigarros, cinzeiro, livros, uma peça de roupa íntima, uma lanterna de bolso, um pente da madame e papel higiênico entre outros artigos.

O Jan e a Miep foram naturalmente recebidos com júbilo e lágrimas. O Jan tapou o vão com madeira branca e logo em seguida foi com a Miep à polícia falar sobre a invasão. A Miep tinha achado ainda sob a porta do armazém um bilhete do vigilante noturno, o Sleegers, que tinha descoberto o buraco e alertado a polícia. A este também ele faria uma visita.

Assim sendo, dispúnhamos de apenas meia hora para aprontar-nos. Jamais vi ser operada uma mudança tão radical em apenas meia hora como então. A Margot e eu demos uma arrumada no chão debaixo das camas, fomos ao banheiro, escovamos os dentes, lavamos as mãos e demos uma ajeitada nos cabelos. Em seguida arrumei o quarto um pouco mais e voltei a subir. A mesa já estava também arrumada; abrimos a torneira, preparamos chá e café, esquentamos leite e pusemos a mesa para a hora do café. O papai e o Peter esvaziaram os penicos improvisados com água quente e lixívia em pó; o maior se encheu até a boca e ficou tão pesado que só com muita dificuldade o conseguiam levantar, além do que pingava, de maneira que teve de ser transportado sobre um balde.

Às 11 lá estávamos nós de novo à mesa, com o Jan, que tinha voltado, e, pouco a pouco, o astral foi melhorando.

O relato do Jan foi o seguinte:

Na casa do Sleegers, já que este estava dormindo, a sua mulher contou que o marido estava fazendo a sua ronda noturna pelos canais nobres quando reparou no buraco na nossa casa; chamou então um agente e com ele inspecionou o terreno. O senhor Sleegers é um vigilante particular e percorre de bicicleta os canais com os seus dois cachorros todas as noites. Passaria na terça-feira para falar com o Kugler e contar mais. Na delegacia de polícia ainda não estavam a par da invasão, mas haviam agendado uma visita para a terça-feira também. No caminho de volta, o Jan passou por acaso pela casa do van Hoeven, o nosso fornecedor de batatas, e contou a ele também sobre a invasão.

"Já estava sabendo", disse o van Hoeven com a maior leveza do mundo. "Ontem à noite eu passei com a minha mulher diante do lugar e vi um buraco na porta. A minha mulher não queria parar, mas eu dei uma inspecionada com a lanterna, que é quando os ladrões devem ter saído. Por medida de precaução, não chamei a polícia, porque se tratava do senhor. Eu não sei muito, é verdade, mas tenho várias suspeitas." O Jan agradeceu e prosseguiu. O van Hoeven com certeza supõe que nós estamos aqui, porque sempre traz as batatas depois do meio-dia e meia e não depois da uma e meia. Um homem de bom caráter!

Depois que o Jan foi embora e nós lavamos a louça já era a uma. Fomos os oito dormir. Às quinze para as três eu despertei e vi que o senhor Pfeffer tinha já desaparecido. Muito por acaso, no banheiro esbarrei com a minha cara de sono no Peter, que acabava de descer. Combinamos de nos encontrar lá embaixo. Dei uma ajeitada na aparência e desci. Diante da porta do banheiro, ouvi: "psit, psit, estou aqui!" "Tudo bem, eu espero!" Numa cadeira eu me sentei/na cozinha, mas não tive que esperar muito.

"Você ainda tem coragem de ir à parte dianteira do sótão?", perguntou. Fiz que sim, peguei o travesseiro da cama envolto num retalho e para lá fomos nós. O tempo estava maravilhoso, mas logo soaram as sirenes; permanecemos onde estávamos. O Peter me enlaçou os ombros com um braço, e eu lhe segui o exemplo, e assim ficamos abraçados, esperando tranquilamente até que a Margot veio nos chamar às quatro para o café.

Comemos o nosso sanduíche, bebemos limonada e fizemos gracinhas, de maneira que estávamos nos sentindo melhor de novo, e tudo continuava como antes. Agradeci ao Peter pela noite por ser o mais corajoso dentre nós.

Nenhum de nós passou por um perigo tão grande como naquela noite. Deus nos protegeu com muito zelo. E pensar que a polícia estivera diante da nossa biblioteca, a luz acesa logo adiante, e nós passamos despercebidos! "Agora é que estamos perdidos!", tinha dito eu baixinho naquele momento, mas fomos salvos.

Se a invasão vier na forma de bombas, é cada um por si, mas aqui o medo era pelos nossos salvadores cristãos bons e inocentes. "Fomos salvos, continue nos salvando!" É a única coisa que podemos dizer.

Essa história acarretou não poucas mudanças. Na sequência, o Pf. permanece de noite no banheiro, o Peter vai inspecionar a casa às 8½ e às 9½. A janela do Peter não pode mais ser aberta, já que o funcionário da Keg viu a janela aberta. A partir das 9½ não se pode mais dar descarga no sanitário. O senhor Sleegers se engajou como vigilante noturno. Hoje à noite vem para cá um marceneiro clandestino que vai pegar o estrado de uma das nossas camas brancas de Frankfurt para fazer uma barricada.

Aqui no Anexo, é debate que vai e debate que vem. O Kugler nos recriminou por conta da nossa falta de cuidado, e o Jan acrescentou que estávamos proibidos de ir ao térreo. Aliás, nem mesmo dissemos ao Kugler toda a verdade.

Resta saber se o tal do Sleegers é de confiança, se os cachorros vão dar alarme se ouvirem alguém por detrás da porta, como fazer a barricada etc. e tal.

Somos ostensivamente lembrados de que somos judeus agrilhoados, presos num único lugar, sem direitos, mas com milhares de deveres. Nós, os judeus, não podemos fazer valer os nossos sentimentos, temos de ser corajosos e fortes, engolir sapos e não reclamar, fazer tudo o que está ao nosso alcance e confiar em Deus. Algum dia esta guerra horrorosa vai ter um fim; algum dia vamos voltar a ser pessoas, e não apenas judeus!

Quem nos faz passar por tudo isto? Quem transformou a nós, os judeus, na grande exceção entre todos os povos? Quem é o responsável por este nosso sofrimento até agora? É Deus, que nos fez assim, mas será também Ele que nos elevará. Se continuarmos carregando tanto sofrimento e, ainda assim, sobrarem judeus, farão de nós o exemplo de um povo condenado à morte. Quem sabe se não serão os nossos ensinamentos que pregarão o bem ao mundo e, assim sendo, a todos os povos, razão única e exclusiva pela qual também nós devemos sofrer? Nunca poderemos ser apenas holandeses, ou apenas ingleses, ou apenas cidadãos de qualquer outra nação: paralelamente seremos sempre judeus, seremos obrigados a continuar sendo judeus, o que, no fundo, é também o que nós queremos.

Sejamos corajosos! Tomemos consciência da nossa missão e não reclamemos, de alguma parte virá ajuda, Deus jamais abandonou o nosso povo; Ao longo dos séculos sempre houve judeus; ao longo de todos os séculos nós, os judeus, sempre tivemos de sofrer, mas, ao longo dos séculos nós também nos fortalecemos. Os fracos cairão, ao passo que os fortes permanecerão, sem jamais soçobrar!

Nessa noite eu soube que deveria na verdade morrer; estava esperando pela polícia, pronta, pronta como os soldados no campo de batalha. Eu até gostaria de me sacrificar pela pátria, mas, agora que eu fui salva outra vez, o meu primeiro desejo para depois da guerra é me naturalizar holandesa!

Eu gosto dos holandeses, eu gosto do nosso país, gosto da língua e quero trabalhar aqui. Nem que eu tenha eu mesma de escrever à rainha, nada vai me fazer ceder até eu conseguir atingir o meu objetivo!

Vou ficando cada vez mais independente dos meus pais, sendo nova como sou, tenho mais vontade de viver e um sentimento de justiça mais inalienável e correto que o da mamãe. Sei o que quero, tenho um objetivo, uma opinião, uma crença e um amor. Deixem-me ser o que sou que já me dou por satisfeita. Tenho consciência de que sou uma mulher, uma mulher com uma força interior e muita coragem!

Se Deus me deixar viver, vou ter obtido mais do que a mamãe jamais obteve, não vou ser insignificante, vou trabalhar no mundo e para as pessoas!

Hoje eu sei que a coragem e a alegria são os elementos mais necessários!

sua Anne M. Frank.

Invasão domiciliar: a polícia esteve em casa, até a estante giratória, não além.

Os invasores pelo visto foram flagrados, forçaram o armazém e fugiram pelo jardim.

A entrada principal estava trancada; o Kugler só pode ter saído pela 2a porta.

A máquina de escrever e a calculadora continuavam em segurança na caixa preta no escritório.

As roupas sujas da Miep e da Bep no tanque da cozinha.

A chave para a 2a porta são só a Miep e o Kugler que têm a fechadura possivelmente quebrada.

Agora é tentar alertar o Jan, mandar trazer a chave e dar uma olhada no escritório; o gato também tinha de ser alimentado.

SEXTA, 14 DE ABRIL DE 1944.

Querida Kitty,

O ambiente aqui ainda anda muito tenso. O Pim está quase fervendo, a madame está de cama com um resfriado e não para de reclamar; o marido, sem os seus cigarros, pálido; o Pf., tendo sacrificado tanto da sua comodidade, é todo críticas, e daí por diante.

Aliás, a bruxa anda solta. O sanitário está vazando, a torneira não se fecha mais. Graças aos muitos contatos, todos os problemas podem ser resolvidos rapidamente.

Às vezes, como você bem sabe, eu fico emotiva... às vezes até aqui há espaço para emotividade. Quando o Peter e eu, em meio a tanta bagunça e poeira, nos sentamos sobre uma caixa de madeira resistente, os braços enlaçados sobre o ombro um do outro, ele com um cacho dos meus cabelos entre os dedos, quando os passarinhos cantam os seus trinados lá fora, quando se veem as árvores enverdecerem, quando o sol parece chamar para fora e o céu fica tão azul, ah, nesses momentos eu desejo tanto, mas tanto!

Aqui dentro não se vê nada além de rostos insatisfeitos e carrancudos e só se ouvem suspiros e queixas abafadas, parece que todos de repente começamos a nos sentir mal. Mas, na verdade, nada é tão ruim, só depende do nosso olhar. Aqui no Anexo, ninguém aparece com um primeiro bom exemplo; aqui, cada um luta contra o próprio mau humor.

"Se pelo menos tudo já tivesse terminado!", ouve-se todo santo dia.

Meu trabalho, minha esperança, meu amor, minha coragem,
tudo isso me mantém em pé e me faz ficar bem!

Kit, eu juro que acho que hoje eu estou um pouco lelé da cuca, sem saber por quê. Tudo aqui anda misturado, não se enxerga a mínima conexão entre uma coisa e outra, e às vezes eu duvido seriamente de que este palavreado maçante algum dia possa vir a interessar alguém.

"As confissões de um patinho feio" vai ser o título deste besteirol. O senhor Bolkestein ou o Gerbrandy não tirarão nenhum proveito mesmo dos meus diários.

sua Anne M. Frank.

SÁBADO, 15 DE ABRIL DE 1944.

Querida Kitty,

"Um susto sobrevém ao outro.
Quando tudo chegará ao final?"

Essa pergunta agora sim é que se justifica, veja só o que aconteceu desta vez: o Peter se esqueceu de tirar os ferrolhos da porta. A consequência foi que o Kugler e os outros não conseguiram entrar em casa; ele foi até a Keg e estilhaçou a janela da cozinha para poder entrar. As janelas do anexo estavam abertas e o pessoal da Keg viu tudo. O que será que não estarão pensando? E o van Maaren? A Miep tomou outra vez um bom susto já que M. & S. foram pegos, mas agora não temos nada a ver com isso. O Kugler virou uma fera. Levam-no a mal por não querer mudar nada nas portas, e chegamos nós e lhe aprontamos uma dessas!

Posso lhe dizer que o Peter está muitíssimo chateado. Quando a mamãe disse à mesa que ela tem mais pena é do Peter, ele quase começou a chorar. A culpa é nossa na mesma medida, porque nós e o senhor v. P. perguntamos praticamente todos os dias se os ferrolhos foram mesmo retirados. Talvez eu possa ir consolá-lo daqui a pouco. Gostaria tanto de ajudá-lo!

Seguem aqui mais algumas confidências do Anexo nas últimas semanas.

1. A Miep ficou 14 dias com gripe; foi ela melhorar para o Jan pegar também. Como os médicos não vêm em casa por causa de uma gripe comum e o Jan não ficou tão enjoado como ela, ela lhe deu alguns dos pós que o médico tinha mandado preparar para ela, e lhe deu também uma aspirina. Um só remédio ajuda em todas as doenças, que seja enjoo ou dor de cabeça!
2. Faz uma semana, no sábado, Moffie começou de repente a se sentir mal; ficou parado, quieto, babando. A Miep o pegou destramente, o enrolou num pano, o enfiou numa bolsa de fazer compras e o levou à clínica veterinária. O veterinário lhe deu algo de beber, porque o Moffie estava com problemas intestinais. O Peter lhe deu mais algumas vezes da bebida, mas o Moffie logo desapareceu de cena, passando dia e noite por aí, com certeza na companhia do seu benzinho.
3. Não demorou muito para o Moffie sarar. Mas agora o seu nariz está todo inchado e, ao ser pego, começa a gemer. Provavelmente levou um tapa no endereço onde esteve de gatuno.
4. A Mouschi esteve alguns dias miando em falsete. Assim que decidimos mandar ela também ao veterinário, pareceu estar meio curada.
5. A janela do sótão agora também fica entreaberta de noite. O Peter e eu ficamos com frequência lá em cima de noite.
6. Graças à solução de borracha e à pintura a óleo, o nosso sanitário em breve estará consertado.
7. A torneira que não se fecha também será substituída por outra.
8. A saúde do Kleiman deu uma boa melhorada, felizmente. Ele já começou a sair um pouquinho e pode comer carne bem passada. Em breve, se pelo menos já não estiver anêmico, ele irá ver um especialista. Vamos torcer para que não seja necessária uma cirurgia de estômago.
9. Depois do susto da manhã, não vamos mais abrir as nossas janelas antes das 9. Esperemos que o nosso pai de família tome juízo e nem no verão deixe as janelas entreabertas dia e noite.

10. Este mês nós recebemos oito cupons de racionamento de comida por conta de Br. Infelizmente vamos ter nos primeiros 14 dias só algumas leguminosas em vez de aveia ou sêmola.
11. O senhor Pf. fica lendo de noite numa cadeira no banheiro. Até as 9:30 ele me monopoliza contando histórias sobre a mulher e os filhos.
12. A nossa mais nova guloseima são os picles. Se você tiver azar, num frasco de vidro só vai encontrar pepinos e um pouco de molho de mostarda.
13. De legumes, nada de nada. Alface e mais alface. As nossas refeições agora se constituem só de batatas e molho artificial de carne.
14. Os russos ocuparam mais da metade da Crimeia. No monte Cassino, os ingleses não fazem progressos. Contemos com a costa ocidental.
15. Bombardeios acontecem aos montes e são incrivelmente destrutores.
16. A prefeitura de Haia foi alvo de um lança-bombas. Todos os holandeses vão ter uma nova carta de racionamento.

Chega por hoje!

sua Anne M. Frank.

DOMINGO, 16 DE ABRIL DE 1944.

Queridíssima Kitty,

Guarde na memória o dia de ontem, porque ele é muito importante na minha vida. Não é importante para cada garota o primeiro beijo que ela fez por merecer? Pois é, para mim é tão importante quanto. O beijo do Bram na minha bochecha direita não conta, assim como o do Woudstra na minha mão direita.

Muito bem, a história de como eu recebi esse beijo assim tão de repente é o que eu vou lhe contar agora:

Ontem à noite, às oito, estava sentada com o Peter no seu divã. Ele logo pôs o braço em volta do meu pescoço (como era sábado, ele não estava de macacão). "Vamos dar uma ajeitada na nossa posição", disse eu, "assim eu não bato a cabeça no armário." Ele se arrastou quase até o cantinho, eu passei o meu braço sob o dele até por detrás das suas costas, e praticamente desapareci por debaixo dele, porque o seu braço estava como que pendurado sobre os meus ombros.

Nós já tínhamos estado sentados bem juntinhos anteriormente, mas nunca tão próximos como ontem. Ele me apertou com força contra si, o meu peito esquerdo estava encostado no dele. O meu coração batia mais forte, mas aquilo ainda não era tudo.

Ele não descansou enquanto a minha cabeça não pousou sobre o seu ombro e a dele sobre a minha. Quando, após uns cinco minutos, me endireitei um pouco, ele foi logo pegando a minha cabeça nas mãos e a encostou sobre ele próprio de novo. Ah, aquilo era divino, eu não conseguia nem falar muito, o prazer era intenso; ele acariciou o meu rosto de maneira algo desajeitada, mexendo nos meus cachos, e as nossas cabeças permaneciam totalmente encostadas uma na outra na maior parte do tempo.

As sensações que me percorreram o corpo são indescritíveis, Kitty; eu estava feliz demais, e ele também, acho.

Levantamo-nos às 8 e meia. O Peter calçou os tênis para que os seus passos ecoassem menos ao fazer a segunda ronda pela casa, enquanto eu me mantinha ali. Não sei que gesto repentino eu fiz, mas, antes de descermos, ele me deu um beijo, por entre os meus cabelos, meio na bochecha direita, meio sobre o ouvido. Desci em disparada, sem olhar para trás, desejando que já fosse o dia de hoje.

sua Anne M. Frank.

DOMINGO DE MANHÃ, FALTANDO ALGO PARA AS 11.

SEGUNDA, 17 DE ABRIL DE 1944.

Querida Kitty,

Você acha que o Papai e a Mamãe vão ver com bons olhos que eu, uma garota de praticamente 15 anos, passe tanto tempo sentada num divã aos beijos com um rapaz de 17½? Eu imagino que não, mas no presente caso, eu só devo confiar em mim mesma. Eu me sinto tão tranquila e segura nos seus braços, descansando e sonhando! É tão excitante sentir o seu rosto sobre o meu; tão maravilhoso saber que alguém está à minha espera! Mas — e aqui realmente há um mas — será que o Peter vai se contentar só com isso? Não que eu tenha me esquecido da sua promessa, mas... ele é um rapaz!

Eu própria sei que estou me apressando: uma garota de nem 15 anos ainda já tão independente é para os outros algo inexplicável. Eu sei com certeza quase absoluta que a Margot jamais daria um beijo num rapaz sem que já se falasse em noivado ou casamento. Esses planos nem o Peter nem eu temos. A Mamãe também com certeza jamais tocou num homem antes do Papai. O que as minhas amigas ou Jacque diriam se soubessem que estive nos braços do Peter, com o coração sobre o seu peito, com a cabeça no seu ombro, com a cabeça e o rosto dele sobre o meu! Ah, Anne, que escândalo! Mas juro que para mim não tem nada de escandaloso; nós ficamos aqui trancados, isolados do mundo, com medo e preocupações, principalmente nos últimos tempos; por que ficarmos separados, nós que amamos um ao outro? Por que nos privarmos de um beijo nos tempos que correm? Por que esperar até termos a idade adequada? É pedir demais?

Eu me propus cuidar de mim mesma; ele jamais me causaria tristeza ou dor, por que então não fazer o que me inspira o coração e tornar felizes a ambos? Ainda assim, Kitty, eu imagino que você perceba um pouco da minha dúvida, eu acho que é a minha honestidade que se rebela contra o lado furtivo da história. Você acha que é minha obrigação informar ao papai sobre os meus atos? Você acha que o nosso segredo deve chegar aos ouvidos de um terceiro? Muito da parte agradável de toda a história se perderia, mas será que eu me sentiria mais tranquila por dentro? Eu vou conversar com ele a respeito!

Ah, sim, eu ainda quero conversar com ele sobre muitos assuntos, porque em apenas acariciar um ao outro eu não vejo tanta utilidade. É contando os nossos pensamentos um ao outro que damos mostras de confiança, e vamos seguramente nos tornar mais fortes na conscientização dessa confiança!

sua Anne M. Frank.

P.S.: Ontem de manhã já estávamos outra vez de pé às seis da matina, porque a família do Anexo tinha ouvido de novo barulho de gente forçando a porta para entrar em casa. Possivelmente algum vizinho nosso foi a vítima dessa vez. As nossas portas estavam hermeticamente fechadas quando foram controladas às 7, felizmente!

Acabou tudo bem com o tranco esquecido da porta. O Kugler foi excepcionalmente prestativo; pregou-se um tabique no lugar da janela quebrada da cozinha. Imagine só que o chefe da Keg tinha trazido uma escada para entrar pela janela aberta do Pf. O Kugler conseguiu detê-lo ainda a tempo, porque a escada era felizmente curta demais.

Briga com o Pf., não eu, mas o senhor van Pels e o papai, mesmo após a proibição dos dois, o Pf. voltou a ir ficar no gabinete no domingo. Essa história acabou definitivamente, porque fizeram lugar no escritório privado para ele. Ele está profundamente ofendido e nem mesmo apareceu para ouvir um concerto do Händel no rádio.

O senhor v. P. cozinhou, a madame quer, como a mamãe, que se interrompa a correspondência com a sra. Pf., mas eu duvido que isso realmente aconteça, apesar de ser realmente um risco desnecessário. Não abrimos mais as janelas antes das 9, mesmo no verão não queremos mais deixá-las abertas dia e noite, até mesmo a ripa do Pfeffer está proibida, o que também deu ensejo a disputas.

A tia R. está com certeza no fundo do poço, a filha e o genro estão na Polônia, o filho e a nora foram presos e o L. foi morto. Só sobrou o P. (F.)

A Miep está consternada com o caso acima. A irmã da S. está junto. A Miep felizmente não teve nada que ver com isso.

No sábado tivemos visita do Kleiman. Ele e o Kugler ficaram aqui até as três e quarenta e cinco. O Kleiman está melhorando devagarinho,

sua Anne.

Tenho que estudar, está ficando tarde,
já são 10:50, segunda de manhã.

Diário 3: 18 de Abril de 1944 a 1 de Agosto de 1944

Diário de
Anne Frank
de 17 de abril de 1944 até
Anexo
A'dam C.
Em parte cartas a "Kitty".
Lema de vida da dona:
Schwung muss der Mensch haben![97]

18 DE ABRIL DE 1944.
TERÇA.

Querida Kitty,

Mais uma vez um amor de pessoa fez algo por mim: desfez um caderno de química para transformá-lo num novo diário, agora foi a Margot.

Por aqui, tudo bem. Ontem à noite veio de novo o marceneiro, que começou a parafusar barras de ferro nos painéis das portas. O nosso banheiro está outra vez em uso, só não podemos dar descarga antes e depois do expediente no escritório, só jogar uma água. Quando tem gente no escritório também temos que dar descarga muito de mansinho para que o Maaren não nos ouça. Mas se acostuma a tudo, ou seja, até a isso.

97. "Tem-se que ter entusiasmo", em alemão no original. (*N. do T.*)

O papai acabou de dizer peremptoriamente que, antes do dia 20 de maio, vão acontecer operações em grande escala, tanto na Rússia e na Itália como no Oeste; quanto mais tempo passa, mais remota eu vejo a possibilidade de libertação do nosso estado atual.

Ontem o Peter e eu finalmente conseguimos sentar para ter a conversa que já vínhamos adiando havia pelo menos dez dias. Eu lhe expliquei tudo sobre as garotas e não hesitei em discutir os detalhes mais íntimos. Eu achei de certa maneira engraçado que ele imaginasse que simplesmente se omitisse a entrada das mulheres nas ilustrações. Assim sendo, ele não tinha a menor ideia de que isso tudo realmente se encontrasse entre as pernas delas.

A noitada terminou com um beijo recíproco, meio que ao lado da boca. Que delícia de sensação, de verdade!

Talvez qualquer hora eu leve, sim, o meu livro de belas orações para cima a fim de finalmente entrar mais profundamente em detalhes. Eu não me satisfaço de ficarmos um nos braços do outro e adoraria que ele também se sentisse assim.

Após o inverno instável e mixuruca, eis uma maravilhosa primavera; abril é realmente uma beleza, nem frio, nem calor demais com alguma pancada de chuva vez ou outra. A nossa castanheira já está bastante verde, aqui e acolá se veem já até algumas velinhas desabrochando.[98]

A Bep nos mimou no sábado com quatro ramalhetes de flor, três de narcisos e um de muscaris, este último para mim.

---

98. "*Kaarsjes*", no original. Anne se refere aos amentos ou amentilhos, uma inflorescência própria das castanheiras e de outras árvores da mesma família. (*N. do E.*)

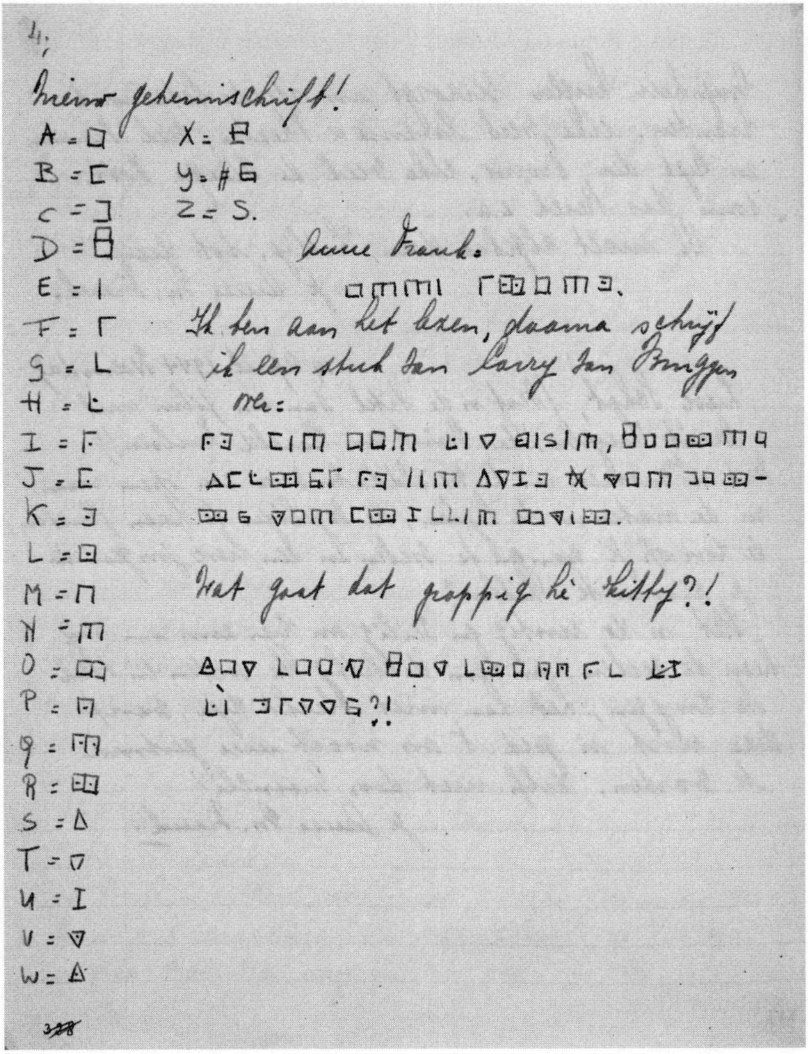
4.
Meine Geheimschrift!
A = B = C = D = E = F = G = H = I = J = K = L = M = N = O = P = Q = R = S = T = U = V = W = X = Y = Z = S.
Anne Frank.
Ik ben aan het lezen, daarna schrijf ik een stuk van Larry van Bruggen als:
Wat gaat dat goppig hè Kitty?!
328

O Kugler nos fornece cada vez mais jornais. Todas as semanas Cinema & Theater, muitas Príncipes e Reino da Mulher, todas as semanas o Haagse Post, às vezes das Reich, entre outras.

Está na hora de estudar álgebra, Kitty, até mais.

sua Anne M. Frank.

19 DE ABRIL DE 1944 QUARTA.

Minha querida, (Esse é o título de um filme com a Dorit Kreysler, a Ida Wüst e o Harald Paulsen!)

O que é mais bonito no mundo do que olhar para a natureza de uma janela aberta, ouvir os passarinhos cantarem, sentir o sol no seu rosto e estar nos braços de um amor de garoto?

Sentir os seus braços me envolvendo me passa uma sensação de segurança e tranquilidade, assim como sabê-lo junto a mim e, ainda assim, permanecer calada; não pode haver nada de mal nisso, porque essa tranquilidade é boa. Ah, que bom seria não ser mais incomodados por nada nem ninguém, nem mesmo pela Mouschi!

sua Anne M. Frank.

SEXTA 21 DE ABRIL DE 1944.

Queridíssima Kitty,

Ontem à tarde eu fiquei de cama com dor de garganta, mas, como já estava com tédio na primeira tarde de cama e nem febre tinha, decidi hoje me levantar. A dor de garganta também logo praticamente desapareceu.

Como você própria já deve ter ficado sabendo, ontem foi o quinquagésimo quinto aniversário do nosso "Führer". Hoje é o décimo oitavo aniversário da Sua Alteza Real a princesa Elizabeth de York. Anunciou-se na BBC que ela ainda não foi proclamada adulta, ao contrário do que costuma acontecer com as princesas. Já nos indagamos com que príncipe essa beldade será casada, mas não nos ocorreu nenhum adequado; talvez a irmã dela, a princesa Margaret Rose, possa um dia ter o príncipe herdeiro da Bélgica, Boudewijn, como marido.

Aqui a um drama se segue outro; mal tínhamos trancado bem as portas exteriores quando reapareceu o van Maaren. O mais provável é que tenha vindo roubar farinha de batata e que queira pôr a culpa na Bep. O Anexo, compreensivelmente, está de novo todo alvoroçado. A Bep está fora de si de raiva. Talvez o Kugler até faça com que vigiem os passos do sujeito, que a vida tanto maltratou.

Hoje de manhã esteve aqui o avaliador da Beethovenstraat. Ele oferece f 400 pela nossa caixa. Outras ofertas suas também nos pareceram abaixo do que os objetos valiam.

Eu quero perguntar ao jornal "De Prins" se não querem publicar os meus contos, obviamente sob um pseudônimo. Mas como os que eu escrevi até hoje são longos demais, não acredito que tenha muita chance de consegui-lo.

Até a próxima, darling.

sua Anne M. Frank.

TERÇA 25 DE ABRIL DE 1944.

Querida Kitty,

Já faz ± dez dias que o Pfeffer não fala com o v. P. e isso só porque adotamos um monte de medidas de segurança novas depois de que entraram em casa. Uma delas é que ele não pode mais descer pela noite. O Peter faz a última ronda com o pai às 9 e meia da noite, após o que ninguém mais pode descer. A partir das oito da noite, não se pode mais dar descarga no sanitário, assim como a partir das 8 da manhã. As janelas só podem ser abertas de manhã quando estiver acesa a luz no escritório do Kugler e de noite não se colocam mais as ripas para abrir as janelas. Esta última é que fez com que o Pfeffer ficasse melindrado. Afirma que o v. P. lhe falou mal, mas a culpa é dele próprio. Diz que para ele é mais fácil viver sem comer que sem ar e que têm porque têm de inventarem um método de se manter abertas as janelas. "Eu vou ter de falar com o senhor Kugler a respeito", disse a mim. Respondi que esse tipo de coisas não se discute nunca com o senhor Kugler, mas sim com os coabitantes. "Tudo se faz aqui às minhas costas, então eu vou falar é com o seu Pai." Ele também não pode mais passar as tardes do sábado e do domingo no escritório do Kugler, porque o chefe da Keg pode ouvir, se vier. Foi dizer isso para que ele logo fosse para lá.

o v. P. ficou furioso, e o Papai desceu para dizê-lo ao Pfeffer. É claro que ele tinha pensado numa ou outra desculpa esfarrapada, mas, dessa vez, nem o papai acreditou.

Ele também fala agora o mínimo possível com o Pfeffer, porque este o ofendeu; de que maneira nem eu sei nem ninguém mais, mas deve ter sido feia a coisa. A correspondência com a mulher dela também praticamente foi suspensa.

E na semana que vem o dito-cujo faz aniversário. Ser aniversariante, não abrir a boca, ficar melindrado e receber presentes: como combinar esses fatores? No meio-tempo apareceu outra coisa estranha, ainda não resolvida. O van Maaren quer jogar na Bep o roubo dos muitos sapatos e diz mentiras das mais crassas sobre ela. Muita farinha de batata sumiu e que pena, a nossa caixa privada na parte dianteira do sótão foi quase toda roubada.

Provavelmente o van Maaren também desconfia de nós, ele põe os livros e a papelada nos cantos mais remotos no armazém, de maneira que, quando se o atravessa, tudo acaba caindo. A Bep também não é mais a última a sair; o Kugler fecha. O Kleiman, que esteve aqui no meio-tempo, o Kugler e dois senhores discutiram sobre como pôr o sujeito para fora da casa. Acham lá embaixo arriscado demais. Não será assim ainda mais arriscado?

O senhor Voskuijl vai cada vez pior: já faz mais de dez dias que ele está com quase quarenta graus de febre. Ontem chegou aos 40,7 graus; pela manhã uns 37,7. O médico não se mostra nada otimista, acham que o câncer passou para os pulmões. Pobre homem, todos gostariam tanto de ajudá-lo, mas agora está nas mãos de Deus!

Escrevi um conto divertido. Ele se chama "Blurry, o descobridor do mundo" e agradou bastante aos meus três ouvintes.

Continuo muito resfriada e contagiei tanto a Margot como o papai e a mamãe. Espero que pelo menos o Peter não se contagie; ele quis ganhar um beijo e disse que eu era o seu Eldorado. Impossível, o louquinho! Mas que é fofo, é!

sua Anne M. Frank.

QUINTA 27 DE ABRIL DE 1944.

Querida Kitty,

Hoje de manhã a madame estava de mau humor, não parava de reclamar, primeiro por causa do resfriado, porque não ganha bombons e porque assoar tanto o nariz é insuportável. Depois porque não faz sol, porque a invasão não acontece, porque não podemos ficar olhando para fora da janela, etc. e tal. Não nos seguramos e nos esborrachamos de rir dela, que acabou rindo também. A receita do nosso suflê de batatas readaptada pela falta de batatas:

Passar as batatas descascadas num moedor de legumes, acrescentar um pouco da farinha seca distribuída pelo governo e sal. Untar assadeiras refratárias com parafina ou estearina, assar por duas horas e meia. Comer com compota de morangos estragada.

(Ausência de cebolas e gordura, esta tanto para a travessa como para a massa!)

No momento estou lendo "O Imperador Carlos V", escrito por um professor catedrático da universidade de Göttingen; o homem trabalhou quarenta anos nesse livro. Li cinquenta páginas em cinco dias, mais que isso é impossível. O livro tem 298 páginas; agora você vai poder calcular quanto tempo vou levar para acabá-lo e depois ainda tenho o segundo volume! Mas... muito interessante!

Incrível tudo o que uma garota em idade escolar não fica sabendo! Veja só o meu exemplo: primeiro traduzi do holandês ao inglês uma passagem sobre a última batalha de Nelson. Depois repassei a continuação da guerra norueguesa (1700-1721), a história de Pedro o Grande, Carlos Magno XII, Augusto o Forte, Stanislaus Lescinsky, Mazeppa, Von Görz, Brandenburg, Pomerânia Oriental, Pomerânia Ocidental e da Dinamarca, além das inevitáveis datas. Em seguida fui parar no Brasil; li sobre o tabaco da Bahia, o copioso café, o milhão e meio de habitantes do Rio de Janeiro, de Pernambuco e São Paulo, sem me esquecer do rio Amazonas. Li sobre os negros, os mulatos, os mestiços, os brancos, os mais de cinquenta por cento de analfabetismo e a malária. Como sobrava tempo, fui logo revendo uma árvore genealógica. João, o Velho, Willem Ludwig, Ernst Casimir I, Hendrik Casimir I até a pequena Margriet Franciska (nascida no ano de 1943) em Ottawa.

Às 12 dou continuidade no sótão ao meu horário de estudos com deãos, vigários, pastores, papas e.... ufa! Até a uma.

Após as 2: a pobre criança (ui, ui, ui) está de novo às voltas com os estudos; era a vez dos macacos de narizes largos ou estreitos. Kitty, diga sem pensar quantos dedos do pé tem um hipopótamo!

Em seguida, a Bíblia, a arca de Noé, Sem, Cam e Jafé. Depois Imperador Carlos V. E logo depois, com o Peter, "O coronel", do Thackeray em inglês. Repassei então com ele vocabulário do francês e, em seguida, comparamos o Mississippi com o Missouri!

Suficiente por hoje, adieu!

sua Anne M. Frank.

SEXTA 28 DE ABRIL DE 1944.

Querida Kitty,

Do meu sonho com o Peter Schiff eu nunca mais me esqueci (dê só uma olhada no começo de janeiro). Ainda hoje, quando o rememoro, sinto o seu rosto encostado no meu, aquela sensação divina que a tudo reconcilia. Com o Peter de carne e osso, também voltei por vezes a sentir isso, mas nunca com tamanha força, até que... ontem à noite estávamos sentados juntos no divã, como era nosso costume, um nos braços do outro. Foi quando a Anne de sempre desapareceu de repente, cedendo lugar a uma 2a Anne, uma que não é temerária e engraçada, e que só deseja amar e ser terna. Estive sentada arrimada contra ele e comecei a sentir subir em mim uma emoção, e os meus olhos ficaram rasos de lágrimas. Uma lágrima do olho esquerdo caiu sobre o seu macacão, uma do direito foi escorrendo ao longo do meu nariz no ar, indo parar também no macacão. Teria ele notado algo? Nenhum movimento dele revelou os seus pensamentos. Sentiria o mesmo que eu? Estava praticamente calado. Saberia ter ante si duas Annes? Todas, perguntas não respondidas. Às oito e meia, quando o Pf. já havia passado, eu me levantei, fui até a janela; era onde sempre nos despedíamos. Eu ainda estava tremendo, era ainda a Anne número 2; ele veio até mim, eu lhe enlacei com ambos os braços o pescoço e lhe dei um beijo na bochecha esquerda, mas, logo que ia para a direita, a minha boca se encontrou com a dele, e, num desvario, elas se uniram e se apertaram uma na outra, uma vez, outra vez, e indefinidamente. Oh!

O Peter tem necessidade de carinho, é a primeira vez na vida dele que descobre uma garota e vê que até as garotas mais brincalhonas têm também um coração e uma vida interior, e que se transformam assim que se está a sós com elas.

É a primeira vez na vida que oferece amizade e si mesmo, nunca antes teve um amigo ou uma amiga. Agora encontramos um ao outro; eu também não o conhecia, não tinha nenhum confidente, mas a vida me trouxe um... E a eterna dúvida: "Estou fazendo bem?" Fazendo bem em me entregar tão rápido, em ser tão intensa, tão intensa e desejosa como o próprio Peter? Posso eu, uma menina, me deixar levar desta maneira?

A resposta é só uma: "O meu anseio é tamanho... já há tanto tempo. Eu me sinto solitária e agora encontrei um consolo!"

Pela manhã nos comportamos normalmente, pela tarde quase tão normalmente — com uma exceção aqui e acolá, mas, quando anoitece, vem à tona todo o desejo do dia inteiro, assim como a felicidade e a exaltação das últimas vezes, e só pensamos um no outro. Todas as noites, após o último beijo, eu fico com vontade de sair correndo, não o olhar nos olhos, e fugir, fugir para a escuridão, sozinha! E o que me aguarda ao descer os 14 degraus da escada? A forte luz, perguntas, uma risada aqui, outra ali, mas preciso agir como se nada tivesse acontecido, sem deixar transparecer o que seja.

O meu coração ainda está fraco demais para espantar para longe um choque como o da noite anterior. A Anne doce aparece muito raramente e, por isso, não permite ser mandada embora tão facilmente. O Peter me comoveu mais do que jamais tinha sido comovida antes na minha vida, exceto em sonho.

Tocou-me, me virou do avesso; assim sendo, não é perfeitamente compreensível que em seguida necessite descansar para recuperar o seu mundo interior? Ah, Peter, o que você fez comigo? O que é que você está querendo de mim? Como é que vai acabar essa história? Ah, agora eu entendo a Bep, agora que estou passando por isso; agora eu entendo a sua dúvida: se eu tivesse mais idade e ele quisesse se casar comigo, o que eu responderia? Anne, seja sincera! Anne, você ia querer se casar com ele, mas se desprender dele também é tão difícil... O Peter ainda tem muito pouco caráter, muito pouca força de vontade, muito pouca coragem e força. É ainda uma criança, não mais velho do que eu no seu mundo interior; só quer achar calma e felicidade.

Será que eu realmente só tenho 14 anos? Que realmente não passo de uma garota bobalhona em idade escolar? Que sou realmente tão inexperiente? Eu tenho mais experiência que os outros; passei por situações que praticamente ninguém da minha idade conhece.

Tenho medo de mim mesma, medo de que, no meu desejo, acabe me entregando cedo demais; neste caso, como poderia dar certo mais para a frente com outros garotos? Ai, que difícil! Sempre volta à questão: coração versus consciência. Cada um deles deve falar mais alto no devido tempo, mas como é que eu descubro quando é chegado o momento certo?

sua Anne M. Frank.

TERÇA 2 DE MAIO DE 1944.

Querida Kitty,

No sábado à noite perguntei ao Peter se ele achava que eu deveria contar algo sobre nós ao Papai; conversa vai, conversa vem, acabou achando que sim. Fiquei contente; ele dava mostras de sensibilidade. Logo que desci, fui com o Papai buscar água. Já na escada eu disse: "Papai, você já deve ter notado que o Peter e eu estamos juntos e nunca ficamos mais de um metro longe um do outro. Você acha errado?" O Papai não respondeu de imediato, então disse: "Não, errado eu não acho, mas, Anne, neste nosso espaço tão limitado você tem que ter cuidado." Disse mais uma coisa do gênero, e subimos.

No domingo pela manhã, me chamou para perto de si e disse: "Anne, eu parei para refletir mais uma vez sobre o assunto (já fui ficando com medo!). Aqui no Anexo não é o melhor lugar; eu achava que vocês eram só colegas. O Peter está apaixonado?"

"De jeito nenhum", respondi.

"Pois é, você sabe que eu entendo a ambos, mas você precisa ser reservada; não suba mais com tanta frequência, não o atice mais que necessário. Nesses assuntos o homem é sempre mais ativo; a mulher, mais reservada. Lá fora, em liberdade, tudo é muito diferente, você vê mais meninos e meninas; você pode sair, praticar esporte e tudo o mais, mas aqui, quando se passa muito tempo juntos e você quer se retirar, não tem como, você e o outro se veem a cada hora; o tempo inteiro, na verdade. Seja cautelosa, Anne, e não leve tudo tão a ferro e a fogo."

"Eu não levo, Papai, mas o Peter é um rapaz decente e carinhoso!"

"Eu sei, mas ele não tem um caráter forte; se inclina com facilidade para o lado do bem, mas pode se inclinar para um lado ruim se influenciado. Espero para ele que sempre se mantenha no lado do bem, porque essa é a natureza dele."

Estendemos a conversa um pouco a mais e combinamos que o Papai falaria também com ele.

Na tarde do domingo, na entrada para o sótão, o Peter me perguntou: "E aí, Anne, você já falou com o seu pai?"

"Sim", respondi, "eu vou contar a você. Ele não vê nenhum mal, mas diz que aqui, quando passamos muito tempo juntos, é possível que aconteçam umas leves desavenças."

"Mas nós não combinamos que não brigaríamos? Eu me propus a me ater a essa regra."

"Eu também, Peter, mas o Papai não imaginava que fôssemos mais que colegas. Você acha que vamos conseguir?"

"Eu acho que sim, e você?"

"Eu também. Disse também ao Papai que eu confio em você. Eu confio em você, Peter, tão plenamente como confio no Papai e acho que você vale a pena, não é?"

"É o que eu espero." (Ficou todo envergonhado e corado.)

"Eu acredito em você. Peter", continuei. "Acho que você tem um bom caráter e que vai se dar bem na vida."

Falamos depois de outras coisas, mas ainda disse mais tarde: "Quando nós sairmos daqui, eu bem sei que você não vai mais se preocupar comigo."

Ele fervia. "Isso não é verdade, Anne, não, não, você não tem o direito de pensar isso de mim!"

Foi quando nos chamaram.

O Papai tinha falado com ele, me contou na segunda. "O seu pai achava que a nossa amizade poderia acabar em paixão", disse. "Mas eu respondi que nós nos seguraríamos."

O Papai quer que eu suba com menos frequência pela noite, mas eu me nego a aceitar: não só porque eu me sinto bem na companhia do Peter, mas porque eu confio nele, como disse ao Papai. Eu confio de verdade nele e quero demonstrar a minha confiança, mas eu nunca vou conseguir fazê-lo ficando lá embaixo por falta de confiança.

Nada disso, vou subir, sim!"

No meio-tempo o drama Pf. acabou em paz. No sábado à noite, através de colocações num belo holandês, fez um pedido de desculpas. O v. P. já foi se apaziguando. O Pf. devia ter estudado bastante o que diria no decurso desse dia.

O domingo, dia do seu aniversário, transcorreu tranquilamente. Nós lhe demos uma garrafa de um vinho bom de 1919; os v. P. (que por fim puderam dar o seu presente) lhe ofereceram uma garrafa de pepinos e legumes em conserva e um pacotinho com lâminas de barbear; o Kugler uma jarra de limonada; a Miep, um livro ("Martijntje") e a Bep, uma plantinha. O próprio ofereceu um ovo para cada um.

sua Anne M. Frank. Pela noite!
(a comida chama) 6 e meia.

QUARTA 3 DE MAIO DE 1944.

Querida Kitty,

Antes de mais nada, rapidamente, as novidades da semana! A política está de férias não há nada, mas nada mesmo, que comunicar. Pouco a pouco vou eu também acreditando que a invasão acontecerá; afinal, não podem deixar que os russos deem conta de tudo sozinhos; por sinal, estes também não estão fazendo nada no momento.

O Kleiman está de novo vindo ao escritório todas as manhãs. Conseguiu uma nova mola para o divã do Peter, que agora tem que arregaçar as mangas para estofá-lo, o que, compreensivelmente, não está com a menor vontade de fazer. O Kleiman trouxe também um pó para combater pulgas de gato.

Eu cheguei a contar que o nosso Moffie desapareceu sem deixar qualquer traço na quinta passada? Com certeza já está há um bom tempo no céu dos gatos, ao passo que algum zoófilo qualquer o cozinha como iguaria. Talvez alguma garota endinheirada ganhe um gorro feito com a sua pele. Este fato entristece muito o Peter. A Bep fez uma grande conquista, vai nadar com o Bertus, quanto tempo ela vai aguentar?

Há duas semanas que almoçamos aos sábados às 11 e meia; pela manhã tivemos que nos satisfazer com uma tigelinha de mingau. A partir de amanhã vai ser assim todos os dias a fim de poupar-nos uma refeição. Continua sendo muito difícil conseguir legumes; hoje almoçamos alface podre cozida. Alface comum, espinafre e alface cozida; mais que isto não há. De acompanhamento, batatas podres, ou seja, uma combinação divina!

Já havia mais de dois meses que eu tinha parado de menstruar; desde domingo, porém, finalmente voltou a acontecer. Apesar da chatice e do trabalho, me alegro muito de que a regra não tenha me abandonado.

Como você seguramente deve imaginar, frequentemente se indaga aqui em desespero: "Para que, meu Deus, para que serve a guerra? Por que é que as pessoas não podem viver pacificamente umas com as outras? Por que tanta destruição?"

A pergunta é compreensível, mas uma resposta satisfatória ninguém conseguiu ainda dar. Sim, por que é que se constroem na Inglaterra aviões cada vez maiores, bombas cada vez mais pesadas e, paralelamente, casas são reconstruídas? Por que é que se investe tanto na guerra, dia após dia, e não sobra nada para a medicina, os artistas, as pessoas sem recursos? Por que é que se tem de passar fome enquanto em outros lugares do mundo o excesso de comida simplesmente apodrece? Por que tanta loucura humana?

Eu jamais acreditei que a guerra seja feita apenas pelos peixes grandes, governantes e capitalistas. Ah, não! O homem simples o faz com o mesmo prazer; caso contrário; os povos já teriam se rebelado há muito tempo! Sabemos que existe no homem um impulso aniquilador, um impulso fatal, assassino e furioso, enquanto toda a humanidade, sem exceção, não tiver passado por um processo de metamorfose, a guerra vingará e tudo o que foi construído, cultivado e houver crescido será separado do resto e aniquilado, para depois ser reconstruído.

Eu já me senti muitas vezes deprimida, mas nunca desesperada. Considero essa clandestinidade apenas uma aventura perigosa, romântica e interessante. Considero cada privação uma anotação de entretenimento no meu diário. Eu me propus afinal levar uma vida diferente da que levam as outras garotas e, mais para frente, uma vida diferente da das donas de casa comuns. Esse é o início adequado de tudo o que é interessante e, por isso, só por isso é que, nos momentos mais perigosos, eu acabo rindo de tão cômica situação.

Eu sou jovem e tenho muitas qualidades ainda ocultas; sou jovem e forte e vivo essa grande aventura; estou ainda bem no meio dela e não posso passar o dia reclamando por não poder me divertir!

Nasci com muitos dotes: uma natureza feliz, muita alegria e força. Todos os dias sinto o meu lado interior crescer, a minha liberdade se aproximar, a beleza da natureza, a bondade das pessoas que me cercam; também o quão interessante e divertida é essa aventura! Por que eu deveria me desesperar?

sua Anne M. Frank.

SEXTA 5 DE MAIO DE 1944.

Querida Kitty,

O Papai está insatisfeito comigo; ele achava que, após a nossa conversa no domingo, eu não tomaria mais a iniciativa de subir. Não quer saber mais de "*Knutscherei*". Eu não queria mais saber de ouvir esta palavra, já era maçante demais falar sobre o assunto. Por que será que ele quer me chatear tanto? A Margot me deu um bom conselho; veja só mais ou menos o que eu vou lhe dizer:

“Eu acho, Papai, que você está esperando uma explicação da minha parte, e eu vou dá-la. Você está decepcionado comigo, você esperava uma reserva maior da minha parte. Com certeza você quer que eu seja como uma garota de 14 anos deve ser, mas aí você se engana!

Desde que chegamos aqui, a partir de julho de 1942 até há algumas semanas, realmente nada foi fácil para mim. Se você soubesse o tanto que eu já chorei aqui de noite, o quão desesperada e infeliz que fiquei, quanta solidão eu já senti, talvez você entendesse o quanto eu gosto de ir lá para cima! Esse processo todo não se deu da noite para o dia, para eu chegar a me sentir como sinto, viver sem a mamãe e sem o apoio de quem quer que seja. Tive de lutar muito, muito mesmo, e derramar lágrimas para me tornar independente como eu sou. Você pode rir e não acreditar, para mim dá na mesma, eu sei que sou uma pessoa que se vale por si mesma e não sinto minimamente a obrigação de me justificar diante de vocês. Só estou dizendo isto tudo a você para que não ache que eu seja uma pessoa sorrateira; o que acontece é que só a mim mesma eu devo explicações em relação aos meus atos.

Quando eu tive dificuldades, todos, incluindo você, fecharam os olhos e taparam as orelhas; você não me ajudou, muito pelo contrário, só ouvi advertências de que eu devia sossegar o facho. Eu só era espalhafatosa para não passar o tempo todo triste, eu dava uma de audaciosa só para não ficar sempre ouvindo aquela voz dentro de mim. Fui engraçada por um ano e meio, dia após dia, não reclamei de nada, não deixei cair a máscara, nada disso, mas agora, agora a luta acabou. Eu saí vencedora! Sou independente de corpo e de alma, não preciso mais de uma mãe, toda essa batalha me fortaleceu!

E agora, agora que atingi o pico, tendo batalhado até não mais poder, agora quero trilhar o meu próprio caminho, o caminho que eu quiser.

Você não pode nem deve me tratar como se eu tivesse 14; amadureci por conta de tudo o que eu enfrentei; não vou me arrepender das minhas ações, vou agir como achar adequado!

Você não pode me manter longe lá de cima com delicadeza; das duas, uma: ou você me proíbe tudo, ou você confia em mim em relação ao que der e vier, e me deixa em paz!”

<u>sua Anne M. Frank.</u>

± uma semana atrás apareceu um artigo no jornal sobre um homem que prendeu um gato que entrou na sua casa e o matou com um atiçador de lareira. O juiz determinou que a sentença fosse de 1 mês de prisão.

Com base nisso, segue aqui um poema
Gatástrofes.

A redação e o seu servidor
Recebem de aldeias e cidades
Muitas reclamações felinas
Em relação ao gato do vizinho
O gato do vizinho anda sobre os canteiros
Sobre o solo semeado em galope
Bebe o leite sem cupom de racionamento
E come o canário
Gatos desconhecidos só procuram
Um teto na casa dos vizinhos
Roubam carne e bagunçam
Jardim, salas e a caixa de areia
Então o vizinho do vizinho em questão
Fica — bastante lógico — enraivecido,
Principalmente quando o gato
O deixa xingar a distância
Quando o vizinho vai longe demais
Ao matar o gato da casa ao lado;
Logo ocorrem duas alas:
Aparecem os a favor e os contras
Ambos escrevem ao jornal,
Cada um com a sua pergunta:
Por que o meu gato não pode visitar?
Por que essa praga dos gatos?
.. ..
Cada caso tem sempre dois lados,
O que fica claro também aqui;
E só é sábio aquele que
Considera ambos os lados.
Para que também o gato do vizinho
Tenhas os seus dois lados felinos
(Ai, que pena que o falecido
Salomão não vive mais!)
Não porque também tivesse um gato,
Mas sim só pelo fato de que ele

Tivesse uma visão tão apurada
Do justo e da justiça.
Muito talvez (digo muito talvez)
O sábio tivesse dito:
Prezados senhores a favor de e contra gatos,
Aprendam a ter mais tolerância!
Quem é contra gatos: sejam vigilantes
Se necessário tenham pronta uma injeção
E assim mantenham os gatos longes
Mas muito longe da crueldade
Quem é a favor dos gatos:
Mantenham os seus gatos em casa,
Entre cercas e paredes
Porque o gato é um gato doméstico,
Mas não entre as do seu vizinho...

Clinge Doorenbos.[99]

SÁBADO 6 DE MAIO DE 1944.

Querida Kitty,

Ontem, antes do jantar, pus no bolso do papai o bilhete; depois da leitura, passou a noite inteira perturbado, segundo a Margot. (Eu estava lá em cima lavando a louça). Pobre Pim! Eu deveria ter sabido que efeitos a carta em questão teria sobre ele. Ele é tão sensível! Logo disse ao Peter que não perguntasse ou dissesse mais nada.

O Pim não tocou mais no assunto; será que isso ainda vai acontecer?

Por aqui vai tudo indo. O Kleiman ontem não estava tão bem, por isso foi mais cedo para casa, a Miep está brava conosco, ela sempre fica do lado do Pf. e não é simpática conosco. A Bep hoje foi ao cabeleireiro, novo permanente! O que o Jan, o Kugler e o Kleiman contam sobre os preços e as pessoas lá fora é praticamente inacreditável: 250 gramas de chá custam 350 florins; 250 gramas de café, 80 florins; meio quilo de manteiga, 35 florins; um ovo, 1.45.

99. Clinge Doorenbos (1884- 1978) foi um artista, compositor, cabaretier, cantor, jornalista, poeta e autor de livros infantis holandês. (*N. do T.*)

Por 100 gramas de tabaco búlgaro se paga 14 florins! Todos estão comprando e vendendo no mercado negro, cada menino que passa correndo oferece algo. O menino que faz entregas da padaria nos conseguiu seda de costura, 90 centavos um cordãozinho fino; o leiteiro consegue cupons ilegais de racionamento; o agente funerário arranja queijo. Todos os dias se entra em casas à força, se mata e se rouba; os policiais e os vigilantes noturnos participam tão ativamente como ladrões profissionais; enfim, todos querem forrar o estômago, e, como os aumentos salariais foram proibidos, as pessoas se veem obrigadas a defraudar. A polícia juvenil tem dado continuidade às procuras: garotas de 15, 16, 17 anos e mais velhas desaparecem todos os dias.

A Nellie Voskuyl — está em L'aône na França. Está sofrendo demais com os bombardeios e quer de todo jeito voltar para casa. Um dos seus amigos, um aviador de Eindhoven, telefonou para ela no meio da noite e implorou para ajudá-la. Um bom ensejo para a licença seria a doença do pai dela, mas só se o pobre homem morrer ela pode voltar. A Nellie se arrepende profundamente do seu comportamento no passado e pede perdão nas suas cartas. É de se estranhar que os Voskuyl há muito se enterneceram? Não mesmo!

Vou tentar concluir o conto da Ellen, a fada. De brincadeira posso dá-lo ao papai de aniversário, juntamente com todos os direitos autorais. Até mais ver! (O que, na verdade, está incorreto; nas emissões radiofônicas da Inglaterra em alemão, dizem auf wiederhören, então eu deveria escrever tot wederschrijven).

sua Anne M. Frank.

MANHÃ DO DOMINGO, 7 DE MAIO DE 1944.

Querida Kitty,

O Papai e eu tivemos ontem à tarde uma longa conversa, eu acabei chorando amargamente, e ele também. Sabe o que ele me disse, Kitty? "Eu já recebi muitas cartas na minha vida, mas esta foi a mais feia de todas! Você, Anne, que sempre recebeu tanto amor dos seus pais, pais que sempre estão ao seu lado para o que der e vier, que sempre defenderam você no que fosse, você diz não sentir nenhum tipo de responsabilidade! Você se sente despeitada e abandonada. Não, Anne; foi uma grande injustiça que você cometeu em relação a nós!"

Talvez não fosse exatamente o que você queria dizer, mas foi exatamente o que você escreveu. Não, Anne, uma acusação tal nós não merecemos!"

Ai, eu falhei de uma maneira crassa; esse foi de longe o pior ato que eu cometi na minha vida. Não foram mais que bravata o meu choro e as minhas lágrimas, nada além de me fazer de importante para obter o respeito dele. É verdade, eu sofri muito e, no que se refere à mamãe, tudo é verdade; agora, culpar o bondoso Pim, logo ele que fez e continua fazendo tudo por mim, não, esse foi um verdadeiro golpe baixo.

Foi muito bom eu ter sido puxada do pedestal e o meu orgulho ter sido abalado um pouco, porque eu estava com um alto conceito de mim mesma. O que a senhorita Anne faz está longe de ser sempre o melhor! Alguém que cause um tal desgosto numa pessoa que diz amar e, pior, de propósito, é muito, muito rasteiro!

Do que eu mais me envergonho é da maneira como o Papai me perdoou: vai jogar a carta na estufa e agora está se mostrando tão carinhoso comigo como se ele tivesse me feito alguma maldade. Não, Anne, você ainda tem muito o que apreender: comece primeiramente por aí, em vez de olhar os outros de cima para baixo e acusá-los!

Eu já tive muitos desgostos, mas quem é que não os teve na minha idade? Eu montei na minha vida várias comédias, mas sem a menor consciência disso; eu já me senti só, mas dificilmente desesperada! Como o Papai, que correra para a rua para pôr um fim na coisa, a esse ponto eu nunca cheguei.

Eu devo me envergonhar profundamente e de fato me envergonho profundamente; o que passou não tem volta, mas pode me prevenir para que eu não cometa no futuro o mesmo erro. Quero começar do zero, o que não pode ser difícil, já que eu tenho o Peter agora. Tendo a ele como apoio eu consigo. Não estou mais sozinha, ele me ama, eu o amo, eu tenho os meus livros, os meus livros de anotações e o meu diário, não sou tão terrivelmente feia, nem terrivelmente boba, tenho a minha natureza alegre e quero adquirir um bom caráter!

Pois é, Anne, você sentiu muito bem a rudeza e a inverdade da sua carta, mas, como se não bastasse, ainda ficou com orgulho dela! Que o papai me sirva de novo de exemplo, e eu vou me corrigir.

sua Anne M. Frank.

SEGUNDA 8 DE MAIO DE 1944.

Querida Kitty,

Por acaso eu já cheguei a lhe contar algo sobre a nossa família? Acho que não e, assim sendo, aqui vai. O Papai nasceu em Frankfurt am Main de pais podres de ricos. Michael Frank tinha um banco e, através dele, se tornara milionário, e os pais de Alice Stern eram ricos e nobres. Na sua juventude, Michael Frank não tinha nada de rico, mas, trabalhando, conseguiu galgar a escala social. O Papai levava na juventude uma verdadeira vida de filhinho de Papai; as suas semanas eram cheias de festas, bailes, patuscadas, garotas bonitas, valsas, jantares, muitos quartos etc. Todo aquele dinheiro acabou desaparecendo após a morte do vovô; e, ao fim da Primeira Guerra Mundial e com a inflação, não sobrou mais nada. Até antes da guerra ainda havia parentes ricos o bastante, como a Olga Spitzer em Paris e a Milly Stanfield em Londres. Também o Jacob e o Hermann em Luxemburgo não podiam reclamar de falta de dinheiro. Assim sendo, o Papai foi educado com primor; ontem não conteve as gargalhadas, porque foi a primeira vez nos seus 55 anos de vida que raspou à mesa a frigideira.

A Mamãe não era tão rica, mas rica o bastante, de maneira que ainda ouvimos boquiabertos as histórias sobre noivados com 250 convidados, bailes particulares e jantares.

De ricos não podem mais chamar nos chamar, de maneira alguma, mas toda a minha esperança está voltada para depois da guerra; eu lhe asseguro, porém, que não tenho inclinação nenhuma para essa vidinha tacanha de que gostam a Mamãe e a Margot. Eu gostaria de ir um ano a Paris e um ano a Londres para aprender as línguas e estudar história da arte. Bem diferente da Margot, que quer dar assistência a parturientes e recém-nascidos na Palestina.

Eu continuo sonhando com vestidos bonitos e pessoas interessantes, quero ver e vivenciar algo do mundo, já lhe disse isso várias vezes, e um pouco de dinheiro não faria mal algum!

A Miep contou hoje de manhã sobre o noivado da sua sobrinha, ao qual compareceu no sábado. A sobrinha em questão tem 27 anos, e o noivo, 23. A moça dinâmica e simpática, filha de pais ricos, e o noivo é um moço pequeno e frouxo, filho de pais ainda mais ricos. Os dois são filhos únicos, de maneira que podem já contar um com a herança do outro.

A Miep nos fez ficar com água na boca ao descrever o que foi servido: sopa de legumes com almôndegas, queijo, sanduíches de carne moída, hors d'oeuvres com ovos e rosbife, sanduíches com queijo, bolos moscovitas, vinhos e cigarros, tanto quanto se quisesse.

A Miep bebeu 10 bebidas e fumou 3 cigarros; não era ela a abstinente de álcool? Se a Miep bebeu tudo isso, quanto não teria mandado para dentro o seu marido? Naturalmente estavam um pouco alegrinhos na festa. Estavam presentes também dois agentes da comissão de homicídios, que tiraram algumas fotografias do casal; como você percebe, a Miep não consegue tirar os seus clandestinos da cabeça por um minuto sequer, porque já foi logo anotando os nomes e endereços desses sujeitos para o caso de que algo aconteça e se precise de bons holandeses. Ela nos fez ficar com água na boca, nós que, de café da manhã, não comemos nada além de duas colheres de mingau e estamos sempre verdes de fome; nós que, todo santo dia, só comemos espinafre meio-cru (por causa das vitaminas!) e batatas podres; nós que mandamos goela abaixo para o nosso estômago oco não mais que alface, alface cozido, espinafre, espinafre e mais espinafre. Quem sabe não ficamos mais fortes que o Popeye, apesar de que eu não esteja vendo nada disso acontecer!

Se a Miep tivesse nos levado ao noivado, não teria sobrado mais sanduíche algum para os outros convidados. Se houvéssemos estado na festa, teríamos pilhado tudo o que víssemos pela frente, nem os móveis nós teríamos deixado nos seus lugares!

Posso dizer que íamos puxando as palavras da boca da Miep, nós que estávamos ao seu redor ouvindo-a como se nunca antes tivéssemos ouvido falar em comida gostosa e pessoas chiques! E olhe que somos as netas de um famoso milionário. Este mundo está de patas para cima!

sua Anne M. Frank.

TERÇA 9 DE MAIO DE 1944.

Querida Kitty,

O conto sobre a fada Ellen está pronto. Eu o copiei para um fino papel de carta, enfeitado com tinta vermelha e costurado. O conjunto saiu bonito, mas não sei se não é pouco. A Margot e a Mamãe fizeram cada um poema de aniversário.

Com o Siemons, o padeiro, conseguimos quase 50 petitfours como os de antes da guerra.

O Kugler subiu hoje à tarde com a notícia de que a senhora Broks quer vir todas as tardes tomar café aqui durante duas horas a partir da segunda. Imagine só! Ninguém mais vai poder subir, as batatas não vão poder ser trazidas, a Bep vai ficar sem comida, nós não vamos poder ir ao banheiro, nem nos mexer, além de tantos outros contratempos! Saímo-nos com as mais variadas sugestões para dissuadi-la. O senhor van Pels achou que um bom laxante no café dela seria mais que suficiente. "Não", disse o Kleiman, "por favor, não, senão ela não sai mais do vaso!"

Gargalhadas estrondosas. "Do vaso?", perguntou a madame. "O que isso significa?" Seguiu-se uma explicação. "Posso usar sempre essa expressão?", perguntou tolamente. "Imagine", disse a Bep, entre risinhos, "que você perguntasse na loja de departamentos Bijenkorf onde fica o vaso. Nem mesmo entenderiam você!"

Às 12 e meia o Pf. vai sempre diretamente "ao vaso", para manter a expressão em uso. Hoje à tarde, resoluta, peguei uma folha de papel rosa e escrevi: *Regulamento do uso do w.c. para o senhor Pfeffer*

Pela manhã das 7.15 às 7.30
Pela tarde a partir da *1.00*

De resto a seu bel-prazer!

Afixei a folha de papel na porta verde do w.c. enquanto ele ali estava. Bem que poderia ter acrescentado: a infração dessa lei acarretava o isolamento! Porque a porta do w.c. pode ser trancada por dentro e por fora.

A nova piada do sr. v. P:

Após as aulas de religião sobre a Bíblia e Adão e Eva, um aluno de 13 anos pergunta ao pai: "Papai, me diga uma coisa: como foi exatamente que eu nasci?"

"Pois é", responde o pai, "a cegonha tirou você do grande lago e o pôs na cama junto à mamãe, dando umas bicadas na perna dela. Por isso foi que ela começou a sangrar e teve que ficar mais de uma semana de cama."

Para saber mais detalhes, o menino vai até a mãe e lhe pergunta: "Mamãe, como foi exatamente que você nasceu, e eu, como nasci?" A mãe lhe conta a mesmíssima história, após o que, para saber a versão mais confiável, se dirige ao avô e lhe diz: "Vovô, como foi que você nasceu e como nasceu a sua filha?" Pela terceira vez, ouve a mesma história.

De noite, escreve no seu diário: "Após ter me informado minuciosamente, devo constatar que há três gerações não se copula!"

Ainda tenho de trabalhar, já deram as 3.
sua Anne M. Frank.

P.S.: P.S.: Visto que eu já lhe falei da nova empregada, quero só acrescentar um detalhe: a senhora em questão é casada, tem sessenta anos e a audição bastante comprometida! Isso a torna muito simpática a nós, os oito clandestinos, em relação a eventuais ruídos que possamos fazer e que a alcançariam.

Ai, Kit, está fazendo um tempo tão lindo! Se pelo menos eu pudesse sair de dentro da casa!

sua Anne.

QUARTA 10 DE MAIO DE 1944.

Querida Kitty,

Ontem à tarde estávamos estudando francês no sótão, quando de repente ouvi atrás de mim algo como água esguichando; perguntei ao Peter de onde vinha aquilo, mas ele nem respondeu: saiu correndo até a água-furtada, o lugar do agouro, e, com um movimento pesado, empurrou para o devido lugar a Mouschi, que, dado que a sua caixa de areia estivesse molhada demais, se posicionara ao seu lado. Seguiu-se um espetáculo estrepitoso, e a Mouschi, que no meio-tempo esvaziara a bexiga, desceu correndo.

Para sentir um pouco do conforto da sua caixa de areia, tinha ido se sentar numa fenda do chão poroso da água-furtada sobre cavacos de madeira. A poça logo transbordou da água-furtada, passando pelo forro para o sótão e, infelizmente, justo para dentro e para o lado do barril com as batatas.

O teto também pingava e, já que o chão do sótão também não estava livre de buracos, várias gotas amarelas passaram por ali, indo parar no quarto, entre uma pilha de meias e livros dispostos sobre a mesa.

Eu me esborrachei de rir, aquela visão era demais: a Mouschi encolhida sob uma cadeira, o Peter com água, talco alvejante e esfregão e o sr. van Pels apaziguando os ânimos. Logo se desfez o mal, mas é fato notório que xixi de gato fede terrivelmente. As batatas ontem já deram prova mais que suficiente disso, assim como o lixo com a serragem, que papai levou para baixo num balde para queimar. Pobre Mouschi! Como ela saberia que estão em falta os resíduos de turfa?

Anne.

QUINTA 11 DE MAIO DE 1944.

Querida Kitty,

Outra cena que fez rir:

Os cabelos do Peter tinham de ser cortados; quem faria as vezes de cabeleireira seria como sempre a sua mãe. Às 7:25 o Peter desapareceu para dentro do seu quarto e reapareceu às badaladas das sete e meia vestindo nada mais que um calção de banho azul e um par de tênis.

"Vamos?", perguntou à mãe.

"Primero tenho que encontrar as tesouras!"

O Peter ajudou a procurar e, ao fazê-lo, bagunçou indecorosamente a gaveta com os artigos de toalete da madame. "Não faça tanta bagunça, Peter!", já foi logo reclamando. A resposta do Peter eu não pude ouvir, mas deve ter sido malcriada, porque a madame lhe deu um cutucão no braço, que ele lhe devolveu; ela deu outro, empregando toda a força, e o Peter recuou, com uma expressão cômica no rosto. "Vamos lá, velhota!" A madame estava imóvel; o Peter a pegou pelos pulsos e a arrastou por toda a extensão do quarto, enquanto a madame chorava, ria, xingava e esperneava, inutilmente. O Peter conduziu a sua prisioneira até a escada do sótão, onde se viu obrigado a soltá-la. A madame voltou para o quarto, despencou sobre uma cadeira, suspirando em alto e bom som.

"Die Entführung der Mutter", disse eu, brincando.

"Pois é, mas que doeu, doeu."

Dei uma examinada e fiz uma compressa de água fria sobre os seus pulsos vermelhos e ardentes. O Peter, ainda sobre a escada, ficou por sua parte impaciente; com o seu cinto em mãos, irrompeu então na sala como um domesticador de animais. Mas a madame não seguiu com ele, permaneceu sentada ao lado da escrivaninha e procurou um lenço de bolso. "Primeiro você tem que se desculpar." "Que seja. Faço neste momento constar as minhas desculpas, porque senão vai ser tarde demais." A madame teve de rir a contragosto; levantou-se e foi até a porta. Nessas alturas se sentiu obrigada a nos dar primeiro uma explicação. (Esse "nós" se referia ao papai, à mamãe e a mim.) "Em casa ele não era assim", disse. "Era eu lhe dar um cutucão que ele voava escada abaixo. Nunca foi tão malcriado e já tinha recebido muitos outros cutucões; a culpa é desta nova maneira de educar os filhos, filhos modernos; eu jamais teria encostado na minha mãe dessa maneira. O senhor também se comportava com a senhora sua mãe desse modo, sr. Frank?" Estava tão sobre-excitada, andando de lá para cá e de cá para lá, perguntando sobre e dizendo de tudo, sem fazer ainda menção de subir para o andar de cima. Até que, finalmente, finalmente se mandou.

Não tinham passado nem 5 minutos desde que ela subira para que voltasse a descer a escada como uma rajada de vento, as bochechas infladas, e jogasse no chão o avental: perguntei-lhe se não estava ainda pronta, e ela respondeu que tinha que descer rapidamente, e foi voando como um turbilhão escada abaixo, provavelmente para os braços do seu Putti.

Não voltou antes das 8, na companhia do marido. Fizeram o Peter descer do sótão e lhe passaram um sabão inclemente, acompanhado de alguns xingamentos (fedelho, tratante, malcriado, mau exemplo, a Anne é, a Margot faz; mais que isso não consegui distinguir).

O mais provável é que hoje já reine a paz entre eles!

sua Anne M. Frank.

P.S.: Na terça e na quarta falou a nossa amada rainha; está de férias para poder voltar à Holanda fortalecida. Ela falou sobre uma libertação próxima, heroísmo e encargos onerosos e em breve, quando eu tiver voltado.

Seguiu-se um discurso do ministro Gerbrandy. O sujeito tem uma vozinha de criança babona tão pronunciada que a mamãe soltou um "oh" involuntário. Um vigário, que roubou a voz do sr. Edel, encerrou a emissão com uma prece a Deus a fim de que cuide dos judeus, das pessoas em campos de concentração, em prisões e na Alemanha.

sua Anne.

QUINTA 11 DE MAIO DE 1944.

Querida Kitty,

Como esqueci lá em cima a caixa onde guardo toda a minha "parafernália", incluindo a minha caneta-tinteiro, e não posso voltar porque senão incomodo os demais na hora do cochilo (até as duas e meia), você vai ter de se conformar com uma carta escrita a lápis.

Ando ocupadíssima e, por mais estranho que pareça, tenho pouco tempo para dar conta da minha pilha de tarefas por fazer. Quer saber por cima que tarefas são essas? Vamos lá: para amanhã tenho que ter lido a primeira parte da biografia do Galileu Galilei, porque o livro precisa ser devolvido à biblioteca. Comecei a lê-lo, agora estou na página 220, sendo que ele tem 320, de modo que vou conseguir acabá-lo a tempo. Na semana que vem vou ter de ler "Palestina na encruzilhada" e o segundo volume do livro sobre o Galilei. De resto, ontem concluí a leitura do primeiro volume da biografia de "O imperador Carlos V" e preciso urgentemente reelaborar agora as minhas muitas anotações e as árvores genealógicas que fui reproduzindo. Em seguida tenho três folhas com palavras desconhecidas que eu ia tirando dos diversos livros e que têm de ser lidas, anotadas e memorizadas. Em quarto lugar preciso me ocupar das minhas estrelas de cinema, cujos pôsteres estão todos misturados numa enorme bagunça e que anseiam ardentemente por um pouco de ordem: dado, porém, que uma organização levaria dias e a professora Anne no momento, como antes dito, está submersa em trabalho, o caos, infelizmente, continuará sendo caos. Depois são Teseu, Édipo, Peleu, Orfeu, Jasão e Hércules os que aguardam uma reorganização, já que vários dos seus feitos, como fios coloridos num vestido, se embaralham e entrecruzam na minha cabeça. Míron e Fídias também precisam urgentemente passar por um exame, se quiserem permanecer dentro de um contexto coeso. O mesmo vale, por exemplo, para a Guerra dos Sete e dos Nove Anos; indo como vou, acabo confundindo tudo. Pois é, que jeito dar nesta minha memória? Se eu já sou tão esquecida agora, imagine quando eu chegar aos 80!

Outra coisa: a Bíblia. Quanto ainda falta para eu chegar à história do banho de Susana? E ao que se referem quando falam de Sodoma e Gomorra? Ah, há tanta, tanta coisa ainda que perguntar e aprender! E a Isabel Carlota do Palatinado? Essa, então, eu deixei a ver navios.

Kitty, dá para ver que eu estou transbordando?

O que eu não posso é deixar de fazer os últimos comunicados, a Nellie Voskuyl voltou de L'aône, chegou aqui com capacete e máscara de oxigênio. Nas últimas semanas não fizeram nada mais que ficar escondidos no porão, a Nelly ficou morrendo de medo. Também estava morrendo de saudades de casa e do pai, todas as noites ele foi falar com o comandante do aeroporto para pedir uma licença, o comandante começou a ficar cansado, por isso perguntou se ela não queria vir antes da refeição em vez de depois. "Nem pensar", respondeu a Nelly, "eu é que não vou estragar o meu apetite!" Disse também ao senhor comandante que jamais perdoaria os alemães, já que o pai dela tinha morrido antes sem que ela pudesse lhe dar um bom dia. Só por ela ser a única boa funcionária do aeroporto, o comandante não a queria deixar ir, mas no final acabou sucumbindo às súplicas dela.

No rádio disseram mais de uma vez que tais pessoas, tanto meninas como meninos, mulheres como homens, vão ser punidos após a guerra por traição à pátria. Nos movimentos de resistência clandestinos se fala de campos de concentração na Nova Guiné Holandesa. A melhor solução para a Nelly seria se casar com um alemão, aí ela seria tratada como uma cidadã alemã.

Aqui o pessoal acha que a Nelly só pode ter algum parafuso faltando. Pense só no caso da foto da rainha que ela tinha levado consigo a L'aône e por causa da qual ela tinha brigado com um colega. Com certeza havia do lado da foto da rainha uma do Führer!

Agora, mudando completamente de assunto: já faz tempo você sabe que o meu grande desejo é me tornar jornalista e, depois, uma escritora famosa. Se conseguirei ou não dar forma a essas inclinações ao status (ou à mania) de grandeza está por ver, mas assuntos eu já tenho suficientes. Após a guerra, de qualquer maneira, quero publicar um livro intitulado "O Anexo"; se vai dar certo, porém, já é outra história; o que eu sei é que vou usar o meu diário como base. A vida de Cady eu também preciso terminar; imaginei a sequência assim: depois de se curar no sanatório, a Cady volta para casa, mas mantém correspondência com o Hans. Estamos no ano de 1941. Logo descobre no Hans uma identificação com os colaboradores holandeses ao regime do Hitler, e, dado que a Cady se compadece profundamente com o destino dos judeus e da sua amiga Marianne, cria-se um afastamento entre eles. Acabam rompendo a relação após um encontro em que primeiramente tinham feito as pazes, até que se descobre que o Hans estava com outra mulher. A Cady se magoa profundamente e decide, já que queria mesmo conseguir um bom trabalho, tornar-se enfermeira. Depois de aprender o ofício, incitada por amigos do pai, vai à Suíça para trabalhar como enfermeira num sanatório de doenças pulmonares. Durante as primeiras férias, vai ao Lago de Como, onde, coincidentemente, encontra o Hans. Este lhe diz que havia dois anos se casara com a sucessora da Cady, mas que a sua esposa tinha dado um fim à própria vida durante uma crise de depressão.

Ao lado dela ele de repente percebe o quanto ama a mirrada Cady e volta a pedi-la em casamento. Ela se recusa, apesar de, involuntariamente e a contragosto, amá-lo na mesma medida; fala mais alto o seu orgulho. O Hans parte e, anos depois, a Cady fica sabendo que ele tinha desembarcado na Inglaterra, onde passa mais tempo doente que saudável.

A própria se casa aos 27 anos com um camponês endinheirado, o Simon. Passa a amá-lo muito embora nunca tanto como ao Hans. Tem duas filhas e um filho: Lilian, Judith e Nico. O Simon e ela são felizes juntos, mas o Hans se mantém sempre vivo no seu coração, até que, certa noite, sonha com ele e se despede.

Não se trata de uma história água com açúcar, porque constam neles episódios reelaborados da vida do pai.

<u>sua Anne M. Frank.</u>

SÁBADO 13 DE MAIO DE 1944.

Queridíssima Kitty,

Ontem foi o aniversário do papai e o dia em que fez 19 anos que o papai e a mamãe estão casados; não foi dia de faxina, e fez um sol tal como ainda não se havia visto em 1944. A nossa castanheira está florida de cima a baixo e cheia de folhas, bem mais bonita que no ano passado.

O papai ganhou de presente do Kleiman uma biografia sobre a vida do botânico sueco Linnaeus; do Kugler, um livro sobre a natureza; do Pf., "Amsterdã vista pela água"; dos v. P., uma caixa gigante, como que enfeitada pelo melhor dos decoradores, contendo três ovos, uma garrafa de cerveja, um iogurte e uma gravata verde. O nosso pote de marmelada destoava um pouco dos demais presentes. As minhas rosas cheiravam maravilhosamente em comparação aos cravos vermelhos de Miep e Bep. Ele foi bastante mimado.

Encomendaram-se com o Siemons 50 tortinhas, divino! Papai ainda ofereceu biscoitos de especiarias e cerveja aos cavalheiros e iogurte às damas. Todos adoraram!

sua Anne M. Frank.

TERÇA 16 DE MAIO DE 1944.

Queridíssima Kitty,

Para variar um pouco (por fazer já tanto tempo que não falamos do assunto), queria lhe contar uma pequena discussão que a madame e o senhor v. P. tiveram ontem à noite.

A madame: "Os alemães devem ter construído a Muralha do Atlântico da maneira mais resistente possível, com certeza fazem tudo o que podem para deter o avanço das tropas inglesas. Os alemães têm uma força inacreditável!"

O marido: "E põe força nisso!"

A madame: "Pois é!"

O marido: "Aposto que os alemães vão acabar vencendo a guerra, tamanha a força deles."

A madame: "É bem possível, ainda não estou convencida do contrário."

O marido: "Eu vou parar de dar respostas."

A madame: "Você sempre acaba me respondendo, e se entusiasma, cada vez mais."

O marido: "Deixe disso! As minhas respostas são monossilábicas."

A madame: "Seja como for, você sempre responde e ainda quer ter a última palavra!"

O marido: "Até agora, todas as minhas previsões se realizaram."

A madame: "Mentira. A invasão já tinha acontecido no ano passado, os finlandeses já tinham cessado os conflitos, a Itália já tinha afundado no inverno, os russos já tinham anexado Lviv; não mesmo: não dou a menor credibilidade às suas previsões."

O marido (levantando-se): "Quando é que você finalmente vai calar essa sua boca? Eu ainda hei de mostrar a você que tenho razão, qualquer hora você vai se cansar. Não aguento mais essa sua lengalenga e vou esfregar o seu nariz nas suas chateações!"

Fim do primeiro ato

Eu na verdade acabei explodindo em gargalhadas, assim como a mamãe, e o Peter estava se segurando para não fazer o mesmo. Ah, esses adultos mentecaptos! Eles que aprendam certas coisas antes de corrigirem os filhos!

Desde a sexta deixamos de noite as janelas abertas.

sua Anne M. Frank.

O que importa para a família do Anexo:

(A sistemática visão geral de assuntos de aprendizagem e leitura)

O sr. v. P.: não aprende nada. Pesquisa muita coisa no Knaur. Gosta de ler, romances policias, livros de medicina e histórias de amor banais.

A sra. v. P.: estuda inglês por correspondência; gosta de ler romances biográficos e alguns romances em geral.

O sr. Fr.: estuda inglês (Dickens!) e um pouco de latim: nunca lê romances, mas sim descrições mais sóbrias e secas de pessoas e países.

A sra. Fr.: estuda inglês por correspondência; gosta de ler tudo, com exceção de histórias policiais.

O sr. Pf.: estuda inglês, espanhol e holandês sem qualquer resultado visível; lê de tudo; os seus julgamentos são os mesmos da maioria.

Peter v. P.: estuda inglês, francês (escrito), estenografia holandesa, inglesa e alemã, correspondência comercial em inglês, carpintaria, administração pública e, às vezes, cálculos: lê pouco, às vezes sobre geografia.

Margot Fr.: estuda inglês, francês, latim em cursos escritos, estenografia em inglês, em alemão e em holandês, mecânica, trigonometria, geometria espacial, física, química, álgebra, geometria, literaturas inglesa, francesa, alemã e holandesa, contabilidade, geografia, história contemporânea, biologia, economia; lê de tudo, de preferência livros sobre religiões e medicina.

Anne Fr.: estuda francês, inglês, alemão, estenografia em holandês, geometria, álgebra, História, geografia, história da arte, mitologia, biologia, história da Bíblia, literatura holandesa; adora ler biografias, curtas e secas ou das que não se podem deixar de lado até acabar-se a leitura e livros de História (às vezes romances ou literatura de entretenimento).

SEXTA 19 DE MAIO DE 1944.

Querida Kitty,

Ontem eu me senti péssima, vomitando (logo eu!), com dor de cabeça, cólicas e tudo mais que você possa imaginar. Hoje eu já me sinto melhor e estou morta de fome, mas vou ter de renunciar aos feijões pretos que vão ser servidos hoje.

A Bep esteve na quarta à noite numa festa de casamento, tudo bem que a noiva era uma viúva com um filho de 2½, mas isso não atrapalhou a festança, ela bebeu muito e está com uma pequena ressaca, de resto tudo aconteceu às mil maravilhas.

O perigo Ans Broks foi adiado até a próxima segunda, pode ser que seja até totalmente evitado. A Miep trouxe duas blusas brancas, as que passaram um ano inteiro com a costureira, a nova ficou ótima, com renda na frente, mangas e colarinho. Com os Voskuyl continua a desgraça de sempre, a Nelly está fora de casa, certamente na atraente cidade de Eindhoven, o Papai está de cama e soluça muito. É de se estranhar? Ele próprio diz que talvez nunca mais saia da cama e ainda lhe provocam uma tal tristeza. A Nel escreveu uma carta desaforada ao comandante de L'aône, dizendo que não volta até conseguir sapatos novos, já que não pode mais andar com esses andrajos. O Peter e eu vamos muito bem. O coitado tem ainda mais carência emocional que eu, continua ficando corado todas as noites ao receber o seu beijo de boa noite e simplesmente mendiga para ganhar outro. Serei eu uma melhor substituta do Moffie? Não faz mal; o que importa é que ele se sinta feliz pelo mero fato de saber que alguém o ama. Após a minha árdua conquista, me sinto um pouco superior às circunstâncias, mas não ache que o meu amor está fraquejando. Ele é um amor, mas eu logo fechei a porta de acesso ao meu lado interior; se ele quiser quebrar de novo a fechadura, vai ter que usar um pé-de-cabra mais potente!

sua Anne M. Frank.

SÁBADO, 20 DE MAIO DE 1944.

Querida Kitty,

Finalmente, após muito refletir, acabei começando com o meu "Anexo", na minha cabeça eu já o terminei tanto quanto se possa falar em terminar, mas, em realidade, vai ir bem mais devagar, se é que eu o vá acabar.

Ontem à noite eu desci do sótão e, ao entrar na sala, logo vi que o belo vaso com os cravos estava deitado no chão, a Mamãe secando de joelhos a água com o esfregão e a Margot pescando do chão os meus papéis. "O que aconteceu?", perguntei com um pressentimento funesto e, sem mesmo esperar a resposta, examinei o estrago a pouca distância. A minha pasta com as árvores genealógicas inteira, os cadernos, os livros, tudo flutuava na água. Eu estava quase chorando, num estado de consternação tal, que comecei a falar em alemão. Não me lembro mais das minhas palavras, mas a Margot disse que eu soltei a língua, dizendo disparates como "unübersehbarer Schade, schrecklich, entsetzlich, nie zu ergänzen", entre outros. O Papai gargalhava, e a Mamãe e a Margot o acompanharam, mas, para mim, aquele trabalho perdido, assim como todas as notas tão bem elaboradas, eram motivo de lágrimas.

Após um exame mais circunstanciado, "o estrago incalculável" até que não foi tanto. Uma vez no sótão, fui pondo cuidadosamente em ordem as massas compactas e descolando os papéis uns dos outros. Em seguida os pendurei no varal lado a lado. Ficou engraçado, e até eu comecei a rir. Maria de Médici ao lado de Carlos V, Willem van Oranje e Maria Antoniete. Isso é "Rassenschande", brincou o sr. v. Pels. Após ter confiado ao Peter o cuidado dos meus papéis, voltei a descer.

"Quais livros estragaram?", perguntei à Margot, que estava examinando o tesouro que constituíam os meus livros. "O de álgebra", disse Margot. Eu me aproximei, mas, infelizmente, nem mesmo esse estava ainda estragado.

Queria que ele tivesse caído dentro do vaso; nunca tive tanta repulsa a um livro quanto ao livro de álgebra. Na primeira página estão escritos os nomes de pelo menos vinte meninas que o tiveram em sua posse antes de mim; se trata de um livro velho, amarelado, todo rabiscado, grifado e corrigido. Se qualquer hora me der uma de vândala, ainda acabo despedaçando essa porcaria!

sua Anne M. Frank.

SEGUNDA, 22 DE MAIO DE 1944.

Querida Kitty,

Anteontem o Papai apostou 5 garrafinhas de iogurte e as perdeu para a madame. A invasão realmente ainda não se deu. Posso dizer com segurança que Amsterdã inteira, a Holanda inteira, ou melhor, toda a costa oeste da Europa até a Espanha não fala de outra coisa que da invasão, debate, faz apostas e... espera.

A tensão chega ao clímax; nem de longe todas as pessoas que nós até agora considerávamos "bons" holandeses se mantêm confiantes em relação aos ingleses; nem de longe todos consideram a bravata dos ingleses uma demonstração de maestria, ah não; as pessoas querem agora ver finalmente feitos, grandiosos e heroicos.

Ninguém pensa mais para além, ninguém pensa que os ingleses lutam para se protegerem a si mesmos e ao seu país; todos acham que eles têm a obrigação de salvar a Holanda o mais rápido e o melhor possível. Aí eu me pergunto: que obrigações é que têm os ingleses? O que os holandeses fizeram para merecer dos ingleses a nobre ajuda que esperam com tanta convicção? Isso é que não, os holandeses ainda vão se enganar, e muito; os ingleses, apesar da bravata, não caíram em desgraça mais ou menos que todos os outros países, grandes e pequenos, que agora estão ocupados. Os ingleses com certeza não vão oferecer as suas desculpas; estiveram dormindo durante os anos em que a Alemanha se armava, mas também o fizeram todos os outros países que fazem fronteira com a Alemanha. Não se chega a lugar nenhum com a política da avestruz, como o constatou a Inglaterra, como constatou o mundo inteiro. Como consequência, agora vão pagando gravemente pelo erro, cada um deles e a Inglaterra não menos.

Nenhum país vai sacrificar os seus homens, muito menos em prol dos interesses alheios, e a Inglaterra entre eles.

A invasão, a libertação e a liberdade hão de chegar; ainda assim, é a Inglaterra que vai escolher o momento conveniente, libertando uma região ocupada após a outra, não todas ao mesmo tempo.

Para o nosso grande infortúnio e a nossa consternação, ficamos sabendo que a opinião de muitos em relação a nós, os judeus, mudou radicalmente. Dizem que o antissemitismo veio à tona em círculos sociais que antigamente nem pensavam sobre o tema. Esse fato atingiu aos oito habitantes do Anexo profunda, mas muito profundamente. A razão desse ódio aos judeus é compreensível, às vezes até humana, mas nada boa. Os cristãos recriminam os judeus por soltarem a língua perante os alemães, por trair os que os ajudam e pelo fato de que muitos cristãos acabam entregues a um destino e a uma pena terríveis, como muitos outros. Tudo isso é verdade, mas, como com tudo, eles deveriam ver também o reverso da medalha: será que, no nosso lugar, os cristãos agiriam de maneira diferente? Será que um indivíduo, independentemente de ser judeu ou alemão, ficaria calado diante dos métodos alemães? Todos sabem muito bem que isso é praticamente impossível; por que se pede o impossível aos judeus?

Em círculos clandestinos circula a opinião de que os judeus alemães que se transferiram para a Holanda e que se encontram agora na Polônia, não têm mais a permissão de voltar à Holanda; tinham na Holanda direito de asilo, mas, na ausência do Hitler, têm de voltar à Alemanha.

Quando alguém ouve algo assim, não se pergunta com todo o direito o porquê dessa guerra longa e árdua? Afinal, não ouvimos sempre que lutamos todos juntos pela liberdade, a verdade e a justiça? Então começa a surgir discórdia durante a batalha: o judeu é quem acabam considerando inferior aos outros. Ai, que tristeza, que tristeza que pela enésima vez se confirme a sabedoria antiga: um cristão é o único a responder pelos seus atos, enquanto os judeus têm de responder todos pelos atos de um único deles.

Para ser sincera, me é inconcebível que os holandeses, indivíduos deste povo honesto, íntegro e bom, façam esse julgamento de nós, talvez um dos povos mais reprimidos, infelizes e dignos de comiseração dentre todos os povos deste mundo.

Eu só espero por uma coisa: que esse ódio aos judeus seja em sua natureza de curta duração, que os holandeses acabem mostrando quem são, que não vacilem nem agora nem nunca nos seus valores de honra, porque o que está acontecendo é uma injustiça!

E, se esse horror acabar de fato se revelando verdadeiro, os poucos míseros judeus que continuarem na Holanda vão-se embora. Nós também, vamos juntar os nossos trapos e continuar a nossa jornada, para além das fronteiras deste lindo país que tão cordialmente nos ofereceu abrigo e que agora nos vira as costas.

Eu amo a Holanda; tinha esperanças de que faria as vezes de pátria para mim, uma apátrida, mas ainda o espero!

sua Anne M. Frank.

QUINTA, 25 DE MAIO DE 1944.

Querida Kitty,

A Bep noivou! O fato em si não causa nenhum espanto, apesar de que a nenhum de nós nos agrade sobremaneira. O Bertus pode até ser um jovem de fibra, simpático e esportivo, mas a Bep não o ama, o que, ao meu ver, basta para que ela não se case.

Todos os esforços da Bep são no sentido de, trabalhando, subir na vida, e o Bertus a puxa para baixo; ele é um operário, sem interesses e privado do estímulo de progredir, e eu não acredito que a Bep vá ser feliz vivendo dessa maneira.

É compreensível que ela queira pôr um fim nesse vai-não-vai. Há quatro semanas mesmo ela lhe deu um pé, mas se sentiu ainda mais infeliz, razão pela qual o aceitou de volta e decidiu noivar com ele.

Há vários fatores que culminaram nesse noivado. Em primeiro lugar, o pai doente, que gosta muito do Bertus; em segundo, por ser a primogênita das irmãs Voskuijl e a sua mãe fazer troça, dizendo que a filha vai ficar para titia; em terceiro lugar, porque está prestes a completar vinte e cinco anos, o que para a Bep é uma data muito importante.

A Mamãe diz que teria achado melhor que ela tivesse começado uma relação com ele. Não sei o que dizer, eu só sei que me compadeço da Bep e entendo que ela se sinta tão só.

Casar-se eles só podem depois da guerra, já que o Bertus é um clandestino, ou seja, um "homem negro"; para completar, nenhum dos dois tem um centavo e enxoval. Que perspectivas mais sombrias para a Bep, a quem todos queremos muito bem. Eu espero ou que o Bertus se transforme sob a influência dela ou que ela ainda encontre um homem cordial que a valorize!

sua Anne M. Frank.

NO MESMO DIA

Cada dia acontece alguma coisa; hoje de manhã apanharam o van Hoeven, que tinha dois judeus em casa. É para nós um golpe e tanto, não só porque os pobres judeus estão de novo à beira do precipício, mas também pelo horror que isso representa para o van Hoeven.

O mundo todo está de pernas para o ar. As pessoas mais íntegras são mandadas para campos de concentração, prisões e celas solitárias e a ralé impera sobre os novos e os velhos, os ricos e os pobres. Uns acabam indo parar ali por transações no mercado negro, outros por ajudarem aos judeus e outros clandestinos; ninguém que não esteja filiado à NSB sabe o que acontecerá amanhã.

Também para nós o van Hoeven é uma grave perda. A Bep não consegue carregar sozinha tais quantidades de batatas; o único remédio vai ser comer menos. Como vamos nos virar eu vou informando a você, mas agradável é que não vai ser. A mamãe quer que saltemos o café da manhã, que no almoço comamos pão e mingau e, de janta, batatas assadas e, eventualmente, uma ou duas vezes por semana, legumes ou salada. Mais que isso não vamos consumir.

Ou seja: vamos passar fome. Mas nada é pior que sermos descobertos.

sua Anne M. Frank.

SEXTA, 26 DE MAIO DE 1944.

Queridíssima Kitty,

Finalmente, finalmente achei um pouco de tranquilidade para me sentar à minha escrivaninha à frente da fresta da janela para contar a você tudo, tudinho mesmo.

Eu me sinto deprimida como há meses não me sentia; nem mesmo depois de terem entrado em casa eu não me sentia tão arrasada, por dentro e por fora. Por um lado, o van Hoeven, a questão judaica, debatida pormenorizadamente na casa inteira, a invasão que não acontece, a péssima comida, o nervosismo, o astral sombrio, a decepção em relação ao Peter; pelo outro, o noivado da Bep, a recepção de Pentecostes, as flores, o aniversário do Kugler, os bolos e as histórias sobre cabarés, filmes e concertos. Essa diferença, essa enorme diferença, está sempre presente: um dia nós rimos do lado burlesco de termos de nos esconder assim; no dia seguinte e em muitos outros, há o medo, escrito na nossa testa juntamente com a expectativa e o desespero.

A Miep e o Kugler são as pessoas sobre as que mais pesa a carga que somos nós e os outros clandestinos; a Miep no trabalho e o Kugler com a colossal responsabilidade por nós oito que às vezes o sobrepuja, fazendo com que quase não consiga mais falar por conta do nervosismo reprimido e a sobre-excitação. O Kleiman e a Bep também cuidam de nós muito, muito bem mesmo, mas chega uma hora em que não pensam mais no Anexo, seja por algumas horas, seja por um dia ou dois. Eles também têm as suas preocupações: o Kleiman com a sua saúde, a Bep com um noivado nada promissor; paralelamente às duas preocupações, também dão os seus passeios, fazem as suas visitas, enfim, têm a sua vida de pessoas comuns; para eles a tensão às vezes dá lugar à despreocupação, por mais breves que sejam esses momentos, enquanto para nós a tensão não cessa nunca, já faz dois anos. Por quanto tempo ainda ela não afrouxará as garras que nos seguram, cada dia mais apertadas, cada dia mais afiadas?

O encanamento está outra vez obstruído; não temos mais água corrente, apenas uma gota aqui, outra ali. Não podemos mais usar o sanitário, a não ser que levemos uma escova; conservamos a água suja num enorme vaso de Colônia. Hoje ainda conseguimos nos virar, mas o que vai acontecer se o encanador não conseguir dar conta do problema sozinho? O serviço de limpeza da prefeitura não vai passar antes da terça-feira. A Miep nos mandou um panetone de uvas-passas com a inscrição “Feliz Pentecostes”, mas era quase como se caçoasse, porque o nosso estado de espírito e o nosso medo não tinham nada de “feliz”.

Ficamos todos com mais medo depois do incidente com o van Hoeven, ouve-se em todo o Anexo “Psit, mais baixo!”, e tudo se faz na surdina. Se até a polícia conseguiu forçar a porta, realmente não estamos em segurança. Caso aconteça de nós também sermos... não, não posso terminar essa oração, mas essa pergunta hoje já não se descarta com facilidade; muito pelo contrário, todo o medo pelo qual passei e ainda passo assoma diante de mim em todo o seu horror.

Eu só precisei descer para ir ao banheiro às oito da noite; não havia ninguém lá embaixo, todos estavam no andar superior em volta do rádio. Quis ser corajosa, mas foi difícil. Eu me sinto sempre mais segura aqui em cima do que sozinha nesta casa enorme e silenciosa; se eu começo a refletir e não saio em disparada para junto dos outros quando ouço os misteriosos baques e tropeços lá em cima e as buzinas dos carros na rua, começo a tremer.

A Miep ficou bem mais simpática e cordial para conosco depois de conversar com o papai. Mas eu ainda não contei isso a você. A Miep chegou certa tarde com o rosto todo esfogueado para falar com o papai e lhe perguntou à queima-roupa se nós achávamos que eles também tinham se deixado contaminar pelo antissemitismo. O papai levou um senhor susto e tratou de lhe tirar por completo aquela ideia da cabeça, mas algo da suspeita da Miep ficou ainda no ar. Eles fazem mais compras para nós, se mostram interessados pelos nossos infortúnios, apesar de não nos molestarmos com eles de maneira alguma. E que pessoas boas e prestativas eles são!

Eu repetidamente me pergunto se não teria sido melhor para todos nós não termos nos escondido, estarmos agora mortos para não precisarmos passar por este inferno e, sobretudo, para pouparmos todos os outros. Mas recuamos, incomodados, diante desse pensamento. Gostamos ainda de viver, ainda ouvimos a voz da natureza, temos ainda esperança, esperança em relação a tudo.

Que aconteça logo alguma coisa, nem que sejam disparos, nada pode nos esmagar mais que esta intranquilidade; que chegue o fim, por mais difícil que seja; pelo menos saberemos finalmente se vamos ganhar ou esmorecer!

sua Anne M. Frank.

QUARTA, 31 DE MAIO DE 1944.

Querida Kitty,

No sábado, no domingo, na segunda e na terça fez tanto calor que eu não conseguia segurar a caneta-tinteiro, por isso foi impossível escrever a você. Na sexta o encanamento tinha quebrado, no sábado foi consertado. A senhora Kleiman veio nos visitar pela tarde e contou um monte de coisas sobre a Jopie, entre outras que está com a Jacque van Maarsen num clube de hóquei. No domingo apareceu a Bep para ver se não tinham entrado estranhos e tomou o café da manhã conosco. Na segunda (o segundo dia de Pentecostes), o senhor Gies fez as vezes de vigilante, até que na terça finalmente pudemos abrir de novo as janelas. Pode-se dizer com certeza que raramente houve um dia de Pentecostes tão bonito e quente, quente mesmo. O calor extremo aqui no Anexo é horroroso. Para dar a você uma ideia dos muitos incômodos, vou descrever resumidamente os dias de calor:

Sábado: "Que maravilha, que tempo bom!", dissemos todos pela manhã.

"Se pelo menos fizesse um pouco menos de calor!", dissemos pela tarde, quando tivemos de fechar as janelas.

Domingo: "Não dá para aguentar mais este calor; a manteiga derrete, não há um único lugar mais fresquinho em casa, o pão fica ressecado, o leite azeda, não se pode abrir uma janela. Nós, pobres excluídos, ficamos aqui sufocados, enquanto os demais aproveitam o feriado." (Segundo a madame)

Segunda: "Os meus pés estão doendo, eu não tenho roupas menos grossas, não dá para lavar louça com este calor!" Lamentações desde cedo da manhã até tarde da noite. Uma coisa horrorosa.

Eu ainda não posso com o calor e me alegro de que esteja ventando bastante, mas com o sol brilhando.

sua Anne M. Frank.

SEXTA, 2 DE JUNHO DE 1944.

Querida Kitty,

"Quem for até o sótão que leve guarda-chuvas grandes, de preferência modelos masculinos!" Isso para proteger-nos das chuvas que vêm lá de cima. Temos um ditado que diz: "No alto se está ao seco, abençoado e salvo", mas ele obviamente não se aplica a tempos de guerra (disparos!) e a clandestinos escondidos (banheiro de gato!). Com efeito, a Mouschi pegou o hábito de fazer as suas necessidades sobre alguns jornais ou entre os vãos na madeira do chão, de maneira que tem fundamento o medo de xixi pingando e, mais ainda, o maior receio de fedores que apestam. Que conste que também a nova Moortje do armazém sofre dos mesmos males; assim, quem quer já tenha tido um gato indecoroso consegue fazer uma ideia de quais outros odores pairam na nossa casa além dos de pimenta e tomilho.

De resto, tenho uma receita nova em folha de antidisparos que passar para frente: ao ouvir altos estrondos, que se corra para a escada de madeira mais próxima, desça e volte a subir por ela correndo, cuidando-se para que quando da repetição do movimento pelo menos uma vez se deixe cair levemente sobre ela. Com os arranhões provocados e o barulho que se faz ao correr e cair, tem-se pelo menos o suficiente que fazer tanto para não ouvir os disparos como para não pensar no assunto. A escritora do presente aplicou esta receita ideal, como não poderia deixar de ser, com muito sucesso!

sua Anne M. Frank.

SEGUNDA, 5 DE JUNHO DE 1944.

Querida Kitty,

Novas encrencas no Anexo. Desavença entre o Pf. e os Fr. sobre a distribuição da manteiga. Capitulação do Pf. A sra. v. P.e o citado anteriormente de repente unha e carne, flertes, beijocas e risinhos amistosos. Renasce no Pf. o desejo pelo sexo oposto.

Os v. P. não querem assar um bolo de especiarias para o aniversário do Kugler porque não o fazemos nem mesmo para nós próprios. Que mesquinharia!

Lá em cima, mau humor. A madame está resfriada. O Pf. foi apanhado em flagrante com comprimidos de levedura de cerveja, enquanto nós não temos nenhum.

Roma foi tomada pelo quinto regimento; a cidade não foi nem destruída nem bombardeada. Enorme propaganda para o Hitler.

Poucos legumes e batatas, uma embalagem de pão embolorado.

O Mirradinho (nome que demos ao novo gato do armazém) não pode com pimenta. Usa a caixa de areia como dormitório e lã de madeira para as embalagens como banheiro. Impossível mantê-lo.

Tempo feio. Bombardeios contínuos em Pas de Calais e a costa oeste da França.

Kleiman vai ser em breve novamente operado. Não se conseguem mais vender dólares, ouro ainda menos; já dá para se ver o fundo do caixa negro. Do que é que nós vamos viver no próximo mês?

sua Anne M. Frank.

TERÇA, 6 DE JUNHO DE 1944.

Queridíssima Kitty,

"This is D-day", disseram na rádio inglesa às doze horas e com razão: "This is the day", a invasão teve início!

Às 8 da manhã os ingleses comunicaram: pesado bombardeio em Calais, Bologna, Le Havre, Cherbourg e Pas de Calais (como não podia deixar de ser). De resto, uma medida de segurança para todas as regiões ocupadas: todas as pessoas que moram na zona de trinta e cinco quilômetros da costa devem estar preparadas para bombardeios. Tanto quanto possível, uma hora antes os ingleses vão distribuir do ar panfletos informativos.

De acordo com o noticiário alemão, tropas de paraquedistas ingleses aterrissaram na zona costeira da França. Lanchas de desembarque inglesas lutando com os fuzileiros navais alemães, de acordo com a BBC.

A conclusão dos moradores do Anexo às 9 horas, durante o café da manhã: trata-se de um desembarque experimental, tal como há 2 anos nas proximidades de Dieppe.

Emissão inglesa em alemão, holandês, francês e outros idiomas às dez: the invasion has begun! Ou seja, a invasão "genuína".

Emissão inglesa em alemão às 11: discurso do comandante-chefe, o General Dwight Eisenhower.

Emissão inglesa em inglês às 12: "This is the-day." O General Eisenhower se dirigiu ao povo francês: "Stiff fighting will come now, but after this the victory. The year 1944 is the year of complete victory, good luck!"

Emissão inglesa em inglês (traduzida) à 1: 11.000 aviões estão a postos e voam continuamente de lá para cá e de cá para lá para lançarem as tropas e bombardearem aquém das linhas de combate. 4000 embarcações de desembarque e outros barcos menores fazem a rota contínua Cherbourg e Le Havre e ali atracam. Tropas inglesas e americanas já estão numa batalha acirrada. Discursos de Gerbrandy, o primeiro-ministro da Bélgica, do rei Haakon da Noruega, De Gaulle para a França, o rei da Inglaterra e, claro, Churchill.

O Anexo está em alvoroço! Será que agora realmente se aproximava a tão acalentada libertação, a libertação de que se falou tanto, mas que em realidade era bela demais, feérica demais para realizar-se de verdade? Será que este ano, o de 1944, nos oferecerá a vitória? Continuamos ainda sem saber, mas esperança é vida: nos traz coragem, nos fortalece. Afinal, é com coragem que se enfrentam os muitos medos, as privações e o sofrimento. O importante agora é nos mantermos calmos e perseverantes e enfiar as unhas na carne em vez de gritar! Quem tem direito de gritar de miséria são a França, a Rússia, a Itália e também a Alemanha, mas nós ainda não!

Ah, Kitty, o mais bonito no que se refere à invasão é ter a impressão de que estão chegando amigos. Os terríveis alemães têm nos oprimido há tanto tempo com a faca na garganta que amigos e salvadores representam tudo para nós! Isso agora não se aplica mais aos judeus, se aplica à Holanda; à Holanda e a toda a Europa ocupada. Quem sabe, diz a Margot, se em setembro ou outubro já posso voltar a frequentar a escola?

sua Anne M. Frank.

P.S.: Eu vou mantendo você informada das novidades!

Anne.

Hoje de manhã e pela noite foram lançados do ar manequins e bonecas de palha logo atrás das linhas de posicionamento dos alemães; essas bonecas explodiram em contato com o chão. Também muitas tropas de paraquedistas aterrissaram, todos pintados de preto para não chamarem a atenção de noite. Hoje às seis da manhã chegaram as primeiras embarcações após a costa ter sido bombardeada durante a noite com cinco milhões de quilogramas de bomba. Vinte mil aviões estiveram hoje em ação. As baterias costeiras dos alemães já tinham se arruinado no momento em que aterrissaram. Já se formou um pegão de ponte, tudo vai bem, apesar do mau tempo. Tanto o exército com os civis se sentem "*one will and one hope*".

Anne.

SEXTA, 9 DE JUNHO DE 1944.

Querida Kitty,

A invasão está correndo às mil maravilhas. As tropas aliadas tomaram Bayeux, um vilarejo na costa francesa, e agora estão lutando para tomar Caen. Está claro que o plano é isolar a península na qual fica Cherbourg. Todas as noites os correspondentes de guerra falam sobre as dificuldades, a coragem e o arrebatamento do exército. Algumas provas disso são inacreditáveis. O depoimento dos feridos que voltaram para a Inglaterra e agora tomam o microfone em mãos o corroboram. Apesar do tempo horroroso, voa-se diligentemente. Chegou-nos aos ouvidos pela BBC que o Churchill queria começar a invasão em conjunto com as tropas. Somente pela dissuasão de Eisenhower e outros generais foi que a ideia andou para trás. Você já parou para pensar na coragem de um homem tão idoso? Ele deve ter pelo menos uns 70 anos!

Todo o bafafá daqui já deu uma moderada; mas continuamos esperando que a guerra tenha finalmente acabado até o final do ano; já está mais que na hora! O queixume da madame é insuportável; agora que ela não tem mais como nos encher a paciência com a invasão, reclama o dia inteiro sobre o mau tempo. Dá vontade de enfiá-la dentro de um balde com água fria no sótão!

Todos no Anexo, exceto o senhor v. P. e o Peter, já leram a trilogia "Rapsódia Húngara". O livro conta a história de vida do compositor, pianista artístico e criança prodígio, Franz Liszt. O livro é muito interessante, mas, ao meu ver, fala um pouco demais sobre mulheres; Liszt era não só o maior e mais conhecido pianista da sua geração, mas também o mais mulherengo, até mesmo no seu septuagésimo ano de vida. Foi amante da condessa Marie d'Agoult, da rainha Caroline Sayn-Wittgenstein, da bailarina Lola Montez, da pianista Agnes Kingworth, da pianista Sophie Menter, da rainha de Tjerkessen Olga Janina, da baronesa Olga Meyendorff, da atriz teatral Lilla sei-lá-eu-das-quantas e daí por diante, a coisa não tinha mais fim. As partes do livro que tratam de música e de outras artes são bem mais interessantes. Aparecem também no livro Schumann e Clara Wieck, Hector Berlioz, Johannes Brahms, Beethoven, Joachim, Richard Wagner, Hans von Bülow, Anton Rubinstein, Frederic Chopin, Victor Hugo, Honoré de Balzac, Hiller, Hummel, Czerny, Rossini, Cherubini, Paganini, Mendelssohn entre outros.

O Liszt era em si um homem querido, muito generoso, modesto em relação a si mesmo, ainda que extremamente vaidoso, ajudava a todos, não conhecia nada mais elevado que a arte, adorava o conhaque e as mulheres, não conseguia ver lágrimas, era um *gentleman*, jamais dizia "não" quando lhe pediam um favor, não ligava para dinheiro, era adepto da liberdade religiosa e gostava do mundo.

sua Anne M. Frank.

Num artigo do Prof. Dr. Sleeswijk no Telegraaf, sobre bactérias passadas pelo beijo.

Perigo beijoqueiro.
Li do professor Sleeswijk:
Não seja generoso com o seu beijo
Por causa de riscos de contágio
Da dor de garganta germinípara
Não beije bebês se lhes tem apreço,
Tampouco dê beijos nos "demais";
Faça como se eles estivessem em cupons,
Beije com muito racionamento.
Porque formações micróbios da garganta
Estão presentes em todos os momentos:
Alguns milhões dela para ele.
Alguns milhões dele para ela.

— —

Você sabe o que é, professor?
Você, como Perito, está certo;
Mas para leigos isso não passa

De teoria e prática.
Às vezes, as pessoas estão com um humor
De verdadeiro fatalista:
É preferível uma bronquite,
Que um beijo definitivamente perdido.
Se pararmos de beijar
Por causa da moral médica,
Não será essa medida higiênica?
Muito pior que a doença?
Se alguma vez fizéssemos uma votação
Entre velhos, jovens, grandes e pequenos:
Quem quer ser beijado
E quem quer permanecer beijado?
Eu acho que a maioria dos votos
Então seria a seguinte:
Quem não arrisca não petisca .....

Clinge Doorenbos.

(Reprodução proibida!)

TERÇA, 13 DE JUNHO DE 1944.

Querida Kit,

Outro aniversário ficou para trás, ou seja, agora estou com 15 anos. Ganhei bastantes coisas:

os 5 volumes da História da Arte de Springer, um conjunto de roupa íntima, dois cintos, um lenço de bolso, dois iogurtes, um pote de geleia, 2 biscoitos de mel (pequeno formato), um livro sobre botânica do papai e da mamãe, um bracelete doublé da Margot, um livro da série Patria dos v. P., maltado biológico e flores do Pf., balas da Miep, balas e cadernos da Bep e a coroação: o livro Maria Theresa e 3 fatias de queijo integral do Kugler. Do Peter, um fino buquê de peônias: o coitado fez tanto esforço para achar alguma coisa, mas não teve sucesso.

Quanto à invasão, continua indo tudo à perfeição, apesar do tempo horroroso, as incontáveis tempestades, as pancadas de chuva e a maré alta. O Churchill, o Smuts, o Eisenhower e o Arnold estiveram ontem nos vilarejos franceses conquistados e libertados pelos ingleses. O Churchill estava a bordo de um barco torpedeiro que disparou na costa; o sujeito parece, como muitos outros, não saber o que é o medo. Admirável!

O estado de espírito do país nós não conseguimos sondar do nosso Forte Anexo. Não há dúvida de que as pessoas estão felizes de que a Inglaterra inerte (!) finalmente arregaçou as mangas. As pessoas não se dão conta da maneira injusta como raciocinam, dizendo toda vez que não querem que haja aqui uma ocupação inglesa. Feitas todas as contas, esse trem de pensamento se reduz ao seguinte: a Inglaterra deve lutar, batalhar e sacrificar os seus filhos para a Holanda e outras regiões ocupadas. Entretanto, os ingleses não podem ficar na Holanda, devem apresentar as suas mais humildes desculpas a todos os países ocupados, mas têm que devolver a Índia ao seu antigo proprietário a fim de poderem voltar debilitados e pobres à Inglaterra.

Pobres tolos aqueles que pensam assim, e, no entanto, como já referido, muitos holandeses pertencem a esse grupo de tolos. E eu agora pergunto: o que seria da Holanda e dos países contíguos se a Inglaterra tivesse, numa das muitas possíveis ocasiões, assinado com a Alemanha um tratado de paz? A Holanda teria se tornado alemã e ponto final!

Todos os holandeses que ainda hoje olham os ingleses de cima para baixo, blasfemam a Inglaterra e o antigo governo de cavalheiros, chamam os ingleses de covardes, mas ainda assim odeiam os alemães; têm é de levar uma boa sacudida, como se sacode uma almofada, quem sabe assim criam juízo!

São muitos os desejos, os pensamentos, as acusações e as recriminações que não consigo tirar da cabeça. Eu realmente não tenho muita imaginação, ao contrário do que muitos acham. Estou ciente dos meus inúmeros erros e defeitos mais que ninguém, com a única diferença de que sei que quero e vou melhorar, e que já melhorei!

Como é possível, então, me pergunto, que todos ainda me achem tão exageradamente sabichona e imodesta? Sou mesmo tão sabichona? Sou realmente eu, ou será que o são os outros? Parece absurdo, eu percebo, mas eu não vou riscar esta minha última oração, porque ela realmente não é tão absurda. A sra. v. Pels e o Pf. são os meus principais acusadores, mas é fato notório que ambos são muito pouco inteligentes, se não, e o digo tranquilamente, "burros"! Pessoas burras não conseguem aceitar que os outros façam as coisas melhor que eles próprios. Os melhores exemplos disso são, de fato, a madame e o Pf. A madame me acha burra por eu não sofrer tão gravemente do mesmo mal que ela; acha-me imodesta porque ela é ainda pior. Acha os meus vestidos curtos demais porque os dela são ainda mais curtos; me acha sabichona ao passo que ela mesma fala o dobro de mim sobre assuntos dos quais não tem o menor entendimento. O mesmo vale para o Pf. Mas um dos meus provérbios preferidos é: "cada recriminação tem um fundo de verdade", e eu me apresso em reconhecer: sou mesmo uma sabichona.

Agora o mais chato dessa minha característica é que ninguém me passa mais sabão e me xinga tanto quanto eu própria; se acrescentamos a porção de corrigendas da mamãe, a pilha de sermões aumenta tão exponencialmente que eu, desesperada, me torno impertinente e começo a contradizer a todos, e é quando surge em mim o velho conhecido adágio, típico da Anne: "Ninguém me entende mesmo!"

Essa palavra está presa dentro de mim e, por menos verdadeiro que pareça ser, uma pontinha de verdade ele tem. As minhas autorrecriminações frequentemente tomam uma dimensão tal que me fazem ansiar por uma voz consoladora que reverta tudo às suas proporções normais e fale ao meu mundo interior, mas, infelizmente, posso procurar o quanto quiser, essa pessoa não apareceu ainda.

Eu sei que você está pensando agora no Peter, não é mesmo, Kit? É verdade, o Peter gosta de mim, não como namorado, mas como amigo; a sua afeição cresce cada dia mais, mas essa coisa secreta que nos refreia a ambos é algo que nem eu entendo.

Às vezes eu penso que aquele meu desejo profundo em relação a ele era exagerado, mas realmente não era, porque basta eu não subir por dois dias para que anseie por ele tão intensamente como antes. O Peter é bom e querido, mas eu não posso negar, muito nele me decepciona. Principalmente a sua repulsão à religião, as suas conversas sobre comida, entre outras coisas das mais variadas, me desagradam. Ainda assim, estou inteiramente convencida de que, de acordo com o nosso trato sincero, nunca brigaremos. O Peter é uma pessoa pacífica, tolerante e muito condescendente. Ele aceita de mim mais comentários do que o faz com a mãe. Tenta com muita tenacidade tirar as manchas de tinta dos seus livros e deixar as suas coisas arrumadas. No entanto, por que guarda para si o seu mundo interior e não me deixa nem o tocar? Ele é por natureza ainda mais fechado que eu, é verdade, mas eu realmente o sei pela prática que mesmo as pessoas fechadas por natureza no seu devido tempo anseiam tão intensamente ou ainda mais que os outros por algum confidente.

O Peter e eu passamos ambos os nossos anos de reflexão aqui no Anexo, falamos frequentemente sobre futuro, passado e presente, mas, como dito: ainda me falta algo de genuíno; entretanto, tenho certeza de que esse algo existe!

Será que é por eu não ter posto o nariz para fora há tanto tempo que criei uma paixão por tudo o que é natureza? Ainda me lembro muito bem de que um céu azul luminoso, pássaros chilreando, o luar e as flores desabrochando antigamente não chamavam muito a minha atenção. Aqui isso mudou; no feriado de Pentecostes, por exemplo, quando fazia tanto calor, eu mantinha os olhos abertos à força a fim de dar de uma vez por todas e a sós uma boa examinada na lua diante da janela aberta, às onze e meia da noite. Infelizmente, porém, esse sacrifício não deu em nada, já que a lua espalhava luz demais e eu não podia arriscar ser vista à janela aberta. Uma outra vez, também já há muitos meses, estava por acaso lá em cima num momento em que a janela estava aberta, de noite. Não voltei a descer até que se esgotasse o tempo necessário para arejar o sótão. A noite escura e chuvosa, a tempestade e as nuvens que se deslocavam velozmente me detiveram ali, fascinada; após um ano e meio, era a primeira vez que eu via a noite cara a cara. Depois disso, o desejo de voltar a ver aquilo de novo era superior ao meu medo de ladrões, de covas escuras de ratos ou assalto. Muita gente acha a natureza bonita, muitos dorme vez ou outra ao ar livre, muitos anseiam por ver o dia fora de prisões ou hospitais a fim de, livres, desfrutarem da natureza, mas poucos são os que se encontram, nos seus anseios, tão afastados e isolados daquilo que é igual tanto para ricos como para pobres.

Não é a minha imaginação quando digo que ver o céu, as nuvens, a lua e as estrelas me acalma e me deixa na expectativa. Este remédio é bem melhor que valeriana e bromo. A natureza me torna pequena e preparada para sofrer todos os golpes com coragem!

Teve de ser assim, que eu só possa ver a natureza de vez em quando, excepcionalmente, através de janelas com uma camada de poeira e cortinas encardidas, o que não me proporciona mais nenhum prazer. A natureza é das poucas coisas para as quais não existe sucedâneo!

Uma das muitas questões que não me deixam em paz é o porquê de, tanto no passado como ainda agora, as mulheres ocuparem nas diversas sociedades um lugar tão inferior ao dos homens. Ainda que todos digam que isso é injusto, eu não me conformo; gostaria de saber a origem dessa grande injustiça!

É de se supor que o homem, devido a sua força física maior, desde o início venha exercendo o seu domínio sobre as mulheres; o homem que ganha o pão, o homem que concebe crianças, o homem que tudo pode... Foi burro demais da parte de todas essas mulheres que até há certo tempo tenham se deixado levar em silêncio, já que, quantos mais séculos essa regra perdura, tão mais profundamente ela se enraíza. Felizmente, por conta da escola, do trabalho e do desenvolvimento, as mulheres abriram um pouco os olhos. Em muitos países as mulheres conseguiram obter igualdade de direitos. Muitas pessoas, principalmente as mulheres, mas os homens também, hoje veem o quão equivocada é essa distribuição do mundo que por tanto tempo perdurou; a mulher moderna reivindica o direito de tornar-se plenamente independente!

Mas só isso não basta: falta ainda a valorização da mulher: que ela chegue por fim! Em geral, tem-se um alto conceito do homem em todas as partes do mundo; por que é que a mulher não pode participar dessa primazia? Soldados e heróis de guerra são honrados e festejados, descobridores adquirem uma fama imortal, mártires são adorados, mas que porcentagem de toda a humanidade também considera a mulher um soldado?

No livro "Lutadores pela vida" encontrei algo que me tocou muito: trocando em miúdos, diz-se que as mulheres em geral só por conta de terem filhos já sofrem mais que qualquer herói de guerra: mais dores, mais doenças e miséria. E como são retribuídas por tanto sofrimento? São empurradas para um canto como se fossem mutiladas de nascença, os seus filhos logo deixam de ser delas, a sua beleza desaparece. As mulheres são soldadas bem mais valentes, bem mais corajosos — lutam e passam por dores para que perdure a humanidade — que muitos dos heróis da liberdade contando tantas bravatas!

Eu não quero absolutamente dizer com isso que as mulheres devam se negar a ter filhos, muito pelo contrário: assim estabeleceu a natureza, assim é que deve ser. Eu só condeno aos homens e a toda a ordem mundial que nunca quiseram tomar consciência da grande, árdua, mas ao mesmo tempo bonita participação da mulher na sociedade.

Paul de Kruif, o autor do livro acima mencionado, conta com a minha mais que total aprovação quando diz que os homens devem aprender que um parto deixou de ser algo natural e comum nas partes do mundo ditas civilizadas. É fácil para os homens falarem, eles nunca passaram nem passarão pelos apertos de uma mulher!

Acredito que a visão de que é obrigação da mulher gestar e dar à luz as crianças vai acabar mudando no decurso do próximo século, dando lugar à valorização e à admiração em relação às mulheres, que levam esse fardo sobre as costas sem se queixarem ou alardearem!

sua Anne M. Frank.

SEXTA, 16 DE JUNHO DE 1944.

Querida Kitty,

Novos problemas: a madame está desesperada, fala sobre dar um tiro na cabeça, prisão, enforcamento e suicídio. Está com ciúmes de que o Peter deposite a sua confiança em mim e não nela; está ofendida porque o Pf. não responde suficientemente às suas tentativas de flerte; tem medo de que o marido gaste em cigarros todo o dinheiro do casaco de pele que ela vendeu; briga, xinga, reclama, ri e recomeça a brigar.

O que fazer com um tal exemplar louco e choraminguento? Ninguém a leva a sério, caráter ela não tem, se queixa com qualquer um e anda de um lado para o outro como se fosse jovenzinha: "*von hinten Lyceum, von vorne Museum*". O pior é ainda que o Peter fica malcriado, o sr. v. P., irritável, e a mamãe, cínica. Pois é, veja só que situação! Só há uma atitude a se tomar: rir de tudo e não se deixar incomodar pelos demais! Parece egoísta, mas é realmente o único remédio contra os que sofrem de autocomiseração.

O Kugler tem de ir a Alkmaar fazer trabalho forçado (picareta), mas está tentando se isentar com um atestado médico e uma carta da Opekta. O Kleiman quer se submeter em breve a uma operação estomacal. Ontem, às onze da noite, foram cortadas as linhas telefônicas de todos os particulares.

sua Anne M. Frank.

SEXTA, 23 DE JUNHO DE 1944.

Querida Kitty,

Nada de especial por aqui. Os ingleses deram início à grande ofensiva em Cherbourg; segundo o Pim e o v. P., no dia 10 de outubro vamos estar com certeza livres. Os russos participam da empreitada, ontem começaram a ofensiva em Witebsk, o dia em que fez exatamente três anos desde a invasão dos alemães.

O humor da Bep continua abaixo de zero. Praticamente não temos mais batatas. Daqui para frente queremos distribuir as batatas entre os oito de nós, assim, cada um decide ele por si só o que fazer com elas. A Miep vai tirar a partir da segunda uma semana de férias adiantada. Os médicos do Kleiman não achararam nada no raio-X. Ele está hesitante, sem saber se opera ou deixa tudo seguir o seu curso normal.

sua Anne M. Frank.

TERÇA, 27 DE JUNHO DE 1944.

Queridíssima Kitty,

O estado de espírito geral deu uma boa guinada, tudo vai muitíssimo bem. Cherbourg, Witebsk e Slobin hoje capitularam. Com certeza muitos prisioneiros e muito espólio de guerra. 5 generais alemães perderam a vida, e 2 foram presos. Agora os ingleses já podem trazer à terra firme tudo o que quiserem, porque têm um porto: toda a região de Cotentin após 3 semanas da invasão nas mãos dos ingleses! Excelente feito de armas! Nas três semanas que se seguiram ao dia-D, não houve um único dia sem chuva e tempestade, tanto aqui como no França, mas essa falta de sorte não impede os ingleses e americanos de mostrarem a sua enorme força, e de que maneira! É certo que as Wuwa estão em plena ação, mas o que significa essa ninharia além de alguns estragos na Inglaterra e de recheio para os jornais dos *Moffen*? Aliás, se descobrirem na Moffáfrica que o perigo bolchevique realmente está às portas, vão ficar com mais pavor ainda.

Todas as mulheres e crianças alemãs que não trabalhem para a Wehrmacht estão sendo evacuadas para Groningen, Friesland e Gelderland. O Mussert declarou que, se a invasão chegar até aqui, vai vestir uniforme de soldado. Será que o gordão quer ir lutar? Poderia já ter feito isso antes, na Rússia. A Finlândia na época não aceitou o tratado de paz; agora também as negociações nesse sentido foram interrompidas. Como eles ainda vão se arrepender, os bobões!

Em que pé você acha que nós vamos estar no dia 27 de julho?

sua Anne M. Frank.

SEXTA, 30 DE JUNHO DE 1944.

Querida Kitty,

Mau tempo ou bad weather from one at a stretch to the 30 June. Não ficou lindo? Ah, sim, eu já me viro bem em inglês; como prova disso, estou lendo "An ideal husband" com o dicionário! A guerra progride às mil maravilhas: Bobroisk, Mogilef e Orsha capitularam, muitos são os prisioneiros de guerra.

Por aqui tudo all right. Os humores vão melhorando, os nossos hiperotimistas estão triunfantes, os v. P. fazem o açúcar desaparecer como se por um passe de mágica, a Bep mudou o penteado e a Miep tirou uma semana de folga. São essas as últimas notícias!

Estou tendo que fazer um tratamento de canal horroroso e, o pior, num dos dentes da frente; já me fez ver estrelas, a dor era tamanha que o Pf. achou que eu fosse desmaiar. Faltou muito pouco para isso acontecer mesmo. De repente, a madame começou a se queixar de dor no dente também!

sua Anne M. Frank.

P.S.: Ficamos sabendo que o Bernd, na Basileia, fez o papel do estalajadeiro na peça Minna von Barnhelm. Inclinações artísticas, diz a mamãe.

QUINTA, 6 DE JULHO DE 1944.

Querida Kitty,

O meu coração vai ficando pequeninho quando ouço o Peter dizer que talvez se torne no futuro um criminoso ou especulador; apesar de ser, claro, brincadeira, tenho a impressão de que ele próprio tem medo da sua fraqueza de caráter. Toda hora ouço tanto da Margot como do Peter: "É, se eu tivesse a sua força e a sua coragem, se conseguisse impor a minha vontade tão ao pé da letra, se tivesse a energia e a perseverança que você tem, eu então...!"

Será realmente uma característica tão boa que eu não me deixe influenciar? Será mesmo correto que eu quase exclusivamente siga o caminho da minha própria consciência?

Para ser sincera, não consigo entender como alguém diz: "Eu sou fraco", e o continua sendo. Se alguém sabe algo assim, por que não se esforça para trabalhar no sentido contrário, por que não treina o seu caráter? A resposta que ouvi foi: "Porque é tão mais cômodo!" Essa resposta me deixa um pouco desanimada. Cômodo? Será que uma vida preguiçosa e enganosa é forçosamente também cômoda? Ah, não! Não pode ser verdade, não pode ser que comodidade e... dinheiro seduzam alguém tão facilmente. Refleti muito sobre que resposta dar, sobre como fazer o Peter acreditar em si mesmo e, sobretudo, corrigir-se. Agora, se o meu palpite vai ser o correto eu não sei.

Já tentei inúmeras vezes imaginar que bom seria se alguém depositasse em mim a sua confiança, mas agora, chegada a hora agá, é que eu me dou conta do difícil que é entrar nos pensamentos de um outro e, através deles, achar a resposta. Principalmente porque "comodidade" e "dinheiro" me são conceitos completamente novos e estranhos. O Peter começa devagarinho a se apoiar em mim, o que não pode acontecer sob nenhuma circunstância. É difícil andar-se na vida pelas próprias pernas, mas ainda mais difícil fazê-lo sem nada mais que caráter e alma e não perder o equilíbrio.

Tenho estado de bobeira aqui e acolá, procurando dias a fio, procurando um antídoto suficientemente eficaz para essa palavra horrorosa que é "comodidade". Como é que eu faço para deixar claro para ele que o que parece fácil e bonito pode levá-lo para o abismo, um abismo em que não existem mais amigos, apoio, nem nada de bonito: o abismo do qual não se consegue mais sair?

Todos nós vivemos, mas sem saber por quê nem para quê. Todos vivemos com o objetivo de sermos felizes; vivemos todos de maneira diferente e, ainda assim, igual. Nós três fomos educados num bom meio social, podemos aprender, temos a possibilidade de atingir algo, temos muitas razões para esperar que a sorte vai rir para nós, mas... temos que fazer por merecer. E isso é algo que não se atinge facilmente. Ter sorte significa trabalhar por ela, fazer o bem e não especular nem ser preguiçoso. A preguiça pode parecer atraente, trabalhar proporciona satisfação.

O fato de que certas pessoas não gostem de trabalhar é para mim algo inconcebível, mas este também não é o caso do Peter; acontece só que ele não tem um objetivo fixo diante de si, se acha burro demais e inferior para realizar o que quer que seja. Pobre rapaz, nunca conheceu o sentimento de fazer os outros felizes, e isso é algo que eu não posso lhe ensinar. Não tem religião, ironiza Jesus Cristo, pragueja usando o nome de Deus; apesar de eu também não ser tão ortodoxa, me dói cada vez que eu percebo quão isolado, quão desdenhoso, quão sofrido ele é. Quem tem um credo pode dar-se por feliz, porque não é dado a qualquer um acreditar em coisas sobrenaturais. Não é nem necessário ter medo de punições após a morte; o purgatório, o inferno e o céu são elementos que muitos não conseguem aceitar; ainda assim, uma religião ou outra, não vem ao caso qual, mantém uma pessoa na trilha do bem. Não tem a ver com o medo de Deus, mas sim com ter a consciência e a própria honra como conceitos elevados. O quão bonitas e boas seriam todas as pessoas se, antes de dormir, revissem mentalmente todos os acontecimentos do dia para determinar com precisão se agiram bem ou agiram mal. Involuntariamente, você tenta então recomeçar do início, aprimorando a si mesmo; com o passar do tempo, então, você provavelmente obterá ótimos resultados. Essa técnica qualquer um pode aplicar; não custa nada e é certamente útil. Porque quem não a conhece tem que aprendê-la e passar pela experiência: "Uma consciência tranquila nos torna fortes!"

sua Anne M. Frank.

SÁBADO, 8 DE JULHO DE 1944.

Querida Kitty,

A sra. Broks esteve em Beverwijk e, do nada, conseguiu arranjar morangos no leilão. Quando chegaram aqui estavam empoeirados, cheios de areia, mas em grande quantidade. Não menos que vinte e quatro caixas para os do escritório e para nós. Logo na mesma noite preparamos os primeiros seis copos de conserva e pusemos a geleia em oito potes. Na manhã seguinte a Miep decidiu preparar geleia para o escritório.

Às 12 e meia, a porta para a rua é trancada; as caixas, trazidas. Ouvem-se na escada os passos abafados do Peter, do papai e do senhor v. P., enquanto a Anne deixa correr água quente do aquecedor, a Margot vai buscar um balde, todos trabalhando em conjunto! Com uma sensação estranhíssima no estômago, entro na cozinha superlotada. A Miep, a Bep, o Kleiman, o Jan, o papai, o Peter, os nossos cúmplices e uma coluna de reabastecimento: todos amontoados, e isso em pleno dia! As cortinas e as janelas abertas, falatório em tom de voz alto, portas batendo, me deu uma crise de pânico, com os nervos à flor da pele como estava. Mas será que continuamos escondidos?, me passou pela cabeça. Deve ser um sentimento assim o que se tem quando já se pode revelar-se ao mundo. A panela estava cheia, hora de voltar a subir. Na nossa cozinha, o resto da família está de pé junto à mesa, retirando as folhas e os caules, ou pelo menos é o que deveriam estar fazendo. No entanto, iam parar mais morangos nas bocas que no balde. Logo foi necessário outro balde. O Peter voltou para a cozinha lá embaixo, a campainha tocou, o balde foi deixado onde estava, o Peter subiu em disparada, as portas do armário se fecharam. Estávamos tendo chiliques de impaciência, a torneira deveria ficar fechada, e os morangos lavados pela metade tiveram de esperar pela continuação do banho: mantivemos uma das regras do esconderijo: Alguém em casa, se fecham todas as torneiras por causa do barulho que o escoamento da água faz.

À 1 vem o Jan, era o carteiro, o Peter desce outra vez correndo as escadas. Din-don, a campainha, ele dá outra vez meia volta. Eu fico à escuta para ouvir a possível chegada de alguém, primeiro à porta da biblioteca e depois no patamar superior da escada. No final tanto o Peter como eu ficamos pendurados como dois ladrões sobre o balaústre, atentos aos ruídos que vêm lá de baixo. Nenhuma voz desconhecida. O Peter desce de mansinho pela escada, estaca a meio caminho e grita: Bep! Nada de resposta, e de novo: Bep! O barulho na cozinha é mais alto do que a voz do Peter. Desce então o resto da escada e entra na cozinha. Eu, inquieta, fico olhando para baixo: "Dê um jeito de subir bem rápido, Peter, o v. Erp está aqui, você tem que desaparecer de vista!" É a voz do Kleiman. Suspirando, o Peter sobe, fecha-se a porta giratória. À 1 e meia chega, finalmente, o Kugler: "Ai, Deus do céu, eu não vejo mais nada além de morangos. Como morango de café da manhã, o Jan come morango, o Kugler os come como quem chupa bala, a Miep cozinha morango, a Bep limpa morango, eu sinto o cheiro de morango e, quando quero me ver livre dessa coisa vermelha e subo, vejo que vocês estão lavando... morango O resto dos morangos é posto em conserva. Pela noite se abrem dois frascos. O papai logo os transforma em geleia. Na manhã seguinte: dois frascos de conserva; pela tarde, 4. o v. P. não os tinha esterilizado a uma temperatura alta o suficiente. Agora o papai prepara geleia todas as noites.

Comemos mingau com morangos, coalhada com morangos, pão com morangos, morangos como sobremesa, morangos com açúcar, morangos com areia. Por dois dias dançavam em todos os lugares os morangos, morangos e mais morangos, depois ou acabou o estoque, ou foi parar em potes bem guardados em algum lugar por detrás de trancas ou fechaduras.

"Anne, ouça só", diz a Margot, "ganhamos ervilhas da senhora van Hoeven. 9 quilos." "Muito simpático da parte dela", respondo. De fato, muito simpático, mas o trabalho... ufa! "No sábado de manhã todo mundo vai ter que ajudar a descascar", anuncia a mamãe à mesa. Com efeito, hoje de manhã, após o café da manhã, apareceu de repente a maior panela esmaltada sobre a mesa, cheia de ervilhas até em cima. Descascar ervilhas é um trabalho muito chato, mas tirar todas as peles é pior ainda. Acho que a maior parte das pessoas não sabe o quão macio e gostoso é o bago da ervilha, e quantas vitaminas contém quando se retira dele a pele interior. Essas três características citadas, porém, nem são tão relevantes diante do fato de que a porção que pode ser consumida é três vezes maior do que quando se comem só as ervilhas.

Tirar as peles é um trabalho excepcionalmente minucioso e melindroso, possivelmente adequado para dentistas pedantes ou comerciantes de especiarias exatíssimos; para uma adolescente impaciente é uma tortura. Começamos às 9 e meia, às 10 e meia eu vou me sentar, às 11 eu me levanto de novo, às 11 e meia eu me sento. Os meus ouvidos se põem a zunir: corto a pontinha, puxo a pele, retiro o fio, recolho o bago; corto a pontinha, puxo a pele, retiro o fio, recolho o bago, e assim por diante. Tudo gira diante dos meus olhos: verde, verde, vermezinho, fio, bago apodrecido, verde, verde, verde. Sem energia, mas para fazer alguma coisa, fico papeando a manhã inteira, uma besteira atrás da outra, faço os demais rirem e me sinto desfazer de obtusidade. A cada pele que eu puxo me convenço mais que nunca jamais, jamais serei só dona de casa!

Às 12 finalmente vamos tomar o café da manhã, mas do meio-dia e meia à uma e quinze continuamos a descascar. Quando termino, estou como mareada, e os outros um pouco também. Vou dormir até as 4 e, quando acordo, estou ainda desorientada pelas malditas ervilhas.

sua Anne M. Frank.

SÁBADO, 15 DE JULHO DE 1944.

Querida Kitty,

Escolhemos da biblioteca um livro com o desafiante título "Como encontrar a moderna jovem mulher?" Gostaria de falar hoje sobre esse assunto.

A escritora critica "a juventude de hoje em dia" dos pés à cabeça, sem, porém, descartar completamente tudo o que é jovem como sendo inútil para o que quer que seja. Pelo contrário, é da opinião de que, se a juventude quisesse, poderia construir um mundo grande, melhor e mais bonito; de que a juventude dispõe dos meios para tal, mas se mantém ocupada com atividades superficiais sem conceder um único olhar ao essencialmente belo.

Em algumas passagens eu tive a profunda impressão de que a autora se referia a mim com as suas recriminações, e, por isso, queria de uma vez por todas me abrir completamente a você e me defender desse ataque.

Eu tenho um traço de caráter bastante pronunciado que deve chamar a atenção de todos os que me conhecem há mais tempo: o meu autoconhecimento. Consigo ver a mim mesma de fora executando tarefas como se fosse uma estranha. Sem quaisquer ideias pré-concebidas ou com um pacote de justificativas, me vejo diante da Anne do dia a dia e vou constatando o que ela faz de correto ou incorreto. Esta autoanálise não arreda pé, e, a cada palavra que pronuncio, logo me dou conta: “deveria ter dito de outra maneira” ou “disse a coisa certa”. Condeno-me a mim mesma por tantas coisas e me dou conta de quão corretas são as palavras do papai: “Cada criança deve educar a si mesma.” Os pais só podem dar conselhos e dicas úteis aos filhos; que forma final o caráter de uma pessoa vai assumir está em suas próprias mãos. Juntando-se a isso há o fato de eu ter um impulso vital excepcionalmente forte; me sinto sempre tão cheia de energia e resistente, tão livre e tão nova! Quando me dei conta disso pela primeira vez fiquei contente, porque não acredito que jamais abaixarei a cabeça para receber os golpes que cada um mais dia menos dia acaba recebendo.

Mas eu já falei demais disso tudo no passado; agora eu queria passar ao tema “Papai e mamãe não me entendem.” Os meus pais sempre me mimaram muito, foram carinhosos comigo, me defenderam dos daqui de cima e fizeram tudo o que os pais podem fazer por um filho. Ainda assim, me senti terrivelmente solitária, excluída, negligenciada, não compreendida. O papai tentou de tudo a fim de temperar a minha rebeldia, mas em vão. Eu própria me curei ao pôr um espelho diante de mim no qual se refletisse tudo o que havia de errado na minha maneira de agir. Como é possível que o papai nunca tenha me respaldado na minha luta, que sempre tenha falhado na hora de me estender as mãos? O papai selecionou os meios incorretos na tentativa de me ajudar, falando comigo como se falasse com uma criança passando por momentos difíceis. Parece absurdo, porque ninguém além do papai sempre depositou tanta confiança em mim, ninguém além do papai fez com que eu me sentisse uma pessoa sensata. Mas uma coisa ele negligenciou: não entendeu que a minha luta para não afundar e crescer era mais importante para mim que todo o resto. Não queria saber de “fenômenos da idade”, “outras meninas”, “isso passa sozinho”; não queria ser tratada na condição de “uma menina-como-qualquer-outra”, mas sim de Anne-ela-própria, e o Pim não entendeu. Aliás, não posso depositar a minha confiança em alguém que não me conte também muito sobre si mesmo e, como não sei nada do Pim, não vou trilhar o caminho que leva à intimidade entre nós. O Pim sempre se posiciona como o pai mais velho que também já experienciou vez ou outra tais passageiras inclinações, mas que não pode ser solidário comigo na condição de amigo diante da juventude, por mais que se esforce. Por essas e outras cheguei à conclusão de que não quero compartilhar a minha filosofia de vida com ninguém além do meu diário e, vez ou outra, com a Margot. Do papai eu oculto tudo o que mexe comigo; tampouco compartilhei com ele os meus ideais e, se me distanciei dele, foi em sã consciência.

Eu não podia fazer de outro modo, agi inteiramente de acordo com o que me ditava o coração, de maneira egoísta, mas necessária para a minha tranquilidade, porque voltaria a perder inteiramente a tranquilidade e a autoconfiança que construí de maneira tão instável se tivesse que enfrentar agora críticas em relação ao meu trabalho semiacabado. E isto eu não faço nem pelo Pim, por mais insensível que possa parecer, porque não só não pus o Pim a par da minha vida íntima, mas também frequentemente o afasto para ainda mais longe de mim com a minha irritabilidade.

Essa é uma questão que gera em mim muitos pensamentos: como é possível que o Pim às vezes me irrite tanto? Como é possível que eu praticamente não suporte mais viver com ele, que a sua ternura me pareça fingida, que eu queira que ele me deixe só e, de preferência, não me dê mais muita atenção até que eu me sinta de novo mais segura perante ele? Porque ainda me corrói por dentro a lembrança da bronca levada por conta daquela carta infame que eu, no meu arrebatamento, tive a coragem de quase lhe esfregar na cara. Ah, como é difícil ser forte e corajosa para tudo e para todos!

Entretanto, nem é isso o que mais me desaponta, de verdade que não. Mais do que com o Papai, eu encasquetei foi com o Peter. Eu bem sei que fui eu quem o conquistei, e não o contrário: criei para mim uma imagem dele ideal, vendo-o como um rapaz calado, sensível e querido, com uma imensa carência de amor e amizade!

Eu teria que me desabafar é com um ser existente. Gostaria de ter um amigo que me ajudasse a reencontrar o meu caminho; dei conta do trabalho dificultoso, fazendo com que ele se voltasse para mim vagarosa, mas eficazmente.

A partir do momento em que eu finalmente fiz que despontassem nele sentimentos amistosos, por si só se consagrou a intimidade, que, analisada com atenção, me parece inusitada. Falávamos de assuntos dos mais secretos; do que transbordava e ainda transborda do meu coração, porém, até agora não fizemos nenhuma menção. Eu até hoje ainda não consegui entender direito como o Peter funciona: seria ele tão superficial ou será que é a sua timidez que o refreia diante de mim? Entretanto, desconsiderando isto, devo reconhecer que cometi um erro crasso ao descartar todas as outras possibilidades de amizade para me aproximar dele unicamente através da intimidade. Ele tem sede de amor e começa a me achar cada dia mais querida, eu bem que percebo. A ele os nossos encontros proporcionam satisfação; em mim eles só têm o efeito de renovarem o impulso de tentar, toda vez — em vão — trazer à tona os assuntos para mim essenciais. Mais do que ele imagina, eu o trouxe à força até mim e ela agora se aferra à minha pessoa sem que eu tenha por enquanto qualquer fórmula eficaz para separá-lo de mim e fazer com que ele ande pelas próprias pernas. Isso porque, quando eu fui percebendo que ele não tinha como ser um amigo na acepção que a palavra tem para mim, me propus pelo menos a içá-lo da sua estreiteza de visão do mundo e fazê-lo brilhar nos seus anos juvenis.

"Porque, na sua raiz mais profunda, os anos da infância e da mocidade são ainda mais solitários que os da velhice." Esse provérbio me ficou de algum livro que eu li, e me parece verdadeiro.

Será mesmo verdade que os adultos tenham aqui mais dificuldades que os jovens? Não, certamente que não é verdade. As pessoas de mais idade têm uma opinião formada sobre tudo e não titubeiam mais nas suas ações e ao tomar decisões na vida. Nós, os jovens, temos dificuldade redobrada em manter nossas opiniões numa época em que todo idealismo é aniquilado, esmagado, em que as pessoas se mostram do seu lado mais feio, em que se duvida da verdade, da justiça e de Deus.

Alguém que ainda afirme que os de mais idade aqui no Anexo têm mais dificuldade certamente não se dá conta de quão maior é a amplitude dos problemas que se abatem tempestuosamente sobre nós. Problemas para os quais nós talvez sejamos ainda jovens demais, mas que se nos impõem com tamanha persistência que finalmente, depois de muito tempo, acreditamos ter encontrado para eles uma solução, mas uma que em geral revela ser ineficaz diante dos fatos, que a anulam. Isto é o mais difícil destes tempos: basta virem à tona os ideais, os sonhos, as perspectivas risonhas para que sejam esmagados e inteiramente destruídos pela mais horrenda das realidades. É um grande milagre que eu não tenha largado mão de todas as minhas esperanças, porque parecem absurdas e inexecutáveis. Ainda assim, me aferro a elas, apesar de tudo, porque eu continuo acreditando na bondade intrínseca das pessoas.

Isso se dá porque me é impossível construir o que seja tendo como base a morte, a miséria e a consternação. Vejo como o mundo se reinventa, transformando-se vagarosamente num deserto, ouço cada vez de mais perto as troadas dos trovões que destruirão a nós também, sinto com compaixão o sofrimento de milhões de pessoas; quando olho para o céu, porém sinto que tudo isso vai dar uma guinada para o melhor, que essa crueldade terá um fim, que a tranquilidade e a paz retornarão à ordem mundial. Enquanto isso, devo manter firmes as minhas convicções; quem sabe se nos tempos que se avizinham eles não podem ser postos em prática?

<u>sua Anne M. Frank.</u>

SEXTA, 21 DE JULHO DE 1944.

Querida Kitty,

Agora sim eu me sinto esperançosa, agora finalmente tudo vai bem! É isso mesmo, tudo vai bem! Notícias de arromba! O Hitler sofreu um atentado contra a sua vida e, por mais estranho que pareça, nem por parte dos judeus comunistas nem dos ingleses capitalistas, mas sim por iniciativa de um general alemão altamente teutônico não só conde, mas também jovem. A "Providência Divina" poupou a vida do Führer, que apenas sofreu uns leves arranhões e algumas queimaduras. Alguns oficiais e generais da sua escolta foram executados ou feridos. O autor principal foi fuzilado.

A prova concludente de que alguns oficiais e generais são avessos à guerra e prefeririam ver o Hitler a sete palmos debaixo da terra para em seguida instaurarem uma ditadura militar, fato que consolidaria a sua paz com os aliados, procederia ao seu rearmamento e, depois de uma vintena de anos, daria outra vez início a uma guerra. Pode ser que a providência esteja se atrasando um pouco de propósito para tirar o Führer do jogo, porque é para os aliados bem mais fácil e em conta deixar que os imaculados alemães se abatam uns aos outros. Da mesma maneira, assim sobraria menos trabalho para os russos e ingleses, que, além disso, poderiam dar início mais rapidamente à tarefa de reconstrução das suas próprias cidades. Mas ainda falta para chegarmos lá, e não quero nada menos que me adiantar aos fatos gloriosos. Ainda assim, como você pode ver, eu digo a verdade e nada mais que a verdade. Para variar um pouco, não estou matraqueando sobre os meus mais altos ideais.

O Hitler foi ainda mais que cordial por comunicar ao seu fiel e dedicado povo que todos os militares a partir do dia de hoje devem obedecer a Gestapo e que qualquer soldado que saiba que o seu comandante participou desse atentado covarde e baixo pode tranquilamente lhe dar um tiro na cabeça!

Que linda história tudo isso vai dar! O soldadinho está com os pés cansados de tanto andar, o seu chefe, o oficial, lhe passa um senhor sabão. O soldadinho apanha a sua a arma e grita: "Você quis matar o Führer, aqui vem a sua recompensa!" Ouve-se um disparo, e o seu chefe arrogante, que se atrevia a dar broncas no soldadinho, passa para a vida eterna (ou seria a morte eterna?)! No final, teremos a seguinte situação: todos os senhores oficiais vão "fazer nas calças" de medo quando derem com um soldado ou tiverem que comandar, porque os soldados têm mais liberdade de opinião e ação que eles próprios.

Dá para entender, ou será que eu fui me atropelando nas palavras? Não posso fazer nada para mudar, estou alegre demais para ser lógica diante da perspectiva de poder a voltar a me sentar à carteira da sala de aulas em outubro! U-lá-lá, não acabei de dizer que não quero me adiantar aos fatos? Perdão! Não é à toa que dizem que eu sou uma pilha de contradições!

sua Anne M. Frank.

TERÇA, 1º DE AGOSTO DE 1944.

Querida Kitty,

"Uma pilha de contradições", foi com essas palavras que encerrei a minha última carta e com elas inicio esta. "Uma pilha de contradições", será que você consegue me explicar exatamente o que é isso? O que significa "contradição"? Como acontece com tantas palavras, "contradizer" tem dois significados: uma contradição é externa e a outra, interna. Na primeira se trata de não se conformar com as opiniões alheias; na segunda, de ser respondão e sabe-tudo, de querer sempre ter a última palavra, ou seja, de todas as características desagradáveis que me tornam famosa; a segunda, não sou famosa por causa dela, é o meu segredo particular.

Eu já lhe contei algo a respeito, disse que é como se a minha alma estivesse dividida em duas. Uma parte abriga a minha alegria exuberante, troças em relação a tudo, um espírito cheio de vitalidade que vê, principalmente, o lado leve de tudo. Isso inclui não me escandalizar com paqueras, um beijo, um abraço ou uma piada menos decorosa. Esse lado meu se mantém em geral vigilante e abafa o outro, que é bem mais bonito, puro e profundo. Este belo lado da Anne não há quem conheça e é por isso que tão poucas pessoas me suportam, não é verdade? Claro, eu sou uma bufona engraçada para uma tarde, após o que ficam enjoados de mim por um mês. Na verdade, isso equivale exatamente ao que é um filme romântico para pessoas circunspectas: uma mera distração, divertimento para uma única vez, algo a ser esquecido em questão de dias, não ruim, mas menos ainda bom. Eu não me sinto nada bem contando isto a você, mas não tenho desculpas para não o fazer, já que essa é a verdade, concorda? O meu lado mais leve e superficial vai se adiantar sempre ao mais profundo e, assim, vencê-lo. Você não acreditaria se eu lhe contasse quantas vezes eu já tentei reprimir, esconder e bater nesta Anne, que não passa da metade de tudo o que se chama Anne: é impossível e eu bem sei por quê.

Tenho medo de que todos os que me conhecem como eu sempre sou descubram que eu tenho um outro lado, um lado melhor e mais bonito. Tenho medo de que caçoem de mim, me achem ridícula e sentimental, e não me levem a sério. Estou acostumada a não ser levada a sério, mas é só a Anne "leve" que está acostumada a isso e o aguenta; a "pesada" é fraca demais para tal. Se eu realmente empurro a Anne boazinha à força para a luz da ribalta, em quinze minutos ela se contrai e se fecha como uma plantinha dormideira assim que se vê obrigada a falar, passando a palavra à Anne número um: antes de que eu dê pelo fato, ela já desapareceu.

Em companhia de outros, a Anne boazinha nunca, mas nunca se projetou, mas, no seu estado solitário, é quase sempre ela quem dá o tom. Eu sei exatamente como eu gostaria de ser, como realmente sou... por dentro, mas, infelizmente, só o sou para mim mesma. E essa talvez seja, ou melhor, de fato é a razão pela qual eu considero a minha natureza interior uma natureza feliz e os demais considerem feliz o que veem, ou seja, a minha natureza exterior. No meu íntimo é a Anne pura quem me mostra o caminho; por fora não sou nada além de uma cabrita que, alegre e saltitante, vai se extraviando do rebanho.

Como eu já disse, sinto tudo de uma maneira, mas o exteriorizo de outra, o que me valeu os apelidos de "namoradeira", "paqueradora", "sabichona" e "leitora de romances água-com-açúcar". A Anne serelepe ri disso tudo, responde de maneira impertinente, dá de ombros, indiferente, finge não estar nem aí; a Anne calada, porém, reage da maneira contrária, e como! Para ser inteiramente sincera, eu tenho que confessar que tudo sim me importa, que faço um esforço indizível para ser diferente, mas a cada vez luto contra um exército mais forte que o anterior.

Eu me sinto soluçar por dentro e ouço a minha voz: "Está vendo onde você foi parar? Opiniões erradas sobre você, rostos que zombam, caretas, pessoas que acham você antipática, e tudo isso só porque você não quis ouvir o bom conselho da sua própria melhor parte. Ah, eu bem que gostaria de segui-lo, mas não dá; se fico calada e com cara de séria, todos acham que se trata de uma nova comédia minha, e me vejo obrigada a me safar com alguma piadinha. Isso para não falar da minha própria família, que acha que estou doente; me dão comprimidos para dor de cabeça e calmantes, me põem a mão na testa e no pescoço para verem se não estou com febre, perguntam se vou bem ao banheiro e criticam o meu mau humor. Não aguento mais que prestem atenção em tudo o que eu faço, porque aí é que eu fico mesmo primeiro ríspida, depois, triste e, por fim, o meu coração se retorce; eu deixo à mostra o meu lado ruim e escondo o bom, procurando continuamente uma maneira de me transformar naquilo que eu tanto gostaria de ser, poderia ser se... se não houvesse mais pessoas vivendo no mundo.

sua Anne M. Frank.

Soit gentil et tiens courage!

VERSÃO B *DO DIÁRIO*

20.6.42

Para alguém como eu, é uma sensação muito peculiar escrever um diário. Não só porque jamais escrevi, mas também porque não me parece que, mais para frente, nem a mim nem a ninguém, possam interessar os desabafos de uma ginasial de treze anos. Mas, no final das contas, não é isso o que importa para mim, mas sim a minha vontade de escrever e, mais ainda, de abrir o meu coração de par em par e esvaziá-lo completamente de assuntos dos mais variados. "O papel é mais paciente que o homem": esse ditado me veio à mente num dos meus dias levemente melancólicos, sentada com a cabeça apoiada sobre as mãos, entediada, de puro desânimo, em dúvida sobre se sair ou ficar em casa. Acabei ficando na mesma postura, com a cabeça dando voltas. Sim, de fato, o papel é paciente, e, já que não tenho a menor intenção de mostrar a quem quer que seja o caderno forrado em papelão sobre o qual consta a grandiosa palavra "diário", a não ser que eu conheça em algum momento desta vida um amigo ou amiga que mereça o título de "o" amigo ou "a" amiga, o mais provável é que nunca caia nas mãos de nenhum interessado.

Chego assim ao porquê da ideia de começar a escrever um diário: a falta de uma amiga.

Por questões de clareza, sinto que devo uma explicação, porque ninguém entenderia como é possível que uma menina de 13 anos se veja sozinha no mundo. O que também não é verdade. Tenho uns amores de pais e uma irmã de 16; feitas as contas, eu tenho com certeza uns 30 conhecidos e o que você poderia chamar de "amiguinhas". Tenho um cortejo de admiradores que me olham diretamente e, quando não o conseguem, passam todo o tempo da aula tentando conseguir me vislumbrar com um espelhinho de bolso quebrado. Tenho família, tias adoráveis e um verdadeiro lar. Não, por esse prisma, aparentemente não me falta nada além "dessa" uma amiga. Com as minhas "amiguinhas", não posso fazer nada mais que me divertir; não surge nunca a oportunidade de eu conversar com elas sobre qualquer coisa que não sejam as amenidades do dia a dia, de alcançarmos certa intimidade, e é aí que a porca torce o rabo. Talvez a culpa seja da minha incapacidade de me abrir; seja como for, esses são os fatos: é uma lástima, mas não consigo fazer nada para mudar. Daí a ideia do diário. Para engrandecer agora ainda mais a minha ideia da amiga tão acalentada, não quero simplesmente registrar os fatos num diário como faria qualquer um, mas sim transformar o próprio diário nessa amiga propriamente dita, que se chama Kitty.

Como ninguém entenderia bulhufas das minhas histórias à Kitty se eu começasse a contar a minha vida assim do nada, me vejo obrigada a reproduzir uma pequena sinopse do meu histórico de vida, por mais que o faça a contragosto.

O papai, o mais valioso tesouro de pai que se possa imaginar, já tinha 36 anos quando se casou com a mamãe, que, na época, tinha 25. A minha irmã Margot nasceu em 1926, em Frankfurt am Main, Alemanha. No dia 12 de junho de 1929, eu lhe segui o exemplo. Vivi os meus primeiros quatro anos em Frankfurt. Como éramos judeus pelas quatro linhagens (ou seja, "puros-sangues"), em 1933 o papai se mudou aqui para a Holanda e se tornou diretor da filial holandesa da Opekta Mij, uma empresa de preparação de geleias. A nossa vida transcorria com as devidas tensões, já que o resto da família que tinha ficado na Alemanha não foi poupada pelas leis antissemitas do Hitler. Em 1938, após os Pogroms, os meus dois tios, irmãos da mamãe, desembarcaram sãos e salvos na América do Norte, a minha idosa avó veio ficar conosco, ela já tinha 73 anos. Após maio de 1940, os bons tempos viraram passado, primeiro a guerra, a capitulação, a invasão dos alemães, após o que começou a miséria para nós, os judeus. Uma lei antissemita se seguia à outra, e a nossa liberdade foi muito restrita, mas ainda dá para suportar, apesar da estrela, da divisão das escolas, dos horários em casa etc. e tal.

A vovó morreu em janeiro de 1942, a Margot e eu fomos transferidas para o Liceu Judaico no mês de outubro de 1941, ela para o quarto ano, eu para o primeiro. Nós quatro continuamos bem, e assim que eu venho parar na data atual, o ponto da solene inauguração do meu diário.

Amsterdã
20 de junho de 1942.
Anne Frank.

20 DE JUNHO DE 1942
SÁBADO

Querida Kitty,

Já vou entrando logo no assunto: por aqui reina uma calmaria de dar gosto, o papai e a mamãe saíram, e a Margot se juntou a uma turminha de marmanjos para jogar pingue-pongue na casa da Trees, uma amiga dela. Jogar pingue-pongue é uma atividade à qual eu também tenho me dedicado muito, tanto que até inauguramos um clubinho de cinco. O clube se chama "A Ursa Menor menos 2". Um nome absurdo, baseado num engano. Queríamos um nome especial e pensamos conjuntamente as 5 em estrelas. Achávamos que Ursa Maior tivesse 7 estrelas e que a Menor, 5, mas depois de pesquisar descobrimos que ambas possuem 7 estrelas. Daí o "menos duas". A Ilse Wagner tem o jogo, e a enorme sala de jantar da família fica sempre à nossa disposição. A Susanne Ledermann é a presidente, a Jacqueline van Maarsen a secretária, a Elizabeth Goslar, a Ilse e eu somos os outros membros. Já que nós, as cinco adeptas ao pingue-pongue, adoramos sorvete, principalmente no verão, e jogar pingue-pongue dá calor que só, esse tipo de partidas costuma acabar em sorvete, com um passeio a uma das sorveterias mais próximas com entrada livre aos judeus, a Oase of Delphi. Nós já nem precisamos pegar a carteira ou dinheiro, porque o Oase costuma estar tão abarrotado que, no meio de tanta gente, sempre acabamos encontrando senhores generosos do nosso vasto círculo de conhecidos, ou um ou outro admirador, que nos oferecem sorvete suficiente para lá de uma semana.

Acho que você não vai deixar de se surpreender um pouco com as minhas referências a admiradores, com tão pouca idade (a mais nova do clube). Infelizmente, ou em alguns casos, felizmente, essa praga não tem como ser evitada na escola. Se acontece de algum menino se oferecer de me acompanhar de bicicleta até em casa, papo vai papo vem, em 9 de cada 10 casos, rapidamente me dou conta de que o garoto em questão possui aquele mal hábito que consiste em logo se inflamar de paixão e não tirar mais os olhos de cima de mim. Passado certo tempo, a paixão acaba esmorecendo, principalmente por eu fazer pouco caso dos olhares chamejantes e continuar pedalando. Se percebo que a conversa está rumando para o assanhamento, faço a bicicleta cambalear um pouco, cai a bolsa, o rapazola se vê obrigado por educação a parar e pegar a bolsa, nesse meio tempo eu mudo completamente de assunto. Esse caso, porém, é o mais inocente; tem também os que assopram beijinhos sobre a palma da mão ou tentam se apoderar de um braço, mas esses aí, não há sombra de dúvida, vieram bater à porta errada:

desço da bicicleta e dispenso a companhia oferecida, ou ainda me faço de ofendida e lhes digo laconicamente que podem voltar para a própria casa.

Pois veja só, está posto o alicerce da nossa amizade, até amanhã.

Sua Anne.

21 DE JUNHO DE 1942
DOMINGO.

Querida Kitty,

A classe inteira está tremendo. A razão, logicamente, é a perspectiva da reunião dos professores. A metade da classe está apostando em quem vai passar de ano e quem vai repetir. A G.Z. e eu nos dobramos de rir dos nossos colegas da fileira de trás, o C.N. e o Jacques Kocernoot, que apostaram um com o outro todo o seu capital de férias. "Você vai passar", "negativo", "positivo" desde cedo pela manhã até tarde da noite; nem o olhar suplicante da G, implorando silêncio, nem os meus chiliques conseguem acalmar os dois. Na minha opinião um quarto da classe deveria levar bomba, já que um é mais mentecapto que o outro, mas os professores são as pessoas mais caprichosas que existem, quem sabe se agora, excepcionalmente, não são caprichosos no sentido contrário.

Pelas minhas amigas e por mim, eu em realidade não temo, vamos cruzar a linha de chegada facilmente. É só a matemática que me preocupa. Enfim, agora é só esperar. Até lá ficamos animando umas às outras.

Eu me dou bastante bem com todos os professores. São 9 no total, dos quais 7 são homens e 2 mulheres. O senhor Keesing, o velho professor de matemática, passou um bom tempo bravo comigo porque eu batia papo demais. Uma advertência ia se sucedendo à outra, até que ele me passou uma redação de castigo com o tema "uma tagarela". Uma tagarela, o que é que se pode escrever a respeito? Isso era assunto para depois. Anotei, pus a agenda dentro da bolsa e tentei manter a calma.

De noite, tendo concluído as lições de casa normais, o meu olhar esbarrou na anotação sobre a redação. Com a ponta da caneta na boca, comecei a refletir sobre o tema. Escrever qualquer besteira com o maior espaço entre as letras não é segredo para ninguém, mas encontrar uma indicação conclusiva sobre a necessidade do ato da fala, é esse o ponto xis. Quebrei a cabeça por um bom tempo, até que tive uma ideia. Preenchi as três páginas que me tinham sido dadas e me dei por satisfeita. Como argumento usei a ideia de que falar é um ato feminino, e que eu me esforçaria ao máximo para dar uma moderada, sabendo, porém, que a minha tagarelice jamais cessaria por completo, já que a mamãe falava tanto quanto eu, se não até mais, e de que nada se pode fazer para mudar características hereditárias. E fim de papo.

O senhor Keesing não se conteve e riu dos meus argumentos, mas, quando na aula seguinte dei seguimento ao meu momento de tagarelice, se repetiu também o castigo. Dessa vez o tema era "Uma tagarela empedernida". Também essa redação foi entregue, e o senhor Keesing passou duas aulas sem ter do que reclamar. Na terceira aula, porém, perdeu outra vez a paciência. "Anne Frank, como castigo, quero agora uma redação com o título: 'Quá, quá, quá, disse a senhora Pata'". A classe riu. Não aguentei e comecei a rir com os demais, apesar de que a minha criatividade para redigir sobre o tema da tagarelice estivesse esgotada. Eu tinha que encontrar outra coisa, algo bem original. A minha amiga Sanne, poetisa de qualidade, ofereceu ajuda a fim de que a redação fosse entregue em rimas de cabo a rabo. Eu estava exultante. A intenção de Keesing com um tema tão estúpido era a de me ridicularizar, mas ele que esperasse só: quem ri por último ri melhor.

O poema estava pronto e ficou um primor! Tratava-se de uma mãe pata e um pai cisne com três patinhos filhotes, mordidos e mortos pelo pai, farto de tanto grasnido. O senhor Keesing por sorte entendeu a indireta da piada, leu o poema em voz alta, provido de comentários, diante de toda a classe, e de várias outras também. A partir de então, nunca mais implicou comigo por tagarelar e nem voltou a me passar redações de castigo; muito pelo contrário, agora é o senhor Keesing quem está sempre fazendo piadinhas.

Sua Anne.

QUARTA, 24 DE JUNHO DE 1942.

Querida Kitty,

Está fazendo um calor dos infernos, todo mundo bufa, derretendo, e é nesse calor que eu vou a pé de um lado para o outro. Agora é que eu me dou conta da maravilha que é o bonde, principalmente o aberto, mas nós judeus não estamos mais à altura desse privilégio, para nós as locomotivas chamadas pés estavam de muito bom tamanho. Ontem eu tive que ir ao dentista na Jan Luykenstraat. É uma boa distância da nossa escola nos Stadstimmertuinen, eu quase caía no sono no período da tarde. Felizmente há quem nos ofereça de livre e espontânea vontade algo de beber. A assistente do dentista tem verdadeiramente um grande coração. O único transporte público que nós ainda podemos usar é a balsa. O barqueiro no cais Joseph Israëlskade nos levou logo que lhe pedimos que fizesse a travessia. Não é mesmo culpa dos holandeses a miséria que nós, os judeus, estamos vivendo. Eu queria não precisar mais ir à escola, a minha bicicleta foi roubada durante o feriado da Páscoa, e a da mamãe o papai deu em consignação a um grupo de conhecidos cristãos. Menos mal que as férias se aproximam a passos largos, mais uma semana e o sofrimento será passado. Ontem de manhã houve um episódio que me alegrou. Eu estava passando diante do estacionamento de bicicletas quando alguém me chamou. Eu me virei e vi, postado atrás de mim, um rapaz simpático: o mesmo que eu tinha encontrado na noite anterior na casa da Wilma. O menino se aproximou, um pouco acanhado, e se apresentou como sendo Hello Silberberg. Fiquei um pouco confusa, sem saber o que ele queria, mas logo entendi. Queria poder usufruir da minha companhia e me acompanhar à escola. "Se for caminho para você, eu aceito", respondi, e lá fomos nós. Hello já tem 16 anos, tem um papo legal e sabe contar coisas das mais diversas.

Hoje de manhã lá estava ele de novo me esperando, o que continuaria a acontecer dali para frente.

Anne.

QUARTA, 1º DE JULHO DE 1942.

Querida Kitty,

Até o dia de hoje eu não tive um segundo para voltar a escrever. Na quinta eu passei a tarde inteira na casa de uns conhecidos, na sexta nós recebemos visita e assim por diante até hoje.

O Hello e eu tivemos naquela semana tempo suficiente para nos conhecermos melhor, ele me contou muito sobre a sua vida. Vem de Gelsenkirchen e está aqui na Holanda sem os pais, na casa dos avós. Os pais estão na Bélgica, mas ele não pode ir se juntar a eles lá. Hello tinha uma namorada, a Ursula. Por acaso a conheço, um modelo de brandura e tédio. Desde que me conheceu, o Hello fez a descoberta de que pegava no sono ao lado da Ursula. O que me leva a pensar que eu talvez seja uma espécie de antídoto a soníferos; uma pessoa nunca sabe para que mais pode servir!

Na noite da segunda o Hello passou em nossa casa para conhecer o Papai e a Mamãe. Eu tinha comprado bolo e doces; o chá já estava servido, acompanhado de biscoitos e havia de tudo, mas nem eu nem o Hello estávamos dispostos a ficar sentados lado a lado; saímos para passear, e só fui deixada em casa às 8:10. Papai ficou muito zangado e achou uma indecência eu chegar tão tarde em casa; tive que prometer que, de agora em diante, eu vou sempre estar em casa às 7:50. Fui convidada a comparecer à casa do Hello no sábado seguinte. A minha amiga Jacque caçoa de mim toda hora por causa do Hello; eu não estou apaixonada, isso é que não, afinal, eu posso ter amigos sem que ninguém ache estranho.

O Papai tem estado muito em casa nos últimos tempos, não precisam mais dele no escritório, deve ser um sentimento ruim o de se tornar supérfluo. O sr. Kleiman assumiu as rédeas da Opekta, e o senhor Kugler a Gies e Co; a empresa de ervas (sucedâneas), que só foi fundada em 1941. Ao passearmos há alguns dias na pracinha, o papai começou a falar sobre nos escondermos, disse que vai ser muito difícil para nós viver tão isolados do mundo. Perguntei por que ele já estava dizendo isso "É, Anne", ele disse, e então, "você sabe que já faz um ano que levamos roupas, mantimentos e móveis para a casa de outras pessoas, não queremos que os nossos bens acabem indo parar nas mãos dos alemães, e menos ainda que eles nos peguem. É por isso que nós vamos desaparecer por iniciativa própria, e não esperar que nos levem embora."

"Mas, pai, quando, então?"

fiquei assustada com o tom sério de como ele disse isso.

"Não se preocupe que nós vamos dar um jeito, aproveite sua vida despreocupada enquanto ainda puder."

Foi isso. Ah, que a realização dessas palavras sombrias esteja num futuro ainda muito longínquo!

Sua Anne.

DOMINGO DE MANHÃ, 5 DE JULHO DE 1942.

Querida Kitty,

A minha colação de grau celebrada na sexta-feira no Teatro Judeu ocorreu como previsto, o meu boletim não estava nada mal: só um único insuficiente, um 5 de álgebra, seguidos por um monte de setes, dois oitos e dois seis. É verdade que em casa todos se alegram, mas, no que diz respeito a notas e boletins, os meus pais são muito diferentes dos outros pais, nem ligam para bons ou maus boletins, só querem me ver saudável, bem-educada e contente da vida. Se essas 3 coisas estiverem em ordem, todo o resto já está encaminhado. Já eu sou bem o contrário, não quero ir mal na escola. Fui aceita sob certas condições no liceu, porque, na verdade, devia ter ficado na sétima série da sexta escola Montessori, mas, quando todas as crianças judias foram obrigadas a frequentar escolas judaicas, o senhor Elte, papo vai papo vem, aceitou condicionalmente a mim e à Lies Goslar. A Lies também passou, mas ficou de recuperação com uma pesada deficiência em geometria. Pobre Lies! Ela praticamente não consegue estudar bem em casa: no minúsculo quarto dela, a irmãzinha fica brincando o dia inteiro, um bebê mimado de quase 2 anos. Se a Gabi não consegue fazer valer a própria vontade, começa a berrar, e, se a Lies não lhe dá atenção, quem berra é a sra. Goslar. Desse jeito ela não tem como se concentrar e nem as inúmeras aulas particulares que ela volta e meia recebe ajudam muito.

Mas vale a pena ver a casa da família Goslar! Dos cinco quartos que dão para a Zuider Amstellaan, um é alugado, os pais da senhora Goslar moram na casa contígua, mas fazem as refeições na casa da família. De resto há uma empregada, o bebê, o sempre distraído e distante senhor Goslar e a sempre nervosa e irritadiça senhora Goslar, grávida de novo. Em meio a essa baderna, a Lies fica completamente perdida com as suas duas mãos esquerdas.

A minha irmã Margot também já recebeu o boletim dela, excelente como sempre. Se na nossa escola existisse a menção *cum laude*, com certeza a Margot é quem a levaria. Que cachola mais brilhante é a dela! Está tocando a campainha, o Hello está aí, paro por aqui

sua Anne.

QUARTA, 8 DE JULHO DE 1942.

Querida Kitty,

Da manhã do domingo até agora parecem ter se escoado anos. Aconteceram tantas coisas que é como se tudo estivesse de pernas para o ar, mas, Kitty, você já percebeu que eu ainda estou viva, o que é o principal segundo papai.

De fato, continuo viva, só não me pergunte onde e como. Eu acho que hoje você não vai me entender, e é por isso que eu vou começar contando o que aconteceu na tarde do domingo.

Às 3 (o Hello tinha dado uma saída mas voltaria mais tarde) alguém tocou a campainha, mas eu não ouvi porque estava numa espreguiçadeira da varanda lendo no sol. Logo em seguida apareceu a Margot toda agitada pela porta da cozinha. "Chegou para o papai uma convocação da SS", sussurrou. "A mamãe já foi procurar o senhor van Pels."

Levei o maior susto, uma convocação, todo mundo sabe o que isso significa, vi assomarem diante de mim campos de concentração e celas solitárias: para lá é que pretendiam mandar o meu pai? "É claro que ele não vai", declarou a Margot enquanto esperávamos a mamãe no quarto. "A mamãe foi procurar o senhor v. P. para perguntar se a gente pode desaparecer amanhã para dentro do nosso esconderijo. Ele também vai se esconder com a gente. Vamos ser 7 pessoas." Silêncio. Pensar no papai, que tinha ido ao Asilo Judeu sem noção do mal que se aproximava, a espera pela mamãe, o calor, a angústia, tudo isso nos cortou a fala.

De repente soou outra vez a campainha. "É o Hello", disse eu. "Não abra", me deteve a Margot, o que foi supérfluo, porque logo ouvimos a mamãe e o senhor v. P. falando com o Hello lá embaixo, até que entraram e fecharam a porta atrás de si. A cada vez que tocassem a campainha, a Margot e eu deveríamos descer as escadas de mansinho para ver ser era o papai; terceiros não admitíamos.

O v. P. queria falar a sós com a mamãe, e nos pediram para sair do aposento. (O v. P. é um conhecido e um bom sócio na firma do papai.) Uma vez no nosso quarto, Margot me contou que a convocação era destinada a ela, e não ao papai. Sobressaltei de novo e comecei a chorar. A Margot tem 16 anos; quer dizer então que eram jovens tão novas como ela que eles querem despachar? Felizmente, porém, ela não iria, disse a própria mamãe. Quer dizer então que era a isso que as palavras do papai se referiam quando me falou sobre esconderijo.

E isso onde? Onde é que nos esconderíamos? Na cidade, no campo, numa casa, numa cabana, quando, como, onde...? Eram muitas as perguntas que eu não tinha como fazer e que vinham e iam sem parar. A Margot e eu nos pusemos a enfiar o indispensável numa maleta da escola. A primeira coisa que eu pus foi este caderno cartonado, em seguida canetas de rosca, lenços, livros escolares, pente, cartas antigas; pensando em me esconder, pus na maleta os objetos mais estapafúrdios, mas não me arrependo; dou mais valor às lembranças que aos vestidos.

Às 5 finalmente chegou o papai em casa; ligamos ao senhor Kleiman para perguntar se ele poderia vir ainda naquela mesma noite. O v. P. saiu para buscar a Miep. Quando ela chegou, trazia consigo numa mala sapatos, saias, casaquinhos, roupa interior e meias-calças, e prometeu voltar à noite. Em seguida nosso apartamento mergulhou no silêncio; ninguém de nós quatro quis comer. Ainda estava fazendo calor, e tudo parecia estranho demais. O nosso quarto grande no andar superior estava alugado para um certo senhor Goldschmidt, homem divorciado na casa dos trinta que, ao que tudo indicava, não tinha o que fazer nessa noite; assim sendo, ficou conosco de bobeira até as 10; não entendia as nossas indiretas de que estava na hora de subir ao seu quarto. Às onze vieram a Miep e o Jan Gies. A Miep trabalha no escritório do papai desde 1933 e se tornou íntima, assim como o seu jovem e recente marido, o Jan. Mais uma vez desapareceram sapatos, meias-calças, livros e roupa interior, dessa vez para dentro da mala da Miep e dos bolsos profundos do Jan; às onze e meia também eles sumiram de circulação.

Eu estava exausta e, apesar de saber que aquela seria ser a última noite na minha cama, logo peguei no sono, e dormi até ser acordada pela mamãe às cinco e meia da manhã. Felizmente não estava fazendo o mesmo calor do domingo; uma chuva quente caiu o dia inteiro sem cessar. Os quatro nos embrulhamos em tanta roupa que era como se tivéssemos de passar a noite dentro de um congelador, só para levarmos ainda mais roupa. Nenhum judeu nas nossas condições se atreveria a sair de casa com uma mala cheia de roupas. Eu estava com duas camisetas, três calças, um vestido e sobre eles uma saia, um casaquinho, um casaco de verão, dois pares de meias, sapatos apertados, um gorro, um xale e muito mais ainda; em casa já estava com falta de ar, mas não tinha para quem reclamar. A Margot encheu a maleta da escola com livros escolares, tirou a bicicleta do estacionamento e foi pedalando atrás da Miep em direção a lonjuras desconhecidas para mim. Isso porque eu ainda não sabia onde se encontrava o lugar secreto do nosso destino.

Às 7 e meia fechamos a porta atrás de nós; só tive que me despedir da Moortje, a minha gatinha, que seria bem acolhida pelos nossos vizinhos, tal como constava num bilhete endereçado ao senhor Goldschmidt. As camas desfeitas, a mesa posta com o café da manhã, meio quilo de carne para a gata na cozinha, tudo isso dava a impressão de que tínhamos partido atabalhoadamente. As impressões nos davam na mesma; o que nós queríamos era irmos embora dali, só irmos embora e chegarmos sãos e salvos em algum lugar.

Continua amanhã.

Sua Anne.

QUINTA, 9 DE JULHO DE 1942.

Querida Kitty,

Foi assim que andamos sob a chuva torrencial, o papai, a mamãe e eu, cada um levando uma maleta escolar e uma bolsa de compras, estufados com os objetos mais heterogêneos. As pessoas a caminho dos seus locais de trabalho nos olhavam com comiseração; naqueles rostos se lia a infelicidade de não poderem nos oferecer qualquer tipo de veículo: a chamativa estrela amarela falava por si mesma.

Só na rua é que os meus pais foram me revelando pouco a pouco todo o plano. Já fazia meses que iam retirando de casa tanto mobiliário e tantas roupas interiores quanto possível; havíamos chegado ao ponto de escolher por iniciativa própria o dia 16 de julho para entrarmos no esconderijo. Por conta da convocação, o esquema foi adiantado em 10 dias, de maneira que teríamos que nos dar por satisfeitos com uma morada menos ordenada.

O local do esconderijo seria sob o mesmo teto do escritório do papai. Para quem vem de fora é um pouco difícil de entender, e é por isso que eu vou descrevê-lo melhor. O papai nunca teve muitos funcionários: eram os senhores Kugler e Kleiman, e a Miep, além da Bep Voskuijl, uma estenotipista de 23 anos; todos cientes da nossa vinda. No armazém trabalhava o senhor Voskuijl, o pai de Bep, e dois assistentes, a quem não havíamos dito nada.

O edifício que abriga o escritório se constitui de um grande armazém no térreo que faz as vezes de depósito. Este, por sua vez, está subdividido em diversas repartições, como a câmara de moagem, onde são moídos canela, cravo e substitutos de pimenta, e a de estoque. Ao lado da porta do armazém se encontra a porta comum da casa, que, através de uma porta divisória, franqueia acesso às escadas. Acima destas se chega a uma porta de vidro fosco, na qual se lia em letras certa vez negras a palavra “escritório”. Ali fica a grande parte dianteira do escritório, enorme, muito iluminada, muito cheia. De dia trabalham aí a Bep, a Miep e o senhor Kleiman. Através de um pequeno gabinete com um cofre, um guarda-roupa e um armário com provisões, se chega à parte traseira pequena, cheirando a mofo e bastante escura. Era aí que ficavam antigamente o senhor Kugler e o senhor V.P., hoje em dia, só o primeiro. Também se pode chegar aí através do corredor, mas somente por uma porta de vidro que pode ser aberta facilmente pelo lado de dentro, mas não sem mais pelo lado de fora. Do escritório do Kugler, um corredor longo e estreito que ladeia o cubículo com carvão; ao final, subindo-se quatro degraus, fica o orgulho de toda a casa: o escritório particular. Móveis escuros imponentes, linóleo e tapetes sobre o piso, um rádio, um abajur sofisticado, tudo da melhor qualidade. Ao lado, uma cozinha grande e espaçosa provida de um aquecedor de água, um fogão de duas bocas ao lado do qual se encontra um banheiro. Isso tudo no primeiro andar. A partir do corredor do térreo, escada de madeira das mais comuns conduz aos andares superiores.

Logo ao lado, um pequeno vestíbulo, batizado de "descanso". Em ambos lados do descanso há uma porta. A da esquerda leva à parte dianteira da casa com os cubículos de armazenagem, à dianteira do sótão e da água-furtada. Dessa parte dianteira do edifício, há outra escada — longa, empinadíssima e genuinamente holandesa, dessas em que, numa queda, se pode quebrar o pescoço —, que conduz à segunda porta que dá para a rua.

À direita do descanso está "o Anexo". Ninguém jamais suspeitaria que, por detrás dessa porta simples, pintada de cinza, se ocultam tantos aposentos. É só galgar um degrauzinho diante da porta para passar para o lado de dentro. Diretamente à frente da porta de entrada se encontra uma escada empinada; à esquerda, um pequeno corredor e um quarto; este quarto se tornaria a sala e o dormitório da família Frank. Contíguo a ele há também um quarto menor, que se tornaria o dormitório e o escritório das duas moçoilas Frank. À direita da escada, um quarto sem janelas, com uma pia e um cubículo com vaso sanitário, e outra porta de acesso ao nosso quarto. Após subir-se a escada e abrir a porta lá em cima, qualquer um fica espantado de que numa casa à beira do canal tão antiga haja um aposento tão grande, claro e espaçoso. Nele se encontram um fogão (graças ao fato de que antigamente estivesse ali o laboratório de Kugler) e uma pia. Ou seja, a cozinha e o dormitório do casal v.P., uma sala de estar, uma sala de jantar e um escritório comuns. Um quartinho divisório bem pequeno seria o apartamento do Peter v.P. De resto, como na parte dianteira, um sótão e uma água-furtada. Pois muito bem, acabo de lhe apresentar o nosso aprazível Anexo de cabo a rabo!

Sua Anne.

SEXTA, 10 DE JULHO DE 1942.

Querida Kitty,

É bem provável que eu tenha aborrecido você com a minha descrição prolixa da nossa morada, mas é que eu acho fundamental que você saiba onde foi que eu vim parar; como eu vim parar aqui você vai descobrir em todas as próximas cartas.

Antes disso, segue a continuação do meu relato, já que eu ainda não terminei, sabe. Assim que chegamos no número 263 da Prinsengracht, a Miep nos conduziu pelo longo corredor, subiu a escada de madeira diretamente para dentro do Anexo. Fechou a porta atrás de nós; estávamos a sós. A Margot tinha vindo de bicicleta e já estava esperando por nós. A nossa sala de estar e todos os outros aposentos estavam tão cheios de tralhas que a bagunça era indescritível. Todas as caixas de papelão que tinham sido mandadas para o escritório ao longo dos meses anteriores se encontravam no chão e sobre as camas. O quarto menor tinha pilhas de roupa de cama que chegavam até o teto,

Se quiséssemos dormir aquela noite em camas decentemente feitas, tínhamos que pôr mãos à obra na mesma hora. A mamãe e a Margot não estavam em condições de mexerem nem um dedo; estavam deitadas sobre as camas nuas, cansadas, estafadas e sei eu mais o que, mas o papai e eu, os dois arrumadores da família, queríamos arregaçar as mangas de imediato.

Passamos o dia inteiro abrindo caixas e pondo o conteúdo dentro dos armários, martelando e arrumando até de noite, quando, mortos de cansaço, despencamos nas camas recém-feitas. Não tínhamos feito nesse dia nenhuma refeição quente, mas isso não nos importava; a Margot e a mamãe estavam cansadas e sobre-excitadas demais para comer, o papai e eu tínhamos muito trabalho. Na quinta pela manhã retomamos o trabalho de onde o tínhamos interrompido. A Bep e a Miep trouxeram as compras que tinham feito com os nossos cupons de racionamento alimentar. O papai melhorou o blecaute, e nós esfregamos o chão da cozinha, trabalhando da manhã à noite. Tempo para refletir sobre a grande mudança operada na minha vida eu mal havia tido até a quarta-feira. Só então, desde a nossa chegada ao Anexo, que tive a ocasião de narrar a você os acontecimentos e, ao mesmo tempo, de cair na realidade do que estava acontecendo comigo e do que ainda estava por acontecer.

Sua Anne.

SÁBADO, 11 DE JULHO DE 1942.

Querida Kitty,

O papai, a mamãe e a Margot ainda não se acostumaram às badaladas no campanário da Westertoren, que informam as horas a cada quinze minutos. Eu sim, logo comecei a achar aquilo uma delícia, principalmente de noite, quando tinha um toque de familiaridade. Imagino que lhe deva interessar como eu me sinto na condição de clandestina; bem, só posso dizer que nem eu mesma sei. Acho que aqui nunca vou me sentir em casa, o que também não quer dizer que eu ache aqui um lugar medonho, eu me sinto mais é numa pensão peculiar onde vim passar as férias. Uma noção de clandestinidade bastante estranha, mas é que é isso mesmo. O anexo é o esconderijo ideal, apesar de úmido e inclinado; nenhum lugar em toda Amsterdã, em toda a Holanda talvez, teria sido decorado e preparado com um resultado tão aconchegante como este. O nosso quartinho era até então completamente árido com as suas paredes nuas; graças ao papai, que havia trazido anteriormente toda a minha coleção de cartões e cartazes com estrelas de cinema, passei cola com um pincel em todas as paredes, transformando o quarto numa gravura só. Assim o quarto adquire um tom de verdadeira alegria, e, quando os V.P. chegarem, vamos trazer a madeira que está no sótão para fabricar alguns armários pequenos e outras quinquilharias. A Margot e a mamãe estão com uma aparência um tiquinho melhor. Ontem, pela primeira vez, a mamãe quis preparar uma sopa de ervilhas, mas, enquanto ia batendo papo, se esqueceu da sopa, que queimou tanto que as ervilhas assumiram uma cor negro-carvão e grudaram tanto na panela que não conseguimos removê-las. O senhor Kleiman me trouxe "o livro para os jovens". Ontem à noite nos juntamos os quatro e fomos para o escritório particular, onde sintonizamos a rádio a inglesa. Eu estava com tanto medo de que alguém ouvisse que literalmente implorei ao papai para que fôssemos para o andar de cima. A mamãe entendeu o meu medo e subiu comigo. Também em relação a outras atividades nós temíamos que os vizinhos nos vissem e ouvissem. Logo no primeiro dia, costuramos as cortinas, se bem que não se trate de cortina, porque não passam de alguns retalhos frios de forma, qualidade e desenhos dos mais diversos, que o papai e eu costuramos uns nos outros da maneira mais torta e amadora. Com tachinhas, essas maravilhas artísticas foram fixadas diante das janelas para não mais desaparecerem até o final dos nossos dias de clandestinidade. Logo à nossa direita há uma filial da Keg, uma firma de Zaandam; à nossa esquerda, uma fábrica de móveis, de modo que mesmo após o expediente algum ruído poderia chegar até eles. Proibimos a Margot de tossir de noite apesar do resfriado danado que ela pegou, e lhe damos uma enorme quantidade de comprimidos de codeína.

Estou impaciente pela chegada dos v.P., marcada para a terça-feira: o ambiente vai ficar mais alegre e menos silencioso. É justamente o silêncio que me deixa tão nervosa, e eu daria tudo para que um dos nossos protetores dormisse aqui.

Ontem tivemos muito trabalho, para a firma tivemos que tirar os caroços de dois caixotes de cerejas, o senhor Kleiman queria usá-las para fazer conservas.

Com as ripas dos caixotes vamos fazer prateleiras para os livros. Durante o dia temos que andar de mansinho para que não nos ouçam no armazém logo abaixo.

Acabam de me chamar.

Sua Anne.

SEXTA, 14 DE AGOSTO DE 1942.

Querida Kitty,

Eu deixei você a ver navios durante um mês inteiro, mas é que também não é todo dia que eu tenho alguma novidade divertida que contar. Os V.P. chegaram no dia 13 de julho. Era para eles virem no dia 14, mas, como os alemães foram deixando as pessoas mais e mais desassossegadas e mandando convocações a torto e a direito entre os dias 13 e 16 de julho, acharam mais seguro desaparecer um dia antes que um depois. Às 9 e meia da manhã (nós ainda estávamos sentados à mesa do café da manhã), chegou Peter, filho dos V. Pels, um varapau desengonçado de dezesseis anos, bastante tímido e com cara de chato cuja companhia não tinha nada de promissor. O senhor e a senhora V. Pels chegaram meia hora depois, ela, para o divertimento geral, com um penico enorme dentro de uma chapeleira. "Sem penico eu não me sinto em casa em lugar nenhum", explicou. O penico também foi o primeiro objeto a receber o seu lugar fixo: de baixo do divã que fazia as vezes de cama. Já ele não trazia penico, mas sobraçava uma mesinha de chá desdobrável. No primeiro dia de convívio, nos aconchegamos e comemos juntos; passados três dias, nós 7 já sabíamos que tínhamos nos tornado uma grande família. Não preciso nem dizer que os v. P. tinham muito o que contar sobre essa semana em que permaneceram a mais que nós no mundo povoado. Antes de mais nada nos interessava enormemente saber o que tinha acontecido com a nossa casa e o senhor Goldschmidt.

O senhor v. P. fez o relato.

"Na segunda, às nove da manhã, nos telefonou o senhor Goldschmidt pedindo que eu passasse na casa dele. Fui na mesma hora e encontrei o G. todo agitado. Me mostrou um bilhete que a família Frank tinha lhe deixado e, seguindo o pedido expresso, levou a gata para a casa dos vizinhos, o que me pareceu uma excelente ideia. O sr. G. estava com medo de que fossem vasculhar a casa; por isso, percorremos todos os aposentos, arrumando tudo um pouco e limpando a mesa de refeições.

Foi quando eu descobri na escrivaninha da senhora um bloco de notas com um endereço em Maastricht. Mesmo sabendo que ela não tinha deixado o endereço por acaso, fingi espanto e pedi para o senhor Goldschmidt queimar urgentemente aquele papel funesto. Eu tinha reiterado o tempo todo que não sabia nada sobre a desaparição de vocês, mas, depois de ler o bilhete, tive uma ideia ótima. 'Senhor Goldschmidt', disse eu, 'me ocorreu agora com o quê isso pode ter a ver. Eu me lembro bem de que, há mais ou menos meio ano, esteve no escritório um oficial de alto rango que revelou ser um amigo de juventude do senhor Frank que tinha lhe prometido a ajudar em caso de necessidade e que, de fato, estava domiciliado em Maastricht. Imagino que o tal oficial manteve a palavra e queria de um jeito ou de outro levá-lo à Bélgica e, de lá, à Suíça. Peço que o senhor passe para a frente essa informação a todos os conhecidos que venham eventualmente perguntar pelos Frank, mas, claro, omitindo a parte sobre Maastricht.'

Fui então embora. A maior parte dos conhecidos de qualquer maneira já sabe disso, porque eu próprio ouvi de várias fontes essa mesma explicação."

Achamos o relato engraçadíssimo, mas rimos ainda mais da imaginação das pessoas quando o senhor V.P. nos falou dos outros conhecidos.

Um exemplo era o de uma família da Praça Merwede que nos tinha visto passar de bicicleta cedo pela manhã, e o de uma senhora que dizia de pés juntos que havia passado de madrugada um veículo militar em que nos tinham feito entrar.

Sua Anne.

SEXTA, 21 DE AGOSTO DE 1942.

Querida Kitty,

O nosso esconderijo só mesmo agora é que se transformou num verdadeiro esconderijo. Isso porque senhor Kugler achou por bem colocar um armário diante da porta de acesso (já que estão revistando mais casas à procura de bicicletas escondidas), mas um armário giratório que se abre como uma porta.

O senhor Voskuijl foi quem fez a instalação. (Nós informamos ao senhor Voskuijl que somos 7 a nos esconder, e ele é todo solicitude.) Quando queremos descer, temos primeiro que nos abaixar para então saltar. Após três dias, estamos todos com as testas cheias de galos porque damos com a cabeça contra a porta baixa. O Peter pregou um pano com algodão de madeira para amenizar as pancadas ao máximo. Vamos ver se funciona! Não estou estudando muito, me dei férias até setembro. O papai quer me dar então aulas, mas, para isso, temos que comprar de novo todo o material escolar.

A Miep e o Jan estiveram com o G. para pegar ainda mais roupas nossas, mas os armários estavam vazios. O G. disse não entender como fazíamos para comer, já que só havia um prato e uma xícara em casa. Não é um horror? Vá lá saber o que ele fez com as nossas tralhas, mas é um golpe baixo negar ao pedido da Miep. Não é porque não quer dar as nossas coisas a pessoas estranhas, já que conhece muito bem a Miep. Ficamos indignados, mas não podemos fazer nada para mudar.

Lá fora está fazendo um calor agradável, e nós, apesar de tudo, conseguimos tirar o maior proveito dele, esticados sobre a cama dobrável do sótão.

O Peter eu continuo não achando tão simpático, é um garoto chato que fica o dia inteiro de bobeira na cama, brinca de marceneiro um pouquinho e depois volta para a cama para cochilar. Que bestalhão!

Sua Anne.

QUARTA, 2 DE SETEMBRO DE 1942.

Querida Kitty,

O senhor e a senhora v. P. tiveram uma briga feia. Foi a primeira vez que eu vi algo assim, já que o papai e a mamãe jamais sonhariam em gritar desse jeito um com o outro. O ensejo tinha sido algo tão banal que não vale a pena gastar nem mesmo uma única palavra para contar. Enfim, cada um sabe o que faz.

Não há dúvidas de que é extremamente desagradável para o Peter, que fica entre os dois, mas a ele ninguém mais leva a sério, já que é preguiçoso e de uma mesquinharia sem par. Ontem ele estava tão irrequieto que a cor da língua dele passou de vermelha a azul. Esse fenômeno despareceu tão rápido quanto apareceu. Hoje ele ainda circula com o cachecol espesso enrolado do pescoço, que está todo rígido, e não para de reclamar de umas pontadas de dor na lombar. Também já se acostumou às dores entre o coração, os rins e os pulmões. É um hipocondríaco de marca maior! (É esse o termo, não é?).

A senhora v. P. e a mamãe também não são as melhores amigas. Razões para a inimizade é que não faltam; para dar exemplo bobo: a senhora v. P. retirou do roupeiro comum todos os lençóis, deixando só três. Com certeza supôs que os jogos de cama da mamãe poderiam ser usados pela família inteira. Que decepção ela não vai sentir quando descobrir que a mamãe lhe seguiu o bom exemplo.

Além disso, a madame deve estar se corroendo por dentro por estarmos usando a louça dela, e não a nossa. Não desiste de tentar descobrir que fim levaram os nossos pratos; estes estão mais perto do que ela possa imaginar: no sótão, dentro de caixas de papelão, por detrás de uma pilha de reclames publicitários da Opekta. Enquanto estivermos escondidos, não temos acesso aos pratos. Bem feito para ela!

Além disso, eu volta e meia tenho algum acidente; ontem mesmo despedacei um prato fundo da louça da madame.

"Ei!", exclamou, furiosa. "Você poderia ter mais cuidado, que eles são os únicos pertences que me restam?" Por favor tenha em conta, Kitty, que as duas madames aqui falam um holandês deplorável (dos senhores eu não me atrevo a dizer nada; eles ficariam ofendidíssimos). Se você ouvisse como arranham o holandês aqui, daria gargalhadas. Já nem prestamos mais atenção, corrigir não serve de nada. Enquanto estiver escrevendo sobre a mamãe ou a senhora v. P., não vou reproduzir essa pobreza de linguagem, mas sim um holandês mais decente. Na semana passada tivemos uma pequena interrupção na nossa vida monótona, por conta de um livro sobre mulheres e o Peter. É preciso que você saiba que a Margot e o Peter estão autorizados a ler praticamente todos os livros que o senhor Kleiman nos empresta, mas esse livro específico sobre um tema feminino os adultos preferiram guardar para si próprios. Esse fato logo despertou a curiosidade do Peter. De que assunto proibido se trataria? Subtraiu às escondidas o livro da mãe enquanto ela estava conversando no andar inferior e levou a presa do motim para o desvão do sótão. Dois dias se escoaram sem problemas; a senhora v. P. soube desde o início que fim tinha levado o livro, mas não abriu a boca até o senhor v. P. descobrir. Ficou furioso, resgatou o livro e achou que o assunto estava encerrado. No entanto, subestimou a curiosidade do filho, que não se deixou abalar pela atuação enérgica do pai.

O Peter matutou de que manhas lançar mão para terminar a leitura daquele livro tão interessante. A mãe dele no meio-tempo foi pedir a opinião da mamãe sobre o assunto. Esta não achou o livro apropriado para a Margot, mas, de resto, não via nenhum mal. "Existe uma grande diferença entre a Margot e o Peter, senhora v. P.", disse a mamãe. "Em primeiro lugar, a Margot é uma menina, e as meninas são sempre mais maduras que os meninos; em segundo lugar, a Margot já leu outros livros sérios e não fica procurando nem mesmo coisas que deixaram de ser proibidas para ela; em terceiro, a Margot é bem mais desenvolvida e ajuizada, o que é o resultado de quatro anos no HBS, uma excelente escola." A senhora v. P. concordou, ainda que tenha achado em princípio errado deixar garotos e garotas lerem livros para adultos.

No meio-tempo, o Peter tinha descoberto o horário próprio no qual ninguém procurava em volta de si nem pelo livro nem por ele. Às 7 e meia, quando toda a família estava no escritório particular escutando rádio, ele levou o seu bem precioso de novo até a água-furtada. Às 8 e meia já deveria ter descido, mas, interessante como era o livro, perdeu a noção de tempo e, justamente quando ia descer as escadas do sótão, entrou o pai no aposento. O que sobreveio foi o óbvio: um safanão, uma bofetada, um empurrão, o livro sobre a mesa e o Peter no chão. Foi nessas alturas que a família começou a jantar. O Peter ficou lá em cima, ninguém nem perguntou por ele, que foi para a cama de estômago vazio. Tagarelando alegremente, continuávamos a refeição até que chegou até nós um silvado penetrante; todos pousamos os talheres e nos entreolhamos com o semblante pálido e assustado. Ouvimos então, pelo tubo condutor da lareira,

a voz do Peter, que dizia: "Não estou nem aí para vocês. Não vou mesmo vou descer."

O senhor v.P.se levantou de um salto, o guardanapo caindo no chão, e gritou com o rosto rubicundo: "Agora ele passou dos limites!"

O Papai o pegou pelo braço, receoso do que estava por vir, e lá se foram os dois para o sótão. Depois de resistir e espernear, Peter acabou indo parar no seu quarto; a porta se fechou, e nós continuamos a comer. A senhora v. P. quis guardar um sanduíche para o seu queridinho, mas o senhor seu marido se opôs terminantemente. "Se ele não pedir desculpas logo, vai ter que dormir na água-furtada." Protestamos todos e dissemos que ficar sem comer já era castigo demais. Poderia pegar um resfriado, e não haveria como chamar um médico.

Peter não pediu desculpas, foi de novo parar na água-furtada. O senhor v. P. deixou o acontecido para lá, mas reparou na manhã seguinte que a cama do Peter estava desfeita. Às sete já tinha voltado para o sótão, mas se viu forçado a descer pelas palavras afáveis do papai. Passaram-se três dias de cara feia e um silêncio persistente até que tudo voltasse ao normal.

sua Anne.

SEGUNDA, 21 DE SET. DE 1942.

Querida Kitty,

Hoje eu vou comunicar em linhas gerais as notícias do Anexo. Acima do divã-cama foi instalada uma lâmpada bem simples com um cordel que basta eu puxar na eventualidade de haver algum tiroteio. De momento não tem nenhuma serventia, já que a nossa janela fica entreaberta dia e noite.

O espaço do compartimento masculino dos v.P. tem um armário de marcenaria cinzelado que faz as vezes de despensa, com tela apanha-moscas e tudo. Esse divino objeto tinha estado até então no quarto do Peter, mas, para estar num compartimento mais ventilado, tinha sido levado ao sótão. A sra. v. P. é insuportável. Ela não para de me fazer sermão lá de cima por conta da minha tagarelice. Não estou nem aí para eles dois! Às vezes chegam até nós notícias sobre outros judeus, infelizmente não estão nada bem. Entre outras coisas, fiquei sabendo que uma menina da minha classe foi levada com a família pelos alemães. O senhor Kleiman, semana sim, semana não, me traz alguns livros juvenis femininos. Fiquei toda entusiasmada com a série do Joop ter Heul. A Cissy van Marxveldt é das que eu mais gosto. Een Zomerzotheid eu cheguei a ler até mesmo 4 vezes e ainda hoje rio das situações burlescas.

Recomecei os estudos. Mergulhei no francês e me forço a decorar diariamente 5 verbos irregulares. O Peter voltou às suas tarefas de inglês em meio a suspiros. Alguns dos livros didáticos tinham acabado de chegar, assim como um estoque de cadernos, lápis, borrachas e etiquetas que eu havia trazido de casa em grandes quantidades. Às vezes eu sintonizo a rádio Oranje; há pouco tempo o príncipe Bernhard fez um discurso.

Por volta de janeiro vão ter um bebê, anunciou. Fiquei contente com a notícia; aqui ninguém entende como eu possa ser fã da família real.

Algumas noites atrás se comentou o quão ignorante eu ainda sou, o que me motivou a partir do dia seguinte a pôr mãos à obra; não tenho vontade nenhuma de, com 14 e 15 anos, estar tão atrasada na escola.

Nessa conversa se falou do fato de que eu não tenho ainda permissão para ler praticamente nada;

a mamãe está lendo no momento "Senhores, senhoras e lacaios"; como sempre, um livro proibido para mim (para a Margot não!); preciso atingir a maturidade da minha talentosa irmã. Falou-se em seguida sobre o meu desconhecimento em relação a assuntos relativos à filosofia, à psicologia e à fisiologia (fui logo consular o significado desses conceitos complicadas no dicionário Koenen!), dos quais eu de fato não sei nada. Quem sabe se até o ano que vem eu já esteja mais madura! Cheguei à preocupante conclusão de que para o verão eu não tenho nada além de um vestido de mangas compridas e três casaquinhos. O papai me autorizou a tricotar um suéter de lã de cordeiro branca: a verdade é que a lã não é nenhuma maravilha, mas deve dar conta do frio. Nós temos mais roupas em casa de terceiros, mas, infelizmente, só podemos ir buscá-las após o final da guerra, se é que ainda estarão lá.

Quando eu estava escrevendo a você sobre a madame, chega a própria, e, pá pum, fecho o diário. "Poxa, Anne, não posso nem dar uma olhadinha?"

"Não, senhora."

"Nem mesmo uma única página?"

"Nem mesmo uma única página, senhora."

Levei um susto daqueles, pois na última página eu acabava de descrevê-la em termos pouco favoráveis.

Sua Anne.

SEXTA, 25 DE SETEMBRO DE 1942.

Querida Kitty,

O papai tem um velho conhecido, o senhor Dreher, um homem na casa dos 70, com a audição bastante comprometida, doente e pobre, que leva para cima e para baixo um apêndice desagradável: uma mulher 27 anos mais jovem, igualmente pobre, com braços e pernas cobertos de braceletes e argolas falsos e genuínos, resquícios dos antigos anos dourados. Esse senhor Dreher já foi um lastre e tanto nas costas do papai, que eu admirava pela sua paciência de Jó quando atendia os telefonemas do coitado. Quando nós ainda morávamos em casa, a mamãe sempre lhe sugeria pôr ao lado do telefone um gramofone que dissesse a cada 3 minutos "sim, senhor Dreher" e "não, senhor Dreher", já que o velhinho não entendia mesmo nada das respostas detalhadas do papai. Hoje o dito cujo ligou para o escritório e perguntou ao Kugler se este poderia ir vê-lo. O Kugler não estava com a menor vontade e preferiu lhe mandar a Miep. Mas a Miep telefonou desmarcando. A senhora Dreher ligou em seguida, mas já que a Miep estava supostamente ausente a tarde inteira, teve de imitar a voz da Bep ao telefone. Lá embaixo (no escritório) e aqui em cima, o incidente provocou gargalhadas, e agora, todas as vezes que toca o telefone, a Bep diz: "É a senhora Dreher!", ao que a Miep já atende rindo e trata quem está do outro lado da linha com muita descortesia. Pois é, não tem par no mundo uma firma-manicômio como a nossa, em que os diretores e as secretárias se divertem à beça uns com os outros.

Às vezes, pela noite, eu me reúno com os V.P. para bater papo. Comemos então um biscoito-naftalina de caramelo (a lata com os biscoitos era guardada num guarda-roupas impregnado de naftalina) e nos divertimos. Outro dia, na conversa, falamos do Peter. Contei que ele frequentemente passava a mão no meu rosto, e que isso não me agradava nada. Então eles me perguntaram, à maneira como fazem os pais, se eu não conseguiria me apaixonar por ele, já que estava claro que ele gostava de mim. "Era o que me faltava!", pensei, mas só disse que não: Imagine só! O Pim (como chamo o papai carinhosamente) exige ter aulas de holandês, o que considero justo, como retribuição da sua ajuda com o francês e outras matérias. Mas ele dá cada fora! Um deles é "o sapo marulha com os olhos" em vez de "as ondas marulham contra o píer; mas germanismo que isso é impossível.

Eu tenho que reconhecer que a comissão do Anexo (departamento masculino) é muito criativa. Veja só a última que eles inventaram a fim de fazer com que uma mensagem nossa chegue às mãos do senhor Broks, um conhecido representante da Opekta e armazenador de produtos clandestinos. Escrevem à máquina uma carta a um certo lojista, um cliente da Opekta em Zeeuws-Vlaanderen, que inclui um formulário-resposta a ser preenchido e o envelope no qual enviá-lo de volta. No envelope o papai já tem anotado o endereço. Quando o envelope volta, se retira dele a carta do cliente e ficam evidentes sinais de vida do papai, já que ele escreve à mão. Assim o tal Broks lê o conjunto sem desconfiar de nada. Escolheram Zeeuws-Vlaanderen justamente pela proximidade com a Bélgica, de maneira que as cartas podem ter atravessado a fronteira facilmente porque ninguém pode chegar lá sem necessidade de visto. Um representante comum como o Broks não conseguiria essa permissão.

Sua Anne.

DOMINGO, 27 DE SETEMBRO DE 1942.

Querida Kitty,

Hoje eu tive a enésima discussão com a mamãe dos últimos tempos, infelizmente as coisas não vão bem entre nós, e com a Margot eu também não me dou às mil maravilhas. Apesar de não haver aqui explosões de ira como lá em cima, na maioria das vezes paira no ar algo de desagradável. As índoles da Margot e da mamãe me são estranhas. Eu entendo melhor as minhas amigas que a minha própria mãe. Não é uma pena?

Frequentemente falamos sobre problemas que podem surgir depois da guerra, por exemplo, que não devemos nos referir pejorativamente aos empregados, e não achei isso tão ruim quanto a distinção entre senhora e senhorita em relação a mulheres casadas.

A madame está, para variar, de mau humor; ela é muito melindrosa e com frequência fecha às sete chaves produtos de uso comum. É uma pena que a mamãe não responda ao desaparecimento de um bem adquirido pelos v.P. com o desaparecimento de um bem adquirido pelos Frank.

Algumas pessoas parecem gostar imensamente de educar não só as suas próprias crianças, mas também as dos seus conhecidos, como no caso dos v. P. A Margot não tem mais o que aprender: é a personificação da bondade, da afabilidade e da inteligência; eu, entretanto, sou quem carrega a abundante quota de marotagem dela. Repetidas vezes se disparam de um lado ao outro da mesa palavras de advertência e respostas malcriadas. O papai e a mamãe sempre me defendem ferozmente, sem a intervenção deles eu não me atreveria a começar o bate-boca. Apesar de sempre me aconselharem a falar menos, a ser menos intrometida e mais modesta, eu pareço fadada ao fracasso. Se o papai não fosse tão paciente, eu teria perdido há muito tempo a esperança de cumprir as expectativas dos meus pais, que nem são altas assim.

Se me sirvo pouco de algum legume de que eu não gosto e, em vez dele, pego mais batatas, os v.P., principalmente a madame, não aguentam o meu caráter mimado.

"Vamos lá, Anne, mais um pouquinho só!", vai logo dizendo ela.

"Não, senhora, obrigada", digo eu. "As batatas já dão."

"Comer legumes é muito saudável, a sua mãe mesmo diz; um pouquinho mais", insiste ela, até que o papai intervém e me apoia na minha recusa.

É quando a senhora diz. "Vocês deveriam é ter estado conosco em outras épocas; as crianças eram pelo menos educadas, porque isto aqui não é educação. A Anne é mimada que só; eu jamais consentiria. Se ela fosse minha filha..."

É assim que sempre começa e termina a enxurrada de palavras. "Se ela fosse minha filha", felizmente eu não sou. Mas, voltando ao tema educação, após as últimas e inequívocas palavras da madame, se fez silêncio. Então o papai respondeu: "Já eu acho a Anne muito bem-educada; ela pelo menos já aprendeu o suficiente para não se dar ao trabalho de replicar os longos sermões da senhora. No que se refere aos legumes, se me resta responder: a senhora também tem das suas." A dita-cuja ficou completamente transtornada. Esse "também tem das suas", claro, fazia referência direta ao fato de a madame não tolerar comer feijões ou qualquer tipo de couve à noite, porque senão solta "ventinhos". Mas isso até eu mesma podia dizer. Que cretina, ela, não? Enfim, pelo menos agora ela fica de boca fechada no que diz respeito a mim.

É engraçadíssimo ver como a senhora v. P. fica corada. Já eu não fico, o que deve fazer com que ela se corroa por dentro de inveja.

Sua Anne.

SEGUNDA, 28 DE SET. DE 1942

Querida Kitty,

Ainda faltava muito para eu terminar a minha carta de ontem quando fui interrompida, daí a sequência. já vou lhe falar sobre mais um atrito

SEGUNDA, 28 DE SET. DE 1942

Ainda faltava muito para eu terminar a minha carta de ontem na hora em que eu tive que parar de escrever. Eu não consigo resistir à tentação de contar a você outro atrito ocorrido, mas antes de mais nada o seguinte: fico impressionada com a facilidade e a rapidez com que os adultos começam a brigar por causa de todo o tipo de ninharias. Eu sempre achei que as pequenas rixas eram um hábito infantil que se desfaria mais tarde. É claro que tem vezes em que algo realmente justifica uma briga "de verdade", mas esses bate-bocas aqui não passam de pequenas rixas. Eu já deveria estar acostumada a ter esses como ordem do dia. Entretanto, esse não é nem será o caso enquanto o meu nome estiver citado em qualquer discussão (emprego este último termo em vez de "briga", erroneamente, claro, mas em alemão não se faz diferença entre eles). Eles não têm dó nem perdão, não mesmo: a minha maneira de agir, o meu caráter, os meus modos, tudo é passado em revista de baixo para cima e de cima para baixo e vira fofoca. Além disso, algo a que não estou nem um pouco acostumada: palavras duras e gritaria dirigidas a mim. Eu não aguento! Não tenho a menor intenção de deixar essas ofensas pairarem sobre mim. Vou mostrar a eles que a Anne Frank não nasceu ontem; vão ficar de queixo caído e calar o bico, quando eu lhes deixar bem claro que eles devem reavaliar não a minha educação, mas sim a deles próprios. Que maneira de agir é essa? É a maneira dos bárbaros. Até hoje eu sempre fiquei perplexa perante a falta de modos e, mais que tudo, perante... a estupidez (a senhora v. P.). Assim que eu me sentir pronta, o que não vai demorar muito para acontecer, vou dar a réplica às palavras deles sem papas na língua, e aí é que eles vão mudar o discurso! Será que vão continuar me achando mal-educada, cabeça-dura, birrenta, convencida, boba, preguiçosa etc. e etc. como eles dizem aqui em cima? Vá lá, eu sei que cometo erros e que tenho os meus defeitos, mas eles exageram bem mais da conta! Se você soubesse, Kitty, como o meu sangue às vezes ferve durante esses xingamentos e bate-bocas... Não falta mais muito para a minha raiva recalcada entrar em erupção.

Eu sei que já chateei você demais com as minhas discussões, mas é que eu não posso deixar de lhe contar uma discussão altamente interessante à mesa. Conversa vai, conversa vem, começamos a falar sobre a modéstia excessiva do Pim. Essa modéstia é fato consumado e do qual nem os mais burros duvidam. Eis que exclama madame, que sempre puxa a conversa para o seu lado: "Eu também sou muitíssimo modesta, até mais que o meu marido!"

Você acredita?! Essa afirmação por si só já é indicativa da modéstia no caráter dela. O senhor v.P., que teve por bem elucidar o "até mais que o meu marido", disse com a maior calma: "Eu nem quero ser modesto. Sempre me dei conta de que os imodestos chegam mais alto na vida que os modestos." E se voltando para mim: "Não seja modesta, Anne, porque aí você não vai muito longe." A mamãe concordou plenamente com esse prisma.

Mas a senhora v. P. como sempre fez questão de dar a sua opinião sobre o tema educação em pauta. Dessa vez, porém, não se voltou diretamente para mim, mas sim aos meus pais. "Que concepção de vida mais estranha a de vocês para dizerem à Anne algo desse estilo. Na minha juventude não se pensava assim, e tenho certeza de que atualmente também não se pensa, exceto na família moderna dos senhores!" Este último comentário aludia ao método educacional apregoado mais de uma vez pela mamãe.

A madame estava com o rosto afogueado de exaltação, já a mamãe nem um pouco, e quem se exalta fica cada vez mais inflamado e não demora para ser derrotado pelo adversário.

A mamãe, sem corar, que queria dar um fim à discussão o mais brevemente possível, refletiu rapidamente antes de responder: "Senhora v.P., eu também sou da opinião de que é de fato melhor sermos menos modestos nesta vida. O meu marido, a Margot e o Peter são todos excepcionalmente modestos. O seu marido, a senhora, a Anne e eu não somos imodestos, mas não deixamos passarem por cima de nós com tanta facilidade."

A madame: "Minha senhora, eu não a entendo! Eu sou de verdade excepcionalmente modesta. O que foi que deu na senhora para me considerar imodesta?"

A mamãe: "É certo que a senhora não é imodesta, mas exatamente modesta eu também não a consideraria."

A madame: "Eu gostaria de saber no que consiste a minha imodéstia! Se eu não cuidasse de mim mesma, ninguém mais o faria, e nesse caso eu morreria de fome. Justamente por isso é que eu sou de fato tão modesta como o seu marido."

Diante dessa autodefesa absurda, a mamãe só conseguiu rir, o que irritou a senhora v. P., que embelezou o seu relato com uma longa série de formulações num germano-holandês e num holando-alemão maravilhosos, até que a grande oradora começou a tropeçar nas próprias palavras de tal modo que, por fim, se levantou da cadeira e fez menção de sair do aposento. Foi quando os olhos dela pousaram sobre mim. Você tinha que ter estado ali para ver! Infelizmente, justo no momento em que a madame nos dava as costas, eu estava balançando a cabeça em sinal de comiseração e ironia; não de propósito, mas de maneira completamente involuntária, tão intensamente eu havia estado ouvindo aquela enxurrada de palavras. A madame se voltou para nós outra vez e começou a resmungar, em alemão e em alto e bom som, vulgar, incivilizada, exatamente como uma peixeira vermelhona e balofa. Um espetáculo para se ver. Se eu soubesse desenhar, gostaria de tê-la desenhado nesse momento, de tão engraçada, pequena, ridícula e bufona que ela estava! Mas uma coisa eu aprendi: você só fica conhecendo bem uma pessoa após ter brigado uma vez com ela. Só assim é que dá para avaliar o seu caráter!

Sua Anne.

TERÇA, 29 DE SET. DE '42.

Querida Kitty,

Os que se escondem vivenciam coisas fora do normal! Imagine só: por não termos banheira, nos lavamos numa tina, e já que só o escritório (com "escritório" me refiro sempre a todo o andar inferior) tem água quente, nós sete vamos nos alternando para usufruir desse privilégio. Mas, visto que nós todos somos tão diferentes uns dos outros e a questão do embaraço é mais complexa para alguns, cada membro da família escolheu um espaço diferente para se lavar. O Peter o faz na cozinha, apesar da porta de vidro. Quando planeja se lavar, vem a nós de um em um anunciando-o e pedindo que nós não passemos pela cozinha por uma meia hora. Ele considera suficiente essa medida de precaução. O senhor v. P. se lava lá em cima. Para ele a segurança do próprio quarto compensa o estorvo de subir as escadas levando a água fervente. A senhora v. P. prefere por enquanto nem mesmo se lavar, ela está esperando para ver qual o melhor lugar. O papai se lava no seu escritório particular; a mamãe na cozinha, por detrás da tela do fogão; já a Margot e eu escolhemos a parte dianteira do escritório principal. Nas tardes de domingo, corremos as cortinas e nos lavamos no escuro, enquanto a que espera entreabre as cortinas e monta guarda à janela, estranhando as pessoas divertindo-se do lado de fora.

Desde a semana passada, deixei de gostar desses banhos e fui à procura de uma instalação mais confortável. Foi o Peter quem me deu a ideia, aconselhando que eu pusesse a minha tina no amplo espaço do banheiro do escritório. Eu me sento, acendo a luz, tranco a porta despejo a água mesmo sem ajuda de alguém, a salvo dos olhares indiscretos. No domingo passado eu estreei o meu novo banheiro e, por mais estranho que pareça, o considero o melhor lugar de todos. Na quarta de manhã apareceu no andar de baixo um encanador a fim de redirecionar o escoamento de água e de outros encanamentos do banheiro do escritório para o corredor. Essa alteração ocorreu a fim de, na eventualidade de um inverno rigoroso, evitarmos o congelamento da tubulação. A visita do encanador foi para nós tudo menos agradável. Não só não pudemos abrir qualquer torneira durante o dia: também não pudemos ir ao banheiro. Não me sinto nada à vontade para contar a você o que fizemos para contornar esse mal. Mas não sou puritana a ponto de não falar sobre tais assuntos. O papai e eu adquirimos no início da nossa entrada no esconderijo um penico improvisado, com a diferença de que, por falta de um urinol, sacrificamos dois frascos de conserva de geleia para tal fim. Durante a visita do encanador, pusemos tais frascos no quarto para conservar as nossas necessidades do dia. Eu achava isso de longe menos ruim que ter de passar o dia inteiro em silêncio, sem poder falar. Você nem imagina o quão difícil isso foi para esta senhora pata Quá Quá Quá. Já em dias comuns nós só podemos sussurrar; não poder dizer nada nem se mover é 10x pior.

O meu bumbum, após três dias de esmagamento, estava completamente quadrado e dolorido. Ginástica vespertina foi de grande ajuda.

Sua Anne.

QUINTA, 1º DE OUT. DE '42.

Querida Kitty,

Ontem eu quase morri de susto. Às oito em ponto eis que tocam a campainha insistentemente. Eu já fui achando que era alguém da... você sabe a quem eu me refiro. Só me tranquilizei quando todos disseram que, sem sombra de dúvida, eram alguns moleques traquinas ou o carteiro.

Os dias aqui são silenciosos demais. Levinsohn, um farmacêutico e químico judeu mirrado, trabalha na cozinha para o Kugler. Conhece a casa como ninguém, razão pela qual ficamos tremendo de medo de que ele inventasse de ir dar uma "olhadinha" no seu antigo laboratório. Falamos mais baixo que filhotes de camundongo. Quem teria imaginado há 3 meses que a hiperativa Anne Frank passaria horas a fio calada no seu canto?

No dia 29 a senhora van Pels fez aniversário. Apesar de não ter havido uma grande celebração, foi homenageada com flores, alguns presentinhos e uma ótima refeição. Os cravos vermelhos do senhor seu marido parecem ser uma tradição na família.

Sem mudar de assunto, posso dizer que uma fonte de irritação constante para mim são as suas tentativas de flerte com o papai. Ela o acaricia no rosto e nos cabelos, levanta bem alto a barra da saia, diz coisas aparentemente espirituosas e tenta assim atrair para si a atenção do Pim. Menos mal que ele não a acha nem bonita nem interessante, e não cai na armadilha dos flertes.

O Peter às vezes nos surpreende com alguma gracinha. Uma predileção que dá motivo a risadas que ele tem em comum comigo: fantasiar-se. Aparecemos outro dia ele num vestido justíssimo da mãe e eu no terno dele; ele com um chapéu; eu com um boné. Os adultos se esborracharam de rir, e nós, também.

A Bep comprou na loja de departamentos Bijenkorf saias novas para a Margot e para mim. O tecido era uma porcaria, como a juta de que são feitos os sacos de batatas. Esses artigos que as lojas antigamente nem sonhariam em vender custam agora 7, 75 e 24 florins respectivamente. Outra novidade legal: a Bep encomendou de uma associação qualquer lições escritas de estenografia. Você vai ver que estenógrafos perfeitos nós seremos. Eu pelo menos acho magnífico aprender uma linguagem secreta de fato.

Para terminar esse *pot-pourri* de notícias, uma piada excepcionalmente engraçada do senhor v. P.: O que é que faz 999 vezes clique e 1 vez claque? Uma centopeia manca!

Tchauzinho da sua Anne.

SEXTA, 9 DE OUTUBRO DE 1942.

Querida Kitty,

Hoje eu não tenho nada para contar senão mensagens sinistras e angustiantes. Os nossos muitos conhecidos judeus estão sendo capturados em massa. A Gestapo trata essas pessoas de maneira tudo menos delicada; são levadas em vagões de transporte de gado a Westerbork, o grande campo de judeus em Drenthe. Westerbork deve ser um lugar horripilante: só há 1 latrina e 1 pia para alguns milhares de pessoas. Dormem todos uns sobre os outros, homens e mulheres, sendo que estas, assim como as crianças, costumam ter as cabeças raspadas. Ouve-se falar de uma promiscuidade sem fim; muitas mulheres e meninas que já estão lá há mais tempo supostamente engravidaram.

Fugir é praticamente impossível. As pessoas são todas estigmatizadas pelas cabeças rapadas e muitos pelo seu aspecto judeu.

Se as coisas já chegaram a esse ponto na Holanda, o que pensar da situação dos judeus vivendo nas paragens longínquas e bárbaras para onde são enviados? Supomos que a maior parte deles é assassinada. A rádio inglesa fala em gasificação, talvez seja o método mais rápido de matança.

Eu estou desesperada. A Miep narra esses relatos de arrepiar de maneira tão comovente que ela própria fica transtornada. Há pouco tempo, por exemplo, encontrou na frente da porta de casa uma senhora judia idosa e paralisada que esperava a Gestapo, que tinha ido pegar um veículo para transportá-la. A velhinha estava apavorada com os disparos estrondosos dos alemães na direção dos aviões ingleses que sobrevoavam e dos refletores que ofuscavam a visão. Ainda assim, a Miep não se atrevia a levá-la para dentro. Algo que ninguém ousaria fazer. Os alemães são generosos nas suas represálias.

A Bep também anda calada: o seu namorado foi convocado para ir para a Alemanha. Teme que os mesmos aviões que passam sobre as nossas casas soltem os seus lastros de bombas, que costumam pesar um milhão de quilos, sobre a cabeça do Bertus.

Piadinhas do tipo "um milhão também não vai cair sobre a cabeça dele" e "uma única bomba já dá conta do recado" eu considero completamente fora de lugar. O Bertus também não é o único obrigado a ir, todos os dias partem trens cheios de rapazes. No caminho, quando param em alguma estação menor, acontece de descerem do trem às escondidas para passar à clandestinidade. Talvez dê certo para uma pouca porcentagem deles.

Mas as minhas lamentações não param aqui. Você alguma vez já ouviu falar de reféns? É a mais nova punição para os sabotadores. É mais terrível do que você pode imaginar.

Cidadãos proeminentes e inocentes são detidos para esperar serem assassinados. Se acontece alguma sabotagem e o responsável não é encontrado, a Gestapo simplesmente põe uns cinco reféns contra um paredão. Os nomes deles frequentemente constam na seção de óbitos dos jornais. O crime é intitulado de "acidente fatal".

Que bela laia, os alemães! E o pior: eu na verdade faço parte dela! Mas não, o Hitler já faz tempo nos transformou em apátridas. Aliás, não existe no mundo uma inimizade maior que aquela entre alemães e judeus.

sua Anne.

QUINTA, 20 DE OUTUBRO DE 1942.

Querida Kitty,

As minhas mãos ainda estão tremendo apesar de já terem passado duas horas do susto que nós levamos. Você deve saber que nós temos em casa cinco aparelhos da Minimax contra perigo de incêndio. Os lá de baixo, primando pela inteligência como sempre, não nos avisaram quando o carpinteiro, ou seja lá como se chama o profissional que faz esse trabalho, veio reencher os aparelhos em questão. O resultado foi que não fizemos o mínimo silêncio; muito pelo contrário. Até que eu, saindo para o descanso (do lado oposto da porta com a estante) ouvi marteladas. Pensei na mesma hora no carpinteiro e fui avisar a Bep, que estava comendo, para que ela não descesse. O papai e eu montamos guarda na porta para ouvir quando o sujeito saísse. Após um quarto de hora ele deixou os seus instrumentos sobre o nosso armário (pelo menos era o que nós achávamos) e bateu à nossa porta. Empalidecemos. Será então que ele nos tinha ouvido e estava querendo investigar o colosso secreto? Era o que parecia: as batidas, os puxões, os empurrões e as investidas não cessavam. Eu quase desmaiei de medo de que aquele completo estranho conseguisse desmantelar o nosso belo esconderijo. Justamente quando já estava achando que os meus dias estavam contados foi que ouvimos a voz do Kleiman: "Abram, sou eu!" Abrimos na mesma hora. O que tinha acontecido? O gancho que mantém a porta do armário no seu lugar tinha emperrado, razão pela qual ninguém tinha conseguido nos avisar sobre o carpinteiro. O homem tinha descido, e o Kleiman queria buscar a Bep, mas não conseguia abrir a porta. Você não imagina o meu alívio. O homem que eu imaginava querer entrar na nossa casa tinha assumido contornos cada vez maiores. No fim já estava com o formato de um gigante, metamorfoseado num fascista como nenhum outro. Pois é, desta vez as coisas terminaram bem para nós. Na segunda nós nos divertimos muito. A Miep e o Jan passaram a noite conosco. A Margot e eu fomos dormir com o papai e a mamãe, cedendo as nossas camas ao casal Gies. O menu de honra estava divino. Ocorreu uma pequena interrupção quando a lâmpada do papai provocou um circo-circuito e nos vimos de repente no escuro. O que fazer? Fusíveis novos nós tínhamos em casa, mas um deles tinha que ser instalado bem no fundo do armazém escuro, uma tarefa não tão agradável de ser executada à noite. Ainda assim os cavalheiros a levaram a cabo, e em 10 minutos as velas puderam ser recolhidas.

A Bep voltará na semana que vem a nos fazer uma visita noturna.

sua Anne.

QUINTA, 29
DE OUTUBRO DE 1942.

Queridíssima Kitty,

Eu estou preocupadíssima: o papai está doente. Febre alta e uma erupção vermelha na pele. Parece sarampo. Imagine você, nem médico nós podemos chamar! A mamãe está fazendo com que ele dê uma boa suada, talvez isso faça a febre baixar. A Miep contou hoje de manhã que o apartamento dos v. P. na alameda Zuider-Amstel foi esvaziado. Ainda não contamos nada à madame, já que ela tem estado uma pilha de nervos nos últimos tempos e nós não estamos com vontade nenhuma de ouvir as suas ladainhas sobre os seus utensílios de mesa e cozinha e sobre as suas nobres cadeiras, que tinham acabado ficando lá. Nós também deixamos para trás praticamente tudo o que era bonito; de que adianta tanta lamentação? Nos últimos tempos me deixam ler mais livros para adultos. Estou lendo agora A juventude de Eva do Nico van Suchtelen; a diferença entre ele e romances para meninas não é tão grande. O papai retirou da estante grande os dramas de Goethe e Schiller, com a intenção de ler um pouco para mim em voz alta todas as noites. Já começamos com o Dom Carlos.

Para seguir o bom exemplo do papai, a mamãe me pôs na mão o seu livro de preces. Por decoro, já li algumas passagens em alemão. É bonito, mas não me diz quase nada. Por que será que a mamãe me força tanto a ser crente e devota?

Amanhã vamos usar a lareira pela primeira vez. O ambiente vai se encher de fumaça, dado que já faz muito tempo desde que se limpou a chaminé pela última vez. Esperemos que ela puxe a fumaça!

sua Anne.

SÁBADO, 7 DE NOV. DE 1942

Querida Kitty,

A mamãe está terrivelmente nervosa, o que sempre representa para mim um grande perigo. Seria coincidência que o papai e a mamãe nunca passam um sabão na Margot e se acaba despejando tudo sobre mim? Ontem à noite, por exemplo: a Margot estava lendo um livro com umas ilustrações lindíssimas; ela se levantou e deixou o livro de lado para logo retomar a leitura. Eu não tinha o que fazer, peguei o livro e comecei a admirar as ilustrações. A Margot voltou, viu o livro "dela" nas minhas mãos, franziu o cenho e, brava, pediu o livro de volta. Eu queria dar só uma olhadinha a mais, a Margot foi ficando cada vez mais brava; a mamãe interveio com as palavras: "Quem está lendo esse livro é a Margot, portanto, queira devolvê-lo a ela." O papai entrou justamente nesse momento, sem nem saber do que se tratava, viu que a Margot estava sendo injustiçada e me repreendeu: "Eu queria era ver você se a Margot ficasse folheando o livro que você estivesse lendo!'

Cedi na mesma hora, pus o livro onde o achei e saí do quarto "ofendida". Não estava na verdade nem ofendida nem brava, apenas triste.

Não gostei de que o papai julgasse sem conhecimento de causa. Eu teria eu própria devolvido o livro à Margot e bem antes se o papai e a mamãe não tivessem se intrometido e, como se se tratasse da maior injustiça, tomado as dores da Margot.

Que a mamãe tome o partido da Margot não é nenhuma novidade, uma sempre defende a outra. Estou tão acostumada que fico indiferente às broncas da mamãe e aos melindres da Margot. Eu só as amo porque são a mamãe e a Margot; na qualidade de pessoas, me daria na mesma se fossem parar na Cochinchina. Já com o papai a história é outra. Se ele me pretere pela Margot, aprova todas as ações dela, a elogia e se mostra carinhoso com ela, aí algo me corrói por dentro, porque ao papai eu adoro; ele é o meu grande exemplo, não tem ninguém no mundo que eu ame mais do que ele.

Parece que não se dá conta de que se comporta em relação a ela de uma maneira diferente da que se comporta comigo. Afinal, Margot é a mais inteligente, a mais doce, a mais bonita e a melhor. Mas eu também tenho direito a um pouco de seriedade, você não acha? Eu fui sempre a palhaça e a mandriona da família, a minha penitência pelos meus atos sempre foi dupla: primeiro com a reprimenda e depois com o desespero dentro de mim mesma. Já não me satisfaz esse carinho superficial, nem as conversas supostamente sérias. Eu almejo algo que o papai não está em condição de me dar.

Não tenho nem tive ciúmes da Margot, não desejo ter nem a beleza nem a inteligência dela; eu só queria mesmo muito era sentir um amor genuíno por parte do papai, não só como filha sua, mas como a Anne-como-ela-é. Eu me agarro ao papai porque a cada dia que passa a desprezo cada vez mais e porque ele é o único que mantém viva a chama do restinho de amor familiar que me sobrou. O papai não me entende quando quero me desabafar no que se refere ao que sinto pela mamãe. Não quer falar a respeito, evita qualquer alusão aos erros da mamãe. No entanto, o que mais me pesa no coração é a mamãe com os seus defeitos. Não sei como me portar: não posso lhe esfregar na cara o desleixo, o sarcasmo e o punho de ferro com que ela me trata, mas também não posso sempre procurar a culpa de tudo dentro de mim.

Eu sou exatamente o contrário dela em tudo, e as colisões são inevitáveis. Eu não estou julgando o seu caráter, mesmo porque não tenho como fazê-lo: eu só a vejo como mãe. Para mim a mamãe não é uma mãe. Eu própria tenho que cumprir esse papel. Eu me isolei dos outros; navego sozinha e um dia verei onde fui parar. As coisas são como são principalmente por eu ver em mim mesma um grande, um imenso exemplo: o de como uma mãe e uma mulher devem ser, algo que eu não encontro nela minimamente, algo que mereça ser chamado de mãe.

Eu sempre digo a mim mesma que não devo olhar para os seus maus exemplos, quero ver só os seus lados bons e o que não encontro nela passo a procurar em mim mesma. Mas não dá certo, e o pior de tudo é que nem o papai nem a mamãe se dão conta de que não me dão na vida o que eu busco e que, por isso, eu os julgo. Será que existe quem consiga satisfazer completamente os seus filhos? Às vezes eu acho que Deus quer me pôr à prova, agora e mais para frente. Tenho de aprender a ser boa, sem exemplos e sem conversas, porque é só assim que eu terei vencido.

Quem mais além de mim vai algum dia ler estas cartas? Quem mais além de mim vai me consolar? Porque eu preciso frequentemente de consolo. São tantas as vezes em que eu não sou suficientemente forte e erro mais que acerto! Estou ciente disso e dia após dia tento me aperfeiçoar.

Não sou tratada de maneira equilibrada. Num dia a Anne é ajuizada e pode ser posta a par de tudo e no dia seguinte a Anne é obrigada a ouvir que é burrinha como um jumento e que não tem noção de nada, mas que acha ter por tudo que aprendeu dos livros! Eu não sou mais o nenê e a criança mimada que, além do mais, é alvo de riso por conta de todos os seus feitos. Eu tenho os meus próprios ideais, projetos e ideias, só não sei ainda expressá-los em palavras.

Ah, eu começo a regurgitar tanta coisa quando estou sozinha de noite! Durante o dia também, quando tenho que aguentar as pessoas que me estão entaladas na garganta ou que sempre interpretam mal os meus intuitos. É por isso que eu sempre acabo voltando ao meu diário, que é o meu ponto de partida e o meu destino, porque a Kitty é sempre paciente. Vou prometer a ela que, apesar de tudo, vou persistir, vou desbravar a minha trilha e secar as lágrimas. Eu só queria mesmo era já ver algum resultado ou, por uma vez que fosse, ser encorajada por alguém que me ama.

Não me julgue, só me considere uma pessoa que também se sente às vezes a ponto de explodir!

sua Anne.

SEGUNDA, 9 DE NOV. DE 1942.

Querida Kitty,

Ontem foi o aniversário do Peter, que fez 16 anos. Os seus presentes foram ótimos. Entre outras coisas, ele ganhou um jogo Banco Imobiliário, um barbeador e um isqueiro. Não que ele fume muito — pelo contrário —, é mais pela elegância. A grande surpresa foi o senhor v. P. quem trouxe quando anunciou à uma da tarde que os ingleses tinham aterrissado em Túnis, Argel, Casablanca e Oram. É o começo do fim", diziam todos, mas Churchill, o primeiro ministro inglês, que provavelmente tinha ouvido na Inglaterra a mesma notícia, disse: "O desembarque é um grande acontecimento, mas não devemos achar que já é o começo do fim. Prefiro dizer que ele significa o fim do começo." Você captou a mensagem? Mas não deixa de ser uma razão de otimismo. Stalingrado, o lugar na Rússia que eles já vêm defendendo há 3 meses, ainda não caiu nas mãos dos alemães.

Para dar uma ideia melhor da natureza do Anexo, preciso falar das nossas provisões de mantimentos. (Você precisa saber que os do andar superior são verdadeiros glutões!)

O nosso pão quem fornece é um padeiro simpaticíssimo, um conhecido do Kleiman. É claro que o abastecimento não é tão farto como em casa, mas é suficiente. Os cupons de racionamento alimentar também são comprados clandestinamente. O preço deles sobe constantemente, o que era 27 florins hoje é 33 florins. E isso apenas por uma folhinha de papel impresso!

A fim de obter alimentos não perecíveis, além da nossa centena de latas, compramos 135 quilos de legumes secos. Não são só para nós; levamos também em conta os do escritório. Os legumes secos estavam em sacos pendurados com ganchos no pequeno corredor por detrás da porta do Anexo. Por conta do peso, as costuras de alguns dos sacos cederam e se abriram.

Decidimos então pôr as nossas provisões de inverno no sótão e incumbimos ao Peter a tarefa de içá-las. 5 dos 6 sacos já tinham ido parar lá em cima sãos e salvos, e o Peter estava justamente levando o sexto para cima quando se abriu a costura da parte inferior, despejando pelos ares uma chuva, ou melhor, uma chuva de granizo de feijões pretos escada abaixo. O saco continha aproximadamente 25 quilos deles. Aquilo parecia o estrondo de uma bomba. Os que estavam lá embaixo acharam que a casa ruía inteira sobre a cabeça deles. O Peter inicialmente se assustou, mas assim que me viu ao pé da escada como uma ilhota em meio a ondas de feijão se esborrachou de rir de tão rodeada que eu estava por aquela substância preta que me chegava aos tornozelos. Logo nos pusemos a recolher os feijões, mas, lisos e pequenos como são, eles foram rolando até os cantos e orifícios mais inimaginavelmente recônditos. A cada vez que alguém sobe a escada, se agacha para recolher um punhado de feijões e ir entregá-los à madame. Quase me esqueci de contar que o papai está completamente saudável de novo.

sua Anne.

P.S.: Acabamos de ouvir pelo rádio que Argel capitulou. O Marrocos, Casablanca e Oram já estão há alguns dias nas mãos dos ingleses. Agora só falta Túnis.

sua Anne.

TERÇA, 10 DE NOVEMBRO DE 1942.

Querida Kitty,

Tenho uma notícia que é o máximo: vamos acolher um oitavo clandestino!

É sério, nós sempre achamos que aqui ainda havia espaço mais que suficiente para uma 8a pessoa. Só tínhamos algum escrúpulo de pôr mais peso sobre as costas do Kugler e do Kleiman. A partir do momento em que as notícias vindas de fora sobre as atrocidades cometidas contra os judeus foram se agravando cada vez mais, o papai deliberou com as duas pessoas cruciais que acharam o seu plano excelente. "O perigo é tão grande para 7 pessoas como para 8", disseram com razão. Dado o aval, fomos passando em revista todo o nosso círculo de conhecidos a fim de encontrar alguém que vivesse sozinho e que se encaixasse no nosso contexto familiar clandestino. "Não foi difícil desenterrar alguém com essas características. Após papai descartar qualquer parente dos V.P., acabamos por escolher um dentista chamado Fritz Pfeffer. Este vivia como uma moça cristã simpática e bem mais jovem, com quem ele provavelmente não era casado, mas isso é só um detalhe. É tido como um homem tranquilo e civilizado, e, julgando-se pela primeira impressão, tanto nós como os V.P. simpatizamos com ele. É igualmente um conhecido da Miep, razão pela qual o plano de desaparecimento dele está sendo arquitetado por ela. Quando ele vier, o Pf. vai ter que dormir no meu quarto em vez de no quarto da Margot, que vai dormir no beliche.

sua Anne.

QUINTA, 12 DE NOVEMBRO
DE 1942.

Querida Kitty,

O Pfeffer logo que entrou já foi perguntando à Miep se ela não sabia de algum esconderijo. Ele se alegrou enormemente quando a Miep lhe disse que tinha um lugar para ele e que fosse para lá o mais rapidamente possível, de preferência já no sábado seguinte. Pareceu um pouco hesitante, precisava primeiro reorganizar o fichário, atender a dois clientes e fechar o caixa. Foi essa a novidade que a Miep veio nos trazer esta manhã. Não achamos uma boa ideia esperar tanto. Esse tipo de preparação gera um número de pedidos de explicações por parte das pessoas que preferimos deixar fora da questão. A Miep vai perguntar se ele realmente não pode se organizar para vir no sábado mesmo. O Pf. não só respondeu que não, mas também adiou a sua vinda para a segunda. Acho estranhíssimo que ele não aceite uma tal proposta na mesma hora. Se ele for detido na rua não vai mais poder organizar nem o fichário nem atender os seus pacientes. Qual é então a razão desse adiamento? Acho pouco inteligente o papai ter concordado com isso.

De resto, nada de novo.

sua Anne.

TERÇA, 17 DE NOVEMBRO
DE 1942.

Querida Kitty,

Chegou o senhor Pf. Deu tudo certo. Às 11 da manhã, a Miep tinha lhe dito, era para ele estar em determinado lugar na frente do prédio do correio, onde passaria um senhor para levá-lo. Lá estava então o Pf. no lugar e na hora combinados. O Kleiman foi até ele, informou que o sujeito em questão ainda não podia vir e lhe sugeriu ir ao escritório e ficar com a Miep. O Kleiman entrou no bonde, retornou ao escritório, enquanto o tal Pf. fazia o mesmo caminho a pé. Às 11 e vinte bateu de leve na porta do escritório. A Miep ajudou-o a se desvencilhar do casaco, de maneira que a estrela amarela ficasse invisível e o levou à sala privada, onde o Kleiman o entreteve até que a empregada fosse embora. Usando o pretexto de que o aposento não estava mais livre, a Miep levou o Pf. ao andar de cima, moveu a estante giratória e, diante dos olhos assombrados e incrédulos do homem, deu um passo para dentro. Nós estávamos lá em cima à mesa esperando o nosso companheiro de sorte com café e conhaque. A Miep o levou primeiro para a sala de estar; ele logo reconheceu os nossos móveis, mas jamais imaginaria que nós nos encontrássemos logo acima da sua cabeça. Quando Miep lhe contou isso, ele quase desmaiou de espanto. Mas, felizmente, a Miep não lhe deu muito tempo, levando-o logo para cima. O homem se estatelou sobre uma cadeira e nos olhou a todos, afônico, como se primeiro quisesse ler direito a verdade nos nossos rostos. Em seguida, misturando holandês e alemão, gaguejou: Mas..., mas vocês então não estão na Bélgica? Não veio o militar? O carro? Não deu certo a fuga? Nós lhe explicamos todo o acontecido e que havíamos difundido a lenda do militar e do carro de propósito para pôr numa pista falsa as pessoas e os alemães que eventualmente viessem nos procurar. O Pf. perdeu a fala com tanto engenho da nossa parte e não conseguia fazer mais que nos olhar, estarrecido, enquanto farejava mais detidamente o nosso Anexo aconchegante e hiperprático. Comemos juntos, ele dormiu um pouco e depois veio tomar chá conosco, deu uma arrumada nas poucas coisas que a Miep tinha trazido previamente, já se sentindo bastante em casa. Principalmente quando teve em mãos as regras de esconderijo do Anexo datilografadas (obra do senhor V. P.).

PROSPECTO E DIRETRIZES DO ANEXO. Instituição especial para a estada temporária de judeus e afins.

Aberta durante todo o ano. Localização bela, tranquila e arborizada no coração de Amsterdã.

Sem vizinhos particulares. De acesso fácil com as linhas de bonde 13 e 17, de bicicleta ou carro. Em determinados casos, onde as autoridades alemãs não permitem o uso dos meios de transporte citados, igualmente andando.

Distância da Praça Munt: 5 minutos. Distância da região do Zuid: 45 minutos. *Flats* e quartos mobiliados ou não, constantemente disponíveis, as refeições incluídas ou não. Preço: gratuito. Dieta especial, sem gordura.

Água corrente no banheiro (infelizmente sem banheira) e em diversas paredes internas e externas. Lareira, estufas e fogões agradabilíssimos. Amplo espaço de armazenagem para todo tipo de carga. Dispomos igualmente de dois cofres. Própria central radiofônica.

em ligação direta com emissões diretas de Londres, Nova Iorque, Telavive entre muitas outras.

A partir das 6 da tarde o aparelho está à disposição dos inquilinos, sendo que não há rádios proibidas, com a ressalva de que só excepcionalmente se podem escutar emissoras alemãs, que p.e. transmitem programas de música clássica e afins. Fica terminantemente proibido escutar noticiários alemães (seja de onde for que sejam transmitidos) e divulgá-los. As notícias radiofônicas acontecem em 3 expedientes. Pela manhã às 7, às 8 e à 1 da tarde, à noite às 6. Horários de descanso: das 10 da noite até às 7½ da manhã e, aos domingos, até às 10¼. Dadas as circunstâncias, durante o dia também se pode dar a observância de horas de descanso, de acordo com as indicações da direção. Tais horas de descanso devem ser respeitadas à risca, já que têm como fim a segurança geral!!! Horário livre: restrito ao espaço interior até novo aviso.

Uso linguístico: é imperativo manter o tom de voz baixo. Permitido o uso de qualquer idioma civilizado, o que exclui o alemão. Leitura e ócio: fica proibida a leitura de livros alemães, com exceção dos clássicos e científicos; sem restrições a quaisquer outros. Exercícios de ginástica: diários. Canto: exclusivamente em voz baixa e após as seis da tarde.

filmes: após deliberação geral.

Aulas: escrita estenográfica uma vez por semana. Inglês, francês, matemática e história quando quer que seja.

Remuneração em forma de troca de aulas, tais como de holandês.

Fica terminantemente proibido escutar noticiários alemães (seja transmitidos de onde for) e divulgá-los.

Acomodação especial para pequenos animais domésticos (exceto animais perniciosos, a menos que com licença expedida para tal fim.......

Preço, determinado após deliberação.

O consumo de refeições: café da manhã: diariamente, exceção feita aos domingos e feriados, às 9 da manhã; aos domingos e feriados, por volta das 11½.

Almoço: parcialmente farto. Da 1¼ — 1¾.

Jantar: servido frio ou quente; por conta dos horários dos noticiários, sem horário definido.

Corrigir:

Os moradores do Anexo pedem encarecidamente que, no caso de alguém cometer algum erro ao falar a língua holandesa, estes sejam corrigidos; será de grande ajuda a todos.

Obrigações da brigada de provisionamento: estejam sempre dispostos a ajudar com algum trabalho de escritório.

Banhos: aos domingos a partir das nove da manhã, a tina está à disposição de todos os moradores. Pode-se usá-la no banheiro, na cozinha, no escritório particular, na parte dianteira do escritório, ao gosto do freguês.

Destilados: somente com receita médica.

Fim.

sua Anne.

QUINTA, 19 DE NOV. DE 1942.

Querida Kitty,

Como todos já suspeitávamos, o Pfeffer é uma pessoa muito simpática. Naturalmente concordou em dividir comigo o meu quartinho; para ser sincera, não me entusiasma muito que um estranho faça uso das minhas coisas, mas temos uma certa obrigação de ajudar ao próximo, e é com prazer que eu faço esse pequeno sacrifício. Podendo salvar algum dos nossos conhecidos, todo o resto é de menos importância, disse o papai com toda propriedade. No primeiro dia em que o Pfeffer esteve aqui, foi logo me perguntando todo o tipo de coisas, por exemplo quando viria a empregada, quais os horários de uso do banheiro. Você pode até achar engraçado, mas nada disso é tão fácil num esconderijo. Não podemos fazer muito barulho durante o dia porque podem nos ouvir lá de baixo, e, se vem uma pessoa de fora, como a empregada, temos de ter cuidado redobrado. Expliquei tudo direitinho ao Pfeffer, mas uma coisa em especial me chamou a atenção: o raciocínio dele é lento. Pergunta tudo duas vezes, mas, mesmo assim, não consegue memorizar.

Pode ser que seja temporário, e que a confusão faça com que ele se embaralhe. De resto, tudo corre às mil maravilhas. O Pfeffer nos contou muita coisa sobre o mundo lá fora que faz muito tempo nós deixamos de acompanhar. O que ele sabe é entristecedor. Inúmeros amigos e conhecidos partiram para um destino horroroso. Noites a fio os veículos militares cinzentos circulam com a maior pachorra do mundo. Tocam a campainha de cada casa para perguntar se ali moram judeus. Se é o caso, já levam a família toda; caso contrário, prosseguem. Ninguém consegue eludir o seu destino se não estão escondidos. É frequente eles andarem por aí com listas e só baterem à porta de casas onde eles sabem que vão encontrar um rico espólio. Paga-se frequentemente uma recompensa aos delatores, uma quantia xis per capita. Parece até uma caça a escravos, como as de antigamente E olhe que realmente não se trata de brincadeira, os acontecimentos são demasiadamente dramáticos para isso. Eu frequentemente vejo de noite filas de pessoas boas e inocentes com crianças chorando andando sem parar, comandadas por dois ou três sujeitos, agredidas e maltratadas a tal ponto que quase caem e se arrastam. Não se poupa ninguém: idosos, crianças, nenês, mulheres grávidas, doentes; tudo e todos marchando em direção à morte.

Quão bem nós estamos aqui, quão bem e tranquilos. Nós poderíamos não ligar para toda essa miséria, se não temêssemos por todos os que nos eram tão queridos e que não podemos mais ajudar. Eu me sinto mal por estar numa cama quente enquanto as minhas mais queridas amigas estão em algum lugar lá fora, caídas ou arremessadas ao chão.

Eu própria fico com medo ao pensar nos amigos com quem eu me sentia tão intimamente ligada e que agora estão entregues às mãos dos carrascos mais cruéis que jamais existiram. E tudo isso só por serem judeus.

sua Anne.

SEXTA, 20 DE NOV. DE 1942.

Querida Kitty,

Nenhum de nós sabe bem como se posicionar. Até há pouco nunca tinham chegado até nós tantas notícias sobre os judeus, e achávamos que o melhor era mantermos o máximo de positividade. Quando a Miep de vez em quando deixava escapar algo sobre a terrível sorte de um conhecido, a mamãe e a senhora v. P. sempre se punham a chorar de tal maneira que a Miep teve por bem não dizer mais absolutamente nada a respeito. Mas o Pfeffer logo foi bombardeado de perguntas, e as histórias que ele contou eram tão horripilantes e bárbaras que não podíamos mais deixar entrar por uma orelha e sair pela outra. Ainda assim, quando assentar um pouco a poeira, sei que vamos continuar a fazer piadas e provocar uns aos outros. Não estaremos ajudando a nós mesmos nem aos outros lá fora se continuarmos tão sombrios como estamos neste momento. E que sentido tem transformar o Anexo num Anexo melancólico?

Faça o que fizer, não consigo deixar de pensar nos que já partiram. E, se algo me faz rir, interrompo o riso escandalizada, pensando na vergonha que é estar tão alegre. Mas será que eu devo ficar chorando o dia inteiro? Não, não devo; esse astral fúnebre vai passar logo, eu sei que vai.

A essa desgraça veio se somar outra, mas esta é de natureza pessoal e desaparece no nada ao lado da desgraça alheia que acabei de descrever. Ainda assim, não posso deixar de dizer a você que tenho me sentido nos últimos tempos extremamente só; há um vazio enorme à minha volta. Antigamente eu nunca parava para refletir nesse ponto; as minhas amiguinhas e diversões povoavam todos os meus pensamentos. Agora eu reflito ou sobre infelicidades ou sobre mim mesma. No final das contas, acabei descobrindo que o papai, por mais amoroso que seja, não pode substituir todo o meu antigo mundinho. A mamãe e a Margot já há muito tempo perderam o seu lugar no meu coração. Mas por que incomodar você com todas estas coisas estapafúrdias? Eu sou muito mal-agradecida, Kitty, eu bem sei, mas depois de levar tanta bronca e ainda por cima ficar pensando em todas essas desgraças, fico muito atordoada e ainda por cima não paro de pensar em todas as outras desgraças!

sua Anne.

SEXTA, 28 DE NOV. DE 1942.

Querida Kitty,

Nós consumimos luz demais e ultrapassamos o nosso racionamento de eletricidade. Consequência: uma parcimônia exagerada e a perspectiva de um corte de eletricidade. 14 dias sem luz. Não é maravilhoso? Mas talvez isso não chegue a acontecer. A partir das 4 ou 4 e meia já escureceu e não dá mais para ler, matamos o tempo com as atividades mais loucas. Fazemos charadas, praticamos ginástica no escuro, falamos inglês ou francês, fazemos crítica de livros — a longo prazo acabamos todos entediados. Ontem à noite inventei outra: ficar espiando as salas iluminadas dos vizinhos de trás com um binóculo bem ajustado. Durante o dia não podemos puxar as cortinas um centímetro que seja. Mas de noite não há problema nenhum. Eu antigamente não tinha ideia do quão interessantes podem ser os vizinhos, pelo menos os nossos. Vi alguns no momento em que comiam, outra família estava fazendo gravações, e o dentista do outro lado da rua atendendo uma paciente idosa e amedrontada.

O Pf., o homem do qual sempre se disse que se dava muito bem com crianças e que as amava, revelou ser um educador e um pregador antiquado de marca maior com todo um pergaminho de boas maneiras. Visto que tenho a sorte rara (!) de dividir o meu infelizmente exíguo quarto com o excelentíssimo magistrado do bom comportamento e de ser tida como a mais mal-educada dos três jovens do Anexo, tenho muito em que trabalhar para evitar as advertências e os sabões frequentemente repetidos e para me fazer de surda. Tudo isso ainda daria para engolir não fosse pelo fato de o senhorzinho ser um dedo-duro e ter escolhido a mamãe como receptora das suas mensagens. É só eu receber um sabão dele que logo vem a mamãe repetir a ladainha e as suas reprimendas. Se eu me mostro respondona, em cinco minutos vem a madame pedir satisfações, e aí ela me escracha a todo vapor, como um furacão!

Juro para você, não é fácil ser o foco mal-educado de uma família clandestina de bisbilhoteiros. À noite na cama, quando eu reflito sobre os meus muitos pecados e os defeitos que me atribuem, fico tão confusa com a montanha de coisas que têm de ser revistas que eu, dependendo do meu estado de espírito, ou começo a rir, ou a chorar. Aí eu adormeço com a sensação louca de querer ser diferente do que sou ou de que sou diferente do que quero ser, ou talvez também me comportar de maneira diferente da que quero me comportar ou me comportar. Meu Deus do céu, agora sou eu quem está confundindo você, mas é que eu não gosto de riscar palavras, é proibido jogar fora papel em épocas de escassez. Assim sendo, só posso sugerir que você não leia de novo a primeira oração mais acima e, sobretudo, que não se aprofunde nela, porque é um beco sem saída!

<u>sua Anne.</u>

SEGUNDA, 7 DE DEZ. DE 1942.

Querida Kitty,

Hanucá e o dia de São Nicolau não caíram juntos neste ano, mas com a diferença de um único dia. Comemoramos o Hanucá muito por cima, com uns presentinhos aqui e acolá e depois com as velas. Por conta da escassez destas; ficaram acesas só por uns 10 minutos; bastava que elas não se apagassem até o final do canto que já estava ótimo. O senhor V. P. fabricou um candelabro de madeira para que não faltasse nada. A noite de São Nicolau já foi bem mais divertida. A Bep e a Miep tinham nos deixado muito curiosos por ficarem cochichando com o papai durante toda a ceia. O que nos fez suspeitar que algo estava sendo planejado. Com efeito, às oito, todos nós descemos pelas escadas de madeira, atravessamos o corredor escuro como breu (me deu arrepios ao ponto de desejar outra vez estar em segurança no andar de cima!) e entramos no quartinho intermediário. Ali nós podíamos acender a luz, porque o quarto não tinha janelas. Quando ela foi acesa, o papai abriu o armário grande. "Que incrível!", gritamos em uníssono. Num dos cantos se via uma cesta adornada com papel de presente. Presa sobre ela, uma máscara do Zwarte Piet. Subimos então com a cesta. Para cada um de nós havia um presente bacana com os respectivos versos rimados. Imagino que você conheça esse nosso costume dos versos rimados, então não vou me alongar sobre ele, mas tanto o da mamãe quanto o da sra. v. P. eram bastante adequados:

Espere vosso tempo
Parece fácil
Isto é um fato.
Mas esperar e esperar,
Com os pensamentos
Cheios de dor,
É difícil demais,
Mas tem de ser feito.
O São Nicolau achou que essa paciência
Deveria ser recompensada
Um belo calendário
é-lhe mostrado
Embrulhe, disse ele
ao Pieter o seu serviçal
Esta obra de arte
Chegou às mãos da senhora F.

Quanto zelo e vai e vem
Acontece todos os dias
Não será essa a razão
De todos a amarem (sem lisonjeio!)
Sempre com gás e fogão

A postos para cozinhar
"As guloseimas
Mas... será que ela descansa
Qual a primeira coisa que ela quer?
Tricotar! Tricotar! Tricotar!
E por isso achou o bom São Nicolau,
Que além do seu marido, o fumante
Essa aplicada mulher queria
Um estojo de costura dos melhores.

Autoria Jan Gies.

Eu ganhei uma bonequinha com uma sacolinha em lugar de saia, o papai apoios para livros e daí por diante. Seja como for, tudo tinha sido bem pensado, e, como nenhum de nós jamais comemorou o dia de São Nicolau, essa première veio a calhar.

sua Anne.

P.S.: Para os lá de baixo é claro que também havia algo, tudo ainda dos bons velhos tempos e, ademais, dinheiro, o que para a Miep e a Bep é sempre uma boa pedida.

Ficamos hoje sabendo que o cinzeiro para o senhor v. P., a moldura de retrato para o Pf. e os apoios de livros para o papai foram todos fabricados pelo próprio senhor Voskuijl. Como alguém consegue fazer tanta arte de próprio punho é para mim um enigma!

sua Anne.

QUINTA, 10 DE DEZ. DE 1942.

Querida Kitty,

O senhor V. P. vem do ramo de comércio de salsichas, carne e especiarias. Tinha sido contratado pela qualidade das suas especiarias; agora, porém, ele se dá a conhecer pelo seu lado salsicheiro, o que para nós está longe de ser desagradável. Tínhamos encomendado muita carne (no mercado negro, claro) para pôr em conserva caso viéssemos a passar por dificuldades. Ele quis preparar bratwurst, salsicha de Gelderland e metworst. Era engraçado ver como os pedaços de carne passavam primeiro pelo moedor, duas ou três vezes, depois eram misturados na massa de carne que, com ajuda de um canudo, recheava as tripas. A bratwurst nós comemos em dois tempos, de almoço com chucrute, mas a de Gelderland, destinada à conserva, tinha primeiro de se secar bem, e, para tal efeito, foram penduradas no teto por meio de uma ripa com dois cordões. Todos os que entravam no aposento davam de cara com as salsichas expostas e começavam a rir. Confesso que era mesmo uma visão das mais burlescas.

Tudo aqui esteva num alvoroço que eu nem te conto; o senhor V. P., com o avental da madame enrolado na cintura, mexia com a carne em toda a sua obesidade (parecia mais gordo do que realmente era). As mãos escorrendo sangue, a cara esbraseada e o avental manchado lhe conferiam o aspecto de um verdadeiro açougueiro. A senhora sua mulher estava fazendo de tudo ao mesmo tempo: estudando holandês com um livrinho, remexendo a sopa, olhando para a carne, suspirando e se queixando da sua costela superior quebrada. É o que dá quando senhoras de certa idade (!) começam a fazer exercícios de ginástica estúpidos para perder peso no traseiro enorme de gordo!

O Pf. estava com um olho inflamado e fazia compressas de chá de camomila junto ao radiador. O Pim estava sentado numa cadeira à luz do sol que entrava pela janela, se deslocando de um lado para o outro conforme iam lhe pedindo. Devia estar também com dores reumáticas nos seus pontos sensíveis, retorcido como estava, observando com uma expressão incômoda os dedos do senhor V. P. Parecia-se com esses velhinhos de um asilo de pobres e inválidos. Peter girava como um pião no meio do aposento atrás da Mouschi, a gata; a mamãe, a Margot e eu estávamos descascando batatas. No final, ninguém conseguiu terminar os seus afazeres devidamente por ter estado com o olhar voltado para o senhor V. P.

O Pf. abriu um consultório dentário. Vou contar a você, só para a gente rir, como ocorreu o primeiro tratamento.

A mamãe estava passando roupa, e a madame, a primeira a correr o risco, foi se sentar numa cadeira no meio do aposento. O Pf. se pôs a abrir solenemente a sua pequena maleta com os seus instrumentos enquanto pedia água-de-colônia para fazer as vezes de desinfetante, e vaselina, como cera. Olhou para dentro da boca da madame, tocou num dente e num molar, enquanto a madame se retorcia toda como se estivesse morrendo de dor e soltando palavras desarticuladas. Após um longo exame (na percepção da madame, porque não durou nem dois minutos), Pf. começou a cavoucar uma cárie, mas sem medo — de jeito algum — a madame se debatia e esperneava, de maneira que, a certa altura, a broca escapou da mão do Pf. e... ficou presa num dente da madame. Foi então que a coisa ficou feia! A madame se debatia toda, chorava (na medida do possível, dado que o instrumento estava dentro da sua cavidade bucal), tentando tirar o objeto da boca, mas acabou por enterrá-lo ainda mais no dente. O Pf., com a maior calma do mundo, só fez acompanhar aquela encenação com as mãos na cintura. O resto dos espectadores ria desenfreadamente. Claro que foi maldade da nossa parte, porque sei que, se fosse eu, teria gritado ainda mais alto. Depois de muito se virar, chutar, gritar e berrar a madame finalmente conseguiu tirar o instrumento da boca, e o Pf. deu continuação ao seu trabalho como se nada tivesse acontecido. Concluiu-o tão rapidamente que a madame nem teve tempo de recomeçar a fazer cena, mas teve assistência como nunca antes na sua vida. Dois ajudantes não são pouca coisa, o senhor e eu cumprimos bem o nosso papel. O todo mais parecia ser um quadro medieval com a inscrição "charlatão trabalhando". No ínterim, porém, a paciente não estava mais com paciência, tinha de cuidar da sopa e da comida "dela". De uma coisa eu sei: a madame vai ficar um bom tempo sem se tratar!

sua Anne.

DOMINGO, 12 DE DEZ. DE '42.

Querida Kitty,

Estou confortavelmente instalada na parte dianteira do escritório, olhando para fora por uma fresta das pesadas cortinas. Estou aqui no lusco-fusco, mas com o mínimo de claridade necessário para poder escrever a você.

É uma visão estranhíssima a que tenho quando vejo as pessoas andarem lá fora; como se estivessem apressadíssimas e quase tropeçando nos próprios pés. Os ciclistas, então: impossível acompanhar com os olhos a passagem deles. Não dá nem para ver que tipo de indivíduos estão ao guidão. As pessoas aqui da região não têm uma aparência nada atraente; das crianças, então, nem se fale! Estão tão sujas que nem com luvas eu as pegaria, se parecem mesmo com crianças de subúrbio, o nariz escorrendo, falando uma linguagem quase ininteligível. Ontem à tarde a Margot e eu estávamos tomando banho aqui quando eu disse: "Se a gente pescasse as crianças que passam aqui com uma vara, lhes desse um banho, lavasse e remendasse a roupa delas e as soltasse de novo, elas..." Ao que a Margot completou: "Amanhã estariam de novo tão pobres e acabadas como hoje." Mas quanto disparate da minha parte; há bem mais para se ver: os carros, os barcos e a chuva. Ouço o bonde e as crianças, e assim me divirto.

Os nossos pensamentos conhecem tão poucas distrações quanto nós mesmos. Eles dão voltas como um carrossel: dos judeus à comida, da comida à política. Aliás, por falar em judeus, ontem eu vi por entre as cortinas do lado de fora um desses milagres do mundo: 2 judeus. E me veio um sentimento estranho, como se eu os tivesse traído e agora os estivesse espionando na sua desgraça.

Aqui quase do outro lado da rua, há uma casa-barco onde mora um capitão com mulher e filhos. Esse homem tem um cachorrinho vira-lata que nós só conhecemos pelo latido e pelo rabo, que dá para ver quando ele anda pela calha do barco.

Droga, agora começou a chover, e a maior parte das pessoas está escondida debaixo do guarda-chuva, não vejo nada além de capas de chuva e a parte traseira das cabeças cobertas pelos gorros. Na verdade, nem é preciso ver mais nada, pouco a pouco fui reconhecendo as mulheres por fora: rechonchudas de tanta batata que comem, com casacos vermelhos ou verdes, os saltos dos sapatos quase desfeitos pelo uso, bolsas penduradas no braço, com um semblante alegre ou carrancudo dependendo do humor dos seus maridos.

sua Anne.

TERÇA,
22 DE DEZ. DE 1942.

Querida Kitty,

O Anexo recebeu com alegria a notícia de que cada um vai ganhar de Natal ¼ de libra a mais de manteiga. É certo que nos jornais consta meia libra, mas isso é exclusivamente para os mortais felizardos com cupons de racionamento alimentar distribuídos pelo Estado, e não para os judeus escondidos que, por causa dos preços exorbitantes, compram em vez dos 8 só 4 no mercado negro.

Nós 8 vamos preparar alguma comida com a manteiga extra. Hoje de manhã eu assei biscoitos e fiz dois bolos. O espaço aqui em cima está muito concorrido, e a mamãe me proibiu de ler e estudar antes de que se tenham concluídas todas as tarefas domésticas. A senhora v. P. está na cama com a costela machucada; tem estado reclamando o dia inteiro, solicita constantemente que lhe troquem os curativos e nunca está satisfeita com nada. Como eu vou me alegrar quando ela se firmar de novo sobre as pernas e der uma boa arrumada nas suas coisas, porque, verdade seja dita, ela é excepcionalmente diligente e arrumada, além de, contanto que esteja numa boa condição física e mental, alegre. Como se já não bastassem todos os "xius" que eu ouço durante o dia por fazermos "barulho demais", o senhor meu companheiro de quarto teve a brilhante ideia de seguir o exemplo dos demais e me lançar constantes "xius". Eu não posso nem me virar na cama que lá vêm eles. Eu me recuso a obedecer e respondo da próxima vez "xiu" de volta!

A cada dia que passa ele vai ficando mais chato e egoísta. Dos biscoitos prometidos, passada a primeira semana, não vi nem a cor. Principalmente aos domingos ele me deixa furiosa ao ligar a luz bem cedo de manhã para fazer 10 minutos de ginástica.

Eu, a pobre incomodada, tenho a impressão que aquilo dura horas, porque as cadeiras que prolongam a minha cama, se sacodem sob a minha cabeça sonolenta de um lado para o outro. Depois de girar com força os braços, finalizando os exercícios de alongamento, o senhorzinho começa a fazer a sua toalete. As cuecas estão penduradas num gancho, de modo que primeiro vai até lá pegá-las e volta. A gravata está sobre a mesa, lá vai ele de novo e volta empurrando e batendo nas cadeiras. Mas não quero ocupar o seu tempo reclamando de homens velhos e esquisitos, mesmo porque isso não serve de nada; infelizmente, vou também desistir dos meus planos de vingança, tais como desenroscar a lâmpada, trancar a porta e esconder as roupas, a fim de manter a paz. Que ajuizada estou me saindo, hein? Tudo o que se passa aqui deve ocorrer com juízo: aprender, escutar, ficar calado, ajudar, ser amoroso, admitir e sei lá eu o que mais! Tenho medo de que o meu juízo, que já não é exatamente alto, se esgote rápido demais e que nada sobre dele para o pós-guerra.

sua Anne.

QUARTA, 13 DE JAN. DE 1942.

Querida Kitty,

Encontramos uma nova ocupação: encher envelopinhos com molho de carne (em pó). Esse molho de carne é um produto fabricado pela Gies & Co. O Kugler não acha ninguém para enchê-los, e fazendo-o nós, sai bem mais barato. É o tipo de trabalho que também se faz nas prisões, de uma estranha chatice que provoca risos e tontura. A vida lá fora é um horror só. Dia e noite vão sendo arrastadas todas aquelas pessoas, com nada mais consigo que uma mochila e um pouco de dinheiro. Esses pertences lhes são subtraídos no caminho. Os membros de uma mesma família são arrancados uns dos outros; homens, mulheres e crianças são separados. As crianças que voltam da escola não encontram mais os pais em casa. Mulheres que saem para fazer compras ao voltar encontram suas casas interditadas, a família desaparecida. Os cristãos holandeses também têm medo: os seus filhos são enviados à Alemanha. Todos temem. A cada noite passam sobrevoando a Holanda centenas de aviões em direção à Alemanha que semeiam a terra de bombas; a cada hora perecem na Rússia e na África centenas, milhares de pessoas. Ninguém consegue se isentar. O planeta inteiro participa da guerra, e, apesar do progresso das forças aliadas, não se entrevê ainda nenhum final.

E nós, nós estamos bem, numa situação melhor que milhões de outros. Ainda estamos abrigados e tranquilos, comendo o nosso dinheiro por assim dizer. Somos tão egoístas que falamos do "pós-guerra", nos alegramos em relação a roupas novas e sapatos, ao passo que deveríamos economizar cada centavo a fim de, finda a guerra, ajudar aos outros e salvar o que possa ser salvo.

As crianças aqui circulam com camisetinhas finas e calçando tamancos de madeira. Sem casaco, sem gorro, sem meias e sem ninguém para ajudá-las. Estão de estômago vazio, mas ficam mastigando cenouras; saem das suas casas geladas, andam pelas ruas geladas e chegam às salas de aula mais geladas ainda. Pois é, até a Holanda chegou a tal ponto que as crianças param os pedestres para pedir um naco de pão.

Eu poderia ficar horas escrevendo a você sobre a miséria associada à guerra, mas isso me deixaria ainda mais transtornada. Não temos mais remédio senão esperar com a maior tranquilidade possível o final de toda esta miséria. Tanto os cristãos como os judeus aguardam, o planeta todo aguarda, e muitos aguardam a própria morte.

sua Anne.

SÁBADO, 30 DE JAN.
DE 1943.

Querida Kitty,

Estou explodindo de raiva, mas não posso deixar transparecer; queria mais é bater os pés no chão, berrar, sacudir a mamãe com toda força, chorar e não sei mais o que por conta das palavras detestáveis, dos olhares sarcásticos e das acusações que dia após dia me atingem como as flechas de um arco bem retesado, as quais eu só a duras penas consigo arrancar do corpo. Eu adoraria gritar para a mamãe, a Margot, o senhor V. P. e o Pf.: "Eu quero que vocês me deixem em paz, que me deixem finalmente dormir uma noite sem que o meu travesseiro esteja encharcado de lágrimas, sem que os meus olhos ardam e a minha cabeça fique martelando! Quero distância, distância de tudo, de preferência do mundo inteiro!" Mas eu não posso, não posso mostrar a eles o meu desespero, não posso deixá-los ver as feridas que me infligiram; eu não suportaria a piedade deles, a ironia benevolente; nesse caso eu tampouco conseguiria não berrar.

Todos me acham melindrosa quando falo, ridícula quando me calo, mal-educada quando respondo, astuta quando tenho uma boa ideia. Preguiçosa quando estou cansada, egoísta quando como um pouco mais, burra, covarde, calculista e por aí vai. Durante o dia a única coisa que eu ouço é que sou uma garota insuportável, e, apesar de fingir que eu rio e não ligo, na verdade sim me afeta, e gostaria de pedir a Deus que me desse outra natureza e que ninguém se voltasse contra mim.

Impossível, a minha natureza me foi dada e eu sinto que não consigo ser má. Dou o melhor de mim para satisfazer a todos, o que nem de longe suspeitam. Tento rir mais alto, porque não quero que percebam o meu desgosto.

Aconteceu mais de uma vez de eu despejar sobre a mamãe uma série de impropérios: "Não dou a mínima para o que você diz. Não se preocupe mais comigo, porque o meu caso não tem mais solução." É claro que eu logo ouviria que era uma malcriada, seria um pouco ignorada por dois dias até que tudo voltaria de repente ao normal e eu seria tratada como qualquer outro.

Na minha percepção era impossível eu ser um docinho de coco num dia, e no dia seguinte despejar na cara dos outros todo o meu ódio. Prefiro escolher o meio-termo, longe dos extremos, e manter a boca fechada sobre o que eu penso, tentando ser com eles tão desdenhosa como eles comigo. Quem me dera...

sua Anne.

SEXTA, 5 DE FEV. DE 1943.

Querida Kitty,

Apesar de fazer um bom tempo que não escrevo mais sobre brigas, não houve qualquer alteração. O Pf. tinha levado o nosso logo esquecido atrito do começo tragicamente a sério, mas no meio-tempo já está se acostumando e tenta sair de fininho.

A Margot e o Peter não são exatamente o que você chamaria de "jovens", de tão calados e tediosos que são. Eu destoo tão terrivelmente que sempre acabo ouvindo: "Se nem a Margot e o Peter fazem assim! Siga o exemplo da sua irmã ajuizada!" Acho isso um horror. Eu vou lhe confessar que eu não quero nem um pouco me parecer à Margot. Ela é, na minha opinião, muito frouxa e indiferente, se deixa influenciar por todo mundo e sempre cede em tudo. Eu quero ser mais firme de espírito! Mas essas teorias eu prefiro guardar para mim; fariam chacota de mim se eu trouxesse essa questão à tona.

O ambiente à mesa tem estado em geral tenso. Menos mal que as explosões à mesa têm sido evitadas pelos tomadores de sopa. Os tomadores de sopa são os que vêm lá de baixo para receber uma tigelinha de sopa. Hoje durante o almoço o senhor V. P. voltou a dizer que a Margot tem comido muito pouco. "Com certeza para manter a silhueta", disse com um toque de ironia. A mamãe, que sempre defende a Margot, disse em alto e bom som: "Não aguento mais ouvir esse besteirol do senhor!" Nós nos rachamos de rir como se se tratasse de uma piada. Nós costumamos rir de uma coisa ou outra. Faz pouco tempo, a madame soltou uma que arrancou gargalhadas. Ela estava falando de antigamente, do quão bem ela se dava com o pai e do quanto ela adorava flertar. "Sabem", continuou, "quando um homem começa a ficar com a mão boba, dizia o meu pai, você tem que lhe dizer o seguinte: 'Meu senhor, eu sou uma dama', porque aí ele entende a mensagem.'" Gargalhamos como de uma boa piada.

Até o Peter, por mais calado que costume ser, de vez em quando tem das suas e dá ensejo a certa alegria. Ele tem o azar de ser louco por palavras estrangeiras, mas sem saber o que significam. Certo dia , por conta de uma visita no escritório, não podíamos ir ao banheiro, mas ele não se segurou mais, foi, mas não deu descarga. A fim de nos advertir para um odor menos agradável, prendeu na porta do banheiro um aviso em que se lia: "Svp: gás".

É claro que tinha querido escrever "Cuidado: gás", mas achou "svp" mais elegante. Do que ele não tinha noção era que a expressão significava "por favor".

sua Anne.

SÁBADO, 27 DE FEV. DE 1943.

Querida Kitty,

O Pim prevê a iminência da invasão. O Churchill teve uma pneumonia e só bem aos poucos é que vai convalescendo. O Gandhi, um libertário hindu, faz a sua enésima greve de fome. A madame se declara fatalista. Mas quem será o que mais medo terá quando os alemães dispararem? Ninguém mais que Gusti.

O Jan nos trouxe um escrito pastoral dos bispos aos paroquianos. É um texto lindamente escrito e comovente. "Não fiquem parados esperando, holandeses, que cada um lute com suas próprias armas para a liberdade do país, do povo e da religião! Ajudem, deem, não hesitem!!" É o que se grita de cima dos púlpitos. Terá algum efeito? Nos nossos irmãos na fé é que não.

Imagine só o que acabou a nos acontecer. O proprietário deste imóvel vendeu a casa sem nem mesmo informar aos Kugler e Kleiman. Certa manhã vieram inspecionar a casa o novo proprietário com um arquiteto. Menos mal que estava presente o Kugler, que lhes mostrou tudo de cabo a rabo, com exceção do Anexo. O pretexto foi ter esquecido em casa a chave da porta divisória. O novo proprietário não continuou perguntando.

Esperemos que não volte para vir ver o Anexo, porque aí nós vamos nos dar mal!

O papai esvaziou para a Margot e para mim uma caixa de arquivo do escritório e a encheu de fichas com um lado por escrever. Esse vai ser o arquivo relativo aos livros. A ideia é nós duas anotarmos nas fichas quais livros nós lemos, por quem foram escritos e as respectivas datas. Já aprendi duas novas palavras: "bordel" e "cocotte". Adquiri uma caderneta à parte para esse tipo de anotações.

Outro sistema de distribuição de manteiga e margarina. Cada um recebe no seu prato a sua porção. A divisão se dá de uma maneira muito injusta. Os V. P., que sempre preparam o café da manhã se dão uma porção e meia a mais que nós. Os meus velhinhos estão apreensivos demais para comprar qualquer briga. Uma lástima. Sou da opinião que a esse tipo de pessoas se deve pagar com a mesma moeda.

sua Anne.

QUINTA, 4 DE MAR. DE '43.

Querida Kitty,
A madame mudou de nome: nós a chamamos agora de Mrs. Beverbruck. Claro que você não tem como saber a razão, portanto aqui vai: na estação de rádio inglesa, um certo Mr. Beverbruck volta e meia diz que os bombardeios na Alemanha são frouxos demais. A senhora V. P. adora contradizer todo mundo, incluindo até o próprio Churchill e o serviço informativo, mas com o Mr. Beverbruck ela concorda plenamente. Por conta disso, dissemos que ela deveria era se casar com

o Mr. Beverbruck; como ela se sentiu lisonjeada, passou a se chamar automaticamente Mrs. Beverbruck.

Temos um novo funcionário no armazém, porque o antigo foi mandado à Alemanha, o que é de dar dó, mas para nós foi um alívio, já que o novo não conhece a casa. Nós ainda temos medo dos funcionários do armazém.

O Gandhi voltou a comer. O mercado negro continua prosperando. Nós poderíamos estar nos empanturrando de comida se tivéssemos dinheiro para pagar os preços exorbitantes. O nosso verdureiro compra batatas diretamente da Wehrmacht e as traz em sacos diretamente até o escritório particular. Sabe que estamos foragidos e por isso vem sempre certinho na hora do almoço, que é quando o armazém está vazio.

Não podemos respirar sem tossir ou espirrar, tanta é a pimenta que passa pelos moedores. Todos os que sobem, nos cumprimentam com um "atchim!" A madame diz que não desce; ficaria doente se respirasse mais pimenta.

Para mim, o negócio do papai é uma chatice, não tem nada além de ingredientes gelatinosos e pimenta picantes. Se alguém trabalha no ramo alimentício, deveria ter também alguma coisa gostosa de comer.

Hoje de manhã despejaram sobre mim outra tempestade estrepitosa de impropérios; as expressões vulgares relampejavam com tanta intensidade que os meus ouvidos começaram a apitar: "Anne malvada", "V. P. s bonzinhos". *Donderwetterwetter*!

sua Anne.

QUARTA, 10 DE MAR. DE '43.

Querida Kitty,

Ontem à noite nós tivemos um curto-circuito, sem contar que houve disparos ininterruptamente. Ainda não perdi o medo de aviões e disparos e passo quase todas as noites na cama do papai procurando consolo. Pode ser muito infantil da minha parte, mas se trata de algo que só se entende vivenciando. Você não ouve nem as suas próprias palavras com o ribombar dos canhões. A Mrs. Beverbruck, fatalista como é, praticamente começou a chorar, dizendo com uma vozinha amedrontada: "Ah, é tão desagradável, que barulheira eles fazem só para disparar!", o que equivale a dizer: "Que medo!" À luz de vela tudo parecia menos impactante do que no escuro total. Eu estava com uns arrepios que era como se eu estivesse com febre e implorei ao papai que acendesse outra vela. Mas ele se manteve irredutível, ficamos na escuridão. De repente começaram a disparar metralhadoras, que são dez vezes piores que os canhões. A mamãe saltou da cama e, para grande irritação do Pim, acendeu uma vela. A resposta dela para os resmungos dele foi: "A Anne não é nenhum soldado velho!" E ponto final.

Já contei a você sobre as outras fobias da madame? Acho que não. Para não ficar faltando nenhuma aventura do Anexo, tenho que lhe contar esta: certa noite a madame achou que havia ladrões no sótão; ouvia passo por passo, tão pesados e com tanta clareza que acordou o marido. Justamente naquele momento desapareceram os ladrões, e o único barulho que o senhor V. P. ouviu foi o pulsar do coração amedrontado da mulher fatalista. "Ai, Putti," (era assim que a madame chamava o marido carinhosamente) "eles devem ter levado todas as nossas salsichas e vagens. E o Peter? Será que ele continua na cama?" "O Peter eu duvido que eles tenham levado, se tranquilize e me deixe dormir!" Até parece! A madame não conseguiu mais adormecer de medo. Algumas noites depois toda a família do andar de cima foi acordada por causa do barulho de fantasmas. O Peter foi até o sótão com uma lanterna de mão e vupt, o que saiu correndo? Uma massa enorme de ratos!

Foi quando ficamos sabendo quem eram os ladrões; soltamos a Mouschi no sótão, e os hóspedes indesejáveis não voltaram a aparecer. Pelo menos.... não à noite. O Peter foi há algumas noites à água-furtada (não tinha passado das sete e meia e havia ainda luz do dia) para pegar papel velho. Para descer os degraus teve de se segurar no alçapão; pousou a mão ali sem olhar e.... quase foi rolando escadas abaixo com dor e susto. Sem saber, tinha agarrado uma ratazana, que lhe mordeu com tudo no braço. O sangue lhe escorria pelo pijama quando veio até nós com uma toalha de mão e as pernas bambeando. Não é de se admirar, acariciar uma ratazana não é nenhuma maravilha, principalmente quando ela ainda por cima nos abocanha um pedaço da mão.

sua Anne.

SEXTA, 12 DE MAR. DE 1943.

Querida Kitty,

Quero apresentá-la: a mamãe Frank, advogada juvenil!

Manteiga extra para os jovens, problemas juvenis da atualidade; em tudo a mamãe toma partido da juventude e quase sempre consegue fazer valer sua vontade após uma dose de litígio.

Um frasco de linguado em conserva estragado: jantar de gala para Mouschi e Moffie.

A Moffie ainda é uma desconhecida para você; entretanto, ela já rondava pela empresa antes de termos de nos esconder. Trata-se da gata do armazém e do escritório e mantém os ratos longe do depósito. O seu nome político também é facilmente explicável. Por um tempo a firma Gies & Co teve dois gatos, um para o armazém e o outro para o sótão. Às vezes acontecia de os dois se cruzarem, o que resultava invariavelmente em brigas para valer. A fera do armazém era sempre o que atacava, ao passo que o monstrengo do sótão saía vencedor. Como na política. Assim sendo, o do armazém era chamado de Alemão ou Moffie e o do sótão, de Inglês ou Tommie.

O Tommie foi depois abolido, ao passo que o Moffie é para nós motivo de divertimento quando descemos. Comemos tantos feijões pretos e brancos que eu não posso mais nem vê-los. Só de pensar, já fico enjoada.

A distribuição do pão vespertino foi abolida completamente. Terríveis atentados com bomba na Alemanha. O senhor v. P. está de mau humor. O motivo é a escassez de cigarros. Discussão sobre a questão de se abrirem ou não as latas de conserva terminou em nosso favor.

Não consigo mais calçar nenhum par de sapatos, com exceção dos de esquiar, que são muito pouco práticos para se usar em casa. Um par de sandálias de palha de 6.50 florins se inutilizou após uma semana de uso. Quem sabe a Miep não acha algum outro no mercado negro?

Eu ainda tenho que cortar os cabelos do papai. O Pim afirma que, após a guerra, não vai mais a nenhum outro cabeleireiro, tão bem eu dou conta do recado. Se pelo menos eu deixasse as orelhas dele intactas!

sua Anne.

QUINTA, 18 DE MAR. DE 1943.

Queridíssima Kitty,

A Turquia está em guerra. Grande tensão. Esperamos com inquietude notícias pela rádio.

SEXTA, 19 DE MAR. DE 1943.

Querida Kitty,

A decepção sobreveio à alegria em questão de uma hora e a ultrapassou. A Turquia não está em guerra, o ministro de lá apenas falou de uma iminente abolição da neutralidade. Na praça do Dam havia um jornaleiro gritando: "A Turquia alinhada com a Inglaterra!" E os jornais lhe iam sendo arrancados das mãos. Foi assim que os ditosos boatos nos alcançaram também.

As notas de mil florins foram declaradas inválidas. Trata-se de uma armadilha para contrabandistas e similares, mas mais ainda para pessoas que têm dinheiro negro e para aquelas que estão escondidas. Quem quiser trocar uma nota de mil florins deve explicar exatamente de onde ela veio.

Os impostos, sim, ainda podem ser pagos com elas, mas também essa mamata vai deixar de vigorar na semana que vem. As notas de f 500 também deixaram de valer ao mesmo tempo. A Gies & Co ainda tinha notas ilegais de f 1000. Por um bom tempo se pagaram antecipadamente os impostos com elas, de maneira que tudo decorreu de maneira lícita. O Pf. recebeu uma broca odontológica; em breve vou ter de me submeter seriamente a um exame.

Aliás, Pf. É terrivelmente relaxado quando se trata de obedecer às regras do nosso esconderijo. Não só escreve cartas à mulher; mantém ativamente uma entusiasmada correspondência com diversas pessoas. Põe a Margot no papel de professora de holandês do Anexo e a faz corrigir as suas cartas. O papai lhe proibiu terminantemente de dar continuidade a essa atividade. Aboliram-se as correções por parte da Margot, mas eu tenho cá para mim que logo logo ele vai retomar a correspondência.

O Führer de todos os germanos pronunciou um discurso para os soldados feridos. Foi entristecedor de se ouvir. As perguntas e as respostas se deram aproximadamente assim: "O meu nome é Heinrich Scheppel."

"Ferido onde?"

"Perto de Stalingrado."

"Que espécie de ferida?"

"Pés carcomidos pelo gelo e uma articulação quebrada no braço esquerdo."

Foi exatamente assim que a rádio nos transmitia esse show de marionetes horripilante. Os feridos pareciam orgulhosos dos seus ferimentos; quanto piores, tanto mais. Um deles ficou tão emocionado por poder dar a mão ao Führer (se é que ainda a tinha) que praticamente não conseguiu pronunciar nenhuma palavra.

Deixei o sabonete do Pf. cair no chão. Pisei em cima, e agora está até faltando um pedaço. Já pedi ao papai com antecedência uma compensação para ele, principalmente porque Pf. só recebe 1 barra de sabonete por mês.

sua Anne.

25 DE MARÇO
DE 1943.
QUINTA

Querida Kitty,

A Mamãe, o Papai, a Margot e eu estávamos sentados confortavelmente aconchegados uns aos outros, até que chegou o Peter e cochichou algo no ouvido do papai. Eu ouvi algo sobre "um barril virado no armazém" e "alguém forçando a porta sem jeito". A Margot também ouviu, mas tentou me acalmar um pouco, porque eu estava branca como cera e com os nervos à flor da pele.

Ficamos as três esperando; o papai tinha no meio-tempo descido com o Peter. Não haviam passado ainda nem 2 minutos quando a senhora v. Pels subiu dizendo que o Pim lhe tinha pedido para desligar o rádio e subir de mansinho. Mas, como sempre acontece quando alguém não quer fazer ruído, os degraus das escadas velhas rangem duas vezes mais. Após outros 5 minutos entraram Peter e o Pim, brancos até a ponta do nariz, e nos contaram os contratempos.

Tinham se posicionado ao pé da escada e esperado, sem resultado. Mas, de repente, eis que ouvem, sim, duas fortes bordoadas, como se aqui em casa tivessem batido duas portas. Pim chegou ao andar de cima com um salto; Peter quis primeiro ir avisar o Pf., que muito desajeitada e ruidosamente foi, finalmente, parar lá em cima. Depois subimos na ponta dos pés até o andar superior, onde estavam os van Pels. O marido estava com um senhor resfriado e já estava na cama, de modo que nos aglomeramos em volta da cama dele e o pusemos a par das nossas suspeitas.

Quanto mais o marido tossia, mais entrávamos em pânico a madame e eu. A situação se manteve igual até um de nós ter a luminosa ideia de lhe dar codeína. Foi tiro e queda para a tosse.

Esperamos e esperamos, mas não ouvimos mais nada; chegamos todos à conclusão de que, na verdade, por terem ouvido passos numa casa tão silenciosa, tinham debandado. Foi muito azar que o rádio lá embaixo estivesse sintonizado no canal inglês, com as cadeiras caprichosamente à sua volta. Se a porta tivesse sido forçada e a vigilância aérea houvesse se dado conta e avisado a polícia, o caso poderia ter tido consequências desastrosas para nós. Assim sendo, o senhor V. P. se levantou, vestiu calça e casaco, um chapéu e desceu a escada muito cuidadosamente no encalço do papai, seguido pelo Peter, que, por medida de precaução, se havia munido de um martelo pesado. As damas lá em cima (incluindo-se a Margot e a mim) esperaram 5 minutos, prendendo a respiração, até que os senhores reapareceram e informaram que toda a casa estava em paz. Combinamos de não usar água corrente nem dar descarga, mas, como a tensão havia mexido com os intestinos de todos nós, você pode imaginar que odor reinava no banheiro após cada um de nós deixar ali a sua encomenda. Quando se apresenta um episódio assim, ele desencadeia toda uma série de eventos, como agora; o núm. 1 deles foi o carrilhão da Westertoren, que tanto me acalmava, e que deixou de badalar. Depois foi o sr. Voskuijl, que ontem à noite foi embora mais cedo e nos deixou sem saber com certeza se a Bep tinha conseguido pegar a chave e trancar a porta. Mas essa não era a principal preocupação no momento. Ainda era noite cerrada e nós estávamos num estado de incerteza, embora um pouco mais calmos, já que das 8 e quinze, que foi quando os ladrões tinham posto a casa em perigo, às 10 e meia, não tínhamos ouvido nada mais. Refletindo melhor, nos pareceu por demais improvável que um ladrão arrombasse uma porta tão cedo da noite, enquanto ainda pode haver gente circulando pelas ruas. Além disso, ocorreu a um de nós que até podia ser que o gerente da firma Keg, que era nossa vizinha, ainda estivesse trabalhando, porque, em meio a tanta atribulação e com a espessura fina das paredes é bem fácil confundir as vozes deste com as do outro lado; em momentos delicados como esse, a imaginação geralmente desempenha um papel de peso.

Fomos então para a cama, mas nem todos conseguiram pegar no sono. O papai assim como a mamãe e o Pf. ficaram acordados, e eu posso dizer sem muito exagero que não preguei os olhos. Hoje pela manhã os cavalheiros desceram e mexeram na porta que dá para a rua a fim de ver se estava trancada, mas encontraram tudo mais que seguro!

O acontecimento, longe de ser agradável, foi relatado a todo o escritório com riqueza de detalhes, porque é fácil rir dessas coisas depois que elas passam; somente a Bep nos levou a sério.

sua Anne

P.S.: A privada estava entupida hoje de manhã, e o papai teve de escarafunchar todas as receitas de morango (nosso atual papel higiênico) com uma longa vara de madeira para tirar da privada alguns quilos de cocô. A vara foi queimada em seguida.

sua Anne.

SÁBADO, 27 DE MARÇO DE 1943.

Querida Kitty,

O curso de estenografia foi concluído, começamos a nos exercitar com rapidez. Estamos ficando craques! Para falar a você um pouco mais dos meus "assuntos-mata-tempo" (eu os chamo assim porque nós não fazemos nada além de deixar os dias escoarem o mais rápido possível, para que o fim da nossa reclusão esteja chegando). Eu adoro mitologia, principalmente a dos deuses gregos e romanos. Todos aqui acham que se trata de uma predileção passageira, porque nunca ouviram falar de uma adolescente com inclinação para os deuses. Pois então: aqui está a primeira!

O senhor v. P. está resfriado, ou melhor: está com a garganta raspando um pouco. Faz disso todo um espalhafato. Gargareja com chá de camomila, pincela o céu da boca com tintura de mirra, unta com pomada de eucalipto o peito, o nariz, os dentes e a língua e se mostra de um mau humor que só!

Rauter, ou algum outro *mof* de alto escalão, fez um discurso. "Todos os judeus deverão ter desaparecido de terras germânicas até o dia primeiro de julho. De primeiro de abril a primeiro de maio, será purgado o estado de Utrecht (como se de baratas se tratasse); de primeiro de maio a primeiro de junho, as províncias da Holanda do Sul e da Holanda do Norte." Como um rebanho de animais pobres, doentes e negligenciados, as coitadas das pessoas serão transportadas a abatedouros imundos. Mas é melhor eu me calar, porque os meus próprios pensamentos me causam pesadelos! Uma (pequena) boa notícia é que o Departamento de Intercâmbio de Trabalho foi incendiado por sabotagem. Alguns dias depois foi a vez do Cartório do Registro Civil. Homens com uniformes da polícia alemã imobilizaram com cordas as sentinelas, dando um fim a toda a papelada importante.

sua Anne.

QUINTA, 1º DE ABRIL DE '43.

Querida Kitty,

Hoje eu realmente não estou no estado de espírito de contar piadas (vide a data); muito pelo contrário, faço minhas as palavras do ditado: "Uma desgraça nunca vem sozinha." Para começar, o Kleiman, aquele que sempre nos anima, sofreu uma hemorragia estomacal e tem de ficar de cama por três semanas no mínimo. Tenho que contar a você que ele sofre com frequência essas hemorragias e pelo visto não há nada que se possa fazer. Depois foi a Bep, que pegou uma gripe. Em seguida foi a vez do sr. Voskuijl, que tem de ser hospitalizado na semana que vem. O mais provável é que esteja com uma úlcera no estômago e que seja operado. Por último vieram de Frankfurt os diretores da Pomesinwerke a fim de discutirem as novas entregas da Opekta. Todos os pontos dessa discussão o papai já tinha repassado com o Kleiman; pela urgência da questão, o Kugler não tem como ser posto a par devidamente.

Quando estavam por vir os senhores de Frankfurt, o papai já tremia antecipadamente em relação ao desfecho da reunião. "Se eu pudesse ir, estaria lá embaixo!", exclamou. "Se é assim, encoste uma orelha no chão. Os senhores vão estar no escritório particular, e daqui você pode ouvir tudo." O semblante do papai se reavivou, e às dez e meia da manhã de ontem, a Margot e o Pim (dois ouvidos ouvem mais que um!) tomaram as suas posições junto ao chão. A reunião não terminou na parte da manhã, mas pela tarde o papai não estava mais em condição de dar continuidade à campanha de escuta. Estava quebrado pela postura incomum e nada prática. Eu o rendi às duas e meia, até que ouvimos vozes no corredor. A Margot me fez companhia; a conversa em parte se arrastava tanto e era tão chata que eu de repente peguei no sono sobre o chão frio e duro de linóleo. A Margot não teve coragem de encostar em mim por medo de que nos ouvissem lá embaixo; chamar o meu nome, então, estava fora de questão. Dormi uma boa meia hora e despertei assustada, tendo esquecido tudo o que se havia falado na importante reunião. Menos mal que a Margot tinha prestado mais atenção.

SEXTA, 2 DE ABRIL DE '43.

Querida Kitty,

Ah, tenho de novo algo de terrível que acrescentar ao meu registro de pecados! Ontem à noite eu estava na cama, esperando que o papai viesse rezar comigo e me dar boa noite. Até que entra a mamãe no quarto, se senta na cama e, humildemente, me diz: "Annie, o papai não pode vir ainda; vamos rezar juntas?"

"Não, mamãe", respondi.

A mamãe se levantou, ficou parada ao lado da cama e depois se dirigiu à porta. Eis que ela de repente gira sobre os calcanhares e me diz, o rosto retorcido: "Não quero ficar brava com você. Amor é algo que não se impõe." Algumas lágrimas lhe rolaram pelo rosto enquanto ela saía pela porta. Continuei deitada e logo me dei conta da infâmia da minha atitude, da rudeza com que eu a tinha rejeitado, ainda que soubesse que eu não poderia ter reagido de outra maneira. Não posso ser hipócrita ao ponto de rezar com ela a contragosto. Simplesmente não consegui. Eu fiquei com pena da mamãe, muitíssima pena, porque era a primeira vez na minha vida em que eu me dava conta de que a minha atitude fria não a deixa indiferente. Vi a tristeza no seu rosto quando ela disse que o amor é algo que não se impõe. É duro dizer a verdade; entretanto é verdade que ela própria me afastou de si, que me entorpeceu para qualquer amor por parte dela com os seus comentários inconsiderados e as suas chacotas grosseiras sobre assuntos aos quais eu não consigo aceder pelo viés do humor. Da mesma maneira em que eu me encolho cada vez que ela me lança as suas palavras duras, agora foi o coração dela que se encolheu ao se dar conta de que o amor entre nós de fato desapareceu.

Chorou a metade da noite, não dormiu a noite inteira. O papai não olha para mim, mas, se os nossos olhares se cruzam, leio nos seus olhos: "Como você pôde ser tão odiosa? Como você se atreve a causar tanta dor à sua mãe?!"

Todos esperavam que eu lhe pedisse desculpas, mas esse é um caso em que eu não posso me desculpar. Porque o que eu disse é a pura verdade, algo que a mamãe precisa saber cedo ou tarde. Eu não só pareço ficar, mas realmente fico indiferente diante das lágrimas da mamãe e do olhar do papai, porque é a primeira vez que ambos sentem algo de que eu me dou conta com tanta constância. Eu só posso ter dó da mamãe, que agora tem que descobrir que eu assumi a mesma atitude que ela. Eu, da minha parte, vou continuar calada e fria, e também não vou mais recuar diante da verdade, porque quanto mais contemporizar, mais dificuldade ela vai ter em ouvi-la!

sua Anne.

TERÇA, 27 DE ABRIL DE '43.

Querida Kitty,

A casa está tremendo, tantas as brigas. A mamãe e eu, o v.P. e o papai, a mamãe e a madame, todos andam bravos com todos; que ambiente mais agradável, não?

O famoso registro de pecados da Anne voltou à tona em toda a sua amplitude. No sábado estiveram de visita os senhores estrangeiros. Estiveram até as seis da tarde; nós todos ficamos aqui em cima sem fazermos o mínimo movimento. Quando não tem ninguém em casa nem trabalhando nas imediações, se ouve cada passo dado no escritório particular. Estou de novo com o bumbum quadrado, ficar sentada com a respiração quase presa não é fichinha.

O sr. Voskuijl já está no hospital; o Kleiman, de volta ao escritório, a hemorragia no estômago estancou mais rápido que de costume. Ele contou que o corpo de bombeiros deixou o Cartório do Registro Civil ainda mais deteriorado por ter atacado o fogo com uma cascata de água em vez de utilizar extintores. Isso me faz é rir!

O Carlton Hotel ficou arruinado; dois aviões de caça ingleses com um carregamento de bombas incendiárias caíram justamente em cima desse "Offiziersheim". A esquina da Vijzelstraat com o Singel foi inteiramente consumida pelo fogo. Os ataques aéreos em cidades alemães têm se intensificado dia após dia. Não temos mais sossego de noite, estou com umas olheiras profundas por falta de sono.

A nossa alimentação é péssima. De café da manhã pão ressecado e um substituto do café. De janta, já há 14 dias, alface e espinafre. Batatas de 20 centímetros de comprimento com um gosto doce e rançoso. Quem quiser emagrecer que venha se alojar no Anexo! Os de lá de cima reclamam aos brados, nós aqui não achamos a coisa tão trágica.

Todos os homens que lutaram em 1940 ou foram mobilizados, estão sendo intimados para trabalhar nos campos de cativos de guerra para o Führer. Com certeza como medida de precaução para a invasão!

sua Anne.

SÁBADO, 1º DE MAIO DE 1943.

Querida Kitty,

Foi o aniversário do Pf. Com antecedência ele deu a entender que queria que a data passasse ao largo, mas quando a Miep chegou com uma sacola de supermercado transbordando de pacotes, ele ficou serelepe como uma criancinha. A sua querida Charlotte lhe mandou ovos, manteiga, biscoitos, sucos, pão, conhaque, docinhos de especiarias, flores, laranjas, chocolate, livros e papel de correspondência. Ele montou uma mesa de aniversário, que deixou exposta durantes 3 longos dias, o velho doido!

Não ache você que ele passa fome; nós encontramos no armário dele pão, queijo, geleia e ovos. É um escândalo que logo ele, que foi acolhido aqui tão calorosamente a fim de salvar a pele, se empanturre de comida às nossas costas sem nos oferecer nada de nada. Afinal de contas, nós dividimos com ele absolutamente tudo! Pior ainda é a mesquinhez dele para com o Kleiman, o Voskuijl e a Bep, aos quais ele nada dá. As laranjas, de que o Kleiman precisa tão desesperadamente para o seu estômago debilitado, o Pf. considera mais saudáveis para o seu próprio estômago.

Na noite passada eu já quis deixar à mão todos os meus pertences, tamanho foi o tiroteio do lado de fora. Hoje eu peguei uma mala e a enchi com todas as primeiras necessidades em caso de fuga. Mas a mamãe diz, e com propriedade: "Fugir para onde?"

A Holanda inteira está de castigo por conta da greve de muitos trabalhadores. Por isso foi declarado estado de sítio, e todos recebem um cupom de manteiga a menos. Quanta infantilidade e traquinagem.

Hoje à noite eu lavei os cabelos da mamãe, o que, nos tempos atuais, não é mais tão simples. Primeiro porque temos de nos virar com um sabonete verde grudento já que o xampu acabou e, segundo, porque a Mansa não consegue mais pentear os cabelos direito, visto que do pente da família não sobraram mais de 10 dentes.

sua Anne.

TERÇA, 18 DE MAIO DE '43.

Querida Kit,

Fui testemunha de uma violenta batalha aérea entre aviões alemães e ingleses. Uns tantos aliados infelizmente tiveram de saltar dos seus aviões engolfados pelas chamas. O nosso leiteiro, que mora em Halfweg, viu sentados à beira da estrada quatro canadenses, dos quais um falava holandês fluentemente. Este pediu ao leiteiro fogo para acender um cigarro e lhe contou que a tripulação da sua aeronave consistia em 6 homens. O piloto havia se queimado, e o 5o dentre eles estava escondido em algum lugar. A polícia verde foi buscar quatro homens inteiramente ilesos. Como é possível alguém ter tanta presença de espírito após uma incrível aterrissagem de paraquedas?!

Apesar do indiscutível calor que está fazendo, temos que acender a lareira dia sim dia não para queimar o lixo e as sobras de verduras. Em latas de lixo não podemos jogar nada, porque temos sempre que levar em consideração o funcionário do armazém. Com que facilidade um pequeno descuido pode nos delatar!

Todos os estudantes devem assinar uma lista do governo em que afirmam "simpatizar com os alemães e mostrar inclinação pela nova ordem". 80 por cento se recusou a renegar as suas convicções e a sua consciência, mas não tardaram a virem as represálias. Todos os estudantes que não assinaram vão ser levados a campos de trabalho na Alemanha. O que vai sobrar da juventude holandesa se todos tiverem que ir se esfalfar de trabalhar na Alemanha?

Por causa dos estrondos violentos desta noite a mamãe fechou a janela; eu estava na cama do Pim. De repente ouvimos acima da nossa cabeça a madame saltar da cama, como se a Mouschi a tivesse mordido, ao que imediatamente se seguiu uma forte pancada. Soou como se uma bomba incendiária tivesse caído ao lado da minha cama. Gritei: "Luz! Luz!" O Pim acendeu a luz. Eu não esperava nada menos que o quarto em chamas em questão de minutos. Nada. Disparamos todos escada acima para descobrir o que estava acontecendo. O senhor V. P. e a madame tinham visto pela janela uma brasa ardendo. O senhor achava que em algum lugar na vizinhança havia um incêndio, e a madame que a nossa casa tinha pegado fogo. Com o estrondo, a coitadinha da madame estava com as pernas tremendo. O Pf. ficou lá em cima para fumar; nós nos enfiamos de novo na cama. Não havia passado nem quinze minutos quando os disparos recomeçaram. A madame já foi saltando da cama e descendo as escadas para ir bater à porta do quarto do Pf. em busca do alento que o seu próprio cônjuge não lhe proporcionava. O Pf. a recebeu com as palavras: "Vem para a cama, meu bem!", o que causou em nós uma explosão de gargalhadas. Os disparos de canhões já não nos assustavam mais; o nosso medo tinha como que desaparecido.

sua Anne.

DOMINGO, 13 DE JUNHO DE '43.

Querida Kitty,

Os versos que o papai escreveu para o meu aniversário são lindos demais para que eu deixe de registrá-los aqui. Como o Pim faz poesia em alemão, lá foi a Margot traduzir. Julgue por si própria se ela não se saiu maravilhosamente bem na sua tarefa. Após um como sempre curto resumo dos acontecimentos do ano, segue-se:

Como a mais nova de todos, ainda que não mais tão pequena,

A vida não é fácil para você; cada um quer ser
Um pouco seu mestre, e é frequente o sofrer:
"Temos experiência!", "Acredite em mim.",
"Já passamos por muita coisa assim
E sabemos o que pode ser feito e o que passa pela proibição."
Pois é, assim as coisas desde sempre são.
Os nossos defeitos não têm peso nenhum,
Por isso repreender é simples para qualquer um.
Enquanto, sim, os erros alheios pesam demais
Para nós, os seus velhos, não é dos trabalhos mais banais
Sermos justos na hora de julgar,
Os velhos repreendem, ainda que possa estranhar.
Se os filhos convivem com os pais,
Têm de aceitar as broncas sem ais
Como se toma um remédio repleto de amargor;
Se agem assim é para à paz não se opor.
Não passam em vão os meses vividos aqui,
E, se assim o fosse, não agradariam a ti,
Com tanto para aprender e tantos livros a ler,
Não é tão fácil no tédio se perder.
Bem mais difícil é se colocar a questão:
"Vestir o quê? Importa? Não.
Fica sempre curto. Calça eu não tenho
E a minha blusa me faz franzir o cenho.
Os sapatos então, neles não posso ter fé
Tamanhas as dores que causam no meu pé."
Pois é, ao dez centímetros se crescer
Nada mais serve, é sempre bom saber.

Um fragmento sobre o tema comida que a Margot não conseguiu traduzir com rimas eu omiti. Você não achou bonitos os meus versos?

De resto me mimaram bastante, e ganhei uns presentes lindos. Entre outros um livro-calhamaço sobre o meu assunto preferido, as mitologias grega e romana. Também não posso reclamar de falta de doces: todos rasparam o fundo do tacho. Como caçula da nossa grande família clandestina, devo dizer que me honraram mais que o devido. sua Anne.

TERÇA, 15 DE JUNHO DE 1943.

Querida Kitty,

Aconteceu uma porção de coisas, mas eu acho que tanta tagarelice em geral tão pouco interessante deve entediar você, que deve sentir um alívio quando recebe menos cartas.

Assim sendo, vou ser mais concisa ao transmitir as notícias.

O senhor Voskuijl acabou não sendo operado do estômago. Quando estava deitado na mesa de cirurgia com o estômago à vista, os médicos se deram conta de que ele estava com um câncer fatal já tão avançado que uma cirurgia não serviria para nada, de maneira que voltaram a fechar a incisão, o tiveram três semanas de cama com uma excelente alimentação até que o mandaram de volta para a casa. Mas agindo assim, cometeram um erro crasso: desenganaram o coitado com riqueza de detalhes. Não está mais em condições de trabalhar, fica em casa rodeado pelos oito filhos refletindo sobre a sua morte iminente. Morro de pena dele e indignada de não poder sair para a rua, porque senão eu o visitaria certamente com frequência para distraí-lo. Para nós é uma tragédia que o pobre senhor Voskuijl não possa mais nos manter a par de tudo o que se ouve e acontece no armazém. Ele era a nossa melhor força de apoio e ajuda no que diz respeito à cautela; sentimos muito a falta dele.

No mês que vem é a nossa vez, vamos ter de entregar o nosso rádio. O Kleiman tem em casa um aparelho ilegal minúsculo que vai substituir o nosso grande da Philips. É uma pena que tenhamos de nos desfazer desse rádio-armário, mas uma casa que abriga clandestinos não deve deliberadamente chamar a atenção das autoridades. O rádio pequeno nós vamos levar para cima, claro. A judeus clandestinos e a dinheiro clandestino se pode perfeitamente somar também um rádio clandestino.

Todos estão tentando arranjar um aparelho velho para entregar em vez da sua "fonte de manutenção de coragem". Eu juro que é verdade, quando as notícias lá de fora só vão de mal a pior, a voz miraculosa do rádio nos ajuda a não perder a coragem e a dizermos a nós mesmos: "Cabeça erguida, não entregue os pontos, outros tempos estão por vir!"

sua Anne.

DOMINGO, 11 DE JULHO DE 1943.

Querida Kitty,

Para voltar a falar pela enésima vez sobre o tema "educação", eu devo dizer que me esforço ao máximo para ser solícita, simpática e afável, e agir de tal maneira que a chuva de críticas sobre mim se transforme numa garoa fininha. Não é pouca coisa o desafio de se mostrar exemplar diante de pessoas que você não suporta, simulando esse sentimento. Mas eu vejo claramente que vou mais longe com um pouco de hipocrisia em vez de, como é o meu hábito, dizer a todos o que eu penso sem papas na língua (apesar de ninguém pedir a minha opinião e de não a valorizar). É claro que muitas vezes eu deixo a máscara cair para dar vazão à minha fúria diante da injustiça, dando de novo ensejo a que os outros fiquem cochichando durante 4 semanas sobre a garota mais mal-educada do planeta. Você não acha que de vez em quando eu mereço um pouco de compaixão? Menos mal que eu não sou uma reclamona, senão ficaria amargurada e não conseguiria manter o bom humor. Em geral eu vejo os sabões que me passam de uma perspectiva bem humorada; fica mais fácil, porém, quando é um outro a ser escrachado em vez de mim.

De resto decidi (o que me custou muito tempo de deliberação) deixar a estenografia um pouco de lado. Em primeiro lugar para dedicar mais tempo às minhas outras matérias e, em segundo, por causa dos meus olhos, que estão me criando um senhor problema. Fiquei muito míope e já faz tempo que deveria estar usando óculos. (Ui, vou ficar com uma cara de coruja!) Mas você sabe como é: os clandestinos podem...

Ontem não se falou de mais nada além dos olhos da Anne, porque a mamãe sugeriu que a senhora Kleiman me levasse ao oculista. Ao ouvir isso, fiquei com as pernas bambas, porque não se trata de uma trivialidade. Na rua! Imagine só: eu, na rua! É inconcebível. Primeiro me veio um medo dos infernos; depois, alegria. Mas o assunto é espinhoso, já que nem todas as instâncias que decidiram dar um tal passo chegaram tão rápido a um acordo entre si. Primeiro têm que se pôr na balança todos os riscos e dificuldades, ainda que a Miep já quisesse na mesma hora sair comigo para a rua. Eu já fui pegando o meu casaco cinzento do armário, mas ele tinha encolhido tanto que parecia ser de uma irmã menor. Ele já estava com a bainha solta e não dava mais para abotoar. Estou sinceramente curiosa sobre o que vai acontecer, mas não acho que o plano vá adiante, porque os ingleses no meio-tempo aterrissaram na Sicília, e o papai voltou a ser partidário da ideia "do fim iminente".

A Bep passa para mim e para a Margot muito trabalho de escritório, o que achamos as duas importante fazer, sabendo o quanto estamos contribuindo. Classificar correspondência e fazer o registro de um caderno de vendas é algo que qualquer um pode fazer, mas nós o fazemos de uma maneira extremamente meticulosa.

A Miep anda de um lado para o outro como se fosse um burro de carga. Quase todos os dias ela consegue achar legumes em algum lugar, que ela traz de bicicleta em sacolas grandes. É também ela quem traz todos os sábados 5 livros da biblioteca. Ficamos todos na expectativa do sábado, impacientes para saber de que livros se trata. Como crianças recebendo presentes. As pessoas por aí não sabem o significado dos livros para quem está recluso. Ler, estudar e ouvir rádio são as nossas únicas distrações.

sua Anne.

SEXTA, 16 DE JULHO DE 1943.

Querida Kitty,

De novo entraram em casa, só que desta vez foi para valer! Hoje às sete da manhã o Peter foi como sempre ao armazém, e logo viu que tanto a porta do armazém como a da rua estavam abertas. Foi correndo contar ao Pim, que foi ao escritório particular, sintonizou o rádio numa emissora alemã e trancou a porta. Depois subiram ambos. Os comandos de sempre para tais eventualidades foram seguidos à risca: não se lavar, manter o silêncio, estar sentados e acomodados às 8 e não ir ao banheiro. Nós oito estávamos felizes de ter dormido bem e não ter ouvido nada na noite anterior. Nós sim ficamos um bom tempo indignados por ninguém ter dado as caras lá em cima a manhã inteira e o Kleiman ter nos deixado sentados sobre o formigueiro até às onze e meia. Ele nos contou que haviam investido contra a porta da rua e forçado a do armazém com um pé de cabra. No entanto, não havia muito o que se roubar no armazém, e por isso é que os ladrões tentaram a sorte num andar mais acima. Roubaram duas caixas com f 40, um talão de cheque em branco e cadernetas bancárias, e o pior: os nossos cupons para o abastecimento de um volume de f 150 de açúcar.

Logo se pôs a central de farinha a par, mas não vai ser nada fácil conseguir obter novos cupons.

O Kugler acha que esse ladrão pertence à mesma corja daquele que esteve aqui há seis semanas e que tentou entrar pelas três portas (1 do armazém e duas da casa), mas que fracassou no intento. Esse outro incidente fez tremer os alicerces do nosso edifício, o Anexo parece precisar de um pouco de comoção para subsistir. É evidente que foi um alívio que as máquinas de escrever e o caixa estivessem em segurança no nosso guarda-roupa.

sua Anne.

P.S.: Aterrissagem na Sicília. Mais um passo em direção a...!

SEGUNDA, 19 DE JULHO DE 1943.

Querida Kitty,

No domingo o norte de Amsterdã foi bombardeado sem dó nem piedade. O estrago deve ter sido enorme, ruas inteiras viraram ruínas, e vai demorar muito para resgatar as pessoas sob os escombros. Até agora já contaram duzentos mortos e um sem-número de feridos; os hospitais estão abarrotados de gente. Dizem que se veem crianças andando pelos destroços ardendo em brasas à procura dos pais mortos. Eu sinto calafrios quando penso no estrondo ruidoso e abafado à distância, o que representa para nós um símbolo do aniquilamento que está por vir.

SEXTA, 23 DE JULHO DE '43.

A Bep está conseguindo arranjar cadernos, principalmente diários e livros-razão, úteis para minha irmã escriturária! Outros cadernos também se acham para comprar, só não me pergunte de que tipo e por quanto tempo ainda. Atualmente vêm com a inscrição: "Disponível sem cupons". Como tudo o que se compra "sem cupons", eles também são uma porcaria.

Um tal caderno se constitui de doze folhas cinzentas com linhas tortas e apertadas demais. A Margot está pensando sobre a minha sugestão de fazer um curso de caligrafia. A mamãe não quer de jeito nenhum que eu participe por causa dos meus olhos, o que eu acho um disparate; fazer isso ou outra coisa não faz a menor diferença. Nós perguntamos um ao outro o que fariam primeiro se nos tornássemos de novo pessoas normais. A Margot desejaria mais que tudo tomar um banho quente. A mamãe primeiro iria a uma confeitaria. O papai iria ver o senhor Voskuijl, mas eu própria não saberia por onde começar, tamanho seria o meu arrebatamento!

O que eu mais gostaria é de ter uma casa própria, andar livremente e receber ajuda para pôr em dia o que perdi na escola antes de recomeçar a frequentá-la! A Bep se ofereceu para nos comprar frutas: mas os preços estão proibitivos. Uvas a 5 florins o quilo, groselhas a 70 centavos o meio quilo, 1 pêssego a 50 centavos, 1 quilo de melão a 1,50. E olhe que toda as noites se lê em maiúsculas no jornal: "Aumento de preços configura especulação!"

SEGUNDA, 26 DE JULHO DE 1943.

Ontem foi um dia atribulado, e continuamos exaltados. Como você bem sabe, nenhum dia nós passamos sem um pouco de comoção. Durante o café da manhã ouvimos as sirenes de alarme, o que não implica necessariamente um bombardeio, mas sim a aproximação de aviões sobre o litoral. Depois do café da manhã eu fui me deitar um pouco, porque estava com uma senhora dor de cabeça, e em seguida fui ao escritório. Era por volta das 2. Às 2 e meia a Margot tinha dado conta da papelada; ela estava quase pegando as suas coisas quando se ouviram as sirenes, de maneira que subi rápido com ela. Foi quase em cima da hora, porque, após 5 minutos, tiveram início os disparos. Fomos todos para o corredor. Pois sim, a casa começou a estremecer e as bombas a detonarem. Apertei contra o peito a minha mala de fuga, mais para ter algo a que me aferrar que para fugir, já que não podíamos sair dali, a menos que fosse o único remédio, porque estar na rua apresentava o mesmo risco de vida que o bombardeio. Passada meia hora o barulho dos aviões foi esmorecendo, mas as atividades dentro de casa se intensificaram. O Peter desceu do seu posto de vigilância na parte dianteira do sótão enquanto o Pf. estava na parte dianteira do escritório, a madame se sentia mais segura no escritório particular, o senhor V. P. havia estado observando da água-furtada, enquanto nós nos espalhamos pelo pequeno portal, observando as colunas de fumaça que gravitavam acima do rio Ij. Em pouco tempo começou a cheirar a queimado; parecia que uma camada espessa de neblina tinha se condensado do lado de fora.

Apesar de um incêndio ser algo pavoroso de se ver, para nós felizmente ficou para trás e voltamos cada um aos seus respectivos afazeres. À noite, na hora do jantar: alarme aéreo. A comida estava deliciosa, mas só o ruído já me fez perder todo o apetite. Entretanto não aconteceu nada e, após três quartos de hora, o perigo já tinha passado. Uma vez empilhada a louça, deixada ao lado, repeteco: alarme aéreo, estampidos e muitos, muitos aviões aterrorizantes. "Meu Deus, duas vezes por dia é demais", pensou cada um de nós. Mas pensar não serviu para nada, outra vez começou a chover bombas, dessa vez do outro lado; segundo a rádio inglesa, sobre o aeroporto de Schiphol. Os aviões mergulhavam, empinavam, zuniam pelos ares; aquilo era de deixar os cabelos em pé. Eu achava que a qualquer momento um deles cairia: "É agora!"

Eu juro para você que, quando eu fui para a cama, estava com as pernas bambas. Quando deu exatamente a meia-noite, acordei com um susto: aviões! O Pf. estava justamente se despindo, mas eu não estava nem aí: saltei da cama com o primeiro estampido, acordadíssima. Até à uma eu fiquei ali, à uma e meia eu já estava na cama; às duas, com o papai, mas os aviões continuavam sobrevoando sem cessar. Não havia mais disparos, de maneira que voltei para o meu canto. Adormeci às 2 e meia.

7 da manhã. Com um sobressalto me ergui na cama. O senhor V. P. estava com o papai. "Entrou algum ladrão", foi o meu primeiro pensamento. "Tudo", ouvi o senhor V. P. dizer, e fui logo achando que tinham roubado tudo. Mas não, se tratava de uma notícia das mais agradáveis, a melhor que ouvíamos fazia meses, talvez em todos os anos de guerra. O Mussolini bateu em retirada, o rei da Itália assumiu as rédeas do poder. Nós estávamos exultantes. Depois do espetáculo de horrores de ontem, finalmente algo agradável e... esperança!

Esperança de que tudo acabe, esperança de paz.

O Kugler passou por aqui e disse que o fabricante de aviões Fokker tinha sofrido um grave dano. No meio-tempo tínhamos tido pela manhã outro alarme aéreo por conta dos aviões que sobrevoavam as nossas cabeças, seguido de mais um. Eu me sinto sufocar em meio a tantos alarmes, estou com falta de sono e sem vontade de trabalhar, mas agora pelo menos o sucedido na Itália nos encoraja e cria a expectativa de que tudo termine até o final do ano...

sua Anne.

QUINTA, 29 DE JULHO DE 1943

Querida Kitty,

A senhora V.P., Pf. e eu estávamos lavando a louça, com um detalhe, algo que praticamente nunca ocorre e que com certeza lhes chamou a atenção: o fato de eu estar excepcionalmente calada. A fim de evitar qualquer pergunta, tentei desviar o foco para um assunto bastante neutro e achei que o livro Henri van de Overkant cumpriria esse requisito. Mas eu calculei mal. Quando não é a senhora V.P. quem me diz algo atravessado, é o Pf. A questão se resume no seguinte: o Pf. tinha nos recomendado esse livro como sendo excepcionalmente bom. A Margot e eu tínhamos achado o livro tudo menos excepcional. O personagem do rapazinho estava bem descrito, mas o resto... melhor nem comentar. Eu disse algo do gênero, mas a resposta veio sobrecarregada.

"O que é que logo você entende da psique de um homem?! De uma criança, ainda vá lá (!). Você é nova demais para um livro desse gênero, que não entenderia nem mesmo um homem de vinte anos." (Então por que ele o tinha recomendado justo à Margot e a mim?)

Agora eram ele e a madame a responder ao mesmo tempo: "Você sabe demais da conta a respeito de assuntos que não são para alguém da sua idade, você foi educada de maneira totalmente errada. Mais tarde, quando você for crescida, não vai mais tirar prazer de nada e dizer: isso eu já li em livros há vinte anos. Você tem que se apressar caso queira ainda ter um marido ou se apaixonar, com certeza tudo lhe vai parecer uma grande decepção. Na teoria você já aprendeu muitíssimo; já na parte prática, muito pouco."

Aposto que qualquer um consegue se pôr no meu lugar. Eu própria me admirei da tranquilidade com que respondi: "Vocês talvez achem que eu não fui educada corretamente, mas saibam que tem muitíssima gente que discorda dessa vossa opinião!"

Parece até que eles acham sinal de boa educação me instigarem sempre contra os meus pais, porque é isso mesmo o que eles fazem com frequência; além disso, para eles, não esclarecer uma garota da minha idade sobre certos assuntos é o melhor a fazer. Pois é, a prova viva de uma tal educação estava ali na nossa frente.

Naquele átimo eu poderia esbofetear aqueles dois que não paravam de me esculachar. Estava fora de mim de raiva e queria poder estar contando os dias (se soubesse em que dia parar) para me livrar daqueles indivíduos.

A senhora V.P. também é uma figura rara! Deveria servir de exemplo... do que não se deve ser! A senhora V.P. é tida como pouquissimamente modesta, egoísta, astuta, calculista e insatisfeita com tudo. Podemos também acrescentar à lista a vaidade e a coqueteria. Ela é, o que é ponto pacífico, uma figura pronunciadamente detestável. Sobre a senhora van Daan eu poderia dedicar capítulos inteiros, quem sabe eu não acabo fazendo isso mesmo? A camada de verniz atrás da qual alguns se escondem é facilmente removível. A madame é simpática com desconhecidos, sobretudo se são homens, o que engana quem acaba de conhecê-la.

A mamãe a acha tonta demais para gastar o seu tempo falando dela. A Margot a acha insignificante demais; o Pim, feia demais (literal e figurativamente) e eu, após um longo percurso, porque eu nunca faço um pré-julgamento, cheguei à conclusão de que ela é tudo isso mesmo e muito mais. São tantos os defeitos dela que não saberia qual escolher para começar.

— sua Anne.

QUINTA, 3 DE AGOSTO DE 1943

Querida Kitty,

A política anda às mil maravilhas. Na Itália foi proibido o partido fascista. São muitos os lugares em que o povo luta contra o fascismo, até alguns militares abraçaram a causa. Como é possível que um tal país continue guerreando com a Inglaterra? O nosso lindo rádio foi levado embora. O Pf. ficou furioso com o Kugler por este ter entregue o rádio às autoridades dentro do prazo. O Pf. vai despencando no meu conceito cada vez mais, deve estar aí abaixo do zero. Diga o que for sobre política, história, geografia, entre outros é sempre um besteirol tão crasso que eu praticamente não me atrevo a reproduzi-lo: o Hitler se perde na história. O porto de Roterdã é maior que o de Hamburgo. Os ingleses são uns mentecaptos por não quererem bombardear a Itália de cabo a rabo, e daí por diante.

Aconteceu um terceiro bombardeio. Cerrei os dentes fazendo um exercício de coragem.

A senhora V. P., que sempre disse: "Eles que venham!" e "Melhor um final assustador que final nenhum" tem se mostrado a mais covarde de todos. Hoje de manhã ela estava tremendo que nem vara verde e se desfez em lágrimas. O marido, com quem fez as pazes após uma semana de brigas, a consolou; eu quase me comovi só de observar. Que os gatos não têm só "prós", mas também "contras", a Mouschi demonstrou de maneira inequívoca. A casa inteira está infestada de pulgas, a praga se alastra mais e mais a cada dia que passa.

O Kleiman polvilhou todos os cantos com uma substância amarela, mas as pulgas não lhe deram a mínima. Todos nós ficamos nervosos sentindo algo rastejar continuamente nos braços, nas pernas e em outras partes do corpo, razão pela qual vários membros da família participam dos exercícios de ginástica, para de pé conseguir enxergar as partes posteriores das pernas ou o pescoço. Agora a pouca atividade física se vinga do corpo; estamos enrijecidos demais para conseguir virar o pescoço. A verdadeira ginástica foi para o beleléu.

sua Anne

QUARTA, 4 DE AGOSTO DE 1943.

Querida Kitty,

Já faz um pouco mais de um ano que nos tornamos "anexados"; neste meio-tempo você ficou sabendo de muito a respeito desta nossa vidinha, mas ainda está longe de saber de tudo plenamente. A vida é tão extensamente diferente dos tempos normais com pessoas normais! Para dar uma visão mais próxima da nossa vida, decidi a partir de hoje descrever de vez em quando um dia comum passado aqui. Hoje eu começo com o final da tarde e à noite.

Às 9 da noite tem início no Anexo o pandemônio de ir para a cama, que é realmente sempre um verdadeiro tumulto. As cadeiras são empurradas, as camas se desdobram, os cobertores dobrados numa pilha e tudo vai parar num lugar diferente do que ocupou durante o dia. Eu durmo no pequeno divã, que não tem nem um metro e meio de comprimento. As cadeiras postas ao pé da cama servem, portanto, de extensão para os pés. Edredom, lençóis, travesseiros, tudo se retira da cama do Pf., onde ficam guardados durante o dia.

Lá de dentro se ouve um rangido horroroso, provocado pela cama-sanfona da Margot. Mais cobertores de divã e lençóis para tornar as ripas de madeira um pouco menos desconfortáveis. Lá em cima parece estar havendo uma tempestade, mas na verdade não passa da cama da madame. O que acontece é que ela é empurrada para perto da janela para que a Sua Majestade, vestindo o seu baby-doll cor-de-rosa, possa inalar ar fresco pelas suas narinazinhas delicadas.

Às 9: saindo Peter, entro eu no banheiro para uma boa sessão de lavagem. Não é um fenômeno raro que se veja uma pulga flutuando na superfície da água (mas só nos meses, semanas e dias quentes). Aí eu escovo os dentes, ponho bobes, cuido das unhas e uso chumaços de algodão com água oxigenada (para clarear o buço), tudo isso numa parca meia hora.

Às 9:30: me enfio no roupão rapidinho. Numa mão, sabonete; na outra, alfinetes de cabelo, calças, bobes e algodão; saio às pressas do banheiro, na maior parte das vezes sendo chamada de volta a fim de retirar da borda curva da pia os meus diversos pelos graciosos, mas desagradáveis para o próximo usuário.

Às 10: obscurecem-se as janelas, escuridão, boa noite. Por um quarto de hora se ouvem em casa o ranger das camas e os suspiros das molas quebradas; depois, silêncio, a não ser que os vizinhos de cima iniciem um bate-boca na cama.

Às 11:30: range a porta do banheiro. Um raio de luz delgado penetra no quarto. Estalidos de sapatos a se arrastarem, um casaco comprido, maior que o homem debaixo dele... O Pf. volta da sua ronda noturna de trabalho no escritório do Kugler, durante dez minutos se ouvem o arrastar de sapatos no chão, o farfalhar de papéis (em realidade dos embrulhos dos produtos alimentícios) e a cama sendo feita. É quando a figura volta a desaparecer e só se ouve intermitentemente um ruído suspeito no banheiro.

+-3: tenho de me levantar para fazer algo que ninguém pode fazer por mim: tiro de debaixo da cama uma bacia metálica, abaixo da qual eu fixei um tapetinho de borracha para prevenir eventuais furos. Durante o ato em si, sempre prendo a respiração, porque o jato jorra na bacia como a cascata de um riacho. A bacia volta para o lugar onde estava, e a silhueta na camisola branca, que todas as noites arranca da Margot a exclamação: "Outra vez essa sua camisola indecente!", entra na cama. Por quase quinze minutos uma certa pessoa fica escutando os ruídos noturnos, primeiro tendo em mente que possa ser um ladrão lá embaixo; em seguida presta atenção a todas as camas acima, ao seu lado e no quarto de onde em geral é possível dar-se conta de como os companheiros de casa dormem ou passam a noite numa semivigília. Esta última eventualidade não é seguramente nada agradável, principalmente se o membro da família em questão tem o sobrenome "Pf.".

Primeiro ouço um ruído abafado, como o de um peixe abrindo a boca fora da água, o que se repete uma dezena de vezes, em seguida umedecendo os lábios ostensivamente, alternando o ato com um estalar da língua, e seguido por um remexer-se constante na cama e um rearranjo do travesseiro. Cinco minutos de descanso total até que se repita esse desenrolar de eventos umas três vezes, após o que o doutor mergulha num sono seguro por bom tempo.

Podem também acontecer disparos entre a 1 e as 4 da madrugada. Quando me dou conta do fato, já estou de pé ao lado da cama. Tem vezes que continuo dormindo, sonhando até com os verbos irregulares do francês ou com uma briga lá em cima. Só quando se esvai a ilusão é que eu percebo que houve disparos e que estou parada no quarto, tranquila. Em geral, porém, acontece como descrito mais acima. Eu me apresso em pegar um lenço e um travesseiro, me enfio no roupão, calço as pantufas e, num átimo, lá estou com o papai, exatamente como Margot escreveu no meu poema de aniversário: Com o primeiríssimo disparo noturno, a porta estala e se veem... um lenço, um travesseiro e uma menininha...

Uma vez tendo chegado à cama grande, já passou o primeiro susto, a não ser que o disparo seja feio.

Às 6:45: trim... o despertador miúdo que pode erguer a voz a qualquer hora do dia (por encomenda ou iniciativa própria). Paft... Poft... a madame o cala. Pluft... seu marido saltou da cama. Agora é pôr água para ferver e correr até o banheiro.

Às 7:15: a porta estala de novo. O Pf. pode usar o banheiro. Quando me vejo sozinha, corro as cortinas, deixando a luz entrar... É quando tem início um novo dia no Anexo.

sua Anne

QUINTA, 5 DE AGOSTO DE 1943.

Querida Kitty,

Falemos hoje do horário do almoço.

É meio-dia e meia: Cessa todo o burburinho e podemos respirar. Pelo menos foram para casa o van Maaren, o homem com o passado sombrio, e o De Kok. Lá em cima só se ouvem as pancadas surdas do aspirador de pó com o qual a madame limpa o seu único e belo tapete. A Margot sobraça alguns livros e vai dar a sua aula "a crianças que não progridem", porque é provável que o Pf. se encaixe nesta categoria.

O Pim vai com o seu inseparável Dickens sentar-se em algum canto também para que o deixem sossegado. A mamãe se despacha para o andar de cima a fim de dar uma mão à habilidosa dona de casa, e eu vou ao banheiro para dar uma ajeitada tanto nele quanto em mim!

Às 12:45: Vão aparecendo um após o outro. Primeiro o sr. Gies, depois o Kleiman ou o Kugler, a Bep e às vezes, às pressas, também a Miep.

1: Em estado de tensão, ei-los sentados ouvindo as notícias da BBC. Achegados em volta do rádio diminuto; são esses os únicos poucos minutos em que os membros do Anexo não atropelam um o discurso do outro, porque quem está com a palavra é alguém que nem mesmo o senhor V. P. pode contradizer.

À uma e quinze: A grande partilha. Cada um dos de lá de baixo recebe uma tigela de sopa e, caso haja, algo de sobremesa. Satisfeito da vida, o senhor Gies se senta no divã ou se encosta na escrivaninha. Ao seu lado, o jornal, a xícara e, em geral, o gato. Se falta um desses três elementos, ele não deixa de protestar. O Kleiman conta as últimas novidades da cidade, para isso é uma fonte excelente.

O Kugler sobe as escadas atabalhoadamente, bate à porta curta mas vigorosamente e entra esfregando as mãos quando acontece de estar de bom humor; quando não é o caso, mostra-se atarefado, calado e de mau humor.

Às quinze para as duas: os comensais se levantam e voltam aos seus respectivos afazeres. A Margot e a mamãe lavam a louça; o senhor V. P. e a madame vão ao divã; o Peter, ao sótão; o papai também ao divã, o Pf. faz o mesmo e a Anne ao trabalho.

Agora se segue uma horinha de descanso; quando todos dormem, ninguém é incomodado. O Pf. sonha com guloseimas, dá até para ver pela expressão dele, mas não fico parada olhando porque o tempo urge e às quatro já está esperando o pedante doutor com o relógio na mão, porque eu atrasei um minuto para tirar as minhas coisas e deixar a mesa em ordem para ele.

sua Anne

SÁBADO, 7 DE AGOSTO DE '43.

Querida Kitty,

Uma pausa em relação aos relatos do Anexo. Faz algumas semanas eu comecei a escrever uma história, puramente fictícia, mas que começou a me dar um tal prazer que já tenho aqui ao meu lado na mesa uma pilha de páginas escrevinhadas, os filhos que a minha caneta pariu.

Visto que lhe prometi contar fielmente e com simplicidade tudo o que tenho vivido, julgue por si mesma se crianças pequenas acaso saberiam apreciar as minhas histórias.

Kaatje

A Kaatje é a menininha do vizinho; quando olho para fora da janela, se estiver fazendo bom tempo, vejo a Kaatje brincando no jardim.

A Kaatje tem um vestido de veludo bordô para os domingos e um de algodão para os dias normais. Tem cabelos loiros cor espiga de milho com trancinhas finas e olhos azuis claros. A Kaatje tem uma mãe carinhosa, mas o seu pai não vive mais. A mãe é lavadeira. Durante o dia às vezes se ausenta para limpar casas; de noite lava roupa para "as suas casas". Às onze ainda bate os tapetes e pendura roupa no varal.

A Kaatje tem 6 irmãos e irmãs. Entre eles há um pequenininho feio que dói, que se agarra à saia da irmã de onze anos quando a mãe grita que está na hora de dormir.

A Kaatje tem um gatinho tão negro que se parece a um mouro. A Kaatje cuida muito bem dele, todas as noites, antes de a mãe anunciar que está na hora de dormir, pode-se ouvi-la chamar "Katje, katje, katje, gatinho, gatinho, gatinho." Daí é que veio o nome "Kaatje"; é possível que ela nem se chame "Kaatje", mas o nome combina com ela. A Kaatje tem também dois coelhinhos, um branco e um castanho. Upa, upa, saltitam em círculos sobre o gramado debaixo da escadinha que dá acesso à porta da casa da Kaatje. Às vezes a Kaatje é também travessa, como as outras crianças, o que costuma acontecer quando ela briga com os irmãozinhos. Nossa, como ela fica brava, bate, chuta e morde como ninguém. Os irmãozinhos têm muito respeito pela irmã robusta.

"Está na hora de ir fazer compras, Kaatje!", grita a mãe. A Kaatje tapa os ouvidos para logo poder ser sincera e dizer à mãe que não ouviu. A Kaatje detesta ir fazer compras. Mas deixar de fazer compras não justifica uma mentira, a Kaatje não mente; é só olhar para os seus olhos azuis para perceber.

Um irmão da Kaatje já tem dezesseis anos e trabalha como empregado júnior. Esse irmão gosta de bancar às vezes o pai e ficar mandando nos outros irmãos. Para ele, o Piet, a Kaatje não tem coragem de dizer nada, porque ele tem a mão pesada e a Kaatje sabe por experiência que se lhe obedecer, vez ou outra acaba recebendo alguma bala ou doce. E de doces tanto a Kaatje como as outras irmãzinhas gostam muito.

Aos domingos, quando a igreja faz blém, blém, blém, a mãe da Kaatje vai à missa com todos os filhos e filhas. É então que a Kaatje reza pelo seu querido papai, que está no céu, e pela mãe, para que ela ainda viva por muito tempo. Depois da missa vão todos passear com a mãe. Como a Kaatje gosta de passear no parque e, o que acontece muito de vez em quando, no zoológico! Mas ainda faltam alguns meses para que ela vá novamente ao zoológico; só vai em setembro, quando a visita custa de novo vinte e cinco centavos, ou quando é aniversário dela, que pode pedir a visita ao zoológico de presente. Para outros presentes a mãe da Kaatje não tem dinheiro.

A Kaatje consola a mãe frequentemente, porque, de noite, após ter trabalhado tanto, cansada, começa a chorar, e a Kaatje lhe promete tudo o que ela desejar quando for gente grande. Como ela gostaria de já ser gente grande para ganhar o seu próprio dinheiro e poder comprar roupas bonitas e dar guloseimas às irmãzinhas, como o Piet!

Mas primeiro a Kaatje precisar aprender muito e frequentar a escola por um bom tempo para chegar lá. A mãe quer que ela frequente uma escola que prepara as jovens para trabalharem em domicílios, mas a Kaatje não tem a menor vontade de seguir o tal curso. Não quer ir trabalhar na casa de uma senhora; ela quer trabalhar na fábrica, como todos aqueles cachos de meninas que todos os dias passam pela sua casa. Na fábrica ela não está sozinha; lá ela nunca ficaria sozinha e poderia conversar e se socializar, o que a Kaatje tanto adora!

Na escola acontece de ter de ficar de castigo num canto por ter falado demais, mas, de resto, ela é até uma boa aluna. A Kaatje gosta muito da professora, que, em geral, é simpática e muito, mas muito inteligente. Que difícil deve ser tornar-se tão inteligente! Mas também não é preciso ser tão inteligente; a mãe de Kaatje diz sempre que, se ela for inteligente demais, não vai arranjar marido, o que a deixaria muito infeliz; afinal, mais para frente ela quer ter crianças fofinhas, não crianças como os seus irmãozinhos e irmãzinhas; as da Kaatje vão ser mais fofinhas e muito mais bonitas. Vão ter uns cabelos castanhos encaracolados e não cor de espiga de milho como os dela, que não são bonitos, e nem as sardinhas no rosto que a Kaatje tem de monte. A Kaatje também não quer ter tantos filhos como a mãe. 2 ou 3, já estaria bem. Só que ainda vai demorar tanto, mas tanto tempo: a mesma quantidade de anos que ela já viveu até agora. "Kaatje", grita a mãe, "venha aqui, sua menina travessa! Onde é que você estava? Pode ir rapidinho para a cama. Com certeza você estava sonhando acordada!"

A Kaatje suspira; estava fazendo uns projetos de futuro tão gostosos!

sua Anne

SEGUNDA, 9 DE AGOSTO.
DE 1943.

Querida Kitty,

Desta vez vou dar continuidade ao decorrer do dia a dia no Anexo. Após a pausa, chega a vez do almoço propriamente dito.

O senhor V. P. é quem encabeça a fila. É quem se serve primeiro e, portanto, quem enche o prato com tudo o de que mais gosta. Fala enquanto come, não deixa passar a oportunidade de dar sua opinião, e, tendo feito isso, não há cristo que o faça mudar de ideia; se alguém, porém, se atreve a fazê-lo, coitado deste alguém! Ele... ele dá um bufido que nem um gato... Eu prefiro não me meter com ele... Quem já passou por isso uma vez não quer repetir a dose.

A melhor opinião é a dele próprio; é um sabe-tudo. Vá lá, eu admito que ele é inteligente, mas a arrogância desse senhor atingiu um alto grau.

A Madame. no caso dela eu deveria é ficar de boca calada. Tem vezes, principalmente quando está de mau humor, em que é melhor nem olhar para a cara dela. Feitas as contas é sempre ela a culpada de todas as discussões. Não é o assunto, mas sim ela! Pois é, o melhor mesmo é manter distância, mas poderíamos caracterizá-la de provocadora. Provocar é divertido. Principalmente em se tratando da senhora Frank e da Anne. Já com a Margot e o senhor Frank a coisa fica mais difícil.

Agora à mesa. A madame não prescinde de nada, apesar de que muitas vezes acredita estar em desvantagem. Escolher as batatas menorzinhas, os bocados com a melhor aparência e os pedacinhos de carne mais macios é com ela mesmo. Os outros que se virem, contanto que seja eu quem escolha primeiro (é bem isso o que pensa em relação à Anne). A segunda coisa mais importante é tagarelar: que a ouçam. Se a pessoa está interessada ou não, isso não é importante aparentemente. A madame, senhora V.P., seguramente acha que as suas palavras são de interesse geral.

Sorrir com coqueteria, fingir que sabe de tudo e dar conselhos maternais a todo mundo, tudo isso só pode <u>deixar</u> a melhor das impressões. Mas que não se atenham demais a ela, porque se desfaz a ilusão. Traço um: aplicada; traço dois: alegre da vida; traço três: coquete e às vezes até bem-apessoada. Esta é Gusti van Pels.

<u>O terceiro comensal:</u> Quase não se faz ouvir. O jovem v. P. costuma ser calado e não chamar a atenção. No que se refere ao seu apetite: como o mitológico tonel das Danaides. O seu estômago nunca se enche; mesmo após uma refeição das mais substanciosas afirma com a maior tranquilidade do mundo que poderia comer o dobro.

A quarta é a Margot: Come como um passarinho, não abre a boca para dizer nada. A única comida que ingere são legumes e frutas. "Mimada", reza o veredicto dos v. P. Já a nossa opinião é: "Falta de ar fresco e esporte."

Ao lado dela, a mamãe: Um bom apetite, tagarela. Ninguém tem a ideia — contrariamente à senhora V. P. — de que é a dona de casa. Mas isso por quê? Pois muito bem: porque a madame cozinha e à mamãe só compete lavar a louça e limpar.

Números seis e sete: Sobre o papai e mim não vou dizer muito. O primeiro é o mais humilde dentre os comensais. Verifica sempre primeiro se todos estão servidos. Não precisa de nada, tudo o que há de melhor é para as crianças.

Ali está o exemplo da própria bondade; ao passo que a seu lado está a pilha de nervos do Anexo.

O Pfeffer: Se serve, não olha, come, não fala. Se for imperativo falar, que seja, pelo amor de Deus, sobre comida, pois é um assunto que não dá muita chance de gerar brigas, só bobagens. Porções imensas entram naquele estômago, e da boca nunca sai um "não", nem para o bem, nem, na maior parte das vezes, para o mal.

As calças na altura do peito, o colete vermelho, os chinelos negros envernizados e óculos com haste de tartaruga. É sempre assim que se o vê à escrivaninha, eternamente trabalhando sem quaisquer avanços; a única coisa que variava era a soneca da tarde, a refeição e... o seu lugar favorito... o banheiro. Três, quatro, cinco vezes por dia aparece alguém impaciente à frente da porta do banheiro saltitando de uma perna sobre a outra, a ponto de explodir. Será que ele não liga mesmo para a urgência alheia? Não senhor, o banheiro é dele das sete e quinze às sete e meia, de meio-dia e meia à 1, das duas às 2 e quinze, das 4 às 4 e quinze, das 6 às 6 e quinze e das 11 e meia à meia-noite. Pode anotar, esses são os seus horários fixos de "estar sentado no trono". Ele não abre exceções e não dá a mínima para as vozes suplicantes do lado de fora anunciado a chegada galopante de um desastre.

A número 9 não é propriamente dita um membro da família do Anexo, mas não por isso deixa de ser uma companheira de casa e de mesa. A Bep tem um apetite saudável. Esvazia o prato, não é exigente. É fácil de se agradar e justamente por isso nos agrada. Alegre e bem-humorada, dócil e bondosa, são esses os traços do seu caráter!

TERÇA, 10 DE AGOSTO.
DE 1943.

Querida Kitty,

Uma ideia genial: estando à mesa, converso mais comigo mesma que com os demais, o que tem duas vantagens. A primeira é a alegria geral de que eu não fique cacarejando o tempo todo e a segunda é de eu não ter que me chatear com o julgamento alheio. Eu não acho a minha opinião tola, ao contrário dos outros, de maneira que prefiro mantê-la em segredo. Faço o mesmo quando me confronto com alguma comida que eu detesto. Aproximo o prato para perto de mim, imagino que é algo apetitosíssimo, olho o mínimo possível para ele, e, quando vou ver, já o comi. De manhã, na hora de me levantar — outra dessas coisas desagradabilíssimas — salto da cama, pensando com os meus botões: "Daqui a pouco eu me enfio outra vez na cama", vou até a janela, desfaço um pouco a camuflagem e por uma fresta respiro uma lufada de ar puro até me sentir revigorada. A cama é logo desfeita para me livrar da tentação. Sabe como a mamãe chama isso? "A arte de viver." Não é uma expressão curiosa?

Ultimamente andamos todos um pouco confusos com o tempo cronológico, já que o sino do campanário da nossa bem-quista e querida torre Westertoren aparentemente foi removido para uso industrial, o que teve como consequência não sabermos ao certo que hora do dia e da noite é. Ainda tenho uma pequena esperança de que achem uma solução, algo que faça a vizinhança se lembrar um pouco do sino, por exemplo algo de estanho, cobre ou sei lá mais o quê.

Lá em cima, aqui embaixo ou onde quer que seja, todos olham com admiração para os meus pés, que ostentam um par de sapatos estranhamente belos (para os tempos atuais). A Miep os achou pelo preço módico de 27,50 florins. De cor bordô, camurça com couro e saltos bastante altos. Tenho a impressão de estar andando sobre pernas de pau e de que os outros me veem bem mais alta que sou.

Ontem eu tive um daqueles dias de azar. Espetei o traseiro de uma agulha grossa no polegar direito. O resultado foi que a Margot teve de descascar as minhas batatas (o lado bom do ruim) e eu tive de escrever meio sem jeito. Depois eu dei com a cabeça contra a porta do armário, quase caí para trás, recebi um sabão pelo barulho causado, não pude abrir a torneira para deixar escorrer água sobre a testa e agora estou com um galo gigantesco sobre o olho direito. Como se não bastasse, fiquei com o dedinho do pé direito entalado no tubo do aspirador. Sangrou e doeu, mas eu já estava tão ocupada com os meus outros males que esse último caiu no esquecimento. Deveria ter lhe dado mais atenção, porque agora eu estou com um dedo do pé infeccionado coberto de pomada anti-inflamatória e um curativo de gaze e esparadrapo, e não posso usar os meus gloriosos sapatos.

O Pf. nos expôs pela enésima vez a um perigo mortal. A Miep com efeito estava a caminho daqui com o exemplar de um livro proibido, em que Mussolini é escrachado, quando um funcionário da SS investiu de moto contra a sua bicicleta. Ela perdeu os nervos e gritou: "Seus desgraçados" antes de subir outra vez na bicicleta. Nem me atrevo a pensar o que teria acontecido se ela tivesse sido levada à delegacia.

Sexta, 10 de setembro
de 1943.
<u>sua Anne</u>

SEXTA, 10 DE SETEMBRO
DE 1943.

Querida Kitty,

Toda vez que eu escrevo para você é porque algo especial aconteceu, mas em geral costuma ser alguma coisa desagradável. Desta vez, porém, trata-se de algo bom:

Na noite da quarta, 8 de setembro, estamos sentados escutando o noticiário das sete, e a única coisa que nós ouvimos foi o seguinte: Here follows the best news from whole the war: Italy has capitulated. A Itália capitulou incondicionalmente! Às oito e quinze teve início a rádio Oranje: "Prezados ouvintes, há uma hora e quinze minutos, quando eu estava pronta para dar a crônica do dia, ficamos sabendo de maravilhosa notícia da capitulação da Itália aqui dentro. Posso dizer que nunca tive tanto prazer em jogar uma folha de papel no lixo quanto no dia de hoje!

God save the King, foram tocados o hino americano e a internacional russa. Como sempre, a rádio Oranje elevou um pouco os ânimos, mas não de maneira muito otimista.

Os ingleses aterrissaram em Nápoles. O norte da Itália estava ocupado pelos alemães. Na sexta-feira dia 3 de setembro foi assinado o armistício, justamente no dia em que os ingleses aterrissaram na Itália.

Os alemães gritam e xingam por conta da traição de Badoglio e do imperador italiano.

Mas nem tudo é uma maravilha, agora é o Kleiman. Como você sabe, nós todos gostamos muito dele, mas, apesar de ele estar sempre doente e não poder nem comer nem andar, sempre se mostrou serelepe e notavelmente corajoso:

"Quando o senhor Kleiman entra, é como um raio de sol", disse a mamãe agora mesmo, no que está coberta de razão.

Agora ele teria que se submeter a uma operação intestinal desagradabilíssima no hospital, onde teria de ficar pelo menos quatro semanas. Você tinha que ver quando ele se despediu de nós; com a maior naturalidade do mundo, como se estivesse indo fazer compras.

sua Anne.

QUINTA, 16 DE SET. DE 1943.

As relações entre nós vão de mal a pior. À mesa ninguém mais se atreve a abrir a boca (a não ser para fazer dar uma garfada), porque tudo o que é dito ou é levado a mal ou interpretado de maneira errada. O senhor Voskuijl vem nos visitar de vez em quando. É uma lástima, mas ele está muito, muito mal. Para piorar a situação para a família, ele usa e abusa do subterfúgio: Não estou nem aí para nada, afinal de contas, não vou mesmo durar mais muito! Consigo perfeitamente imaginar o astral na casa dos Voskuijl quando eu penso no quão melancólicos todos já estão aqui.

Eu me entupo de comprimidos de valeriana contra medo e depressão, mas eles não previnem que no dia seguinte eu me sinta ainda mais miserável. Soltar umas gargalhadas em alto e bom som ajudariam mais que dez comprimidos de valeriana. Mas rir aqui nós já praticamente esquecemos. Às vezes eu fico com medo de que a seriedade me apague as expressões do rosto e me deixe com o queixo caído. Com os outros não é muito diferente, todos temem, cheios de maus pressentimentos, ao grande bloco de pedra que se chama inverno.

Outro fato que nos desencoraja é que um funcionário do armazém chamado van Maaren se mostra desconfiado em relação à parte dos fundos do edifício. Alguém em sã consciência deve achar suspeito quando a Miep diz ir ao laboratório; a Bep, ao arquivo; o Kleiman, ao depósito da Opekta e o Kugler afirma que o Anexo não pertence ao nosso lote, mas sim ao edifício do vizinho.

Não ligaríamos a mínima para o que senhor van Maaren pensa a respeito se o homem não tivesse a reputação de não ser confiável e não tivesse um alto grau de curiosidade de maneira a não se deixar enganar com qualquer história para boi dormir.

Certo dia, o Kugler quis tomar uma medida extra de precaução: vestiu o seu casaco ao meio-dia e vinte e foi à farmácia da esquina. Não tinham se passado nem cinco minutos e já estava de volta, subiu de mansinho a escada como um ladrão e veio a nós. À uma e quinze quis ir embora, mas encontrou a Bep no patamar da escada, que o advertiu que o van Maaren estava no escritório. O Kugler deu meia-volta e ficou conosco até a uma e meia. Descalçou os sapatos, pegou-os nas mãos e foi na ponta dos pés (apesar do resfriado) até a porta do sótão, desceu dali degrau por degrau e, após uns bons quinze minutos de equilíbrio para não fazer ranger a madeira, entrou no escritório pela porta da rua.

A Bep, no meio-tempo livre do van Maaren, veio buscar o Kugler, mas ele já fazia um tempinho que havia ido embora de meias na ponta dos pés. O que terão pensado as pessoas na rua quando o diretor calçou os sapatos ali em público? Mas vejam só, o diretor de meias!

DOMINGO, 17 DE OUT. DE 1943.

Querida Kitty,

O Kleiman felizmente voltou! Ele ainda está meio pálido, mas já vai todo bem-humorado vender roupa para o v. P.

É um fato preocupante, mas o dinheiro do v.P. chegou radicalmente ao fim. Os seus últimos cem florins ele perdeu no armazém, ainda sentimos as consequências disso.

Como é que se deixam ir parar no armazém cem florins?

Tudo isso dá ensejos a suspeitas. No meio-tempo foram roubados os cem florins. Quem é o ladrão?

Mas voltemos ao assunto da escassez monetária. A madame não quer se desfazer de nenhuma peça do seu vestuário, uma pilha de casacos, vestidos e sapatos; já o terno do marido não tem muita saída. A bicicleta do Peter voltou da inspeção, ninguém demonstrou interesse. Ainda não se vê nenhuma luz no fundo do túnel. A madame vai ter de sacrificar o seu casaco de pele. Ela ainda não entendeu que a empresa não vai mais poder prover o nosso sustento. Tiveram lá em cima uma disputa agressiva a esse respeito, mas já teve início o período de reconciliação, copiosa em abordagens como "minha querida Putti" e "Kerli, meu benzinho".

Estou até tonta com todos os palavrões que voaram pelos ares desta respeitável casa no último mês. O papai anda com os lábios apertados. Se alguém o chama, ele se vira, arisco, como se com medo de acabar tendo ele que resolver algum pepino. A mamãe está com manchas vermelhas de estresse no rosto, a Margot se queixa de dor de cabeça, o Pf. não consegue dormir, a madame reclama o dia inteiro e eu própria estou completamente desorientada.

Para ser sincera, às vezes eu até me esqueço de quem está brigado com quem e quem já se reconciliou.

A minha única distração é estudar, o que eu faço muito.

QUARTA, 29 DE SETEMBRO DE 1943

Hoje é aniversário da madame v. P. Além de cupons de queijo, carne e pão, nós lhe demos só um pote de geleia. Do marido, do Pf. e do escritório ela só ganhou flores e comida. Sintomático dos tempos que estamos atravessando!

A Bep esteve esta semana a ponto de ter um colapso nervoso de tanto que a mandam de um lado ao outro. No dia em questão ela recebeu dez encargos com a menção de "urgentes" e a insistência de que fossem levados a cabo o mais rápido possível, que ela fosse de novo andando, ou que se havia enganado em alguma compra. Se você considerar que ela dá conta de todo o trabalho sozinha lá embaixo, que o Kleiman está doente e ela mesma com um resfriado daqueles, com um tornozelo luxado, com males de amor e em casa com um pai que não para de reclamar, só então consegue entender por que ela está arrancando os cabelos. Nós a consolamos e lhe dissemos que se ela fosse mais categórica e dissesse que não tem tempo, essas listas naturalmente se tornariam mais curtas.

No sábado se desenrolou aqui um drama sem precedentes no que diz respeito à sua intensidade. Começou com o van Maaren e terminou numa briga geral com direito a soluços e tudo. O Pf. foi reclamar com a mamãe de que é tratado aqui como um rejeitado, que nenhum de nós é simpático com ele, que ele nunca tinha feito mal a ninguém e mais uma lista de lisonjas água-com-açúcar, uma armadilha em que a mamãe dessa vez não caiu. Ela disse que ele tinha sido uma decepção para todos nós e que nos tinha dado mais de uma vez motivos para desentendimentos. O Pf. prometeu por tudo o que lhe era mais sagrado que isso mudaria. Até agora, porém, nem sinal de mudança, como sempre.

Com os V. P. a coisa também está desandando, já vi tudo! O papai está furioso porque nos enganam, mantendo escondidos carne e afins. Deus meu, que nuvem negra é essa que paira sobre as nossas cabeças? Ah, se eu pelo menos não estivesse diretamente envolvida nessa escaramuça, se pudesse ir embora daqui! Eles estão nos deixando loucos!

sua Anne

SEXTA, 29 DE OUT. DE 1943.

Queridíssima Kitty,

O Kleiman teve de se ausentar de novo; o seu estômago não o deixa tranquilo. Ele nem mesmo sabe se a hemorragia já parou ou não. A primeira vez em que eu o vi para baixo de verdade foi quando nos disse que iria para casa porque não estava se sentindo bem.

O Anexo foi outra vez o cenário de brigas tremendas entre o V. P. e a madame. A causa: o dinheiro deles se acabou. Quiseram vender um casaco de inverno e um terno dele, mas não se achou comprador. Ele estava pedindo um preço bem acima da média.

Certo dia, já faz um tempinho, Kleiman falou de um peleteiro amigo dele. Foi quando ocorreu ao senhor V. P. vender o casaco de pele da madame. Tratava-se de um casaco feito de pele de coelho que ela já vinha usando fazia 17 anos. A madame recebeu por ele 325 florins, uma quantia enorme. Queria guardar o dinheiro para comprar roupas novas quando acabasse a guerra, mas o marido lhe enumerou todos e cada um dos fatores que provavam que o montante era absolutamente indispensável para cobrir a manutenção doméstica.

Não há palavras para descrever a você a gritaria, os berros, os estampidos e os palavrões que sobrevieram. Era de dar medo. A minha família ficou com a respiração suspensa ao pé das escadas pronta a intervir e separar um do outro caso necessário. Toda aquela arruaça, a choradeira e o nervosismo eram tão extenuantes e desestabilizadores que à noite entrei na cama soluçando, mas agradecendo aos céus por poder ficar sozinha uma meia horinha.

Comigo está tudo bem, com a exceção de eu ter andado sem o menor apetite. Não param de buzinar na minha orelha: "Você está com uma aparência péssima!" Eu tenho de admitir que todos se desvelam para que eu mantenha o meu peso. Dextrose, óleo de fígado de bacalhau, levedura de cerveja e cálcio fazem parte da dieta. Muito raramente eu ainda sou dona dos meus nervos, principalmente aos domingos eu fico péssima. O astral da casa fica sufocante, letárgico; não se ouve o chilrear dos passarinhos do lado de fora, um silêncio perturbador paira sobre tudo e esse sentimento pesado se agarra a mim como se quisesse me levar consigo a um profundo mundo subterrâneo. Tem vezes em que o papai, a mamãe e a Margot me deixam indiferente; eu ando de um cômodo para outro, desço e subo as escadas com um sentimento de passarinho trinador cujas asas foram arrancadas de qualquer jeito e, em completa escuridão, voa e se choca contra as grades da sua estreita gaiola. "Vá lá fora, respire ar fresco, sorria!", sinto algo gritar dentro de mim. Eu já nem respondo mais; vou me deitar no divã e durmo a fim de encurtar o tempo, o silêncio e este medo horroroso, já que matá-los é impossível

sua Anne.

QUARTA, 3 DE NOV. DE 1943.

Querida Kitty,

Para nos proporcionar um pouco de distração e autodesenvolvimento, o papai pediu um prospecto das Instituições de Ensino Leiden. A Margot já deu umas 3 boas xeretadas no pequeno calhamaço sem encontrar nada que lhe agrade ou caiba no seu bolso. O papai já foi mais rápido: quis escrever à instituição para pedir uma aula experimental de latim básico. Dito e feito. A lição chegou e Margot a fez de cabo a rabo, e o curso, por mais caro que fosse, foi adquirido. Para mim ele era um pouco difícil demais, apesar de eu querer muito aprender latim.

A fim de que eu também pudesse ocupar a cabeça com algo novo, o papai pediu a Kleiman que encontrasse uma Bíblia infantil para que eu finalmente aprendesse algo sobre o Novo Testamento.

"Você está querendo dar à Anne por ocasião do Hanucá um trecho da Bíblia?", perguntou Margot, consternada.

“Sim... é que eu achei que o dia de São Nicolau era a melhor ocasião”, respondeu o papai.

Jesus simplesmente não combina com o Hanucá.

Visto que o aspirador está quebrado, tenho que limpar o velho tapete com escovas. Janela fechada, luzes acesas, a estufa também e, em seguida, o espanador passado pelo chão inteiro. Isto não vai acabar bem, pensei na primeira vez com os meus botões. Aquilo teria más consequências. Pronto, a mamãe já ficou com dor de cabeça por causa da nuvem de poeira que ficou rodopiando. O dicionário de latim novo da Margot estava coberto de sujeira, e o Pim reclamou, alegando que o chão praticamente não havia mudado quase nada de aspecto. ”*Stank voor dank*” se chama isso.

O novo regulamento do Anexo é o de que a lareira seja acesa aos domingos às sete e meia em vez das 5 e meia da manhã. A mim me parece um assunto perigoso. O que não pensarão os vizinhos da nossa chaminé soltando fumaça?

O mesmo vale para as cortinas. Desde quando entramos aqui elas sempre se mantiveram presas na mesma posição. Vez ou outra uma das damas ou um dos cavalheiros sente um ímpeto de olhar para fora e o faz. Resultado: uma chuva de protestos. Reposta: “Ninguém olha mesmo!” Assim é que começa e finda a falta de cuidado. Ninguém olha mesmo, ninguém ouve mesmo, ninguém presta atenção. É fácil dizer, mas, será que corresponde mesmo à realidade? Atualmente as discussões violentas esmoreceram, só mesmo o Dussel e o senhor v. P. discutem. Se o primeiro fala da madame, se refere “à senhora vaca” e “à galinha choca” e, vice-versa, a madame intitula o infalivelmente intelectual de “velha jovem senhorita” ou “a velha solteirona melindrosa” e assim por diante.

Farinha do mesmo saco.

(O sujo falando do mal lavado!)

sua Anne.

QUINTA,11 DE NOV. DE 1943.

Querida Kitty,

Eu tenho um bom título para este capítulo:

Ode à minha caneta-tinteiro
In memoriam
“De Margots schola Latina”

A minha caneta-tinteiro sempre foi para mim um bem que eu apreciei muito por causa da ponta grossa, porque só mesmo com pontas grossas de canetas-tinteiro eu consigo escrever realmente caprichado. A minha tem uma história antiga e interessante, que eu quero contar sem muitos detalhes:

Quando eu tinha 9 anos, a caneta-tinteiro chegou a mim num pacotinho (envolto em algodão) como amostra-grátis lá de Aken, a cidade onde vivia a minha avó, a generosa doadora. Eu estava de cama com gripe, enquanto lá fora o vendaval de fevereiro queria levar a casa na sua passagem. A gloriosa caneta--tinteiro se encontrava dentro de um estojo de couro vermelho, que eu já quis mostrar no mesmo dia a todas as minhas amigas. Eu, Anne Frank, a orgulhosa possuidora de uma caneta-tinteiro!

Quando eu estava com 10 anos, a professora me deu permissão de escrever com ela. Com 11, porém, tive que guardá-la de novo no estojo, já que a professora da sexta série só permitia o uso de canetas comuns. Com 12, já no Liceu Judaico, tive a honra de ganhar até mesmo um novo estojo, em que cabia também um lápis e que parecia mais genuíno, porque tinha zíper. Aos meus 13 anos, a caneta-tinteiro foi comigo para o Anexo, onde percorreu um sem-número de páginas de diário e escritos. Aos 14, foi o último ano que a minha caneta-tinteiro passou comigo, e agora...

Foi numa tarde de sexta, após as 5, quando saí do meu quartinho para ir me sentar à mesa, mas fui empurrada bruscamente para o lado para ceder lugar à Margot e ao papai, que queriam estudar latim. A caneta-tinteiro ficou ali sobre a mesa, sem uso, enquanto a dona, suspirando, teve de se contentar com um cantinho da mesa e começou a "polir feijões". Isso significa tirar o mofo dos feijões pretos e torna-los decentes novamente

Às quinze para as 6 varri o chão e joguei a sujeira junto com os feijões estragados, embrulhados num jornal, na estufa. Formou-se uma chama colossal, e achei maravilhosa a maneira com que a estufa, que já estava dando os seus últimos suspiros de vida, se reacendeu.

O sossego voltou a imperar, os latinistas se mandaram dali, e eu voltei à mesa para dar seguimento ao meu texto, mas, por mais que procurasse, não estava encontrando a minha caneta-tinteiro. Procurei de novo, procurou a Margot, procurou a mamãe, procurou o papai, procurou o Pf., mas o objeto tinha desaparecido sem deixar pistas.

"Será que ela não foi parar na estufa juntos com os feijões?", aventou a Margot.

"Imagine!", respondi.

Como a caneta-tinteiro não queria saber de aparecer, todos nós chegamos à noite à conclusão de que ela tinha virado cinzas, ainda mais sendo que o celuloide queima como palha. Com efeito, a ominosa perspectiva revelou ser verdadeira na manhã seguinte, quando o papai, ao retirar a fornalha de cinzas da estufa, encontrou nela o clipe que serve para prender a caneta em alguma superfície. Da caneta dourada não sobrou nada nem para contar história. "Certamente fundido em alguma outra pedra", opinou o papai.

Um consolo pelo menos eu tive, por menor que seja: a minha caneta-tinteiro foi cremada, como eu própria vou fazer questão de ser!

O clipe foi preservado.
(A caneta-tinteiro se foi)
Ajuda contra o susto
Tive enorme azar

sua Anne.

SEGUNDA À NOITE, 8 DE NOV. DE 1943.

Querida Kitty,

Se você foi lendo as minhas cartas uma atrás da outra, não deixará de ter percebido que foram escritas em diferentes estados de espírito. Eu mesma acho chato estar aqui no Anexo sempre dependendo de estados de espírito. Aliás, não sou a única; todos fazem igual. Se eu leio um livro que me impressiona, preciso me preparar psicologicamente e neutralizar os meus sentimentos antes de ir me juntar aos outros, senão vão me achar uma estranha no ninho. Atualmente, como você deve ter notado, estou num período de depressão.

Não sei lhe dizer o porquê, mas acho que tem a ver com a minha covardia, na qual eu sempre acabo tropeçando.

Hoje à noite a Bep ainda estava aqui, alguém tocou a campainha muito insistentemente. Fiquei branca e me deu cólica e arritmia, e tudo por causa do medo!

À noite na cama eu me vejo a sós num calabouço, sem pai nem mãe. Às vezes eu erro ao longo de um caminho, ou o nosso Anexo está se incendiando, ou vêm nos prender e levar daqui, e eu, desesperada, me escondo debaixo da cama. Vejo tudo isso com os cinco sentidos. E o pior é a ideia de que isso pode se dar de fato! A Miep nos diz muitas vezes que tem inveja de nós, porque aqui nós temos sossego. Pode até ser verdade, mas ela com certeza se esquece do nosso medo.

Eu não consigo de jeito nenhum imaginar que o mundo pode voltar a ser normal para nós. Eu posso até falar em "depois da guerra", mas é como se estivesse falando de castelos no ar, algo que nunca vai se tornar realidade.

O Merry, as amigas, a escola, as brincadeiras, penso em tudo isso como se outra pessoa tivesse vivenciado, não eu. Vejo nós 8 juntos no Anexo como se num pedacinho azul de céu, rodeado de nuvens negras de chuva. O terreno em que estamos circunscritos ainda é seguro, mas as nuvens vão se aglomerando, vindo na nossa direção, e a linha circular que nos envolve e nos separa do mal que se avizinha vai se cingindo cada vez mais.

Estamos agora tão rodeados de perigo e escuridão que, desesperados por achar salvação, colidimos uns com os outros.

Olhamos todos para baixo, para onde as pessoas se debatem em duelos, olhamos todos para cima, onde tudo é tranquilidade e beleza, enquanto nos isolamos pela massa escura que nos impede de subir ou descer, mas que assoma diante de nós como um muro instransponível que quer nos esmagar, mas ainda não pode.

Não posso fazer mais nada além de chorar e implorar: "Ó círculo, círculo, se abra e nos deixe passar!"

sua Anne.

QUARTA, 17 DE NOVEMBRO DE 1943.

Querida Kitty,

Eventos que desestabilizam os lares de dentro para fora. Na casa da Bep reina a difteria, razão pela qual não pode estar em contato com a gente por seis semanas. Tanto no que se refere à comida como às compras é muito complicado, isso sem falar no contato social.

O Kleiman continua em repouso e já faz três semanas que está à base de leite e papinha líquida. O Kugler está numa correria que só.

As lições de latim que a Margot envia pelo correio voltam corrigidas por um professor. A Margot utiliza o nome da Bep. O professor é simpaticíssimo, além de muito espirituoso. Deve estar contente com uma aluna tão inteligente.

O Pf. anda totalmente confuso, nenhum de nós sabe o porquê. Começou lá em cima, quando passou a cerrar os lábios na presença do senhor e da senhora V. P.: não dirigia uma palavra sequer a nenhum dos dois. Todos repararam. Como a situação já perdurava havia dias, a mamãe aproveitou uma ocasião para preveni-lo em relação à madame, que podia de fato lhe causar muitos dissabores se a situação se prolongasse. O Pf. disse que tinha sido o senhor V. P. quem havia começado com aquilo e que ele não tinha a intenção de ser quem quebrasse o silêncio. O que você não sabe, porém, é que ontem foi o dia dezesseis de novembro, o dia em que fez um ano que ele chegou ao Anexo. À mamãe ele presenteou um buquê de flores, mas a madame, que havia meses já aludia à data sem fazer segredo de que esperava que o Pf. nos convidasse para algum tipo de comemoração, não ganhou nada. Em vez de expressar a sua gratidão pelo acolhimento desinteressado, não disse absolutamente nada. Quando eu lhe perguntei na manhã do dia dezesseis se devia o felicitar ou dar os pêsames, ele respondeu que estava aceitando tudo. A mamãe, que queria desempenhar o belo papel de pacificadora, não deu mais um passo adiante, e a situação acabou ficando elas por elas.

Não é exagero da minha parte dizer que falta um parafuso na cabeça do Pf. Acontece com frequência de rirmos calados da sua falta de memória, de opinião e de discernimento, e rimos não poucas vezes quando ele reproduz notícias que acabou de ouvir de maneira totalmente errônea, misturada e deturpada. Além disso, para cada reprimenda e acusação ele faz lindas promessas das quais nunca se concretizou uma única.

"Der Mann hat einen grossen Geist
Und ist so klein von Taten!"

sua Anne.

SÁBADO, 27 DE NOVEMBRO DE 1943.

Querida Kitty,

Ontem à noite, antes de pegar no sono, eis que vejo mentalmente a Hanneli diante de mim.

Eu a vi à minha frente, maltrapilha e com o rosto abatido e esquálido. Ela me olhava com uns olhões sombrios e recriminatórios em que se lia: "Ó Anne, por que você me abandonou? Socorro, me ajude a sair deste inferno!"

Mas eu não posso ajudá-la, apenas posso ver as pessoas sofrendo e morrendo; por isso estou sentada com uma mão sobre a outra no colo, só podendo orar e pedir a Deus que a deixe voltar para nós. Foi justamente a Hanneli que eu vi, nenhuma outra, mas entendi por quê. Eu a tinha julgado erroneamente e era infantil demais para entender as suas dificuldades. Ela era muito ligada à sua amiga, e era como se eu as quisesse separá-las. Como a pobrezinha deve ter se sentido! Eu sei como é, conheço eu própria esse sentimento!

Eu via às vezes flashes da vida dela para em seguida voltar a me absorver egoistamente nos meus próprios prazeres e dificuldades.

Foi feio da minha parte agir como eu agi em relação a ela, que olhava agora para mim com os seus olhos suplicantes e indefesos. Ah, se eu pelo menos pudesse ajudá-la! Deus meu, eu tenho aqui tudo o que eu desejar, ao passo que ela foi entregue à dura fatalidade do destino! Ela era tão piedosa quanto eu, ela também queria tudo de bom, por que fui eu a poupada para viver e ela provavelmente não? Que diferença havia entre nós? Por que é que estamos tão longe uma da outra?

Para ser sincera, já faz meses, quase um ano, que eu quase a esqueci. Não completamente, mas de uma tal maneira que eu não a imaginava em toda a sua miséria. Ah, Hanneli, eu espero, se você sobreviver ao final desta guerra e voltar para nós, que eu possa acolher você para recompensá-la em algo pela culpa que sinto em relação a você.

Mas quando eu estiver em condição de ajudá-la, ela não precisará da minha ajuda tanto quanto agora. Será que ela ainda pensa em mim? E se pensa, como será que se sente?

Meu bom Deus, dê-lhe o Seu apoio para que ela pelo menos não se sinta só! Ah, Senhor, se for possível dizer-lhe que penso nela com amor e compaixão, talvez isso possa reforçar o seu poder de resistência.

Eu não posso continuar pensando assim, senão ficarei presa nesses sentimentos. Será que a Hanneli encontrará essa fé dentro de si mesma e não só impingido por fora? Não tenho nem essa certeza, nunca me dei ao trabalho de lhe perguntar como de fato se sente.

Hanneli, Hanneli, se eu pelo menos conseguisse tirar você de onde está, dividir com você tudo de que usufruo! É tarde demais, não posso mais ajudar nem corrigir o que fiz de errado. Mas eu nunca mais a esquecerei e sempre orarei por ela!

<u>sua Anne.</u>

SEGUNDA,
SEXTA, 6 DE DEZ.
<u>DE '43.</u>

Querida Kitty,

Quando se aproximava a chegada do São Nicolau, todos nós pensamos involuntariamente na cesta bem ajeitada do ano passado, e foi desagradável, para mim particularmente, ter de pular a comemoração neste ano. Eu levei um tempo para pensar em algo, algo de que pudesse rir. O Pim foi consultado a respeito e há uma semana pusemos mãos à obra: escrever um versinho para cada um dos oito de nós.

No domingo à noite, às oito e quinze, aparecemos lá em cima com uma cesta de lavanderia entre nós, enfeitada com figuras e laços de papel carbono rosa e azul. A cesta estava coberta com uma tira de papel de presente pardo, no qual estava preso um bilhete. Lá em cima todos ficaram um pouco espantados com o tamanho da surpresa. Eu retirei o bilhete do papel de embrulho e li:

PRÓLOGO:

O Dia de São Nicolau veio este ano também
E o Anexo na memória ele retém.
Infelizmente a nossa diversão
não foi tamanha como a de então.
Quando, com o pensamento esperançoso,
Acreditávamos que o otimista sairia vitorioso,
Certos de que hoje sem nenhuma restrição
Para o São Nicolau teríamos uma comemoração.
Ainda assim, da data não podemos esquecer
Sem que nenhum presente possamos dar ou receber!
Temos de fazer agora de outra maneira
E que cada um olhe para o que tiramos da sapateira!

Foi uma gargalhada que só quando cada proprietário tirou o seu sapato da cesta. Em cada um deles havia um pacotinho de nada envolto em papel de embrulho com o endereço do seu respectivo dono. Não vou anotar todos os versinhos para não ficar chato demais. Alguns, porém, agradaram, e eu os anoto para você.

À própria A. M. Frank.

Quando você ouve os aviadores à noite
Ninguém fica particularmente irritado
Fora a Anne, a caçula
O membro mais jovem da família
E quando disparam também na Bullerjaan
A Anne despenca de medo.
Se o remédio não for óleo de fígado de bacalhau
Mas sim a adequada valeriana
O estoque vai encolhendo,
São Nicolau corre em socorro
E o reabastece.
(O presente foi, de fato, uma valeriana.)

À sra. E. Frank

Tempos anormais
Boa dieta escassa
Maçãs e laranjas
Pouca vitamina
Portanto, nada se perde,
Legumes crus, sabe como é!
A vontade moderna quer
Batatas não descascadas
Salsinhas, rabanete,
Eis uma refeição saudável.
O São Nicolau tem a mesma opinião
E oferece alguns vegetais crus.

Ao sr. P. A. v. P

Quem pega as batatas, quem limpa o sótão?
O Pete é a pessoa designada.
Quem pega os legumes, quem pega o carvão,
Quem se esgueira nas pontas do pé?
Quem garante que os gatinhos tenham algo para comer?
O Peter certamente não se esquecerá disso.
Quem vai pegar a lenha, quem vai guardar as cinzas?
Quem coloca o seu macacão para lavar?
O Piet faz isso e muito mais
Isso deixa São Nicolau muito feliz
Lá foi então ele à procura
E nos oferece cupons extras.

À sra. G. v. P

Eu quero tricotar algo e já sei o que
Eu tenho um pouco de lã, acho que será
O suficiente para uma camisa ou calças
Mas primeiro tenho que achar um bom modelo.

Eu me apresso, mas já vejo
Que o material não foi suficiente
Então eu o desfaço, escolho um outro modelo
Para enfeitar a cabeça do meu filhão.

Agora eu não gosto da cor, eu o vou pintar
Eles não vão estragar a lã no Palthe!

———————

Senhora, se você começar de novo
Então primeiro olhe para o trabalho do São Nicolau
Ele já o começou para você
E encontrou um novo ponto!

———————

Eu tinha tricotado um pedaço um pouco e nele joguei uns palitos de fósforo.

QUARTA, 22 DE DEZ. DE 1943.

Querida Kitty,

Uma gripe daquelas me impediu de escrever antes. É horrendo ficar doente aqui. A cada vez que eu tossia, dá-lhe uma, dá-lhe duas, dá-lhe três, tinha que me encolher debaixo do cobertor e tentar silenciar a minha garganta o mais suavemente possível, o que na maior parte das vezes fazia com que o pigarro continuasse irritando e que eu lançasse mão de leite com mel, açúcar e pastilhas. Quando penso na sugestão de cada um para que eu melhorasse, fico até tonta: suadeira, me enrolar toda, panos úmidos sobre o peito, panos secos sobre o peito, bebidas quentes, gargarejos, pinceladas, não me mover, travesseiros quentes, bolsa térmica, gotas de limão e tirar a temperatura a cada duas horas. Será que tudo isso serve mesmo para alguma coisa? Para mim o pior foi quando o Pf. quis bancar o médico e pousou sobre o meu peito descoberto a sua cabeça com toda aquela brilhantina nos cabelos a fim de ouvir os meus ruídos internos. Além de os cabelos dele me darem cócegas, me senti embaraçada, mesmo sabendo que ele estudou medicina há trinta anos e tirou o diploma de médico. Por que o sujeito tinha que encostar a cabeça no meu peito? Ele não é meu namorado! Além disso, e ele vai lá saber se eu estou doente ou não por dentro? Primeiro ele teria de dar uma boa lavada nos ouvidos, porque ele está ficando a cada dia que passa mais preocupantemente parecido com um surdo. Mas chega de falar em doença. Eu estou de novo saudável e saltitante, cresci um centímetro, um quilo e estou pálida e ávida por aprender.

Não há muitas notícias. A Bep continua de quarentena, para o Natal devemos receber uma quantidade extra de óleo, doces e caramelo. O presente foi um broche feito a partir de uma moeda, cintilante que é uma beleza. Enfim, dispensa muita descrição, uma pérola.

O tempo anda chuvoso, a estufa fede, a comida pesa no estômago de todos, o que provoca ruídos trovejantes de todos os lados, intervalo de guerra, um astral baixíssimo.

sua Anne.

SEGUNDA, 24 DE DEZ. DE 1943.

Querida Kitty,

Eu já lhe escrevi repetidas vezes que nós aqui nos vemos constantemente confrontados com diferentes estados de espírito, e notei que esse mal tem se intensificado no que diz respeito a mim. "*Himmelhoch jauchzend, zu Tode betrübt*" se aplica aqui com muita propriedade. "Gritando de alegria" eu fico quando penso em quão bem nós estamos aqui e me comparo com outras crianças; "Morrendo de tristeza" eu me sinto, por exemplo, quando a senhora Kleiman vem nos visitar e conta sobre o clube de hóquei do Jopie, dos passeios em canoa, das peças de teatro e sessões de chá com os amigos. Não acho que eu tenha inveja do Jopie, o que acontece é que me dá uma vontade imensa de estar por aí me divertindo à beça e sair rolando pelo chão às gargalhadas até ficar com dor de barriga. Principalmente agora, no inverno e nestes feriados de Natal e Ano Novo; é quando nos sentamos aqui como párias da sociedade. Entretanto, na verdade eu não deveria escrever esses termos, porque parece ingratidão da minha parte, mas é que não consigo guardar tudo só para mim, de maneira que recorro ao meu lema: "O papel é paciente."

Quando entra alguém da rua trazendo vento nas roupas e frio no rosto, o que me dá vontade de fazer é enfiar a cabeça por debaixo do cobertor para não pensar: "Quando é que nos vai ser permitido respirar o ar lá de fora?" Mas visto que não posso me esconder debaixo do cobertor — muito pelo contrário, tenho de me manter na pose — tais pensamentos me invadem a cabeça sem dó nem pena, um após o outro, incontáveis vezes.

Acredite nas minhas palavras: quando se está prisioneiro há 1½ ano, há dias em que não se aguenta mais. A despeito da justiça e da gratidão, não há como espantar os sentimentos.

Andar de bicicleta, dançar, assobiar, olhar para o mundo, me sentir jovem, me saber livre: é tudo pelo que eu mais anseio, mas não posso deixar transparecer nada, porque, imagine você como estaríamos se todos os 8 começássemos a reclamar e a fechar a cara! Onde iríamos parar?

sua Anne.

DOMINGO, 2 DE JAN. DE 1944.

Querida Kitty,

Quando vi que não tinha o que fazer de manhã, folheei o diário e encontrei muitas cartas com o tema "mamãe" em que me refiro a ela em termos tão virulentos que fiquei chocada e perguntei a mim mesma: "Anne, é você mesmo quem fala de ódio? Anne do céu, como você pôde?" Mantive uma ou outra página dessas aberta e refleti em como era possível que eu efetivamente transbordasse de ódio a ponto de fazer a você tais confidências. Tentei trazer à tona a Anne de um ano atrás para entendê-la e desculpá-la, pois a minha consciência não vai estar limpa enquanto eu mantiver essas acusações perante você, se não explicar como cheguei a elas. Eu estou e sempre estive à mercê dessas oscilações de estado de espírito em que a água (figurativamente) me chega até o pescoço e que me fazem ver tudo de maneira subjetiva, sem tentar pesar com tranquilidade as palavras da parte contrária para então atuar na mente de quem ofendi ou entristeci com meu temperamento explosivo.

Eu me escondi dentro de mim mesma, olhando apenas para mim mesma e anotando toda a minha alegria, o meu sarcasmo e a minha tristeza no diário. Este é de grande valor para mim, porque se transformou num livro de memórias, mas em várias páginas poderia fazer a menção de "página virada"...

Eu ficava furiosa com a mamãe (e ainda fico frequentemente). Ela não me entendia, é verdade, mas eu também não a entendia. Visto que ela me amava, era carinhosa, mas por ter ido parar em situações desagradáveis por minha causa, e por conta disso e de outras circunstâncias deploráveis haver ficado nervosa e irritadiça, é também compreensível que ela fosse grossa comigo.

Eu levava isso muito a sério, ficava ofendida, respondona e provocadora, o que, por sua vez, a entristecia. Resumindo, era um vai-e-volta constante de desagrados e dissabores. Prazeroso não era para nenhuma das duas, claro está, mas vai passar. O fato de eu não ter querido enxergar isso, e sentir autocomiseração por mim mesma também é compreensível.

As orações intensas demais não passam de expressões de raiva, que em um cotidiano normal eu poria para fora esperneando no meu quarto com a porta trancada ou soltando uns palavrões pelas costas da mamãe.

O período no qual eu condenava a mamãe entre lágrimas é capítulo passado; eu amadureci, e os nervos da mamãe se acalmaram um pouco. Eu costumo ficar de bico calado se me irrito, e ela segue o meu exemplo, o que, aparentemente, deu uma boa melhorada na situação.

Porque amar a mamãe verdadeiramente com o amor carinhoso de um filho é impossível para mim.

Eu apaziguo a minha consciência com o pensamento de que os xingamentos estão melhor no papel do que dentro do coração que a mamãe leva de um lado para o outro.

sua Anne.

QUINTA, 6 DE JANEIRO DE 1944.

Querida Kitty,

O meu anseio de conversar com alguém era tal que, de alguma maneira, pus na cabeça que tinha de ser o Peter o escolhido. Às vezes, quando eu subia e entrava no quarto dele à luz do dia, o achava bastante aconchegante, mas, visto que o Peter é tão modesto e jamais poria para fora do quarto alguém que o incomodasse, nunca ousei ficar muito tempo, receosa de que ele ficasse incomodado. Eu estava esperando uma oportunidade para entrar despercebida no quarto dele e puxar conversa, e essa oportunidade apareceu ontem. O que acontece é que o Peter desenvolveu uma mania: fazer palavras-cruzadas. A única coisa que ele faz é isso. Ontem eu lhe dei uma mãozinha e quando dei pelo fato estava sentada à mesinha à sua frente, ele na cadeira, eu no divã.

Fiquei extasiada ao olhar para os seus olhos azul-escuros e percebi como ele ficou tímido com a visita inesperada.

Eu conseguia enxergá-lo por dentro através dos sinais: lia no seu rosto o desamparo e a insegurança de como se comportar e, ao mesmo tempo, uma tênue percepção da sua masculinidade. Era olhar para ver o seu comportamento tímido, e me derreti por dentro.

Eu queria lhe pedir: agora me conte algo de você. Enxergue além dessa minha vontade fatal de tagarelar. Eu percebi, porém, que era mais fácil formular essas perguntas que obter as respostas.

De noite na cama achei a situação longe de animadora e a ideia de implorar pelos favores do Peter, repugnante. As pessoas fazem de tudo para satisfazer os seus desejos, como você bem pode ver em mim, porque eu me propus a ir com mais frequência passar um tempinho com o Peter e, de uma maneira ou de outra, conseguir que ele me contasse mais coisas.

Não ache você que eu estou apaixonada pelo Peter, nem de longe! Se os v. P. tivessem uma filha aqui em vez de um filho, eu teria tentado fazer amizade também com ela.

Hoje de manhã eu acordei mais ou menos às cinco para as sete e na mesma hora me lembrei vivamente do que eu tinha sonhado. Eu estava numa cadeira e à minha frente estava sentado o Peter... Schiff. Estávamos folheando um livro com ilustrações da Mary Bos. O meu sonho tinha sido tão nítido que eu em parte ainda me lembro das ilustrações. Mas a coisa não parou aí, continuei sonhando, até que, de repente, o meu olhar cruzou com o do Peter; fiquei um bom tempo contemplando aqueles belos olhos castanho-aveludados. O Peter disse então bem baixinho: "Se eu tivesse sabido disso, já teria vindo até você há muito tempo!" Eu me virei então bruscamente para o lado, porque a emoção tomou conta de mim. Foi quando senti uma bochecha suave contra a minha, tão prazenteira, tão benfazeja que tudo virou um deleite, tão bom, mas tão bom...

Foi nessa altura que eu acordei, mas sentindo ainda o rosto dele no meu e os seus olhos castanhos tão profundamente fixos no meu coração, mas tão profundamente que ele pôde ler o quanto eu o amava e quanto eu ainda o amo. Os meus olhos ficaram outra vez rasos de lágrimas, e eu, entristecida por tê-lo perdido de novo, mas, ao mesmo tempo, contente por saber com certeza que o Peter ainda é o meu escolhido.

É estranho que eu frequentemente tenha sonhos tão nítidos. Primeiro foi a Omi, que eu vi certa noite tão claramente que pude distinguir a sua pele de veludo espessa e vincada. Depois foi a vez da Oma, que apareceu como anjo da guarda, e então Hanneli, que representa para mim o símbolo das atrocidades cometidas contra todos os meus amigos e todos os judeus; assim sendo, quando oro por ela, oro também por todos os judeus e os pobres. E agora Peter, o meu querido Peter; nunca o vi mentalmente com tantos detalhes, ao ponto de não precisar de uma fotografia sua, tão vividamente eu o vejo diante de mim.

SEXTA, 7 DE JAN. DE 1944.

Querida Kitty,

Um estrupício como sou, nunca me ocorreu lhe contar a história do meu primeiro grande amor. Quando era ainda bem nova, no jardim de infância, simpatizei com um tal Sally Kimmel. Ele já tinha perdido o pai e morava com a mãe na casa de uma tia. Um primo do Sally, o Appy, um menino moreno esbelto que mais tarde viria a ser o exemplo de um protagonista de filmes de aventuras, ia chamando cada vez mais atenção que o primo Sally, um baixinho engraçado e mais parecido com um saco de batatas. Durante um bom tempo andamos juntos, mas o meu amor não era correspondido, até que o Peter cruzou o meu caminho e a paixão se abateu sobre mim um amor infantil três vezes mais forte. Ele também gostava de mim, e durante um verão inteiro nós fomos inseparáveis. Vejo mentalmente como se fosse ontem a nós dois passeando de mãos dadas pela Zuider Amstellaan, ele com um terno branco de algodão, eu, numa minissaia. Findas as longas férias, ele entrou na primeira classe do ensino secundário e eu na sexta do primário. Ele vinha me buscar na saída da escola ou eu a ele. O Peter era um modelo de rapaz: alto, bonito, esbelto com um rosto sério, tranquilo e inteligente. Tinha os cabelos escuros e um lindo par de olhos castanhos, as maçãs do rosto vermelhas e um nariz pontiagudo. O seu riso era o que mais me enlouquecia, porque ele adquiria uma expressão marota e traquinas.

Saí de férias para fora da cidade e, quando voltei, não encontrei mais o Peter no seu antigo endereço; ele tinha no meio-tempo se mudado e estava morando com um rapaz bem mais velho. Pelo visto este lhe chamou a atenção para o fato de que eu não passava de um fedelha, ao que o Peter decidiu me deixar.

Eu o amava tanto que não queria enxergar a verdade, me aferrando a ele até o dia em que eu me dei conta de que, se eu continuasse a cercá-lo, seria chamada de ninfomaníaca.

Passaram-se anos. O Peter tinha trato com garotas da sua idade e nem me cumprimentava mais.

Fui para o Liceu Judaico, vários meninos da minha idade se apaixonaram por mim. Eu gostava, me sentia lisonjeada, mas, de resto, não tinha interesse. Algum tempo depois se apaixonou por mim o Hello, mas como dito, nunca mais me apaixonei.

Não é como diz o ditado: "O tempo cura todas as feridas"? Eu imaginei que isso valeria para mim também. Acreditava ter esquecido o Peter e não o achar nem mesmo minimamente simpático. No entanto a lembrança dele perdurou de uma maneira tão intensa que certas vezes tive de confessar a mim mesma que estava com ciúmes das outras garotas e por isso passei a antipatizar com ele. Hoje de manhã entendi que nada mudou em mim; pelo contrário, enquanto eu crescia e amadurecia, o amor por ele só fez se intensificar. Vi de novo o seu semblante à minha frente e agora sei que ninguém mais vai jamais ocupar em mim esse lugar que é dele.

Depois do sonho, fiquei toda confusa. Mas isso serve de quê? Eu tenho que continuar vivendo e pedindo a Deus que, quando eu sair daqui, ele o traga de volta para o meu caminho e, ao ler os meus pensamentos nos meus olhos, diga: "Ah, Anne, se eu tivesse sabido, já teria vindo há muito tempo."

sua Anne.

QUARTA, 12 DE JAN. DE 1944.

Querida Kitty,

Já faz 2 semanas que a Bep voltou, apesar de a sua irmã só poder voltar à escola na semana que vem. Ela mesma esteve dois dias de cama por conta de um senhor resfriado. Também a Miep e o Jan não estiveram por dois dias nos seus postos de trabalho por um desarranjo digestivo. Eu ando inspirada por dança e balé. Todas as noites ensaio, aplicada, uns passos de dança. Fabriquei de uma anágua azul-clara da Mansa um vestido de dança hipermoderno. Um elástico na parte superior se amarra na altura do peito e sustenta o vestido. Uma fita rosa canelada completa o conjunto. Tentei transformar os meus tênis em genuínas sapatilhas de balé, mas em vão. Os meus membros enrijecidos estão se esforçando ao máximo para se tornarem flexíveis de novo. Um exercício excelente para mim é me sentar no chão com um tornozelo em cada mão e ir levantando ambas as pernas. O que é necessário é ter uma almofada de apoio sobre a qual se sentar, senão acabo fazendo mal ao meu pobre cóccix.

O pessoal anda lendo um livro intitulado "Uma manhã sem nuvens". A mamãe o achou excepcionalmente bom por tratar de problemas da juventude. Um pouco maliciosa, pensei com os meus botões: "Você trate primeiro dos seus próprios problemas juvenis!" Eu acredito que a mamãe realmente ainda não abriu os olhos para perceber que a Margot e eu não mantemos a melhor das relações com os nossos pais, e que ninguém se preocupa mais que ela com os problemas das filhas como sempre achou. Eu falo de "nós", você percebeu? A Margot se tornou mais carinhosa; ela me passa uma imagem bem diferente da que passava antes. Não é mais tão ríspida comigo e está virando uma verdadeira amiga. Ela não me considera mais nem um pouco aquela fedelha que não precisava ser levada em consideração.

É um fenômeno raro esse meu de me ver pelo olhar dos outros. Eu avalio os assuntos de uma tal Anne Frank com a maior tranquilidade do mundo e me ponho a folhear a minha própria biografia como se fosse a de uma estranha.

Antigamente, em casa, na época em que eu não pensava tanto, eu tinha vez sim vez não a impressão de que não fazia parte do núcleo Mansa, Pim e Margot, e de que seria sempre uma estranha no ninho. Acontecia de eu brincar de fingir por um semestre inteiro ser órfã, até que eu me castigava e me repreendia por desempenhar o papel de mártir, já que nada me faltava. Aí então eu entrava na fase em que eu me esforçava por ser amável. Todas as manhãs, quando descia alguém pela escada do sótão, esperava que fosse a mamãe vindo me dar bom dia e eu a cumprimentava com gentileza por de fato me alegrar de que ela me visse com bons olhos. Então, por um ou outro comentário, já me respondia mal, o que me fazia ir à escola toda desanimada. No caminho de volta para a casa, eu a perdoava, pensando comigo mesma que ela tinha as suas preocupações, chegava serelepe e conversava sem parar, até que na manhã seguinte voltava a acontecer a mesma coisa; eu pegava a mochila e saía de casa toda perdida em pensamentos.

Às vezes eu decidia me mostrar brava, mas, ao voltar da escola, tinha tantas novidades que me esquecia da minha decisão completamente, porque, fossem quais fossem as circunstâncias, queria a atenção da mamãe para me ouvir.

Até que eu entrava de novo na fase de nem mais ficar atenta à escada, me sentindo só e, de noite, deixava escorrer alguma lágrima sobre o travesseiro.

Aqui tudo ficou bem pior, enfim, você bem sabe. Mas uma ajuda Deus me enviou no que se refere a tudo isso: o Peter. Eu apalpo o meu pingente de ouro, lhe dou um beijo e penso: "Que se dane tudo", e começo a fazer planos para o futuro.

sua Anne.

P.S.: Você deve ter percebido que eu chamo a mamãe frequentemente de Mansa, e daí deriva o "Mans". É como se a "mans" fosse incompleta, que eu tanto gostaria de honrar com mais uma "perninha" ao "n". Felizmente que a Mans não o percebe, porque se sentiria infeliz.[100]

sua Anne.

SÁBADO, 15 DE JANEIRO DE 1944.

Querida Kitty,

Não tem sentido eu ficar toda hora lhe contando as nossas brigas e disputas nos mínimos detalhes. Acho que já está de bom tamanho eu lhe contar que dividimos muitas coisas mesmo, como gordura e carne, e que comemos as nossas próprias

100. Ver nota 17 na versão *d* do diário.

batatas fritas e assadas. Já faz algum tempo que comemos uma quantidade extra de pão de centeio porque às quatro horas já estamos com água na boca pensando na refeição, sem conseguir manter calados os nossos estômagos ruminantes.

O aniversário da mamãe se aproxima a passos rápidos. Conseguiu uma quantidade extra de açúcar do Kugler, o que deu ensejo à inveja por parte dos Pelsens, porque o aniversário da madame se passou em brancas nuvens. Mas para que continuar chateando você com os bate-bocas, as choradeiras e as conversas maliciosas, sabendo como você sabe que elas também nos chateiam mais e mais.

A mamãe expressou um pedido provisoriamente não factível: o de não ter de ver a cara do senhor van Pels durante suas semanas.

Eu me pergunto se todas as pessoas que se veem obrigadas a viver juntas por tanto tempo invariavelmente acabam brigando. Ou terá sido má sorte nossa? Se o Pf., com a maior pachorra do mundo, se serve à mesa um quarto de uma meia tigela de molho, deixando os outros a ver navios, perco o apetite, e me dá vontade de saltar no pescoço dele, arrancá-lo da cadeira e pô-lo no olho da rua.

Será que a maior parte da humanidade é mesmo tão egoísta e gananciosa? Acho ótimo ter adquirido aqui algo de conhecimento sobre os seres humanos, mas agora já chega! O Peter disse a mesma coisa. A guerra não está nem aí para as nossas brigas e inclinações libertárias ou fugitivas, de maneira que temos de tirar o máximo proveito da nossa estada aqui. Aqui estou eu, fazendo sermão e acho que, se ficarmos ainda muito tempo aqui, vou virar uma ameixa seca. Logo eu, que queria só ser uma adolescente de verdade!

sua Anne.

SÁBADO, 22 DE JAN. DE 1944.

Querida Kitty,

Será que você saberia me dizer por que razão as pessoas escondem com tanto medo o mundo interior delas? Como se dá que eu, no trato com as pessoas, sempre me comporte como não deveria? Por que é que as pessoas confiam tão pouco umas nas outras? Eu sei que certamente há uma razão para tal, mas me incomoda encontrar uma margem tão pequena para confiança nas pessoas, principalmente nas que me estão mais próximas.

Eu tenho a impressão de ter amadurecido desde a noite em que eu tive aquele sonho, de começar a andar pelas próprias pernas. Você deve achar estranhíssimo esta minha colocação, mas até os v. Pels tomaram outro lugar dentro de mim. Eis que de repente eu vejo todas as nossas discussões de um ponto de vista mais neutro. Como é que eu mudo assim, de uma hora para a outra? Pois é, de repente eu comecei a pensar que se a mamãe fosse diferente, uma mãe de verdade, a nossa relação teria sempre sido toda outra. É inegável que a senhora v. Pels é tudo menos uma pessoa agradável; mesmo assim, se a mamãe não fosse alguém com o qual é tão difícil de lidar por causa das suas implicâncias, a metade de todas as brigas poderia ter sido evitada. A senhora v. Pels tem o seu lado escuro, mas com um ponto de luz: está aberta ao diálogo. Apesar de todo o egoísmo, da mesquinhez e da insídia, se você a faz ver os seus erros, ela dá o braço a torcer, contanto, porém, que não a provoquem e nem forcem a barra. Esse recurso não funciona até a briga seguinte, mas, com um pouco de paciência, sempre se pode ir tentando para ver até onde se chega.

Todas as questões relativas à educação, os mimos, a comida, tudo, mas tudo mesmo, poderia ter tomado outro rumo se tivéssemos sido abertos e amigáveis em vez de ver apenas os lados ruins uns dos outros. Eu sei exatamente o que você diria agora, Kitty: "Mas Anne, essas palavras vêm mesmo de você? Logo de você, sobre quem caíam as reprimendas, de você, que sabe de todas as injustiças cometidas?!"

Pois é, vêm de mim mesma. Quero sondar a vida e redescobri-la, mas desta vez não de acordo com o provérbio "Se queres bom conselho, pede-o ao homem velho". Quero eu mesma investigar os v. Pels para saber até onde vai a verdade e começa o exagero. Quando eu sentir na própria pele a decepção, poderei estar em pé de igualdade com o papai e a mamãe; se não puder, vou tentar lhes abrir os olhos desse imaginário errado deles, e, se nem isso eu conseguir fazer, vou manter alta a autoestima e proclamar o meu veredito.

Vou fazer uso de todas as ocasiões que se apresentarem para discutir abertamente com a madame os nossos pontos de discórdia, sem medo, apesar da minha fama de sabichona, de dar a minha opinião neutra.

Qualquer argumento contra a minha família eu vou ter de omitir, mas fofocar eu própria a partir de hoje vai fazer parte do passado, o que não significa que eu vou deixar de defender qualquer membro dela perante quem quer que seja. Até hoje eu sempre tive a firme convicção de que toda a culpa das brigas era dos demais, mas reconheço que grande parte dela também era nossa. Nós tínhamos de fato razão no que se referia ao conteúdo, mas de pessoas ajuizadas (das quais fazemos parte!) se espera um pouco mais de conhecimento humano ao lidar com os demais.

Espero ter adquirido um tiquinho desse conhecimento humano e ter a oportunidade de demonstrá-lo na prática.

sua Anne.

SEGUNDA, 24 DE JAN. DE 1944.

Querida Kitty,

Aconteceu comigo algo (se bem que, na verdade, o termo "acontecer" não se aplica aqui) que eu própria considero uma loucura.

Antigamente, tanto na escola como em casa, se falava de assuntos relativos ao sexo ou como se tratasse de um segredo, ou como de algo repulsivo. Palavras que fizessem referência ao assunto eram sussurradas, e frequentemente se caçoava de quem não soubesse nada do assunto. Eu achava tudo aquilo estranho e me perguntava muitas vezes o porquê de se falar a respeito como sendo algo secreto ou desagradável. Mas, como eu não podia fazer nada para mudar, ficava o máximo possível de bico calado ou então pedia informações às minhas amiguinhas.

Quando eu já estava bastante mais a par do assunto, a mamãe um dia veio e me disse: "Anne, eu lhe dou um bom conselho: não fale jamais desse assunto com os garotos, e se algum vier puxar conversa a respeito, você não dê ouvidos!" Eu me lembro exatamente da minha resposta, eu disse: "É evidente que não; era só o que me faltava!" E a coisa morreu por aí.

Nos primeiros tempos aqui no Anexo, o papai frequentemente vinha falar comigo sobre assuntos que eu preferia ter ouvido da boca da mamãe. O resto eu aprendi através de livros e conversas. O Peter van Pels nunca me chateou a respeito do assunto tanto como os meninos da escola. Talvez no início, uma vez ou outra, mas não para tentar conseguir algo de mim. A madame nos contou certo dia que nunca tinha tocado no tema com o filho, e, pelo que sabia, o marido também não. Aparentemente não sabia nem como nem no que ele tinha sido instruído.

Ontem, quando a Margot, o Peter e eu estávamos descascando batatas, a conversa foi parar no Moffie. "A gente nem sabe o sexo, não é?", perguntei.

"Claro que sabe", respondeu ele. "É macho." Eu me pus a rir: "Ou seja, um macho prenhe."

O Peter e a Margot riram comigo do equívoco engraçado. Era porque fazia uns dois meses que o Peter tinha constatado que não demoraria mais muito para que Moffie ganhasse filhotes, a sua barriga estava quase estourando. Mas aquele volume todo revelou ser das coxinhas da carne que ela andava roubando; se os filhotes nem conseguiam crescer, nascer é que não iriam mesmo. Mas o Peter não podia deixar passar aquilo sem se defender. "Venha então comigo que eu lhe mostro. Outro dia eu estava brincando com ele e vi direitinho que era macho."

Eu não estava conseguindo refrear a minha curiosidade e fui atrás dele até o armazém. Mas nem sinal do Moffie. Não estava no seu horário de visitas, e nem sinal. Esperamos um pouquinho, até que ficamos com frio e subimos outra vez pelas escadas.

Um pouco mais para o fim de tarde, eu o ouvi descer pela segunda vez. Me enchi de coragem para descer sozinha no silêncio da casa, e fui parar no armazém. Sobre a mesa de empacotamento estava o Moffie, brincando com o Peter, que acabava de pôr o bichinho numa balança para controlar o peso. “Oi, quer ver?”, perguntou e, impaciente, pegou o animalzinho, o virou de barriga para cima, susteve com jeito a cabecinha e as patas, e deu início à lição: “Esta aqui é a genitália masculina; aqui, um ou outro pelo e, aqui, o traseiro.”

O gato se virou noventa graus e ficou de novo de pé sobre as suas patinhas brancas.

A qualquer outro garoto que tivesse me apontado a genitália masculina eu deixaria de olhar na cara, mas o Peter continuou falando com tanta naturalidade sobre esse assunto vergonhoso, sem quaisquer segundas intenções, que acabou me tranquilizando sem nenhuma comoção. Brincamos com o Moffie, nos divertimos e, por fim, fomos caminhando pela larga área do armazém em direção à porta. “Eu sempre encontro as minhas informações por acaso num livro ou outro, e você?”

“Por que eu faria isso? Eu pergunto lá em cima. Os meus pais sabem mais do que eu e têm mais experiência.”

Já estávamos na escada e fiquei de bico fechado.

“É a inconstância da vida, como disse o Brederode. De fato, eu jamais teria falado nem com uma menina sobre esses assuntos, e acho que era isso que a sua mãe tinha em mente quando advertiu você contra os garotos.”

Mesmo assim, passei o resto do dia um pouco alterada do meu estado normal; quando me lembrava da nossa conversa, ela me parecia peculiar. Em um ponto, pelo menos, eu aprendi algo: também dentre os do sexo oposto há os que falam com espontaneidade e sem chacota.

Será que o Peter fará aquela pergunta aos pais? Será que ele vai continuar sendo assim como foi ontem?

Ah, e eu lá sei?!!!!

sua Anne.

SEXTA, 28 DE JAN. DE 1944.

Querida Kitty,

Ultimamente eu desenvolvi uma predileção por árvores e tabelas genealógicas das casas reais e cheguei à conclusão de que, dando-se início à busca, cava-se cada vez mais no passado e se chega a conclusões cada vez mais interessantes.

Apesar de estar sendo excepcionalmente aplicada em relação às matérias escolares, já consegui seguir bastante bem o *home-service* da estação radiofônica inglesa, ao que eu dedico vários dos meus domingos é a selecionar e organizar a minha coleção de estrelas do cinema, que adquiriu uma amplitude considerável. O Kugler me deixa contente todas as segundas-feiras quando me traz um exemplar da Cinema & Theater. Apesar de esse agrado ser tido como desperdício de dinheiro pelos meus coabitantes nada mundanos, ficam sempre impressionados com a precisão com que, passado um ano, ainda sei enumerar todos os atores de tal ou tal filme. A Bep, que costuma ir com o namorado ao cinema nas suas folgas, me informa aos sábados o título do filme que combinaram de ir ver, e eu logo vou citando que nem uma matraca não só os nomes dos protagonistas, mas também a crítica que teve o filme. Não faz muito tempo que a Mansa me disse que eu não precisaria ir ver os filmes no futuro porque já conheço o enredo, os atores e a crítica de cor e salteado.

Se algum dia eu apareço com um novo penteado, todos se voltam para mim com um olhar de desaprovação e me perguntam qual estrela de cinema ostenta um penteado igual. Se eu digo que é criação própria, não se convencem. No que diz respeito ao penteado, ele só fica no lugar no máximo meia hora, depois disso eu também fico tão irritada com os comentários reprobatórios que vou até o banheiro e em três tempos refaço o penteado encaracolado de sempre.

sua Anne.

SEXTA, 28 DE JAN. DE 1944.

Querida Kitty,

Hoje de manhã estive me perguntando se você não se sente como uma vaca, ruminando vez após vez as velhas notícias e que, enjoada sempre da mesma comida, acaba bocejando, desejando em silêncio que a Anne apareça qualquer hora com alguma notícia diferente. Eu sei que as notícias velhas são uma chatice para você, infelizmente, mas imagine você como me indispõe trazer à tona sempre os mesmos temas, sem variações. Se a conversa à mesa não versa sobre política ou sobre uma delícia de refeição, vêm a mamãe e a madame contar histórias do passado que estamos carecas de saber, ou então é o Pf. que matraqueia, discorrendo minuciosamente sobre o closet de roupas da mulher, os cavalos de corrida, os barcos a remo furados ou ainda sobre meninos que aprendem a nadar aos 4 anos, sobre dores musculares e pacientes traumatizados. Basta alguém começar uma história para que os outros possam concluí-las. A graça de cada piada já conhecemos antecipadamente, e quem conta ri sozinho. Os diversos leiteiros, merceeiros e açougueiros das ex-donas de casa nós já vemos na nossa imaginação com barba de Matusalém, tanta a frequência com que, à mesa, já foram postos nas nuvens ou escrachados; é impossível que venha à tona no Anexo um assunto que ainda guarde algo de frescor e mocidade.

Isso ainda daria para aguentar se os adultos não memorizassem as histórias contadas pelo Kleiman, pelo Jan e pela Miep e as recontassem dez vezes, entrelaçadas com as suas próprias emendas, de maneira que muitas vezes eu tenho de beliscar o braço debaixo da mesa para me segurar e não mandar o entusiasmado contador para o devido lugar. Criancinhas, tais como a Anne, não têm sob quaisquer circunstâncias permissão para corrigir os adultos, por mais crassos que sejam os erros, por piores que sejam os seus furos e as inverdades e invenções sem o menor fundamento.

Um tema em que o Kleiman ou o Jan às vezes tocam é o ato de esconder-se e da clandestinidade subsequente; eles sabem perfeitamente que tudo o que diz respeito a reclusos apanhados nos interessa vivamente e que nos compadecemos de coração do seu sofrimento, assim como jubilamos com os libertos na sua felicidade. Clandestinos e reclusos se transformaram em conceitos tão comuns como antigamente as pantufas do papai que deveriam ficar na frente da estufa. Instituições como “Holanda Libertária”, que falsificam documentos de identidade, emprestam dinheiro aos clandestinos, encontram lugares de esconderijo e criam postos de trabalho para os jovens cristãos, há muitas, e é surpreendente quanto, quão nobre e abnegado é o trabalho dessas pessoas, que põem em risco a própria vida para ajudar e salvar o seu próximo.

O melhor exemplo disso são os nossos ajudantes, que conseguiram nos salvar do naufrágio e que, assim esperamos, nos vão levar à terra firme, senão eles próprios vão ter de dividir o fado de todos os que estão sendo procurados. Nunca nos disseram uma palavra que fosse sobre o lastro que nós certamente somos, nunca os ouvimos reclamar do trabalho que lhes damos. Todos os dias sobem, conversam com os senhores dentre nós sobre a empresa e a política; com as senhoras sobre comida e as privações dos tempos de guerra; com as crianças, sobre livros e jornais. Sempre aparecem com a cara o mais alegre possível, trazem flores e presentes de aniversário e de datas comemorativas, e estão sempre e com tudo à nossa disposição. Isso é algo que jamais podemos esquecer: apesar de outros demonstrarem uma coragem heroica na guerra ou contra os alemães, os nossos salvadores demonstram uma coragem heroica no seu amor e no seu contentamento.

Ouvem-se boatos dos mais absurdos, mas, entretanto, em geral realmente procedem. O Kleiman nos comunicou nesta semana, por exemplo, que dois times jogaram futebol em Gelderland, dos quais um era composto exclusivamente de clandestinos e o outro de onze jogadores da polícia militar. Em Hilversum vão ser distribuídos documentos de identidade. Para que muitos dos clandestinos também recebam a parte do racionamento que lhes cabe (os cupons de racionamento alimentar só são entregues mediante documento de identidade ou 60 florins por cada), os funcionários de distribuição convocaram a uma determinada hora os clandestinos das redondezas para que possam retirar o documento de identificação em uma mesa à parte. É necessário muito cuidado para que tais provas de atrevimento não cheguem ao ouvido dos alemães.

sua Anne.

QUINTA, 3 DE FEV. DE 1944.

Querida Kitty,

Um clima de invasão tem tomado conta do país inteiro mais e mais a cada dia que passa, e se você estivesse aqui agora, por um lado você ficaria impressionada como eu com todas as preparações; por outro, riria de nós por conta de tanto fuzuê, que pode não dar em nada!

Todos os jornais só falam de invasão e vão deixando todo mundo louco por dizer: “Se os ingleses eventualmente desembarcarem na Holanda, as instituições alemãs farão de tudo para defender o país, mesmo quebrando os diques.” Já se publicaram até mapas demarcando as partes do país que podem ser inundadas. Visto que grandes partes de Amsterdã estão demarcadas, a primeira pergunta que se fez foi: O que fazer se a água subir à altura de um metro nas ruas? As respostas a essa pergunta são das mais diversas:

"Já que andar a pé ou de bicicleta está fora de questão, vamos ter de vadear pelas águas paradas."

"Que nada, vamos ter que tentar nadar. Pomos roupas de banho e toucas e nadamos o máximo possível sob a superfície, assim ninguém vê que somos judeus."

"Quanto disparate! Quero só ver as madames nadarem com os ratos mordendo as suas pernas!" (Aqui se tratava, claro, de um homem. Vamos ver quem grita mais!)

"Não vamos mais conseguir sair de casa; o armazém está tão decrépito que vai colapsar com as primeiras correntezas de água."

"Ouça bem, pessoal! Deixando a brincadeira de lado, nós precisamos conseguir arranjar um bote."

"E isso serviria para quê? Eu tenho uma ideia melhor. Cada uma pega na parte dianteira do sótão uma caixa de leite e uma concha de sopa para remar."

"Eu já vou me locomover em pernas de pau. Eu fazia isso com maestria de jovem."

"O Jan Gies não precisa disso, ele leva a esposa nas costas que assim as pernas de pau ficam para a Miep."

Você viu por onde anda a coisa, não é, Kit? Toda essa conversa mole é muito engraçada, mas a verdade vai demonstrar ser bem diferente. A segunda pergunta não tardou em vir: O que fazer se os alemães evacuarem Amsterdã?

"Ir atrás deles, disfarçados o melhor possível."

"Ir para a rua está fora de questão! Só nos resta continuar aqui! Os alemães são capazes de ir empurrando toda a população até ela chegar na Alemanha e lá morrer."

"Sim, claro, nós ficamos aqui. É o lugar mais seguro. Tentamos convencer o Kleiman a vir morar aqui com a família, arranjamos um saco cheio de lascas de madeira de uma carpintaria e dormimos no chão. É melhor já pedir para a Miep e o Kleiman irem trazendo cobertores. Encomendamos mais grãos além dos nossos 30 quilos. Que o Jan nos arranje mais legumes secos. Nós já temos quase 30 quilos de feijão e 5 de ervilhas de estoque. Não se esqueçam as 50 latas de legume."

"Mamãe, conte aí os outros víveres que há no estoque."

"10 latas de peixe, 40 de leite, 10 quilos de leite em pó, 3 garrafas de óleo, 4 frascos de manteiga, outros 4 de carne, 2 garrafões de morango, 2 garrafas de framboesa, 20 garrafas de tomate, 5 quilos de aveia, 4 de arroz e fim."

Até que o nosso estoque não está mal, mas se você parar para pensar que servimos sempre algo às visitas e que vamos retirando víveres semanalmente, parece ser mais do que em realidade é. Carvão e lenha há o suficiente, velas também.

"Vamos ir cosendo uns bolsos internos para o caso de termos de levar todo o nosso dinheiro."

"E listas com tudo o que tivermos de levar em caso de fuga e deixar as mochilas à mão."

"Se chegarmos a tanto, demarcamos dois postos de observação, um na parte dianteira e o outro na traseira do sótão."

"Agora me digam o que a gente faz com tanta comida se não tivermos água, gás e eletricidade?"

"Nesse caso teríamos que cozinhar na estufa. Filtrar a água e ferver. Limpamos uns garrafões grandes para conservar neles água. Além disso temos três caldeirões e um tanque como reservatórios de água."

"Também temos um hectolitro e meio de batatas de inverno no quarto com as especiarias."

São esses disparates que eu ouço o dia inteiro, além de que vai haver invasão e que não vai haver invasão. Discussões sobre passar fome, morrer, bombas, extintores de incêndio, sacos de dormir, documentos de judeu, gases venenosos, e daí por diante. Nada de positivo.

Um bom exemplo dos avisos inequívocos dos senhores da casa é a seguinte conversa com Jan.

Anexo: "Temos medo de que, quando baterem em retirada, os alemães carreguem consigo toda a população."

Jan: "Impossível, eles precisariam dispor de trens, e não dispõem."

Anexo: "Trens? Por acaso o senhor também acha que eles poriam os cidadãos dentro de um vagão? Fora de questão. Para que o senhor acha que Deus lhes deu pernas?" (*Per pedes apostolorum*, como sempre diz o Dussel)

Jan: "Tudo besteira, o senhor vê as coisas negras demais. Que interesse eles teriam em levar todos os cidadãos embora?"

Anexo: "Então o senhor não ouviu o que disse o Goebbels? 'Se tivermos que sair do poder, fechamos atrás de nós a porta de todas as regiões ocupadas!'"

Jan: "Eles já disseram tanta coisa!"

Anexo: "O senhor acha que os alemães são nobres e filantrópicos demais para cometerem um tal ato? Eles pensam assim: se nós soçobrarmos, levamos conosco para o fundo todos os que estiverem ao alcance do nosso poder."

Jan: "O senhor pode me dizer o que quiser, eu vou continuar não acreditando."

Anexo: "A história é sempre a mesma: as pessoas só dão o justo valor ao perigo quando o sentem na própria pele."

Jan: "O senhor fala sem conhecimento de causa e se baseia só em suposições."

Anexo: "Nós mesmos vimos tudo de perto, primeiro na Alemanha e depois aqui. E o que o senhor pensa sobre o que acontece na Rússia?"

Jan: "O senhor desconsidere os judeus por um momento; eu acho que ninguém sabe o que anda acontecendo na Rússia. Os ingleses e os russos aumentam os fatos para fins propagandistas tanto quanto os alemães."

Anexo: "Fora de questão, a rádio inglesa sempre disse a verdade. Agora suponhamos que exageram as notícias uns dez por cento: mesmo assim, os fatos continuam sendo horríveis, porque não podemos negar que se trate de um fato que muitos milhões de pessoas pacíficas sejam postas em câmaras de gás e assassinadas na Polônia e na Rússia."

Vou poupar você das nossas outras conversas. Eu me mantenho calma e não deixo me influenciar por todo esse alvoroço. Cheguei até ao ponto de não me importar mais muito se vivo ou morro. A Terra vai continuar girando sem mim; afinal, sei também que não posso oferecer resistência aos acontecimentos. Tenho que esperar para ver; enquanto isso, vou estudando e rezando por um desfecho feliz.

sua Anne.

TERÇA, 8 DE FEV. DE 1944.

Querida Kitty,

Já que, pelo que tudo indica, este período aqui parece ser um de reflexão e eu analiso todo e qualquer assunto até os últimos pormenores, não foi à toa que os meus pensamentos foram parar no casamento dos meus pais. O casamento deles sempre me foi apresentado como o casamento ideal. Jamais uma briga ou caras fechadas, a harmonia plena etc. e tal. Sei muito a respeito do passado do papai; não é pouca coisa o que eu sei, e o que eu não sei, eu fantasio; quero crer que o papai se casou com a mamãe porque a achou adequada para tomar o lugar de esposa ao seu lado. Devo dizer que admiro a mamãe pela maneira como ela ocupou esse lugar e, pelo que eu sei, nunca reclamou de nada nem fez cena de ciúmes. Não deve ser fácil para uma mulher que ama saber que nunca ocupa o primeiro lugar no coração do marido, e a mamãe o sabe. Isso certamente fez com que o papai a admirasse e achasse impecável o seu caráter. Por que ele se casaria com uma outra? Os ideais dele bateram asas e voaram, marcando o fim da sua juventude. No que se transformou o seu casamento? Discussões e diferenças de opinião, zero, eu sei — mas ideal o casamento deles também não é. O papai estima a mamãe e a ama, mas não no amor conjugal tal como eu o imagino. Ele a aceita como ela é, se irrita frequentemente, mas diz o mínimo possível porque sabe quanto a mamãe se sacrifica.

Sobre os negócios, sobre outros assuntos, sobre pessoas, sobre tudo — o papai está longe de pedir sempre a opinião dela e de lhe contar tudo, porque sabe que ela é exagerada, crítica e não raras vezes preconceituosa demais. Ele não é apaixonado por ela e lhe dá beijos como os que dá a nós e não a cita como exemplo porque sabe que não pode. Olha-a com ironia e provocação, mas nunca amorosamente. Pode ser que por conta desse seu grande sacrifício tenha se tornado tão dura e temível para os que a cercam, mas isso faz com que ela se distancie cada vez mais da senda do amor e suscite cada vez menos admiração; o papai com certeza sabe que ela externamente nunca fez exigências do monopólio do seu amor, mas isso foi fazendo com que este, internamente, tenha ido se erodindo, lenta mas certamente. Ela o ama como a mais ninguém, e é duro sempre ver esse tipo de amor não correspondido.

Assim sendo, será que eu não deveria sentir pena da mamãe? E ajudá-la? E o papai, como fica? Eu não consigo, vejo diante de mim sempre uma outra mãe, não posso. Por outro lado, como fazer algo, se ela nunca me contou nada de si, nem eu lhe perguntei? O que é que nós sabemos uma dos pensamentos da outra? Eu não posso falar com ela, não posso olhar amorosamente para aqueles seus olhos gelados, não posso, nunca! Se ela tivesse uma qualidade que fosse de uma mãe compreensiva, ou brandura, ou simpatia, ou paciência, ou algo mais: eu estaria sempre me esforçando em me aproximar dela. Mas amar essa natureza insensível, esse ser irônico, me é a cada dia que passa mais difícil, se não impossível.

sua Anne.

SÁBADO, 12 DE FEV. DE 1944.

Querida Kitty,

Brilha o sol, o céu é de um azul profundo, sopra uma brisa amena, e eu anseio tanto — tanto — por tudo................... Por falar, pela liberdade, pelos amigos, por estar a sós. Anseio tanto por chorar! Eu tenho a sensação de estar saltando e sei que tudo melhoraria se eu chorasse; mas não consigo. Estou irrequieta, ando de um quarto para o outro, respiro pela fresta de uma janela, sinto o coração bater como se dissesse: "Faça finalmente algo para aliviar o seu anseio!"

Acho que sinto em mim a primavera, sinto-a despertar, no corpo e na alma. Preciso me segurar para agir normalmente, estou totalmente confusa, não sei o que ler, o que escrever, o que fazer; só sei que anseio...

sua Anne.

SEGUNDA, 14 DE FEV. DE 1944.

Querida Kitty,

No domingo à noite estavam todos sentados em volta do rádio, exceto o Pim e eu, escutando "A música imortal dos mestres alemães". O Pf. não parava de mexer no aparelho, para grande irritação do Peter e dos demais. Após meia hora de nervosismo contido, o Peter pediu um pouco irritado que desse um fim àquela intervenção. O Pf. respondeu com aqueles seus ares de extrema arrogância: "*Ich mach's schon*". O Peter se enfureceu e engrossou, o senhor v. Pels concordou, e Pf. teve de dar o braço a torcer. E a coisa morreu aí.

O ensejo por si só não era tão excepcionalmente importante, mas o Peter pareceu se afetar bastante com o incidente; fosse pelo que fosse, hoje de manhã, quando eu estava mexendo na estante de livros no sótão, ele veio até mim e começou a falar do assunto. Eu não estava sabendo de nada; o Peter percebeu que tinha encontrado em mim uma ouvinte atenta e se entusiasmou.

"Pois é, você viu: eu não sou muito de falar, porque sei com antecedência que não vou achar as palavras corretas. Começo a gaguejar, fico vermelho e fico mastigando as palavras que queria dizer tanto que acabo tendo que interromper o meu discurso por não achar mais as palavras. Ontem aconteceu a mesma coisa; eu queria dizer uma coisa bem diferente, mas, quando eu comecei a falar, perdi o fio da meada, e ficou muito chato. Antigamente eu tinha um mau hábito que adoraria poder ainda hoje pôr em pratica: quando eu ficava com raiva de alguém, eu apelava para a força em vez de bater boca. Eu bem sei que não se vai muito longe com esse método, por isso é que eu admiro você. Pelo menos você não enrola a língua, diz às pessoas o que tem para dizer sem a mínima vergonha."

"Então você está muito enganado", respondi eu. "Na maior parte das vezes eu digo o que tenho a dizer de uma maneira totalmente diferente da qual eu tinha me proposto a dizer e aí falo demais e demoro demais falando, o que é a mesma chateação."

"Pode ser, mas pelo menos você não deixa transparecer o seu acanhamento. Você não sai da linha."

Esta última oração me fez rir calada; eu queria, porém, fazê-lo falar tranquilamente sobre si mesmo, não demonstrei nada da minha alegria, me sentei sobre numa almofada sobre o chão, abracei os joelhos e olhei para ele atentamente.

Estou imensamente contente de que haja nesta casa alguém que tenha exatamente os mesmos ataques de raiva que eu. Dava para perceber que fazia bem ao Peter poder criticar o Pf. nos piores termos possíveis sem ter medo de que eu o fosse dedurar. Quanto a mim, também me fez bem, porque me dei conta de um forte sentimento de afinidade, o que, antigamente, tinha única e exclusivamente com as minhas amigas.

sua Anne.

TERÇA, 17 DE FEV. DE 1944.

Querida Kitty,

O mísero episódio com o Pf. não tinha morrido ali; teve uma longa sequência, por culpa do próprio.

O Pf. se dirigiu triunfantemente à mamãe na noite da segunda para contar que o Peter tinha na manhã do mesmo dia perguntado se ele havia dormido bem e acrescentado que sentia muito pelo que tinha acontecido na noite do domingo e que não tinha tido intenção de atacá-lo, ao que o Pf. o tinha tranquilizado, dizendo que tampouco o tinha levado a mal. Assim sendo, tudo tinha voltado a ser pão e mel entre eles.

A mamãe me fez o relatório desse incidente, e eu fiquei secretamente espantada de que o Peter, bravo como estava com Pf., se houvesse rebaixado tanto apesar das suas afirmações em contrário.

Não pude deixar de sondar o Peter a respeito do episódio, e ele me disse com todas as letras que ficava patente que o Pf. tinha mentido. Você tinha que ter visto a cara do Peter, valeria ouro se tivesse sido fotografada. Indignação com a mentira, ira, deliberação sobre como agir, inquietação e muito mais se alternavam a curtos intervalos no seu rosto.

Fiquei um pouco com pena de ter sigo tão apressada com a minha pergunta, porque vi pela expressão do seu rosto que ele não deixaria a coisa ficar como estava. Pois é, a minha suspeita revelou-se verdadeira. Pela noite tanto pai como filho tiveram uma discussão violenta com o Pf., dois dias de silêncio, mas hoje tudo voltou ao normal. Felizmente!

Desde ontem está fazendo um tempo divino lá fora e eu me sinto toda animada. A minha escrita, meu bem mais precioso, anda a um bom passo. Vou quase todas as manhãs até o sótão para limpar os meus pulmões desse ar viciado de quarto fechado. Hoje de manhã, ao subir outra vez ao sótão, encontrei o Peter fazendo uma arrumação. Não demorou para ele acabar e, quando me sentei no meu lugar preferido no chão, ele se sentou ao meu lado. Ficamos contemplando o céu azul, as castanheiras depenadas, em cujos galhos se viam gotinhas brilhantes, as gaivotas e outros pássaros que, nos seus voos rasantes, pareciam prateados, e tudo isso nos cativou e comoveu tanto a ambos que não conseguíamos mais nem falar. Ele estava de pé, com a cabeça apoiada numa grossa viga, e eu, sentada. Inspirávamos e olhávamos para fora, sentindo que aquele momento não deveria ser interrompido por palavras. Ficamos um bom tempo olhando para fora, e, quando ele teve que ir cortar lenha, tive a certeza de que ele era um rapaz de ouro. Subiu a escada da água-furtada, e eu o segui; durante os quinze minutos em que ele esteve cortando lenha, não dissemos uma palavra sequer. Eu olhava para ele do meu posto de observação e percebi que ele fazia de tudo para cortar a lenha da maneira correta e para me mostrar a sua força. Mas eu também estava olhando pela janela aberta para uma vasta área de Amsterdã, sobre todos os tetos desenhados no horizonte, que estava de um azul tão claro que a linha que o delimitava nem se via tão bem.

"Enquanto isso existir", pensei, "e eu puder vivê-lo, os raios do sol, o céu sem uma única nuvem, eu não posso me sentir infeliz."

Para quem quer que seja que sofra de medo, de solidão e infelicidade, não há dúvida que sair para a rua é o melhor remédio, ir para algum lugar onde possa estar completamente sozinho, sozinho com o céu, com a natureza e com Deus. Porque só então é que se sente que tudo é como deve ser, o que será sempre, em quaisquer circunstâncias, um consolo para qualquer espécie de tristeza. Acredito também com cem por cento de convicção que a natureza pode eliminar grande parte das desgraças.

Ah, quem sabe não demore mais muito até que eu possa compartilhar esse sentimento de felicidade exacerbada com alguém que o interprete assim como eu.

sua Anne.

QUARTA, 1º DE MARÇO DE 1944.

Querida Kitty,

As minhas questões pessoais passaram para segundo plano, nada mais nada menos que por terem entrado aqui. Eu sei que acabo sendo repetitiva com tantas entradas forçadas, mas o que é que eu posso fazer se os ladrões disfrutam tanto das suas visitas à Gies&Co? Esse assalto foi bem mais complexo que o último no mês de julho de '43.

Quando o senhor van Pels foi ao escritório do Kugler ontem à noite, às sete e meia como de costume, reparou em que a porta de vidro e a porta do escritório estavam abertas. Achou aquilo estranho. Prosseguiu e o seu espanto aumentou quando viu que as portas do escritório também estavam abertas e que na parte dianteira do escritório reinava um pandemônio. "Por aqui passou um ladrão." Passou-lhe pela cabeça como um relâmpago. A fim de descobrir o que estava por detrás do incidente, desceu a escada, mexeu na porta de entrada e na fechadura de cilindro: tudo fechado. "Então deve ter sido um terrível descuido da Bep e do Peter esta noite", pensou então o cavalheiro. Ficou por alguns momentos sentado na sala do Kugler, apagou a luz, e então subiu, sem dar muita importância às portas abertas nem ao pandemônio no escritório.

Hoje de manhã o Peter bateu à porta do nosso quarto bem cedo, trazendo a má notícia de que a porta principal estava escancarada e o projetor e a pasta nova do Kugler tinham desaparecido da estante. Foi incumbido de ir fechar a porta. O sr. van Pels falou das suas descobertas da noite anterior, o que nos deixou seriamente preocupados.

O incidente não pode ter outra explicação que a de o ladrão ter uma cópia da chave, já que a porta não foi forçada. Devia ter entrado furtivamente bem cedo de noite, fechado a porta atrás de si, interrompido pela presença do sr. van Pels e se escondido, para depois sair com a presa em mãos e, por conta da pressa, deixado a porta aberta por descuido.

Quem será que está com a nossa chave? Por que é que o ladrão não entrou no armazém? Será que um dos nossos funcionários do armazém é culpado e agora, depois de ter ouvido e talvez até mesmo visto o sr. van Pels, vai nos delatar?

É uma situação horripilante, porque não sabemos se não vai ocorrer ao ladrão em questão voltar a abrir a porta. Ou será que ele mesmo não se assustou com o homem que estava rondando por aqui?

sua Anne.

P.S.: Se você conseguir um bom detetive para nós, seríamos muito gratos. O requisito número um, claro, é a discrição em relação ao tema do esconderijo.

sua Anne.

TERÇA, 7 DE MAR. DE 1944.

Querida Kitty,

Quando eu penso na minha vidinha de 1942, tudo me parece tão irreal. Aquela vidinha de princesa quem levava era uma Anne Frank bem diferente desta, que aprendeu tanto aqui. Uma vidinha de princesa, isso é o que ela era. Para onde quer que se virasse, cinco admiradores, uma vintena de amigas e conhecidos, a preferida da maior parte dos professores, mal-acostumada pela mamãe e pelo papai, doces à vontade, dinheiro suficiente — o que mais se pode desejar?

Você provavelmente deve estar se perguntando como eu fazia para ter tanta gente na palma da mão. O Peter diz que é "atração", mas isso não é totalmente verdade. Todos os professores achavam as minhas respostas engenhosas; as minhas observações, cômicas; o meu rosto sorridente e o meu olhar crítico, divertidos, engraçados e positivos. Uma coquete, uma namoradeira terrível, alguém que divertia os demais. Mais que isto eu não era. Tinha sim algumas características que me faziam cair nas graças de todos: era aplicada, sincera e generosa. Jamais teria recusado a quem quer que fosse cola na hora das provas, dividia os meus doces de mãos cheias e não era convencida. Será que eu não teria ficado audaciosa com tanta admiração? Foi uma sorte danada que, bem no meio, no auge da festa, eu tivesse de repente vindo parar na realidade; levei mais ou menos um ano para me acostumar à interrupção de tanta admiração.

Olhando para trás, vejo aquela Anne Frank como uma menina bacana, engraçada, mas superficial, que não tem nada a ver comigo. O que foi mesmo que o Peter disse sobre mim? "Quando eu olhava para você, você estava invariavelmente rodeada por dois ou mais meninos e um bando de meninas, sempre rindo e sempre no centro das atenções!" Ele tinha razão. O que sobrou daquela Anne Frank? É certo que ainda não perdi o meu sorriso e as minhas respostas, ainda sei criticar as pessoas tão bem ou ainda melhor, sei paquerar e também ser divertida, se eu quiser... Esse é justamente o ponto: eu gostaria de viver outra vez uma noite, alguns dias ou uma semana dessa maneira, aparentemente despreocupada e feliz. No final de uma tal semana eu estaria exausta e enormemente agradecida ao primeiro que me falasse de algo substancial.

Não quero admiradores e sim amigos; não quero adoradores com um sorriso lisonjeador, mas sim atitude e caráter. Eu bem sei que o círculo de pessoas à minha volta seria bem menor. Mas qual seria o problema se ficassem na minha vida só algumas pessoas, pessoas íntegras?

Apesar de tudo, em 1942 eu também não era integralmente feliz; frequentemente me sentia abandonada, mas, como eu me mantinha ocupada da manhã à noite, não refletia e me divertia o máximo que podia, tentava preencher a lacuna.

Agora eu olho para a minha própria vida com desdém e percebo que um ciclo se fechou irremediavelmente: o período escolar despreocupado e pacato jamais voltará. Nem mesmo anseio por ele, é como se eu não coubesse mais nele. Não posso mais cometer disparates, certa parte de mim se mantém sempre séria.

Observo a minha vidinha até o início de 1944 sob uma lupa aguçada. Em casa, aquela vida ensolarada, depois a súbita virada em '42 e a vinda para cá, as brigas, as recriminações; tudo era inconcebível para mim, eu tinha sido pega desprevenida e não sabia como reagir com meios outros que a impertinência. Depois a primeira metade de '43, as minhas crises de choro, a solidão, a conscientização lenta de todos aqueles erros e faltas tão crassos, que pareciam duplamente grandes. E eu os escondendo durante o dia por detrás de uma enxurrada de palavras, tentava atrair o Pim para o meu lado, não conseguia, me encontrava sozinha diante da difícil tarefa de me portar de maneira a não ouvir recriminações, porque elas me abatem e me arrastam a um horrível derrotismo. A 2a metade desse ano foi um pouco melhor, eu me tornei adolescente e comecei a ser considerada como uma adulta. Comecei a pensar, a escrever histórias e cheguei à conclusão de que os demais não tinham mais nada a ver comigo, que não tinham o direito de me tratar como um relógio de pêndulo, me empurrando da direita para a esquerda e da esquerda para a direita; eu queria me reconstruir de acordo com a minha própria vontade. Percebi que a mamãe não me faz a mínima falta, o que doeu, ainda que o que mais me atingisse mesmo fosse entender que o papai nunca seria o meu confidente. Eu não confiava em ninguém mais que a mim mesma.

A partir do ano novo, a segunda grande mudança, o meu sonho... através dele descobri o meu anseio ilimitado por tudo o que é bonito e bom.

E, à noite, na cama, termino a minha prece com as palavras: "*Ich danke dir für all das Gute und Liebe und Schöne*", sinto um júbilo na alma, penso em "*Das Gute*" do fato de estar escondida, da minha saúde e de todo o meu ser; em relação ao Peter penso em "*das Liebe*", que ainda é um conceito pequeno e sensível que ambos não ousamos nomear, no amor, no futuro e na felicidade; penso em "*das Schöne*" que é o mundo, o mundo, a natureza e a amplitude da beleza de tudo, no conjunto de tudo o que é belo.

Então não penso em toda a miséria, mas sim em toda a beleza que ainda existe. É aí que mora a grande diferença entre a mamãe e eu. O conselho que ela dá para a melancolia é: "Pense em toda a miséria que há no mundo e se dê por feliz de não a estar vivenciando!" Já o meu conselho é: "Vá para fora, para os campos, a natureza e o sol. Vá para fora e tente reencontrar a felicidade em si próprio; pense em tudo o que há de belo dentro de si mesmo e à sua volta, e seja feliz!"

Na minha opinião, o conselho da mamãe não é válido, porque o que se há de fazer quando se vivencia a miséria? Aí se está perdido. Como contraponto, acho que sempre há um fundo de beleza na tristeza; se você olha para ele, se dá conta de cada vez mais alegria e acaba reencontrando o seu equilíbrio. E quem é feliz sempre faz com que os outros também fiquem felizes; quem tem coragem e confiança nunca afundará na miséria!

sua Anne M. Frank.

DOMINGO, 12 DE MARÇO DE 1944.

Querida Kitty,

Nos últimos tempos não tenho conseguido parar quieta; ando de cima para baixo e de baixo para cima. Gosto muito de conversar com o Peter, mas fico sempre receosa de estar incomodando. Ele me contou uma ou outra coisa sobre antigamente, os pais e si mesmo. Acho pouco demais e me pergunto a cada cinco minutos como fazer para que ele se abra mais. Ele me achava no começo insuportável; era recíproco o sentimento, mas agora a minha opinião é outra; será que ele também não teria mudado a sua? Eu acho que ele bem que poderia, mas isso também não implica que devamos nos tornar os melhores dos amigos, ainda que isso, do meu lado, poderia tornar a clandestinidade bem mais leve de se aguentar. Mas também não vou ficar me torturando, eu me ocupo com ele mais que o suficiente, e não preciso deixar você tão entediada quanto eu só porque sou uma medrosa. Na tarde do sábado eu fiquei tão desassossegada com uma série de notícias desconsoladoras lá de fora que acabei indo dormir no meu divã. A única coisa que eu queria era dormir para não ter de pensar.

Dormi até as 4, depois tive de me juntar aos outros. Foi muito difícil para mim responder a todas as perguntas da mamãe e inventar para o papai uma desculpa que explicasse o meu sono diurno. Justifiquei estar com dor de cabeça, o que não era mentira, porque eu realmente estava com dor de cabeça... na alma!

Pessoas comuns, meninas comuns e adolescentes como eu me acharão descompensada por tanta autocomiseração, mas é correto, eu digo sempre a você o que me pesa no coração e depois passo o resto do dia tão impertinente, alegre e autoconfiante quanto possível a fim de me esquivar de todas as perguntas e não me irritar comigo mesma.

A Margot é uma doçura e gostaria de ser a minha confidente, mas é fato que não posso lhe contar tudo. Ela me leva muito a sério, sério demais, e reflete longamente sobre a sua irmãzinha louca, e me olha com um olhar inquisidor a cada vez que eu lhe digo algo, pensando: "Será comédia, ou ela está realmente falando sério?" É assim porque vivemos uma ao lado da outra: não posso ter a minha confidente constantemente ao meu redor.

Quando é que eu vou desmaranhar esse novelo de pensamentos, quando é que eu vou sentir dentro de mim paz e tranquilidade?

sua Anne.

TERÇA, 14 DE MAR. DE 1944.

Querida Kitty,

Talvez seja engraçado para você (para mim nem um pouco) saber o que nós vamos comer hoje. Neste momento estou sentada à mesa coberta com um encerado no aposento dos van Pels — já que a empregada está lá embaixo —, com um lenço encharcado de um perfume oloroso dos tempos idos de antes da "clandestinidade" apertado contra a boca e o nariz. Da maneira que eu estou narrando, você não vai entender nada; então, deixe-me "começar pelo começo".

Visto que os nossos provedores de cupons foram apanhados, além dos nossos 5 cartões ilegais de alimentação racionada, não temos nem feijões nem gordura. Estando outra vez doentes a Miep e o Kleiman, a Bep não pode ir fazer compras, o astral geral está tão desanimador quanto a comida. A partir de amanhã não teremos mais nem um pedacinho de gordura, manteiga ou margarina. O nosso café da manhã não consiste mais de batatas assadas (racionamento de pão), mas de mingau, e como a madame acha que estamos definhando de fome, compramos uma quantidade extra de leite integral. O nosso almoço de hoje é purê de batata com couve em conserva. Daí as medidas de precaução com os lenços. Inacreditável como uma couve que provavelmente perdeu a validade há alguns anos consegue feder! O aposento inteiro está fedendo a uma mistura de ameixas estragadas, conservantes de odor intenso e ovos podres. Eca, já me sinto enjoada só com a ideia de que vou ter que comer essa porcaria!

Além disso há ainda o fato de que as nossas batatas pegaram algumas "doenças" tão estranhas que dos dois baldes de pommes de terre um deles acabou indo parar na combustão da estufa. Nós nos entretemos tentando descobrir as diversas doenças delas e chegamos à conclusão de que se alternam câncer, caxumba e sarampo. Ah, sim, não é nada divertido continuar escondido no quarto ano da guerra. Se pelo menos essa confusão desgraçada já tivesse chegado ao fim!

Para ser sincera, a comida não me importaria tanto se as condições aqui fossem um pouco mais prazerosas. É este o ponto crítico: esta nossa vida monótona é que nos torna chatos. Segue aqui a visão de cinco clandestinos adultos sobre o presente estado das coisas (as crianças não opinam, e desta vez eu me atenho a essa visão).

A senhora van Pels:

O papel de motorista de fogão não me satisfaz mais há muito tempo. Ficar sentada sem ter em mãos algo com que me ocupar aborrece, de maneira que me ponho a cozinhar, mas reclamando: é impossível cozinhar sem gordura, me dão náuseas todos esses cheiros nojentos. A recompensa pelos meus esforços são só ingratidão e berraria, eu sou sempre a ovelha negra, a que recebe a culpa por tudo. De resto, na minha opinião, essa guerra não faz progresso nenhum, os alemães no final ainda vão levar a vitória. Estou morta de medo de que morramos de fome e desço a lenha em todo mundo quando estou de mau humor.

O senhor van Pels:

Fumo como um condenado, depois é a hora de comer, política, o humor da Kerli, nada de muito terrível. A Kerli é uma mulher amorosa. Mas se fico sem tabaco, adoeço, depois me falta carne e vivemos mal, aí é que as coisas deixam de ir suficientemente bem, e se segue uma briga de enormes proporções. A minha Kerli é burra como uma porta.

A senhora Frank:

A comida não é tão importante assim, mas agora bem que eu gostaria de uma fatia de pão de centeio, porque estou morta de fome. Se eu fosse a senhora van Pels, já teria posto um fim ao fumar constante do marido há muito tempo. Mas agora preciso seja como for de um cigarro, porque estou enlouquecendo. Os van Pels são umas pessoas horrorosas; os ingleses cometem muitos erros, mas a guerra vai progredindo, eu preciso falar e me alegrar de não estar na Polônia.

Tudo bem, não preciso de nada. Calma, nós temos tempo. Só me deem as minhas batatas que eu fecho o bico. Quero em breve deixar de lado um pouco da minha provisão racionada para a Bep. A política vai de vento em popa, me sinto extremamente otimista.

O senhor Pf.:

Preciso concluir a minha tese a tempo, terminar tudo bonitinho. Com *o política* vai excelente, é *ompossível* que achem *nós*. Eu, eu, eu...!

sua Anne.

QUINTA, 23
DE MARÇO DE 1944.

Querida Kitty,

As coisas começaram a entrar nos eixos outra vez. Os nossos provedores de cupons de racionamento foram soltos da prisão, finalmente!

A Miep voltou ontem a trabalhar. Hoje foi o seu marido que se enfiou no ninho. Febre e calafrios, os típicos sintomas de gripe. A Bep está melhor, ainda que a tosse continue; já o Kleiman ainda vai ter de ficar em casa por um bom tempo.

Ontem caiu um avião nas vizinhanças, os passageiros saltaram a tempo com paraquedas. O avião caiu sobre uma escola em que não havia crianças. O acidente resultou num pequeno incêndio e na perda de algumas vidas. Os alemães dispararam sem dó nem piedade contra os aviadores paraquedistas, os habitantes de Amsterdã bufavam de raiva com o ato covarde. Nós, ou seja, as damas, ficamos também horrorizadas. Grrr, eu considero disparar um ato miserável.

Ultimamente tenho ido com frequência ao quarto do Peter para respirar um pouco de ar fresco noturno. Num quarto escuro é mais fácil manter conversas mais razoáveis do que quando o sol fica chamuscando a sua cara. É muito gostoso estar sentada numa cadeira ao lado dele, olhando para fora. O v. P. e o Pf. fazem comentários infames quando eu desapareço no quarto dele. "Annes zweite Heimat", ou então, "Não é uma falta de decoro para cavalheiros receber a visita de jovens meninas tarde da noite e no escuro?" O Peter tem uma presença de espírito espantosa para rebater tais comentários pretensamente espirituosos. Aliás, a minha mãe também não fica pouco curiosa e adoraria perguntar sobre que assuntos nós falamos se não fosse pelo medo silencioso de uma resposta negativa. O Peter diz que os adultos só ficam é com inveja, porque somos novos e não damos a mínima para a malícia deles. Acontece de ele descer para me chamar, mas isso também é embaraçoso, porque, apesar de todas as medidas de precaução, ele fica vermelho como um pimentão e não consegue articular as palavras. Como eu me alegro de não ficar corada nunca, porque me parece ser uma sensação extremamente desagradável. De resto, acho muito chato que a Margot fique lá embaixo sozinha enquanto eu, aqui em cima, tenho uma ótima companhia. Mas o que é que eu posso fazer? Para mim não há problema nenhum que ela suba, mas seria como segurar vela e ficar largada à toa.

Sou obrigada a ouvir de todos comentários sobre a amizade repentina e já nem sei mais quantas e quantas vezes as conversas à mesa não versam sobre um possível casamento no Anexo, caso a guerra dure outros 5 anos. Mas, na verdade, quanto é que toda essa conversa mole de adultos nos afeta? Não muito, em todo caso, porque são infames demais. Será que o papai e a mamãe se esqueceram de que também foram jovens? Parece que sim; pelo menos eles sempre nos levam a sério se fazemos uma brincadeirinha e riem de nós quando estamos sérios.

sua Anne.

QUINTA, 16 DE MAR. DE 1944.

Querida Kitty,

Ufa, até que enfim uns minutos livre da perspectiva sombria do futuro! Não ouço hoje nada além de: "Se acontecer isso ou aquilo, vamos nos dar mal, e se fulano ainda adoecer, estaremos sozinhos no mundo, e se..."

Enfim, o resto você já sabe, pelo menos eu suponho que você no meio-tempo já conheça os moradores do Anexo o suficiente para adivinhar as suas conversas.

A razão de todos esses "se" é o fato de o Kugler ter sido convocado a passar seis dias trabalhando a terra num campo de trabalho forçado, de a Bep estar com um senhor resfriado e provavelmente ter de ficar em casa amanhã, de a Miep ainda não ter se curado da gripe e de o Kleiman ter perdido os sentidos por conta de uma hemorragia estomacal. Uma verdadeira lista de acontecimentos deploráveis para nós!

Na nossa opinião, a primeira coisa que o Kugler tem que fazer é ir consultar um médico de confiança, pedir a ele um bom atestado e ir mostrá-lo na prefeitura de Hilversum. Os funcionários do armazém ganharam um dia de folga amanhã, e a Bep vai estar sozinha no escritório. Se acontecer (de novo) de a Bep ter de ficar em casa, a porta vai ficar trancada e nós vamos ter de andar na ponta dos pés para que ninguém nos ouça da Keg. O Jan vem visitar os abandonados à uma e fica por uma meia horinha a uma, é como se desempenhasse o papel de vigia do Artis, o jardim zoológico.

O Jan contou esta tarde, depois de um bom tempo, notícias do vasto mundo lá fora. Queria que você estivesse aqui para ver os oito de nós ao seu redor. Igualzinho à uma cena dos Grimm: a avó contando uma história. Ele agradou seu público falando, antes de tudo, de comida. A senhora Pf., uma conhecida da Miep, cozinha para ele. Anteontem ela lhe cozinhou cenouras com ervilhas, ontem teve de acabar o resto; hoje ela vai cozinhar mais grãos (capuchinhas) e amanhã vai fazer um guisado com o que sobrou de cenouras.

Perguntamos sobre o médico da Miep.

"Médico?", perguntou o Jan. "O que vocês desejam do médico? Hoje de manhã eu liguei para ele, atendeu uma dessas assistentes de nada. Pedi uma receita de medicação contra gripe, e a resposta foi que eu poderia passar entre as oito e as nove da manhã para pegar a receita. Caso se trate de uma gripe brava, ela passa o telefone para o médico, que diz: 'Ponha a língua para fora e diga ah. Já percebi pela sua voz que o senhor está com a garganta inflamada. Vou escrever uma receita, que o senhor pode levar para um farmacêutico. Adeus, meu senhor.' E isso foi tudo. Que prática mais simplista, atendimento exclusivamente telefônico. Mas melhor não recriminar os médicos, afinal, todo mundo tem só duas mãos, e nos tempos que correm há um excesso de pacientes e um número mínimo de médicos."

Mesmo assim, todos rimos quando o Jan reproduziu a conversa telefônica. Eu realmente consigo imaginar bem o aspecto de uma sala de espera de consultório médico. Não se desprezam mais pacientes da previdência, e sim os que não têm nada de grave, dos quais se pensa: "Oh, homem! O que é que você veio fazer aqui? Para o fim da fila! Os pacientes de verdade é que têm prioridade!"

<u>sua Anne.</u>

SEXTA, 17 DE MARÇO DE 1944.

Queridíssima Kitty,

Por aqui, tudo all right. O Kugler conseguiu licença do trabalho forçado com um atestado médico. A Bep proibiu terminantemente o próprio nariz de incomodá-la. O Anexo inalou uma lufada de alívio.

a sua Anne.

SEGUNDA, 27 DE MARÇO DE 1944.

Querida Kitty,

Na verdade, um longo capítulo da nossa história de clandestinidade neste caderno deveria versar sobre política, mas como essa temática pessoalmente me deixa um pouco indiferente, acabei lhe dando muito pouca importância. Por isso é que eu vou dedicar a carta de hoje inteiramente à política. O fato de que as opiniões divirjam tanto em relação a essa questão é compreensível; visto que, em delicadíssimos tempos de guerra, se fale tanto sobre ela é ainda mais lógico..., mas o fato de que haja tantas brigas ao discuti-la é redondamente idiota! Que eles apostem, riam, xinguem e reclamem o quanto quiserem, mas que fiquem cada um na sua, sem brigas, caso contrário as consequências podem ser funestas. Quem vem de fora traz consigo muitas inverdades; já a nossa rádio até agora nunca mentiu. O Jan, a Miep, a Bep e o Kugler têm nas suas convicções políticas os seus altos e baixos emocionais, mas o Jan é o mais estável dentre eles.

No que diz respeito à psicologia da política aqui no Anexo, ela é sempre a mesma. No decurso dos inúmeros debates sobre invasão, bombardeios, discursos e afins, se ouvem exclamações num holandês germanizado tais como: "Impossível! Pelo amor de Deus, se eles só agora estão começando, onde é que vamos parar? Vai tudo muito bem, excelentemente, melhor impossível!"

Otimistas e pessimistas, sem esquecer antes de todos os realistas, expõem as suas opiniões com inesgotável energia e, como se dá com todo o resto, cada um deles acha estar com a razão. Uma certa madame se irrita com a confiança que o senhor seu cônjuge deposita nos ingleses; um certo cavalheiro ataca a sua nobre esposa por conta dos seus comentários pejorativos e escarnecedores em relação à sua amada nação!

Desde cedo pela manhã até tarde da noite; e, o melhor: nunca se cansam! Inventei algo cujo funcionamento é o máximo: como se você espetasse alguém com alfinetes, fazendo com que ele dê saltos. É exatamente assim que a minha descoberta funciona. Toque no tema da política: basta uma pergunta, uma palavra, uma oração para que toda a família logo entre numa discussão ferrenha!

Como se as "notícias da Wehrmacht" alemãs e a BBC inglesa não bastassem, se instaurou já faz algum tempo o chamado "Luftlagemeldung". Tanto conteúdo numa só palavra, magnífico! Mas o reverso da medalha também é frequentemente decepcionante. Os ingleses transformaram o seu arsenal aéreo numa fábrica que não descansa, unicamente para rivalizarem com as mentiras dos alemães, que são tais quais!

Assim sendo, o rádio permanece ligado desde as 8 da manhã (se não antes) e se ouve de hora em hora até as 9, 10 e, frequentemente, até as 11 da noite. Aí está a prova cabal da paciência e do cérebro só dificilmente acessível dos adultos (de alguns, claro; não quero ofender ninguém). Nós nos daríamos por satisfeitos com um, no máximo dois noticiários por dia, mas os velhos bobalhões... enfim, já toquei antes nesse assunto.

O programa dos Trabalhadores, a família real dos Oranje, Frank Philips e Sua Majestade Wilhelmina, cada um deles toma alternadamente a palavra e conta com ouvidos dos mais ávidos cujos donos, se não estão comendo ou dormindo, se encontram em volta do rádio, falando sobre comida, cochilos e política. Ufa, isso tudo está virando uma chatice, e vai requerer de mim um esforço sobre-humano para não me tornar eu mesma uma velhinha resmungona! Para a própria velharada esta última possibilidade já é praticamente inofensiva!

Para dar um exemplo esclarecedor, o discurso feito pelo popular e muito querido por todos nós Winston Churchill é ideal.

Às nove horas da noite do domingo, sobre a mesa, o chá se encontra sob uma touca para mantê-lo aquecido, entram os convidados. O Pf. está do lado esquerdo do rádio; o senhor v. P. à sua frente, e Peter, do outro lado. A mamãe, ao lado do senhor; a madame, logo atrás. Margot e eu, bem por detrás, e o Pim, à mesa. Acabo de reparar que não descrevo com clareza a disposição espacial de cada um, mas, feitas as contas, isso não vem ao caso. Os senhores fumam, as pálpebras dos olhos do Peter praticamente se fecham, tamanho o esforço que ele envida para se concentrar no que escuta; mamãe vestida de um negligé longo e de tons escuros, e a madame tremendo por conta dos aviadores alheios ao discurso, voando todos alegremente para a cidade de Essen. O papai vai sorvendo ruidosamente o seu chá enquanto Margot e eu nos mantemos unidas fraternalmente pela dorminhoca da Mouschi, que monopoliza um joelho de cada uma. A Margot está com bobes nos cabelos, ao passo que eu, vestida com uma camisola pequena, estreita e curta demais.

Parece uma cena cotidiana na intimidade da família, aconchegante e pacífica, o que realmente ela é, mas o que acontece é que espero com receio as consequências do discurso.

Os demais também mal podem esperar, esperneiam, impacientes, desejosos de presenciar outra briga! Tsc, tsc, como o gato incitando um camundongo a sair da toca, eles incitam uns aos outros a fim de provocar brigas e semear a discórdia.

sua Anne.

QUARTA, 29 DE MARÇO DE 1944.

Querida Kitty,

Ontem à noite o ministro Bolkestein falou à rádio Oranje sobre o fato de que, finda a guerra, seria feita uma coleta de diários e cartas sobre a guerra. É claro que, na mesma hora, todos quiseram saltar sobre o meu diário.

Imagine que interessante seria se fosse publicado um romance sobre o Anexo. Só pelo título, as pessoas achariam que se trata de um romance policial. Mas, falando sério, imagino que uns 10 anos depois da guerra, as pessoas vão achar uma sensação estranhamente engraçada ao ler como nós judeus vivemos, comemos e falamos aqui. Apesar de eu contar a você muito sobre nós, ainda assim o que você fica sabendo é só uma pequena parcela do que é a nossa vida. Quanto medo sentem as damas dentre nós quando há bombardeios, como por exemplo no domingo, quando 350 aviões de guerra ingleses soltaram ½ milhão de quilos de bombas em Ijmuiden, como as casas tremem como palha no vento, quantas epidemias correm soltas por aqui, você nem imagina! Se eu fosse lhe escrever com riqueza de detalhes sobre todas essas coisas de que você não sabe, levaria um dia inteiro para fazê-lo. As pessoas fazem fila para comprar legumes e todos os produtos possíveis e imagináveis; os médicos não podem ir visitar os pacientes porque volta e meia os seus veículos são roubados; as casas têm as portas arrombadas, se cometem roubos diariamente; tudo a tal ponto que você acaba se perguntando o que faz com que os holandeses passem a ser de repente tão pilantras. Pirralhos de oito a onze anos quebram a vidraça das casas e fazem uma "limpeza geral". Ninguém mais se arrisca a sair de casa nem por cinco minutos porque, quando alguém desaparece, os seus pertences também o fazem. Todas as manhãs aparece nos jornais um sem-número de mensagens com recompensas pelo reenvio ao proprietário de máquinas de escrever roubadas, tapetes persas, relógios elétricos, tecidos e assim por diante. Os relógios elétricos são desmontados, os telefones nas cabines arrancados até o último fio. Impossível que o ambiente geral que impera dentre os cidadãos seja minimamente bom; todos estão passando fome; o racionamento semanal não dura nem dois dias, exceto com o substituto do café. A invasão se faz esperar; os homens são mandados para a Alemanha; as crianças estão ou doentes ou subnutridas; todo mundo anda malvestido e com os sapatos caindo aos pedaços.

Uma sola custa 7,50 florins no mercado negro. A maior parte dos sapateiros não aceita mais clientes, ou então tem de se esperar 4 meses pelos sapatos consertados, que, no meio-tempo, em geral desaparecem.

Um lado bom nisso tudo há: a sabotagem contra o governo se intensifica mais e mais conforme a qualidade da comida vai piorando e as medidas contra o povo vão ficando cada vez mais austeras. O serviço de distribuição, a polícia, os funcionários, todos ou fazem de tudo para ajudar os concidadãos ou os delatam, fazendo com que estes vão parar na prisão. Felizmente, só uma pequena percentagem dos cidadãos holandeses se encontra no lado errado.

sua Anne.

Notas à margem do diário de 20 de junho de 1942

Prefácio

A nota de 20 de junho de 1942 no início do diário Anne Frank escreveu duas vezes em folhas soltas: uma elaborada e a outra curta. A elaborada faz parte da versão *b* e foi publicada desde a primeira edição, em 1947, em *Het Achterhuis* [*O Anexo*]; a versão curta "apareceu"[101] no final dos anos 1990, foi incluída na edição do NIOD por David Barnouw e Gerrold van der Stroom e se lê a seguir.

Compreende duas páginas na letra de Anne.

Ao mesmo tempo, descobriu-se que Anne escrevera uma longa passagem com a data de 8 de fevereiro de 1944 não só na primeira versão de seu diário — a versão *a* —, mas que também a reescreveu em três páginas soltas até então desconhecidas em sua versão b. Esse texto foi publicado em 2001 também pelo NIOD sob os auspícios da Anne Frank Fonds, fazendo desde então parte da versão *d*.

> É uma sensação muito nova e estranha para mim escrever um diário. Nunca fiz isso até hoje, e, se tivesse uma boa amiga, jamais teria pensado em adquirir um caderno de capa dura e enchê-lo de besteiras, que mais para frente não interessariam a mais ninguém. Mas, visto que o caderno já foi comprado, vou perseverar e cuidar para que ele não acabe esquecido num canto num mês e que também não vá parar na mão de ninguém. O papai, a mamãe e a Margot podem ser os adoráveis que são, e eu também posso contar a eles muitas coisas, mas com o meu diário e os meus segredos de amiguinhas eles não têm nada a ver. Com o propósito de fantasiar ainda mais que tenho uma amiga, uma verdadeira amiga com quem eu possa compartilhar os meus passatempos e que entenda as minhas penas, não vou escrever um diário comum, mas sim cartas endereçadas a minha amiga imaginária Kitty.
>
> Adiante!

101. Ver *Anne Frank — Uma biografia*, de Melissa Müller, Rio de Janeiro, 2007.

ÁRVORE GENEALÓGICA DA FAMÍLIA FRANK

LINHA CRONOLÓGICA

BIBLIOGRAFIA CONCISA

JUSTIFICATIVA

Abraham Süßkind Stern ∞ Golde b'Herz (1º c.)
∗ 1764 · † 1804
† 5.7.1838

Vögele Eva Reiss (2º c.)
∗ 1775
† 7.3.1859

Moritz (Moses) Stern ∞ Bertha, n. Simon
∗ 29.6.1807 FaM · ∗ 5.4.1823 Leipzig
† 30.1.1894 Zurique · † 24.12.1850 Göttingen

Emanuel Stern ∞ Hanchen, n. Bauer (1º c.)
∗ 14.11.1799 FaM · ∗ 11.2.1799 FaM
† 5.10.1841 FaM · † 31.1.1834 FaM

Helene,
n. Schwarzschild (2º c.)
∗ 5.1.1806 FaM
† 12.4.1886 FaM

Bernhard Stern ∞ Antonie, n. Lenel
∗ 11.2.1835 FaM · ∗ 8.6.1839 Mannheim
† 13.1.1893 FaM · † 17.12.1912 FaM

August Heinrich Stern ∞
∗ 14.7.1838 FaM
† 8.2.1878

Alfred Stern ∞ Clara (Klärchen) Stern
∗ 22.11.1846 Göttingen · ∗ 1.12.1862 FaM
† 24.3.1936 Zurique · † 10.12.1933 Zurique

Carl Elias ∞ Ida, n. Neu
∗ 23.3.1855 Zweibrücken · ∗ 11.4.1868 Homburg
† 23.11.1929 Zweibrücken · † 15.1.1957 Basileia

4 filhos
(Dora, Emma,
Georg, Antonie)

Paul Elias
∗ 27.10.1895 Zweibrücken
† CC Auschwitz

Johanna Elias
∗ 10.1.1893 Zweibrücken
† 29./30.8.1911 Zweibrücken

1. Robert Frank ∞ Charlotte, n. Witt
∗ 7.10.1886 FaM · ∗ 26.1.1900 Magdeburg
† 23.5.1953 Londres · †

4. Helene, n. Frank ∞ Erich Elias
∗ 8.9.1893 FaM · ∗ 6.11.1890 Zweibrücken
† 2.10.1986 Basileia · † 2.10.1894 Basileia

Stephan Elias
∗ 20.12.1921 FaM
† 24.8.1980 Basileia

Bernhard (Buddy) Elias ∞ Gerti, n. Wiedner
∗ 2.6.1925 FaM · ∗ 8.5.1933 Oberhaag, Áustria

1ª c. — 1º casamento
2ª c. — 2º casamento
n. — nascida
CC Auschwitz — campo de concentração de Auschwitz
s.v. — sobrenome de viúva
do 1º c. — do 1º casamento

Juda Nathan Cahn ∞ Gütte, n. Sänger
* 1748 — † 29.4.1837
† 19.5.1833

Nathan David Cahn ∞ Madl^{e} Amalie b'Jakob Hass
* 24.1.1776 — *1785
† 1862

Elkan Juda Cahn ∞ Betty, n. Cahn
* 8.10.1796 FaM — * 1806
† 28.10.1884 FaM — † 20.4.1853

Zacharias Frank ∞ Barbara (Babette), n. Hammelfett
* 19.4.1811 Niederhochstadt — * 28.5.1814 Fürth
† 27.7.1884 Landau — † 10.10.1891 FaM

Cornelia, n. Cahn
* 15.9.1840 FaM
† 21.7.1921 FaM

9 filhos
(Rebekka, Jakob, Rosalia, Sophie, Veronika, Arnold, Michael, Leon, Caroline)

Alice Betty, n. Stern ∞ Michael Frank
* 20.12.1865 FaM — * 9.10.1851 Landau
† 20.3.1953 Basileia — † 17.9.1909 FaM

Abraham Holländer ∞ Rosa, n. Stern
* 27.10.1860 Eschweiler — * 25.12.1866 Schwalbach
† 19.1.1928 Aachen — † 1942 Amsterdã

3. Herbert Frank ∞ Hortense, n. Schott
* 13.10.1891 FaM — * 21.10.1899 Newport/EUA
† 20.3.1987 Basileia — †

2. **Otto Frank** ∞ **Edith, n. Holländer** (1° c.)
* 12.5.1889 FaM — * 16.1.1900 Aachen
† 19.8.1980 Basileia — † 6.1.1945 CC Auschwitz

Elfriede (Fritzi), n. Markovits, s. v. Geiringer (2° c.)
* 13.2.1905 Viena
† 1.10.1998 Londres

Margot Betti Frank (do 1° c.)
* 16.2.1926 FaM
† Março de 1945 CC Bergen-Belsen

Anne (Annelies Marie) Frank (do 1° c.)
* 12.6.1929 FaM
† Março de 1945 CC Bergen-Belsen

FaM — Frankfurt am Main
CC Bergen-Belsen — campo de concentração de Bergen-Belsen

A árvore genealógica não tem a pretensão de ser perfeita. Com agradecimento a Alice Frank-Schulman (Paris), Edith Oppenheimer († 2008), Lotti Thyes e Wolf von Wolzogen.

Linha cronológica

12 de junho de 1929 — Nasce em Frankfurt Annelies Marie Frank, conhecida como Anne. Seus pais são Otto Frank, nascido em 1889, e Edith Frank, nascida em 1900. A irmã de Anne, Margot, nasceu em 16 de fevereiro de 1926.

1931 — A família Frank muda de Marbachweg 307 para Ganghoferstraße.

Dezembro de 1933 — A família Frank se muda para a casa de Alice Frank em Mertonstraße.

30 de janeiro de 1933 — Adolf Hitler chega ao poder.

Setembro de 1933 — Otto Frank se muda para Amsterdã enquanto Edith e suas duas filhas se mudam para a casa de sua mãe em Aachen por alguns meses.

Fevereiro de 1934 — Chegada de Edith, Margot e Anne Frank em Merwedeplein 37, Amsterdã.

1º de setembro 1939 — Eclosão da Segunda Guerra Mundial quando a Alemanha invade a Polônia.

10 de maio de 1939 — As tropas alemãs invadem a Holanda.

14 de maio de 1940 — Capitulação dos Países Baixos.

20 de janeiro de 1942 — A "solução final" da questão judaica é decidida na Conferência de Wannsee.

Maio de 1942 — Introdução da "estrela judaica" na Holanda.

12 de junho de 1942 — Anne Frank recebe um livro vazio com capa xadrez vermelha e branca pelo seu aniversário de 13 anos e começa a escrever seu diário.

5 de julho de 1942 — Margot Frank recebe uma intimação para "participação nas forças de trabalho do leste".

6 de julho de 1942 — Otto e Edith Frank se escondem com suas filhas, Anne e Margot, no anexo secreto preparado na Prinsengracht, 263.

13 de julho de 1942 — Auguste e Hermann van Pels também se mudam para o anexo secreto com seu filho Peter.

16 de novembro de 1942 — Fritz Pfeffer se esconde no anexo.

10 de julho de 1943 — As tropas aliadas desembarcam na Sicília.

6 de junho de 1944 — As tropas aliadas desembarcam na Normandia.

4 de agosto de 1944 — Detenção das oito pessoas escondidas no anexo, juntamente com seus ajudantes Victor Kugler e Johannes Kleiman.

5 de agosto de 1944 — Os oito habitantes do anexo são levados para o "campo de trânsito judaico" de Westerbork.

3 de setembro 1944 — Todos os oito são deportados no último transporte de Westerbork para Auschwitz, onde chegam no dia 6 de setembro. Edith, Margot e Anne são levadas para o acampamento das mulheres em Auschwitz-Birkenau.

Setembro de 1944 — Hermann van Pels morre na câmara de gás logo após sua chegada a Auschwitz. A data da morte de sua esposa Auguste é desconhecida.

Final de outubro / Início de novembro 1944 — Anne e Margot são levadas para o campo de concentração de Bergen-Belsen.

20 de dezembro 1944 — Fritz Pfeffer morre no campo de concentração de Neuengamme.

6 de janeiro de 1945 — Edith Frank morre no campo de concentração de Auschwitz--Birkenau.

27 de janeiro de 1945 — Libertação do campo de concentração de Auschwitz pelo Exército Vermelho. Otto Frank é um dos sobreviventes.

Final de fevereiro / Início de março 1945 — Margot e Anne Frank morrem de tifo no campo de Bergen-Belsen.

5 de maio de 1945 — Peter van Pels morre no campo de concentração de Mauthausen depois de sobreviver a uma "marcha de evacuação" do campo de concentração de Auschwitz.

8 de maio de 1945 — Fim da Segunda Guerra Mundial.

1947 — Publicação da edição holandesa do diário de Anne Frank (Versão *c*) sob o título *Het Achterhuis* (*O Anexo*).

1950 — Publicação da edição alemã do diário de Anne Frank (Versão *c*) sob o título *Das Tagebuch der Anne Frank* (*O diário de Anne Frank*), traduzido por Anneliese Schütz.

19 de agosto de 1980 — Otto Frank morre em Birsfelden, na Suíça.

1986 — O Instituto Holandês de Documentação de Guerra publica a edição crítica sob o título *O diário de Anne Frank — Edição crítica* (Versões *a*, *b* e *c*).

1991 — Uma nova edição expandida é publicada sob o título *Anne Frank. Tagebuch* (*Anne Frank. Diário*), compilada por Mirjam Pressler (Versão *d*).

Outubro de 2013 — A primeira edição completa com todos os escritos conhecidos de Anne Frank é publicada.

Outubro de 2017 — O diário é publicado em vários países ao mesmo tempo que um Diário Gráfico de Ari Folman e David Polonsky.

Junho de 2019 — A primeira edição cientificamente anotada das transcrições originais dos diários (Versões *a* e *b*) é publicada simultaneamente em vários países.

Bibliografia concisa

FONTES

Het Achterhuis. Dagboekbrieven [*O Anexo: cartas do diário*], de 12 de junho de 1942 a 1º de agosto de 1944. Organizado por Otto Frank e Mirjam Pressler. Amsterdã, 1991 (63ª edição revisada, Amsterdã, 2013). (versão *d*)

De Dagboeken van Anne Frank [*Os diários de Anne Frank*]. Com introdução de David Barnouw, Harry Paape e Gerrold van der Stroom. Amsterdã, 1986 (7ª edição, corrigida e ampliada, Amsterdã, 2004). (versões *a*, *b* e *c*)

Anne Frank. Verhaaltjes en gebeurtenissen uit het Achterhuis/Cady's leven [*Anne Frank: histórias e acontecimentos do Anexo/ A vida de Cady*]. Texto aos cuidados de Gerrold van der Stroom. Amsterdã, 2001.

Het Mooie-zinnenboek [*O livro das belas citações*]. Aos cuidados de Gerrold van der Stroom. Amsterdã, 2004.

SOBRE ANNE FRANK

Anne Frank 75. Bundeling lezingen ter gelegenheid van de 75e geboortedag van Anne Frank [*Anne Frank 75: palestras por ocasião do 75º aniversário de Anne Frank*]. Amsterdã, 2004.

BARNOUW, David. *Anne Frank voor beginners en gevorderden* [*Anne Frank para iniciantes e avançados*]. Haia, 1989.

______, David. *Het fenomeen Anne Frank* [*O fenômeno Anne Frank*]. Amsterdã, 2012.

______, David; STROOM, Gerrold van der. *Wie verraadde Anne Frank?* [*Quem traiu Anne Frank?*]. Amsterdã, 2003.

BLOOM, Harold (ed.). *A Scholarly Look at The Diary of Anne Frank*. Philadelphia, 1999.

COSTA, Denise da. *Anne Frank & Etty Hillesum*. Amsterdã, 1996.

COSTER, Theo. *Klasgenoten van Anne Frank* [*Colegas de classe de Anne Frank*]. Amsterdã, 2009.

ENZER, Hyman A.; SOLOTAROFF-ENZER, Sandra (ed.). *Anne Frank. Reflections on Her Life and Legacy*. Chicago, 2000.

FUNNEKOTTER, Bart. *Anne Frank in een notendop* [*Anne Frank em poucas palavras*]. Amsterdã, 2011.

GIES, Miep; GOLD, Alison Leslie. *Herinneringen aan Anne Frank: het verhaal van Miep Gies. De steun en toeverlaat van de familie Frank in het Achterhuis* [*Memórias de Anne Frank: a história de Miep Gies. O grande apoio da família Frank no Anexo*]. Amsterdã, 1987.

GRAVER, Lawrence. *An Obsession with Anne Frank. Meyer Levin and the Diary*. Berkeley etc., 1995.

HEYL, Matthias. *Anne Frank*. Reinbek, 2002.

KIRSHENBLATT-GIMBLETT, Barbara; SHANDLER, Jeffrey. *Anne Frank Unbound. Media. Imagination. Memory*. Bloomington, 2012.

LANS, Jos van der; VUIJSJE, Herman. *Het Anne Frank Huis. Een biografie* [*A casa de Anne Frank: uma biografia*]. Amsterdã, 2010.

LEE, Carol Ann. *Anne Frank 1929-1945. Pluk rozen op aarde en vergeet mij niet* [*Anne Frank 1929-1945: colha rosas na terra e não-me-esqueças*]. Amsterdã, 1998. Edição atualizada: *Anne Frank 1929-1945. Het leven van een jong meisje. De definitieve Biografie* [*Anne Frank 1929-1945. A vida de uma jovem garota: a biografia definitiva*]. Amsterdã, 2009.

LEE, Carol Ann. *Het verborgen leven van Otto Frank* [*A vida oculta de Otto Frank*]. Amsterdã, 2002.

MAARSEN, Jaqueline van. *Anne en Jopie. Leven met Anne Frank* [*Anne e Jopie: vivendo com Anne Frank*]. Amsterdã, 1990.

MAARSEN, Jaqueline van. *Ik heet Anne, zei ze, Anne Frank* [*Meu nome é Anne, ela disse, Anne Frank*]. Amsterdã, 2003.

MAARSEN, Jaqueline van. *De erflaters. Herinneringen van de jeugdvriendin van Anne Frank* [*Os testadores: memórias da amiga de infância de Anne Frank*]. Amsterdã, 2004.

MELNICK, Ralph. *The Stolen Legacy of Anne Frank. Lillian Hellman and the Staging of the Diary*. New Haven/Londres, 1997.

MÜLLER, Melissa. *Anne Frank. De biografie* [*Anne Frank: a biografia*]. Amsterdã, 2013.

POLAK, Bob. *Naar buiten, lucht en lachen. Een literaire wandeling door het Amsterdam van Anne* [*Ir para fora, ar fresco e risadas: um passeio literário pela Amsterdã de Anne Frank*]. Amsterdã, 2006.

PRESSLER, Mirjam. *Daar verlang ik zo naar. Het levensverhaal van Anne Frank* [*Eu anseio tanto por isso: a história da vida de Anne Frank*]. Amsterdã, 1993.

______, Mirjam. *'Groeten en liefs aan allen'. Het verhaal van de familie van Anne Frank* [*"Saudações e amor a todos": a história da família de Anne Frank*]. Amsterdã, 2009.

PROSE, Francine. *Anne Frank. Haar boek, haar leven, haar voortbestaan* [*Anne Frank: seu livro, sua vida, sua sobrevivência*]. Amsterdã, 2009.

RENSMAN, Eva. *De Anne Frank Stichting en haar lessen uit de Tweede Wereldoorlog 1957-1994* [*A Casa de Anne Frank e suas lições da Segunda Guerra Mundial 1957-1994*]. Utrecht, 1995.

RITTNER, Carol Ann (ed.). *Anne Frank in the World: Essays and Reflections*. Armonk, 1998.

SCHNABEL, Ernst. *Anne Frank. Spur eines Kindes. Ein Bericht* [*Anne Frank. Em busca de uma criança: uma notícia*]. Frankfurt am Main, 1997.

SCHROTH, Simone. *Das Tagebuch. The Diary. Le Journal. Anne Franks Het Achterhuis als Gegenstand eines kritischen Übersetzungsvergleichs* [*Das Tagebuch. The Diary. Le Journal: o diário de Anne como objeto de uma comparação crítica de tradução*]. Münster, 2006.

SIEMS, Marion. *Erläuterungen und Dokumente zu Anne Frank: Tagebuch* [*Esclarecimentos e documentos sobre Anne Frank: seu diário*]. Stuttgart, 2003.

STEENMEIJER, Anna G. (ed.). *Weerklank van Anne Frank* [*Ecos de Anne Frank*]. Amsterdã, 1970.

STEHN, Jürgen; WOLZOGEN, Wolf von (ed.). *Anne aus Frankfurt. Lebens und Lebenswelt der Anne* [*Anne de Frankfurt: vida e entorno de Anne*]. Frankfurt am Main, 1990.

STROOM, Gerrold van der (ed.). *De vele gezichten van Anne Frank. Visies op een fenomeen* [*Os muitos rostos de Anne Frank: visões sobre um fenômeno*]. Amsterdã, 2003.

______, Gerrold van der. *Anne Frank, een miskend literair fenomeen* [*Anne Frank, um fenômeno literário incompreendido*]. Em: o *Volkskrant*, 15 de novembro de 2004.

ULRICH, Hans. *Wie was Anne Frank?* [*Quem foi Anne Frank?*]. Laren, 2011.

WILSON, Cara Weiss. *Dear Cara: Letters from Otto Frank*. Sandwich, 2001.

ZEE, Nanda van der. *De kamergenoot van Anne Frank* [*A companheira de quarto de Anne Frank*]. Amsterdã, 1990.

Justificativa

Esta edição compreende todos os escritos de Anne Frank que os compiladores conseguiram encontrar. Em 1991, a pedido da Anne Frank Fonds, Mirjam Pressler acresceu na versão *c* do diário, tal como tinha sido compilado em 1947 por Otto Frank, um sem-número de textos das versões *a* e *b* manuscritos pela autora. A edição de Pressler, a assim chamada versão *d*, é a mais completa, tida como o texto original do diário. Por tal razão, decidiu-se iniciar a obra completa com essa edição, sendo que as versões *a* e *b* foram acrescentadas como "anexos". Estas duas últimas versões não tinham sido antes disponibilizadas como textos separados; só agora é que o grande público pode contrastar a versão *d* com as outras duas versões. Decidiu-se omitir a versão *c* por ter sido já há muito substituída pela versão *d*.

Das cartas que a Anne Frank, amadurecendo, escreveu a sua família na Suíça, só algumas tinham sido publicadas antes. Por um lado, tais cartas são prova do vínculo que tinha com a família e mostram como foram pouco a pouco passando a ser escritas em holandês, e não no alemão, seu idioma nativo. Nesta edição foram publicadas pela primeira vez todas sem exceção e integralmente.

Também seu chamado *Livro do Egito* é publicado aqui pela primeira vez. No caderno, Anne colava fotografias recortadas da revista *Kunst in Beeld*. As legendas ela recopiava, mas em certos casos escrevia ela própria informações em suas palavras.

Além disso, esta edição inclui o *Livro das belas citações*, em que copiava textos de livros que lhe tinham chamado a atenção; *Histórias e acontecimentos do Anexo*; o romance em desenvolvimento *A vida de Cady*; os demais contos e os versinhos que Anne Frank tinha escrito no álbum de poesia de suas amigas.

A não ser que se faça menção, ortografia, acentuação, gramática e uso de maiúsculas foram discretamente corrigidos e atualizados para que esta edição se torne o mais legível possível. Visto que as cartas e os cartões foram em parte escritos quando Anne ainda era muito jovem, e, portanto, pela sua natureza e caráter passageiro, vários deles apresentam relativamente vários desses descuidos.

A maneira de datar as cartas do diário da versão *d*, os contos, as cartas e o *Livro das belas citações* foi padronizada. As abreviaturas usadas por Anne foram escritas por extenso. Para evitar o uso de notas de referência, algumas vezes as informações explicativas foram postas entre colchetes no *corpus* do texto.

As versões *a* e *b* do diário e as anotações de 20 de junho de 1942 nos anexos são a reprodução exata do manuscrito original (incluindo-se os erros e afins), como na versão científica do NIOD.[102] O que, sim, se fez foi escrever os nomes por extenso das pessoas que Anne descreve no diário e que na edição do NIOD foram substituídas por iniciais aleatórias por questões de privacidade.

Mirjam Pressler (1940) estudou na Escola Superior de Belas Artes, em Frankfurt am Main, é escritora e tradutora. Publicou cerca de quarenta livros, que lhe renderam vários prêmios. Pressler traduziu para o alemão não só o diário de Anne Frank como também a edição científica . Escreveu ainda uma biografia de Anne Frank ("É por isso que anseio tanto". A história de vida de Anne Frank. Amsterdã, 1993) e, em conjunto com Gerti Elias, passou para a forma de livro a história da família Frank ("Beijos e lembranças a todos. A história da família de Anne Frank, Amsterdã, 2010).

Gerhard Hirschfeld (1946) é professor acadêmico no Instituto de História da Universidade de Stuttgart. Até 2011 foi diretor na Biblioteca de História. Uma de suas áreas de pesquisa é a Holanda durante a ocupação alemã. Hirschfeld é membro do Comitê de Ciências do Instituto de Guerra, Holocausto e Genocídio em Amsterdã e escreveu, entre outros, *Bezetting en collaboratie: Nederland tijdens de oorlogsjaren* [*Ocupação e colaboração: Holanda durante os anos de guerra*] (Haarlem, 1991).

Francine Prose (1947) é escritora, crítica literária e professora convidada no Bard College, no estado de Nova York. Desde 2007 preside o American Pen Center. Colabora regularmente com o *The New York Times* e *The Atlantic*. Prose é a autora de, entre outros, "Anne Frank. Seu livro, sua vida, sua sobrevivência" (Amsterdã, 2009).

A Anne Frank Fonds foi criada por Otto Frank em 1963, que foi designado, por disposição testamentaria, seu herdeiro universal, incluindo-se os direitos autorais de escrita legados à sua família. A Anne Frank Fonds é uma organização sem fins lucrativos regida pela lei suíça. O produto da venda dos livros e dos direitos de edição vêm beneficiando instituições de caridade e projetos educacionais em todo o mundo. Aqui a Anne Frank Fonds trabalha em estreita colaboração com o UNICEF. No centro dessa cooperação estão os programas de treinamento e informações sobre os direitos da criança.

Gerda Meijerink traduziu os textos da parte III do alemão; Fred Reurs traduziu algumas partes esparsas.

---

102. Na edição brasileira, foram mantidos a estrutura e os erros cometidos por Anne Frank, adaptados para o português. *(N. do E.)*

As crianças têm seus direitos

O destino de Anne Frank e seu famoso diário nos fazem refletir sobre a violação dos direitos humanos. A menina judia se converteu no símbolo de milhões de crianças que ainda hoje são vítimas de injustiça. Portanto, é de suma importância que tenha em 1989 entrado em vigor o Contrato Internacional proposto pelas Nações Unidas no que se refere aos direitos da criança. Trata-se do único documento oficial que conforma os já existentes tratados de direitos humanos às necessidades das crianças, determina seus direitos e os estabelece em um só documento.

A Convenção sobre os Direitos da Criança, que inclui 54 artigos, reconhece todas as pessoas menores de 18 anos como detentoras de plenos direitos e se sustenta em três princípios básicos:

- Direito ao desenvolvimento
- Direito à proteção
- Direito à participação

Em cooperação com a Unicef, o Fundo das Nações Unidas para a Infância, a Anne Frank FONDS Basel tem como objetivo chamar a atenção para os direitos da criança, para contribuir com sua causa e implementação global.

www.annefrank.ch
www.unicef.nl

Sobre a ANNE FRANK FONDS®

FOUNDED BY OTTO FRANK

Este livro foi publicado com a permissão da Anne Frank Fonds (AFF), que foi fundada em 1963 por Otto H. Frank, pai de Anne. Como único sobrevivente da família e único herdeiro de Anne, Otto tornou-se responsável pelo legado da filha, e a organização é quem está legitimada a representar os direitos sobre as obras.

Depois de tudo o que Otto Frank experienciou — perseguição, expulsão, exclusão de sua profissão, o ato de se esconder, ser preso e ser enviado para um campo de concentração —, ele quis contribuir para um melhor entendimento entre as diferentes culturas e religiões, promovendo a paz entre as sociedades, pessoas e nacionalidades e encorajando a comunicação entre os jovens de todo o mundo. Por essa razão, era importante para ele, desde o início, não fazer uso comercial do diário de Anne Frank, mas utilizá-lo para o bem comum. A principal preocupação da AFF, portanto, é divulgar a mensagem atemporal de paz, justiça e humanismo de Anne Frank em todo o mundo, para cada nova geração, por meio dos textos autênticos. Ao mesmo tempo, sempre foi um objetivo da AFF apresentar a história da família judaica Frank em todas as suas dimensões em seus contextos histórico e cultural.

A AFF destina a renda da venda dos livros e dos direitos para cinema e teatro para fins beneficentes e educacionais em todo o mundo, seguindo o espírito de Anne Frank, e conforme estipulado no testamento de Otto Frank. Para conseguir isso, a AFF coopera com a Unicef no mundo inteiro, com ênfase principalmente nos programas educacionais, bem como na promoção ativa dos direitos da criança.

Mais informações estão disponíveis em: www.annefrank.ch

Este livro foi composto
na tipografia Electra, corpo 10/14,5,
e impresso em papel Pólen Soft 70g/m²
na Lis Gráfica.